本書由中國社會科學院世界宗教研究所道教與民間宗教研究室主持整理，參與人員：

汪桂平　李志鴻　劉　志　林巧薇　李貴海　王皓月　易　宏　張　鵬　胡百濤　趙　敏

敦煌道教文獻合集

Collection of Daoist Manuscripts in Dunhuang (2)

王卡　主編

（第二册）

中國社會科學院文庫・古籍整理類
中國社會科學院創新工程學術出版資助項目
國家古籍整理出版資助項目

社會科學文獻出版社
SOCIAL SCIENCES ACADEMIC PRESS (CHINA)

代序

王卡先生主編的《敦煌道教文獻合集》歷經十餘年的收集整理和研究，終於要由社會科學文獻出版社陸續出版了。我清晰地記得，王卡曾經對我說：「我把敦煌道教文獻收集整理出來，先出個目録，然後再做全部圖片加釋文的大集子，做得漂漂亮亮的，争取超過國外現有的研究水準。」他還形象地比喻：「敦煌道教文獻就像散落在世界各地的珍珠，我的工作就是把這些珠寶挖掘出來，集中在一起，爲它們擦拭掉灰塵，再把它們串成一條項鏈，讓它們重新發光，體現出它們的重要價值。」如今，當這串項鏈漸顯光芒之際，誰都不曾料到，竟然以遺作的形式面世，痛哉惜哉，無以言表。

幾個月前，王卡的學生們建議我給寫篇序。我坐在他的書房裏，面對他那張拿着書本的照片無數次問道：「如此沉重的活兒，我怎能替代你？」他不語。我無所適從，遲遲未動。前不久的一天，我夢見王卡又回家來了。他對我説，你該幹活兒了，就照我的意思寫。這一句話倒真是點醒我了，我立刻找來他的項目申報書作爲參考，以他的本意，代以爲序。

敦煌道教文獻是道教學研究領域三大基本文獻群之一。自二十世紀三十年代以來，對敦煌道教文獻的搜集、整理和研究，一直是中國道教文獻學及國際漢學界的重點基礎課題之一。二十世紀五十至八十年代，日本、法國學者研究敦煌道經取得較多成果。王卡作爲專門研究道教文獻的學者，研究課題中包括敦煌道教文獻。從二十世紀八十年代初，他就開始閲讀道教經書及敦煌文獻。我記得，當時他看見國外學者的研究成果，就感嘆：「中國的文化瑰寶之研究，怎可没有中國學者一席之地！」一九八八年，王卡申報過一個國家社會科學基金項目「敦煌道教文獻研究——綜述・目録・索引」。正式立項後，他就開始全面搜集國内外敦煌學的研究成果，並把重點放在閲讀二十世紀九十年代以來國内新出版的大批敦煌文獻圖録，從中搜索與道教相關的文書。他曾經通讀過《道藏》三遍，又擔任《中華道藏》的常務副主編，正是由於對道教文獻的熟悉和多年的積累，他善於發現和確認敦煌圖録中殘缺失題的道書抄本。據他收集的結果，目前已知的八百多件敦煌道經及相關文書抄本，能考訂或擬定經名的約有一百七十種。其中《正統道藏》未收的八十多種，道藏本殘缺而敦煌本可補缺的有十八種三十餘卷。即有超過半數敦煌經卷不見於明《道藏》。其中約二十種見於《道藏闕經目録》著録，是元代焚毁的唐代《道藏》所收經書。這些失而復得的早期道經，對解決道教研究中懸而未決的問題，具有極重要的文獻價值。敦煌道經不僅可供瞭解唐代《道藏》的樣貌，而且可以校補明代《正統道藏》的缺訛。這些文獻爲我們瞭解中古道教經典傳承和西北邊陲的道教史迹，提供了極爲珍貴的資料。

二〇〇四年，王卡的《敦煌道教文獻研究——綜述・目録・索引》一書，由中國社會科學出版社出版，並被評爲國家社會科學基金項目優秀成果。

二〇〇六年，王卡開始實施「敦煌道教文獻・圖録／釋文」（《敦煌道教文獻合集》最初擬名）的編纂工作，並申報成爲國家社會科學基金重點項目。王卡在項目申報書中這樣描述：

本次申請立項的「敦煌道教文獻・圖録／釋文」，是在《敦煌道教文獻研究——綜述・目録・索引》的基礎上，繼續完成敦煌道教文獻整理工作的新課題。也是繼大淵忍爾《敦煌道經圖録編》之後，再次對敦煌道教文獻寫本的搜索、編集工作。

這部合集的創新點在於彌補日本學者大淵忍爾圖録存在的許多缺陷。其一，增補大淵氏圖録遺漏較多的重要抄本；其二，收入二十世紀九十年代以來新公布的大批敦煌道教文獻寫本；其三，匹配相應的釋文、標點和校勘；其四，在文獻分類、經名考訂、内容提要、綴合殘片、核查《道藏》文本等方面進一步完善。經過以上整理，最終形成一部搜集完備、分類合理、編排有序、清晰可讀的大型文獻總集，爲道教研究提供更完備可靠且方便實用的基礎文獻資料，以推動道教研究的進展。

王卡還初步設計了編纂體例（大致與整理説明相同，不再贅述），對本項目的難點也做了預估。其一是資料收集工作。因敦煌道教文獻分散藏於世界各地，並且當時還有部分文獻（如日本散藏抄本）的圖片尚未公布，需要利用各種機會和關係搜集。王卡生前在易宏、劉志的先後協助下，基本完成了圖版的採集，尤其是近年新公布的英藏、法藏、俄藏、部分日藏，以及中國國家圖書館及部分地方圖書館的藏品。可喜的是，中國社會科學院世界宗教研究所道教與民間宗教研究室的研究人員和王卡的學生們，於二〇一九年十一月專程赴日本收集補圖，進展非常順利。其二是釋讀工作。因收集到的文獻有相當多模糊不清、書寫潦草、拼綴錯亂或殘頭缺尾，難以準確辨認釋讀。王卡在搜集的過程中，一邊搜集整理，一邊研究。他多次發現以前不僅有拼綴錯亂的圖版，還發現某些卷子原係同一部經卷，被一分爲二或被分爲更多份，分別藏於不同的單位。在辨識敦煌殘片時，哪怕只有四個字的殘片，他都找到了出處。王卡不僅完成了大部分卷子的釋録、點校（有些是指導學生初步釋録而後予以審定，還有一部分則收在《中華道藏》中），還撰寫了數十篇研究論文。其三是圖版處理，凡掃描、綴合、修補、除污等工作，都需要專業電腦軟件和技術，耗費時間和投資。

最近兩年來，道教與民間宗教研究室主任汪桂平及王卡的學生們，爲使這項研究成果不致中輟，主動承擔起整理王卡遺稿及繼續研究的工作。由於原先採集的部分圖片清晰度不够，達不到出版要求，學生們又不斷通過各種途徑採集最新高清圖版，並反復校對釋文。博士生胡百濤還自研處理和編輯圖片的技術，我甚爲感動。近日，林巧薇特來電告訴我，説俄藏敦煌文獻方面也已有了聯繫的途徑。在此，我真摯地向所有參與整理工作的研究人員和王卡的學生們致謝。

我要特別感謝世界宗教研究所原所長卓新平先生和道教與民間宗教研究室老主任馬西沙先生，在他們的强烈推薦和鼎力支持下，王卡的這部學術成果被納入中國社會科學院創新工程，這爲《敦煌道教文獻合集》一、二册的出版争取到了專項經費，使之能順利出版。他們還贊譽這部大型基礎文獻合集「彰顯了中國社科院學者在敦煌道教文獻研究領域的國際前沿水準，將會極大地推動敦煌學、道教學、文獻學等學科的研究」。

我還要感謝方廣錩先生，當我在關於圖片版權及出版方面遇到困惑時，我冒昧地通過電子郵件多次向方先生請教，均得到他不厭其煩耐心細緻的答復，他還提供了法國國家圖書館和英國國家圖書館的聯繫方式和相關規定，給予了極大支持。

我更要感謝中國社會科學院世界宗教研究所和中國宗教學會，在王卡離世周年之時，專門召開了敦煌道教文獻研討會，紀念王卡逝世一周年，並就《敦煌道教文獻合集》研究整理工作，聽取了國内學術界專家的積極建議。

幾十年來，王卡始終把自己的學術研究視作傳承中國傳統文化的一種使命。精神獨立，思想自由，精益求精，一絲不苟，是他一生做學問始終堅持不渝的原則。他説：「我就像個拓荒者，開荒時突然挖到一個寶貝，那種感覺奇妙無窮。我享受的就是這個過程，我真的感受到了馬斯洛所説的那種忘我的高峰體驗，這就足够了。」

《敦煌道教文獻合集》的出版，爲道教界與學術界的研究和資料利用提供更多方便，這就是王卡最大的心願。

陳寅恪先生曾經説過：「敦煌學者，今日世界學術之新潮流也。」我認爲，王卡也是這學術新潮流中翻起的一朵浪花吧。

我相信，《敦煌道教文獻合集》的出版，王卡在冥冥天國定會感知到的，他也一定會感到欣慰，並向大家致以衷心的謝意！

尹嵐寧

二〇一九年十二月二十七日於北京

整理説明

敦煌道教文獻研究是敦煌學的重要組成部分。《敦煌道教文獻合集》是已故著名道教學者王卡先生整理、研究敦煌寫卷、吐魯番文書等所含道教文獻的重要成果結集，係首次整理出版。全部書稿分册出版，所收録的道教文獻以王卡先生生前審定的寫卷爲準。新刊布的或其他學者另外考訂出的道教文獻寫卷，則在全部書稿之後以「補遺」等形式編訂。

書稿按照王卡先生確定的體例進行整理。基本原則如左。

一、整體上依據《敦煌道教文獻研究——綜述·目録·索引》（王卡著，中國社會科學出版社，二〇〇四年版）對所收道經進行歸類，依據先生最終確定的電腦文件夾、審定的録文進行調整。共分洞真、洞玄（含昇玄）、洞神（含洞淵）、太玄、太清、太平、正一等十二部。

二、每種道經，包括解題、圖版、釋文三部分。

三、解題文字使用《敦煌道教文獻研究》的「叙録」，同時依據王卡先生最後調整的圖版順序（含綴合次序）、審定的録文、在《敦煌道教文獻研究》自用稿上的批注及發表在各文集、期刊的校讀記、補正文章進行修訂，並調整與釋文重複或矛盾之處。不能直接加以修訂的，則以脚注形式進行説明。

使用的符號+代表前後兩件寫本可以直接綴合，↓代表前後寫本中間有闕卷。

各館藏編號縮略字頭如左：

S.：英國國家圖書館藏斯坦因所獲敦煌寫本
Ch.：原英聯邦印度事務部圖書館藏斯坦因所獲寫本
P.、P.T.：法國國家圖書館藏伯希和所獲敦煌寫本
Дx：俄羅斯聖彼得堡東方研究所藏奥登堡所獲漢文寫本
BD：中國國家圖書館藏敦煌寫本
WB：日本國立國會圖書館藏敦煌文獻
上圖：上海圖書館藏敦煌文獻
津藝：天津博物館藏敦煌文獻（原天津藝術博物館藏品）
浙博：浙江省博物館藏敦煌文獻
北大D：北京大學圖書館藏敦煌文獻
甘博：甘肅省博物館藏敦煌文獻
京都：日本京都博物館藏古經寫本
羽：日本杏雨書屋藏敦煌文獻（羽田亨舊藏）
龍谷：日本龍谷大學圖書館藏大谷探險隊所獲敦煌吐魯番文書

其他散藏抄本寫出收藏者名稱。

按照敦煌文獻著録慣例，本書亦兼收部分吐魯番道教文獻等非敦煌遺書抄本。凡此類抄本，解題文字中均以反白「附」字綴前以示區别。

徵引的目録索引資料簡稱：大淵目——大淵忍爾《敦煌道經目録篇》；黄目——黄永武《敦煌遺書最新目録》。其他採録文獻信息詳見《敦煌道教文獻研究》第六六至七二頁。全書最末將附録最新的寫卷索引信息。

四、每種道經下的圖版排列順序與調整後的解題著録順序相對應。依照《敦煌道教文獻研究》，同一種寫卷有數件抄本且有内容重合的，先選擇相對完整的爲標準本，其餘寫本依據經文起止順序排列。分甲、乙本且有内容重合或多卷次的，以各版本或卷次爲單元選擇標準本。同時參照大淵忍爾《敦煌道經圖録編》的做法，對標準本按照自然行進行標行，對其他寫卷則標注其與標準本的對照行。由於寫卷規格的差異，各本實際行數與標準本不能按順序對應時，則加圓括號（）以示區分。如某件第5行對應標準本第5行，而該件第11行對應標準本第10行，則在該件第11行下標注（10）。標準本完結而見於他本者，按順序推定；確實無法對照者，以特殊符號標示。對於可綴合的圖版，依據綴合順序連續標行。無標準本的，分别獨立標行。一般五行一標，整欄二十行一裁。每幅圖版亦標出起止行數。

圖版主體來自英國國家圖書館、法國國家圖書館、中國國家圖書館、日本杏雨書屋等館藏單位提供的照片。凡可以綴合的圖版均進行綴合，另有少量圖版如BD14841等，原係剪裱本，收録時進行拼接，以便讀者瞭解寫卷原貌。少量圖版係利用縮微膠片、《敦煌道經圖録編》等公布的圖片製作的復原圖，顔色僅爲統一版面視覺效果之需要，形狀上則盡量反映原貌。

五、釋文依照標準本録文，並進行校勘。體例基本延續《中華道藏》第一册所定「叙例」。（一）總體上照底本原字録文，盡可能保留寫本信息。除個别道經（單獨注明），盡量保留異體古字、俗寫字、通假字。但一般手寫之異，如已、己、巳混同，扌、木旁淆亂，艹與竹、广與厂、忄與巾混同之類，以及增減筆畫、類

化等情況，則據文意録定。原字現在被視爲簡體字的（如无、万、来、随、盖等）不轉换爲《通用規範漢字表》認定的對應繁體字。闕筆避諱字逕改，避諱字用替代字者不做改動。（二）寫本首尾所有的經名、品名、原卷題記、授經盟誓詞等均録出原文（雜寫文字除外）。對於没有特殊格式要求的寫本，一律採用自然行釋録，用「」標示换行情況；對於涉及神名、尊稱而出現的敬空、提行等情況，改作不敬空、不提行。科儀道法類文獻保持原文本格式。原附符籙、插圖等逐録在相應位置。（三）凡底本錯字漏字衍字逕改，並出校説明。擬補因殘斷、破損而無法見到的文字，使用底紋標示清楚，出校説明擬補依據。並依據其位置用（前缺）（中缺）（下缺）標示。存殘字但無法補出或模糊不清的，用□替代。擬補原卷抄寫脱漏的文字，以〔〕符號標示。假借字下酌情用（）注出正字。底本與參校本之符籙、圖畫有出入的，出校説明。（四）經文標點，限用逗號、句號、冒號、分號、頓號、問號、書名號。書名號只用於正文中出現的書名或篇章名，符圖名不用。不用嘆號、省略號、引號等，以免滋生歧義。

釋文末括注釋録者姓名和整理方式，一種經書通卷爲一人釋録的，僅在最末括注。其中，王卡先生的録文歷時較長，各時段的録文標準不盡統一：總體上屬於點校，對後世無傳本的某些道經卷次則有輯佚；一般是每種道經進行合校釋録，不對每一號寫卷都進行録文，但對於少量缺損嚴重的殘片也酌情照原行款單獨録文而不點校；總體上對原卷錯訛進行校改，少量幾種道經則在形近或音近訛字下用（）注出正字；有時通假字括注正字，但寫卷中一字統一借作某字則直接釋作本字，如某寫卷「撤」通借作「徹」，則直接録作「徹」；在經文、注文連書的文本中，有時會添加一些符號以示區分，如《登真隱訣》釋文使用的○等；用底紋標示的擬補文字係對闕卷做出的推測，內容會斟酌己意加以調整，並參照寫本用字，未必與所依據的參校本完全一致。這些複雜情況多是因應寫卷性質的不同而做出的靈活處理，基本上都予以保留。整理時主要對照圖版校對録文，訂正疏漏誤字，檢查校記與録文是否一致，以卷次爲單元統一校改格式等。

本書是敦煌道教文獻研究之力作，也是早期道教文獻研究的重要成果。書中對早期道經的分類考訂、卷次恢復、經文輯佚、圖版搜集必將爲敦煌學、道教學、古典文獻學研究提供可靠的文獻資料，助推相關領域獲得更爲扎實的研究成果。

整理小組

二〇一八年五月

第二册目録

三　洞玄靈寶部下

三　洞玄靈寶部下

（靈寶昇玄經及其他靈寶經書）

太上元陽經

解題

簡稱《元陽經》。撰人不詳，約出於南北朝。出在《化胡經》之後，《本相經》之前。原本卷數不詳。《正統道藏》洞玄部本文類收入《太上靈寶元陽妙經》十卷（第十卷後殘缺），又《洞玄靈寶上師説救護身命經》一卷（係《元陽經》缺卷）。

敦煌殘抄本有五件。（《中華道藏》第四册\099號）

S. 0482：首缺尾全。尾題：元陽上卷超度濟難經品第一。存經文一百零七行（首行文字裁去半邊），相當於道藏所收《洞玄靈寶上師説救護身命經》前半篇（第2a5—7a4行）。背面寫佛經。

（大淵目一〇〇頁推測此件爲《元陽經》卷一。今按，此件並非完卷，僅爲第一品）。❶

P. 2450：首尾殘缺，無卷題。存經文一百一十九行，大致與道藏本卷四《問行品》首尾相當。背面寫佛教文書。

（大淵目一〇三頁著録此件，並推測道藏本卷四有缺。今考此抄本内容，應接在道藏所收《洞玄靈寶上師説救護身命經》之後。）

P. 2366. 2：原卷由《洞淵神咒經》《太上元陽經》《本際經》三種經文粘接而成。本件首尾整齊裁斷，無卷題。首行題：太上元陽經觀山品第十六。第75行題：太上元陽經淨土品第十七。第164行題：太上元陽經庄嚴品第十八。存經文二百二十三行。内容文字不見於道藏本。背面寫佛經《百法明門論》。（大淵目一〇二頁）

臺北4717（散0065）：首尾殘缺，無卷題。存經文一百一十二行。第22行題：太上元陽經淨土品第十七。第111行題：太上元陽經莊嚴品第十八。所存經文相當於P. 2366. 2抄本第55—166行，但筆跡不同。（大淵目一〇二頁）

S. 3016：首殘尾全。尾題：太上元陽經卷第十。品名不詳。存經文一百三十三行。其内容文字襲取《佛説無量壽經》卷上，而與道藏本卷十截然不同。

❶《敦煌道教文獻研究》旁批曰：「此件可能是《大道通玄要》殘卷之一，引述《元陽經》也！」

太上元陽經卷第一（擬）

（大淵目一〇二頁）

圖版

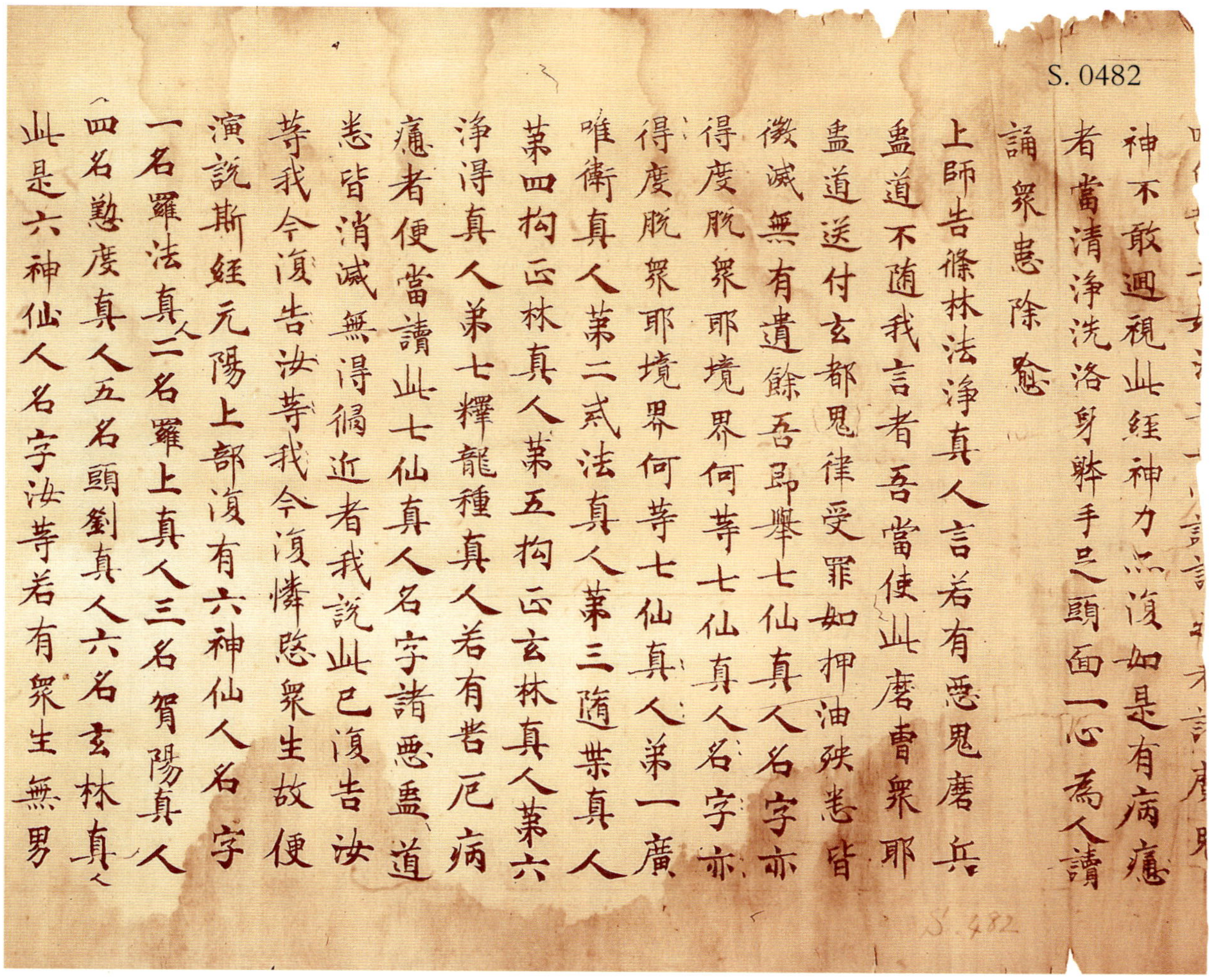
S. 0482

無女無貴無賤有苦厄者皆當稱說六神
仙人名字所患悉除衆惡戾氣不得來近
一切滅盡無有遺餘
上師告條林法淨真人汝一心善聽我所陳說
若有無數弟子等及得道真人及諸天
神王一切天人我昇天後若有受持我所
囑累法汝常當晝夜擁護令得安隱條林
法淨真人曰上師尊弟子當於得道度
世將卅五真人於惡世中能有讀此經之
處弟子等晝夜在其左右擁護是人衆
耶魍魎魑魅不得來近常使是人卧安覺
脩行善法師師謂弟子等善哉善哉汝能
擁護我百千万劫中所脩集昇成神仙
元陽上品一弟子可當說此來既復有
四天神王各將眷屬部曲行正長跪叉手
言師尊我等於師尊昇天之後各將斯等
眷屬案行國界有能讀誦書寫者受持
是經者我等眷屬常來隨逐是晝夜擁
護令不見惡是人欲行曠野者我常隨
逐道從懃心推護不離是人不令惡鬼

妄來侵近常得充足不令飢渴所欲求
者我等神王遣諸軍將吏兵悉令供給
如其所願無所之少何以故是人能流布此
經脩行善法供養仙寶元陽上品繫其仙
薄不令斷絕說是來既復有七山神王等
各長跪叉手於上師前一心合掌白師
尊我等山神領衆無數上有百千天人
常當飛行於惡世中人間有能讀誦書寫
受持是元陽劫度經者我等山神与天人
齊執与其眷屬共到天上是人所在之處受
此法典常當守護晝夜不離在其四面
面擁護是人衆磨惡鬼不得集其精氣不
得橫來絕命不得橫來撓侗不得求其長
短不得單䃾令毒不行我等眷屬常來
在其人所住處於虛空中是人若遇大水
悉決瀾去我山神王力即於空中來護是人
不令見溺水即還停得渡水難若遇大火我
等山神王力隨其方便救護其身令不
大火所燒若遇大賊於我四面救護是人能
使賊心刀仗不舉即發慈心若遇官事繫

縛枷鏁晝夜愁苦我等山神王力各將眷
屬軍將吏兵於虛空中能令其官心生歡
喜悉令放赦皆得解脫我等山神王力眷
屬軍將伏怒一心救護不令他緣而得擾乱
於無數國土人民聚落城邑劫中當念是
經何以故此經仙聖慇懃所屬之法其文
流布法應宣傳若有昇天仙道士經行林野
心息樹崖者若有山神磨女鬱惡精魍魅
魍魎來欲遶伺之者我等山神王力能令是
人不生畏想禪思如故
上師言令讚汝等山神王徒善哉善哉汝等
軍將吏兵勇卒堅勁伏怒日久曾於過去世
時乃至百万歲百千万歲劫中時值愚百千
万億諸仙上品元陽經卷處第八之中廣度
衆生神通弟子之例汝若能流布此經讀
誦書寫方便救濟不令見惡常行善心尒
時山神王等即與諸眷屬軍將吏兵頂礼
師尊一心奉行即辭而出
上師告弟子法淨絛林真人曰吾以壬寅歲七
月七日當行遠方汝等於我去後好用心所眷

屬著舉身囑累汝等唯有廣智弟子慇
心流布此法令一切衆生悉得聞知族姓
子汝冣是吾心中弟子我所法悉付囑汝
吾今憐愍一切衆生故欲令解脫衆難還
正坐付囑此法已族姓子汝等此經尊極
有神力勸令一切族姓子家男女供養香華
雜華　燃燈續明復能轉讀誦習救人疾
病苦之人現世安吉無復疾病將來往生文
昌宮宿即生蓮華中軀體神化得五通無
导智慧身壽八万八千歲更還年少五通具
足知勇猛健如上仙皆元陽仙公功值如是
不可稱計族姓子汝當用好紙好筆好墨
至心細書寫此遺文流布國界我所出法
上下句文如吾本師元陽仙公所囑妙法無
有錯誤汝無令妄失一畫一沾族姓子我憐愍
衆生唯囑此經皆令一切有刑之類悉得聞
知心開意解常行善法念念不忘皆行往
生清淨受命延長神通无㝵尒時絛林真
人日在世師尊前一心叉手舉身肅相毛悉
竪戰戰兢兢一心諦聽上尊所語不敢妄失

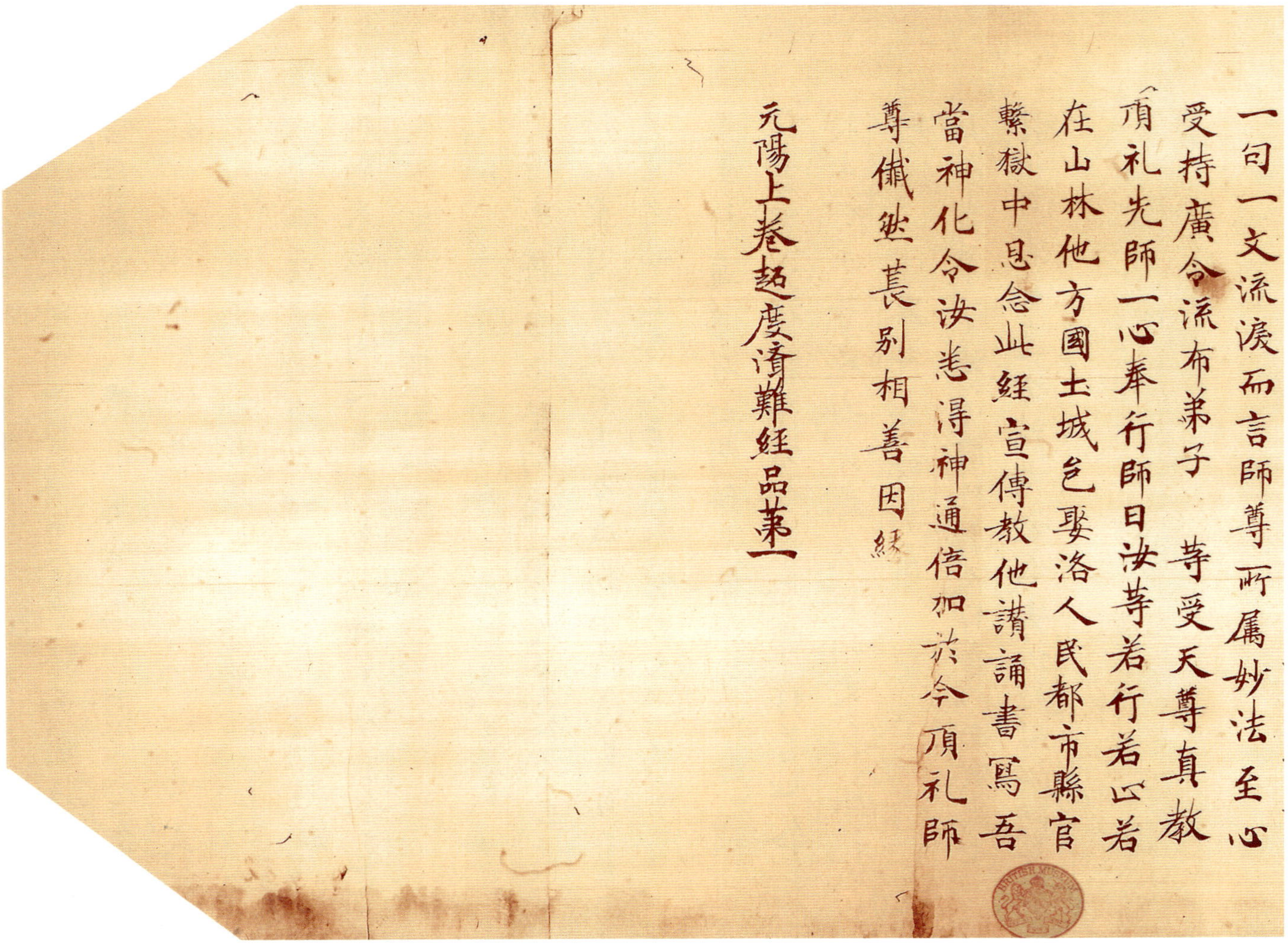
一句一文流淚而言師尊所屬妙法至心
受持廣令流布弟子　等受天尊真教
頂禮先師一心奉行師曰汝等若行若心若
在山林他方國土城邑聚落人民都市縣官
繫獄中思念此經宣傳教他讀誦書寫吾
當神化令汝悉得神通倍加於今頂禮師
尊儀然長別相善因緣
元陽上卷超度濟難經品第一

釋文

（S.0482 抄本，前缺）〔一〕

爾時上師在蒲林國中，坐繁華樹下，臨欲昇天。乃有一弟子，名曰條林法浄真人，及諸得道大弟子等一切諸天人，皆來集會師所，各各正坐，白上師言：弟子等願師少坐，留神布化，然後昇天。師告弟子族姓等：於我去之後五百世中，一切衆生當惡鬼衆邪蠱道，奪人精氣，求人長短，横來殺者。（復告）條林法浄真人言：亦好勤心流布此經，令惡世中衆生無有病苦，無有横死，衆邪蠱道悉皆消滅。我所囑累，唯有斯經。若有衆生，無男無女，有能讀此經一句一偈者，衆邪惡鬼不得妄來侵近。若在荒野中、山林中、苦厄難中，若在大火中，若在大水中，常當讀誦此經，悉能斷除。何以故？此經有大威神力，出元陽上品中，常當讀誦。若不能讀者，但當著懷中。至心受持此經者，則得仙道，善神營護。若過去世、未來世、見在世諸弟子等，皆蒙先師神力，早度八難。若欲遠行，常當持去處處村落、王化大城、人民都市中，行時一心，為人演説，功德無量。能有須臾聽者，所願悉得。弟子等，吾不虚言。此經吾上師太玄元陽仙公之所出，演化祕要，其難可得。譬如妙藥，能愈毒病，能斷惡毒。有人持行，諸惡毒蟲、衆邪蠱道，欲來争害，聞此藥氣〔二〕，四向散去。如汝等一心誦讀之者，諸魔鬼／神不敢迴視。此經神力，亦復如是。（若）有病癧／者，當清浄洗浴身躰手足頭面，一心為人讀／誦，衆患除愈／。

上師告條林法浄真人言：若有惡鬼磨（魔）兵／、（衆耶）蠱道，不隨我言者，吾當使此磨（魔）曹衆耶／蠱道，送付玄都鬼律受罪，如押油殃〔三〕，悉皆／消滅〔四〕，無有遺餘。吾即舉七仙真人名字，亦／得度脱衆耶境界。何等七仙真人〔五〕？第一廣／唯衛真人，第二戒法真人，第三隨葉真人／，第四拘正林真人，第五拘正玄林真人，第六／浄得真人，第七釋龍種真人。若有苦厄病／癧者，便當讀此七仙真人名字，諸惡蠱道悉皆消滅。無得侵近者。我説此已，復告汝／等：我今〔六〕復憐愍衆生，故便／演説斯經元陽上部，復有六神仙人名字／，一名羅法真人，二名羅上真人，三名賀陽真人／，四名勲度真人，五名頭劉真人，六名玄林真人/。此是六神仙人名字。汝等若有衆生，無男/無女，無貴無賤，有苦厄者，皆當稱説六神/仙人名字，所患悉除，衆惡疫氣不得来近/，一切滅盡，無有遺餘/。

上師告條林法浄真人：汝一心善聽我所陳説/。若有無數弟子等，及得道真人，及諸天/神王，一切天人，我昇天後，若有受持我所/囑累（妙）法，汝常當晝夜擁護，令得安隱。條林/法浄真人曰：上師尊，弟子當於得道度/世，將廿五真人於惡世中，能有讀此經之/處，弟子等晝夜在其左右，擁護是人，衆/耶魍魎魑魅，不得来近。常使是人卧安覺（安）/，脩行善法。師（七）謂弟子等：善哉善哉，汝能/擁護我百千万劫中所可脩集（八），即成神仙/元陽上品第一弟子耳。當説此来既（九），復有/四天神王，各將眷屬部曲，行正萇（長）跽，叉手/言：師尊，我等於師尊昇天之後，各將斯等/眷屬案行國界，有能讀誦書寫者，受持/是經者，我等眷屬常来隨逐是人，晝夜擁/護，令不見惡。是人欲行曠野者，我常隨/逐道從，懃心擁護（一〇），不離是人，不令惡鬼/妄来侵近，常得充足，不令飢渴。所欲求/者，我等神王遣諸軍將吏兵，悉令供給/，如其所願，無所乏少。何以故？是人能流布此/經，脩行善法，供養仙寶，元陽上品繫其仙/簿，不令斷絶。説是/已（一一），復有七山神王等/，各各萇（長）跽叉手於上師前，一心合掌白師/尊：我等山神王領衆無數，上有百千天人/，常當飛行於惡世中，人間有能讀誦書寫/，受持是元陽却魔（一二）經者，我等山神与天人/齊執，与其眷屬共到天上。是人所柱（住）之處，受/此法典常當守護，晝夜不離，在其四面/擁護是人，衆磨（魔）惡鬼不得奪其精氣，不/得横来絶命，不得横来撓害，不得求其萇（長）/短，不得皐厭，令毒不行。我等眷屬常来/在其人所住處，於虚空中。是人若遇大水/，悉決漂去，我山神王力，即於空中来護是人/，不令見溺，水即還停，得渡水難。若遇大火，我/等山神王力，隨其方便救護其身，不令/大火所燒。若遇大賊，於我四面救護是人，能/使賊心刀仗（杖）不舉，即發慈心。若遇官事繫/縛枷鏁，晝夜愁苦，我等山神王力各將眷/屬軍將吏兵，於虚空中，能令其官心生歡/喜，悉令放赦，皆得解脱。我等山神王力眷/屬軍將伏怒（一三），一心救護，不令他緣而得擾乱/。於無數國土人民聚落城邑，劫中當念是/經。何以故？此經仙聖慇懃所屬（囑）之法，其文/流布，法應宣傳。若有昇天仙（一四）道士，經行林野/，止息樹崖者，若有山神磨（魔）女、岸鄉惡精、魑魅/魍魎，来欲撓害（一五）之者，我等山神王力，能令是/人不生畏想，禪思如故/。

上師言令讃（一六）：汝等山神王徒，善哉善哉。汝等/軍將吏兵，勇卒堅勁，伏怒日久（一七），曾於過去世/時，乃至百千万歲（一八）劫中時，值遇（一九）百千/万億諸仙上品元陽經卷，處第八之中廣度/衆生神通第八弟子之例（二〇）。汝若能流布此經，讀/誦書寫，方便救濟，不令見惡，常行善心。尒/時山神王等，即与諸眷屬軍將吏兵頂礼/師尊，一心奉行。即辭而出/。

上師告弟子法浄條林真人曰：吾以壬寅歲七/月七日，當行遠方。汝等於我去後，好用心（我）所眷/屬，著（二一）舉身囑累，汝等唯有廣智弟子，懃/心流布此法，令一切衆生悉得聞知。族姓/子，汝最是吾心中弟子，我所（出）法，悉付囑汝/。吾今憐愍一切衆生，故欲令解脱衆難。還/正坐，付囑此法已，（復告）族姓子：汝等此經尊（猛），極/有神力，勸令一切族姓子家男女，供養香華/雜華（二二），燃燈續明。復能轉讀誦習，救人疾/病苦（厄）之人，現世安吉，無復疾病，將来往生文/昌宫宿，即生蓮華中，軀體神仙，得五通無/㝵智慧，身壽八万八千歲，更還年少，五通具/足，知勇猛健如上仙，皆元陽仙公功值（二三）如是/，不可稱計。族姓子，汝當用好帋好筆好墨（二四）/，至心細書寫此遺文，流布國界。我所出法/上下句文，如吾本師元陽仙公所囑妙法，無/有錯誤，汝無令妄失一畫一點（二五）。族姓子，我憐愍/衆生，唯囑（二六）此經，皆令一切有形（二七）之類，悉得聞/知，心開意解，常行善法，念念不忘，皆行往/生清浄，壽命（二八）延萇（長），神通无㝵。

尒時條林（法浄）真/人，日在世師尊前，一心叉手，舉身宍相，諸毛悉/豎（二九），戰戰兢兢，一心諦聽上尊所語，不敢妄失/一句一文，流淚而言：師尊所屬（囑）妙法，至心/受持，廣令流布，弟子等受天尊真教/，頂礼先師，一心奉行。師曰：汝等若行若止，若/在山林，他方國土，城邑聚落（三〇），人民都市，縣官/繫獄中，思念此經，宣傳教他，讃誦（三一）書寫，吾/當神化，令汝悉得神通，倍加於今。頂礼師／尊，懺然茛（長）別。相善因緣〔三二〕／。

元陽上卷超度濟難經品第一

校記

〔一〕此抄本卷首原有缺損，尾題「元陽上卷超度濟難經品第一」。據其内容文字看，應爲《太上元陽經》缺卷。按，《正統道藏》所收《洞玄靈寶上師説救護身命經》，其前半篇文字與本卷相當，今用作參校本（簡稱道藏本）。敦煌抄本中缺筆避諱字，逕改不出注。與文義無關之通假字、異文，亦不作校改。

〔二〕以上陰影中文字，據道藏本補。以下括號中據道藏本所補文字，不復出注。

〔三〕如押油殃：道藏本作「如塵沙釁殃」。

〔四〕消滅：原誤作「微滅」，據道藏本改。

〔五〕原本此下衍「名字亦得度脱衆耶境界何等七仙真人」十六字，有删除符。

〔六〕原本此下衍「復告汝等我今」六字，有删除符。

〔七〕原本衍作「師師」，删去一「師」字。

〔八〕所可脩集：道藏本作「所可修習」，近是。

〔九〕當説此来既：道藏本作「當説未訖」。

〔一〇〕擁護：原誤作「推護」，據道藏本改。

〔一一〕説是已：原作「説是来既」，「来」字旁有删除符，「既」字校改作「已」。

〔一二〕此字原寫作「磨」，以朱筆改作「魔」。

〔一三〕伏怒：道藏本作「伏弩」。

〔一四〕昇天仙：道藏本作「未昇仙」。

〔一五〕撓害：原誤作「遶害」，據道藏本改。

〔一六〕令讚：道藏本作「吾今謂」。

〔一七〕道藏本無「勇卒堅勁伏怒日久」八字。

〔一八〕百千万歲：原衍作「百万歲百千万歲」，據道藏本删去三字。

〔一九〕此字原寫作「愚」，以朱筆改作「遇」。

〔二〇〕例：道藏本作「列」，近是。

〔二一〕著：道藏本作「若」。

〔二二〕香華雜華：道藏本作「香花珍果」。

〔二三〕功值：道藏本作「功德」。

〔二四〕好墨：原作「好默」，據道藏本改。

〔二五〕一點：原誤作「一沾」，據道藏本改。

〔二六〕唯囑：道藏本作「故遺」。

〔二七〕有形：原作「有刑」，據道藏本改。

〔二八〕壽命：原誤作「受命」，據道藏本改。

〔二九〕舉身宍相諸毛悉豎：道藏本作「舉身肉袒，身毛肆豎」，近是。

〔三〇〕聚落：原作「娶洛」，據道藏本改。

〔三一〕讚誦：道藏本作「讀誦」。

〔三二〕道藏本無「相善因緣」四字，但其後較敦煌本多出五頁元陽仙人條林法浄傳記，詳見後。

太上元陽經（卷次品名不詳）〔一〕

元陽仙人林先生者，紫陽仙第二弟子也。其先出自平等離垢穢王宫，是陵龍王之少子也。其所祖述，紫陽為師；其所傳習〔二〕，元陽上部；其所好玩，神仙第二；其所纂修，宴浄林野；其所屬名，綜繼天文。始年十三，止在大莊華林山中，與大弟子二千人，皆是修具足行，諸根勇猛，無復煩惱。逮成仙品，除七十二結，心得自在，其名曰條林法浄先生。將二千人止在〔三〕大莊華林山中，歷年精思，即成其第二仙品。皆心不退轉，利得辯才，神通無礙，能蹈波淩風，忽逕萬里，還來止在故處。爾時有天人二萬，諸天仙人俱，復有諸天玉女二萬四千人，心得自在。有大龍天王、羅龍天王、脩忘天王、吉龍天王、進仙天王，各將侍從神仙鹵簿，來詣條林法浄先生所，問元陽上品宴坐之法。爾時先生四衆圍繞，供養恭敬，尊重讚歎，為諸弟子等説無量功德上仙上品。爾時先生坐乎樹下，入於無量精思，出演無量智見，欲為諸王説元陽第二，即有種種天華而來蓋蔭其上。普遍大衆，如諸世界，五通備具，望上元陽神師下教，即日為汝等説元陽上品。汝等好聽，即當得元陽仙記。爾時先生處林，放大光明神通，上至元陽仙亭，靡不周遍，下至黑暗地獄。爾時諸王上視，皆元陽仙府，悉見彼土一切天人，金城樓閣臺殿，仙人玉女，諸天浄宫，林雲紫閣。但見天人説元陽經典，并見彼方得道弟子等男女陰陽仙官，受神内契。種種得道人、種種䫫行人、種種信解人、種種神通人。諸王見已，即問先生曰：此何國界，莊嚴如是？先生曰：此是元陽，彼土多諸妙寶宮室，亦有山林河海林野，彼人種種因緣，從心所好而求仙記。或見彼國金銀城池，黄金爲地，白銀界側，處處行廚，珊瑚爲道，真珠爲繩，摩尼爲牀，硨磲爲池，碼碯緣邊，一切天人澡浴其中。彼國金剛諸珍，奴婢車乘，寶飾輦轝。有大施主，至心迴向元陽仙所，求著名記，願得度三界第一，諸仙所歎。復有善人，駟馬寶車，欄楯華蓋，軒飾宮殿，其中仙人身肉手足及妻子，布施求仙上品。復有仙人，頭面軀體，欣樂施與，求仙智慧。有大弟子我見天人及諸明王，往詣仙所問無上道，便捨樂土宮殿臣妾等，散髮宴坐，深思泰定，獲五神通，而著青衣，一心玄解元陽上品。或見弟子而作仙人，獨處閑静，樂誦經典。有一弟子姓焦名林，勇猛精進，入於深山，思惟上品。有一弟子姓周名喬，晝夜離欲，常處空閑，深修泰定，得五神通。有一弟子姓木名林，安心定思，稽首以千萬仙品，讚諸仙法。有一弟子姓察名林，智深志固，能問諸法，聞悉受持，備得神通。次一弟子姓張名陵，照明道教，安國法王，廣化無量，功修治宣，種種教説。次一弟子姓李名過，定慧具足，以無量喻爲衆講法，欣樂説古，化諸王子，天人恭敬，五通具足。次一弟子姓富名林，寂然宴然，天人恭敬，備五神通，處林放光，功濟天人，普令入仙品。次一弟子姓猛名功，處林修志，翼習仙靈，神通具足，元陽第七。次一弟子姓尹名經，未常睡眠，經行林中，勤求上品，智慧神通，力能移山。次一弟子姓張名角，威儀具戒，終身無缺，净如寶珠，以求仙度，深心備慧，以五神通，（元陽）〔四〕第十七。次一弟子姓羽名林，住欲憎上，慢人惡罵捶打，皆悉能忍，以求五通，能訶有德者。次一弟子姓宫名雲，離諸戲歎，妻子布施，以求上品，備得智慧，神通無礙。次一弟子姓姜名嫣林，一心除亂，攝心念道萬歲，遊行國界，以求上真，元陽第九。次一弟子姓韓名終，餚饍飲食，百種湯藥，廣療疾病，救度生死，開悟衆生，元陽第十三。次一弟子姓賈名林，千萬幢儀，栴檀寶蓋，衆妙卧具，施給太上，以求仙品，如此人等，元陽第十四。次一弟子姓吕名子，老里先生，清净園林，華果茂盛，流泉浴池，求施上仙，證爲都伯，決定仙記，元陽第十八。次一弟子姓成名興，種種廣行，出度衆生，歡喜一心，無有厭倦，以求仙品，元陽第二十。次一弟子姓馬名征，具足行體，種種微妙，説寂滅法，種種教化，無數衆生，觀諸仙姓，無有二相，猶如虚空，乃能分别，如是人等，元陽經中第二十三。次一弟子姓東郭名星林，心如虚空，心無所著，以此妙慧，國界遊行，求人補代，如是人等，元陽第二十四。次一弟子姓梁名石，宴坐林樹，深思元陽神經妙句，無量演説，嚴飾國界，寶臺高妙，五百由旬，縱廣正等，閑於此坐，爲衆讚法，如是之人，元陽第三。次一弟子姓朱名仲，用行一一，高寶臺廟，各千萬幢幡，珠衣露幔，寶鈴彌羅，高坐和鳴玉牀，爲衆説法，如是之人，元陽第四。次一弟子姓胡名林，千萬智慧，教諸龍王，人及非人，皆能獲仙，常以香華伎樂，供養諸仙，如是之人，元陽第二十七。次一弟子姓寇名林，少習遊仙，涉登九嶽，殊越微塵，供養諸仙，如是之人，元陽第二十九。次一弟子姓趙名林，少修行學，廣度人民，安然清净，樂誦仙品，如天樹王，開敷一切，如是之人，元陽第三十。次一弟子姓嚴名平，處林閑坐，放一净光，我及衆生，見此國界，種種神力，智慧希有，如是之人，元陽第三十一。次一弟子姓子名丹，多行世界，事君思仙，遠適山林，勤求太上，定慧具足，常在日中，我等見此，得未曾有，如是之人，元陽第三十二。

校記

〔一〕本篇據《正統道藏》所收《洞玄靈寶上師説救護身命經》後半篇抄補。從内容文字看，本篇是元陽真人條林法净及其弟子本行記，應插在S. 0482與P. 2450號抄本之間，卷次品名不詳。姑置於此。

〔二〕傳習：原誤作「儒習」，據文義改。

〔三〕止在：原誤作「正在」，據文義改。

〔四〕據上下文例補「元陽」二字。

太上元陽經（卷次品名不詳）

圖版

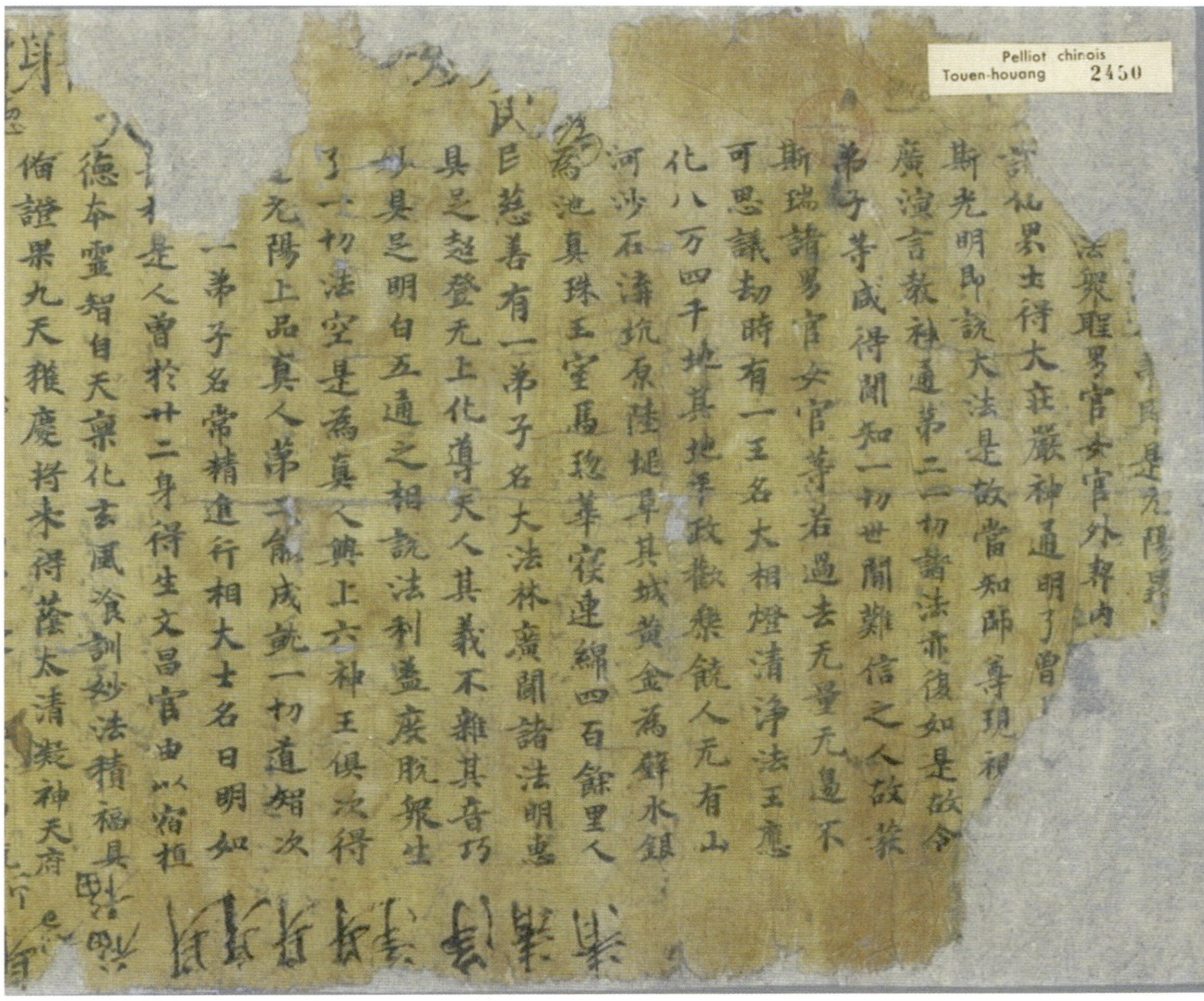
Pelliot chinois
Touen-houang 2450

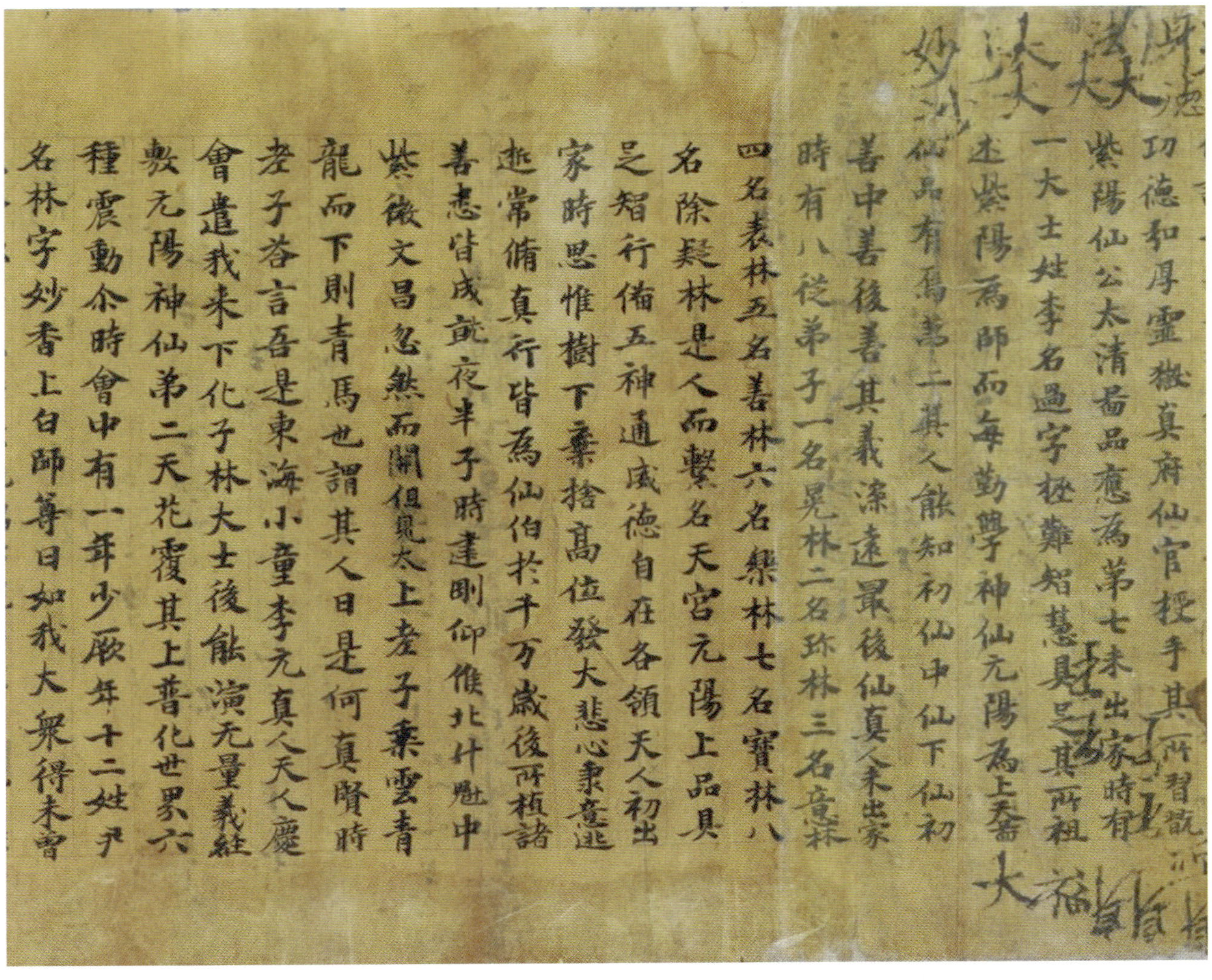

見今歡喜娛樂長跪端心觀師尊所説善辞
巧妙善喻方便能放一大光明普照一切令
其會中衆得開明所爲因緣照明元陽上品
仙聖大品天人之界其土清淨得未曾有故
使百千万歲中衆生永安大福脩林法淨真
人曰吾師説元陽上品以来曾經六十小劫
不起于座今欲捬應歸本正月七日當還天
宮慶集天人汝等若有一人二人乃至十人於
我去後能宣傳妙法勸化衆生皆當往生元
陽品中莫得懈惓六十小劫天人並位齊心
受記乃告諸大士等得條林法淨真人言
今當慶會天人其人去後妙元林與光妙林
應達五通廣智神仙巧利經記當得淨慧開
悟衆生号曰淨慧度真人授記已便於壬辰
年正月七日忽然去矣元陽淨慧度林真人
者生於涤妙王宮其先代積行勤心翹念躭
讀真經每習仙記常所祖述太一元宮其所
脩學太一仙經八百卷其中廣演言教化度
衆生説妙林仙記八千卷滿八十小劫不起于
坐爲人演説有八弟子一名晃林二名妙林

三名教林四名堅固林五名燈香林六名樂
林七名度林八名化林是八弟子皆有明
行於元陽上品第三弟子世雾臺榭蘭田
廣林樹下有成仙品者名曰伯皇真人求
在左右通利誦典廣演諸經宣暢至品
曾於大衆過去之世經六十小劫其衆嚴敬
演教度一切无數令入元陽上品初出家時
有三弟子見神大聖諸仙隨從説此經中
无量種義諸天仙人當廣分別吾當説此
時即於天上玄坐虛空中八十小劫下觀
汝等廣演言教昇入无量品天香寶蓋天
龍仙王供養人中一切諸仙世界嚴淨其土
如胎多諸寶樹名師子像王宮即時六種天
人神響震動淨慧度林真人放神通光明見
諸希有之相悉見彼土一切人民其土清淨
真珠爲地黄金爲城水銀爲壁白銀爲室黄
青赤繩連綿其中馬瑙界側水精爲殿白玉
爲樓雾雾行樹園林臺榭清淨蓮池華菓
茂盛一切衆生受樂其中連綿相續四千餘
里天光普照衆寶莊嚴琉璃頗梨内外朗徹

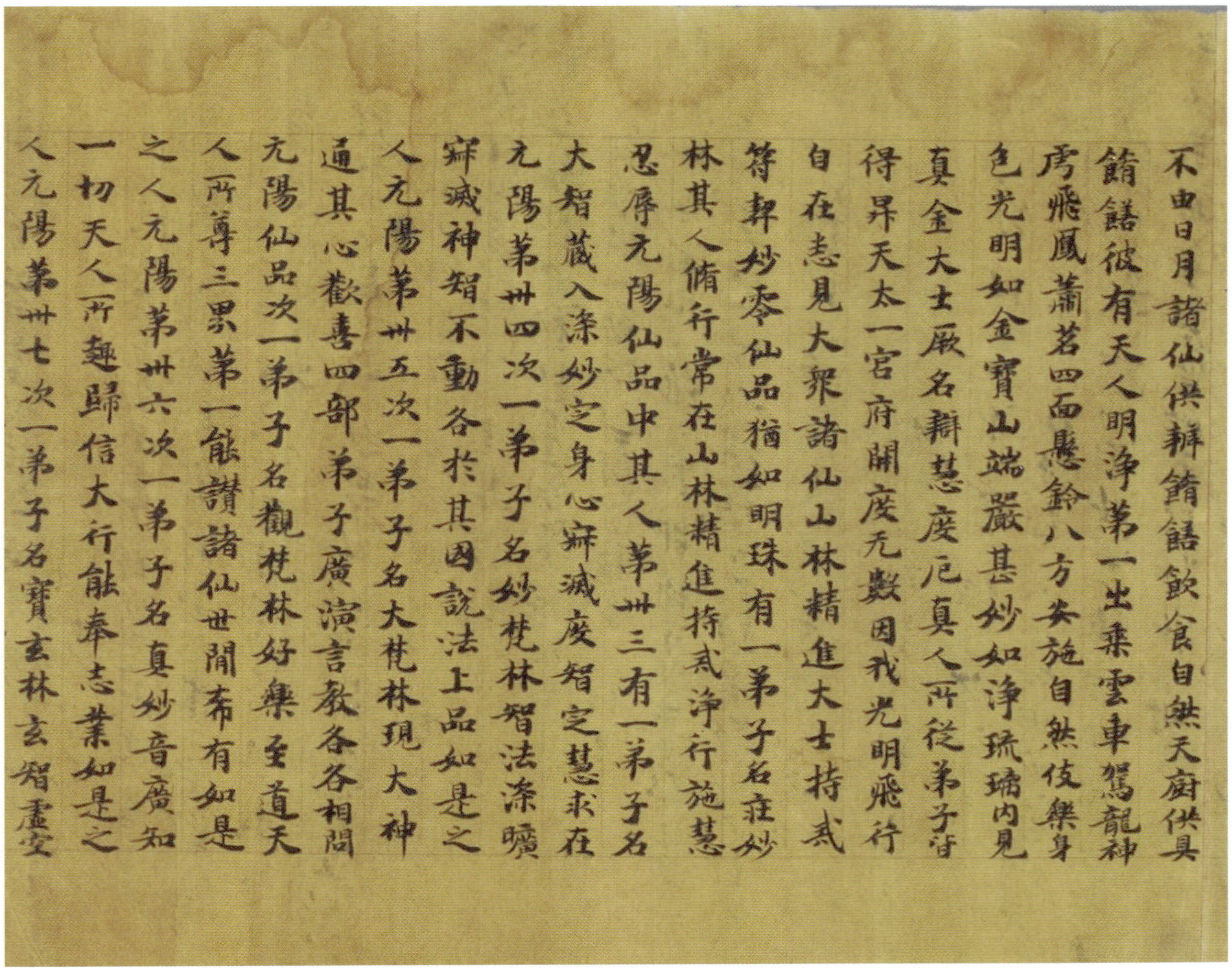
不由日月諸仙供辦餚饍飲食自然天廚供具
餚饍彼有天人明淨第一出乘雲車駕龍神
虎飛鳳蕭茗四面懸鈴八方安施自然伎樂身
色光明如金寶山端嚴甚妙如淨琉璃內見
真金大士厥名斛慧度厄真人所從弟子皆
得昇天太一宮府開度无數因我光明飛行
自在志見大衆諸仙山林精進大士持戒
等身妙容仙品猶如明珠有一弟子名莊妙
林其人脩行常在山林精進持戒淨行施慧
忍辱无陽仙品中其人第卅三有一弟子名
大智藏入深妙定身心寂滅度智定慧求在
无陽第卅四次一弟子名妙梵林智法深曠
寂滅神智不動各於其因說法上品如是之
人无陽第卅五次一弟子名大梵林現大神
通其心歡喜四部弟子廣演言教各各相問
无陽仙品次一弟子名觀梵林好樂至道天
人所尊三界第一能讚諸仙世間希有如是
之人无陽第卅六次一弟子名真妙音廣知
一切天人所趣歸信大行能奉志業如是之
人无陽第卅七次一弟子名寶玄林玄智虛空

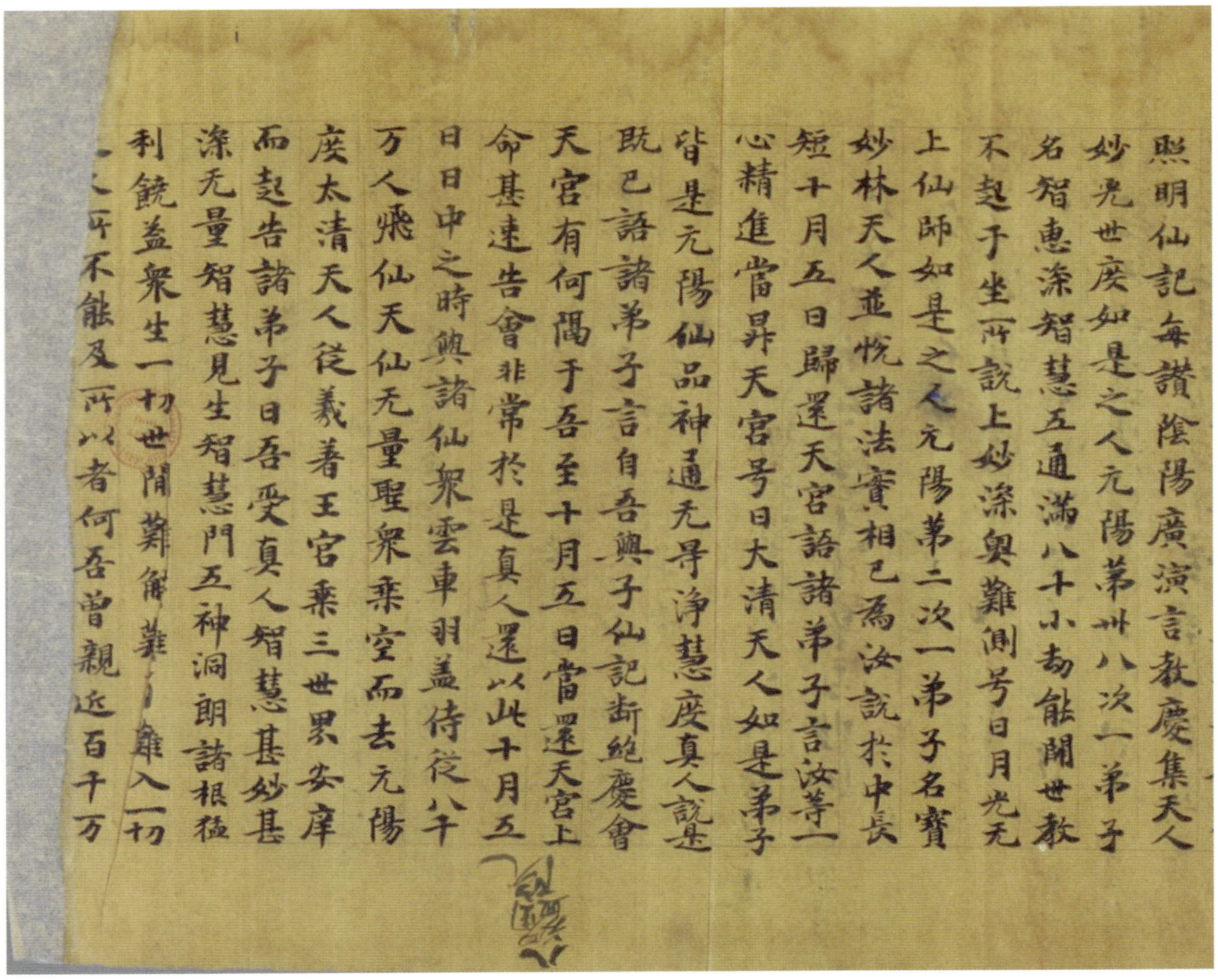
熙明仙記每讚陰陽廣演言教慶集天人
妙光世度如是之人无陽第卌八次一弟子
名智惠深智慧五通滿八十小劫能開世教
不起于坐所說上妙深奧難測号日月光无
上仙師如是之人无陽第二次一弟子名寶
妙林天人並悅諸法實相已為汝說於中長
短十月五日歸還天宮語諸弟子言汝等一
心精進當昇天宮号曰大清天人如是弟子
皆是无陽仙品神通无㝵淨慧度真人說是
既已語諸弟子言自吾與子仙記斷絕慶會
天宮有何遇于吾至十月五日當還天宮上
命甚速告會非常於是真人還以此十月五
日日中之時與諸仙衆雲車羽蓋侍從八千
万人飛仙天仙无量聖衆乘空而去无陽
度太清天人從義著王宮乘三世界安庠
而起告諸弟子曰吾受真人智慧甚妙甚
深无量智慧見生智慧門五神洞朗諸根猛
利鏡蓋衆生一切世間難解難離入一切
人所不能及所以者何吾曾親近百千万

釋文

（P.2450 抄本，前缺）[一]

諸弟子等上白師尊言：衆生各有緣品，及諸／大士、男官女官等。如弟子惟忖，今聖非過去／聖師，廣演次[二]第，即是元陽昇仙大法，演大義／經，諸法衆聖、男官女官、外契内契。我於過去／諸仙界土，得大庄嚴，神通明了。曾見此瑞，放／斯光明，即説大法。是故當知師尊現視變化／，廣演言教，神通第二。一切諸法，亦復如是。故令／弟子等咸得聞知。一切世間難信之人，故發／斯瑞。諸男官女官等，若過去无量无邊不／可思議劫時，有一王名大相燈清浄法王，應／化八万四千地。其地平政[三]，歡樂饒人，无有山／河沙石溝坑，原陸埠阜。其城黄金為壁，水銀／為池，真珠玉室，馬瑙華寢，連綿四百餘里，人／民慈善。有一弟子名大法林，廣聞諸法，明惠／具足，超登无上，化導天人，其義不雜，其音巧妙，具足明白，五通之相，説法利益，度脱衆生／，了一切法空。是為真人，與上六神王俱次得／道，元陽上品真人第二，能成就一切道智。次復有一弟子，名常精進行相大士，名曰明如／長相。是人曾於廿二身得生文昌宫，由以宿植／德夲，靈智自天，禀化玄風，飡訓妙法，積福具／备，證果九天，獲慶将来，得蔭太清，凝神天府／，功德弘厚[四]，靈嶽真府，仙官授手。其所習翫／，紫陽仙公太清畐品，應為第七。未出家時，有／一大士，姓李名過，字拯難，智慧具足。其所祖／述，紫陽為師，而每勤學神仙元陽，為上天畐／仙品有焉第二[五]。其人能知初仙、中仙、下仙，初善、中善、後善，其義深遠最後。仙真人未出家／時，有八從弟子：一名晃林，二名珎林，三名意林／，四名表林，五名善林，六名樂林，七名寶林，八／名除疑林。是人而繫名天宫元陽上品，具／足智行，俻五神通，威德自在，各領天人。初出／家時，思惟樹下，棄捨高位，發大悲心，秉意逃／逝，常脩真行，皆為仙伯，於千万歲後，所植諸／善，悉皆成就。夜半子時建剛，仰候北斗魁中／紫微文昌，忽然而開，但見太上老子乘雲青／龍而下，（下）則青馬也。謂其人曰：是何真賢？時／老子答言：吾是東海小童李元真人，天人慶／會，遣我来下，化子林大士，後能演无量義經／，敷元陽神仙弟二，天花覆其上，普化世界，六／種震動。尒時會中有一年少，厥年十二，姓尹／名林，字妙香，上白師尊曰：如我大衆得未曾／見，今歡喜娱樂，長跪端心，觀師尊所説，善辞／巧妙，善喻方便，能放一大光明，普照一切，令／其會中蒙得開明，所為因緣，照明元陽上品／仙聖大品天人之界，其土清浄，得未曾有，故／使百千万歲中，衆生永安大福。條林[六]法浄真／人曰：吾師説元陽上品以来，曾經六十小劫／，不起于座，今欲攝應歸夲，正月七日當還天／宫，慶集天人。汝等若有一人二人，乃至十人，於／我去後，能宣傳妙法，勸化衆生，皆當往生元／陽品中，莫得懈惓。六十小劫，天人並位，齊心／受記。乃告諸大士等：得條林法浄真人言／，今當慶會天人，其人去後，妙元林與光妙林／，應達五通廣智神仙巧利經記，當得浄慧，開／悟衆生，号曰浄慧度。真人授記已，便於壬辰／年正月七日，忽然去矣。

元陽浄慧度林真人／者，生於深妙王宫，其先代積行，勤心翹念，躭／讀真經，每習仙記，常所祖述太一元宫。其所／脩學太一仙經八百卷，其中廣演言教，化度／衆生。説妙林仙記八千卷，滿八十小劫不起于／坐，為人演説。有八弟子：一名晃林，二名妙林／，三名教林，四名堅固林，五名燈香林，六名樂／林，七名度林，八名化林。是八弟子，皆有明／行，於元陽上品第三弟子也，處臺樹薗田／廣林樹下。有成仙品者，名曰伯皇真人，求／在左右，通利誦典，廣演諸經，宣暢至品／。曾於大衆過去之世，經六十小劫，其衆嚴敬／演教，度一切无數，令入元陽上品。初出家時／，有三弟子，見神大聖，諸仙随從，説此經中／无量種義，諸天仙人，當廣分別。吾當説此／時，即於天上玄坐虚空中八十小劫，下觀／汝等，廣演言教，昇入无量品，天香寶盖，天／龍仙王，供養人中。一切諸仙世界嚴浄，其土／如脂，多諸寶樹，名師子像王宫。即時六種天／人神響震動，浄慧度林真人放神通光明，見／諸希有之相，悉見彼土一切人民。其土清浄／，真珠為地，黄金為城，水銀為壁，白銀為室，黄／青赤繩，連綿其中，馬瑙界側，水精為殿，白玉／為樓，處處行樹，園林臺榭，清浄蓮池，華菓／茂盛。一切衆生受樂其中，連綿相續四千餘／里，天光普照，衆寶庄嚴，琉璃頗梨，内外朗徹／，不由日月。諸仙供辨（辦）餚饍飲食，自然天廚供具／餚饍。彼有天人，明浄第一，出乘雲車，駕龍神／虎，飛鳳蕭茗[七]，四面懸鈴，八方安施，自然伎樂，身／色光明，如金寶山，端嚴甚妙，如浄琉璃。内見／真金大士，厥名辯慧度厄真人，所從弟子，皆／得昇天太一宫府，開度无數，因我光明，飛行／自在。悉見大衆諸仙，山林精進大士，持戒／符契，妙靈[八]仙品，猶如明珠。有一弟子名庄妙／林，其人脩行，常在山林，精進、持戒、浄行、施、慧／、忍辱，元陽仙品中，其人第卅三。有一弟子名／大智藏，入深妙定，身心寂滅，度智定慧，求在／元陽第卅四。次一弟子名妙梵林，智法深曠／寂滅，神智不動，各於其國説法上品，如是之／人，元陽第卅五。次一弟子名大梵林，現大神／通，其心歡喜，四部弟子，廣演言教，各各相問／元陽仙品。次一弟子名觀梵林，好樂至道，天／人所尊，三界第一，能讚諸仙，世間希有，如是／之人，元陽第卅六。次一弟子名真妙音，廣知／一切天人所趣，歸信大行，能奉至業[九]，如是之／人，元陽第卅七。次一弟子名寶玄林，玄智虚空／，照明仙記，每讚陰陽，廣演言教，慶集天人／，妙光世度，如是之人，元陽第卅八。次一弟子／名智惠深，智慧五通，滿八十小劫，能開世教／，不起于坐，所説上妙，深奥難測，号曰月光无／上仙師，如是之人，元陽第二。次一弟子名寶／妙林，天人並悦。諸法實相，已為汝説於中長／短。十月五日歸還天宮，語諸弟子言：汝等一／心精進，當昇天宮，号曰大清天人。如是弟子／，皆是元陽仙品，神通无导。浄慧度真人説是／既已，語諸弟子言：自吾與子仙記断絶，／慶會天宮，有何隔乎[一〇]？吾至十月五日，當還天宮，上／命甚速，告會非常。於是真人還，以此十月五／日日中之時，與諸仙衆雲車羽盖，侍從八千／万人，飛仙天仙无量聖衆，乘空而去。

元陽／度太清天人，從羲著[一一]王宮乘三世界安庠／而起，告諸弟子曰：吾受真人智慧，甚妙甚／深无量智慧，見生智慧門，五神洞朗，諸根猛／利，饒益衆生。一切世間難解難了難入，一切／天人所不能及。所以者何？吾曾親近百千万／[一二]億无數真人大士，盡行无量大道，勇猛精進，名稱普聞，成就甚深，得希有法，嶽靈天圖仙官授法，下化三界，隨宜啓導。吾從成真人以來，種種姻緣，種種譬喻，廣演言教无數，方便引導衆生，令離諸染著。所以者何？吾之方便知見深遠，皆以具足百姓子人。我太上先師，其智廣深遠，无量无邊，无所畏憚，心定解脱，深入秘藏，知見无際，成就一切未曾有法，皆至天宮大妙仙圖元陽上品大仙。寶經種種，分別巧説諸法，言辭柔軟，悦可衆心。百姓子等，取我要言之法，无有限量，承我所説，悉皆成就，不可思議。子等不須復説。何以故？我所成就，微妙第一，義趣難解，唯吾上師乃能分別。諸法深奥，不能究盡。吾今有如是相，有如是性，如是體，如是力，如是作，如是緣，如是因，如是果，如是報，如是本末盡等究竟。爾時天人授記與信行善男善女，一切咸使聞知，悉皆開悟。

乃[一三]天老玄浄王少子，其先出自慰田王宮。其所祖述，大寶為上；其所脩習，太清經八千卷，能廣演言教，六十小劫不起于座，本從无數，具足諸行，甚深甚妙，難見難了。有從弟子三人：一名玄妙真人，二名證果真人，三名明智真人。然此弟子有大聖行，能説法元陽仙品，千日千夜不起于座。次一弟子名真梵林，諸根猛利，甚深微妙，行此諸品，還得成果，我以悉知如是大果，元陽功德。次一弟子名大梵林，種種方便，我及十方諸餘衆生，悉能演化，開悟暗冥。次一弟子名真浄林，其人智慧，信力堅固。及諸弟子煩惱漏盡，住是最後，悉皆昇天太上仙宮，依位各處。[一四]

校記

（一）本篇敦煌P. 2450抄本首尾均殘缺，無經名卷次。其文字與《正統道藏》所收《太上元陽經》卷四《問行品》大致相當。按，道藏本卷次品名疑有訛誤。今據抄本内容，接在S. 0482抄本及條林法浄真人記之後。此三篇當合爲一卷。

（二）敦煌抄本卷首原有缺損，以上陰影中文字，均據道藏本卷四補。下文同此，不復出注。

（三）平政：當作「平正」。道藏本作「平整」。

（四）弘厚：道藏本作「弥厚」，近是。

（五）有焉第二：疑衍「有焉」二字。道藏本無此四字。

（六）條林：原誤作「脩林」，據道藏本改。

（七）蕭茗：道藏本作「嘯歌」，近是。

（八）妙靈：原誤作「妙零」，據道藏本改。

（九）至業：原誤作「志業」，據道藏本改。

（一〇）敦煌本「乎」字原作「于」，據道藏本改。

（一一）羲著：道藏本作「无著」。

（一二）敦煌抄本止於此行，以下缺文據道藏本補。

（一三）道藏本「乃」字原誤作「及」。此字前疑脱漏「元陽度太清真人」之名。

（一四）道藏本卷四止於此，疑有缺漏。按，《上清道類事相》卷三引《本相經》云：「太清玉寶臺，法静真人説《元陽經》處也。」當即本卷佚文。

太上元陽經（卷次不詳）

圖版

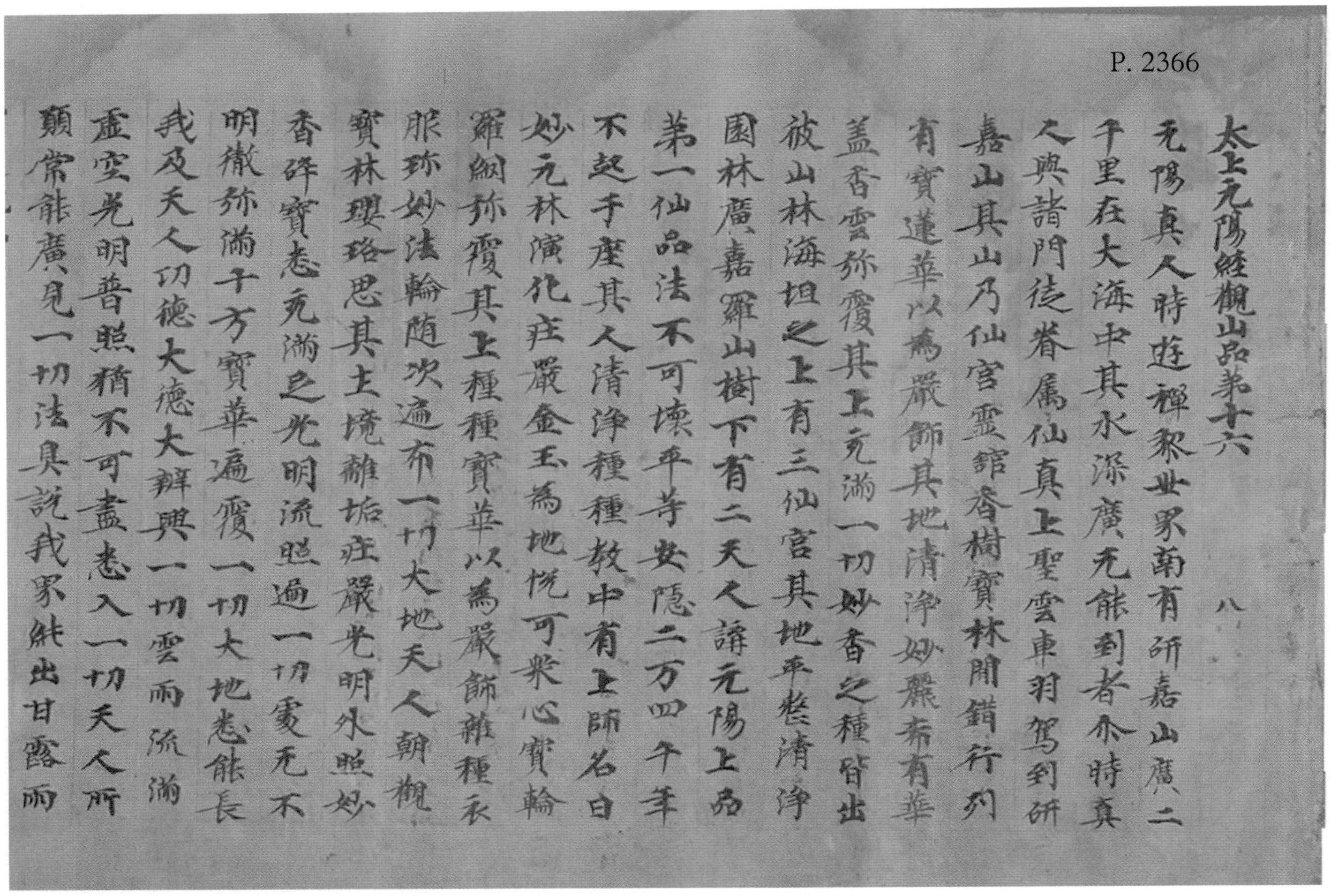

P. 2366

太上元陽經觀山品第十六　八
元陽真人時遊禪黎世界萌有所嘉山廣二
千里在大海中其水深廣无能到者尒時真
人與諸門徒眷屬仙真上聖雲車羽駕到所
嘉山其山乃仙宮靈舘香樹寶林閒錯行列
有寶蓮華以為嚴飾其地清淨妙巖希有華
蓋香雲彌覆其上充滿一切妙香之種皆出
彼山林海垣之上有三仙宮其地平整清淨
園林廣嘉羅山樹下有二天人諱元陽上品
第一仙品法不可壞平等安隱二万四千年
不起于座其人清淨種種教中有上師名白
妙元林演化莊嚴金玉為地悅可衆心寶輪
羅網彌覆其上種種寶華以為嚴飾雜種衣
服彌妙法輪隨次遍布一切大地天人朝覲
寶林瓔珞思其土境離垢莊嚴光明外照妙
香妙寶悉充滿之光明流照遍一切處无不
明徹彌滿十方寶華遍覆一切大地悉能長
我及天人功德大德大辯與一切雲雨流滿
虛空光明普照猶不可盡悉入一切天人所
願常能廣見一切法具說我界然出甘露雨

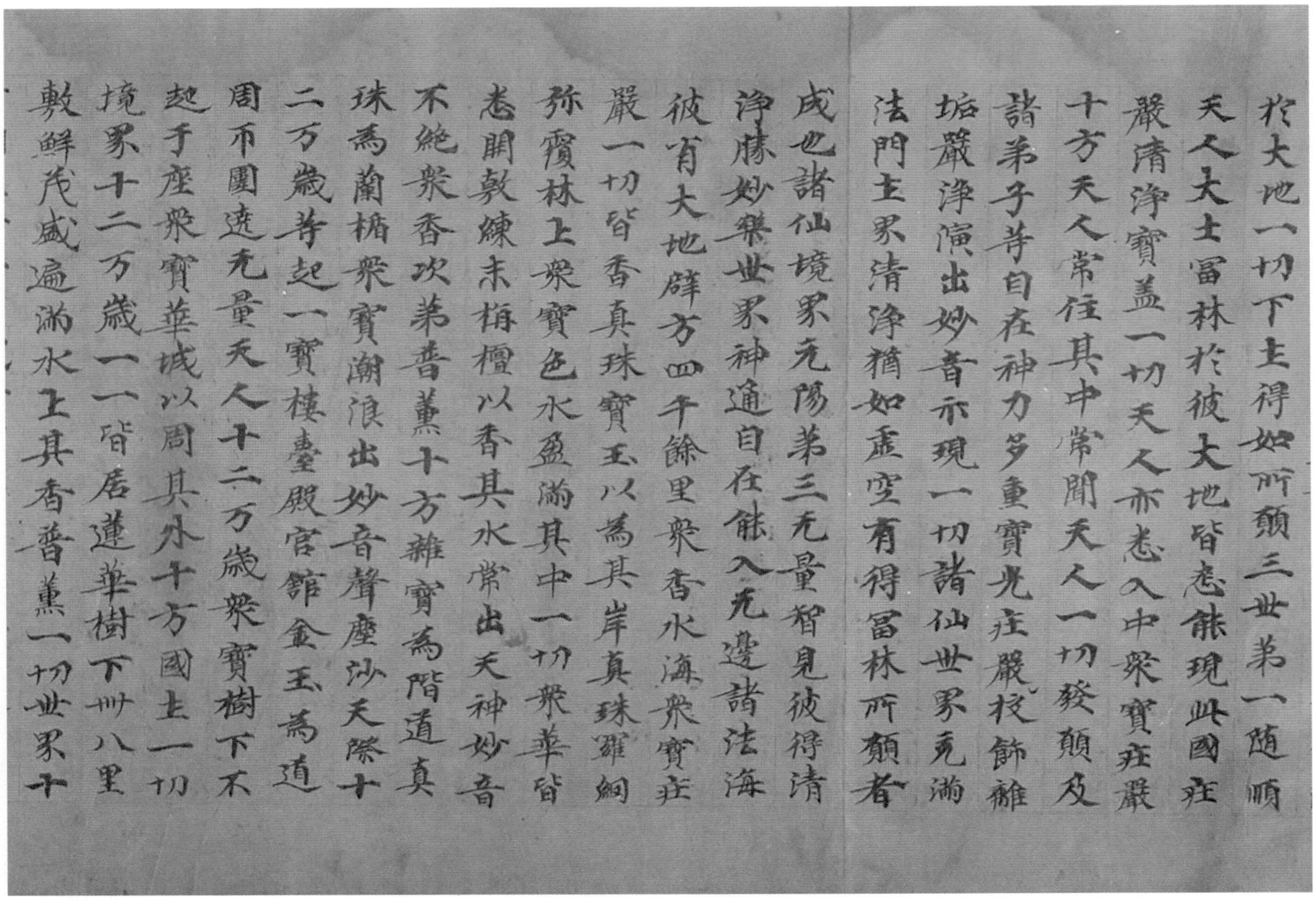

於大地一切下土得如所願三世第一隨順
天人大士福林於彼大地皆悉能現此國莊
嚴清淨寶蓋一切天人亦悉入中衆寶莊嚴
十方天人常住其中常聞天人一切發願及
諸弟子等自在神力多重寶光莊嚴校飾離
垢嚴淨演出妙音示現一切諸仙世界充滿
法門土界清淨猶如虛空有得福林所願者
成也諸仙境界元陽第三无量智見彼得清
淨勝妙衆世界神通自在能入无邊諸法海
彼有大地縱方四千餘里衆香水海衆寶莊
嚴一切皆香真珠寶玉以為其岸真珠羅網
彌覆林上衆寶色水盈滿其中一切衆華皆
悉開敷錬未栴檀以香其水常出天神妙音
不絕衆香次第普薰十方雜寶為階道真
珠為蘭楯衆寶瀬浪出妙音聲塵沙天際十
二万歲等起一寶樓臺殿宮舘金玉為道
周帀圍遶无量天人十二万歲衆寶樹下不
起于座衆寶華城以周其外十方國土一切
境界十二万歲一一皆居蓮華樹下卌八里
敷鮮茂盛遍滿水上其香普薰一切世界十

方國土十二万歲香樹不朽以爲莊校乃有
嚴淨大地之處香水寶海清淨寶地常安住
之金剛堅固不可壞真珠寶帳華香瓔珞
離垢清淨香水湛然滿衆寶池華光奔奔妙
聲悅樂自在神力衆仙藻浴遍滿其中衆珎
莊校八交階道處處嚴淨地安不動真珠妙
寶以爲蘭楯光明徹外悅可衆心寶樹羅生
緣其道側真珠寶飾煥明曜日中有神人演
出无量和雅邕邕音歎无陽香水深源湛然
不流衆仙妙華而遍圍遶一切香華自出光
明各各所照不由日月清淨具足寶幢千雲
垂幡旌旗有聞見者莫不馳奔皆往觀之衆
寶華城无量寶色淨光上徹下照十方靡不
周遍一切具足垣墻周帀而圍遶之種種雜
樹珎寶莊飾然此仙館留林清園寶樹相接
非過去時无數无量无邊彼處一切自在神
力一一香水海有四天下九百万坦香水之
池與諸池交合互相流入種種寶華珎霞水
上彼土香水皆從大輪山中出多有真珠寶
玉化領四海沉風隨流入于芳園溉灌五藥
園林樹木香華雜菜多有異藥朱寶華林
綺靡飄日及諸无量珎琦淨妙階道七寶爲
墻行樹蔚蓊蔭蔭相接水精玉銀以爲蘭楯
上植蓮華一切妙色清淨香水處處波浪衆
音和諧演上部无陽列仙高品栴檀寶帳處
處憩息无量雜寶迴復還入種種香光常流
一切一方境界天人光明時時一現放光下
照无量衆香世界天人道場寶華灑地衆寶
香河盈流滿澗陶設鼓伎多有龍遊師子猛
獸白鹿騏驎鳳凰鴛鴦蛟龍遊仙神魚熠熠
投波海涼諸羅緣珎霞其上天人淨止演我
音聲常不念絕一切天人普及大士上及无
陽宮仙童子於彼寶岸常得安住七十万歲
不起于座漸漸盈滿昇天仙界无陽宮宅五
通第一

太上无陽經淨土品第十七

无陽淨土海世界者六王龍王也各領四大
海微塵淨土寶如蓮華藏世界海中一一境
界有一世界名曰海微塵莊嚴諸天仙人皆
來集中香水海上有不可思議无量微塵王

世界姓婬和氏世界人民皆坐蓮華中脩習无為在无量色蓮華樹下住或有依真珠寶樹下住或有依諸七寶網羅樹下住或有依種種衆生主界住或有依天龍王宮住或有依真珠玉寶住或有依諸寶山玉嶺下住或有依河坦止住或有依轉能王住或有依水之流坦上住或有依樹香龍王住或有依棲觀住或有依海虬王王住或有依雲弥王住如是種種天人布四天下依止其土其土堅固清淨諸仙仙壇淨室離垢解脱光照宮殿依心種種无量衆生香海方便莊嚴衆色寶山種種香樹琉璃宮殿種種莊嚴千門相似万戸若一諸身華藏寶雲光明充滿世界寶地海藏不可徂壞清嚴无量或有妙音與諸世界自无常住无數万歳樂彼樂土自在神力行雲聲敎衆生无量冣勝第一妙樂世界時我入門見諸壇場宮舘妙室不可思議无數天人一切滿中无盡无量普皆自在何者可尊何者可卑不知不識先師何處具室廣大五百餘里中房外房一千七百被衆香海

中有一香樹高七万丈海名樂光明有一香樹方圓七十六里真珠寶玉莊嚴蓮華上有世界名清虛寶纓中有一王号曰離垢淨眼廣大彼世界上過十二万里仙壇上有一國世界名雜香蓮華勝妙莊嚴依寶纓虛空王宮住形如師子座天人号曰師子座王光明寂勝照彼世界上過十二万里仙壇上有世界有一天人國名寶莊嚴光明依諸葉住如日輪雲天人号曰廣大光明智勝照彼世界上過十二万里有一仙壇上有一世界有一天人國名雜光蓮華天人号曰金光明極大精進普趣香林彼世界上過十二万里有一仙壇世界有天人國國名无畏嚴淨天人号日平等莊嚴妙童幢林彼世界上過十二万里有一仙壇世界有天人國名華開淨焰天人号曰受海功德攝王林彼世界上過卌八万里有一仙壇世界有天人國名惣持天人号曰淨智慧海雲彼世界上過卅万里有一世界仙壇世界有國名曰解脱聲天人号曰善相幢林使世界上過廿万里有一仙壇世界

有國名曰善住金剛不可破壞天人号曰淨羅不壞林彼有世界上過十八万里有一仙壇世界有國名曰華林赤蓮華天人号曰雜寶績和王彼世界上過十八万里有一仙壇世界有國名曰淨光勝雷天人薗天人号曰能起一切所顧功德林彼世界上過七万里有香水海名淨光炎起中有世界人名善住氏次上六万里復有香水海名金剛眼中有界人名法界等起氏次上五万里有一世界名香水海蓮華平正中有世界人名出十方化身氏上復有四万里有一香水海名寶地莊嚴光明中有世界人名寶林莊嚴氏次上三万里有香水海化香炎中有世界人名清淨化氏次上二万里復有香水海寶幢中有世界人名天護念林次上一万里有世界人名衆色普光天氏如是次上九千里有一世界名香水海及世人界名如是一方十方亦復如是是形行上行過此世界里數乃至无陽天宮耳過是无陽天宮卌八万里有一世界長寶光明長壽无量國土平正名住莊嚴

人姓无為過此世界卌万里有一世界名登上上王大炎天宮人民長壽清淨无為過此世界卌万里有一世界名天越輮功德果人民織盛壽无量歲過此世界卌万里名重華幢王宮人民壽无量歲牢上天人名曰无極天宮上卌万里有壮士天宮上卌万里有洪正天宮上卌万里有智妙天宮上卌万里有寶相天宮上卌万里有雲陽天宮上卌万里有无陽天宮上卌万里有大勝妙无陽天宮如是次第説不可盡皆有金色栴檀明雲安住世界莊嚴自在神力大勝妙无陽宮府有一无量自在王无量妙幢天人自在崑崙天人无量充满天人八嵎四維莊校天人梵寶輪釋天人寶月幢王天人金山寶形天人界雲梵釋天人師子坐寶天人主月形天人悪論王天人明論種智天人壽命一切天人壽命香積天人如光太妙天人太如不思洪正天人壽命百劫天人无量王天人龍主自在王天人他香壮士天人他方一境天人嵯嵯天人太一天人太寶天人玄府天人中里天人

降伏天人種色天人普門天人植因果天人
然此天人等五通第一各各将弟子无鞅數
先住元陽宫外一帀十二万九千里起宫觀
舍宅常住一切天下

太上元陽經莊嚴品第十八

海契仙經元陽童子始年十四乃往久遠日
過去世界時一海微塵數劫東行過是數長
衆世界國名海世淨光其土平正懽𣊻饒人
中有世界名勝妙音依正嚴淨浴池上有華
纓海王清淨无穢其北有崑崙山塵數世界
以為眷屬无量寶莊嚴王地有三百重衆寶
圍山高廣嚴淨周帀圍繞其世界人民姓形
如依止方丈山南大有宫殿莊嚴以念為食
養彼世界人民中和姓忠中有香水大海廣
以四千八百里海名清淨光林世界香海中
有崑崙山名大奕華莊嚴幢以十種寶蘭楯
圍遶彼山王有林觀名寶華枝以无量華樓
閣无量寶幢樓閣无量紺寶纓種種華莊而
莊嚴之无量香雲孫霞其上十億百千城周
帀圍遶於林東有一大城名曰奕光純香所
城面有四万里七寶為郭周帀圍遶其城
樓觀雜寶莊嚴霞以雜華及諸寶網微妙風
吹動出妙音聲其城有門一万二千寶幢而
莊嚴之十億園林城中衆生皆悉城就業報
神之行同諸天一切所欲應念即至彼林南
有一天城名樹華莊嚴次有龍城名曰究竟
次有夜叉城名金剛勝次有勝妙莊嚴幢王
城次有乹王城名曰離垢善次有興王城名
寶輪地次有樓羅城名衆寶莊嚴善光次有
吉王城名娱樂莊嚴次有王侯城名寶金剛
幢時彼林中有一道場名寶華莊嚴其道場
前有大蓮華名華奕具足從廣廿万里十億
蓮華眷屬圍遶時彼世界過百歲已天人出
世如是次第有其崑崙山塵數元陽童子出
行興化于世其寂初天人名曰一切功德本
勝崑崙山王時天人處彼大蓮華上示身万
國日中出光明照一切功德覺有十方天人
世界塵數光明以為眷屬彼光滅除一切衆
生煩惱蓋郭令得淨心起功德海永離三惡
八難諸趣散神仙樹下廣弘檐頞諸天人時

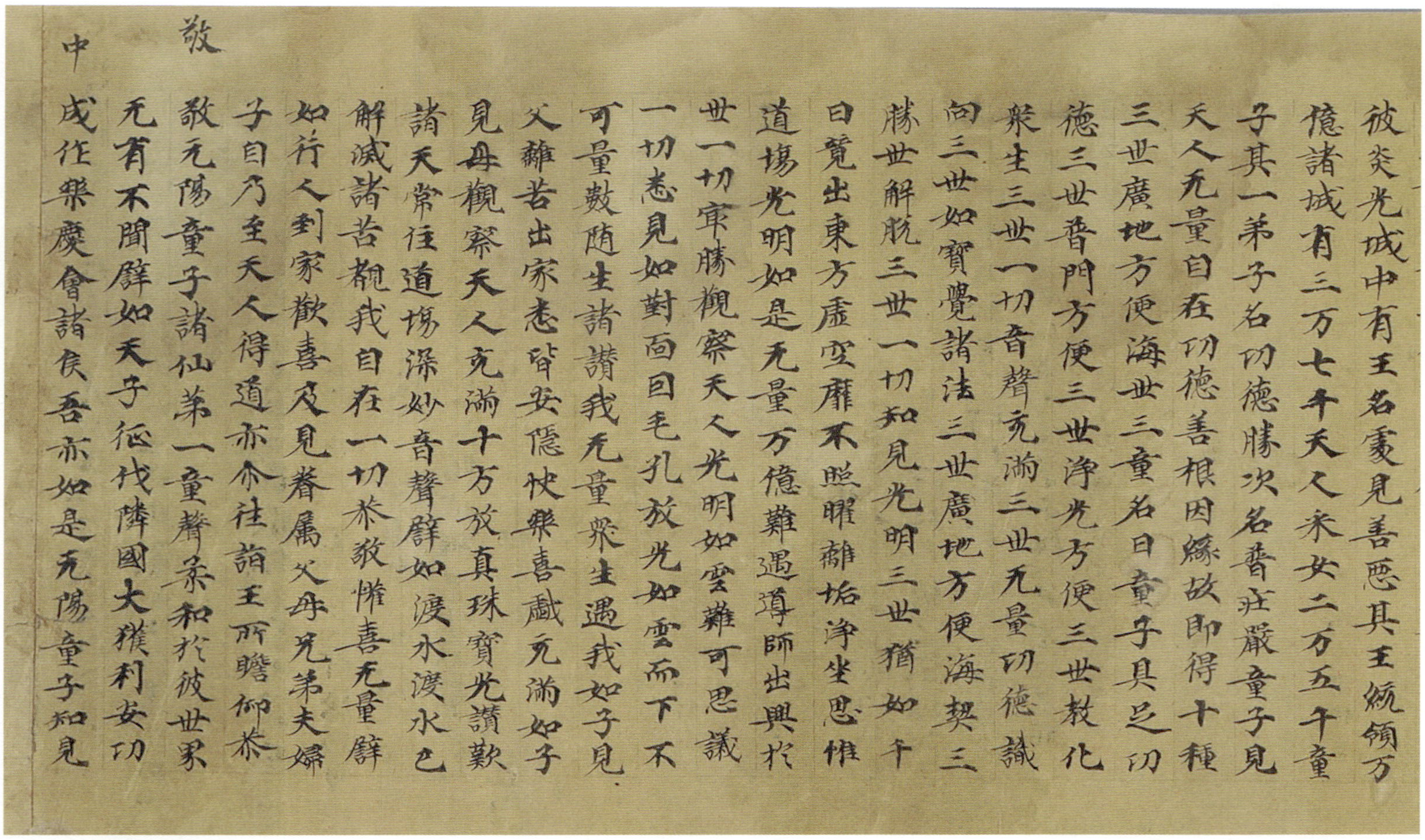
彼炎光城中有王名處見善惡具王統領万
億諸城有三万七千天人采女二万五千童
子其一弟子名功德勝次名普莊嚴童子見
天人无量自在功德善根因緣故即得十種
三世廣地方便海世三童名曰童子具足功
德三世普門方便三世淨光方便三世教化
衆生三世一切音聲充滿三世无量功德識
向三世如寶覺諸法三世廣地方便海契三
勝世解脫三世一切知見光明三世猶如千
日覺出東方虛空靡不照曜離垢淨坐思惟
道場光明如是无量万億難遇導師出興於
世一切寂勝觀察天人光明如雲難可思議
一切悉見如對面目毛孔放光如雲而下不
可量數隨生諸讚我无量衆生遇我如子見
父離苦出家悉皆安隱快樂喜戲充滿如子
見母觀察天人充滿十方放真珠寶光讚歎
諸天常住道場深妙音聲譬如渡水渡水已
解滅諸苦觀我自在一切恭敬憐喜无量譬
如行人到家歡喜及見眷屬父母兄弟夫婦
子自乃至天人得道亦介往詣王所瞻仰恭
敬 敬无陽童子諸仙第一童聲柔和於彼世界
无有不聞譬如天子征伐隣國大獲利安功
中 成作樂慶會諸侯吾亦如是无陽童子知見

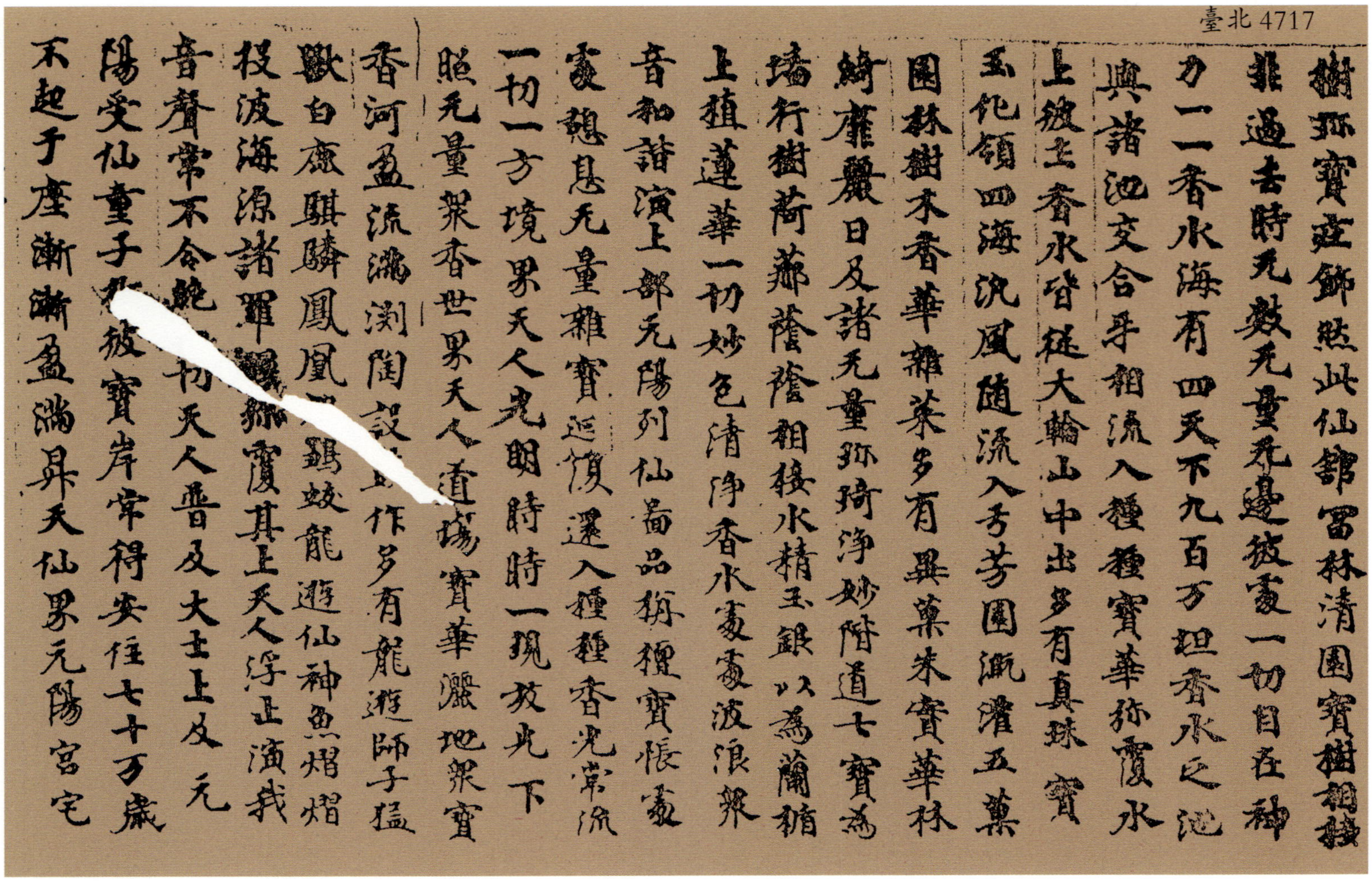
臺北4717
樹珎寶莊飾然此仙館富林清園寶樹相接
非過去時无數无量无邊彼處一切自在神
力一一香水海有四天下九百万坦香水之池
與諸池交合互相流入種種寶華珎霞水
上彼土香水皆從大輪山中出多有真珠 寶
玉化領四海沉風隨流入于芳園溉灌五菓
園林樹木香華雜菓多有異菓朱實華林
綺靡嚴日及諸无量珎琦淨妙階道七寶爲
墻行樹荷蕖蔭蔭相接水精玉銀以爲蘭楯
上植蓮華一切妙色清淨香水處處波浪衆
音和諧演上部无陽列仙嵓品猗覆寶帳處
處悉无量雜寶迴復還入種種香光常流
一切一方境界天人光明時時一現放光下
照无量衆香世界天人道場寶華灑地衆寶
香河盈流滿瀏閬設[...]作多有龍遊師子猛
獸白鹿騏驎鳳凰[...]雞蛟龍遊仙神魚熠熠
投波海源諸羅[...]霞其上天人浮止演我
音聲常不含飽[...]切天人普及大士上及 无
陽受仙童子[...]彼寶岸常得安住七十万歲
不起于座漸漸盈滿昇天仙界无陽宮宅

五通第一

太上元陽經淨土品第十七

元陽淨土海世界者六主龍王也各領四大
海微塵淨土寶如蓮華藏世界海中一一境
界有一世界名日海微塵莊嚴諸天仙人皆
來集中香水海上有不可思議无量微塵王
世界姓好和氏世界人民皆坐蓮華中脩習
无為在无量色蓮華樹下住或有依真珠寶
樹下住或有依諸七寶綱羅樹下住或有依
種種衆生主界住或有依天龍王宮住或有
依真珠玉寶住或有依諸寶山玉嶺下住或
有依河坦上住或有依轉龍王住或有依水
之流坦上住或有依樹香龍王住或有依樓
觀住或有依海虬王王住或有依雲孫王住
如是種種天人布四天下依止其主其主堅
固清淨諸仙仙壇淨室離垢解脫光照宮殿
依以種種无量衆生香海方便莊嚴衆色寶
山種種香樹琉璃宮殿種種莊嚴千門相似
万户君一諸身華藏寶雲光明充滿世界寶
池海藏不可狙壞清嚴无量或有妙音與諸
世界自无常住无數万歲樂彼樂主自在神
力行雲聲教衆生无量屖勝第一妙樂世界
時我入門見諸壇場宮鋪妙室不可思議无
數天[illegible]物滿中无盡无量普皆自在何者
[illegible]者可畢不知不識先師何處其室廣
[illegible]百餘里中房外房一千七百被衆香海
一香樹高七万丈海名樂光明有一香
圍七十六里真珠寶玉莊嚴蓮華上有
[illegible]名清虛寶縟中有一王号日離垢淨眼
[illegible]大被世界上過十二万里仙壇上有一園
世界名雜香蓮華勝妙莊嚴依寶縟虛空
王宮住形如師子座天人号日師子座王光明
寂勝照被世界上過十二万里仙壇上有世
界有一天人國名寶莊嚴光明依諸葉住如
日輔雲天人号日廣大光明智勝照被世界
上過十二万里有一仙壇上有一世界有一
天人國名雜光蓮華天人号日金光明趣大
精進普起香林被世界上過十二万里有一
仙種世界有天人國國名无畏嚴淨天人号
日平等莊嚴妙童幢林被世上過十二万　里

有一仙壇世界有天人國名華開淨炎天人号日受海功德稱王林彼世界上過卌八万里有一仙壇世界有天人國名惣持天人号日淨智慧海雲彼世界上過卌万里有一世界仙壇世界有國名日解脫聲天人号日善相幢林使世界上過廿万里有一仙壇世界有國名日善住金剛不可破壞天人号日淨羅木壞林彼有世界上過十八万里有一仙壇世界有國名日華林齋蓮華天人号日雜寶蹟如王彼世界上過十八万里有一仙壇世界有國名日淨光勝靈天人藏天人号日能起一切所願功德林彼世界上過七万里有香水海名淨光炎起中有世界人名善住氏次上六万里復有香水海名金剛眼中有界人名法界普起氏次上五万里有一世界名香水海蓮華平正中有世界人名出十方化身氏上復有四万里有一香水海名寶地莊嚴光明中有世界人名寶林莊嚴氏次上三万里有香水海化香炎中有世界人名清淨化氏次上二万里復有香水海寶幢中有

世界人名天護念林次上一万里有世界人名衆色普光天氏如是次上九千里有一世界名香水海及世界人名如是一方十方亦復如是是盼行上行過此世界里數乃至无陽天宮耳過是无陽天宮卌八万里有一世界長寶光明長壽无量國主平正名住莊嚴人姓無爲過此世界卌万里有一世界名登上王大炎天宮人民長壽清淨无爲過此世界卌万里有一世界名天越鄉功德果人民熾盛壽无量歲過此世界卌万里名重華幢王宮人民壽无量歲宮上天人名日无極天宮上卌万里有姓王天室上卌万里有洪正天宮上卌万里有智妙天宮上卌万里有寶相天宮上卌万里有雲陽天宮上卌万里有无陽天宮上卌万里有大勝妙无陽天宮如是次第說不可盡皆有金色梅檀明靈安住世界莊嚴自在神力大勝妙无陽宮府有一无量自在王无量妙幢天人自在眞崙天人无量充滿天人八隅四維莊校天人梵寶輪釋天人寶月幢王天人金山寶形天人果處

梵釋天人師子坐寶天人主月於天人思論
王天人明論種智天人壽命一劫天人壽命
香積天人如光太妙天人太如不思洪丘天人
壽命百劫天人无量王天人龍主自在王
天人他香牡士天人他方一境天人嗟嗟　天
人太一天人太寶天人玄甫天人中里天人
降伏天人種色天人普門天人植因果天人
然此天人等五通第一各各將弟子无鞅數
先往元陽宮外一帀十二万九千里起宮觀
金宅常住一切天下
元陽經……嚴品第十八

釋文

太上元陽經觀山品第十六

(P.2366 抄本，前缺)(一)

八

元陽真人時遊禪黎世界，南有研嘉山，廣二／千里，在大海中，其水深廣，无能到者。尒時真／人與諸門徒眷屬，仙真上聖，雲車羽駕，到研／嘉山。其山乃仙宮靈館，香樹寶林閒錯行列／，有寶蓮華以為嚴飾。其地清淨，妙麗希有，華／蓋香雲，弥覆其上，充滿一切，妙香之種，皆出／彼山林海坦之上。有三仙宮，其地平整清淨／，園林廣嘉羅山。樹下有二天人，講元陽上品／第一仙品，法不可壞，平等安隱，二万四千年／不起于座。其人清淨種種，教中有上師，名曰／妙元林，演化庄嚴。金玉為地，悅可衆心，寶輪／羅網，弥覆其上，種種寶華，以為嚴飾，雜種衣／服，珎妙法輪，随次遍布一切大地。天人朝觀／寶林瓔珞，思其土境離垢庄嚴，光明外照，妙／香碎寶，悉充滿足。光明流照，遍一切處，无不／明徹，彌滿十方，寶華遍覆一切大地，悉能長／我及天人功德，大德大辨，興一切雲雨，流滿／虛空。光明普照，猶不可盡，悉入一切天人所／願，常能廣見一切法，具說我界能(二)出甘露，雨／於大地，一切下土得如所願，三世第一，随順／天人大士富林，於彼大地，皆悉能現。此國庄嚴／清淨，寶盖一切，天人亦悉入中，衆寶庄嚴／。十方天人常住其中，常聞天人一切發願，及／諸弟子等，自在神力，多重寶光，庄校嚴飾，離／垢嚴淨，演出妙音，示現一切諸仙世界，充滿／法門，土界清淨，猶如虛空。有得富林，所願者／成也。諸仙境界，元陽第三，无量智見。彼得清／淨勝妙樂世界，神通自在，能入无邊諸法海／。彼有大地，辟方四千餘里，衆香水海，衆寶庄／嚴，一切皆香，真珠寶玉以為其岸，真珠羅網／弥覆林上，衆寶色水盈滿其中，一切衆華皆／悉開敷，練末栴檀以香其水。常出天神妙音／不絶，衆香次第普薰十方，雜寶為階道，真／珠為蘭楯，衆寶潮浪，出妙音聲。塵沙天際，十／二万歲等起一寶樓，臺殿宮館，金玉為道／，周市圍遶无量天人，十二万歲衆寶樹下，不／起于座。衆寶華城以周其外，十方國土一切／境界(无量天人)(三)，十二万歲一一皆居蓮華樹下。卌八里／敷鮮茂盛，遍滿水上，其香普薰一切世界十／方國土，十二万歲香樹不朽，以為庄校。乃有／嚴淨大地之處，香水寶海，清淨寶地，常安住／之，金剛堅固，不可俎壞。真珠寶帳，華香瓔珞／，離垢清淨，香水湛然，滿衆寶池，華光弈弈，妙／聲悅樂，自在神力，衆仙澡(四)浴，遍滿其中。衆珎／庄校，八交階道，處處嚴淨，地安不動，真珠妙／寶，以為蘭楯，光明徹外，悅可衆心，寶樹羅生／，緣其道側，真珠寶飾，煥明曜日。中有神人，演／出无量，和雅邕邕，音歎元陽。香水深濡，湛然／不流，衆仙妙華，而遍圍遶，一切香華，自出光／明，各各所照，不由日月，清淨具足。寶幢干雲／，垂幡旌旗，有聞見者，莫不馳奔，皆往觀之。衆／寶華城无量寶色净光，上徹下照十方，靡不／周遍，一切具足。垣墻周市而圍遶之，種種雜／樹，珎寶庄飾。然此仙館，富林清園，寶樹相接／。

非過去時无數无量无邊彼處，一切自在神／力，一一香水海，有四天下九百万坦香水之／池，與諸池交合，互相流入，種種寶華弥覆水／上。彼土香水，皆從大輪山中出，多有真珠寶／玉，化領四海，汎風随流入于芳園，溉灌五菓／。園林樹木，香華雜菜，多有異菓，朱實華林／，綺靡麗日，及諸无量珎琦，净妙階道，七寶為／墙，行樹荷䔩（婀娜），蔭蔭相接，水精玉銀，以為蘭楯／，上植蓮華，一切妙色。清净香水，處處波浪，衆／音和諧，演上部元陽列仙品品。栴檀寶帳，處／處憩息，无量雜寶，迴復還入，種種香光，常流／一切。一方〔五〕境界天人，光明時時一現，放光下／照无量衆香世界。天人道場，寶華灑地，衆寶／香河，盈流滿浰，陶設鼓作，多有龍遊，師子猛／獸，白鹿騏驎，鳳凰鵷鶵，蛟龍遊仙，神魚熠熠／，投波海源。諸羅繶弥覆其上，天人浮止，演我／音聲，常不令絶。一切天人，普及大士，上及元／陽受仙童子，於彼寶岸，常得安住，七十万歲／不起于座。漸漸盈滿，昇天仙界元陽宫宅，五通第一／。

太上元陽經净土品第十七

元陽净土海世界者，六主龍王也，各領四大／海微塵净土，寶如蓮華藏世界，海中一一境／界。有一世界，名曰海微塵庄嚴，諸天仙人皆／来集中香水海上。有不可思議无量微塵王／世界，姓好和氏，世界人民皆坐蓮華中，脩習／无為，在无量色蓮華樹下住。或有依真珠寶／樹下住，或有依諸七寶綱羅樹下住，或有依／種種衆生土界住，或有依天龍王宫住，或有／依真珠玉寶住，或有依諸寶山玉嶺下住，或／有依河坦止住，或有依轉龍王住，或有依水／之流坦上住，或有依樹香龍王住，或有依樓／觀住，或有依海虬王王〔六〕住，或有依雲弥王住／。如是種種天人，布四天下，依止其土。其土堅／固清净，諸仙仙壇净室，離垢解脱，光照宫殿／，依止種種无量衆生，香海方便庄嚴，衆色寶／山，種種香樹，琉璃宫殿，種種庄嚴，千門相似／，万户若一，諸身華藏，寶雲光明，充滿世界，寶／地海藏，不可俎壞，清嚴无量。或有妙音與諸／世界，自无常住无數万歲，樂彼樂土自在神／力，行雲聲教衆生无量，最勝第一妙樂世界／。時我入門，見諸壇場宫舘妙室，不可思議。无／數天人，一切滿中，无盡无量，普皆自在，何者／可尊，何者可卑，不知不識。先師何處？其室廣／大五百餘里，中房外房一千七百。彼〔七〕衆香海／中，有一香樹高七万丈，海名樂光明。有一香／樹方圓七十六里，真珠寶玉，庄嚴蓮華，上有／世界，名清虛寶繶，中有一王，号曰離垢净眼／廣大。彼世界上過十二万里，仙壇上有一國／世界，名雜香蓮華勝妙庄嚴，依寶繶虛空王／宫住，形如師子座，天人号曰師子座王光明／最勝照。彼世界上過〔八〕十二万里，仙壇上有世／界，有一天人國，名寶庄嚴光明，依諸業住，如／日輔雲，天人号曰廣大光明智勝照。彼世界／上過十二万里，有一仙壇，上有一世界，有一／天人國，名雜光蓮華，天人号曰金光明極大／精進普起香林。彼世界上過十二万里，有一／仙壇世界，有天人國，國名无畏嚴净，天人号／曰平等庄嚴妙童幢林。彼世界上過十二万／里，有一仙壇世界，有天人國名華開净炎，天人／号曰受海功德稱王林。彼世界上過卌八万／里，有一仙壇世界，有天人國名揔持，天人号／曰净智慧海雲。彼世界上過卅万里，有一仙壇〔九〕世界，有國名曰解脱聲，天人号曰善／相幢林。彼〔一〇〕世界上過廿万里，有一仙壇世界／，有國名曰善住金剛不可破壞，天人号曰净／羅不壞林。彼〔一一〕世界上過十八万里，有一仙／壇世界，有國名曰華林赤蓮華，天人号曰雜／寶鬘知王。彼世界上過十八万里，有一仙壇世界，有國名曰净光勝電天人藏，天人号曰／能起一切所願功德林。彼世界上過七万里／，有香水海，名净光炎起，中有世界人，名善住／氏。次上六万里，復有香水海，名金剛眼，中有／（世）〔一二〕界人，名法界等起氏。次上五万里，有一／香水海，名蓮華平正〔一三〕，中有世界人，名出十方／化身氏。次上〔一四〕四万里，有一香水海，名寶地／庄嚴光明，中有世界人，名寶林庄嚴氏。次上／三万里，有香水海，（名）化香炎，中有世界人，名清／净化氏。次上二万里，復有香水海，（名）寶幢，中有／世界人，名天護念林。次上一万里，有世界〔一五〕人／，名衆色普光天民。如是次上九千里，有一世／界名、香水海（名）及世界人名，如是一方，十方亦／復如是。（如）是眇行上行，過此世界里數，乃至元／陽天宫耳。過是元陽天宫卌八万里，有一世／界長寶光明，長壽无量，國土平正，名住庄嚴／，人姓无為。過此世界卌万里，有一世界，名登上／上王〔一六〕大炎天宫，人民長壽，清净无為。過此世／界卌万里，有一世界，名天越輒功德果，人民／熾盛，壽无量歲。過此世界卌万里，（有一世界），名重華幢／王宫，人民壽无量歲。最上天人名曰无極天／宫，上卌万里有壯士天宫，上卌万里有洪正／天宫，上卌万里有智妙天宫，上卌万里有寶／相天宫，上卌万里有雲陽天宮，上卌万里有／元陽天宮，上卌万里有大勝妙元陽天宮。如／是次第，說不可盡。皆有金色栴檀，明雲安住／，世界庄嚴，自在神力。大勝妙元陽宮府，有一／无量自在王，无量妙幢天人、自在崑崙天人／、无量充滿天人、八嵎四維庄校天人、梵寶輪／釋天人、寶月幢王天人、金山寶形天人、界處／梵釋天人、師子坐寶天人、主月形天人、惡論／王天人、明論種智天人、壽命一切[17]天人、壽命／香積天人、如光太妙天人、太如不思洪正天／人、壽命百劫天人、无量王天人、龍主自在王／天人、他香壯士天人、他方一境天人、嗟嗟天／人、太一天人、太寶天人、玄府天人、中里天人／、降伏天人、種色天人、普門天人、植因果天人。然此天人等，五通第一，各各將弟子无鞅數／，先住元陽宮外，一帀十二万九千里，起宮觀／舍宅，常住一切天下／。

太上元陽經庄嚴品第十八

海契仙經元陽童子，始年十四，乃往久遠日／過去世界時一海微塵數劫，東行過是數長／樂世界，國名海世浄光。其土平正，懽晏饒人／。中有世界，名勝妙音，依止嚴浄浴池，上有華／縵海王，清浄无穢。其北有崑崙山塵數世界／，以為眷屬无量寶庄嚴王地，有三百重衆寶／圍山，高廣嚴浄，周帀圍繞。其世界人民，姓形／如依止[18]，方丈山南大有宮殿庄嚴，以念為食／，養彼世界人民中和忠。中有香水大海，廣／以四千八百里，海名清浄光林。世界香海中／有崑崙山，名大炎華庄嚴幢，以十種寶蘭楯／圍遶。彼山王有林觀，名寶華枝，以无量華樓／閣、无量寶幢樓閣、无量紺寶縵，種種華庄而／庄嚴之，无量香雲弥覆其上，十億百千城周／帀圍遶。於林東有一大城，名曰炎光純香所／城，面有四万里，七寶為郭，周帀圍遶。其城／樓觀，雜寶庄嚴，覆以雜華及諸寶網，微妙風／吹動，出妙音聲。其城有門一万二千，寶幢而／庄嚴之，十億園林。城中衆生，皆悉成就[19]，業報／神足，行同諸天，一切所欲，應念即至。彼林南／有一天城，名樹華庄嚴。次有龍城，名日究竟／。次有夜叉城，名金剛勝。次有勝妙庄嚴幢王／城，次有乹王城，名曰離垢善。次有興王城，名／寶輪地。次有樓羅城，名衆寶庄嚴善光。次有／吉王城，名娛樂庄嚴。次有王侯城，名寶金剛／幢。時彼林中有一道場，名寶華庄嚴。其道場前有大蓮華，名華炎具足，從（縱）廣廿万里，十億／蓮華眷屬圍遶。時彼世界過百歲已，天人出／世，如是次第有其崑崙山塵數元陽童子，出／行興化于世。其最初天人，名曰一切功德夲／勝崑崙山王。時天人處彼大蓮華上，分身万／國，目中出光明，照一切功德，覺有十方天人／世界塵數，光明以為眷屬。彼光滅除一切衆／生煩惱盖鄣，令得浄心起功德海，永離三惡／八難諸趣，散神仙樹下，廣弘誓願。諸天人時／，彼炎光城中有王，名處見善惡。其王統領万／億諸城，有三万七千天人采女，二万五千童／子。其一弟子名功德勝，次名普庄嚴。童子見／天人无量自在功德，善根因緣，故即得十種／三世，廣地方便海世三童[20]，名曰童子具足功／德三世、普門方便三世、浄光方便三世、教化／衆生三世、一切音聲充滿三世、无量功德識／向三世、如寶覺諸法三世、廣地方便海三世／、契勝解脫三世[21]、一切知見光明三世。猶如千／日競出東方，虛空靡不照曜。離垢浄坐，思惟／道場光明，如是无量万億難遇導師，出興於／世，一切最勝。觀察天人光明如雲，難可思議／，一切悉見如對面。因毛孔放光，如雲而下，不／可量數，隨生諸讚我无量。衆生遇我，如子見／父，離苦出家，悉皆安隱快樂，喜戲充滿，如子／見母。觀察天人充滿十方，放真珠寶光，讚歎／諸天，常住道場，深妙音聲，譬如渡水。渡水已／解滅諸苦，覩我自在，一切恭敬，懽喜无量。譬／如行人到家，歡喜及見眷屬，父母兄弟、夫婦／子息[22]。乃至天人得道，亦尒往詣王所，瞻仰恭／敬。元陽童子，諸仙第一，童聲柔和，於彼世界／无有不聞。譬如天子征伐隣國，大獲利安，功／成作樂，慶會諸侯，吾亦如是。元陽童子知見／[23]（下缺）

校記

〔一〕本卷有敦煌抄本兩件。P. 2366號抄本，由《洞淵神咒經》《太上元陽經》《本際經》三種經文粘接而成。其中《元陽經》首行品題下有一「八」字，不知是否爲第八卷。臺北4717號抄本，首尾殘損，文字與P. 2366抄本第55—166行相當，今用作參校本。

〔二〕「能」字原誤作「純」，據文義改。

〔三〕无量天人：四字據文義補。

〔四〕「澡」字原誤作「藻」，據文義改。

〔五〕一方：疑當作「十方」，或作「一切」。

〔六〕海虬王王：疑當作「海虬龍王」，或作「海虬王」。

〔七〕「彼」字原誤作「被」，據後文例改。

〔八〕「過」字原誤作「遍」，據前後文例改。

〔九〕「仙壇」上原衍「世界」二字，據前後文例删。

〔一〇〕「彼」字原誤作「使」，據前後文例改。

〔一一〕「彼」字下原衍一「有」字，據前後文例删。

〔一二〕自此以下凡括弧中文字，均據前後文例補。

〔一三〕此二句原誤作「有一世界名香水海蓮華平正」，據前後文例删改。

〔一四〕次上：原誤作「上復有」，據前後文例改。

〔一五〕此句前疑有脱文。

〔一六〕登上上王：臺北4717作「登上王」

〔一七〕一切：臺北4717作「一劫」，近是。

〔一八〕此句文義不通，疑有訛漏。

〔一九〕成就：原誤作「城就」，據文義改。

〔二〇〕此八字疑係衍文。

〔二一〕此上二句原誤作「廣地方便海契三勝世解脱三世」，據前後文例改。

〔二二〕子息：原誤作「子自」，據文義改。

〔二三〕按，《上清道類事相》卷四引《元陽童子浄土經》云：「脩多童城，純以水精爲壁，純金爲梁柱，蓮華覆樓層，珊瑚爲椽，白銀爲栿，黄金爲檀櫨也。」當係本卷佚文。

太上元陽經卷第十

圖版

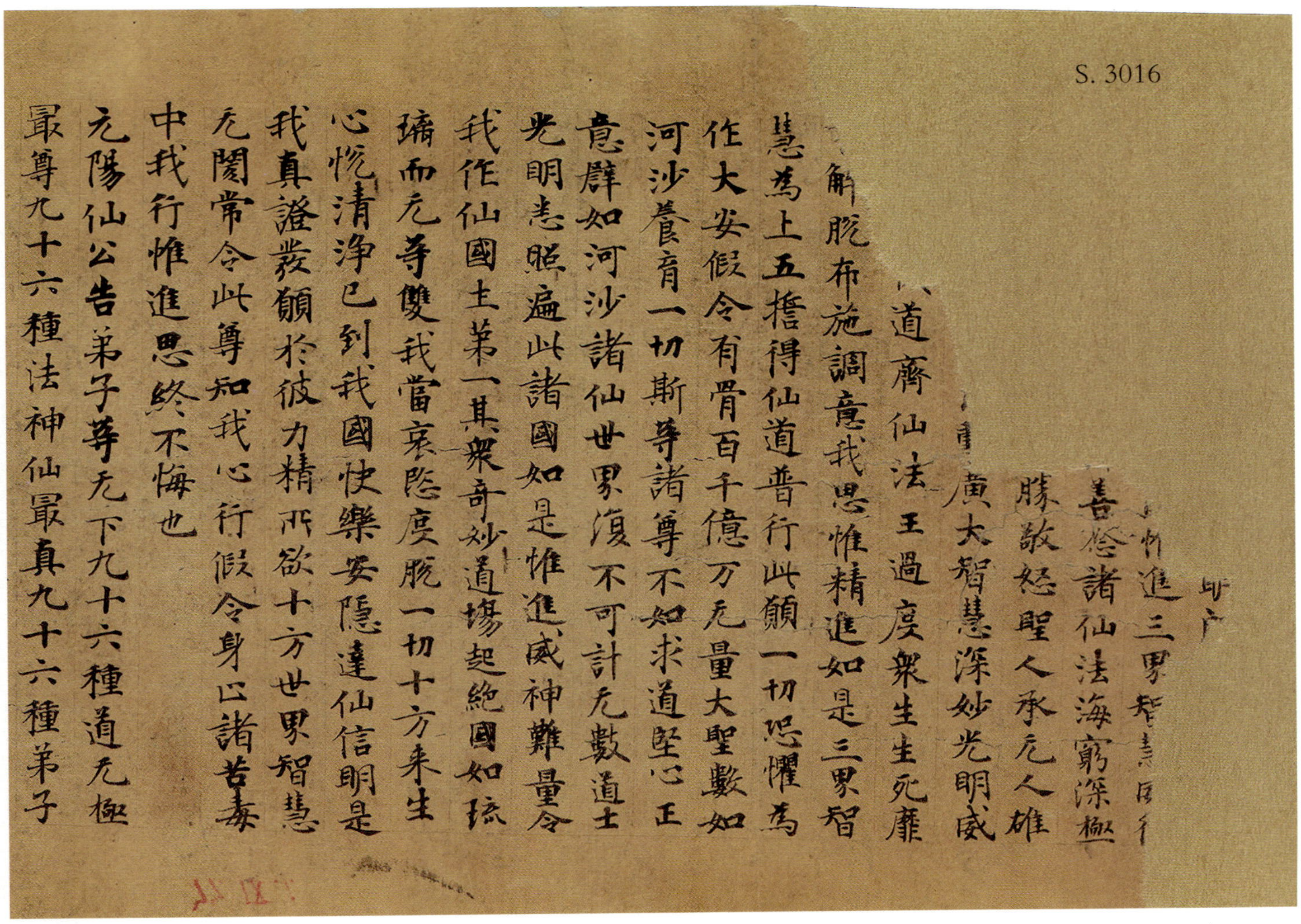

赤松子最上所以者何吾從十二万劫以来
發願誠諦願令積德措為衆生開導元男
元女頭面血宍以用布施元戀愛之心有若
虛空元所不濟六度四等衆善備德惠城仙
品神通遨遊飛行世界天上天下天中我尊
相好元比去来見在元不照然朗達三界尊
仙諸天不及我言信重震動天地其有衆生
發一敬心向元陽仙庭者勝獲大千世界珎
奇好寶說卅七品十二部仙經分別罪福言
皆至誠聞三明六通之教若得奉聞者歡喜
樂欲出世信我行法志尚清高衆仙之中有
四雙八輩十二賢士捨世貪静道世開福天
人路通衆仙之由矣甚為家尊元上之道諸
仙弟子緣此天尊應真皆從中出教化一切
度脫羣生我說是時天帝衆仙一切衆會皆
發元上正真大道不可稱計時天人尊得法
徹眼皆見元陽仙宮諸城聚落人民都市
國王臣民香林世界諸七寶樹下坐高廣坐
妙不可稱計猶如靈端華也
旃檀香樹琉璃妙香樹七寶樹金樹銀樹琉
璃樹頻梨樹珊瑚樹馬瑙樹車璖樹金樹銀
葉華菓銀樹金葉華菓珊瑚樹馬瑙為葉華
菓馬瑙樹琉璃為葉華菓車璖樹衆菓為葉
華菓也

有七寶樹紫金為本白銀為茎琉璃為枝水
精為條珊瑚為葉馬瑙為華車璖為實或為
寶樹白銀為本琉璃為茎水精為枝珊瑚為
條馬瑙為葉車璖為華紫金為實
或有寶樹瑠璃為本水精為茎珊瑚為枝馬
瑙為條車璖為葉紫金為華白銀為實
或有寶樹水精為本珊瑚為茎馬瑙為枝車
璖為條紫金為葉白銀為華瑠璃為實
或有寶樹瑠璃為本馬瑙為茎車璖為枝紫
金為條白銀為葉珊瑚為華水精為實
或有寶樹馬瑙為本車璖為茎紫金為枝白
銀為條瑠璃為葉水精為華珊瑚為實
或有寶樹車璖為本紫金為茎白銀為枝瑠
璃為條水精為葉珊瑚為華馬瑙為實
行行相對茎茎相望枝枝相准葉葉相向華
華相順實實相當榮色光曜不可稱視清風

時發出五種音聲微妙宮商自然相和天人普集坐千樹下廣坐高妙樹高四百万丈其本周圍五千餘尺枝葉四布卌七里一切衆寶自然合成以月光摩尼持海輪寶衆妙之仙而莊嚴之周迊條間垂寶瓔珞百千万色種種異變八十万光明照曜无極太上无數弥妙寶纓羅覆其上一切莊嚴隨應而見微風條動吹諸枝葉演出十二万億妙法音聲其聲流遍諸仙世界土其聞人已聞其音者得深法慧住不退轉心至成仙品不遭苦惠目覩其色鼻知其香口甘其味身觸其光心以法皆得甚深法品太上上清玄道氣六相徹都无所煩惱若彼國天人見樹者皆當往生妙樂世界成我无陽第三弟子一者音雲王真人二者名柔順王真人三者名无上生法法忍真人此皆无陽尊真弟子威神力故本願力故滿足願故明了願故堅固願故究竟願故无陽仙師告諸弟子世間帝王有百千音樂自我宮商乃至第六天上伎樂音聲展轉勝千億万倍不如我許假使第六天上

万種樂音不如我界衆仙上品吾有无量七寶樹一種音聲千種億万億勝於下方第六天宮亦有自然万種伎樂有其樂聲无非法音清揚和雅其音哀亮十方世界音聲之中仙品最上妙樂第一有種種講堂淨室宮殿樓觀仙臺皆以七寶莊嚴自然化成復以真珠明月摩尼衆寶以交露覆蓋其上內外左右諸香浴池或十由旬廿卅乃至百千由旬縱廣深淺卅万丈直東南流八十六百万億諸所經歷衆仙界土功德之水湛然盈滿清淨香潔味如甘露黃金池者底有白銀沙白銀池者底有黃金沙水精池者底有琉璃沙瑠璃池者底有水精沙珊瑚池者底有虎碧沙虎碧池者底有珊瑚沙車渠池者底有馬瑙沙馬瑙池者底有紫金沙紫金池者底有白玉沙或有二寶三寶乃至七寶轉共合成其池岸上有旃檀樹華葉垂布香氣普動天仙妙香葉林曇雲曰香未叱甘香紫珠薰香等雜色光茂弥覆水上彼諸仙人乃大仙都伯清信男女等若入寶池彼意欲令水没足水

即没足欲令至膝水即至膝欲令至胷水即至胷欲令至項水即至項欲令灌身自然灌身欲令還復水輙還復調和冷暖自然隨意聞神仙歷忱體蕩除穢汙滌洗垢膩去清明湛澄漢淨若无人須視之无形實眇暵微无深不照微蘭迴流轉相還住安詳除折不遲不務不疾波揚无量自然妙聲隨所應莫不聞者或仙人妙聲歌欲或聞赤松子法聲清淨或聞男女歌聲俗響或為淨玄中之音空无我聲我有大慈悲想聲振大千世界下至卌八地獄上至大覺太清无極天宮或十方世雄无畏天下不共法聲諸通慧聲无所聲不起滅聲无生忍聲乃至甘露灌頂衆妙法聲如是等聲稱其所聞者輙得歡喜无際隨順清淨離欲寂滅无言真實之義隨順元陽仙亭力无所畏不共之法元陽為師隨順通慧所行之道无有三塗苦難之名但有自然快樂之音是故元陽仙境名曰寂勝安樂諸仙神人百千万億皆當往生妙樂世界具足三明學道六通如是清淨色身諸妙音聲神通功德所處宮殿衣盈飲食衆妙華香莊嚴之具猶第六天自然之物若欲食時七寶樂器自然在前諸仙玉女雲隨送鵰金銀瑠璃車璖馬瑙珊瑚虎珀明月真珠如是諸器隨意而至百味飲食自然盈足雖有此食實无食者但見色女行香供養神以為食自然飽滿身心柔濡无所味著事以化去時至復現元陽國土清淨安隱微妙快樂次於无為長樂我淨神通之道其靈壇廣衆仙宅諸天仙人智慧高明神通洞達大同一類形无異狀但因順餘方故有天人之類狠端正超世希有容色微妙非天人皆受自然虛空之身无極之體與道氣合成天地也

太上元陽經卷第十

釋文

（S. 3016 抄本，品名不詳，前缺）（一）

□□□□□□□□□明□□□□□／□□□□□□□□□□惟進三界智慧威德／□□□□□□□□善念諸仙法海窮深極／□□□□□□□□勝敬怒聖人承无人雄／□□□□□□功動廣大智慧深妙光明威／□□□□□道齊仙法王過度衆生生死靡／不解脱，布施調意。我思惟精進，如是三界，智／慧為上。五（二）誓得仙道，普行此願，一切恐懼，為／作大安。假令有骨百千億万，无量大聖，數如／河沙，養育一切。斯等諸尊，不如求道，堅心正／意，譬如河沙。諸仙世界，復不可計，无數道士／，光明悉照，遍此諸國，如是惟進，威神難量，令／我作仙，國土第一。其衆奇妙，道塲超絶（三），國如琉／璃，而无等雙。我當哀愍，度脱一切，十方来生／，心悦清浄，已到我國，快樂安隱，達仙信明，是／我真證，發願於彼，力精所欲。十方世界，智慧／无閡，常令此尊，知我心行。假令身止諸苦毒／中，我行惟進思，終不悔也／。

元陽仙公告弟子等：天下（四）九十六種道，无極／最尊；九十六種法，神仙最真；九十六種弟子／，赤松子最上。所以者何？吾從十二万劫以来／，發願誠諦，願令積德，誓為衆生開導，无男／无女，頭面血宍，以用布施，无戀愛之心。有若／虚空，无所不覆，六度四等，衆善備德，惠城（五）仙／品神通，遨遊飛行世界，天上天下天中。／我尊相好无比，去来見在，无不照然朗達，三界尊／仙，諸天不及。我言信重，震動天地。其有衆生／，發一敬心，向元陽仙庭者，勝獲大千世界珎／奇好寶。説卅七品十二部仙經，分別罪福，言／皆至誠，開三明六通之教。若得奉聞者，歡喜／樂欲出世，信我行法，志尚清高。衆仙之中，有／四雙八輩十二賢士，捨世貪静，道世開福，天／人路通，衆仙之由矣，甚為最尊无上之道。諸／仙弟子，緣此天亭，應真皆從中出，教化一切／，度脱羣生。我説是時，天帝衆仙，一切衆會，皆／發无上正真大道，不可稱計。時天人等得法／，徹眼皆見元陽仙宫，諸城聚落人民，都市／國王臣民。香林世界諸七寶樹下，坐高廣坐／，妙不可稱計，猶如霊端華也／。

栴檀香樹、琉璃妙香樹、七寶樹、金樹、銀樹、琉／璃樹、頗梨樹、珊瑚樹、馬瑙樹、車璖樹。金樹銀／葉華菓，銀樹金葉華菓，珊瑚樹馬瑙為葉華／菓，馬瑙樹琉璃為葉華菓，車璖樹衆菓為葉／華菓也／。

有七寶樹，紫金為夲，白銀為莖，琉璃為枝，水／精為條，珊瑚為葉，馬瑙為華，車璖為實。

或有（六）／寶樹，白銀為夲，琉璃為莖，水精為枝，珊瑚為／條，馬瑙為葉，車璖為華，紫金為實／。

或有寶樹，瑠璃為夲，水精為莖，珊瑚為枝，馬／瑙為條，車璖為葉，紫金為華，白銀為實／。

或有寶樹，水精為夲，珊瑚為莖，馬瑙為枝，車／璖為條，紫金為葉，白銀為華，瑠璃為實／。

或有寶樹，瑠璃為夲，馬瑙為莖，車璖為枝，紫／金為條，白銀為葉，珊瑚為華，水精為實／。

或有寶樹，馬瑙為夲，車璖為莖，紫金為枝，白／銀為條，瑠璃為葉，水精為華，珊瑚為實／。

或有寶樹，車璖為夲，紫金為莖，白銀為枝，瑠／璃為條，水精為葉，珊瑚為華，馬瑙為實／。

行行相對，莖莖相望，枝枝相准，葉葉相向，華／華相順，實實相當，榮色光曜，不可稱視。清風／時發，出五種音聲，微妙宫商，自然相和。天人／普集，坐千樹下，廣坐高妙。樹高四百万丈，其／夲周圍五千餘尺，枝葉四布卌七里，一切衆／寶自然合成。以月光摩尼持海輪寶，衆妙之／仙而庄嚴之。周迊條間，垂寶瓔珞百千万色／，種種異變，八十万光明，照曜无極太上。无數／弥妙寶縵，羅覆其上，一切庄嚴，隨應而見。微／風條動，吹諸枝葉，演出十二万億妙法音聲／，其聲流遍諸仙世界（國）（七）土。其間人民聞其音者／，得染法慧，住不退轉心，至成仙品，不遭苦患／。目覩其色，鼻知其香，口甘其味，身觸其光，心（覺）／以法，皆得甚深法品，太上上清玄道，氣六（八）相／徹，都无所煩惱。若彼國天人見樹者，皆當往／生妙樂世界，成我元陽第三弟子。一者（名）音雲／王真人，二者名柔順王真人，三者名无上生／法法忍真人，此皆元陽壽真弟子。威神力故／，夲願力故，滿足願故，明了願故，堅固願故，究／竟願故。

元陽仙師告諸弟子：世間帝王有百／千音樂，自我宮商，乃至第六天上伎樂，音聲／展轉，勝千億万倍，不如我許。假使第六天上／万種樂音，不如我界衆仙上品。吾有无量七／寶樹一種，音聲千種，億万倍〔九〕勝於下方。第六／天宮亦有自然万種伎樂，有其樂聲，无非法／音，清揚和雅，其音哀亮，十方世界音聲之中／，仙品最上，妙樂第一。有種種講堂淨室、宮殿／樓觀仙臺，皆以七寶莊嚴自然化成，復以真／珠明月、摩尼衆寶，以交露覆盖其上。内外左／右諸香浴池，或十由旬，廿卅（由旬）乃至百千由旬／，縱廣深淺卅万丈，直東南流八十六百万億／。諸所經歷衆仙界土，功德之水湛然盈滿，清／淨香潔，味如甘露。黄金池者，底有白銀沙。白／銀池者，底有黄金沙。水精池者，底有琉璃沙／。瑠璃池者，底有水精沙。珊瑚池者，底有虎碧／沙。虎碧池者，底有珊瑚沙。車璖池者，底有馬瑙／沙。馬瑙池者，底有紫金沙。紫金池者，底有白／玉沙。或有二寶三寶，乃至七寶，轉共合成其／池。岸上有旃檀樹，華葉垂布，香氣普薰〔一〇〕。天仙／妙香、葉林曇雲日香、未吒甘香、紫珠薰香等／，雜色光茂，弥覆水上。彼諸仙人，乃大仙都伯／，清信男女等，若入寶池，彼意欲令水没足，水／即没足；欲令至膝，水即至膝；欲令至腰，水即／至腰；欲令至項，水即至項；欲令灌身，自然灌／身；欲令還復，水輒還復。調和泠（冷）曘，自然隨意／，開神仙歷〔一一〕悦體，蕩除穢汙，漱洗垢膩，去清明／涕澄漢淨若无人頂〔一二〕，視之无形，寶眇暎徹，无／深不照，微蘭（瀾）迴流，轉相還住，安詳除折不遅／不務不疾〔一三〕。波揚无量自然妙聲，（聲）隨所應，莫不／聞者。或（聞）仙人妙聲歌欲〔一四〕，或聞赤松子法聲清／淨，或聞男女歌聲俗嚮。或為（清）淨玄中之音／，空无我聲。我有大慈悲想，聲振大千世界，下／至卌八地獄，上至大竟太清无極天宮。或十／方世界〔一五〕无畏天下，不共法聲、諸通慧聲、无所（畏）／聲，不起滅聲，无生忍聲，乃至甘露灌頂衆妙／法聲，如是等聲，稱其所聞者，輒得歡喜无際／，隨順清淨離欲寂滅无言真實之義，隨順元／陽仙亭力无所畏不共之法，元陽為師，隨順／通慧所行之道，无有三塗苦難之名，但有自／然快樂之音。是故元陽仙境，名曰最勝安樂／。諸仙神人百千万億，皆當往生妙樂世界，具／足三明，學道六通。如是清淨色身，諸妙音聲／，神通功德，所處宮殿，衣盈飲食，衆妙華香，莊／嚴之具，猶第六天自然之物。若欲食時，七寶／槃器自然在前，諸仙玉女雲隤送䬸，金銀、瑠／璃、車璖、馬瑙、珊瑚、虎珀、明月、真珠，如是諸器／，隨意而至，百味飲食，自然盈足。雖有此食／，實无食者。但見色女行香供養，神以為食，自／然飽滿，身心柔濡，无所味著。事以化去，時至／復現。元陽國土，清淨安隱，微妙快樂，次於无／為長樂我淨神通之道。其霊壇廣衆仙宅，諸／天仙人智慧高明，神通洞達，大同一類，形无／異狀，但因順餘方。故有天人之類，（形）貌端正，超／世希有，容色微妙非（常）。天人皆受自然虚空之／身、无極之體，與道氣合成天地也／。

太上元陽經卷第十

校記

〔一〕此卷原抄本卷首殘損，尾題：太上元陽經卷第十。其内容文字與道藏本卷十截然不同，亦不見於道藏本其餘各卷。本卷中兩次提及「赤松子」。按，唐釋法琳《辯正論》第八引《元陽經》云：「赤松子遊仙，觀元陽宅中變化事，其中備有華嚴善才童子求善知識，入法界及現神通等語。」當即本卷佚文。

〔二〕「五」字疑當作「吾」。以上文字可參考康僧鎧譯《佛説無量壽經》卷上：「戒聞精進，三昧智慧，威德無侣，殊勝希有。深諦善念，諸佛法海，窮深盡奥，究其崖底。無明、欲、怒，世尊永無，人雄師子，神德無量。功德廣大，智慧深妙，光明威相，震動大千。願我作佛，齊聖法王，過度生死，靡不解脱。布施、調意、戒、忍、精進，如是三昧，智慧為上。」

〔三〕超絶：原誤作「起絶」，據文義改。

〔四〕天下：原誤作「无下」，據文義改。

〔五〕惠城：疑當作「慧成」。

〔六〕或有：原作「或為」，據後文文例改。

〔七〕原脱「國」字，據文義補。以下凡括弧中文字，均係擬補。

〔八〕氣六：疑當作「六氣」。

〔九〕億万倍：原作「億万億」，據文義改。

〔一〇〕薰：原誤作「勳」，據文義改。

〔一一〕「仙歷」二字當係衍文。

〔一二〕此句文字有訛誤，疑當作「清明潔澄，淨若无人」。

〔一三〕此句文字有訛誤，疑當作「安詳徐折，不遲不疾」。

（一四）歌欲：疑當作「所欲」。

（一五）世界：原誤作「世雄」，據文義改。

附補材料

《養性延命録》下1a4引《元陽經》。大正藏卷五二《集古今佛道論衡》396b引「元陽一經」，《辨正論》544b\c引《元陽經》。

《雲笈七籤》卷三二16b9—19b10引《元陽經》，節録《養性延命録》，内容爲服氣療病法，均不見於今本及敦煌本。疑係另一種《元陽經》。

《化胡經》云：老子伏羲後生爲帝之師，號曰究爽子，復稱田野子，作《元陽經》。（《三洞珠囊》卷九）

道藏本卷一《聖行品上》：（起）爾時元陽真人光妙音，聞天尊在玄都寶殿紫微上宫妙樂國土元陽世界，與諸天大聖飛天神王演説大乘經教……（尾）天尊説偈已。如諸經中所説事相，其義如是。賢智真人等既聞斯義，了然解悟，稽首作禮，辭退而去。（三十葉）

卷二《聖行品下》：（起）爾時高上玉晨天尊告元陽定光真人曰……爾時真人及諸大衆，一時辭退，忽然不見。（二十三葉）

卷三《慈行品》：（起）爾時元始天尊於紫微瓊宫金暉玉殿九曲之房元陽世界，告妙樂真人……（尾）妙樂真人等即起于席，長跪斂板上白天尊：今聞宣説，具了道源。諸天時衆，稽首作禮，各還本座。（二十葉）

卷四《問行品》……（七葉半，无首尾）

卷五《觀行品上》：（起）爾時東方玉寶皇上天尊，於［碧落］空歌國土清浄世界，與其神仙眷屬飛天神王至真大聖衆，八萬四千徒侶，俱會香林七寶樹間，演説《元陽上品觀行妙經》……（尾）於是靈華真人神仙眷屬、善男子等，既得明瞭，心無疑滯，一時恭敬作禮，左繞三匝，稽首而去。（二十一葉半）

卷六《觀行品中》：（起）爾時元陽妙樂真人與諸天大衆神仙眷屬，八萬四千童子，俱會元陽世界，設大高座，香華伎樂，幡幢寶蓋，萬種羅列，偏滿虚空，一時剖析玄微元陽祕藏……（尾）爾時元陽世界神仙眷屬皆得明瞭，無有疑滯。妙樂真人既得總持，深解妙理，於是歡喜讚歎，恭敬禮拜，左繞七匝，而説偈言云云稽首辭退歸。（二十八葉）

卷七《觀行品下》：（起）爾時元始天尊在元陽世界寶騫林樹間，將欲遁世時，見國王名曰善種，悶絶躃地，即告大衆……（尾）爾時善種大王既蒙天尊訓誨曉示殷勤，與諸眷屬皆得曉悟元陽祕典，深知因果，作偈讚歎，奉謝天尊，禮拜都畢，左繞三匝，辭退各還本國。（十七葉）

卷八《德行品》：（起）爾時元陽上品德行高貴真人尹妙林及其門徒眷屬，八種智慧第一弟子，無鞅數衆，俱會香園樹下騫木林間，稽首恭敬，遊行三匝，長跪執簡，諮問元始天尊……（尾）於是諸天真人神仙道士聞此事已，歡喜作禮，一時恭敬而説偈言我等今大衆云云。（十七葉半）

卷九《德行高貴品》：（起）爾時元始天尊告元陽真人言：善男子善女人，若有能修行供養無上元陽妙經，得於十種功德不可思議……（尾）元陽真人及諸時衆説偈都畢，一時恭敬作禮而去。（二十一葉半）

卷十《昇大羅品》：（起）如是我聞，一時天尊在蒲林國中樊華樹下元陽宫中，與大聖神人、大仙道士、男女官等百萬人，俱前後圍繞。……（尾）爾時大王及諸人民踊躍歡喜，倍共恭敬，供養是醫，一切病者皆服乳藥。病原闕。（二十二葉）

（王卡整理）

太上妙法本相經

解題

簡稱《本相經》。撰人不詳，約出於南北朝末。在《洞淵經》《元陽經》之後，《玄門大論》之前問世。原書卷數不詳，至少應有二十三卷，是流傳較廣的重要道經。《正統道藏》太平部收入此經，僅存三卷（上下卷均有殘缺）。另有《洞玄靈寶本相運度劫期經》（洞玄部本文類）、《太上諸天靈書度命妙經》（洞真部本文類），疑是《本相經》缺卷。《上清道類事相》《要修科儀戒律鈔》等經書，引述《本相經》佚文較多。

（《中華道藏》第五册 002 號）

甲、經名已定諸抄本

P. 2357.2：首行前粘接《本際經》卷三抄本，背面寫佛經《大乘稻芉經疏》。本件首尾殘缺，無卷題。存經文二百二十四行。卷首約五行半經文，不見於道藏本；其後二百一十八行經文，見於道藏本卷上首行至第 12b1 行。以下道藏本約一百二十二行經文，抄本缺損。可知道藏本及敦煌本均爲殘本。兩者校補後，此卷尾部完全，卷首仍有缺文。（大淵目二九五頁）

S. 3173：首尾殘缺，無卷題。存經文二十五行，見於上件 P. 2357. 2 抄本第 4—28 行，文字全同。應爲《本相經》殘抄本。（大淵目二九八頁）

P. 2396+3675：兩件紙質、筆跡相同，文字内容銜接，原係同一抄本。綴合後存十三紙。卷首第一紙殘損半紙，卷尾於紙縫粘接處脱落。首尾均無卷題。合計存經文三百五十行（322+28）。前三百零九行經文，大致與道藏本卷下普説品首尾相當，但抄本卷首缺品題二行及經文約十二行。又抄本第 310 行以下經文，不見於道藏本，可知道藏本及敦煌本均有殘缺。兩本校補後，此卷尾部仍有少許缺文。

（大淵目二九九頁考訂 P.2396 爲《本相經》抄本，三六〇頁擬定 P.3675 爲「失題道經」。今按，P.3675 經文大部分見於《雲笈七籤》卷九〇，應爲《本相經》。）

P. 2755：首尾殘缺，無卷題。殘存經文五十七行，見於 P. 2396 抄本第 211—267 行。可確定爲《本相經》殘本。背面寫張仲景《五臟論》。（大淵目三〇二頁。按，此件黄目擬題「洞解三教幽旨經」，謂與 P.2213 近似。其説無據。）

（按，以上 P.2357.2、P.2396+3675 兩抄本，可校補道藏本上卷及下卷之缺。但兩抄本均缺卷題，其在唐代《本相經》原本的卷次尚待考訂。今姑置於第五卷前。）

P. 2429：首缺尾全。尾題：太上妙法本相經綜説品第五。存經文二百九十二行。《正統道藏》未收此卷。（大淵目三〇二頁）

津藝 289：首尾完具。字跡工整。首題：太上妙法本相經東極真人問事品第九。尾題：太上妙法本相經卷第九。存經文三百七十三行。《正統道藏》未收此卷。（此件大淵未見，影版見《天津藝術博物館藏敦煌文獻》。）❶

津藝 184：首殘尾全。字跡工整。卷首品題缺。尾題：太上本相經卷第十。存經文一百五十八行。《正統道藏》未收此卷。（此件大淵未見，影版見《天津藝術博物館藏敦煌文獻》）。

P. 3091：首尾殘缺，無卷題。存經文四十七行。其中第 5—11 行文字，見合《雲笈七籤》卷七引《本相經》佚文。可斷定爲《本相經》卷一一殘抄本。《正統道藏》未收此卷。背面寫佛教文書。❷（大淵目三〇三頁）

Дx15486：小碎片。楷書精美，筆跡同 P. 3091。殘存「願天尊告」四字。是 P. 3091 第二行下端脱落殘字。（《俄藏敦煌文獻》影版，未定名。）

浙博 125+075（浙敦 150+100）：兩枚殘片均係張宗祥舊藏品。黄麻紙，烏絲欄。楷書，筆跡相同，文字内容連續。綴合後首尾及下半殘損，卷面有多處刮痕。無卷題。殘存經文合計十七行（5+12）。其中有四句詩頌，見於道藏所收《上清道類事相》卷四引《本相經》卷一八佚文。（大淵未見。《浙藏敦煌文獻》影版，前件題「道經殘片」，後件誤題「佛經殘片」。）

Дx2138+4353：兩殘片筆跡相同，裂縫殘字吻合。綴合後首尾仍殘損，卷面有破洞。無卷題。筆跡近似上件浙藏本。殘存經文二十二行（5+17）。其中有兩句頌詩，見於道藏所收《上清道類事相》卷三引《本相經》卷一八佚文。（大淵目三六一頁著録前件，定爲「失題道經」。後件影版見《俄藏敦煌文獻》，未定名。）

---

❶《敦煌道教文獻研究》旁批曰：「蓋卷九爲東極，卷十爲南極。」「南極真人問事品第十一」。

❷《敦煌道教文獻研究》旁批曰：「此條經文見《笑道論》，引作『南極真人問事品』。劉屹、山田俊有説，爲卷十一之殘文。」

S. 2122：首缺尾全。尾題：太上妙法本相經廣説普衆捨品第廿一。存經文三六三行。《正統道藏》未收此卷。（大淵目三〇二頁）

P. 2389：首殘尾全。尾題：太上妙法本相經廣説普衆捨品第廿一。存經文二百五十四行，見於 S. 2122 抄本第 110 行至末尾。（大淵目三〇二頁）

P. 2476：首尾殘缺，無卷題。殘存經文五十六行，見於 S. 2122 抄本第 157—213 行。背面寫《沙彌十戒文》。（大淵目三〇三頁）

P. 2388：首殘尾全。尾題：太上妙法本相經卷第廿三。存經文三百六十五行。卷首數行文字殘損嚴重，可據 S. 6310B 殘片校補。《正統道藏》未收此卷。[1]（大淵目三〇三頁）

S. 6310B：小殘片。首尾殘缺，無卷題。前與《昇玄經》卷八殘片粘接，據考應爲《本相經》卷二三抄本。殘存經文五行，可校補 P. 2388 卷首第 4—8 行文字。（大淵目一二四頁著録，但未發現此殘片係《本相經》。參見筆者論文《敦煌本〈昇玄内教經〉殘卷校讀記》，《敦煌吐魯番研究》第九卷。）

乙、經名待定存疑諸抄本

散 0685A：原羅振玉貞松堂藏「殘道家書」之一。首尾殘缺，無卷題。殘存經文二紙五十六行。起於「水流嵠谷」，止於「不任之」。（大淵目三〇三頁）

S. 12029：小碎片，首尾下均殘損。存四行。（榮目脱漏。《英藏敦煌文獻》影版，題作「殘文」。）

P. 2423：首尾缺，無卷題。存經文一紙二十八行。文字内容與上列貞松堂藏本近似。疑係《本相經》抄本，尚待確證。原件背面寫佛經《百法明門論》。（大淵目三六〇頁著録，定爲「失題道經」。）

P. 3362：首尾殘缺，無卷題。存經文三紙八十四行。其中有數段經文見合《雲笈七籤》卷九〇所引《連珠》。疑係《本相經》抄本，尚待確證。背面寫佛教文書。（大淵脱漏。王重民《劫經録》擬作「古道家著作殘文」。黄目擬作「古道家哲文」，均無根據。《法藏敦煌文獻》影版，題作「道經」。）

Дx1630D+2763：兩殘片筆跡相同，裂縫殘字吻合。綴合後首尾及下半部仍缺損，無卷題。殘存經文合計二十八行。後半截有十五行殘文，見合《雲笈七籤》卷九〇《連珠》。疑係《本相經》殘抄本，筆跡酷似 S. 12029，原當是同一殘片。（大淵目三六〇頁著録 Дx1630 殘片，定爲「失題道經」。Дx2763 影版見《俄藏敦煌文獻》第十册，誤題「儒家經典」。）

散 0685B：原羅振玉貞松堂藏「殘道家書」之二。首尾及上邊殘損，無卷題。殘存經文四十一行。起於「億劫兆椿」，止於「其甘不味是」。（大淵目三〇四頁）

附補材料

靈廟瓊室[2]

《本相經》第一云：仙廟者，神仙所居之堂也。（《上清道類事相》卷四）

〔本相〕第一經云：仙廟者，神所居，非人室也。（《上清道類事相》卷四）

〔本相〕第一經云：仙人范則子於西那王（玉）國浮羅嶽中肅臺室，説太清中品六百卷也。（《上清道類事相》卷四）

《本相經》云：范則子與四人同往大（太）原山中，修道三十六年，夢見神仙真人，項負圓光，無鞅數衆。更得六年，永無髣髴，四人退還家，則子願在山。四人疑恐得道，往看〔之〕，唯見太清玉碑上〔有〕兩白鶴。因爾而歸，至半山而死，化爲猶預鳥三身，後生西方兩面國中，雖有人形而無人情。（《要修科儀戒律鈔》卷一二）

《本相經》云：范則子、順子得道，但見太清玉碑闕上有二白鶴。碑石書云：往以共學道經，宗三十六部，由心不專，志難會契也。（《要修科儀戒律鈔》卷一三）

《本相經》第一云：超登無上道，清浄長樂室。（《上清道類事相》卷四）

《本相經》第三云：見一天堂琉璃爲壁，黄金爲梁，青玉爲柱，琉璃覆之。又云：見一天堂琉璃爲壁，紫玉爲梁，赤玉爲柱，黄金覆之，飛鑠周匝也。（《上

[1]《敦煌道教文獻研究》旁批曰：「品名疑係『有無生成品』，有兩句頌詩見於《笑道論》引文。見劉屹説。」

[2] 卷前附補材料按内容大致可分爲八組，小標題係統稿時參照《上清道類事相》《要修科儀戒律鈔》等所擬。此外，《辨正論》《太平御覽》引文，王卡先生僅標記了所在頁碼，具體文字係統稿時所輯。《辨正論》引文見合《本相經》卷二一抄本。——整理小組按

清道類事相》卷四）

《本相經》云：高陽國中有長樂舍，方圓一丈二尺，其舍表裏悉有天景大混文字，題在四面，營衛此舍也。（《上清道類事相》卷一）

《本相經》第四云：長樂舍方圓一丈，表裏悉有天景大混文字也。（《上清道類事相》卷四）

《本相經》云：天尊以龍漢之時，於北隴玄丘七寶館内，鍊其真文天景大混，題館四面也。（《上清道類事相》卷一）

又云：天尊遊法明玉國五色玉室寶榻，鳴玉鳳機高座之上，激揚道教，度一切也。（《上清道類事相》卷四）

又云：［天尊］於清靈始老國清玉九合玄臺，説本相經。（《上清道類事相》卷三）

又云：東華九合玄臺，累玉而成也。（《上清道類事相》卷三。參見《本相經》卷二一抄本）

《本相經》云：仙房者，道士服氣之室也。（《上清道類事相》卷二）

《本相經》云：太清玉寶臺，法静真人説《元陽經》處也。（《上清道類事相》卷三）

《本相經》云：七寶［紫］室，静老天尊説法處也。又云：玄滋玉室，静老天尊在此爲尼乾説法也。（《上清道類事相》卷四）（按，静老天尊之名見於敦煌《本相經》卷五《綜説品》殘抄本，又見卷九、卷二一抄本。）

又云：天尊於赤明國中朱陽之室，説大洞真經也。

又云：今聞我師於此七寶紫室，闡揚道教也。

《本相經》云：天尊於赤明國中朱陽之室，説大洞真經。（《上清道類事相》卷四）

齋戒

《本相經》曰：齋有二種，一則拯道，二則濟度。拯道者，謂發心學道，從初至終，念念持齋，心心不退。復有二門，一謂志心，二謂滅心。志心者，始終運意，行坐動形，寂若死灰，同於枯木，滅諸想念，唯一而已。滅心者，隨念隨忘，神行不係，歸心於寂，直至道場。濟度者，謂迴心至道，翹想玄真，願福降無窮，災消未兆。又云：虔心者，唯罄一心，丹誠十極，燒香禮拜，唯求於道。捨財者，市諸香油，八珍百味，營饌供具，屈請道士，及以凡器，歸心啓告，委命至真，内泯六塵，外齊萬境，冥心静慮，歸神於道，克成道果，永契無爲，救濟存亡，拔度災苦，隨其分力，福降不差，功德輕重，各在時矣。（《雲笈七籤》卷三七引。又見《齋戒籙》引。）

存念

一誦《本相經》，存咒。先鳴法鼓三十六通，禮經三禮，咒曰：

玄玄至真道，清浄歸沖寞。天真洪曜集，百靈交景日。
四輩傾心享，故集大仙質。天堂周時開，咸爾等檢膝。
妙品布宣化，拔度三塗出。（《要修科儀戒律鈔》卷二）

講説

三明讚誦。《本相經》云：齋主請法師開講，便起三上香，齎香爐詣法師前三拜，長跪請曰：弟子等千載幸會，遭值法輪，元始遺教流布於世。今日某雖復奉道，希聞靈音，唯願法師流布慈澤。法師許，欲昇高座，詠曰：

弟子仰法師，敢啓有所陳。衆生闇塞久，思聞至法音。
大慈開長夜，設化萬劫新。主人建福齋，延及四輩人。

法師昇高座時詠曰：

齋直道所務，妙品元始貴。故設祖劫橋，廣度諸民物。
爾日設清齋，帳座羅五色。天仙遊筵上，五帝列方職。
功曹傳符命，擁衛左右直。我昇龍輿座，玉梯附机息。
神霄助授護，天魔不舉目。五神不移動，披宣太上域。

定座詠曰：

大道無為中，積氣運起形。為衆設橋梁，故遺無等經。
修之得長樂，莫有三界生。燒去六塵垢，一心静念聽。

下座詠曰：

妙品演布化，迢迢霄玄音。等受無礙智，三梁度黄津。

神霄功曹使，疲勞小停神。三會因勞賞，當報不負言。

須啓更當白，便曹未恚懸。下座服居位，禮拜三寶尊。

（《要修科儀戒律鈔》卷二）

發心

又如《本相經》所明，天尊於禪黎〔世界〕説洞玄真文，七十萬劫不起於座，七百萬衆悉不迫迮，十方龍王放光而來聽法。天尊弟子靜惠云：龍獸尚復樂道，而況於人。言畢，龍王忽怒，興雲下雹，積高十丈。於是天尊布五色之氣，結雲成縵，上軒雪雹，不傾不動，説法如故。有此威神，十方通悟。（《要修科儀戒律鈔》卷二）

《本相經》云：天尊説法之時，八萬四千之衆心開意解，發無上正真之心，而不退轉，即除七十二結、百種煩惱。又云：有長者子，名曰法龍，信解恭敬，七十二萬人皆心務真空無上之道。（《要修科儀戒律鈔》卷二）

受持

《本相經》云：若見經法，忽若土草，了無恭敬之心。見他行善，背面呰笑，永無助仰之性。斯人從六畜中來，始得人形，故不信法。（《要修科儀戒律鈔》卷二）

功德

《妙法本相經》載：太玄紫虛真人，本玄丘國王，名曰賓靈。遇天尊説《本相妙經》天景大混之因，即悟前生於南方閻浮地震旦國中任子智家生。以造招賢習仙天宫三級，三十六宫、七十二窗，仙房一百二十間，養道士三百六十人，寫經萬卷，恒以果食衣服供養之，具種種之物悉以散施，朝夕不輟。功德所鍾，逮及今身，得登玄丘國王之位。自後更修升仙之道，得爲紫虛真人。（南宋王希巢《洞玄靈寶九天生神玉章經解》卷中）

《本相經》云：前功不立，後則骨肉不仙，是故尸解而得道也。（《度人經》四注本卷一）

附記

《本相經》曰：大羅之上，無色無塵，是無上也。（《度人經》四注本卷二）

《本相經》云：天尊説法時，乾闥婆及人非人等，六牙白象，四衆圍遶，一百數匝。天尊以中夏一音演説斯義。衆生隨音類解。

又云：天尊在林中，出眉間白毫光明，照南方大千國土，聲聞緣覺知進而觀知，進者諸漏已盡，更無煩惱。」「《本相經》云：天尊門内有師子猛虎守門左右，拒天力士威赫前後者。（《辨正論・出道僞謬篇第十》，《大正藏》543b、547c）

《本相經》曰：年十九，踰城出家，學道勤行，精進禪定，六年成道，具三十二相八十種好。（《太平御覽》卷六五三）

太上妙法本相經卷上❶

圖版

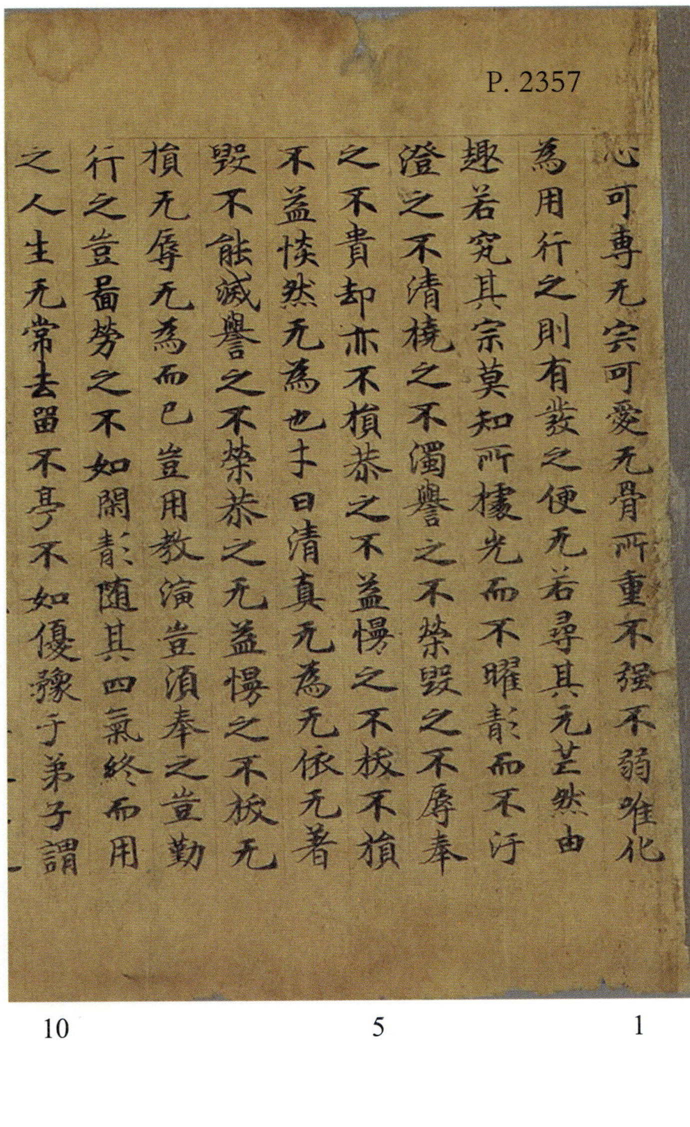

P. 2357

❶ 王卡先生在標題後畫問號存疑。——整理小組按

可脩德大冨裝无可恃勤致神仙愓落三徒
奉行靈祐辱之禍至何期清真无為之任虛
勤之教无益之法于荅曰夫清真者即是道
若人行之人自行之若人勤之人自勤之若
人恭之人自恭之若人奉之人自奉之何益
於清真子人自求益非益清真人自求度非
度清真人自勤脩非清真勤脩人自求道非
道求人是以真人先自勤砦後獲大樂先自
恭奉後得真尊若人辱道人自損之若人愓
真人自拔之若人裝道人自裝道若人毀真
人自毀真何以故人自罵嚮非嚮罵人人自
惡真非真惡人人自愓道非道愓人人自禍
道非道禍人人自滅道非道滅人人自毒道
非道毒人何以故辟如强弩射天其箭必還
是以人自射天非天射人人自罵嚮非嚮罵
人故毒不自運禍不自生一由身口心行所
招致也是以身者三惡之根神仙之本一名
良福田二名賊梨薗三名種子户名棄生
門五名道之域六名臓血村七名珎寶器八
名凡礫怨九名明智室十名九夜昬人能知

斯裏可名為真人切滿德亦就三界无極尊
常樂无邊境茗茗太上仙相好具種興海智
退大千功德不虛妄玄都計因緣聞而生疑
心万劫无一緣隨業墮落去三徒是家因
辯丰曰如天尊所說人自求道非道求人人
自求度非道度人所以立教存文禁誡約束
若道不求度人不應設法加訓以勑民物若
道不賴於人人豈何所務之將知道好於人
而貴其親荅曰道无親踈化及一切人自親
道感而致果禁誡加教非獨一人約及一切
但人自求禁誡束其身心約其口行是以聖
人之道何求于有智者志之耳是故人能洪
道非道洪人大道无為褭神淡泊何求於人
于但人自洪非能洪道故道性寬養非獨一
類何故専洪於人于十方大千之國万種形
名巻及之終不寄一類而化及也是以普邊
形名豈獨洪之於人也何以故得知之道生
天地置立陰陽布造日月安設星辰周天三
百六十五度盈縮之數四時代謝豪亦无失
乃生人民万類之形名匠成一切而獨洪之

於人是故非獨洪人是以一切志士自求於
道自求度之所以者何辟如於水人自求取
於彼乃来度水将知水不度人人自度之是
故道不度人人自求道道不貪民民自貪道
若道貪民則有親踈之隔若道貪度則有進
退之性是以道性淡泊无有親踈亦无彼此
慈恩子養千等一切何以故辟生十子咳抱
之時普恩愛之无欲遺棄小有不和馳追巫
卜問其進退聞裏肝碎聞吉踊悦玄餔慈育
遅不長大暨其長成專志自討役日二親命
不慎從教不入懷色不和僕言生攻擊惡聲
遠近隣邑異目惡踞畏影隨隧給疾至死乃
以形没名流伊馨恒存若有一子二子言命
色慎善聞遠著比邑取風芳歌香音輟於路
口十子兄弟馨香善惡其用不同故道慈衆
生亦與十子咳恩等耳長成役慎其任隨意
是故父毋亦知生養孝慎由子道政知慈悲
恭由百姓是以道慈衆生若毋愛子无有親
踈亦无貪物道慈毋愛亦復如是丰曰受恩
更問餘滯如天尊所說道慈衆生如毋愛子

普哀一切无有遺棄竊見世間苦厄之人進
不得生退不得死哀悲惟碎樹木渧泣六畜
沾津飛鳥哀鳴視者亡身聽者酸寒苦楚傷
割不可處之道若大慈應哀念之矜濟抹度
勉離斯苦道不哀憐亦不矜顧推斯證驗将
知道无慈悲恩及一切昔孫童之感何屍絶
流棄嬰繁陽靈狩乳育山河尚復矜感而况
於道于推緣之應将知道不有慈聖不有悲
獨立不群无爲之任也答曰一切衆生各有
緣品若憂若悲若苦若惚先業定也如是何
屍棄嬰所以流絶狩乳者慈吾遣交龍絶流
靈狩養嬰汝知不于所以知之水亦知流行
虎亦知敖害何故不介以吾故耳丰曰若道
有感則无憂苦若道慈悲則无孤遺所以天
下荼嘆乃至滅身而无其捄将知无感无慈
任化而已若當不介道有二種一主貧苦孤
厄灾禍一主長壽富樂自然類殃斯議當知
有二也答曰一切衆生各有因緣長短苦樂
居然定分无可移易先業既定報亦難奪是
以業果不妄取報无殊辟如種植隨種而生

豈有非類而有者乎貧富苦樂之果亦復如
是所以者何一母生子乃至四五長短黑白
政陋不同壽命貴賤各不一等將知先業所
鍾不可移也如汝所問悉德聞知丰曰丰也
非汝所問則衆不知非汝所訪則衆不訣
令汝起一燈之照是充万里之光也汝若有
滯未足為滯汝若有惑未足為惑丰曰受恩
但六蘇不智疑惑者多雖問數事得釋理趣
餘滯比肩實心不盡意欲更問尊曰善有疑
必問未使抱惑懷疑以迷當年也丰曰重受
天恩如天尊所說一切衆生各有緣品貧富
苦樂居亦定分貴賤長短各受先業不審貧
苦孤賤敬更可脩善得福時不為即流轉涉
惡而生唯願天尊吉其因緣所謂得了令諸
貧苦不及之人悉得聞知答曰汝之所問甚
要甚妙端坐諦聽為汝說之夫一切衆生若
苦若樂若貴若賤一由先身所造業也故令
之報若諸貧苦不及之人當知貧苦不可居
處勉力脩壇布施屈伸礼拜香火供養助人
橋重路避老厄行齋勸化衆善備至當來悉

獲太真之道而言貧苦乎貧人布施殊而當
王國百金苦中行道一礼當同一身出家何
以故居不足應惜不惜施功高大不可稱計
苦者无僚不應憶道而一礼者故可當慢士
一世出家是故湯中出蓮華可謂難乎故
業无常定作之皆報但患貧苦不知有道恒
不及人恒患孤賤不信因緣常居孤賤是以
真人見是理故行學脩道故成真也若苦惱
衆生知於苦可惡知於樂可欲苦而行之亦
與十仙同得何以故知苦苦故終无苦覺賤
不耻故能去賤何以故一切衆生悉有樂性
悉有苦性自一仙以下苦樂之性莫不居
之自一仙以上永與苦別而況於道乎故一
切衆生業无常定隨造便報豈有種類也丰
曰受恩願問餘解不審十方恒沙真人一切
得道大聖衆為稟何氣而生為習何道而致
斯業乎得如今之報也答曰十方恒沙真人
得道大聖衆者莫不悉從脩本相提羅之業
也夫本相者大无不苞細无不入廣演言教
度人无量亦如恒河沙之衆不可稱記亦如

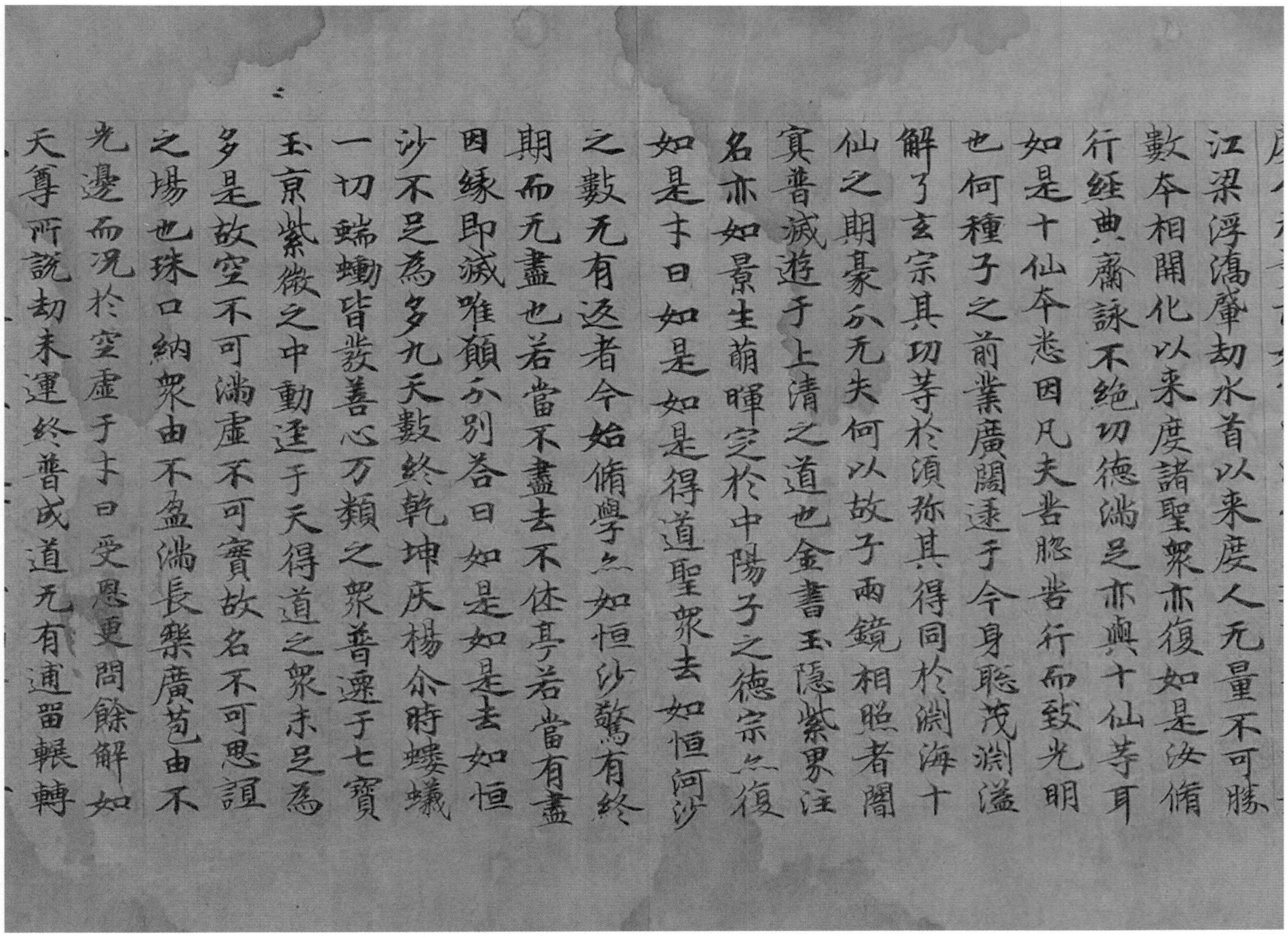
江梁浮滈靡刧水首以来度人无量不可勝
數本相開化以来度諸聖衆亦復如是汝脩
行經典齋詠不絶切德滿足亦與十仙等耳
如是十仙本悉因凡夫出勝出行而致光明
也何種子之前業廣闊遠于今身聰茂淵溢
解了玄宗其功等於須弥其得同於淵海十
仙之期豪分无失何以故子兩鏡相照者闇
寘普滅遊于上清之道也金書玉隱紫界注
名亦如景生萌暉定於中陽子之德宗亦復
如是丰曰如是如是得道聖衆去如恒河沙
之數无有这者今始脩學亦如恒沙驚有終
期而无盡也若當不盡去不住亭若當有盡
因緣即滅唯願分別荅曰如是如是去如恒
沙不足為多九天數終乾坤庆楊尒時螻蟻
一切蜎蠕皆發善心万類之衆普遷于七寶
玉京紫微之中動逕于天得道之衆未足為
多是故空不可滿虚不可實故名不可思議
之場也珠口納衆由不盈滿長樂廣苞由不
光邊而况於空虚于丰曰受恩更問餘解如
天尊所說刧未運終普成道无有逋留輾轉

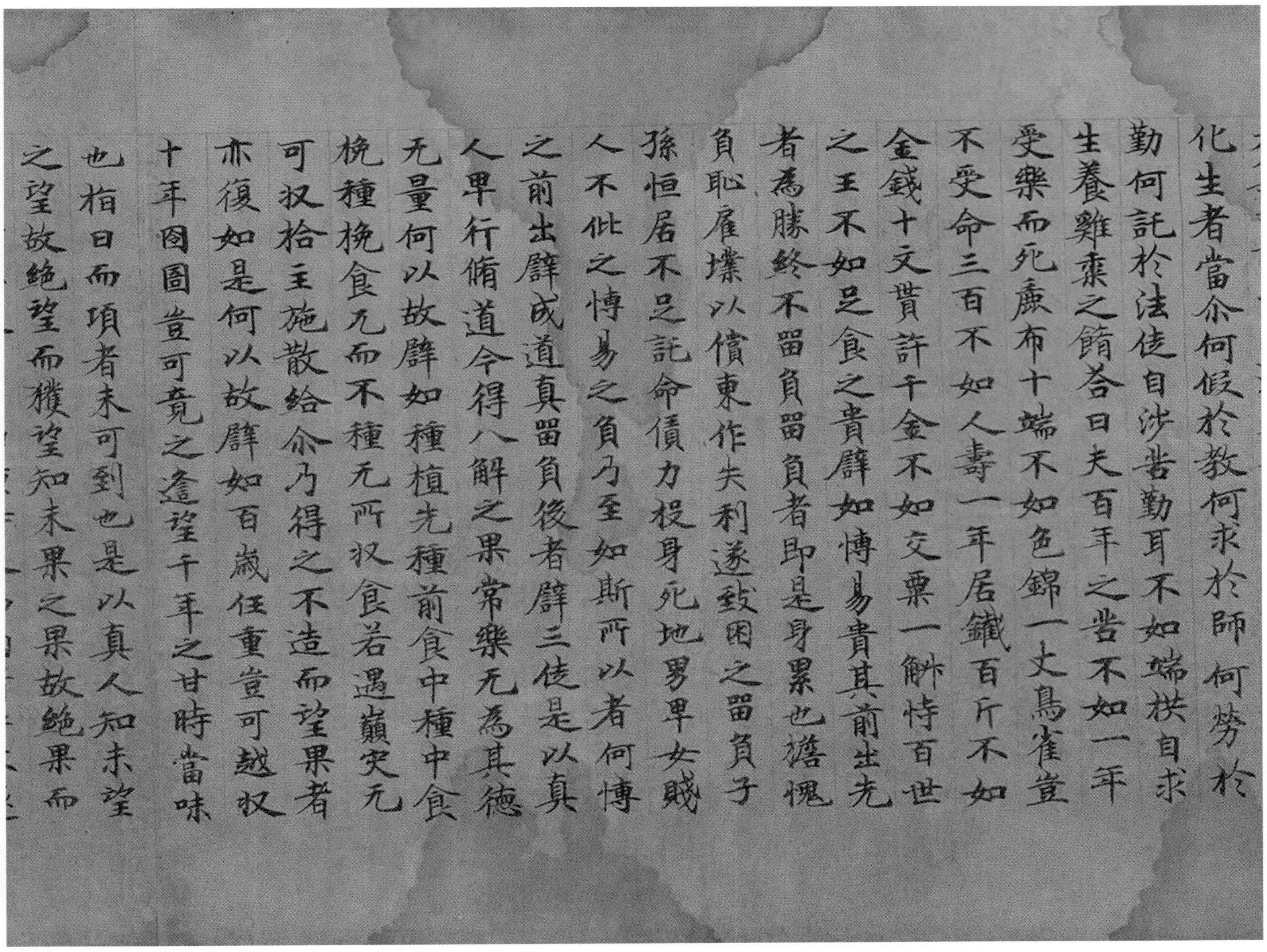
化生者當尒何假於教何求於師何勞於
勤何託於法使自涉苦勤耳不如端拱自求
生養雞棄之餚荅曰夫百年之苦不如一年
受樂而死麁布十端不如色錦一丈鳥雀豈
不受命三百不如人壽一年居鐵百斤不如
金錢十文貫許千金不如交粟一斛恃百世
之王不如足食之貴辟如博易貴其前出先
者為勝終不留負留負者即是身累也譫愧
負耻雇㯼以償東作失利遂致困之留負子
孫恒居不足託命償力投身死地男卑女賤
人不仳之博易之負乃至如斯所以者何博
之前出辟成道真留負後者辟三徒是以真
人卑行脩道令得八解之果常樂无為其德
无量何以故辟如種植先種前食中種中食
晩種晩食无而不種无所収食若遇巔実无
可収拾主施散給尒乃得之不造而望果者
亦復如是何以故辟如百歲任重豈可越収
十年囹圄豈可竟之遙望千年之甘時當味
也栢日而項者未可到也是以真人知未望
之望故絶望而獲望知未果之果故絶果而

得果何以故譬作佃種待天而雨者乎不遂
其願不如先治渠邊引水漑灌定可獲也天
非不无而但恐疾楊而敗飢饉艱薪命不延
久劫未非不无道但恐三徒而不可脫免是
以真人畏是故故先求道其真既崇无憂
敗常生无爲爲於无爲之爲任於无任之任
託於无託之託寄於无寄之寄居於无想之
想處於无著之著是故聖人尚於初業貴於
先功何以故貴於先功尚於學士也三元九
阨殃灾叵過有能遜心脩道者普得免脫也
是以聖人尚於先功貴於初業若有志於道
者悉名初業也初業者提羅之曰先功者前
舉之功故貴功而尚業于不貴不尚者與諸
六畜同之所以者何六畜不知有道豈識功
業之妙理故故同六畜耳于曰受恩願問餘
解世有學士受師教法脩行道德動逹年劫
而不成立復有學士脩行道德未必多年而
致太真无爲之任者何荅曰學士脩道遺在
理會多年而无感者心不會理譬如跛跔頑
於万里之所日涉不過十里三年乃達其所

趣復有一人但與一處同涉一趣及其馳涉
日行三百不過月旬而達所趣學士心會亦
復如是譬如飛步難爲及也何以故一人乘
龍一人步涉豈可相遲里趣同所飛涉不等
學士志道不同一等或形染道法心存有中
或假真專爲妄泄秘要或言如真人心懷狼
賊或口誦明文万不一慎或身居上學達貪
財色或矯假高貴威赫愚俗如斯之士定入
三徒道在何處未熟之間並可逐侶雖行世
界即是行尸獄也一切學士豈得同之也所
以者何譬如辨意一人作意十人辨之一人
作難十人射之值之者若一若二射著者若
兩若三其意豈不同一但所見不同會以不
會亦復如是于曰受恩更問餘解爲見世中
十人五人同時出家隨心所好各奉一師脩
行道德不敘晝夜一師之徒悉得五通之果
一師之徒无有異悟若依其年年則同若依
其勤勤勞等所由一師之徒獨進一師之徒
獨不進荅曰師有明闇故有進否所以者何
師者即是道之門戶也若有明師善知經議

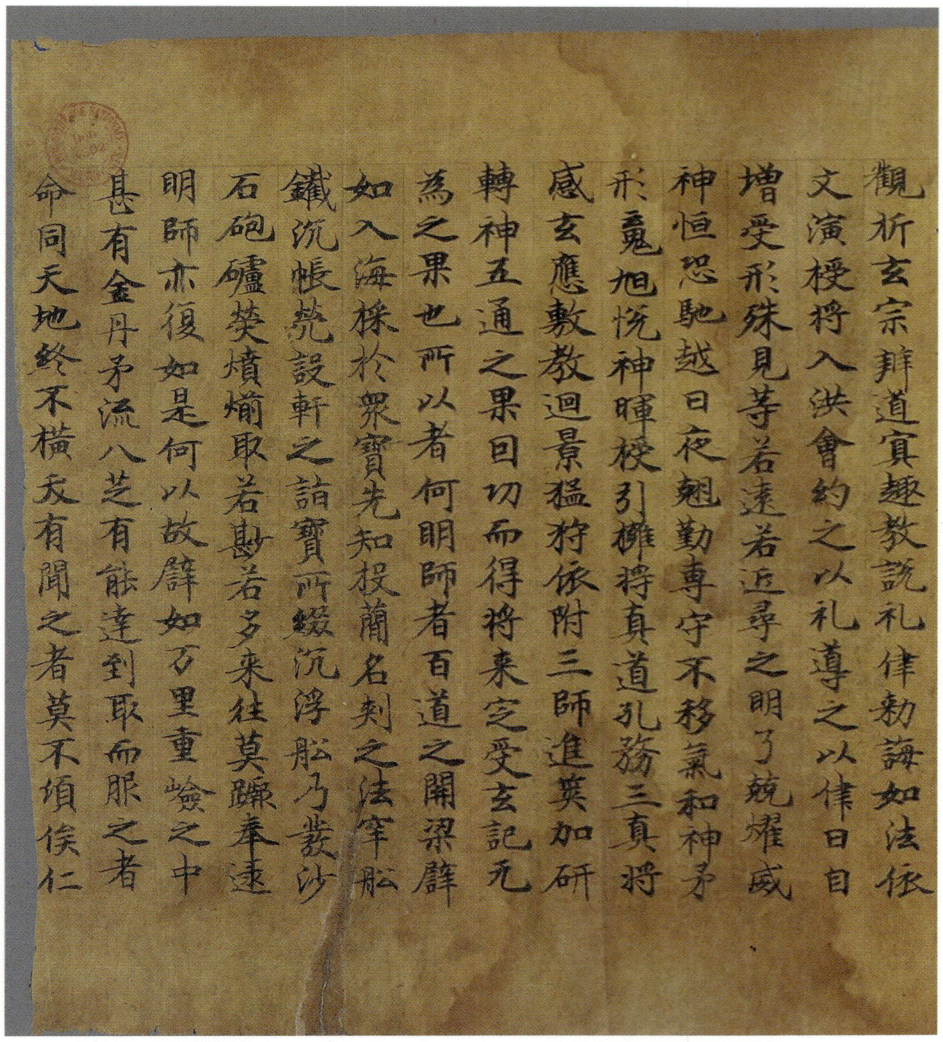
觀祈玄宗辯道宜趣教誑礼律勑誨如法依
文演授將入洪會約之以礼導之以律日自
增受形殊見等若遠若近尋之明了航耀咸
神恒怨馳越日夜翹勤專守不移氣和神矛
形蒐旭恍神暉授引攤將真道孔務三真將
感玄應敷教迴景猛狩依附三師進蕪加研
轉神五通之果回切而得將來定受玄記无
為之果也所以者何明師者百道之開梁譬
如入海採於衆寶先知投蘭名刾之法牢舩
鐵沉帳梵設軒之詰寶所綴沉浮舩乃發沙
石砲鑪熒熉熵取若曷若多來往莫驗奉遠
明師亦復如是何以故譬如万里重嶮之中
甚有金丹矛流八芝有能達到取而服之者
命同天地終不横夭有聞之者莫不頃俟仁

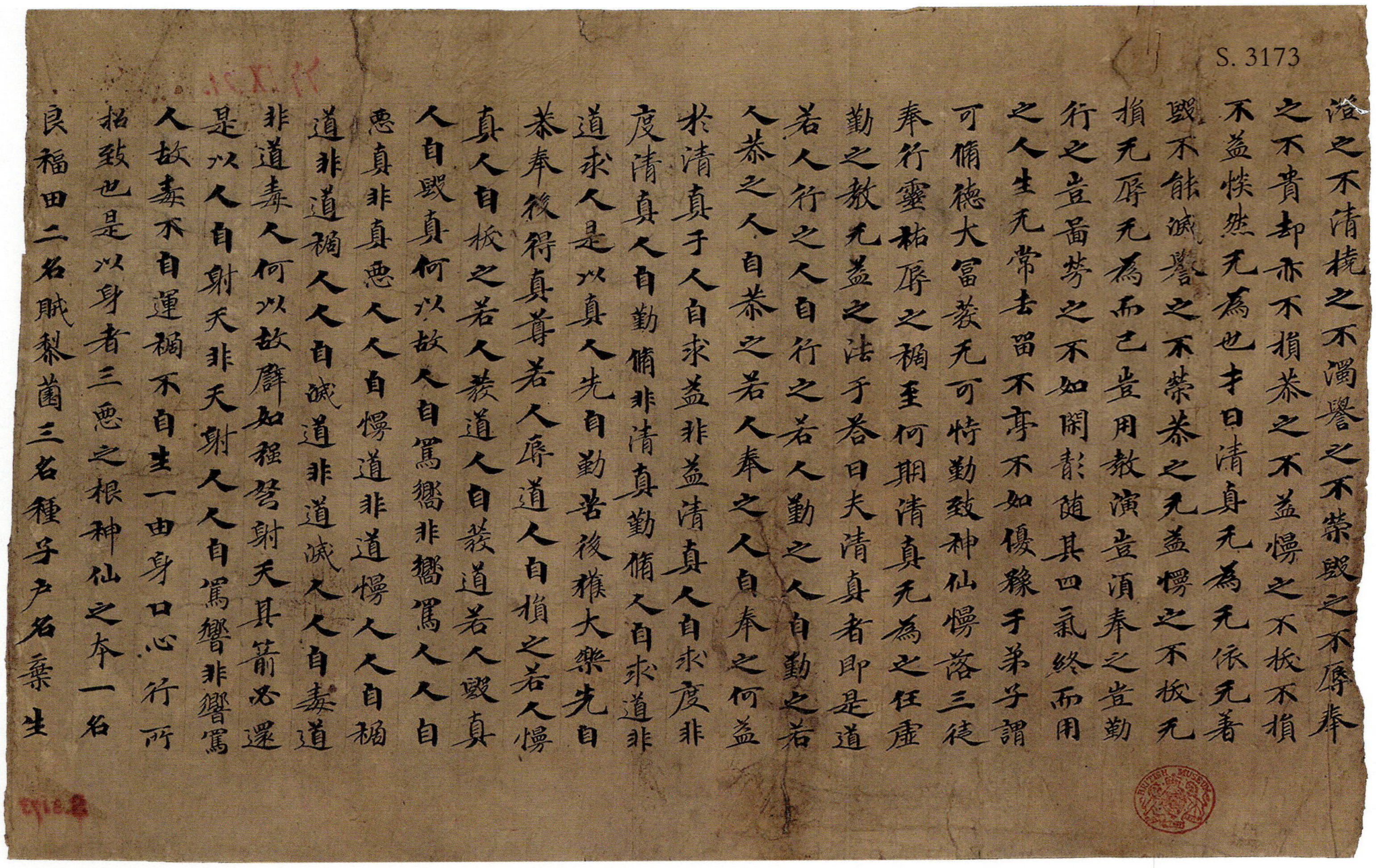
S.3173
治之不清撓之不濁譽之不榮毀之不辱奉
之不貴却亦不損恭之不益慢之不妨不損
不益怏然无為也才曰清身无為无依无著
毀不能減譽之不榮恭之无益慢之不妨无
損无辱无為而已豈用教演豈須奉之豈勤
行之豈當勞之不如閑靜隨其四氣終而用
之人生无常去留不亭不如優豫子弟子謂
可脩德大富發无可恃勤致神仙慢落三徒
奉行靈祐辱之禍至何期清真无為之任虛
勤之教无益之法子荅曰夫清身者即是道
若人行之人自行之若人勤之人自勤之若
人恭之人自恭之若人奉之人自奉之何益
於清真子人自求益非益清真人自求度非
度清真人自勤脩非清真勤脩人自求道非
道求人是以真人先自勤苦後稚大樂先自
恭奉後得真尊若人辱道人自損之若人慢
真人自毀真何以故人自罵謗非謗罵人人自
惡真非真惡人人自慢道非道慢人人自禍
道非道禍人人自滅道非道滅人人自毒道
非道毒人何以故譬如秤弩射天其箭必還
是以人自射天非天射人人自罵譽非譽罵
人故毒不自運禍不自生一由身口心行所
招致也是以身者三惡之根神仙之本一名
良福田二名賊黎菌三名種子戶名棄生

釋文

（P.2357 抄本，前缺）

心可專，无宍可愛，无骨所重，不强不弱，唯化／為用，行之則有，發（廢）之便无。若尋其无，芒然由／趣，若究其宗，莫知所據，光而不曜，静而不汙／，澄之不清，[一] 撓之不濁，譽之不榮，毁之不辱，奉／之不貴，却亦不損，恭之不益，慢之不拔，不損／不益，惔然无為也。[二]

才曰：清真无為，无依无著／，毁不能滅，譽之不榮，恭之无益，慢之不拔，无／損无辱，无為而已。豈用教演，豈須奉之，豈勤／行之，豈啚（徒）勞之？不如閑静，隨其四氣，終而用／之。人生无常，去留不亭（停），不如優（猶）豫乎[三]？弟子謂／可脩德大富，發（廢）无可恃，勤致神仙，慢落三徒／，奉行靈祐，辱之禍至。何期清真无為之任，虚／勤之教，无益之法乎？

答曰：夫清真者即是道／。若人行之，人自行之；若人勤之，人自勤之；若／人恭之，人自恭之；若人奉之，人自奉之。何益／於清真乎？人自求益，非益清真；人自求度，非／度清真；人自勤脩，非清真勤脩；人自求道，非／道求人。是以真人先自勤苦，後獲大樂；先自／恭奉，後得真尊。若人辱道，人自損之；若人慢／真，人自拔之；若人發（廢）道，人自發（廢）道；若人毁真／，人自毁真。何以故？人自罵嚮（響），非嚮（響）罵人；人自／惡真，非真惡人；人自慢道，非道慢人；人自禍／道，非道禍人；人自滅道，非道滅人；人自毒道／，非道毒人。何以故？譬如强弩射天，其箭必還／。是以人自射天，非天射人；人自罵嚮（響），非嚮（響）罵／人。故毒不自運，禍不自生，一由身口心行所／招致也。是以身者，三惡之根，神仙之本。一名／良福田，二名賊黎薗，三名種子户，四名棄生[四]／門，五名道之域，六名膿血村，七名珎寶器，八／名瓦礫怨（盌），九名明智室，十名九夜昏。人能知／斯裹（理），可名為真人。功滿德亦就，三界无極尊／。常樂无邊境，苕苕太上仙。相好具種興，海智／邈大千。功德不虚妄，玄都計因緣。聞而生疑／心，万劫无一緣。隨業墮落去，三徒是家因／。

辯才曰：如天尊所説，人自求道，非道求人；人／自求度，非道度人。所以立教存文，禁誡約束／。若道不求度人，不應設法加訓，以勑民物。若／道不賴於人，人豈何所務之。將知道好於人／，而貴其親。

答曰：道无親踈，化及一切，人自親／道，感而致果。禁誡加教，非獨一人，約及一切／。但人自求禁誡，束其身心，約其口行。是以聖／人之道，何求乎有？智者志之耳。是故人能洪（弘）／道，非道洪（弘）人，大道无為，處神淡泊，何求於人／乎？但人自洪（弘），非能洪（弘）道。故道性寬養，非獨一／類，何故專洪（弘）於人乎？十方大千之國，万種形名悉及之，終不寄一類而化及也。是以普邊（遍）／形名，豈獨洪（弘）之於人也。何以故得知之？道生／天地，置立陰陽，布造日月，安設星辰，周天三／百六十五度，盈縮之數，四時代謝，豪分无失／，乃生人民万類之形名，匠成一切，而獨洪（弘）之／於人（乎）？是故非獨洪（弘）人。是以一切志士自求於／道，自求度之。所以者何？譬如於水，人自求取／於彼，乃來度水，將知水不度人，人自度之。是／故道不度人，人自求道；道不貪民，民自貪道／。若道貪民，則有親踈之隔；若道貪度，則有進／退之性。是以道性淡泊，无有親踈，亦无彼此／，慈恩子養，平等一切。何以故？譬（如）生十子，咳（孩）抱／之時，普恩愛之，无欲遺棄，小有不和，馳追巫／卜，問其進止，聞哀[五]肝碎，聞吉踊悦，玄餔慈育／，遲不長大。曁其長成，專志自計，仮目二親，命／不慎從，教不入懷，色不和侯，言生攻擊，惡聲／遠近，鄰邑異目，惡跀（跡）畏影，隨隧給（逐急）疾，至死乃／止，形没名流，伊馨恒存。若有一子二子，言命／色慎，善聞遠著，比邑取風，芳歌香音（不）輟於路／口。十子兄弟，馨香善惡，其用不同。故道慈衆／生，亦與十子咳（孩）恩等耳，長成仮慎，其任隨意／。是故父母正知生養，孝慎由子；道政（正）知慈悲／，恭由百姓。是以道慈衆生，若母愛子，无有親／踈，亦无貪物。道慈母愛，亦復如是。

才曰：受恩／，更問餘滞。如天尊所説，道慈衆生，如母愛子／，普哀一切，无有遺棄。竊見世間苦厄之人，進／不得生，退不得死，哀悲摧碎，樹木渧泣，六畜／沾津，飛鳥哀鳴，視者亡身，聽者酸寒，苦楚傷／割，不可處之。道若大慈，應哀念之，矜[六]濟捄度／，勉（免）離斯苦。道不哀憐，叵不矜顧，推斯證驗，將／知道无慈悲，恩及一切。昔孤童之感何（河）屍絶／流棄嬰（嬰），繁陽靈狩乳育。山河尚復矜感，而況／於道乎？推緣之應，將知道不有慈，聖不有悲／，獨立不群，无為之任也。

答曰：一切衆生各有緣品，若憂若悲，若苦若惚（惱），先業定也。如是何（河）／屍棄嬰（嬰）所以流絶，（靈）狩乳者，悉吾遺交（蛟）龍絶流／，靈狩養嬰（嬰）。汝知不乎？所以知之，水正知流行／，虎正知煞害，何故不尒？以吾故耳。

才曰：若道／有感，則无憂苦，若道慈悲，則无孤遺。所以天／下茶嘆（塗炭），乃至滅身而无其捄，將知无感无慈／，任化而已。若當不尒，道有二種，一主貧苦孤／厄灾禍，一主長壽富樂自然。類殃（族）斯議（義），當知／有二也。

答曰：一切衆生各有因緣，長短苦樂／，居然定分，无可移易，先業既定，報亦難奪。是／以業果不妄，取報无殊。譬如種植，隨種而生／，豈有非類而有者乎？貧富苦樂之果，亦復如／是。所以者何？一母生子乃至四五，長短黑白／政（正）陋不同，壽命貴賤各不一等，將知先業所／鍾，不可移也。如汝所問，悉德（得）聞知，才曰才也／。非汝所問聞則衆不知，非汝所訪則衆不訣（决）／。今汝起一燈之照，是充万里之光也。汝若有／滯未足為滯，汝若有或（惑）未足為或（惑）。

才曰：受恩／。但六蔽不智，疑或（惑）者多，雖問數事，得釋理趣／，餘滯比肩，實心不盡，意欲更問。

（天）尊曰：善。有疑／必問，未使抱或（惑）懷疑，以迷當年也。

才曰：重受／天恩。如天尊所説，一切衆生各有緣品，貧富／苦樂居亦定分，貴賤長短各受先業。不審貧／苦孤賤，敬更可脩善得福（遇）時，不為即流轉涉／惡而生？唯願天尊告其因緣，所謂（請）得了，令諸／貧苦不及之人悉得聞知。

答曰：汝之所問，甚／要甚妙，端坐諦聽，為汝説之。夫一切衆生若／苦若樂，若貴若賤，一由先身所造業也，收今／之報。若諸貧苦不及之人，當知貧苦不可居／處，勉力脩壇布施，屈伸礼拜，香火供養，助人／擔重，路避老厄，行齋勸化，衆善備至，當来悉／獲太真之道，而言貧苦乎？貧人布施殊（銖）兩，當／（同）國王[七]百金。苦中行道一礼，當同一身出家。何／以故？居（貧）不足，應惜不惜，施功高大，不可稱計／。苦者无僚（聊），不應憶道，而一礼者，故可當慺士／一世出家。是故湯中出蓮華，可謂難乎？故／業无常定，作之皆報，但患貧苦不知有道，恒／不及人，恒患孤賤，不信因緣，常居孤賤。是以／真人見是理故，行學脩道，故成真也。若苦惚（惱）／衆生，知於苦可惡，知於樂可欲，苦而行之，亦／與十仙同得。何以故？知苦（行）苦，故終无苦，覺賤／不耻，故能去賤。何以故？一切衆生悉有樂性／，悉有苦性。自一仙以下，苦樂之性莫不居／之，自一仙以上，永與苦別，而况於道乎？故一／切衆生業无常定，隨造便報，豈有種類也。

才曰：受恩，願問餘解。不審十方恒沙真人、一切／得道大聖衆，為稟何氣而生，為習何道而致／斯業乎？得如今之報也。

答曰：十方恒沙真人／、得道大聖衆者，莫不悉從脩本相提羅之業／也。夫本相者，大无不苞，細无不入，廣演言教／，度人无量。亦如恒河沙之衆，不可稱記。亦如／江梁浮橋，肇劫水首以来，度人无量，不可勝／數。本相開化以来，度諸聖衆，亦復如是。汝脩／行經典，齋詠不絶，功德滿足，亦與十仙等耳／。如是十仙，本悉因凡夫苦惚（惱），苦行而致光明／也。何種（况）子之前業廣闊，逮乎今身，聰茂淵溢／，解了玄宗，其功等於須弥，其得（德）同於淵海，十／仙之期，豪分无失。何以故？子兩鏡相照者，闇／冥普滅，遊乎上清之道也。金書玉隱，紫界注／名，亦如景生萌暉，定於中陽。子之德宗，亦復／如是。

才曰：如是如是。得道聖衆去如恒河沙／之數，无有返者。今始脩學亦如恒沙，驚（數）有終／期，而无盡也？若當不盡，去不休亭（停）；若當有盡／，因緣即滅。唯願分別。

答曰：如是如是。去如恒／沙，不足為多，九天數終，乾坤庆揚。尒時螻蟻／一切蠕動，皆發善心，万類之衆普遷于七寶／玉京紫微之中，動逕于天，得道之衆未足為／多。是故空不可滿，虛不可實，故名不可思誼（議）／之場也。珠口納衆，由不盈滿，長樂廣苞，由不／光邊（充遍），而况於空虛乎？

才曰：受恩，更問餘解。如天尊所説，劫末運終普（皆）成道，无有逋留。輾轉／化生者，當尒何假於教，何求於師，何勞於／勤，何託於法？徒自涉苦勤耳，不如端拱自求／生養雞黍之餚（矣）[八]。

答曰：夫百年之苦，不如一年／受樂而死；麁布十端，不如色錦一丈。烏雀豈／不受命三百，不如人壽一年；居鐵百斤，不如／金錢十文。貫（欲）許千金，不如交粟一斛；恃百世／之王，不如足食之貴。譬如愽易（弈），貴其前出，先／者為勝，終不留負。留負者，即是身累也。擔愧／負恥，雇㶚（業）以償，東作失利，遂致困之（乏），留負子／孫，恒居不足，託命債力，投身死地，男卑女賤／，人不仳之，愽易（弈）之負，乃至如斯。所以者何？愽／之前出，譬成道真，留負後者，譬〔如〕[九]三徒。是以真/人卑行脩道，今得八解之果，常樂无為，其德/无量。何以故？譬如種植，先種前食，中種中食/，挽（晚）種挽（晚）食，兀而不種，无所收食。若遇巔（顛）灾，无/可收拾，主施散給，尒乃得之。不造而望果者/，亦復如是。何以故？譬如百歲任重，豈可越收（投）/？十年図圄，豈可竟之？遙望千年之甘，時當味/也；指日而頊（須）者，未可到也。是以真人知未望/之望，故絕望而獲望；知未果之果，故絕果而/得果。何以故/？譬作佃（田）種，待天而雨者，乎（將）不遂/其願，不如先治渠邊（堰），引水溉灌，定可獲也。天/非不无雨，但恐疢楊（炎陽）而敗，飢饉艱薪（辛），命不延/久。劫末非不无道，但恐三徒而不可脫免。是/以真人畏是故，故先求道，其真既崇，〔永〕[一〇]无憂/敗，常生无為。為於无為之為，任於无任之任/，託於无託之託，寄於无寄之寄，居於无想之/想，處於无著之著。是故聖人尚於初業，貴於/先功。何以故？貴於先功，尚於學士也。三元九/阨，殃灾巨過（遇），有能遜心脩道者，普得免脫也/。是以聖人尚於先功，貴於初業。若有志於道/者，悉名初業也。初業者，提羅之因。先功者，前/舉之功。故貴功而尚業乎？不貴不尚者，與諸/六畜同之。所以者何？六畜不知有道，豈識功/業之妙理，故[一一]同六畜耳。

才曰：受恩，願問餘/解。世有學士受師教法，脩行道德，動逕年劫/而不成立。復有學士脩行道德，未必多年而/致太真无為之任者，何〔也〕[一二]？

答曰：學士脩道，遺（貴）在/理會，多年而无感者，心不會理。譬如跛踦規/於万里之所，日涉不過十里，三年乃達其所/趣。復有一人，但與一處，同涉一趣，及其馳涉/，日行三百，不過月旬而達所趣。學士心會，亦/復如是。譬如飛步，難為及也。何以故？一人乘/龍，一人步涉，豈可相遲？里趣同所，飛涉不等/。學士志道不同一等，或形染道法，心存有中；或假真專僞，妄泄秘要；或言如真人，心懷狼/賊；或口誦明文，万不一慎；或身居上學，違（迷）貪/財色；或矯假高貴，威赫愚俗。如斯之士，定入/三徒。道在何處？未熟之閒並可逐侶，雖行世/界，即是行尸獄也。一切學士豈得同之也。所/以者何？譬如辯意，一人作意，十人辯之，一人/作難，十人射之，值之者若一若二，射著者若/兩若三。其意豈不同一，但所見不同。會以不/會，亦復如是。

才曰：受恩，更問餘解。寫（竊）見世中/十人五人，同時出家，隨心所好，

各奉一師，脩/行道德，不赦（捨）晝夜，一師之徒悉得五通之果/，一師之徒无有異悟，若依其年年則同，若依/其勤勤勞等，所由一師之徒獨進，一師之徒/獨不進（乎）[一三]？

答曰：師有明闇，故有進否。所以者何/？師者即是道之門户也。若有明師善知經議（義）/，觀析玄宗，辯道冥趣，教説礼律，勑誨如法，依/文演授，將入洪會，約之以礼，導之以律，日自/增受，形殊見等，若遠若近，尋之明了。競燿威/神，恒恐馳越，日夜翹勤，專守不移，氣和神矛（柔）/，形魂怚（暢）悦。神暉授引擁將，真道孔務，三真將/感玄應，敷教迴景，猛狩依附，三師進筴，加研/轉神，五通之果因功而得，將来定受玄記无/為之果也。所以者何？明師者，百道之關梁，譬/如入海採於衆寶，先知投簡名刾之法，窂舩/鐵沉帳梵（帆）設軒之詣，寶所綴沉浮舩，乃發沙/石砲爐，熒（營）熿煎取，若尠若多，来往莫蹶。奉逮/明師亦復如是。何以故？譬如万里重嶮之中/，甚有金丹矛流（柔琉）八芝，有能達到，取而服之者/，命同天地，終不橫夭。有聞之者，莫不頃俟，仁（人人）/[一四]應涉，取而服之，但患嶮阻，悉滯莫進，無不返者。闇師之徒亦復如是。柔琉非不有之，但患悉滯不達；空中非不有真，但患莫然無趣。所以者何？譬如漏船渡水，水滿必没；湍浮廣水，中流必沈；遠所八芝，重嶮必返；入海採寶不投簡刺，舟船必翻。師徒無德，亦復如是。是以真人終不自師，故能成師；終不自明，故能成明；終不自我，故能成我；終不自智，故能成智；終不自見，故能成見；終不自高，故能成高；終不自德，故能成德；終不自彰，故能成彰；終不自用，故能成用；終不自任，故能成任；終不自大，故能成大；終不自美，故能成美；終不自真，故能成真。凡此十三，真人所不取。夫學士之法，甚須良釋，忖思行業，未使未任為任，後必成患；未匠為匠，後必傷手。是以真人不尚其名，其名顯矣；不貴其譽，其譽遠矣。故道士務於道，勤於德，託良徒，追明師，講禮律，誦經籍，習仙氣，修齋直，思神明，檢口過，束五心，逝六情，背陰賊，向生門，行大慈，念一切，哀孤老，矜寒貧。斯學士之上業，賢者之福田，自非明師之約法，何能如斯？是以明師者，道之門户也。何以故？其師明則法教行，其師闇則法教不成。是以一師之徒獲五通之果，一師之徒而無悟感也。

辯才曰：受恩，願聞餘解。夫學士斷穀服藥，得道以不？答曰：得。問曰：

何如長齋？對曰：不如。問曰：長齋何如誦經？對曰：不如。問曰：誦經何如坐思？對曰：不如。所以者何？去穀之士正念藥耳。藥炁充足正滿，千年則終，方更受生，方與始學同耳。長齋之士日計其功，功滿一萬，飛昇太空，下超四道一仙。齋直功滿德就，遂成無為至真之道乎？長齋之果不可思議，若有誦經之士亦不可思議。所以者何？讀經之士計文為功，一字一功，功滿三千，名列上清，而況廣看卷目，長執文籍乎？何以故？經者道之教，若讀而依行者，即是道之面勅也。是故經者經緯衆生，去貪欲之患。其患既除，煩惱災盡，其災既盡，五毒亦滅，衆惡既消，萬善同會，運邀群仙，得為無上之果。是以真人寳經而珍之，愛樂如妻子。十仙由斯起經，最為無為首，學士之為道，亦不可思詎。所以者何？思之言念，念之言定，定之言不動。不動者，即十仙人也。何以故？閑所門故。絶於不正之想，廢於非意之意，神亦既定，志亦難奪。是以真人修行故能定，修經故能正，修齋故能長。仍行而不改，故能成至真。暫時不去離，功滿無上賓。逍遥紫金場，常樂必致身。一切恒沙衆，悉修三業因。功果綜十方，岧岧太上仙。汝當行如是，善著亦如前。蓮華足下生，相好恒自然。

辯才曰：受恩，更問餘解。如天尊所説三業，其功無量，乃與十仙同論，不可思議，不可稱量。不審餘業有報不？答曰：有。問曰：如有學士不修三業，廣修宫觀，供養之具悉以布施，得何報乎？答曰：天堂自然報。問曰：受報既已，寄何所居？答曰：寄於無常之寄，居於無常之居。何以故？若處報中修行三業，與上道同論，得計無上果。若處報不修三業，下落於人鳥中，或落三塗中。故寄於無常之寄，居於無常之居。

問曰：不造四業，專於修壇布散，得何報乎？答曰：天廚地藏受報。問曰：報盡已訖，受何所寄，居何所任？答曰：亦無常所寄。何以故？若報中當修三業，其果無上。若不爾者，隨業墮落。故無常所寄。

問曰：若有志士不修五業，專於道化，不營俗事，得何報乎？答曰：四道難階漸修定也。何以故？斯人即在家道人故。若報中修行三業，其功高於三業，上與可進之益，下與進仙齊倫。是以真人廣建福田，無不果也。何以故？真人具種造故具種報，具種慈故具種愛。以造宫觀，故今得感宫殿也。以修壇布散，故今得天廚飲食也。以道化人，故今得無礙智。以斷五辛，故今得清浄身。以斷甘肥，故今得無為形。以好禮拜，故今得無上尊。以好不煞，故今得長生壽。以好讚善，故今得千種聲。以行忍辱，故今得麗妙形。以不毁辱，故今得衆愛敬。以恒救濟物，今得無病患。以心無愛憎，今得平等智。以藥救衆生苦，今得神口良。以好莊嚴法，今得紫金身。以口不妄説，今得蓮華舌。以不逝絶，故今得具種相。一切不可及，悉由先造長。真人行如是，超越太上鄉。汝但行如是，前亦不足長。功集運湊會，兆劫如電光。逍遥大羅外，坐視大千方。毫釐若掌珠，珠去就先良。如斯之德業，悉由萬行將。一善不修備，十仙乘高崗。勤苦不辭憚，普會至真場。

辯才曰：受恩，願問不解。如天尊所説，十方恒河沙之衆，悉從三業而起，不審國主侯王，復作何業得為人尊？其父亦崩而子繼之，所以者何？若計因緣則不相承，若計種類則有斷絶，其中差互疑惑不盡。唯願天尊告其因緣所從而來。

天尊答曰：善哉。如國主侯王所以世封，以先業所鍾，同受其福。

問曰：所以斷絶。若有福之人同生受福，應當姓嗣不絶。若不爾者，則無因緣。

答曰：一切貴賤各有緣品。若先業同，故同一福而受其性也。何以故？譬如佃田，隨種而種，因種而生。若改其種，則改種之。是故一地可易百種，而況一封改絶乎？

辯才曰：受恩，願問餘解。天尊演説斯義，世之無有。不審本相從開化以來，為經幾劫，為度幾人，為度有緣，為度無緣？唯願天尊告其因緣所從而來。

答曰：善哉善哉。自本相妙經吾所宗受，動經恒沙劫數，度人無量無邊，不可記稱。恒與人運同生，與運同滅，海水沾録由不知之，如日月登明之前。得道大聖衆，亦如恒河沙之數，莫不悉從本相受學而致道也。是以本相者，諸經之元王，與道轉輪，不可思詎。夫聞天尊所説，悉同受解，便大歡喜，即起三禮，於天尊前長跪稽首，而作偈曰：

千載因緣會，運生落斯形。值遇無上尊，辯説至真經。
請問無不解，道隨三業生。諸善寄無常，流轉亦無停。
學士奉明神，法教日以明。指求無為迹，果感十仙名。
師徒普闇昧，萬劫不彫成。盲人涉萬險，必墜于大坑。
一師大聖衆，悉超至真經。今自諸來者，萬善必令行。
不避國王侯，莫不遜心精。富貴如水泡，不足博為榮。

得道紫金體，本空無為成。一切貴賤徒，是非在心精。

校記

（一）S. 3173起於「澄之不清」。
（二）按，以上文字不見於道藏本。道藏本卷首有「以上原缺」四字，可知應爲殘本。
（三）「乎」原作「于」，據文義改。以下不復詳注。
（四）S. 3173止於「棄生」。
（五）「衰」原作「褭」，據道藏本改。
（六）「矜」字原作「矝」，係形誤，據道藏本改。以下「矜」誤作「矝」者逕改不再出校。
（七）國王：原倒作「王國」，據道藏本改。
（八）「矣」字據道藏本補。
（九）「如」字據文義補。
（一〇）「永」字據道藏本補。
（一一）「故」字原衍一字，據道藏本删。
（一二）「也」字據文義補。
（一三）「乎」字據文義補。
（一四）敦煌抄本P. 2357. 2止於此行，下據道藏本擬補。

附補材料

《本相經》云：身者，三惡之根，神仙之本。一名良福田，二名蒺藜園，三名種子户，四名棄生門，五名道之域，六名膿血村，七名珍寶器，八名瓦礫盆，九名明智室，十名九夜昏。人能知斯理，可名爲真人。然而有言無實，不可聞經；有實有言，乃可傳授。（《要修科儀戒律鈔》卷一。此段見敦煌本及道藏本卷上。）

《本相經》云：功滿一萬，飛昇太空。誦經之士一字爲一功，功滿三千，名列上清。若能建立宫觀壇靖經室、齋房廚閣，供養道士，衣服卧具悉以供給，如斯之功，受報天宫，衣食自然，須之便來，不用則去。若居家富有，更能種福，修建功德，此人即從明受記成道。若人之愚癡，定有成道之期，亦如嬰兒，亦有其老，但知修善，足以成道。（《要修科儀戒律鈔》卷一二。此段見道藏本卷上）

太上妙法本相經卷下[1]

圖版

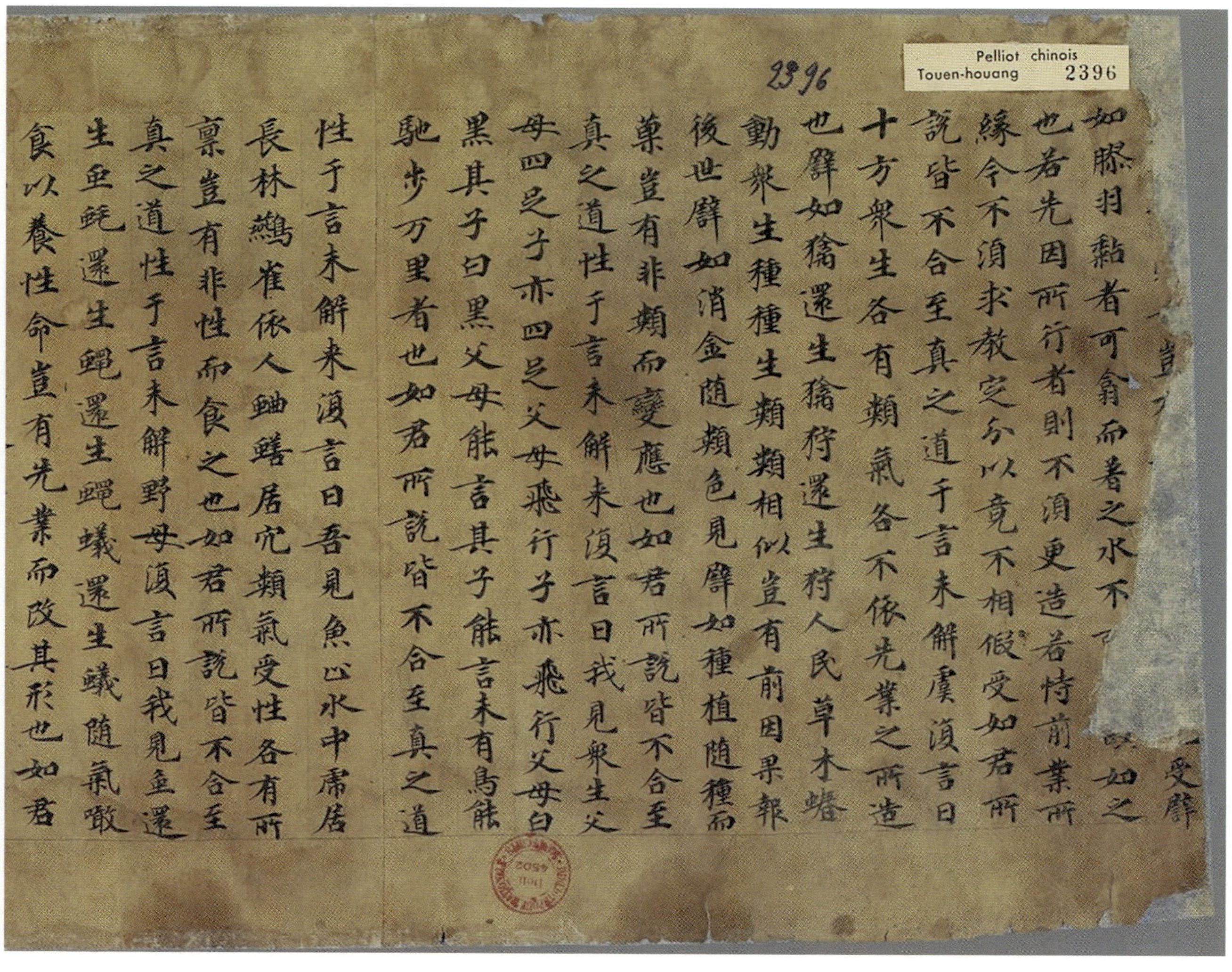
……受辟
如膝羽黏者可翕而著之水不……如之
也若先因所行者則不須更造若恃前業所
緣令不須求教定分以竟不相假受如君所
説皆不合至真之道于言未解虞須言曰
十方衆生各有類氣各不依先業之所造
也辟如獝還生獝狩還生狩人民草木蟠
動衆生種種生類類相似豈有前因果報
後世辟如消金隨類色見辟如種植隨種而
藥豈有非類而變應也如君所説皆不合至
真之道性于言未解來須言曰我見衆生父
母四足子亦四足父母飛行子亦飛行父母白
黑其子白黑父母能言其子能言未有鳥能
馳步万里者也如君所説皆不合至真之道
性于言未解來須言曰吾見魚以水中寓居
長林鵜雀依人鼬鼪居宂類氣受性各有所
稟豈有非性而食之也如君所説皆不合至
真之道性于言未解野母須言曰我見蚤還
生虱蟣還生蠅還生蠅蟻還生蟻隨氣墩
食以養性命豈有先業而改其形也如君

[1] 王卡先生在標題後畫問號存疑。——整理小組按

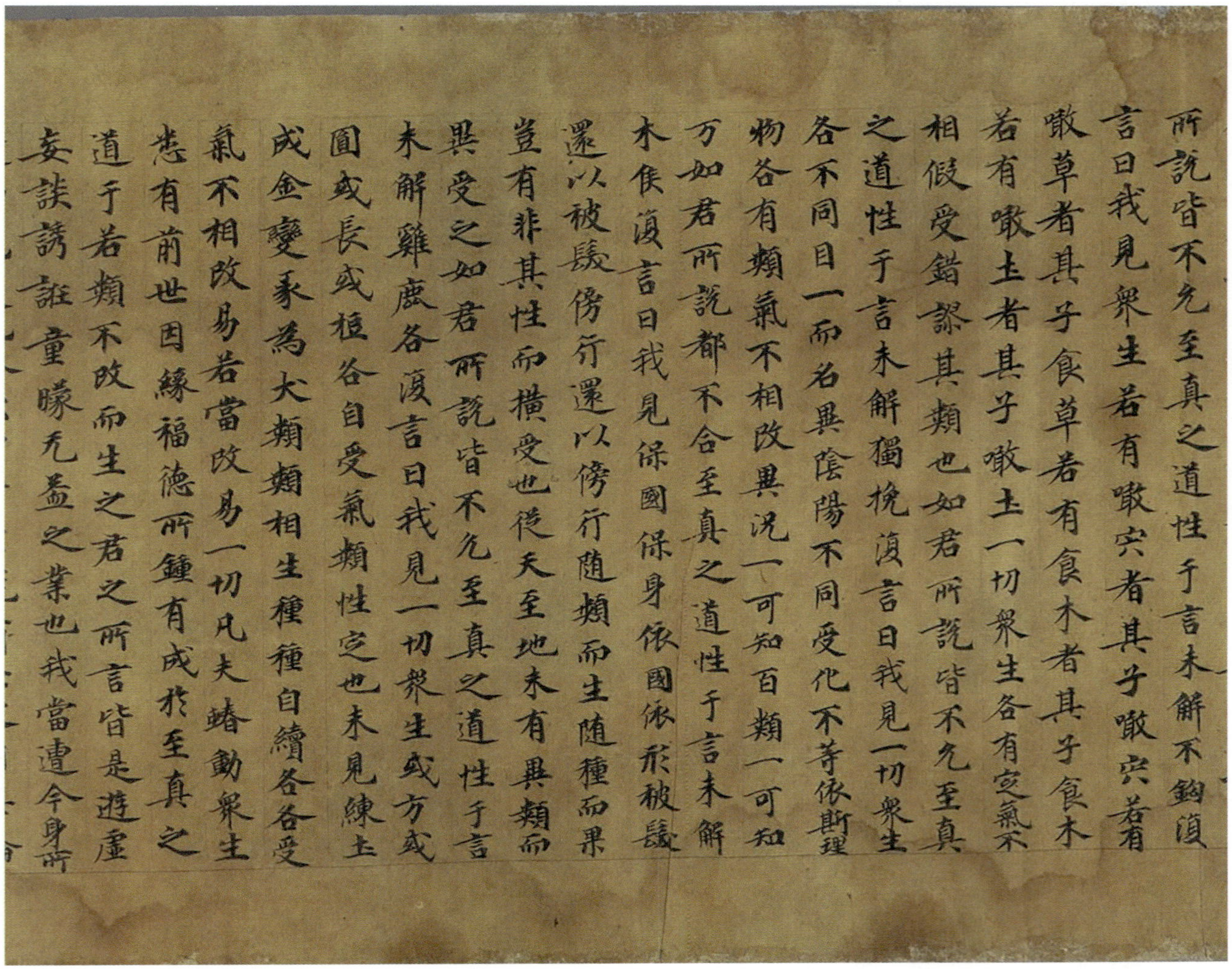

所説皆不允至真之道性于言未解不鈎復
言曰我見衆生若有噉宍者其子噉宍若有
噉草者其子食草若有食木者其子食木
若有噉土者其子噉土一切衆生各有定氣不
相假受錯謬其類也如君所説皆不允至真
之道性于言未解獨挽復言曰我見一切衆生
各不同日一而名異陰陽不同受化不等依斷理
物各有類氣不相改異況一可知百類一可知
万如君所説都不合至真之道性于言未解
木食復言曰我見保國保身依國依形被髮
還以被髮傍行還以傍行隨類而生隨種而果
豈有非其性而横受也從天至地未有異類而
異受之如君所説皆不允至真之道性于言
未解雞鹿各復言曰我見一切衆生或方或
圓或長或植各自受氣類性定也未見練土
成金變豕為犬類類相生種種自續各各受
氣不相改易若當改易一切凡夫蝽動衆生
悉有前世因緣福德所鍾有成於至真之
道于若類不改而生之君之所言皆是遊虚
妄誅誘誑童矇无益之業也我當遣今身所

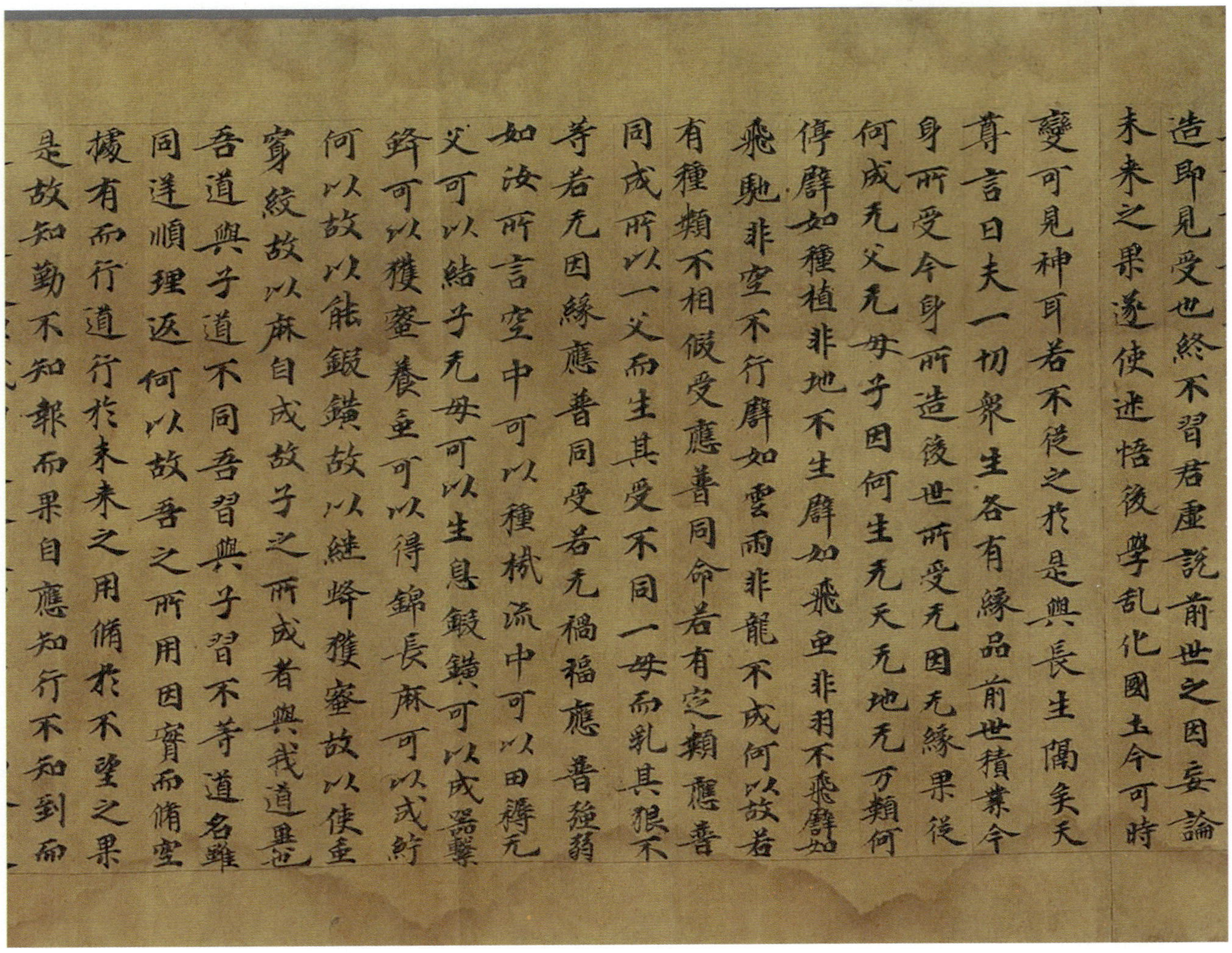

造即見受世終不習君虚説前世之因妄論
未来之果遂使迷悟後學乱化國土今可時
變可見神耳若不徒之於是與長生隔矣天
尊言曰夫一切衆生各有緣品前世積業今
身所受今身所造後世所受无因无緣果從
何成无父无母子因何生无天无地无万類何
停辟如種植非地不生辟如飛虫非羽不飛辟如
飛馳非空不行辟如雲雨非龍不成何以故若
有種類不相假受應善同命若有定類應善
同成所以一父而生其受不同一母而乳其狼不
等若无因緣應善同受若无禍福應善發弱
如汝所言空中可以種植流中可以田疇无
父可以結子无母可以生息鍛鐄可以成器鑿
鉾可以獲蜜養虫可以得錦長麻可以成紵
何以故以能鍛鐄故以継蜂獲蜜故以使虫
穿絞故以麻自成故子之所成者與我道異也
吾道與子道不同吾習與子習不等道名雖
同逆順理返何以故吾之所用因實而備空
據有而行道行於未来之用備於不望之果
是故知勤不知報而果自應知行不知到而

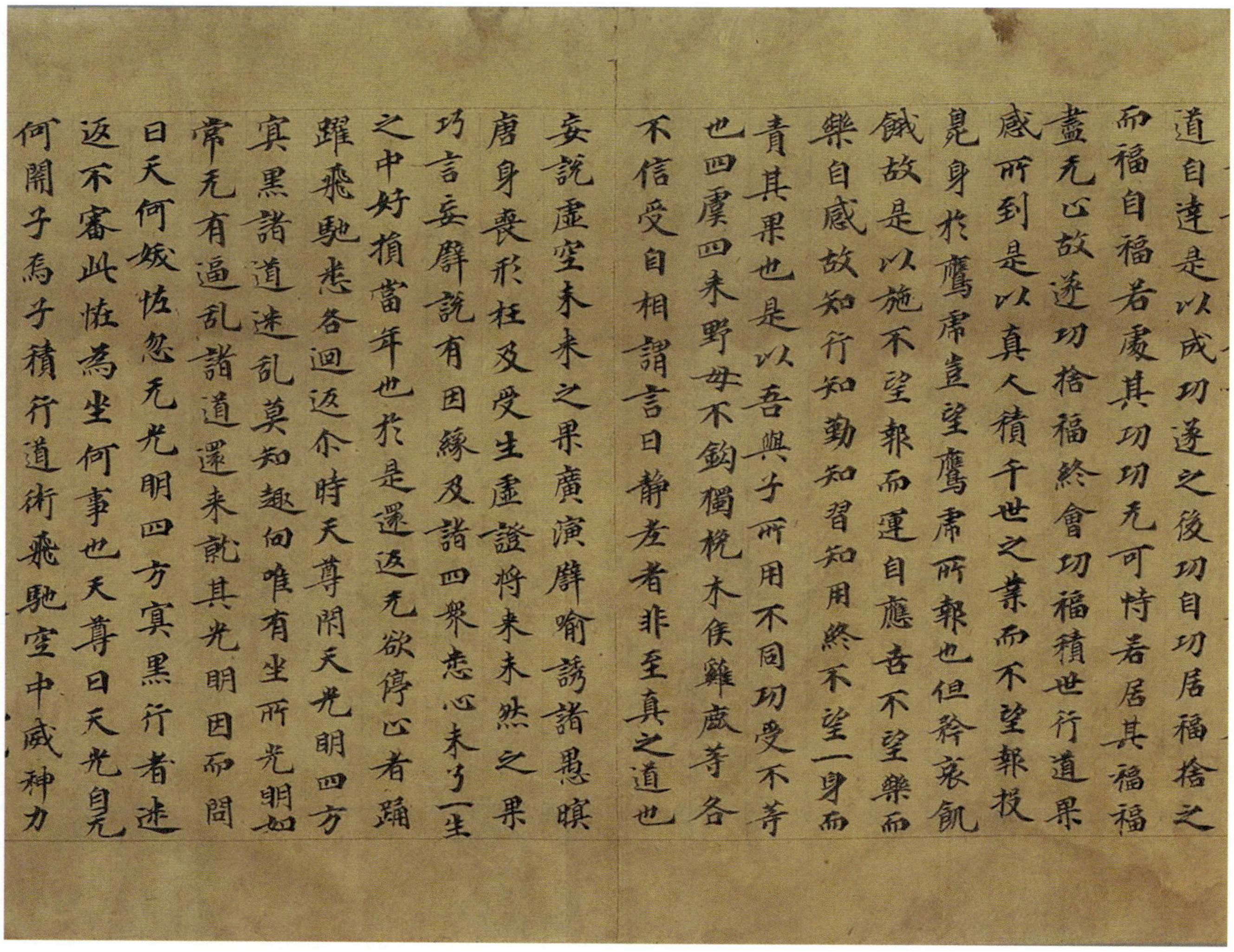

道自達是以成功遂之後功自功居福捨之
而福自福若處其功功无可恃若居其福福
盡无心故遂功捨福終會功福積世行道果
感所到是以真人積千世之業而不望報投
崑身於鷹虎豈望鷹虎所報也但矜哀飢
餓故是以施不望報而運自應吾不望樂而
樂自感故知行知勤知習知用終不望一身而
責其果也是以吾與子所用不同功受不等
也四處四來野母不鈎犢梲木俟雞厳等各
不信受自相謂言曰静友者非至真之道也
妄說虛空未來之果廣演譬喻誘諸愚暝
虜身喪形枉及受生虛證將來未然之果
巧言妄譬說有因緣及諸四衆恚心未了一生
之中好損當年也於是還返无欲停心者踊
躍飛馳悉各迴返尒時天尊閉天光明四方
冥黑諸道迷乱莫知趣向唯有坐所光明如
常无有遍乱諸道還來就其光明因而問
曰天何妖恠忽无光明四方冥黑行者迷
返不審此恠為坐何事也天尊曰天光自无
何關子為子積行道術飛馳空中威神力

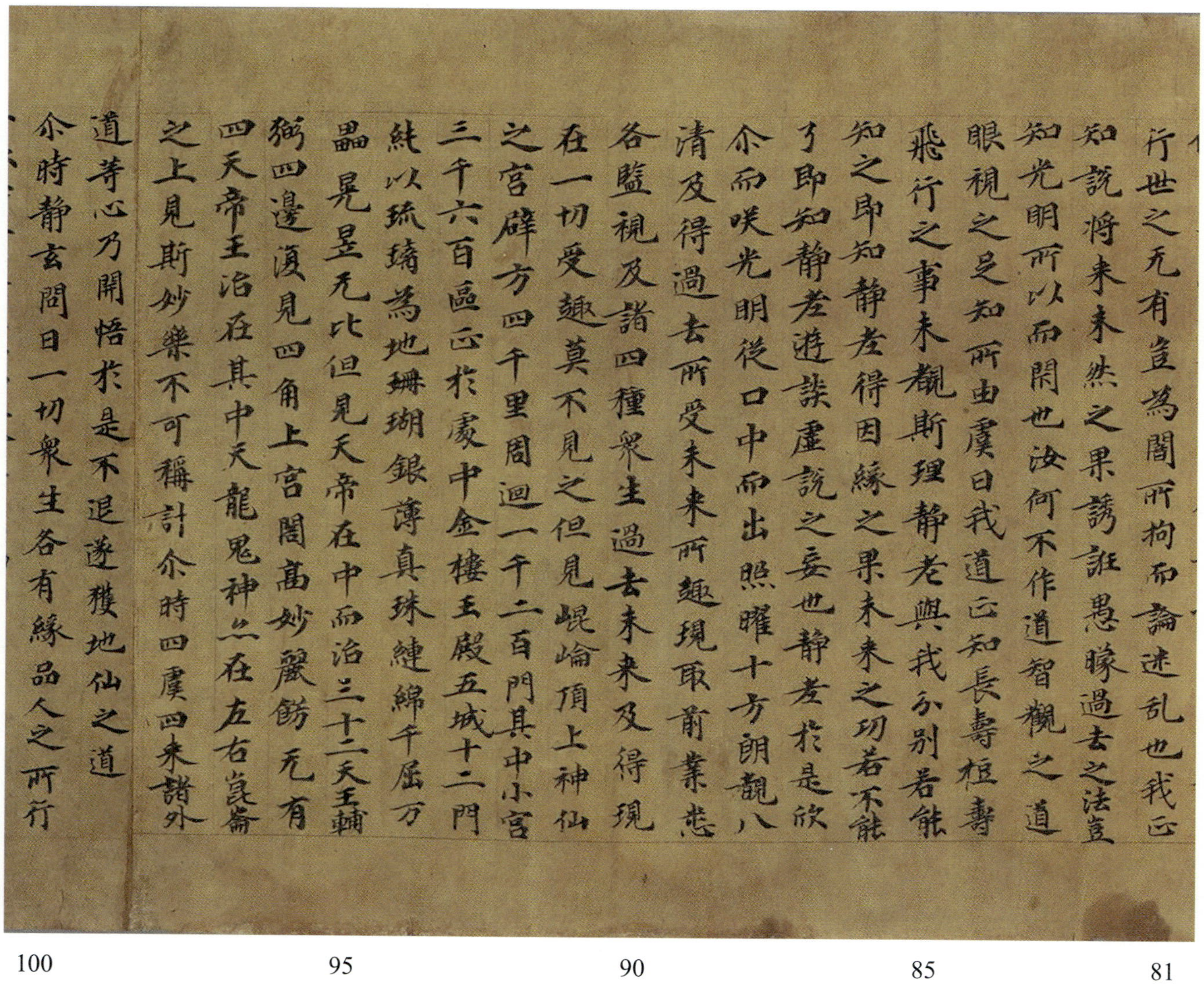

行世之无有豈為闇所拘而論迷乱也我正
知說將來未然之果誘誑愚緣過去之法豈
知光明所以而閉也汝何不作道智觀之道
眼視之足知所由處曰我道正知長壽桓壽
飛行之事未觀斯理静友與我分別若能
知之即知静友得因緣之果未來之功若不能
了即知静友遊談虛說之妄也静友於是欣
尒而咲光明從口中而出照曜十方朗靚八
清及得過去所受未來所趣現取前業悉
各監視及諸四種衆生過去未來及得現
在一切受趣莫不見之但見崐崘頂上神仙
之宮辟方四千里周迴一千二百門其中小宮
三千六百區正於處中金樓玉殿五城十二門
純以琉璃為地珊瑚銀薄真珠縺綿千屈万
畾晃昱无比但見天帝在中而治三十二天王輔
猶四邊復見四角上宮閣高妙嚴餝无有
四天帝王治在其中天龍鬼神亦在左右崑崙
之上見斯妙樂不可稱計尒時四處四來諸外
道等心乃開悟於是不退遂獲地仙之道
尒時静玄問曰一切衆生各有緣品人之所行

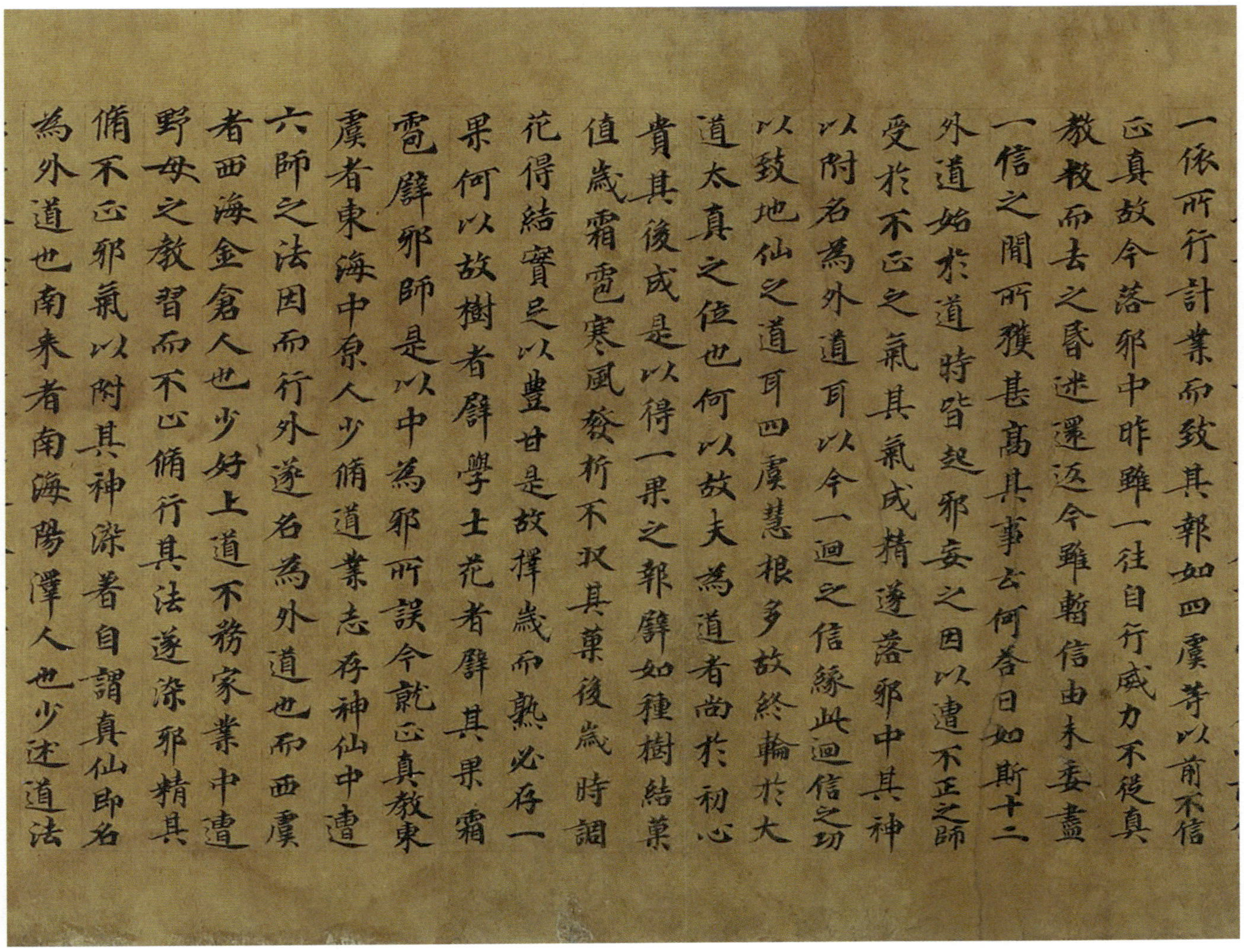

一依所行計業而致其報如四虞等以前不信
正真故今落邪中昨雖一往自行威力不從真
教教而去之昏迷還返今雖暫信由未委盡
一信之閒所獲甚高其事云何荅曰如斯十二
外道始於道時皆起邪妄之因以遣不正之師
受於不正之氣其氣成精遂落邪中其神
以附名為外道可以今一迴之信緣此迴信之功
以致地仙之道耳四虞慧根多故終輪於大
道太真之位也何以故夫為道者尚於初心
貴其後成是以得一果之報譬如種樹結菓
值歲霜雹寒風發析不取其菓後歲時調
花得結實足以豊廿是故擇歲而熟必存一
果何以故樹者譬學士花者譬其果霜
雹譬邪師是以中為邪所誤今就正真教東
虞者東海中京人少脩道業志存神仙中遣
六師之法因而行外遂名為外道也而西虞
者西海金倉人也少好上道不務家業中遣
野母之教習而不正脩行其法遂滌邪精其
脩不正邪氣以附其神滌着自謂真仙即名
為外道也南来者南海陽潭人也少述道法

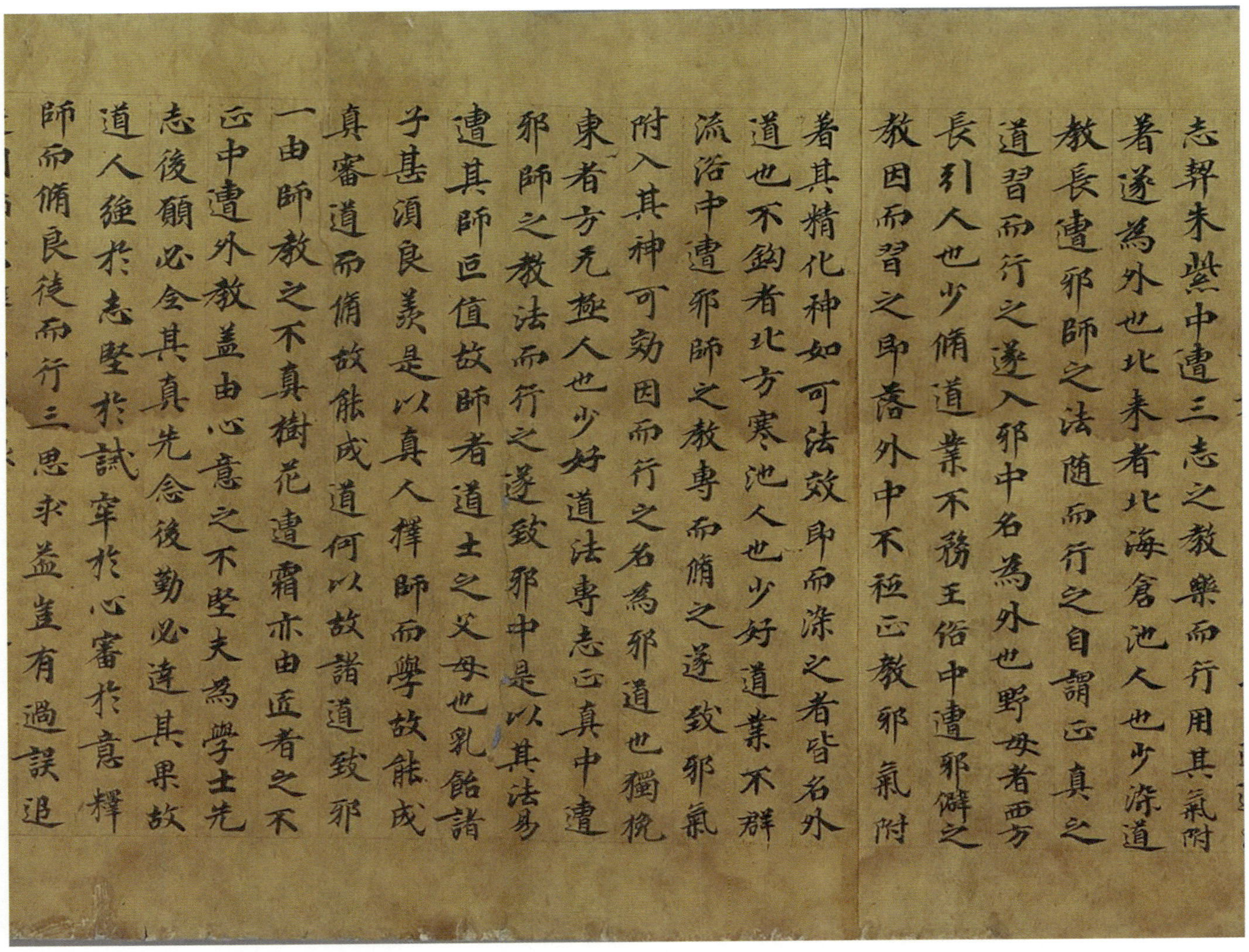

志契未槩中遣三志之教樂而行用其氣附
着遂為外也北来者北海倉池人也少滌道
教長遣邪師之法随而行之自謂正真之
道習而行之遂入邪中名為外也野母者西方
長引人也少脩道業不務王俗中遣邪僻之
教因而習之即落外中不經正教邪氣附
着其精化神如可法效即而滌之者皆名外
道也不鈞者北方寒池人也少好道業不群
流俗中遣邪師之教専而脩之遂致邪氣
附入其神可効因而行之名為邪道也獨挽
東者方先挻人也少好道法専志正真中遣
邪師之教法而行之遂致邪中是以其法易
遣其師匠值故師者道士之父母也乳飴諸
子甚須良羕是以真人擇師而學故能成
真審道而脩故能成道何以故諸道致邪
一由師教之不真樹花遣霜亦由匠者之不
正中遣外教蓋由心意之不堅夫為學士先
志後願必全其真先念後勤必達其果故
道人継於志堅於試窂於心審於意釋
師而脩良徒而行三思求益豈有過誤退

逶明師不辞勤勤艱日有三益豈有顛蹷
是故為道不易為師甚艱辟如行人共侶
逕過嶮路千万之衆皆不能達若有一人
二人文能潤衆武能敵畏強撫无怯前益意
心諸來行衆悉得通達千万之侶莫不蒙
息若有學士違其良徒亦復如是是故真
人不妄循不妄行以致於无為棄損取益
成道以此
虞問天尊曰一切万法悉從何生因何氣而
有唯願天尊告其因緣令諸衆等各知所
從而來答曰一切万法各稟道氣而生因空
而成何以故道者无形應氣万質空者无
假道運有形无空无氣蕩絶言想无言无
想万有隱沒是故道者万物之父空者万物
之父空者万物之母何以故知之辟如父行陽
氣母行陰氣因果胎息以十月之得有形影
施名立字乃有父子之道尊卑之位若其
无父子從何生若其无母胎息何成是故空
者運通居之將知是其母子无所因則无
其子若无其子可不空无也若有子空者万

有之母是故道生德畜假有以存形名若非
其子孝道无以可明若无其有空无以可
辯是故有无相生此之謂也是以真人恒脩
於空以貴其母故恒順於道以尊其父故
是以尊道貴空所敬處大何以故我之本
父母也故所敬處大若有衆生不避貴賤不
知其所重者自滅其形自絶其根何以故辟
如其樹若釤斬其根鬚者万无一活若露其
根株者遭冬則枯槁重之不重者亦復如是
在人失道其由顛木之生條苗悉瘦枚道其
由濫魚之絶流中假介而生命亦久是以真
人守道堅固以致長存深根固蔕以致華
顏故不為違不為逆安樂以此虞曰受恩
願問餘解夫道至真以无言為宗无體无形
假以空无為主不審諸真人現在福中者敬
脩何法述何為質因何起心從何生意而致
斯位于願為分別令諸來者悉得聞知答
曰汝之所問甚要甚妙諦聽為汝分別夫
至真无形脩空以得其真至法无言順文以得
其道恒念於衆生苦惱之難心憂世界廣

濟一切終日行之不憂其身畢身存濟不
恃身為身以念此故運感自然以行不辭故
致太真之号也辟如煮其滅土但知熏火周
時自變滷釜生鹽鹹和口腹人但知救濟運
感濟人但行慈悲樂自歸人何以故惡想興
則夢行其害善念叢則夢現其祥是故
行毒則禍湊行善則福臻故知行不知報
而果自成知種不知収而獲自豊真性之道
亦復如是問曰其心正報之以真應其心不
正報之以邪為正由心也則不須其乾昨所
説時其師真則弟子正其師邪則弟子為
今日所説其理差異願為分別令諸不了悉
得受解荅曰今其教明則无陷滞之患
其師闇則為魔軍之所難无師豈為道乎
无念豈為善乎是故追明師脩悲念行大
慈斷奢貪故師徒相既朋友相習豈得无師
而學上清之道乎故師者父也若无其父子
何從生若无其師道何從成是以貴之於明
師何以故明師者明閑道法无有謬誤後人
述之其正相承邪氣不亂功成德就遂致於
至真无為之道乎是故明闇不同賢愚殊
分所行各異受業因趣何以故隨師而習因業
取對故師徒相放朋友相習此之謂
素變无常隨匠所染染性尚黑後工五變汙
著黏牢刻不可却滕布相捉挽不可奪魔
氣相染亦復如是何以故辟如紫朱叅半朱必藏
色㘁染逐句必亂其味是故處淨者樂於
淨惡其穢居穢者不出於脂肥而貴其穢類
味事殊逆順事返雅正之見亦復如是
類性斉受取與同器其名雖一虛實不等是
以大丈夫處其厚不居其薄故能存為厚恒以
身居其朴以保於明匠若處其薄者則終
不加其匠是故君子識其厚知其朴故能居
身於其所不妄染不妄故能處身於其所明
民則己守之則存妄染魔俗則身必壞妄
行不正則形必敗故君子守信以此
明行若雪孔德若退執真若失逐匠若職脩
道若䀃射著若白切行明雪則幾於道不羨
不微不希衆果三茂以致於无為何以故明
行者自潔清无穢塵孔德者心存大道不擾

不煩執真者志昇道物守靜不移逐匠者馳涉明軌道寄榮祿備道者四固奸寢恒恐巔怖射者者恐失不中心无務易六事不輟幾近於无為也是以真人行於六事六德集焉故道人取與不同所持各異

六斷不備為為无為五色不絶為致妙鄉功皷桓袪无可行人勇敢行道氷湯相消何以故飛揲不心寄无所安欲涤於道空无之會五色不絶寄空何所是以真人不栖心於揲故能成栖去離五色故能成真

君子不行而行不用而不貴而貴不恃而恃是其恃者三寶以恃之故道人所行與俗反何以故俗人尚於貪道人貴於廉俗人尚於熱道人貴於長俗人尚於媱道人貴於貞所行之行同憂所行但用不同受之不等故道與俗反此之謂

治身之與治國其理同然行里之與達處其數俱尒何以故治身斷念則神安治國去煩則國平趣里不達所規不獲是以真人觀國以治其身觀理以行其道終日行之以致於无為是故損之以損之果致於大道何以故以惡日損以善日益是以有異念急棄之起煩想即燒之終不為羅之患以此

大國所以滅良田所以敗以其不善故不善者不善其道也何以故若良田廢則稊莠茂若大國煩則民亂若民亂則兵草競起天下无聊是故亡之所以者何民者君之根君者民之尊若无其民則君无所安是故不得輕民而賤之不得輕君而无尊故不可輕不可賤觀流遊之不可長保審徒不停不可寧處故智者觀之能行其道愚者守迷始終莫悟是以真人瞻之行之故致於无為廣而被狭而行終身不已不已者其神恒存不離其形是以死而不已此之謂

迷道不遠魔通不久自成不遠自明不顯所以者何若獨徒而侶行迷者必致陷身之患若自成明而顯者必有滯魔之難何以故學不師受必迷誤後學迷涉万嶮必致禍敗是以真人恐迷乘高剄而行逐慧而涉始終不迷隨其明師而學傳不自智始終不誤於後

學故道人審而行之順物自己不壽而已者滅不祠而輟者絶不明而傳者泄不師而教者滯病而不療結積必熬迷而不變嶮路必敗峻坂而馳跡多必趺剄而強張木人必析鑫鋌紩器縢节必缺水鑒其岸淹射必亢綴繒風衝妙好必裂芳木寄林雜葉必蔽魔道不癈消膏若雪利刃自向耀鉾必割拙人持斷其手必害居貧強施消肸必敗羸宴妄馳原陁叵達沙埠種植旱廸不活巔木枝茂不斬自析

築室為屋窓牖不立達弩射者絃發不設朴枋為器鑿不安宂舩渡大水不搖杄擢欲行常道不全具試之復如是何以故真人欲行先鑿戶牖發弩射的先牢絃結與朴造器先利斧鑿治舩渡水先安杄擢具是所須乘无不剋真人得行況斯而獲

道无親疎唯善為親真无貴賤脩之則應功不妄施施之必感行不休止趣之必達何以故若有親疎則有黨累之患若有貴賤則有豪望之禍是故不親不踈能應之親踈不貴不賤能應之貴賤是以真人不尚可貴而心恙然不慢卑賤而採无遺

明行不漏棄塵不肴五好不顧溢談不話讒說不聽美利不貪并除六惡以納六通寬養廣救以易故御離夲就今以成至真三明六達孔智自然位拯高上總統真仙慈育母養夲等一切廣施衆生隨色而獲不思叵議号為虛无无上正真之道

浮說若湾尋之不究功言若美擇之无遅可謂處有說虛損功失德其道即隱不降其人何以故道感有實不降於虛是故實者習空之首得真之元是以真人終日言不浮談終身行不邪巧是故德成而不隱功著而不損以成於无為

明教若日其用不蔽其行若舌用之不析明行若玉其用不隳其性若水用之不遅明說若雪其用不弊其言若膏用之不替明試若目其用不敗其執若結用之不泄高而不高卑而不恥德而不德紩而不已虛心不輟守道不移廣施大慈念救不疲不自稱功

德感自然衆知内形万善同緣聡積不逞巍
蕩如山十真超邁金剛大仙
大國貪而不猒必為禍所患寇賊貪而不
猒必為害所難恃力陵弱不知甚必為使
所因怙貴押直不知曲必為殃所殘是故
治身之與治國同何以故恃德者隆恃豬者
終守忠者久依貴者殆助虐者徒而已孤是
以真人守忠能久遠虐能壽不已不孤唯侶為
友唯同為厚故去彼取此
膠柱而作樂者盡至節不成其曲馳馬而
絶控者至嶮必為岸所患雖有作樂之音
而无節曲之聲雖有馳馬之奔而无理趣之
所執見而循道者亦復如是
道廣不略真氣圓布蚑行有生潤及一切
何以万物无道則不生循空无道則不成
是故知廣而不狭知儉而不寛處於不足
故能常足知於不足勤而行之故能常足若
不足而足終致不足不高而高終致不高不
行而行終致不行不解而解終致不解是以
真人處於不足居於不高以致於无為言

非則无形何以故道隱无言言教弥滿道隱
无形成形誕應故不思議而不可測
形而對應未或益之而損之而益損之有
損之以至於无為去彼取此天之道
衆生假明而現其物假聲以聽其音非謂聽
現之所能因前而有之故道人循於假明之
明習於假聲之聲故能聽現而不可郭體於
未言之言知於未聲之聲故能辯言而不可
極是故真人所為處異所造者遠何以故知
之天道无親唯与善人
養生貴葉功乃就之養神貴真道乃可登貴
本尚末上下通達敬根重枝天道可為存毋得
子可保終始弥道寳身大覺可回夫唯可回
政覺可親恭而不慢其功必載敬而不改其德
必在是以不可而踈不可而棄成功遂之天
之常道
守默不移故能廣載執直不曲故能道長本
法无世故能書之不言之則故能辯之是以
質直若揄抱一化无存无以通其道守本以
致其子故著道者棄明行者吉審已者達

Pelliot chinois
Touen-houang 3675

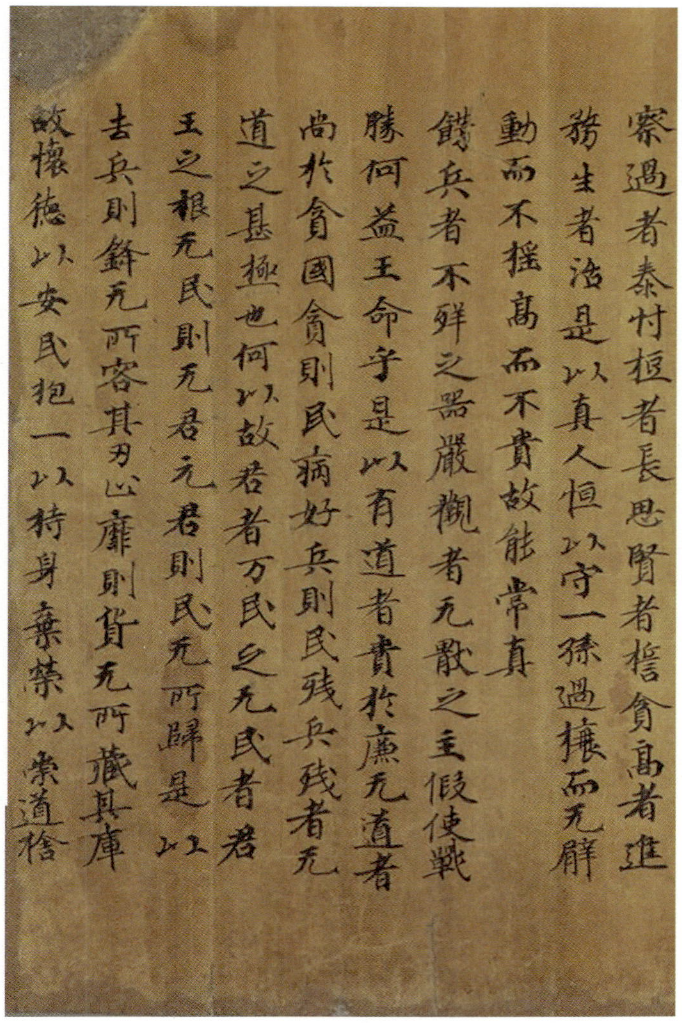
寮過者泰忖桓者長思賢者詹貪高者進
務生者治是以真人恒以守一孫過攘而无辟
動而不揺高而不貴故能常真
鑄兵者不祥之器嚴觀者无歡之主假使戰
勝何益王命守是以有道者貴於廉无道者
尚於貪國貪則民病好兵則民殘兵殘者无
道之甚極也何以故君者万民之元民者君
王之根无民則无君无君則民无所歸是以
去兵則鋒无所容其刃心靡則貨无所藏其庫
故懷德以安民抱一以持身棄榮以崇道徳

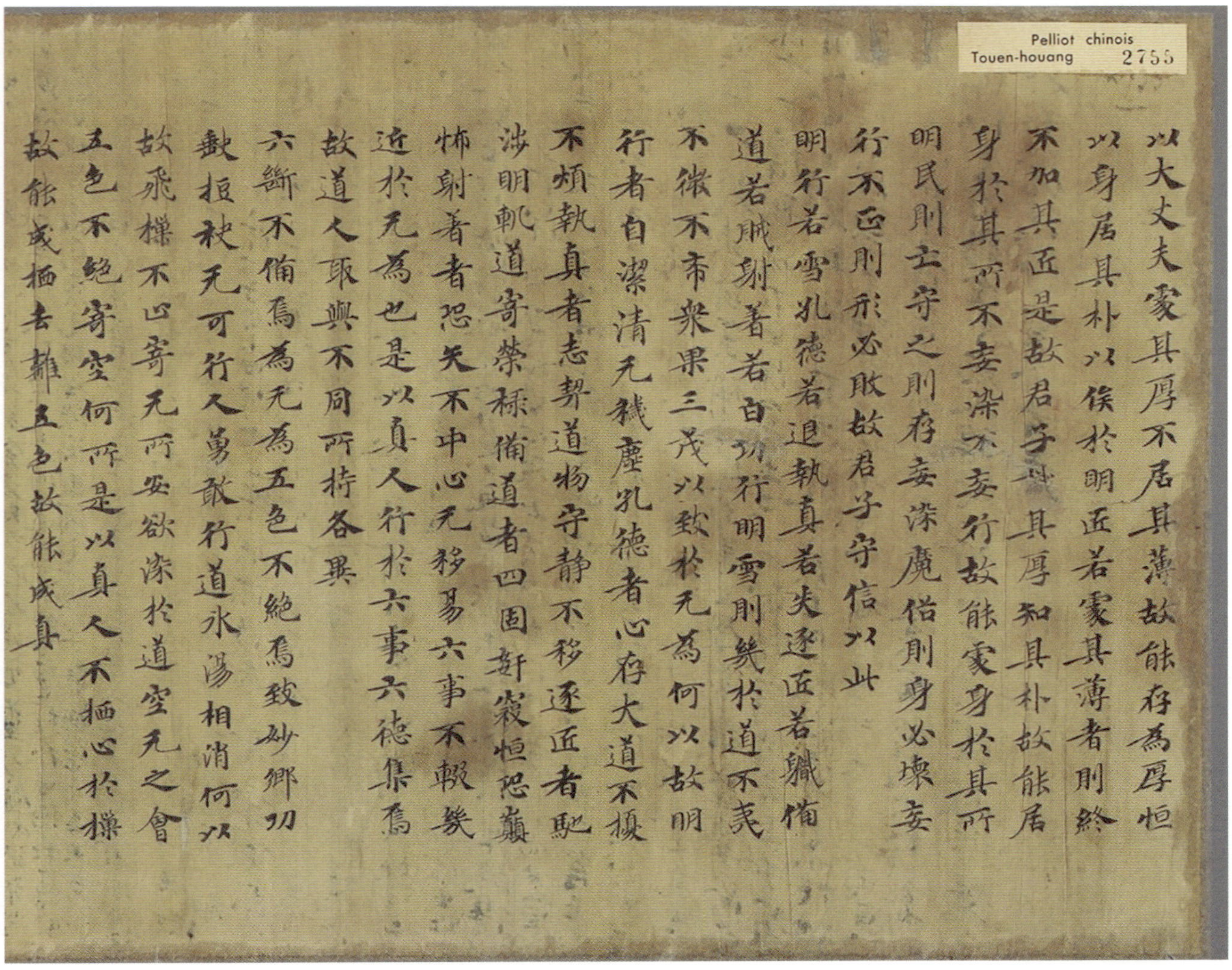
Pelliot chinois
Touen-houang 2755
以大丈夫處其厚不居其薄故能存為厚恒
以身居其朴以侯於明匠若處其薄者則終
不加其匠是故君子母其厚知其朴故能居
身於其所不妄滦不妄行故能處身於其所
明民則士守之則存妄滦處偕則身必壞妄
行不匠則形必敗故君子守信以此
明行若雪乳德若退執真若失逐匠若職惰
道若戚射著若白功行明雪則幾於道不喪
不徹不帝衆果三茂以致於无為何以故明
行者自潔清无穢塵乳德者心存大道不擾
不煩執真者志契道物守靜不移逐匠者馳
涉明軌道寄榮祿惰道者四固新寂恒思巔
怖射著者恐失不中心无移易六事不輟幾
近於无為也是以真人行於六事六德集為
故道人取與不同所持各異
六斷不備為无為五色不絕為致妙卿切
歎拒衹无可行人畏敢行道氷湯相消何以
故飛操不心寄无所安欲滦於道空无之會
五色不絕寄空何所是以真人不插心於操
故能成插去雜五色故能成身

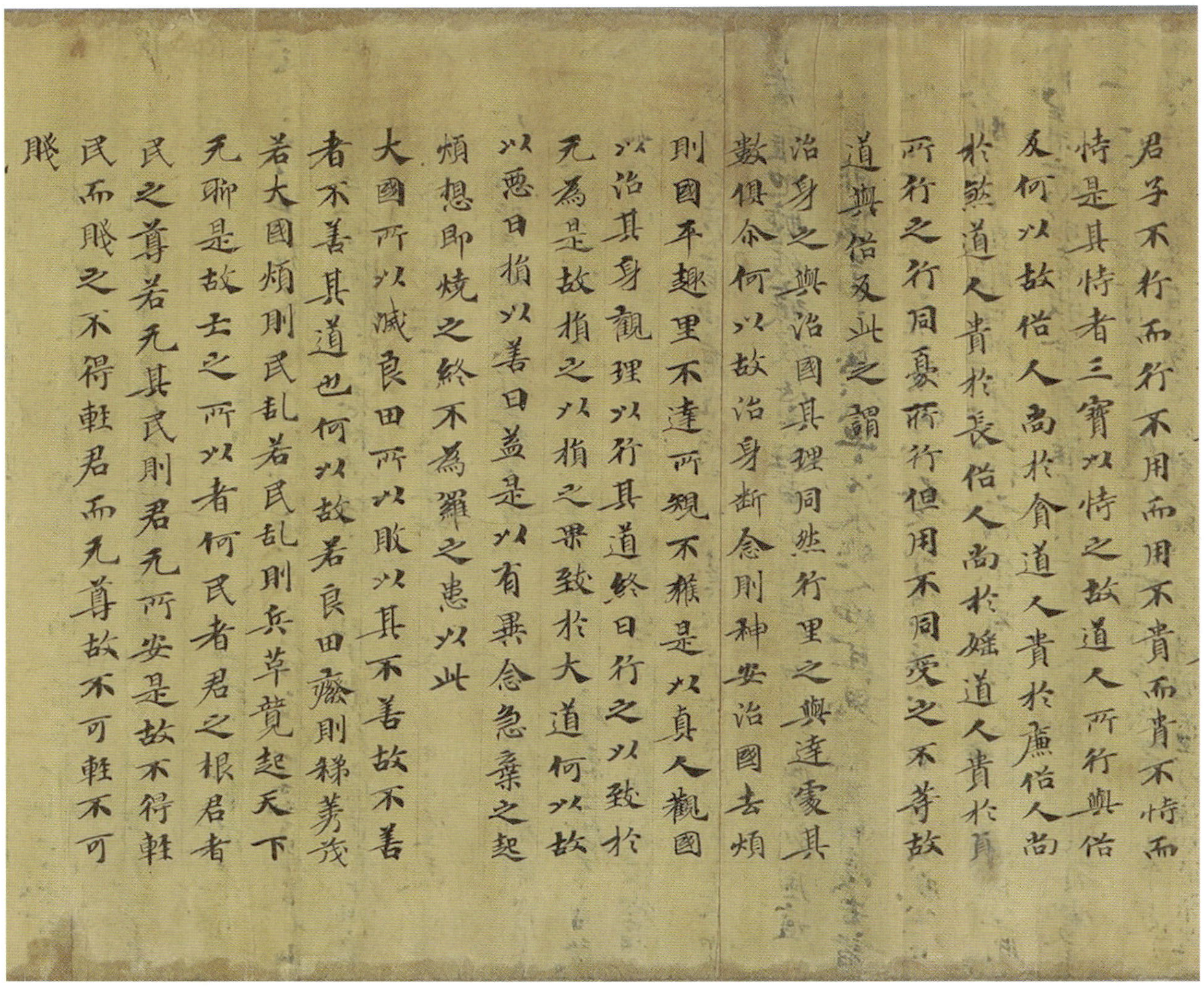
君子不行而行不用而用不貴而貴不恃而
恃是其恃者三寶以恃之故道人所行與俗
反何以故俗人尚於貪道人貴於廉俗人尚
於欲道人貴於長俗人尚於婬道人貴於貞
所行之行同憂所行但用不同受之不等故
道與俗反此之謂
治身之與治國其理同然行里之與達處其
數俱命何以故治身斷念則神安治國去煩
則國平趣里不達所覲不彌是以真人觀國
以治其身觀理以行其道終日行之以致於
无為是故損之以損之果致於大道何以故
以惡日損以善日益是以有異念急棄之起
煩想即燒之終不為羅之患以此
大國所以滅良田所以敗以其不善故不善
者不善其道也何以故若良田癈則稊莠茂
若大國煩則民乱若民乱則兵革競起天下
无聊是故士之所以者何民者君之根君者
民之尊若无其民則君无所安是故不得輕
民而賤之不得輕君而无尊故不可輕不可
賤

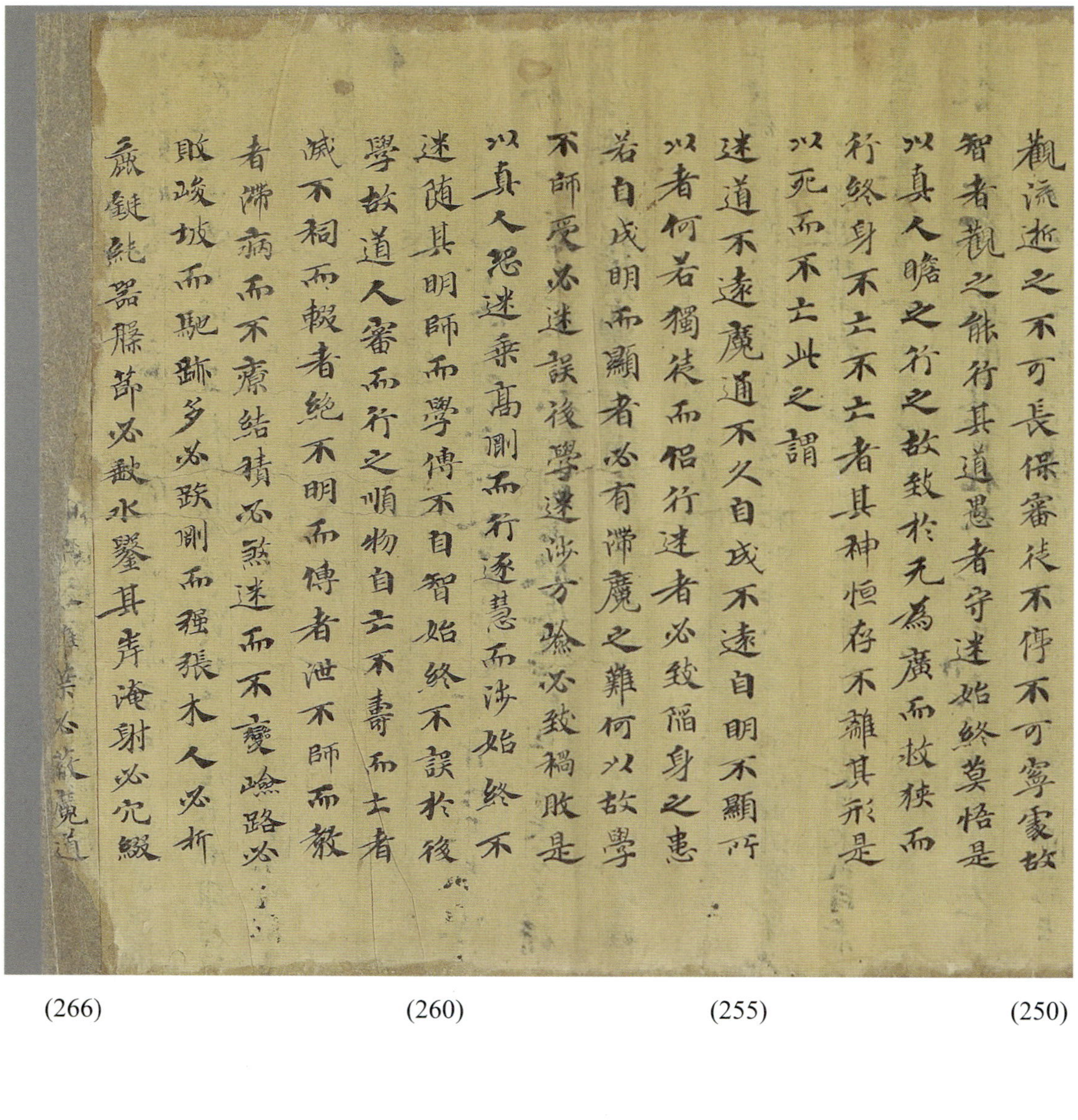
觀流逝之不可長保審徒不停不可寧處故
智者觀之能行其道愚者守迷始終莫悟是
以真人瞻之行之故致於无為廣而救狹而
行終身不亡不亡者其神恒存不離其形是
以死而不亡此之謂
迷道不遠魔道不久自成不遠自明不顯所
以者何若獨徒而侶行迷者必致陷身之患
若自成明而顯者必有滯魔之難何以故學
不師受必迷誤後學速涉方驗必致禍敗是
以真人恐迷棄高側而行遂慧而涉始終不
迷隨其明師而學傅不自智始終不誤於後
學故道人審而行之順物自亡不壽而夭者
滅不祠而報者絕不明而傳者泄不師而教
者滯病而不療結積必煞迷而不變嶮路必
敗跛坡而馳跡多必跌側而強張木人必折
㾕鍵純器滕節必缺水鑿其岸淹射必穴綴

釋文

（P.2396+3675 抄本）

天尊言：我於斯之中，為諸衆生普説太上妙法本相至道之因，无量度人。一切衆生悉來振集，莫不傾仰。爾時東虞、西虞、南北四虞，東來、西來、南北四來，野母、不鈎、獨挽、木侯、雞鹿，一切邪道悉來在座，各自赫奕，光明動摇，於其衆中，澄曜威神，競作巧辭，試難不行。

虞曰：昨君所説，一切衆生從先業致彼後報，因前而獲其果，皆不妄舉。我竊觀一切衆生，重室之中而居巨夜，豈知前世之因、今身之報？若遭教澤法，法果可登，若不遇者，隨流而去。譬如流中採薪，鈎著者得，不鈎著者隨流而去。一切凡夫亦如水中之薪，遭教／則達，不遭則去，豈有先業所加，今身而〔一〕受。譬／如膠羽，黏者可翕而著之水，不可□□如之／也〔二〕。若先因所行者，則不須更造；若恃前業所／緣，今不須求教，定分以竟，不相假受。如君所／説，皆不合至真之道，于言未解。

虞復言曰／：十方衆生各有類氣，各不依先業之所造／也。譬如禽還生禽，狩還生狩，人民草木，蠕／動衆生，種種（相）〔三〕生，類類相似，豈有前因果報／後世。譬如消金，隨類色見；譬如種植，隨種而／菓，豈有非類而變應也。如君所説，皆不合至／真之道性，于言未解。

來復言曰：我見衆生父／母四足，子亦四足；父母飛行，子亦飛行；父母白／黑，其子白黑；父母能言，其子能言；未有鳥能／馳步万里者也。如君所説，皆不合至真之道／性，于言未解。

來復言曰：吾見魚止水中，虎居／長林，鷰雀依人，蚰蟮居穴，類氣受性，各有所／稟，豈有非性而食之也。如君所説，皆不合至／真之道性，于言未解。

野母復言曰：我見虫還／生虫，蚝還生（蚝），蠅還生蠅，蟻還生蟻，隨氣噉／食，以養性命，豈有先業而改其形也。如君／所説，皆不允至真之道性，于言未解。

不鈎復／言曰：我見衆生若有噉宍者，其子噉宍；若有／噉草者，其子食草；若有食木者，其子食木／；若有噉土者，其子噉土。一切衆生各有定氣，不／相假受，錯謬其類也。如君所説，皆不允至真／之道性，于言未解。

獨挽復言曰：我見一切衆生／各不同目，一而名異，陰陽不同，受化不等。依斯理／物，各有類氣，不相改異，況一可知百，類一可知／万。如君所説，都不合至真之道性，于言未解／。

木侯復言曰：我見保國保身，依國依形，被髮／還以被髮，傍行還以傍行，隨類而生，隨種而果／，豈有非其性而横受也。從天至地，未有異類而／異受之。如君所説，皆不允至真之道性，于言／未解。

雞鹿各復言曰：我見一切衆生或方或／圓，或長或短，各自受氣，類性定也。未見練土／成金，變豕為犬。類類相生，種種自續，各各受／氣，不相改易。若當改易，一切凡夫蠢動衆生／，悉有前世因緣福德所鍾，有成於至真之／道乎〔四〕？若類不改而生之，君之所言皆是遊虚／妄談，誘誑童矇，无益之業也。我當遭今身所／造，即見受也。終不習君虚説前世之因，妄論／未來之果，遂使迷悟（誤）後學，乱化國土。今可〔五〕時／變，可見神耳。若不從之，於是與長生隔矣。

天／尊言曰：夫一切衆生各有緣品，前世積業，今／身所受，今身所造，後世所受。无因无緣，果從／何成？无父无母，子因何生？无天无地，万類何／停？譬如種植，非地不生。譬如飛虫，非羽不飛。譬如／飛馳，非空不行。譬如雲雨，非龍不成。何以故？若／有種類不相假受，應普同命，若有定類，應普／同成。所以一父而生，其受不同，一母而乳，其貌不／等。若无因緣，應普同受，若无禍福，應普强弱／。如汝所言，空中可以種植，流中可以田耨，无／父可以結子，无母可以生息，鍛鑛可以成器，繫／蜂可以獲蜜，養蠶可以得錦，長麻可以成紵／。何以故？以能鍛鑛故，以繼（繫）蜂獲蜜故，以使蠶／穿紋故，以麻自成故。子之所成者，與我道異也／。吾道與子道不同，吾習與子習不等。道名雖／同，逆順理返（反）。何以故？吾之所用，因實而脩空／，據有而行道，行於未來之用，脩於不望之果／。是故知勤不知報，而果自應；知行不知到，而／道自達。是以成功遂（退）之，後功自功，居福捨之／，而福自福。若處其功，功无可恃；若居其福，福／盡无止。故遂（退）功捨福，終會功福，積世行道，果／感所到。是以真人積千世之業，而不望報。投／晁身於鷹虎，豈望鷹虎所報也，但矜哀飢／餓故。是以施不望報而運自應，苦不望樂而／樂自感。故知行知勤，知習知用，終不望一身而／責其果也。是以吾與子所用不同，功受不等／也。

四虞、四来、野母、不鈎、獨挽、木侯、雞鹿等，各不信受，自相謂言曰：静老者，非至真之道也/。妄説虚空未来之果，廣演譬喻，誘諸愚暝/，唐身喪形，枉及受生。虚證將来未然之果/，巧言妄譬，説有因緣。及諸四衆，悉心未了一生/之中，好損當年也。於是還返无(六)欲停止者，踊/躍飛馳，悉各迴返。

尒時天尊閇天光明，四方/冥黑，諸道迷乱，莫知趣向，唯有坐所光明如/常，无有逼乱。諸道還来就其光明，因而問曰：天何妖怪，忽无光明，四方冥黑，行者迷/返，不審此怪為坐何事也？

天尊曰：天光自无/，何關子焉。子積行道術，飛馳空中，威神力/行，世之无有，豈為闇所拘，而論迷乱也。我正(止)/知説將来未然之果，誘誑愚曚過去之法，豈/知光明所以而閇也。汝何不作道智觀之，道/眼視之，足知所由。

虞曰：我道正(止)知長壽短壽/，飛行之事，未覩斯理。静老與我分別，若能/知之，即知静老得因緣之果，未来之功。若不能/了，即知静老遊談虚説之妄也。

静老於是欣/尒而咲，光明從口中而出，照曜十方，朗覩八/清，及得過去所受，未来所趣，現取前業，悉/各監視。及諸四種衆生，過去未来及得現/在一切受趣，莫不見之。但見崐崘頂上神仙/之宫，辟方四千里，周迴一千二百門，其中小宫/三千六百區，正於處中。金樓玉殿、五城十二門/，純以琉璃為地，珊瑚銀薄、真珠纏綿，千屈万/畾，晃昱无比。但見天帝在中而治，三十二天王輔/弼四邊。復見四角上宫閣高妙，麗鐒无有/，四天帝王治在其中，天龍鬼神亦在左右。崐崘/之上，見斯妙樂，不可稱計。尒時四虞、四来諸外/道等，心乃開悟，於是不退，遂獲地仙之道/。

尒時静玄(老)問曰：一切衆生各有緣品，人之所行/，一依所行計業而致其報。如四虞等以前不信/正真，故今落邪中。昨雖一往自行威力，不從真/教，叛而去之，昏迷還返。今雖暫信，由未委盡/，一信之間所獲甚高，其事云何？

答曰：如斯十二/外道，始於道時，皆起邪妄之因，以遭不正之師/，受於不正之氣，其氣成精，遂落邪中，其神/以附，名為外道耳。以今一迴之信，緣此迴信之功/，以致地仙之道耳。四虞慧根多，故終輪於大/道太真之位也。何以故？夫為道者尚於初心/，貴其後成，是以得一果之報。譬如種樹結菓/，值歲霜雹，寒風發(廢)折，不收其菓。後歲時調/(適)，花得結實，足以豐甘。是故擇歲而熟，必存一/果。何以故？樹者譬學士，花者譬其果，霜/雹譬邪師。是以中為邪所誤，今就正真教。東/虞者，東海中原人。少脩道業，志存神仙，中遭/六師之法，因而行外，遂名為外道也。而西虞/者，西海金倉人也。少好上道，不務家業，中遭/野母之教，習而不止，脩行其法，遂染邪精。其/脩不正，邪氣以附，其神染著，自謂真仙，即名/為外道也。南来者，南海陽澤人也。少述道法/，志契朱紫，中遭三志之教，樂而行用，其氣附/著，遂為外也。北来者，北海倉池人也。少染道/教，長遭邪師之法，隨而行之，自謂正真之/道，習而行之，遂入邪中，名為外(道)也。野母者，西方/長引人也。少脩道業，不務王俗，中遭邪僻之/教，因而習之，即落外中，不祇正教，邪氣附/著，其精化神，如可法效，即而染之者，皆名外/道也。不鈎者，北方寒池人也。少好道業，不群/流俗，中遭邪師之教，專而脩之，遂致邪氣/附入，其神可効，因而行之，名為邪道也。獨挽/者，東方无極人也。少好道法，專志正真，中遭/邪師之教，法而行之，遂致邪中。是以其法易/遭，其師叵值。故師者，道士之父母也。乳餄諸/子，甚須良羨。是以真人擇師而學，故能成/真，審道而脩，故能成道。何以故？諸道致邪/，一由師教之不真；樹花遭霜，亦由匠者之不/正。中遭外教，盖由心意之不堅。夫為學士，先/志後願，必全其真，先念後勤，必達其果。故/道人強於志，堅於誠，牢於心，審於意。釋(擇)/師而脩，良徒而行，三思求益，豈有過誤。追/逐明師，不辭勤艱(七)，日有三益，豈有巔(顛)蹷/。是故為道不易，為師甚艱。譬如行人共侶/，逕過嶮路，千万之衆，皆不能達。若有一人/二人，文能潤衆，武能敵畏(八)，強撫无怯，前盜息/心，諸来行衆悉得通達，千万之侶莫不蒙/恩。若有學士遭其良徒，亦復如是。是故真/人不妄脩，不妄行，以致於无為。棄損取益，成道以此/。

虞問天尊曰：一切万法悉從何生，因何氣而/有？唯願天尊告其因緣，令諸衆等各知所/從而来。

答曰：一切万法各稟道氣而生，因空/而成。何以故？道者无形，應氣万質，空者无/假，通運有形。无空无氣，蕩絶言想，无言无/想，万有隱没。是故道者万物/之父(九)，空者万物之母。何以故知之？譬如父行陽/氣，母行陰氣，因果胎息，以十月之得有形影/，施名立字，乃有父子之道，尊卑之位。若其/无父，子從何生？若其无母，胎息何成？是故空／者運通居之，將知是其母。子无所因，則无／其子。若无其子，可不空无也；若有（其）子，空者万／有之母。是故道生德畜，假有以存形名。若非／其子，孝道无以可明；若无其有，空无以可／辯。是故有无相生，此之謂也。是以真人恒脩／於空，以貴其母故；恒順於道，以尊其父故／。是以尊道貴空，所敬處大。何以故？我之本／父母也，故所敬處大。若有衆生不避貴賤，不／知其所重者，自栰（伐）其形，自絶其根。何以故？譬／如其樹，若鈚（髡）斬其根鬚者，万无一活。若露其／根株者，遭冬則枯槁。重之不重者，亦復如是／。狂人失道，其由巔木之生條苗；愚癡叛道，其／由溢魚之絶流中。假尒而生，命亦（不）久。是以真／人守道堅固，以致長存，深根固蔕，以致華／顔。故不為違，不為逆，安樂以此。

虞曰：受恩／，願問餘解。夫道至真，以无言為宗，无體无形／，假以空无為主。不審諸真人現在福中者，敬／脩何法，述何為質，因何起心，從何生意，而致／斯位乎？願為分別，令諸來者悉得聞知。

答／曰：汝之所問，甚要甚妙，（端坐）諦聽，為汝分別。夫／至真无形，脩空以得其真；至法无言，順父以得／其道。恒念於衆生苦惱之難，心憂世界，廣／濟一切，終日行之，不憂其身，畢（卑）身存濟，不／恃身為身。以念此故，運感自然，以行不辞，故／致太真之号也。譬如煮其減（鹹）土，但知爨火，周／時自變，滿釜生鹽鹹，和口腹。人但知救濟，運／感濟人，但行慈悲，樂自歸人。何以故？惡想興／則夢行其害，善念發則夢現其祥。是故／行毒則禍湊，行善則福臻。故知行不知報／，而果自成；知種不知收，而獲自豐。真性之道／，亦復如是。

問曰：其心正，報之以真應；其心不／正，報之以邪僞。正由心也，則不須其範。昨所／説時，其師真則弟子正，其師邪則弟子僞／。今日所説，其理差異。願為分別，令諸不了悉／得受解。

答曰：尒其教明，則无陷滯之患／；其師闇，則為魔曹之所難。无師豈為道乎／？无念豈為善乎？是故追明師，脩悲念，行大／慈，断奢貪。故師徒相眖，朋友相習，豈得无師／而學上清之道乎？故師者，父也。若无其父，子／何從生？若无其師，道何從成？是以貴之於明／師。何以故？明師者，明閑道法，无有謬誤。後人／述之，其正相承，邪氣不乱，功成德就，遂致於／至真无為之道乎？是故明闇不同，賢愚殊／分，所行各異。受業因趣，何以故？隨師而習，因業／取對。故師徒相放（仿），朋友相習，此之謂／。

素變无常，隨匠所染，染性尚黑，從工五變，汙／著黏牢，剗不可却，膠布相投，挽不可奪。魔／氣相染，亦復如是。何以故？譬如紫朱參半，朱必藏（滅）／色，鄉染逕旬（一〇），必乱其味。是故處浄者樂於／浄，惡其穢；居穢者不尚於脂耶（一一），而貴其穢。類／味事殊，逆順事返（反），雅（邪）正之見，亦復如是／。

類性等受，取與同器，其名雖一，虚實不等。是／以大丈夫處其厚（一二），不居其薄，故能存為厚。恒以／身居其朴，以俟於明匠。若處其薄者，則終／不加其匠。是故君子識其厚，知其朴，故能居／身於其所；不妄染，不妄（行），故能處身於其所。明／民（泯）則亡，守之則存，妄染魔俗，則身必壞，妄／行不正，則形必敗。故君子守信，以此／。

明行若雪，孔德若退，執真若失，逐匠若職，備／道若賊，射著若白，功行明雪，則幾於道。不夷／不微不希，衆果三茂，以致於无為。何以故？明／行者自潔清，无穢塵；孔德者心存大道，不擾／不煩；執真者志契道物，守静不移；逐匠者馳／涉明軌，道寄榮禄；備道者四固姧寇，恒恐／巔（顛）怖；射著者恐矣（矢）不中，心无移易。六事不輟／，幾近於无為也。是以真人行於六事，六德集焉／。故道人取與不同，所持各異／。

六斷不備，焉為无為？五色不絶，焉致妙鄉？功／缺短袂，无可行人，勇敢行道，氷湯相消。何以故／？飛櫟不止，寄无所安，欲染於道，空无之會，五色／不絶，寄空何所。是以真人不栖心於櫟，故能成／栖，去離五色，故能成真／。

君子不行而行，不用而（用），不貴而貴，不恃而恃／。是其恃者三寶，以恃之故，道人所行與俗反／。何以故？俗人尚於貪，道人貴於廉；俗人尚於煞／，道人貴於長；俗人尚於婬，道人貴於貞。所行／之行，同憂所行，但用不同，受之不等。故道與／俗反，此之謂／。

治身之與治國，其理同然；行里之與達處，其／數俱尒。何以故？治身断念則神安，治國去煩／則國平，趣里不達，所規不獲。是以真人觀國／以治其身，觀理以行其道，終日行之，以致於无／為。是故損之以損之，果致於大道。何以故？以惡／日損，以善日益。是以有異念急棄之，起煩想／即燒之，終不為羅（罹）之患，以此／。

大國所以滅，良田所以敗，以其不善。故不善者／，不善其道也。何以故？若良田廢則稊莠茂／，若大國煩則民乱，若民乱則兵革競起，天下／无聊，是故亡之。所以者何？民者君之根，君者民／之尊，若无其民，則君无所安。是故不得輕民／而賤之，不得輕君而无尊。故不可輕，不可賤／。

觀流逝之，不可長保，審徒不停，不可寧處／。故智者觀之，能行其道，愚者守迷，始終莫／悟。是以真人瞻之行之，故致於无為。廣而救，狹／而行，終身不亡。不亡者，其神恒存，不離其形／。是以死而不亡，此之謂／。

迷道不遠，魔道〔一三〕不久，自成不遠（達），自明不顯。所／以者何？若獨徒而侶（旅）行迷者，必致陷身之患／。若自成明而顯者，必有滯魔之難。何以故？學／不師受，必迷誤後學，迷涉万嶮，必致禍敗。是／以真人恐迷，乘高剄（崗）而行，逐慧而涉，始終不／迷。隨其明師而學，傳不自智，始終不誤於後／學。故道人審而行之，順物自亡。不壽而亡者／滅，不祠而輟者絶，不明而傳者泄，不師而教／者滯。病而不療，結積必煞；迷而不變，嶮路／必敗。峻坡而馳，跡多必跌；剄而強張，木人必折／。龐鋌純器，槃節必缺，水鑿其岸，淹射必穴／。綴繒風衝，妙好必裂，芳木寄林，雜葉必蔽／。魔道〔一四〕不廢，消膏若雪，利刃自向，曜鋒必／割。拙人持斵，其手必害，居貧強施，消彤必／敗。羸宴（窶）妄馳，原阸叵達，沙埠種植，旱迪（苗）不活／。巔木枝茂，不斬自枘／。

築室為屋，窓牖不立；建弩射著，絃發不設／；朴枋為器，鑿不安穴；舩渡大水，不摇杆擢。欲／行常道，不全具誡，亦復如是。何以故？真人欲行／，先鑿户牖；發弩射的，先牢絃結；興朴造器，先／利斧鑿；治舩渡水，先安杆擢。具是所須，乘无／不剋，真人得行，况斯而獲／。

道无親踈，唯善為親，真无貴賤，脩之則應／。功不妄施，施之必感，行不休止，趣之必達。何以／故？若有親踈，則有黨累之患；若有貴賤，則有／豪望之禍。是故不親不踈，能應之親踈；不貴／不賤，能應之貴賤。是以真人不尚可貴，而心夷／然；不慢卑賤，而採无遺／。

明行不漏，棄塵不省，五好不顧，溢談不話，讒／説不聽，美利不貪。并除六惡，以納六通，寬養／廣救，以易故鄉，離本就今，以成至真。三明六／達，孔智自然，位極高上，物統真仙。慈育母養／，平等一切，廣施衆生，隨色而獲。不思叵議，号／為虚无，无上正真之道／。

浮説若洿，尋之不究，功言若美，擇之无墟。可／謂處有説虚，損功失德，其道即隱，不降其／人。何以故？道感有實，不降於虚。是故實者習／空之首，得真之元。是以真人終日言不浮談，終／身行不邪巧。是故德成而不隱，功著而不損／，以成於无為／。

明教若日，其用不厭，其行若舌，用之不折。明／行若玉，其用不隳，其性若水，用之不遲。明説／若雪，其用不弊，其言若膏，用之不替。明試（誡）／若目，其用不敗，其執若結，用之不泄。高而不／高，卑而不恥，德而不德，純而不已。虚心不輟／，守道不移，廣施大慈，念救不疲，不自稱功／，德感自然。衆知内彤，万善同緣，聦積不遝，巍／蕩如山，十真超邁，金剄大仙／。

大國貪而不厭，必為禍所患；寇賊貪而不／厭，必為官所難。恃力陵弱不知甚，必為健／所困；怙貴押直不知曲，必為殃所殘。是故／治身之與治國同。何以故？恃德者隆，恃強者／終，守忠者久，依貴者殆，助虐者徒，兩亡（者）孤。是以真人守忠能久，遠虐能壽，不亡不孤，唯侶為／友，唯同為厚，故去彼取此／〔一五〕。

膠柱而作樂者，爪盡至節，不成其曲。馳馬而／絶控者，至嶮必為岸所患。雖有作樂之音／，而无節曲之聲。雖有馳馬之奔，而无理趣之／所。執見而脩道者，亦復如是／。

道廣不略，真氣圓布，蚑行有生，潤及一切／。何以〔故〕？万物无道則不生，脩空无道則不成／。是故知廣而不狹，知儉而不寬，處於不足／，故能常足。知於不足，勤而行之，故能常足。若／不足而足，終致不足；不高而高，終致不高；不／行而行，終致不行；不解而解，終致不解。是以／真人處於不足，居於不高，以致於无為。言／非則无形。何以故？道隱无言，言教弥滿；道隱／无形，成形誕應。故不思叵議，而不可測；无／〔一六〕形而對，應未或益。〔益〕之而損，〔損〕之而益，損之有／損之，以至於无為。去彼取此，天之道／。

衆生假明而現其物，假聲以聽其音，非謂聽／現之所能，因前而有之。故道人脩於假明之／明，習於假聲之聲，故能聽現而不可鄣；體於／未言之言，知於未聲之聲，故能辯言而不可／極。是故真人所為處異，所造者返。何以故知／之？天道无親，唯与善人／。

養乕貴葉，功乃就之。養神貴真，道乃可登。貴／本尚末，上下通達。敬根重枝，天道可為。存母得／子，可保終始。弥道賓身，大覺（道）可因。夫唯可因／，政覺可親。恭而不殆，其功必載。敬而不改，其德／必在。是以不可而疎，不可而棄，成功遂之，天／之常道／。

守默不移，故能廣載。執直不曲，故能道長。本／法无也，故能書之。不言之則，故能辯之。是以／質真若揄，抱一化无，存无以通其道，守本以／致其子。故著道者棄，明行者吉，審己者達／，察過者泰，忖短者長，思賢者誓，貪高者進／，務生者活。是以真人恒以守一孫（遜）過，攘而无臂／，動而不摇，高而不貴，故能常真（貴）／。

餝兵者不殍之器，嚴觀者无厭之主，假使戰／勝，何益王命乎？是以有道者貴於廉，无道者／尚於貪。國貪則民病，好兵則民殘，兵（民）殘者无／道之甚極也。（一七）何以故？君者万民之元，民者君／王之根，无民則无君，无君則民无所歸。是以／去兵則鋒无所容其刃，止靡則貨无所藏其庫／。故懷德以安民，抱一以持身，棄榮以崇道，捨／（一八）（下缺）

校記

（一）敦煌抄本卷首殘損半紙，缺卷首品題及開端約十二行經文。以上陰影中文字，係據道藏本卷下第一頁補。

（二）按，以上十九字，不見於道藏本。

（三）「相」字原缺，據道藏本補。以下補字不復詳注。

（四）「乎」原作「于」，據文義改。以下相同字例不復詳注。

（五）今可：道藏本作「空悦」。

（六）返无：道藏本作「生心」。

（七）勤艱：原衍作「勤勤艱」，據文義删改。

（八）敵畏：道藏本作「敵愚」。

（九）下衍一句「空者万物之父」，據道藏本删。

（一〇）鄉染遅旬：道藏本作「淄澠經旬」。

（一一）脂肥：道藏本作「華潔」。

（一二）P. 2755 起於「以大丈夫處其厚」。

（一三）「魔道」原作「魔通」，據後文改。

（一四）P. 2755 止於「魔道」。

（一五）道藏本經文止於此處，後有缺文。以下補字係據文義補。

（一六）P. 2396 抄本止於此行，以下綴合 P. 3675 抄本。

（一七）以上紅字見《雲笈七籤》卷九〇。

（一八）P. 3675 抄本止於此行，後當有一紙缺文。此卷抄本現存經文三百五十行。

附補材料

《本相經》又云：坐禪者斷煩惱想，神心定須彌頂上，釋提桓因宫辟方四千里，周迴一千二百門。其中小宫三千六百區，五城十二門。純以琉璃爲地也。三十二天輔弼四邊。（《辨正論 · 出道僞謬篇第十》，《大正藏》543c）

太上妙法本相經卷五

圖版

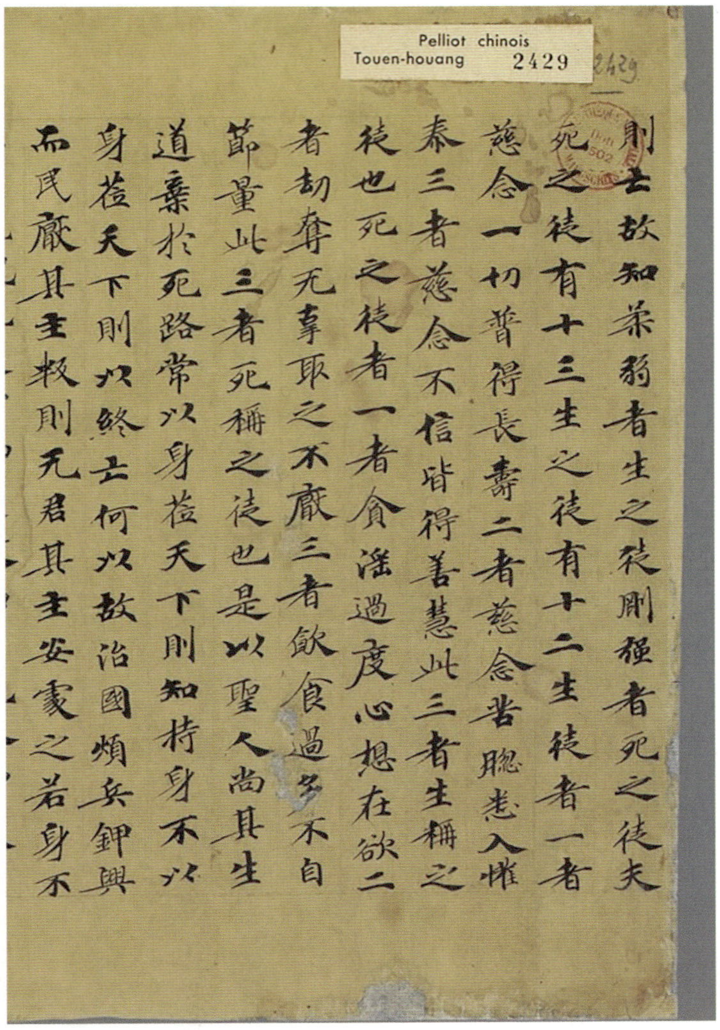

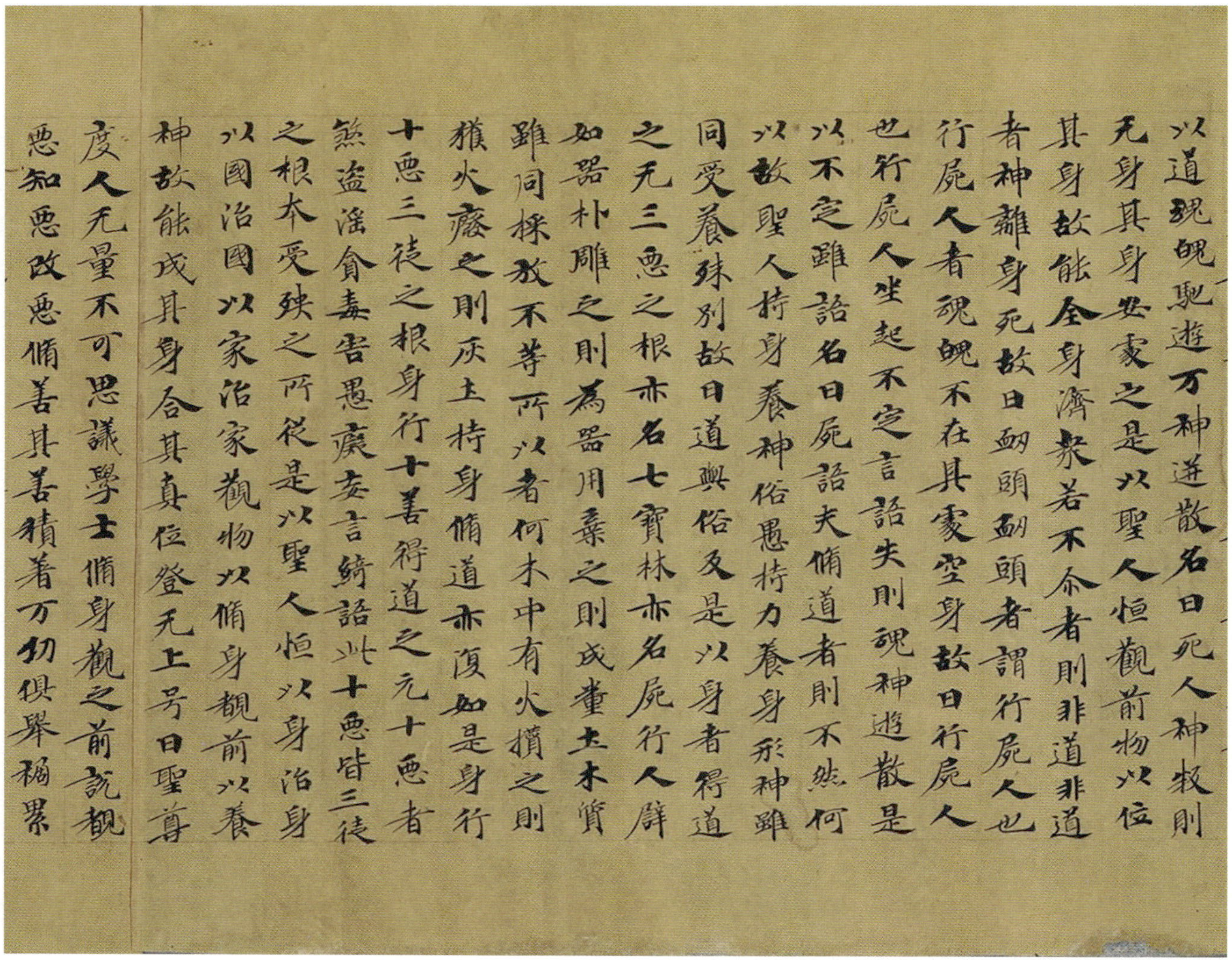
以道魂魄馳遊万神迸散名曰死人神牧則无身其身安處之是以聖人恒觀前物以位其身故能全身濟衆若不尒者則非道非道者神離身死故曰劒頭劒頭者謂行屍人也行屍人者魂魄不在其處空身故曰行屍人也行屍人坐起不定言語失則魂神遊散是以不定雖語名曰屍語夫脩道者則不然何以故聖人持身養神俗愚持力養身形神雖同受養殊別故曰道與俗反是以身者得道之元三惡之根亦名七寶林亦名屍行人辟如器朴雕之則為器用棄之則成糞土木質雖同條故不等所以者何木中有火攢之則獲火癈之則灰土持身脩道亦復如是身行十惡三徒之根身行十善得道之元十惡者煞盗淫貪毒害愚癡妄言綺語此十惡皆三徒之根本受殃之所從是以聖人恒以身治身以國治國以家治家觀物以脩身觀前以養神故能成其身合其真位登无上号曰聖尊度人无量不可思議學士脩身觀之前説觀惡知惡改惡脩善其善積著万劫俱舉福累

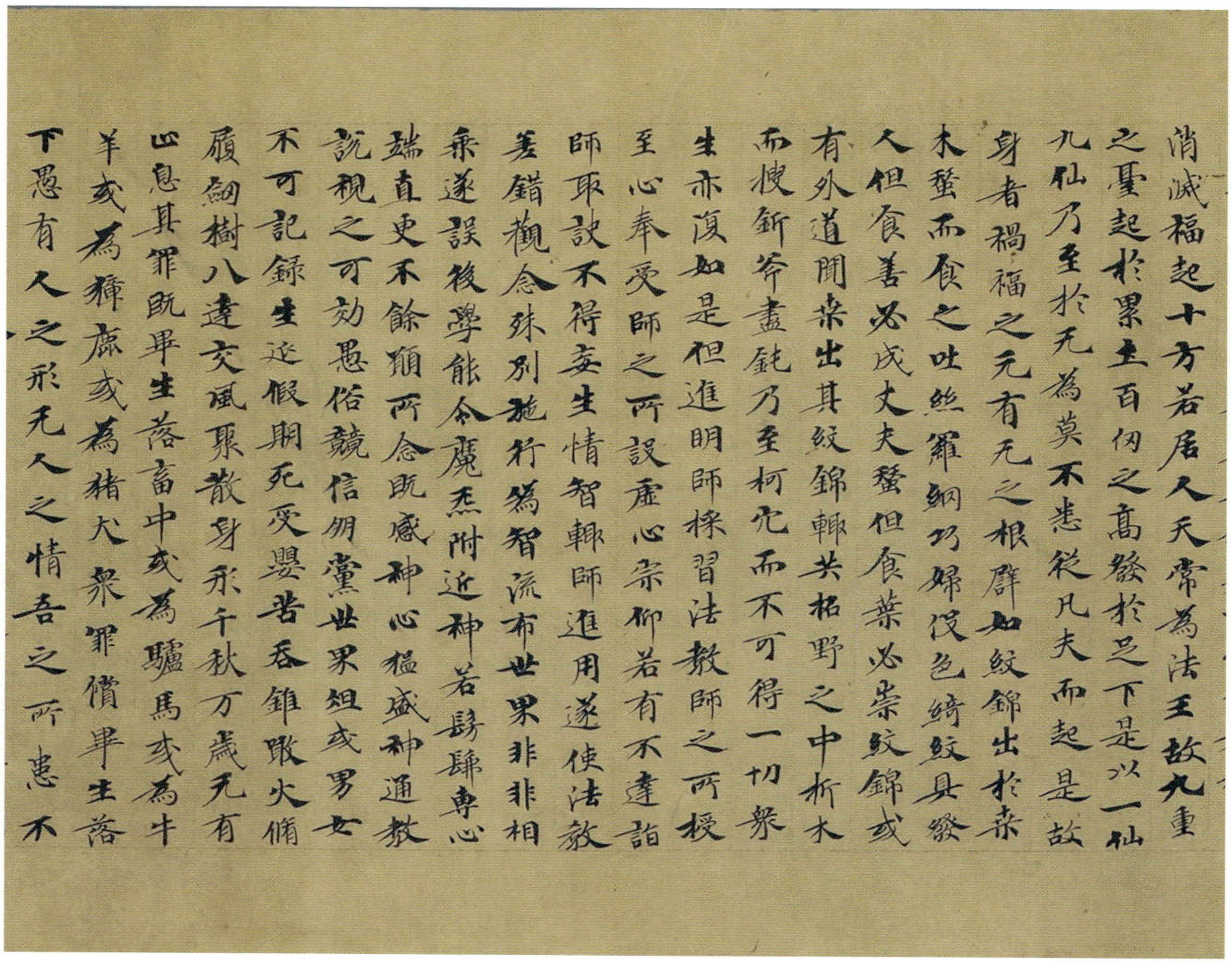
消滅福起十方若居人天常為法王故九重之臺起於累土百仞之高發於足下是以一仙九仙乃至於无為莫不悉從凡夫而起是故身者禍福之元有无之根辟如紋錦出於桒木蚕而食之吐絲羅網巧婦汲色綺紋具發人但食善必成丈夫蠶但食葉必崇紋錦或有外道聞桒出其紋錦輙共栢野之中析木而搜斫斧盡鈍乃至朽亡而不可得一切衆生亦復如是但進明師採習法教師之所授至心奉受師之所説虚心崇仰若有不達諮師取決不得妄生情智輙師進用遂使法教差錯觀念殊別施行為智流布世界非非相乘遂誤後學能令魔烝附近神若歸歸專心端直更不餘緣所念既感神心福盛神通教説觀之可効愚俗競信朋黨世界殂或男女不可記録生迷假期死受嬰苦吞錐啖火脩履劒樹八達交風聚散身形千秋万歲无有出息其罪既畢生落畜中或為驢馬或為牛羊或為獐麃或為豬犬衆罪償畢生落下愚有人之形无人之情吾之所患不

可稱計自今以後勿復如是明師者明
於法度妙經至宗依科教訓不殊碩碩暨
其契報不死之果清淨之鄉至真之土若
不如師法教者皆魔之伴侶非具至真之
徒也所以知之譬如鑄冶形模雖同金銀色
別鍮銅鐵鑛悉以寫之具鑄是一受用不等
是以將知明闇不同愚智分別是故明師教
詔事異專於繩墨事異者順於科則凡愚
所不及故曰事異何以故明師異於人者人
好寶貨我意不貪人好色欲我志不動人
好高貴我顧不然人好聽樂我心不顧人好名
譽我所不尚人好魚獵我所增惡人好服究
我心不貪人好甘味我所不羨人好方術我
不志顧人好雜法我不習用人好揚非我不
稱說人好愛增我性平等人好浮華我尚敦
朴凡有十三世之所好廣而演說其好有万
中而演之其好九十略而演之其好十三斯
之好者皆是三徒之本也若能去彼取此可
謂長生久視之道是以明師取此道去彼好
故事異於人明師所教繩墨之內闇師所教
碩邪之外所以者何明師依法度而化闇師
師情而授師情而授者皆屬魔之薄其名雖
同果成殊別亦如禾莠生雜其初難分稊穗
秀穎結實乃別秕糸家粟春樴簸揚隨糠而
去舉學之士甚須安審擇而後從不得輒從
真偽難分亦如金鍮者其形色體質相似遭
火瑩發乃知識之真偽並化其狀亘明自能
發家行道安審三思所以者何人身難得經
法難聞聖軀亘值是故丁寧重爲三思魔偽
興起能使良賢染於外事魔心既就志易墜
固是以人心易移亦如素絲夫爲學士專心
道門長齋守素勤誦經書追從明師考研墳
籍解了方返末効外道承聞便用不師對受
以致魔病是以脩道貴其久果不營暇斯故
真道取心魔道貴斯所以者何魔道恭恭
神若可効愚矇歸奔如鯓鯨赴於巨海故
日貴斯暨其受報甘苦殊味夫爲真道者
湛然如海安如崑崙顚神淡泊而不曜恭法
果流行如日照霄智照群生水潤一切終不
恭恭感用愚矇真人之化方便引喻以智潤

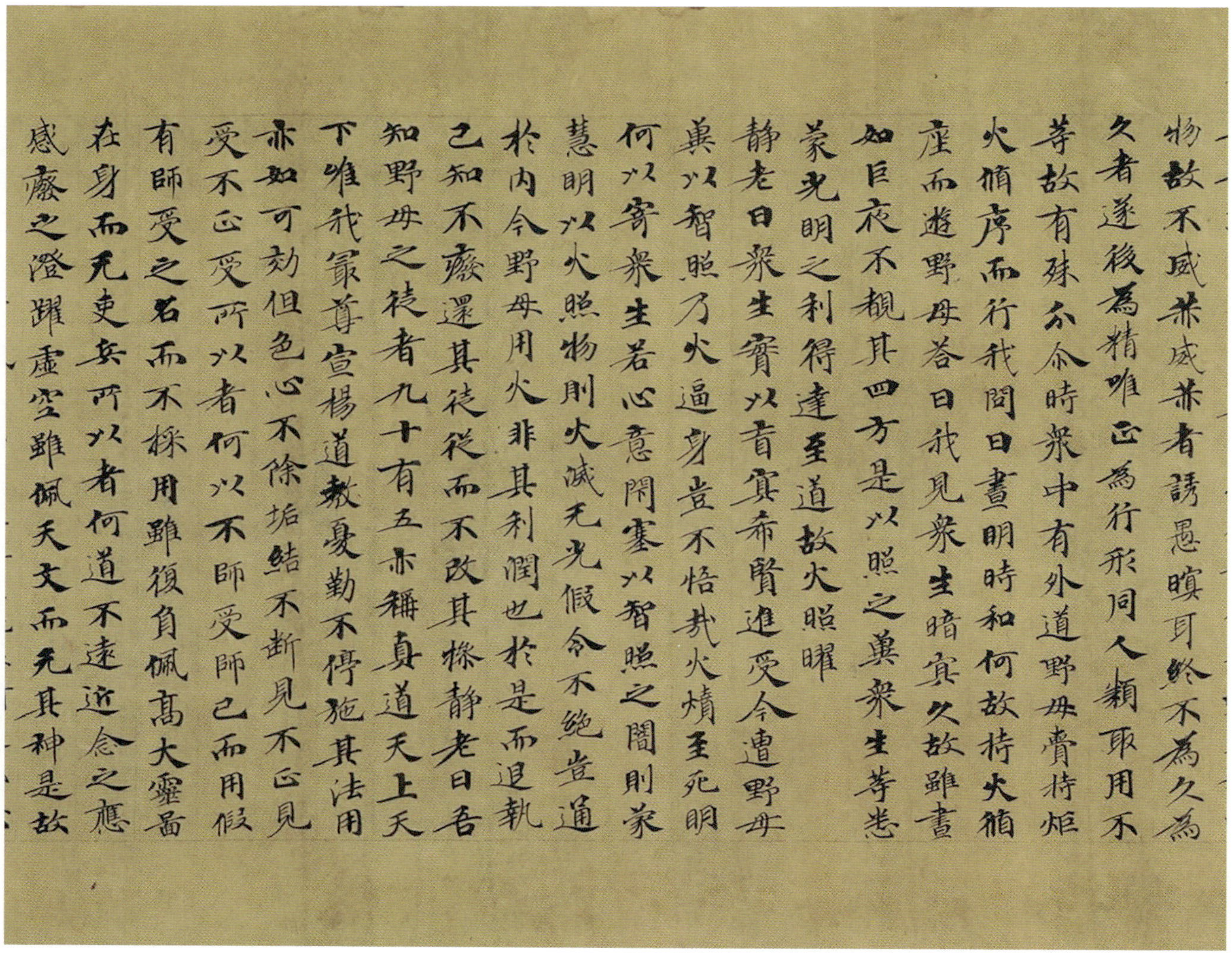
物故不感非感非者誘愚暝耳終不為久為
久者遂後為精唯正為行形同人類取用不
等故有殊分介時衆中有外道野毋賫持炬
火脩序而行我問曰晝明時和何故持火脩
塗而遊野毋荅曰我見衆生暗冥久故雖晝
如夜不覩其四方是以照之冀衆生等悉
蒙光明之利得達至道故火照曜
靜老曰衆生冥以青冥希賢進受今遭野毋
冀以智照乃火逼身豈不悟哉火熿至死明
何以寄衆生若心意閉塞以智照之闇則豪
慧明以火照物則火滅无光假令不絕豈通
於內今野毋用火非其利潤也於是而退執
已知不癈還其徒從而不改其椽靜老曰吾
知野毋之徒者九十有五亦稱真道天上天
下唯我最尊宣揚道教憂勤不停施其法用
亦如可尅但色心不除垢結不斷見不正見
受不正受所以者何以不師受師己而用假
有師受之名而不採用雖復負佩高大靈畐
在身而无吏兵所以者何道不遠近念之應
感癈之澄躍虛空雖佩天文而无其神是故

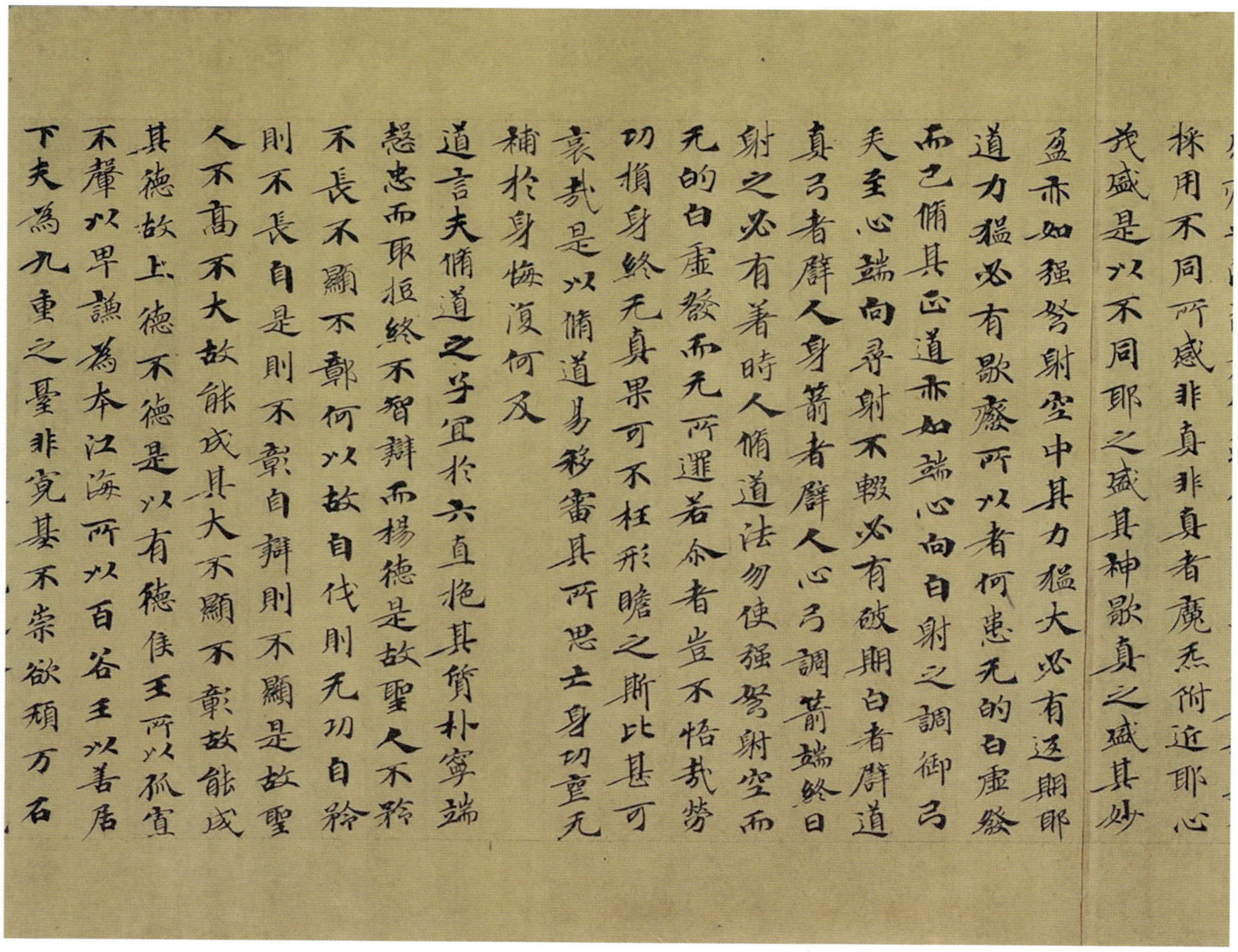
採用不同所感非真非真者魔炁附近耶心
茂盛是以不同耶之盛其神歇真之盛其妙
盈亦如强弩射空中其力猛大必有退期耶
道力猛必有歇癈所以者何患无的白虛發
而已脩其正道亦如端心向白射之調御弓
矢至心端向尋射不輟必有破期白者辟道
真弓者辟人身箭者辟人心弓調箭端終日
射之必有著時人脩道法勿使强弩射空而
无的白虛發而无所遲若介者豈不悟哉勞
功損身終无真果可不枉形瞎之斯比甚可
哀哉是以脩道易移當具所思土身功宜无
補於身悔復何及
道言夫脩道之子宜於六直抱其質朴寧端
慤患而取拒終不智辯而揚德是故聖人不矜
不長不顯不鄣何以故自伐則无功自矜
則不長自是則不彰自辯則不顯是故聖
人不高不大故能成其大不顯不彰故能成
其德故上德不德是以有德侯王所以孤寡
不穀以卑謙為本江海所以百谷王以善居
下夫為九重之臺非寬基不崇欲碩万石

者非千畝不得是故大器晚成大辯若訥晚成者凡夫至於道若訥者不自曜其德是以六直者道之无畢誕者仙之本所以者何百刃之高始於足下為山之功起於一簣故下者高之本柔弱者真之根深其根固其葉老而不衰愛其言謙其炁終身不殆知其光同其塵神不離身順其真信其道故能成其真聖人何以成其真以脩真不離其真故能成其真九仙何以成其仙以脩空不離其空故能成其空若不體其空空不可稚之若不信其真離而无修无應則无果狂花而无實是以聖人貴於深根重於固葉千金不移守真不殆故能成器長如實花狂花鮮明並茂知誰墜之若蒂堅固則風不能落若蒂危脆小動則隨風而墜汝等學士甚須慎護其欲如泉開之則流滿渠塞閉之則湛伏不出故知色欲亦如泉流辟如病人思於醫藥晝夜馳念不去心首貪婬飲酒亦復如是病結則亡婬結則終貪婬與婬終亡乃心嗜酒與酒禍不知變是以聖人

不婬不醉故无病聖人以炁治身俗人以藥治形以炁治身始終无病以藥治形其形遂損其心起妬想則百病生其心絶纖塵則身清明是故心者禍福之无口是存亡之本曰是有无之根身是進趣之基若心起垢三事不從則幾於道若於心與垢三事從行則幾亡吾寶是以聖人逝其心三不從故能澄躍虛空六身則十方遍有潜神則无所依其德如海其力如地不可思議稱之聖人名生於彼稱在我身故曰能入衆智合會万善湊集故曰聖智何以故欲為滅身之本貪為禍乱之首若國王貪其臣貪士官貪其身殘臣人貪其身辱王貪則民窮窮者樂亂各思明主天下皆叛綱網不舉壹國滅家須臾之項士官貪則民患衆辞喧射必致身殘民人貪則身敗是故禍莫大於不知足咎莫若於欲得故聖人去貪故能長生所以者何人能淪精則化為神神變為真真者即真也是故欲者病之本貪者禍之根故學士脩身先斷貪結終成於道故太極真

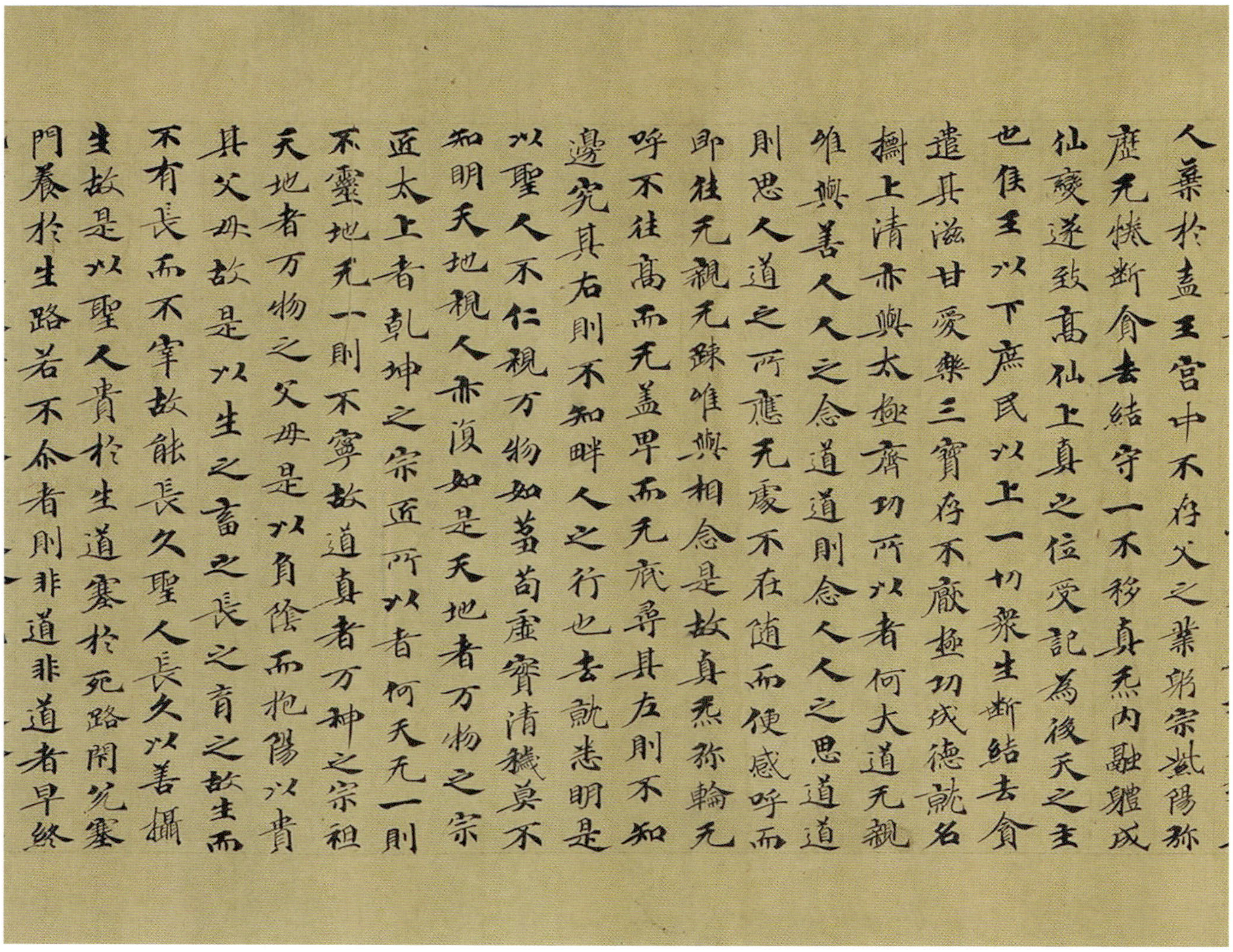
人棄於盡王宮中不存父之業躬宗覲陽孫
處无憔斷貪去結守一不移真炁内融體成
仙變遂致高仙上真之位受記為後天之主
也侯王以下庶民以上一切衆生斷結去貪
遣其滋甘愛樂三寶存不厭極功成德就名
攝上清亦與太極齊功所以者何大道无親
唯與善人人之念道道則念人人之思道道
則思人道之所應无處不在隨而使感呼而
即往无親无踈唯與相念是故真炁弥輪无
呼不往高而无蓋卑而无底尋其左則不知
邊究其右則不知畔人之行也去就悲明是
以聖人不仁視万物如芻茍虛實清穢莫不
知明天地視人亦復如是天地者万物之宗
匠太上者乾坤之宗匠所以者何天无一則
不靈地无一則不寧故道真者万神之宗祖
天地者万物之父母是以負陰而抱陽以貴
其父母故是以生之畜之長之育之故生而
不有長而不宰故能長久聖人長久以善攝
生故是以聖人貴於生道塞於死路閉兊塞
門養於生路若不命者則非道非道者早終

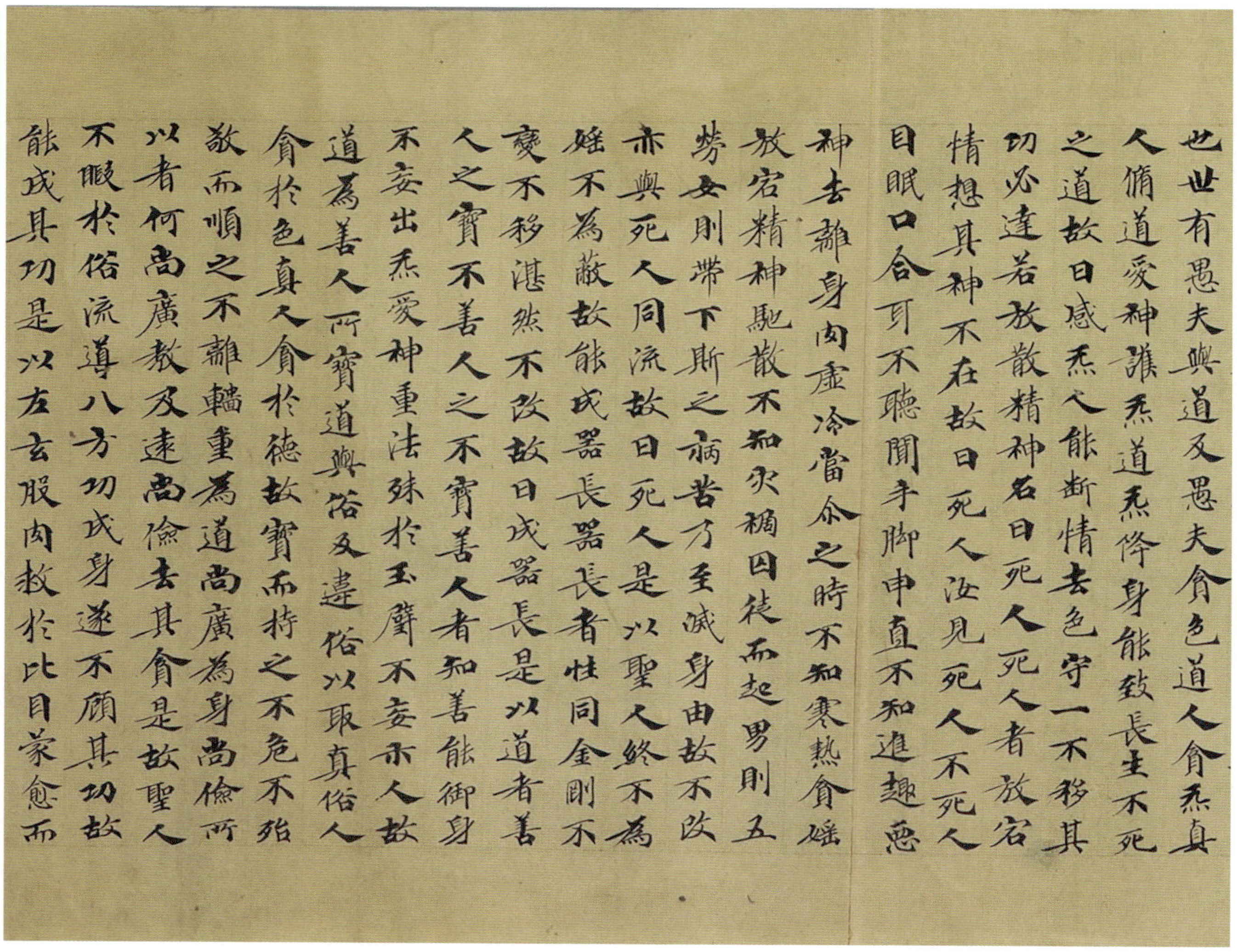
也世有愚夫與道及愚夫貪色道人貪炁真
人脩道愛神護炁道炁降身能致長生不死
之道故曰感炁人能斷情去色守一不移其
功必達若放散精神名曰死人死人者放宕
情想其神不在故曰死人汝見死人不死人
目眠口合耳不聽聞手脚申直不知進趣惡
神去離身肉虛冷當命之時不知寒熱貪婬
放宕精神馳散不知災禍因徒而起男則五
勞女則帶下斯之禍苦乃至滅身由故不改
亦與死人同流故曰死人是以聖人終不為
婬不為蔽故能成器長器長者性同金剛不
變不移湛然不改故曰成器長是以道者善
人之寶不善人之不寶善人者知善能御身
不妄出炁愛神重法殊於玉璧不妄亦人故
道為善人所寶道與俗反違俗以取真俗人
貪於色真人貪於德故寶而持之不危不殆
敬而順之不離輜重為道尚廣為身尚儉所
以者何尚廣教及遠尚儉去其貪是故聖人
不暇於俗流導八方功成身遂不顧其功故
能成其功是以左玄服肉救於比目蒙愈而

遂不顧勤艱慈心而捨故者於空雅功於空
所以者何空无形㬋而无窮極亦與道同倫
故空爲虛道爲无故眞人脩空以得无故能
成虛无有則爲有无則爲无是以眞人尚於
无貴於有无爲有之无有爲眞之本故有无
相生因緣所由也身爲因果爲緣身爲有果
爲无故從有以脩无得道以爲眞所以者何
无道則无身无身則无道无長則无極无樂
則无苦无苦則无樂知苦以習其樂知極以
習於長知身以習於道不知不覺兀頭兀頭
者不知身有苦不知他有長不知道有樂雖
有眼耳口鼻與无者同等故曰兀頭是以眞
人知苦厭苦身脩道故能常樂知極甚極
急身脩道故能長壽知身不久則就於道故
能成其道所以者何道者无爲无不爲无青
无黄應之青黄无長无樂應之長樂故曰太
上太者虛无之主上者太空之君无匹无偶獨
立而无雙故号之太上也太空之君者綜統
一切无不羅也聖王之父法王之祖尊大无
上苞羅万聖稱之太上所以者何太者无極

尊上者无不覆以是尊故稱号之太上也道
有常有樂有功有果故能與之常樂與之功
果是以一切衆生悉有道性稱之遍有種之
則生癈之則不成辟如種子内有苗性不種
不養豈雅其實一切衆生雖有道性不建不
勤終不成道何以故龍麦有餚隨龍而青其
餚終不可得要須逕冬涉春至夏結實桴楊
入磑羅蓰付廚和均膏水巧手乃甘濃味
調美和成以爲食餚一切衆生雖有道性
亦與龍麦同可脩之則爲道癈之則爲兜麦
脩則爲餚不脩則爲苦一切衆生亦復如是所
以者何海有瓊蘂珊瑚馬腦何緣得之及其
採之先利其器涉山伐木斤析道理細剖補
合成其舩舫純剛鐵列張設開帆摇魯擢桿
容安納惟暨其實所深安納惟乃取瓊蘂寶
貨豊多足以濟世凡夫積學亦復如是故道
爲方士所不實故道不惡善所務道生万物
不可棄何以故天无道則不清地无道則不
寧神无道則不靈日月无道无以曜明星宿
无道錯乱不行陰陽无道四時不成草木无

道則不能生五穀无道則傷敗不成水无道則不流潤火无道則不熱溫金鐵无道則不鍱堅山石无道則崩頹不全百鳥无道則不飛空狩无道則不馳走人无道則不生國王无道則國必亡是故道者万物之奧普育一切匠成万物而不為主所以者何功成身退天之道卑謙進前法中實是以退身而不諍卑謙而不競故知為大若處其功久其小不自卑謙前不進是故成功不處故能成大聖人育物亭之毒之長之成之而不為宰但患衆生自生自然不顧宿命故不長久天地所以長且久以不自然故能且久脩學之士莫大於自然凡夫自然順其性道士自然違其道吾所以置三寶者救其苦所以立制律為道人故也真人所以長久以順律也是以制律脩身之本得道之根是故志學之士先進明師閑於試律廣究經業乃可脩道耳不明經試而習道者可謂夜行而涉百里難為達也明經順試依律脩道可謂究道里作銘名而行假令崐崘之嶮足頂可達是以道遠路

邈脩涉甚艱自非審固君子三思之士何能體了乎世愚或有妄作情知不依舊科專行為詐稱為正道毀正自真滿侶相黨乎无迴心稱揚道德其若正當及其神歇道散形灰土草魂魄幽執名繫北豐廿八獄恒脩劒樹常履刀山火車燒身濩湯煮潰吞鐵啖火苦痛脩經償罪記畢化為牛馬豬羊斯罪深重不可觀之皆由學不得明師不閑經律任性所見遠求真津道嶮路絕迷或失趣進不得達退不可到踟躕罔極奄鍾禍變斯時追悔四馬不及斯之學士无相斷相惀乱後學自今以去汝等孩性欲脩長生无上正真之道審自三思勿復魔俗六師不真遂于賊身萬生得徐以致仙公之任禍福對報在於須臾所以知之吾種禾禾生種秫秫生種穈穈生種麦麦生未見種禾異類而生類類相生種種相因觀之種作故知習真得真學為得為汝等後來弃諸行衆好自良擇勿復不思道玄路嶮審須良伴大徒不良宜人身命不思不議必有禍敗輕學魔俗必有

291

釋文

（P.2429 抄本，前缺）

則亡。故知柔弱者生之徒，剛强者死之徒。夫／死之徒有十三，生之徒有十二。生徒者，一者／慈念一切，普得長壽；二者慈念苦腦（惱），悉入懽／泰；三者慈念不信，皆得善慧。此三者生稱之／徒也。死之徒者，一者貪淫過度，心想在欲；二／者劫奪无辜，取之不厭；三者飲食過多，不自／節量。此三者死稱之徒也。是以聖人尚其生／道，棄於死路，常以身莅天下，則知持身；不以／身莅天下，則以終亡。何以故？治國煩，兵鉀興／，而民厭其主。（民）〔二〕叛則无君，其主安處之？若身不／以道，魂魄馳遊，万神迸散，名曰死人。神叛則／无身，其身安處之？是以聖人恒觀前物，以位／其身，故能全身濟衆。若不尒者則非道，非道／者神離身死，故曰屻頭。屻頭者，謂行屍人也／。行屍人者，魂魄不在，其處空身，故曰行屍人／也。行屍人坐起不定，言語失則，魂神遊散，是／以不定，雖語名曰屍語。夫脩道者則不然。何／以故？聖人持身養神，俗愚持力養身，形神雖／同，受養殊別，故曰道與俗反。是以身者得道／之元，三惡之根，亦名七寶林，亦名屍行人。譬／如器朴，雕之則為器用，棄之則成糞土，木質／雖同，採放不等。所以者何？木中有火，攢之則／獲火，廢之則灰土。持身脩道，亦復如是。身行／十惡，三徒之根；身行十善，得道之元。十惡者／煞、盗、淫、貪、毒、害、愚、癡、妄言、綺語，此十惡皆三徒／之根本，受殃之所從。是以聖人恒以身治身／，以國治國，以家治家，觀物以脩身，覩前以養／神，故能成其身，合其真，位登无上，号曰聖尊／，度人无量，不可思議。學士脩身，觀之前説，覩／惡知惡，改惡脩善，其善積著，万功俱舉，禍累／消滅，福起十方，若居人天，常為法王。故九重／之臺，起於累土，百仞之高，發於足下。是以一仙／九仙，乃至於无為，莫不悉從凡夫而起。是故身者禍福之元，有无之根，譬如紋錦出於桒／木，蠶而食之，吐絲羅綱，巧婦役（設）色，綺紋具發／。人但食善，必成丈夫；蠶但食葉，必崇紋錦。或／有外道，聞桒出其紋錦，輒共柘野之中，折木／而搜，釿斧盡鈍，乃至柯穴而不可得。一切衆生，亦復如是。但進明師，採習法教，師之所授／，至心奉受，師之所設，虛心宗仰，若有不達，詣／師取訣。不得妄生情智，輒師進用，遂使法教／差錯，觀念殊別，施行偽智，流布世界，非非相／乘，遂誤後學。能令魔炁附近，神若髣髴，專心／端直，更不餘願，所念既（即）感，神心猛盛，神通教／說，視之可効。愚俗競信朋黨世界，俎或男女／不可記録，生延假期，死受嬰苦，吞錐噉火，循／履劒樹，八達交風，聚散身形，千秋万歲，无有／止息。其罪既畢，生落畜中，或為驢馬，或為牛／羊，或為獐鹿，或為猪犬，衆罪償畢，生落／下愚，有人之形，无人之情。吾之所患，不／可稱計。自今以後，勿復如是。明師者，明／於法度，妙經至宗，依科教訓，不殊規矩[二]，暨／其契報不死之果，清淨之鄉，至真之士。若／不知師法教者，皆魔之伴侶，非其至真之／徒也。所以知之？譬如鑄冶，形模雖同，金銀色／別，鍮銅鐵鑛，悉以寫之，其鑄是一，受用不等／。是以將知明闇不同，愚智分別。是故明師教／諂事異，專於繩默（墨）。事異者順於科，則凡愚／所不及，故曰事異。何以故？明師異於人者，人／好寶貨，我意不貪；人好色欲，我志不動；人／好高貴，我願不然；人好驕樂，我心不願；人好名／譽，我所不尚；人好魚獵，我所增（憎）惡；人好服兗（冕）／，我心不貪；人好甘味，我所不羨；人好方術，我／不志願；人好雜法，我不習用；人好揚非，我不／稱說；人好受（愛）增（憎），我性平等；人好浮華，我尚敦／朴。凡有十三世之所好。廣而演說，其好有万／，中而演之，其好九十，略而演之，其好十三。斯／之好者，皆是三徒之本也。若能去彼取此，可／謂長生久視之道。是以明師取此道，去彼好／，故事異於人。明師所教，繩默（墨）之內；闇師所教／，規矩之外。所以者何？明師依法度而化，闇師／帥情而授。帥情而授者，皆屬魔之薄，其名雖／同，果成殊別。亦如禾莠生壟，其初難分，條穗／秀穎，結實乃別。秕㕘家粟，舂揄簸揚，隨糠而／去。肇學之士，甚須安審，擇而後從，不得輒從／，真偽難分。亦如金鍮，看其形色，體質相似，遭／火瑩發，乃知識之。真偽並化，其狀叵明，自能／發家行道，安審三思。所以者何？人身難得，經／法難聞，聖體叵值，是故丁寧，重為三思。魔偽／興起，能使良賢染於外事，魔心既就，志易堅／固。是以人心易移，亦如素糸（絲）。夫為學士，專心／道門，長齋守素，勤誦經書，追從明師，考研墳／籍，解了乃返。未効外道，承聞便用，不師對受／，以致魔病。是以脩道貴其久果，不嘗暇昕。故／真道取心，魔道貴昕。所以者何？魔道赫赫／，神若可効，愚矇歸奔，如鱗鯨赴於巨海，故／曰貴昕。暨其受報，甘苦殊味。夫為真道者／，湛然如海，安如崐崘，頤神淡泊，而不曜赫。法／果流行，如日照霜。智照群生，水潤一切，終不／赫赫，威用愚矇。真人之化，方便引喻，以智潤／物，故不威赫。威赫者誘愚暝耳，終不為久。為／久者遂後為精，唯正為行，形同人類，取用不／等，故有殊分。尒時衆中有外道野母，賫持炬／火，循序而行。我問曰：晝明時和，何故持火循／座而遊？野母答曰：我見衆生暗冥久，故雖晝／如巨夜，不覩其四方，是以照之，翼衆生等悉／蒙光明之利，得達至道，故火照曜／。

靜老曰：衆生實以盲冥，希賢進受。今遭野母／翼以智照，乃火逼身，豈不悟（誤）哉？火熉至死，明／何以寄？衆生若心意閇塞，以智照之闇，則蒙慧明。以火照物，則火滅无光，假令不絶，豈通／於內。今野母用火，非其利潤也。於是而退執／己知，不廢還其徒從，而不改其操。靜老曰：吾／知野母之徒者九十有五，亦稱真道，天上天／下，唯我最尊，宣揚道教，憂勤不停，施其法用／，亦如可効。但色心不除，垢結不斷，見不正見／，受不正受。所以者何？以不師受。師己而用，假／有師受之名，而不採用，雖復負佩高大靈啚／在身，而无吏兵。所以者何？道不遠近，念之應／感，廢之澄躍虛空。雖佩天文而无其神，是故／採用不同，所感非真。非真者魔炁附近，耶心／茂盛，是以不同。耶之盛，其神歇；真之盛，其妙／盈。亦如强弩射空中，其力猛大，必有返期。耶／道力猛，必有歇廢。所以者何？患无的白，虛發／而已。脩其正道，亦如端心向白射之，調御弓／矢，至心端向，尋射不輟，必有破期。白者譬道／真，弓者譬人身，箭者譬人心。弓調箭端，終日／射之，必有著時。人脩道法，勿使强弩射空而／无的白，虛發而无所遝。若尒者豈不悟（誤）哉？勞／功損身，終无真果，可不枉形。瞻之斯比，甚可／哀哉。是以脩道易移，審其所思，亡身功喪，无／補於身，悔復何及／？

道言：夫脩道之子，宜於六直，抱其質朴，寧端／愨忠而取短，終不智辯而揚德。是故聖人不矜／不長，不顯不鄣。何以故？自伐則无功。自矜／則不長，自是則不彰，自辯則不顯。是故聖／人不高不大，故能成其大，不顯不彰，故能成／其德。故上德不德，是以有德；侯王所以孤寡／不轂（穀），以卑謙為本；江海所以（為）百谷王，以善居／下。夫為九重之臺，非寬基不崇，欲規万石／者，非千畝不得。是故大器晚成，大辯若訥。晚／成者凡夫至於道，若訥者不自曜其德。是以／六直者道之元，卑謙者仙之本。所以者何／？百刃（仞）之高始於足下，為山之功起於一匱。故／下者高之本，柔弱者真之根。深其根，固其蔕／〔三〕，老而不衰。愛其言，護其炁，終身不夭；和其／光，同其塵，神不離身；順其真，信其道，故能／成其真。聖人何以成其真？以脩真不離其／真，故能成其真。九仙何以成其仙？以脩空不／離其空，故能成其空。若不體其空，空不可獲／之；若不信其真，離而无降，无應則无果，狂／花而无實。是以聖人貴於深根，重於固蔕〔四〕。千／金不移，守真不殆，故能成器長。如實花狂花／，鮮明並茂，知誰墜之？若蔕堅固，則風不能／落；若蔕危脆，小動則随風而墜。汝等學士／，甚須慎護。其欲如泉，開之則流滿渠壑，閇之／則湛伏不出，故知色欲亦如泉流。譬如病人／，思於毉藥，晝夜馳念，不去心首，貪婬飲／酒，亦復如是。病結則亡，婬結則終，貪婬與／婬，終亡乃止；嗜酒與酒，禍不知變。是以聖人／不婬不醉，故无病。聖人以炁治身，俗人以藥／治形。以炁治身，始終无病；以藥治形，其形遂／損。其心起妬想，則百病生；其心絶穢塵，則身／清明。是故心者禍福之元，口是存亡之本，目／是有无之根．身是進趣之基。若心起垢，三事／不從，則幾於道。若於心與垢，三事從行，則／幾亡吾寶。是以聖人逝其心，三不從，故能澄／躍虛空，分身則十方遍有，潛神則无所依。其／德如海，其力如地，不可思議，稱之聖人。名／生於彼，稱在我身，故曰能人。衆智合會，万善／湊集，故曰聖智。何以故？欲為滅身之本，貪為／禍乱之首。若國王貪，其民貧；士官貪，其身／殘；民人貪，其身辱。王貪則民窮，窮者樂亂／，各思明主，天下皆叛，網綱不舉，喪國滅家／須臾之頃。士官貪則民患，衆辞唁射，必致身／殘。民人貪則身敗。是故禍莫大於不知足，咎／莫若於欲得。故聖人去貪，故能長生。所以／者何？人能湌精則化為神，神變為真，真者／即真也。是故欲者病之本，貪者禍之根，故／學士脩身，先斷貪結，終成於道。故太極真／人棄於盍王宫中，不存父之業，躬宗紫陽，弥／歷无惓，斷貪去結，守一不移，真炁内融，體成／仙變，遂致高仙上真之位，受記為後天之主／也。侯王以下，庶民以上，一切衆生，斷結去貪／，遣其滋甘，愛樂三寶，存不厭極，功成德就，名／標上清，亦與太極齊功。所以者何？大道无親／，唯與善人。人之念道，道則念人；人之思道，道／則思人。道之所應，无處不在，随而便感，呼而／即往，无親无踈，唯與相念。是故真炁弥輪，无／呼不往，高而无盖，卑而无底，尋其左則不知／邊，究其右則不知畔。人之行也，去就悉明。

是／以聖人不仁，視万物如蒭苟（狗），虛實清穢，莫不／知明。天地視人，亦復如是。天地者，万物之宗／匠；太上者，乹坤之宗匠。所以者何？天无一則／不靈，地无一則／不寧，故道真者万神之宗祖／，天地者万物之父母，是以負陰而抱陽，以貴／其父母故，是以生之畜之，長之育之，故生而／不有，長而不宰，故能長久。聖人長久，以善攝／生故，是以聖人貴於生道，塞於死路，閇兑塞／門，養於生路。若不尒者，則非道，非道者早終／也。世有愚夫與道反，愚夫貪色，道人貪炁。真／人脩道，愛神護炁，道炁降身，能致長生不死／之道，故曰感炁。人能斷情去色，守一不移，其／功必達。若放散精神，名曰死人。死人者，放宕／情想，其神不在，故曰死人。汝見死人不？死人／目眠口合，耳不聽聞，手脚申直，不知進趣，惡／神去離，身肉虛冷。當尒之時，不知寒熱，貪婬／放宕，精神馳散，不知灾禍。囚徒而起，男則五／勞，女則帶下，斯之病苦，乃至滅身，由故不改／，亦與死人同流，故曰死人。是以聖人終不為／婬，不為蔽，故能成器長。器長者，性同金剛，不／變不移，湛然不改，故曰成器長。是以道者善／人之寶，不善人之不寶。善人者，知善能御身／，不妄出炁，愛神重法，殊於玉璧，不妄示人，故／道為善人所寶。道與俗反，違俗以取真。俗人／貪於色，真人貪於德，故寶而持之，不危不殆／；敬而順之，不離輜重。為道尚廣，為身尚儉，所／以者何？尚廣教及遠，尚儉去其貪。是故聖人／不暇於俗，流導八方，功成身遂，不顧其功，故／能成其功。是以左玄股肉救於比目，蒙愈而／遂，不顧勤艱，慈心而捨，故著於空，獲功於空／。所以者何？空无形假而无窮極，亦與道同倫／，故空為虛，道為无，故真人脩空以得无，故能／成虛无。有則為有，无則為无，是以真人尚於／无，貴於有。无為有之元，有為真之本，故有无／相生，因緣所由也。身為因，果為緣，身為有，果／為无，故從有以脩无，得道以為真。所以者何／？无道則无身，无身則无道，无長則无短，无樂／則无苦，无苦則无樂。知苦以習其樂，知短以／習於長，知身以習於道。不知不覺，蚎頭。蚎頭／者，不知身有苦，不知他有長，不知道有樂，雖／有眼耳口鼻。與无者同等，故曰蚎頭。是以真／人知苦甚苦，苦身脩道，故能長樂；知短甚短／，急身脩道，故能長壽；知身不久，則就於道，故／能成其道。所以者何？道者无為无不為，无青／无黄，應之青黄；无長无樂，應之長樂，故曰太／上。太者虛无之主，上者太空之君，无匹无偶，獨／立而无雙，故号之太上也。太空之君者，綜統／一切，无不羅也，聖王之父，法王之祖，尊大无／上，苞羅万聖，稱之太上。所以者何？太者无極／尊，上者无不覆，以是尊故，稱号之太上也。

道／有常有樂，有功有果，故能與之常樂，與之功／果。是以一切衆生悉有道性，稱之遍有，種之／則生，廢之則不成。譬如種子，內有苗性，不種／不養，豈獲其實？一切衆生雖有道性，不建不／勤，終不成道，何以故？虆麦有饍，隨虆而責，其／饍終不可得。要須逕冬涉春，至夏結實，桴楊／入磑，羅蓰付厨，和均膏水，巧手乃甘，濃味／調美，和成以為食饍。一切衆生雖有道性／，亦與虆麦同耳，脩之則為道，廢之則為鬼，麦／脩則為饍，不脩則為蒭，一切衆生亦復如是。所／以者何？海有瓊蘂、珊瑚、馬腦（瑙），何緣得之？及其／採之，先利其器，涉山伐木，分析道理，細剖補／合，成其舩舫，純剛鐵，列張設，開帆、摇櫓（五）、擢捭／，密安網候，暨其寶所，深安網候，乃取瓊蘂，寶／貨豐多，足以濟世。凡夫積學，亦復如是。故道／為方士所不寶。故道不惡善，所務道生万物／，不可棄。何以故？天无道則不清，地无道則不／寧，神无道則不靈，日月无道无以曜明，星宿／无道錯乱不行，陰陽无道四時不成，草木无／道則不能生，五穀无道則傷敗不成，水无道／則不流潤，火无道則不熱温，金鐵无道則不／鋒堅，山石无道則崩頹不全，百鳥无道則不／飛空，狩无道則不馳走，人无道則不生，國王／无道則國必亡。是故道者万物之奥，普育一／切，匠成万物而不為主。所以者何？功成身退／天之道，卑謙進前法中寶。是以退身而不諍／，卑謙而不競，故知為大。若處其功，久其小，不／自卑謙，前不進，是故成功不處，故能成大，聖／人育物，亭之毒之，長之成之，而不為宰，但患／衆生自生自煞，不顧宿命，故不長久。天地所／以長且久，以不自煞，故能長且久。脩學之士莫／大於自然，凡夫自煞順其性，道士自煞違其／道。吾所以置三寶者，救其苦；所以立制律，為／道人故也。真人所以長久，以順律也。是以制／律，脩身之本、得道之根，是故志學之士，先進／明師，閑於誡律，廣究經業，乃可脩道耳。不明／經誡而習道者，可謂夜行而涉百里，難為達／也。經順誡，依律脩道，可謂究道里候，銘名／而行，假令崐崘之險，足頂可達。是以道遠路／邈，脩涉甚艱，自非審固君子、三思之士，何能／體了乎？世愚或有妄作情知，不依舊科，專行／偽詐，稱為正道，毁正自直，溝侶相黨，了无迴／心，稱揚道德，其若叵當。及其神歇道散，形糞／土草，魂魄幽執，名繫北酆廿八獄，恒循劒樹／，常履刀山，火車熕身，鑊湯煑漬，吞鍵噉火，苦／痛備經。償罪記畢，化為牛馬豬羊，斯罪深重／，不可觀之。皆由學不得明師，不閑經律，任性／所見，遠求冥津，道險路絶，迷或失趣，進不得／達，退不可到，踟躕罔極，奄鍾禍變。斯時追悔／，四馬不及。斯之學士，无相断相，悟（誤）乱後學。自／今以去，汝等族性欲脩長生无上正真之道／，審自三思，勿復魔俗六師不真，逮乎滅身。

葛／生得徐以致仙公之任，禍福對報，在於須臾／。所以知之？吾種禾禾生，種秫秫生／，種糜糜生／，種麦麦生。未見種禾，異類而生，類類相生／，種種相因。觀之種作，故知習真得真，學偽／得偽。汝等後来并諸行衆，好自良擇，勿復／不思。道玄路險，審須良伴，大徒不良，喪人／身命，不思不議，必有／禍敗，輕學魔俗，必有／陷滯。吾故重復丁寧，恐後来大衆陷落惡／元／。

太上妙法本相經綜説品第五

校記

（一）「民」字原缺，據文義補。
（二）規矩：原作「規規」，據文義改。
（三）「蒂」字原作「葉」，據文義改。
（四）「蒂」字原作「葉」，據文義改。
（五）開帆摇櫓：原作「開帆摇魯」，據文義改。

太上妙法本相經卷六至八

附補材料

《本相經》第八云：東方浮黎國有九合之室，天尊登此熕身形之所。（《上清道類事相》卷四）

（《本相經》）又云：天尊於東方大浮黎國中清玄玉臺，説靈寶真文也。（《上清道類事相》卷三）

太上妙法本相經卷九

圖版

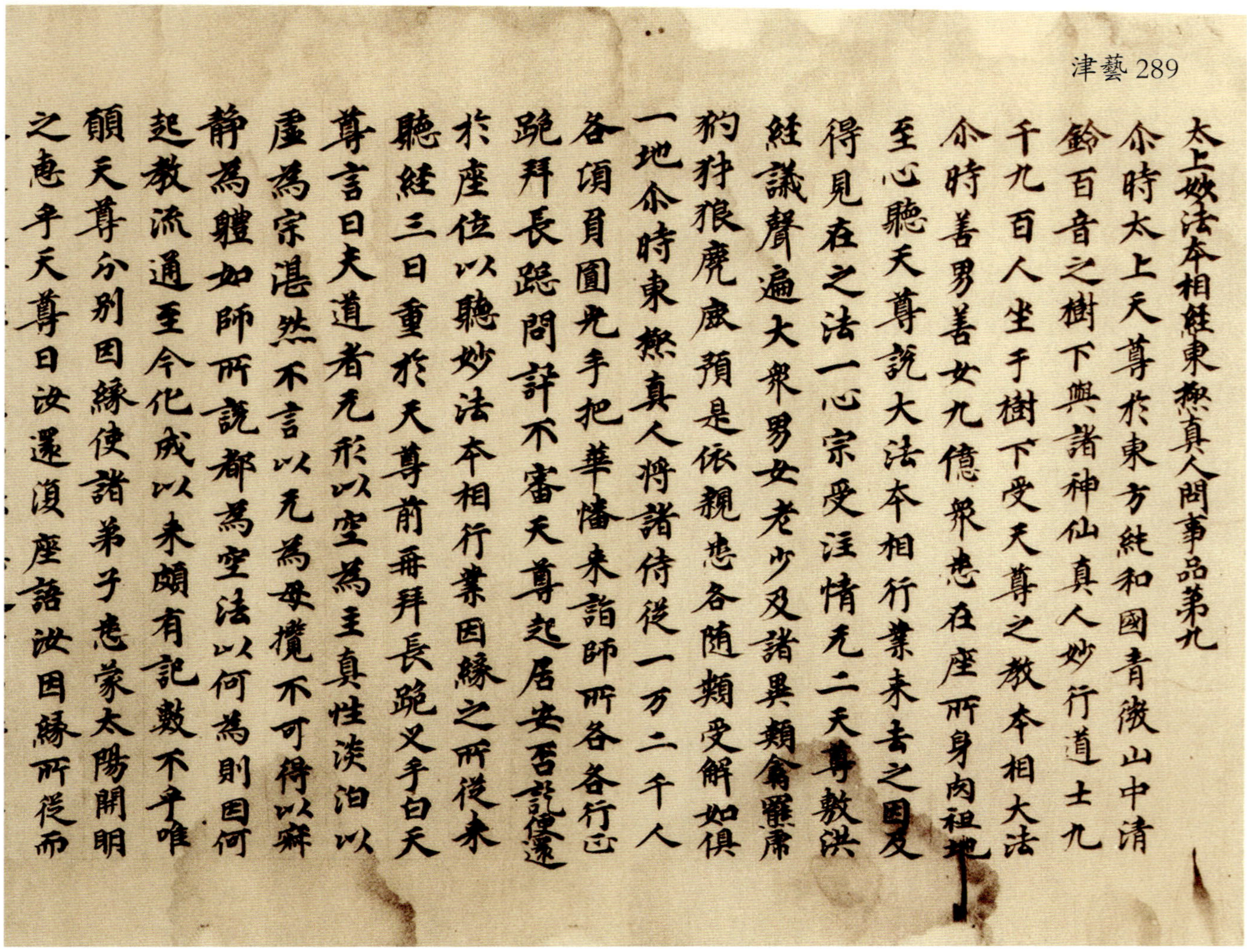

津藝289

太上妙法本相經東極真人問事品第九

尒時太上天尊於東方純和國青微山中清鈴百音之樹下與諸神仙真人妙行道士九千九百人坐于樹下受天尊之教本相大法尒時善男善女九億衆悉在座所身肉袒地至心聽天尊說大法本相行業來去之因及得見在之法一心宗受注情无二天尊敷洪經議聲遍大衆男女老少及諸異類禽獸虎豹豺狼麋鹿預是依親悉各隨類受解如俱一地尒時東極真人將諸侍從一万二千人各須冐圓光手把華幡來詣師所各各行𢓜跪拜長跽問訊不審天尊起居安否訖還於座位以聽妙法本相行業因緣之所從來聽經三日重於天尊前再拜長跪叉手白天尊言曰夫道者无形以空為主真性淡泊以虛為宗湛然不言以无為母攬不可得以寂靜為體如師所說都為空法以何為則因何起教流通至令化成以來頗有記數不乎唯願天尊分別因緣使諸弟子悉蒙太陽開明之恵乎天尊曰汝還復座語汝因緣所從而

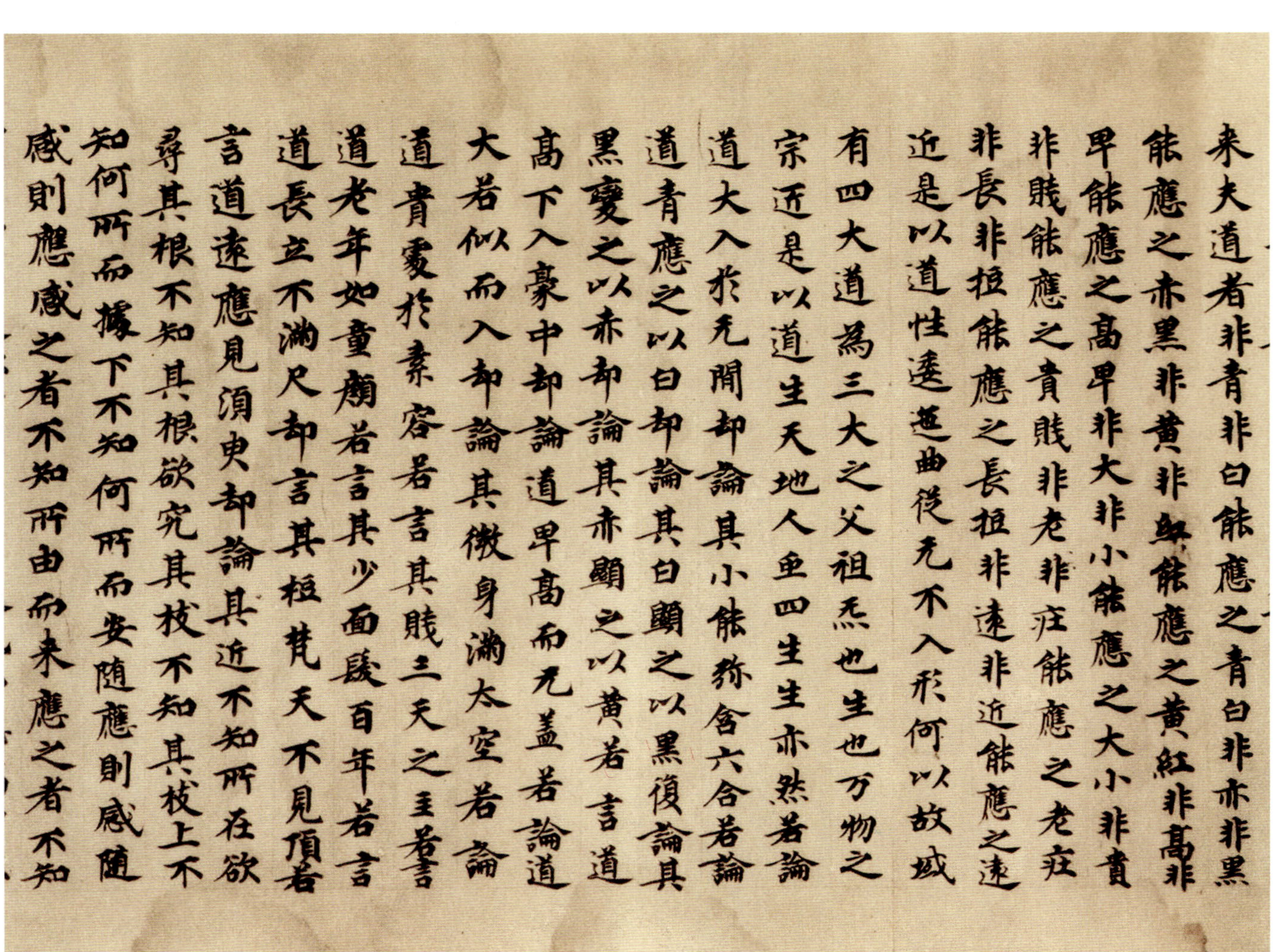

來夫道者非青非白能應之青白非赤非黑能應之赤黑非黃非紅能應之黃紅非高非卑能應之高卑非大非小能應之大小非貴非賤能應之貴賤非老非𤵸能應之老𤵸非長非短能應之長短非遠非近能應之遠近是以道性逶迤曲從无不入形何以故域有四大道為三大之父祖炁也生也万物之宗匠是以道生天地人虫四生生亦然若論道大入於无間却論其小能𠀤含六合若論道青應之以白却論其白顯之以黑復論其黑變之以赤却論其赤顯之以黃若言道高下入豪中却論道卑高而无蓋若論道大若似而入却論其微身滿太空若論道貴處於素容若言其賤三天之主若言道老年如童顏若言其少面髮百年若言道長立不滿尺却言其短梵天不見頂若言道遠應見須臾却論其近不知所在欲尋其根不知其根欲究其枝不知其枝上不知何所而據下不知何所而安隨應則感隨感則應感之者不知所由而來應之者不知

何因而至是以方圓曲直隨化而應高下長短因功而感譬如明鏡視之不知所由而來響不知所由而應絶之則心呼之則應道應万物亦復如是汝若知道讀經廣應之知所在廣寫遺文至心讀誦乃至崐崘三盡海水三竭天地三滅賢劫三出盡寫道言讀誦周迊足知所在汝若知道道亦知汝虛空則可量而持厚地則可絲而懸千万之劫不足爲也汝當脩之必致如斯之果也東極真人等悉得開悟歡喜不離須臾言畢復有東方青要玉女將徒弟子九千人來於法所礼拜而坐須臾便起再拜長跪叉手白天尊言曰弟子等九千人種何因緣生落女身竟住何業復值道君罪福並流其事不悉以何因緣如天尊所說妙法本相尊極无上大无不苞小无不入有盻其篇目者積世苦魂九幽長夜皆得勉脫上生天堂永居福處若至心宗奉供養詠誦不輟皆得玄車雲軿而迎斯之因緣自非前世積功齋誦供養何能得值靈會手而弟子薄福所鍾今落女身女礼有限不

逆本心自天尊所說法以來九千餘年女礼專一不得披陳今始一往得對天顔生年之願於斯足矣唯願天尊告其因緣所從而來天尊於是告曰汝還復座語汝報應報感因緣行業所從而來夫一切衆生各有緣品若先身今形各有種根或明明相照闇闇相隨或以明處闇以闇居明万物報應灼然明矣若居尊貴陵於下賤報之以下賤若處富室慳貪而不施與報之以寒窮若恃端正居於族姓咲他醜漏報之以鄙陋若恃聡明憍慢世人不教愚闇過人賢德咲效不智報之以頑鈍若見美女好婦寄心託想觸情愛欲報之以女身若好生煞殘害狩命枉濫人壽報之以短命若好探檏取子卵翻覆巢窠報之以孤獨若處端正長白美容咲他侏黑報之以醜漏若闇持不淨食與人報之以睹萵若見他有餘心惡妒疾報之以不足若好捕魚弋獵世犯王法刑獄囚徒刀兵而死若好捕鷹籠繫鳥狩縫鴿眼目報之以无目若好斬截鳥狩脚足報之以痺隆居世好

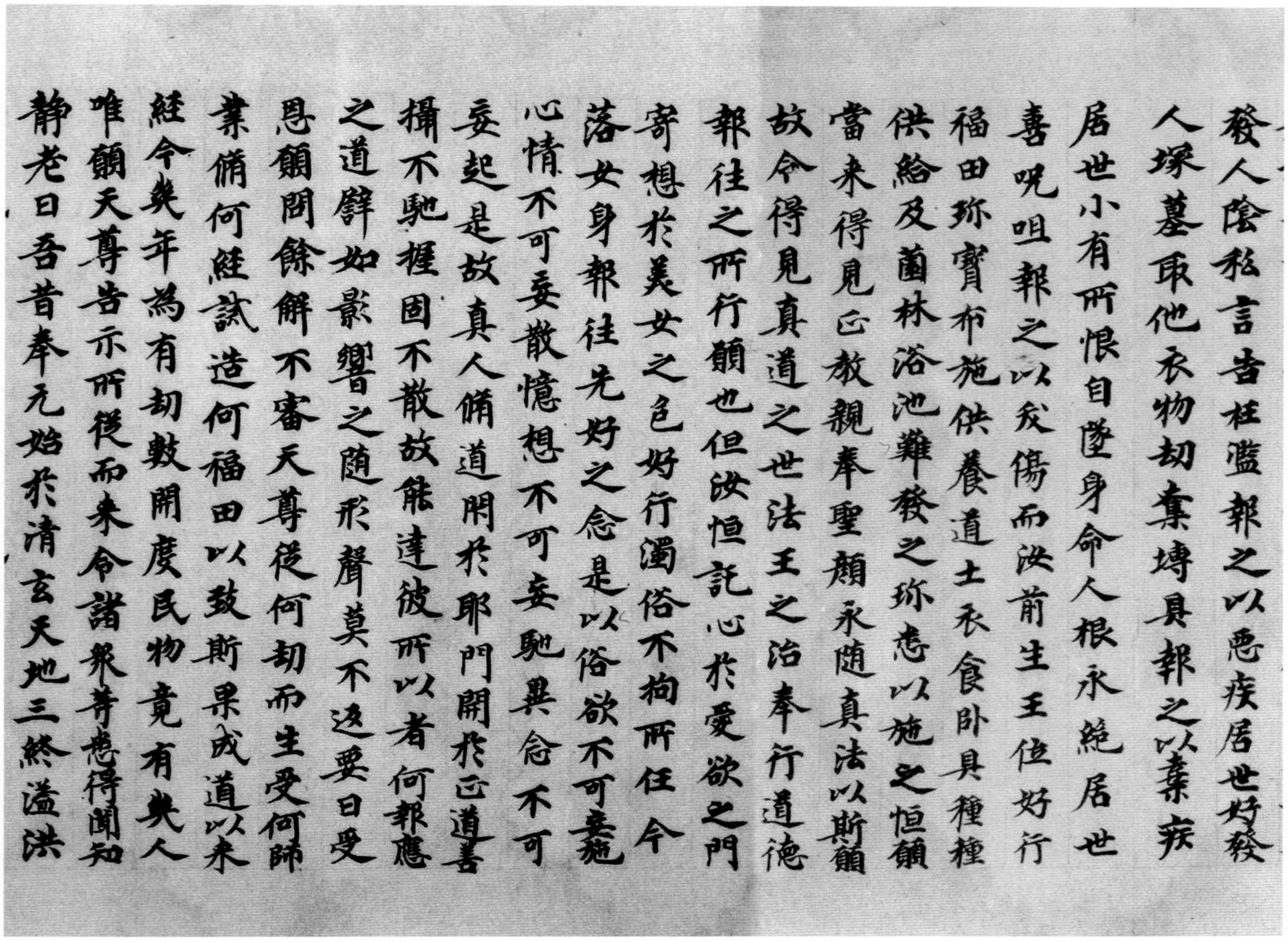

發人陰私言告枉濫報之以惡疾居世好發人塚墓取他衣物劫棄塼具報之以棄疾居世小有所恨自墜身命人根永絶居世喜呪詛報之以災傷而汝前生王位好行福田珎寶布施供養道士衣食卧具種種供給及薗林浴池雜發之珎悉以施之恒願當來得見正教親奉聖顔永隨真法以斯願故今得見真道之世法王之治奉行道德報往之所行願也但汝恒託心於愛欲之門寄想於美女之色好行濁俗不拘所任今落女身報往先好之念是以俗欲不可蠢施心情不可妄散憶想不可妄馳異念不可妄起是故真人脩道閉於耶門開於正道善攝不馳梩固不散故能達彼所以者何報應之道譬如影響之隨形聲莫不逐要曰受恩願問餘解不審天尊從何劫而生受何師業脩何經誡造何福田以致斯果成道以來經今幾年為有劫數開度民物竟有幾人唯願天尊告示所從而來令諸衆等悉得聞知静老曰吾昔奉元始於清玄天地三終溢洪

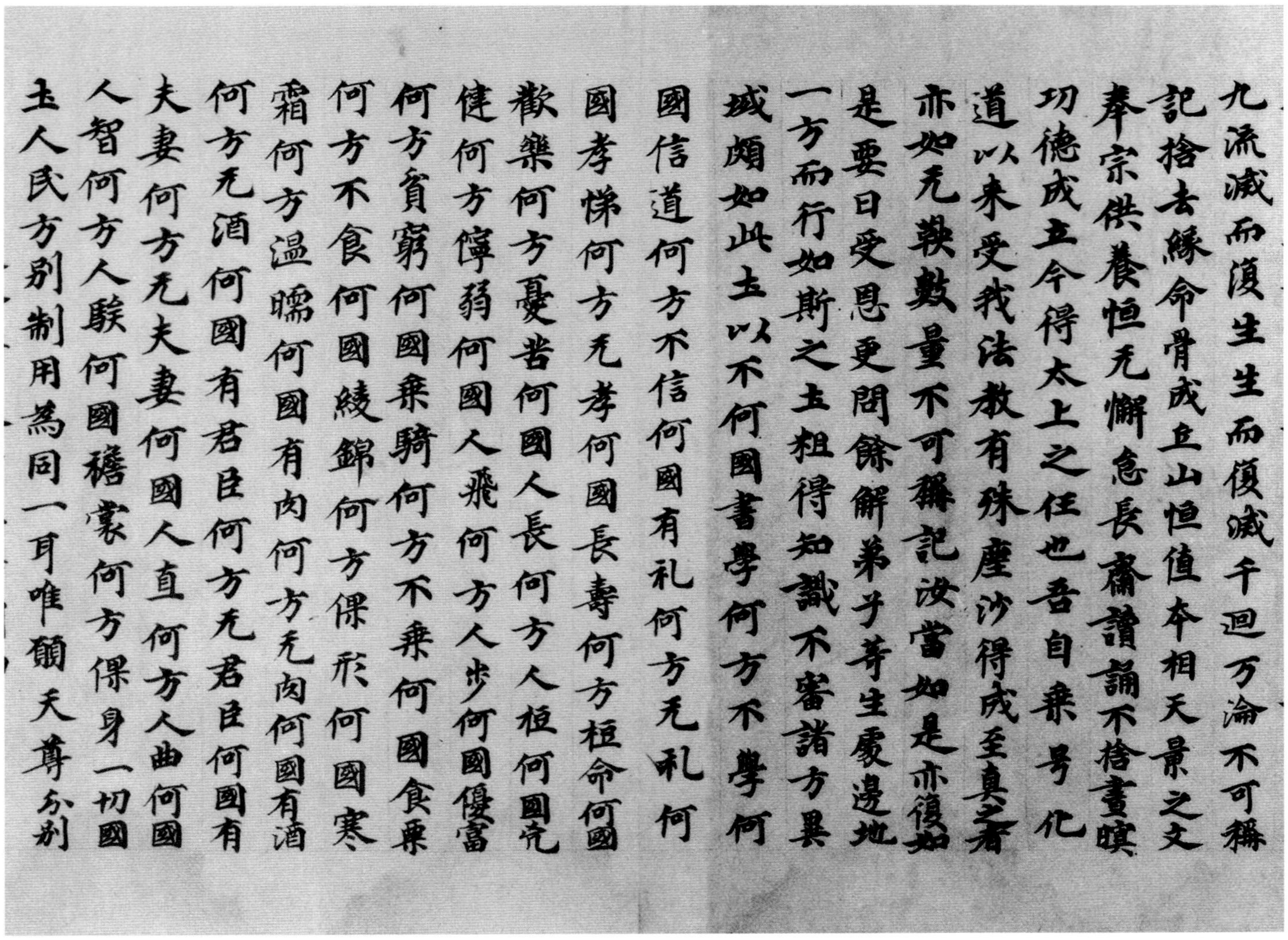

九流滅而復生生而復滅千迴万淪不可稱記捨去緣命骨成丘山恒值本相天景之文奉宗供養恒无懈怠長齋讀誦不捨晝暝功德成立今得太上之任也吾自乘号化道以來受我法教有殊塵沙得成至真之者亦如无鞅數量不可稱記汝當如是亦復如是要曰受恩更問餘解弟子等生處邊地一方而行如斯之土祖得知識不審諸方異域頗如此土以不何國書學何方不學何國信道何方不信何國有礼何方无礼何國孝悌何方无孝何國長壽何方短命何國歡樂何方憂苦何國人長何方人短何國充健何方儜弱何國人飛何方人步何國僥富何方貧窮何國乘騎何方不乘何國食粟何方不食何國綾錦何方倮形何國寒霜何方温暖何國有肉何方无肉何國有酒何方无酒何國有君臣何方无君臣何國有夫妻何方无夫妻何國人直何方人曲何國人智何方人騃何國穯裳何方倮身一切國土人民方別制用為同一耳唯願天尊分別

告其所從令諸衆等悉得聞知天尊告曰汝聞十方有國无量不可稱數或有同語而類異或有同形而裳別或有同國而苦樂不等或有同方而業各異所以者何吾嘗歷觀諸天視於八門從中而者種類國土悉以見之但見崐崘山東有國名大浮黎土

其中小國九万九千九百九十九一國名曰羆羗人形獝頭其音如鳥鵲好文學書筭有君臣夫妻畜養生產命壽九千歲亦有信道者少羆羗與雞集相連雞集國人人形鳥頭言與羆羗同雞集之土亦復食五穀與羆羗食一耳雞集與㢈軒相連㢈軒之土人形鹿頭其音如鹿法教與雞集等耳亦食五味㢈軒與鬲戎相連鬲戎國人人形鬲頭食肉生噉不須熗炙往往有文學者少耳鬲為聖人亦有君臣夫妻不等前國鬲城與牛豨相連豨人牛面人形其音如牛法教无有食草飲水不須種植牛豨與牂羖相連羖人人形羊頭頂有兩角其音如羊雖有夫妻父子君臣而无礼法食草飲水不須種植牂羖與木馬相連其人人形馬面无有礼典雖有夫妻父子君臣亦如虫犢而无五槃食草飲水不知田種衣皮食肉不希仙道木馬與康蔔相連其人人頭蔔面手脚亦如中國人同无有礼教任命生死不知尊卑食草飲水衣皮食肉亦有夫妻父子君臣不識高下得食便食得肉便噉得坐便坐得卧便卧亦與獝狩同耳康蔔與豕庳相連其人人頭腊面手脚亦與中國人同衣皮食肉食草飲水不須田種壽命三百年不識礼教任命生死不知宿命雖有夫妻父子君臣與腊羊无異有此九國礼法相況轉東不如於西西近閬岳與賢聖相連故有奉道信法者崇東有九羗之國此之是也餘九万九千九百九十國悉名漢國漢人多天人降生非是九羗之轉生唯有奉道信法者乃生漢中耳其中有信道者或有投身餓鬲割肉飴鷹或有國城布施妻子與人或有珎寶施之竭力建靜或有造立宮觀捨家行道或有衣食

布施供養道士或有長齋菩行口絕滋甘或有寫經供養轉詠讀誦或有惡穢皃身猛火自燒或有種植菓林施給行之或有邊道立井置飲行渴或有馳路勸化進行人道或有斷穀食藥千万年全或有隱身山林永絕俗路漢國志樂道法動有万方不同一求得道飛仙有如塵沙不可稱記漢土之人甚樂巨言九炁之土樹枝盡堅其葉悉棘无有位者不屈於手而折於人汝諸東土悉可受業唯有九炁不在其例如諸方四域體道成真者亦如塵沙之數然和之國信道中有異食名自然天厨粳米長七寸一種九牧其土有酒泉七里一池其味如酒蜜甘美香滑飲之醉飽不更有厭亦有菓山高三百丈長四千里廣六十里國人湏菓詣山取菓國人隨足不可妄貪若貪菓多菓則不甘化爲皃爛不可噉食國人好道不造煞法國王成道号日日月登明真人南願赤明之國中有火練之膏其如水狀國人一年三詣火池練其身命皆得長壽三万劫面如金

色平澤无有瓊璧珠玉不可稱計訖願西方大堂國中有長樂之舍上高三百丈天景大混之文題舘四面有能入求習其文字随而吞之者命得五百劫年終不夭傷崐崘山西有无量玉國中有七寶池水中有五色蓮華始萌結華名含芬華長大欲散名散馥華其華欝茂光色照身名淨滿華結子相穿綸藥遙遥八道瓊文常起粟鈿流灑瓊音聞於百里菿欝薄洛不可具名其道欲成降生斯葉花起其中長食香華不食五味飛躍虛空與道齊倫智遍四海聲殊雷電六種震動不可思議夫爲脩道貴功尚德尒乃道行成就成就之日應生千葉願无不從學道之人譬如消鑛鍊鐵鑄器不成加功千器剄柔曲手解截羅网用在身內譬如鍾鼓工近起於土木埏埴均於平梶擁撩消息恐有毀敗暨其成立方付陶家薪火燒熟歌揚飈冷株皮貫穿兩頭安紋伎師橦柏節曲具發朗於四衆悉者釋其娛樂者散其情樂相乃在土木之始由於工匠有功

磨之効脩身練行亦須如是若鍾鼓炁漏曲何從成若非其匠器何從立若非其役節解何鳴人之妄泄亦須如是器不慎護必亡塼井行氷不慎必有陷沒攬竊无厭必羅王法偷鼠數出必禍狸犮麂厭數暴必輸性命人之貪欲亦須如是譬如種植但深其根離落四面則可成林青花得花青菓得菓豊飴飢之乏以濟物深根固葉永无枚朗若種植危根其葉必悴花亦俱落脩道之人亦復如是譬如花妄狂溢遭霜必落冬氷雖結至春必散居道懷欲亦須如是譬如猛虎為纏繫所縛猕猴為鷹師所執欲辜良善亦須如是譬如木精縮其赤黃兩頭曲就笑器佳居道受欲亦須如是譬如飲酒不知厭足必致昏乱食甲隨肴必有腸漏脩道懷欲亦須如是譬如魚師穿麦浮氷曲鍼懸鉤魚見麦餌徘徊來去須臾之間吞餌食鉤引懸其鰓吞不可沒吐不可出去不得脫攙不可絕須臾之間入於釜鑊肉歸於腹骨居齒間貪餌吞鉤无不致禍脩道處欲亦須如是何以故禁色乃致於无為妄施終致於禍敗所以者何譬如肥生以内居脂則膚肥妍松栢所以經冬不零以膏處其內竹林所以遭霜不彫以衣在其裏是以真人貴於內實尚於理真故滀精不散精化為神神通變化恒守其身身安不動則經難不傾即能常生不死之道是以觀其松栢竹林則知其真何以故松樹千年膏流為靈靈經千年化為地魂魂經年化為女羅女羅千年化為兔絲所以者何地魂處地下其炁上衝羅樹而生故曰女羅遊魂千年散乎川原遙於地下其炁上衝絲株而生故曰兔絲若有人掘地而得者令人尊榮若踈而食之者延命万年是故松木滀精變化神靈人能滀精終歸其真是以真之滀精成神神化為仙仙化為真真成為道故色患之本財禍之元是以真人先去於色故能无患却去於財故能无禍抱持於一故故能成真守炁不散故能成道也

道言夫道人之行先除六情去六塵執六朴

抱七𢀳慈諸衆生如母愛子不敢遠失若
見貧窮當念一切悉得寶藏皆令充足若
見疾苦當念一切神醫降治得蒙差愈若
見囚徒當念一切官心慈善早得解脱若
見六疾當念一切天藥雨着悉得服形若
見佳醜當念一切早值太極形齊天狼若
見死人當念一切解脱憂苦昇登天堂若
見苦惚當念一切天下昇平无有苦惚若
見孤獨當念一切子養隣居恩及孤苦若
見老公當念一切莫有衰老常生不死若
見少年當念一切顏色莫變學道飛仙若
見女人當念一切執守貞固捨女為男若
見飢餓當念一切倉庫多恵得豊家足
若見渴之當念一切泠泉涌出悉得充之
若見水難當念一切神龍奉迎得速水難
若見衆落當念一切翫脩道德體空
入妙若見經書當念一切普得供養得道
无為若見道士當念一切廣脩道業莫有
退轉若見静壇當念一切寶臺涌出悉得
翫樂若見賢聖念一切普瞻天顏慕化常

隆凡有十八慈念道士之志念恒念願之不
可輟廣廣念衆生卌有五中念衆生一十有
八下念衆生一十有二若行若𢀳若苦若樂
若急若緩每行慈念志願衆生普得如意何
以故先人後已進前自卑廣救无遺天之
常道是以真人先於人而身先念於人而身
進顧於彼而身達卑於前而身高故行
於道不敢暫懈終身行道而道得立故去
彼取此
道言凡道士名同而性異号一而理别所以
者何名同者同稱耳号一者号學耳性有
明闇行有精麁何以故辟如蕭艾之與蘭
林艾叢蘭叢松叢擦叢其稱雖同性殊
别是以行有百方不同一見若同見處即是
同志人若不同者悉為魔之伴侣世凡學士
或有勤无勤或外麁而裏細或外細而裏
麁或形居道中心寄有内或有從身至身
千万之身而道不成或有學年甚多受用
甚少或有學年甚少受用甚多何以故以
有明闇故若明者懃於道闇者懃於寶

故真人去取此

道言遠者不可覩近者交可見以近譬遠可知遠方以卑譬高可知其高以賤譬貴其貴可効以貧譬富其富可信故愚智見殊明闇道別譬如騏驥日行千里由不疲之驢行三百蓹肉碎裂豈不同毋致涉乃分故愚智見別遠近路殊夫學道者未必多身貴於裏真要曰天尊所譬騏驥日涉千里无他疲勞驢行三百蓹肉碎裂如師所說進驥而退驢成智而退愚顯明而退闇於今驢則不可行愚闇不可成虛脩而无補也天尊曰譬驢與驥者欲令執道長譬愚與智者欲令久心堅是以證之耳若騏驥涉厳則不達明智倦則无成吾所以譬喻者諸有明智欲令速成愚闇者欲令久心堅是故譬之

道言志莽道君者亡如忠臣事君處於悽惶坐運籌策能不加師侶朝屈遠方獲封四海若當臨敵神竿方外戰无不勝如斯賢忠豈不委命位加台相无可燃失若坐勞之臣无汗馬之功智无殊異豈有高爵豊祿如斯之効不可不立若志士脩道亡如忠臣之事君不得失忠若事君失忠則亡祿禍身後殃若奉道失法則身亡禍延後世是以真人忠於道仙位加善於經神慧入忠於師道位成故能合於至真之道得今之果也

要曰夫為志士之階以何為始得為道真无為之位号天尊告曰夫欲脩道求无上正真之道者當先受録奉試三年四年如其性正而无吾我奉師如神不遠律令乃可進八生中黄之法所以者何八生為八色之定名於玉虛注上於朱陵是以真人先受於録奉持如法乃經九年得八生持身養形護炁之法不遠不犯一如科比功初至千而无漏敗乃得真人之位也汝受吾言奉持脩行道德功滿三千必為東方化主也當來受記无為之主其功訖就志无移轉何以故譬如鑛石消鑠為鐵千練成剛永无柔理是故功就莫能移轉故其精甚真志亦難奪要曰受恩顧聞其師以何為範可得

存五天尊告曰東極真人於于東方演化九
夷并及漢國言教精明而无阿漏其德如海
足能潤物可与汝宗匠也汝能奉受得其師
匠尊曰東極謂曰青要恵明孔智志務道真
言行莊嚴情性如雷諒於清玄不死之道汝
受為弟子授以要訣八生之法東極曰奉師
至教不敢有違但青要恵明孔智玄識寘理
一言之說万言斯攬弟子德尠不堪宗匠
今雖奉命愧所不稱於是東京滄海之口
碧陵林中坐于樹下思惟太上八十相好一時
同到尒時林中有一華光高五百餘仞嚴畫
綵女乘華遊麥澄躍其中須臾之傾地下
涌出九千天仙頂背圓光手執華幡悉於
東極所聽極敷陳道教八生之法而極曰
師口教授之以次一如科文无有差別青要
奉宗敬受大用歡喜即得轉化无滐之葉常
生不死之道青要于今為九天之主也於後
亦受記成道
道言夫道人志於真俗人志於跡志真不動
揺志跡須誘誑何以故譬若持生商人之行

若執中朴實无從得若行攬竊則為禍所縛
是以持生要曰誘誑得財有罪不答曰誘誑
得財帛非是汗血跡目前雖有之後償无
之曰罪對若尋環世世常窮貧問曰學士
誘誑得財有罪不答曰學士行大慈天神自
扶將貪財誘註人十八地獄方身佩天文奋
懷此貪財禍及七祖翁下連三世殃問曰
學士授民錢得財家用有罪不答曰學士
師万民看為則取財不施散後師効為法此
是罪之首禍大殊於劫受罪如循環万世无
休通天門永不容長与三要合問曰學士住
俑有罪不答曰學士志存法不得有傾耶佩
師无上昇存念不得奢施与由不取況復住
俑家結考受身形往還地獄枷杻禍不須立
上連七世返問曰學士濫溢有罪不答曰學
士絕欲想色滐如土石潔行候清真分霖木
得僻天女由不願而況俗色劉往返火牀上
銅柱就抱觀晝夜无休息千劫乃得釋問
曰學士妄語有罪不答曰學士言不大柔弱
安審顧非法不敢言豈得妄言去後得知

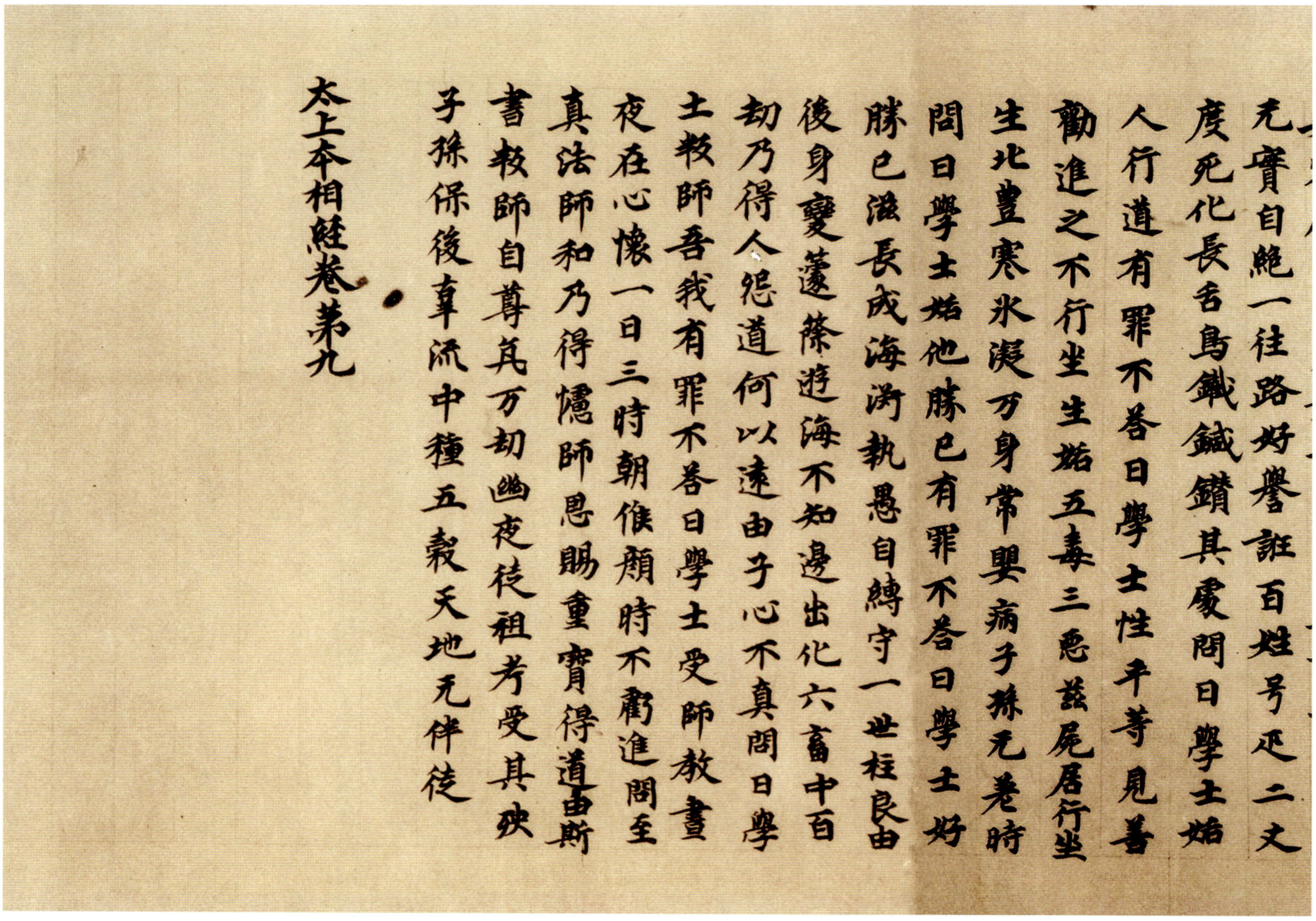
无寶自絶一往路好譽誑百姓号疋二丈
度死化長舌鳥鐵鉞鑽其處問曰學士姤
人行道有罪不荅曰學士性平等見善
勸進之不行坐生姤五毒三悪茲屍居行坐
生北豊寒氷漢万身常嬰病子孫无差時
問曰學士姤他勝己有罪不荅曰學士好
勝己滋長成海濟執愚自縛守一世枉良由
後身變蘧蒢遊海不知邊出化六畜中百
劫乃得人恐道何以遠由子心不真問曰學
士教師吾我有罪不荅曰學士受師教晝
夜在心懷一日三時朝伥頹時不虧進問至
真法師和乃得懦師恩賜重寶得道由斯
書教師自尊負万劫幽夜徒祖考受其殃
子孫保後葷流中種五穀天地无伴徒
太上本相經卷弟九

釋文

（津藝 289 抄本）

太上妙法本相經東極真人問事品第九

尒時太上天尊於東方純和國青微山中，清／鈴百音之樹下，與諸神仙真人、妙行道士九／千九百人，坐于樹下，受天尊之教本相大法／。尒時善男善女九億衆，悉在座所，身肉袒地／，至心聽天尊説大法本相行業来去之因，及／得見在之法，一心宗受，注情无二。天尊敷洪（弘）／經議，聲遍大衆男女老少，及諸異類禽羆虎／豹、豺狼麀鹿，預是依親，悉各随類受解，如俱／一地。尒時東極真人將諸侍從一万二千人／，各項負圓光，手把華幡，来詣師所，各各行正／跪拜，長跽問訊：不審天尊起居安否？訖，便還／於座位，以聽妙法本相行業因緣之所從来／。聽經三日，重於天尊前再拜，長跪叉手，白天／尊言曰：夫道者无形，以空為主；真性淡泊，以／虚為宗；湛然不言，以无為母；攬不可得，以寂／静為體。如師所説，都為空法，以何為則，因何／起教？流通至今，化成以来，頗有記數不乎？唯／願天尊分別因緣，使諸弟子悉蒙太陽開明／之惠乎？

天尊曰：汝還復座，語汝因緣所從而／来。夫道者，非青非白，能應之青白；非赤〔一〕非黑／，能應之赤黑；非黄非紅，能應之黄紅；非高非／卑，能應之高卑；非大非小，能應之大小；非貴／非賤，能應之貴賤；非老非疰，能應之老疰／；非長非拉，能應之長拉；非遠非近，能應之遠／近。是以道性逶迤曲從，无不入形。何以故？域／有四大，道為三大之父祖，炁也生也，万物之／宗匠。是以道生天地人虫四，生生亦然。若論／道大，入於无間；却論其小，能弥含六合。若論／道青，應之以白；却論其白，顯之以黑。復論其／黑，變之以赤，却論其赤，顯之以黄。若言道／高，下入豪中；却論道卑，高而无盖。若論道／大，若似而入；却論其微，身滿太空。若論／道貴，處於素容；若言其賤，三天之主。若言／道老，年如童顔；若言其少，面髪百年。若言／道長，立不滿尺；却言其拉，梵天不見頂。若／言道遠，應見須臾；却論其近，不知所在。欲／尋其根，不知其根；欲究其枝，不知其枝。上不／知何所而據，下不知何所而安。随應則感，随／感則應，感之者不知所由而来，應之者不知/何因而至。是以方圓曲直，隨化而應；高下長/短，因功而感。辟（譬）如明鏡，視之不知所由而來/，響（之）[二]不知所由而應，絶之則止，呼之則應。道應/万物，亦復如是。汝若知道讀經，廣歷足知所/在，廣寫遺文，至心讀誦，乃至崐崘三盡，海水/三竭，天地三滅，賢刼三出，盡寫道言，讀誦周/帀，足知所在。汝若知道，道亦知汝，虚空則可/量而持，厚地則可絲而懸，千万之劫，不足竿/也。汝當脩之，必致如斯之果也。

東極真人等/悉得開悟，歡喜不離，須臾言畢。復有東方/青要玉女，將從弟子九千人来於法所，礼拜/而坐，須臾便起，再拜長跪，叉手白天尊言曰/：弟子等九千人，種何因緣，生落女身？竟作何/業，復值道君？罪福並流，其事不悉以何因緣/。如天尊所説妙法本相，尊極无上，大无不苞，小无/不入，有眄其篇目者，積世苦魂，九幽長夜，皆/得勉脱[三]，上生天堂，永居福處。若至心宗奉供/養，詠誦不輟，皆得玄車雲軒而迎。斯之因緣/，自非前世積功，齋誦供養，何能得值靈會/乎？而弟子薄福所鍾，今落女身，女礼有恨，不/遂本心。自天尊所説法以来九千餘年，女礼/專一，不得披陳，今始一往，得對天顔，生年之/願，於斯足矣。惟願天尊告其因緣所從而来/。

天尊於是告曰：汝還復座，語汝報應報感因/緣行業所從而來。夫一切衆生各有緣品，若/先身今形各有種根。或明明相照，闇闇相随/；或以明處闇，以闇居明，万物報應，灼然明矣/。若居尊貴，陵於下賤，報之以下賤；若處富室/，慳貪而不施與，報之以寒窮；若恃端正，居於/族姓，咲他醜漏，報之以鄙陋；若恃聰明，憍慢/世人，不教愚闇，遏人賢德，咲效不智，報之以/頑鈍；若見美女好婦，寄心託想，觸情愛欲/，報之以女身；若好生煞，殘害狩命，枉濫人/壽，報之以短命；若好探檪取子卵，翻覆檪/窠，報之以孤獨；若處端正，長白美容，咲他坐/黑，報之以醜漏；若闇持不浄食與人，報之以/賭苟（狗）；若見他有餘，心惡妬疾，報之以不足；若/好捕魚弋獵，世犯王法，刑獄囚徒，刀兵市死/；若好捕鷹，籠継（羈）鳥狩，縫鴿眼目，報之以无目/；若好斬截鳥狩脚足，報之以痹隆（癃）。居世好/發人陰私，言告枉濫，報之以惡疾；居世好發/人塚墓，取他衣物，劫奪博具，報之以棄疾/；居世小有所恨，自墜身命，人根永絶；居世/喜呪咀，報之以夭傷。而汝前生王位，好行/福田，玠寶布施，供養道士，衣食卧具種種/供給，及薗林浴池難發之玠，悉以施之，恒願/當来得見正教，親奉聖顔，永随真法。以斯願/故，今得見真道之世法王之治，奉行道德/，報往之所行願也。但汝恒託心於愛欲之門/，寄想於美女之色，好行濁俗，不拘所任，今/落女身，報往先好之念。是以俗欲不可妄施/，心情不可妄散，憶想不可妄馳，異念不可/妄起。是故真人脩道，閇於耶門，開於正道，善/攝不馳，握固不散，故能達彼。所以者何？報應/之道，譬如影響之随形聲，莫不返。

要曰：受/恩，願問餘解。不審天尊從何劫而生，受何師/業，脩何經誡，造何福田，以致斯果？成道以来/經今幾年？為有劫數，開度民物竟有幾人/？唯願天尊告示所從而来，令諸衆等悉得聞知/。

静老曰：吾昔奉元始於清玄，天地三終，溢洪/九流，滅而復生，生而復滅，千迴万淪，不可稱/記，捨去緣命，骨成丘山，恒值本相天景之文/，奉宗供養，恒无懈怠，長齋讀誦，不捨晝暝/，功德成立，今得太上之任也。吾自乘号化/道以來，受我法教有殊塵沙，得成至真之者/亦如无鞅數量，不可稱記。汝當如是，亦復如/是。

要曰：受恩，更問餘解。弟子等生處邊地/一方，而行如斯之土，粗得知識。不審諸方異/域，頗如此土以不？何國書學，何方不學？何/國信道，何方不信？何國有礼，何方无礼？何/國孝悌，何方无孝？何國長壽，何方短命？何國/歡樂，何方憂苦？何國人長，何方人短？何國兇/健，何方儜弱？何國人飛，何方人步？何國優富/，何方貧窮？何國乘騎，何方不乘？何國食粟/，何方不食？何國綾錦，何方倮形？何國寒/霜，何方温暍？何國有肉，何方无肉？何國有酒/，何方无酒？何國有君臣，何方无君臣？何國有/夫妻，何方无夫妻？何國人直，何方人曲？何國/人智，何方人騃？何國襜裳，何方倮身？一切國/土人民，方別制用。為同一耳？唯願天尊分別/，告其所從（而来），令諸衆等悉得聞知/。

天尊告曰：汝聞十方有國无量，不可稱數。或/有同語而類異，或有同形而裳別，或有同國/而苦樂不等，或有同方而業各異。所以者何/？吾嘗歷觀諸天，視於八門，從中而(来)者，種類國/土悉以見之。但見崐崘山東有國名大浮黎/土/，其中小國九万九千九百九十九。一國名曰/罷夷，人形禽頭，其音如鳥鵲，好文學書竿，有/君臣夫妻、畜養生産，命壽九千歲，亦有信/道者少。罷夷與雞集相連。雞集國人，人形／鳥頭，言與羆夷同。雞集之土，亦復食五穀／，與羆夷食一耳。雞集與鹿軒相連。鹿軒之土／，人形鹿頭，其音如鹿，法教與雞集等耳，亦食／五味。鹿軒與虎成相連。虎成國人，人形虎頭／，食肉生噉，不須熕炙，往往有文學者少耳／。虎為聖人，亦有君臣夫妻，不等前國。虎城與／牛號相連。號人牛面人形，其音如牛，法教无／有，食草飲水，不須種植。牛號與牂羖相連。羖／人人形羊頭，頂有兩角，其音如羊，雖有夫／妻父子君臣，而无礼法，食草飲水，不須種／植。牂羖與木馬相連，其人人形馬面，无有礼／典，雖有夫妻父子君臣，亦如虫犢，而无五穀／，食草飲水，不知田種，衣皮食肉，不希仙道。木／馬與康苟相連，其人人頭苟面，手脚亦如／中國人同，无有礼教，任命生死，不知尊卑，食／草飲水，衣皮食肉，亦有夫妻父子君臣，不識／高下，得食便食，得肉便噉，得坐便坐，得卧便／卧，亦與禽狩同耳。康苟與豕瘅相連，其人人／頭賭面，手脚亦與中國人同，衣皮食肉，食草／飲水，不須田種，壽命三百年，不識礼教，任命／生死，不知宿命，雖有夫妻父子君臣，與賭羊／无異。有此九國，礼法相況。轉東不如於西，西／近閬岳，與賢聖相連，故有奉道信法者。山東／有九夷之國，此之是也。餘九万九千九百九／十國，悉名漢國。漢人多天人降生，非是九夷／之轉生。唯有奉道信法者，乃生漢中耳。其／中有信道者，或有投身餓虎，割肉飴鷹；或／有國城，布施妻子與人；或有珎寶施之，竭力／建静（壇）；或有造立宮觀，捨家行道；或有衣食／布施，供養道士；或有長齋苦行，口絶滋甘；或／有寫經供養，轉詠讀誦；或有惡穢皛身，猛／火自熕；或有種植菓林，施給行乏〔四〕；或有邊／道立井，漿飲行渴；或有馳路勸化，進行人道／；或有断穀食藥，千万年全；或有隱身山林，永／絶俗路。漢國志樂道法，動有万方，不同一／求，得道飛仙，有如塵沙，不可稱記。漢土之／人，甚樂叵言。九夷之土，樹枝盡堅，其葉悉竦／，无有位者，不屈於手而折於人。汝諸東土，悉／可受業，唯有九夷不在其例。如諸方四域，體／道成真者，亦如塵沙之數。純和之國信道中／有異食，名自然天厨，粳米長七寸，一種九收／。其土有酒泉，七里一池，其味如酒蜜，甘美香／滑，飲之醉飽，不更有厭。亦有菓山，高三／百丈，長四千里，廣六十里。國人須菓，詣山取／菓，國人随足，不可妄貪。若貪菓多，菓則不／甘，化為皛爛，不可噉食。國人好道，不造煞法／。國王成道，号曰日月登明真人。南頋赤明之／國中，有火練之膏，其如水状。國人一年三詣／火池，練其身命，皆得長壽三万劫，面如金／色，平澤无有，瓊璧珠玉，不可稱計。訖頋西／方大堂國中，有長樂之舍，上高三百丈，天景／大混之文題館四面。有能入求習其文字，随／而吞之者，命得五百劫，年終不夭傷。崐崘山／西有无量玉國，中有七寶池，水中有五色／蓮華，始萌結華，名含芬華；長大欲散，名／散馥華。其華欝茂，光色照身，名净滿華／。結子相穿，綸虆逶迤八道，瓊文常起，粟鈿／流灑，瓊音聞於百里，蓊欝薄洛，不可具名／。其道欲成，降生斯菓，花起其中，長食香華／，不食五味，飛躍虛空，與道齊倫，智遍四海／，聲殊雷電，六種震動，不可思議。夫為脩道／，貴功尚德，尒乃道行成就。成就之日，應生千／葉，願无不從。學道之人，譬如消鑛鑠鐵，物无／不成，加功千器，剄柔曲手，解截羅冈，用在身／內。譬如鍾鼓，工匠起於土木，埏埴均於平棍／，擁撩消息，恐有毀敗，暨其成立，方付陶家，薪／火熕熟，歇揚飃冷，採皮貫穿，兩頭安絞。伎師／撞拍，節曲具發，朗於四衆，愁者釋其娱，樂者／散其情。樂相乃在土木之始，由於工匠有功／磨之劾。脩身練行（形），亦復如是。若鍾鼓炁漏／，曲何從成？若非其匠，器何從立？若非其伎，節／解何鳴？人之妄泄，亦復如是。器不慎護，必亡；塼／井行氷不慎，必有陷没；攬竊无厭，必羅王法／；偷鼠數出，必禍狸犬；麀鹿數暴，必輸性命／。人之貪欲，亦復如是。譬如種植，但深其根，離／落四面，則可成林，責花得花，責菓得菓，豐／飴飢乏，足以濟物，深根固葉，永无拔期。若／種植危根，其葉必悴，花亦俱落。脩道之人，亦／復如是。譬如花妄狂溢，遭霜必落，冬氷雖結／，至春必散。居道懷欲，亦復如是。譬如猛虎為／癡膠所縛，弥猴為獦師所執。欲牽良善，亦／復如是。譬如木桷縮其赤黄，兩頭曲就，以失／器侯。居道受欲，亦復如是。譬如飲酒不知／厭足，以致昏乱，食甲随肴，必有腸漏。脩道／懷欲，亦復如是。譬如魚師穿麦浮水，曲鍼／懸鈎，魚見麦餌，徘徊来去，須臾之間，吞餌／食鈎，引懸其鰓，吞不可没，吐不可出，去不／得脫，挽不可絶；須臾之間，入於釜鑊，肉歸／於腹，骨居齒間。貪餌吞鈎，无不致禍。脩道／處欲，亦復如是。何以故？禁色乃致於无為／，妄施終致於禍敗。所以者何？譬如肥生，以／內居脂則膚肥妍。松柏所以經冬不零，以／膏處其內；竹木所以遭霜不彫，以衣在其／裏。是以真人貴於內實，尚於理真。故滀精／不散，精化為神，神通變化，恒守其身，身／安不動，則經難不傾，即能常生不死之道／。是以觀其松柏竹林，則知其真。何以故？松樹／千年，膏流為靈；靈經千年，化為地魂；魂經千／年，化為女羅；女羅千年，化為兔糸。所以者何／？地魂處地下，其炁上衝羅樹而生，故曰女羅／；遊魂千年散平川原，匿於地下，其炁上衝絲／棒而生，故曰兔絲。若有人掘地而得者，令人／尊榮。若跣而食之者，延命万年。是故松木滀／精，變化神靈；人能滀精，終歸其真。是以真人／滀精成神，神化為仙，仙化為真，真成為道／。故色患之本，財禍之无。是以真人先去於色／，故能无患；却去於財，故能无禍；抱持於一，故／能(五)成真；守炁不散，故能成道也／。

道言：夫道人之行，先除六情，去六塵，執六朴／，抱七正，慈諸衆生，如母愛子，不敢違失。若／見貧窮，當念一切悉得寶藏，皆令充足；若／見疾苦，當念一切神醫降治，得蒙差愈；若／見囚徒，當念一切官心慈善(六)，早得解脱；若／見六疾，當念一切天藥雨著，悉得服形；若／見侳醜，當念一切早值太極，形齊天貌；若／見死人，當念一切解脱憂苦，昇登天堂；若／見苦腦（惱），當念一切天下昇平，无有苦腦（惱）；若／見孤獨，當念一切子養隣居，恩及孤苦；若／見老公，當念一切莫有衰老(七)，常生不死；若／見少年，當念一切顔色莫變，學道飛仙；若／見女人，當念一切執守貞固，捨女為男；若／見飢餓，當念一切倉庫多惠，得豐家足／；若見渴乏，當念一切泠泉涌出，悉得无乏／；若見水難，當念一切神龍奉迎，得達水難／；若見聚落，當念一切翫脩道德，體空／入妙；若見經書，當念一切普得供養，得道／无為；若見道士，當念一切庶脩道業，莫有／退轉；若見静壇，當念一切寶臺涌出，悉得／翫樂；若見賢聖，當念一切普瞻天顔，慈化常／降。凡有十八慈念，道士之志念，恒念願之，不／可輟廢。廣念衆生卌有五，中念衆生一十有／八，下念衆生一十有二。若行若止，若苦若樂／，若急若緩。每行慈念，志願衆生普得如意。何／以故？先人後己，進前自卑，廣救无遺，天之／常道。是以真人先於人而身先，念於人而身／進，願於彼而身達，卑於前而身高。故行／於道，不敢暫惙，終身行道而道得立，故去／彼取此／。

道言：凡道士名同而性異，号一而理別，所以／者何？名同者同稱耳；号一者号學耳。性有／明闇，行有精麁。何以故？譬如蕭艾之與蘭／林，艾蕠蘭蕠松蕠掠蕠，其稱雖同，性理殊／別。是以行有百万，不同一見。若同見處，即是／同志人；若不同者，悉為魔之伴侶也。凡學士／，或有勤无勤，或外麁而裏細，或外細而裏／麁，或形居道中，心寄有内；或有從身至身／，千万之身而道不成；或有學年甚多，受用／甚少；或有學年甚少，受用甚多。何以故？以／有明闇故。若明者懃於道，闇者懃於寶／。故真人去（彼）取此／。

道言：遠者不可覩，近者交可見。以近譬遠，可／知遠方；以卑譬高，可知其高；以賤譬貴，其貴／可効；以貧譬富，其富可信。故愚智見殊，明闇／道別。譬如騏驥日行千里，由不疲乏(八)；驢行三／百，筋肉碎裂。豈不同母，致涉乃分。故愚智／見別，遠近路殊。夫學道者未必多身，貴／於裏真。要曰：天尊所譬騏驥日涉千里／，无他疲勞；驢行三百，筋肉碎裂。如師所／説，進驥而退驢，成智而退愚，顯明而退闇／，於今驢則不可行，愚闇不可成，虚脩而无／補也。天尊曰：譬驢與驥者，欲令執道長；譬／愚與智者，欲令久心堅，是以證之耳。若騏驥／涉厭則不達，明智（懈）倦則无成。吾所以譬喻者／，諸有明智欲令速成，愚闇者欲令久心堅，是／故譬之／。

道言：志契道君者，亦如忠臣事君，處於帷幄／，坐運籌策，能不加師旅(九)，朝屈遠方，獲封四／海。若當臨敵，神筭方外，戰无不勝。如斯賢忠／，豈不委命，位加台相，无可嫌失。若坐勞之臣／，无汗馬之功，智无殊異，豈有高爵豐禄。如斯／之効，不可不立。若志士脩道，亦如忠臣之事君／，不得失忠。若事君失忠則亡禄，禍身後殃；若／奉道失法則身亡，禍延後世。是以真人忠於／道，仙位加；善於經，神慧入；忠於師，道位成／。故能合於至真之道，得今之果也／。

要曰：夫為志士之階，以何為始，得為道真无／為之位号？天尊告曰：夫欲脩道，求无上正真／之道者，當先受録奉誡三年、四年，知其性／正而无吾我，奉師如神，不違律令，乃可進／八生中黄之法。所以者何？八生為八色之（録），定名／於玉歷（曆），注上於朱陵。是以真人先受於録／，奉持如法，乃經九年，得八生持身養形護／炁之法。不違不犯，一如科比，功初至千，而无／漏敗，乃得真人之位也。汝受吾言，奉持脩／行道德，功滿三千，必為東方化主也。當来／受記无為之主，其功訖就，志无移轉。何以／故？譬如鑛石消鑠為鐵，千練成剛（鋼），永无柔／理。是故功就，莫能移轉，故其精甚真，志亦／難奪。

要曰：受恩。願聞其師以何為範，可得／存立。天尊告曰：東極真人於于（乎）

東方演化九／夷，并及漢國，言教精明而无阿漏，其德如海／，足能潤物，可為〔一〇〕汝宗匠也。汝能奉受，得其師／匠，尊曰東極，謂曰青要，惠明孔智，志務道真／，言行狂麗，情性如雷，諒於清玄不死之道。汝／受為弟子，授以要訣八生之法。東極曰：奉師／至教，不敢有違。但青要惠明孔智，玄識寘理／，一言之説，万言斯攬，弟子德尠，不堪宗匠／，今雖奉命，愧所不稱。於是東原滄海之口／碧陵林中，坐于樹下，思惟太上八十相好，一時／同到。尒時林中有一華光，高五百餘仞，麗童／綵女乘華遊遨，澄躍其中。須臾之頃，地下／涌出九千天仙，項背圓光，手執華幡，悉於／東極所，聽極敷陳道教八生之法。而極因／師口教授之，以次一如科文，无有差別。青要／奉宗敬受，大用歡喜，即得轉化无染之菓，常／生不死之道。青要于今為九天之主也，於後／亦受記成道／。

道言：夫道人志於真，俗人志於珎；志真不動／摇，志珎須誘誑。何以故？譬若持生，商人之行／，若執中（忠）朴，寶无從得；若行攬竊，則為禍所縛／，是以持生。要曰：誘誑得財，有罪不？答曰：誘誑／得財帛，非是汗血珎，目前雖有足，後償无／足因，罪對若尋環，世世常窮貧。問曰：學士／誘誑得財，有罪不？答曰：學士行大慈，天神自／扶將，貪財誘誑人，十八地獄方，身佩天文啚／，懷此貪財腸，禍及七祖翁，下連三世殃。問曰／：學士授民録，得財家用，有罪不？答曰：學士（為）人／師，万民看為則，取財不施散，後師効為法，此／是罪之首，禍大殊於劫，受罪如循環〔一一〕，万事无／休迊，天門永不容，長与三要合。問曰：學士作／偷，有罪不？答曰：學士志存法，不得有傾耶，佩／師无上契，存念不得奢，施与由不取，况復作／偷家，結考受身形，住還地獄枷，烟祠不復立／，上連七世遐。問曰：學士淫溢，有罪不？答曰：學／士絶欲想，色染如土石，潔行俟清真，分豪不／得僻，天女由不顧，而况俗色劇，往返火牀上／，銅柱就抱敵，晝夜无休息，千劫乃得釋。問／曰：學士妄語，有罪不？答曰：學士言不大，柔弱／安審顧，非法不敢言，豈得妄言去，後得知／无實，自絶一往路，好譽誑百姓，号延二丈／度，死化長舌鳥，鐵鍼鑽其處。問曰：學士妬／人行道，有罪不？答曰：學士性平等，見善／勸進之，不行坐生妬，五毒三惡茲（滋），屍居行坐／生，北豐寒氷凝，万身常嬰病，子孫无差時／。問曰：學士妬他勝己，有罪不？答曰：學士好／勝己，滋長成海渕，執愚自縛守，一世柱良由〔一二〕／，後身變籧篨，遊海不知邊，出化六畜中，百／劫乃得人，怨道何以遠，由子心不真。問曰：學／士叛師吾我，有罪不？答曰：學士受師教，晝／夜在心懷，一日三時朝，候顔時不虧，進問至／真法，師和乃得慮，師恩賜重寶，得道由斯／書，叛師自尊亢，万劫幽夜徒，祖考受其殃／，子孫保後辜，流中種五穀，天地无伴徒／。

太上本相經卷第九

校記

〔一〕赤：原誤作「亦」，據文義改。

〔二〕方括號中文字原脱漏，據上下文例及文義補，下文同此。

〔三〕勉脱：當作「免脱」。

〔四〕行乏：原作「行之」，據文義改。

〔五〕故能：原衍作「故故能」，删一「故」字。

〔六〕慈善：原作「慈喜」，據文義改。

〔七〕衰老：原作「襄老」，據文義改。

〔八〕疲乏：原作「疲之」，據文義改。

〔九〕師旅：原作「師侶」，據文義改。

〔一〇〕為：原作「与」，據文義改。

〔一一〕循環：原作「脩環」，據《要修科儀戒律鈔》引文改。

〔一二〕柱良由：疑當作「枉良因」。

附補材料

《本相經》第九云：西方有大堂國，中有長樂之舍，上高三百丈，天景大混之文題館四面。（《上清道類事相》卷四）

《本相經》云：問曰：祭酒授民籙得財，有罪不？答曰：祭酒人中師，萬民看爲則。取財不施散，後師效爲法。此是罪之首，禍大殊於劫。受罪如循還，萬世无休帀。天門永不容，長與三惡合。（《要修科儀戒律鈔》卷一〇）

《本相經》云：寶集則禍門，錢聚則盗臻，是故道心勤道不勤寶，修德不修帛。

又云：賊是人之惡，而貪於贓〔物〕，晝夜候便則，射空入陰默，檐他所愛物，自作家有得。贓露王法斬，魂神入地獄，海中抱沙鬼，鐵針無休息。視之傷人心，不學非來塞，淫賊罪頗視，競共修福德，道降入人身，欣樂常自在。

又云：道士作偷有罪不？答曰：道士志存法，不得有傾邪，佩師無上契，存念不得奢。施與猶不取，况復作偷家，非刖受身刑，住還北酆枷，禋祠不復立，上連七祖遐。（《要修科儀戒律鈔》卷一二）

太上妙法本相經卷十

圖版

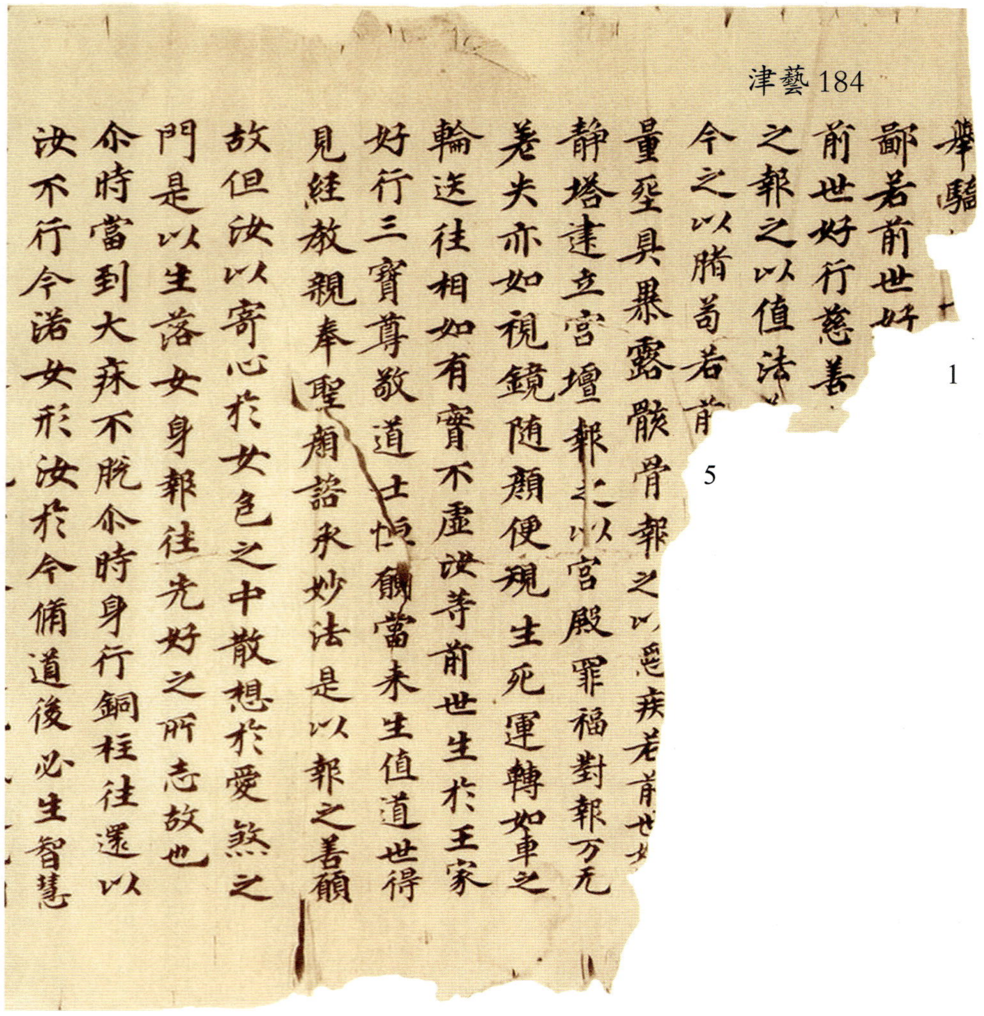
津藝184

舉驅……
鄙若前世好……
前世好行慈善……
之報之以值法……
今之以脂蔔若前……
量丞具暴露骸骨報之以惡疾若前世好
靜塔建立宮壇報之以宮殿罪福對報万无
差失亦如視鏡隨顏便現生死運轉如車之
輪迭往相如有實不虛汝等前世生於王家
好行三寶尊敬道士恒願當來生值道世得
見經教親奉聖顏諮承妙法是以報之善願
故但汝以寄心於女色之中散想於愛慾之
門是以生落女身報往先好之所志故也
尒時當到大秝不脫尒時身行銅柱往還以
汝不行令諾女形汝於今脩道後必生智慧

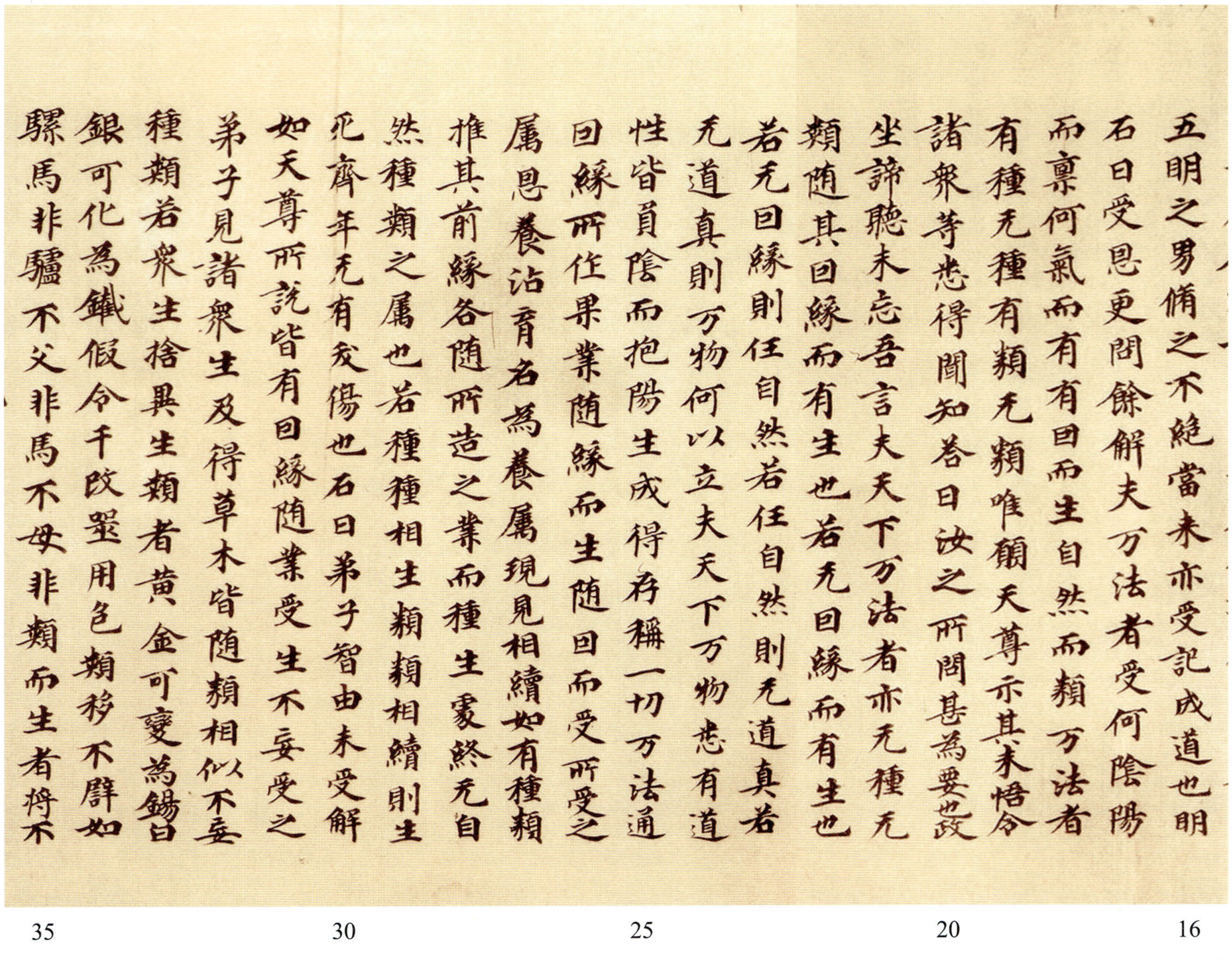
五明之男脩之不絕當來亦受記成道也明
石曰受恩更問餘解夫万法者受何陰陽
而稟何氣而有有因而生自然而類万法者
有種无種有類无類唯願天尊示其未悟令
諸衆等悉得聞知答曰汝之所問甚為要跂
坐諦聽未忘吾言夫天下万法者亦无種无
類隨其因緣而有生也若无因緣而有生也
若无因緣則任自然若任自然則无道真若
无道真則万物何以立夫天下万物悉有道
性皆負陰而抱陽生成得存稱一切万法通
因緣所住果業隨緣而生隨因而受所受之
屬恩養治育名為養屬現見相續如有種類
推其前緣各隨所造之業而種生處終无自
然種類之屬也若種種相生類類相續則生
死齊年无有夭傷也石曰弟子智由未受解
如天尊所說皆有因緣隨業受生不妄受之
弟子見諸衆生及得草木皆隨類相似不妄
種類若衆生捨異生類者黃金可變為錫白
銀可化為鐵假令千改万用色類移不辟如
騾馬非驢不父非馬不母非類而生者将不

似驢馬辟如牛靴非虵不父非牛不母非類而生者將不似其父不似其母食狼妨像名為靴虵辟如松竹草木可移類不未見種松其竹生種竹其松生乃至千代不移將不可變推斯儀物種種相生類類相似不應混同受其一氣普稟道性是故人還生人禽還生禽狩還生狩鳥還生鳥四種衆生各有性分故人知能行禽鳥知能飛狩知能走未見烏行百里人狩能飛者將知四種衆生各受其氣不相假受若其有受重顛分別令諸弟子悲得蒙惺悟之恵各知因緣所從而來静老告日諦聽諦聽為汝說也日夫一切万法莫不受道氣而生稟陰陽而成由天而覆由地而載由父而養由母育衆緣相會得生名也何以故非道莫能生非天莫能覆非地莫能載非父莫能養非母莫能育是以衆生悉由道氣而生也所以者何人法於地地法於天天法於道道者无所法也誕應自然而无緣導若諸衆生所作功業隨衆對應亦如川谷之與影響明鏡之對色像因來

則緣往緣至則果感是以隨業鍾報莫不應也一切万法者辟如百工指事造形隨其顏狼覩物成養是以百工之巧隨睨而成何況无為至真之聖也何以故道起於一一能生二二能生三三能生万物致得形名得形是以聖人聖可思議不可度之所以者何百工之近辟如師訓成器用者辟之道氣故一切万法悉有道性何以故器不彫則質朴若加磨礪則器宗破漏則藻塵是以一切万法彫之則功著不脩則損落夫諸衆生各有緣品若此緣當終計業則就彼因罪福之執隨業所鍾着討其所行莫有差失若種長壽慈於殘傷廣齊一切慈念有生若種富樂捄諸窮之苦厄寒賤否泰之人若種豪貴尊榮好憘礼拜敬愛寶不自傲慢若種端嚴認於難認逝於不逝嘆揚人善若種常樂斷結苦行六時朝拜香火不輟長齋誦經廣捄一切慈愍衆生慧遂草木此是五種之根五行之本五德之首五心之无廣而種之百廿中而種之七十二下而種之廿五一切善根由之於五故五者大

行之本也是以真人慜於残傷故能長壽𢘑
諸窮之故无寒苦好憘礼拜故能尊顯難認
能逝故致端嚴斷結苦行故致常樂是以罪
福對報豪狸无有差送何以故運鍾果報故
也若種植之法定有生性若護慎之則治若
姿不慎多死是故行善得善行悪得悪辟如
植田種禾則禾生種麦則麦生故人之習用
亦復如是一切衆生悉回顧念行業所致非
近尒之所造也明石日如天尊所説種善得
善種福得福其報明然有實不虚不審衆會
復有種殖悪原以不若悪可殖得於悪對則
諸衆生咸知悪不可貪唯顧亦語悉令聞知
荅日有之為汝分別若殖柸命好行煞害枉
攬无辜幸於死傷若殖寒窮閉門獨食慳
世交通比造静塔糸麻不入若殖早賤憿慢
道士輕易経道不敬長老若殖醜漏哭劾座
黒罵辱道士薄賤賢人若殖三徒破他成功
或他善心打撲道士謗訕三寶不用為尊此
是五毒之門五怨之根五道之本五禍之元
廣而殖之万二千中而殖之其數三千下而
殖之有五百一切悪業乃至滅門都由五悪
五悪者亡能絶世亦能棄疾亦能早隆亡能
為常狼所食亦能繫閉王法仍纏是以真人
去彼取此故能曒然故道與俗返推真理異
不同一業如此報應悉由行業回緣所鍾若
前身所造今身所報今身所造後身受報来
去善福豪分无失明石日受恩更問餘解如
天尊所説斷結苦行廣度衆生乃得太真之
道如左玄割股餡鷹股肉藥王非是練身斷
結之次亦須成仙公之位也唯顧分別荅曰
脩道之法辟如國王之家車渠馬瑙真珠蕭
珀琉璃琊玩金銀寶餙種種異物悉皆有之
故為國富也脩道之法行於大慈度𢘑一切
非但一行故真人行人所不能行用人所不
能用居人所不能居懷人所不能懷認之人
所不能認故行之於无功而功着取之於无
言而德彰是以真人去彼取此天之道也
明石日受恩顧問餘鮮不審此國有一更有
他方異國唯顧天尊告期所方令諸弟子悉
得知識天尊於是莞尒而咲口中出其五色

光明照于俱虵巨七万國土地住金色不可
稱計但見種種信解人種種布施人種種狼
行人種種寶仙觀種種嚴麗宮并見七寶池
蓮華千葉生復見七寶林十仙满其中神龍
絞樹遊師子苑四庭七鳳翔𢡟𢡟孔雀交集
中哀鷹鳴雅聲自然合天音復見六戎境米
林草皆生學文往往有不及中國城三國胡
戎人異常專習仙自餘諸戎土不可顧懷心
種種奇方書亦不可終窮
明石見天尊口中出其五色光明金紫弈弈
不可稱計即發无上政真之心願恒與天尊
世世相奉不離須臾尊承助法解了乃歸於
此坐中七千女等即得五神聽利逆知吉凶
於後雲陽山學道成就轉女為男割地三百
步踞昇太空紫微眇堂号西華宮于今中也
尒時明石於西方學道懃苦不可稱計與西
撫真人共相示授遂得七仙降形授以要訣
虛无政真久視之道夫道不遠行之則到真
境不弥脩之則達故明石專志致於雲陽割
地踞昇觀之懃難不敢有辭果成華宮之主

夫十仙所以致道境以斷結故是以真人貴
於斷結尚於齊直故居道而不擾處濁而不
乱是以道人不等於人若等於人則與俗同
流故處煩而不乱居濁而不染此為上德若
染則亡身若乱則神亡是以君子執行小人
耶僻故行真為君子性濁為小人是以君子
不妄言不妄行不輕神不染形故執其德恐
失其神是以固而不散常以德捏氣攘於形
中小人則不然小人之人嬉泆渡外論於口
舌溢於行其若狂人其若萄偎其若悻憋其
若羸豕其行若星其性若電乍有乍亡不可
共守恒故為小人吾所以說之者欲智其人可
示言行不智其人可授言化何以故慮不
人故言若俗聞道士不識制律妄宣道署
從天至地草木寸斬數過由故不盡是以君
子處道太牛小人處道令人驚故壘金万千
不得妄宣若不尒者溢津三河定處中也
尒時明石請問得說重演妙議受解歡喜无
復已已即於尊前尋顯合掌而作偈曰
回緣之法會　生值宿命師　披演大慈教　智照曈闇氓

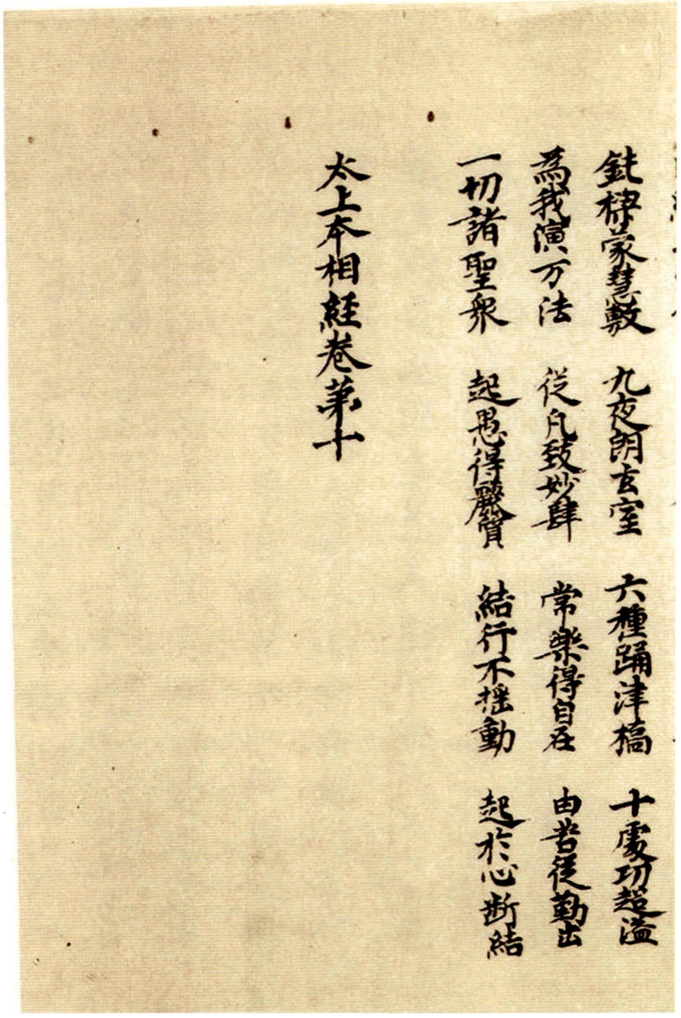

鈦椁家慧數 九色明玄室 六種踊津橋 十處功超溢
為我演万法 從凡致妙群 常樂得自在 由昔從勤出
一切諸聖衆 起愚得聲賢 結行不搖動 起於心斷結
太上本相經卷第十

158　　156

釋文

（津藝184抄本，前缺）

舉驕□□□□□□□□□□□□/鄙若前世好□□□□□□□□□□若〔一〕/前世好行慈善□□□□□□□□□□今/之報之以值法若前世□□□□□□□/今之以賭荷若前世□□□□□□□□□/量埿具，暴露骸骨，報之以惡疾。若前世好造/静塔，建立宫壇，報之以宫殿。罪福對報，万无/差失。亦如視鏡，隨顔便規，生死運轉，如車之/輪，迭往相如，有實不虚。汝等前世生於王家/，好行三寶，尊敬道士，恒願當来生值道世，得/見經教，親奉聖顔，諮承妙法，是以報之善願/故。但汝以寄心於女色之中，散想於愛煞之/門，是以生落女身，報往先好之所志故也/。尒時當到大痳不脱，尒時身行銅柱往還，以/汝不行，今落女形。汝於今脩道，後必生智慧/五明之男，脩之不絶，當来亦受記成道也。

明/石曰：受恩，更問餘解。夫万法者，受何陰陽/而（生），稟何氣而有？有因而生，自然而類。万法者/有種无種，有類无類？唯願天尊示其未悟，令/諸衆等悉得聞知。

答曰：汝之所問，甚為要也。政/坐諦聽，未忘吾言。夫天下万法者，亦无種无/類，隨其因緣而有生也，若无因緣而有生也/。若无因緣則任自然，若任自然則无道真，若/无道真則万物何以立？夫天下万物悉有道/性，皆負陰而抱陽，生成得存，稱一切万法，通/因緣所作果業，隨緣而生，隨因而受。所受之/屬，恩養沾育，名為養屬，現見相續，如有種類/。推其前緣，各隨所造之業而種生處，終无自然/種類之屬也。若種種相生，類類相續，則生/死齊年，无有夭傷也。

石曰：弟子智由未受解/。如天尊所説，皆有因緣，隨業受生，不妄受之/。弟子見諸衆生及得草木，皆隨類相似，不妄/種類。若衆生捨異生類者，黄金可變為錫，白/銀可化為鐵，假令千改器用，色類移不？譬如/騾馬，非驢不父，非馬不母，非類而生者，將不/似驢馬。譬如牛㹀，非㹀不父，非牛不母，非類/而生者，將不似其父，不似其母，食狼妨像，名/為㹀㹀。譬如松竹草木，可移類不？未見種松/其竹生，種竹其松生，乃至千代不移，將不可/變。推斯儀物，種種相生，類類相似，不應混同/，受其一氣，普稟道性。是故人還生人，禽還生/禽，狩還生狩，鳥還生鳥，四種衆生，各有性分/。故人知能行，禽鳥知能飛，狩知能走。未見鳥/行百里，人狩能飛者，將知四種衆生，各受其氣，不相假受。若其有受，重願分別，令諸弟子/悉得蒙悟之惠，各知因緣所從而来/。

静老告曰：諦聽諦聽，為汝説也〔二〕。夫一切万/法，莫不受道氣而生，稟陰陽而成，由天而覆/，由地而載，由父而養，由母（而）育，衆緣相會，得/生名也。何以故？非道莫能生，非天莫能覆，非/地莫能載，非父莫能養，非母莫能育。是/以衆生悉由道氣而生也。所以者何？人法於/地，地法於天，天法於道，道者无所法也，誕應/自然，而无緣導。若諸衆生所作功業，隨衆/對應，亦如川谷之與影嚮，明鏡之對色像，因来/則緣往，緣至則果感。是以隨業鍾報，莫不應也。一/切万法者，譬如百立，指事造形，隨其顔貌/，覩物成養。是以百立之巧，隨覗而成，何況无為至/真之聖也。何以故？道起於一，一能生二，二能生/三，三能生万物，致得形名，得形是以聖人。聖/可思議，不可度之。所以者何？百工之匠，譬如/師訓，成器用者，譬之道氣。故一切万法，悉〔三〕有/道性。何以故？器不彫則質朴，若加磨礪則器／崇，破漏則藻塵。是以一切万法，彫之則功著／，不脩則損落。夫諸衆生各有緣品，若此緣當／終，計業則就彼因，罪福之報，随業所鍾，若討／其所行，莫有差失。若種長壽，慜於殘傷，廣／齊（濟）一切，慈念有生；若種富樂，捄諸窮乏苦厄、寒／賤否泰之人；若種豪貴尊榮，好憘礼拜，敬愛／（三）寶，不自慠慢；若種端嚴，認於難認，逝於不逝／，嘆揚人善；若種常樂，断結苦行，六時朝拜，香／火不輟，長齋誦經，廣捄一切，慈慜衆生，慧遂／草木。此是五種之根，五行之本，五德之首，五／心之元。廣而種之百廿，中而種之七十二，下／而種之廿五。一切善根由之於五，故五者，大／行之本也。是以真人慜於殘傷，故能長壽；捄／諸窮乏，故无寒苦；好憘礼拜，故能尊顯；難認／能逝，故致端嚴；断結苦行，故致常樂。是以罪／福對報，豪狸（毫釐）无有差失（四）。何以故？運鍾果報故／也。若種植之法，定有生性，若護慎之則治，若／姿不慎多死。是故行善得善，行惡得惡。譬如／植田，種禾則禾生，種麦則麦生。故人之習用／，亦復如是。一切衆生，悉因願念行業，所致非／近，尒之所造也。

明石曰：如天尊所説，種善得／善，種福得福，其報明然，有實不虚。不審天尊／復有種殖惡原以不？若惡可殖，得於惡對，則／諸衆生咸知惡不可貪。唯願示語，悉令聞知／。

答曰：有之，為汝分別。若殖拉命，好行煞害，枉／攪无辜，幸於死傷；若殖寒窮，閇門獨食，不與／世交通，比造静塔，糸麻不入；若殖卑賤，慠慢／道士，輕曶經道，不敬長老；若殖醜漏，咲劾座／黑（五），罵辱道士，薄賤賢人；若殖三徒，破他成功／，或他善心，打撲道士，謗訕三寶，不用為尊。此／是五毒之門，五怨之根，五道之本，五禍之元／。廣而殖之万二千，中而殖之其數三千，下而／殖之有五百。一切惡業，乃至滅門，都由五惡。五惡者，亦能絶世，亦能棄疾，亦能卑隆（痺癃），亦能／為常狼所食，亦能繫閇王法仍縲。是以真人／去彼取此，故能皦然。故道與俗返，推真理異／，不同一業。如此報應，悉由行業因緣所鍾。若／前身所造，今身所報，今身所造，後身受報，来／去善福，豪分无失。

明石曰：受恩，更問餘解。如／天尊所説，断結苦行，廣度衆生，乃得太真之／道。如左玄割股飴鷹，股肉藥王，非是練身，断／結之次，亦復成仙公之位也。唯願分別。

答曰／：脩道之法，譬如國王之家，車璖、馬瑙、真珠、虎／珀、琉璃、珎玩、金銀、寶餝，種種異物，悉皆有之／，故為國富也。脩道之法，行於大慈，度捄一切／，非但一行。故真人行人所不能行，用人所不／能用，居人所不能居，懷人所不能懷，認人之（六）／所不能認。故行之於无功而功著，取之於无／言而德彰。是以真人去彼取此，天之道也／。

明石曰：受恩，願問餘解（七）。不審此國有一，更有／他方異國？唯願天尊告期所方，令諸弟子悉／得知識。天尊於是莧尒而咲，口中出其五色／光明，照于俱虵尼七万國土，地作金色，不可／稱計。但見種種信解人，種種布施人，種種貌／行人，種種寳仙觀，種種嚴麗宮。并見七寳池／，蓮華千葉生；復見七寳林，十仙滿其中，神／龍絞樹遊，師子菀四庭，七鳳翔幡幡，孔雀交集／中，哀鷹鳴雅聲，自然合天音。復見六戎境，木／林草芘生，學文往往有，不及中國城。三國胡／戎人，異常専習仙，自餘諸戎士，不可顧懷心／，種種奇方書，亦不可終窮。

明石見天尊口中出其五色光明，金紫奕奕／，不可稱計。即發无上政真之心，願恒與天尊／世世相奉，不離須臾，尊承助法，解了乃歸。於／此坐中七千女等，即得五神聽利，逆知吉凶／，於後雲陽山學道成就，轉女為男，割地三百／步，飛昇太空紫微眇堂，号西華宮，于今中也／。

尒時明石於西方學道懃苦，不可稱計，與西／極真人共相示授，遂得七仙降形，授以要訣／虚无政真久視之道。夫道不遠，行之則到，真／境不弥，脩之則達。故明石専志，致於雲陽，割／地飛昇，觀之懃難，不敢有辞，果成華宮之主／。夫十仙所以致道境，以断結故。是以真人貴／於断結，尚於齋直。故居道而不擾，處濁而不／乱。是以道人不等於人，若等於人則與俗同／流。故處煩而不乱，居濁而不躁，此為上德。若／躁則亡身，若乱則神亡。是以君子執行，小人／耶僻。故行真為君子，性濁為小人。是以君子／不妄言，不妄行，不輕神，不躁形。故執其德，恐／失其神，是以固而不散，常以德握氣，攘於形／中。小人則不然。小人之人，婬泆渡外，論於口／舌，溢於行，其若狂人，其若苟候，其若胖瘫，其／若羸象，其行若星，其性若雹，乍有乍亡，不可／共守恒，故為小人。吾所以説之者，欲智其人，可／示言行，不智其人，可授言化。何以故？慮不／人故言。若俗聞道士，不識制律，妄宣道要者／，從天至地，草木寸斬數過，由故不盡。是以君／子處道太平，小人處道令人驚，故壘金万千〔一〕，不得妄宣。若不尒者，泩津三河定處中也〔二〕。

尒時明石請問得說，重演妙議，受解歡喜，无〔三〕復已已。即於尊前互跽合掌，而作偈曰：

因緣之法會，生值宿命師。披演大慈教，智照瞑闇民〔四〕。
鈍𣟀蒙慧敷，九夜朗玄室。六種踊津橋，十處功超溢〔五〕。
為我演万法，從凡致妙肆。常樂得自在，由苦從勤出〔六〕。
一切諸聖衆，起愚得麗質。結行不摇動，起於心断結〔七〕。

太上本相經卷第十

校記

〔一〕文中補字均據文義擬補。
〔二〕原本「也」字下衍一「曰」字，删。
〔三〕悉：原作「患」，據文義改。
〔四〕差失：原作「差迭」，據文義改。
〔五〕座黑：疑當作「侳黑」，謂貌醜也。
〔六〕人之：原倒作「之人」，據文義改。
〔七〕解：原作「鮮」，據文義改。

太上妙法本相經卷十一

圖版

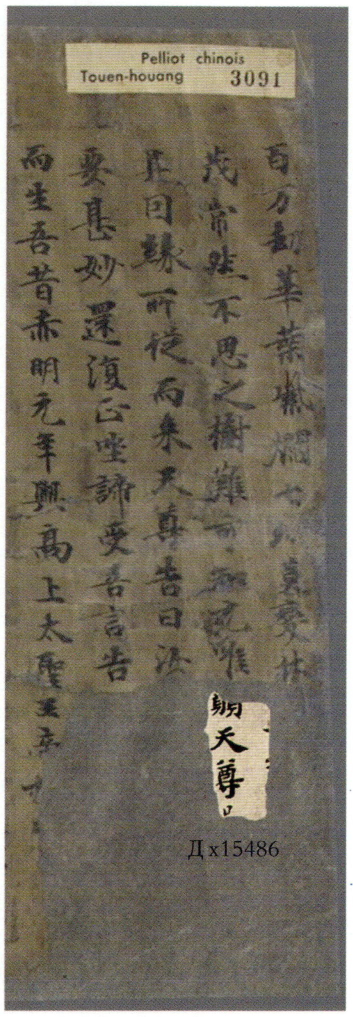

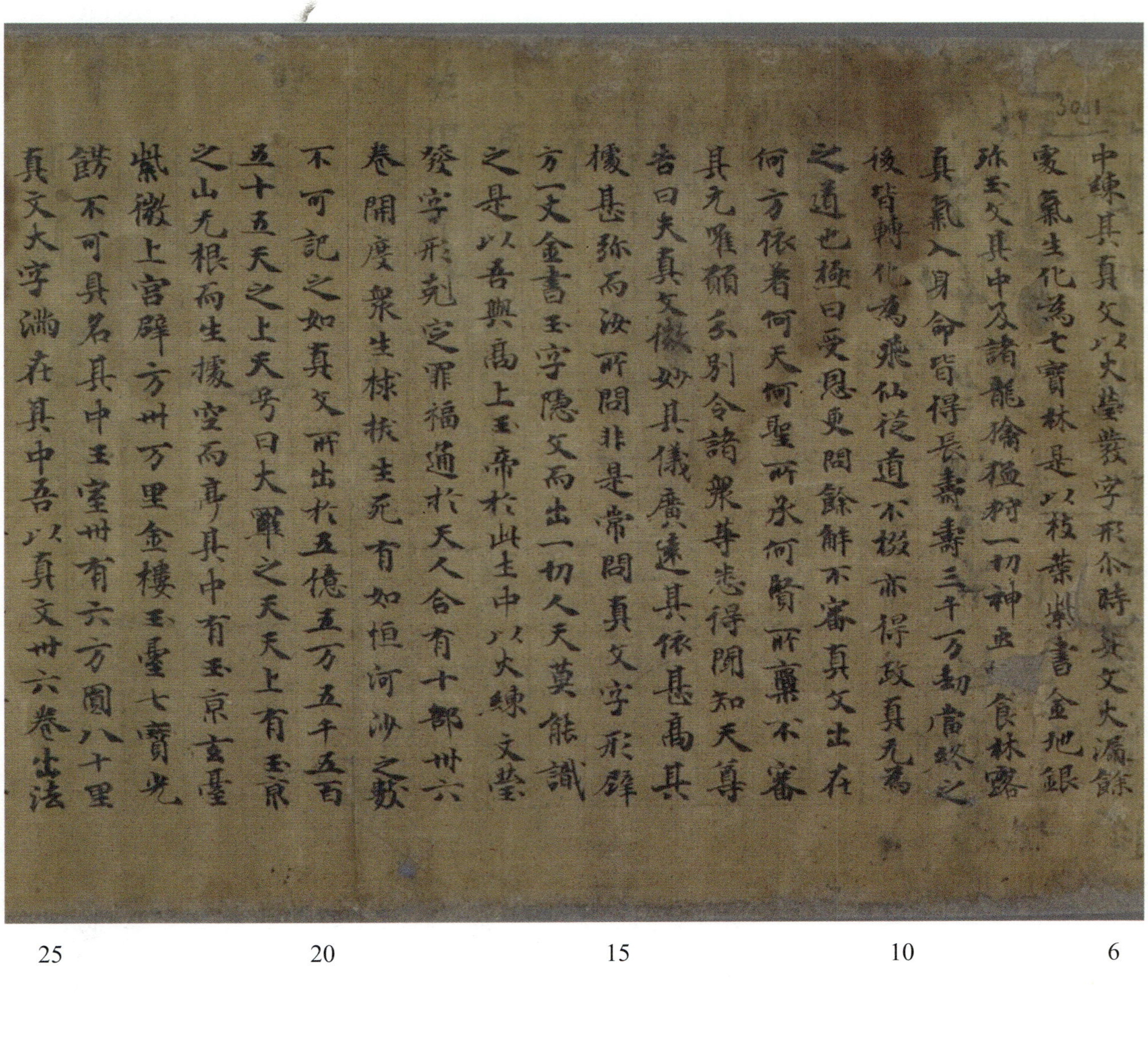

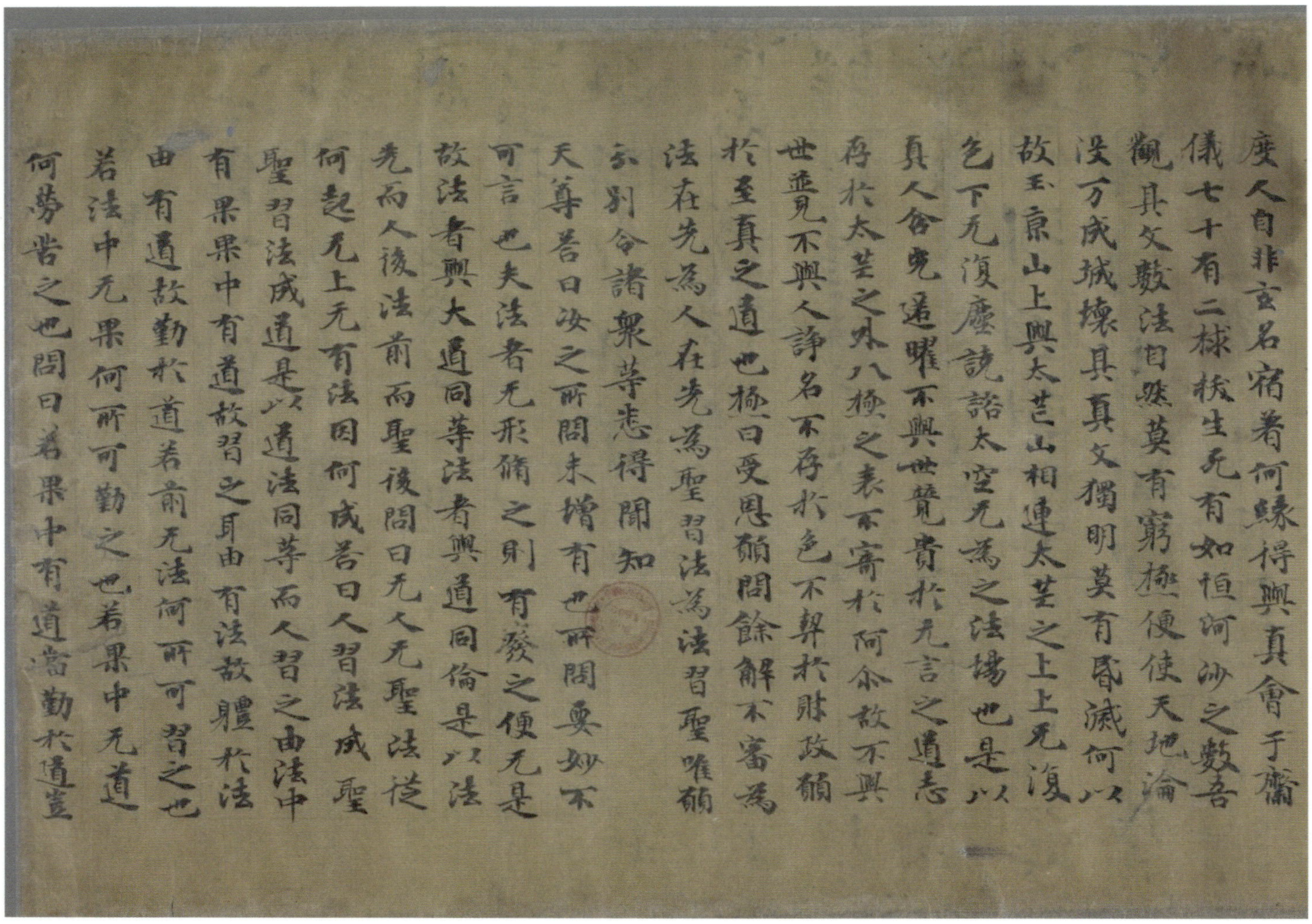

釋文

（P.3091 抄本，前缺）〔一〕

百万劫，華葉紫燭，七珎莫變，林□□□，□／茂常然，不思之樹，難可知元，唯願天尊告／其因緣所從而來。

天尊告曰：汝之所問，甚／要甚妙，還復正坐，諦受吾言，告汝因緣所從／而生。吾昔赤明元年，與高上大聖玉帝於此土／中，練其真文，以火瑩發字形。尒時真文火漏，餘／處氣生，化為七寶林，是以枝葉（成）紫書金地銀／珎玉文，其中及諸龍禽猛狩，一切神虫，常食林露／，真氣入身，命皆得長壽，壽三千万劫。當終之／後，皆轉化為飛仙，從道不掇（輟），亦得政真无為／之道也。

極曰：受恩，更問餘解。不審真文出在／何方，依著何天，何聖所承，何賢所稟？不審／其元，唯願分別，令諸衆等悉得聞知。

天尊／告曰：夫真文微妙，其儀廣遠，其依甚高，其／據甚弥，而汝所問，非是常問。真文字形辟／方一丈，金書玉字，隱文而出，一切人天，莫能識／之。是以吾與高上玉帝，於此土中以火練文，瑩／發字形，剋定罪福，通於天人。合有十部卅六／卷，開度衆生，捄拔生死，有如恒河沙之數／，不可記之。如真文所出於五億五万五千五百／五十五天之上天，号曰大羅之天，天上有玉京／之山，无根而生，據空而亭（停）。其中有玉京玄臺／紫微上宮，辟方卅万里，金樓玉臺，七寶光／錺，不可具名。其中玉室卅有六，方圓八十里／，真文大字滿在其中。吾以真文卅六卷，出法／度人。自非玄名宿著，何緣得與真會于（乎）？齋／儀七十有二，捄拔生死，有如恒河沙之數。吾／觀其文，數法自然，莫有窮極，便使天地淪／没，万成城壞，其真文獨明，莫有昏滅。何以／故？玉京山上與太芒山相連，太芒之上，上无復／色，下无復塵，譊諮太空无為之法場也。是以／真人含光匿曜，不與世競，貴於无言之道，志／存於太芒之外，八極之表，不寄於阿尒。故不與／世並見，不與人諍名，不存於色，不契於財，政願／於至真之道也。

極曰：受恩，願問餘解。不審為／法在先，為人在先，為聖習法，為法習聖？唯願／分別，令諸衆等悉得聞知／。

天尊答曰：汝之所問，未增（曾）有也。所問要妙，不／可言也。夫法者无形，脩之則有，廢之便无。是／故法者與大道同等，法者與道同倫，是以法／先而人後，法前而聖後。

問曰：无人无聖，法從／何起？无上无有，法因何成？

答曰：人習法成聖／，聖習法成道。是以道法同等，而人習之，由法中／有果，果中有道，故習之耳。由有法故體於法／，由有道故勤於道。若前无法，何所可習之也／？若法中无果，何可勤之也？若果中无道／，何勞苦之也？

問曰：若果中有道，當勤於道，豈／（下缺）。

校記

（一）此卷抄本首尾殘缺，无標題。其中部分文字與《雲笈七籤》卷七引《本相經》相同，故可斷定爲《本相經》殘抄本。以下陰影中文字係據文義補。

附補材料

《本相經》曰：吾昔赤明元年，與高上大聖玉帝於此土中，鍊其真文，以火瑩發字形。爾時真文火漏，餘處氣生，化爲七寶林，是以枝葉成紫書金地銀鏤玉文，其中及諸龍禽猛獸，一切神蟲，常食林露，真氣入身，命皆得長壽三千萬劫，當終之後，皆轉化爲飛仙，從道不輟，亦得正真无爲之道。（《雲笈七籤》卷七摘録《玄門大論》之文。又見《三洞神符記》引《本相經》）

《本相經》云：大羅天上有玉京之山，無根而生，據空而停，其中有紫微上宫，辟方三十萬里。金樓玉臺，七寶光飾。玉室上有三十六所，方圓八千里，真文大字滿在其中。（《度人經四注》卷一）

《南極真人問事品》稱：靈寶真文三十六卷，在玉京山玄臺玉室，真文大字滿［在其］中。天地淪没，萬成萬壞，真文獨明。（《笑道論》）

（按，山田俊《校本太上妙法本相經及び解題》四八至五一頁，謂此段引文略見於P.3091抄本中，另據傳世道經引文比對，可證P.3091當即《本相經》卷十一殘抄本，品題當即《南極真人問事品》。敦煌抄本中另有《本相經》卷九《東極真人問事品》抄本（津藝289），可爲旁證。）

《本相經》第十一云：扶桑之地有元始法堂，堂中有七寶經臺，五部尊經苞之其内者。一曰大洞真經，苞之於青玉函；二曰靈寶真經，苞之於赤玉匱；三曰無量三昧經，苞之於白玉函；四曰道德神真經，苞之於黑玉匱；五曰本相天景經，苞之於黄玉臺。神鈴懸空，自然而鳴，仙童玉女手持花香寶符供養，于今不絶也。（《上清道類事相》卷三）

（《本相經》）第十一云：黄玉臺神鈴懸空，自然而鳴也。（《上清道類事相》卷三）

《本相經》第十一云：扶桑之地有元始法堂，以白銀爲壁，真珠爲基，黄金爲梁，以銅爲柱，五玉爲椽，琉璃覆之，水精爲階，珊瑚薄之也。又云：法堂東北有太和舍宅，子孫在其中，傳世不絶也。（《上清道類事相》卷四）

太上妙法本相經卷十二

附補材料

（本相）第十二經云：拘尼之界野馬之池，有聖賢之堂，銅壁鐵柱，銀尅簿上，學士修行之處。（《上清道類事相》卷四）

太上妙法本相經卷十六

附補材料

《本相經》第十六云：七寶玄臺，高於地上一百餘丈，上下九級，周匝八面，級有一治，各有金格玉格磬八十一枚，晝夜六時自然而唱，八十一音同聲而發，微而踈朗，其聲和雅，宛利國土莫不聞聲，一切衆生皆望其音，叉手擎拳，向音而禮。（《上清道類事相》卷三）

太上妙法本相經卷十八

圖版

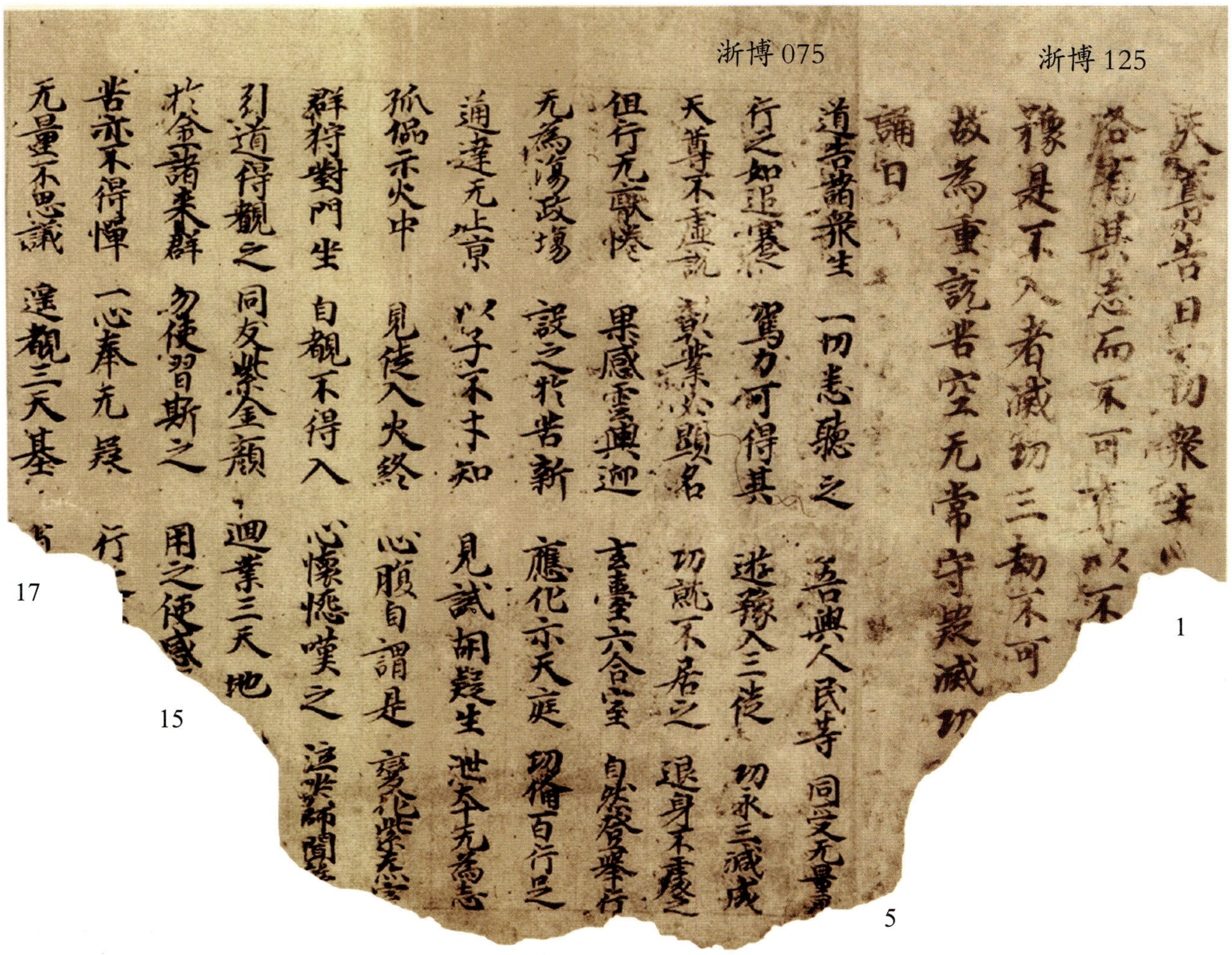
浙博075
浙博125

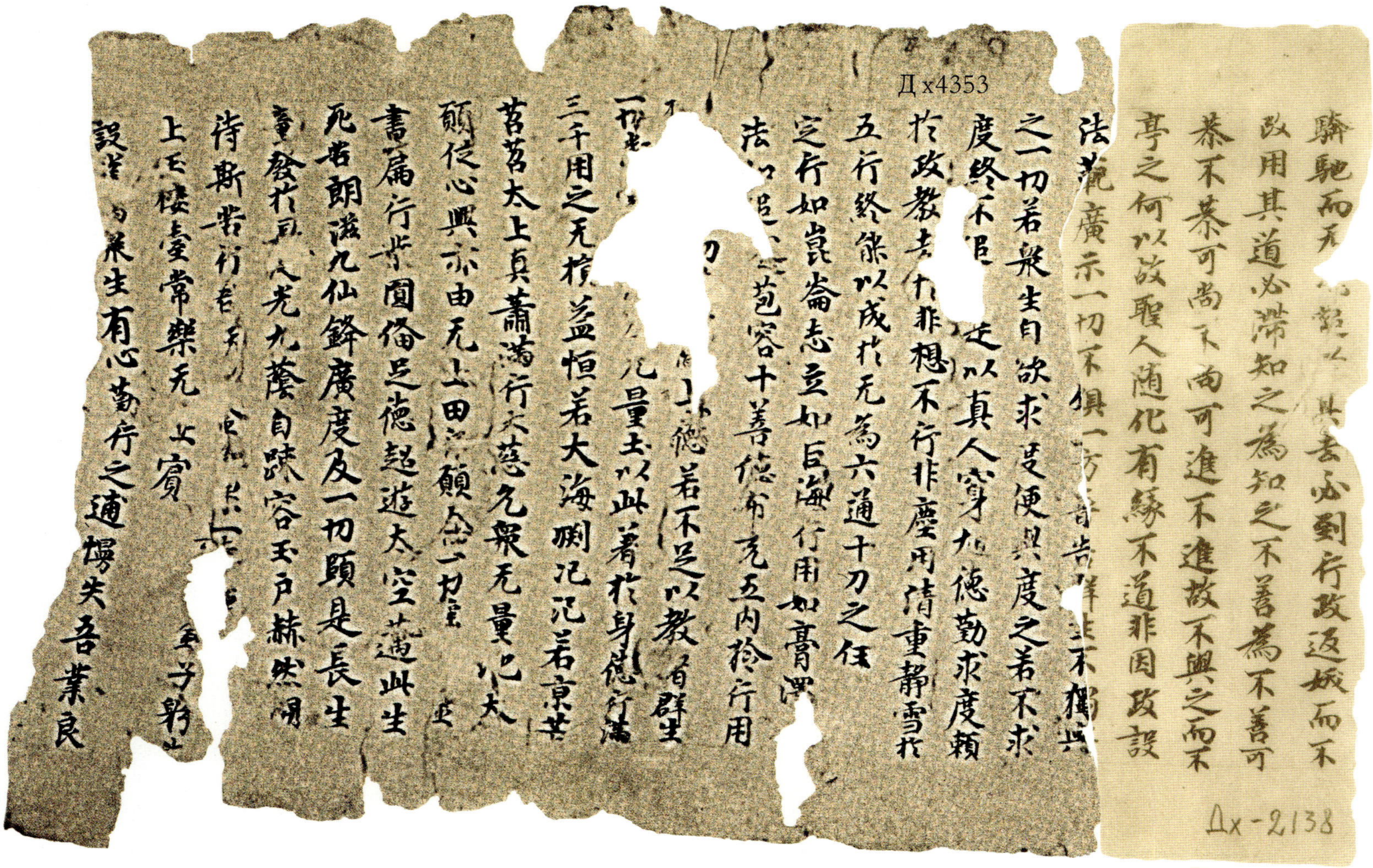
Дx4353
Дx-2138

釋文

（浙博125／浙敦150）

天尊告曰一切衆生□（下缺）

各有其志而不可奪以不（下缺）

豫是不入者滅功三劫不可（下缺）

故為重説苦空无常守疑滅功（下缺）

誦曰：

（緊接下件浙博075／浙敦100）

道告諸衆生，一切悉聽之。吾與人民等，同受无量果／。
行之如追蹇，駕力何得其。遊豫入三徒，功永三滅成／。
天尊不虚説，彰業必顯名。功就不居之，退身不處之／。
但行无厭惓，果感雲輿迎。玄臺六合室，自然登舉行／。
无為傷政場，設之於苦新。應化示天庭，功備百行足／。
通達无上京，以子不才知。見誠胡疑生，泄本无為志／。
孤偘示火中，見徒入火終。心腹自謂是，變化紫炁室／。
群狩對門坐，自覩不得入。心懷愙嘆之，泣笑師聞等／。
引道得覩之，同友紫金顔。迴業三天地，□□□□□／。
於金諸来群，忽使習斯之。用之便感□，□□□□□／。
苦亦不得憚，一心奉无疑。行之□□□，□□□□□／。
无量不思議，遥覩三天基。□□□□□，□□□□□／。

（下缺）

（Дx2138+4353）

驕馳而无□追以其去必到。行政返妖而不／改用，其道必滯。知之為知之，不善為不善。可／恭不恭，可尚不尚，可進不進，故不與之而不／亭之。何以故？聖人随化有緣，不道非因，政設／法範，廣示一切，不俱一方，普告群生，不獨與／[一]之。一切若衆生自欲求度，便與度之。若不求／度，終不追□。是以真人穿旭德，勤求度，賴／於政教，去於非想，不行非塵，用清重静，雪於／五行，終能以成於无為六通十刀之任／。

定行如崑崙，志立如巨海。行用如膏澤，設／法如追□。苞容十善德，布充五内拎。行用／□□□，功□□。上德若不足，以教諸群生／。一切悉□□□无量土。以此著於身，德行滿／三千。用之无損益，恒若大海渕。氾氾若京芒／苕苕太上真。蕭滿行大慈，允衆无量地。大／願從心興，亦由无上田。行願念一切，遥誦靈／書篇。行業圓備足，德超遊太空。邁此生／死苦，朗滋九仙鋒。廣度及一切，頤是長生／童。發於具足光，九蔭自疎容。玉户赫然朗／待斯苦行君。□□□果，一□子躬。登／上玉樓臺，常樂无上肓／。

設道為衆生，有心勤行之。逋愣失吾業，良（下缺）

校記

［一］Дx2138與Дx4353在此行綴合。

附補材料

《本相經》第十八云：至德上樓臺，常樂無上肓。又云：七寶紫金室，淡泊常樂臺。（《上清道類事相》卷三）

《本相經》第十八云：玄臺六合室，自然登舉行。又云：變化紫氣室，目覩不得入。又云：神弘恒熙悦，七寶紫金室。（《上清道類事相》卷四）

太上妙法本相經卷十九

附補材料

（《本相經》）第十九云：紫氣結治，合紫氣之臺，金門玉户，開張納衆也。（《上清道類事相》卷三）

《本相經》又云：天尊於无量國中，紫氣浩浩，合成六合紫氣之臺，金門玉户，開張納衆也。（《上清道類事相》卷三）

又云：天尊於无量國中九合玄臺，升於七寶鳳機師子座上，説本相妙經。

（《上清道類事相》卷三）

《本相經》第十九云：南土國王造神仙靈廟，周迴房舍莫不成就也。（《上清道類事相》卷四）

太上妙法本相經卷二十

附補材料

〔本相〕第二十經云：天運當促，真文收還大羅之外玉芒玄臺。又云：習仙招魂神臺，南海外阿陁加國王女名好求，學道之處。女於此仙去，王即於其處更起集靈臺、三師堂、説文室，以爲廣度一千人在其中。（《上清道類事相》卷三）

〔本相〕第二十經云：南海外阿陁加國王有女名好求，仙去，王即於其處起集靈臺，造神仙宫、三師堂、説文室，以爲廣度一千人在其中。（《上清道類事相》卷四）

〔本相〕第二十經云：南海之外阿陁加國王有女名好求，年十五，學道於習仙招魂神臺，得仙昇于玉清之宫，王即於其得仙舊處，造神仙宫、集靈臺、三師堂、説文室，即下詔天下有能出家者，於是國内得一千人來入此廟也。（《上清道類事相》卷四）

〔本相經〕又云：炎明國王有女，字好求，年十五發願出家，願捨女身，生落男形。因感天尊放大光明，以照女身，女因騰虚，白日昇天。女去後，父王思慕，即造神仙宫、集靈臺、四周房、三師堂，又宣詔天下出家。（《要修科儀戒律鈔》卷一二）

（按，道藏所收《洞玄靈寶本相運度劫期經》，其中部分文字見於以上引文，疑即《本相經》卷二十）。

太上妙法本相經卷廿一

圖版

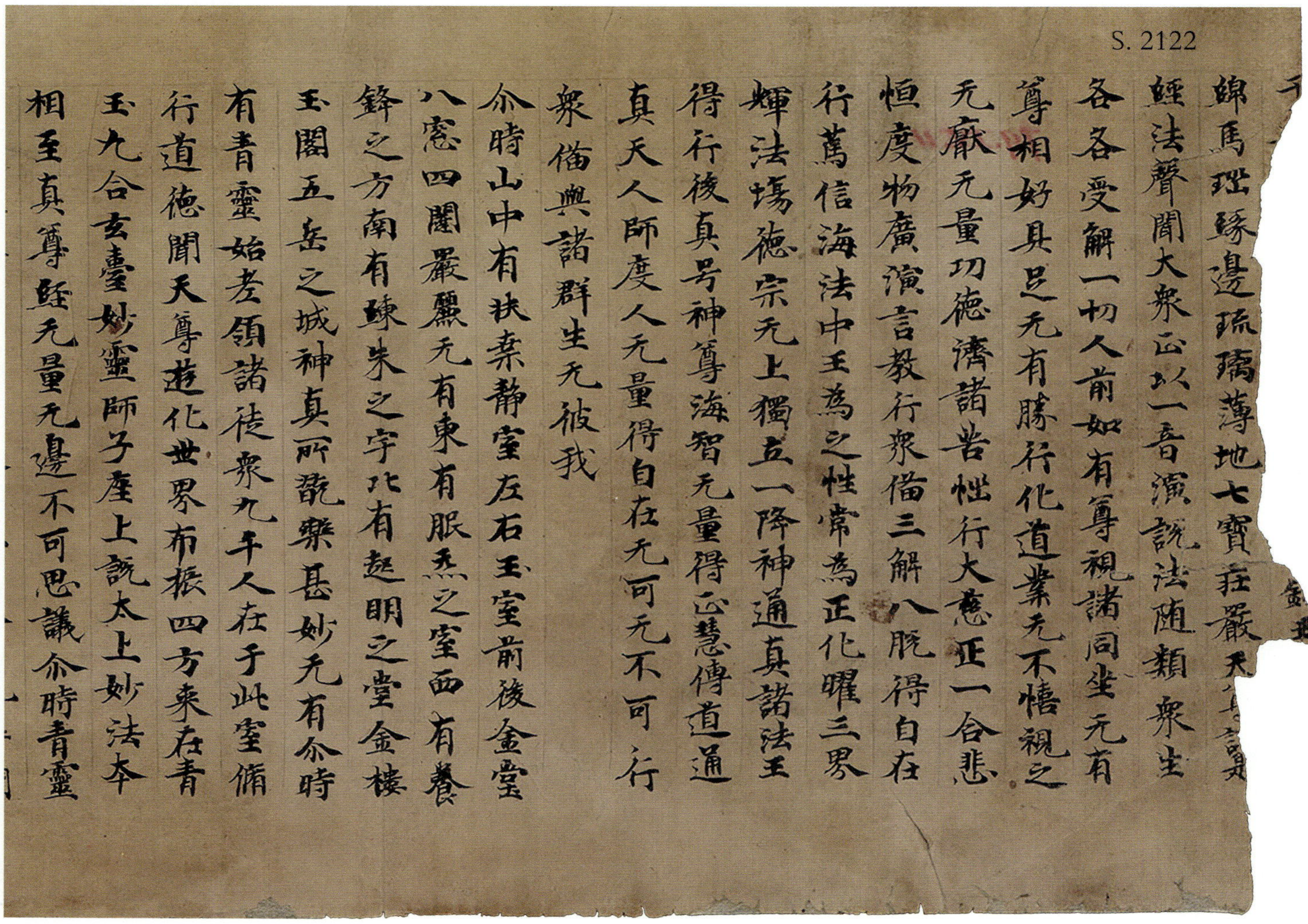

將諸徒從詣于座所遠座三帀叉手礼拜問
訊天尊時宜寒溫已天尊曰何能遠也始老
答曰何有遠也聞天尊於斯山中敷揚道教
勢理天文一切衆生莫不蒙恩昨聞今馳不敢
甦寧今得覩師一生足矣但生住邊地不閑
天文不知不識由如盲人今蒙天尊來詣
師試其不解問其不識仰冀天尊告其因緣
所從而來實冀天尊不見拒逆
天尊告曰善汝於此土脩行道德一方之化
主也意有不試能問但問未足懷疑始老問
曰自我居此室以來三百万劫但見國人而
无衰老是男是女面如玉脂无有疾病土有
玉池方圓五百里池水溫調飲之令人面如
玉脂永无疾病而此東華山中有此九合玄
臺果玉而成妙靈神座七寶莊嚴恒有神龍
榲馬八威毒狩吸嚇匝近復有九色神鳳九千
頭不見飲食恒常生活恒以晝夜六時吐
其微妙蕭雅之音其鳥鳴時一切山中之虫
伏聽不起此臺傳云復是東華宮本是聖人
宮臺即名神宮无人敢近弟子所居室傳名秩

棄靜室前後金堂八窓四闥嚴麗无有東
有眠炁之室西有養餘之方南有鍊朱之宇
北有起明之堂金樓玉閣五岳之城神真所
甄槃甚妙无有自我居三百万劫人不衰
老我亦與國人同受玉池面如玉脂近來不知
何故面皺鬢白如似老容國人即名我為
始老之人如斯之事悉不知之唯願天尊告
其因緣所從而來令諸衆生悉得聞知
天尊荅曰善哉善哉汝居座位諦受勿忘語
汝因緣所從而來於是始老及諸徒從悉於
座位正坐諦聽不敢忘失伏受命旨曰此土
人无享壽命長遠以飲玉池故耳所以者何
吾昔龍漢之時於此土中造此玉池洗拂天
景大混文字瑩拭字形出法度人自我去後
有諸人民不問男女有入此池吸飲此水即
能面如玉脂无有衰老即无欲想國人遂相
效之舉國來入一切男女悉无淫欲皆面如
玉脂命得長壽而无衰老以飲玉池真炁在
脂是故不衰
尒時吾洗拭以既賫持詣東華山中即造清

玉九合玄臺校定真文傳於九靈君尒時扶
桑先生脩念於此山中三劫乃去所以東有
服炁之室納炁於東所以西有養醉之方割
却生死之網所以南有鍊珠之宇示有赤心於
道所以北有起明之堂欲濟衆生長夜之
苦前堂授文後堂決識八窓上法八方四闥
堂下法四時自尒汝居逮于今日汝所以面皺
鬓白示有天炁授諸知有變異之狀也自今
以去天運漸促真文收還大羅之外玉京玄
都紫微上宮永无真炁人雖飲食不能面
如玉脂命得長遠當今以去人命短促轉轉不
同五濁蹤競魔或妄生衆耶盡道流滿天下
篡弑天年自共傷害何以故復生國主尅暴
賦稅民物職任之官都食百姓吏依形勢助
君行虐殘賊百姓自作積留吏讒榜打榜笞
无度盜許私用求望鞭平方枷械杻三木全
具人民死亡橫枉者半使民无時不得豐登
強尸滿野哭聲盈路雖有遺餘貧困亘補使
男失其娶女失其嫁男女怨曠面有不足之
色感運生災不以度數陽𨻶陰塞水旱不時

或以霜雹蟲蝗傷害五穀民人飢饉不安其
處攜奮相陵強弱相殘天下妄兵威力逼迮
男啼女泣溢于阡陌天下荼炭傷之我情吾故
為一切苦惱衆生開紫微上宮太上妙法本
相自然尊經度諸衆生苦惱之中是以吾歷
諸四方說太上妙法本相无上尊經度脫一
切苦惱衆生拔諸長夜苦魂之難而諸一切
含形之類悉有道性有能志務之者皆得去
離苦惱之中將來皆神仙之道長夜苦魂悉
得光明之輝若有善男子善女人至心念道
身行三業良善福田心行大慈口詠靈篇長
齋苦思唯行道味割棄色累逍遙洞真功
成德就雲輿來迎何以故此經尊極无上諸
經元王苞羅諸經運御諸品神至无極度人
无量何以故太上恒寶秘斯文不傳於世但
以運促世給人命轉短五濁蹤行妖耶競興
流滿天下不可稱記故為說之昔黃上真人
太微帝君高上真人以奉宗供養詠誦斯文
得為太真之位乎若有輩得盼其篇目者皆
慶及九玄上生天上安樂之處若能身心供

養皆得名列三清功德成就雲輿來迎而不
疑也
吾昔於此土中洗瑩天文造此玉池詣於東
華山清玉造九合玄臺校定真文傳付三賢
爾時九炁天君於此中誦讀天文千日之中
身變神仙軀形蓮華九炁之色紫文遠之結
成宮殿羅於天君國人樂推為主而天君即
受吾命從之王於東土即以天尊所校閱正
定天文造九合玄臺於此臺中即為東華宮
受生命籍即九炁天君主之至于今日若有
學士男女之人脩行道德亦恒投蘭於東流
水投入於海中九炁天君賞人命籍是以投
蘭注生之名玉曆之中若有男女之人不知
罪過亦須放蘭於靈山也若彰其罪依靈寶
金龍之法於東流之上解報罪論名列東華
注仙珠宮功成德就剋得无為至真之道也
問曰東華山中有此奇好之物仙聖所行名
如諸山岳一切大山小山清怗君靜皆可以
神居仙復可居之豈獨樹於東華荅曰山者
為靜神真所居處是以學士居於山寂靜之

處脩養神形易可功効若於俗化一切救濟
眾生功成遂之此德高大不可稱之復能長
行於齋誦執詠不絕功成遂之不可稱之若
有志士男女之人行於大道志存山林長齋
隱素剋成生真山无大小皆有其神大山大
神小山小神欲隱學山林必須求望之何以
故學士德未高遠威未析以事須求望之不
求不望鄙敗子真故須求及之不求不及不
得定性問曰於此以東有何國土學道以不
荅曰自此以東卌万里有飛行之國不學文
書不知禮典行則飛馳棲居穴處不如中土
人坐知天上之事天下山川何以故坐習書筭
著於五內役之於十方能知吉凶去就之
事何以故知觀之上候星辰下瞻人民先
告事證立文驗之可名習聖之國
爾時始老國王名陳儀成聞天尊於東華山
九合清玉玄臺之中說太上妙法本相至真
尊經廣演言教啓悟眾生聞之樞鍾鳴鼓隱
隱闐闐馳路詣於東華宮觀天尊所說太上
妙法本相正道之曰其義微妙不可思議種

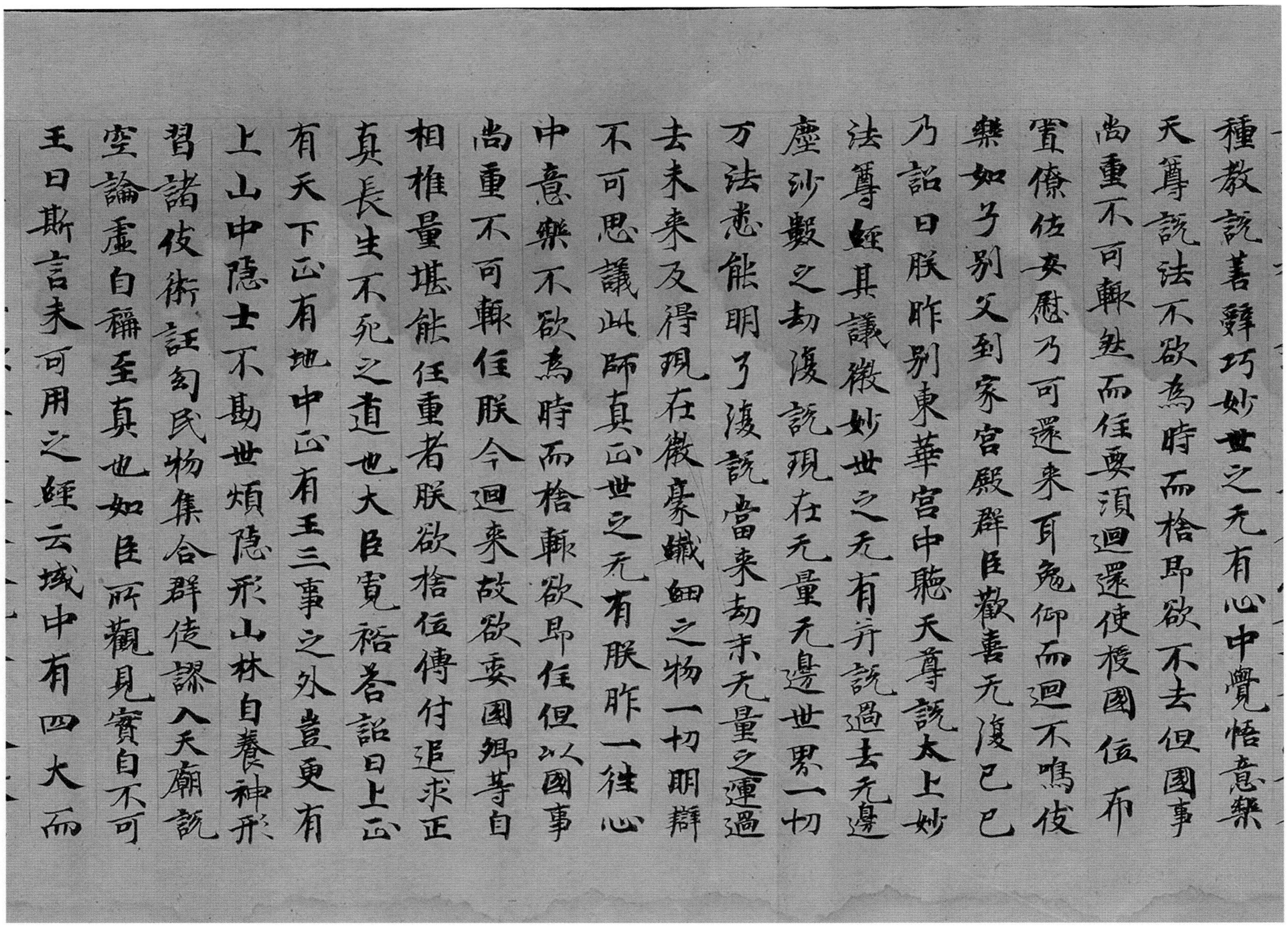
種教說善辭巧妙世之无有心中覺悟意樂
天尊說法不欲為時而捨即欲不去但國事
尚重不可輒然而任要須迴還使授國位布
置僚佐安慰乃可還來頁兔仰而迴不鳴使
樂如子別父到家宮殿群臣歡喜无復已已
乃詔曰朕昨別東華宮中聽天尊說太上妙
法尊經其議微妙世之无有并說過去无邊
塵沙數之劫復說現在无量无邊世界一切
万法悉能明了復說當來劫末无量之運過
去未來及得現在微豪蠘細之物一切明辯
不可思議此師真正世之无有朕昨一往心
中意樂不欲為時而捨輒欲即任但以國事
尚重不可輒任朕今迴來故欲委國鄉等自
相惟量堪能任重者朕欲捨位傳付追求正
真長生不死之道也大臣寬裕答詔曰上正
有天下正有地中正有王三事之外豈更有
上山中隱士不勘世煩隱形山林自養神形
習諸伎術誑幻民物集合群徒謀入天廟說
空論虛自稱至真也如臣所觀見實自不可
王曰斯言未可用之經云域中有四大而

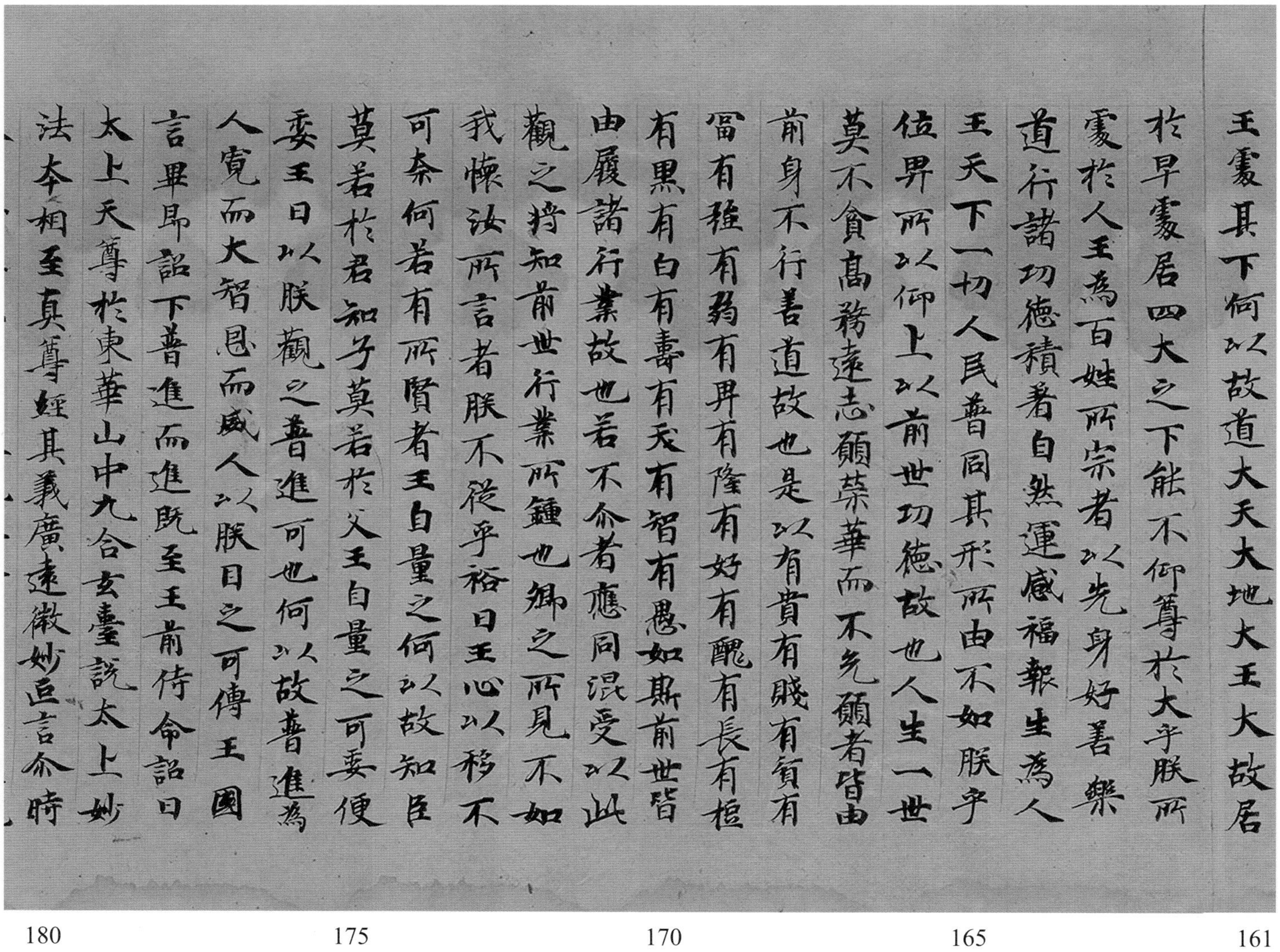
王處其下何以故道大天大地大王大故居
於早處居四大之下能不仰尊於大乎朕所
處於人王為百姓所宗者以先身好善樂
道行諸功德積著自然運感福報生為人
王天下一切人民普同其形所由不如朕乎
位界所以仰上以前世功德故也人生一世
莫不貪高務遠志願榮華而不免爾者皆由
前身不行善道故也是以有貴有賤有貧有
富有羸有彊有隆有好有醜有長有短
有黑有白有壽有夭有智有愚如斯前世皆
由履諸行業故也若不尒者應同混受以此
觀之將知前世行業所鍾也鄉之所見不如
我懷汝所言者朕不從乎裕曰王心以移不
可奈何若有所賢者王自量之何以故知臣
莫若於君知子莫若於父王自量之可委便
委王曰以朕觀之普進可也何以故普進為
人寬而大智恩而威人以朕日之可傳王國
言畢即詔下普進而進既至王前侍命詔曰
太上天尊於東華山中九合玄臺說太上妙
法本相至真尊經其義廣遠微妙宣言尒時

朕即心意不寧往彼觀之文辭巧妙世之无
有進到師邊觀聽所説能知百千万劫之事
及得過去未來現在一切知之觀斯驗之非
是凡也
尒時朕即起心自揺要不居國追求大道當
時即欲亭留但以國事尚重不得輙然故遂
委重而鄉德曷任重知堪理物我今傳重鄉
意云何普進荅曰得王信言夫傳國之重非
太子不任璽哉王錮非大臣不委而臣早賤
忽言國事貴賤不可但臣智薄德淺不堪任
重未可容也王曰我今傳太子可謂愛觀之乎
興道返乎夫皇天无親唯與善人而鄉德
堪任大故委王國也未可遊言乎於是釋王
位亂卡之具服錫等傳王國事事備授畢即
將太子妻息男女五十八口歡喜而去到東
華山中清玉九合玄臺而覲天尊寒温時宜
天尊告曰汝能來也荅曰天尊在此不敢自停
也天尊曰國事如何也王曰弟子昨到國治
下詔大群臣傳委國事而諸不可國中有孝
子行合天下慈恭有智制授命傳委以國土
釋王位而授无有呵難尒乃將諸妻子歸命
師門天尊曰善矣如斯之比未之有也昔者
元皇不居世位今致正真元皇之位号也汝
妻子眷屬悉是世中真人也何以故汝前吾
於珠口説法之時同在其中尒時汝等五十
八人同於一席共起一願捨身受身願常與
道為因共生一家追脩道業成道乃止以前
世願故同生王室各各本願今復吾前之切
來脩道業此功德髙大難可比之王於坐中
五十八人同時得地仙之道
天尊見諸群臣民人不信道業欲彰王道於
此坐上放一光明曉照一國地作金色始老
國土一切人民身光普見東華山中清玉九
合玄臺之中師子座上静老大尊説太上妙
法本相尊經四衆圍遶帀端其邊但見本國
王太子妻息男女五十八人同登地仙之道
也面首光仙端坐所坐九色神龍口吐五色
寶華照曜其巔一切大衆莫不光明國内
男女於是遂脩道業知有因緣咸行善心從今
以去往往有脩道學仙二年三年有一人白

日飛昇空玄遊晏太虛是故道教下來救世
之者有濟衆生无量生死之苦也從今以去
世運轉促漸漸遂急人生惡心刀兵困苦若
有善男子善女人有能信心三寳脩行道德
長齋誦經履行真直皆行過度慈世將來得
生天宮衣食自然若功成德就受記後賢終
不虛妄也何以故譬如種之根苗一株之菓
不如万根之多是故真人以多種故得爲多
菓報故法不唐栢功不妄棄著之於空中成
之於見果不思之化唯法可畏也言畢天尊
欲遊北方之賓於坐上勅諸弟子言曰一切
衆生如於勾耳有功者得上補洞玄自然之
宮若不如法溢律三河汝等著之何以故録
善罰惡天律明矣始老曰夫一切万物有生
之性皆受之於道焉何故不獨入於水石荅
曰水性百入利潤万物石姓貧堅主政人心
至於微碎不可稱稼人心在道其堅如石上
與道同下疋人心中合神真是以水石可尚
與道合性豈有不受道乎何以故上疋於道
下辟人心中疋神真者以其堅潤故也問曰

道何故稱一荅曰一者獨立无爲永无雙疋
故稱之爲一何以故天无一无以可清地无
一无以可寧神无一无以可靈帝王无一无以
政令谷无一无以盈是故一者道之稱也若
其有二則万物豈得成吾故立應形以道其
真故可一而无二可名而无貨也問曰天尊
所說行善以辟惡世實中以積功列所以
不免禍者何荅曰但衆生自相拈禍耳何以
故天道不可罵而罵之父母不可逆而逆之
君王不可遠而遠之是故積惡著逐後身積
善著逐後形報應之道不可奪之是以賢者
遇禍以報先業也現受以取後功交報以成來
果故有受也辭空之法有過頤身交受不
將來惡道受何以故現報无遺唯功是之交
受福盡後无栒累故興頤不侍後形也教授
之功成就王業度諸有心彈栢現光照于東
方卌八万里倉海之東清和國中地作金色
國中民人覩見此光不知所由而來尒時无
皇真人於國授尊至真道業國王見光怙之
問元皇真人曰天生奇光曉照國土不知此徵

為吉為凶為善為惡不知所由元皇曰此之光明非是天光於此西方海外靜老天尊於始老國中東華山中清玉九合玄臺說太上妙法本相大道之因國王以國位委禪大臣普進將家妻子男女五十八人詣于師所聽天尊說是經義甚竒麗妙不可思議國人言解者亦无數量尒時國王及家五十八人於坐中即得地仙之道其士男女於是往往有白日飛昇虛空天尊慶斯因緣稱指出其光明曉照此土未有竒異也心中不悟生惑愕然曰此光天上之光曉照下方亦有恠祥吉凶之道未能分别豈言道士之光也不受信之於是清陵道宮赫然而開一切王臣民人仰看但見種種信解人種種布施人種種根行人種種造治人尒時天光悉朗幽夜開明但見西方海外東華山中清玉九合玄臺中天尊昇于坐上說太上妙法本相尊經四衆圍遶光明弈弈不可稱計復見彼國王妻子眷屬五十八人得地仙之道須臾之頃天光還閉无有光明尒時清和國王位不為位榮

不為榮唯念大道脩行道德正以神真礼律化御王國不殺不害道法而治一切人民樂其三寶履善而行國无盜賊人无惡心光帝不猛狩狼不食其宍鷹鷂不博食生之類普食草木純風遠被四方朝宗風雨隨時五穀豐實使富者不盈貧者不乏貧富齊等天下和平男不耶心女不淫奔各及時礼配永无怨曠一切兆民咸同聲頌尒時國主男女之人往往有飛行者尒時國王詔下天下善信男女不問貴賤有能為我在國行道者百金遺家人受國育現在人天顯常同俱天下人民善信男女三千五百人咸尒受應國王即設大齋請諸四輩三万七千人會諸坐所齋食以畢布施三千五百男女道士供養之具種種供給无所乏少衣裘卧具悉以供給即造習仙神宮上下九級一百廿丈基高九尺方圓百廿步宮室卌有六戟以金銀薄上晃昱无量四周房宇左右廚室中溝上閣无事不有及流泉浴池種種華林百和香映一切名物无不備足供養之具事事悉給復造神

仙七正之廟亦與習仙同之男居習靈女居七正國王隨時礼拜於習靈夫人隨時礼拜於七正七正者上法廿八宿其宮室廿八門應之度數一百年中三千五百學士白日昇于太極宮也國王夫人亦同飛遷為妙梵天王而梵貪於樂樂不行功德脩志天宮不脩道德尒時恒發一善願於玄中養之前捨身受身乃至成道常與弟子作師度為高真以此願故落為人王於于西方罽賓之國号曰煩陁力王殺害衆生亦无數量田獵山野如於狂人淫愛宮妃殺牂之屬積罪如山不可稱計玄中養尒時号為玄中法師於中嘆曰清和國王信解三寶供養布施以脩善業得生天上為妙梵天王貪著樂樂不行前業從意宽誕遂落人王為罽賓國中煩陁力王殺害无度不可稱數前以許願不得違失須化之度之去離嶮惱令即信伏得脩學業遷成道真於是玄中法師化生有緣先李氏女神妃之子願使生道之胞七十二年舉僬十年乃剖左腋而生之天人玉女溢漲而承洗之

剖地踏首百鳥鳳驎翔集中庭經由三月乘白鹿而西應合尹憘同期唐門隠跡檀特三年不出煩陁獵見因即呵嫌仍遣不留恐其溢言二子不去遂漸化之不從正教方欲毒之延王就穴具出神廚食不盡餚万衆悉足於後吁其二子因而遣之倉廚窮竭王轉增怒積薪燔燒火不能熱沉石海擲石不肯没出兵格戰前返刃折百種禍害不能令殺黠老麾吁山林化成兵鉀從天而下滿在王國舉國惶怕恐无生活持石叩頭兩手雙博稽奉神人不移不易二子知心方尊三乘於沙園城西一時摧折度其入道剋剔鬚髮衣以弊服縱帔橫郡授以戒律号曰桒門至末世經流東土漸至洗為此法大興清濁同器真偽不別道忘去離遂入死緣東海龍王煩燒洞然五十年後其法還興偽世男女競入道門城池聚落廟塔門門世名入道号曰比丘南行補空壞肃為務白号赫奔於是還返流本西域不復興心南北合城便墮死緣王氏化治付囑卯金木子弓口方乃興焉治道天

下无有惡人男則无淫女則无塵道化流行
性合自然不偏不黨異骨為親路无行盜夜
无非姧巷有勞音陌有真言无為之治天下
一倫疫炁沉没不復害人虎狼不害鷹鷂噉
塵蚖虵不毒蜂蠆不螫甘泉當吐不竭川原
小種大収永无病敗天度不錯日月不虧狂
風不發土霧不冝雷不振搖雨不霑申草
木不折禾麦不損當尒之時一切改新
尒時始老真人得天尊敷揚道教說過去未
來及得現在一切万法所由而來罪福對報
行業因緣善惡之報莫不具陳一切大衆皆
得道真慶此靈會无復已已昂於天尊前長
跪合掌而作頌曰
千劫之因緣　會此宿命師　為諸大衆等　說此万劫徵
行業相對報　罪福自來推　白黒須申分　五落善者歸
遇茲崇樂尊　歷覩在東華　振此清玉臺　說是妙恵家
五十八男女　捨樂就苦差　苦盡得一果　色龍吐蓮華
光胎東方王　无皇奉宗受　清和得度世　遷居妙梵首
貪着居此樂　落生西王后　玄老予通鑒　知此因緣有
化生李母胎　生落自髻首　與尹西化之　甚惱備經父

胡王後得伏　度脫一切人　衣服褚紅色　與世不参差
積行果業成　号曰无上真　法教漸東流　化久東海開
末世興此法　中天熖蕩然　南行補人空　於此還西賔

太上妙法本相經廣說普衆捨品第廿一

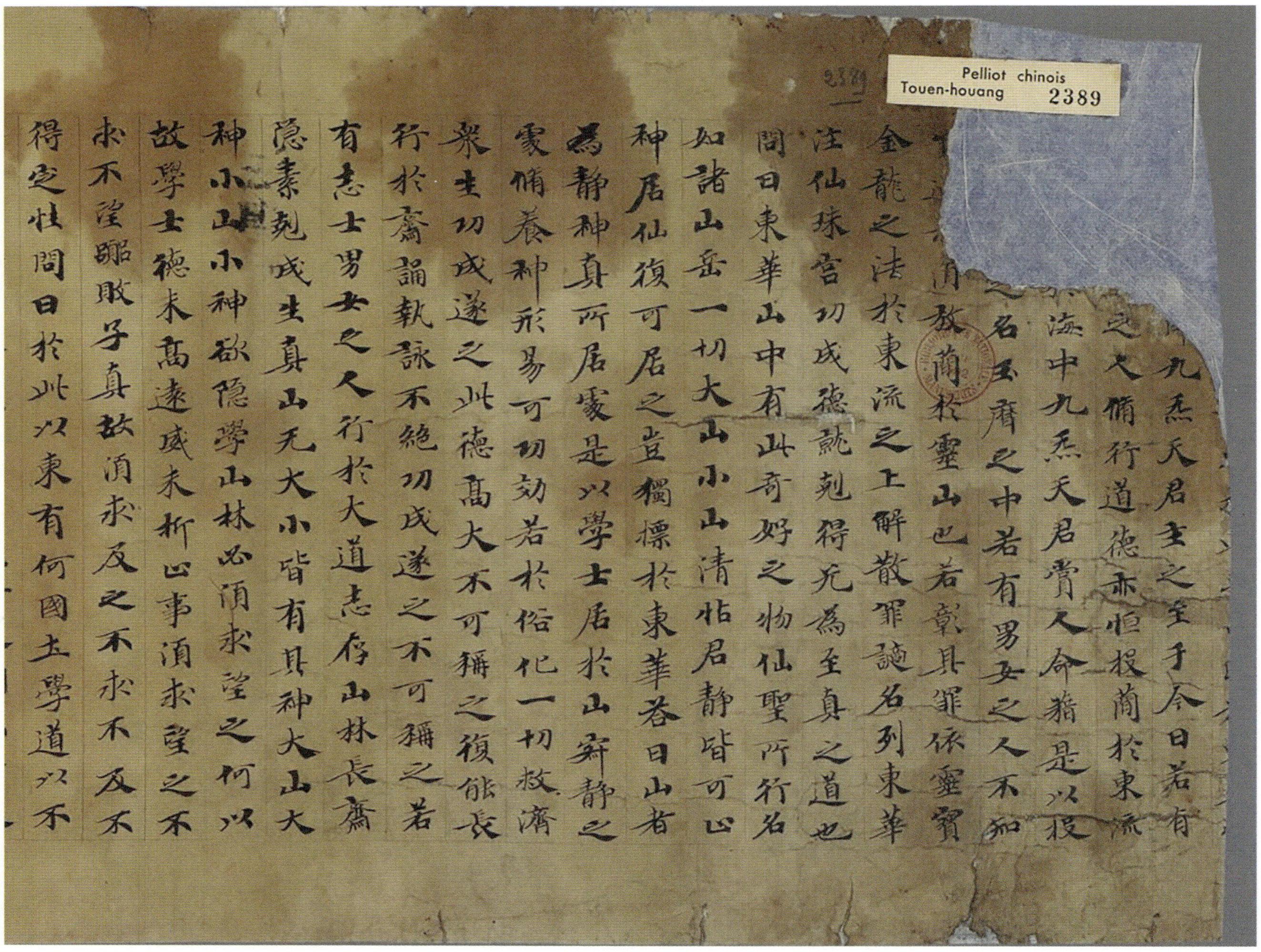

九炁天君主之至于今日若有
之大脩行道德亦恒投簡於東流
海中九炁天君賫人命籍是以投
之名玉曆之中若有男女之人不知
道放簡於靈山也若彰其罪依靈寶
金龍之法於東流之上解散罪譴名列東華
注仙珠宮功成德就剋得充為至真之道也
問曰東華山中有此奇好之物仙聖所行名
如諸山岳一切大山小山清怗居靜皆可心
神居仙復可居之豈獨標於東華荅曰山者
為靜神真所居處是以學士居於山窮靜之
處脩養神形易可切劾若於俗化一切救濟
衆生功成遂之此德高大不可稱之復能長
行於齋誦執詠不絕功成遂之不可稱之若
有志士男女之人行於大道志存山林長齋
隱素剋成生真山无大小皆有其神大山大
神小山小神欲隱學山林必須求望之何以
故學士德末高遠感未祈心事須求望之不
求不望鄙耿子真故須求及之不求不及不
得定性問曰於此以東有何國土學道以不

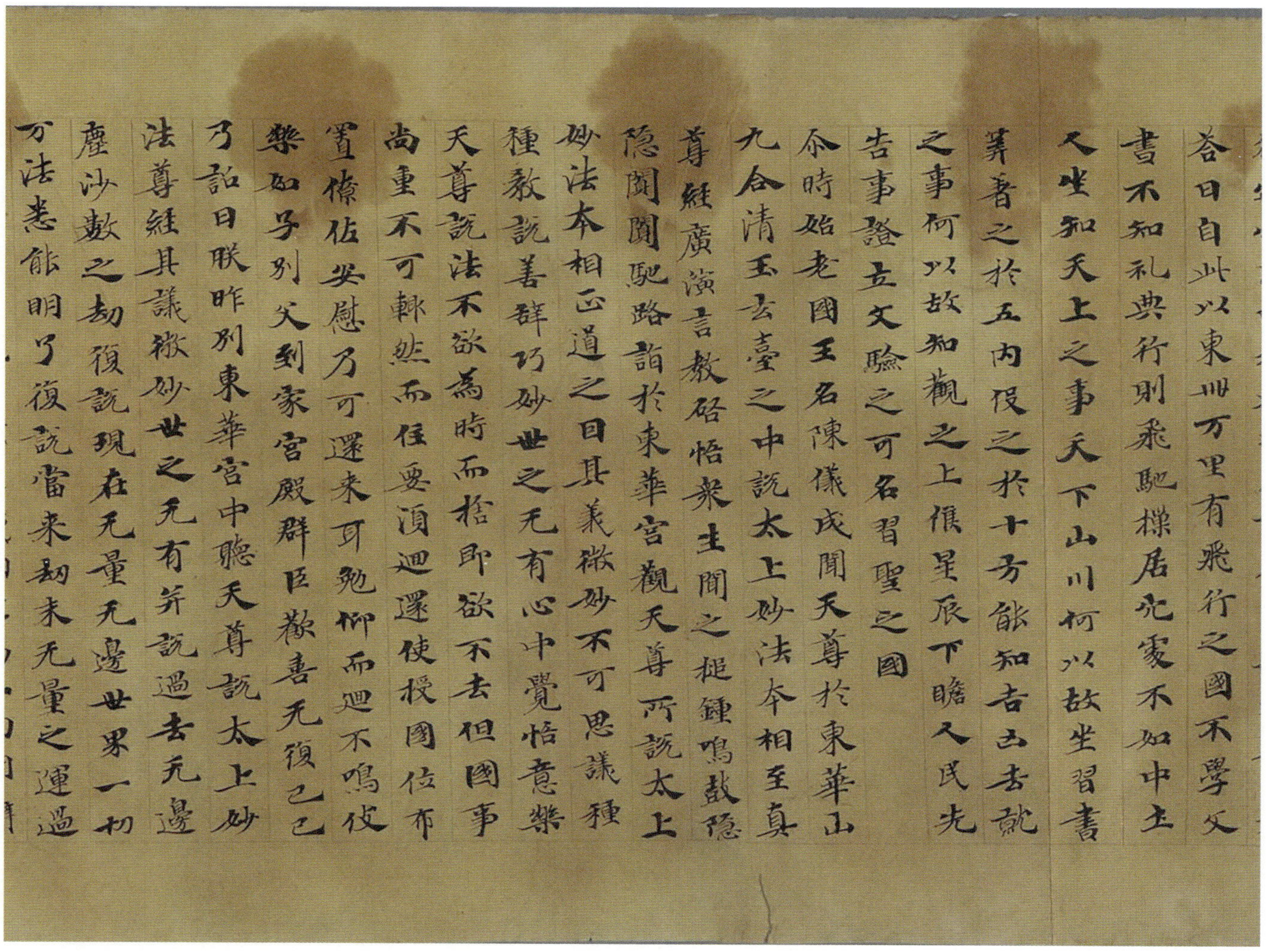
荅曰自此以東卌万里有飛行之國不學文
書不知礼典行則飛馳樔居充處不如中土
人生知天上之事天下山川何以故坐習書
籍者之於五内役之於十方能知吉凶去就
之事何以故知覩之上偃星辰下瞻人民先
吉事臵立文驗之可名習聖之國
尒時始老國王名陳儀成聞天尊於東華山
九合清玉玄臺之中說太上妙法本相至真
尊經廣演言教啓悟衆生聞之提鍾鳴鼓隱
隱闐闐馳路詣於東華宮覩天尊所說太上
妙法本相正道之日其義微妙不可思議種
種教說善辞巧妙世之无有心中覺悟意樂
天尊說法不欲為時而捂即欲不去但國事
尚重不可輙然而任要須迴還使授國位布
置僚佐安慰乃可還来耳勉仰而迴不鳴伐
樂如子別父到家宮殿群臣歡喜无復已已
乃詔曰朕昨別東華宮中聽天尊說太上妙
法尊經其議微妙世之无有并說過去无邊
塵沙數之劫復說現在无量无邊世界一切
万法悉能明了復說當来劫末无量之運遇

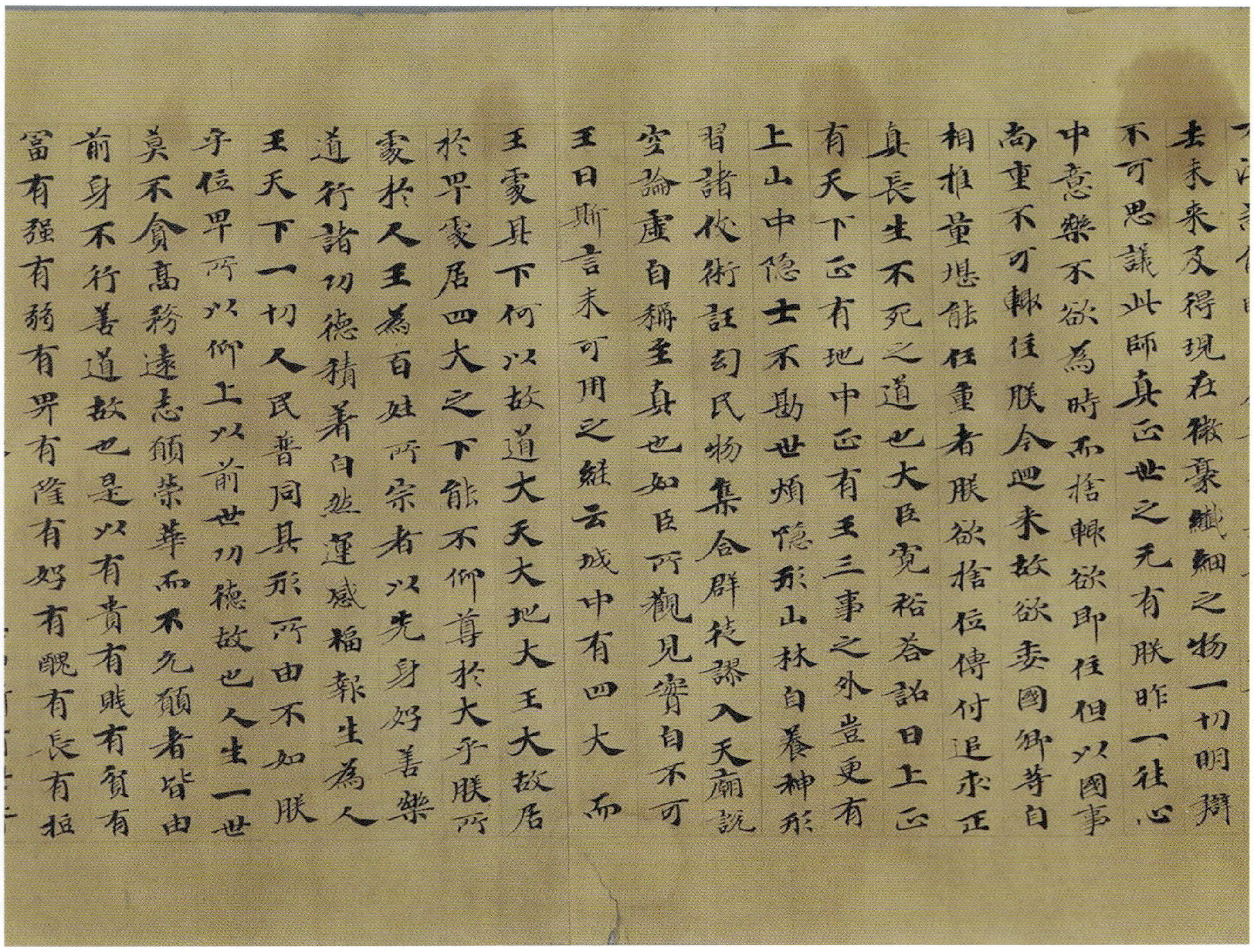

去未來及得現在微毫纖細之物一切明辯不可思議此師真正世之无有朕昨一往心中意樂不欲爲時而捨輙欲即位但以國事尚重不可輙住朕今廻來故欲委國卿等自相推量堪能任重者朕欲捨位傳付追求正真長生不死之道也大臣寬裕荅詔曰上正有天下正有地中正有王三事之外豈更有上山中隱士不勘世煩隱形山林自養神形習諸伎術誑幻民物集合群徒謀入天廟說空論虛自稱至真也如臣所觀見實自不可

王曰斯言未可用之經云域中有四大而王處其下何以故道大天大地大王大故居於卑處居四大之下能不仰尊於大乎朕所處於人王爲百姓所宗者以先身好善樂道行諸功德積著自然運感福報生爲人王天下一切人民普同其形所由不如朕乎位卑所以仰上以前世功德故也人生一世莫不貪高務遠志願榮華而不免願者皆由前身不行善道故也是以有貴有賤有貧有富有強有弱有卑有隆有好有醜有長有短

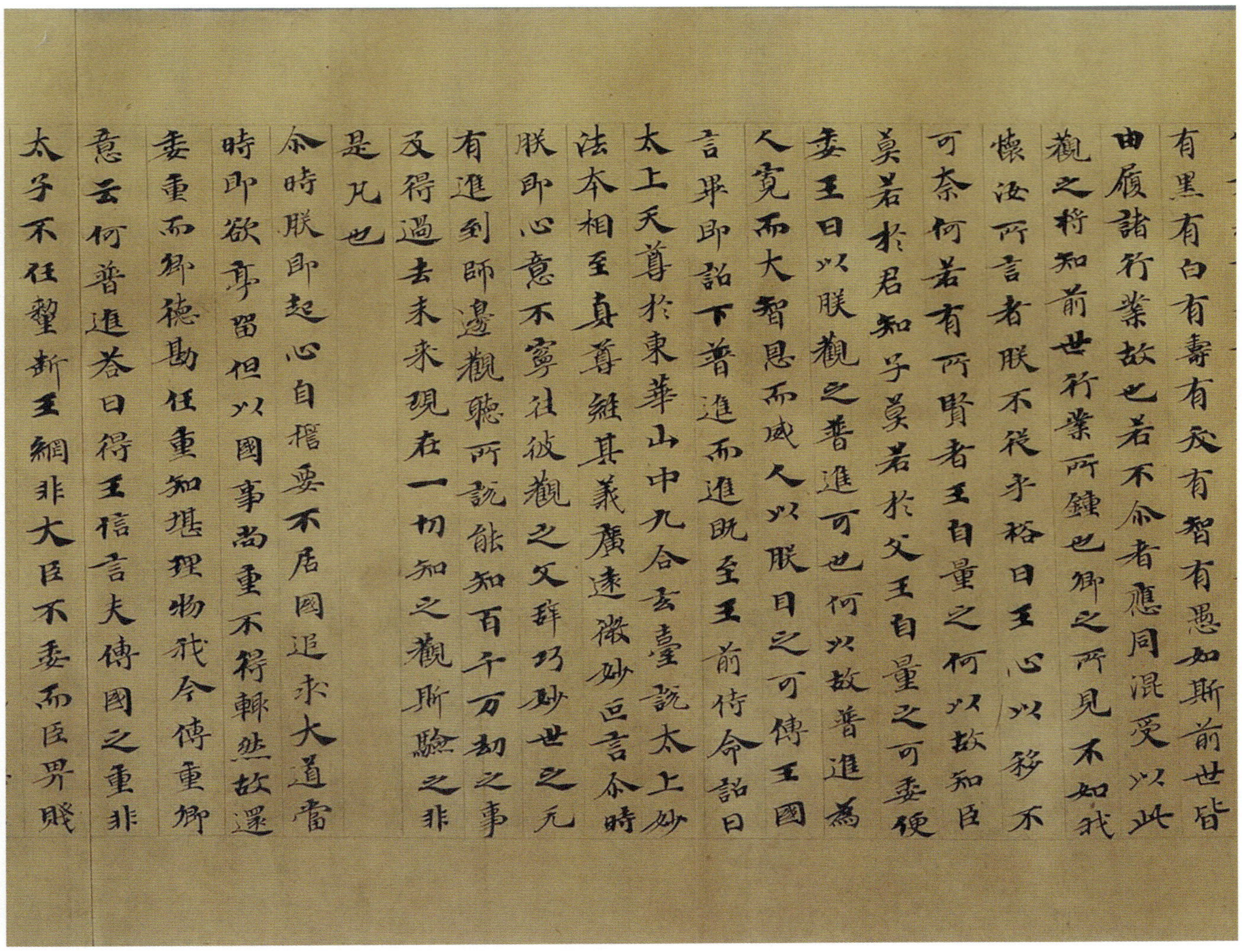

有黑有白有壽有夭有智有愚如斯前世皆由履諸行業故也若不尒者應同混受以此觀之特知前世行業所鍾也卿之所見不如我懷汝所言者朕不從孝裕曰王心以移不可奈何若有所賢者王自量之何以故知臣莫若於君知子莫若於父王自量之可委便委王曰以朕觀之普進可也何以故普進爲人寬而大智恩而感人以朕日之可傳王國言卑即詔下普進而進既至王前侍命詔曰太上天尊於東華山中九合玄臺說太上妙法本相至真尊經其義廣遠微妙臣言尒時朕即心意不寧往彼觀之文辞巧妙世之无有進到師邊觀聽所說能知百千万劫之事及得過去未來現在一切知之觀斯驗之非是凡也

尒時朕即起心自搢要不居國追求大道當時即欲停留但以國事尚重不得輙然故還委重而卿德勘任重知堪理物我今傳重卿意云何普進荅曰得王信言夫傳國之重非太子不任聟斯王綱非大臣不委而臣卑賤

急言國事費賤不可相臣智薄德淺不堪任
重未可容也王曰我今傳太子可謂愛親之
子與道返矛夫皇天无親唯與善人而御德
堪任大故委王國也未可遊言矛於是釋王
位説卞之具服飾等傳王國事事脩授畢即
將太子妻息男女五十八口歡喜而去到東
華山中清玉九合玄臺面覲天尊寒温時宜
天尊告曰汝能來也答曰天尊在此不敢自停
也天尊曰國事如何也王曰弟子昨到國治
下詔大群臣傳委國事而諸不可國中有孝
子行合天下慈恭有智制授命傳委以國土
釋王位而授无有可難命乃將諸妻子歸命
師門天尊曰善矣如斯之比未之有也昔者
元皇不居世位今致正真元皇之位号也汝
妻子眷屬悉是世中真人也何以故汝前吾
於珠口説法之時同在其中今時汝等五十
八人同於一席共起一願捨身受身願常與
道爲因共生一家追脩道業成道乃正以前
世願故同生王室各各本願今復乘前之功
來脩道業此功德高大難可比之王於坐中

五十八人同時得地仙之道
天尊見諸群臣民人不信道業欲彰王道於
此坐上放一光明曠照一國地作金色始老
國土一切人民尋光普見東華山中清玉九
合玄臺之中師子座上靜老天尊説太上妙
法本相尊經四衆圍遶巿滿其邊但見本國
王太子妻息男女五十八人同登地仙之道
也面首光仙端坐所生九色神龍口吐五色
寶華照曜其巔一切大衆莫不光明國内男
女於是遂脩道業知有因緣咸行善心從今
以去往往有脩道學仙二年三年有一人白
日飛昇空玄遊晏太霊是故道教下來救世
之苦有濟衆生无量生死之苦也從今以去
世運轉促漸漸遂急人生惡心刀兵困苦若
有善男子善女人有能信心三寶脩行道德
長齋誦經履行身直皆行過度惡世將來得
生天宮衣食自然若功成德就受記後賢終
不虛妄也何以故譬如種之根苗一株之菓
不如万根之多是故真人以多種故得爲多
菓報故法不唐捐功不妄棄著之於空中成

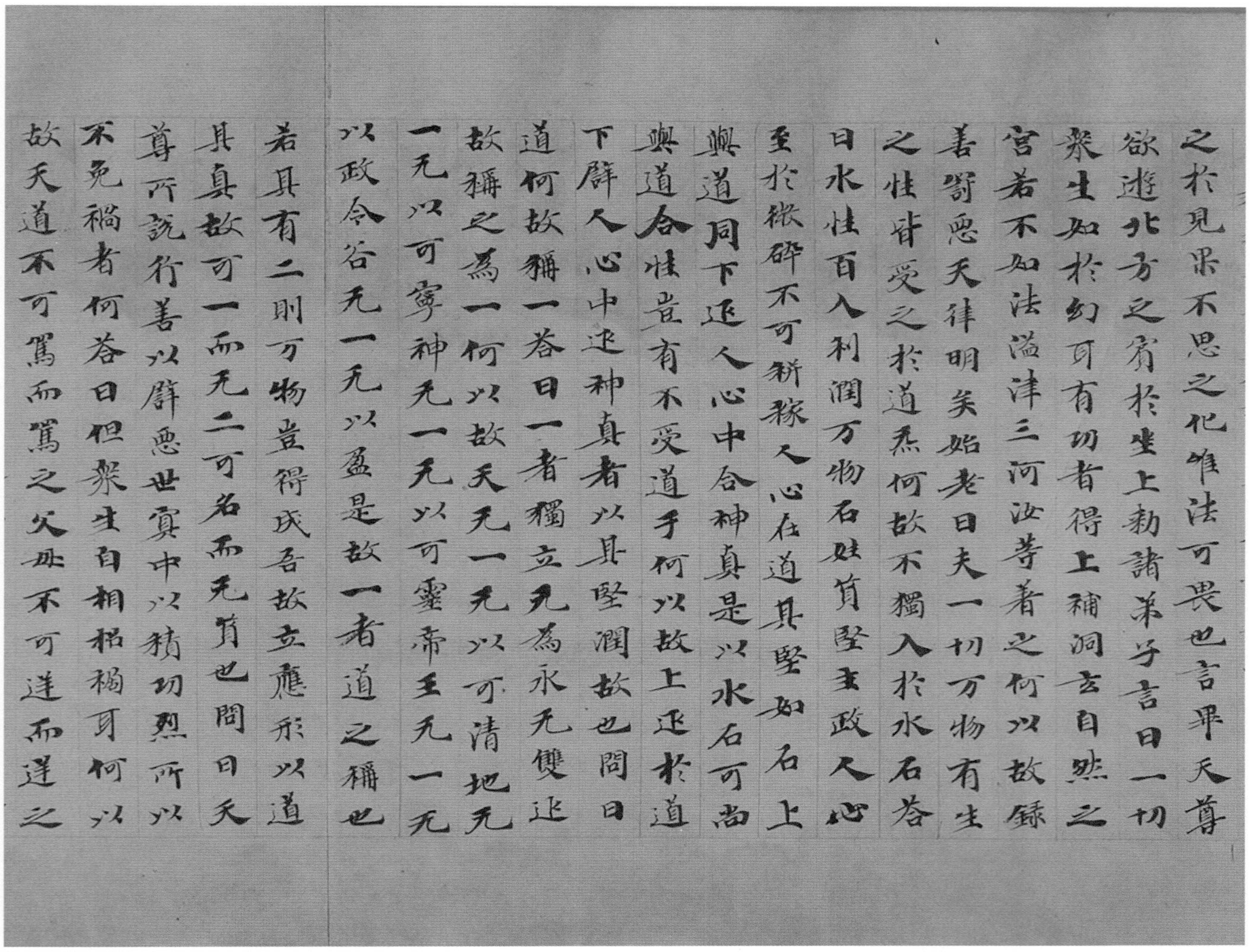

之於見果不思之化唯法可畏也言畢天尊
欲遊北方之宥於坐上勑諸弟子言曰一切
衆生如於幻耳有功者得上補洞玄自然之
宮若不如法滛泆三河沙等着之何以故録
善罰惡天律明矣始老曰夫一切万物有生
之性皆受之於道炁何故不獨入於水石荅
曰水性百入利潤万物石姓質堅主政人心
至於微碎不可竊祿人心在道其堅如石上
與道同下迗人心中合神真是以水石可尚
與道合性豈有不受道乎何以故上迗於道
下辟人心中迗神真者以其堅潤故也問曰
道何故稱一荅曰一者獨立无為永无雙迗
故稱之為一何以故天无一无以可清地无
一无以可寧神无一无以可靈帝王无一无
以政令谷无一无以盈是故一者道之稱也
若其有二則万物豈得成否故立應形以道
其真故可一而无二可名而无質也問曰天
尊所說行善以辟惡世冥中以積功烈所以
不免禍者何荅曰但衆生自相招禍耳何以
故天道不可駡而駡之父母不可逆而逆之

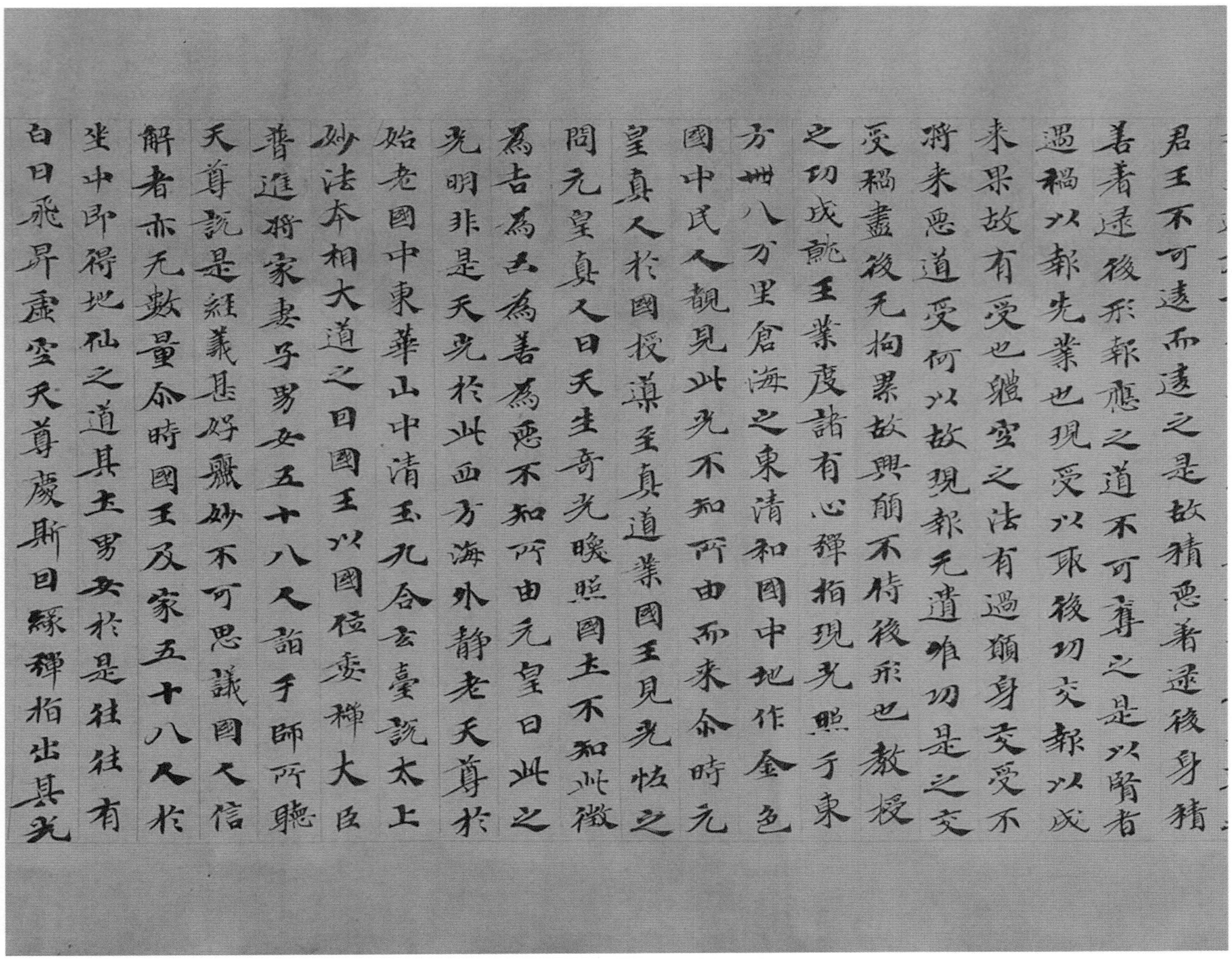

君王不可遠而遠之是故積惡著逐後身積
善著逐後形報應之道不可奪之是以賢者
遇禍以報先業也現受以取後功交報以成
來果故有受也體空之法有過積身交受不
將來惡道受何以故現報无遺唯功是之交
受禍盡後无拘累故興顛不待後形也教授
之功成就王業度諸有心禪指現光照于東
方卌八万里倉海之東清和國中地作金色
國中民人覩見此光不知所由而來尒時元
皇真人於國授導至真道業國王見光怙之
問元皇真人曰天生奇光曉照國土不知此微
為吉為凶為善為惡不知所由元皇曰此之
光明非是天光於此西方海外靜老天尊於
始老國中東華山中清玉九合玄臺說太上
妙法本相大道之日國王以國位委禪大臣
普進將家妻子男女五十八人詣于師所聽
天尊說是經義甚好微妙不可思議國人信
解者亦无數量尒時國王及家五十八人於
坐中即得地仙之道其土男女於是往往有
白日飛昇虛空天尊處斯回緣禪指出其光

明曖照此太未有奇異也心中不悟生或懼
然日此光天上之光曖照下方亦有怗科告
正之道未能示列豈言道士之光也不受信
之於是清陵道宮赫然而開一切王臣民人
仰育但見種種信解人種種根
行人種種造治人於時天光悲問幽夜開明
但見西方海水東華山中清王几合玄臺中
天尊昇手生上說太上妙法本相尊経四眾
聞遠光明奔奔不可稱計復見彼國王妻子
眷屬五十八人得地仙之道頂天元
還開无有光明今時清和國王不為位榮
不為榮雖念大道備行道德正以神真礼拜
化神王國不殺不害道法而治一切人民樂
其三寶履菩行行國无殘賊人元惡心光庸
不猶林雅不食其宍鳶鵲不博食以元生之頼普
食草木純風逐被四方朝宗風而随時五穀
豈寶俠冨者不盈貧者不之有冨齋等天下
和不男不那心女不滛命各及時礼配永无
怨曠一切北民咸同辞獄令時國土男女之
人往往有飛行者於時國王詔下天下善信

男女不問貴賤有能為我在國行道者百金
遺家人受國音現在人天願常同俱天下人
民善信男女三十五百人咸亦受應國王即
設大齋諸諸四輩三万七千人會諸生所齋
食以畢布施三十五百男女道士供養之具
穉種供給无所之少衣裘卧身悲以供給即
造習仙神宮上下九級一百廿大基高九尺
方圓百廿步宮室卅有六純以金銀薄上晃
昱无量四周房宇左右廚室中彌上閣无事
不有及流泉浴池種種華林百和音映一切
名物无不備之供養之身事事志給復造神
仙七正之廟赤與習仙同之男居習靈女居
七正國王随時礼拜於習靈夫人随時礼拜
於七正七正者上法廿八宿其宮室廿八門
應之度數一百年中三千五百學士白日昇
于太極宮也國王夫人亦同飛遷為妙梵天
王而焚貪於樂樂不行功德備志天宮不通
道德本時恒發一善願於玄中養之前捨身
受身乃至成道常與弟子作師度為高真以
此願故落為人王於于西方罽賓之國号曰

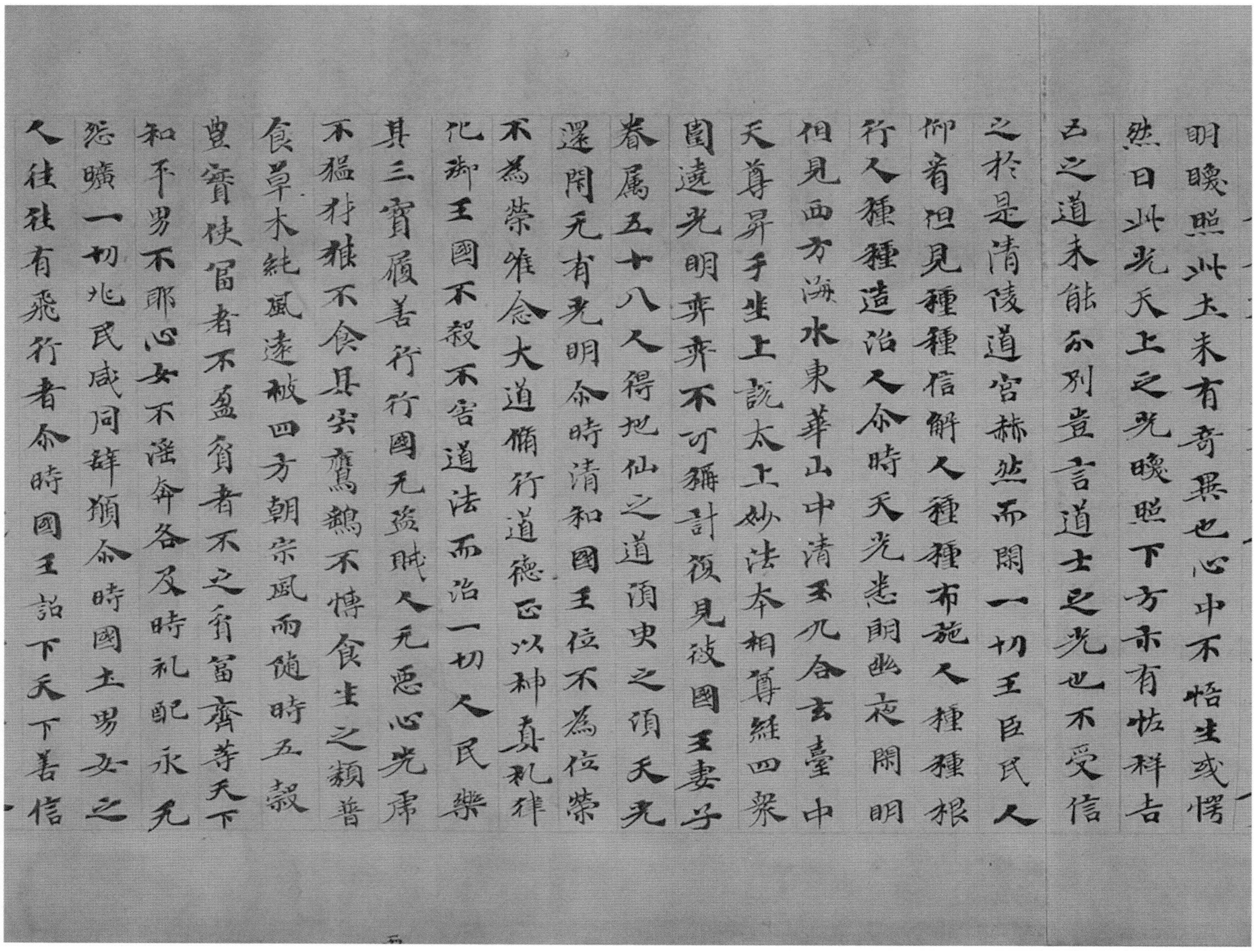

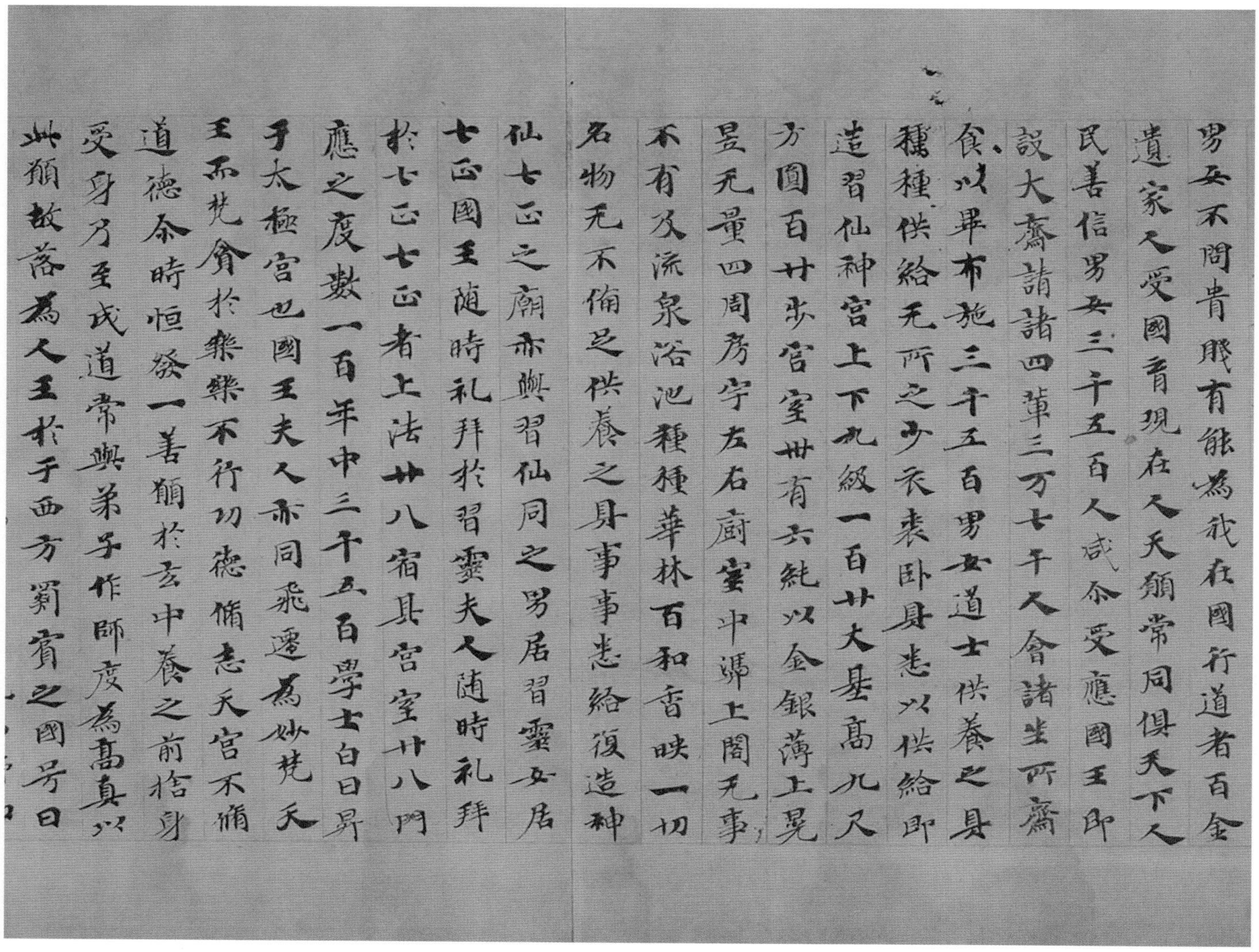

煩惱力王殺害衆生亦无數量田獵山野如
於狂人淫愛宫妃殺牂之屬積罪如山不可
稱計玄中養尒時号爲玄中法師於中嘆曰
清和國王信解三寶供養布施以脩善業得
生天上爲妙梵天王食著樂樂不行前業從
意覺誕遂落人王爲罽賓國中煩惱力王殺
害无度不可稱數前以許誓不得違失須化
之度之去離苦惱令即信伏得脩學業還成
道真於是玄中法師化生有緣先李氏女神
妃之子循使生道之胞七十二年乘催十年
乃剖左腋而生之天人玉女盥漱而承洗之
剖地晧首百鳥鳳麟翔集中逵經由三月乘
白鹿而西應合尹喜同期唐門隱跡搯特三
年不出煩惱獵見曰即呵嫖仍遣不留恐其
溢言二子不去遂漸化之不從正教方欲毒
之迮王就穴具出神厨食不盡餚万衆悉足
於後吁其二子曰而遣之倉厨窮竭王轉增
怒積薪熇燒火不能熱沉石海淵石不肯沒
出兵格戰箭返刃折百種禍害不能令殺害
老龐吁山林化成兵鉀殺天而下滿在王國

舉國惶怕恐无生活捋石叩頭兩手雙搏搯
奉神人不移不易二子知心方導三乘於沙
閨城西一時椎折度其人道髡剔鬚鬁衣以
弊服縱恢橫郡授以戒律号曰桑門至末世
鮭流東土漸至洗爲此法大興清濁同器真
爲不別道炁去離遂入死緣東海龍王煩燒
洞然五十年後其法還興爲世男女競入道
門城池聚落廟塔門門世名入道号曰比丘
南行補空壞帬爲袴自号沙弃於是還返流
本西域不復興心南北合城便隨死緣王氏
化治付囑卯金木子弓口方乃興焉治道天
下无有惡人男則无淫女則无塵道化流行
壯合自然不偏不黨異骨爲親路无行盜夜
无非姧落有勞音陌有真言无爲之治天下
一倫疫炁沉沒不復害人虎狼不噬鷹鷂嗷
虚虬蛇不毒蜂蛆不螫甘泉當吐不比川泉
小種大收永无病敗天度不錯日月不衝狂
風不發土霧不冝雷不振搖而不雹中草木
不折禾麥不損當尒之時一切改新
尒時始老真人得天尊敷揚道教說過去未

來及得現在一切万法所由而來罪福對報
行業因緣善惡之報莫不具陳一切大衆皆
得道真慶此靈會无復己己即於天尊前長
跪合掌而作頌曰
千劫之因緣　會此宿命師　為諸大衆等　説此万劫微
行業相對報　罪福自來推　白黑須臾分　五苦業若歸
遇慈常樂尊　座觀在東華　振此清玉臺　説是妙惠家
五十八男女　指樂就苦差　苦盡得一果　色龍吐蓮華
先照東方土　无量奉宗受　清和得度世　遷居妙梵首
命者居樂　落生西王后　玄老子通鑒　知此因緣有
化生李母胎　生落自皓首　與尹西化之　皆愠脩經又
胡王後得伏　度脱一切人　衣服楮絳色　與世不參差
積行果業成　号曰无上身　法教漸東流　化及東海間
末世興此法　中夭積蕩然　南行補人空　於此遷西賓
太上妙法本相經廣説普衆捨品第廿一

自養神形習諸伎術誑匈民物集合群
徒謗入天廟説空論虚自稱至真也如臣所
觀見實自不可王曰斯言未可用之經云
域中有四大而王處其下何以故道大天大
地大王大故居於卑處居四大之下能不仰
尊於大乎朕所處於人王為百姓所宗者以
先身好善樂道行諸功德積着自然運
感福報生為人王天下一切人民普同其形
所由不如朕乎位畢所以仰上以前世功德
故也人生一世莫不貪高務遠志願榮華
而不允願者皆由前身不行善道故也是
以有貴有賤有貧有富有强有弱有卑
有隆有好有醜有長有短有黑有白有
壽有夭有智有愚如斯前世皆由履
諸行業故也若不尒者應同混受以此觀之
將知前世行業所鍾也卿之所見不如朕懷
汝所言者朕不從乎裕曰王心以移不可奈
何若有所賢者王自量之何以故知臣莫
若於君知子莫若於父王自量之可委使
委王曰以朕觀之普進可也何以故普進

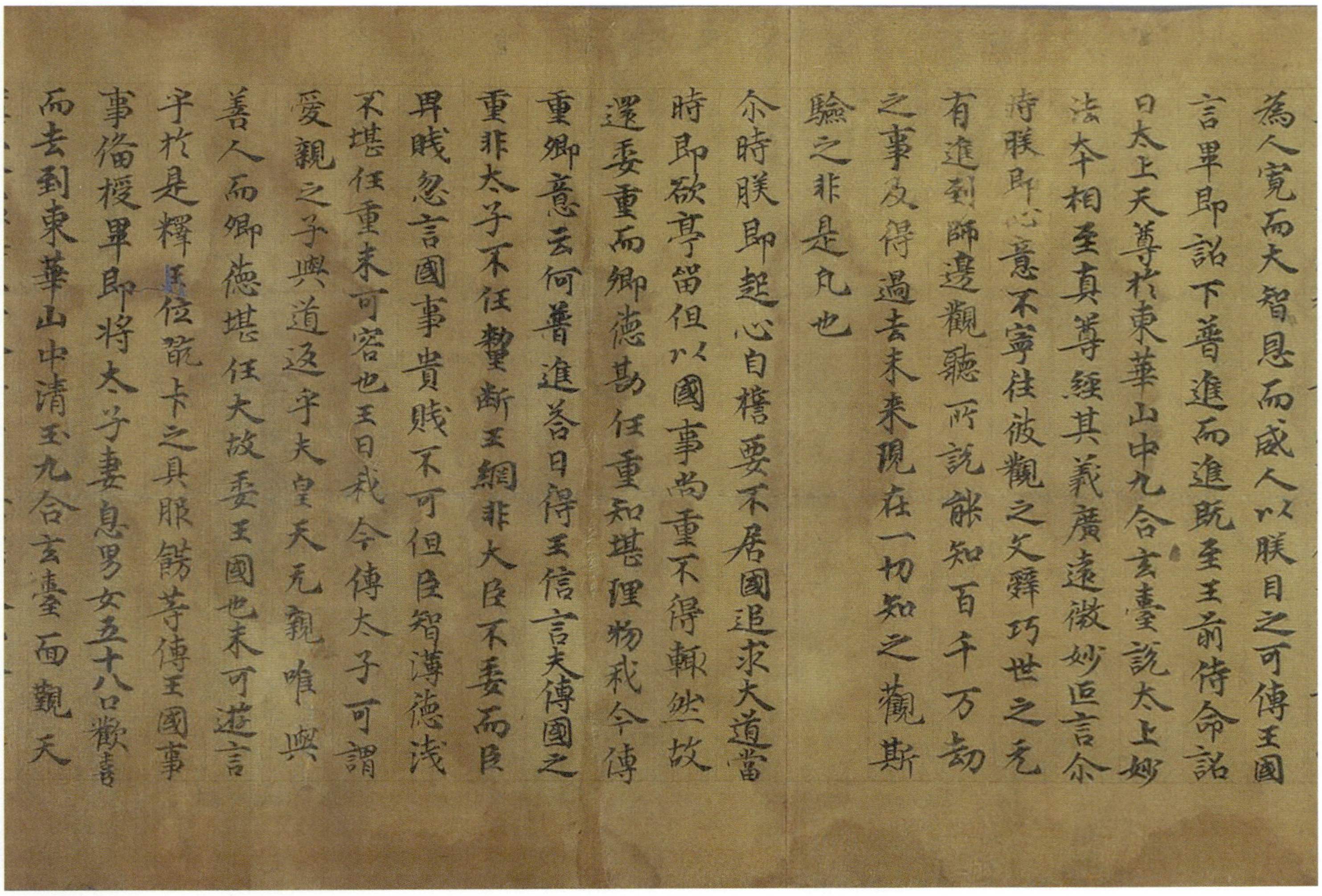
為人寬而大智息而感人以朕目之可傳王國
言畢即詔下普進而進既至王前侍命詔
日太上天尊於東華山中九合玄臺說太上妙
法本相至真尊經其義廣遠微妙臣言尒
時朕即心意不寧往彼觀之文辭巧世之无
有進到師邊觀聽所說能知百千万劫
之事及得過去未來現在一切知之觀斯
驗之非是凡也
尒時朕即起心自憎要不居國追求大道當
時即欲亭留但以國事尚重不得輙然故
還委重而卿德堪任重知堪理物我今傳
重卿意云何普進荅曰得王信言夫傳國之
重非太子不任贊斷王綱非大臣不委而臣
卑賤忽言國事貴賤不可但臣智薄德淺
不堪任重未可容也王曰我今傳太子可謂
愛親之子與道返乎夫皇天无親唯與
善人而卿德堪任大故委王國也未可遂言
乎於是釋王位冠卡之具服餙等傳王國事
事備授畢即將太子妻息男女五十八口歡喜
而去到東華山中清玉九合玄臺而覲天

(196) (190) (185) (180) (177)

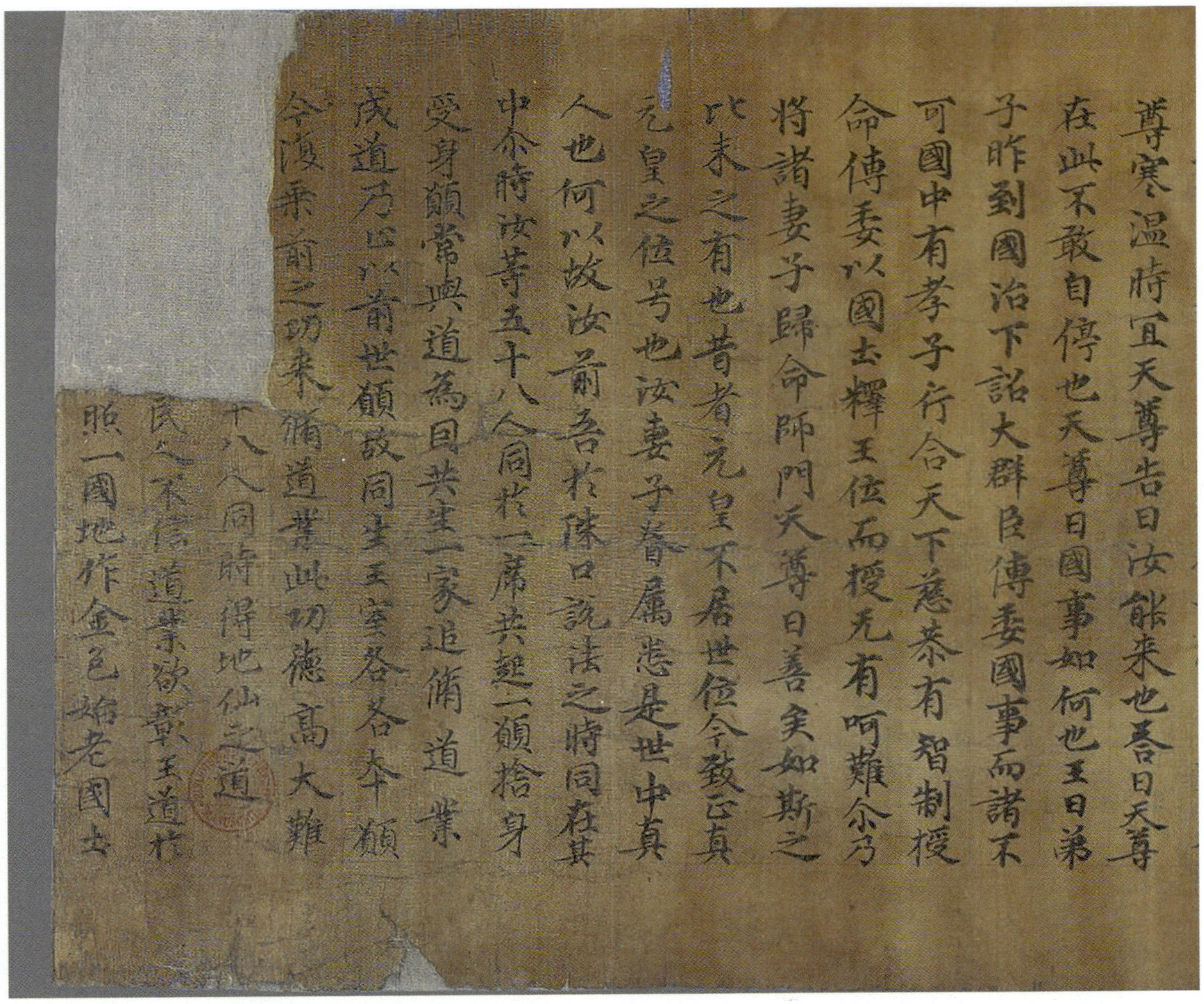
尊寒溫時宜天尊告曰汝能來也善曰天尊
在此不敢自停也天尊曰國事如何也王曰弟
子昨到國治下詔大群臣傳委國事而諸不
可國中有孝子行合天下慈恭有智制授
命傳委以國去釋王位而授无有呵難尒乃
將諸妻子歸命師門天尊曰善矣如斯之
比未之有也昔者无皇不居世位今致正真
无皇之位号也汝妻子眷屬悉是世中真
人也何以故汝前吾於陳口說法之時同在其
中尒時汝等五十八人同於一席共起一願捨身
受身願常與道為因共生一家追脩道業
成道乃正以前世願故同生王室各各本願
令複乘前之功來脩道業此功德高大難
十八人同時得地仙之道
民之不信道業欲囊王道於
照一國地作金色始老國去

(212) (210) (205) (200) (197)

釋文

（S. 2122 抄本，前缺）

鋪玉□□／綿，馬瑙緣邊，琉璃薄地，七寶莊嚴。天尊説是／經法，聲聞大衆，正以一音演説法，隨類衆生／各各受解。一切人前如有尊，視諸同坐无有／尊。相好具足无有勝，行化道業无不憘。視之／无厭无量功德，濟諸苦惱行大慈。正一合悲／恒度物，廣演言教行衆脩。三解八脱得自在／，行篤信海法中王。為之性常為正化，（化）曜三界／輝[一]法場。德宗无上獨立一，降神通真諸法王／。得行後真号神尊，海智无量得正慧。傳道通／真天人師，度人无量得自在。无可无不可行／衆脩，與諸群生无彼我／。

尒時山中有扶桒静室，左右玉室，前後金堂／，八窓四闥，嚴麗无有。東有服炁之室，西有養／鋒之方，南有練朱之宇，北有起明之堂。金樓／玉閣，五岳之城，神真所翫樂，甚妙无有。尒時／有青靈始老，領諸徒衆九千人，在于此室脩／行道德。聞天尊遊化世界，布振四方，来在青／玉九合玄臺妙靈師子座上，説太上妙法本／相至真尊經，无量无邊，不可思議。尒時青靈／將諸徒從詣于座所，遶座三帀，叉手礼拜，問／訊天尊時宜寒温已。天尊曰：何能遠也？始老／荅曰：何有遠也。聞天尊於斯山中敷揚道教／，整理天文，一切衆生莫不蒙恩。昨聞今馳，不敢／暫寧。今得覩師，一生足矣。但生住邊地，不閑／天文，不知不識，猶如[二]盲人。今蒙天尊来，詣／師訣其不解，問其不識。仰冀天尊告其因緣／所從而来，實冀天尊不見拒逆／。

天尊告曰：善。汝於此土脩行道德，一方之化／主也。意有不訣，能問但問，未足懷疑。

始老問／曰：自我居此室以来三百万劫，但見國人而／无衰老，是男是女面如玉脂，无有喪病。土有／玉池，方圓五百里，池水温調，飲之令人面如／玉脂，永无喪病。而此東華山中有此九合玄／臺，累玉而成妙靈神座，七寶莊嚴。恒有神龍／猛馬，八威毒狩，吸嚇叵近。復有九色神鳳九千／頭，不見飲食，恒常生活。恒以晝夜六時，吐／其微妙麗雅之音。其鳥鳴時，一切山中之虫／伏聽不起。此臺傳云復是東華宮，本是聖人／宮臺，即名神宮，无人敢近。弟子所居室，傳名扶／桒静室，前後金堂，八窓四闥，嚴麗无有。東／有服炁之室，西有養鋒之方，南有練朱之宇／，北有起明之堂。金樓玉閣，五岳之城，神真所／翫樂，甚妙无有。自我居三百万劫，人不衰／老。我亦與國人同受玉池，面如玉脂。近来不知／何故，面皺髪白，如似老容。國人即名我為／始老之人。如斯之事，悉不知之，唯願天尊告／其因緣所從而来，令諸衆生悉得聞知／。

天尊荅曰：善哉善哉。汝居座位，諦受勿忘，語／汝因緣所從而来。於是始老及諸徒從，悉於／座位正坐諦聽，不敢忘失。伏受命旨曰：此土／人无辜壽命長遠，以飲玉池故耳。所以者何／？吾昔龍漢之時，於此土中造此玉池，洗拂天／景大混文字，瑩拭字形，出法度人。自我去後／，有諸人民不問男女，有入此池吸飲此水，即／能面如玉脂，无有衰老，即无欲想。國人遂相／效之，舉國来入。一切男女悉无淫欲，皆面如／玉脂，命得長壽而无衰老。以飲玉池真炁在／脂，是故不衰／。

尒時吾洗拭以既，賫持詣東華山中，即造清／玉九合玄臺，核定真文，傳於九靈君。尒時扶／桒先生脩念於此山中，三劫乃去。所以東有／服炁之室，納炁於東；所以西有養鋒之方，割／却生死之綱；所以南有練珠之宇，示有赤心於／道；所以北有起明之堂，欲濟衆生長夜之／苦。前堂授文，後堂決誡，八窓上法八方，四闥／堂下法四時。自尒汝居，逮于今日，汝所以面皺／髪白，示有天炁將諸，知有變異之状也。自今／以去，天運漸促，真文收還大羅之外玉京玄／都紫微上宮，永无真炁。人雖飲食，不能面／如玉脂，命得長遠。當今以去，人命拉促，轉轉不／同，五濁躁競，魔或妄生，衆耶蛊道，流滿天下／，奪筭天年，自共傷害。何以故？復坐國主剋暴／，賦税民物，職任之官都食百姓，吏依形勢助／君行虐，殘賊百姓，自作積富。吏譺拷打，榜笞／无度，盗許私用，求望鞭卒，方枷械杻，三木全／具，人民死亡横枉者半，使民无時，不得喪／瑩，强尸滿野，哭聲盈路，雖有遺餘，貧困叵補，使／男失其娶，女失其嫁，男女怨曠，面有不足之／色。感運生灾，不以度數，陽隔陰塞，水旱不時／，或以霜雹蟥虫傷害五糵，民人飢饉，不安其／處，憍奮相陵，强弱相殘，天下妄兵，威力逼迮／，男啼[三]女泣，溢于階陌。天下荼炭，傷之我情，吾故／為一切苦惱衆生，開紫微上宮太上妙法本／相自然尊經，度諸衆生苦惱之中。是以吾歷／諸四方，説太上妙法本相无上尊經，度脱一／切苦惱衆生，拔諸長夜苦魂之難，而諸一切／含形之類，悉有道性。有能志務之者，皆得去／離苦惱之中，將来皆神仙之道，長夜苦魂悉／得光明之輝。若有善男子，善女人，至心念道／，身行三業，良善福田，心行大慈，口詠靈篇，長／齋苦思，唯行道味，割棄色累，逍遥洞真，功／成德就，雲輿来迎。何以故？此經尊極无上，諸／經元王，苞羅諸經，運御諸品，神至无極，度人／无量。何以故？太上恒寶秘斯文，不傳於世，但／以運促世給，人命轉拉，五濁躁行，妖耶競興／，流滿天下，不可稱記，故為説之。昔黄上真人／、太微帝君、高上真人，以奉宗供養，詠誦斯文／，得為太真之位乎。若有蹔得眄其篇目者，皆／慶及九玄，上生天上安樂之處。若能身心供／養，皆得名列三清，功德成就，雲輿来迎而不／疑也／。

吾昔於此土中洗瑩天文，造此玉池，詣於／東華山，造清玉（四）九合玄臺，校定真文，傳付三賢／。尒時九炁天君於此中誦讀天文，千日之中／，身變神仙軀形，蓮華九炁之色紫文遶之，結／成宫殿，羅於天君，國人樂推為主。而天君即／受吾命從之，王於東土。即以天尊所校閲，正／定天文，造九合玄臺，於此臺中即為東華宫／，受生命藉，即九炁天君（五）主之，至于今日。若有／學士男女之人，脩行道德，亦恒投簡於東流／水，投入於海中，九炁天君賞人命藉，是以投／簡注生之名玉曆之中。若有男女之人，不知／罪過，亦須放簡於靈山也。若彰其罪，依靈寶／金龍之法，於東流之上，解散罪讁，名列東華／，注仙珠宫。功成德就，剋得无為至真之道也／。

問曰：東華山中有此奇好之物，仙聖所行，名／如諸山岳，一切大山小山，清恬君静，皆可止／神居仙，復可居之，豈獨標於東華？答曰：山者／為静，神真所居處，是以學士居於山寂静之／處，脩養神形，易可功効。若於俗化一切，救濟／衆生，功成遂之，此德高大，不可稱之。復能長／行於齋誦，執詠不絶，功成遂之，不可稱之。若／有志士男女之人，行於大道，志存山林，長齋／隱素，剋成生真。山无大小，皆有其神，大山大／神，小山小神。欲隱學山林，必須求望之。何以／故？學士德未高遠，威未析止，事須求望之，不／求不望，嚚敗子真，故須求及之。不求不及，不／得定性。

問曰：於此以東有何國土，學道以不／？答曰：自此以東卌万里，有飛行之國，不學文／書，不知礼典，行則飛馳，樔居穴處，不如中土／人，坐知天上之事、天下山川。何以故？坐習書筭／，著（之）（六）於五内，役之於十方，能知吉凶去就之／事。何以故？知觀之上候星辰，下瞻人民，先／告事證，立文驗之，可名習聖之國／。

尒時始老國王名陳儀成，聞天尊於東華山／九合清玉玄臺之中，説太上妙法本相至真／尊經，廣演言教，啓悟衆生，聞之槌鍾鳴鼓，隱／隱闐闐，馳路詣於東華宫，觀天尊所説太上／妙法本相正道之因，其義微妙，不可思議，種／種教説，善辭巧妙，世之无有。心中覺悟，意樂／天尊説法，不欲為時而捨，即欲不去。但國事／尚重，不可輒然而住，要須迴還，使授國位，布／置僚佐安慰，乃可還来耳。勉仰而迴，不鳴伎／樂，如子别父。到家宫殿，群臣歡喜，无復已已／，乃詔曰：朕昨别東華宫中，聽天尊説太上妙／法尊經，其議（義）微妙，世之无有，并説過去无邊／塵沙數之劫，復説現在无量无邊世界，一切／万法，悉能明了。復説當来劫末无量之運，過／去未来及得現在微豪纖細之物，一切明辯／，不可思議。此師真正，世之无有，朕昨一往，心／中意樂，不欲為時而捨，輒欲即住，但以國事／尚重，不可輒住。朕今迴来，故欲委國卿等，自／相推量堪能任重者，朕欲捨位傳付，追求正／真長生不死之道也。大臣寬裕答詔曰：上正／有天，下正有地，中正有王，三事之外，豈更有／上？山中隱士，不堪（七）世煩，隱形山林，自養神形／（八），習諸伎術，誑幻民物，集合群徒，謬入天廟，説／空論虚，自稱至真也。如臣所觀見，實自不可／。王曰：斯言未可用之。經云：域中有四大，而／王處其下。何以故？道大、天大、地大、王大，故居／於卑（九）處。居四大之下，能不仰尊於大乎？朕所／處於人王，為百姓所宗者，以先身好善樂／道，行諸功德，積著自然，運感福報，生為人／王，天下一切人民普同其形，所由不如朕乎／，位卑（一〇）所以仰上，以前世功德故也。人生一世／，莫不貪高務遠，志願榮華，而不允願者，皆由／前身不行善道故也。是以有貴有賤，有貧有／富，有强有弱，有卑（一一）有隆，有好有醜，有長有拉／，有黑有白，有壽有夭，有智有愚，如斯前世皆／由履諸行業故也。若不尒者，應同混受。以此／觀之，將知前世行業所鍾也。卿之所見，不如／我懷。汝所言者，朕不從乎。裕曰：王心以移，不／可奈何，若有所賢者，王自量之。何以故？知臣／莫若於君，知子莫若於父。王自量之，可委便／委。王曰：以朕觀之，普進可也。何以故？普進為／人，寬而大智，恩而威人，以朕目之，可傳王國／。言畢，即詔下普進。而進既至王前侍命，詔曰／：太上天尊於東華山中九合玄臺，說太上妙／法本相至真尊經，其義廣遠，微妙叵言。尒時／朕即心意不寧，往彼觀之，文辭巧妙，世之无／有，進到師邊，觀聽所說，能知百千万劫之事／，及得過去未来現在，一切知之，觀斯驗之，非／是凡也／。尒時朕即起心自誓，要不居國，追求大道。當／時即欲停（一二）留，但以國事尚重，不得輒然，故還／委重。而卿德堪（一三）任重，知堪理物。我今傳重，卿／意云何？普進答曰：得王信言。夫傳國之重，非／太子不任，鳌斷王綱，非大臣不委。而臣卑（一四）賤／，忽言國事，貴賤不可。但臣智薄德淺，不堪任／重，未可容也。王曰：我今傳太子，可謂愛親之子／，與道返乎。夫皇天无親，唯與善人，而卿德／堪任大，故委王國也，未可遊言乎。於是釋／王位，翫卡之具服鎊等傳王國。事事脩授畢，即／將太子妻息男女五十八口，歡喜而去。到東／華山中清玉九合玄臺，面覲天尊，寒温時宜／。天尊告曰：汝能来也？答曰：天尊在此，不敢自停／也。天尊曰：國事如何也？王曰：弟子昨到國治／，下詔大群臣傳委國事，而諸不可。國中有孝／子，行合天下，慈恭有智。制授命傳委以國土／，釋王位而授，无有呵難。尒乃將諸妻子，歸命／師門。天尊曰：善矣，如斯之比，未之有也。昔者／元皇不居世位，今致正真元皇之位号也。汝／妻子眷屬，悉是世中真人也。何以故？汝前，吾／於珠口說法之時，同在其中。尒時汝等五十／八人同於一席，共起一願，捨身受身，願常與／道為因，共生一家，追脩道業，成道乃止。以前／世願故，同生王室，各各本願。今復乘（一五）前之功／，来脩道業，此功德高大，難可比之。王與（一六）坐中／五十八人，同時得地仙之道／。

天尊見諸群臣民人不信道業，欲彰王道，於／此坐上放一光明，映照一國，地作金色。始老／國土（一七）一切人民，尋光普見東華山中清玉九／合玄臺之中師子座上，靜老天尊說太上妙／法本相尊經，四衆團遶（一八），匝滿其邊。但見本國／王太子妻息男女五十八人，同登地仙之道／也。面首光仙，端坐所坐，九色神龍口吐五色／寶華，照曜其巔，一切大衆莫不光明。國內／男女於是遂脩道業，知有因緣，咸行善心，從今／以去，往往有脩道學仙二年三年，有一人白／日飛昇空玄，遊宴（一九）太虛。是故道教下来救世／之苦，有濟衆生无量生死之苦也。從今以去／，世運轉促，漸漸遂急，人生惡心，刀兵困苦。若／有善男子、善女人，有能信心三寶，脩行道德／，長齋誦經，履行真直，皆行過度惡世，將來得／生天宮，衣食自然。若功成德就，受記後賢，終／不虛妄也。何以故？譬如種之根苗，一株之菓／，不如万根之多，是故真人以多種故，得為多／菓報。故法不唐捐，功不妄棄，著之於空中，成／之於見果，不思之化，唯法可畏也。

言畢，天尊／欲遊北方之寘，於坐上勅諸弟子，言曰：一切／衆生，如於幻耳，有功者得上補洞玄自然之／宮。若不如法，溢津三河，汝等著之。何以故？録／善罰惡，天律明矣。始老曰：夫一切万物有生／之性，皆受之於道炁，何故不獨入於水石？答／曰：水性百入，利潤万物，石性（二〇）質堅，主政人心／，至於微砕，不可耕稼，人心在道，其堅如石，上／與道同，下疋人心，中合神真，是以水石可尚／，與道合性，豈且有不受道乎（二一）。何以故？上疋於道／，下譬人心，中疋神真者，以其堅潤故也。問曰／：道何故稱一？答曰：一者獨立无為，永无雙疋／，故稱之為一。何以故？天无一无以可清，地无／一无以可寧，神无一无以可靈，帝王无一无以／政令，谷无一无以盈。是故一者道之稱也。若／其有二，則万物豈得成，吾故立應形，以道其／真，故可一而无二，可名而无質也。問曰：天尊／所說行善以避（二二）惡世，冥中以積功烈，所以／不免禍者何？答曰：但衆生自相招禍耳。何以／故？天道不可駡而駡之，父母不可逆而逆之／，君王不可違而違之，是故積惡著逮後身，積／善著逮後形，報應之道，不可奪之。是故賢者／遇禍以報先業也，現受以取後功，交報以成来／果，故有受也。躰空之法有過，願身交受，不／將来惡道受。何以故？現報无遺，唯功是之，交／受禍盡，後无拘累，故興願不待後形也。教授／之功，成就王業，度諸有心，彈指現光，照于東／方卌八万里，倉海之東清和國中，地作金色／，國中民人覩見此光，不知所由而来。尒時元／皇真人於國授導至真道業，國王見光恠之／，問元皇真人曰：天生奇光，映照國土，不知此徵／為吉為凶，為善為惡，不知所由。元皇曰：此之／光明，非是天光於此，西方海外靜老天尊，於／始老國中東華山中清玉九合玄臺，說太上／妙法本相大道之因，國王以國位委禪大臣／普進，將家妻子男女五十八人，詣于師所，聽／天尊說是經義，甚好麗妙，不可思議，國人信／（二三）解者亦无數量。尒時國王及家五十八人，於／坐中即得地仙之道，其土男女於是往往有／白日飛昇虛空，天尊慶斯因緣，彈指出其光／明，映照此土，未有奇異也。心中不悟生惑（二四）愕／然曰：此光天上之光，映照下方，示有恠祥，吉／凶之道，未能分別，豈言道士之光也？

不受信/之。於是清陵道宮赫然而開，一切王臣民人/仰看，但見種種信解人，種種布施人，種種根/行人，種種造治人。尒時天光悉朗，幽夜開明/，但見西方海外東華山中清玉九合玄臺中/，天尊昇于坐上，說太上妙法本相尊經。四衆/圍遶，光明奕奕，不可稱計。復見彼國王妻子/眷屬五十八人得地仙之道。須臾之頃，天光/還閇，无有光明。尒時清和國王，位不為位，榮/不為榮，唯念大道，脩行道德，正以神真礼律/，化御王國，不殺不害，道法而治，一切人民，樂其/三寶，履善而行，國无盜賊，人无惡心，兕虎/不猛，豺狼不食其宍，鷹鷂不愽，食生之類，普/食草木，純風遠被，四方朝宗，風雨隨時，五槩/豐實。使富者不盈，貧者不乏(二五)，貧富齊等，天下/和平，男不耶心，女不淫奔，各及時礼配，永无/怨曠。一切兆民，咸同辭願。尒時國土男女之人/，往往有飛行者。尒時國王詔下：天下善信男/女，不問貴賤，有能為我在國行道者，百金/遺家，人受國育，現在人天，願常同俱。天下人/民，善信男女三千五百人，咸尒受應。國王即/設大齋，請諸四輩三万七千人，會諸坐所。齋/食以畢，布施三千五百男女道士供養之具/，種種供給，无所乏少，衣裘卧具，悉以供給。即/造習仙神宮，上下九級，一百廿丈，基高九尺/，方圓百廿步，宮室卅有六，純以金銀薄上，晃/昱无量。四周房宇，左右厨室，中憑上閣，无事/不有。及流泉浴池，種種華林，百和香映，一切/名物，无不備足，供養之具，事事悉給。復造神/仙七正之廟，亦與習仙同之。男居習靈，女居/七正。國王隨時礼拜於習靈，夫人隨時礼拜/於七正。七正者，上法廿八宿，其宮室廿八門/，應之度數，一百年中，三千五百學士白日昇/于太極宮也。國王夫人亦同飛遷，為妙梵天/王。而梵貪於樂樂，不行功德，脩志天宮，不脩/道德。尒時恒發一善願，於玄中養之前，捨身/受身，乃至成道，常與弟子作師，度為高真。以/此願故，落為人王，於乎西方罽賔之國，号曰/煩陁力王，殺害衆生亦无數量，田獵山野，如/於狂人，淫愛宮妃，殺胖之屬，積罪如山，不可/稱計。玄中養尒時号為玄中法師，於中嘆曰/：清和國王，信解三寶，供養布施，以脩善業/，得生天上，為妙梵天王，貪著樂樂，不行前業，縱(二六)/意寬誕，遂落人王，為罽賔國中煩陁力王，殺/害无度，不可稱數。前以許誓，不得違失，須化/之度之，去離苦惱，令即信伏，得脩學業，遷成/道真。於是玄中法師化生有緣，先李氏女神/妃之子，願使生道之胞七十二年，舉候十年/，乃剖左腋而生之。天人玉女，盥滌而承洗之/。剖地皓首，百鳥鳳驎，翔集中庭。經由三月，乘/白鹿而西，應合尹憘，同期唐門，隱跡檀特，三/年不出。煩陁獵見，因即呵嫌，仍遣不留，恐其/溢言。二子不去，遂漸化之，不從正教，方欲毒/之。延王就穴，具出神厨，食不盡餚，万衆悉足/，於後吁（呼）其二子，因而遣之。倉厨窮竭，王轉增/怒，積薪燌燒，火不能熱；沉石海淵，石不肯没/；出兵格戰，箭返刃折。百種禍害，不能令殺。静/老麾吁山林，化成兵鉀，從天而下，滿在王國/。舉國惶怕，恐无生活，持石叩頭，兩手雙愽，誓/奉神人，不移不易。二子知心，方導三乘於沙圍/城西，一時摧折，度其入道。髡剔鬚髮，衣以/弊服，縱帔橫帬，授以戒律，号曰桒門。至末世/經流東土，漸至澆(二七)偽，此法大興，清濁同器，真/偽不別，道炁去離，遂入死緣。東海龍王煩燒/洞然，五十年後其法還興，偽世男女，競入道/門，城池聚落，廟塔門世名入道，号曰比丘/。南行補空，壞帬為袴，自号赫弈。於是還返，流/本西域，不復興心，南北合城，便墮死緣。王氏/化治，付囑卯金，木子弓口，方乃興焉。治道天/下，无有惡人，男則无染，女則无塵，道化流行/，性合自然，不偏不黨，異骨為親，路无行盜，夜/无非奸，巷有勞音，陌有真言，无為之治，天下/一倫，疫炁沉没，不復害人，虎狼不宍，鷹鷂噉/塵，虬虵不毒，蜂蛆不螫。甘泉當吐，不比川原/，小種大收，永无病敗。天度不錯，日月不虧，狂/風不發，土霧不宜，雷不振摇，雨不雹申，草/木不折，禾麦不損。當尒之時，一切改新/。

尒時始老真人得天尊敷揚道教，説過去未/來及得現在，一切万法所由而來、罪福對報/、行業因緣、善惡之報，莫不具陳。一切大衆，皆/得道真，慶此靈會，无復已已，即於天尊前長/跪，合掌而作頌曰：

千劫之因緣，會此宿命師。為諸大衆等，説此万劫微/。
行業招對報，罪福自来推。白黑須臾分，五蔭幸若歸/。
遇茲常樂尊，歷觀在東華。振此清玉臺，説是妙惠家/。
五十八男女，捨樂就苦差。苦盡得一果，色龍吐蓮華/。
光照東方土，元皇(二八)奉宗受。清和得度世，遷居妙梵首/。
貪著居此樂，落生西王后。玄老予通鑒，知此因緣有/。
化生李母胎，生落自皓首。與尹西化之，苦惱备經久/。

胡王後得伏，度脱一切人。衣服赭紅色，與世不參差／。
積行果業成，号曰无上真。法教漸東流，化及東海間／。
末世興此法，中夭殰蕩然。南行補人空，於此還西賔／。
太上妙法本相經廣説普衆捨品第廿一

校記

〔一〕「輝」字上疑有脱文，「化」字據文義擬補。。
〔二〕猶如：原作「由如」，據文義改。
〔三〕「啼」字原作「帝」，據文義改。
〔四〕「造」字原在「玉清」之下，據文義改。
〔五〕P. 2389 起於此處。
〔六〕「之」字據 P. 2389 抄本補。
〔七〕「堪」字原作「勘」，據文義改。
〔八〕P. 2476 起於此處。
〔九〕「卑」字原作「早」，據 P. 2389 改。
〔一〇〕「卑」字原作「畀」，據 P. 2389 改。
〔一一〕「卑」字原作「畀」，據文義改。
〔一二〕「停」字原作「亭」，據文義改。
〔一三〕「堪」字原作「勘」，據文義改。
〔一四〕「卑」字原作「畀」，據文義改。
〔一五〕「乘」字原作「垂」，據 P. 2389、P. 2476 改。
〔一六〕「與」字原作「於」，據文義改。
〔一七〕P. 2476 止於此處。
〔一八〕「遶」字原作「遠」，據 P. 2389 改。
〔一九〕「宴」字原作「晏」，據文義改。
〔二〇〕「性」字原作「姓」，據文義改。
〔二一〕「乎」字原作「于」，據文義改。以下不復詳注。
〔二二〕「避」字原作「譬」，據文義改。
〔二三〕「信」字原作「言」，據 P. 2389 改。
〔二四〕「惑」字原作「或」，據文義改。
〔二五〕「乏」字原作「之」，據文義改。
〔二六〕「縱」字原作「從」，據文義改。
〔二七〕「澆」字原作「洗」，據文義改。
〔二八〕元皇：P. 2389 作「无量」。

附補材料

《本相經》云：昔妙梵天王爲貪快樂，不修功德，下生罽賔，爲煩陀力王。復好畋獵，殺害無道。故老君以昭王時西入流沙，授以浮屠之術，而度之焉。（《笑道論》）

廣説品云：天地相去萬萬五千里計，紫微宫在五億重天之上。（《笑道論》）

廣説品云：始老國王聞天尊説法，與妻子俱得須陀洹果。清和國王聞之，與群臣造天尊所，皆白日昇天。王爲梵天之首，號玄中法師。其妻聞法同飛，爲妙梵天王，後生罽賔，號憤陀力王，殺害無道。玄中法師須化度之，乃化生李氏女之胎八十二年，剖左腋生而白首。經三月，乘白鹿與尹喜西游，隱檀特三年。憤陀力王獵，見便燒沉，老子不死。王伏，便剃髮改衣，姓釋名法，號沙門，成果爲釋迦牟尼佛。至漢世，法流東秦。（《笑道論》）

（杜光庭《道德真經廣聖義》卷三）

〔按，劉屹論文《廣説品考》認爲：《笑道論》所引《廣説品》的内容，與敦煌 S.2122 抄本相符，當即《本相經》卷二一《廣説普衆捨品》。（文載《首都師範大學學報》一九九九年第六期）又山田俊研究《本相經》，有三篇論文：《道は人を度はず、人自ら道を求む——〈太上妙法本相經〉の思想》，載《熊本縣立大學文學部紀要》第一卷，一九九五年；《再論〈太上妙法本相經〉——以〈東極真人問世品〉爲主》，載《敦煌吐魯番研究》第四卷，北京大學出版社一九九九年；《三論〈太上妙法本相經〉——〈本相經〉卷第十と種・類の思想》，載《熊本縣立大學文學部紀要》第五卷第一號，一九九八年。又氏著《校本〈太上妙法本相經〉及び解題》（《熊本県立大學文學部 研究叢書 3》二〇〇二年）認爲《本相經》成立於唐初六三〇年至六八〇年，此前五七〇年《笑道論》没有引述《本相經》，但引述了《廣説品》《南極真人問事品》《有無生成品》等幾個品名。這些品名的道典與《本相經》有關，是後來《本相經》成立的基礎。今按，《本相經》中

引述了《洞淵經》《元陽經》，當出其後。但《玄門大論》引述了《本相經》，故當出其前。大致在北朝周隋間，唐之前。〕

〔本相〕第二十一經云：東華國王造神仙七政之廟，女人居之修道也。上法二十八宿也，其宮室二十八門也。（《上清道類事相》卷四）

（《本相經》）第二十一卷云：習仙神宮，上下九級，一百二十丈，基面九尺，方圓一百二十步。又有神仙之廟七政者，上法二十八宿也。（《上清道類事相》卷四）

《本相經》云：清和國王崇信道法，建習仙觀，及習靈、七政二廟。（《要修科儀戒律鈔》卷一二）

《本相經》云：清和國王詔度國中男女三千五百人，令男居習靈廟，女居七政廟，爲國行道。（《要修科儀戒律鈔》卷一二）

太上妙法本相經卷廿三❶

圖版

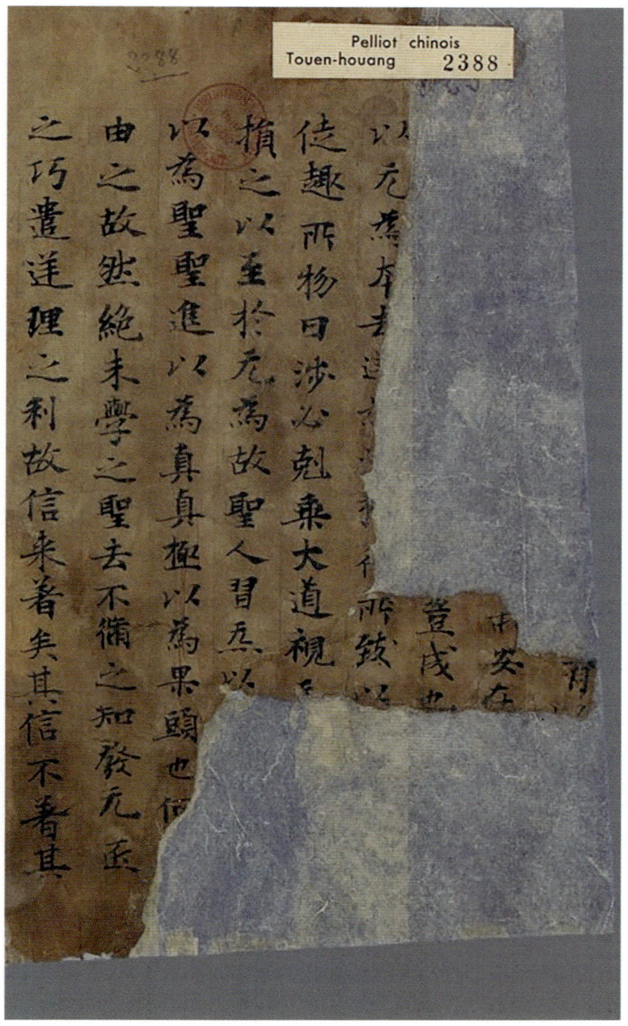

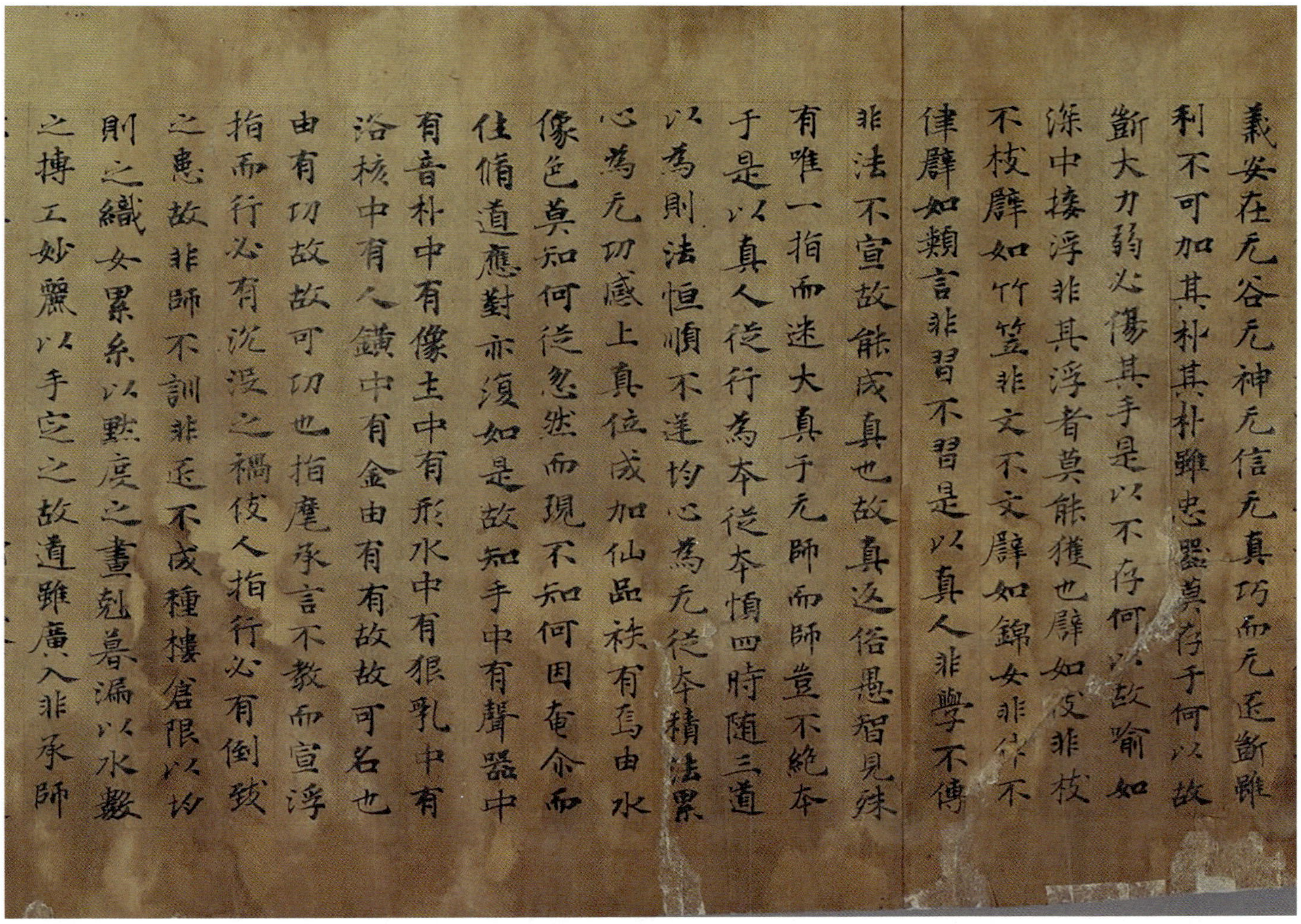

❶ 王卡先生在標題後備注：有無生成品？——整理小組按

不得水雖滋潤非引不利鄙㛐嶮嶺百千迴
徒多寶而澧无矣百甘指味而味之未之有也
馳馬及馳馬而麝駈之天下莫有也蟬叫雀
嗓莫過其性指飛而飛指舉而舉揺天動地
之德乃能為也大斷沖然曜而不噭至无和
沟光而不曜合慈一切混心惵惵善者吾亦
善之惡者吾亦善之故曰得善矣是以聖人
以百姓心為心以衆善為善故能善心彰矣
東鳥傷生利於劒鐵欲疾馳風遇於弩射趣
想騎邁迯電急矣流情發起熱於大聚上拯
杠敗返掌禍胂在薰涤涤遂美敗易不辞取
切所異興心所返利利不同順逆所返一人
御食一人剖口一人盗善一人袍寶善善不
同利利不等故耶事尚凶真者善吉君子則
貴左契小人則尚攬竊是以君子所能莫不以
无事為善小人所用无不以多伎為則故君
子之道在於能用小人之道在於逆善何以
故君子貴其道德以諍直為行小人尚於不
厭以諍覺為德是以用兵有言戰勝以悲哀
泣之故吉事尚左凶事貴右何以故脩道者
不兵强於天下是以君子之道與小人道異
故知取與不同有无不等生死不一哀樂心
別君子小人亦復如是
肬發唯昬奢餳唯煩樂樂唯蕩愛色唯貌食
飽不足若不為辞拙者道之用巧者偕之好
故大巧若拙大辯若訥大成若缺大德若不
足是故道人與愚不移此之謂
利發不嚣曜惱不久行戰不壽心蕩不攝意
濫不綺雖有芳之德必為他所残是以道人
滐根固㨨保精不散珎珠愛寶不妄示人守
一不移誰牡掌眦雖有隣國之好而无交戰
之諍便使雞萹之聲相聞至老終不往来是
以道人不為往来之行若國往来必有相說
之利滋取不廉必以无礼致赤故不交好雖
有琦璋珙璧如異琦之珎亦不可妄示於人
若使妄示異念必興異念必興利動必作利
動必作武兵必陳武兵必陳禍敗必有其禍
既敗邦家何處是以君子為國廉貞其國能
久道人處身亦復如是盖聞善攝生者可以
養保斷貪欲得可以謀道故為利者必欲為

味必口爽為淫必想散為官必威起是故為道不務世貧故能成真去彼取此天之道麻有丈質㔾器不軀絛地雖多失其丈質澤良使墟前緇希裯鋤鉢穢類褥其異黨除萇去鋤骨堅皮厚折稍纖理切乾徽黀脩道奉明德亦如是何以故明者體剪煩耶不納異類故是以真人不趣宗不使種不妄念不妄想政神德一其現常真故脩道者其真必應習穢者其種必感習種德種脩凶得凶川谷之典影響善惡必返鏡色觀狠端陋必見故究醜不殊善好樂敘小童无姓尚有文綺哀鸞善聲矯狩樂聞野類尚有羨情而況於人而人不人屍獄戟行人形虫心非由形來何以故非心人形形心有異裂石有心故可折之鸚鳥習語故可教之而不人故曰屍獄也其蠢可散其徽可治其或可㔾其耶可直故朴形雖鈌尚可甼撧起非霙故可移素糸无常染在著龍馬有乘故中馳水性尚下故承義虫口糸網故可麗執柱彈筝詮曲奇持錐扻樹難可虧霍失无鏑排不施闢上推石空甪倚豕羊青案故无奇冰炎火燎原无余徒人生天原无此消木出金原无委彫涉成空原无伎學真託德政无為積德高上通天知達天識道廣聖弥出入无閒命无虧常樂湛湛永无背

然性不二故能廣入抱一不二故能成器脩道不散握固不溢飡心三洞德隆良質函圓廣用超羅无返聖道集湊戟陰不急喜喜无疊雖融无隧於无著号曰霄神

錦雲不潤高垂无澤霤浪方平風厲必溢天聲般般其雨必滂月離日雲雨必降之道人過行其湟亦然故聖人所以加教欲令衆生蒙普潤澤是以或隱或没或顯或彰天所以氣陽國失政聖所以隱没王不脩是故隱顯无常没彰不定脩道法澤降物亦然是故无常心之心以百姓心為心心非无心隨前而心故以心為信以念為本崇高者以下為基脩道者以心為信涉遠者舉足為始學道者念信為本故崇本以息末存母以守子既得其母其子捋可獲但守信不移聖莫不應故

真人善能執信守一故能真也
樓閣十刃非梯不登万里之珎非涉不達單
脛不行獨手不聲淳陽不潤淳陰不澤専信
不花専念不果故起身心力行三合成德何
以故國大藏多衆入无期積善至万炁降无
時切邁累外大仙法王家已故冨身已故德
若下已為已終不已也不見為見終不見也
不知為知終不知也居貧强施力弱任重臉
海崖而梯已薄氷而久亭者希不陋陷也果
而不得已果而不得矜果而不得代是以為
花不為落為果不為敗行之為果發之為落
故道人去落去敗去奢去泰故能成真趣耶
尚欲穢利傷腰肌投錯鏁斷葡骨迯橐帛到
淵虗屈不任蘭莅投海唐悄无墒切施妄棄
莫知其所惡形不巨土石亦然故欲者形之
兵貪者身之斷是故真人去彼取此故能成
真
水性若沖用之不窮法澤无臤潤用无畔行
之不廢成之若電空无不滿德量充慕微而
布之其德著之故道人行用水姓拓德霎下

何以故欲造九重之臺必須下基而切顯之
欲擧万刃之高必因始已而興故居水也凹
地也大凹則水多凹小則水少夫取潤非水
不利取道非炁不感是以真人用於水畀於
下故能潤衆生利愚忒
恃德者昌恃力者亡怙福者壽怙嶮者殘尚
道者隆名道者終得真者聖失真者竟故道
人依德賴福奉道信真行地所行用於所用
應於所應跡於所跡取者不猒用之不惓不
惓者无可惓也若惓於道必終若猒於真必窮
故不可猒不可惓是以真人保身而行誰
而命用不輕不忽不驚命而用不勀不勀故
能德著焉故明於道德由善心而著至炁感
矣若任自然自然從何而來若不信自然自
然何方而應故循之則自然而感廢之則自
然无著也是以自然者循有廢无非是可執
而用之也
守朴不移其器莫崇執古不移即世何宗其
朴不散三像何以德成其古不移今代何以
得生夫物要須散其朴謝其古乃可彰之耳

三像者天地日月五星也故立朴成因緣之果雖有因緣非其自然之感因緣何從而成也故自然非一而執若執其一万物則切莫從而興也是以真人知因緣循因緣行之於因緣故自然而運起也將知因緣中者有自然

風從何生風形何似馨香何色自然何味斯所自者皆不得而已矣其中有風性故冀動則風應枝搖則風来若究其質則无其質若視其色則无其色塵青則風青塵白則風白塵赤則風赤塵黑則風黑塵黄則風黄故知風者无形段也名塵色即名之非其風形若立春風動百草條布陽炁一切万物悉有條動之意即名為條風至春分動作之物各有萌形明有庶彙之儀故名為明庶風若立夏一切受春陽之炁各有青青之質明有結藥之成故名為青明風夏至炎陽甚極暑熱盛矣故名為景風至立秋炎陽極歇陰道踐階有色變之炁涼冷之狠故名為涼風秋若分以春夏長秋茂結實乾宫之中捴校切德彰劾之盖從昌闔而興故名為昌闔風至立冬草木結白霜落万物不待而行使陰逼陽寒厲百草焦枯松栢色變人民慄慄皆有不足之狠故名為不周風若冬至陰極絞結百草彼折天下雪白蕩龍墳滅曠蕩厲厲无所承均度數更始百師初緣廣興天切无物不然故名為廣莫風如斯八風者豈有八形之所根挄也風无形段應釋隨時因色而名之未必八風可以為盡春為谷風夏為景風秋為涼風冬為淒風此風之道隨其節炁而名也道炁流布一切无不加者而用意瞻之永无形段用心聽之永无聲音風亦无聲其與道同也若有馨香入於鼻中乃可知有香臭耳鼻當於目下不見此炁而入鼻中也其有至人循行道德道炁入形而不見之其炁之炁亦復如是也若有衆生知此道者其道同耳何以故馨香者明有所從而来但人不見之若尋馨香覔之必有其質若有衆生知有道性處於空中循空必致其空性也冀中有風性故可用冀空中有道性故可行道是以真

人明知空中有真脩空得真知其中有風用其吹糠若不知不用切從何成若不行不脩德從何因是故道人須知乃脩之須信乃用之耳自然者有感而无形風香之根亦復如是故諸真人信於自然不委自然是以信而不委此天之道也諸外道委而不信師已行之何以故生不巨上德故上德之人汎汎若於不足是故外道慍慍自矜狠不能府仰屈申故外道者亦无種子也其心外則外其心内則内一由心也是故道人欲志於道先詣明師受諸不了定念思維滌逝心意其念既政志易難奪故定者大道之本基至真之要路不可思議不可稱量故道人恒去彼取此

道者万物之父空者万物之母得者有之主无者有之本万物得成用之動順一切加之空无者有豈不從中而來有者何有不從空无而運生乎万器之形動作之名悉從空无而運其質將知道者万物之父空无者有形器之母是以真人貴道重空尚於无德寶而用之珎而受之故能終成於大器也

尚道如於寶貴德如於好受經如於目奉師如於腹交友如妻妾立信如剋鐵出言如金器視色如糞穢起念如羙女行用如向色貪德如貪味貪常如貪貴夫唯不貪道著德鄣是以真人行斯德用斯法故能成真

尚生者懃於生貴畏者懃於畏何以故知生道重故懃而行之若知田道重故懃脩畏脩農者不恐飢脩生者不恐襄脩生得生无為常生脩田得田畫飢不飢畏夫懃於田道人懃於緣何以故田苗中明有粟是故畏夫懃脩之至道中明有真是故道人懃脩之一切所造皆須計其理物乃可脩之耳是以諸真人生計笇之知道中有真故懃脩果得真也畏夫生計諒之宜荒宜白宜高宜下隨種而起果得粟也所以者何若世旱就於下田若時水就於高田若地墟濃則薄種之若地廣薄則希種之相地授種必雅所願若諸道人處於世中當以讀經化行道諸齋戒若在世表當以讀經定念以養形神若居俗中當以隨其空閑讀經齋試造諸福田脩行布施若

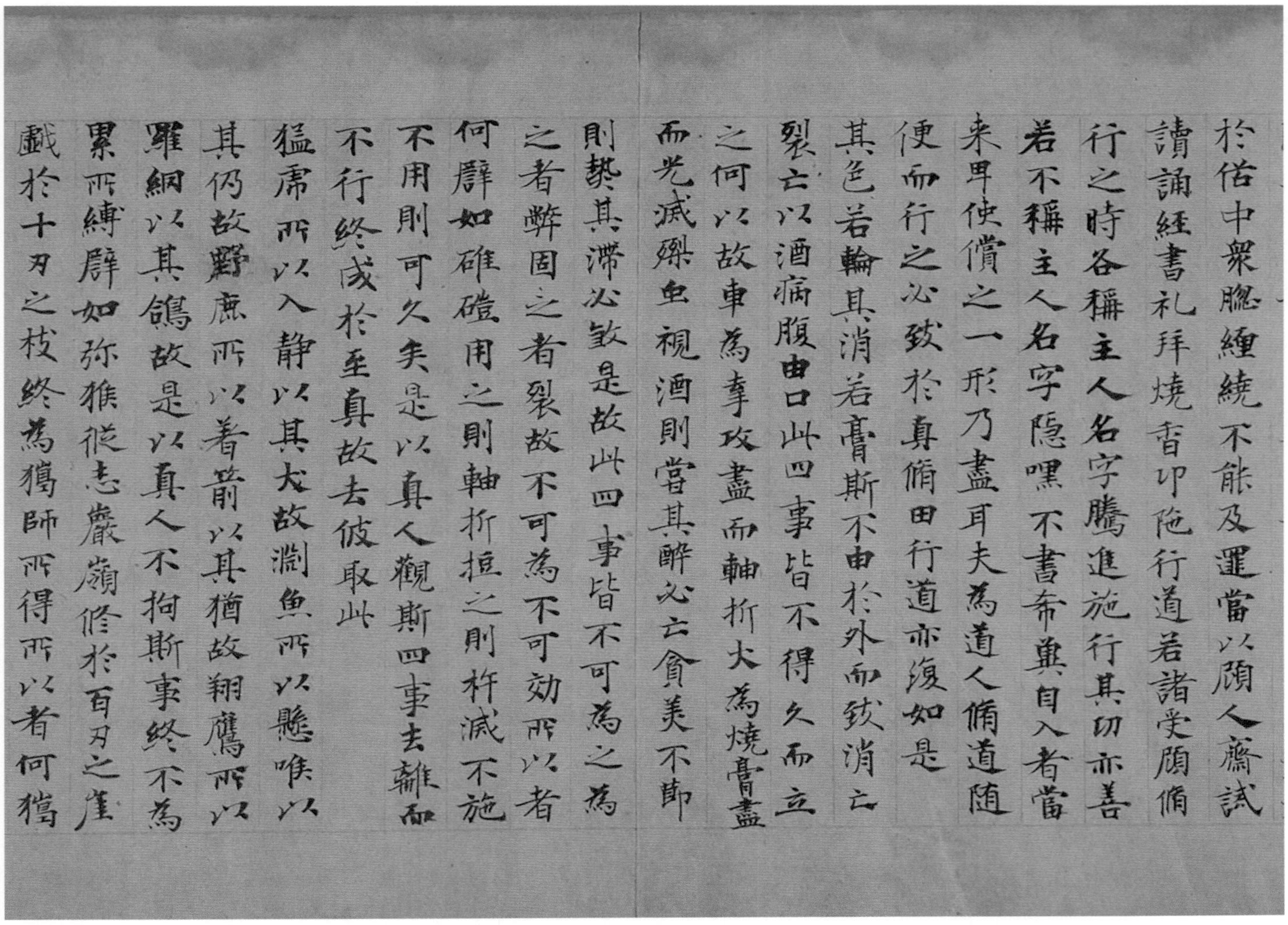
於佑中衆膔纏繞不能及運當以願人齋試
讀誦經書礼拜燒香叩陁行道若諸受願脩
行之時各稱主人名字騰進施行其功亦善
若不稱主人名字隱嘿不書希兾自入者當
来畀使償之一形乃盡耳夫為道人脩道隨
便而行之必致於身脩田行道亦復如是
其色若輪其消若膏斯不由於外而致消亡
裂亡以酒病腹由口此四事皆不得久而立
之何以故車為事攻盡而軸折火為燒膏盡
而光滅殃虫視酒則當其醉必亡貪美不節
則槩其滞必斃是故此四事皆不可為之為
之者弊固之者裂故不可為不可効所以者
何辟如碓磑用之則軸折拉之則杵滅不施
不用則可久矣是以真人觀斯四事去離而
不行終成於至真故去彼取此
猛虎所以入静以其大故淵魚所以懸喉以
其仍故麏麃所以著箭以其猶故翔鷹所以
羅網以其鴿故是以真人不拘斯事終不為
累所縛辟如弥猴從志巖嶺修於百刃之崖
戲於十刃之枝終為獦師所得所以者何獦

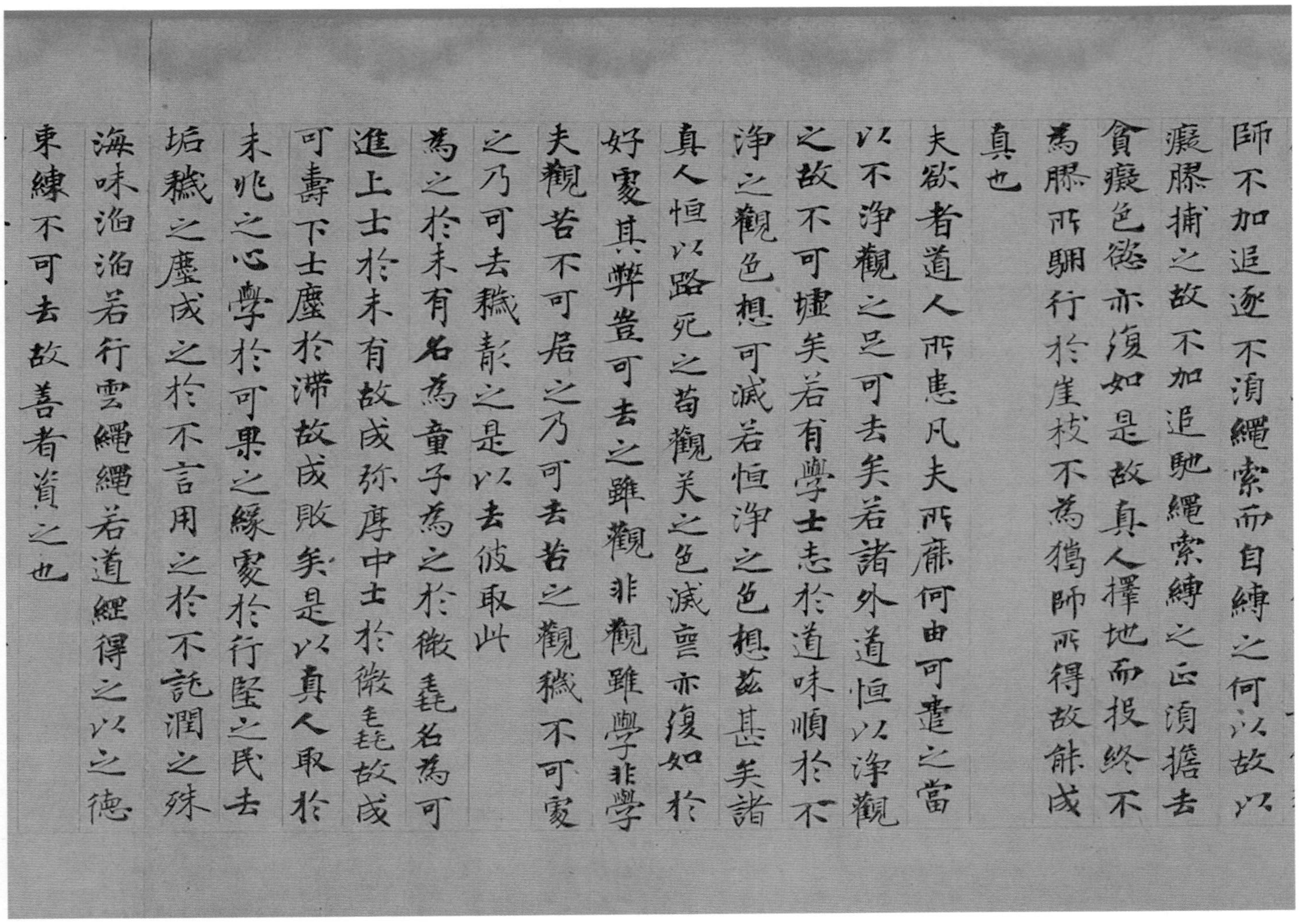
師不加迟逐不須繩索而自縛之何以故以
癡膠捕之故不加迟馳繩索縛之亡須擔去
貪癡色慾亦復如是故真人擇地而投終不
為膠所覊行於崖枝不為獦師所得故能成
真也
夫欲者道人所患凡夫所席何由可遣之當
以不淨觀之乃可去矣若諸外道恒以淨觀
之故不可據矣若有學士志於道味順於不
淨之觀色想可滅若恒淨之色想茲甚矣諸
真人恒以路死之苟觀美之色滅亡亦復如於
好處其弊豈可去之雖觀非觀雖學非學
夫觀若不可居之乃可去若之觀穢不可處
之乃可去穢彰之是以去彼取此
為之於未有名為童子為之於微毫名為可
進上士於未有故成弥序中士於微毫故成
可壽下士塵於滞故成敗矣是以真人取於
未兆之心學於可果之緣處於行堅之民去
垢穢之塵成之於不言用之於不説潤之殊
海味泊泊若行雲繩纆若道經得之以之德
東練不可去故善者資之也

行杀者長行剄者亡用道者久者度化者壽返化者毋何以故不順清真返而去之罪慈之母此之謂也是故諸真人見善如不及見惡如又藏不響之誅不過其口垢濁音不逕其耳晃謗之言吐而不受唯德而用故能苞久行合无為以成清真德起无上曲處大賔宣度大量政德真人

好寶與寶其貪愉甚好色與色其婬愉茲好酒與酒其酒愉癡取之不知足終亡乃已是以真人恒抑之紀之去之離之終不為三惣所縛故能成真何以故好寶與寶貪心長茂好色與色淫方興茲好酒與酒思羨癡起故道人甚須防之護之乃可進取於道耳

積善必度看惡必終恃豪必滅憑强必獨怙道者常怙德者長夫為學士詳而後行其道必政承音而學其道必魔是以真人安而脩之條而究之終不承音獨悟自我一方也何以故諸外道承聲而學其耶乱或雖能身中出火起尖三丈沓波陵風逆知吉凶神消靈歇終歸於大吾是故君子詳而後行其學必政故不妄行以此

隣國以德相喤其治永康以殘相期其祚必癡隣泄以德相喤其家永安以賊相侍其家必殆神民以德相喤其身永常以茲相交其形必消故居子䀌德而居懷德而安貪殘土地四面必疾其号誅之中强必滅何以故人之无窮小國惧之黜於祢寵塞号黔之四面死力必格郊期東西南北同時而殘故居强而貪必有小廉而誅是故强而不貪小而不惧恒以知足故能常足矣

道人處於鉀兵之中不為刃所傷行於光虎之群不為虎所博住於深淵之上不為水所沉赤足涉於藜蕀之榛不為針所傷處於雷電之下不為雨所沾居於炎陽之丘不為熱所者遺於隆寒之蕩不為凍所縛是以故行无所拘性无所縛不下閒而不可閒不繩結而不可解是以真人行於无拘之患處於不累之難故能常久

留穢不慎可進上真流穢補慎非可上人唱惟府之大紀之美返阿仰之不可長保何以

故非其大道而求常生者難矣哉所以者何辟如張弓關箭而追鳥鵲者无可得也是以真人用於无弓之力遣於无箭之矢沖沖以為和氾氾以為用故能成道

綾錦出虫糸乳洛出羊牛黄金出鑛中雲母出石中斯皆有明驗非是虛也雖寶在其中喤質責其果終不可得自非積行著究勲若而得之于吾見外道養虫而遣吐其綾錦不期虫老化蛹蛹化為蛾蛾生其子漸漸滋氾葉不能供周年逕歲不能生吐綾錦匹見滋氾謂之神于獻祭祈請綾錦永不可得承言不究其道遙耶名為外為金洛雲母亦復如是故道人脩道要須師受明其可否乃可脩之是以學不師受悟人後學此之謂

知多必魔情惕必波何以故知多者外知生情溢喤不依礼律獨知而任不受正言勑下徒衆不聽仰問洛口而說自謂我智斯之徒者皆是魔之伴侶也是故諸真人因經而讀依經而議依礼而行依律而用依誡而持依法而授終不自智妄宣道要以此而行故能成於至真无為之道

處世之中立觀乃可去世居慾之中立觀乃可去慾情貪立觀乃可去貪處煩立觀乃可去煩何以故若觀世以官攝衆苦妻子累苦衣食急苦追逐事苦此四苦世俗所行苦事若觀慾中思苦念苦想苦口苦身苦病苦死苦此七苦世中色慾之苦若觀貪中以不足苦求利苦不得苦心憶苦盜賊苦此五苦世中貪苦若觀煩惱中不辨苦求及苦疾病苦毒虫苦盲蠅蝨蛹苦他疾苦已姤苦妻子責妾苦墜墮苦此九苦世中煩惱苦凡此廿五苦世中苦事知此苦者智通人也若不能知立觀廿五苦恚不可居乃可行道求願免離斯等苦惱大願既鍾苦自除矣苦盡福生德感道應果入至真之場從容道境遊晏玉京可謂苦中生樂身中起真此之謂魚之跡則死人跡則止何以故魚跡者出去於水行人見之杖賦去若人跡者不安其治去離於道是故人去道則止魚去水則死是以真人保道固真恒恐離淵故能成道也

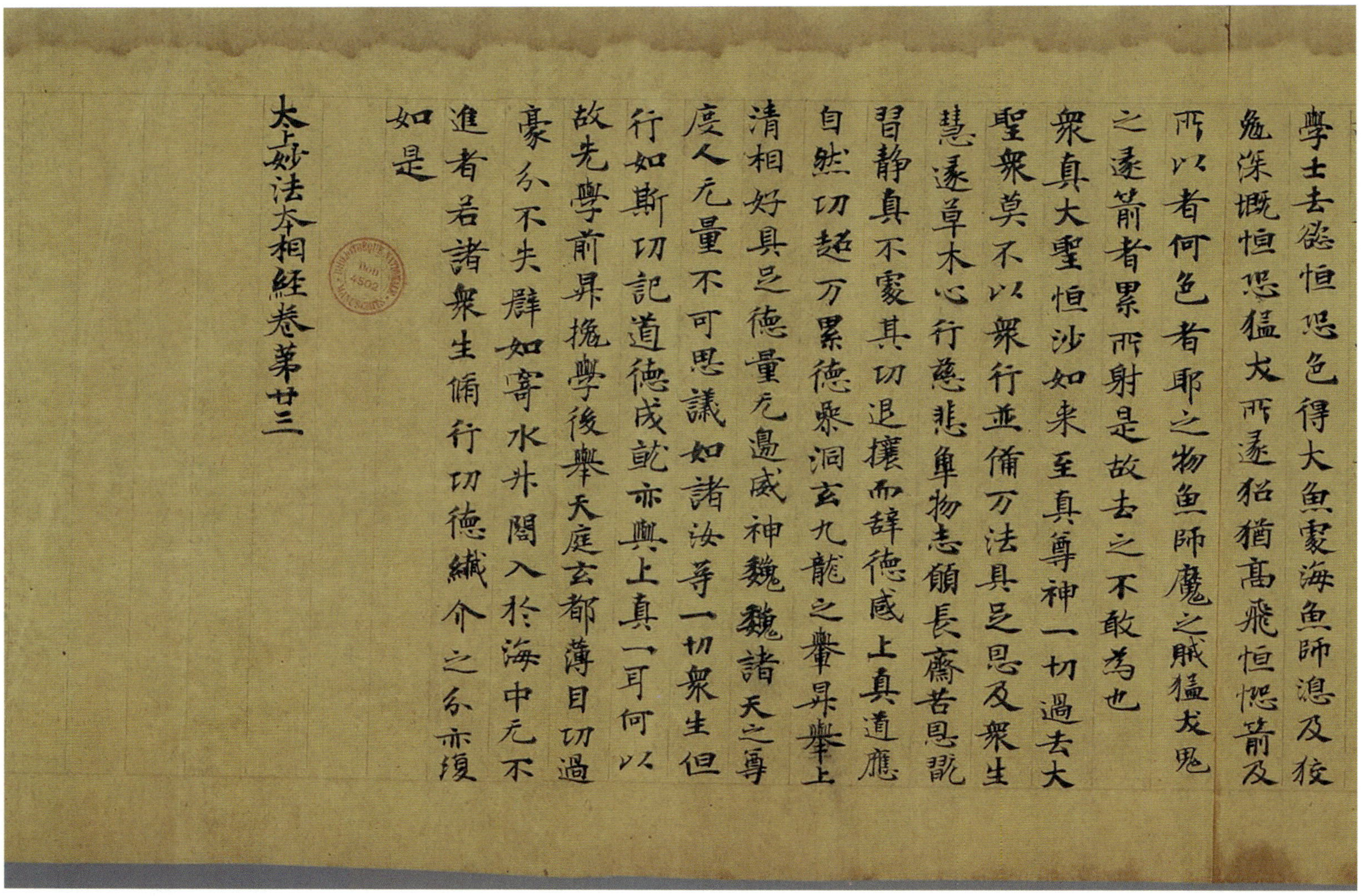
學士去從恒思色得大魚處海魚師息及狡
兔深慨恒思猛犬所逐猶猶高飛恒愢前及
所以者何色者耶之物魚師魔之賊猛犬鬼
之逐箭者累所射是故去之不敢為也
衆真大聖恒沙如來至真尊神一切過去大
聖衆莫不以衆行並備万法具足恩及衆生
慧逮草木心行慈悲卑物志願長齋苦思[illegible]
習靜真不處其功退攘而辭德感上真遣應
自然功超万累德衆洞玄九龍之輦昇舉上
清相好具足德量无邊威神巍巍諸天之尊
度人无量不可思議如諸汝等一切衆生但
行如斯功記道德成就亦與上真一耳何以
故先學前昇擁學後舉天庭玄都薄目功過
豪分不失辟如寄水井閤入於海中无不
進者若諸衆生脩行功德纖介之分亦復
如是
太上妙法本相經卷第廿三

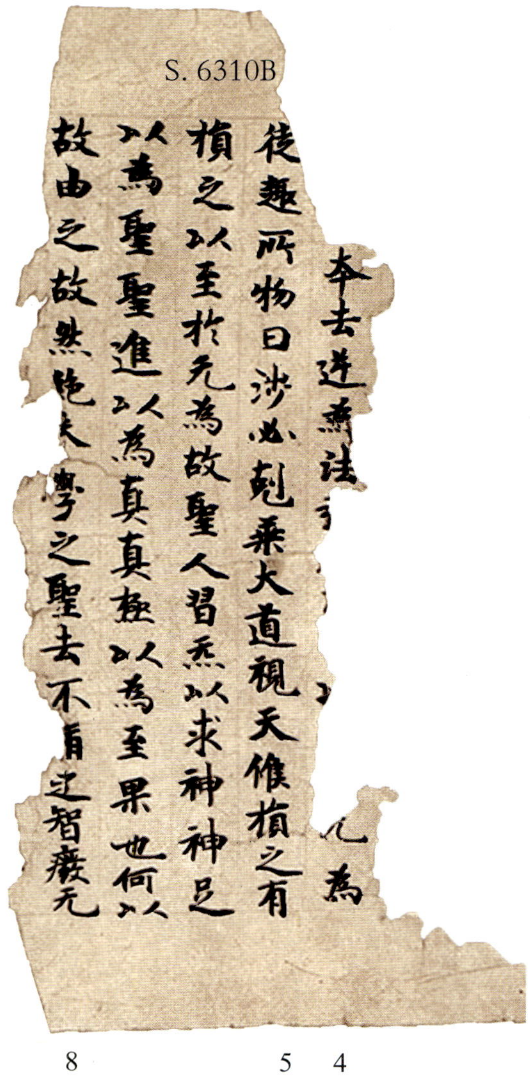
S. 6310B
本去逆為法
徒趣所物曰涉必剋乘大道視天候損之有
損之以至於无為故聖人習炁以求神神足
以為聖聖進以為真真極以為至果也何以
故由之故然絕未學之聖去不脩之智廢无

釋文

（P.2388，前缺）

□□□□□□□□□□□□有□□□□/□□□□□□□□□□□□□□□安在□□□□/□□□□□□□□□豈成也□□□□/以无為本[一]，去逆為法□□所致以□□无為/。徒趣所物，曰涉必剋，乘大道，視天候，損之有/損之，以至於无為。故聖人習炁以求神，神足/以為聖，聖進以為真，真極以為果頭也[二]。何以故？/由之故然。絕未學之聖，去不脩之知，廢[三]无匠/之巧，遣逆理之利，故信来著矣。其信不著，其/義安在？无谷无神，无信无真，巧而无匠。斷雖/利，不可加其朴；其朴雖忠，器莫存乎[四]。何以故/？斷大力弱，必傷其手，是以不存。何以故？喻如/深中接浮，非其浮者莫能獲也。譬如枝，非枝/不枝。譬如竹笠，非文不文。譬如錦女，非律不/律。譬如類言，非習不習。是以真人非學不傳/，非法不宣，故能成真也。故真返俗愚，智見殊/有，唯一指而迷大真乎？无師而師，豈不絕本/乎？是以真人從行為本，從本慎（順）四時，隨三道/以為則法。恒順不逆，均心為无；從本積法，累/心為无。功感上真，位成加仙，品袟有焉，由水/像色。莫知何從，忽然而現，不知何因，奄尒而/住。脩道應對，亦復如是。故知手中有聲，器中/有音，朴中有像，土中有形，水中有貌，乳中有/洛（酪），核中有人（仁），鑛中有金。由有有故，故可名也／。由有功故，故可功也。指麾承言，不教而宣。浮／指而行，必有沉没之禍；伎人指行，必有倒致／之患。故非師不訓，非匠不成。種樓倉限，以均／則之；織女累系，以墨〔五〕度之；晝剋（刻）暮漏，以水數／之；摶工妙麗，以手定之。故道雖廣入，非承師／不得；水雖滋潤，非引不利。鄗（高）峻嶮嶺百千廻／，徒多寶而澧无矣。百甘指味而味之，未之有也／。

馳雁及馳馬而齊駈之，天下莫有也。蟬叫雀／噪，莫過其性；指飛而飛，指舉而舉，摇天動地／之德，乃能為也。大断沖然，曜而不皦；至炁和／汋，光而不曜；合慈一切，混心惵惵。善者吾亦／善之，惡者吾亦善之，故曰得善矣。是以聖人／以百姓心為心，以衆善為善，故能善心彰矣／。

束鳥傷生，利於劒戟，欲疾馳風，逾〔六〕於弩射。趣／想驕邁，迅電急矣；流情發起，熱於火聚。上拔／杠敗，返掌禍肿，在薰染染，遂美敗易。不辞取／功所異，與心所返，利利不同，順逆所返。一人／傲食，一人割口，一人盗善，一人施寶，善善不／同，利利不等。故耶事尚凶，真者善吉。君子則／貴左契，小人則尚攬竊。是以君子所能，莫不以／无事為善；小人所用，无不以多伎為則。故君／子之道在於能用，小人之道在於逆善。何以／故？君子貴其道德，以諍直為行；小人尚於不／厭，以諍競為德。是以用兵有言，戰勝以悲哀／泣之。故吉事尚左，凶事貴右。何以故？脩道者／不兵强於天下。是以君子之道，與小人道異／。故知取與不同，有无不等，生死不一，哀樂心／别。君子小人，亦復如是／。

肫發唯昏，奢餝唯煩，樂樂唯蕩，愛色唯躭。食／飽不足，苦不為辞。拙者道之用，巧者俗之好／。故大巧若拙，大辯若訥，大成若缺，大德若不／足。是故道人與愚不移，此之謂／。

利發不器，曜殆不久，行戰不壽，心蕩不攝，意／溢不綺。雖有芳之德，必為他所殘。是以道人／深根固楴，保精不散，珎珠愛寶，不妄示人，守／一不移，護牡掌毗。雖有隣國之好，而无交戰／之諍，便使雞苟之聲相聞，至老終不往来。是／以道人不為往来之行。若國往来，必有相説／之利，滋取不厭，必以无礼致赤。故不交好，雖有琦璋珙譬（璧），如異琦之珎，亦不可妄示於人／。若使妄示，異念必興；異念必興，利動必作；利／動必作，武兵必陳；武兵必陳，禍敗必有；其禍／既敗，邦家何處？是以君子為國廉貞，其國能／久。道人處身，亦復如是。

蓋聞善攝生者，可以／萇保，断貪欲得，可以謀道。故為利者必欲（喪）〔七〕，為／味必口爽，為淫必想散，為官必威起。是故為／道不務世貪，故能成真。去彼取此，天之道。

麻／有大質，止器不軀，慘地雖多，失其丈質，澤良／俠墟，前縮希稠，鋤鉼穢類，褥其異黨，除萇去／鋤，骨堅皮厚，折循纖理，功就微麗，脩道奉明／，德亦如是。何以故？明者體剪煩耶，不納異類／故。是以真人不趣宗，不俠種，不妄念，不妄想／，政神德一，其現常真。故脩道者其真必應，習／穢者其種必感。習種德種，脩凶得凶，川谷之與／影嚮（響），善惡必返，鏡色覩貌，端陋必見，故兇／醜不殍，善好樂敬。小童无姓，尚有文綺，哀鸞／善聲，禽狩樂聞，野類尚有羨情，而况於人。而／人不人，屍獄戟行，人形虫心，非由形来。何以／故？非心人形，形心有異，裂石有心，故可折之／。鸚鳥習語，故可教之，而不人，故曰屍獄也／。

其毳可散，其微可治，其或可正，其耶可直，故／朴形雖缺尚可卑，撽起非處故可移，素系无／常染在著，龍馬有乗故中馳，水性尚下故承／羲，虿口糸網故可麗，執柱彈笒望曲奇，持錐／拔樹難可虧，霍失无鏑排不施，譬上携石空／伯倚，豕羊青案故无奇，冰炎火燎原无尒，徒／人生天原无此，消木出金原无委，彫涉成空／原无伎，學真託德政无為，積德高上通天知／，達天識道廣聖弥，出入无間命无虧，常樂湛／湛永无貲／。默性不二，故能廣入；抱一不二，故能成器。脩／道不散，握固不溢，養心三洞，德隆良質，匠圓／廣用，超羅无返，聖道集湊，戟陰不急，喜喜无／邊，融融无隧，於无著号曰霄神／。錦雲不潤，高垂无澤，霤浪方平，風厲必溢，天／聲殷殷，其雨必滂，月離曰雲，雨必降之，道人／過行，其湟亦然。故聖人所以加教，欲令衆生／普蒙潤澤，是以或隱或没，或顯或彰，天所以／宥陽，國失政；聖所以隱没，王不脩。是故隱顯／无常，没彰不定。脩道法澤，降物亦然。是故无／常心之心，以百姓心為心。心非无心，随前而／心，故以心為信，以念為本。崇高者以下為基／，脩道者以心為信，涉遠者舉足為始，學道者／念信為本。故崇本以息末，存母以守子。既得／其母，其子將可獲，但守信不移，聖莫不應，故／真人善能執信守一，故能真也／。

樓閣十仞〔八〕，非梯不登；万里之征〔九〕非涉不達。單／轂〔一〇〕不行，獨手不聲，淳陽不潤，淳陰不澤，專信／不花，專念不果。故起身心力行，三合成德。何／以故？

國大藏多，衆人（一一）无期，積善至万，炁降无／時，功邁累外，大仙法王，家足故富，身足故德／。若不足為足，終不足也／；不見為見，終不見也／；不知為知，終不知也。居貧强施，力弱任重，臨／海崖而抾足，薄冰而久停（一二）者，希不陋陷也。果／而不得已，果而不得矜，果而不得代，是以為／花不為落，為果不為敗。行之為果，發之為落／，故道人去落去敗，去奢去泰，故能成真。趣耶／尚欲，穢利傷腰，肌投錯鑠，断筋骨逝，囊帛到／淵，虚屈不任，蘭莅投海，唐捐无增，功施妄棄／，莫知其所，惡形不巨，土石亦然。故欲者形之／兵，貪者身之斵，是故真人去彼取此，故能成／真／。

水性若沖，用之不窮，法澤无篋，潤用无畔。行／之不厭，成之若雹，空无不滿，德量充纂。微而／布之，其德著之。故道人行用水姓，招德處下／。何以故？欲造九重之臺，必須下基而功顯之／；欲舉万仞（一三）之高，必因始足而興。故居水也，凹／地也，大凹則水多，凹小則水少。夫取潤非水／不利，取道非炁不感。是以真人用於水，卑於／下，故能潤衆生，利愚或／。

恃德者昌，恃力者亡，怙福者壽，怙嶮者殘，尚／道者隆，忽道者終，得真者聖，失真者竟。故道／人依德賴福，奉道信真，行地所行，用於所用／，慈於所慈，蹠於所蹠，取者不厭，用之不惓（一四）。不／惓者，无可惓也。若惓於道必終，若厭於真必窮／，故不可厭，不可惓。是以真人保身而行，護／命而用，不輕不忽，不驚命而用不勃，不勃故／能德著焉，故明於道德，由善心而著，至炁感／矣。若任自然，自然從何而來；若不信自然，自／然何方而應；故脩之則自然而感，廢之則自／然无著也。是以自然者，脩有廢无，非是可執／而用之也／。

守朴不移，其器莫崇；執古不移，即世何宗？其／朴不散，三像何以德成？其古不移，今代何以／得生？夫物要須散其朴，謝其古，乃可彰之耳／。三像者，天地，日月，五星也。故立朴成因緣之／果，雖有因緣，非其自然之感，因緣何從而成／也？故自然非一而執，若執其一，万物則功莫／從而興也。是以真人知因緣，脩因緣，行之於／因緣，故自然而運起也，將知因緣中者有自／然／。

風從何生？風形何似？馨香何色？自然何味？斯／所自者，皆不得而已矣。箕中有風性，故箕動／則風應，枝搖則風来。若究其質，則无其質；若／視其色，則无其色。塵青則風青，塵白則風白／，塵赤則風赤，塵黑則風黑，塵黄則風黄。故知／風者无形篋也，名塵色即名之，非其風形。若／立春風動，百草條布陽炁，一切万物，悉有條／動之意，即名為條風。至春分，動作之物各有／萌形，明有庶冀之儀，故名為明庶風。若立夏／，一切受春陽之炁，各有青之質，明有結菓／之成，故名為青明風。夏至炎陽甚極，暑熱盛／矣，故名為景風。至立秋，炎陽極歇，陰道踐階／，有色變之炁，凉泠之貌，故名為凉風。若秋分／（一五），以春夏長，秋茂結實，乹宫之中，檢校功德，彰／効之益，從昌闔而興，故名為昌闔風。至立冬／，草木結，白霜落，万物不恃而行，使陰逼陽，寒／厲，百草焦枯，松栢色變，人民怪慘，皆有不足／之貌，故名為不周風。若冬至陰極絞結，百草／祲折，天下雪白，蕩蘢墳滅，曠蕩厲厲，无所承／均，度數更始，百師初緣，廣興天功，无物不然／，故名為廣莫風。如斯八風者，豈有八形之所／根摠也？風无形篋，應釋隨時，因色而名之，未／必八風可以為盡。春為谷風，夏為景風，秋為／凉風，冬為淒風。此風之道，隨其節炁而名也／。道炁流布一切，无不加者，而用意瞻之，永无／形篋；用心聃之，永无聲音。風亦无聲，其與道／同也。若有馨香入於鼻中，乃可知有香臭耳／。鼻當於目下，不見此炁而入鼻中也。其有至／人，脩行道德，道炁入形而不見之，其炁之炁／，亦復如是也。若有衆生知此道者，其道同耳／。何以故？馨香者明有所從而来，但人不見之／。若尋馨香覓之，必有其質。若有衆生知有道／性，處於空中脩空，必致其空性也。箕中有風／性，故可用箕；空中有道性，故可行道。是以真／人明知空中有真，脩空得真；知箕中有風，用／箕吹糠。若不知不用，功從何成？若不行不脩／，德從何因？是故道人須知乃脩之，須信乃用／之耳。自然者有感而无形，風香之貌，亦復如／是。故諸真人信於自然；不委自然，是以信而／不委，此天之道也。諸外道委而不信，師已行／之。何以故？坐不巨上德，故上德之人汎汎若／於不足。是故外道協協自矜狠，不能府仰屈／申。故外道者，亦无種子也，其心外則外，其心／内則内，一由心也。是故道人欲志於道，先詣／明師，受諸不了，定念思維，條逝心意。其念既／政，志易難奪。故定者大道之本基，至真之要／路，不可思議（一六），不可稱量，故道人恒去彼取此／。

道者万物之父，空者万物之母，得者有之主／，无者有之本。万物得成，用之動順。一切加之／，空无者有，豈不從中而来。有者何有？不從空／无而運生炁乎（一七）？万器之形，動作之名，悉從空／无而運其質。將知道者万物之父，空无者有／形器之母，是以真人貴道重空，尚於无德，竇/而用之，迩而受之，故能終成於大器也/。

尚道如於寶，貴德如於好，受經如於目，奉師/如於腹，交友如妻妾，立信如刻鏤，出言如金/器，視色如糞穢，起念如芰女，行用如向色，貪/德如貪味，貪常如貪貴。夫唯不貪，道著德彰（一八）/，是以真人行斯德，用斯法，故能成真/。

尚生者懃於生，貴農者懃於農。何以故？知生/道重，故懃而行之，若知田道重，故懃脩農。脩/農者不恐飢，脩生者不恐衰（一九）。脩生得生，无為/常生；脩田得田，遭飢不飢。農夫懃於田，道人/懃於緣。何以故？田苗中明有粟，是故農夫懃/脩之；至道中明有真，是故道人懃脩之。一切/所造，皆須計其理物，乃可脩之耳。是以諸真/人坐計竿之，知道中有真故懃脩，果得真也/：農夫坐計謗之，宜荒宜白，宜高宜下，隨種而/赴，果得粟也。所以者何？若世旱就於下田，若/時水就於高田，若地墟濃則禱種之，若地瘠/薄則希種之，相地授種，必獲所願。若諸道人/處於世中，當以讀經化行，道諸聾或，若在世/表，當以讀經定念，以養形神；若居俗中，當以/隨其空閑，讀經齋誡，造諸福田，脩行布施；若/於俗中衆惱（二〇）纏繞，不能及逮，當以願人齋誡/，讀誦經書，礼拜燒香，印陁（印施）行道；若諸受願脩/行之時，各稱主人名字，騰進施行，其功亦善/，若不稱主人名字，隱嘿不書，希冀自入者，當/来卑使償之，一形乃盡耳。夫為道人脩道，隨/便而行之，必致於真，脩田行道，亦復如是/。

其色若輪，若消若膏，斯不由於外而致消亡/，裂亡以酒，病腹由口，此四事皆不得久而立/之。何以故？車為牽，攻盡而軸折；火為燒，膏盡/而光滅。殀虫視酒則甞，其醉必亡，貪美不節/則熱，其滯必煞，是故此四事皆不可為之，為/之者弊，固之者裂，故不可為，不可効。所以者/何？譬如碓磑，用之則軸折，拉之則杵滅，不施/不用，則可久矣。是以真人觀斯四事，去離而/不行，終成於至真，故去彼取此/。

猛虎所以入静，以其犬故；淵魚所以懸喉，以/其仍故；野鹿所以著箭，以其猶故；翔鷹所以/羅網，以其鴿故。是以真人不拘斯事，終不為/累所縛。譬如弥猴，縱（二一）志巖嶺，修於百仞之崖/，戲於十仞（二二）之枝，終為獨師所得。所以者何？獨/師不加追逐，不須繩索，而自縛之。何以故？以/癡膠捕之，故不加追馳，繩索縛之，正須擔去/。貪痴色慾，亦復如是。故真人擇地而投，終不/為膠所翢，行於崖枝，不為獨師所得，故能成/真也/。

夫欲者道人所患，凡夫所厭，何由可遣之？當/以不浄觀之，足可去矣。若諸外道，恒以浄觀/之，故不可墟矣。若有學士志於道味，順於不/浄之觀，色想可滅。若恒浄之，色想茲甚矣，諸/真人恒以路死之，苟觀美之色滅喪，亦復如於/好處，其弊豈可去之。雖觀非觀，雖學非學/。夫觀苦不可居之，乃可去苦之，觀穢不可處/之，乃可去穢静之，是以去彼取此/。

為之於未有，名為童子；為之於微毳，名為可/進。上士於未有故成弥厚，中士於微毳故成/可壽，下士塵於滯，故成敗矣。是以真人取於/未兆之心，學於可果之緣，處於行堅之民，去/垢穢之塵，成之於不言，用之於不託，潤之殊/海味，滔滔若行雲，繩繩若道經，得之以之德/，束縛不可去，故善者資之也/。

行柔者長，行剛者亡，用道者久（二三），度化者壽/，返化者母。何以故？不順清真，返而去之，罪慈/之母，此之謂也。是故諸真人見善如不及，見/慈如父藏，不馨之談，不過其口，垢濁（之）音，不逕/其耳，梟謗之言，吐而不受，唯德而用，故能苞/久，行合无為，以成清真，德起无上，紫處大寘/，宣度大量，政德真人/。

好寶與寶，其貪愈甚；好色與色，其婬愈茲；好/酒與酒，其酒愈癡（二四）。取之不知足，終亡乃已。是/以真人恒抑之紀之，去之離之，終不為三慾/所縛，故能成真。何以故？好寶與寶，貪心長茂/；好色與色，淫方興茲；好酒與酒，思羨癡起。故/道人甚須防之護之，乃可進取於道耳/。

積善必度，著惡必終，恃豪必儀，憑强必獨。怙/道者常，怙德者長。夫為學士，詳而後行，其道/必政；承音而學，其道必魔。是以真人安而脩/之，徐而究之，終不承音，獨悟自我一方也。何/以故？諸外道承聲而學，其耶乱或，雖能身中/出火，起炎三丈，沓波陵風，逆知吉凶，神消靈/歇，終歸於大苦。是故君子詳而後行，其學必/政，故不妄行，以此/。

隣國以德相喤，其治永康；以殘相期，其祚必/癡。隣泄以德相喤，其家永安；以賊相待，其家/必殆。神民以德相喤，其身永常；以滋相交，其/形必消。故君子就德而居，懷德而安。貪殘土/地，四面必疾，其号誅之，中强必滅。何以故？人/之无厭，小國懼之，黜於神寵，蜜号黔之，四面/死力，必柊郊期，東西南北，同時而殘。故居强/而貪，必有小厭而誅。是故强而不貪，小而不/懼，恒以知足，故能常足矣/。

道人處於鉀兵之中，不為刃所傷；行於兕虎/之群，不為虎所慱；住於深淵之上，不為水所/沉；赤足涉於梨棘之榛，不為鋒所傷；處於雷/電之下，不為雨所沾；居於炎陽之丘，不為熱/所著；遭於隆寒之蕩，不為凍所縛。是以故行/无所拘，性无所縛，不下開而不可開，不繩結/而不可解。是以真人行於无拘之患，處於不/累之難，故能常久/。

留穢不填，可進上真；流穢補填，非可上人。唱/惟府之，大純之美；返阿仰之，不可長保。何以/故？非其大道而求常生者，難矣哉。所以者何/？譬如張弓闊箭而追鳥鵲者，无可得也。是以/真人用於无弓之力，遣於无箭之矢，沖沖以/為和，氾氾以為用，故能成道/。

綾錦出虫糸，乳洛（酪）出羊牛，黄金出鑛中，雲母/出石中，斯皆有明驗，非是虚也。雖寶在其中/，嘷質責其果，終不可得。自非積行著究，勤苦/而得之乎（二五）。吾見外道養虫而遣吐其綾錦，不/期虫老化蛹，蛹化為蛾，蛾生其子，漸漸滋氾/，葉不能供，周年遞歲，不能生吐綾錦，正見滋/氾，謂之神乎，獻祭祈請，綾錦永不可得。承言/不究其道，逐耶名為外。為金洛、雲母，亦復如/是。故道人脩道，要須師受，明其可否，乃可脩/之。是以學不師受，誤（二六）人後學，此之謂/。

知多必魔，情愽必波。何以故？知多者外知，生/情溢喤，不依礼律，獨知而任，不受正言，勑下/徒衆，不聽仰問，洛口而説，自謂我智，斯之徒/者，皆是魔之伴侶也。是故諸真人因經而讀/，依經而議，依礼而行，依律而用，依誡而持，依/法而授，終不自智，妄宣道要，以此而行，故能/成於至真无為之道/。

處世之中，立觀乃可去世；居慾之中，立觀乃/可去慾；情貪，立觀乃可去貪；處煩，立觀乃可/去煩。何以故？若觀世以官横衆苦，妻子累苦/，衣食急苦，追逐（二七）事苦，此四苦，世俗所行苦事/。若觀慾中思苦，念苦，想苦，口苦，身苦，病苦，死/苦，此七苦，世中色慾之苦。若觀貪中以不足/苦，求利苦，不得苦，心憶苦，盗賊苦，此五苦，世/中貪苦。苦觀煩惱中不辨苦，求及苦，疾病苦/，毒虫苦，盲蠅蜂蛤苦，他疾苦，己姤苦，妻子責/妄苦，堅隘苦，此九苦，世中煩惱苦。凡此廿五/苦，世中苦事。知此苦者，智通人也。若不能知/立觀，廿五苦悉不可居，乃可行道求願，勉離/斯等苦惱。大願既鍾，苦自除矣。苦盡福生，德/感道應，果入至真之場，從容道境，遊宴（二八）玉京/，可謂苦中生樂，身中起真，此之謂。

魚之躁則/死，人躁則亡，何以故？魚躁者出去於水，行人/見之杖牒去。若人躁者，不安其治，去離於道/。是故人去道則亡，魚去水則死。是以真人保/道固真，恒恐離淵，故能成道也/。

學士去慾，恒恐色得；大魚處海，魚師浥及。狡/兔（二九）深壍，恒恐猛犬所逐；貂猶高飛，恒愢箭及/。所以者何？色者耶之物，魚師魔之賊，猛犬鬼/之逐，箭者累所射。是故去之，不敢為也/。

衆真大聖，恒沙如来，至真尊神，一切過去大/聖衆，莫不以衆行並備，万法具足，恩及衆生/，慧逮草木，心行慈悲，皐物志願，長齋苦恩，翫/習静真，不處其功，退讓（三〇）而辞，德感上真，道應/自然，功超万累，德參洞玄，九龍之轝，昇舉上/清，相好具足，德量无邊，威神巍巍。諸天之尊/，度人无量，不可思議。如諸汝等一切衆生，但/行如斯功記，道德成就，亦與上真/耳。何以/故？先學前昇，晚（三一）學後舉，天庭玄都，簿目功過/，豪分不失，譬如寄水升閣，入於海中，无不/進者，若諸衆生，脩行功德，纖介之分，亦復/如是/。

太上妙法本相經卷第廿三

校記

（一）S. 6310B起於「以无為本」，止於「廢无匠之巧」。以下陰影中文字，P. 2388抄本缺損，據S. 6310B抄本補。

（二）果頭也：S. 6310B作「至果也」，近是。

（三）廢：原作「發」，據S. 6310B抄本改。

（四）乎：原作「于」，據文義改。本段以下不復詳注。

（五）墨：原作「默」，據文義改。

（六）逾：原作「遇」，據文義改。

（七）括號中文字係據文義補，下同。

（八）仞：原作「刃」，據文義改。
（九）征：原作「珎」，據文義改。
（一〇）轂：原作「股」，據文義改。
（一一）衆人：原作「衆入」，據文義改。
（一二）停：原作「亭」，據文義改。
（一三）仞：原作「刃」，據文義改。
（一四）惓：原作「捲」，據後文改。
（一五）若秋分：原作「秋若分」，據後文改。
（一六）議：原作「宜」，據文義改。
（一七）乎：原作「于」，據文義改。
（一八）彰：原作「鄣」，據文義改。
（一九）衰：原作「褱」，據文義改。
（二〇）惱：原作「腦」，據文義改。
（二一）縱：原作「從」，據文義改。
（二二）百仞、十仞：兩「仞」字原作「刃」，據文義改。
（二三）「久」字下原衍一「者」字，删。
（二四）其貪愈甚、其婬愈茲、其酒愈癡：三「愈」字原均作「榆」，據文義改。
（二五）乎：原作「于」，據文義改。下文「謂之神乎」同此。
（二六）誤：原作「悟」，據文義改。
（二七）自此以下幾個「逐」字寫原作「遂」，據文義改。
（二八）宴：原作「晏」，據文義改。
（二九）兔：原作「勉」，據文義改。
（三〇）讓：原作「攘」，據文義改。
（三一）晚：原作「拋」，據文義改。

附補材料

《有無生成品》云：空爲萬物母，道爲萬物父。（《笑道論》）

太上妙法本相經（待考證）

圖版一

散0685A

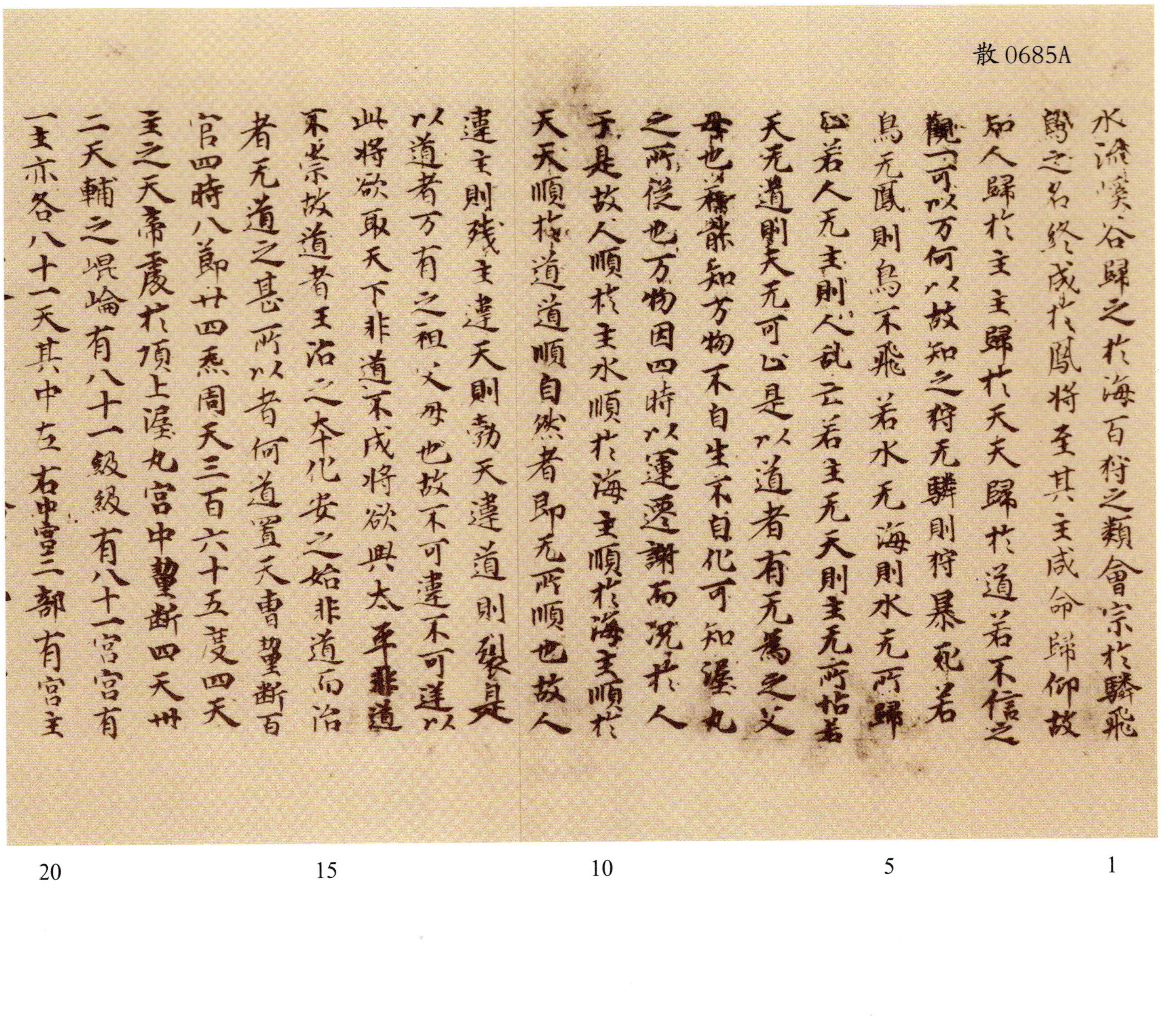

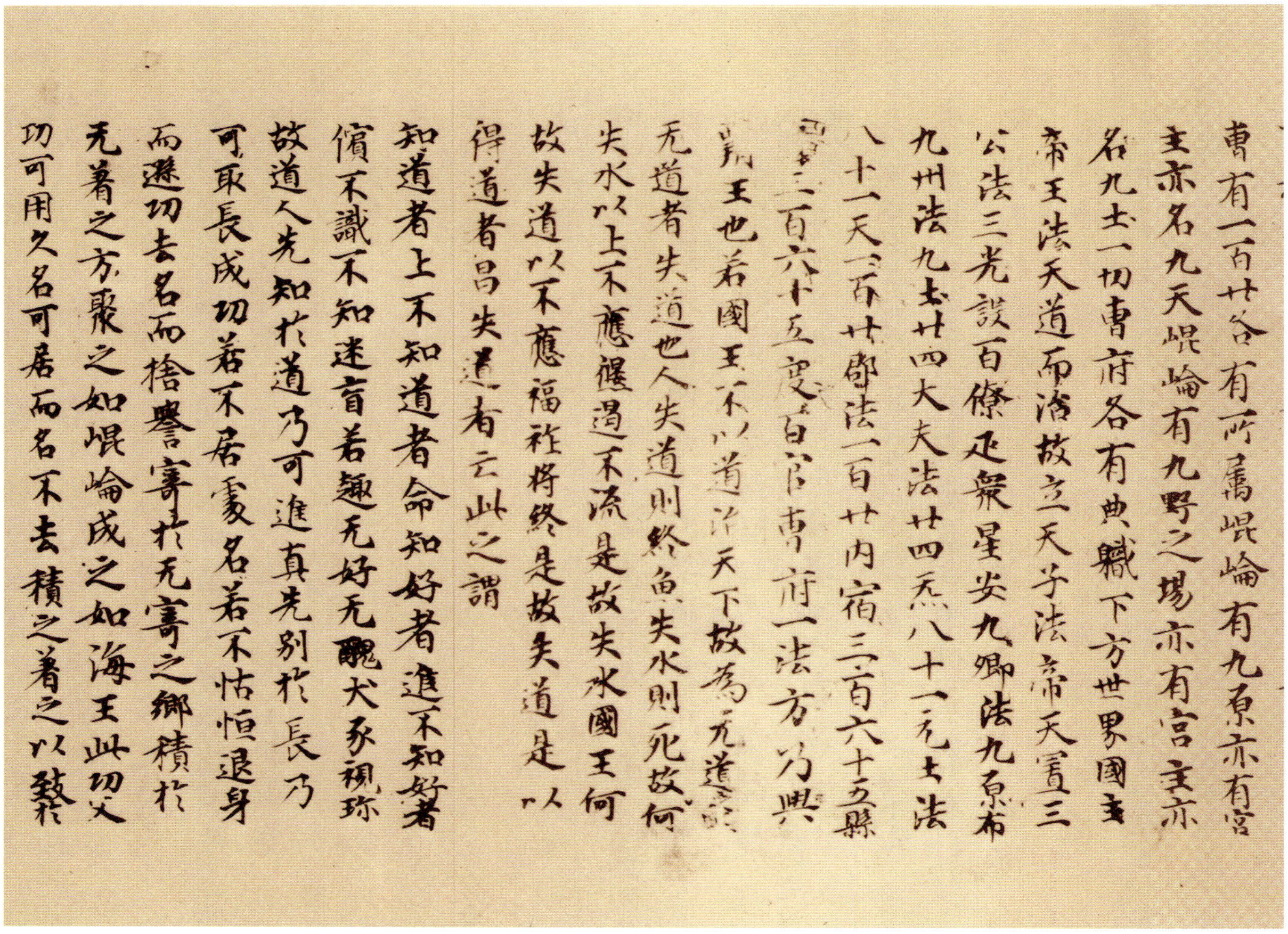

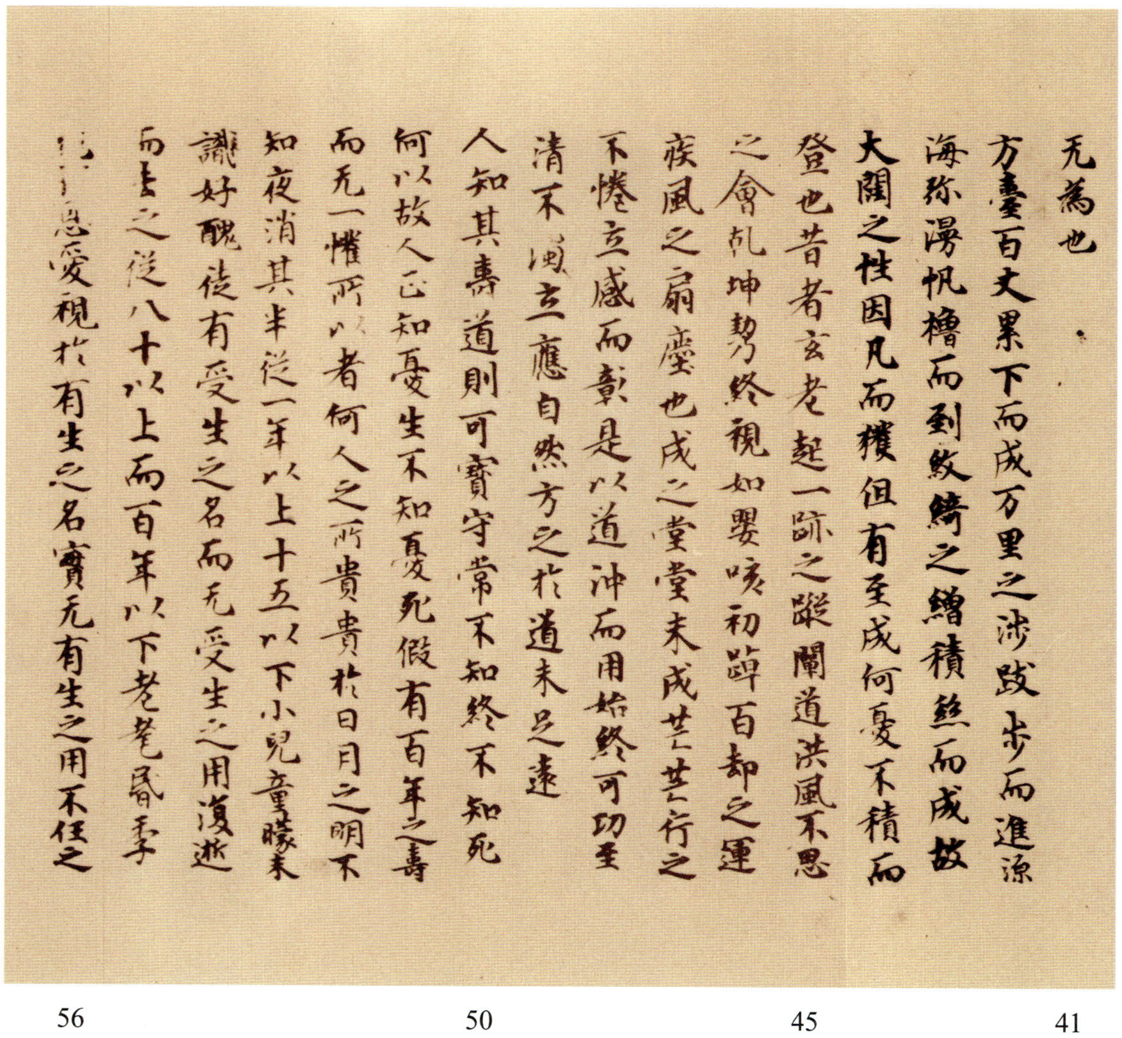

釋文

（散0685A，前缺）

水流嵠谷，歸之於海，百狩之類，會宗於驎，飛〡鳥之名，終成於鳳，將至其主，咸命歸仰。故〡知人歸於主，主歸於天，天歸於道。若不信之〡，觀一可以〔知〕〔一〕万。

何以故知之？〔若〕狩无驎，則狩暴死；若/烏无鳳，則烏不飛；若水无海，則水无所歸/止；若人无主，則人乱亡；若主无天，則主无所怙；若/天无道，則天无可止。是以道者，〔万〕有无為之父/母也。若能知万物不自生，不自化，可知泥丸/之所從也。万物因四時以運遷謝，而況於人/于（乎）？是故人順於主，水順於海；主順於海〔二〕，主順於/天，天順於道。道順自然者，即无所順也。故人/違主則殘，主違天則勃（悖），天違道則裂。是/以道者，万有之祖父母也。故不可違，不可逆，以/此。

將欲取天下，非道不成；將欲興太平，非道/不崇。故道者王治之本，化安之始，非道而治/者，无道之甚。所以者何？道置天曹，鼇断百/官，四時八節，廿四炁。周天三百六十五度，四天/主之，天帝處於頂上泥丸宮中，鼇断四天，卅/二天輔之。崐崘有八十一級，級有八十一宮，宮有/一主，亦各八十一天，其中左右中宮，三部有宮主/，曹有一百廿，各有所屬。崐崘有九原，亦有宮/主，亦名九天。崐崘有九野之場，亦有宮主，亦/名九土。一切曹府，各有典職。下方世界國主/帝王，法天道而治。故立天子法帝天，置/三公法三光，設百僚疋衆星，安九卿法九原，布/九州法九土，廿四大夫法廿四炁，八十一元士法/八十一天，一百廿郡法一百廿内宿，三百六十五縣/法三百六十五度。百官曹府一法，方乃興/霸王也。若國王不以道治天下，故為无道之甚/。无道者，失道也。人失道則終，魚失水則死。〔魚〕何故/失水？以上不應，偃遏不流，是故失水。國王何/故失道？以〔上〕不應，福祚將終，是故失道。是以/得道者昌，失道者亡，此之謂/。

知道者上，不知道者命；知好者進，不知好者/儐。不識不知，迷盲若趣，无好无醜，犬豕視㳅/。故道人先知於道，乃可進真；先別於長，乃/可取長。成功若不居，處名若不怙，恒退身/而遜功，去名而捨譽，寄於无寄之鄉，積於/无著之方，聚之如崐崘，成之如海王，此功父/功可用久〔三〕，名可居而名不去，積之著之，以致於/无為也/。

方臺百丈，累下而成；万里之涉，跂步而進；源/海弥漫，帆櫓而到；紋綺之繒，積絲而成。故/大闊之性，因凡而獲，但有至成，何憂不積而/登也。昔者玄老起一跡之蹤，闡道洪風，不思/之會，乹坤勢終，視如嬰咳（孩）初踔百却之運/，疾風之扇塵也。成之堂堂，未成芒芒，行之/不倦，立感而彰。是以道沖而用，始終可功，至/清不濁，立應自然，方之於道，未足遠/。

人知其壽，道則可寶，守常不知，終不知死/。何以故？人正〔止〕知憂生，不知憂死，假有百年之壽/，而无一懽。所以者何？人之所貴，貴於日月之明，不/知夜消其半；從一年以上，十五以下，小兒童矇，未/識好醜，徒有受生之名，而无受生之用，復逝/而去之；從八十以上，而百年以下，老耄昏季/，无復恩愛，視於有生之名，實无有生之用，不任之/（下缺）

校記

〔一〕方括號中文字均據文義補。

〔二〕此四字疑係衍文。

〔三〕此句疑有訛誤。（此殘卷校記係整理時所加。王卡先生對「主順於海」「此功父功可用久」僅做有標記。——胡百濤整理）

圖版二

S. 12029

4　1

釋文

(S. 12029)

□□無則（下缺）

是以君子不重則不威唯（下缺）

威罰問罪不易人心險謀（下缺）

□罪之徒而致刑免無（下缺）

圖版三

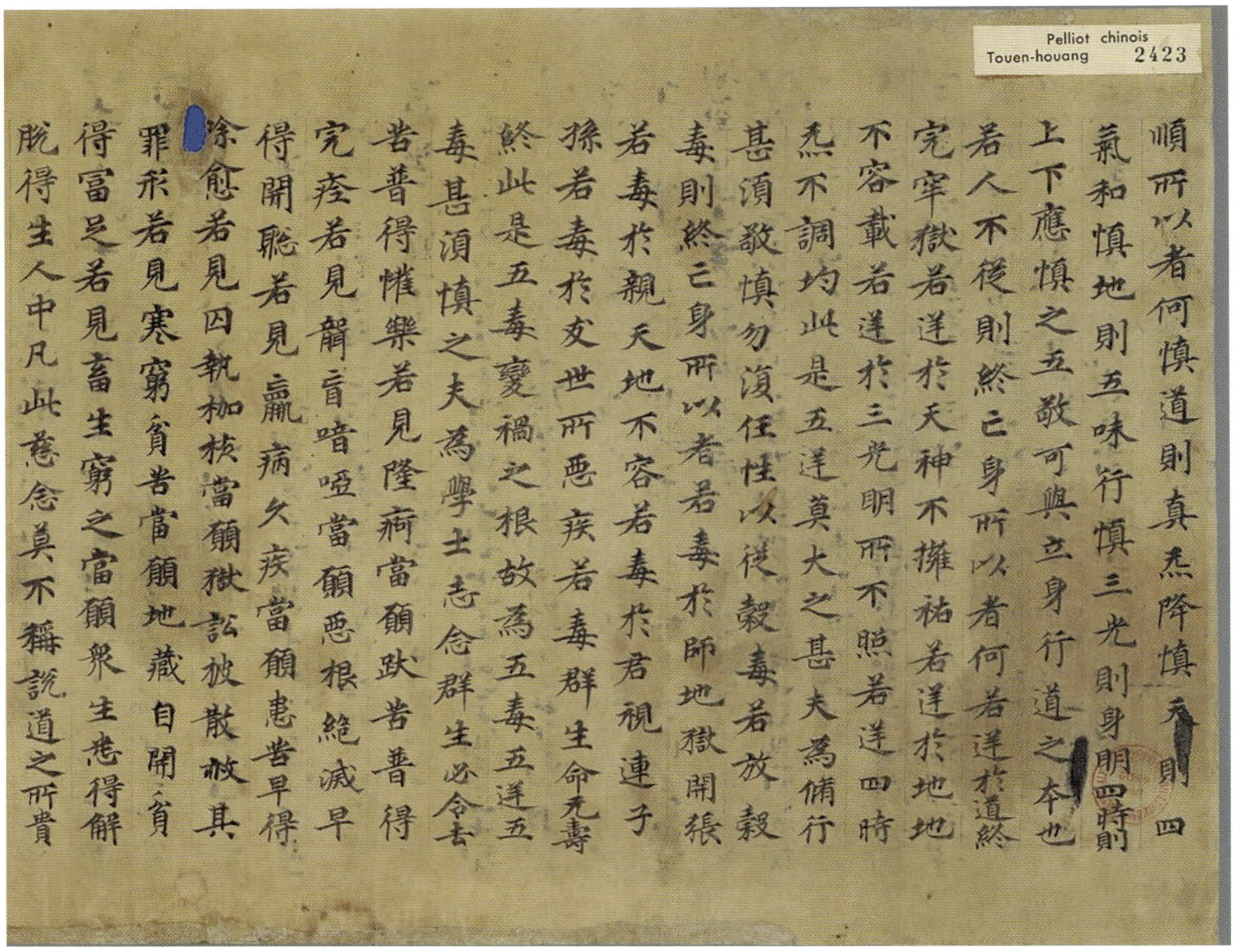

順所以者何慎道則真炁降慎天則四
氣和慎地則五味行慎三光則身明四時則
上下應慎之五敬可與立身行道之本也
若人不從則終亡身所以者何若逆於道終
完牢獄若逆於天神不擁祐若逆於地地
不容載若逆於三光明所不照若逆四時
炁不調均此是五逆莫大之甚夫為脩行
甚須敬慎勿復任性以從殺毒若放殺
毒則終亡身所以者若毒於師地獄開張
若毒於親天地不容若毒於君視連子
孫若毒於友世所惡疾若毒群生命无壽
終此是五毒變禍之根故為五毒五逆五
毒甚須慎之夫為學士志念群生必令去
苦普得懽樂若見隆痾當願趺苦普得
完痊若見聾盲喑啞當願惡根絶滅早
得開聡若見羸病久疾當願患苦早得
除愈若見囚執枷核當願獄訟披散赦其
罪形若見寒窮貧苦當願地藏自開貧
得富足若見畜生窮乏當願衆生悉得解
脫得生人中凡此慈念莫不稱說道之所貴

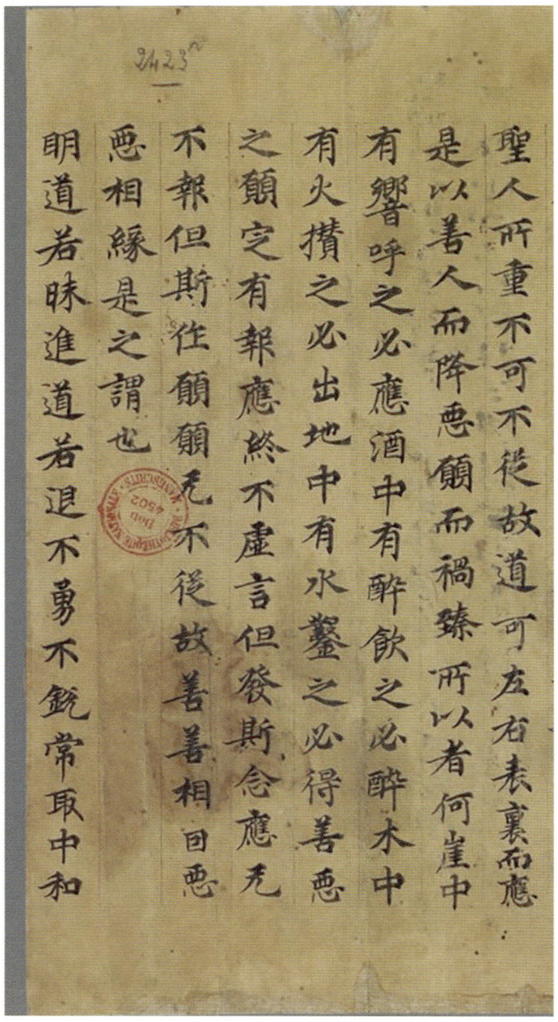
聖人所重不可不從故道可左右表裏而應
是以善人而降惡願而禍臻所以者何崖中
有響呼之必應酒中有酔飲之必酔木中
有火攅之必出地中有水鑿之必得善惡
之願定有報應終不虚言但發斯念應无
不報但斯往願願无不從故善善相回惡
惡相緣是之謂也
明道若昧進道若退不勇不鋭常取中和

釋文

（P.2423 抄本，前缺）

順。所以者何？慎道則真炁降，慎天則四/氣和，慎地則五味行，慎三光則身明，〔慎〕四時則/上下應。慎之五敬，可與立身，行道之本也/。若人不從，則終亡身。所以者何？若逆於道，終/完牢獄；若逆於天，神不擁祐；若逆於地，地/不容載；若逆於三光，明所不照；若逆四時/，炁不調均。此是五逆，莫大之甚。夫為脩行/，甚須敬慎，勿復任性，以從殺毒，若放殺/毒，則終亡身。所以者〔何〕？若毒於師，地獄開張/；若毒於親，天地不容；若毒於君，視連子/孫；若毒於友，世所惡疾；若毒群生，命无壽/終。此是五毒，變禍之根，故為五毒。五逆五/毒，甚須慎之。夫為學士，志念群生，必令去/苦，普得懽樂。若見隆痾，當願趺苦，普得/完痊；若見聾盲喑啞，當願惡根絶滅，早/得開聡；若見羸病久疾，當願患苦早得/除愈；若見囚執枷核（杻），當願獄訟披散，赦其/罪形；若見寒窮貧苦，當願地藏自開，貧/得富足；若見畜生窮乏，當願衆生悉得解/脫，得生人中。凡此慈念，莫不稱説。道之所貴／，聖人所重，不可不從。故道可左右，表裏而應／。是以善人而（福）降，惡願而禍臻。所以者何？崖中／有響，呼之必應；酒中有醉，飲之必醉；木中／有火，攢（鑽）之必出；地中有水，鑿之必得。善惡／之願，定有報應，終不虚言。但發斯念，應无／不報。但作斯願〔一〕，願无不從。故善善相因，惡／惡相緣，是之謂也／。

明道若昧，進道若退，不勇不鋭，常取中和／。（下缺）

校記

〔一〕「作斯願」原作「斯作願」。據上文「發斯念」，可知「斯作願」倒字，今乙正。

圖版四

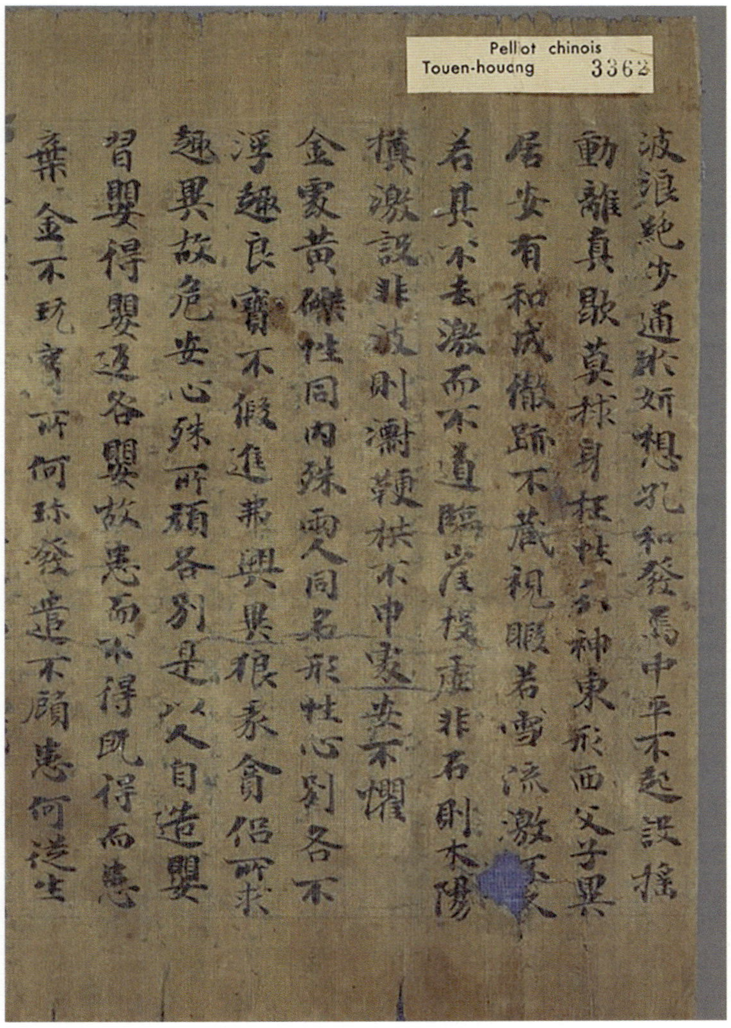

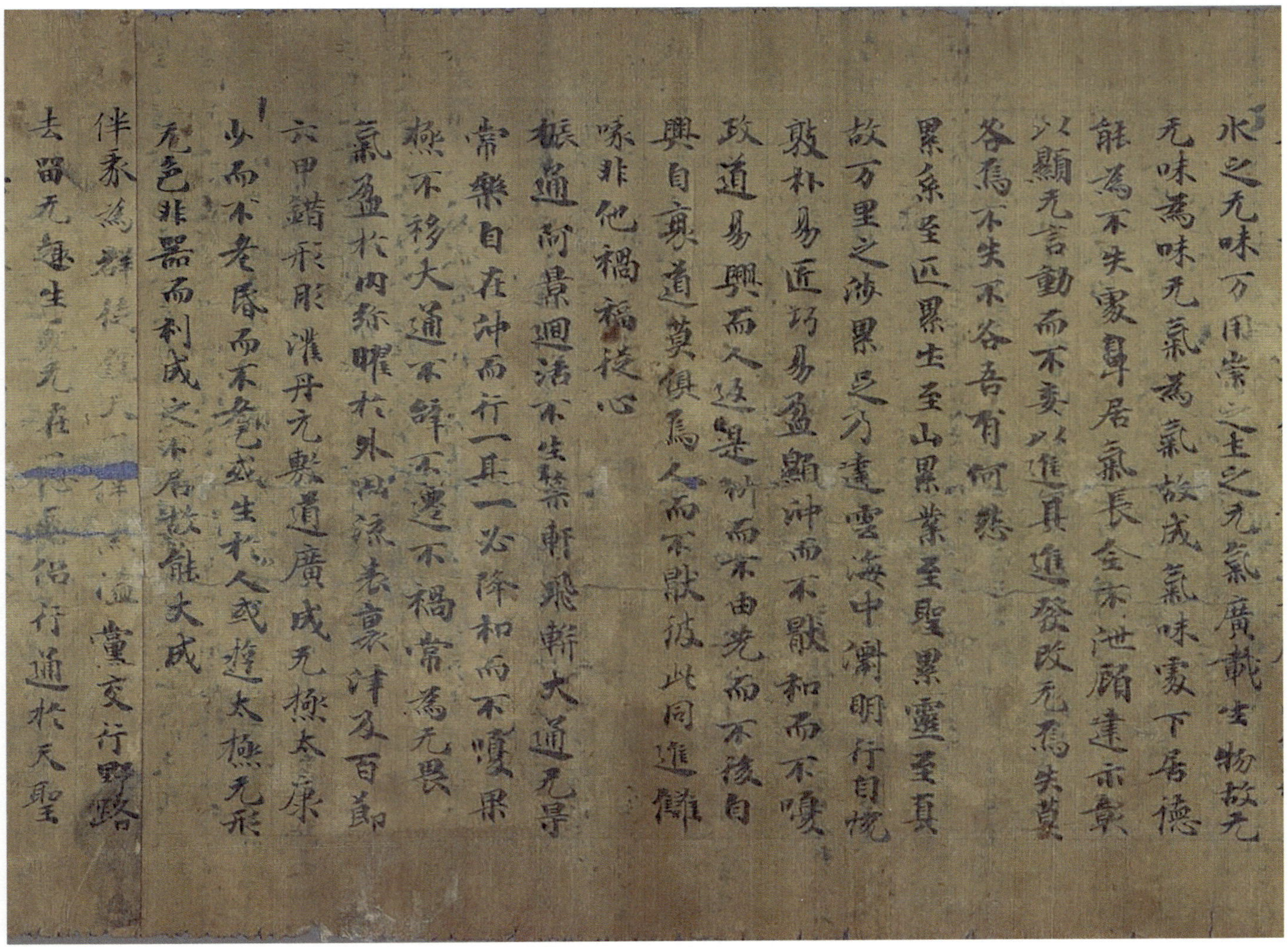

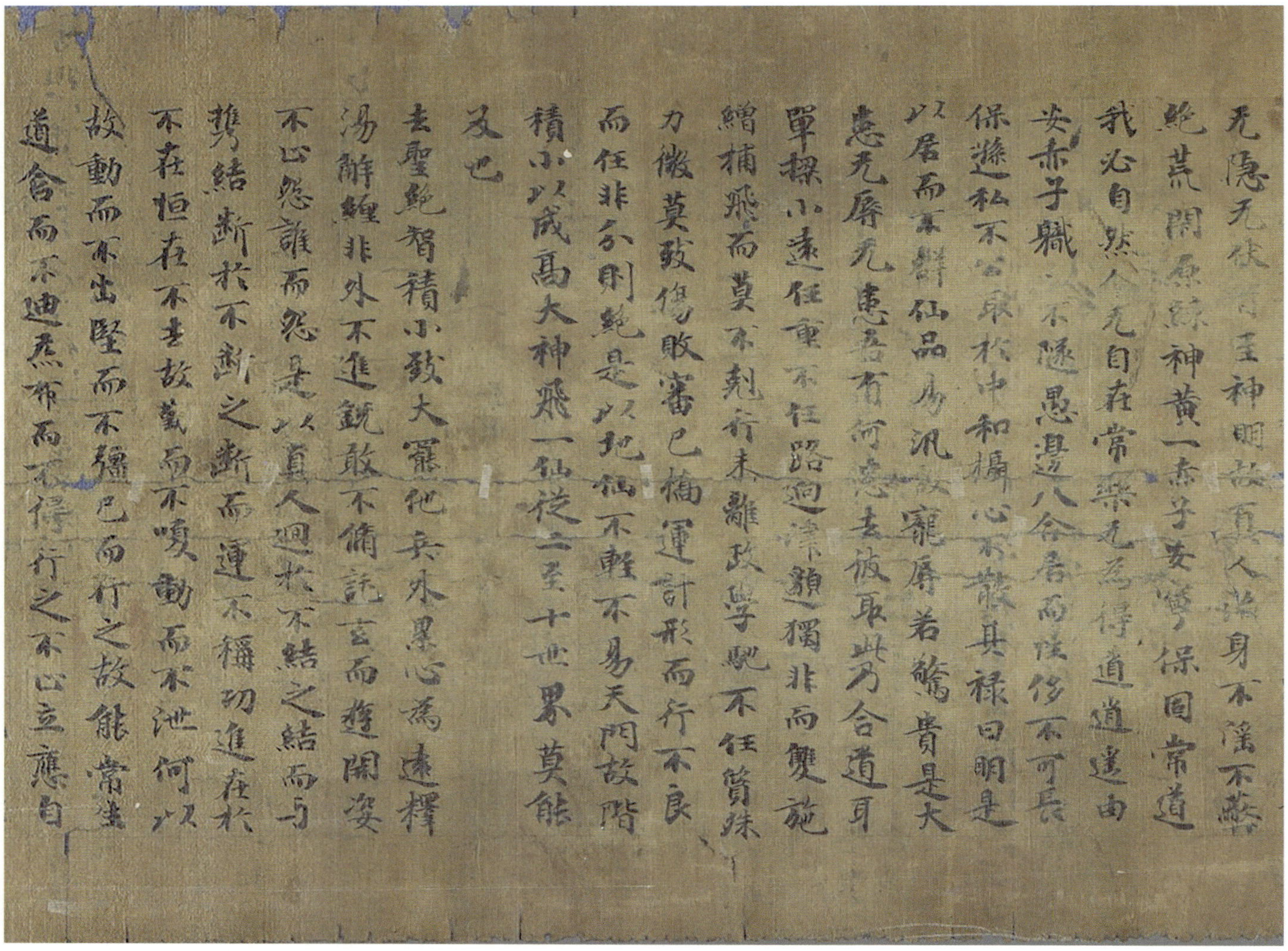

无隱无伏□主神明故真人潔身不淫不蔡
絶荒閑原野神黄一赤子安寧保固常道
我必自然人无自在常樂无爲得道道遣由
安赤子職、不隨愚湯八合居而性修不可長
保遊遊私不合取於中和攝心不散其禄曰明是
以居而不群仙品爲汎故寵辱若驚貴是大
患无辱无患吾有何患去彼取此乃合道耳
單操小遠道任重不任路迴深顛獨非而雙施
繒楯飛而莫不剋行未離致學馳不任質殊
力微莫致傷敗審己摘運計形而行不良
而任非分則絶是以把福不輕不易天門故階
積小以成高大神飛一仙從二至十世界莫能
及也
去聖絶智積小致大罷他兵休累心爲遠擇
湯辭蠅非外不進銳敢不備託玄而遊閑婆
不心怨誰而怨是以真人迥於不結之結而与
攜結斷於不斷之斷而運不稱功進在於
不在恒在不去故戴而不嘆動而不泄何以
故動而不出堅而不彊己而行之故能常生
道合而不迺焉布而不得行之不心立應自

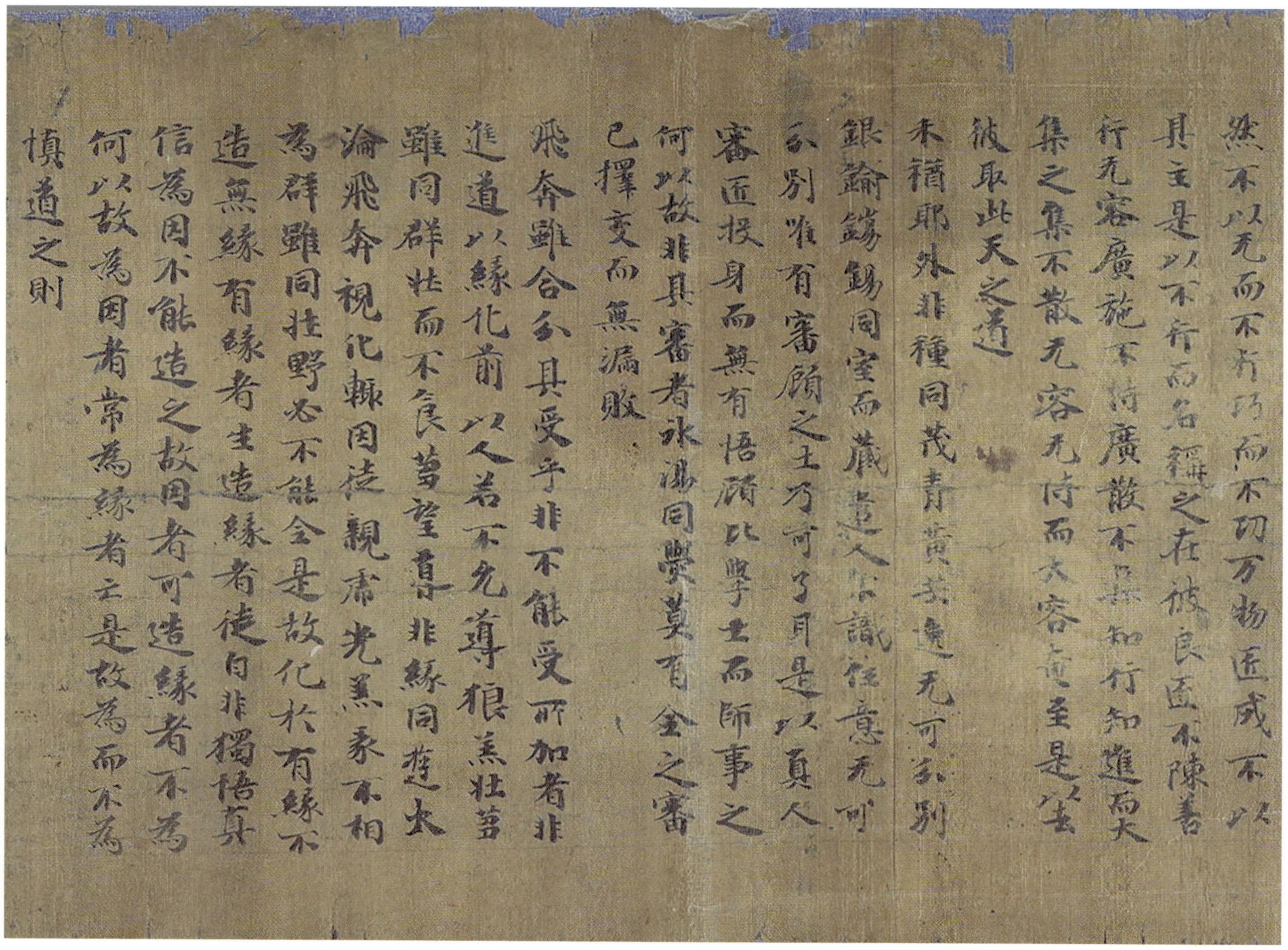

然不以无而不有巧而不功万物匠成不以
其主是以不行而名稱之在彼良匠不陳善
行无容廣施不持廣散不求知行知進而大
集之集不散无容无恃而大容通聖是以去
彼取此天之道
木稍耶外非種同茂青黄多逸无可分別
銀鍮鑄錫同室而藏道人不識任意无可
分別唯有審顧之士乃可了耳是以真人
審匠投身而無有悟蘭比學士而師事之
何以故非其審者冰湯同豐莫有全之審
己擇变而無漏敗
飛奔雖合分其受乎非不能受所加者非
進道以緣化前以人若不先導狼羔壯茁
雖同群壯而不食茁望尊非緣同趍大
淪飛奔視化輒因徒覩肅光羔豕不相
爲群雖同桂野必不能全是故化於有緣不
造無緣有緣者生造緣者徒自非獨悟真
信爲因不能造之故因者可造緣者不爲
何以故爲因者常爲緣者亡是故爲而不爲
慎道之則

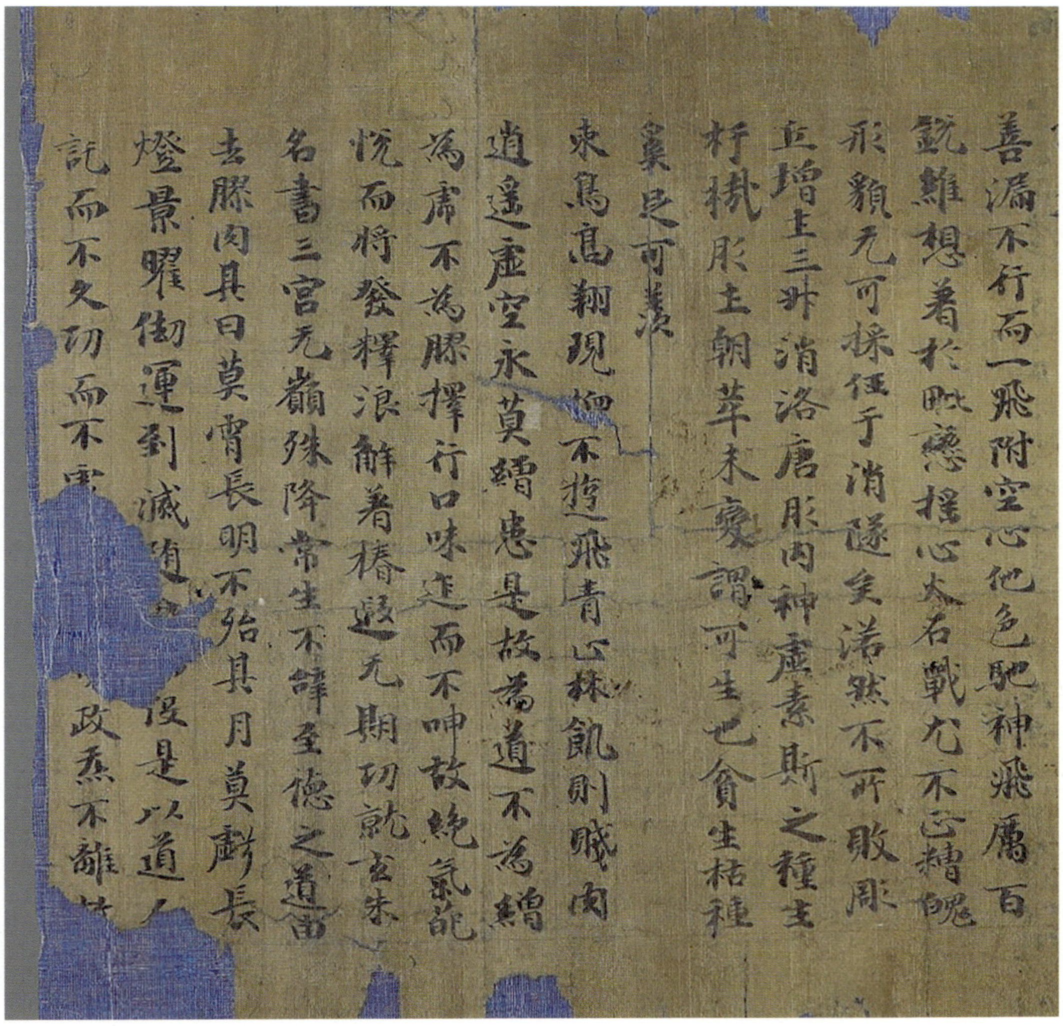

釋文

（P.3362 抄本，前缺）

波浪絶步，通於妍想，孔和發焉，中平不起。設摇／動離，真歇莫捄，身枉性分，神東形西。父子異／居，安有和成，徹跡不藏，視暇若雪，流激不終／，若其不去，激而不道。臨崖投虚，非石則木，陽／横激設，非波則瀏，鞭拱不申，處安不懼／。

金處黄（鑛）礫，性同内殊，兩人同名，形性心別，各不／浮趣。[一] 良寶不假，進弗興異，狼豕貪侶，所求／趣異。故危安心殊，所頑（類）各別。是以人自造嬰／，習嬰得嬰，（而）返咎嬰。故患而不得，既得而患／。棄金不玩，寶何所珎[二]，發遣不顧，患何從生／。

水之无味，万用崇之；土之无氣，廣載生物。故／无[三]味為味，无氣為氣，故成氣味。處下居德／，能為不失；處鼻居氣，長全不泄。顧建示彰／，以顯无言，動而不妄，以進其進。發改无焉，失莫／咎焉，不失不咎，吾有何怨／。

累系（絲）至匹，累土至山，累業至聖，累靈至真／。故万里之涉，累足乃達，雲海中瀏，明行自悦／。敦朴易匠，巧易盈顯，沖而不猒，和而不嗄／，政道易興，而人返是。祈而不由，先而不後，自／興自衰，道莫俱焉。人而不猒，彼此同進，雠／喙非他，禍福從心／。

振通阿景，迴活不生，築軒飛軿，大通无导／，常樂自在。沖而行一，其一必降；和而不嗄，果／極不移。大通不辞，不遷不禍，常為无畏／。

氣盈於内，弥曜於外，周流表裏，津及百節／。六甲錯形，彤灌丹元，敷道廣成，无極太康／。少而不老，昏而不耄，或生於人，或遊太極。无形／无色，非器而利，成之不居，故能大成／。

伴豕為群，徒遊天下，伴羔為[四]黨，交行野路／。去留无趣，生死无在，愚惡俗行，通於天聖／，无隱无伏，皆至神明。故真人治身，不淫不蔽／，絶荒閇原，練神黄一，赤子安寧，保固常道／。我必自然，人无自在，常樂无為，得道逍遥。由／安赤子，孅一不隧，愚邊八合，居而性侈，不可長／保，遜私不公。取於中和，攝心不散，其禄日明。是／以居而不群，仙品易汎。故寵辱若驚，貴是大／患，无辱无患，吾有何患，去彼取此，乃合道耳／。

單樑小遠，任重不任，路迴津邈，獨非而雙。施／繒捕飛，而莫不剋，行未離政，學馳不任。質殊／力微，莫致傷敗，審己橋運，計形而行。不良／而任，非分則絶，是以地仙，不輕不易。天門故階／，積小以成，高大神飛，一仙從二，至十世界，莫能／及也／。

去聖絶智，積小致大，罷他兵外，累心為遠。釋／湯解纏，非外不進，鋭敢不脩，託玄而遊。開姿／不止，怨誰而怨？是以真人迴於不結之結，而与／携結；斷於不斷之斷，而運不稱，功進在於／不在，恒在不去。故勤而不嗄，動而不泄。何以／故？動而不出，堅而不彊，已而行之，故能常生／。

道含而不迪，炁布而不得，行之不止，立應自／然。不以无而不行，巧而不功，万物匠成，不以╱其主。是以不行而名，稱之在彼，良匠不陳，善╱行无容，廣施不恃，廣散不集。知行知進，而大╱集之集不散；无容无恃，而大容奄至。是以去╱彼取此，天之道╱。

禾穡耶外，非種同茂，青黄共逸，无可分别╱。銀鍮鑞錫，同室而藏，遣人不識，任意（之流），无可╱分别，唯有審顧之士，乃可了耳。是以真人╱審匠投身，而無有悟，顧比學士，而師事之╱。何以故？非其審者，冰湯同爨，莫有全之，審╱已擇交，而無漏敗╱。

飛奔雖合，分其受乎，非不能受，所加者非╱。進道以緣，化前以人，若不允導，狼羔壯蒭╱雖同群，壯而不食蒭。望導非緣，同遊大╱淪，飛奔視化，輒因徒親。虎兕羔豕，不相╱為群，雖同拄（住）野，必不能全。是故化於有緣，不╱造無緣，有緣者生，造緣者徒。自非獨悟，真╱信為因，不能造之。故因者可造，緣者不為╱。何以故？為因者常，為緣者亡。是故為而不為╱，慎道之則╱。

善漏不行，而一飛附，空心他色，馳神飛厲。百╱鋭維想，著於毗戀，摇心火石，戰尤不止。糟魄╱形貌，无可採任，于消隧矣。渃然不，所敗彫╱丘，增土三升，消洛唐肜，内神虚素。斯之種生╱，扜檝肜土，朝萃未變，謂可生也。貪生枯種╱，奚足可羡╱。

束鳥高翔，現而不遊，飛青止林，飢則賤肉╱，逍遥虚空，永莫繒患。是故為道不為繒╱，為虎不為膠。擇行口味，迮而不呻。故絶氣葩╱悦而將發，釋浪解著，椿遐无期。功就玄朱╱，名書三宫，无巔殊降，常生不辞。至德之道，由╱去膠肉。其日莫霄，長明不殆；其月莫虧，長╱燈景曜，做運到滅，隨會而没。是以道人╱託而不久，功而不處，自容自受，政炁不離。故╱（下缺）

校記

（一）自此以下有七段經文（紅字所標示）見合《雲笈七籤》卷九〇引文。

（二）「何所珎」，原作「所何珎」。参照下句「何從生」句式乙正。

（三）此處原衍一「无」字，據文義删去。

（四）「為」原字漫漶，據《雲笈七籤》引文改釋。

圖版五

Дx1630D

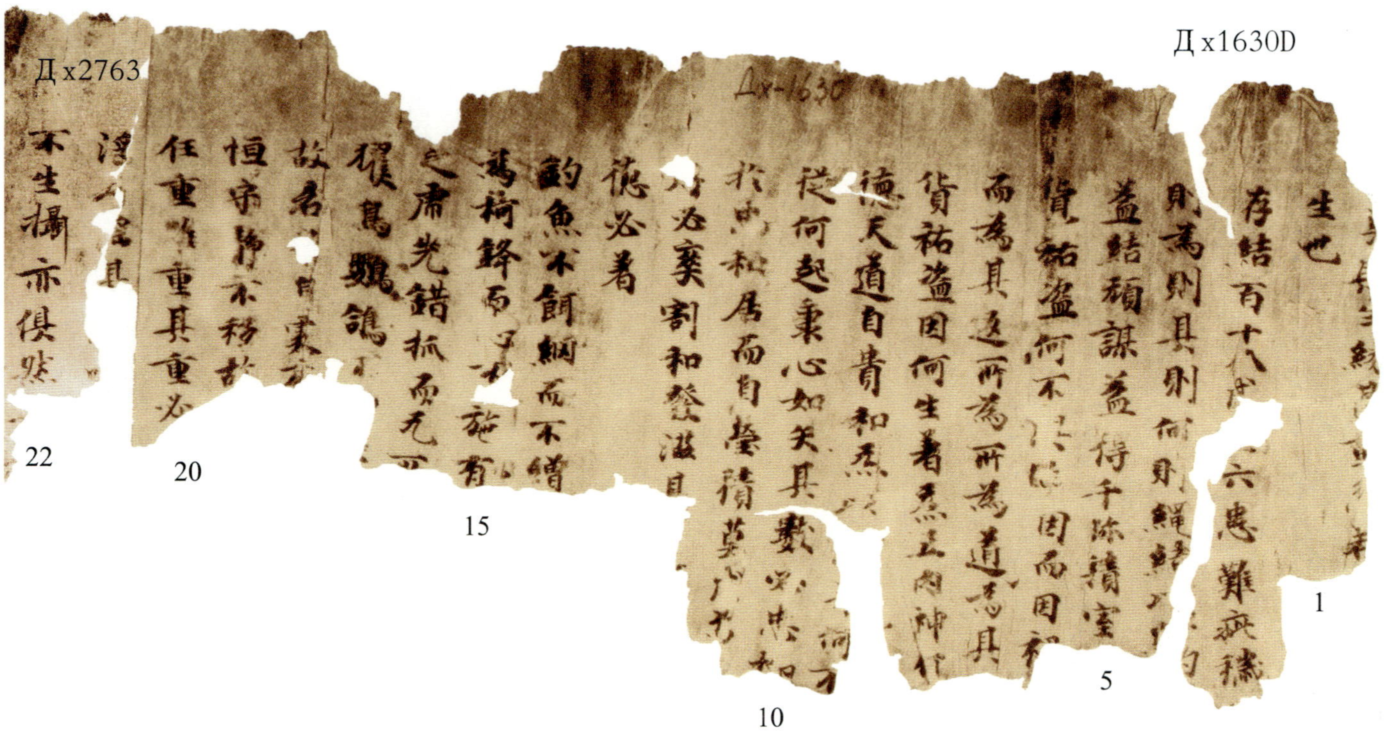

Дx2763

好必爽割和發滋其（下缺）

德必著／。

釣魚不餌，網而不繒，弋而不繳，鉞而不煞，雖[一]／為柯鋒，而心不施。有道者處之，有德者居／之，虎兕錯抓（爪）而无所慮，鬼神同群而无所懼／。玃鳥鸚鴿，不相畏恐，狸犬兔鼠，不相避忤／。故君子自處，不群不黨，不曜不動，不利不害／，恒守静不移，故成君子也／。

任重唯重，其重必累；居藏不藏，其藏必湧。好／淫与淫，其[二]淫唯昏；好帛與帛，終亡乃止。淩謀／不生，攝亦俱然。故攝心者，若仰中著；止意者／，若以盗陵，晝夜惵惵（怵怵），憂道不行。是以道人／憂道不憂貧，憂行不憂身。□□□□□□／身不知，故生病病。天下□□□□□□□□／言病已，去彼取此，天之道／。

處惡不攘，居穢不塵，在弱不諍，臨亭不望／。斯謂志業之行，可獨修之道者。是故不行而／知，不取而取，故曰取／。（下缺）

校記

〔一〕自此以下陰影中係缺損文字，據《雲笈七籤》卷九〇補。

〔二〕Дx1630D止於此處，下接Дx2763。

Дx2763

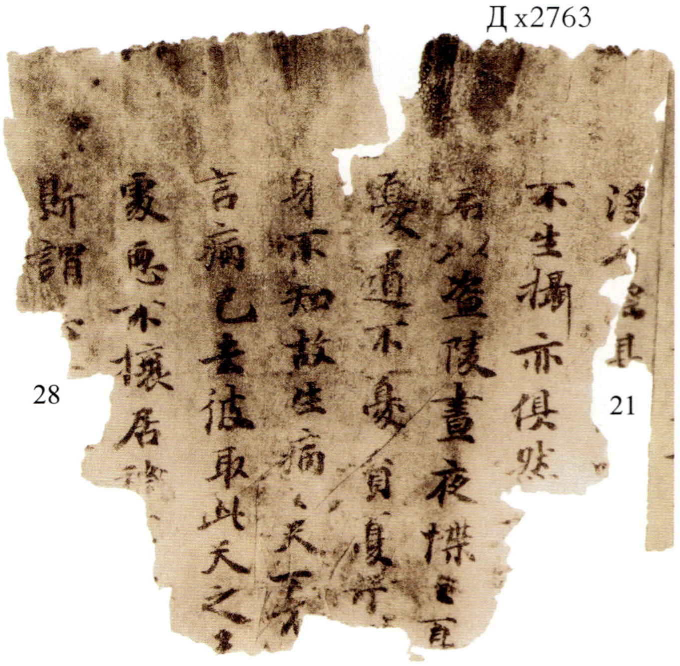

釋文

（Дx1630D+2763）

□□長生緣其書□若（下缺）

生也／。

存結百十八成六患難疵穢（下缺）

則為則其則何則繩結以□（下缺）

益結頑謀益得千珎積室（下缺）

貨祐盗何不興□因而因禍（下缺）

而為其返所為所為道其（下缺）

貨祐盗因何生著炁五内神何（下缺）

德天道自貴和炁以□□何不（下缺）

從何起秉心如矢其數必忠和（下缺）

於忠和居而自瑩積莫成道（下缺）

圖版六

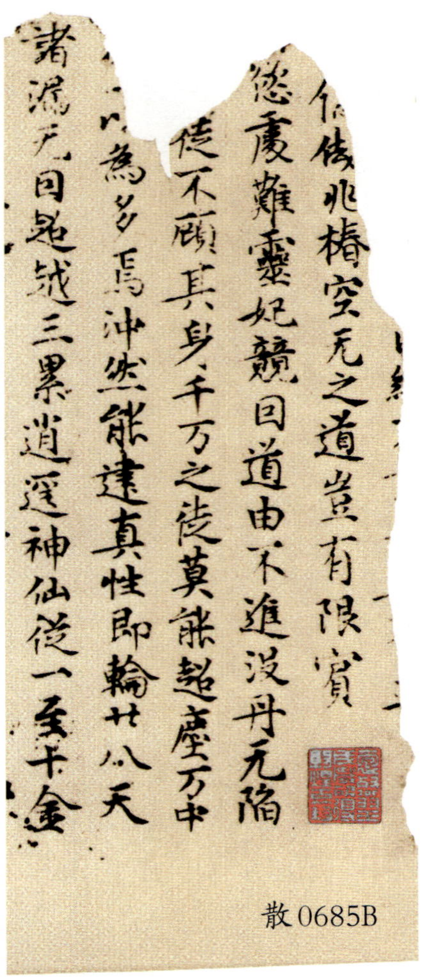

敦0685B

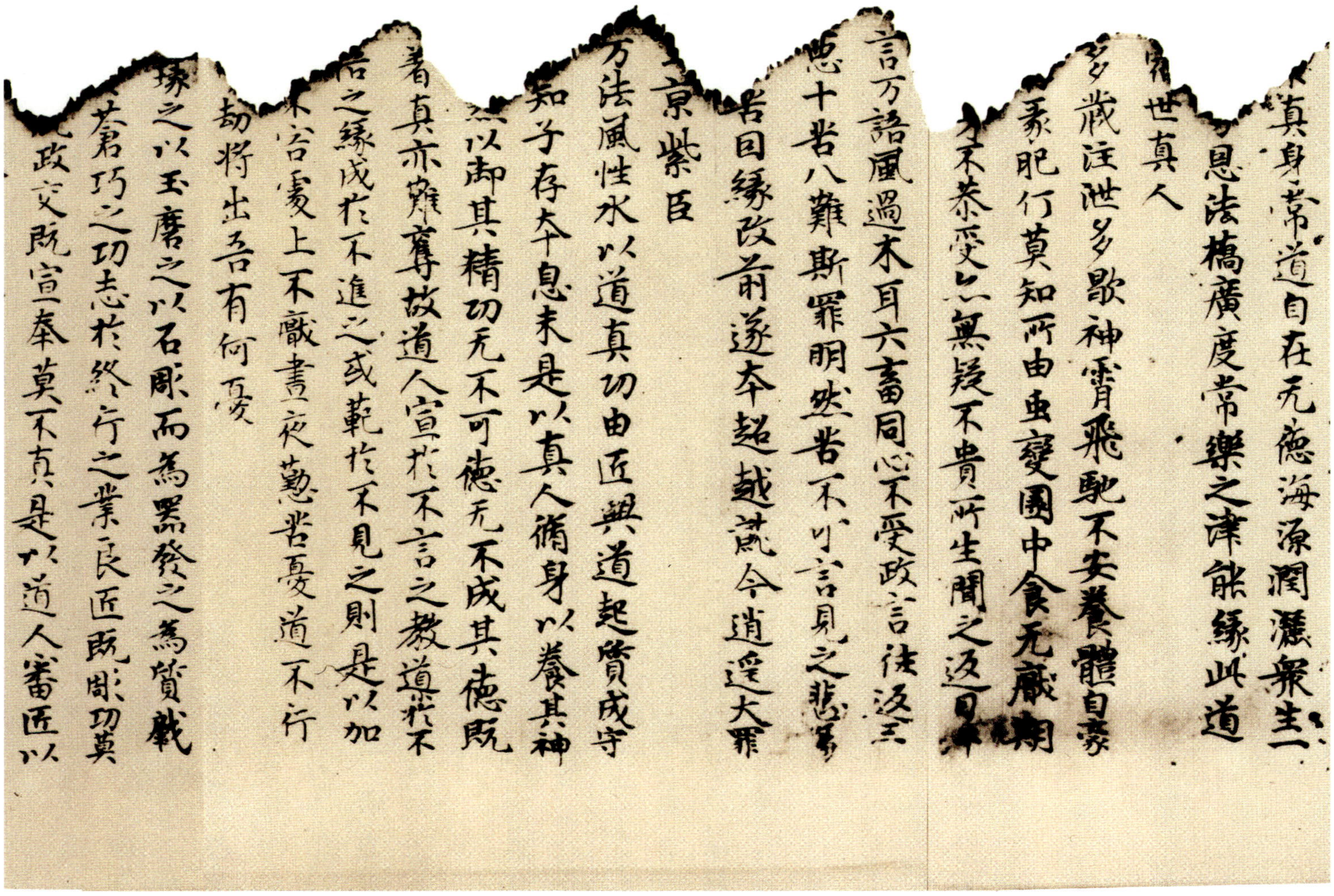

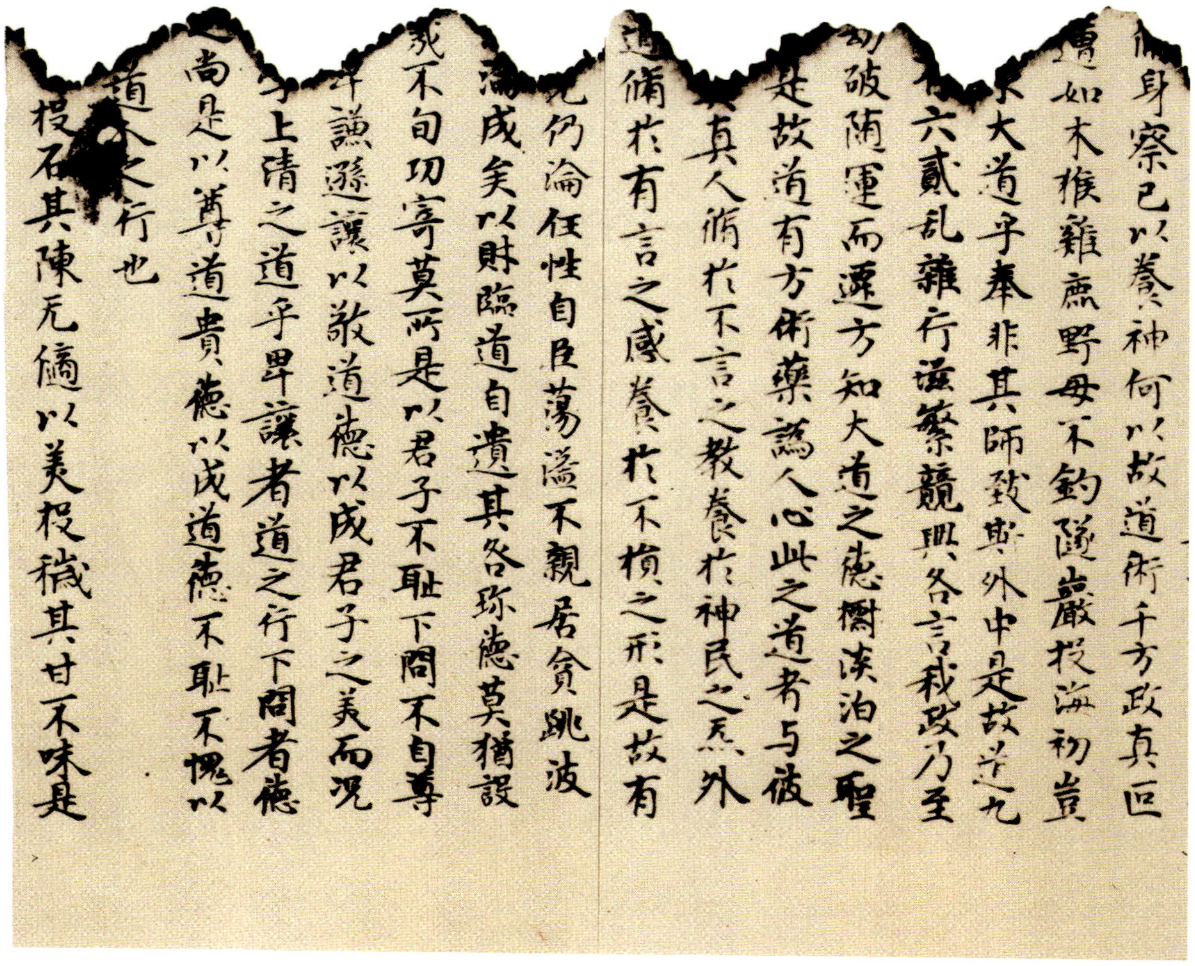

釋文

（散0685B，前缺）

□□億劫兆椿，空无之道，豈有限實。／

□慾處難，靈妃競因，道由不進，没丹（舟）无陷／。百万之徒，不顧其身，千万之徒，莫能超塵。万中／有一，以為多焉，沖然能建，真性即輪。廿八天／，諸漏无因，超越三累，逍遥神仙。從一至十，金／□真身。常道自在，无德海源，潤灑衆生，一／□□恩，法橋廣度，常樂之津，能緣此道／，宿世真人／。

多藏注泄，多歇神霄，飛馳不安，養體自豪／。□豕肥行（汀），莫知所由，虽變圂中，食无厭期／。□□不恭，受亦無疑。不貴所生，聞之返因。千／言万語，風過木耳，六畜同心，不受政言，往返三／惡，十苦八難，斯罪明然，苦不可言，見之悲傷／，□苦因緣，改前遂本，超越就今，逍遥大罪／，玉京紫臣／。

万法風性，水以道真，功由匠興，道起質成，守／母知子，存本息末。是以真人脩身以養其神／，行炁以御其精，功无不可，德无不成，其德既／著，真亦難奪。故道人宣於不言之教，導於不／俗之緣，成於不進之或，範於不見之則。是以加／□不害，處上不厭，晝夜懃苦，憂道不行／，□劫將出，吾有何憂／。

琢之以玉，磨之以石，彫而為器，發之為質，啓／於蒼巧之功，志於終行之業。良匠既彫，功莫／不就；政交既宣，奉莫不真。是以道人審匠以／脩身，察己以養神。何以故？道術千方，政真亘／遭。如木猴雞鹿，野母不鈞，隧巖投海，初豈／□□大道乎。奉非其師，致斯外中。是故道九／□有六，貳乱雜行，滋繁競興，各言我政，乃至／劫破，随運而遷，方知大道之德標，淡泊之聖／□。是故道有方術，藥譪人心，此之道者，与彼／□□。真人脩於不言之教，養於神民之炁。外／道脩於有言之感，養於不損之形。是故有／□□仍淪，任性自臣，蕩溢不親，居貪跳波／，□淪成矣。以財臨道，自遺其咎，珎德莫猶，設／義不旬，功寄莫所。是以君子不耻下問，不自尊／大，卑謙遜讓，以敬道德，以成君子之美，而况／於學上清之道乎？卑讓者，道之行。下問者，德／之尚。是以尊道貴德，以成道德。不耻不愧，以／為道人之行也／。以卵投石，其陳无億；以美投穢，其甘不味。是／（下缺）

（王卡點校）

太上洞玄靈寶昇玄内教經

解題

簡稱《昇玄經》。撰人不詳，約出於南北朝末。《道藏闕經目録》著録《太上靈寶無等等昇玄内教經》十卷，即此書。隋唐之際此經最流行，後漸告缺佚。《正統道藏》太平部收入此經卷七注疏本，另有改編本數種，均殘缺不全。敦煌抄本二十餘件，亦多係殘篇斷簡，卷品次第頗難比定。（《中華道藏》第五册 \007 號）

P. 2445. 1：首尾殘缺，無卷題。尾後粘貼《本際經》卷九殘寫本，背面寫佛經。本件存經文一百六十六行。首行「依書破之兩邊書會 中央分券法如右」。以下經文内容言破昇玄券契及傳經、講經儀法。部分文字見合《無上秘要》卷三四所引《昇玄經》佚文。但抄本中經文頗多脱漏缺省，又加入註訣「真人曰」數條。故此卷當係《昇玄經》之節抄本，或經後人改編的《昇玄經》註訣本。

（按，大淵目一二七頁及山田俊校本，此件擬作卷次不詳。劉屹《敦煌本昇玄内教經的卷次問題》擬定爲卷二節抄本；萬毅《敦煌本道教〈昇玄内教經〉的文本順序》擬定爲卷二抄本。尚待確證。）

附 Ch. 0935\T Ⅲ 2023：德國柏林國家圖書館藏。碎片。殘存經文兩行，見於 P. 2445. 1 抄本。（西脅常記論文及山田俊校本，此件均擬作卷次未詳。榮新江《唐代西州的道教》，據萬毅論文比定爲卷二。待考。）

Дx2768 → 0901：兩件碎片筆跡酷似，可間接綴合。首尾及下半均有殘損，無卷題。殘存經文合計三十三行。部分文字見合《無上秘要》卷三四所引《昇玄經》佚文。（大淵目一二八頁及山田俊校本，兩殘片擬作卷次未詳。劉屹擬作卷一及卷二；萬毅擬作卷四。尚待考訂。）

Дx0517：殘片。首尾及下半部均殘損，中多破洞，無卷題。筆跡酷似 Дx2768 → 0901 抄本。殘存經文二十九行。部分文字見合《無上秘要》卷七、《要修科儀戒律鈔》卷一、《道典論》卷三所引《昇玄經》佚文。（按，大淵目一二七頁及山田俊校本，此件擬作卷次不詳。劉屹擬作卷二；萬毅擬作卷四。尚待考訂。）

BD9870（朝 91）：首尾殘缺，無卷題。筆跡同 S. 0107，原是同一抄本。本件存經文二十八行。第 12 行以下文字，見合《雲笈七籤》卷四九及九五所引《昇玄經》佚文。末尾與 S. 0107 之間約四行缺文，可據《雲笈七籤》所引佚文校補綴合。（此件大淵未見，據館藏影本著録。）

S. 0107：首殘尾缺，無卷題。殘存經文一百一十九行。前十六行文字見合《雲笈七籤》卷九五所引《昇玄經》，以下部分文字見合《道典論》卷三所引《昇玄經》佚文。據《雲笈七籤》佚文，此件可與上件綴合，共計存經文一百四十七行。又從筆跡看，此卷與 P. 2343 原當爲同一抄本。背面寫佛典《辨中邊論》。（大淵目一二八頁及山田俊校本，此件擬作卷次不詳。劉屹擬作卷二，萬毅擬作卷四。尚待考訂。）❶

P. 2391：首尾殘損，無卷題。存經文一百零三行。其中部分經文見合 P. 2469 抄本所引《昇玄經》卷三佚文。《正統道藏》未收此卷。（按，大淵目一二六頁著録此件，未定卷次。山田俊《校本昇玄經》考訂爲卷三殘抄本，品名不詳。）

P. 3180：首尾碎損，無卷題。殘存經文八十二行。部分文字見合唐初上清宗師潘師正《道門經法相承次序》所引《昇玄經》佚文。經名可定，卷次疑爲卷三或卷四。（大淵目三五九頁擬定此件爲「失題道經」。失考。）

P. 2990+3678：兩件綴合，首全尾缺。首題「太上洞玄靈寶昇玄内教善勝還國經第五」。合計存經文八十九行（54+35）。《正統道藏》未收此卷。

（按，大淵目一二二頁僅著録前件，脱漏後件。《敦煌寶藏》刊出後件影版，注明上接 P.2990。）

（又按：P.2990 抄本卷首及背面有十多行古藏文，編號 P.T.0133。背面又有漢文佛教《齋琬文》數行，編號 P.2990v。）

P. 2560：首殘尾全。尾題「太上靈寶昇玄内教開緣品第六」。存經文一百行。《正統道藏》未收此卷。（大淵目一二二頁）

津藝 176(4515)：首尾完具。首題：太上靈寶昇玄内教經中和品第七。尾題：太上靈寶昇玄經卷第七。楷書精美，筆跡同卷五抄本。内有武周時異體字，不避唐諱。存經文二百五十九行。與《正統道藏》太平部所收《太上靈寶昇玄内教經中和品述議疏》之經文首尾大致相當。（大淵未見。影版見《天津藝術博物館藏敦煌文獻》。）

---

❶ 以上諸件，《敦煌道教文獻研究》原作卷次待考，置於後，今據録文擬題和順序調整在前。——胡百濤按

P. 3341：卷首缺一紙，卷尾全。尾題：靈寶升玄經卷第七。楷書，字品不佳。存經文二百三十三行。見於津藝 176 抄本第 28 行至卷末。（大淵目一二三頁）

附 Ch. 3095v\TIII1007：德國柏林國家圖書館藏。殘片，存經文十二行。（西脇常記《柏林所藏吐魯番文書二則》比定爲卷七中和品殘片，文見《名古屋学院大学外国語學部論集》一九九五年第六卷第二號。山田俊校本收録。）

S. 6310A：首全尾殘。首題：靈寶昇玄内教經顯真戒品第八。殘存經文五行。（大淵目一二四頁。按，S. 6310 原件有兩枚碎片。前半片五行是《昇玄經》卷八開端，後半片五行是《本相經》卷二三開端。參見筆者論文：《敦煌本〈昇玄内教經〉殘卷校讀記》，《敦煌吐魯番研究》第九卷，二〇〇六年。）

P. 2474：首殘尾全。尾題：靈寶昇玄經卷第八。殘存經文二百二十八行，與卷首 S. 6310A 殘片之間缺二十餘行經文。《正統道藏》未收此卷。（大淵目一二四頁）

P. 2326：首尾殘損，無卷題。存經文八十三行，見於 P. 2474 抄本第 4—85 行。背面寫佛教文書。（大淵目一二四頁）

S. 3722：首殘尾全。尾題：靈寶昇玄内教經卷第八。存經文一百七十一行，見於 P. 2474 抄本第 58 行至卷尾。（大淵目一二五頁）

Дx2063+1888+2008：三件碎片，均破損嚴重，可綴合。殘存經文合計二十一行，見於 P. 2474 抄本第 91—112 行。起於「值其世也」，止於「善人宜行精」。（大淵目三六〇頁著録 Дx2063+2008，誤作「失題道經」。劉屹比定 Дx1888 爲卷八殘片。筆者據《俄藏敦煌文獻》影版比定綴合。）

P. 2750+2430：兩件綴合，首尾完全。首題：太上靈寶昇玄内教無極九誡妙經第九。尾題：太上靈寶昇玄内教經第九。合計存經文一百三十行。《正統道藏》未收此卷。背面寫佛典《大乘百法明門論》。（大淵目一二五頁。按，此卷雖首尾完全，但篇幅太短，疑非完本。原卷第 2—3 行間可能有大段經文脱漏。）

S. 4561+BD11244：兩件殘片，裂縫殘字吻合。綴合後首尾仍碎損，無卷題。楷書，字品佳。殘存經文合計一百零六行 (97+9)。見於 P. 2750+2430 抄本第 14—118 行。起於「劣忠言善諫」，止於「滿具足滅」。（大淵目一二五頁著録前件。後件據館藏原件比定綴合。）

Дx5452：殘片，首尾上下均碎損，無卷題。楷書字佳。殘存八行，見於 P. 2750 抄本第 46 行「妄言善惡咒」，至第 53 行「蚑行蠕動」。（大淵未見。《俄藏敦煌文獻》第十三册影版，未定名。）

附 大谷文書 4395：殘片。首尾下半均殘損。楷書精美。存三行，是卷九抄本。見於 P. 2750 抄本第 76—78 行。（大淵未著録。據小田義久《大谷文書集成》第貳册圖版八〇比定。）

S. 9523：碎片。首尾及下半缺損。尾題：太上靈寶昇玄内教經第九。殘存經文四行，見於 P. 2430 抄本末尾。筆跡酷似 S. 4561 抄本。（大淵未見。榮目著録。）

S. 6241：首尾殘損，無卷題。殘存經文四十六行。部分字句見合《昇玄經》卷九抄本。（按，大淵目一二六頁擬定此件爲《昇玄經》卷十殘抄本。山田俊認爲「欠缺確證資料」。疑此件係《昇玄經》卷九中漏抄的經文。尚待考訂。）❶

P. 2343：首尾均殘損，無卷題。殘存經文一百二十二行。部分文字見合《道教義樞》及《雲笈七籤》卷九五所引《昇玄經》佚文。但抄本中經文有大段缺省，並加入註訣。故此件與 P. 2445.1 類似，亦爲《昇玄經》之節抄本，或經後人改編的註訣本。

（按，大淵目一二六頁擬定此件爲《昇玄經》卷十《道陵還國章》抄本，其説誤。山田俊擬作卷次不詳；劉屹擬作卷五之節抄本。尚待考訂。）

太上洞玄靈寶昇玄内教經卷第一（一）

昇玄内教卷第一/。太上曰：夫入道登位有廿事，為靈寶初門，德/行之階梯。得其門道室可究，行梯立則功業/日高。一，當有智，知真知偽，知是知非。二，當於真/於是，堅信不轉。三，當建志，誓必得道。四，當/奉戒，防身口意惡。五，當念此身穢惡，如寇賊/，如鬼魅，思欲離，得道真形。六，當勤脩福業，使/不斷絶。七，當忍苦不勞，莫生病厭。八，當求好/友明經學者，以為知識。九，當尊經敬師，如貧/遇寶。十，當願一切民人、蠕動之類，同我所見，俱/得

---

❶ S. 6241 抄本，王卡先生在《敦煌道教文獻研究》中疑爲卷九，參見《敦煌本〈昇玄内教經〉殘卷校讀記》（《敦煌吐魯番研究》第九卷，二〇〇六年），在録文中從大淵氏作卷十，在最終的圖版歸屬中又歸於卷次待考。——胡百濤整理

離苦。十一，不覬異學，求其長短。十二，若異／學脩善道者，可訪異同，冀或有益。十三，若／見異道長短，便生憐愍，不得譏抃，稱傳其慈／。十四，當思一切生生之類，或有貧困、孤獨疾／病、牢獄憂厄、苦痛飢寒、煩惱不安者，念欲令／安。十五，勸人脩善，勿以耶術恐動百姓。十六／，除去餝好，服御巾褐。十七，車床小屋，容身／而已，不得奢侈。除病及遊行，寄住就請。十八／，當離色慾，无畜妻子兒妾。十九，當生慈心，不食／生生有命者宍。若病亦不得食。若世有良醫／，言食宍必差，不食必死，亦當不食。廿，宿捨家／，之名山，就閑靜處。此謂廿事，開道初門／，大得之本／。〔二〕

太上曰：居山有十事。一，不得領户化民。二，不得交遊貴勝，以求名利。三，不得復修行邪呪禁術。四，不得賣藥行醫，取人錢物。五，當與人物有隔，不得與世間兒婦、黄赤祭酒同床席坐。六，當期朝中、日没、人定、夜半、雞鳴，禮敬十方天尊，悔過滅惡。七，中後不得食穀炁物，有穀炁者不得以近口。水玉、芝石、松朮、黄精、雲英、靈飛散、苟杞等藥食无時，不在禁例。八，山行採藥時，三步一彈指，十步一□□，舉足下足，當常念道，想有神人於崖間路側授我仙術。九，若少得道分，未能通達者，无自顯揚，輕慢不及。十，當念父母，生長之恩勿忘。此謂十居山修道之要也。太上説此事已，負局先生白言曰：時已至，願聞就時。太上悦之，於是衆仙一時改座就食。出第一卷。〔三〕

昇玄第一經云：朝、中、日没、人定、夜半、雞鳴，為六時，禮敬十方天尊。禮從東方為始也。〔四〕

校記

〔一〕本卷未見單行敦煌抄本，今據其他道經引文補遺。
〔二〕此條據P. 2466《大道通玄要》抄本引文補。文字皆已校改。
〔三〕此條據《無上秘要》卷六五、《要修科儀戒律鈔》卷九，以及P. 2459失題道經引文補。
〔四〕此條據《三洞珠囊》卷九引文補。

太上洞玄靈寶昇玄内教經卷第二（擬）

圖版

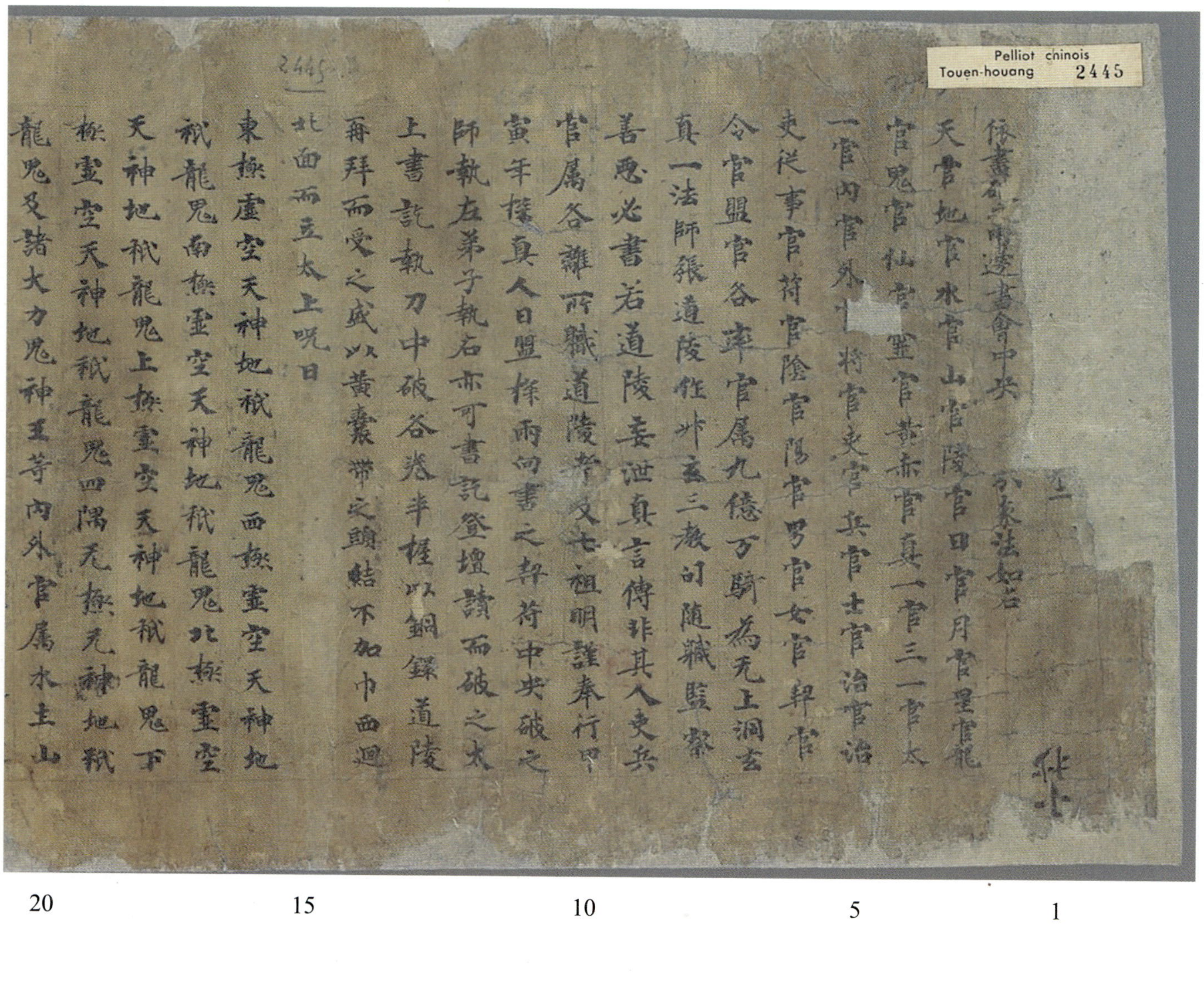

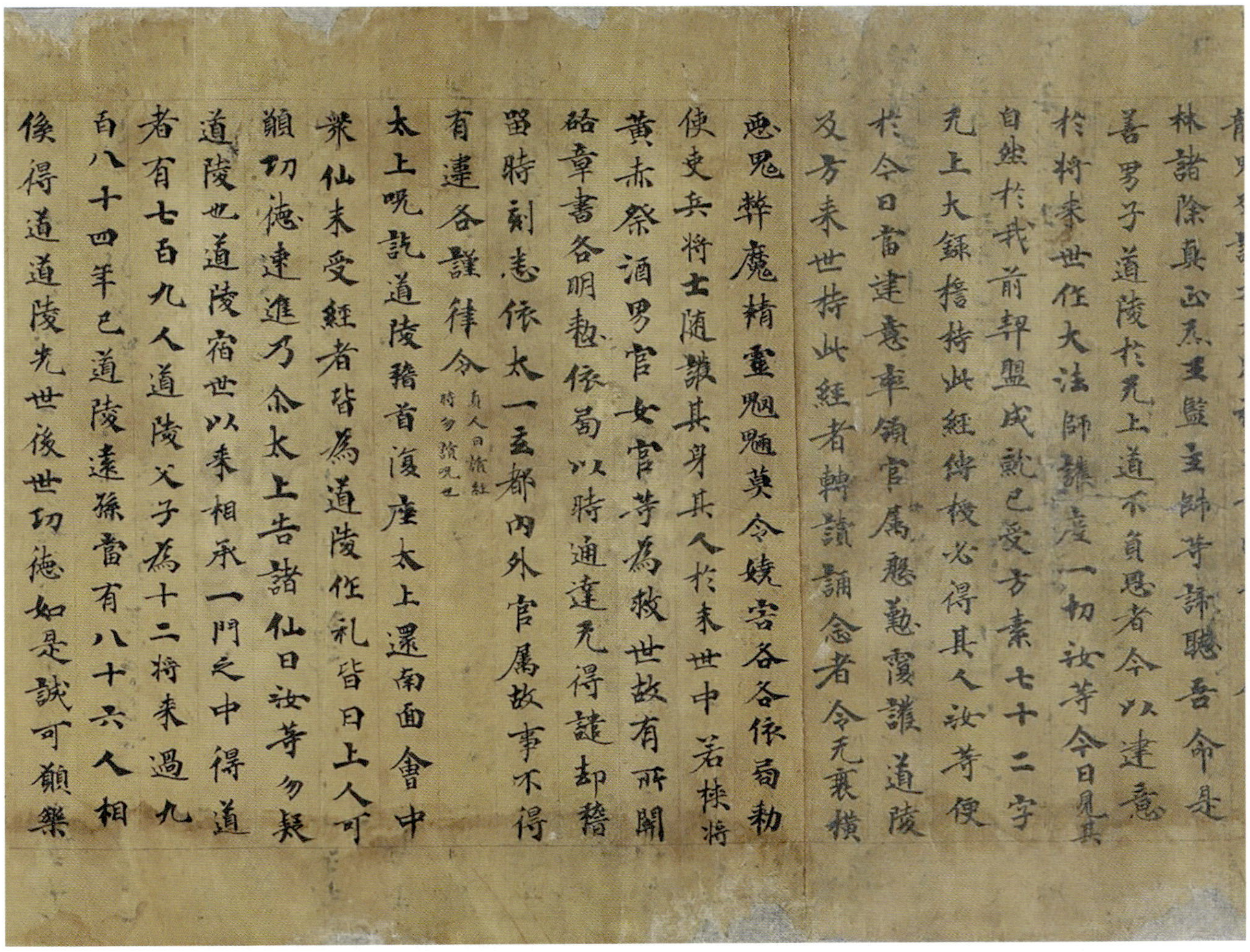

林諸除真正炁玉監主師等謂聽吾命是
善男子道陵於无上道不負恩者令以建意
於將來世作大法師誘度一切汝等今日見其
自然於我前郣盟成就已受方素七十二字
无上大錄揞持此經傳授必得其人汝等便
於今日當建意率領官屬懇懃覆護道陵
及方來世持此經者轉讀誦念者令无衺横
惡鬼粹魔精靈魍魎莫令嬈害各各依局勑
使吏兵將士隨護其身其人於末世中若救將
黄赤祭酒男官女官等為救世故有所開
硌章書各明勑依局以時通達无得譴却稽
留時刻恚依太一玉都内外官屬故事不得
有違各謹律令（真人曰旅紅將勿請呪也）
太上呪訖道陵稽首復座太上還南面會中
衆仙未受經者皆為道陵作礼皆曰上人可
願功德速進乃尒太上告諸仙曰汝等勿疑
道陵世道陵宿世以來相承一門之中得道
者有七百九人道陵父子為十二將來過九
百八十四年已道陵遠孫當有八十六人相
係得道道陵先世後世功德如是誠可願樂

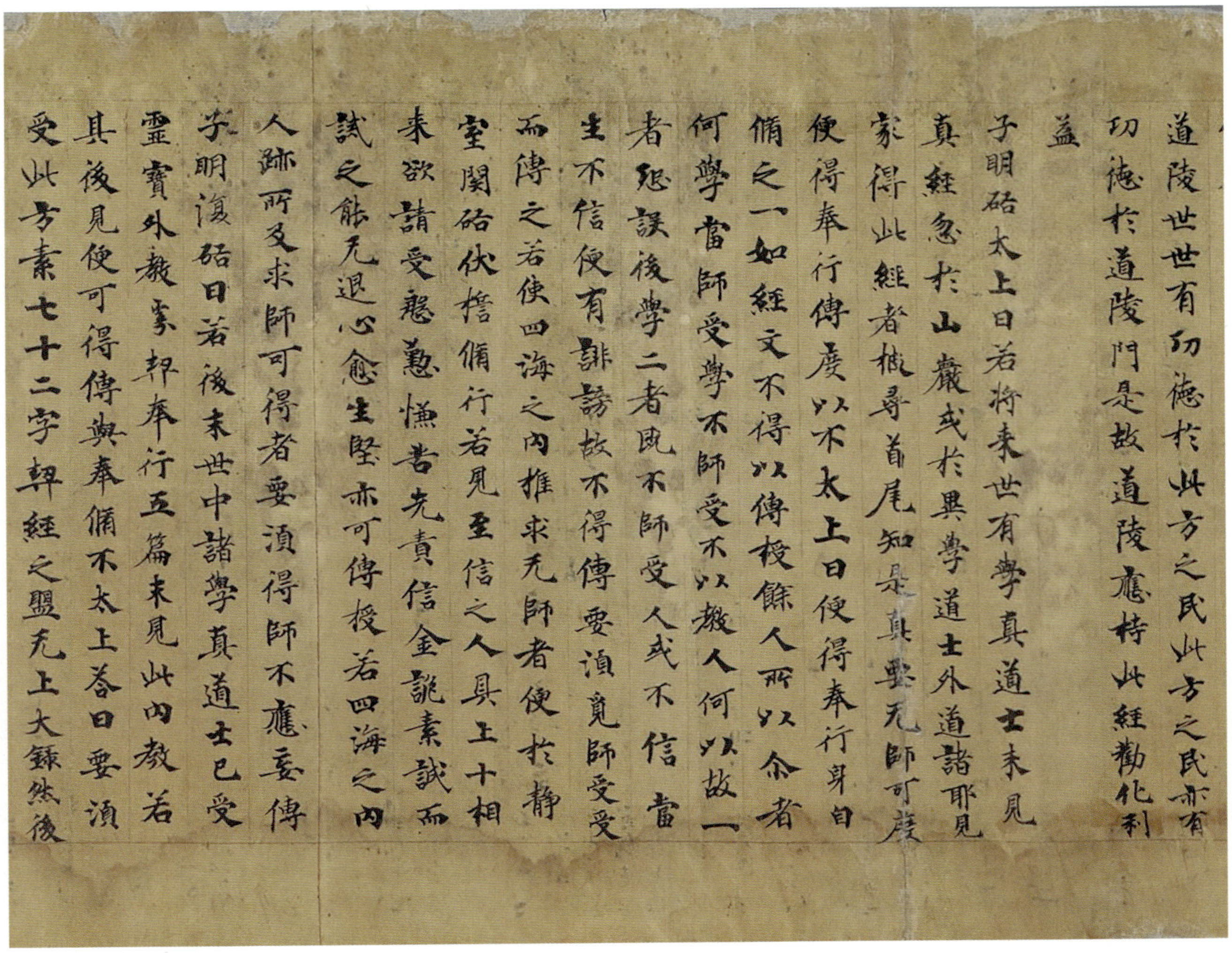

道陵世世有功德於此方之民此方之民亦有
功德於道陵門是故道陵應持此經勸化利
益
子明硌太上曰若將來世有學真道士未見
真經急於山巖或於異學道士外道諸耶見
家得此經者槐尋首尾知是真要无師可度
便得奉行傳度以不太上曰便得奉行身自
脩之一如經文不得以傳授餘人所以尒者
何學當師受學不師受不以教人何以故一
者恐誤後學二者既不師受人或不信當
生不信便有誹謗故不得傳要須覔師受受
而傳之若使四海之内推求无師者便於静
室関硌伏揞脩行若見至信之人具上十相
未欲請受懇懃懺告先責信金誂素誠而
試之能无退心愈生堅亦可傳授若四海之内
人跡所及求師可得者要須得師不應妄傳
子明復硌曰若後末世中諸學真道士已受
靈寶外教案郣奉行五篇未見此内教若
其後見便可得傳與奉脩不太上荅曰要須
受此方素七十二字郣經之盟无上大錄然後

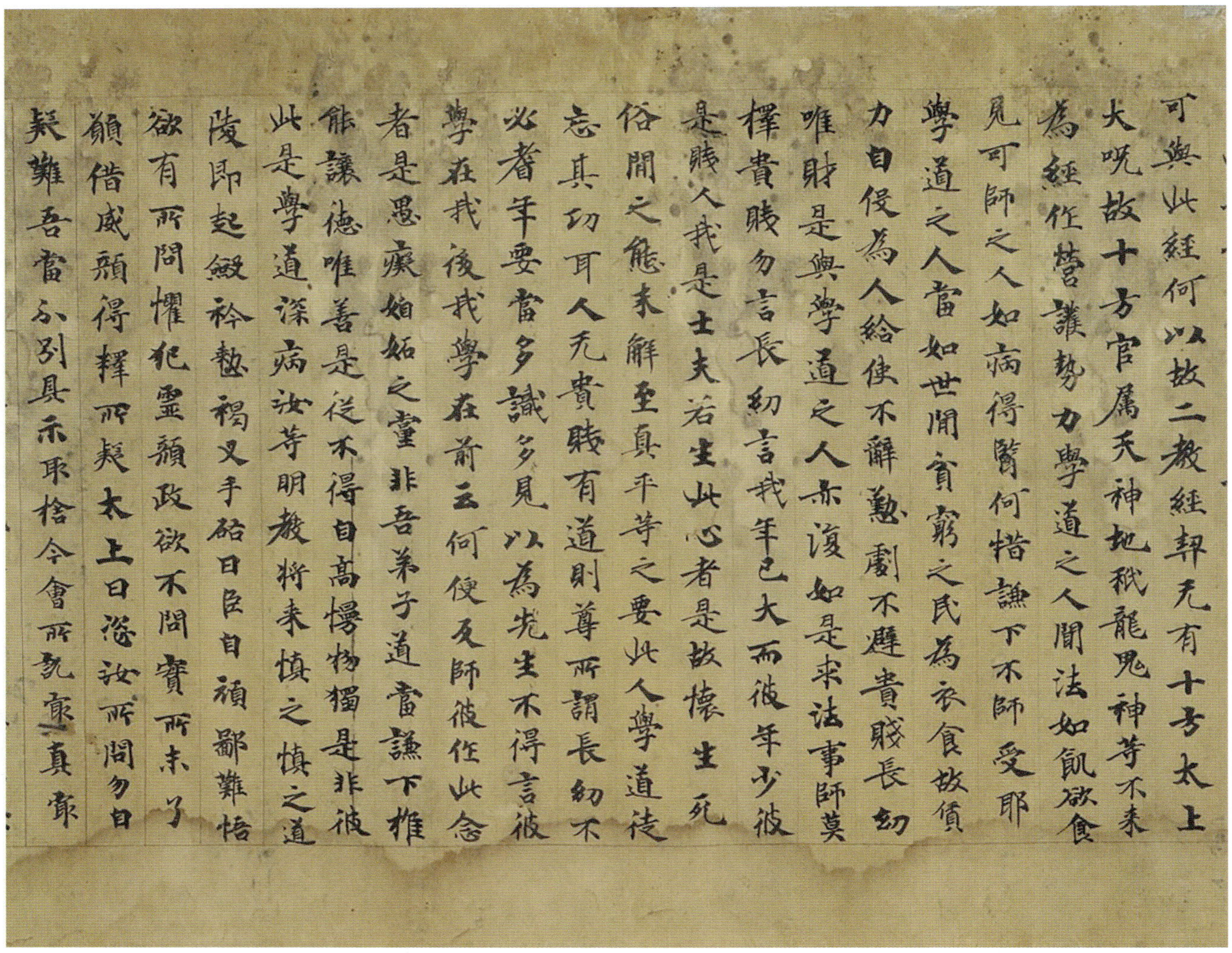
可與此經何以故二教經耶无有十方太上
大呪故十方官屬天神地祇龍鬼神等不来
為經作營護勢力學道之人聞法如飢欲食
見可師之人如病得醫何措謙下不師受耶
學道之人當如世間貧窮之民為衣食故傭
力自促為人給使不辭勤劇不避貴賤長幼
唯財是與學道之人亦復如是求法事師莫
擇貴賤勿言長幼言我年已大而彼年少彼
是賤人我是士夫若生此心者是故懷生死
俗間之態未解至真平等之要此人學道徒
忘其功耳人无貴賤有道則尊所謂長幼不
必耆年要當多識多見以為先生不得言彼
學在我後我學在前云何使反師彼作此念
者是愚癡媢嫉之童非吾弟子道當謙下推
能讓德唯善是從不得自高慢物獨是非彼
此是學道深病汝等明教將来慎之慎之道
陵即起斂衿整褐叉手稽首自禎鄙難悟
欲有所問懼犯靈顏政欲不問實所未了
願借威顏得釋所疑太上曰恣汝所問多曰
疑難吾當分別具示取捨令會所懇衷真寔

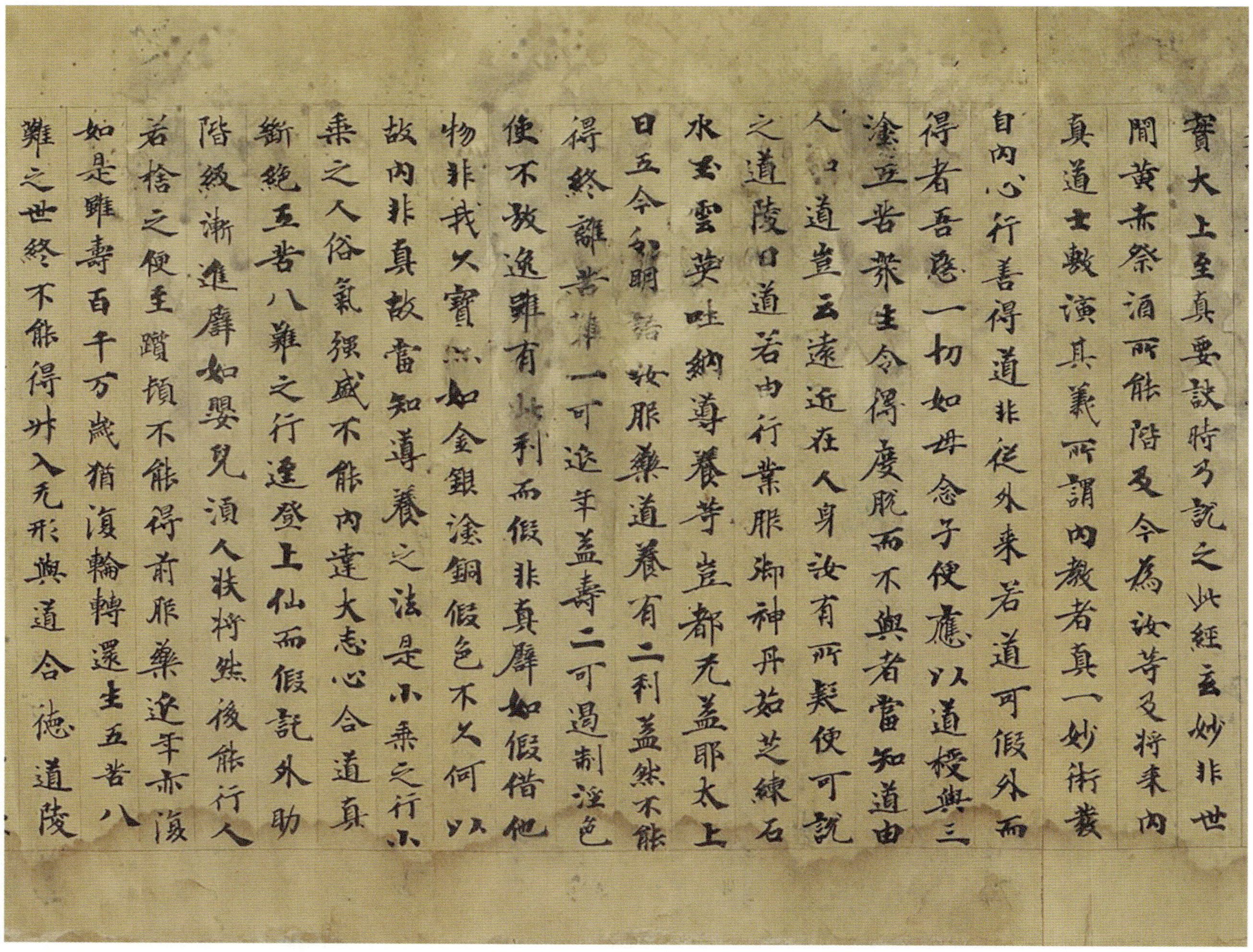
實大上至真要訣時乃說之此經玄妙非世
間黃赤祭酒所能階及今為汝等及將来內
真道士敷演其義所謂內教者真一妙術義
自內心行善得道非從外来若道可假外而
得者吾慈一切如母念子使應以道授與三
塗五苦衆生令得度脫而不與者當知道由
人人道豈云遠近在人身汝有所疑使可說
之道陵曰道若由行業服御神丹茹芝練石
水玉雲英吐納導養等豈都无益耶太上
曰五令分明語汝服藥道養有二利益然不能
得終離苦準一可延年益壽二可遏制淫色
使不放逸雖有此利而假非真譬如假借他
物非我久實亦如金銀塗銅假色不久何以
故內非真故當知導養之法是小乘之行小
乘之人俗氣猶盛不能內達大志心合道真
斷絕五苦八難之行遠登上仙而假託外助
階級漸進譬如嬰兒須人扶將然後能行人
若捨之便至躓頓不能得前服藥延年亦復
如是雖壽百千万歲猶復輪轉還生五苦八
難之世終不能得升入无形與道合德道陵

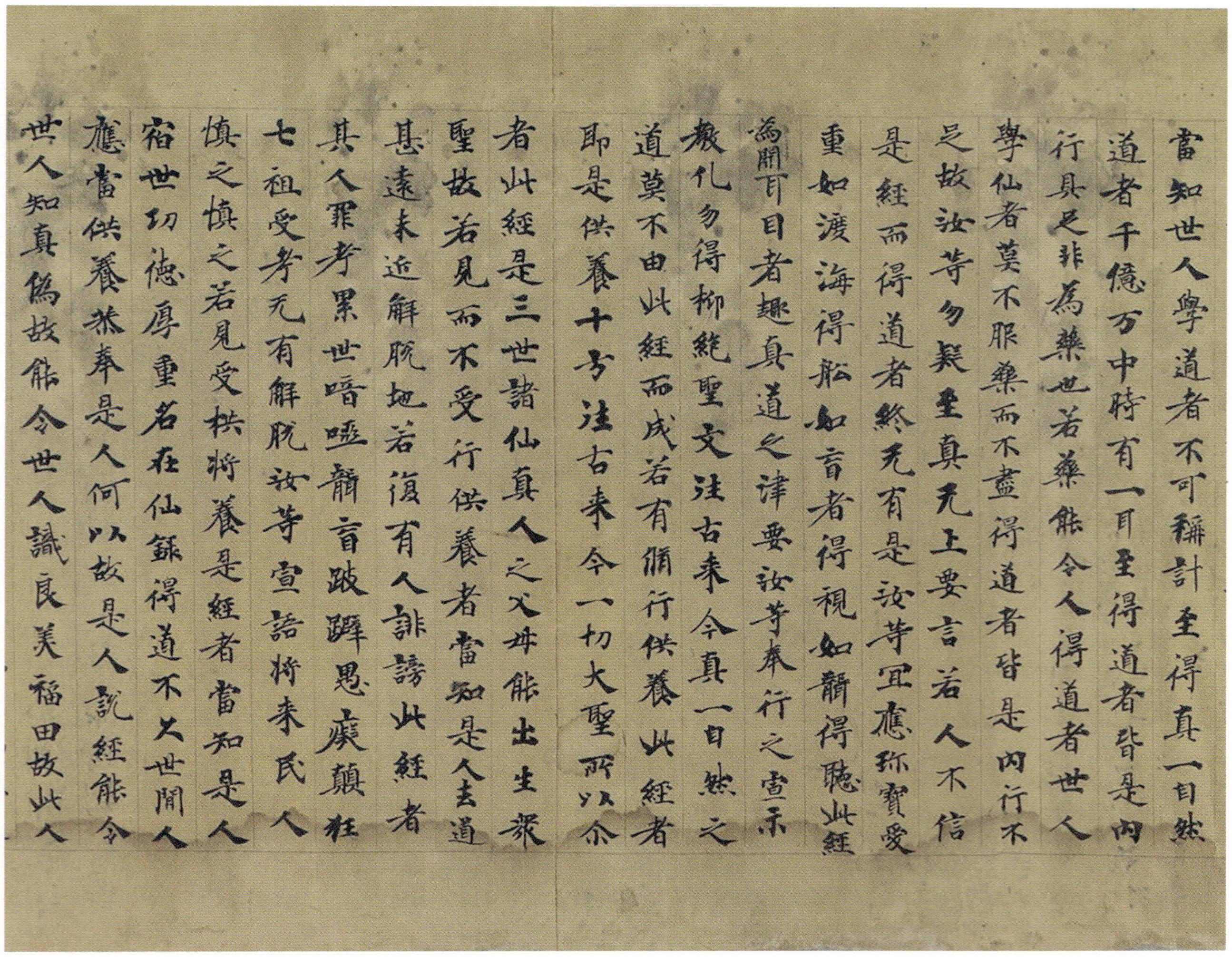

當知世人學道者不可稱計至得真一日然道者千億万中時有一耳至得道者皆是内行具足非爲藥世若藥能令人得道者世人學仙者莫不服藥而不盡得道者皆是内行不足故汝等勿疑至真无上要言若人不信是經而得道者終无有是汝等宜應珎寶愛重如渡海得船如盲者得視如聾得聽此經爲聞見目者趣真道之津要汝等奉行之當示教化多得柳絶聖文注古来今真一日然之道莫不由此經而成若有脩行供養此經者即是供養十方注古来今一切大聖所以尒者此經是三世諸仙真人之父母能出生衆聖故若見而不受行供養者當知是人去道甚遠未近解脱地若復有人誹謗此經者其人罪考累世瘖瘂聾盲跛躃愚癡顛狂七祖受考无有解脱汝等宣語將来民人慎之慎之若見受持將養是經者當知是人宿世功德厚重名在仙録得道不久世間人應當供養恭奉是人何以故是人説經能令世人知真僞故能令世人識良美福田故此人

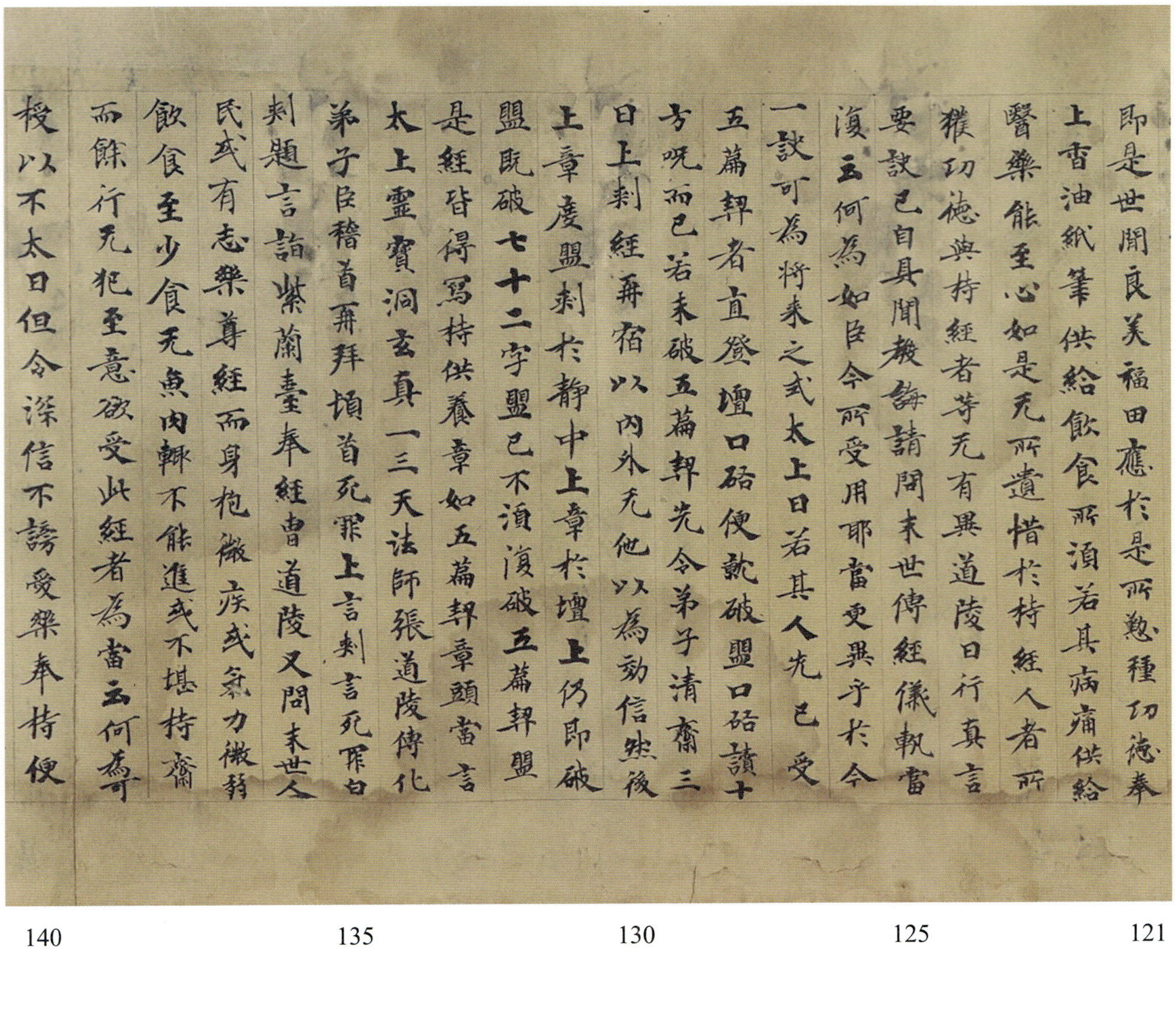

即是世間良美福田應於是所懃種功德奉上香油紙筆供給飲食所須若其病痛供給醫藥能至心如是无所遺惜於持經人者所獲功德與持經者等无有異道陵曰行真言要訣已自具聞敢餘請問末世傳經儀執當復云何爲如臣今所受用耶當更異乎於今一訣可爲將来之式太上曰若其人先已受五篇契者直登壇口啓便就破盟口啓讀十方呪而已若未破五篇契先令弟子清齋三日上刺經并宿以内外无他以爲効信然後上章慶盟刺於靜中上章於壇上仍即破盟既破七十二字盟已不須復破五篇契盟是經皆得寫持供養章如五篇契章頭當言太上靈寶洞玄真一三天法師張道陵傳化弟子臣稽首再拜頓首死罪上言刺言死罪臣刺題言詣紫蘭臺奉經曹道陵又問末世人民或有志樂尊經而身抱微疾或氣力微弱飲食至少食无魚肉輒不能進或不堪持齋而餘行无犯至意欲受此經者爲當云何爲可授以不太曰但令深信不謗愛樂奉持便

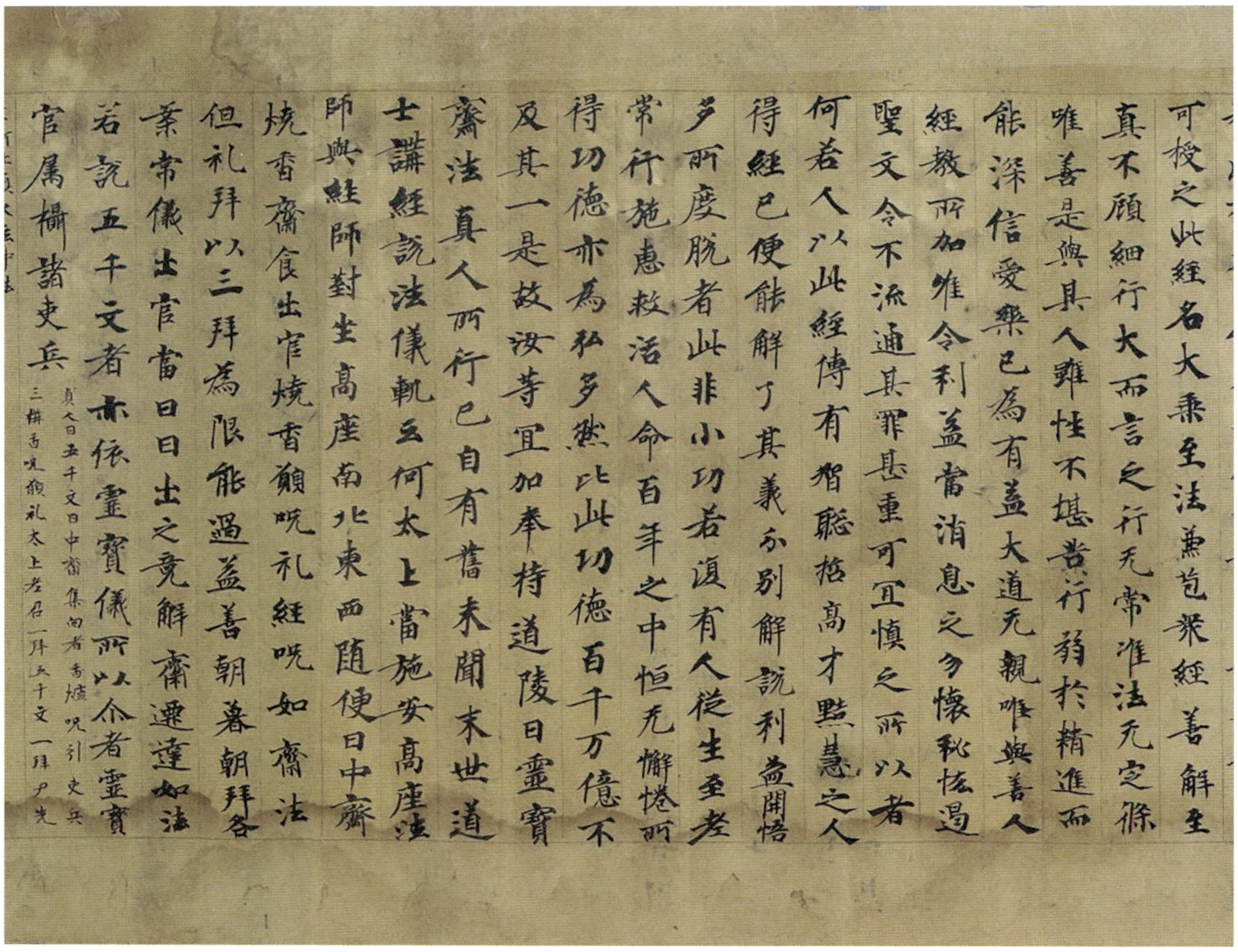

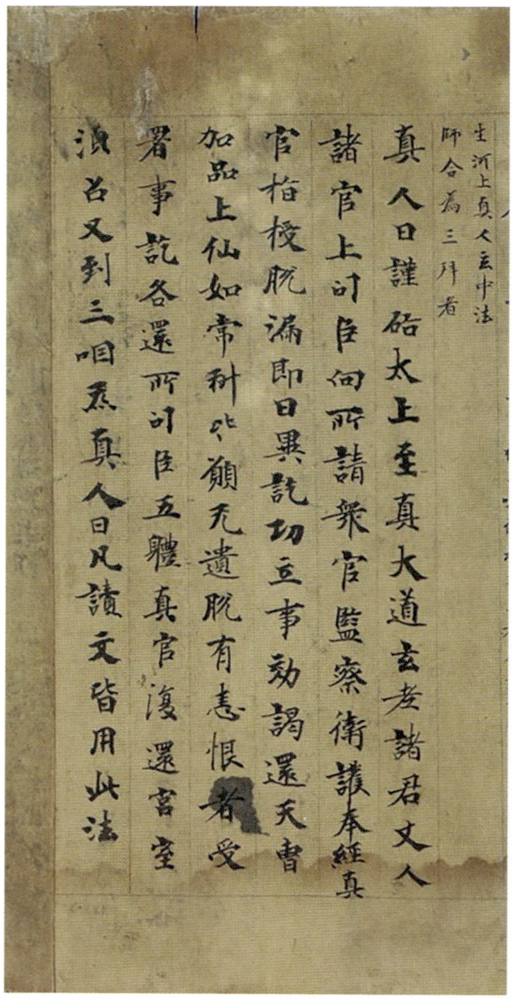

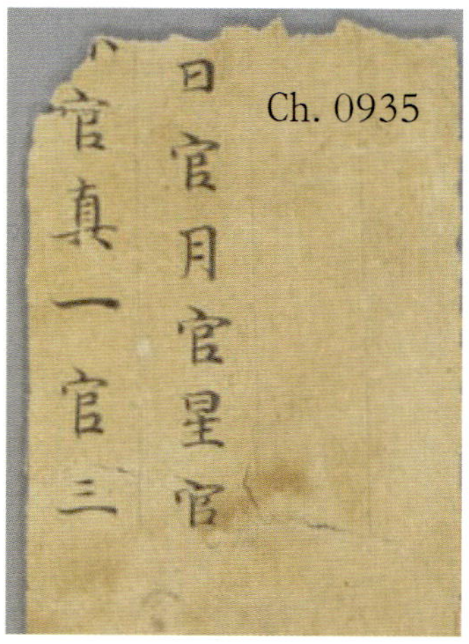

釋文

（P.2445.1 抄本，前缺）[1]

□□□□□□□□□□第二／

依書破之兩邊書會中央　分券法如右／：

天官、地官、水官、山官、陵官、日官、月官、星官、龍／官、鬼官、仙官、靈官、黄赤官、真一官、三一官、太／一官、內官、外官、將官、吏官、兵官、士官、治官治／吏、從事官、符官、陰官、陽官、男官、女官、契官／、令官、盟官，各率官屬九億万騎，為无上洞玄／真一法師張道陵作升玄三教司，隨職監察／，善惡必書。若道陵妄泄真言，傳非其人，吏兵／官屬各離所職，道陵考及七祖。

明謹奉行。甲／寅年條。真人曰：盟條兩向書之，契符中央破之／。師執左，弟子執右。亦可書訖登壇，讀而破之。

太／上書訖，執刀中破，各卷半握，以銅鐶。道陵／再拜而受之，盛以黄囊，帶之頭結，不加巾。西迴北面而立。太上呪曰／：

東極虚空天神地祇龍鬼、西極虚空天神地／祇龍鬼、南極虚空天神地祇龍鬼、北極虚空／天神地祇龍鬼、上極虚空天神地祇龍鬼、下／極虚空天神地祇龍鬼、四隅无〔二〕極天神地祇／龍鬼，及諸大力鬼神王等内外官屬、水土山／林諸除真正炁王監主帥等，諦聽吾命：是／善男子道陵，於无上道不負恩者，今以建意／，於將来世作大法師，護度一切。汝等今日見其／自然於我前契盟成就，已受方素七十二字／无上大録，誓持此經，傳授必得其人。汝等便／於今日，當建意率領官屬，慇懃覆護道陵／，及方来世持此經者、轉讀誦念者，令无衰横／，惡鬼弊魔、精靈魍魎，莫令嬈害，各各依局勅／使吏兵將士，随護其身。其人於末世中若挾將／，黄赤祭酒、男官女官等，為救世故，有所關／啓章書，各明勅依局，以時通達，无得譴却，稽留／時刻。悉依太一玄都内外官屬故事，不得／有違，各謹律令。真人曰：請經時勿讀呪也／。

太上呪訖，道陵稽首復座。太上還南面。會中／衆仙未受經者，皆為道陵作礼，皆曰上人可／願功德速進乃尒。太上告諸仙曰：汝等勿疑／道陵也。道陵宿世以来，相承一門之中，得道／者有七百九人，道陵父子為十二。將来過九／百八十四年已，道陵遠孫當有八十六人相／侯得道。道陵先世後世功德如是，誠可願樂／。道陵世世有功德於此方之民，此方之民亦有／功德於道陵門。是故道陵應持此經，勸化利／益／。

（太上曰：道陵當知，欲受法人有十相，可與此經。一者，好求勝法，從善如流。二者，好近賢智，無猜疑行。三者，聰喆，賞别真僞。四者，謹慎，言不過行。五者，柔和，少无過惡。六者，能師勝己，无憍慢心。七者，敬師重教，如貧得寶。八者，能奉師長，不辭勤勞。九者，己於先師，有報復心。十者，慇懃請受，晝夜不懈。是為十相）。〔三〕

子明啓太上曰：若將来世有學真道士未見／真經，忽於山巖，或於異學道士、外道諸耶見／家，得此經者，披尋首尾，知是真要，无師可度／，便得奉行傳度以不？

太上曰：便得奉行，身自／脩之，一如經文，不得以傳授餘人。所以尒者／何？學當師受。學不師受，不〔可〕〔四〕以教人。何以故？一／者，恐誤後學；二者，既不師受，人或不信；儻〔五〕／生不信，便有誹謗，故不得傳。要須覓師受〔六〕／而傳之。若使四海之内推求无師者，便於静／室關啓，伏誓脩行。若見至信之人具上十相／，来欲請受，慇懃慊苦，先責信金詭素，誠而／誡之，能无退心，愈生堅〔固〕〔七〕，亦可傳授。若四海之内／，人跡所及，求師可得者，要須得師，不應妄傳／。

子明復啓曰：若後末世中，諸學真道士已受／靈寶外教券契，奉行五篇，未見此内教，若／其後見，便可得傳與奉脩不？太上答曰：要須／受此方素七十二字契經之盟无上大録，然後／可與此經。何以故？二教經契无有十方太上／大呪，故十方官屬天神地祇龍鬼神等，不来／為經作營護勢力。

（太上曰：汝等將来世，欲流通靈寶内教者，有十一事信著萬民，爾可得宣傳此經。一者，奉誡完具，内无毁滅。二者，賑給孤老貧窮，有慈愍心。三者，勸人遠惡修善，慇懃如父子。四者，不求名譽，稱毁若一也。五者，幽隱之處勤行禮拜，修諸功德，如處大衆。六者，不欺，使民信之如四時。七者，忽棄榮華，位不加身。八者，捨遠妻子，獨處閑静。九者，親近賢智，博問善道。十者，雖在幽冥，不可固必，與賢者論議，莫自專執。十一者，常行謙卑，恭敬於人。是為十一事，通内教行，當勤奉學）。〔八〕

學道之人聞法如飢欲食／，見可師之人如病得醫，何惜謙下，不師受耶／？學道之人當如世間貧窮之民，為衣食故，賃／力自役，為人給使，不辭懃劇，不避貴賤長幼／，唯財是與。學道之人，亦復如是，求法事師，莫／擇貴賤，勿言長幼。言我年已大，而彼年少；彼／是賤人，我是〔高〕〔九〕士。夫若生此心者，是故懷生死／俗間之態，未解至真平等之要。此人學道，徒／望〔一〇〕其功耳。人无貴賤，有道則尊。所謂長老〔一一〕，不／必耆年，要當多識多見，以為先生。不得言彼／學在我後，我學在前，云何便反師彼。作此念／者，是愚癡媢妬之黨，非吾弟子。學道當謙下，推／能讓德，唯善是從，不得自高慢物，獨是非彼／。此是學道深病。汝等明教將来，慎之慎之〔一二〕。

道／陵即起，斂衿整褐，叉手啓曰：臣自頑鄙難悟／，欲有所問，懼犯靈顔，政欲不問，實所未了／。願借威顔，得釋所疑。太上曰：恣汝所問，勿自／疑難。吾當分別，具示取捨。今會所説，最真最／實。太上至真要訣，時乃説之。此經玄妙，非世／間黄赤祭酒所能階及。今為汝等及將来内／真道士敷演其義。所謂内教者，真一妙術，發／自内心。行善得道，非從外来。若道可假外而／得者，吾愍一切，如母念子，便應以道授與三／塗五苦衆生，令得度脱。而不與者，當知道由／人弘，道豈云遠，近在人身。汝有所疑，便可説／之。

道陵曰：道若由行業，服御神丹，茹芝練石／，水玉雲英，吐納導養等，豈都无益耶？太上／曰：吾今分明語汝，服藥道（導）養有二利益，然不能／得終離苦難。一可延年益壽，二可遏制淫色／，使不放逸。雖有此利，而假非真。譬如假借他／物，非我久寶。亦如金銀塗銅，假色不久。何以／故？内非真故。當知導養之法，是小乘之行。小／乘之人俗氣强盛，不能内達大志，心合道真／，斷絶五苦八難之行，逕登上仙，而假託外助／，階級漸進。譬如嬰兒，須人扶將，然後能行。人／若捨之，便至躓頓，不能得前。服藥延年，亦復／如是。雖壽百千万歲，猶復輪轉，還生五苦八／難之世，終不能得升入无形，與道合德。道陵／當知，世人學道者不可稱計，至得真一自然／道者，千億万中時有一耳。至得道者，皆是内／行具足，非為藥也。若藥能令人得道者，世人／學仙者莫不服藥；而不盡得道者，皆是内行不／足故。汝等勿疑至真无上要言。若人不信／是經而得道者，終无有是。汝等宜應珎寶愛／重，如渡海得船，如盲者得視，如聾得聽。此經／為開耳目者，趣真道之津要。汝等奉行之，宣示／教化，勿得抑絶聖文。往古来今，真一自然之／道，莫不由此經而成。若有脩行供養此經者／，即是供養十方往古来今一切大聖。所以尒／者，此經是三世諸仙真人之父母，能出生衆／聖，故若見而不受行供養者，當知是人去道／甚遠，未近解脱地。若復有人誹謗此經者／，其人罪考，累世喑啞、聾盲跛躄、愚癡顛狂／，七祖受考，无有解脱。汝等宣語將来民人／，慎之慎之。若見受持將養是經者，當知是人／宿世功德厚重，名在仙録，得道不久，世間人／應當供養恭奉是人。何以故？是人説經，能令／世人知真偽故，能令世人識良美福田故。此人／即是世間良美福田，應於是所懃種功德，奉／上香油紙筆，供給飲食所須。若其病痛，供給／醫藥。能至心如是，无所遺惜於持經人者，所／獲功德與持經者等无有異。

道陵曰：行真言／要訣，已自具聞教誨。請問末世傳經儀軌當／復云何，為如臣今所受用耶，當更異乎？於今／一訣，可為將来之式？太上曰：若其人先已受／五篇契者，直登壇口啓，便就破盟。口啓讀十／方呪而已。若未破五篇契，先令弟子清齋三／日，上剌，經再宿，以内外无他以為効信，然後／上章度盟剌於静中，上章於壇上，仍即破／盟。既破七十二字盟已，不須復破五篇契盟／。是經皆得寫持供養章，如五篇契。章頭當言／：太上靈寶洞玄真一三天法師張道陵傳化／弟子，臣稽首再拜，頓首死罪上言。剌言：死罪白／。剌題言：詣紫蘭台奉經曹。

道陵又問：末世人／民，或有志樂尊經，而身抱微疾；或氣力微弱／，飲食至少，食无魚肉，輒不能進；或不堪持齋／，而餘行无犯，至意欲受此經者，為當云何，為可／授以不？太（上）曰：但令深信不謗，愛樂奉持，便／可授之。此經名大乘至法，兼苞衆經，善解至／真，不顧細行。大而言之，行无常准，法无定條／，唯善是與。其人雖性不堪苦行，弱於精進，而／能深信愛樂，已為有益。大道无親，唯與善人／，經教所加，唯令利益。當消息之，勿懷秘悋，遏／聖文，令不流通，其罪甚重，可宜慎之。所以者／何？若人以此經傳有智聰哲、高才黠慧之人／，得經已，便能解了其義，分別解説，利益開悟／，多所度脱者，此非小功。若復有人從生至老／，常行施惠，救活人命，百年之中，恒无懈惓，所／得功德亦為弘多。然比此功德，百千万億不／及其一。是故汝等宜加奉持。

道陵曰：靈寶／齋法，真人所行，已自有舊。未聞末世道／士講經説法，儀軌云何？太上（曰）：當施安高座，法／師與經師對坐高座，南北東西随便。日中齋／，燒香齋食，出官燒香，願呪礼經。呪如齋法／，但礼拜以三拜為限，能過益善。朝暮朝拜，各／案常儀。出官當日，日出之竟，解齋遷達如法。若説五千文者，亦依靈寶儀。所以尒者，靈寶官屬攝諸吏兵。真人曰：五千文日中齋集，向者香爐，呪引吏兵，三拈香，呪願礼太上老君，一拜五千文，一拜尹先／生、河上真人、玄中法師，合為三拜者／。

真人曰：謹啓太上至真、大道玄老、諸君丈人／、諸官上司，臣向所請衆官，監察衛護奉經真／官，檢校（一三）脱漏，即日畢（一四）訖，功立事効，謁還天曹／，加品上仙如常科，皆願无遺脱有恚恨者。受／署事訖，各還所司。臣五體真官復

還宮室〻，須召又到。三咽炁。真人曰：凡讀文皆用此法〻。（下缺）

校記

〔一〕P. 2445. 1號抄本首尾均殘缺，首行殘存「第二」字迹，不知是否爲卷題。姑擬定爲《昇玄經》卷二抄本。内言破昇玄券契及傳經、講經儀法，文字漏抄頗多。

〔二〕天：原作「无」，據文義改。

〔三〕按，此段文字，據《無上秘要》卷三四、《要修科儀戒律鈔》卷一引文插補。

〔四〕「可」字據《無上秘要》卷三四補。

〔五〕儻：原作「當」，據《無上秘要》改。

〔六〕師受：原作「師受受」，據《無上秘要》删改。

〔七〕「固」字據《無上秘要》補。

〔八〕按，此段文字，據《無上秘要》卷三四、《要修科儀戒律鈔》卷一引文插補。

〔九〕「高」字據《無上秘要》補。

〔一〇〕「望」字原作「忘」，據《無上秘要》改。

〔一一〕長老：原作「長幼」，據《無上秘要》改。

〔一二〕按，據《無上秘要》卷三四，此句後疑有大段缺省文字。詳見後。

〔一三〕檢校：原作「指授」，據文義改。

〔一四〕畢：原作「異」，據文義改。

待考圖版一

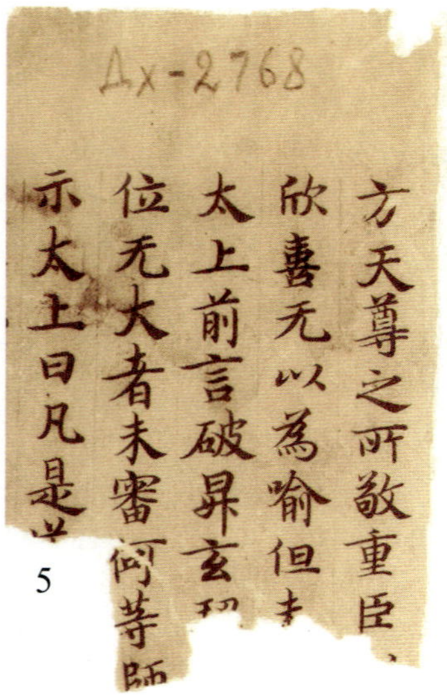

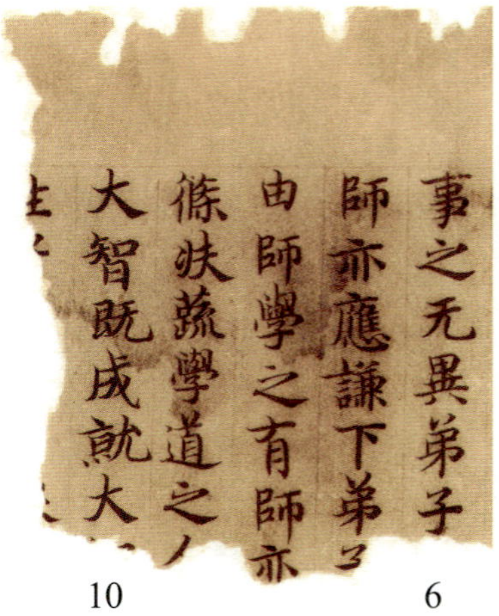

Дx0901

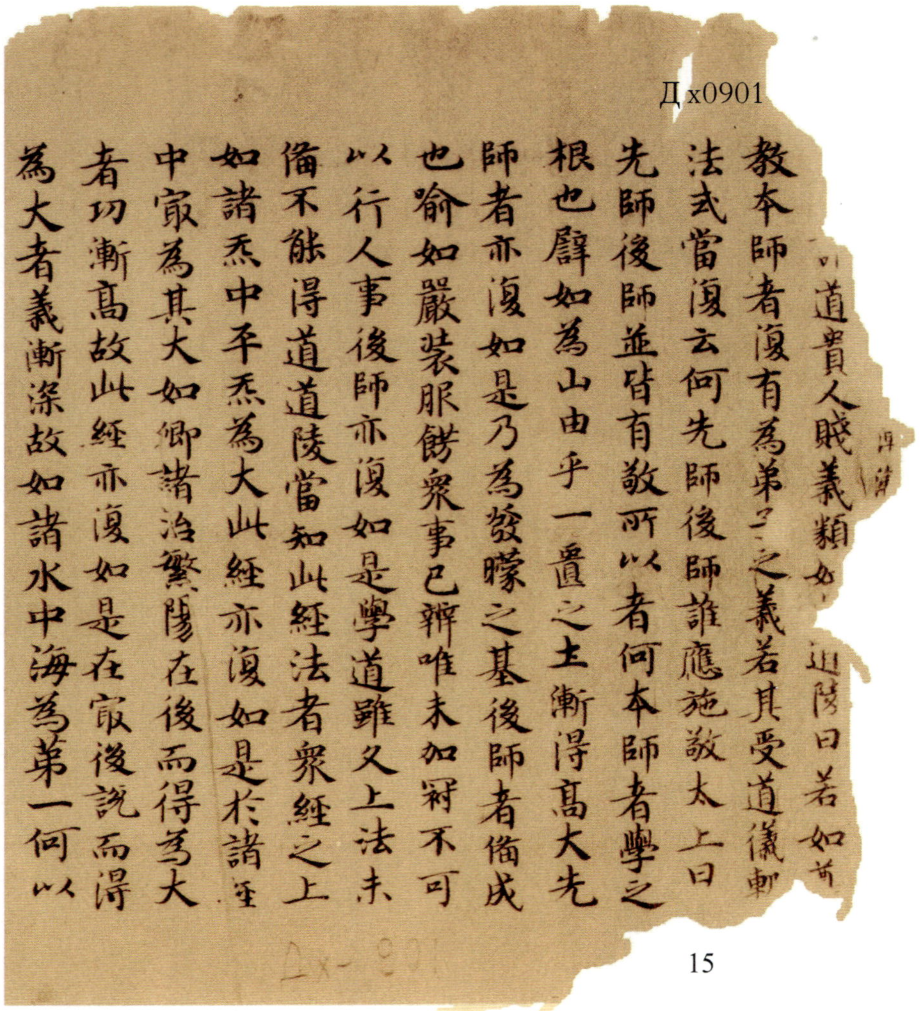

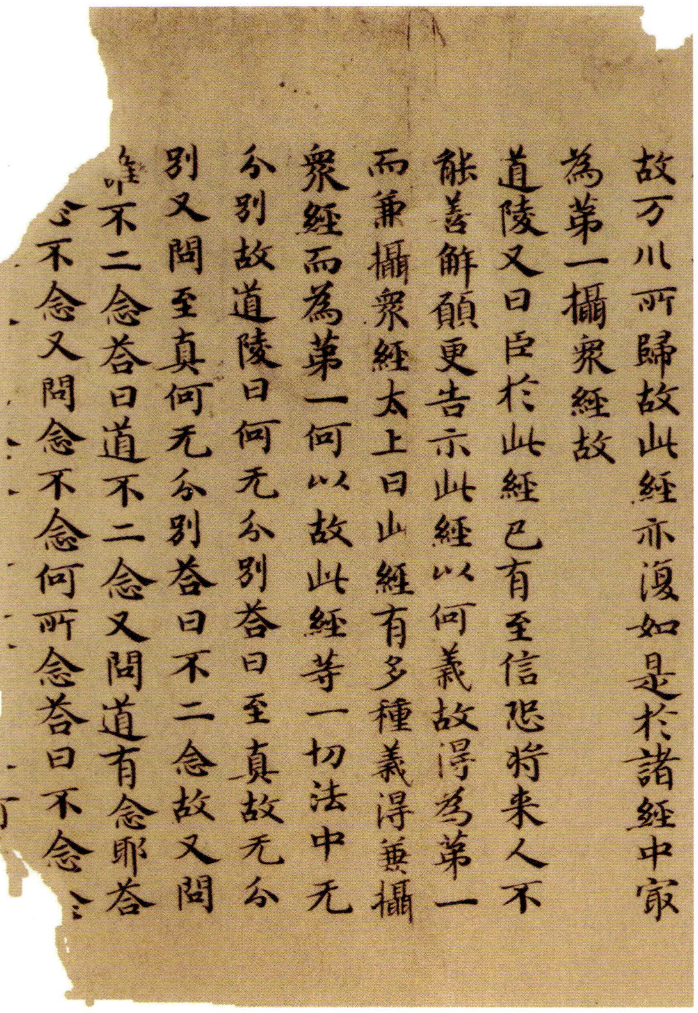

釋文

（Дx2768→0901 抄本，前缺）〔一〕

方天尊之所敬重臣□□□□□□□□/欣喜无以為喻，但誓□□□□□□□/太上前言破昇玄契□□□□□□□□/位无大者，未審何等師□□□□□願更告/示。太上曰：凡是道□□□□□□□□□/事之无異弟子。弟子受道雖多，猶應敬本師/，師亦應謙下弟子。所以然者，得道度世，莫不/由師。學之有師，亦如樹之有根，緣有根故，枝/條扶蔬。學道之人，亦以本師為基，漸次成就/大智。既成就大智，復能成就小智。如樹由根/生子，子復生根，展轉相生，則種類不絶。從師/受道，亦復如是，漸漸增益，德過於師，還教於/師，所謂〔二〕道貴人賤，義類如此。

道陵曰：若如尊/教，本師者復有為弟子之義，若其受道，儀軌/法式當復云何？先師後師，誰應施敬？太上曰/：先師後師，並皆有敬。所以者何？本師者，學之/根也。喻如為山，由乎一匱之土，漸得高大〔三〕。先/師者亦復如是，乃為發曚之基。後師者，俻成/也。喻如嚴裝服餝，衆事己辦〔四〕，唯未加冠，不可/以行人事。後師亦復如是，學道雖久，上法未/俻，不能得道。道陵當知，此經法者，衆經之上/，如諸炁中平炁為大。此經亦復如是，於諸經/中最為其大。如卿諸治，繁陽在後而得為大/者，功漸高故。此經亦復如是，在最後説而得/為大者，義漸深故。如諸水中海為第一。何以/故？万川所歸故。此經亦復如是，於諸經中最/為第一，攝衆經故/。

道陵又曰：臣於此經已有至信，恐將来人不/能善解，願更告示，此經以何義故，得為第一/，而兼攝衆經？太上曰：此經有多種義，得兼攝/衆經而為第一。何以故？此經等一切法，中无/分別故。道陵曰：何无分別？答曰：至真故无分/別。又問：至真何无分別？答曰：不二念故。又問/：誰不二念？答曰：道不二念。又問：道有念耶？答/曰：念不念。又問：念不念，何所念？答曰：不念念/（下缺）

校記

〔一〕此抄本兩件首尾均殘損，原無卷題。據《無上秘要》卷三四引文，疑係P. 2445. 1號抄本中缺漏文字，姑置於此。

〔二〕以上陰影中缺損文字，係據《無上秘要》卷三四、P. 2390失題道經抄本所引《昇玄經》佚文擬補。

〔三〕漸得高大：《無上秘要》卷三四引作「漸漸得其高大」。

待考圖版二

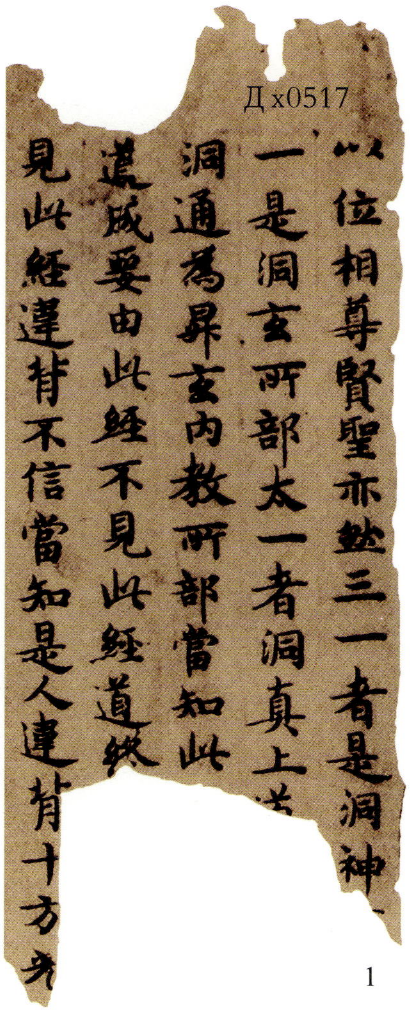

Дx0517

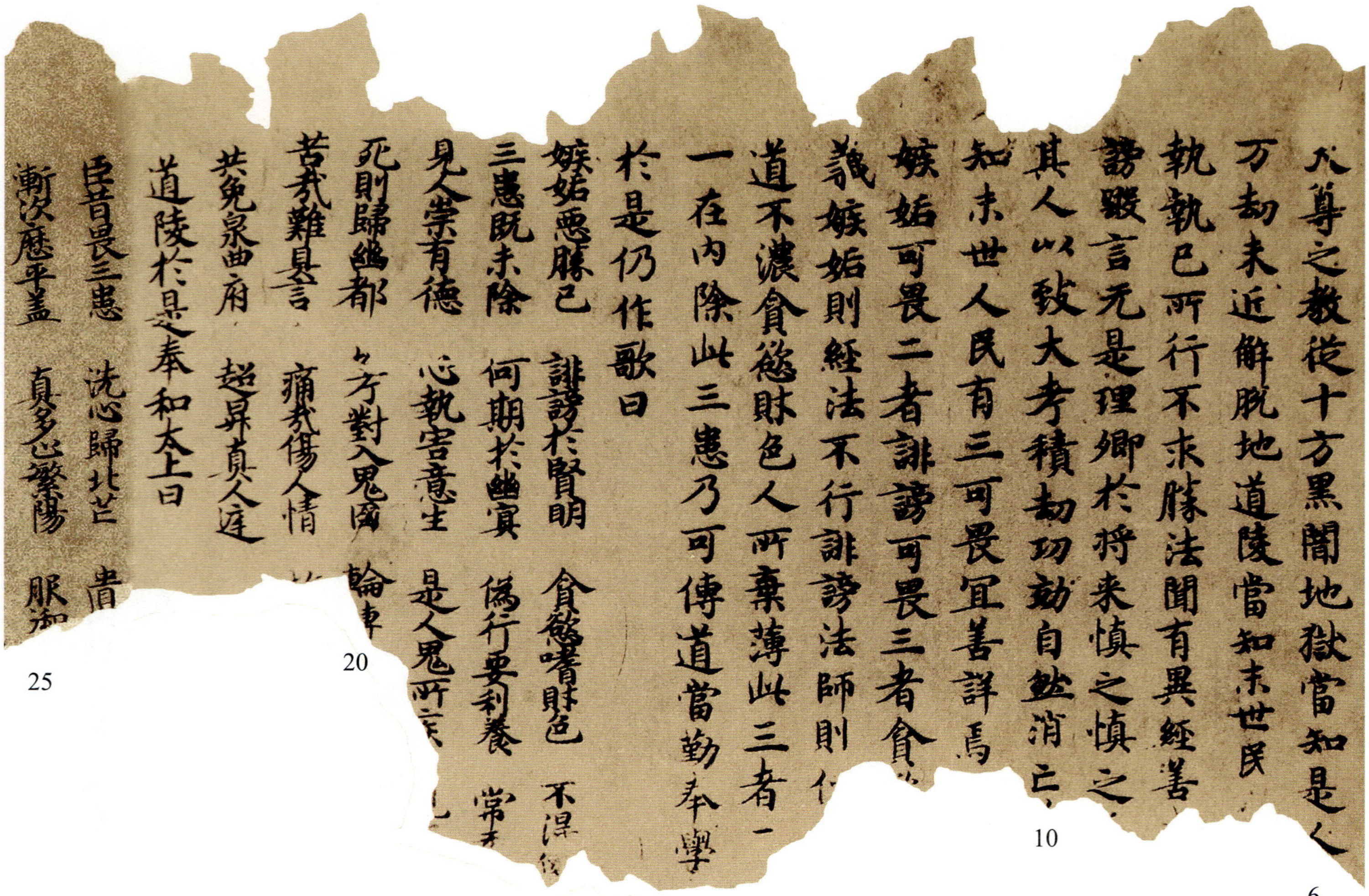

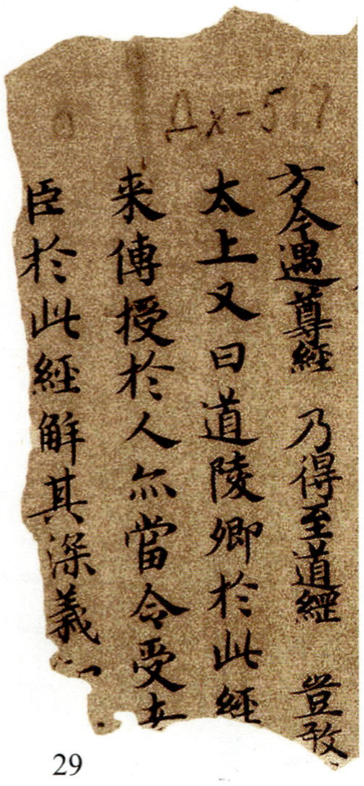

釋文

（Дx0517抄本，前缺）〔一〕

以位相尊，賢聖亦然。三一者，是洞神所部；真／一是洞玄所部；太一者，洞真上道所部；合三／洞，通為昇玄內教所部。當知此□□□□／道成要由此經。不見此經，道終不成。末世民／見此經，違背不信。當知是人違背十方光明／天尊之教，從十方黑闇地獄。當知是人百千／万劫，未近解脫地。道陵當知，末世民耽於自／執，執己所行，不求勝法，聞有異經善法，輒加／謗毀，言无是理。卿於將来，慎之慎之，勿傳非〔二〕／其人，以致大考，積劫功効，自然消亡。道陵當／知，末世人民有三可畏，宜善詳焉。一者道義／嫉妬可畏，二者誹謗可畏，三者貪慾可畏。道／義嫉妬，則經法不行；誹謗法師，則使百姓信／道不濃；貪慾財色，人所棄薄。此三者二在外／，一在內，除此三患，乃可傳道。當勤奉學。太上／於是仍作歌曰／：

嫉妬惡勝己，誹謗於賢明。貪慾嗜財色，不得傳吾經／。

三患既未除，何期於幽冥？偽行要利養，常无有至誠／。

見人崇有德，心執害意生。是人鬼所疾，見世貽惡名／。

死則歸幽都，考對入鬼囹。輪轉億万劫，受罪无數形／。

苦哉難具言，痛哉傷人情。□□□□，□□□□□／。

共免泉曲府，超昇真人庭。□□□□□，□□□□□／。

道陵於是奉和太上曰／：

臣昔畏三患，洗心歸北芒。遺□□□□，□□□□□／。

漸次歷平盖，真多治繁陽。服御□□□，□□□□□／。

方今遇尊經，乃得至道經。豈敢□□□，□□□□□／。

太上又曰：道陵，卿於此經□□□□□□□／来傳授於人，亦當令受者□□□□□□□／臣於此經解其深義（下缺）

校記

（一）此抄本首尾缺損，原無卷題。其筆迹與 Дx0901 酷似，疑係同卷，姑置於此。

（二）上陰影中原缺損文字，據文義擬補。又，以下陰影中缺損文字，均據《無上秘要》卷七、《要修科儀戒律鈔》卷一、《道典論》卷三之引文校補。

待考圖版三

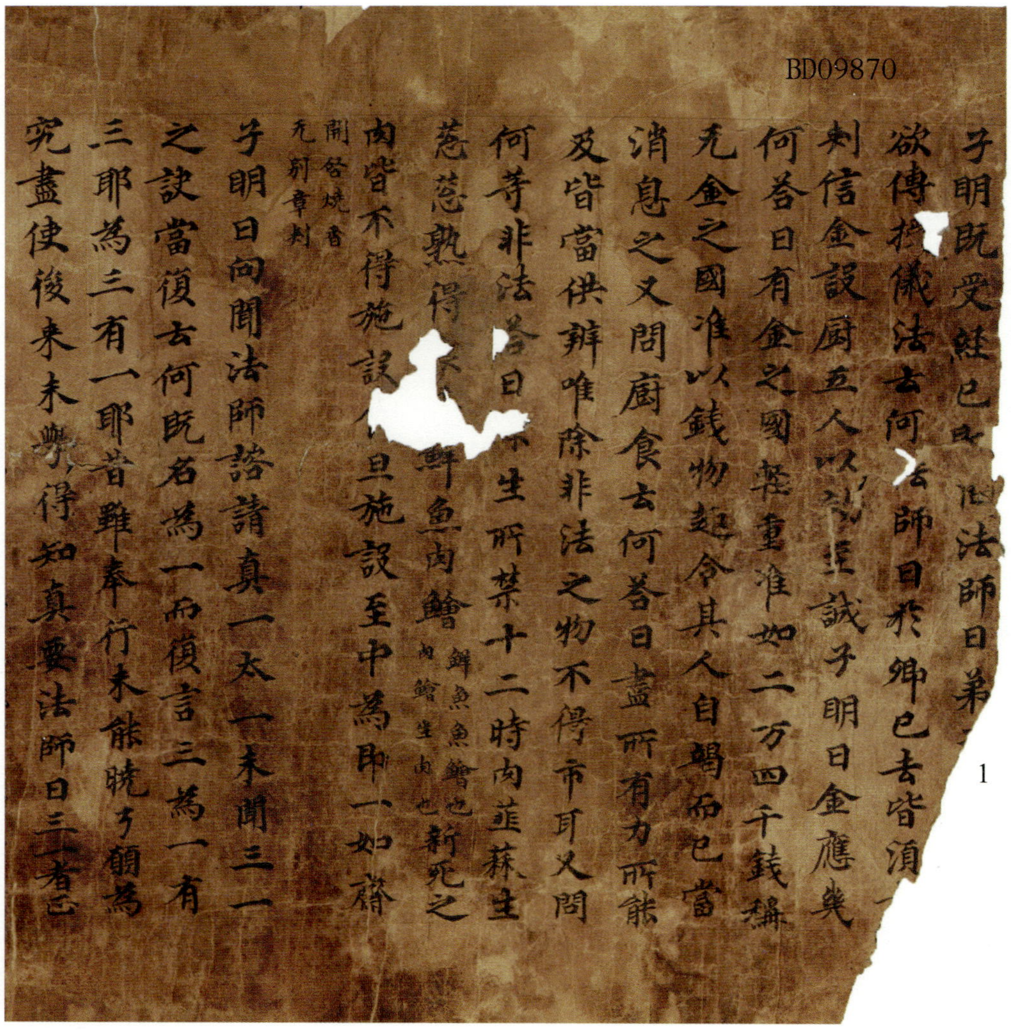

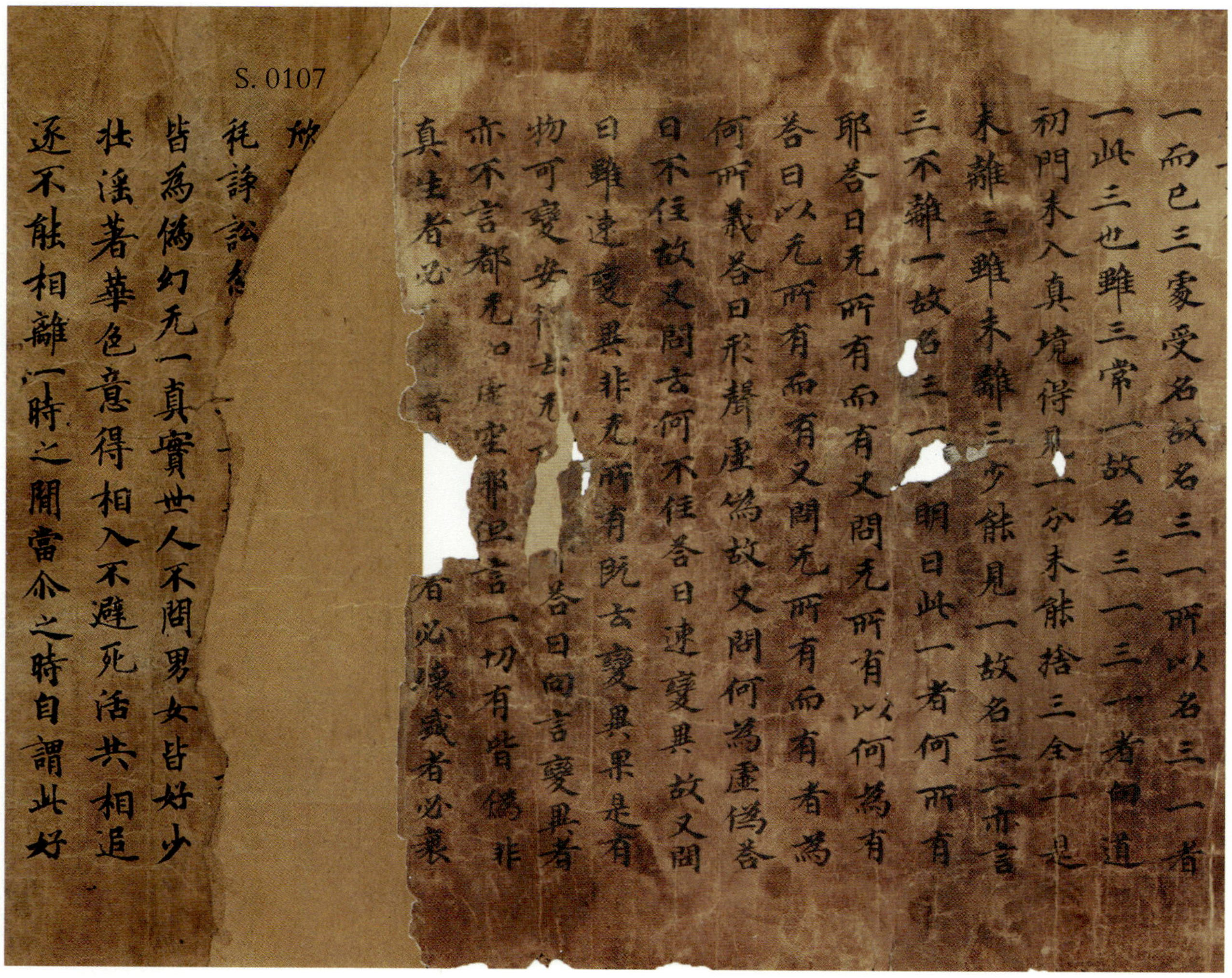

千載何常形色未幾會有彫衰便相棄薄
疇昔之懷索然都盡以此當知世間幻偽非
常難保俗[illegible]或勤苦至死无所一
獲不自覺悟知所行非唯賢人道士知此非
真是虛偽法思惟分別得其真性虛无淡泊
守一安神見諸虛偽无真實法深解世間
无所有性得此相者能棄俗法守道念真
安神无爲得不死之術昇仙度世到長壽宫
是名得无所得子明如我所說皆是太上神
口要决非吾妄造教化後人分明傳度不得
妄有增减此經至要諸餘經中无此言說明
誨奉持勿妄漏泄
子明世人迷惑貪求自恣不識至真諂偽疾
倭廉所不爲或父子兄弟更爲鬪鬩或諍錢
財借貸不還或妬賢能更相謗毀或諍色
欲陰相呪害或恃强勢陵易孤寡或在下賤
凡愚兇嶮无所畏忌詈天罵地唐突勝己誡
非道士公行不遜以爲兇健或自是非彼恒
与物諍或口是心非人所惡見或復自大欲
人敬己或耶信神明言道无神或作小善旬

月之間不能至誠便求見効未應之頃便忽
宿命言无報應或復有人平常之時不肯作
福見諸道士說法勸善了无從意至病急
時舉家博顙望得全濟既其死亡謂道无
神喻如田家種麥春種秋望乃得其實種而
待炊不解餓死脩福行善亦復如是福積成
慶禍積致殃皎如日光而人不信可不哀哉
子明世人惜財甚於惜身何以知之人有爲
財喪身不可得稱而更不能爲身去財何以
知之人身之急莫過疾病至病急時迎醫買
藥其望賤得如此之人慳惜至死悉欲絶時
猶故恡惜无有施与貧之親黨之心豈當能
施散興建齋會供養三寶受道者乎學道
愛法甚於愛財是故聖人教於凡人傳經授
道不違人心要以信物得知其心外財爲法
是爲深信求法惜財信既不至道亦不行卿
於今去善察人情觀其貧富審其言行宜
消息之若聖賢相傳不須信金也
尒時太上讚道陵曰善哉善哉善能分別人
法二相快如所言真實无異道陵當知世人

復有四不善法寔為難除道之重病當令知之何者為四一者世俗之人不師有道又恥不問二者雖為道日久知見淺薄見有勝己恥不更學三者自言大學不聽異經四者輕慢後學言无所知如此四種之人縱使學道徒自劬勞不能得道有所還違有所奏聞无有神驗何以故如此之人求道之初本无至心欲求名譽要羅供養希望豪潤給活妻子如此之人恒食吞火毒取人財物以為衣服猶如飢餓在其身體貪目前之利不知後世考深重死入地獄燒鐵洋銅以灌口中以鐵鋤針而作衣服被其身體考掠搥撻晝夜不息億兆載劫方出為人常處下賤為人奴婢兵斯卒伍賢聖教化講經說法不得預聞或心欲受學不得自在吾今目前便見此輩不可稱計甚可哀傷明教將來慎之慎之

太上曰人情難制猶如風中堅幡飄颻不休唯有聖人乃能禁止令幡不動凡愚之人亦復如是心情馳散靡所不至俄頃之間想念百端或思色欲財產或思欲富貴或思念勝己及以怨惡欲令其死或念人婦女端正思覬不軌或願人財寶欲行盜竊或妬人家富願令衰耗或思作偽行以要名譽諸如此等不善之念不可稱筭求道學仙俠此耶心欲成道德永不可希除此諸惡乃可學道道法无為以慈心為上真實為本心口言行內外相應飢寒忍苦則命自安莫懷怨恚守死善道不諂不佞常行陰德无自顯揚設遇疾病當自思責由我前世行惡所致或殘害物命搥撻眾生食噉其完以為美樂見諸疾病危厄无有慈愍救活之心或薄賤病人憎惡見之自以強健无病患慮由此罪故今獲此病人所惡見治護難差作此念已便思自尅責深自改悔發大誓願使我於今以去體解真正棄耶偽法恒履正見保守善心不墮惡道仙道成就離諸病痛无有今日諸惡苦惱當以法藥救諸世間疾病苦患惟願幽冥寬宥罪負赦其既往賜以更生大造之恩此是學道之人遇困病苦應作此念作此念者必蒙冥祐

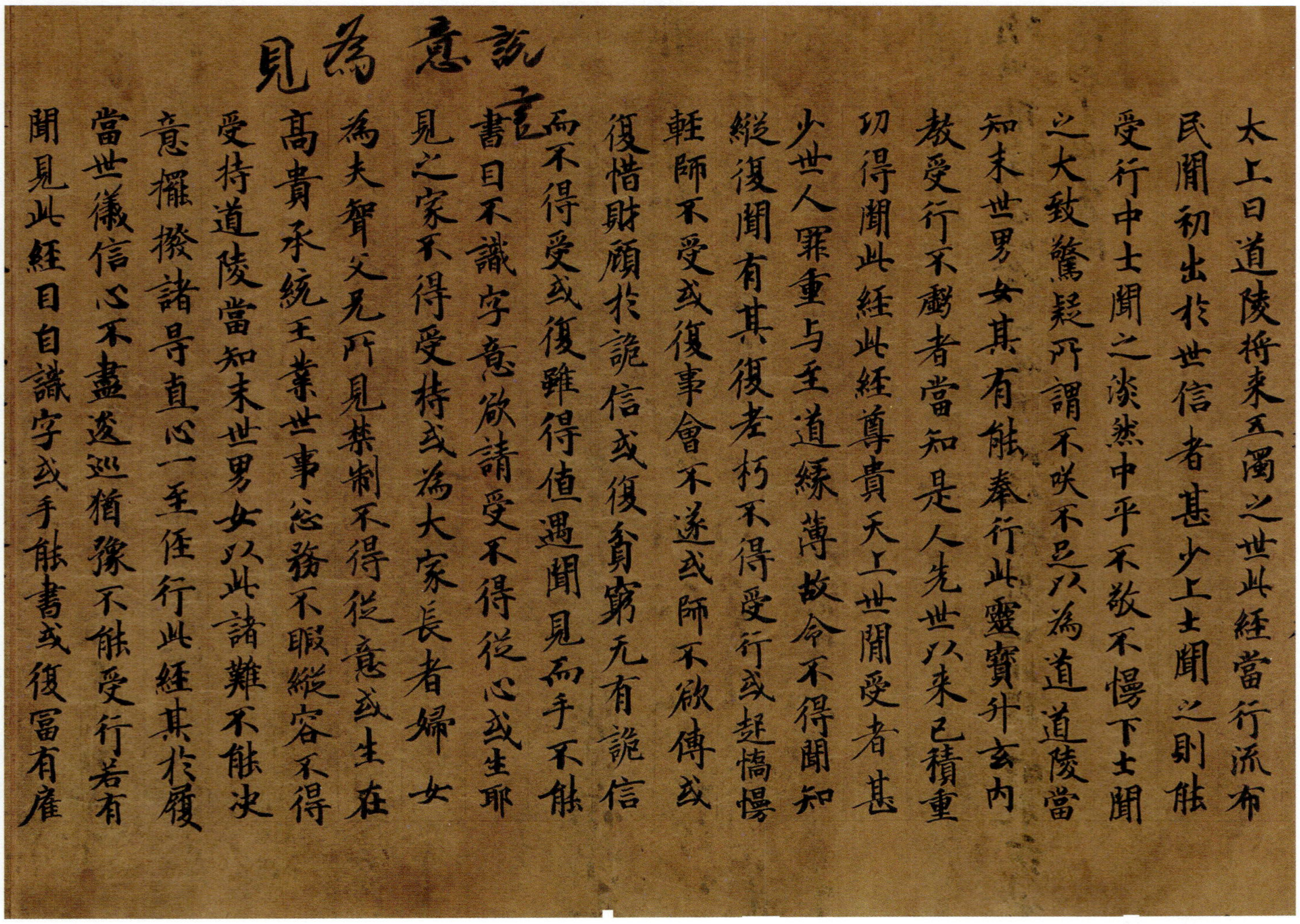
太上曰道陵將來五濁之世此經當行流布
民間初出於世信者甚少上士聞之則能
受行中士聞之淡然中平不敬不慢下士聞
之大致驚疑所謂不笑不足以爲道道陵當
知末世男女其有能奉行此靈寶升玄内
教受行不懈者當知是人先世以來已積重
功得聞此經此經尊貴天上世間受者甚
少世人罪重與至道緣薄故令不得聞知
縱復聞有其復者朽不得受行或起憍慢
輕師不受或復事會不遂或師不欲傳或
復惜財顧於詭信或復貧窮无有詭信
而不得受或復雖得值遇聞見而手不能
書目不識字意欲請受不得從心或生邪
見之家不得受持或爲大家長者婦女
爲夫聟父兄所見禁制不得從意或生在
高貴承統王業世事忩務不暇縱容不得
受持道陵當知末世男女以此諸難不能決
意擺撥諸㝵直心一至任行此經其於履
當世儀信心不盡逡巡猶豫不能受行若有
聞見此經目自識字或手能書或復冩有雇
說意爲見

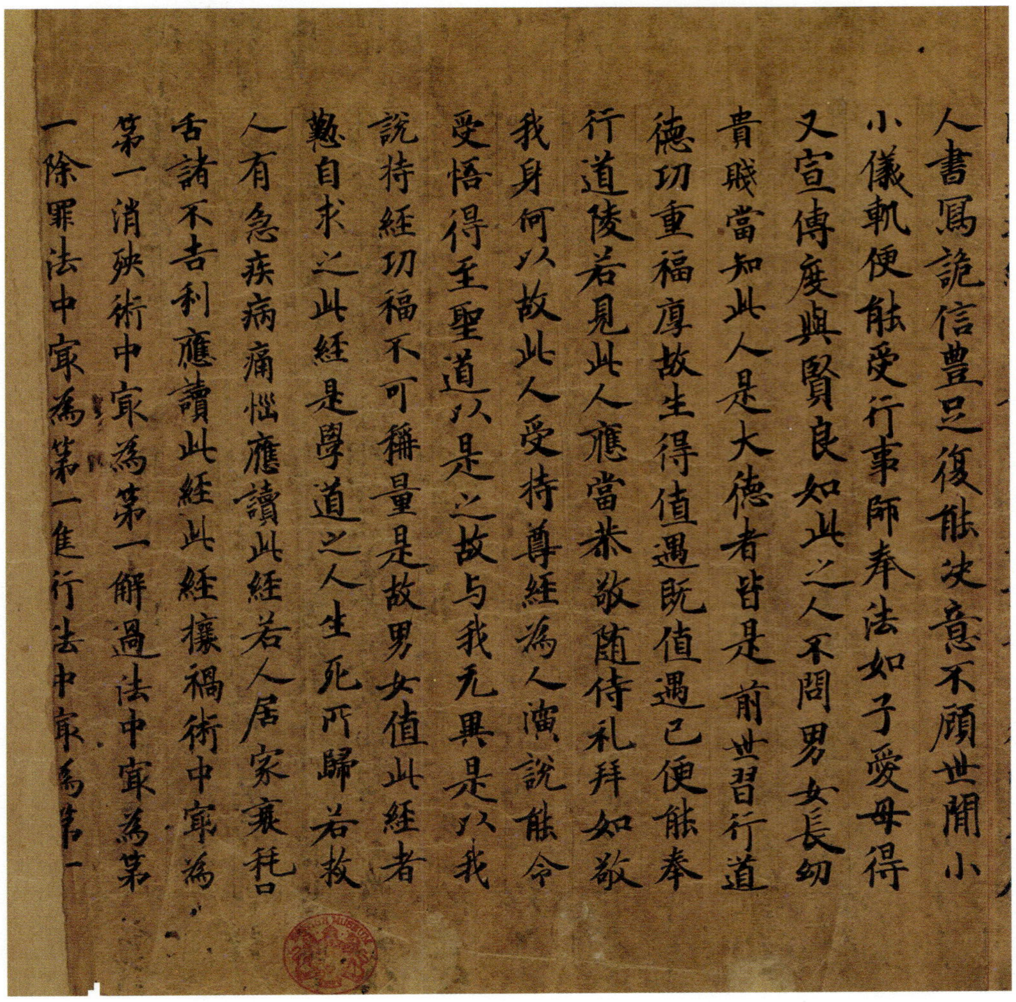
人書冩詭信豈足復能決意不顧世間小
小儀軌便能受行事師奉法如子愛母得
又宣傳度與賢良如此之人不問男女長幼
貴賤當知此人是大德者皆是前世習行道
德功重福厚故生得值遇既值遇已便能奉
行道陵若見此人應當恭敬隨侍禮拜如敬
我身何以故此人受持尊經爲人演說能令
受悟得至聖道以是之故與我无異是以我
說持經功福不可稱量是故男女值此經者
懃自求之此經是學道之人生死所歸若救
人有急疾病痛惱應讀此經若人居家衰耗
舌諸不吉利應讀此經此經攘禍術中最爲
第一消殃術中最爲第一解過法中最爲第
一除罪法中最爲第一進行法中最爲第一

釋文

（BD9870→S.0107 抄本，前缺）[一]

子明既受經已，即問法師曰：弟子□□□□／欲傳授儀法云何？法師曰：於卿已去，皆須章／刺信金，設厨五人，以効至誠。子明曰：金應幾／何？答曰：有金之國，輕重准如二万四千錢稱／；无金之國，准以錢物，趣令其人自竭而已。當／消息之。又問：厨食云何？答曰：盡（其）所有，力所能／及，皆當供辨（辦），唯除非法之物不得市耳。又問／：何等非法？答曰：葷生所禁，十二時肉、韮、蒜、生／葱，葱熟得食之。鮮魚肉鱠，鮮魚，魚鱠也；肉鱠，生肉也。新死之／肉，皆不得施設。自旦施設，至中為即（節），一如齋／（法）。開啓燒香，无別章剌／。

子明曰（一）：向聞法師諮請真一、太一，未聞三一／之訣。當復云何既名為一，而復言三？為一有／三耶，為三有一耶？昔雖奉行，未能曉了，願為／究盡，使後來末學得知真要。法師曰：三一者，正／一而已，三處受名，故名三一。所以名三一者／，一此三也（三）。雖三常一，故名三一。三一者，向道／初門，未入真境，得見一分，未能捨三全一，是／未離三，雖未離三，少能見一，故名三一。亦言三不離一，故名三一。

子明曰：此一者何所有／耶？答曰：无所有而有。又問：（既）无所有，以何為有／？答曰：以无所有而有。又問：无所有而有者，為／何所義？答曰：形聲虛偽故。又問：何偽虛偽？答／曰：不住故。又問：云何不住？答曰：速變異故。又問／：雖速變異，非无所有。既云變異，果是有／物可變，安得云无所有耶？答曰：向變異者／，亦不言都无，如虛空耶。但言一切有，皆偽非／真，生者必死，有者必无，成者必壞，盛者必衰／（四），少者必老，向有今无，寒暑推移，恍惚无常。父／母兄弟、妻子室家、朋友交遊，富貴强盛，豪勢／欣樂，未盈幾時，豁然分散，死亡別絶，老病衰／耗，諍訟忿恨，失心喪志。諸如此者，憂惱萬端／（五），皆為偽幻，无一真實。世人不問男女，皆好少／壯，淫著華色，意得相入，不避死活，共相追／逐，不能相離一時之間。當尒之時，自謂此好／，千載何常。形色未幾，會有彫衰，便相棄薄／，疇昔之懷，索然都盡。以此當知，世間幻偽，非／常難保。俗人□□□□，懃苦至死，无所一／獲，不自覺悟，知所行非。唯賢人道士知此非／真，是虛偽法。思惟分別，得其真性，虛无淡泊／，守一安神。見諸虛偽，无真實法，深解世間／无所有性。得此相者，能棄俗法，守道念真／，安神无為，得不死之術，升仙度世，到長壽宮／。是名得无所得。子明，如我所説，皆是太上神／口要決，非吾妄造。教化後人，分明傳度，不得／妄有增減。此經至要，諸餘經中无此言説。明／諦奉持，勿妄漏泄／。

子明，世人迷惑，貪求自恣，不識至真，諂偽疾／佞，靡所不為。或父子兄弟，更為讎閱；或諍錢／財，借貸不還；或妬賢嫉（六）能，更相謗毀；或諍色／欲，陰相呪害；或恃强勢，陵易孤寡；或在下賤／凡愚，兇嶮无所畏忌，詈天罵地，唐突勝己，試／抃道士，公行不遜，以為兇健；或自是非彼，恒／与物諍；或口是心非，人所惡見；或復自大，欲／人敬己；或耶信神明，言道无神；或作小善，旬／月之間，不能至誠，便求見効，未應之頃，便怨／宿命，言无報應。或復有人，平常之時，不肯作／福，見諸道士説法勸善，了无從意，至病急／時，舉家慱頼，望得全濟，既其死亡，謂道无／神。喻如田家種檗，春種秋望，乃得其實，種而／待炊，不解餓死。脩福行善，亦復如是。福積成／慶，禍積致殃，皎如日光，而人不信，可不哀哉／？子明，世人惜財甚於惜身。何以知之？人有／為財喪身，不可得稱，而更不能為身去財。何以／知之？人身之急，莫過疾病。至病急時，迎醫買／藥，其望賤得。如此之人，慳惜至死，炁欲絶時／，猶故悋惜，无有施与貧乏親黨之心，豈當能／施散，興建齋會，供養三寶，受道者乎？學道／愛法，甚於愛財。是故聖人教於凡人，傳經授／道，不達人心，要以信物，得知其心。外財為法／，是為深信。求法惜財，信既不至，道亦不行。卿／於今去，善察人情，觀其貧富，審其言行，宜／消息之。若聖賢相傳，不須信金也／。

尒時太上讚道陵曰：善哉善哉，善能分別人／法二相，快如所言，真實无異。道陵當知，世人／復有四不善法，最為難除，道之至病，當令知之／。何者為四？一者，世俗之人不師有道，又恥下／問（七）。二者，雖為道日久，知見淺薄，見有勝己，恥／不更學。三者，自言大學，不聽異經。四者，輕慢／後學，言无所知。如此四種之人，縱使學道，徒／自劬勞，不能得道，有所遷達，有所奏聞，无／有神驗。何以故？如此之人求道之初，本无至心／，欲求名譽，要羅供養，希望豪潤，給活妻子。如／此之人恒食吞火毒，取人財物以為衣服。猶如／劍戟在其身體，貪目前之利，不知後世殃（八）考深／重，死入地獄，燒鐵洋銅以灌口中，以鐵勒針而／作衣服，被其身體，考掠捶撻，晝夜不息，億／兆載劫，方出為人，常處下賤，為人奴婢、兵卒／斯伍（九），聖賢教化，講經説法，不得預聞。或心欲／受學，不得自在。吾今目前，便見此輩不可稱／計，甚可哀傷。明教將來，慎之慎之／。

太上曰：人情難制，猶如風中堅幡（一〇），飄飄不休／。唯有聖人乃能禁止，令幡（一一）不動。凡愚之人，亦／復如是，心情馳散，靡所不至，俄頃之間，想念／百端。或思色欲財産，或思欲富貴；或思念勝／己及以怨惡，欲令其死；或念人婦女端正，思／規不軌；或願人財寶，欲行盜竊；或妬人家／富，願令衰耗；或思作偽行，以要名譽。（一二）諸如此／等不善之念，不可稱筭。求道學仙，俠此耶心／，欲成道德，永不可希。除此諸惡，乃可學道。道／法无為，以慈心為上，真實為本。心口言行，内／外相應，飢寒忍苦，則命自安。莫懷怨恚，守／死善道，不諂不佞，常行陰德，无自顯揚。設／遇疾病，當自思責，由我前世行惡所致。或殘／害物命，捶撻衆生，食啖其宍，以為美樂，見／諸疾病危厄，无有慈愍救活之心；或薄賤病／人，憎惡見之，自以强健，无病患慮。由此罪故／，今獲此病，人所惡見，治護難差。作此念已，便／思自剋責，深自改悔，發大誓願：使我於今／以去，軆解真正，棄耶偽法，恒履正見，保守／善心，不堕惡道，仙道成就，離諸病痛，无有／今日諸惡苦惱。當以法藥救諸世間疾病苦／患，惟願幽冥寬宥罪負，赦其既往，賜以／更生大造之恩。此是學道之人遇困病苦／，應作此念。作此念者，必蒙冥祐／。

太上曰：道陵，將来五濁之世，此經當行，流布／民間。初出於世，信者甚少。上士聞之，則能／受行；中士聞之，淡然中平，不敬不慢；下士聞／之，大致驚疑。所謂不咲不足以為道。道陵當／知，末世男女，其有能奉行此靈寶升玄内／教，受行不虧者，當知是人先世以来已積重／功，得聞此經。此經尊貴，天上世間受者甚／少。世人罪重，与至道緣薄，故令不得聞知／。縱復聞有，其復老朽，不得受行。或起憍慢／，輕師不受；或復事會不遂，或師不欲傳，或／復惜財，顧於詭信；或復貧窮，无有詭信／而不得受；或復雖得值遇聞見，而手不能／書，目不識字，意欲請受，不得從心；或生耶／見之家，不得受持；或為大家長者婦女／，為夫聟父兄所見禁制，不得從意；或生在／高貴，承統王業，世事忩務，不暇縱容，不得／受持。道陵當知，末世男女以此諸難，不能決／意擺撥諸㝵，直心一至徑行此經，其於履／當世儀信心不盡，逡巡猶豫，不能受行。若有／聞見此經，目自識字，或手能書，或復富有，雇／人書寫，詭信豐足，復能決意不顧世間小／小儀軌，便能受行，事師奉法，如子愛母。得／又宣傳，度與賢良。如此之人，不問男女長幼／貴賤，當知此人是大德者，皆是前世習行道德，功重福厚，故生得值遇。既值遇已，便能奉／行。道陵，若見此人，應當恭敬，随侍礼拜，如敬／我身。何以故？此人受持尊經，為人演説，能令／受悟，得至聖道。以是之故，与我无異。是以我／説持經功福，不可稱量。是故男女值此經者／，懃自求之。此經是學道之人生死所歸，若救／人有急疾病痛惱，應讀此經；若人居家衰耗、口／舌諸不吉利，應讀此經。此經攘禍術中最為／第一，消殃術中最為第一，解過法中最為第／一，除罪法中最為第一，進行法中最為第一／。（下缺）

校記

（一）抄本首尾殘缺，原無卷題。BD9870文字，見於《雲笈七籤》卷四九及卷九五所引《昇玄經》。S.0107部分文字，見於《道典論》卷三引《昇玄經》。故可判定爲《昇玄經》殘抄本。（此件，王卡先生在《敦煌道教文獻研究》及録文中均作卷次待考，又於附補材料中考訂S.0107與Дx0517同卷，故移至此處。——胡百濤整理）

（二）子明曰：《雲笈七籤》作「仙人竇子明問云」。

（三）一此三也：《雲笈七籤》作「一此而三彼也」。

（四）BD9870抄本止於此。

（五）上陰影中文字，均據《雲笈七籤》卷四九及卷九五引文補。

（六）「嫉」字據《道典論》卷三引文補。

（七）下問：原作「不問」，據《道典論》改。

（八）「殃」字據《道典論》補。

（九）兵卒斯伍：原作「兵斯卒伍」，據《道典論》改。

（一〇）幡：原作「憣」，據《雲笈七籤》卷八九改。

（一一）幡：原作「憣」，據文義改。

（一二）以上紅字見《雲笈七籤》卷八九。

附補材料

太上曰：汝等將來世，欲流通靈寶内教者，有十一事信著萬民，乃可得宣傳此經。一者，奉誠（誡）完具，内無毁滅。二者，賑給孤老貧窮，有慈愍心。三者，勸人遠惡修善，殷勤如父子。四者，不求名譽，稱虧若一也。五者，幽隱之處勤行禮拜，修諸功德，如處大衆。六者，不欺，使民信之如四時。七者，忽棄榮華，位不加身。八者，捨遠妻子，獨處閑静。九者，親近賢智，博問善道。十者，雖在幽冥，不可固必，與賢者論議，莫自專執。十一者，常行謙卑，恭敬於人。是爲十一事，通内教行，當勤奉學。（《無上秘要》卷三四 1a3—1b7）

太上曰：弟子受道雖多，猶應敬本師。本師亦應謙下弟子。所以然者，夫得道度世莫不由師，學之有師亦如樹之有根，緣有根故，枝條扶踈。夫學道之人亦以本師爲基，漸次成就大智。大智既能成就，復能成就小智，如樹由根生子，子復生根，展轉相生，則種類不絶。從師受道，漸漸增益，德過於師，還教於師，所謂道貴人賤，義類如此。

道陵曰：若如尊教本師者復爲有弟子之義。若其受道，儀軌法式當復云何？先師後師誰應施敬？

太上曰：先師後師並皆有敬。所以爾者何？本師者，學之根也。喻如爲山由乎一匱之土，漸漸得其高大。本師者亦復如是，乃爲發蒙之基。後師者，備成也。喻如嚴裝，服飾衆事已辦，唯未加冠，不可以行人事。後師亦復如是，學道雖久，上法未備，不能得道。

右出《昇玄經》。（《無上秘要》卷三四 2b3—3a10）

太上曰：道陵當知，欲受法人有十相，可與此經。一者，好求勝法，從善如流。二者，好近賢智，无疑行。三者，聰喆，賞别真僞。四者，謹慎，言不過行。五者，柔和，少无過惡。六者，能師勝己，无憍慢心。七者，敬師重教，如貧得寶。八者，能奉師長，不辭勤勞。九者，己於先師，有報復心。十者，慇懃請受，晝夜不懈。是爲十相。子明啟太上曰：若將來世有學真道士未見真經，忽於山巖或於異學道士外道諸邪見家得此經者，披尋首尾，知是真要，无師可受，便得奉行，得傳度以否？

太上曰：便得奉行，身自修之，一如經至，不得以傳授餘人。所以者何？學當師受。學不師受，不可以教人。何以故？一者，恐誤後學；二者，既不師受，人或不信，儻生不信，便有誹謗，故不得傳。要須覓師受而傳之。若使四海之内推求无師者，便於静室關啓伏誓修行，若見至信之人，具上十相，來欲請受，慇懃慊苦，先責信金毦素，試之無退，心愈堅固，亦可傳授。若四海之内人跡所及，求師可得者，要須得師，不應妄傳。

子明復啓曰：若後末世中諸學真道士已受靈寶外教券契，奉行五篇，未見此内教，若其後見，便可得傳與奉修？

太上答曰：要須受此方素七十二字契經之盟，无上大籙，然後可與經。

何以故？二教經契，无有十方太上大祝，故十方官屬、天神地祇、天龍鬼神等不來爲經作營護契力。

右出《昇玄内教經》。（《無上秘要》卷三四 17b7—19a10。部分見敦煌抄本。）

道言：此吉凶禍福，窈冥中來。禍災非富貴者所求請而可避，非貧賤者所不欲而可去。修善福應，爲惡禍來。

右出《昇元經》。（《無上秘要》卷七 3a3—5）

道陵曰：末世人民有三可畏，善詳焉。一者道義嫉妒可畏，二者誹謗可畏，三者貪慾可畏。道義嫉妒，則經法不行；誹謗法師，則使人信道不濃；貪慾財色，人所棄薄。此三者二在外，一在内，無此三患，乃可傳道。當勤奉學。

右出《昇元經》。（《無上秘要》卷七 7b5—10）

《昇玄經》曰：仙人竇子明問云：向聞法師咨請真一、太一，未聞三一之訣。當復云何既爲一，而復言三？爲一有三耶，爲三有一耶？昔雖奉行，未能曉了，願爲究盡，使後來末學得知真要。法師曰：三一者，正一而已，三處授名，故名三一。所以一名三一者，一此而三彼也。雖三常一，故名三一。三一者，向道初門，未入真境，得見一分，未能捨三全一，是未離三，雖未離三，少能見一，故名三一。分言三不離一，故名三一。

子明曰：此一者何所有也？答曰：無所有而有。問曰：無所有而有，何名爲有？答曰：以無爲有。又問：無何而有？答曰：得無爲有。又問：得而無爲者，何所義？答曰：形聲虚僞故。又問：何爲虚僞？答曰：不住故。又問：云何不住？答曰：速變異故。又問：雖速變異，非無所有，既云變異，果是有物可變，安得云無邪？答曰：向曰變異者，亦不言都無，如虚空故。但言一切皆有僞非真，生者必死，有者必無，成者必壞，盛者必衰，少者必老，向有今無，寒暑推變，恍惚無常也。（《雲笈七籤》卷四九）（此條見BD9870）

《昇玄經》子明問曰：既無所有，以何爲有？道陵答曰：以無所有，而名爲有。又問：何名所義？答曰：形聲虚僞故。又問：何爲虚僞？答曰：乃不住故。又問：云何不住？答曰：速變異故。又問：雖速變異，非無所有也。既已變異，果是有物可變，安得云無？答曰：向變異者，亦不言都無，如虚空耶。但言一切所有皆爲非真，生者必死，有者必無，成者必壞，盛者必衰，少壯必老，向有今無，寒暑推移，恍惚無常。（以上略同前《雲笈七籤》卷四九引文。）父母兄弟，妻子室家，朋友交遊，富貴强盛，豪勢欣樂，未盈幾時，豁然分散，死亡别絶，老病衰耗，諍訟忿恨，失心喪志。諸如此者，憂惱萬端，皆爲虚幻，無一真實。惟賢人道士知此非真，是虚僞法。思惟分别，得其真性，沖漠淡泊，守一安神，深解世間無所有故即亦俗法，守道念真，安神無爲，得不死之術，昇仙度世，到長壽宫，是名得無所得。（此條後半段見合S.0107，《雲笈七籤》卷九五 18b8—19b4）

《昇玄經》云：太上曰：若有誹謗此經者，死入地獄，受考三官，見世癩病。又云：竇子明曰：世人迷惑，貪求自恣，不識至真，諂僞疾佞，或妒賢嫉能，更相謗毁；或諍色欲，陰相咒害；或恃强勢，淩易孤弱；或自是非彼，或作小善，旬月之間不能至誠，便求見效，未應之須，便忽宿命之言無報應。喻如田家種穀，春種秋望，乃得其實，種而待炊，不解餓死。修福行善，亦復如是。福積成慶，禍積成殃，皎如日光，而人不信，可不哀哉。（《道典論》卷三 1a6—1b5。此段見 S.0107 抄本）

《昇玄經》云：道言：人生受筭，不信經教，訾毁神真，決駭縱心，殺罰非度，駡詈天地，攻擊真人，爲玄司衆鬼所奏，聞徹太空。吾當下司命，付酆都滅其定筭修短之次。行之不改，斷種滅嗣，蒸嘗絶矣。（《道典論》卷三 2a5—9）

《昇玄經》云：太上曰：道陵〔當〕知，末世人民有三可畏，宜善詳焉。一者道義嫉妒可畏，二者誹謗可畏，三者貪欲可畏。道義嫉妒，則經法不行；誹謗法師，則使百姓信道不濃；貪欲財色，則人所棄薄。此三者二在外，一在内，除此三患，乃可傳道。當勤奉學。太上於是仍作歌曰：嫉妒惡勝己，誹謗於賢明。貪欲嗜財色，不得傳吾經。三患既未除，何期在幽冥？僞行要利養，常無有至誠。見人崇有德，心執害意生。是人鬼所疾，見世貽惡名。死則歸幽都，考對入鬼囹。轉輪億萬劫，受罪無數形。（《道典論》卷三 6b1—7a1）

《昇玄經》云：太上曰：道陵當知，世人復有四不善法，最爲難除，道之至病，當令知之。何者爲四？一者，世俗之人不師有道，又恥下問。二者，爲道日久，知見淺薄，見有勝己，恥不更學。三者，自言大學，不聽異經。四者，輕慢後學，言無所知。如此四種之人，縱使學道，徒自勞耳，不能得道，有所通達，同無神驗，何以徒勞？如此之人求道之初，本無至心，欲求名譽，要羅供養。如此之人，恒爲食吞火毒，取人財物以爲衣服。猶如劍戟在其身體，貪目前之利，不知後世殃考深重，死入地獄，燒鐵洋銅以灌口中，以鐵勒針作衣服之形，被其身體，考掠捶撻，晝夜不息，億兆載劫，方出爲人，常處下賤，爲人奴婢、兵卒厮伍，聖賢教化講經，不得預聞。或心欲更學，不得自在。吾今目前，便見此輩不可稱計，甚可哀傷。明教將來，慎之慎之。（《道典論》卷三 7b4—8a9。按，以上兩段可證明 Дx 0517 與 S.0107 乃同卷。）

太上洞玄靈寶昇玄内教經卷第三

圖版

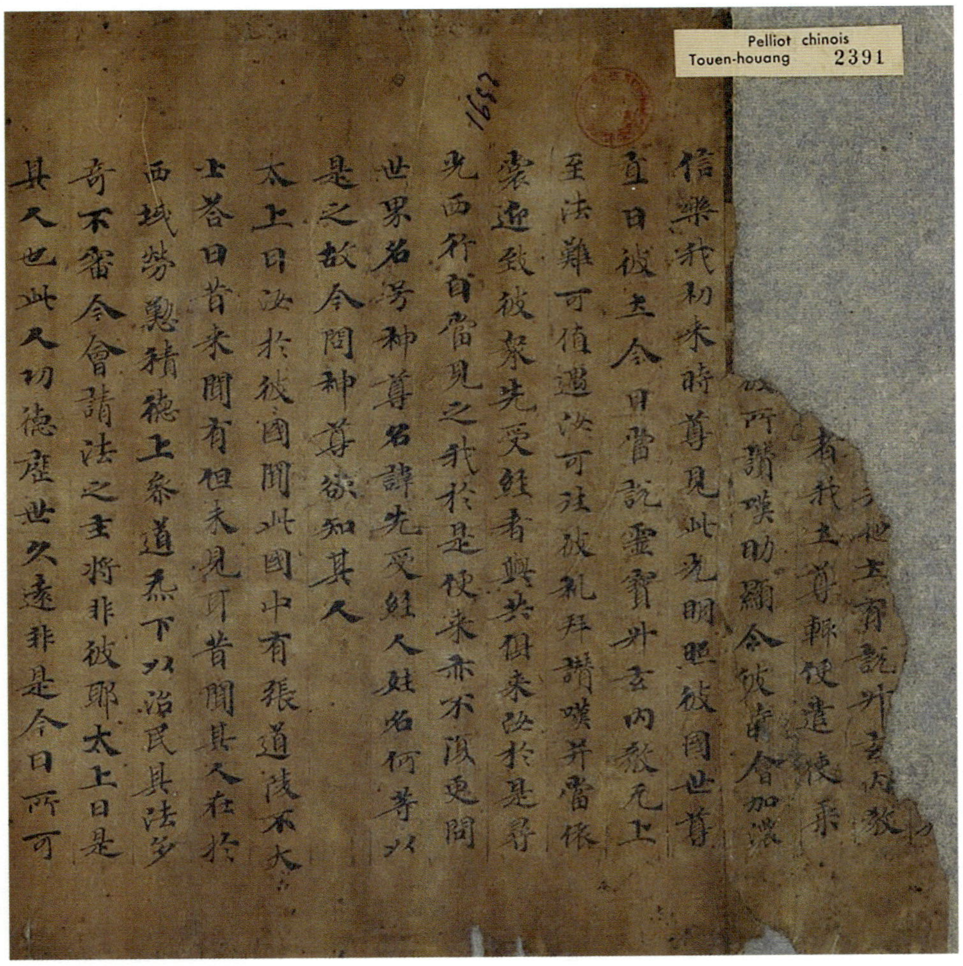

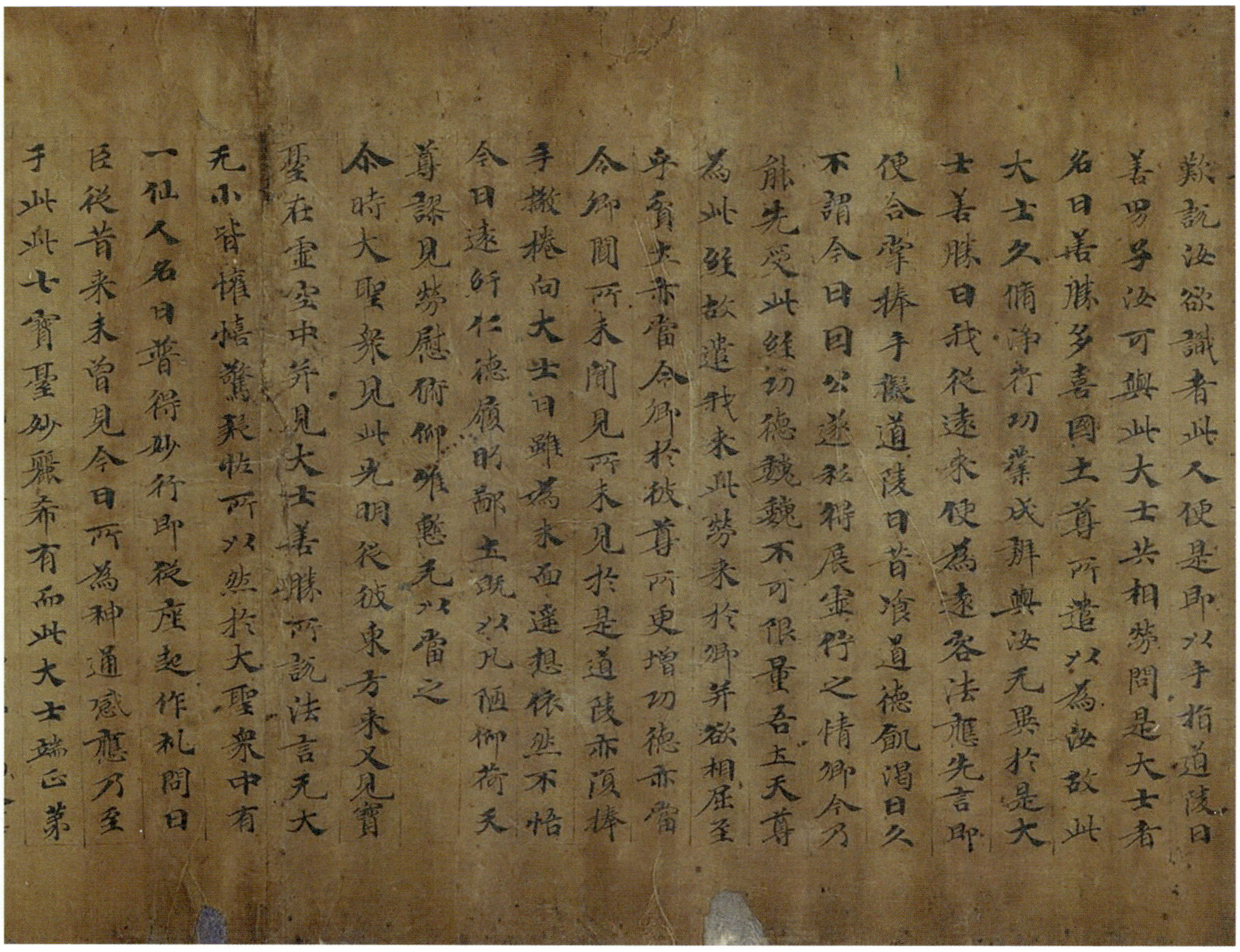
歎說汝欲識者此人使是即以手指道陵曰
善男子汝可與此大士共相勞問是大士者
名曰善勝多喜國土尊所遣以為汝故此
大士久脩淨行功業成辦與汝无異於是大
士善勝曰我從遠來使為遠客法應先言即
便合掌舉手謂道陵曰昔飡道德飢渴日久
不謂今日因以遂私得展宿行之情卿今乃
能先受此經功德巍巍不可限量吾土天尊
為此經故遣我來與勞來於卿并欲相屈至
身貪大亦當令卿於彼尊所更增功德亦當
令卿聞所未聞見所未見於是道陵亦復舉
手擬捲向大士曰雖為未面遙想依然不悟
今日遠紆仁德顧盻鄙土既以凡陋仰荷天
尊謬見勞慰衘御雖慙无以當之
尒時大聖衆見此光明從彼東方來又見寶
臺在虛空中并見大士善勝所說法言无大
无小皆懽憘驚疑怪所以然於大聖衆中有
一仙人名曰普得妙行即從座起作礼問曰
臣從昔來未曾見今日所為神通感應乃至
手此與七寶臺妙嚴希有而此大士端正第

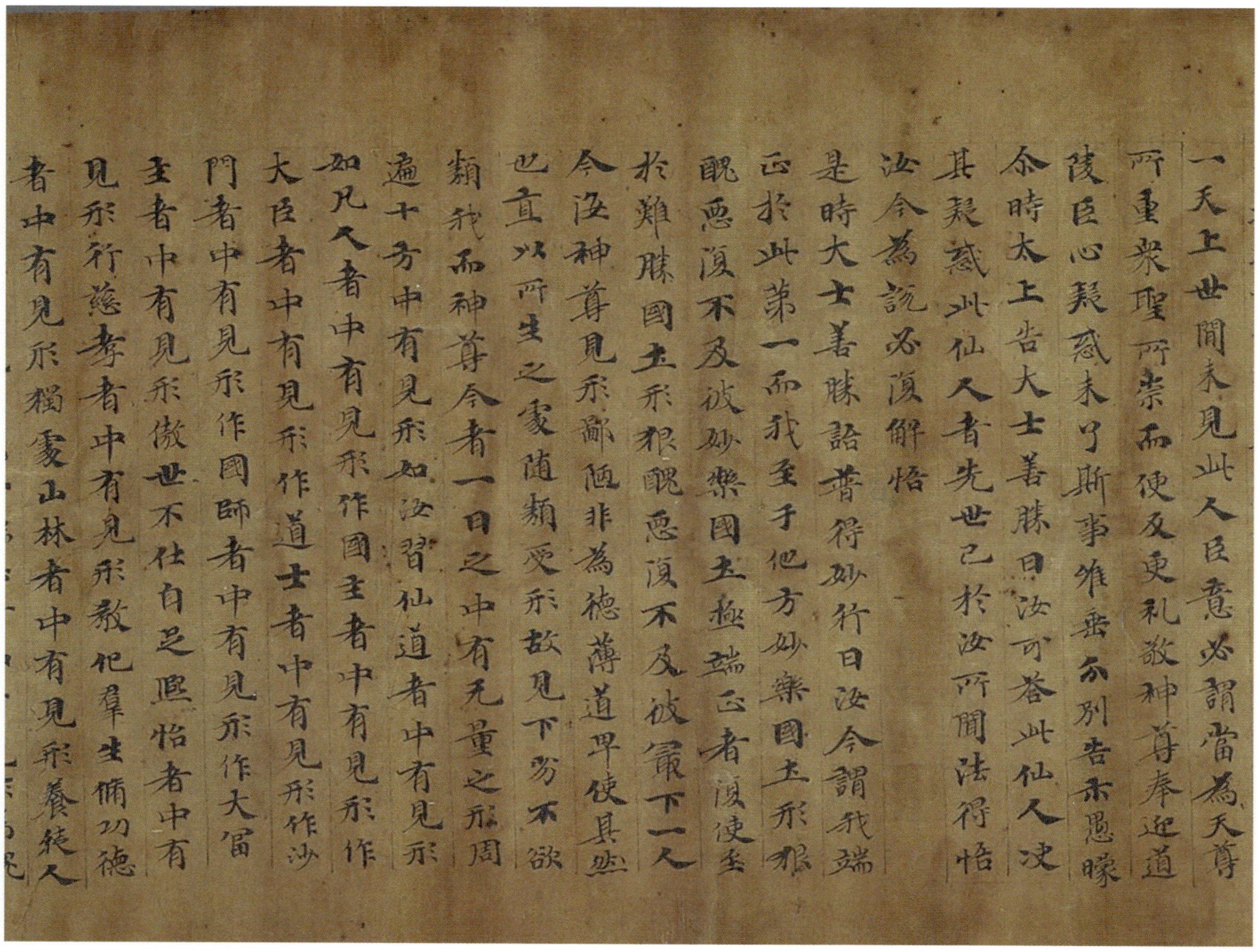
一天上世間未見此人臣意必謂當為天尊
所重衆聖所崇而使反更礼敬神尊奉迎道
陵臣心疑惑未了斯事唯垂分別告示愚矇
尒時太上告大士善勝曰汝可荅此仙人決
其疑惑此仙人者先世已於汝所聞法得悟
汝今為說必復解悟
是時大士善勝語普得妙行曰汝今謂我端
正於此第一而我至于他方妙樂國土形貌
醜惡復不及彼妙樂國土極端正者復使至
於難勝國土形貌醜惡復不及彼最下一人
令汝神尊見形鄙陋非為德薄道卑使其然
也直以所生之處隨類受形故見下劣不欲
類我而神尊今者一日之中有无量之形周
遍十方中有見形如汝習仙道者中有見形
如凡人者中有見形作國主者中有見形作
大臣者中有見形作道士者中有見形作沙
門者中有見形作國師者中有見形作大富
主者中有見形傲世不仕自足恬怡者中有
見形行慈孝者中有見形教化羣生脩功德
者中有見形獨處山林者中有見形養徒人

聞者中有見形第一端正者中有見形為醜
陋者中有見形醜者在者普得妙行令汝
當智大聖至真以神通力无所不見汝不可
以凡愚形質限量聖人汝今但見神尊在此
其形陋小未見神尊在於他方形相姝好微
妙第一過於我形百千万倍須臾之間汝自
當見神尊所為不可限量
大士善勝白太上曰唯願神尊見真一妙
行所成功德感動施為令此衆會見所未見
聞所未聞於時太上彈指叩齒應時十方廓
然大明通徹无㝵會中衆人眼力所見无有
遠近悉皆了了分明不相鄣蔽此時會人悉
覩十方一切國土賢聖凡愚貴賤大小男女
尊卑清淨穢惡禽狩蠕動一切有形曉了分
明如視掌中之物无有遺失當尒之時天上
天下幽冥之處日月所不照者皆得光明地
獄休息考楚必寧盲者得視聾者得聽瘂者
能言跛躄得申瘙殘百病皆得除愈光所及
處地皆瑠璃七寶行樹侠路兩邊一一樹下
皆有仙童玉女手執香華羅列道側虛空神

天皆作万種妓樂充滿空中尒時會人見十
方國土皆有太上神尊處于七寶臺館坐獄
金床為諸大衆說靈寶洞玄无等等昇玄內
教一一國土各各皆有大士伏稽受持流通
此經亦如此土道陵无異俱復受方素七十
二字昇經之盟太上亦復為說十方大呪旦
復讚嘆其人先世功德一如道陵尒時所見
諸國太上神尊形狠色相域皆一類无偏醜
好土地人民亦悉端正類狀太上禮拜庠序
進心可觀
尒時太上告普得妙行曰汝今所見云何普
得妙行荅曰臣因太上光明之中悉見十方
太上神尊各於其處說靈寶洞玄无等等昇
玄內教一一國土各各皆有大士伏稽受持
流道此經亦皆復受方素七十二字昇經之
盟太上亦復為說十方大呪亦復讚嘆其人
先世功德宜軌法式一如今會无復有異又
問道陵汝之所見與彼同不道陵荅曰唯然
太上臣之所見亦如普得妙行臣於今日始
知此經必尊第一何以故若此經非十方太

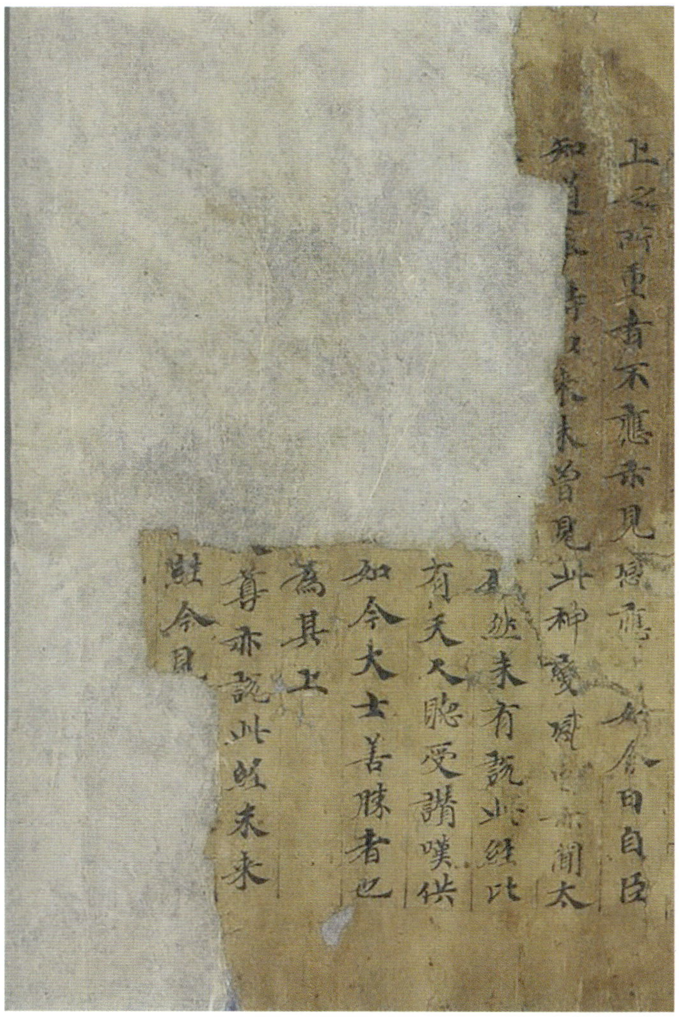
103　100　96

釋文

（P.2391 抄本，前缺）（一）

□□□□□□□知他土有説升玄内教／□□□□□□□□者我土尊輙便遣使乘／□□□□□□所讚嘆助顯令彼衆會加濃／（下紙縫）

信樂。我初来時，尊見此光明照彼國，世尊／直曰：彼土今日當説靈寶升玄内教无上／至法，難可值遇。汝可往彼礼拜嘆歎，并當依／裳（二）迎致彼衆先受經者，與共俱來。汝於是尋／光西行，自當見之。我於是便来，亦不復更問／世界名号、神尊名諱、先受經人姓名何等。以／是之故，今問神尊，欲知其人／。

太上曰：汝於彼國，聞此國中有張道陵不？大／士答曰：昔来聞有，但未見耳。昔聞其人在於／西域，勞懃積德，上參道炁，下以治民，其法多／奇。不審今會請法之主，將非彼耶？太上曰：是／其人也。此人功德歷世久遠，非是今日所可／歎説。汝欲識者，此人便是。即以手指道陵曰／：善男子，汝可與此大士共相勞問。是大士者／，名曰善勝，多喜國土尊所遣，以為汝故。此／大士久脩净行，功業成就（三），與汝无異。於是大／士善勝曰：我從遠来，便為遠客，法應先言。即／便合掌捧手，擬道陵曰：昔湌道德，飢渴日久／，不謂今日因公遂私，得展靈佇之情。卿今乃／能先受此經，功德巍巍，不可限量。吾土天尊／為此經故，遣我来此勞来於卿，并欲相屈至／乎貧土，亦當令卿於彼尊所更增功德，亦當／令卿聞所未聞，見所未見。於是道陵亦復捧／手擎拳，向大士曰：雖為未面，遥想依然，不悟／今日遠行仁德，履盼鄙土。既以凡陋，仰荷天／尊，謬見勞慰，俯仰唯慙，无以當之／。

尒時大聖衆見此光明從彼東方来，又見寶／臺在虚空中，并見大士善勝所説法言，无大／无小，皆懽憘驚疑，恠所以然。於大聖衆中有／一仙人，名曰普得妙行，即從座起，作礼問曰／：臣從昔来，未曾見今日所為神通感應，乃至／于此。此七寶臺妙麗希有，而此大士端正第／一，天上世間，未見此人。臣意必謂當為天尊／所重，衆聖所崇，而便反更礼敬神尊，奉迎道／陵。臣心疑惑，未了斯事，唯垂分別，告示愚矇／。

尒時太上告大士善勝曰：汝可答此仙人，決／其疑惑。此仙人者，先世已於汝所聞法得悟／，汝今為説，必復解悟／。

是時大士善勝語普得妙行曰：汝今謂我端／正，於此第一，而我至于他方妙樂國土，形貌／醜惡，復不及彼妙樂國土極端正者。復使至／於難勝國土，形貌醜惡，復不及彼最下一人／。今汝神尊見形鄙陋，非為德薄道卑使其然／也，直以所生之處随類受形，故見下劣，不欲／類我。而神尊今者一日之中有无量之形，周／遍十方，中有見形如汝習仙道者，中有見形／如凡人者，中有見形作國主者，中有見形作／大臣者，中有見形作道士者，中有見形作沙／門者，中有見形作國師者，中有見形作大富／主者，中有見形傲世不仕自足熙怡者，中有／見形行慈孝者，中有見形教化羣生脩功德／者，中有見形獨處山林者，中有見形養徒人／間者，中有見形第一端正者，中有見形為醜／陋者，中有見形聾盲尫者。普得妙行，今汝／當智（知），大聖至真以神通力，无所不見，汝不可／以凡愚形質限量聖人。汝今但見神尊在此／，其形陋小，未見神尊在於他方形相姝好，微／妙第一，過於我形百千万倍。須臾之間，汝自／當見神尊所為不可限量。

太士善勝白太上曰：唯願神尊見真一妙／行所成功德，感動施為，令此衆會見所未見／，聞所未聞。於時太上彈指叩齒，應時十方廓／然大明，通徹无㝵。

會中衆人眼力所見，无有/遠近，悉皆了了分明，不相鄣蔽。此時會人悉/覩十方一切國土，賢聖凡愚、貴賤大小、男女/尊卑、清浄穢惡、禽狩蠢動，一切有形，曉了分/明，如視掌中之物，无有遺失。當尒之時，天上/天下，幽冥之處，日月所不照者，皆得光明，地/獄休息，考楚安寧，盲者得視，聾者得聽，啞者/能言，跛躃得申，瘙殘百病皆得除愈。光所及/處，地皆瑠璃，七寶行樹俠路兩邊，一一樹下/皆有仙童玉女，手執香華，羅迾道側。虚空神/天皆作万種妓樂，充滿空中。尒時會人見十/方國土，皆有太上神尊處于七寶臺舘，坐紫/金床，為諸大衆説靈寶洞玄无等等昇玄内/教。一一國土各各皆有大士，伏誓受持，流通/此經，亦如此土道陵无異。俱復受方素七十/二字契經之盟，太上亦復為説十方大呪，亦/復讚嘆其人先世功德，一如道陵。尒時所見/諸國太上神尊，形貌色相咸皆一類，无偏醜/好；土地人民亦悉端正，顔次太上，礼拜庠序/，進止可觀/。

尒時太上告普得妙行曰：汝今所見云何？普/得妙行答曰：臣因太上光明之中，悉見十方/太上神尊，各於其處説靈寶洞玄无等等昇/玄内教，一一國土各各皆有大士伏誓受持/，流通此經，亦皆復受方素七十二字契經之/盟，太上亦復為説十方大呪，亦復讚嘆其人/先世功德，宜（儀）軌法式，一如今會，无復有異。又/問道陵：汝之所見，與彼同不？道陵答曰：唯然/。太上，臣之所見，亦如普得妙行。臣於今日始/知此經必尊第一。何以故？若此經非十方太/上之所重者，不應示見感應有如今日。自臣/知道奉持以来，未曾見此神變感動，亦聞太/上□□□□□□□□然未有説此經比/□□□□□□□□□有天人聽受讚嘆供/□□□□□□□□如今大士善勝者也/。

□□□□□□□□為其上/。

□□□□□□□□天尊亦説此經未来/

□□□□□□□□經今見□□□□□/（下缺）

校記

（一）P. 2391抄本首尾殘損，原無卷題。其中部分文字與《三洞珠囊》、P. 2469（失題道經）所引《昇玄經》卷三文相同。故擬定爲卷三。按，唐釋法琳《破邪論》引《昇玄經》云：「東方如來遣善勝大士詣太上曰：如來聞子爲張陵説法，故遣我來看子。語張陵曰：卿隨我往詣佛所，當令得見所未見，聞所未聞。陵即禮大士，隨往佛所。」可略補本卷首段缺損文字。

（二）依裳：當作「衣裳」。

（三）成就：原作「成辨」，據《道典論》卷一引文改。

附補材料

《昇玄經》卷第三

太上曰：道陵，汝今以信心聽之，當為汝/説，勿懷聽瑩，疑或江海。先當作思道五/念，尒乃悟道。一當思道清静，穢濁求道，非/正真法。二當思道離諸色欲，色欲求道，道不/可得。三當思道動與俗反，順俗求道，逾往逾乖/。四當思道無有禁忌，〔禁忌〕脩道，未體真要。五當思道/非形聲法，既非形聲，則無法可行。道陵，汝既已破/契立盟，便善思五念，五念既立，則見道相，便/能信法，自得道真。陵於是受教伏思，良久/乃起，更整衣巾，長跪啓曰：臣以愚鄙，伏思五/教，於臣可了。臣知道清浄，何以故？無形聲故/。臣知道不貪，何以故？無情欲故。臣知道反俗/，何以故？無分别故。臣知道無礙，何以故？法性/空故。臣知道無形聲，何以故？無所不在故。臣/知道無法可行，何以故？至〔真〕無為故。至真之道/，以不學為學，不求為求，不行為行，以賤為貴/，以卑為高，乃能得所學、得所求、得所行、得所/貴、得所高耳。臣於此道雖未通達，所信如此/。（P.2466《大道通玄要》卷五引）

昇玄第三經云：八面寶臺，其臺極高妙，種種莊嚴，善勝大士之所乘也。（《上清道類事相》卷三引）

《昇玄經》第三云：七寶之臺，有七寶香爐，燒衆妙香，馨薰無量也。（《三洞珠囊》卷四引）

《昇玄經》第三云：中有見形為國師者，中有見形作儒林之宗者，中有見形執禮律者，一日之中，周遍十方，不可以凡愚形質限量聖人也。（《三洞珠囊》卷八引）

《昇玄經》大士善勝頌曰/：德□无等等，行功超已拔。已入无所入，識想心行滅/。出第三卷。（P.3652失題道經抄本引）

《昇玄内教經》第三卷/：

脩道無定方，要以一為宗。一性不變異，古今如虚空/。

大人掘玄本，無心應物通。普現諸色象，權衘救黎蒙〳。
愛憎無彼此，高下靡不從。功業無巨細，終与至玄同〳。
(P.2456.2《大道通玄要》卷一引)

《昇玄經》云：太上曰：道陵，汝可與此大士共相勞問。是大士者，名曰善勝，此大士久修浄行，功業成就，與汝無異。(《道典論》卷一引)

太上洞玄靈寶昇玄内教經卷第四[一]

《昇玄經》第四卷。

道陵又問：向者天尊云道不二念，不審為二〳是一也，為非一也？答曰：不一之一。又問：不一〳之一，是真一非？答曰：真一之一，不能不一；不〳能不一，則有二；有二，非一之謂。不一之一，以〳不見二故，則无一。无一者，是无二義。道陵又〳曰：若真一不能不一者，非一之謂，安得復謂〳為真一者也？答曰：夫物在一，不能不一，心既〳存一，已為兼二；兼二之心存，則謂不一。雖心〳不一用，用不兼二；用不兼二，故守一而已，終〳不變二，故名真一。未能忘一，故知有挾二之〳心，皎然可見。道陵又曰：若尒者，真一之一，便〳是止一，不能忘一；忘一存一，覺然可了。未審〳念者与一，為是一也，為是二也？答曰：其實不〳殊，而名有内外。念者，念此一也；一者，一此念〳也。又曰：念一、一念，有何差別？答曰：念一者，想〳不散；一念者，心得定也。心定在一，万僞不能〳遷，群耶不能動，故謂真一〳。

校記

（一）本卷尚未見單行敦煌抄本，今據貞松堂藏本《大道通玄要》引文補遺。

待考圖版

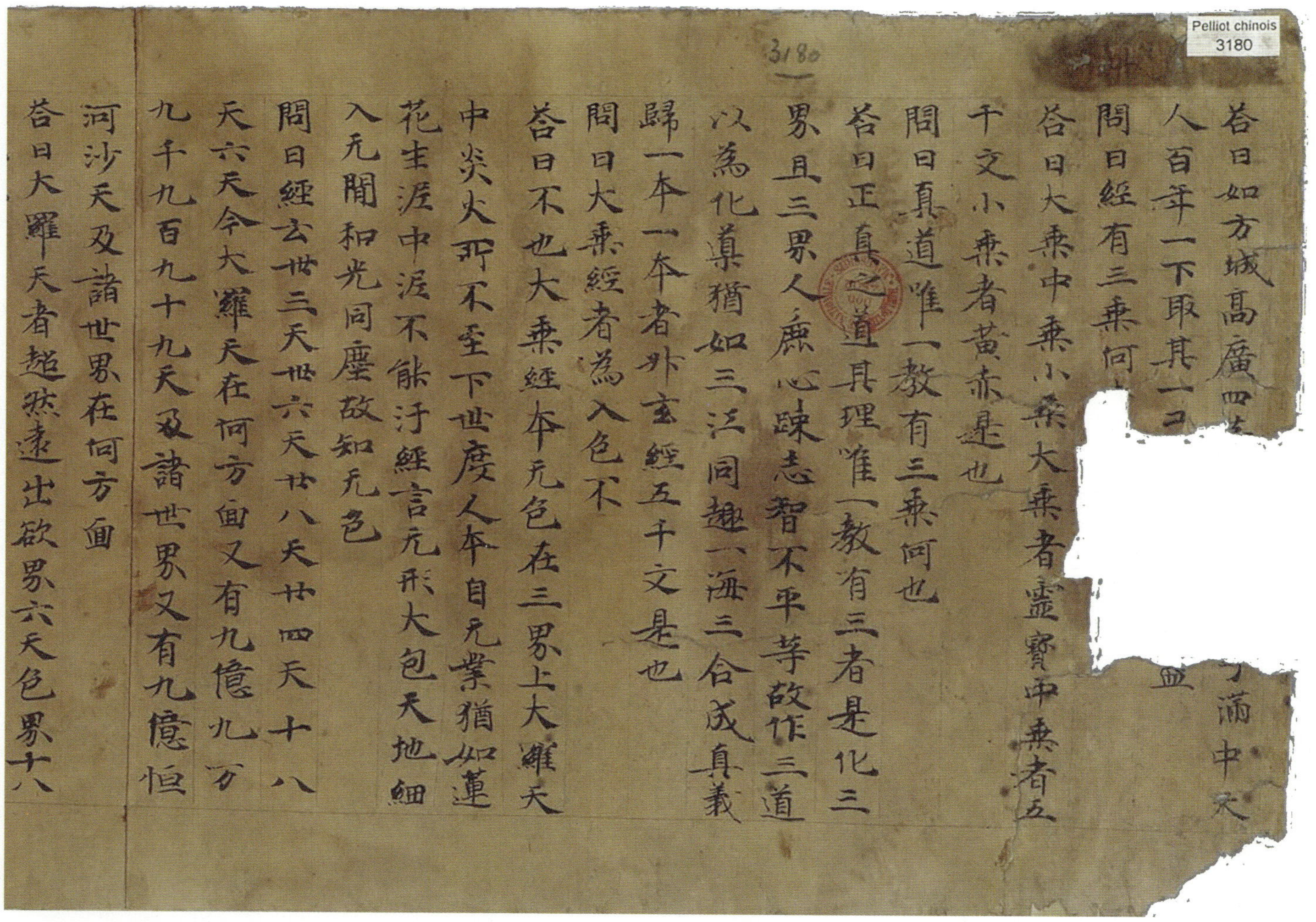
答曰如方城高廣四…
人百年一下取其一…
問曰經有三乘何
答曰大乘中乘小乘大乘者靈寶中乘者五
千文小乘者黃赤是也
問曰真道唯一教有三乘何也
答曰正真之道其理唯一教有三者是化三
界且三界人庶心䟽志智不平等故作三道
以為化導猶如三江同趣一海三合成真義
歸一本一本者外玄經五千文是也
問曰大乘經者為入色不
答曰不也大乘經本无色在三界上大羅天
中炎火所不至下世度人本自无業猶如蓮
花生泥中泥不能汙經言无形大包天地細
入无間和光同塵故知无色
問曰經云世三天世六天廿八天廿四天十八
天六天今大羅天在何方面又有九億九万
九千九百九十九天及諸世界又有九億恒
河沙天及諸世界在何方面
答曰大羅天者超然遠出欲界六天色界十八

天元色界四天合廿八天其卌二天五星之
數也上别有三天清微天亦名青微天大赤
天禹餘天又過此三天得大羅天經云大劫
周時衆經及佛家法華道家黄赤小乘之法
及諸餘外經皆在十八色界天中一時淪没
唯靈寶真經還大羅天中灾火不至大羅天
者包羅諸天故言大羅之天也九億界天恒
河諸天多意天尊多説此天尔注聽之
問曰何謂三徒
荅曰天地水三官謫作之處爲三徒天徒者
受天考對无有窮已地徒者擔砂負石填積
長河水官考對者棲溟波之水以灌四瀆勸
苦備至是曰水徒
問曰何謂五苦
荅曰受三徒竟方入五苦上刀山緣劍樹手
脚鍊械是一苦死爲餓鬼衣不周形食不滿
腹噉炭吞銅是二苦入鑊湯沸涌之中魂爛
至骨骨燃徹髓死而更生生死无窮苦對不
解是三苦男抱銅柱女卧鐵床火丸入口鐵
銅抽腸八牛犂舌十鳥啄眼是四苦爲人奴
婢充他六畜是名五苦
問曰身受苦者冤魂當之世間云何復言有
鬼爲作禍害
荅曰三魂七魄久已受罪三尸九虫爲守形
故生造禍害
問曰三尸九虫何不受報
荅曰三尸九虫留守形骨骨形都盡方受罰
報苦惚之甚億倍於前
問曰何謂三魂七魄
荅曰三魂者上元中元下元三元宫中真人
是也七魄者兩耳兩目兩鼻及口名曰七魄
問曰何謂九幽
荅曰八封各有一幽中央又有一幽合九幽
即八方及中央也
問曰向説是死五苦今願聞生五苦
荅曰身爲奴婢衰憂别離是一苦長處愚
音不聞法音不見妙道與道隔絶是二苦孤
寠窮之有人之形无人之情是三苦身遭世
罸處在官獄是四苦生雖老壽貧窮困之身
居六疾是名五苦

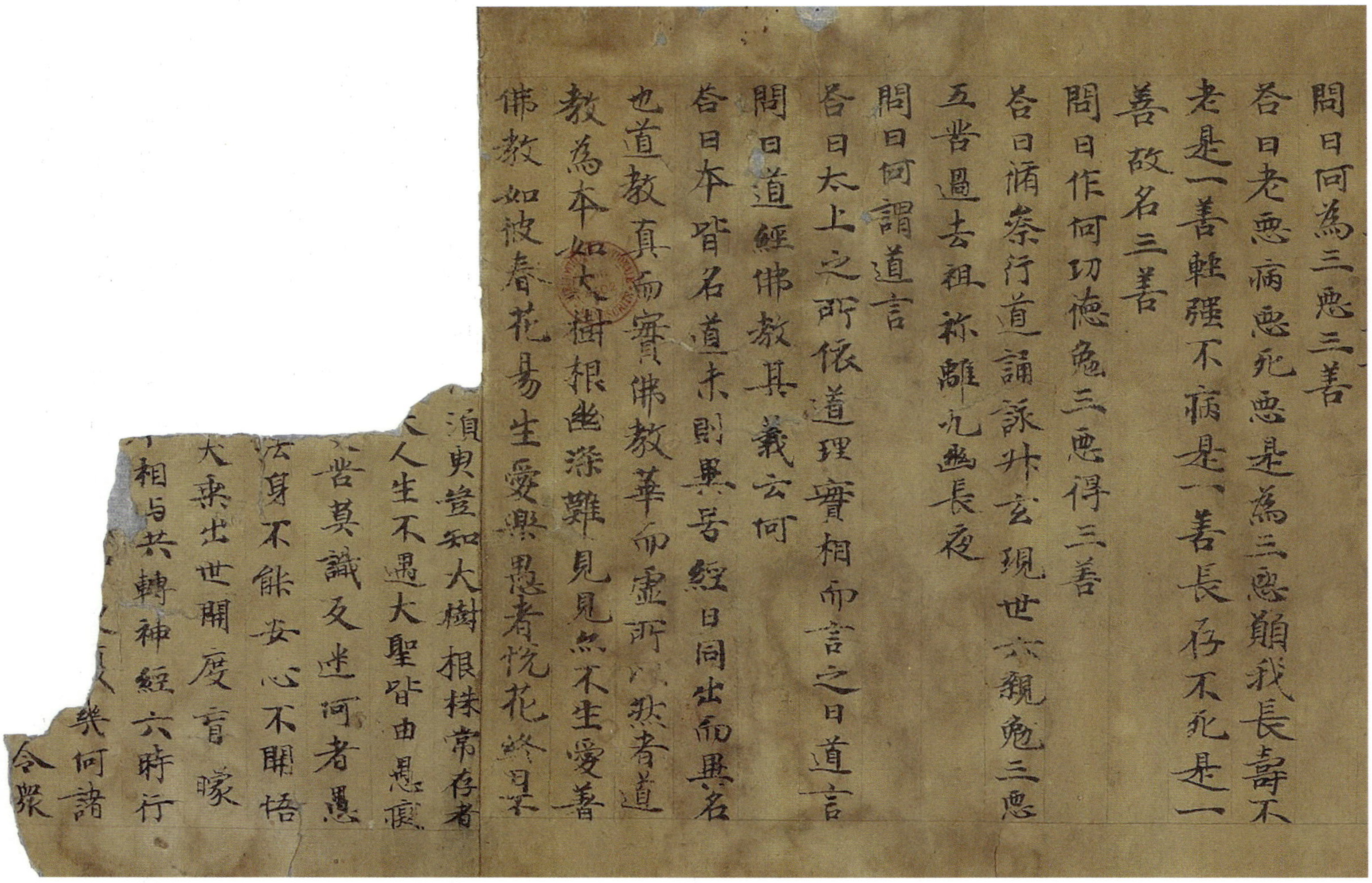

釋文

（P.3180 抄本，前缺）

答曰：如方城高廣四□□□□□□滿中天／人百年一下取其一□□□□□／⑴

問曰：經有三乘，何也／？

答曰：大乘、中乘、小乘。大乘者《靈寶》，中乘者《五／千文》，小乘者《黄赤》是也／。

問曰：真道唯一，教有三乘，何也／？

答曰：正真之道，其理唯一，教有三者，是化三／界。且三界人麁心踈志，智不平等，故作三道／，以為化導，猶如三江同趣一海，三合成真，義／歸一本。一本者，《升玄經》、《五千文》是也／。

問曰：大乘經者，為入色不／？

答曰：不也。大乘經本无色，在三界上大羅天／中，炎火所不至，下世度人，本自无業，猶如蓮／花生泥中，泥不能汙。經言无形，大包天地，細／入无間，和光同塵，故知无色／。

問曰：經云卅三天、卅六天、廿八天、廿四天、十八／天、六天，今大羅天在何方面？又有九億九万／九千九百九十九天及諸世界，又有九億恒／河沙天及諸世界，在何方面／？

答曰：大羅天者，超然遠出。欲界六天、色界十八／天、无色界四天，合廿八天。其卅二（三）天，五星之／數也。上别有三天：清微天亦名青微天、大赤／天、禹餘天。又過此三天，得大羅天。經云：大劫／周時，衆經及佛家《法華》、道家《黄赤》小乘之法／，及諸餘外經，皆在十八色界天中，一時淪没／，唯《靈寶》真經還大羅天中，灾火不至。大羅天／者，包羅諸天，故言大羅之天也。九億界天、恒／河諸天，多憙天尊多説此天，尔注聽之／。

問曰：何謂三徒／？

答曰：天地水三官謫作之處為三徒。天徒者／，受天考對，无有窮已。地徒者，擔砂負石，填積／長河。水官考對者，揵溟波之水以灌四瀆，勸（勤）／苦备至，是曰水徒／。

問曰：何謂五苦／？

答曰：受三徒竟，方入五苦，上刀山，緣劍樹，手／脚鑠械，是一苦；死為餓鬼，衣不周形，食不滿／腹，噉炭吞銅，是二苦；入鑊湯沸涌之中，宍爛／至骨，骨燃徹髓，死而更生，生死无窮，苦對不／解，是三苦；男抱銅柱，女卧鐵床，火丸入口，鐵／鈎抽腸，八牛犁舌，十鳥啄眼，是四苦；為人奴／婢，充他六畜，是名五苦／。

問曰：身受苦者，魂魄當之，世間云何復言有／鬼為作禍害／？

答曰：三魂七魄久已受罪，三屍九虫為守形／，故生造禍害／。

問曰：三尸九虫何不受報／？

答曰：三尸九虫留守形骨，骨形都盡，方受劇／報，苦惱之甚，億倍於前／。

問曰：何謂三魂七魄／？

答曰：三魂者，上元、中元、下元，三元宫中真人／是也。七魄者，兩耳、兩目、兩鼻及口，名曰七魄／。

問曰：何謂九幽／？

答曰：八封各有一幽，中央又有一幽，合九幽／，即八方及中央也／。

問曰：向説是死五苦，今願聞生五苦／。

答曰：身為奴婢，哀憂别離，是一苦；長處愚／盲，不聞法音，不見妙道，与道隔絶，是二苦；孤／寡窮乏，有人之形无人之情，是三苦；身遭世／罰，處在官獄，是四苦；生雖老壽，貧窮困乏，身／居六疾，是名五苦／。

問曰：何為三惡三善／？

答曰：老惡、病惡、死惡，是為三惡。願我長壽不／老是一善，輕强不病是一善，長存不死是一／善，故名三善／。

問曰：作何功德，勉（免）三惡，得三善／？

答曰：脩參行道，誦詠升玄，現世六親勉（免）三惡／五苦，過去祖祢離九幽長夜／。

問曰：何謂道言／？

答曰：太上之所依道理實相而言之，曰道言／。

問曰：道經佛教，其義云何／？

答曰：本皆名道，末則異号。經曰：同出而異名／也。道教真而實，佛教華而虚。所以然者，道／教為本，如大樹根，幽深難見，見亦不生愛著／；佛教如彼春花，易生愛樂。愚者悦花，終日不／□□□□□須臾。豈知大樹根株常存者／□□□□□□人生不遇大聖皆由愚癡／□□□□□□□苦莫識反迷何者愚／□□□□□□□法身不能安心不開悟／□□□□□□□大乘出世開度盲矇／□□□□□□□相与共轉神經六時行／□□□□□□□□□□□□□□幾何諸／□□□□□□□□□□□□令衆／

（下缺）

校記

（一）此句與《業報因緣經》P. 3026抄本開頭相似，「滿」字上二字或可補爲「芥子」，最後一字或可補爲「盡」。——胡百濤補記

太上洞玄靈寶昇玄内教經卷第五

圖版

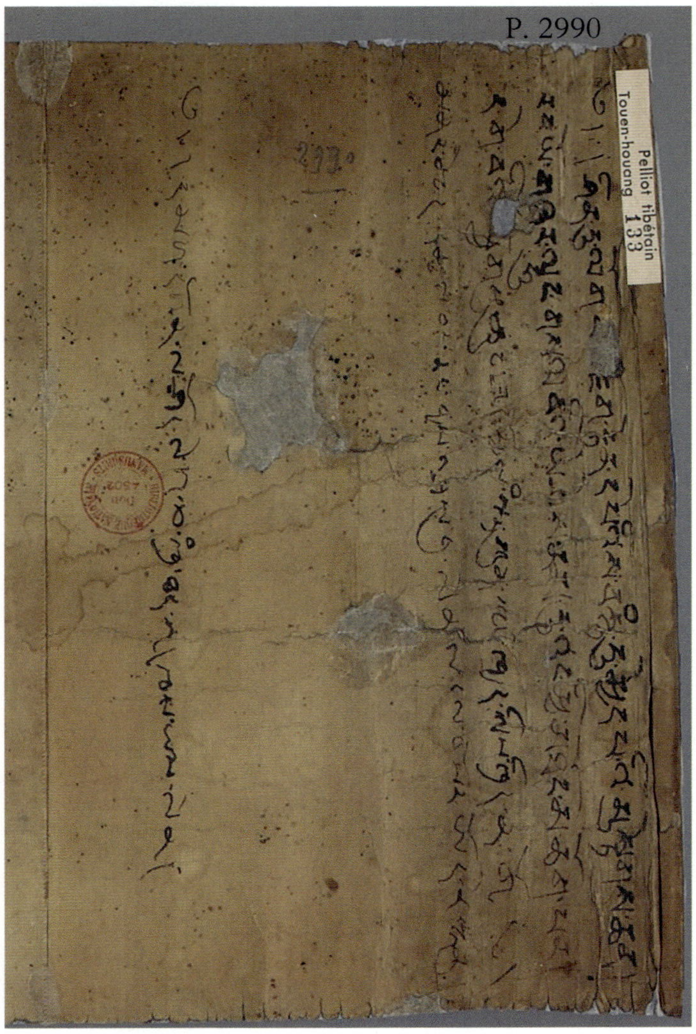

P. 2990

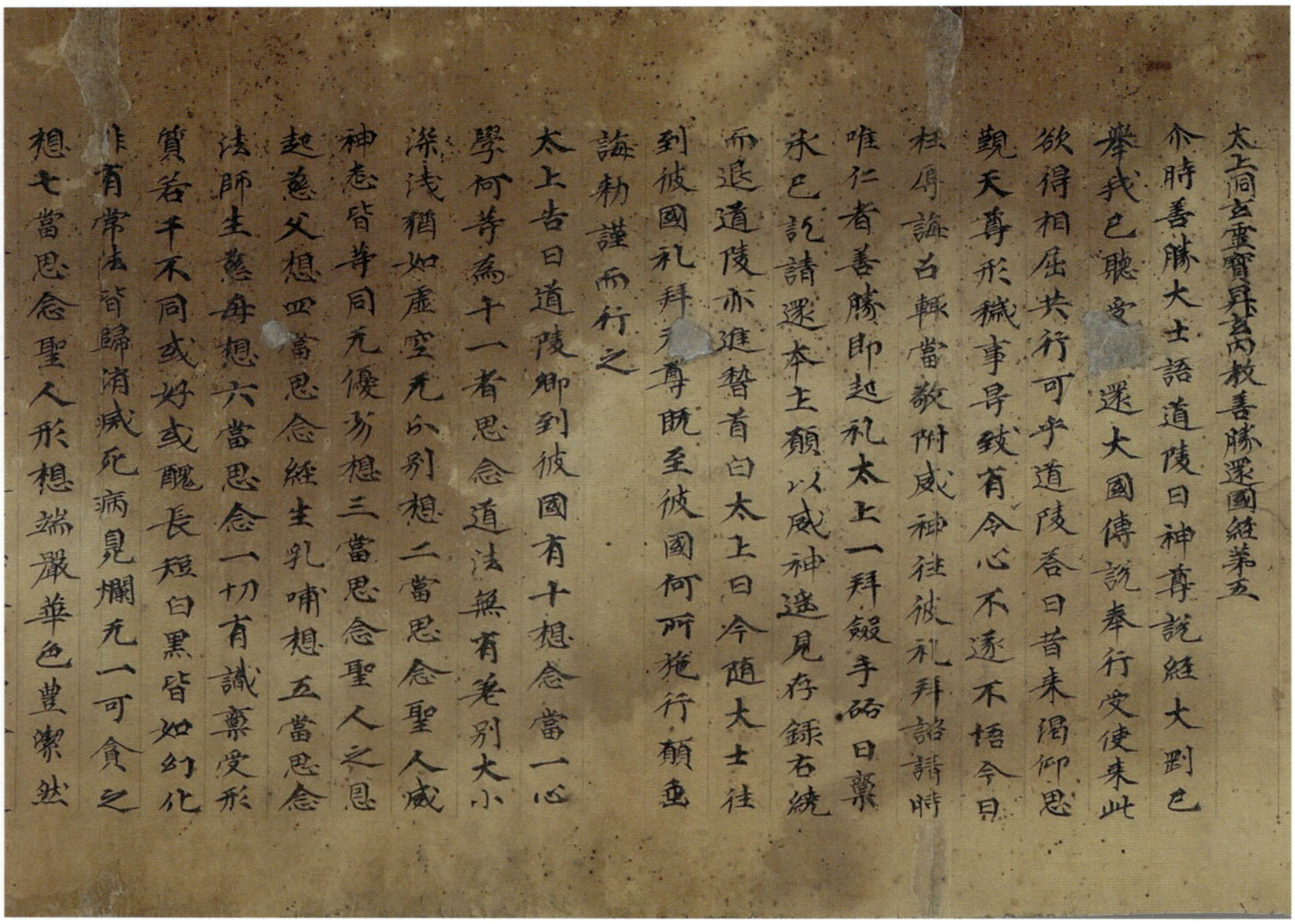

太上洞玄靈寶昇玄内教善勝還國經第五
尒時善勝大士語道陵曰神尊説經大訓已
畢我已聽受　還大國傳説奉行受使來此
欲得相屈共行可乎道陵荅曰昔來渇仰思
覲天尊形儀事畢致有令心不遂不悟今日
枉屈誨旨輙當敬附威神往彼礼拜諮請時
唯仁者善勝即起礼太上一拜斂手啓曰禀
承已訖請還本土願以威神遂見存録右繞
而退道陵亦進稽首白太上曰今随大士往
到彼國礼拜天尊既至彼國何所施行願垂
誨勅謹而行之
太上告曰道陵卿到彼國有十想念當一心
學何等爲十一者思念道法無有差别大小
深浅猶如虚空无所别想二當思念聖人威
神志皆等同无優劣想三當思念聖人之恩
起慈父想四當思念経生乳哺想五當思念
法師生慈母想六當思念一切有識稟受形
質若干不同或好或醜長短白黑皆如幻化
非有常法皆歸消滅死病見爛无一可貪之
想七當思念聖人形相端嚴華色豊潔然

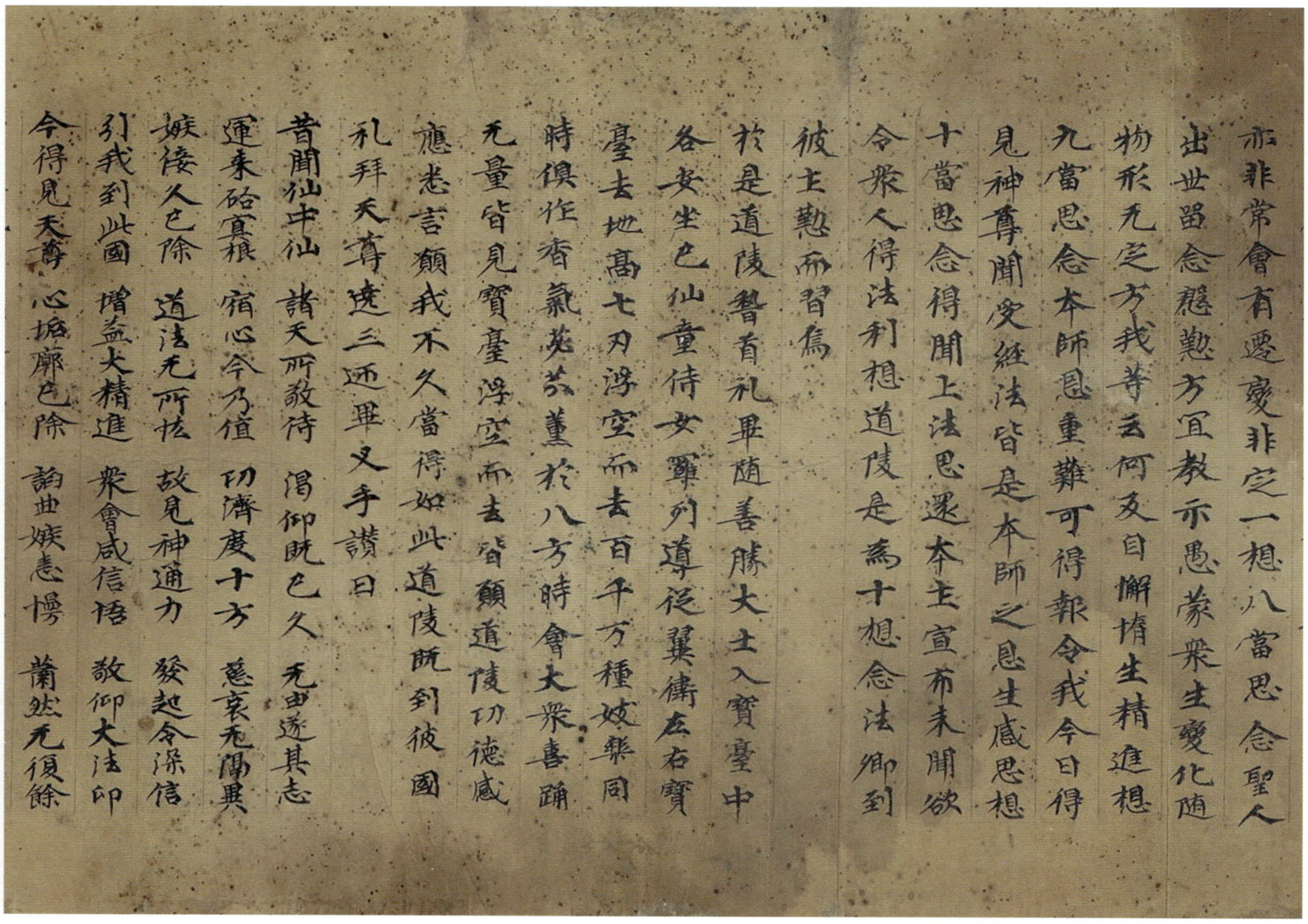

亦非常會有遷變非定一想八當思念聖人
出世留念懃懃方宜教示愚蒙衆生變化随
物形无定方我等云何反自懈惰生精進想
九當思念本師恩重難可得報令我今日得
見神尊聞受経法皆是本師之恩生感思想
十當思念得聞上法思還本土宣布未聞欲
令衆人得法利想道陵是爲十想念法卿到
彼土懃而習焉
於是道陵稽首礼畢随善勝大士入寶臺中
各安坐已仙童侍女羅列導從翼衛左右寶
臺去地高七丈浮空而去百千万種妓樂同
時俱作香氣芬薰於八方時會大衆喜踊
无量皆見寶臺浮空而去皆願道陵功德感
應悉言願我不久當得如此道陵既到彼國
礼拜天尊遶三匝畢叉手讃曰
昔聞仙中仙　諸天所敬侍　渇仰既已久　无由遂其志
運來酤冥根　宿心今乃値　功濟度十方　慈哀无隔異
嫉佞人已除　道法无所怯　故見神通力　發起令深信
引我到此國　增益大精進　衆會咸信悟　敬仰大法印
今得見天尊　心垢廓已除　諂曲嫉恚慢　蕭然无復餘

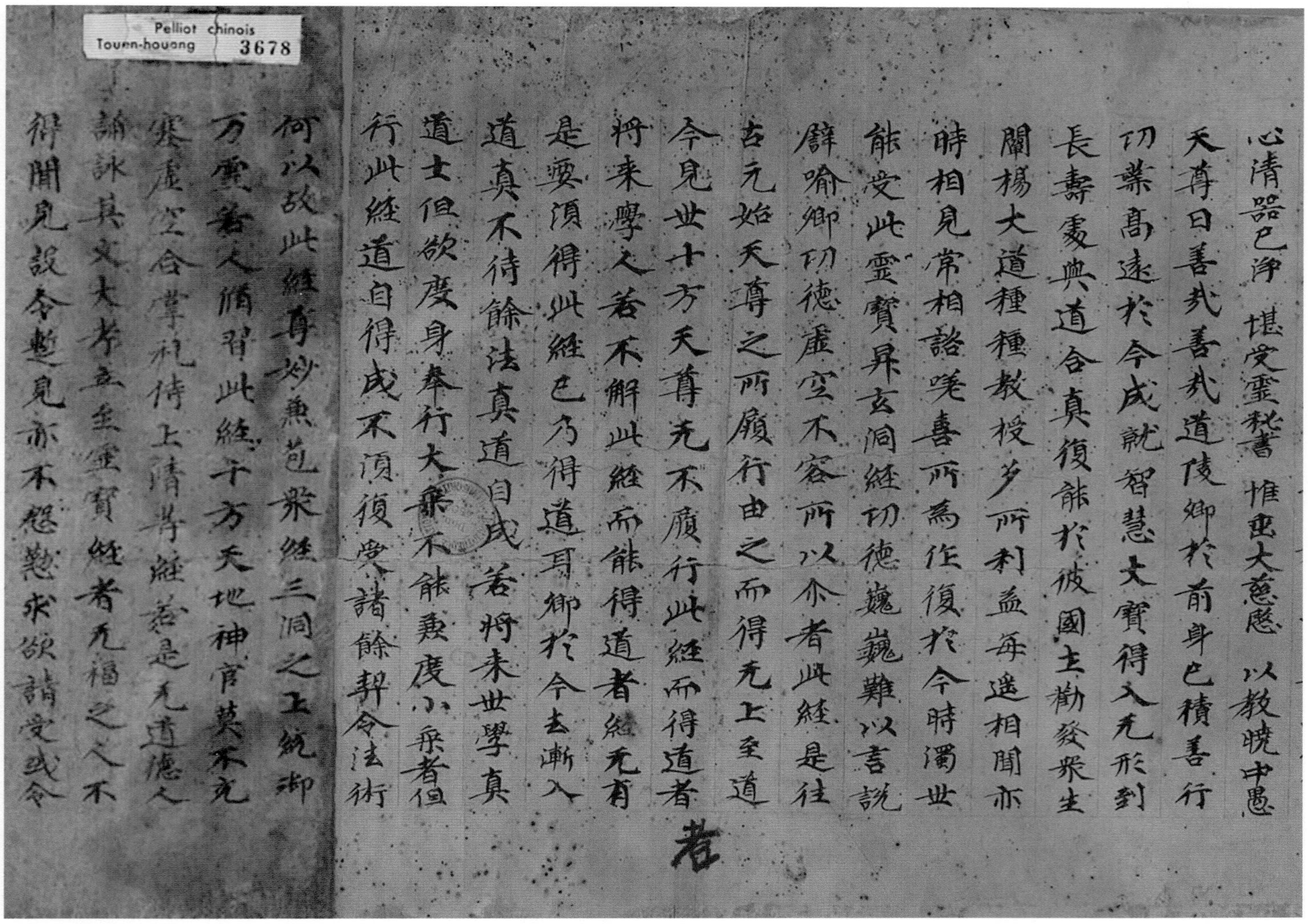

心清器已淨　堪受靈秘書　惟由大慈慈　以教曉中愚
天尊曰善哉善哉道陵卿於前身已積善行
一切業高遠於今成就智慧大寶得入无形到
長壽處與道合真復能於彼國土勸發衆生
闡揚大道種種教授多所利益每遇相聞亦
時相見常相諮嗟喜所為作復於今時濁世
能受此靈寶昇玄洞經功德巍巍難以言說
辟喻卿功德虛空不容所以介者此經是往
古无始天尊之所履行由之而得无上至道
今見世十方天尊无不履行此經而得道者
將来學之者不解此經而能得道者絕无有
是要須得此經已乃得道耳卿於今去漸入
道真不待餘法真道自成若將来世學真
道士但欲度身奉行大乘不能兼度小乘者但
行此經道自得成不須復受諸餘雜令法術
卷
何以故此經尊妙兼苞衆經三洞之上統御
万靈若人脩習此經十方天地神官莫不充
塞虛空合掌礼侍上清尊經若是无道德人
誦詠其文大考立至靈寶經者无福之人不
得聞見設令暫見亦不想懃求欲請受或令

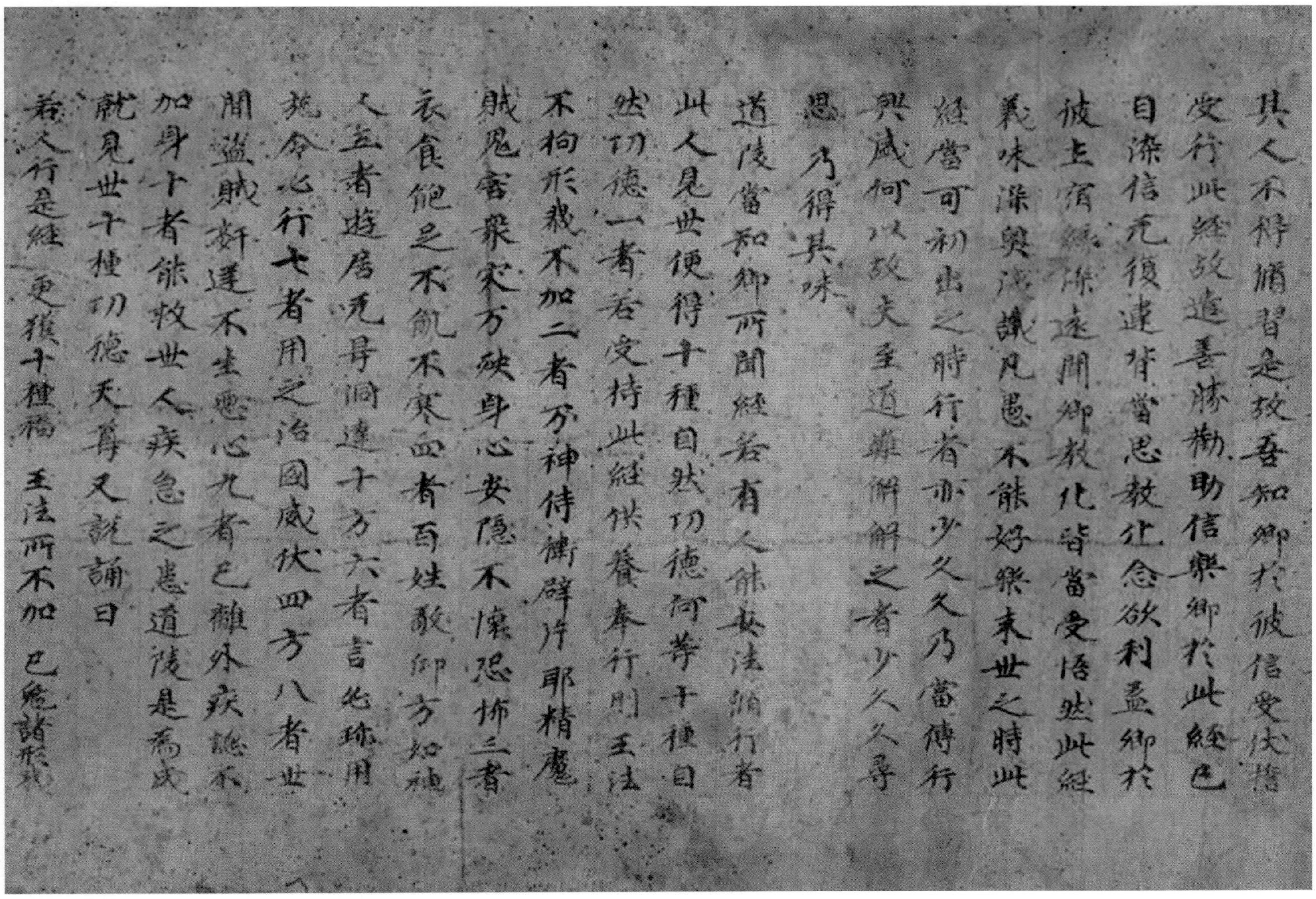

其人不得脩習是故吾知卿於彼信受伏膺
受行此經故遠善勝勸助信樂卿於此經已
自深信无復違背當思救化念欲利益卿於
彼上宿緣深遠聞卿教化皆當受悟然此經
義味深奧淺識凡愚不能好樂末世之時此
經當可初出之時行者亦少久久乃當傳行
興盛何以故夫至道難解解之者少久久尋
思乃得其味
道陵當知卿所聞經若有人能安法循行者
此人見世便得十種自然功德何等十種自
然功德一者若受持此經供養奉行則王法
不拘形戮不加二者万神侍衛辟斥耶精魔
賊鬼害衆灾方殃身心安隱不懷恐怖三者
衣食飽足不飢不寒四者百姓敬仰方如神
人五者遊居无身洞達十方六者言必琳用
施令必行七者用之治國威伏四方八者世
間盜賊斷遣不生惡心九者已離外疾誰不
加身十者能救世人疾急之患道陵是為成
就見世十種功德天尊又說誦曰
若人行是經　更獲十種福　王法所不加　已絕諸形戮

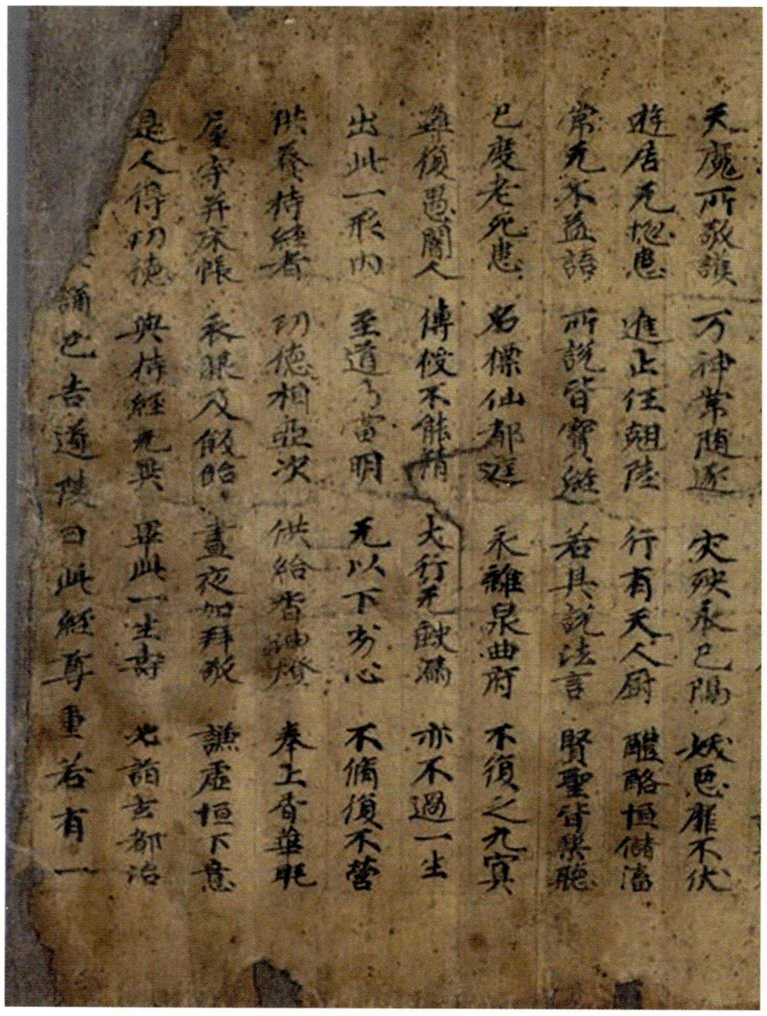

釋文

(P.2990+3678 抄本)[一]

太上洞玄靈寶昇玄内教善勝還國經第五

尒時善勝大士語道陵曰：神尊説經，大㓻（綱）已／舉，我已聽受，思[二]還大國傳説奉行。受使來此／，欲得相屈共行，可乎？道陵答曰：昔来渴仰，思／覲天尊，形穢事㝵，致有令心不遂。不悟今日／枉辱誨召，輒當敬附威神，往彼礼拜，諮請時／唯仁者。善勝即起，礼太上一拜，斂手啓曰：稟／承已訖，請還本土，願以威神遥見存録。右繞／而退。道陵亦進，稽首白太上曰：今随大士往／到彼國，礼拜天尊。既到彼國，何所施行？願垂／誨勅，謹而行之／。

太上告曰：道陵，卿到彼國，有十想念，當一心／學。何等為十？一者思念道法，無有差別，大小／深淺，猶如虚空，无分別想。二當思念聖人威／神，悉皆等同，无優劣想。三當思念聖人之恩／，起慈父想。四當思念經，生乳哺想。五當思念／法師，生慈母想。六當思念一切有識，稟受形／質，若干不同，或好或醜，長短白黑，皆如幻化／，非有常法，皆歸消滅，死病臭臰，无一可貪之／想。七當思念聖人形想（相）端嚴，華色豐潔，然／亦非常，會有遷變，非定一想。八當思念聖人／出世，留念慇懃，方宜教示愚蒙衆生，變化随／物，形无定方，我等云何反自懈惰，生精進想／。九當思念本師恩重，難可得報，令我今日得／見神尊，聞受經法，皆是本師之恩，生感恩[三]想／。十當思念得聞上法，思還本土，宣布未聞，欲／令衆人得法利想。道陵，是為十想念法。卿到／彼土，懃而習焉／。

於是道陵稽首礼畢，随善勝大士入寶臺中／。各安坐已，仙童侍女羅列導從，翼衛左右。寶／臺去地高七刃（仞），浮空而去，百千万種妓樂同／時俱作，香氣苾芬，薰於八方。時會大衆，喜踊／无量，皆見寶臺浮空而去，皆願道陵功德感／應，悉言願我不久當得如此。道陵既到彼國／，礼拜天尊，遶三匝畢，叉手讚曰／：

昔聞仙中仙，諸天所敬侍。渴仰既已久，无由遂其志／。
運来啓冥根，宿心今乃值。功濟度十方，慈哀无隔異／。
嫉佞人已除，道法无所悋。故見神通力，發起令深信／。
引我到此國，增益大精進。衆會咸信悟，敬仰大法印／。
今得見天尊，心垢廓已除。諂曲嫉恚慢，蕭然无復餘／。
心清器已浄，堪受靈秘書。惟願大慈愍，以教曉中愚／。

天尊曰：善哉善哉。道陵，卿於前身已積善行／，功業高遠，於今成就智慧大寶，得入无形，到／長壽處，與道合真。復能於彼國土勸發衆生／，闡揚大道，種種教授，多所利益。每遥相聞，亦／時相見，常相諮嗟，喜所為作。復於今時濁世／，能受此靈寶昇玄洞經，功德巍巍，難以言説／譬喻。卿功德虚空不容。所以尒者，此經是往／古元始天尊之所履行，由之而得无上至道／。今見世十方天尊，无不履行此經而得道者／。將来學人，若不解此經而能得道者，絶[四]无有／是。要須得此經已，乃得道耳。卿於今去，漸入／道真，不待餘法，真道自成。若將来世學真／道士但欲度身，奉行大乘，不能兼度小乘者，但／行此經，道自得成，不須復受諸餘契令法術[五]／。何以故？此經尊妙，兼苞衆經，三洞之上，統御／万靈。若人脩習此經，十方天地神官莫不充／塞虚空，合掌禮侍。上清等經，若是无道德人／誦詠其文，大考立至。靈寶經者，无福之人不／得聞見。設令蹔見，亦不慇懃求欲請受，或令／其人不得脩習。是故吾知卿於彼信受，伏誓／受行此經，故遣善勝勸助信樂。卿於此經已／自染信，无復違背，當思教化，念欲利益。卿於／彼土宿緣深遠，聞卿教化，皆當受悟。然此經／義味深奧，淺識凡愚不能好樂。末世之時，此／經當可初出之時，行者亦少，久久乃當傳行／興盛。何以故？夫至道難解，解之者少，久久尋／思，乃得其味／。

道陵當知，卿所聞經，若有人能安（按）法脩行者／，此人見世便得十種自然功德。何等十種自／然功德？一者，若受持此經，供養奉行，則王法／不拘，形（刑）戮不加。二者，万神侍衛，辟斥耶精、魔／賊鬼害、衆灾万殃，身心安隱，不懷恐怖。三者／，衣食飽足，不飢不寒。四者，百姓敬仰，方如神／人。五者，遊居无导，洞達十方。六者，言必玠用／，施令必行。七者，用之治國，威伏四方。八者，世／間盜賊姧逆不生惡心。九者，已離外疾，惱不／加身。十者，能救世人疾急之患。道陵，是為成／就見世十種功德。天尊又說誦曰／：

若人行是經，更獲十種福。王法所不加，已鬼諸形戮／。

天魔所敬護，万神常隨逐。灾殃永已隔，妖惡靡不伏／。

遊居无惱患，進止任翹陸。行有天人廚，醴酪恒儲滀／。

常无不益語，所說皆寶經。若其說法言，賢聖皆樂聽／。

已度老死患，名標仙都庭。永離泉曲府，不復之九冥／。

雖復愚闇人，傳授不能精。大行无缺漏，亦不過一生／。

出此一形內，至道乃當明。无以下劣心，不脩復不營／。

能養持經者，功德相亞次。供給香油燈，奉上香華毦／。

屋宇并床帳，衣服及飯飴。晝夜加拜敬，謙虛恒下意／。

是人得功德，與持經无異。畢此一生壽，必詣玄都治／。

（道君作是）〔六〕誦已，告道陵曰：此經尊重，若有一／（下缺）

校記

〔一〕此抄本兩件字迹相同，文字首尾連接，綴合後首全尾缺，前有卷題，存經文八十九行。

〔二〕思：原卷殘破，據文義補。

〔三〕感恩：原作「感思」，據S. 3839《大道通玄要》引文改。

〔四〕絶：原作「經」，據文義改。

〔五〕以上係P. 2990抄本，以下接P. 3678抄本。

〔六〕道君作是：四字原缺，據文義補。

太上洞玄靈寶昇玄內教經卷第六

圖版

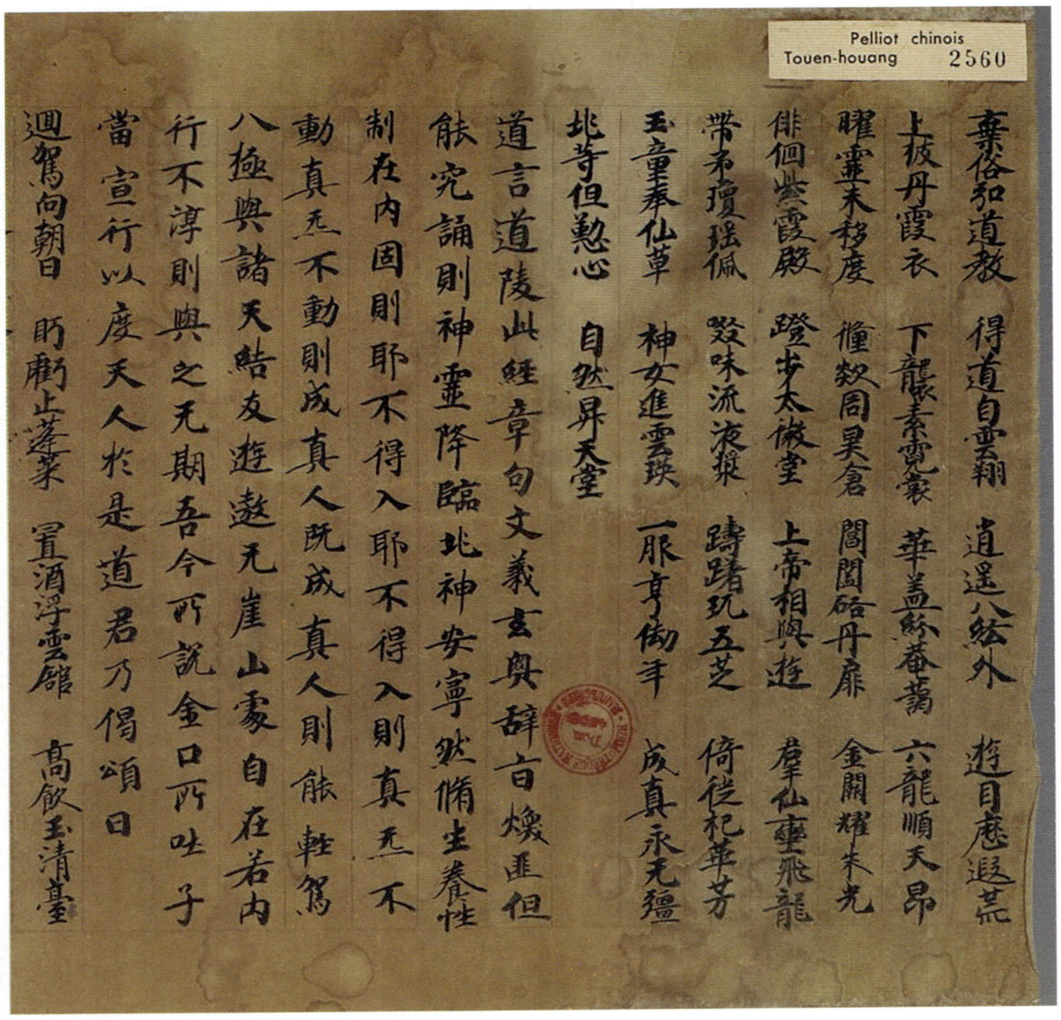

出步慈金陛　入室蹈玉階　陶冶三儀化　剖判陰陽坏
息我九天阿　飄飆絶塵埃　恬子守虚寂　泊子若未孩
羣真翼飛軒　從我随所之　與我絳虯栓　樹我翠華旗
改服易容冠　駕景玉山基　无壽同无无　万偽所不期
子等須超世　自古可有媸　但當固内行　勿生不信疑
諸天咸交友　胡為慈佺凝
道言昇玄經者極微極妙極玄極與衆別真
性快如是乎道陵汝自成真以来既聞此説此
説言義復何所似三雜教中无此真實今以
傳子子秘而奉行勿復隱惜不開法門當使
晩學知真知道知經知法既知經法自然洞
真體得洞真則縱容雲殿瓊御華瓊威儀无
足成道无為矣汝昔功德不可稱説今得此
報皆由无失以能度身得无上道道陵汝今
復值此昇玄妙經真為備畢宜當秘護傳化
合真令得利益悉知无上正真道意與吾同
遊舍於玄都豈不樂哉故得頌曰
八景乘軽駕　時戲逍流沙　羲和未轉暉　欻巳周十華
藹雲八會合　玄都欝嵳峨　迴駕紫微臺　盼息陵嶒阿
娱志撫雲璈　詠我空洞歌　珎饌飡元精　飲宴羖朝霞

上觀瓊林條　下看芝英葩　仙童授未實　神女獻玉衣
浴身丹液池　濯趺甘泉波　羽衣飛天裳　碧錦八光羅
虚心應衆生　沖氣靡不和　借問悠悠子　豈識天路遐
時俗不足貪　奉經往我家
道言吾今所説開道因緣由若天下地上善
男子善女人若有一人能奉受吾昇玄内教
无上經者即得功德无邊无極若有一人備
誦供養受悟者即得成真无窮无終設有一
人自少及長百年之中或造道立井静路任
廁行道種樹中道作舍起立靖觀建功立德
初不怠惓布施衆生濟活物命如此不觧計
其功德誠為无量然猶不及受持此經分此
經功德作千万分之不及其一是諸十方得
道成佛真人妙行如來一切大聖莫不履行
宗受斯經而得成真今以授子勿生疑心道
陵拜首稽日試旨既嚴豈敢違惕㬝身三宮
要无疑想於是太道君仍復説偈曰
緣由无不普　慧周十界鄰　若能崇玄教　得成无上真
齊與衆相儀　踊躍天河津　白鵠樺軽翮　神虬蒼鱗鱗
羣仙嚴軒駕　玉女散華烟　菴菴安龍轡　藹藹從百神

天兵翼營衛　神童侠扶輪　自得步虚遊　梵歌九重天
七寶垂瓔珞　項負自明珠　盖由受經得　飄然絶清塵
馳騁六合表　休息七寶林　叱咤成雷激　呼吸起風雲
子等圭宗想　豈不同此勲
道言吾欲示見妙異以顯奇迹使不悟者悟不知者知不聞者聞不見者見道陵子寧樂知不乎道陵曰此乃積劫之顛非今日所種霈蒙開祐則天顛畢矣於是道君即硛齒合唉九色之光從口中出彈指一下命名天真諸天真人十方真人靈寶昇玄真人无鞅數衆各駕飛霄綵輿雲輪一時来進稽首道前向口中光變成九色玉冠悉冠諸来真人之上於是道君告諸来真人子等宿世復何因緣作何功德脩何法術受何經寶凡何所行而得成真是時有一真人号曰歸大慧志即從坐起稽首自陳昔在俗時好行功德建立大行勇猛精進行人所不能行守人所不能守宗受洞玄洞真洞神絶跡空山積歷年稔志降靈神即成真人不生不死未被職任尊名之号何以故法未備故于時詣虚无道君奉請无上真一靈寶昇玄妙經无上七十二字大契大録即賜号歸大慧真人復以今日得聞法音始悟往昔因緣之由故知此經法中第一是諸天真人未有尊受者志求奉脩道君告曰吾説此經以度道陵度畢當傳汝等尒時真人各得尊号悟欣而退道陵此經嚴妙无上第一當子宣行流敷世教太上道君仍倡頌曰
彈指召十天　奇化出虚无　十方成真人　皆受三洞書
未得无上号　昇玄果有餘　受名各以訖　長驅反舊都
玉冠自洞明　駕乘素霄車　玉童揚奇華　玉女捧香爐
尊我无上經　香汁灌玄衢　飛龍蹋雲出　神鳳八音舒
容顔玄都臺　稽首歸太虚　從此蒙法利　无上為倫徒
𠦑等遇此經　玉京是舍廬　玄妙極玄玄　真人之神音
子有奉脩者　至獨而不孤
道言昇玄經者盖天地之要道德之宗上聖所尊貴鬼神所畏服其高則出於九天之上其深則通九地之下千變万化道盡於此道陵子當脩行以傳合真此經之文見文易知見經易為諭如出户見天視鏡見形譬如和

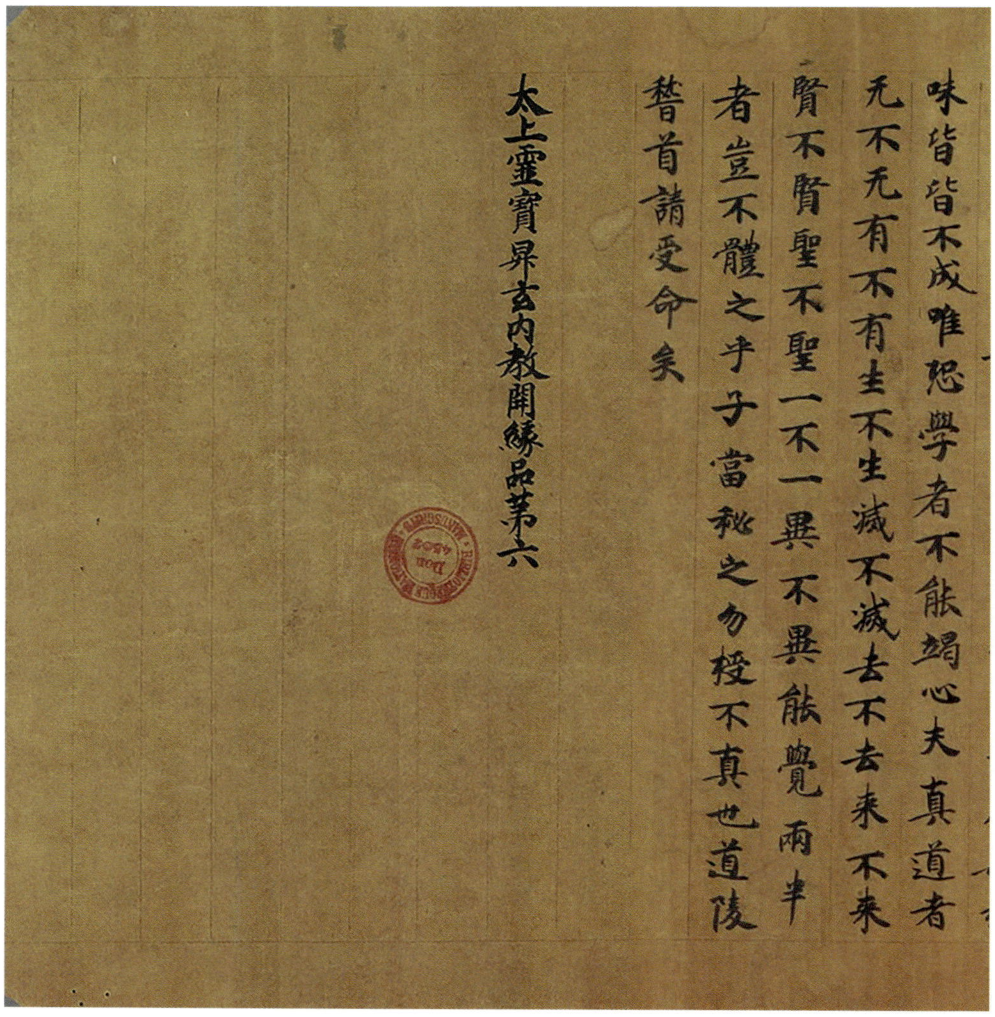
味皆皆不成唯恐學者不能竭心夫真道者
无不无有不有生不生滅不滅去不去来不来
賢不賢聖不聖一不一異不異能覺兩半
者豈不體之乎子當秘之勿授不真世道陵
稽首請受命矣
太上靈寶昇玄内教開緣品第六

釋文

（P.2560 抄本，前缺）[一]

棄俗弘道教，得道自雲翔。逍遥八紘外，遊目曆遐荒／。
上披丹霞衣，下襲素霓裳。華盖紛奄藹，六龍順天昂／。
曜靈未移度，儵欻周昊倉。閶闔啓丹扉，金闕耀朱光／。
徘徊紫霞殿，蹬步太微堂。上帝相與遊，羣仙轡飛龍／。
帶矛瓊瑶佩，啜味流液漿。躊躇玩五芝，倚徙杞華芳／。
玉童奉仙草，神女進雲瑛。一服享倒年，成真永无疆／。
兆等但懃心，自然昇天堂。

道言：道陵，此經章句文義玄奥，辞旨焕匪，但／能究誦，則神靈降臨，兆神安寧。然脩生養性／，制在内固則耶不得入，耶不得入則真炁不／動，真炁不動則成真人，既成真人則能輕駕／八極，與諸天結友，遊遨无崖，山處自在。若内／行不淳則與之無期。吾今所説，金口所吐，子／當宣行，以度天人。於是道君乃偈頌曰／：

迴駕向朝日，盼虧止蓬萊。置酒浮雲館，高飲玉清臺／。
出步歷金陛，入室蹈玉階。陶治三儀化，割判陰陽坏／。
息我九天阿，飄颻絶塵埃。恬子守虚寂，泊子若未孩／。
羣真翼飛軒，從我随所之。與我绛蜺旌，樹我翠華旗／。
改服易容冠，駕景玉山基。无壽同无无，万倒所不期／。
子等須超世，自苦可有嬉。但當固内行，勿生不信疑／。
諸天成交友，胡為戀俗癡／。

道言：昇玄經者，極微極妙，極玄極奥，分别真／性，快如是乎。道陵，汝自成真以来，既聞此説，此／説言義復何所似，三雜教中无此真實。今以／傳子，子秘而奉行，勿復隱悋，不開法門。當使／晚學知真知道，知經知法。既知經法，自然洞／真，體得洞真，則縱容雲殿，湌御華瓊，威儀充／足，成道无為矣。汝昔功德不可稱説，今得此／報，皆由无失，以能度身，得无上道。道陵，汝今／復值此昇玄妙經，真為備畢，宜當秘護，傳化／合真，令得利益，悉知无上正真道意，與吾同／遊，舍於玄都，豈不樂哉。故偈頌曰／：

八景乘輕駕，時戲適流沙。羲和未轉暉，欻已周十華／。
藹雲八會合，玄都欝嵯峨。迴駕紫微臺，盼息陵嶒阿／。
娱志撫雲璈，詠我空洞歌。珎饌湌元精，飲宴啜朝霞／。
上觀瓊林條，下看芝英葩。仙童掇朱實，神女獻玉衣／。
浴身丹液池，濯髮甘泉波。羽衣飛天裳，碧錦八光羅／。
虚心應衆生，沖氣靡不和。借問悠悠子，豈識天路遐／。
時俗不足貪，奉經往我家／。

道言：吾今所説開道因緣由，若天下地上善／男子善女人，若有一人能奉吾昇玄内教／无上經者，即得功德无邊无極。若有一人脩／誦供養，受悟者即得成真无窮无終。設有一／人自少及長，百年之中，或邊道立井，静路作／廁，行道種樹，中道作舍，起立靖觀，建功立德／，初不怠惓，布施衆生，濟活物命。如此不懈，計／其功德，誠為无量，然猶不及受持此經，分此／經功德作千万分，亦不及其一。是諸十方得／道成佛真人、妙行如来，一切大聖，莫不履行／宗受斯經而得成真。今以授子，勿生疑心。道／陵拜首啓曰：誠旨既嚴，豈敢違慢，誓身三宫／，要无疑想。於是大道君仍復説偈曰／：

緣由无不普，慧周十界鄰。若能崇玄教，得成无上真／。
鸞輿来相候，踴躍天河津。白鵠揮輕翮，神虬舊緑鱗。
羣仙嚴軒駕，玉女散華烟。菴菴安龍轡，藹藹從百神／。
天兵翼營衛，神童侠扶輪。自得步虚遊，梵歌九重天／。
七寶垂瓔珞，項負員明珎。盖由受經得，飄然絶清塵／。
馳騁六合表，休息七寶林。叱咤成電激，呼吸起風雲／。
子等生宗想，豈不同此勳／。

道言：吾欲示見妙異，以顯奇迹，使不悟者悟／，不知者知，不聞者聞，不見者見。道陵，子寧樂／知不乎？道陵曰：此乃積劫之願，非今日所種／，霈蒙開祐，則天願畢矣。於是道君即啓齒含／笑，九色之光從口中出，彈指一下，命召天真／。諸天真人、十方真人、靈寶昇玄真人，无鞅數／衆，各駕飛霄緑輿雲輪，一時来進，稽首道前／，向口中光變成九色玉冠，悉冠諸来真人之上／。於是道君告諸来真人：子等宿世復何因緣／，作何功德，脩何法術，受何經寶，凡何所行，而／得成真。是時有一真人，号曰歸大慧志，即從／坐起，稽首自陳：昔在俗時，好行功德，建立大／行，勇猛精進，行人所不能行，守人所不能守／，宗受洞玄洞真洞神。絶跡空山，積歷年稔，志／降靈神，即成真人，不生不死，永被職任，尊名／之号。何以故？法未備故。于時詣虚无道君，奉／請无上真一靈寶昇玄妙經、无上七十二字／大契大録，即賜号歸大慧真人。復以今日得／聞法音，始悟往昔因緣之由。故知此經法中／第一，是諸天真人未有尊受者，志求奉脩。道／君告曰：吾説此經以度道陵，度畢當傳汝等／。尒時真人各得尊号，憘欣而退。道陵，此經嚴／妙，无上第一，當子宣行，流敷世教。太上道君／仍偈頌曰／：

彈指召十天，奇化出虚无。十方成真人，皆受三洞書／。
未得无上号，昇玄果有餘。受名各以訖，長駈反舊都／。
玉冠自洞明，架乘素雲車。玉童揚奇華，玉女捧香爐／。
尊我无上經，香汁灌玄衢。飛龍踊雲出，神鳳八音舒／。
容預玄都臺，稽首歸太虚。從此蒙法利，无上為倫徒／。
兆等遇此經，玉京是舍廬。玄妙極玄玄，真人之神啚／。
子有奉脩者，至獨而不孤／。

道言：昇玄經者，盖天地之要，道德之宗，上聖／所尊貴，鬼神所畏服。其高則出於九天之上／，其深則通九地之下，千變万化，道盡於此。道／陵，子當脩行，以傳合真。此經之文，見文易知／，見經易為。喻如出户見天，視鏡見形，譬如和／味，皆皆不成，唯恐學者不能竭心。夫真道者／，无不无，有不有，生不生，滅不滅，去不去，来不来／，賢不賢，聖不聖，一不一，異不異，能覺兩半／者，豈不體之乎？當秘之，勿授不真也。道陵／稽首請受命矣／。

太上靈寶昇玄内教開緣品第六

校記

（一）本卷僅存P. 2560殘抄本一件，前缺佚文，可參見《要修科儀戒律鈔》卷二引文。

附補材料

《昇玄經》第六云：玉童揚奇華，玉女奉香爐。（《三洞珠囊》卷四，見敦煌本）

《昇玄經》第六云：容預玄都臺，稽首禮太无。（《上清道類事相》卷三，見敦煌本）

昇玄第六經云：玉清臺，仙聖遊行之所。（《上清道類事相》卷三）

道言：昇玄經者，蓋天地之要，道德之宗，上聖所尊貴，鬼神所畏服。其高則出九天之上，其深則通九地之下，千變萬化，道盡於此。

太上曰：吾前世為求神仙，鍊石服芝，正（止）得延年。雖壽千年萬歲，死輒更苦。雖有力能移山駐流，懷藏日月，故不免三塗八難。後遇无上天尊，得聞靈寶經并齋法，案經修行千有七載，得成真道，遂見過去、將來、現在三世善惡之事。

道陵曰：不審昇玄以何義故，願垂哀念，分別解説，使將來有緣得了幽奧。

道言：汝所諮問，甚為真要，吾當判説，諦聽勿忘。夫昇者上也。是諸十方大聖不生不死，真人得道者，莫不昇度三界，上登金闕，身生水火，與空合德，彌綸至精，遼豁无窮，上包諸天，羅於无涯，下入无底，妙於細微，昇上无形，湛體自然。玄者，无光之象，无物之狀，迎之无首，追之无後，近不可以親，遠不可以疎，總統大妙，天中之天，真中之真，神中之神，有得之者，即名昇玄。

道陵曰：弟子成真以來，身登玄宮，經今九載，方得受聞昇玄妙經。

右出《昇玄經》。（《無上秘要》卷三一。部分見敦煌本）

太上洞玄靈寶昇玄内教經卷第七

圖版

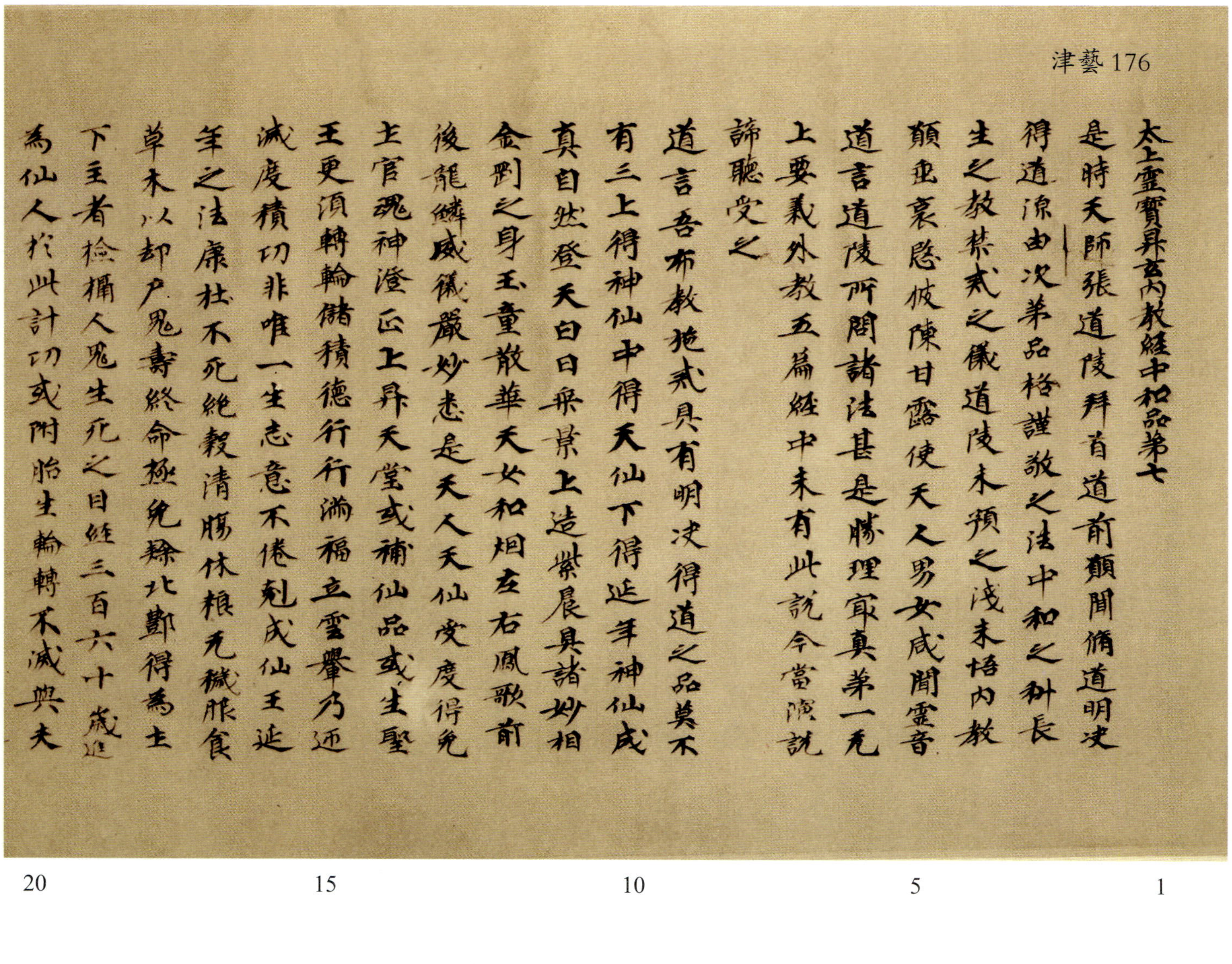

太上靈寶昇玄内教經中和品第七
是時天師張道陵拜首道前願聞脩道明決得道源由次第品格謹敬之法中和之科長生之教禁戒之儀道陵未預之淺末悟内教願垂哀愍披陳甘露使天人男女咸聞靈音
道言道陵所問諸法甚是勝理寂真第一无上要義外教五篇經中未有此說今當演說諦聽受之
道言吾布教施戒具有明決得道之品莫不有三上得神仙中得天仙下得延年神仙成真自然登天白日乘景上造紫晨具諸妙相金剛之身玉童散華天女和烟左右鳳歌前後龍鱗威儀嚴妙志是天人天仙受度得免上官魂神澄正上昇天堂或補仙品或生聖王更須轉輪儲積德行行滿福立靈譽乃遷滅度積功非唯一生志意不倦剋成仙王延年之法康壯不死絕穀清腸休粮无饑服食草木以却尸鬼壽終命極免離北鄷得為土下主者檢攝人鬼生死之日經三百六十歲遷為仙人於此計功或附胎生輪轉不滅與夫

仙同根然此三者皆須循身中和氣性及俗
所行斷絶榮色與道合行如此之戒其義
有五一者不得淫佚志念在耶枒神損精魂
魄不守正氣離去耶來合前二者不得情性
瞋怒心踊發憤口泄楊聲喝咀罵詈振動天
地神不祐人身中真官上訴三天注名罪曰
万不得仙三者不得貪想毒念嫉賴於人天
神紀筆地官奏言注名黑簿考至救身軍不
可𢌿害及子孫四者不得飲酒迷亂荒濁穢
身變易常性不崇戒文不畏官法不敬父
君不識骨血為欲婬孛魂魄悲號穢注五神
罵詈恣口叉逆不順天道其殃身受禍患五
者不得貪利錢財財為畫壞而賫刀行世未
多偽人情凶弊或於便宜動謀賊害財是身
雠何用財為有而不積當種福地空堂清室
名為仙家有此五者不可一犯喻如履氷之險
臨空之危罪定考至而不覺知賢者坐起卧息
深用自戒身死及動福報明矣若有不信之人
毁疑經法不從五行者現世殃至吾今所言
所說真實不虛傳授之始必得其人道陵拜

首唯諾奉行
道言吾覩方將諸來世人道士男女至學之
士天下人民輩奉道尊者万无一人何故言之
下世彫薄時俗吏民競相華尚貪榮富貴
仁義不行權詐為智父子相欺君臣相殆
傳相嘱託貨賂買官黜忠貞任佞耶信姧臣
結黨向富貴相追貧賤捐棄服飾車馬浮
華藻麗以為斐飾填路而行薄居勢位視人
若无薄有錢財貧富異路君子小人各隨亞
欣同世間豈念真道此輩愚戀皆是愚人雖
先休休不之可願所以然者愚人淺薄身適
榮顯便驕奢盈溢施行過度恣心快意不
順法節道之清虛不受此輩神明既遠耶鬼
侵之或有協偽背真禱鬼求神天網恢恢其
罰未至耳喻如吹熟下火以滅甑中餘氣未
盡之勢安能得久惡人雖未遇罪辟如餘氣
耳道陵夫人之所願以生年為貴人之所惡
以死終為賤豈不然乎天地平正以生賞
善以死罰惡此吉凶禍福從竅宾中來禍哭
非富貴者所求請而可避非貧賤者所不欲

而可去脩善福應為惡禍來國王雖有无極
之寶臨命惜死傾城量金求生乞活豈復可
得賢者貧賤不須強求富貴勞費精思癡
人所存憿惕亂志使人失道又復不專而愚
人見富貴者心欲如之徒勞心願得亦不知得
既不知來若无為若欲所求所願當求脩身
當願大乘无大无小和同心意受无上大經齋
堂床座以安天書掃除塵穢清淨儼然燒香
然燈勞照寢廗長齋苦思存靈念真道為之
降計曰如願七祖受福生死成仙兆但勤行
道不負人若有所求所願不用金帛貨賂不
用人事意氣不用酒食祭禱不用巧言方便
直心歸道无為自成皆如本心之所願想若
須作福田之緣者可隨意說信香油之直齋
中之施以立功業隨力所堪亦不用多如此
明報不可限筭若諸習俗人背道禱耶則万
无一福禍樹塞門矣然作此功德行諸所願
雖有弥天之報猶復不及受持此經供養脩
礼坐起念之功德復大數億万倍何以故此
經是十方天真得仙道者之所履行得成道

故若有善男子善女人能發自然道意受持
此經者无願不會无福不合然復人有脩短
心有利鈍賢明之者鑽堅精進猶恐不及愚
闇之者敗毀背去猶恐不遠如此不同可復如
何道陵汝當以此經傳度後學合真之人若
有可上可下者亦當開悟令入法門
尒時道陵受法是諸大聖神天道士妙行真
人十方天尊遣使讚歎道陵合有七千億衆
同在道前道陵衆中嚴頓法服拱手而立道
前請問因緣災殃之由道陵曰伏見奉道奉
法一切人民或遇災害累病卒死非横口舌
以致不利所作不成所求不得不審此等何
所犯為是宿緣為是身犯願垂開張以明
未悟道君荅曰此輩皆由人惡亦是宿世何
以故世人奉道不勤雖知道尊而欲奉之其
情性施行與俗不別耶僞不除欲以耶僞干
於正真終不可得耶與正真如盜賊惡人之
見監伺既奉大道又復禱耶二心猶豫遂與
之耶諸如此輩雖僞名奉道冀道當祐道不
受也染附耶精而謂屬道遇災遭病逢禍值

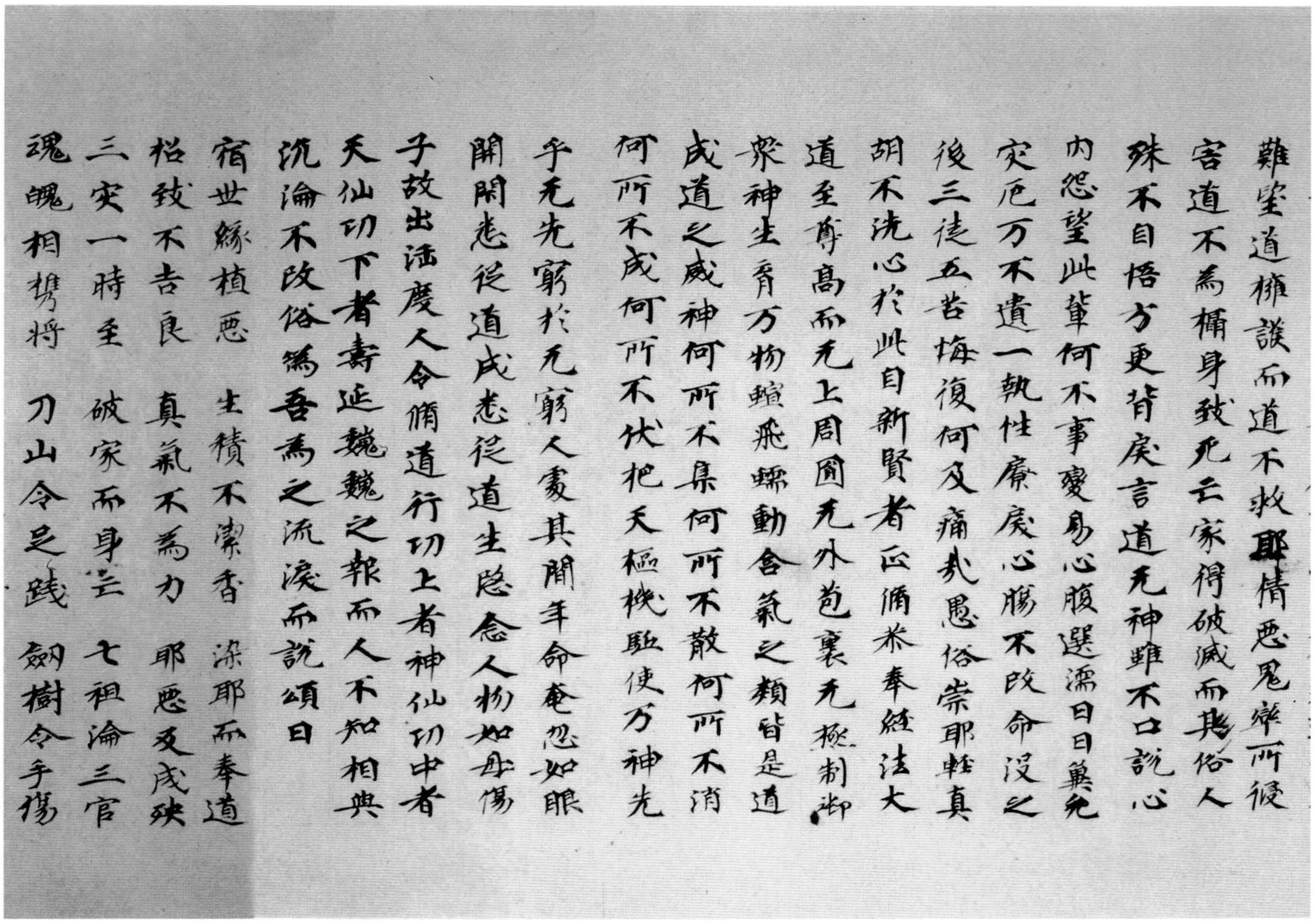
難坐道擁護而道不救耶情悪鬼來所侵
害道不為捕身致死亡家得破滅而與俗人
殊不自悟方更背戾言道无神雖不口說心
内怨望此輩何不事變易心腹選擇日日萬死
灾厄万不遺一執性癖戾心腸不改命没之
後三徒五苦悔復何及痛哉愚俗崇耶輕真
胡不洗心於此自新賢者正循恭奉經法大
道至尊高而无上周圓无外苞裹无極制御
衆神生育万物蜎飛蠕動含氣之類皆是道
成道之威神何所不集何所不散何所不消
何所不成何所不伏杷天樞機駈使万神先
乎无先窮於无窮人處其間年命奄忽如眼
開閉悉從道成悉從道生恩念人物如母傷
子故出法度人令脩道行功上者神仙功中者
天仙功下者壽延巍巍之報而人不知相與
沉淪不改俗為吾為之流淚而說頌曰
宿世緣植悪　生積不潔香　染耶而奉道
招致不吉良　真氣不為力　耶悪反成殃
三灾一時至　破家而身亡　七祖淪三官
魂魄相攜將　刀山令足踐　劍樹令手傷

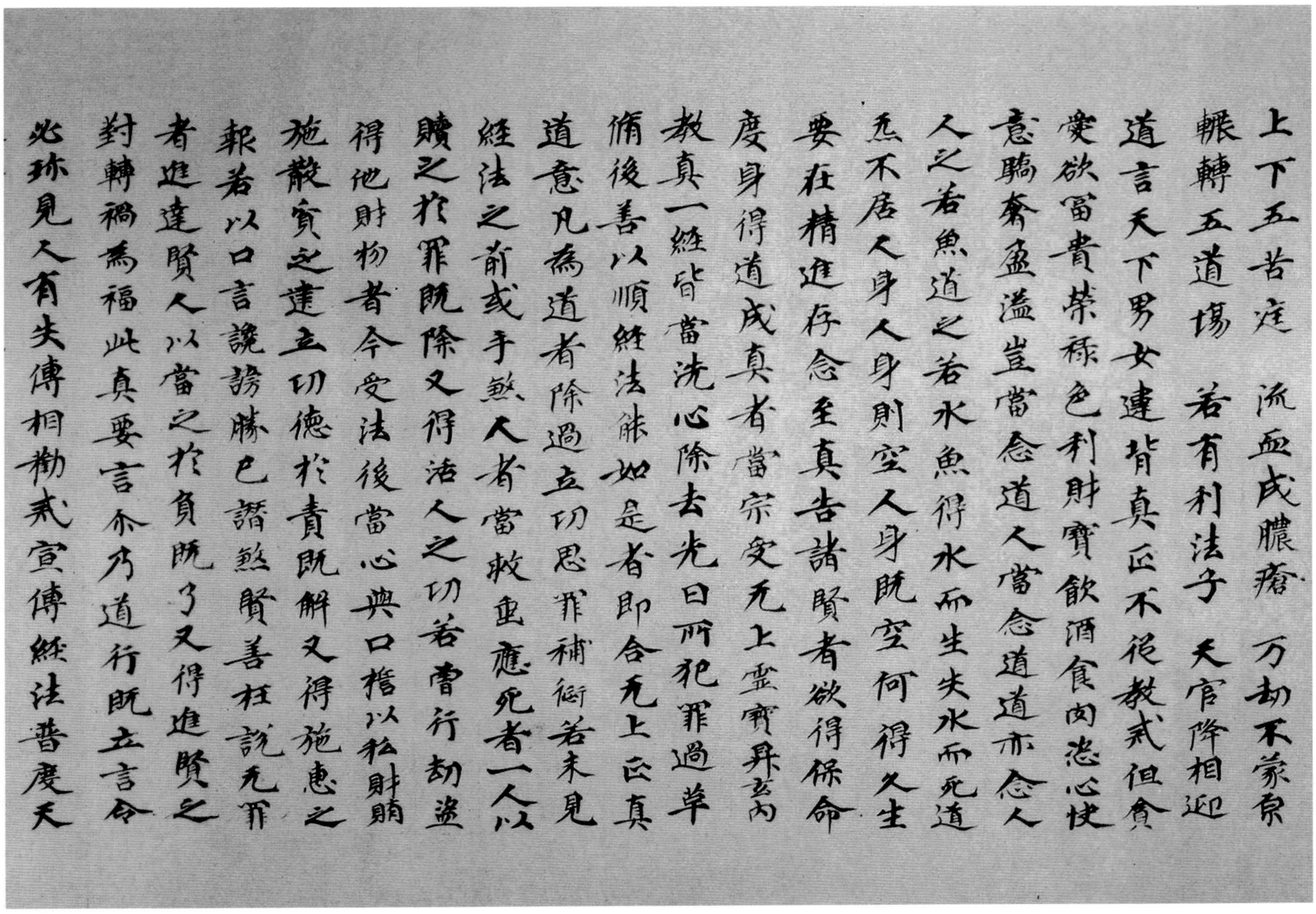
上下五苦庭　流血成膿瘡　万劫不蒙原
輾轉五道場　若有利法子　天官降相迎
道言天下男女違背真正不從教戒但貪
愛欲富貴榮祿色利財寶飲酒食肉恣心快
意驕奢盈溢豈當念道人當念道道亦念人
人之若魚道之若水魚得水而生失水而死道
去不居人身人身則空人身既空何得久生
要在精進存念至真告諸賢者欲得保命
度身得道成真者當宗受无上靈寶昇玄内
教真一經皆當洗心除去先日所犯罪過革
脩後善以順經法能如是者即合无上正真
道意凡為道者除過立功思罪補衍若未見
經法之前或手煞人者當救护應死者一人以
贖之於罪既除又得活人之功若曾行刼盜
得他財物者今受法後當心與口誓以私財賄
施散貧之達立功德於責既解又得施惠之
報若以口言讒謗勝己譖煞賢善枉說无罪
者進達賢人以當之於負既了又得進賢之
對轉禍為福此真要言亦乃道行既立言令
必跡見人有失傳相勸戒宣傳經法普度天

人令諸男女咸得法利如此功報甚為无量勿謂道之无形以為慠慢但當壯事脩勤晨夜清静若見人民疾病當相救度不得以智欺愚乘威詐假倚託鬼神恐嚇天民取他財物栽有小知稱名自大輕忽愚賤更相毀訾不得背向調論指擿賢者不得私情貪狼敬貴恥賤棄富棄貧詐望意氣愛憎二心不欲隨情請福以為慧施道終不從鬼不為使毀敗正法身及受咎當同志相求同法相好若男女不解書疏者但受經法專心好道所謂不明者聽誦經式會於齋堂諦受勿忘亦可堂上燒香清淨在坐男女有別儼然正體安神精心明聽法音勿妄華言傾耶不端遊心他念懶惰睡眠兩兩相對閑語喃喃勞形自役唐苦无獲若能如法精誦則受福无量侍經仙官自來護人終已无災得道昇天太上道君仍說頌曰

宗虛尊大乘　色欲俱然絕　要從精進起
耶魔无由列　轉禍脩德行　宿負自然滅
功積隨日新　超然與俗別　言令必弥用
大勳由此結
世有愚惡之　稱名設鬼教　私情詐公行
万言无一効　任心行魔事　自亦招大考
不知所由犯　欺以致殃果　魂囚酆都庭
痛毒於斯到
必有樂法者　信心寄因緣　雖不曉文字
心識意在敦　虛心撤耶念　聽誦數千言
專心致得道　遂成无上真　但能受持想
功德自弥天
一切善男女　注心聽吾經　勿復相對論
好為无至情　一則乱至教　二則勞身形
勞形唐自苦　受報不聽明　好當自恭肅
勿復輕神靈
見有精進者　昇仙補天官　高蹈陵梵外
學致甚不難　何為守濁美　不希騰形神
金闕不樂遊　相與錄北門　吾見五苦徒
悲叫刀劍巔　向自无人姿　乞食餓鬼間
天罰脩當加　受考弥劫年　蓋由不積善
謗毀害真賢　對報在須臾　愚人謂不然
苟作不自革　獨自落殃殘　未若脩知道

衆真與尒群

道君說偈畢告道陵曰吾昔无鞅數塵沙劫无窮无極時以脩此章歌頌其句脩行禮讚致得今報其趣幽微玄中之玄今以告子諦尊之焉勿以告示不信之人若有疑致者考爻一門

道君告道陵曰万物之中人最為貴而人處在天地之間皆知生之日不知死之日善惡之人富貴貧賤各願壽老誰欲其死夫死者人所不樂而見一切豈能免乎唯有不生乃无此難然此之輩復有因緣脩善得善其鬼亦善作惡得惡其鬼亦惡是故半在吾道堂半在魔地獄喻如呼聲莫不有應人生受命制在虛无虛无不言故置聖人聖人隱形遺任經戒夫唯經戒即名為道勸人作善教令脩

生一以除過二致不死何但不死乃成真仙如此之福本非富貴財賄求請能得本非酒肉禱鬼之所能致其唯道士賢者奉敬經戒勤念所致先告後報其應甚明於是道君乃說頌曰

人生最為貴　而下樂法興　生死隨任往
莫知何所之　冥冥永无知　臨報乃悟期
惡者入三塗　善者獲大慈　若有合真相
聽經念善思　勿復作髗旨　聞法而楊癡
吾愍諸天人　故留无上辭　作人之大法
為世之良醫　財賄當法用　勿以禱耶祠
万万无一報　娛焉殃日滋　何不勤上道
見法生心嫌　惡者惡之惡　未若立善基
告行得甘報　自然登玄臺

道言夫色欲敗事實不可行而世間賢愚貴賤皆亦同願唯有道士乃能教志堅持教戒以自檢縛行必舉動心不顧耶在於愛欲之間初不一違若見色利榮華紛綵以戒奄目若聞好惡之言五音之屬以戒塞耳若有雜珍之饌甘香之美以戒杜口若願想財貨七寶奇珍放情極欲以戒挫心若憶奸淫貪趣惡事以戒折足能行此五事者七祖生天衣飯自然身得神仙白日登晨如其尸解轉輪成真賢者精誠奉持之世若男若女不能承用不肯受持无可如何吾寧與人万金不書

此言道陵子當擇人而授勿泄真文太上道
君乃說頌曰
欲欲是何物　悉從身中生　目覩榮華色
耳洞五音聲　口甘雜珍味　心想財自榮
意貪淫奸事　手足爲之行　五惡既不住
考對在兆形　永與生道隔　幽魂沒鬼囹
罪畢生在所　有人而无情
奉戒不行惡　奄塞五心門　目不視綺容
耳不樂聲煩　口不饗美甘　心不慶奇珍
意无淫向想　手足不爲申　五惡家住停
考對爲從宜　永與真道合　不復零鬼官
功積從戒起　白日登玉晨
目以色爲仇　初不欲一見　耳以音爲雠
初不顧欲聞　口以味爲苦　初不以自撞
心以寶爲咎　初不爲想戀　意以奸爲賊
初不欲同貫　足以義爲岨　初不樂步端
五者同一路　初不傾耶眷　若能如是者
所謂妙中難　難中既能通　滓滞无由要
身清神則寧　皇一守丹田　行倫由内起
致得昇沖天

道言奉法脩道當勤脩身當堅精進當久持戒當同專念當執諦想莫不存道去耶去惑去妖去僞去淫去欲除棄衆非以爲真是先勞後報度身昇仙當期當來勿規目前夫惡无交禍善无近福子善思惟壯事勤身劾力奉受經法此經高妙綜統三洞无上至真第一玄章受持之者人中无上自无玄名万无一見有心之者當如飢渴欲得飲食如寒得冬衣如溫得春服當如貧人得寶賤人得官如作極須消息疲勞欲睡寐如願想欲有所得得此經法當作此念勤苦如法福報无量此經度人无數脩道誦之得成真人畏怖誦之魔不犯身疾病誦之五起死魂憂惱誦之自然喜歡縣官誦之不停獄門爲亡人誦之休息窮困貧窮誦之保宜七珍命危誦之普皆壽延愚闇誦之心聰聖賢一人誦之福周九祖度人无量潤流十天无上无下无大无小无邊无際皆蒙慈恩子等祕之慎勿忘宣泄慢經文授非其人則考有風刀身沒鬼官兆宜慎之吾不虛言道陵稽首礼謝而去

太上靈寶昇玄經卷第七

261

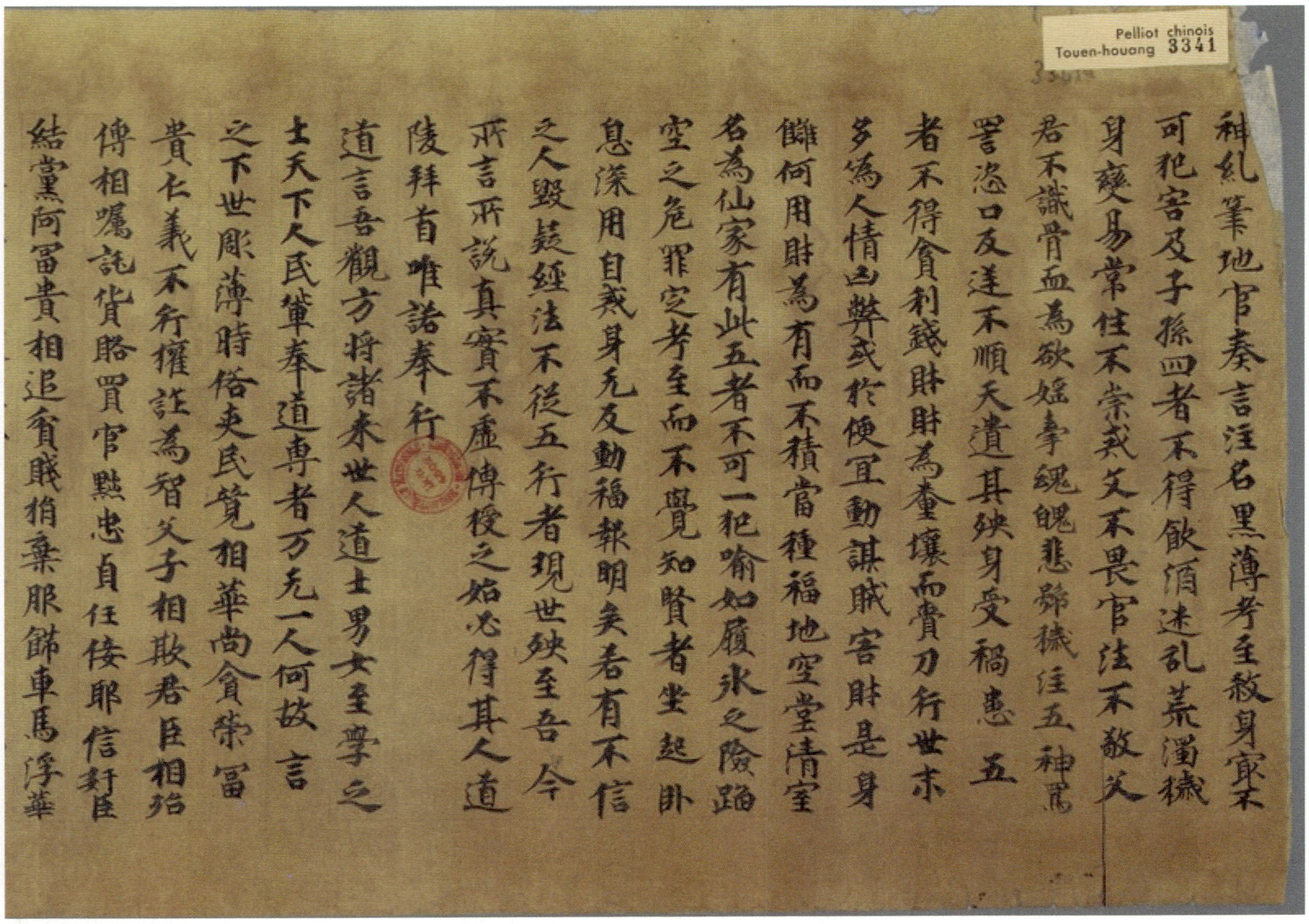

神紀筆地官奏言注名黑簿考至殺身窮末
可犯害及子孫四者不得飲酒迷亂荒淫穢
身變易常性不崇威父不畏官法不敬父
君不識骨血爲欲婬奪魂魄悲歸穢注五神蔑
詈惡口反逆不順天遺其殃身受禍患　五
者不得貪利錢財財爲耋壞而貴刀行世末
多爲人情出弊或於便宜動謀賊害財是身
雠何用財爲有而不積當種福地空堂清室
名爲仙家有此五者不可一犯喻如履冰之險路
空之危罪定考至而不覺知賢者坐起卧
息深用自戒身无反動福報明矣若有不信
之人毀疑經法不從五行者現世殃至吾今
所言所説真實不虚傳授之始必得其人道
陵拜首唯諾奉行
道言吾觀方將諸來世人道士男女至學之
士天下人民篤奉道尊者万无一人何故言
之下世彫薄時俗吏民競相華尚貪榮富
貴仁義不行權詐爲智父子相欺君臣相殆
傳相囑託貨賂買官黜忠負任倭邪信封臣
結黨向富貴相追貧賤捐棄服飾車馬浮華

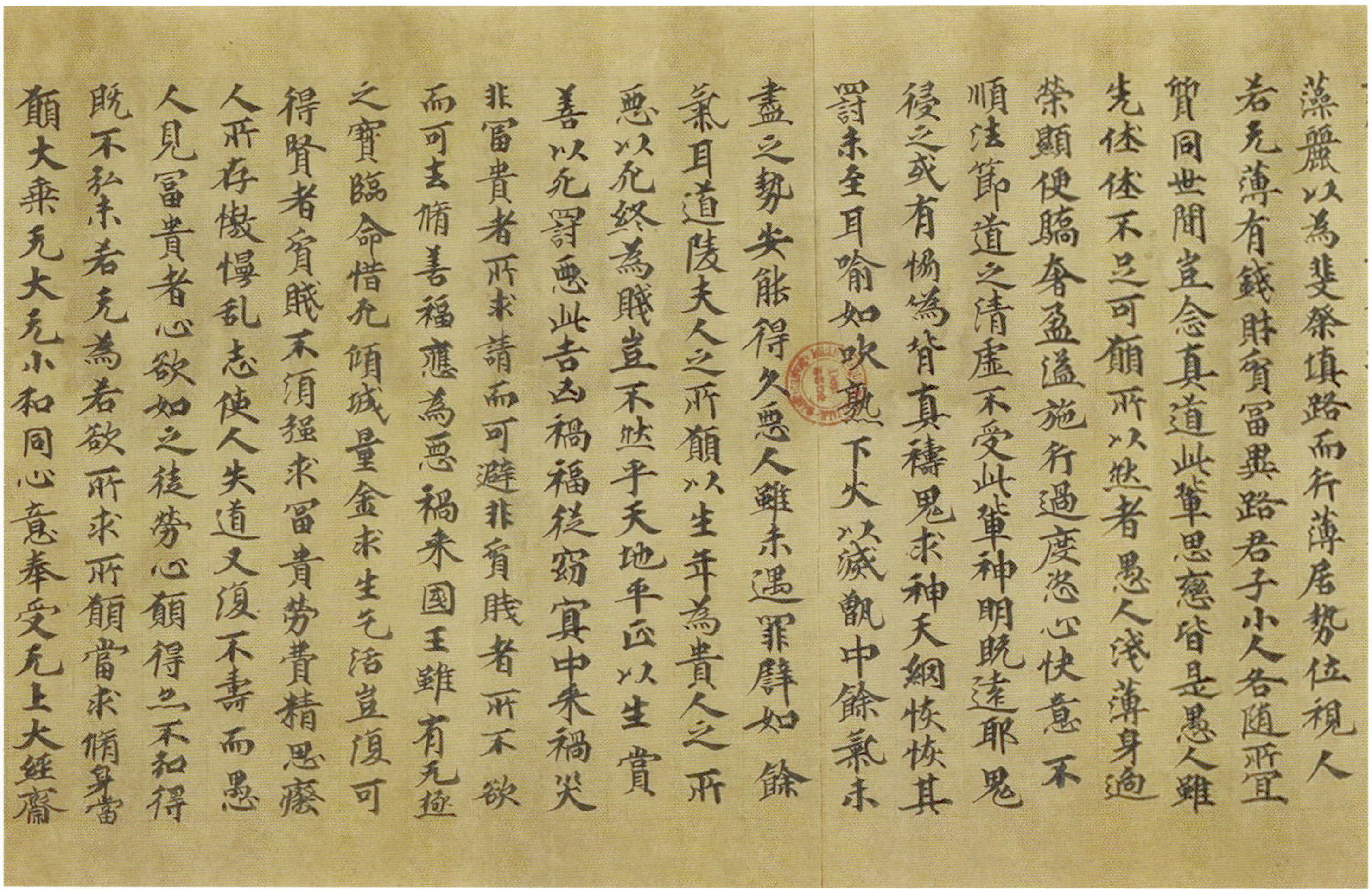

藻飾以爲斐祭填路而行薄居勢位視人
若无薄有錢財貧冨異路君子小人各随所宜
貿同世間豈念真道此輩愚癡皆是愚人雖
先体体不足可願所以然者愚人淺薄身過
榮顯便驕奢盈溢施行過度恣心快意不
順法節道之清虚不受此輩神明既遠耶鬼
侵之或有悔焉皆真禱鬼求神天網恢恢其
罰未至耳喻如吹氣下火以滅飢中餘氣未
盡之勢安能得久悪人雖未遇罪辟如餘
氣耳道陵夫人之所願以生年爲貴人之所
悪以死終爲賤豈不然乎天地平正以生賞
善以死罰悪此吉凶禍福從窈冥中來禍災
非冨貴者所求請而可避非貧賤者所不欲
而可去脩善福應爲悪禍來國王雖有无極
之寶臨命惜死傾城量金求生无活豈復可
得賢者貧賤不須强求冨貴勞費精思癈(?)
人所存傲慢乱志使人失道又復不壽而愚
人見冨貴者心欲如之徒勞心願得之不和得
既不私求若无爲者欲所求所願當求脩身當
願大乘无大无小和同心意奉受无上大經齋

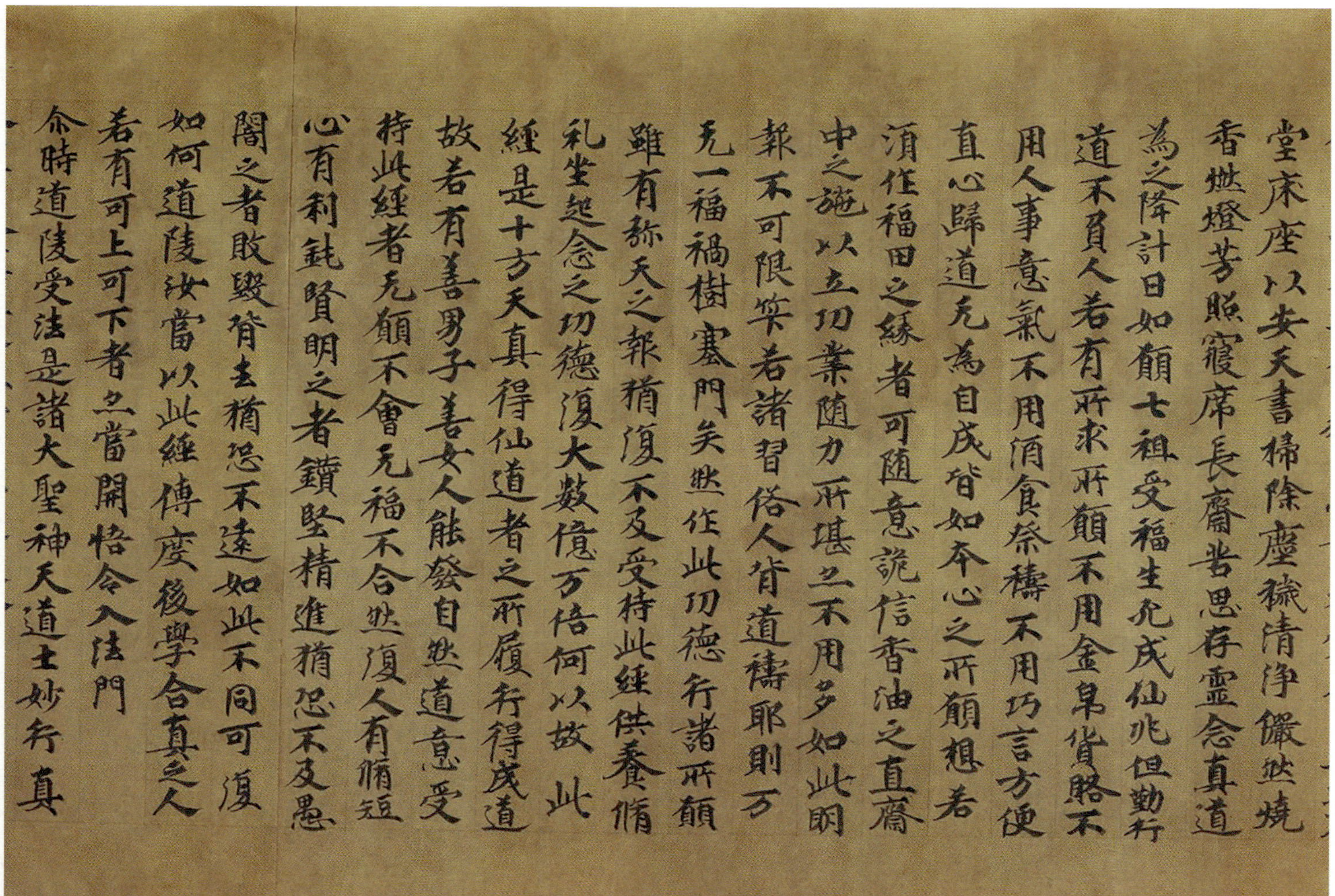

堂床座以安天書掃除塵穢清淨儼然燒
香然燈芳照寢席長齋思存靈念真道
爲之降計日如願七祖受福生死成仙兆但勤行
道不負人若有所求所願不用金帛貨賂不
用人事意氣不用酒食祭禱不用巧言方便
直心歸道无爲自成皆如本心之所願想若
須住福田之縁者可随意說信香油之直齋
中之施以立功業随力所堪之不用多如此明
報不可限筭若諸習俗人皆道禱耶則万
无一福禍樹塞門矣然住此功德行諸所願
雖有称天之報猶復不及受持此經供養脩
礼坐起念之功德復大數億万倍何以故此
經是十方天真得仙道者之所履行得成道
故若有善男子善女人能發自然道意受
持此經者无願不會无福不合然復人有脩短
心有利鈍賢明之者鑽堅精進猶恐不及愚
闇之者敗毀省去(?)猶恐不遠如此不同可復
如何道陵汝當以此經傳度後學合真之人
若有可上可下者之當開悟令入法門
尒時道陵受法是諸大聖神天道士妙行真

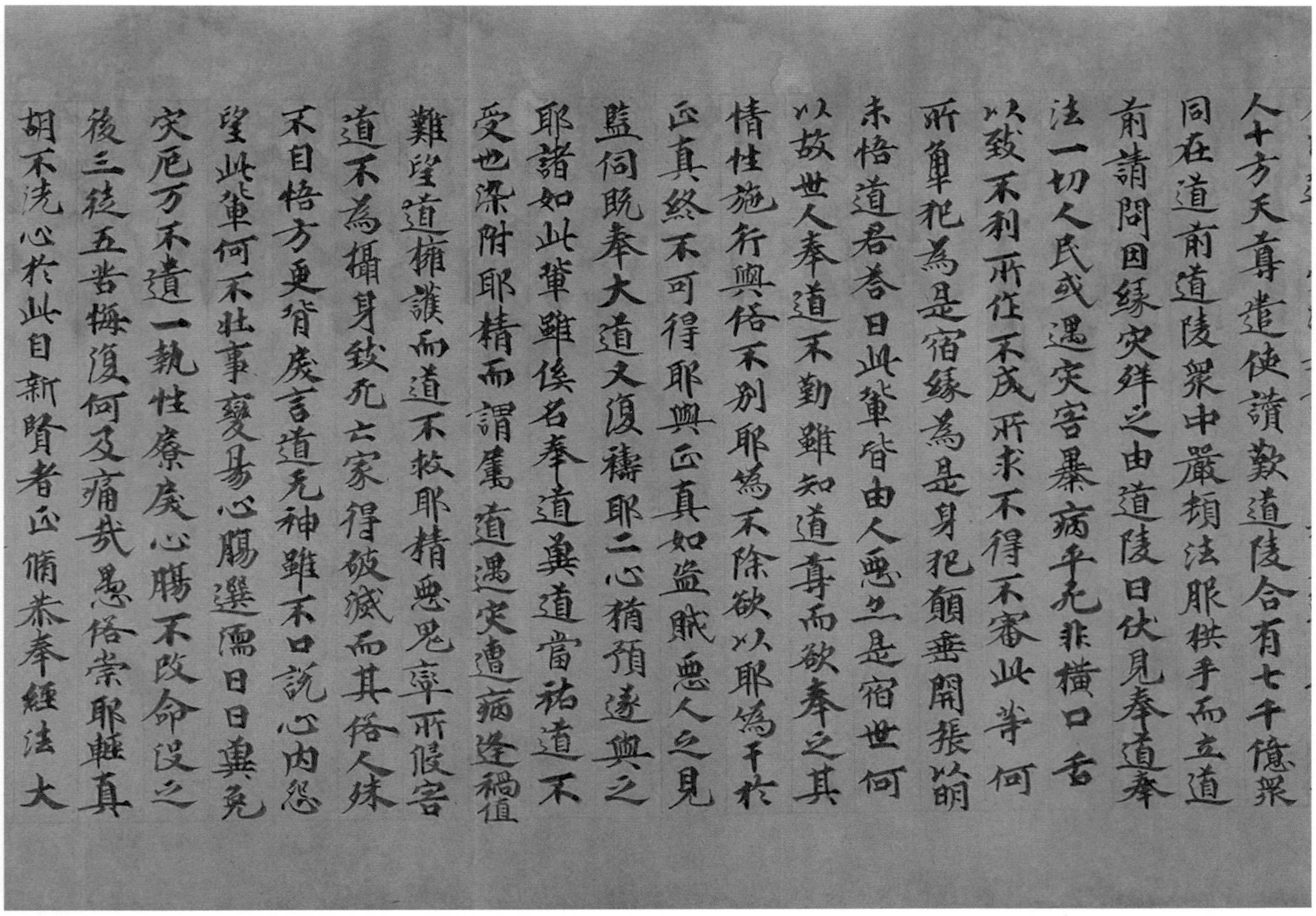

人十方天尊遣使讚歎道陵合有七千億衆
同在道前道陵衆中嚴頓法服拱手而立道
前請問因緣災殃之由道陵曰伏見奉道奉
法一切人民或遇災害暴病乎无非橫口舌
以致不利所作不成所求不得不審此等何
所簞祀爲是宿緣爲是身犯願垂開張爲
未悟道君荅曰此輩皆由人惡乏是宿世何
以故世人奉道不勤雖知道尊而欲奉之其
情性施行與俗不別耶爲不除欲以耶爲千於
正真終不可得耶與正真如盜賊惡人之見
監伺既奉大道又復禱耶二心猶預遂與之
耶諸如此輩雖侯名奉道異道當祐道不
受也深附耶精而謂鬼道遇災遭病逢禍值
難望道擁護而道不救耶精惡鬼牢所假害
道不爲攝身致死亡家得破滅而其俗人殊
不自悟方更貸虔言道无神雖不口說心內怨
望此輩何不壯事變易心腸選隱日日異免
災厄万不遺一執性寮戾心腸不改命沒之
後三徒五苦悔復何及痛哉愚俗崇耶輕真
胡不洗心於此自新賢者正脩恭奉經法大

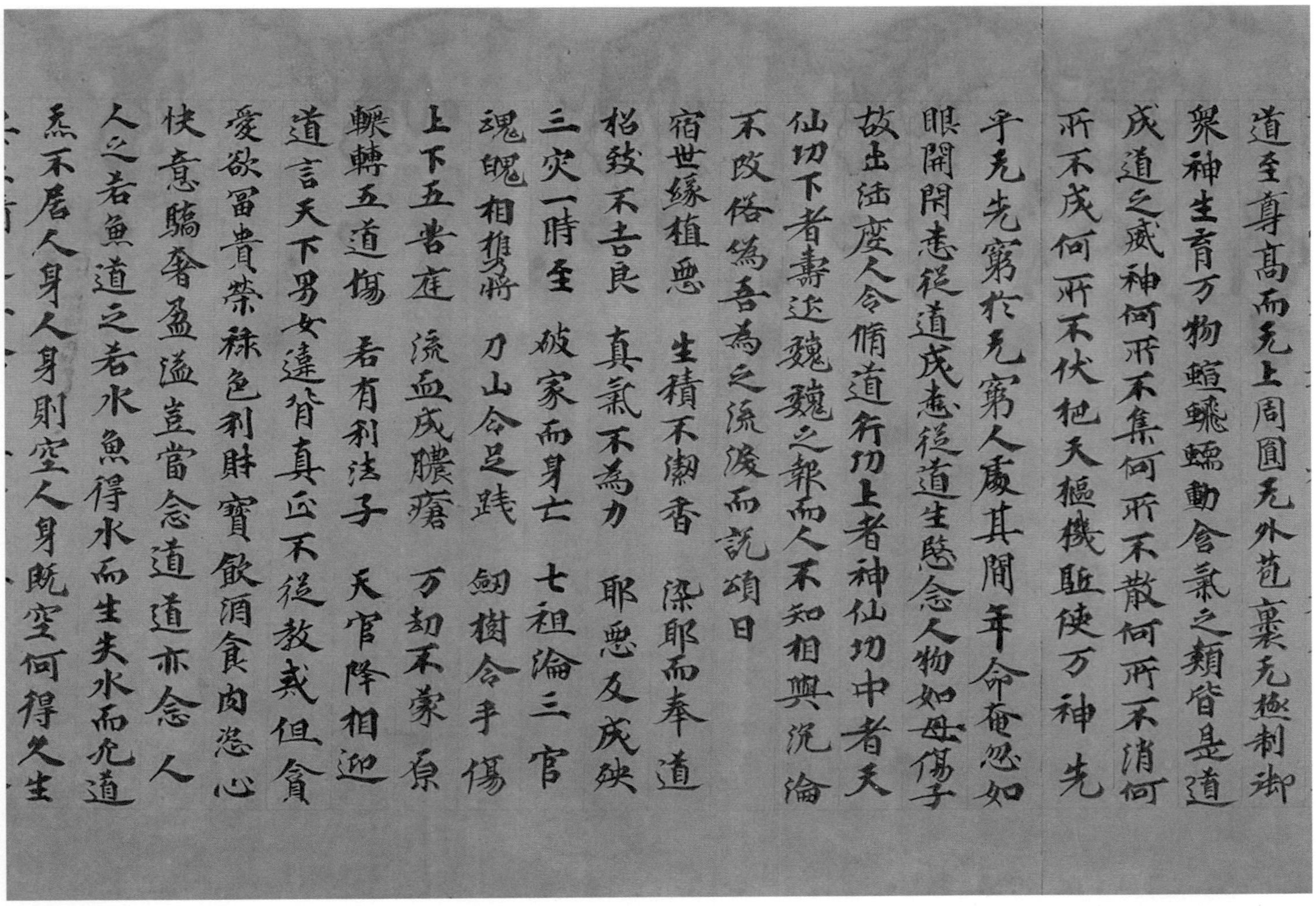

道至尊高而无上周圓无外苞裹无極制御
衆神生育万物蝖蜚蠕動含氣之類皆是道
成道之威神何所不集何所不散何所不消何
所不成何所不伏把天樞機駈使万神先
乎无先窮於无窮人處其間年命奄忽如
眼開閉悉從道成悉從道生慈念人物如母傷子
故出法度人令脩道行功上者神仙功中者天
仙功下者壽延魏魏之邪而人不知相與況淪
不改俗爲吾爲之流瀉而說頌曰
宿世緣植惡　生積不潄香　深耶而奉道
招致不吉良　真氣不爲力　耶惡反成殃
三災一時至　破家而身亡　七祖淪三官
魂魄相攜將　刀山令足踐　劍樹令手傷
上下五苦庭　流血成膿瘡　万劫不蒙原
輾轉五道傷　若有利法子　天官降相迎
道言天下男女違背真正不從教戒但貪
愛欲富貴榮祿色利財寶飲酒食肉恣心
快意驕奢盈溢豈當念道道亦念人
人之若魚道之若水魚得水而生失水而死道
炁不居人身人身則空人身既空何得久生

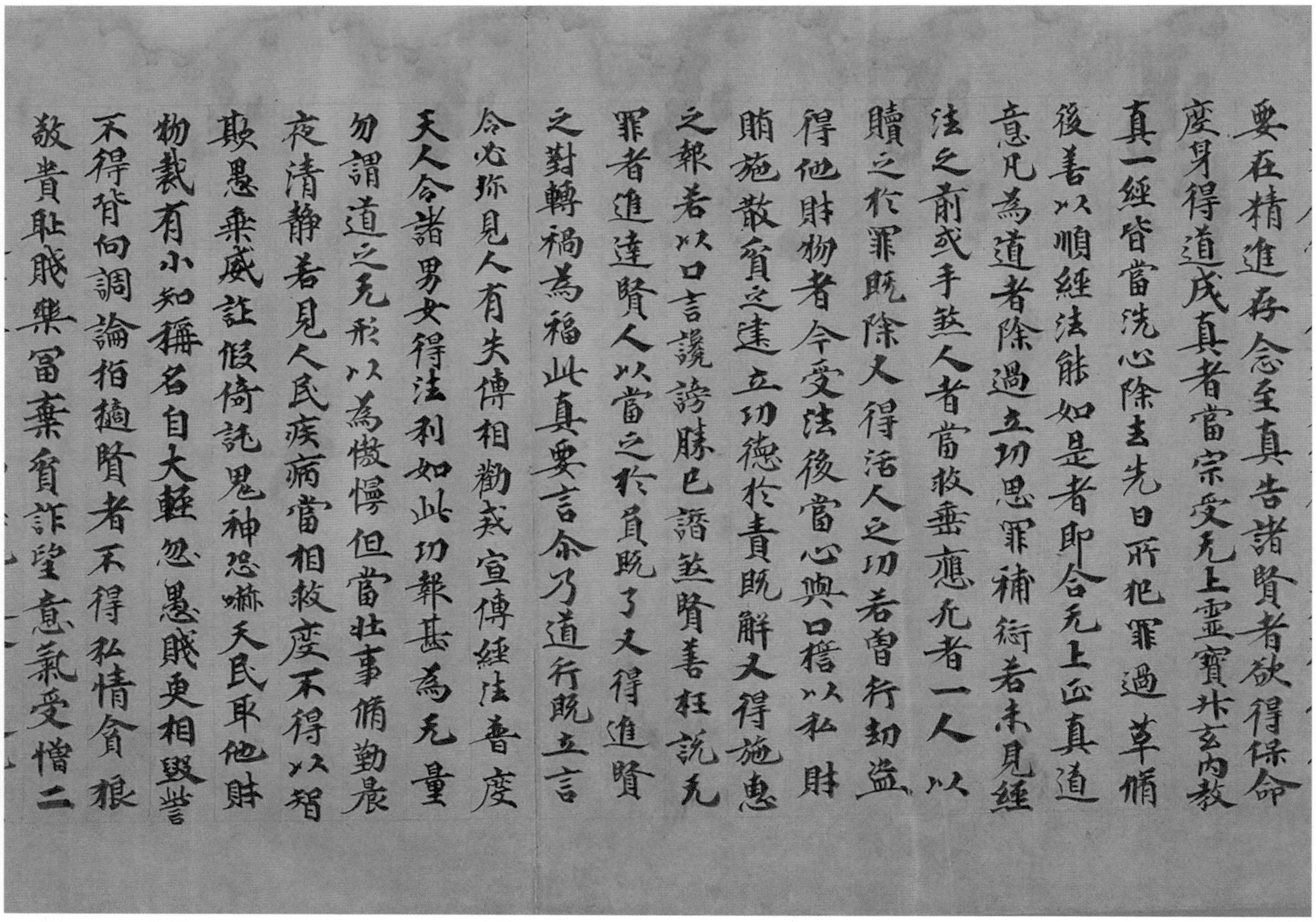
要在精進存念至真告諸賢者欲得保命
度身得道成真者當宗受无上靈寶昇玄內教
真一經皆當洗心除去先日所犯罪過革脩
後善以順經法能如是者即合无上正真道
意凡爲道者除過立功思罪補愆若未見經
法之前或手煞人者當救垂應死者一人以
贖之於罪既除又得活人之功若曾行劫盜
得他財物者今受法後當心與口誓以私財
賙施散貧乏建立功德於責既解又得施惠
之報若以口言譏謗勝己語煞賢善枉說无
罪者進達賢人以當之於負既了又得進賢
之對轉禍爲福此真要言尒乃道行既立言
令必旀見人有失傳相勸喻宣傳經法普度
天人令諸男女得法利如此功報甚爲无量
勿謂道之无形以爲慠慢但當壯事脩勤晨
夜清靜若見人民疾病當相救度不得以智
取愚乘威詐假倚託鬼神恐嚇天民取他財
物裁有小知稱名自大輕忽愚賤更相毀訾
不得背向調論掐擿賢者不得私情貪狼
敬貴恥賤樂富棄貧詐望意氣受憎二

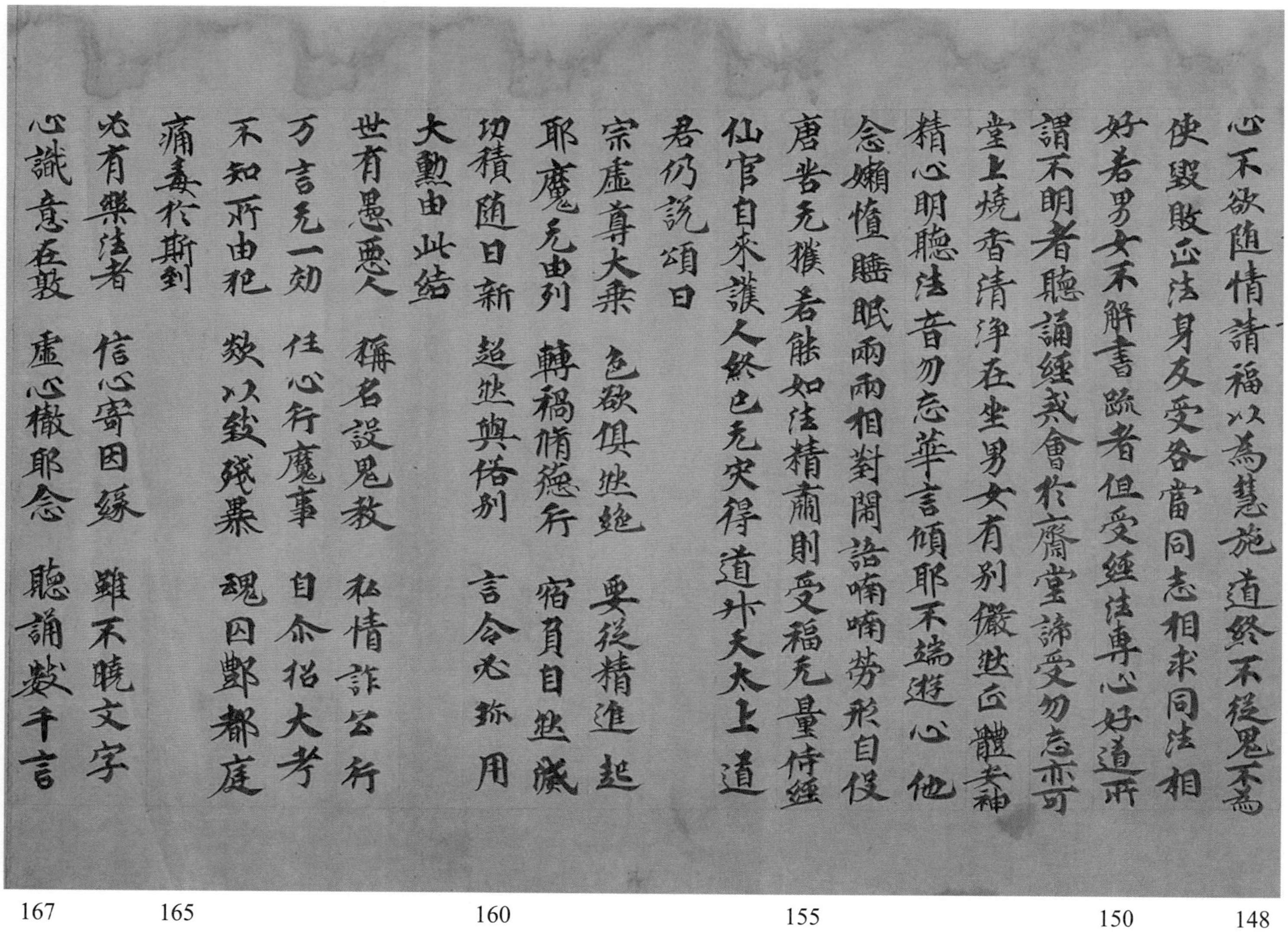
心不欲隨情請福以爲慧施道終不從鬼不爲
使毀敗正法身及受各當同志相求同法相
好若男女不解書疏者但受經法專心好道所
謂不明者聽誦經或會於齋堂誦受勿忘亦可
堂上燒香清淨在坐男女有別儼然正體去神
精心明聽法音勿忘華言傾耶不端遊心他
念嬾惰睡眠兩兩相對閑語喃喃勞形自役
唐苦无獲若能如法精肅則受福无量侍經
仙官自來護人終已无灾得道昇天太上道
君仍說頌曰
宗虛尊大乘　色欲俱然絶　要從精進起
耶魔无由列　轉禍脩德行　宿負自然滅
功積隨日新　超然與俗別　言令必旀用
大勳由此結
世有愚惡人　稱名設鬼教　私情詐公行
万言无一効　任心行魔事　自尒招大考
不知所由犯　殃以致殘暴　魂因酆都庭
痛毒於斯到
必有樂法者　信心寄因緣　雖不曉文字
心識意在敎　虛心徹耶念　聽誦數千言

专心致得道　遂成无上真　但能受持想
功德自弥天
一切善男女　注心聽吾經　勿復相對論
好為无生情　一則乱生教　二則勞身形
勞形虐自害　愛報不聰明　好當自恭肅
勿復輕神靈
見有精進者　升仙補天官　高踏陵梵外
學致甚不難　何為守濁美　不希騰形神
金闕不樂遊　相與絲北門　吾見五苦徒
悲叫力劍巔　面目无人姿　乞食餓鬼間
天罰備當加　受考弥劫年　蓋由不積善
謗毀害真賢　對報在須臾　愚人謂不然
為作不自革　獨自落灰殘　未若脩和道
衆真與尒群
道君說偈畢告道陵曰吾昔无鞅數塵沙
劫无窮无極時以脩此章歌頌其句脩行
礼說致得今報其趣幽微玄中之玄今以告
子諦尊之焉勿以告示不信之人若有疑毀
者考及一門
道君告道陵曰万物之中人最為貴而人處

在天地之間皆知生之日不知死之日善惡之
人富貴貧賤各有壽考誰欲其灸夫死者人
所不樂而見一切盡能免乎唯有不生乃无此
難然此之輩復有因緣脩善得善其鬼亦
善作惡得惡其鬼亦惡是故半在吾道堂半
在魔地獄喻如呼聲莫不有應人生受命制
在虛无虛无不言故置聖人聖人隱形遺任
經戒夫唯經戒即名為道勸人作善教令脩
生一以除過二致不死何但不死乃成真仙如
此之福本非富貴財賄求請能得本非酒
肉禱鬼之所能致其唯道士賢者奉敬經戒
勤念所致先苦後報其應甚明於是道君
乃說頌曰
人生最為貴　而不樂法聽　生死隨任往
莫知何所之　冥冥永无知　臨報乃悟期
惡者八三掠　善者獲大慈　若有合真相
聽經念善思　勿復作聾盲　聞法而楊癡
吾愍諸天人　故留无上辞　作人之大法
為世之良醫　財賄當法用　勿以禱耶祠
万万无一報　嫉恚殃日滋　何不勤上道

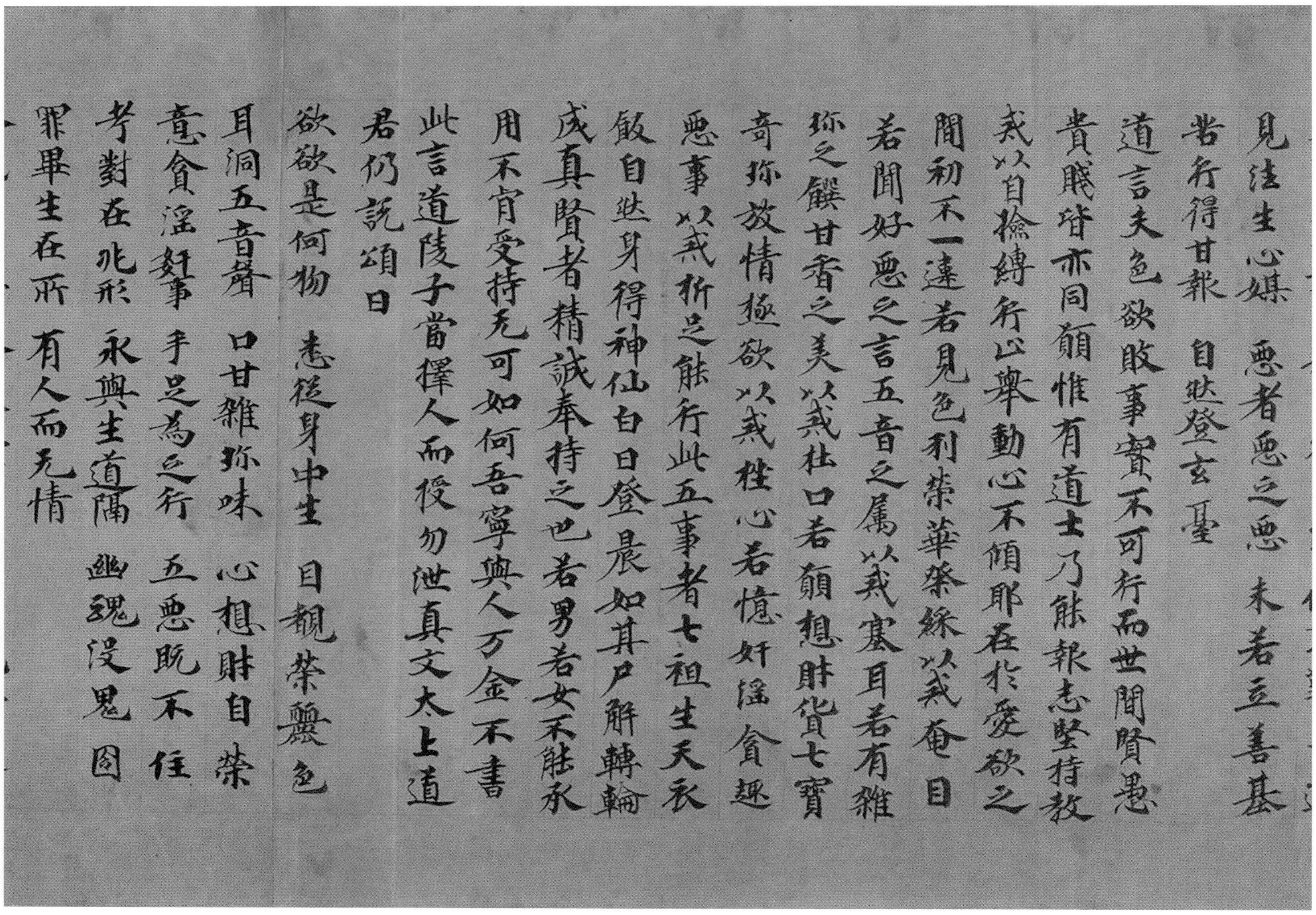

見法生心娸　惡者惡之惡　未若立善基
苦行得甘報　自然登玄臺
道言夫色欲敗事實不可行而世間賢愚貴賤皆亦同願惟有道士乃能報志堅持教戒以自檢縛行心舉動心不傾耶在於愛欲之間初不一違若見色利榮華絲絲以戒奄目若聞好惡之言五音之屬以戒塞耳若有雜珎之饌甘香之美以戒杜口若願想財貨七寶奇珎放情極欲以戒柽心若憶奸淫貪趣惡事以戒折足能行此五事者七祖生天衣飯自然身得神仙白日登晨如其尸解轉輪成真賢者精誠奉持之也若男若女不能承用不肯受持无可如何吾寧與人万金不書此言道陵子當擇人而授勿泄真文太上道君仍說頌曰
欲欲是何物　恚從身中生　目覩榮靡色
耳洞五音聲　口甘雜珎味　心想財自榮
意貪淫姧事　手足為之行　五惡既不住
考對在兆形　永與生道隔　幽魂沒鬼囹
罪畢生在所　有人而无情

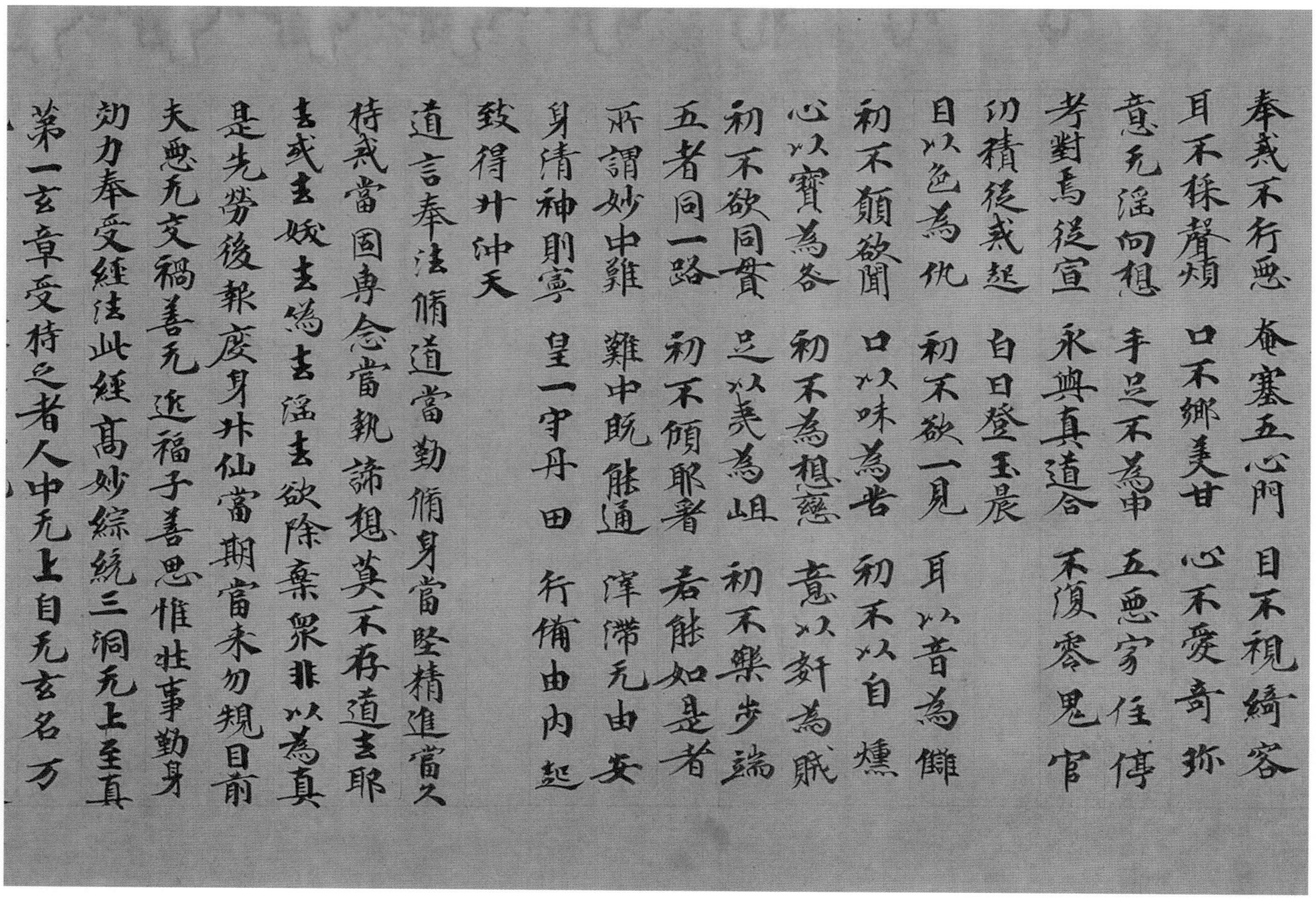

奉戒不行惡　奄塞五心門　目不視綺容
耳不採聲煩　口不鄉美甘　心不愛奇珎
意无淫向想　手足不為事　五惡家任傳
考對焉從宣　永與真道合　不復零鬼官
仍積從戒起　白日登玉晨
目以色為仇　初不欲一見　耳以音為雠
初不顧欲聞　口以味為苦　初不以自燻
心以寶為咎　初不為想戀　意以姧為賊
初不欲同貫　足以走為岨　初不樂步端
五者同一路　初不傾耶者　若能如是者
所謂妙中難　難中既能通　滓滯无由安
身清神則寧　呈一守丹田　行備由內起
致得升沖天
道言奉法脩道當勤脩身當堅精進當久持戒當固專念當執諦想莫不存道去耶去惑去嫉去嫌去淫去欲除棄衆非以為真是先勞後報度身升仙當期當來勿規目前夫惡无文禍善无述福子善思惟壯事勤身劝力奉受經法此經高妙綜統三洞无上至真第一玄章受持之者人中无上自无玄名万

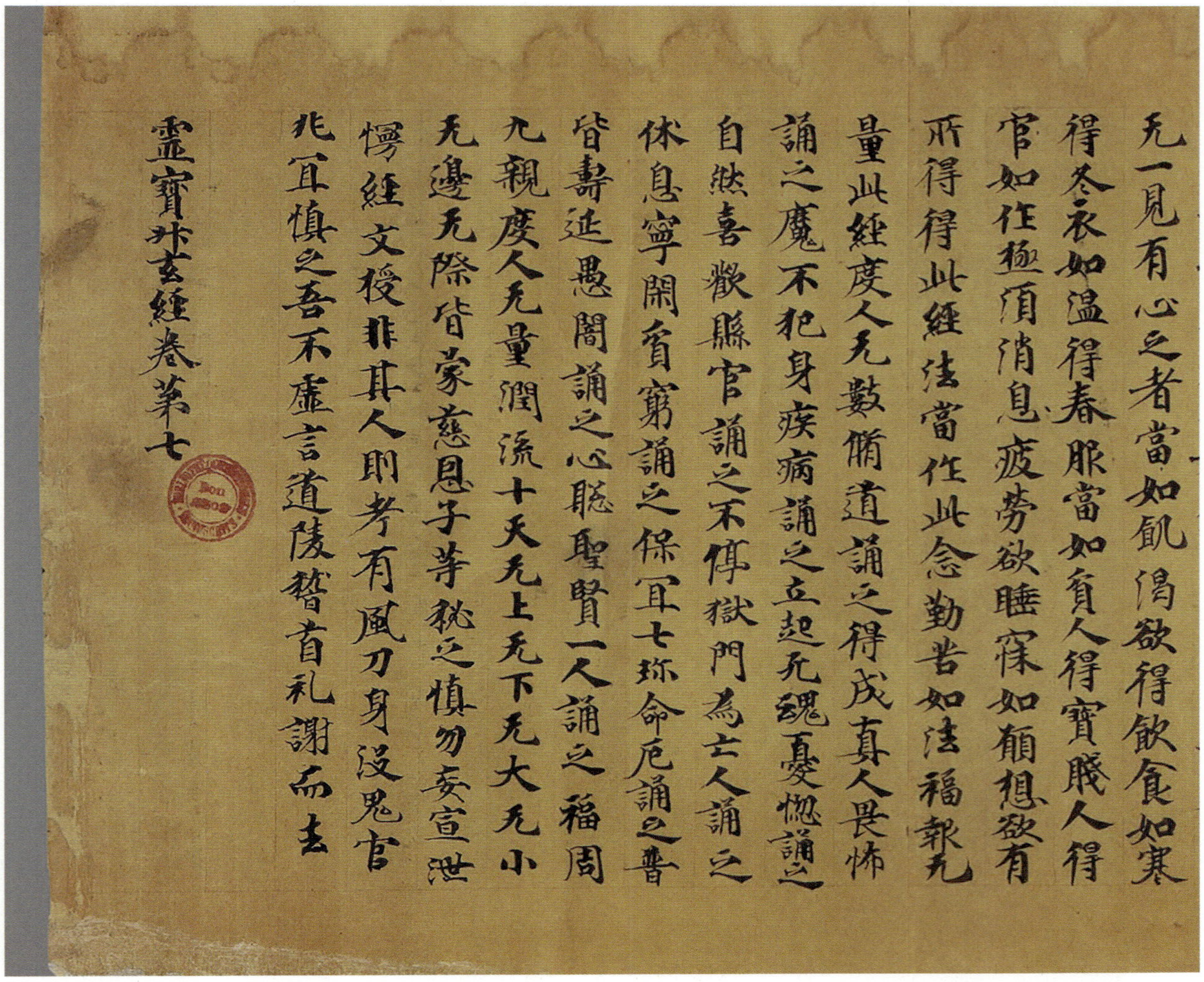

无一見有心之者當如飢渇欲得飲食如寒
得衣如温得春服當如貧人得寶賤人得
官如任極須消息疲勞欲睡寐如顛想發有
所得得此經法當作此念勤苦如法福報无
量此經度人无數脩道誦之得成真人畏怖
誦之魔不犯身疾病誦之立起无魂憂惱誦之
自然喜歡縣官誦之不停獄門為亡人誦之
休息寧閑貧窮誦之保耳七祢命厄誦之普
皆壽延愚闇誦之心聰聖賢一人誦之福周
九親度人无量潤流十天无上无下无大无小
无邊无際皆蒙慈恩子等秘之慎勿妄宣泄
慢經文授非其人則考有風刀身没鬼官
北酆慎之吾不虚言道陵稽首礼謝而去
靈寶昇玄經卷第七

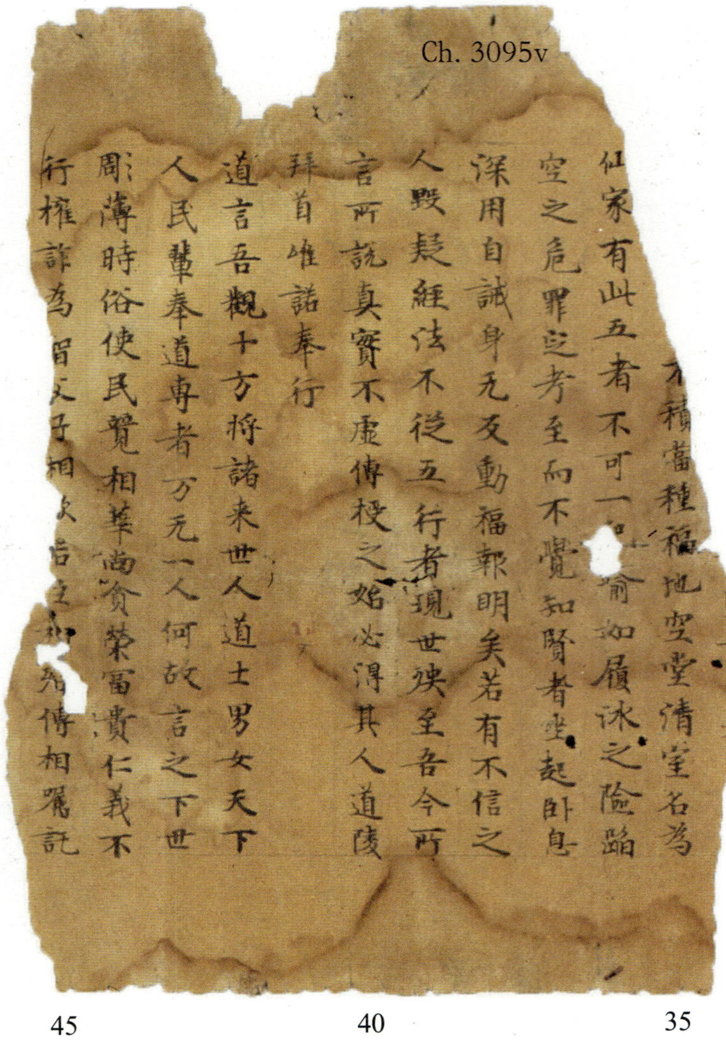

Ch. 3095v

釋文

太上靈寶昇玄内教經中和品第七

（津藝176抄本，首尾全）[一]

是時天師張道陵拜首道前：願聞脩道明決╱、得道源由、次第品格、謹敬之法、中和之科、長╱生之教、禁戒之儀。道陵末預之淺，未悟内教╱，願垂哀愍，披陳甘露，使天人男女咸聞靈音╱。

道言：道陵所問諸法，甚是勝理最真，第一无╱上要義，外教五篇經中未有此說。今當演説╱，諦聽受之╱。

道言：吾布教施戒，具有明決，得道之品，莫不╱有三。上得神仙，中得天仙，下得延年。神仙成╱真，自然登天，白日乘景，上造紫晨，具諸妙相╱，金剛之身，玉童散華，天女和烟，左右鳳歌，前╱後龍鱗，威儀嚴妙，悉是天人。天仙受度，得免╱土官，魂神澄正，上昇天堂，或補仙品，或生聖╱王，更須轉輪，儲積德行，行滿福立，雲轝乃迎乀，滅度積功，非唯一生，志意不倦，剋成仙王。延乀年之法，康壯不死，絶穀清腸，休粮无穢，服食乀草木，以却尸鬼，壽終命極，免隸北酆，得為土乀下主者，檢攝人鬼生死之目，經三百六十歲，進乀為仙人，於此計功，或附胎生，輪轉不滅，與天乀仙同根。然此三者，皆須脩身，中和氣性，反俗乀所行，斷絶榮色，與道合行。如此之戒，其義乀有五。一者，不得淫佚、志念在耶，勞神損精，魂乀魄不守，正氣離去，耶来合前。二者，不得情性乀瞋怒，心踊發憤，口泄揚聲，啁咀罵詈，振動天乀地；神不祐人，身中真官，上詣三天，注名罪目〔二〕，万不得仙。三者，不得貪想毒念，嫉賴於人，天乀神〔三〕糺筆，地官奏言，注名黑簿，考至殺身，最不乀可犯，害及子孫。四者，不得飲酒迷乱，荒濁穢乀身，變易常性，不崇戒文，不畏官法，不敬父乀君，不識骨血，為欲婬牽，魂魄悲號，穢注五神，罵詈恣口，反逆不順，天遺其殃，身受禍患。五乀者，不得貪利錢財，財為糞壤，而賣刀行，世末乀多偽，人情凶弊，或於便宜，動謀賊害；財是身乀讎，何用財為？有而不積〔四〕，當種福地，空堂清室乀，名為仙家。有此五者，不可一犯。喻如履氷之険乀，蹈空之危，罪定考至，而不覺知。賢者坐起卧息乀，深用自戒，身无反動，福報明矣。若有不信之人乀，毀疑經法，不從五行者，現世殃至。吾今所言乀所説，真實不虚，傳授之始，必得其人。道陵拜乀首，唯諾奉行乀。

道言：吾觀方將諸来世人，道士男女、至學之乀士、天下人民輩，奉道專者，万无一人。何故言之乀？下世彫薄，時俗吏民競相華尚，貪榮富貴乀，仁義不行，權詐為智，父子相欺，君臣相殆乀，傳相囑託〔五〕，貨賂買官，黜忠貞，任佞耶，信奸臣乀，結黨阿，富貴相追，貧賤捐棄，服飾車馬，浮乀華藻麗，以為斐祭，填路而行，薄居勢位，視人乀若无，薄有錢財，貧富異路，君子小人，各隨所宜乀，欣同世間，豈念真道。此輩思戀，皆是愚人，雖乀先休休，不足可願。所以然者，愚人淺薄，身適乀榮顯，便驕奢盈溢，施行過度，恣心快意，不乀順法節。道之清虚，不受此輩，神明既遠，耶鬼乀侵之。或有協偽背真，禱鬼求神，天網恢恢，其乀罰未至耳。喻如吹（炊）熟，下火以滅，甑中餘氣未乀盡之勢，安能得久？恶人雖未遇罪，譬如餘氣乀耳。道陵，夫人之所願，以生年為貴；人之所惡乀，以死終為賤，豈不然乎？天地平正，以生賞善，以死罰惡。此吉凶禍福，從窈冥中来，禍災乀非富貴者所求請而可避，非貧賤者所不欲乀而可去，脩善福應，為惡禍來。國王雖有无極乀之寶，臨命惜死，傾城量金，求生乞活，豈復可乀得？賢者貧賤，不須强求富貴，勞費精思，廢乀人所存。傲慢乱志，使人失道，又復不專。而愚乀人見富貴者，心欲如之，徒勞心願，得亦不弘。得乀既不弘，未若无為。若欲所求所願，當求脩身乀，當願大乘，无大无小，和同心意，受无上大經。齋乀堂床座，以安天書，掃除塵穢，清淨儼然，燒香乀燃燈，芳照寢席，長齋苦思，存靈念真，道為之乀降，計日如願，七祖受福，生死成仙。兆但勤行乀，道不負人。若有所求所願，不用金帛貨賂，不乀用人事意氣，不用酒食祭禱，不用巧言方便乀，真心歸道，无為自成，皆如本心之所願想。若乀須作福田之緣者，可隨意詭信香油之直，齋乀中之施，以立功業。随力所堪，亦不用多，如此乀明報不可限筭。若諸習俗人，背道禱耶，則万乀无一福，禍樹塞門矣。然作此功德，行諸所願乀，雖有弥天之報，猶復不及受持此經，供養脩乀礼，坐起念之，功德復大數億万倍。何以故？此乀經是十方天真得仙道者之所履行，得成道乀故。若有善男子、善女人，能發自然道意，受持乀此經者，无願不會，无福不合。然復人有脩短乀，心有利鈍，賢明之者鑽堅精進猶恐不及，愚乀闇之者敗毀背去猶恐不遠。如此不同，可復如乀何。道陵，汝當以此經傳度後學合真之人。若乀有可上可下者，亦當開悟，令入法門乀。

尒時道陵受法，是諸大聖神天道士、妙行真乀人，十方天尊，遣使讚歎道陵，合有七千億衆乀同在道前。道陵衆中嚴頓法服，拱手而立道乀前，請問因緣灾殃之由。道陵曰：伏見奉道奉乀法一切人民，或遇灾害，暴病卒死，非横口舌乀，以致不利，所作不成，所求不得，不審此等何乀所犨犯，為是宿緣，為是身犯？願垂開張，以明乀未悟。

道君答曰：此輩皆由人惡，亦是宿世。何乀以故？世人奉道不勤，雖知道尊而欲奉之，其乀情性施行，與俗不別，耶偽不除，欲以耶偽干乀於正真，終不可得。耶與正真，如盜賊惡人之乀見監伺。既奉大道，又復禱耶，二心猶預，遂與乀之耶。諸如此輩，雖係名奉道，冀道當祐，道不乀受也。染附耶精，而謂屬道，遇灾遭病，逢禍值乀難，望道擁護，而道不救。耶精惡鬼，率所侵乀害，道不為攝，身致死亡，家得破滅。而其俗人乀殊不自悟，方更背戾，言道无神，雖不口説，心乀内怨望。此輩何不事變易心腹，選濡日日，冀免乀灾厄，万不遺一。執性麤戾，心腸不改，命没之乀後，三徒五苦，悔復何及？痛哉愚俗，崇耶輕真乀，胡不洗心，於此自新。賢者正脩，恭奉經法。大/道至尊，高而无上，周圓无外，苞裹无極，制御/衆神，生育万物，蝖飛蠕動，含氣之類，皆是道/成。道之威神何所不集，何所不散，何所不消/，何所不成，何所不伏？把天樞機，駈使万神，先/乎无先，窮於无窮。人處其間，年命奄忽，如眼/開閇，悉從道成，悉從道生。愍念人物，如母傷/子，故出法度人，令脩道行，功上者神仙，功中者/天仙，功下者壽延。巍巍之報，而人不知，相與/沉淪，不改俗僞。吾為之流淚，而説頌曰/：

宿世緣植惡，生積不潔香。染耶而奉道/，招致不吉良。
真氣不為力，耶惡反成殃/。三灾一時至，破家而身亡。
七祖淪三官/，魂魄相携將。刀山令足踐，劍樹令手傷/。
上下五苦庭，流血成膿瘡。万劫不蒙原/，輾轉五道場。
若有利法子，天官降相迎/。

道言：天下男女違背真正，不從教戒，但貪/愛欲，富貴榮禄，色利財寶，飲酒食肉，恣心快/意，驕奢盈溢，豈當念道。人當念道，道亦念人/。人之若魚，道之若水。魚得水而生，失水而死。道/炁不居人身，人身則空，人身既空，何得久生/？要在精進，存念至真。告諸賢者，欲得保命/度身，得道成真者，當宗受无上靈寶昇玄内/教真一經。皆當洗心，除去先日所犯罪過，革/脩後善，以順經法。能如是者，即合无上正真/道意。凡為道者，除過立功，思罪補愆。若未見/經法之前，或手煞人者，當救垂應死者一人以/贖之，於罪既除，又得活人之功。若曾行劫盜/，得他財物者，今受法後，當心與口誓，以私財賄/施散貧乏，建立功德，於責既解，又得施惠之/報。若以口言讒謗勝己，譖煞賢善，枉説无罪/者，進達賢人以當之，於負既了，又得進賢之/對，轉禍為福。此真要言，尒乃道行既立，言令/必珎，見人有失，傳相勸戒，宣傳經法，普度天/人，令諸男女咸得法利，如此功報甚為无量。勿/謂道之无形，以為傲慢，但當壯事脩勤，晨夜/清静。若見人民疾病，當相救度，不得以智欺/愚，乘威詐假，倚託鬼神，恐嚇天民，取他財物/，裁有小知，稱名自大，輕忽愚賤，更相毁呰。不/得背向調論，指摘賢者。不得私情貪狼，敬貴/恥賤，樂富棄貧，詐望意氣，愛憎二心。不欲隨/情請福以為慧施，道終不從，鬼不為使，毁敗/正法，身反受咎。當同志相求，同法相好。若男/若女不解書疏者，但受經法，專心好道。所謂不/明者，聽誦經戒，會於齋堂，諦受勿忘。亦可堂/上燒香，清浄在坐，男女有别，儼然正體，安神/精心，明聽法音。勿妄華言，傾耶不端，遊心他/念，嬾惰睡眠，兩兩相對，鬧語喃喃，勞形自役/，唐苦无獲。若能如法精肅，則受福无量。侍經/仙官自来護人，終已无灾，得道昇天。太上道/君仍説頌曰/：

宗虚尊大乘，色欲俱然絶。要從精進起/，耶魔无由列。
轉禍脩德行，宿負自然滅/。功積隨日新，超然與俗别。
言令必珎用/，大勳由此結/。
世有愚惡人，稱名設鬼教。私情詐公行/，万言无一効。
任心行魔事，自尒招大考/。不知所由犯，欻以致殘果。
魂囚酆都庭/，痛毒於斯到/。
必有樂法者，信心寄因緣。雖不曉文字/，心識意在敦。
虚心撤耶念，聽誦數千言/。專心致得道，遂成无上真。
但能受持想/，功德自弥天/。
一切善男女，注心聽吾經。勿復相對論/，好為无至情。
一則乱至教，二則勞身形/。勞形唐自苦，受報不聽明。
好當自恭肅/，勿復輕神靈/。
見有精進者，昇仙補天官。高蹈陵梵外/，學致甚不難。
何為守濁美，不希騰形神/。金闕不樂遊，相與隸北門。
吾見五苦徒/，悲叫刀劍巔。面目无人姿，乞食餓鬼間/。
天罰備當加，受考弥劫年。蓋由不積善/，謗毁害真賢。
對報在須臾，愚人謂不然/。苟作不自革，獨自落夭殘。
未若脩弘道/，衆真與尒群/。

道君説偈畢，告道陵曰：吾昔无鞅數塵沙/劫，无窮无極時，以脩此章，歌頌其句，脩行/礼翫，致得今報。其趣幽微，玄中之玄，今以告/子，諦尊之焉。勿以告示不信之人。若有疑毁/者，考及一門/。

道君告道陵曰：万物之中人最為貴，而人處/在天地之間，皆知生之日，不知死之日。善惡之/人，富貴貧賤，各願壽老，誰欲其夭？夫死者人/所不樂，而見一切豈能免乎？唯有不生乃无/此難。然此之輩，復有因緣，脩善得善，其鬼亦/善；作惡得惡，其鬼亦惡。是故半在吾道堂，半/在魔地獄。喻如呼聲，莫不有應。人生受命，制/在虛无，虛无不言，故置聖人。聖人隱形，遺住/經戒。夫唯經戒即名為道，勸人作善，教令脩/生，一以除過，二致不死。何但不死，乃成真仙/。如此之福，本非富貴財賄求請能得，本非酒/肉禱鬼之所能致。其唯道士賢者，奉敬經戒/，勤念所致，先苦後報，其應甚明。於是道君/乃説頌曰/：

人生最為貴，而不樂〔六〕法熙。生死隨任往/，莫知何所之。
冥冥永无知，臨報乃悟期/。惡者入三掠，善者獲大慈。
若有合真相/，聽經念善思。勿復作聾盲，聞法而揚癡/。
吾愍諸天人，故留无上辭。作人之大法/，為世之良醫。
財賄當法用，勿以禱耶祠/。万万无一報，妖炁殃日滋。
何不勤上道/，見法生心媒。惡者惡之惡，未若立善基/。
苦行得甘報，自然登玄臺/。

道言：夫色欲敗事，實不可行，而世間賢愚/貴賤，皆亦同願。惟有道士乃能教報志〔七〕，堅持教戒/，以自檢縛，行止舉動，心不傾耶，在於愛欲之閈/，初不一違。若見色利榮華粲（燦）綵，以戒奄（掩）目。若/聞好惡之言，五音之屬，以戒塞耳。若有雜/珎之饌，甘香之美，以戒杜口。若願想財貨七/寶奇珎，放情極欲，以戒挫心。若憶姧淫貪/趣惡事，以戒折足。能行此五事者，七祖生天，衣/飯自然，身得神仙，白日登晨。如其尸解，轉輪/成真。賢者精誠奉持之也。若男若女，不能承/用，不肯受持，无可如何。吾寧與人万金，不書/此言。道陵，子當擇人而授，勿泄真文。太上道/君仍説頌曰/：

欲欲是何物，悉從身中生。目覩榮麗色/，耳洞五音聲。
口甘雜珎味，心想財自榮/。意貪淫姧事，手足為之行。
五惡既不住/，考對在兆形。永與生道隔，幽魂没鬼囹/。
罪畢生在所，有人而无情/。
奉戒不行惡，奄塞五心門。目不視綺容/，耳不採聲煩。
口不饗美甘，心不愛奇珎/。意无淫向想，手足不為申。
五惡寂住停/，考對焉從宣。永與真道合，不復零鬼官/。
功積從戒起，白日登玉晨/。
目以色為仇，初不欲一見。耳以音為讎/，初不願欲聞。
口以味為苦，初不以自燻/。心以寶為咎，初不為想戀。
意以姧為賊/，初不欲同貫。足以夷為岨，初不樂步端/。
五者同一路，初不傾耶看。若能如是者/，所謂妙中難。
難中既能通，滓滯无由安/。身清神則寧，皇一守丹田。
行備由內起/，致得昇沖天/。

道言：奉法脩道當勤，脩身當堅，精進當久/，持戒當同（固），專念當執。諦想莫不存道，去耶/去或（惑），去妖去偽，去淫去欲，除棄衆非，以為真是/。先勞後報，度身昇仙，當期當來，勿規目前。夫惡无交禍，善无近福，子善思惟壯事，勤身効/力，奉受經法。此經高妙，綜統三洞，无上至真/，第一玄章。受持之者，人中无上，自无玄名，万/无一見。有心之者，當如飢渴欲得飲食，如寒/得冬衣，如溫得春服；當如貧人得寶，賤人得/官；如作極須消息，疲勞欲睡寐；如願想欲有/所得。得此經法，當作此念，勤苦如法，福報无/量。此經度人无數，脩道誦之，得成真人；畏怖/誦之，魔不犯身；疾病誦之，立起死魂；憂惱誦之/，自然喜歡；縣官誦之，不停獄門；為亡人誦之/，休息寧閑；貧窮誦之，保宜七珎；命厄誦之，普/皆壽延；愚暗誦之，心聰聖賢。一人誦之，福周九/祖，度人无量，潤流十天。无上无下，无大无小/，无邊无際，皆蒙慈恩。子等秘之，慎勿忘（妄）宣，泄/慢經文，授非其人，則考有風刀，身没鬼官。兆/宜慎之，吾不虛言。道陵稽首礼謝而去/。

太上靈寶昇玄經卷第七

校記

〔一〕本卷有敦煌抄本三件。今以津藝176(4515)號抄本爲底本，以P. 3341、Ch. 3095v抄本參校。又可參見《正統道藏》所收《太上靈寶昇玄內教經中和品述議疏》。

〔二〕罪目：原誤作「罪日」，據道藏本改。

〔三〕P. 3341起於此處。

〔四〕殘片Ch. 3095v起於此處。

〔五〕殘片Ch. 3095v止於此處。

〔六〕不樂：原作「下樂」，據文義改。

〔七〕報志：原作「教志」，據P. 3341改。

太上洞玄靈寶昇玄内教經卷第八

圖版一

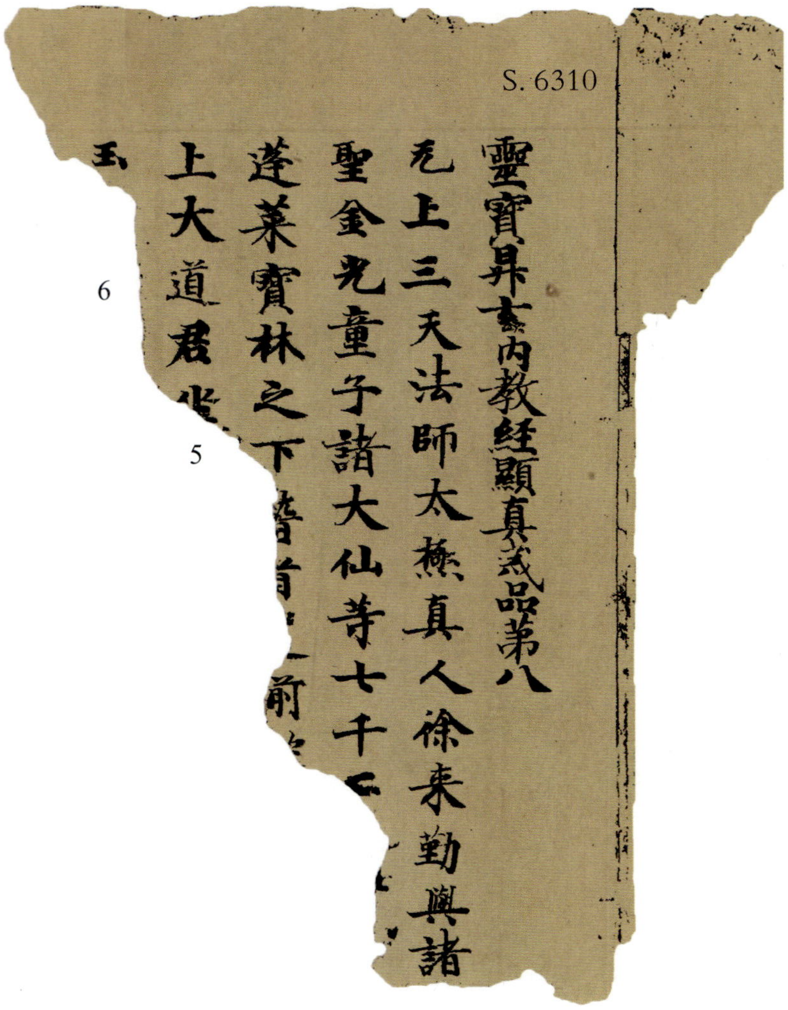

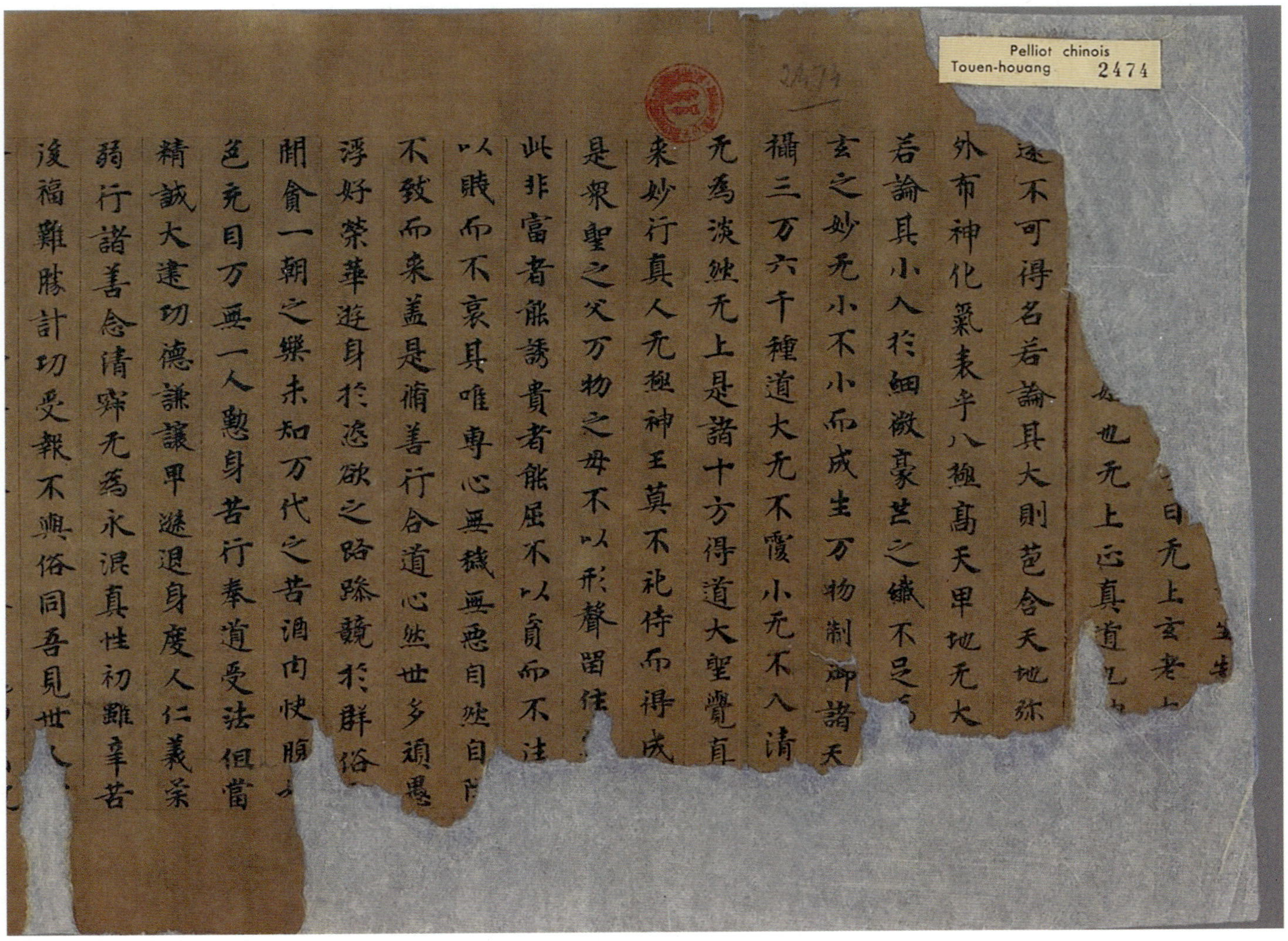

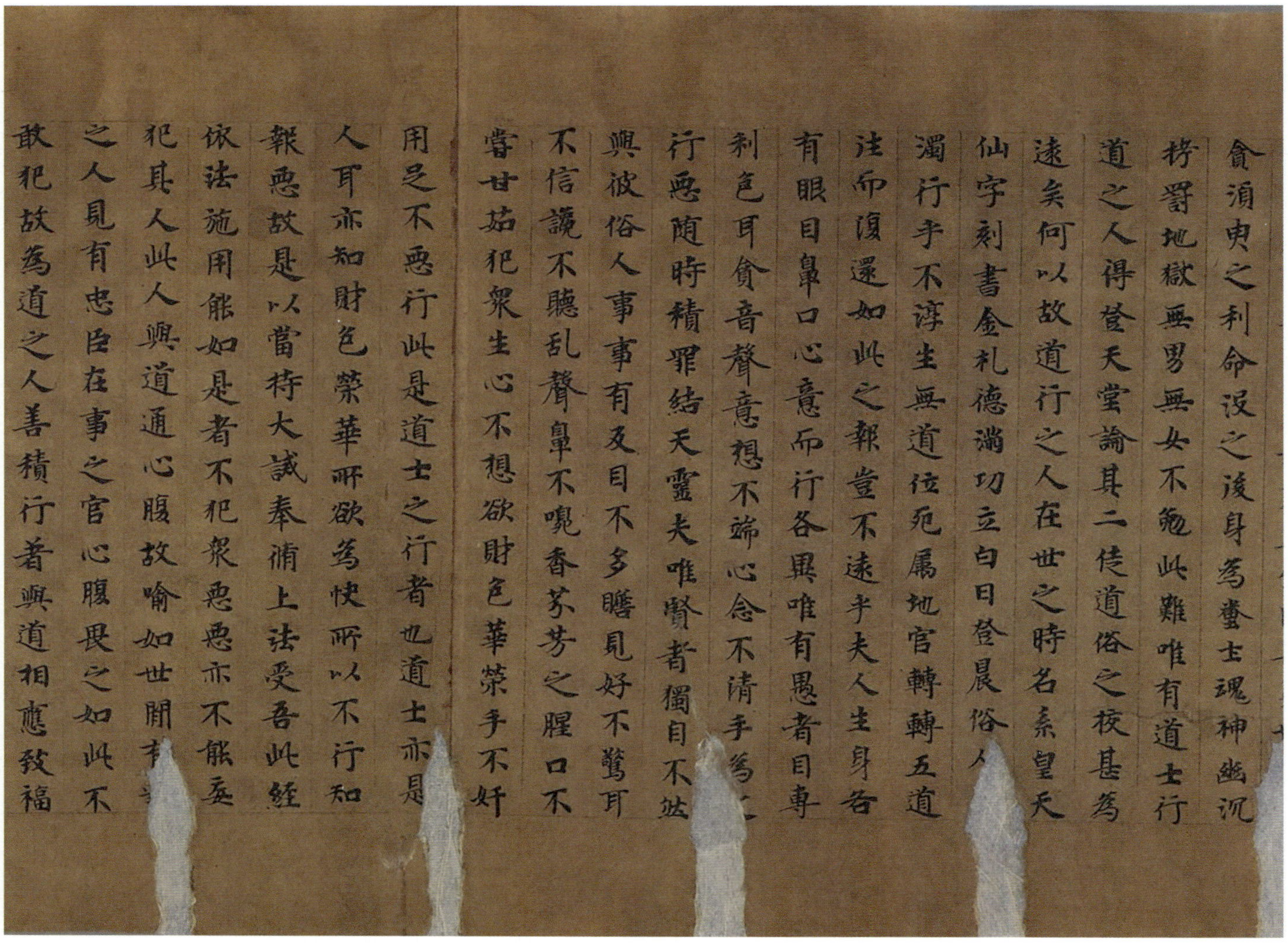
貪須臾之利命沒之後身爲臺士魂神幽沉
㩙罸地獄無男無女不免此難唯有道士行
道之人得登天堂論其二徒道俗之校甚爲
遠矣何以故道行之人在世之時名系皇天
仙字刻書金札德滿功立白日登晨俗人
獨行手不淳生無道位死屬地官轉轉五道
注而復還如此之報豈不遠乎夫人生身各
有眼目鼻口心意而行各異唯有愚者目專
利色耳貪音聲意想不端心念不清手爲
行惡隨時積罪結天靈夫唯賢者獨自不然
與彼俗人事事有反目不多瞻見好不驚耳
不信讒不聽乱聲鼻不嗅香芬芳之腥口不
嘗甘茹犯衆生心不想欲財色華榮手不奸
用是不惡行此是道士之行者也道士亦是
人耳亦知財色榮華所欲爲快所以不行知
報惡故是以當持大誡奉脩上法受吾此經
依法施用能如是者不犯衆惡惡亦不能妄
犯其人此人與道通心腹故喻如世間有
之人見有忠臣在事之官心腹畏之如此不
敢犯故爲道之人善積行者與道相應致福

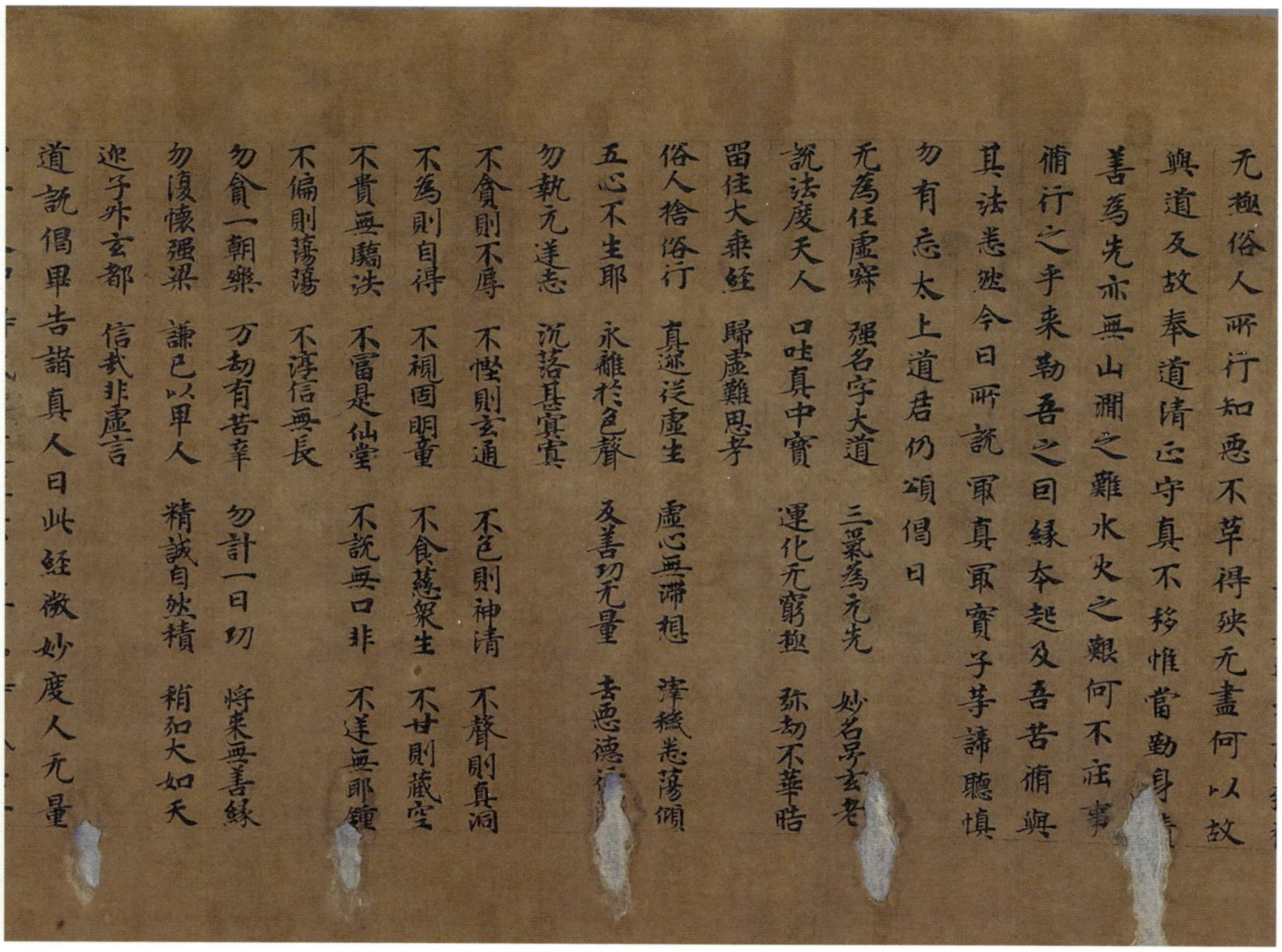
无趣俗人所行知惡不革得殃无盡何以故
與道反故奉道請正守真不移惟當勤身
善爲先亦無山淵之難水火之艱何不注事
脩行之乎来勸吾之回緣本起及吾苦脩與
其法悉然今日所説眾真眾寶子等諦聽慎
勿有忘太上道君仍頌偈曰
无爲任虛寂　强名字大道　三氣爲元先　妙名昇玄老
説法度天人　口吐真中實　運化无窮極　弥劫不華晧
留住大乘經　歸虛難思孝
俗人捨俗行　真迹從虛生　虛心無滯想　滓穢悉蕩傾
五心不生耶　永離於色聲　及善功无量　去惡德
勿執无違志　沉落甚寘實
不貪則不辱　不慳則玄通　不色則神清　不聲則真洞
不爲則自得　不視固明童　不食慈衆生　不甘則藏空
不貴無驕泆　不富是仙堂　不説無口非　不違無耶鍾
不偏則蕩蕩　不淳信無長
勿貪一朝樂　万劫有苦辛　勿計一日功　將來無善緣
勿復懷强梁　謙己以卑人　精誠自然積　稍知大如天
迹子外玄都　信武非虛言
道説偈畢告諸真人曰此經微妙度人无量

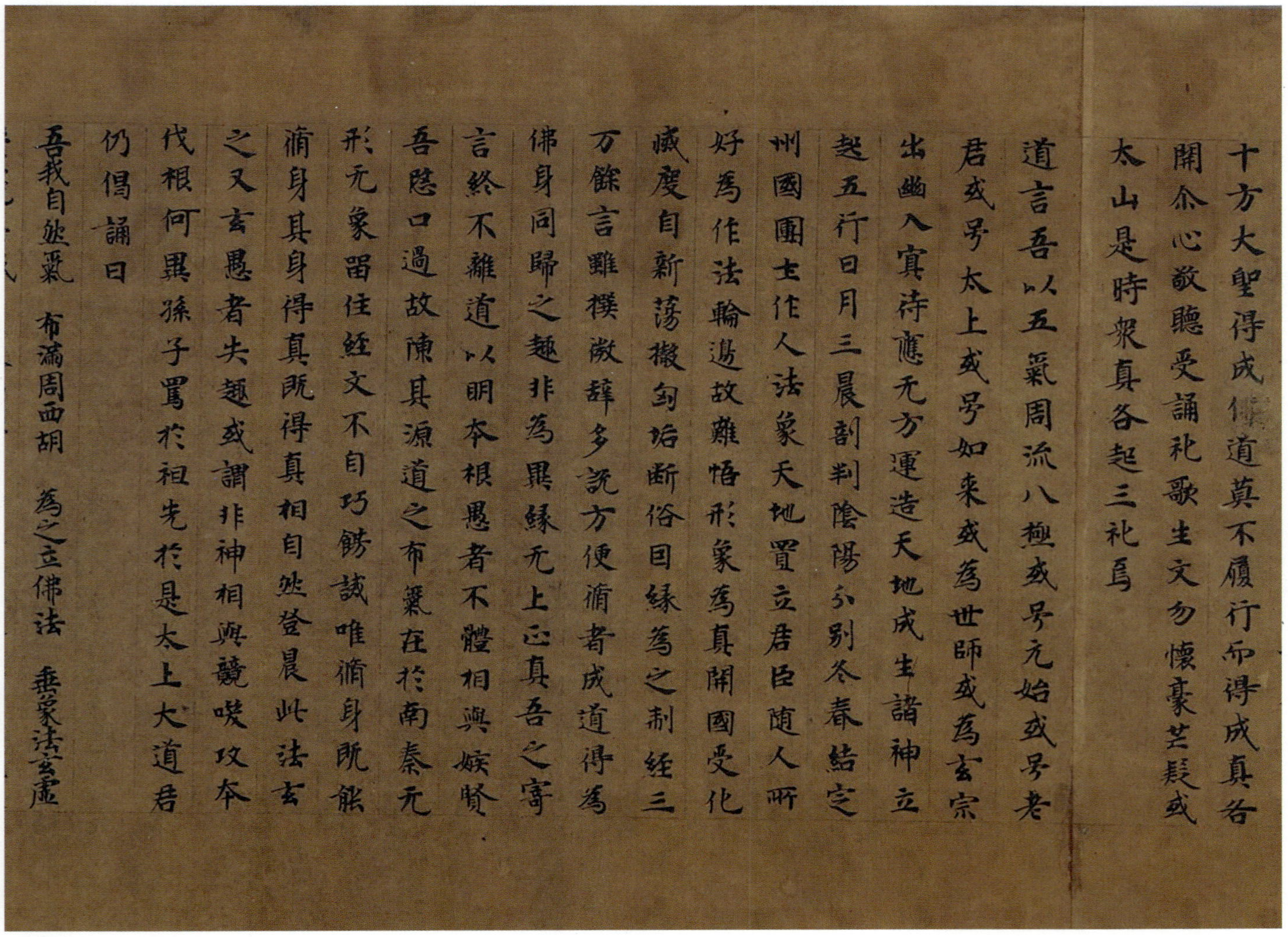
十方大聖得成佛道莫不履行而得成真㒰
開尒心敬聽受誦礼歌生文勿懷豪芒疑惑
太山是時衆真各起三礼㠯
道言吾以五氣周流八極或号元始或号老
君或号太上或号如来或爲世師或爲玄宗
出幽入冥恃應无方運造天地成生諸神立
起五行日月三晨剖判陰陽分别冬春結定
州國圍土作人法象天地置立君臣随人所
好爲作法輪遊故難悟形象爲真開國受化
臧度自新蕩撥匃垢断俗因緣爲之制經三
万餘言雖樸微辭多説方便循者成道得爲
佛身同歸之趣非爲異緣无上正真吾之寄
言終不離道以明本根愚者不體相與嫉賢
吾慈口過故陳其源道之布氣在於南秦无
形无象留住經文不自巧飾誠唯循身既能
循身其身得真既得真相自然登晨此法玄
之又玄愚者失趣或謂非神相與競㖫攻本
伐根何異孫子罵於祖先於是太上大道君
仍偈誦曰
吾我自然氣　布滿周西胡　爲之立佛法　垂象法玄虛

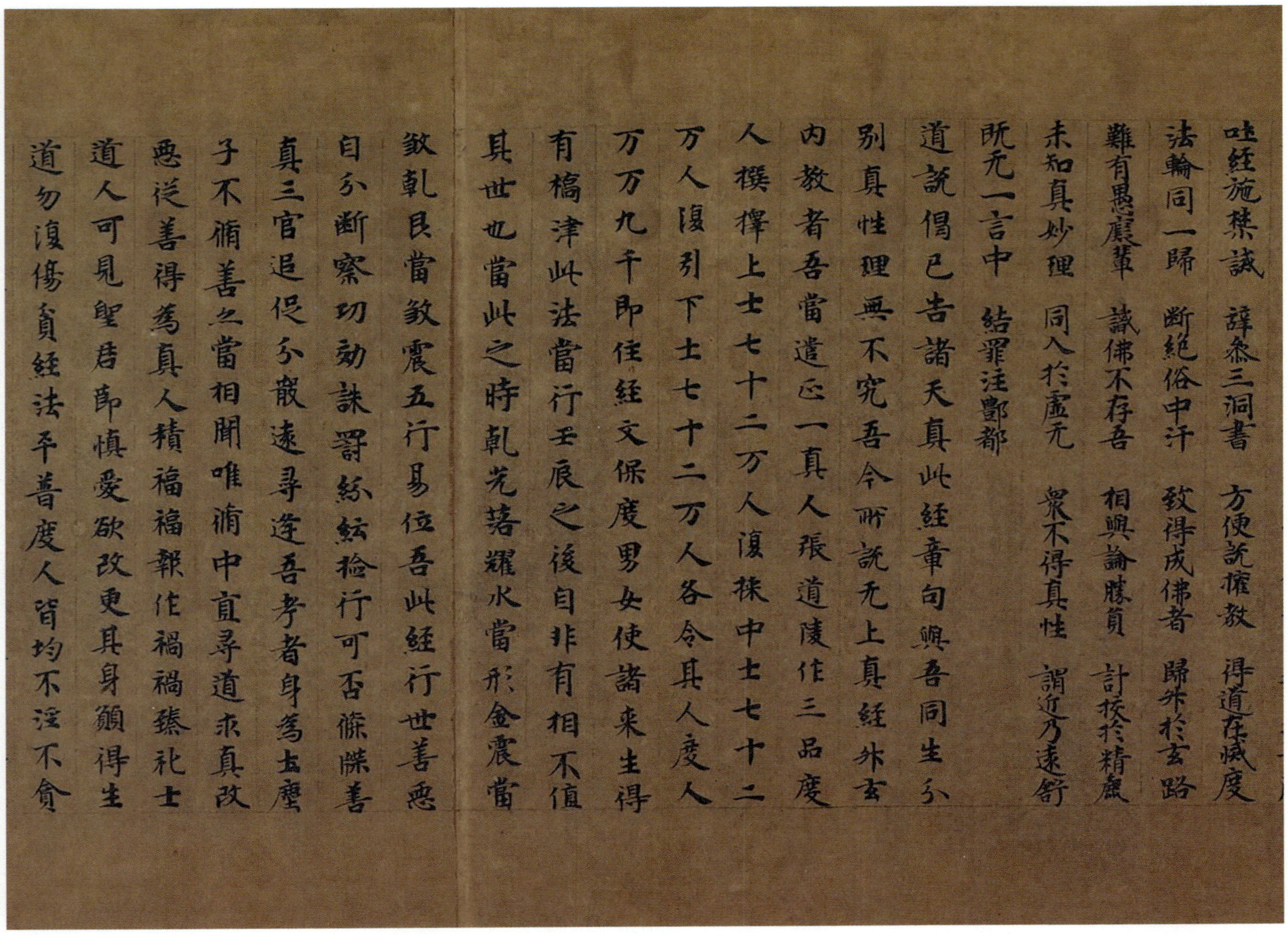
吐經施禁誡　辭参三洞書　方便説權教　得道在臧度
法輪同一歸　斷絶俗中汗　致得成佛者　歸外於玄路
難有愚癡輩　譏佛不存吾　相與論勝負　討挍於精麁
未知真妙理　同入於虛无　衆不得真性　謂近乃遠舒
既无一言中　結罪狂酆都
道説偈已告諸天真此經章句與吾同生分
别真性理無不究吾今所説无上真經外玄
内教者吾當遣正一真人張道陵作三品度
人撰擇上士七十二万人復抹中士七十二
万人復引下士七十二万人各令其人度人
万万九千即住經文保度男女使諸来生得
有橋津此法當行壬辰之後自非有相不值
其世也當此之時乾光落耀水當形金震當
敦乾艮當敦震五行易位吾此經行世善惡
自分斷察功勍誅罸紛紜校行可否條牒善
真三官追促分散遠尋逢吾孝者身爲去塵
子不循善之當相聞唯循中宜尋道求真改
惡從善得爲真人積福福報作禍禍臻礼士
道人可見聖君節慎愛欲改更其身願得生
道勿復傷負經法平善度人皆均不淫不貪

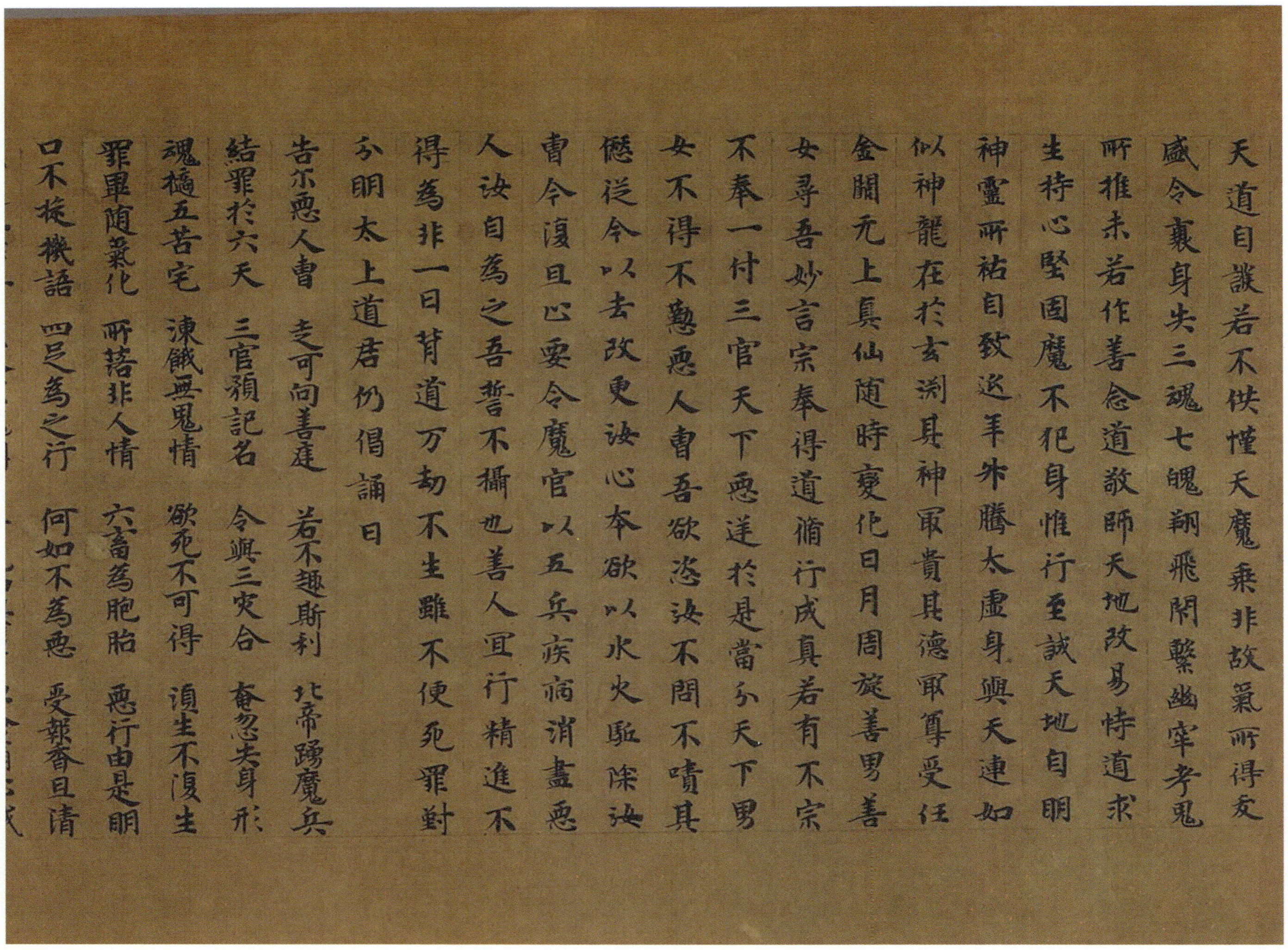
天道自誅若不伏憚天魔乘非故氣所得反
盛令囊身失三魂七魄翔飛閉繫幽牢考鬼
所推求若作善念道敬師天地改易恃道求
生持心堅固魔不犯身惟行至誠天地自明
神靈所祐自致送羊外騰太虛身與天連如
似神龍在於玄淵其神取貴其德取尊受任
金闕无上真仙隨時變化日月周旋善男善
女尋吾妙言宗奉得道循行成真若有不宗
不奉一付三官天下惡逆於是當分天下男
女不得不懲惡人曹吾欲恣汝不問不嘖其
愆從今以去改更汝心本欲以水火驅除汝
曹今復且心要令魔官以五兵疾病消盡惡
人汝自為之吾誓不攝也善人宜行精進不
得為非一日背道万劫不生雖不便死罪對
分明太上道君仍倡誦曰
告尔惡人曹　走可向善庭　若不趣斯利　北帝踢魔兵
結罪於六天　三官頓記名　令與三灾合　奄忽失身形
魂墒五苦宅　涑餓無鬼情　欲死不可得　須生不復生
罪畢隨氣化　所諸非人情　六畜為胞胎　惡行由是明
口不捉機語　四足為之行　何如不為惡　受報香且清

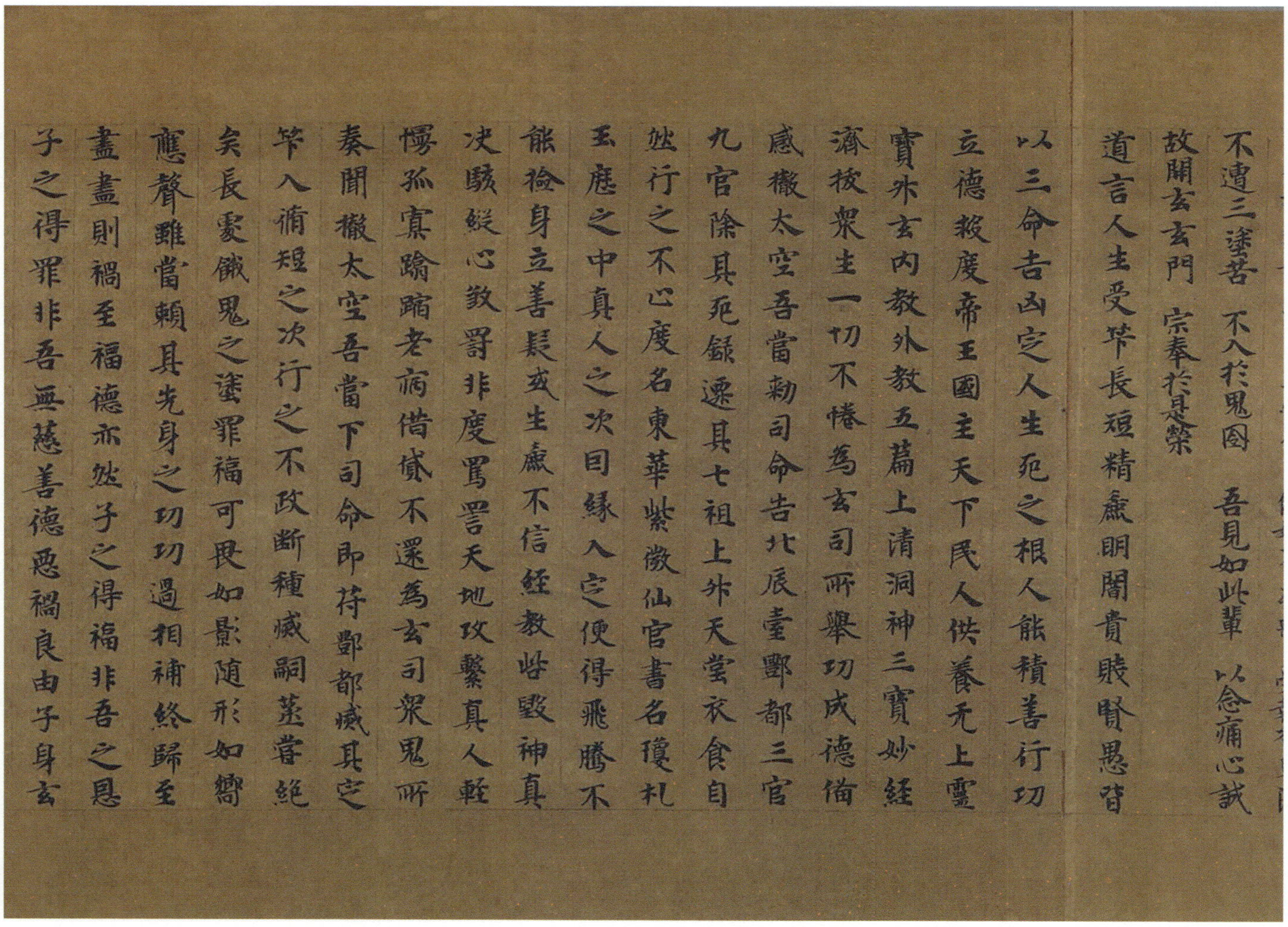
不遭三塗苦　不入於鬼囹　吾見如此輩　以念痛心誠
故開玄玄門　宗奉於是榮
道言人生受竿長短精麁明闇貴賤賢愚皆
以三命吉凶定之人生死之根人能積善行功
立德救度帝王國主天下民人供養无上靈
寶外玄內教外教五篇上清洞神三寶妙經
濟拔衆生一切不惓為玄司所舉功成德備
感徹太空吾當勅司命告北辰臺酆都三官
九官除其死籙遷其七祖上外天堂衣食自
然行之不已度名東華紫微仙官書名瓊札
玉庭之中真人之次因緣入定便得飛騰不
能檢身立善疑惑生麁不信經教呰毀神真
决驗疑心教詈非度罵詈天地攻繫真人輕
慢孤寡蹂蹦老病借貸不還為玄司衆鬼所
奏聞徹太空吾當下司命即符酆都減其定
筭入循短之次行之不改斷種滅嗣蒸嘗絕
矣長處餓鬼之塗罪福可畏如影隨形如響
應聲雖當賴其先身之功功過相補終歸至
盡盡則禍至福德亦然子之得福非吾之恩
子之得罪非吾無慈善德惡禍良由子身玄

司言善吾不能不用不能不賞玄司言悪吾不得不信不得不對六部司官撿校所得非可如何若言吾不大慈者吾是大慈爲大慈故留心經文示子葉誡爲作因緣廣開橋梁施立福田欲令子等不落悪道而不悟者可復如何世人情淺不見至誠不體深趣遇其先福未盡爲悪無他便謂天地果無善悪今當取目前肥美爲劾死何所知將目之後知在何處世俗庭人多作此念不知其魂神已被幽執七祖父母以被掠拷徒橋四役毒炭於地獄之下流串於五苦之涟以目不見謂言不仚以耳不聞必言不信而言無神不如將軍未下三官女郎血食疾速行尸之徒以此爲誡真神譬如蘭中之畜籠中之雞餡之者將欲其肥樂之者將欲其肉不知湯濩淚沸刑殂期近而雞之與畜各適其美不以爲苦世俗愚人亦復如是太上道君爲之誦偈曰

如是善悪報　果有非虛言　玄司察衆生　禍福令爲宣
功滿書玉札　記名次仙真　不生殆惓想　白日令登晨
若有五逆者　奏名告三官　司命撿録籍　計罪致形殘
七祖充考掠　万劫不蒙原　非吾不大慈　善悪自有緣
子等若不信　明會乃知聞

道言善男子善女子等善思吾當爲子委曲開張子等身在世間不知名字年限功德可悪生死之根悉記三天司命之府功過迭举莫不由之功德應當加福者則由三天司命五岳羣靈北臺大魔王連名保舉然後定举生死之根豈是六天下士三官血食卑神小鬼立能有所損益也唐費錢財飲食百精致生求生得一致報七祖殄淪三塗五苦之中流殃子孫斷其来代此皆灼然之證非虛言也子等欲免諸悪得諸善者當宗受三寶內外經誡循齋建德拔贖罪根則名書金札刻蘭自然子等諦思勿忘吾言

道言罪福報有遲速者良由因緣今當次次分別解説令諸男女得有所了世有一人自少爲悪而安隱者復有一人自少爲善而轗軻者是以愚人不得其旨便謂作悪得禍作善得禍使諸善者便欲生疑常見此輩不識

寘百爲之寘心令當辯暢善惡之爲夫少小
作惡未即輒輙者皆由先身有功三天司命
計功補過先功未盡故考吏未得執之故致
安隱先功既盡惡行不改三天除生録移名
北帝記在陽九除次陽九交近除次不遠故
不屢加其考是以暫假安隱凡人受刑生死
因緣皆有限數生死之根不應在除次者則
其人自然開悟雖未遠宿命要知惡之惡報
善之善報忽便去惡爲善踴猛精進司察之
官不敢閑人善功乃爲宅舍里域正氣所舉
玄司所奏事經北帝北帝以其先惡罪大三
天除其生録今忽改善敢不斷別告下里域
正氣令考其先違故令輒輙卒至欲使其人
首悔以功過相補死相既盡延令成就若能
悟此玄旨尋其由來之惡薄狀首謝伏誓三
官不敢復犯如此不退北帝補其善功言上
三天三天計其先惡以今善功相補罪竭功
餘則注復生録告下玄司依明科檢察若觸
事如誡慈心一切然後罪福得分因緣入定
不復加考除次陽九吾常有命符下五岳真

靈大災洪水遣龍駕迎取子身安居福地衣
食自然觀世成敗當爾之時豈不樂哉又世
人爲善未久三天書其生録過其先身禍報
未蒙福慶一旦便背善向惡司命言名北帝
奏上三天三天下司命謝其先善功補其先
惡以補今惡善功未竭考終不至故未便輒
輙世人便謂爲善無益爲苦無苦遍更作惡
功盡罪滿三天除其生録度名北帝酆都之
府記其罪名即遣報罸神兵持金梃鐵杖捕
犯捞楚復不改悔背道向耶祈禱百神罪定
身滅魂神幽執考屬三官地獄三掠之考上
刀山劒樹食火啖炭五苦層裂不可忍視三
掠既畢方入三惡非人之道轉輪畜身牛馬
豬羊以力償債以災謝負一入惡緣弥淪万
劫吾見此輩愍之在心不欲使子想興如此
故說此誡以示方來明皆慎之明皆慎之
道言凡受靈寶内教无上經者皆當精齋七
日沐浴五香存真念仙玄名苦告替首師門
乃可授矣授經日師居受經日弟子自非赤
心徂幽長苦靈面時伏師門頓首德宇者而

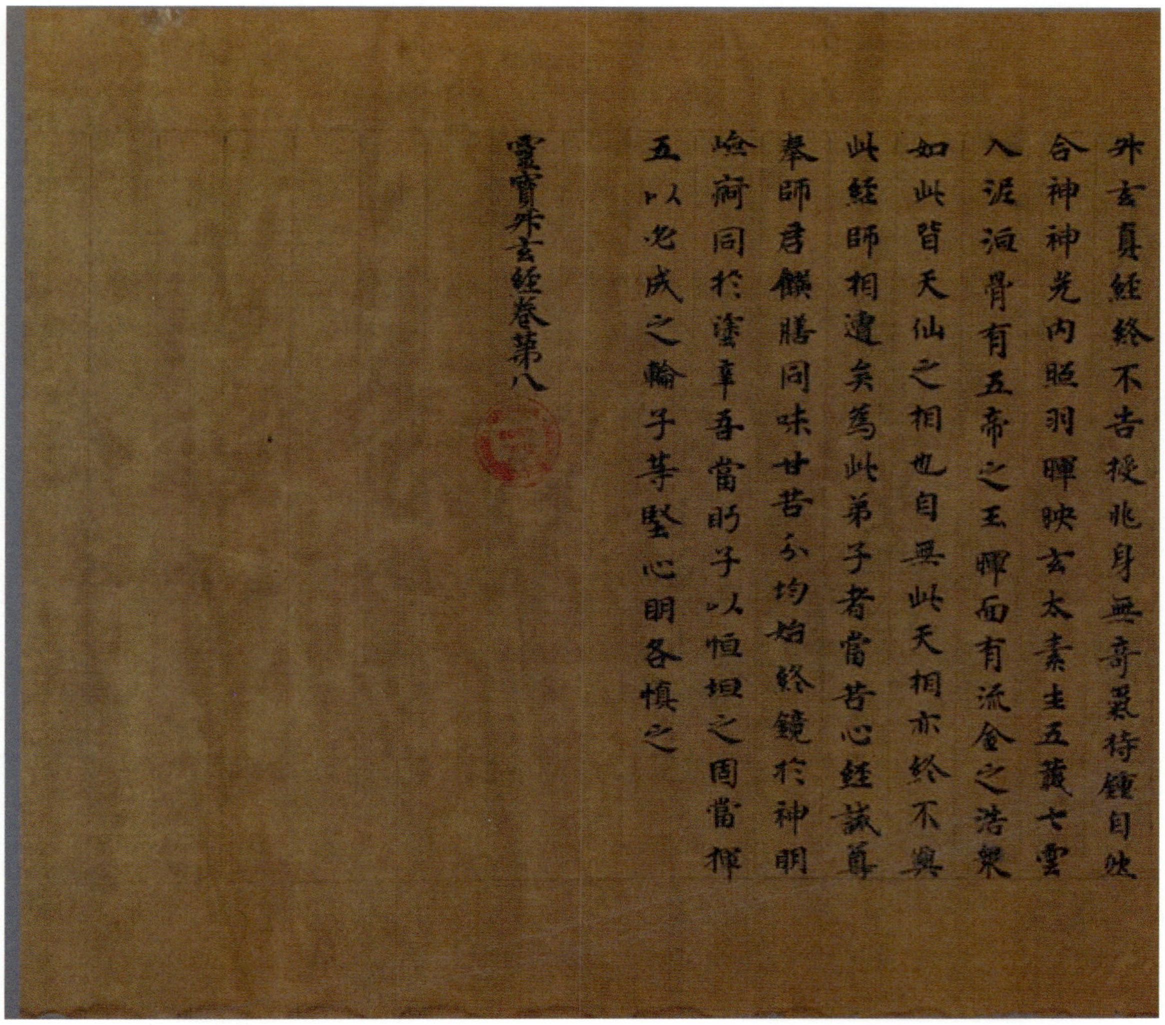

外玄真經終不吉授兆身無奇衆侍鍾自娛
合神神光内照羽暉映玄太素生五黃七雲
入泥洹胃有五帝之王暉而有流金之浩衆
如此皆天仙之相也自無此天相亦終不與
此經師相違矣焉此弟子者當苦心經誠尊
奉師君饑膳同味甘苦分均始終鏡於神明
嶮痾同於塗車吾當盻子以恒垣之固當揮
五以化成之輪子等堅心明各慎之

靈寶外玄經卷第八

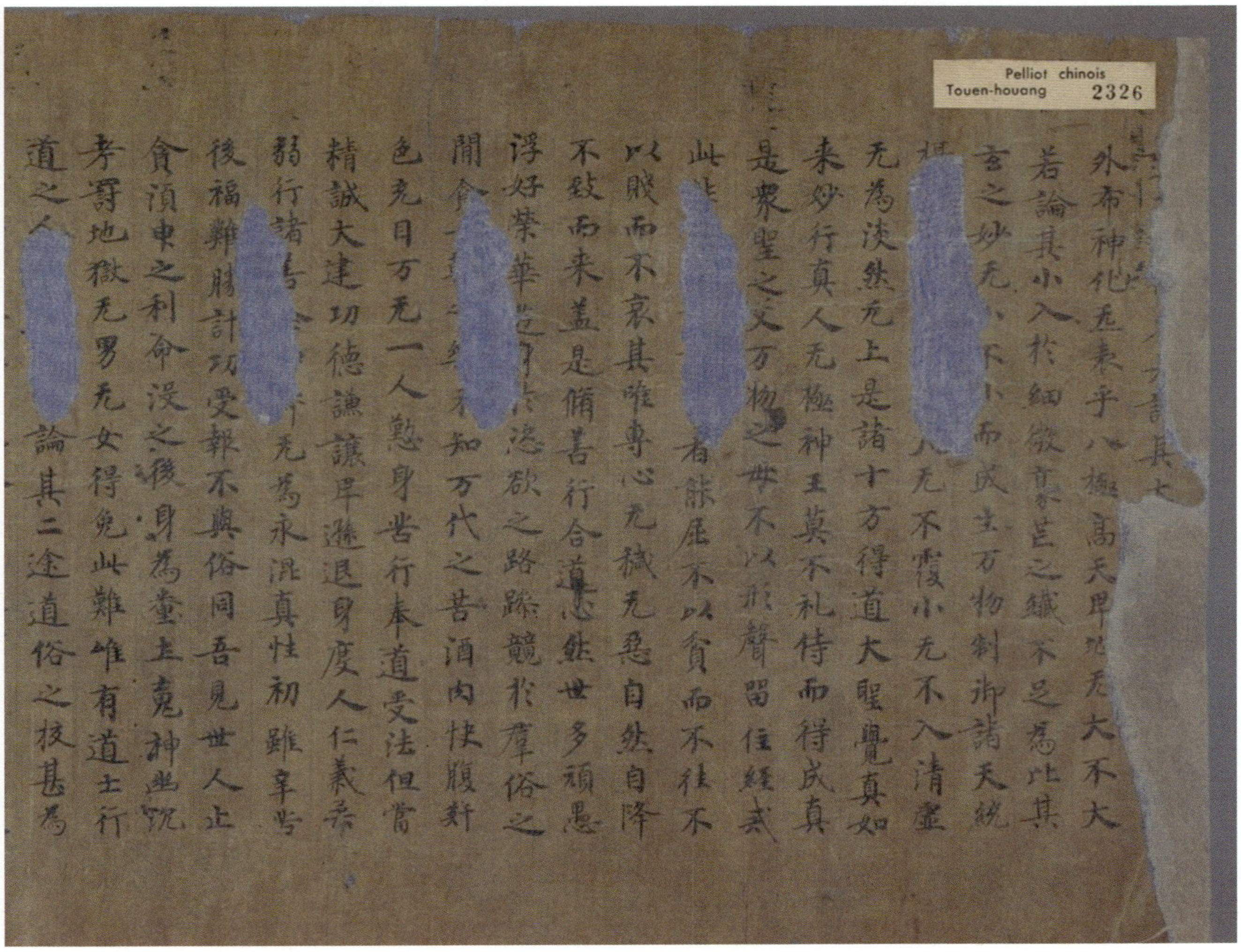

[illegible]言其七
外布神化无表乎八極高天畢地无大不大
若論其小入於細微亦甚之纖不足為比其
玄之妙无[illegible]下[illegible]而成生万物制御諸天統
攝[illegible]无不覆小无不入清虛
无為淡然无上是諸十方得道大聖覺真如
来妙行真人无極神王莫不礼侍而得成真
是衆聖之父万物之母不以形聲留住經式
此[illegible]者能屈不以貧而不往不
以賤而不哀其唯專心无絨无慾自然自降
不致而来蓋是脩善行合道志雖世多頑愚
浮好榮華[illegible]欲之路踪競於塵俗之
間貪[illegible]知万代之苦酒肉快腹對
色无目万无一人懃身苦行奉道受法但當
精誠大建功德謙讓早進退身度人仁義希
弱行諸[illegible]无為永混真性初雖辛苦
後福難勝計功受報不與俗同吾見世人止
貪須臾之利命没之後身為壹土鬼神幽沉
考罸地獄无男无女得免此難唯有道士行
道之人[illegible]論其二途道俗之枝甚為

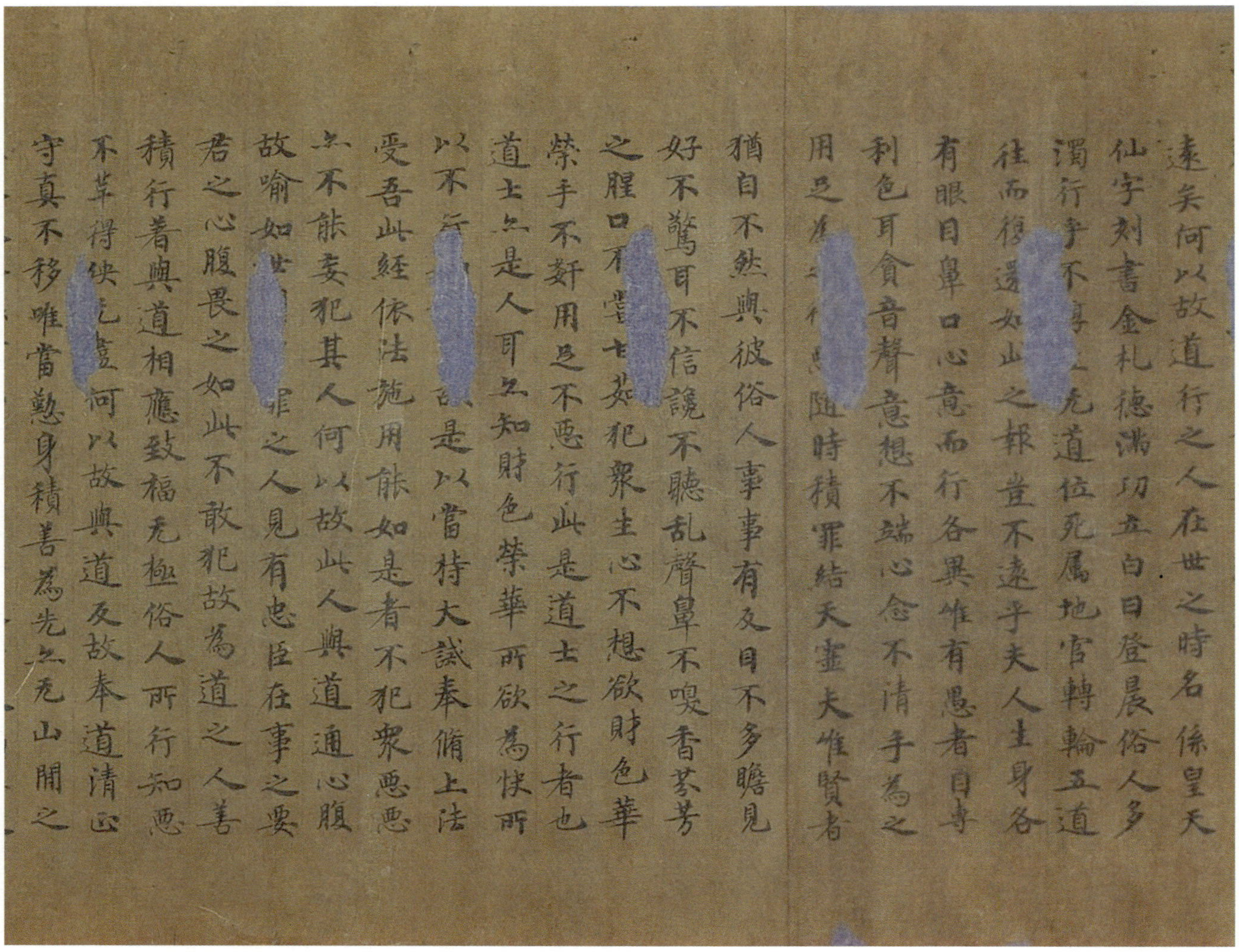

遠矣何以故道行之人在世之時名係皇天
仙字刻書金札德滿功立白日登晨俗人多
濁行[illegible]无道位死屬地官轉輪五道
往而復還如此之報豈不遠乎夫人生身各
有眼目鼻口心意而行各異唯有愚者自專
利色耳貪音聲意想不端心念不清乎爲之
用足[illegible]隨時積罪結天畫大唯賢者
猶自不然與彼俗人事事有反目不多瞻見
好不驚耳不信讒不聽乱聲鼻不嗅香芬芳
之腥口不[illegible]犯衆生心不想欲財色華
禁手不奸用足不惡行此是道士之行者也
道士知是人耳知財色榮華所欲爲快所
以不[illegible]是以當持大誡奉脩上法
受吾此經依法施用能如是者不犯衆惡惡
亦不能妄犯其人何以故此人與道通心腹
故喻如[illegible]之人見有忠臣在事之要
君之心腹畏之如此不敢犯故爲道之人善
積行著與道相應致福无極俗人所行知惡
不革得[illegible]何以故與道反故奉道清心
守真不移唯當懃身積善爲先知无山開之

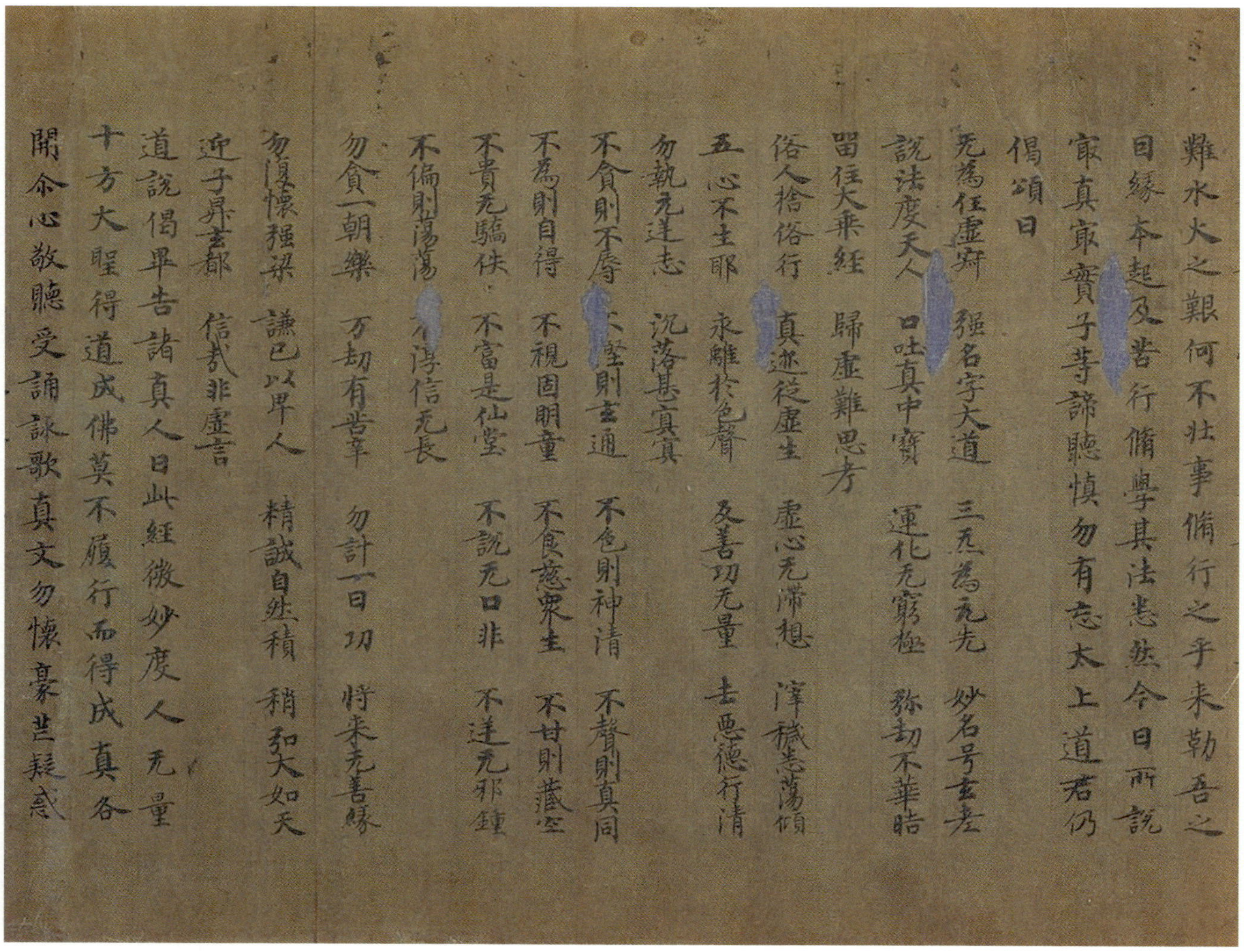

難水火之艱何不壯事脩行之乎未勤吾之
回緣本起及昔行脩學具法悉然今日所說
宣真宣寶子等諦聽慎勿有忘太上道君仍
偈頌曰
无爲任虛寂　強名字大道　三无爲无先　妙名号玄老
說法度天人　口吐真中寶　運化无窮極　弥劫不華皓
留住大乘經　歸虛難思考
俗人捨俗行　真迹從虛生　虛心无滯想　淳穢悉蕩傾
五心不生耶　永離於色聲　及善功无量　去惡德行清
勿執无達志　沉落甚冥冥
不貪則不辱　不墅則玄通　不色則神清　不聲則真同
不爲則自得　不視固明童　不食慈衆生　不甘則藏空
不貴无驕佚　不富是仙堂　不說无口非　不達无邪鍾
不偏則蕩蕩　不浮信无長
勿貪一朝樂　万劫有苦辛　勿計一日功　將來无善緣
勿復懷强梁　謙巳以卑人　精誠自然積　稍知大如天
近子昇玄都　信哉非虛言
道說偈畢告諸真人曰此經微妙度人无量
十方大聖得道成佛莫不履行而得成真各
聞爾心敬聽受誦詠歌真文勿懷豪芒疑惑

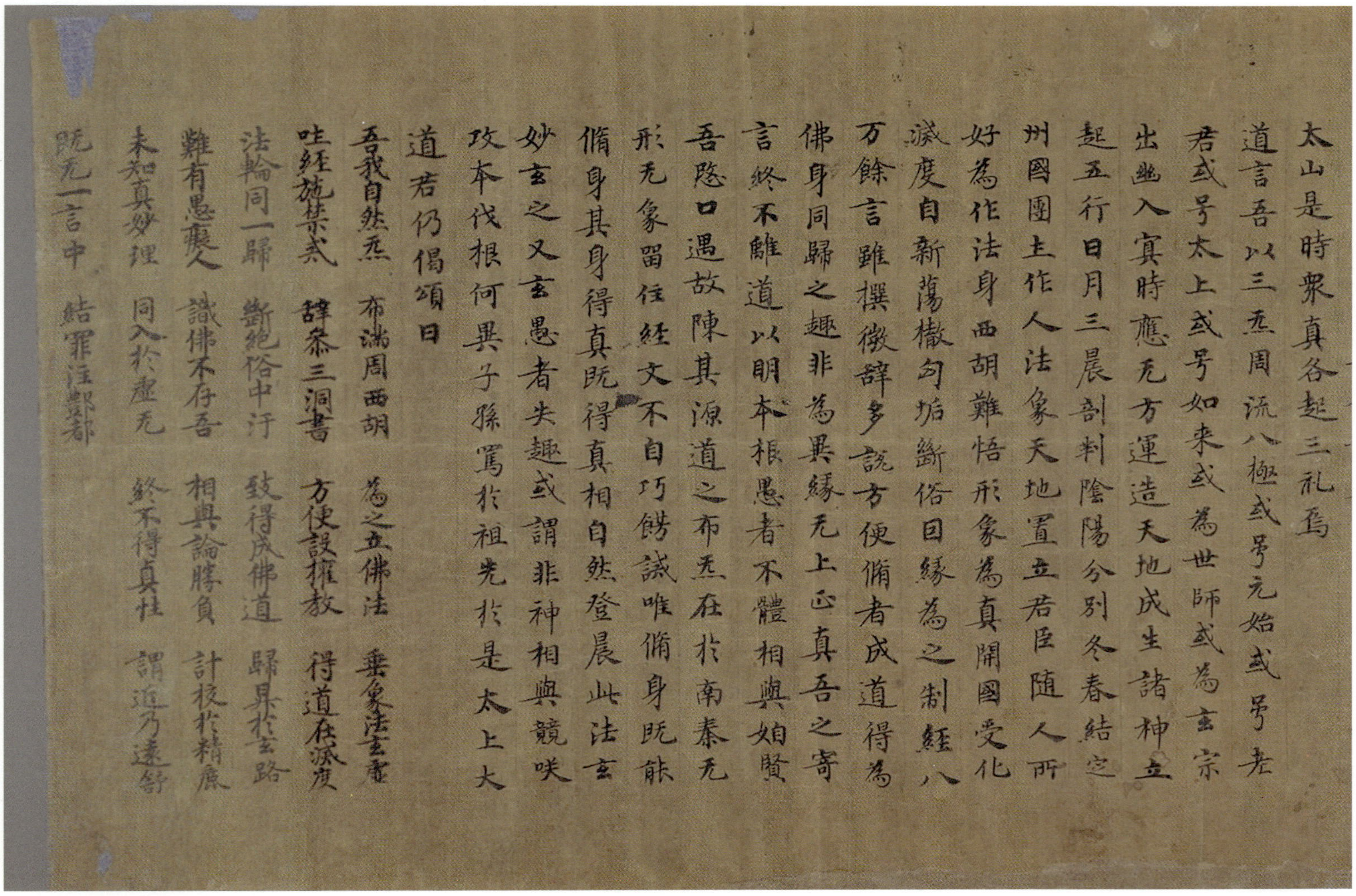

太山是時衆真各起三礼焉
道言吾以三炁周流八極或号元始或号老
君或号太上或号如来或為世師或為玄宗
出幽入冥時應无方運造天地成生諸神立
起五行日月三晨剖判陰陽分别冬春結定
州國圍主作人法象天地置立君臣随人所
好為作法身西胡難悟形象為真開國受化
滅度自新蕩撤肉垢斷俗因緣為之制經八
万餘言雖撰微辞多説方便脩者成道得為
佛身同歸之趣非為異緣无上正真吾之寄
言終不離道以明本根愚者不體相與妒賢
吾慇口遇故陳其源道之布炁在於南泰无
形无象留住經文不自巧飾誠唯脩身既能
脩身其身得真既得真相自然登晨此法玄
妙玄之又玄愚者失趣或謂非神相與競咲
攻本伐根何異子孫罵於祖先於是太上大
道若仍偈頌曰
吾我自然炁　布満周西胡　為之立佛法　垂象法玄虚
吐經旆禁戒　辞慕三洞書　方便設權教　得道在滅度
法輪同一歸　斷絶俗中汙　致得成佛道　歸昇於玄路
難有愚癡人　識佛不存吾　相與論勝負　計校於精麁
未知真妙理　同入於虚无　終不得真柱　謂道乃遠踈
既无一言中　結罪注鄷都

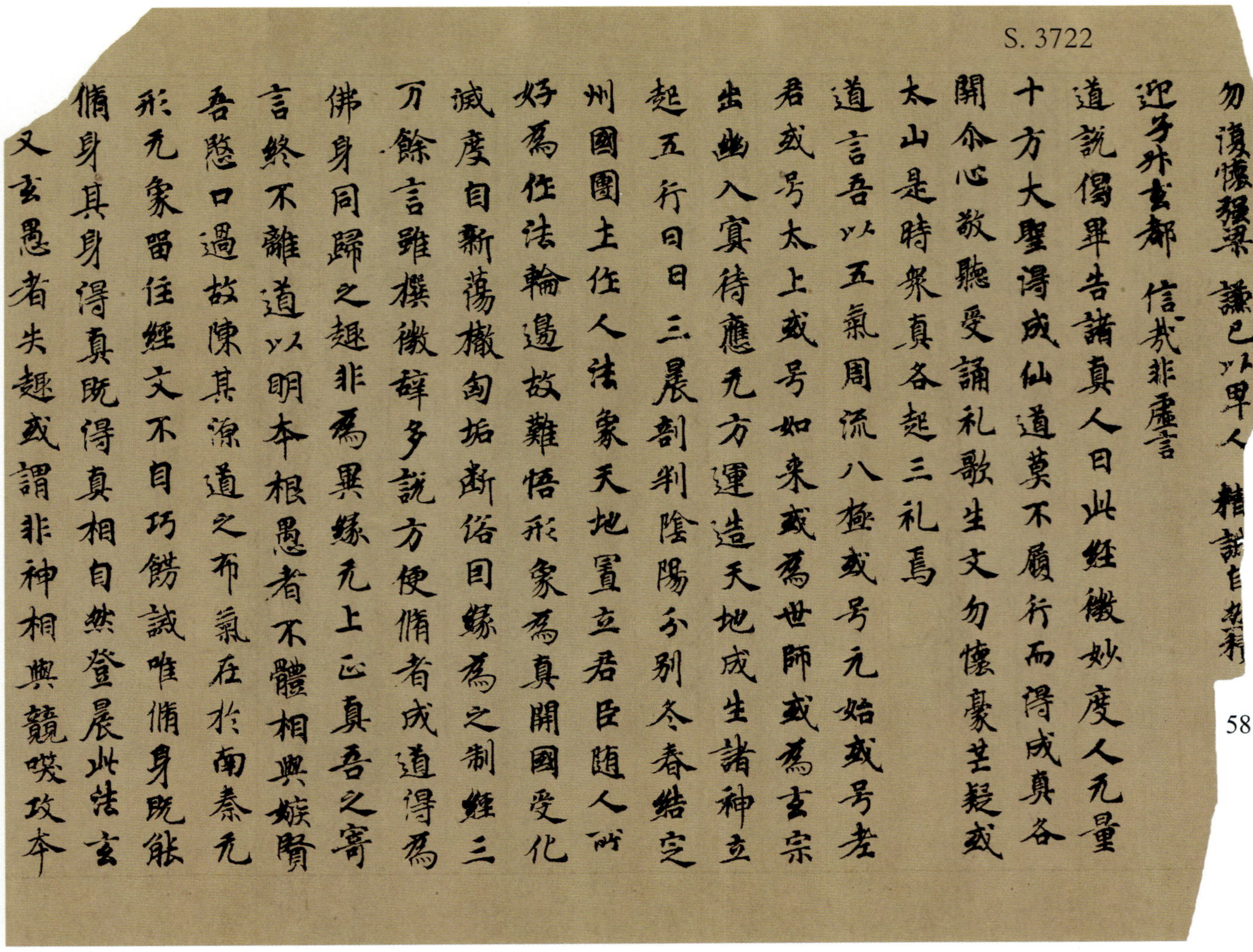

S. 3722

勿復懐猶㝫　謙已以卑人　精誠自然
迎子升玄都　信哉非虚言
道説偈畢告諸真人曰此經微妙度人无量
十方大聖得成仙道莫不願行而得成真各
開介心敬聽受誦礼歌生文勿懐豪芒疑或
太山是時衆真各起三礼焉
道言吾以五氣周流八極或号元始或号老
君或号太上或号如来或為世師或為玄宗
出幽入冥待應无方運造天地成生諸神立
起五行日日三晨剖判陰陽分别冬春結定
州國圍主作人法象天地置立君臣随人所
好為作法輪邊故難悟形象為真開國受化
滅度自新蕩撤肉垢斷俗因緣為之制經三
万餘言雖撰微辞多説方便脩者成道得為
佛身同歸之趣非為異緣无上正真吾之寄
言終不離道以明本根愚者不體相與嫉賢
吾慇口過故陳其源道之布氣在於南泰无
形无象留住經文不自巧飾誠唯脩身既能
脩身其身得真既得真相自然登晨此法玄
又玄愚者失趣或謂非神相與競咲攻本

[illegible]何異孫子罵於祖先於是太上大道君
仍偈誦曰
吾我自然氣　布滿周西胡　爲之立佛法　畫象法玄靈
吐經施禁誡　緯条三洞書　方便說權教　得道在滅度
法輪同一歸　斷絕俗中汙　致得成佛者　歸升於玄路
難有愚癡輩　識佛不存吾　相與論勝負　計校於精麤
未知真妙理　同入於虛无　衆不得真性　謂近乃遠舒
既无一言中　結罪注酆都
道說偈已告諸天真此經章句與吾同生分
別真性理無不究吾今所說无上真經升玄
內教者吾當遣正一真人張道陵位三品度
人撰擇上士七十二万人復拣中士七十二
万人復引下士七十二万人各令其人度人
万万九千即住經文保度男女使諸來生得
有橋津此法當行壬辰之後自非有相不值
其世世當此之時乾光落耀水當形金震當
敎乾艮當敎震五行易位吾此經行世善惡
自分斷察切劾誅罰紛紜撿行可否條牒善
真三官追促分散遠尋逵吾考者身爲土塵
子不脩善亦當相聞唯脩中直尋道求真改
惡從善得爲真人積福福報住禍禍臻礼士
道人可見聖君節慎愛敬改更其身願得生
道勿復傷貧經法平普度人皆均不淫不貪
天道自護若不供憧天魔乗非故氣所得反
盛令裹身失三魂七魄翔飛開鬱幽牢考鬼
所推未若住善念道敬師天地改易持道求
生持心堅固魔不犯身惟行至誠天地自明
神靈所祐自致延年升騰太虛身與天連如
似神龍在於玄渕其神㝡貴其德㝡尊受任
金闕无上真仙隨時變化日月周旋善男善
女尋吾妙言宗奉得道脩行成真若有不宗
不奉一付三官天下惡逆於是當分天下男
女不得不懃惡人曹吾欲恣汝不問不嘖其
愆從今以去改更汝心本欲以水火驅除汝
曹今復且止要令魔官以五兵疾病消盡惡
人汝自爲之吾㨿不攝也善人宜行精進不
得爲非一日背道万劫不生雖不使死罪對
分明太上道君仍偈誦曰
告尒惡人曹　走可向善達　若不趣斯利　北帝躡魔兵
結罪於六天　三官預記名　令與三災合　奄忽失身形

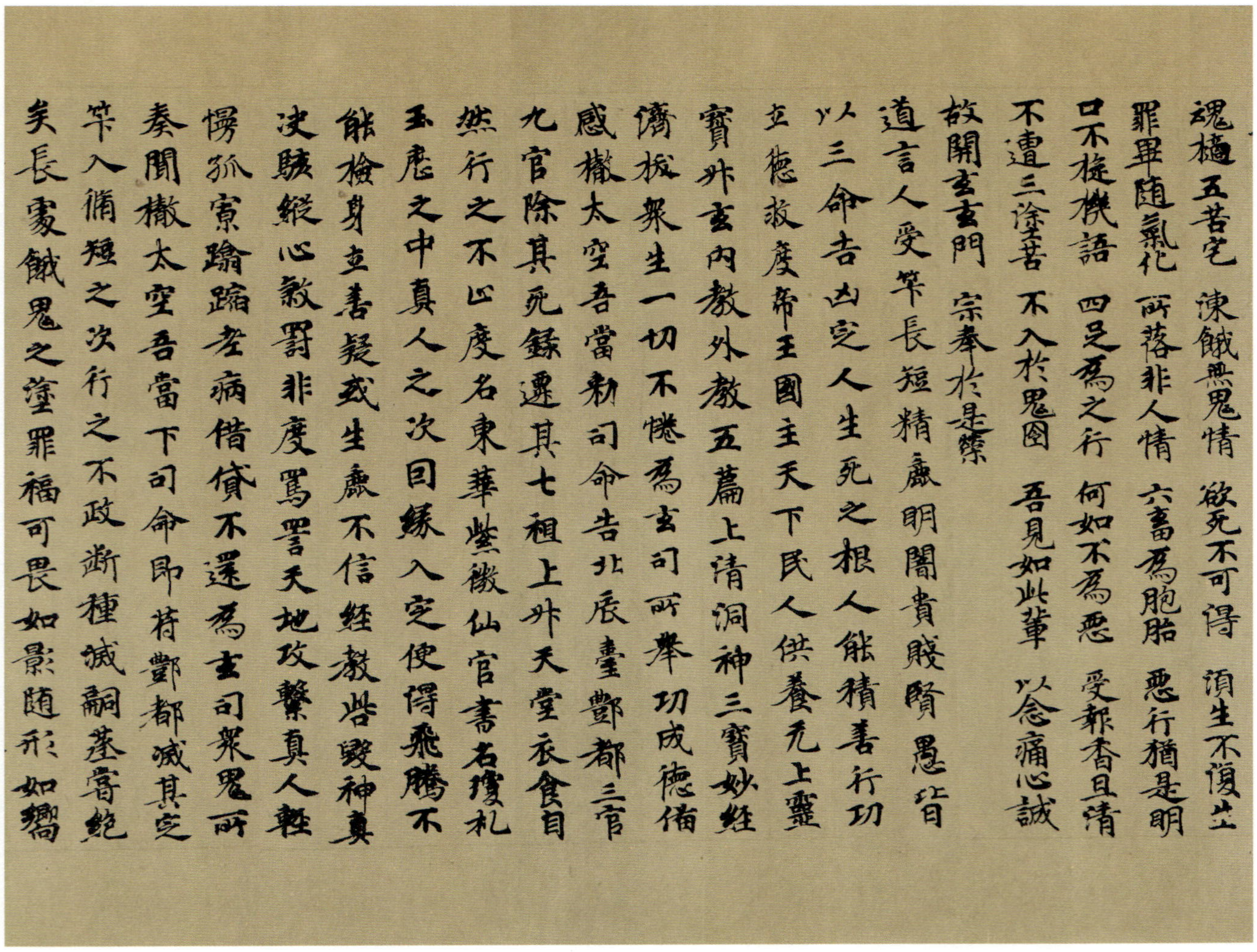
魂樀五苦宅　涷餓無鬼情　欲死不可得　須生不復生
罪畢隨氣化　所落非人情　六畜爲胞胎　悪行猶是明
口不掟機語　四足爲之行　何如不爲悪　受報杳且清
不遭三塗苦　不入於鬼囹　吾見如此輩　以念痛心誠
故開玄玄門　宗奉於是際
道言人受筭長短精麤明闇貴賤賢愚皆
以三命吉凶定人生死之根人能積善行功
立德救度帝王國主天下民人供養无上靈
寶外玄内教外教五篇上清洞神三寶妙經
濟拔衆生一切不憐爲玄司所舉功成德備
感徹太空吾當勑司命告北辰臺酆都三官
九官除其死録遷其七祖上升天堂衣食自
然行之不止度名東華紫微仙官書名覆札
玉虚之中真人之次因緣入定使得飛騰不
能檢身立善疑或生麤不信經教呰毀神真
泆駭縱心戮罸非度罵詈天地攻擊真人輕
慠孤窮踰蹈老病借貸不還爲玄司衆鬼所
奏聞徹太空吾當下司命即符酆都滅其定
筭入脩短之次行之不政斷種滅嗣基膏絶
矣長處餓鬼之塗罪福可畏如影隨形如響

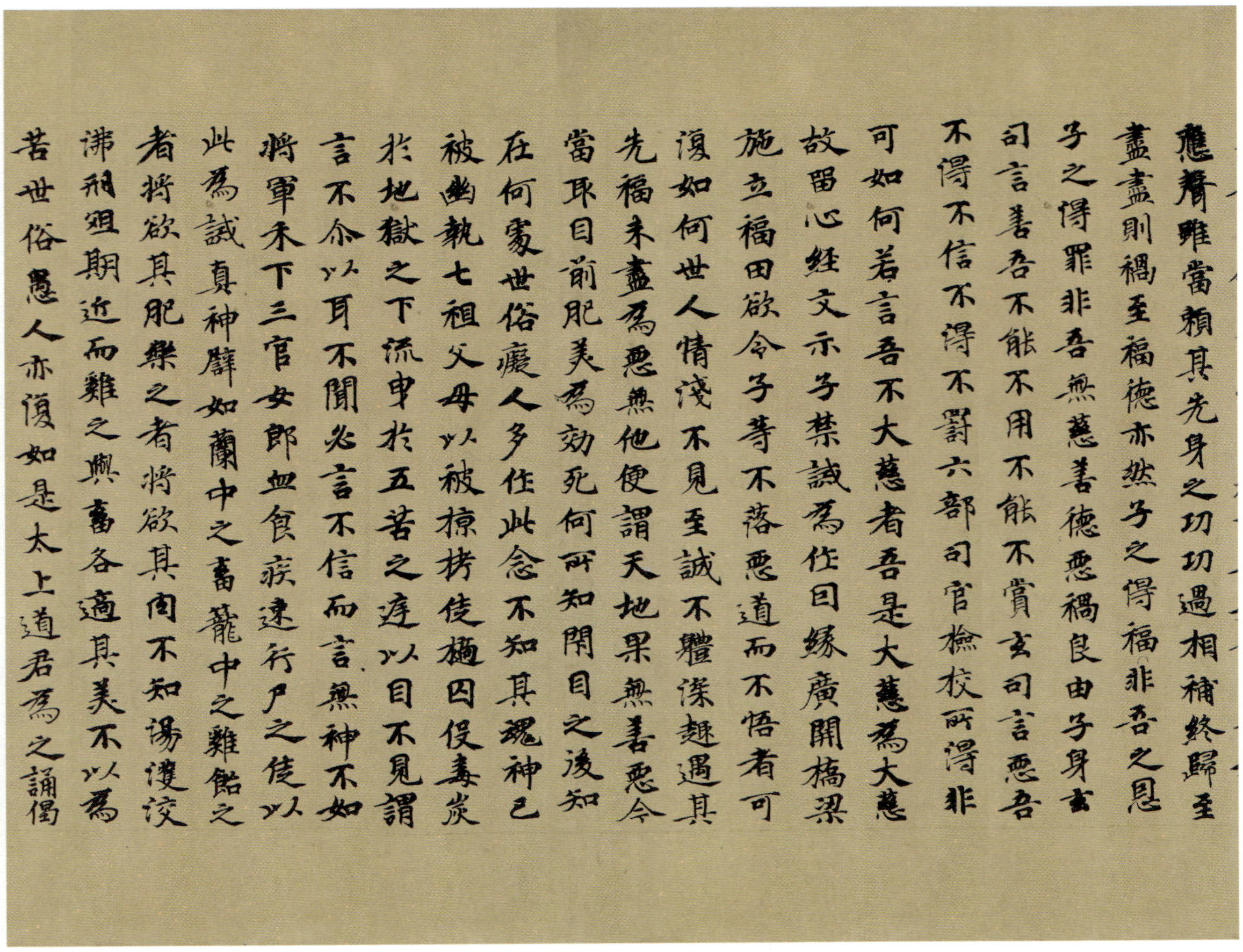
應聲雖當賴其先身之功功過相補終歸至
盡盡則禍至福德亦然子之得福非吾之恩
子之得罪非吾無慈善德悪禍良由子身玄
司言善吾不能不用不能不賞玄司言悪吾
不得不信不得不罸六部司官檢校所得非
可如何若言吾不大慈者吾是大慈爲大慈
故留心經文示子禁誡爲作因緣廣開橋梁
施立福田欲令子等不落悪道而不悟者可
復如何世人情淺不見至誠不體深趣遇其
先福未盡爲悪無他便謂天地果無善悪今
當取目前肥美爲劾死何所知閉目之後知
在何處世俗癡人多作此念不知其魂神已
被幽執七祖父母以被掠拷徒樀囚役毒炭
於地獄之下流曳於五苦之途以目不見謂
言不尒以耳不聞必言不信而言無神不如
將軍禾下三官女郎血食疾速行尸之徒以
此爲誠真神譬如蘭中之畜籠中之雞餙之
者將欲其肥樂之者將欲其肉不知湯鑊沸
沸刑俎期近而難之興畜各適其美不以爲
苦世俗愚人亦復如是太上道君爲之誦偈

日
如是善惡報　果有非虛言　玄司察衆生　禍福令爲宣
功滿書玉札　記名次仙真　不生殆倦想　白日今登晨
若有五逆者　奏名告三官　司命檢錄籍　計罪致形殘
七祖充考掠　万劫不蒙原　非吾不大慈　善惡自有緣
子等若不信　明會乃知聞
道言善男子善女子等善思吾當爲子委曲開張子等身在世間不知名字年限功德可惡生死之根悉記三天司命之府功過延年莫不由之功德應當加福者則由三天司命五岳羣靈北臺大魔王建名保舉然後定竿生死之根豈是六天下主三官血食畀神小鬼立能有所損益也唐費錢財飲食百精敎生求生得一敘報七祖祢論三塗五苦之中流殃子孫斷其來代此皆灼然之證非虛言也子等欲免諸惡得諸善者當宗受三寶內外經誡脩齋建德拔贖罪根則名書金札刻簡自然子等諦思勿忘吾言
道言罪福報有遲速者良由因緣今當次次分別解說令諸男女得有所了世有一人自少爲惡而安隱者復有一人自少爲善而轗軻者是以愚人不得其旨便謂作惡得福作善得禍使諸善者使欲生疑常見此輩不識冥旨爲之寒心今當辯暢善思之焉夫少小作惡未即轗軻者皆由先身有功三天司命計功補過先功未盡故考吏未得執之故致安隱先功既盡惡行不改三天除生錄移名北帝記在陽九除次陽九交近除次不遠故不屢加其考是以暫假安隱凡人受刑生死因緣皆有限數生死之根不應在除次者則其人自然開悟雖未遠宿命要知惡之惡報善之善報忽便去惡爲善踴猛精進司察之官不敢閑人善功乃爲宅舍里域正氣所舉玄司所奏事經北帝北帝以其先惡罪大三天除其生錄令忽改善敢不覩別告下里域正氣令考其先違故令轗軻李至欲使其人首悔以功過相補死相既盡延令成就若能悟此玄旨尋其由來之惡薄狀首寫伏愆三官不敢復犯如此不退北帝補其善功言上三天三天計其先惡以今善功相補罪竭功

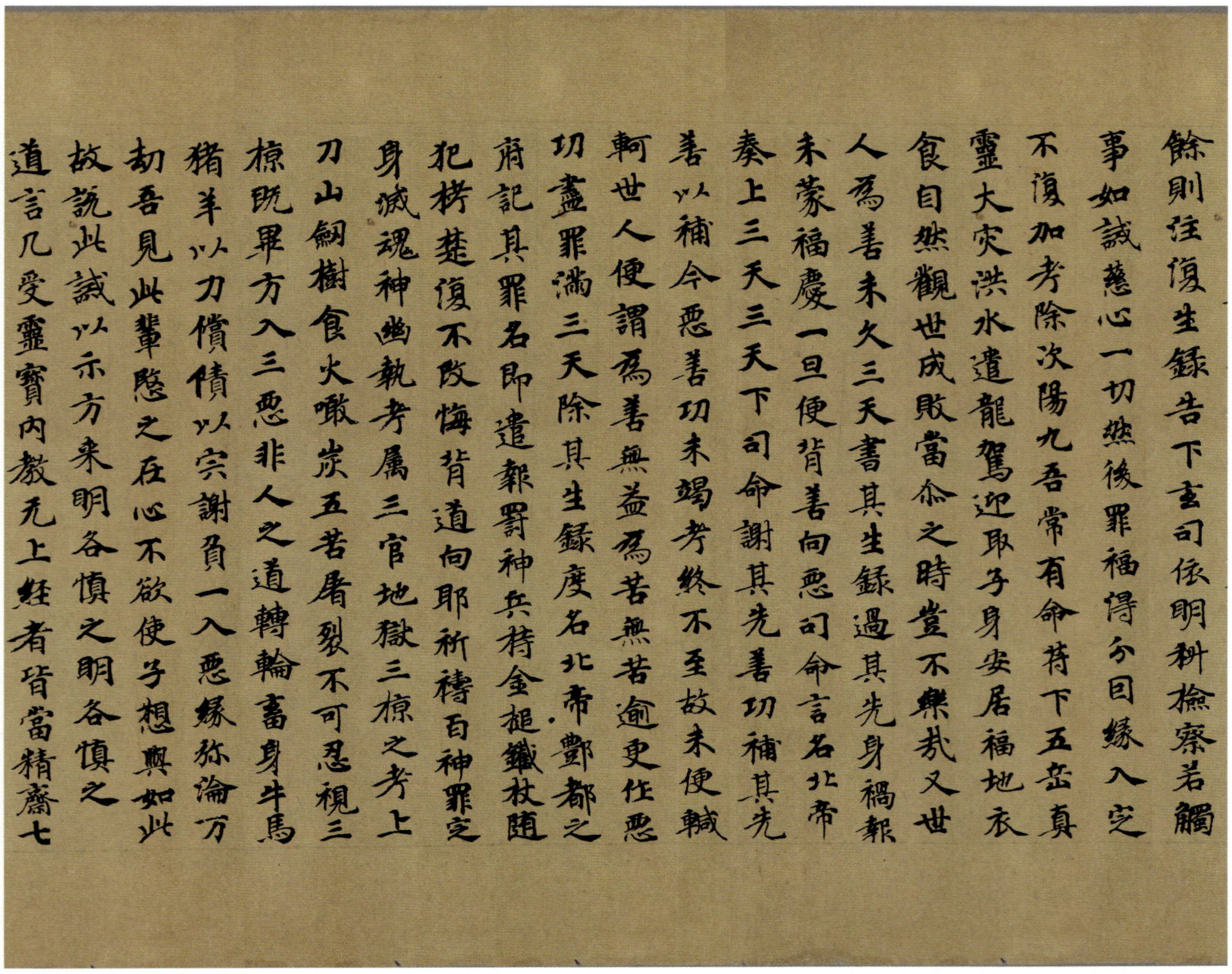

餘則注復生録告下玄司依明科檢察若觸
事如誡慈心一切然後罪福得分曰緣入定
不復加考除次陽九吾常有命符下五岳真
靈大災洪水遣龍駕迎取子身安居福地衣
食自然觀世成敗當尒之時豈不樂哉又世
人為善未久三天書其生録過其先身禍報
未蒙福慶一旦便背善向惡司命言名北帝
奏上三天三天下司命謝其先善功補其先
善以補今惡善功未竭考終不至故未便輒
輒世人便謂為善無益為苦無苦逾更作惡
功盡罪滿三天除其生録度名北帝酆都之
府記其罪名即遣飆罰神兵持金槌鐵杖隨
犯拷楚復不改悔背道向耶祈禱百神罪定
身滅魂神幽執考屬三官地獄三掠之考上
刀山劍樹食火噉炭五苦屠裂不可忍視三
掠既畢方入三惡非人之道轉輪畜身牛馬
猪羊以刀償債以宍謝負一入惡緣弥淪万
劫吾見此輩愍之在心不欲使子想與如此
故說此誡以示方來明各慎之明各慎之
道言凡受靈寶內教无上經者皆當精齋七

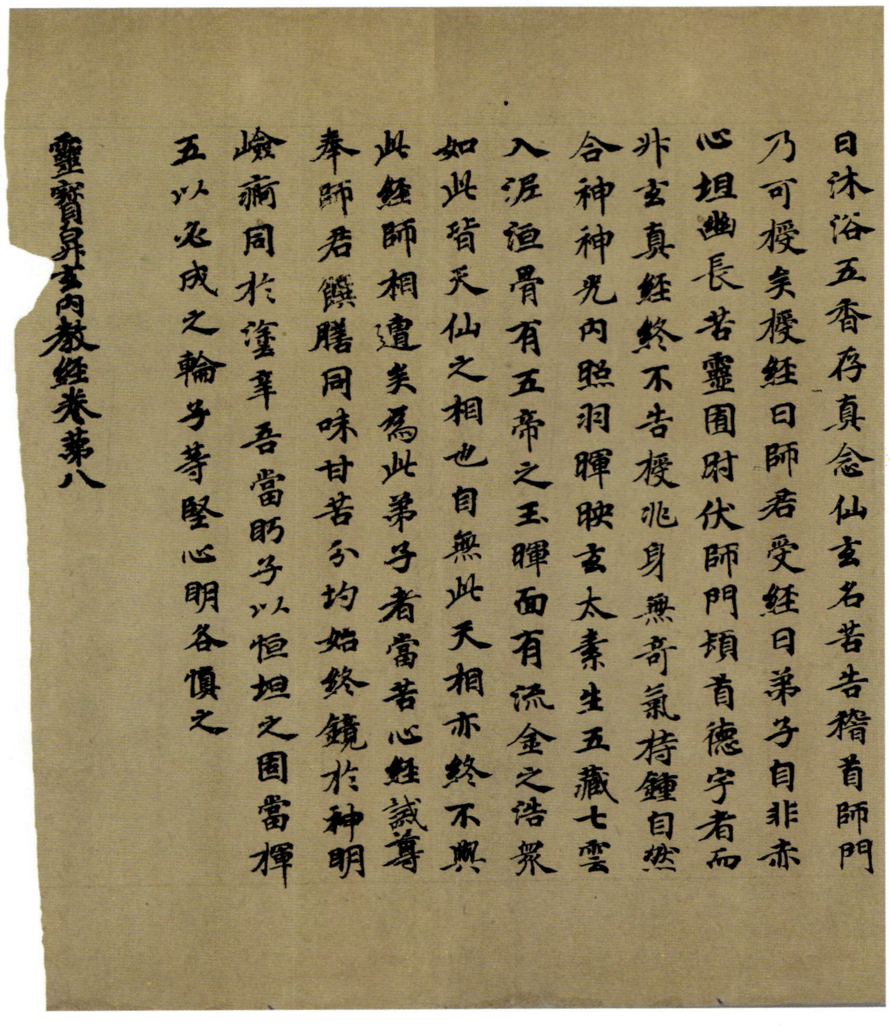

日沐浴五香存真念仙玄名若告稽首師門
乃可授矣授經日師君受經日弟子自非赤
心坦幽長若靈囿附伏師門頓首德守者而
非玄真經終不告授兆身無奇氣持鍾自然
合神神光內照羽暉映玄太素生五藏七雲
入泥洹骨有五帝之玉暉面有流金之浩衆
如此皆天仙之相也自無此天相亦終不興
此經師相違矣為此弟子者當若心經誡尊
奉師君饌膳同味甘苦分均始終鏡於神明
嶮痾同於塗苹吾當盼子以恒坦之囿當捍
五以必成之輪子等堅心明各慎之

靈寶昇玄內教經卷第八

釋文 [一]

(S.6310 抄本) [二]

靈寶昇玄內教經顯真戒品第八

无上三天法師太極真人徐来勒與諸天大／聖、金光童子、諸大仙等七千二百卌人，俱坐／蓬萊寶林之下，稽首道前，諮問道要。尒時太／上道君坐□□□□□□□□□□□□／玉（下缺）

(P.2474 抄本，前缺) [三]

太極真人前進作禮，請問道／根：不審大道以何為身，生出何許，名之為道／？

道言：子之所問，真為深要，當為子等次次／解說。夫大道玄妙，出於自然，生於无生，先於无／先，挺於空洞，陶育乾坤，号曰无上、玄老、太上／三炁。三炁，玄元始也，无上正真道也。神奇微／遠，不可得名。若論其大(四)，則苞含天地，弥羅无／外，布神化氣，表乎八極，高天卑地，无大不大／。若論其小，入於細微，豪芒之纖，不足為比，其／玄之妙，无小不小。而成生万物，制御諸天，統(五)／攝三万六千種道。大无不覆，小无不入，清虛／无為，淡然无上。是諸十方得道大聖、覺真如／来、妙行真人、无極神王，莫不礼侍而成真／。是衆聖之父，万物之母，不以形聲留住經戒／。此非富者能誘，貴者能屈，不以貧而不往，不／以賤而不哀。其唯專心，無穢無惡，自然自降／，不致而来。蓋是脩善，行合道心。然世多頑愚／，浮好榮華，遊身於恣欲之路，躁競於群俗之／間，貪一朝之樂，未知万代之苦，酒肉快腹，奸／色充目，万無一人懃身苦行，奉道受法。但當／精誠，大建功德，謙讓卑遜，退身度人，仁義柔／弱，行諸善念，清寂无為，永混真性。初雖辛苦／，後福難勝，計功受報，不與俗同。吾見世人止／貪須臾之利，命没之後，身為糞土，魂神幽沉／，拷罰地獄，無男無女，得免(六)此難。唯有道士行／道之人，得登天堂。論其二徒，道俗之校，甚為／遠矣。何以故？道行之人在世之時，名系皇天／，仙字刻書金札，德滿功立，白日登晨。俗人多／濁，行乎不淳，生無道位，死屬地官，轉輪(七)五道／，往而復還。如此之報，豈不遠乎？夫人生身，各／有眼目鼻口心意，而行各異。唯有愚者目專／利色，耳貪音聲，意想不端，心念不清，手為之／〔用，足為之〕(八)行，惡隨時積，罪結天靈。夫唯賢者獨(九)自不然／，與彼俗人事事有反。目不多瞻，見好不驚；耳／不信讒，不聽乱聲；鼻不嗅香芬芳之腥；口不／甞甘，茹犯衆生；心不想欲財色華榮；手不奸／用，足不惡行。此是道士之行者也。道士亦是／人耳，亦知財色榮華，所欲為快。所以不行，知／報惡故。是以當持大誡，奉脩上法，受吾此經／，依法施用。能如是者，不犯衆惡，惡亦不能妄／犯其人。〔何以故〕(一〇)？此人與道通心腹故。喻如世閒有罪／之人，見有忠臣在事之官，心腹畏之(一一)，如此不／敢犯。故為道之人，善積行著，與道相應，致福／无極。俗人所行，知惡不革，得殃无盡。何以故／？與道反故。奉道清正，守真不移，惟當勤身，積／善為先。亦無山澗之難，水火之艱，何不庄事／脩行之乎？来勒，吾之因緣本起，及吾苦脩(一二)，與／其法悉然。今日所說，最真最實。子等諦聽，慎／勿有忘。太上道君仍頌偈曰／：

无為任虛寂，强名字大道。三氣為元先，妙名号玄老／。
說法度天人，口吐真中寶。運化无窮極，弥劫不華皓／。
留住大乘經，歸虛難思考／。
俗人捨俗行，真迹從虛生。虛心無滯想，滓穢悉蕩傾／。
五心不生耶，永離於色聲。反善功无量，去惡德行清／。
勿執元逆志，沈落甚冥冥／。
不貪則不辱，不慳則玄通。不色則神清，不聲則真洞／。
不為則自得，不視固明童。不食慈衆生，不甘則藏空／。
不貴無驕泆，不富是仙堂。不說無口非，不逆無耶鍾／。
不偏則蕩蕩，不淳信無長／。
勿貪一朝樂，万劫有苦辛。勿計一日功，將来無善緣／。
勿復懷强梁(一三)，謙己以卑人。精誠自然積，稍弘大如天／。
迎子升玄都，信哉非虛言／。

道說偈畢，告諸真人曰：此經微妙，度人无量／，十方大聖得成佛道(一四)，莫不履行而得成真。各／開尒心，敬聽受誦，礼歌生文(一五)，勿懷豪芒，疑或(一六)／太山。是時衆真各起三礼焉／。

道言：吾以五氣(一七)，周流八極，或号元始，或号老／君，或号太上，或号如来。或為世師，或為玄宗／，出幽入冥，待應(一八)无方。運造天地，成生諸神，立／起五行，日月三晨，剖判陰陽，分別冬春。結定／州國，團土作人，法象天地，置立君臣。隨人所／好，為作法身，西胡難悟(一九)，形象為真，開國受化／，滅度自新。蕩撤匈垢，断俗因緣，為之制經，三／万(二〇)餘言。雖撰微辞，多說方便，脩者成道，得為／佛身，同歸之趣，非為異緣。无上正真，吾之寄／言，終不離道，以明本根。愚者不體，相與嫉賢／，吾愍口過，故陳其源。道之布氣，在於南秦，无／形无象，留住經文。不自巧餝，誡唯脩身，既能／脩身，其身得真，既得真相，自然登晨。此法〔玄妙〕(二一)玄／之又玄，愚者失趣，或謂非神，相與競笑，攻本／伐根，何異孫子罵於祖先。於是太上大道君／仍偈頌(二二)曰／：

吾我自然氣，布滿周西胡。為之立佛法，垂象法玄虛／。

吐經施禁誡，辞条三洞書。方便説權教，得道在滅度／。
法輪同一歸，断絶俗中汙。致得成佛者，歸升於玄路／。
難有愚癡輩，識佛不存吾。相與論勝負，計校於精麁／。
未知真妙理，同入於虛无。衆不得真性，謂近乃遠舒／。
既无一言中，結罪注酆都／。（二三）

道説偈已，告諸天真：此經章句，與吾同生，分／别真性，理無不究。吾今所説无上真經升玄／内教者，吾當遣正一真人張道陵，作三品度／人。撰擇上士七十二万人，復採中士七十二／万人，復引下士七十二万人，各令其人度人／万万九千。即住經文，保度男女，使諸来生得／有橋津。此法當行壬辰之後，自非有相，不值／其世也。當此之時，乹光落耀，水當形金，震當／煞乹，艮當煞震，五行易位。吾此經行世，善惡／自分，断察功効，誅罰紛紜。檢行可否，條牒善／真，三官追促，分散遠尋，逢吾考者，身為土塵／。子不脩善，亦當相聞，唯脩中直，尋道求真，改／惡從善，得為真人。積福福報，作禍禍臻，礼士／道人，可見聖君。節慎愛欲，改更其身，願得生／道，勿復傷貧，經法平普，度人皆均。不淫不貪／，天道自護，若不供懂，天魔乘非。故氣所得，夭／盛令衰，身失三魂，七魄翔飛，悶繫幽牢，考鬼／所推。未若作善，念道敬師，天地改易，恃道求／生。持心堅固，魔不犯身，惟行至誠，天地自明／。神靈所祐，自致延年，升騰太虛，身與天連，如／似神龍，在於玄渊。其神最貴，其德最尊，受任／金闕，无上真仙，随時變化，日月周旋。善男善／女，尋吾妙言，宗奉得道，脩行成真。若有不宗／不奉，一付三官。天下惡逆，於是當分，天下男／女，不得不懃。惡人曹，吾欲恣汝不問，不嘖其／偲，從今以去，改更汝心。本欲以水火駈除汝／曹，今復且止，要令魔官以五兵，疾病消盡。惡／人汝自為之，吾誓不攝也。善人宜行精進，不／得為非，一日背道，万劫不生，雖不便死，罪對／分明。太上道君仍偈誦曰／：

告尒惡人曹，走可向善庭。若不趣斯利，北帝踴魔兵／。
結罪於六天，三官預記名。令與三灾合，奄忽失身形／。
魂擿五苦宅，凍餓無鬼情。欲死不可得，須生不復生／。
罪畢随氣化，所落非人情。六畜為胞胎，惡行由是明／。
口不旋機語，四足為之行。何如不為惡，受報香且清／。
不遭三塗苦，不入於鬼囹。吾見如此輩，以念痛心誠／。
故開玄玄門，宗奉於是榮／。

道言：人生受筭長短，精麁明闇，貴賤賢愚，皆／以三命吉凶，定人生死之根。人能積善行功／，立德救度帝王國主、天下民人，供養无上靈／寶升玄内教、外教五篇、上清洞神三寶妙經／，濟拔衆生，一切不惓，為玄司所舉，功成德脩／，感徹太空。吾當勑司命告北辰臺、酆都三官／九官，除其死録，遷其七祖，上升天堂，衣食自／然。行之不止，度名東華紫微仙官，書名瓊札／玉歷（曆）之中，真人之次，因緣入定，便得飛騰。不／能檢身立善，疑或（惑）生麁，不信經教，呰毁神真／，决駭縱心，煞罰非度，駡詈天地，攻擊真人，輕／慢孤寡，蹹蹜老病，借貸不還，為玄司衆鬼所／奏，聞撤（徹）太空。吾當下司命，即苻（付）酆都，滅其定／筭，入脩短之次。行之不改（二四），断種滅嗣，蒸甞絶／矣。長處惡鬼之塗，罪福可畏，如影随形，如嚮（響）／應聲。雖當賴其先身之功，功過相補，終歸至／盡，盡則禍至。福德亦然。子之得福，非吾之恩／；子之得罪，非吾無慈。善德惡禍，良由子身。玄／司言善，吾不能不用，不能不賞；玄司言惡，吾／不得不信，不得不罰。六部司官檢校所得，非／可如何。若言吾不大慈者，吾是大慈。為大慈／故，留心經文，示子禁誡。為作因緣，廣開橋梁／，施立福田。欲令子等不落惡道，而不悟者，可／復如何。世人情淺，不見至誠，不體深趣，遇其／先福未盡，為惡無他，便謂天地果無善惡，今／當取目前肥美為効，死何所知，悶目之後，知／在何處。世俗癡人多作此念，不知其魂神已／被幽執，七祖父母以被掠拷徒擿，囚役毒炭／於地獄之下，流曳於五苦之庭。以目不見，謂／言不尒；以耳不聞，必言不信，而言無神。不如／將軍未下三官，女郎血食疾速，行尸之徒，以／此為誡。真神譬如蘭（欄）中之畜，籠中之雞，飴之／者將欲其肥，樂之者將欲其肉，不知湯濩汶／沸，刑俎期近，而雞之與畜，各適其美，不以為／苦。世俗愚人，亦復如是。太上道君為之誦偈／曰：

如是善惡報，果有非虛言。玄司察衆生，禍福令為宣／。
功滿書玉札，記名次仙真。不生殆惓想，白日令登晨／。
若有五逆者，奏名告三官。司命檢録籍，計罪致形殘／。
七祖充考掠，万劫不蒙原。非吾不大慈，善惡自有緣／。

子等若不信，明會乃知聞／。

道言：善男子、善女子等善思，吾當為子委曲／開張。子等身在世間，不知名字年限，功德可／惡，生死之根，悉記三天司命之府，功過延竿／，莫不由之。功德應當加福者，則由三天司命／、五岳羣靈、北臺大魔王連名保舉，然後定竿／生死之根。豈是六天下土三官、血食卑神小／鬼，立能有所損益也。唐費錢財，飲食百精，煞／生求生，得一煞報，七祖弥淪三塗五苦之中／，流殃子孫，断其来代。此皆灼然之證，非虚言／也。子等欲勉（免）諸惡，得諸善者，當宗受三寶内／外經誡，脩齋建德，拔贖罪根，則名書金札，刻／簡自然。子等諦思，勿忘吾言／。

道言：罪福報有遲速者，良由因緣。今當次次／分別解説，令諸男女得有所了。世有一人自／少為惡而安隱者，復有一人自少為善而輒（轗）／軻者。是以愚人不得其旨，便謂作惡得福，作／善得禍，使諸善者便欲生疑。常見此輩不識／冥旨，為之寒心，今當辨暢善思之焉。夫少小／作惡未即輒（轗）軻者，皆由先身有功，三天司命／計功補過，先功未盡，故考吏未得執之，故致／安隱。先功既盡，惡行不改，三天除生録，移名／北帝，記在陽九除次；陽九交近，除次不遠，故／不屢加其考，是以暫假安隱。凡人受刑（形），生死／因緣皆有限數，生死之根不應在除次者，則／其人自然開悟。雖未遠宿命，要知惡之惡報／，善之善報，忽便去惡為善，踴猛精進，司察之／官不敢閇人善功，乃為宅舍里域正氣所舉／，玄司所奏，事經北帝。北帝以其先惡罪大，三／天除其生録，今忽改善，敢不虧別，告下里域正氣，令考其先違，故令輒（轗）軻卒至，欲使其人／首悔，以功過相補，死相既盡，延令成就。若能／悟此玄旨，尋其由来之惡，簿狀首寫，伏誓三／官，不敢復犯。如此不退，北帝補其善功言上／三天，三天計其先惡，以今善功相補，罪竭功／餘，則注復生録，告下玄司，依明科檢察。若觸／事如誡，慈心一切，然後罪福得分，因緣入定／，不復加考，除次陽九。吾常有命符下五岳真／靈，大灾洪水，遣龍駕迎取子身，安居福地，衣／食自然，觀世成敗。當尒之時，豈不樂哉。又世／人為善未久，三天書其生録過，其先身禍報／，未蒙福慶，一旦便背善向惡，司命言名北帝／，奏上三天，三天下司命謝其先善功，補其先／善，以補今惡。善功未竭，考終不至，故未便輒（轗）／軻。世人便謂為善無益，為苦無苦，逾更作惡／。功盡罪滿，三天除其生録，度名北帝酆都之／府，記其罪名，即遣報罰神兵，持金搥鐵杖，随／犯拷楚。復不改悔，背道向耶，祈禱百神，罪定／身滅，魂神幽執，考屬三官地獄，三掠之考，上／刀山劍樹，食火噉炭，五苦屠裂，不可忍視。三／掠既畢，方入三惡非人之道，轉輪畜身、牛馬／猪羊，以力償債〔二五〕，以宍謝負。一入惡緣，弥淪万／劫。吾見此輩，愍之在心，不欲使子想與如此／，故説此誡，以示方来，明各慎之，明各慎之／。

道言：凡受《靈寶内教无上經》者，皆當精齋七／日，沐浴五香，存真念仙玄名，苦告稽首師門／，乃可授矣。授經曰師君，受經曰弟子。自非赤／心坦幽、長苦靈囿、肘伏師門，頓首德宇者，而／《升玄真經》終不告授。兆身無奇氣特鍾，自然／合神，神光内照，羽暉映玄，太素生五藏，七雲／入泥洹，骨有五帝之玉暉，面有流金之浩衆／。如此皆天仙之相也。自無此天相，亦終不與／此經師相遭矣。為此弟子者，當苦心經誡，尊／奉師君，饌膳同味，甘苦分均，始終鏡於神明／，嶮痾同於塗辛。吾當盼子以恒坦之固，當揮／五以必成之輪。子等堅心，明各慎之／。

靈寶升玄經卷第八

校記

（一）本卷以S. 6310、P. 2474號抄本爲底本，以P. 2326、S. 3722爲參校本。兩件底本之間仍有缺文。（王卡先生此件録文係未定稿，有校語而無標號，出校格式亦不統一，又校語與録文難以對應，且缺失「今忽改善」以後部分。今據校語改正録文，添加標號，統一出校格式，並據《中華道藏》本補後半部分。——胡百濤整理）

（二）此抄本由兩件殘片合成。前半片屬《昇玄經》第八，後半片屬《本相經》卷廿三。按，《道典論》卷二引《昇玄經》云：「仙公又向太極真人長跪言：歸誠先生，願降法澤，滋潤枯槁，使將來道士得修至真，棄邪法術。」當係本卷缺損文字。

（三）此抄本卷首缺損，卷尾完好。其卷首缺文，據P. 2456《大道通玄要》抄本及《一切道經音義妙門由起》卷一之引文擬補。不復出注。

（四）P. 2326起於此行，有殘損。

（五）以下各行末缺文，據P. 2326、S. 3722抄本逕補。

（六）得免：原作「不勉」，據P. 2326改。

（七）轉輪：原作「轉轉」，據P. 2326改。

〔八〕用足為之：四字原漏，據P. 2326補。
〔九〕「獨」字P. 2326作「猶」。
〔一〇〕何以故：三字原漏抄，據P. 2326補。
〔一一〕在事之官心腹畏之：P. 2326作「在事之要，君之心腹畏之」。
〔一二〕及吾苦脩：P. 2326作「及苦行脩學」。
〔一三〕S. 3722起於此行。
〔一四〕得成佛道：P. 2326作「得道成佛」，S. 3722作「得成仙道」。
〔一五〕礼歌生文：P. 2326作「詠歌真文」，近是。
〔一六〕「或」字P. 2326作「惑」。
〔一七〕五氣：P. 2326作「三炁」。
〔一八〕待應：P. 2326作「時應」，近是。
〔一九〕為作法身西胡難悟：原作「為作法輪邊故難悟」，文義不通，據P. 2326改。
〔二〇〕三万：P. 2326作「八万」。
〔二一〕玄妙：原漏此二字，據P. 2326補。
〔二二〕頌：原作「誦」，S. 3722同，據P. 2326改。
〔二三〕P. 2326止於此行。
〔二四〕不改：原作「不政」，據《道典論》卷三引文改。
〔二五〕債：原作「嘖」，據S. 3722改。

附補材料

《昇玄經》第八云：吾以五氣周流八極，或號太上，或號老君，或爲玄宗，或爲世師。（《三洞珠囊》卷八）

《昇玄經》云：金光童子現人才服飾品板目。（《道典論》卷一）

《昇玄經》云：道言：人生受筭，不信經教，呰毁神真，决駭縱心，殺罰非度，駡詈天地，攻擊真人，爲玄司衆鬼所奏，聞徹太空。吾當下司命，付酆都，滅其定筭修短之次。行之不改，斷種滅嗣，蒸嘗絶矣。（《道典論》卷三）

圖版二

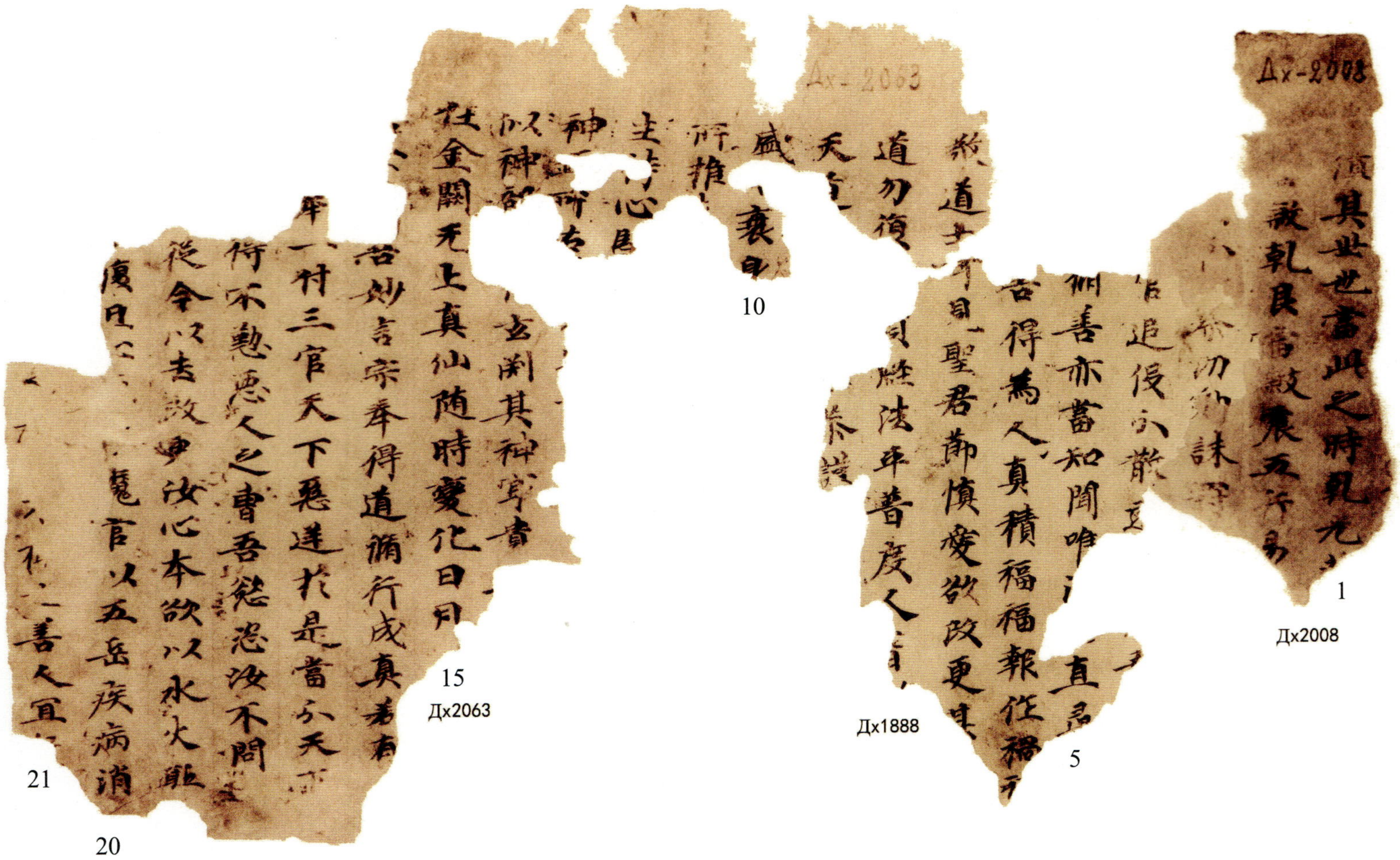

釋文

（Дx2063+1888+2008）[一]

值其世也當此之時乹光落耀水當形金震／Дx2008
當煞乹艮當煞震五行易位吾此經行世善／
惡自分斷察功効誅罰紛紜檢行可否條牒／Дx2008，Дx1888
善真三官追役分散遠尋逢吾考者身為土／
塵子不脩善亦當知聞唯脩中直尋道求真／
改惡從善得為真人積福福報作禍禍臻礼／
敬道士可見聖君節慎愛欲改更其身願得生／Дx2063
道勿復傷貧經法平普度人皆均不淫不貪／
天道自護若不恭謹天魔乘非故氣所得天／
盛令衰身失三魂七魄翔飛問繫幽牢考鬼／
所推未若作善念道敬師天地改易恃道求／
生持心堅固魔不犯身惟行至誠天地自明／
神靈所祐自致延年升騰太虚身與天連如／
似神龍在於玄渊其神最貴其德最尊受／
任金闕无上真仙隨時變化日月周旋善男／
善女受吾妙言宗奉得道脩行成真若有不／
宗不奉一付三官天下惡逆於是當分天下／
男女不得不懃惡人之曹吾慾恣汝不問不／
嘖其愆從今以去改更汝心本欲以水火斷／
除汝曹今復且止要令魔官以五岳疾病消／
盡惡人汝自為之吾誓不攝也善人宜行精／（下缺）

校記

〔一〕此三件録文内容見於前件，王卡先生爲使閲讀比較直觀，未合併。今仍之。——胡百濤按

太上洞玄靈寶昇玄內教經卷第九

圖版一

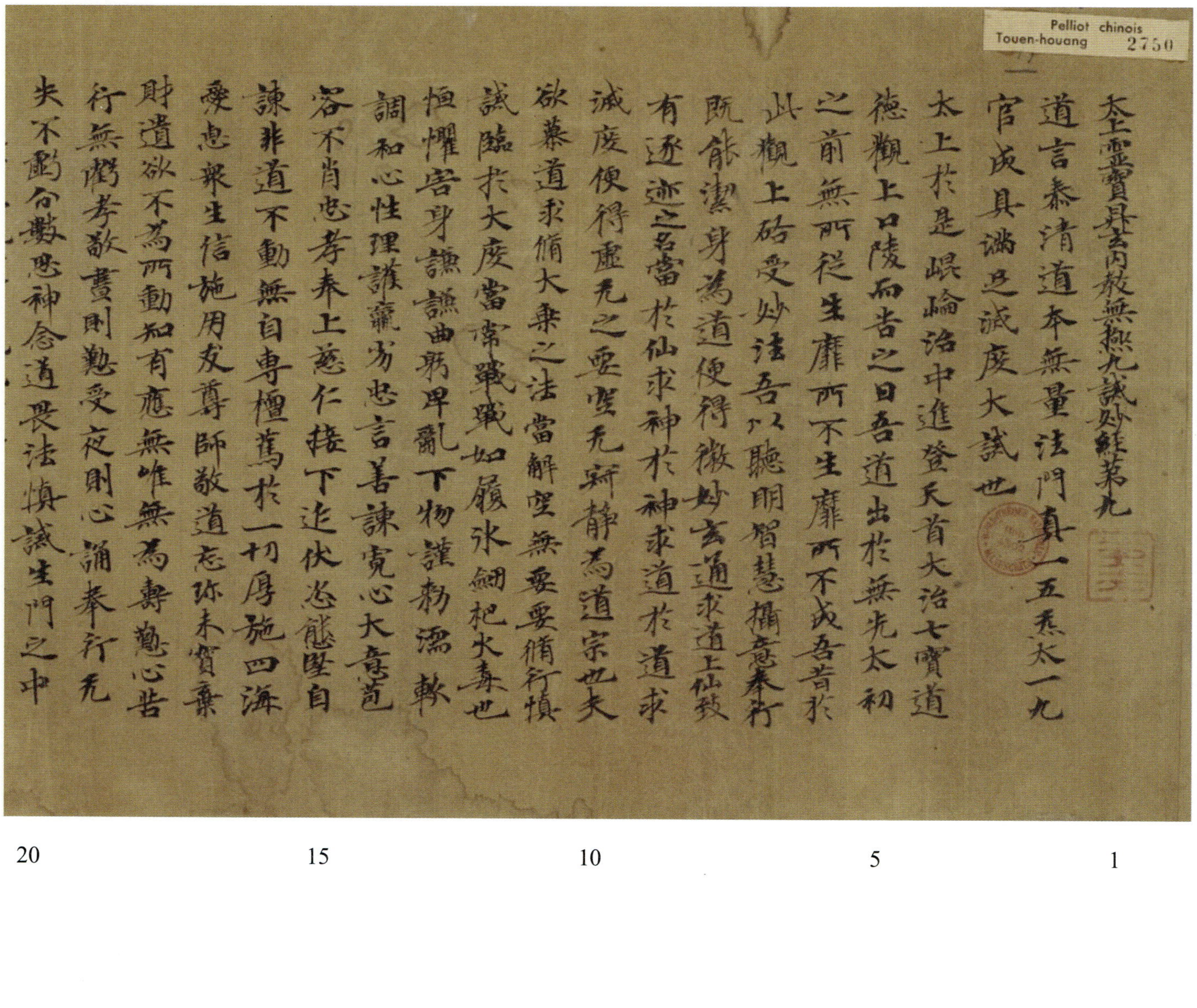

生道有一死道有九九一之法求生之本吾昔
命左子於域外天竺維衛教化胡人居象循法
以五誡十善童蒙始涉十誡廿誡捐棄骨
血捨家為道者加于五二百五十誡威儀有
三千之法積累功德亡身沒命魂神受福
累劫(?)崇祐此教雖權稚福然大但求之左僻
得之難也道有大法得之甚易是謂三一
三一之道自有重法奉而行之道立可得但
當奉受其誡匆(?)行其事吾當遣衛誡將軍
吏兵廿四大神以相衛護斷絕惡道庚者善
地動過吉科不遣(?)山按早絕死路速致仙真
曉空無決明虛無意必獲上道如我令也
第一誡曰身不得貪濁根(?)炁嬌奢放逸蒙冒
身福龍縱自恣甘惡為非綺靡華餝所使細
滑濡軟自過無有厭足不知動入罪目不能
自覺身之罪大不可稱計不得身犯不得教
令於人攝意持誡終身奉行是吾太上太一
第一誡也
第二誡曰心不得興惡想惡念不得邪想評
想貪欲務得蒙冒財利貪毒陰賊譏非法

邪淫偏僻意不平等嫉妬恚癡自是島(?)戾濁
欲饕味無有厭足不知動入罪罔不能自覺
心過之罪大無有極不自心興不得教令於
人攝意持誡終身奉行是吾太上太一第二
誡也
第三誡曰口不得妄言善惡呪咀罵詈欺誑
忘語幻惑兩舌鬬訟告訴將人長短自作是
非生災造害興生無端彈衛道法歌誦咲詠吟
嘯嘆息貪美嗜味無有厭足不知動入罪
網不能自覺口過之罪大無有極不得口犯不
得教令於人攝意持誡終身奉行是吾太
上太一第三誡
第四誡曰手不得煞害衆生跂行蠕動含血
之屬皆不得煞劫略強取奪盜偷竊取非其
物拾遺取施執持兵器興用非法不知動入
罪網不能自覺手過之罪罪之莫大不自手
犯不得教令於人攝意持戒終身奉行是吾
太上太一第四誡也
第五誡曰目不得視非道非法非義榮華容
餝諂視女色照耀盈目貪欲洋溢璃麗珍寶

P. 2430

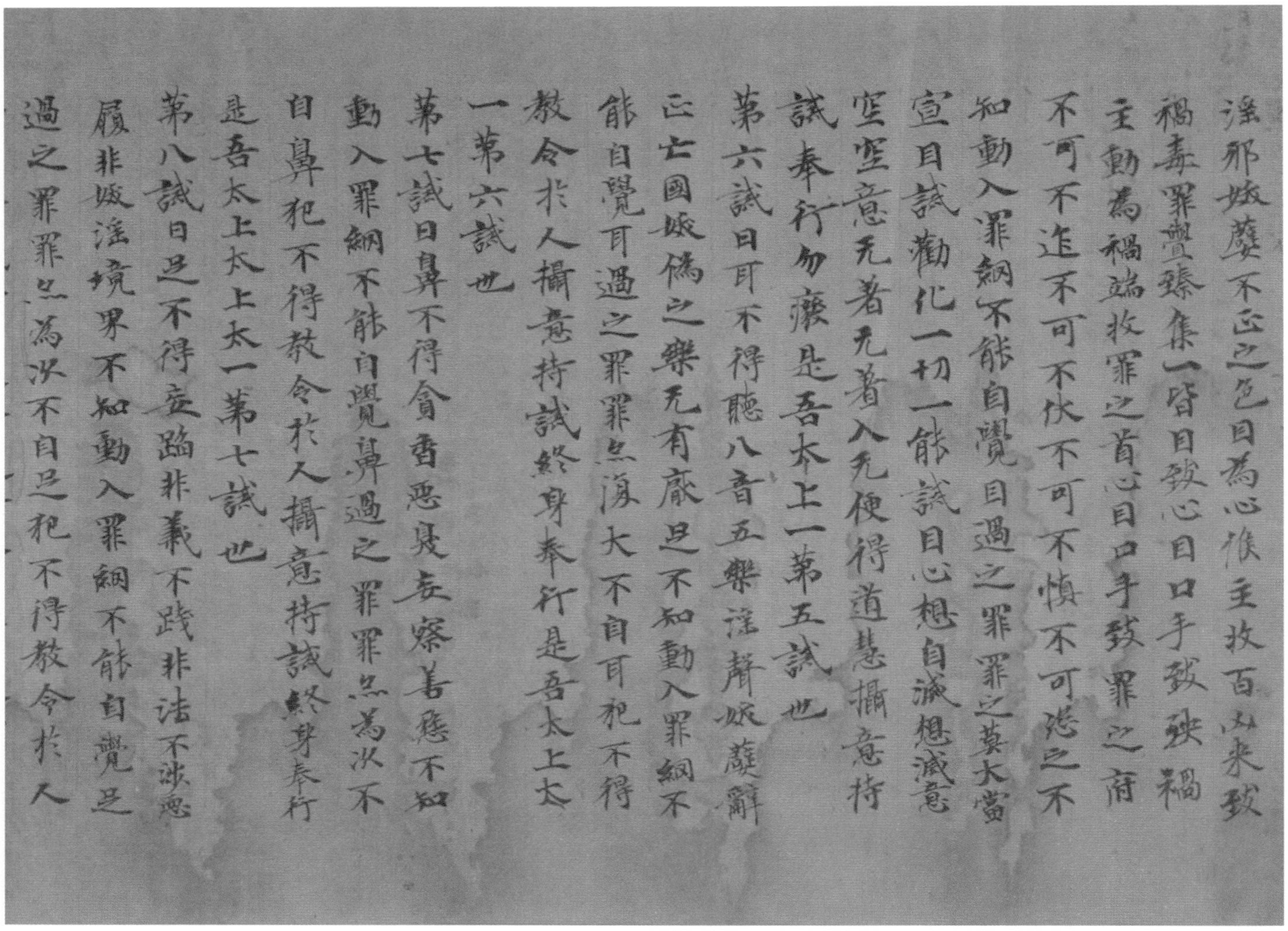
婬邪嫉妬不正之色目為心根主收百以來致
禍毒罪豐臻集一皆目致心目口手致殃禍
主動為禍端收罪之首心目口手致罪之府
不可不進不可不伏不可不慎不可恣之不
知動入罪網不能自覺目過之罪罪之莫大當
宣目誡勸化一切一能誡目心想自滅想滅意
空空意无著无著入无使得道慧攝意持
誡奉行勿癈是吾太上一第五誡也
第六誡曰耳不得聽八音五樂淫聲嫉蘼辭
正亡國嫉偽之樂无有厭足不知動入罪網不
能自覺耳過之罪罪忽深大不自耳犯不得
教令於人攝意持誡終身奉行是吾太上太
一第六誡也
第七誡曰鼻不得貪香惡臭妄察善惡不知
動入罪網不能自覺鼻過之罪罪忽為次不
自鼻犯不得教令於人攝意持誡終身奉行
是吾太上太上太一第七誡也
第八誡曰足不得妄蹈非義不踐非法不涉惡
履非嫉淫境界不知動入罪網不能自覺足
過之罪罪忽為次不自足犯不得教令於人

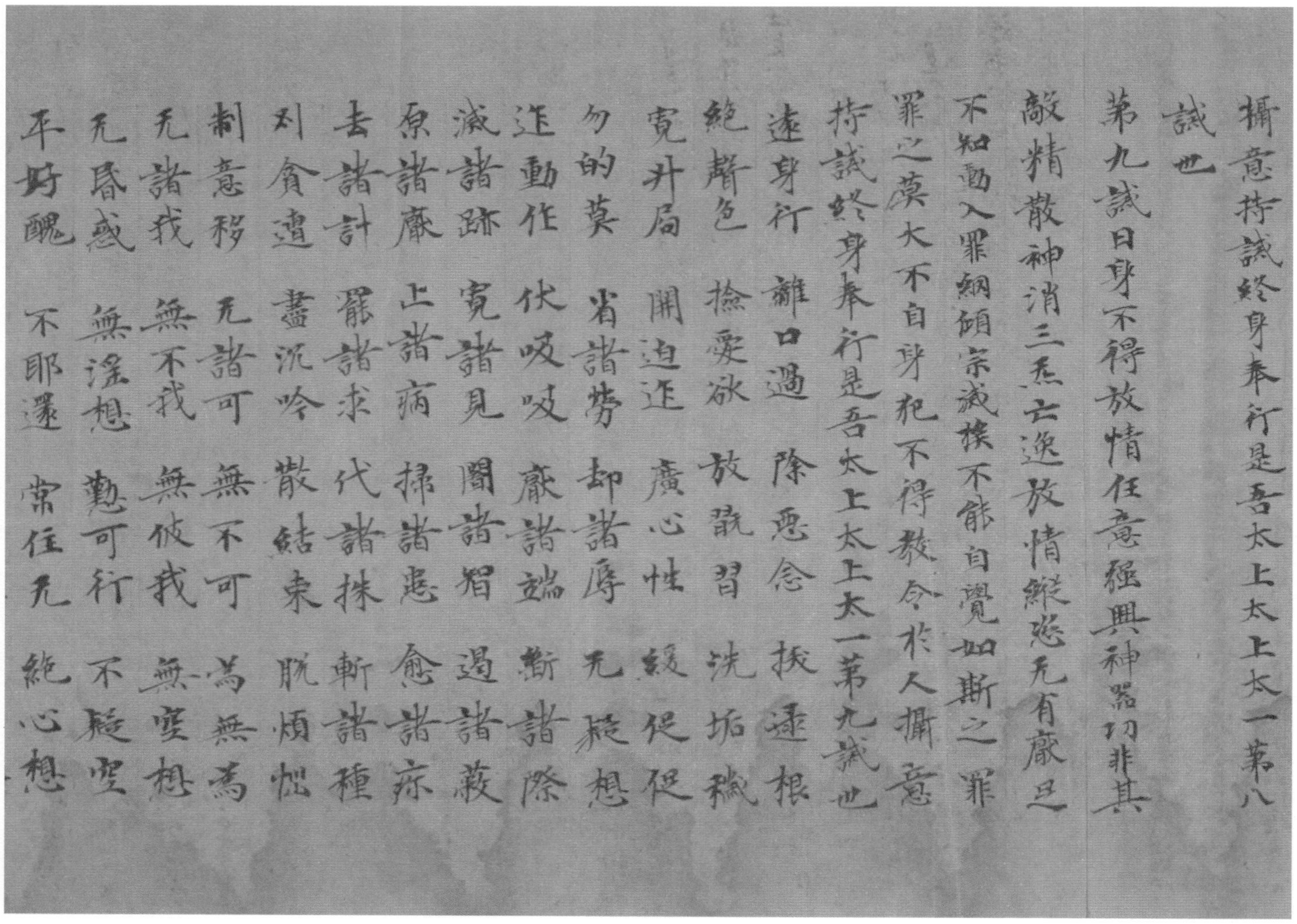
攝意持誡終身奉行是吾太上太上太一第八
誡也
第九誡曰身不得放情任意強興神器切非其
敵精散神消三炁六逸放情縱恣无有厭足
不知動入罪網傾宗滅族不能自覺如斯之罪
罪之莫大不自身犯不得教令於人攝意
持誡終身奉行是吾太上太上太一第九誡也
遠身行　離口過　除惡念　拔逮根
絕聲色　捨愛欲　放戲習　洗垢穢
寬升局　開迫迮　廣心性　緩促促
勿的莫　省諸勞　却諸辱　无疑想
迮動作　伏吸吸　厭諸端　斷諸際
滅諸跡　寬諸見　闇諸智　遏諸蔽
原諸厭　上諸病　掃諸患　愈諸疾
去諸計　罷諸求　代諸抹　斬諸種
刈貪遺　盡沉吟　散結束　脫煩惱
制意移　无諸可　無不可　為無為
无諸我　無不我　無彼我　無空想
无昏惑　無淫想　勤可行　不疑空
平好醜　不耶邊　常任无　絕心想

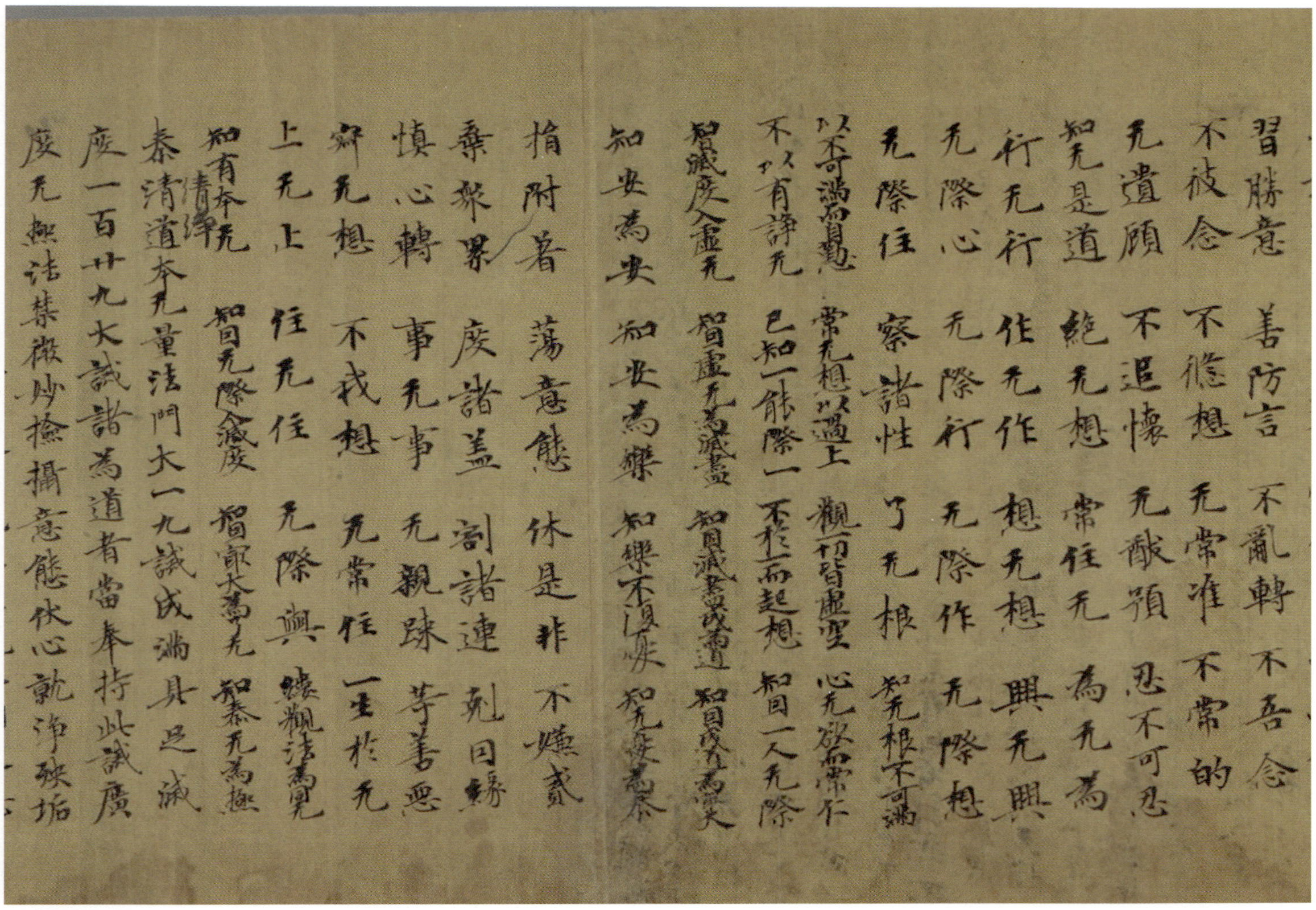

習勝意　善防言　不亂轉　不吾念
不㧞念　不循想　无常准　不常的
无遺願　不退懐　无厭領　忍不可忍
知无是道　絶无想　常住无　為无為
行无行　作无作　想无想　興无興
无際心　无際行　无際作　无際想
无際住　察諸性　了无根　知无根不可端
以不可端而息慧　常无想以過上　觀一切皆虚空　心无欲而常不
不以有諍无　已知一能際一　不於一而起想　智因一入无際
智滅度入虚无　智虚无為滅盡　知因滅盡成道　知因成道為[illegible]
知安為安　知安為樂　知樂不復[illegible]　知无安為泰
損附著　蕩意態　休是非　不煩惑
棄衆累　度諸盖　割諸連　剋因緣
慎心轉　事无事　无親疏　等善惡
齊无想　不我想　无常住　一生於无
上无上　住无住　无際興　懐觀法為无
知有本无　智因无際滅度　智寂大為无　知泰无為極
泰清道本无量法門大一九識成滿具足滅
度一百廿九大識諸為道者當奉持此識廣
度无極法禁微妙撿攝意態伏心就淨除垢

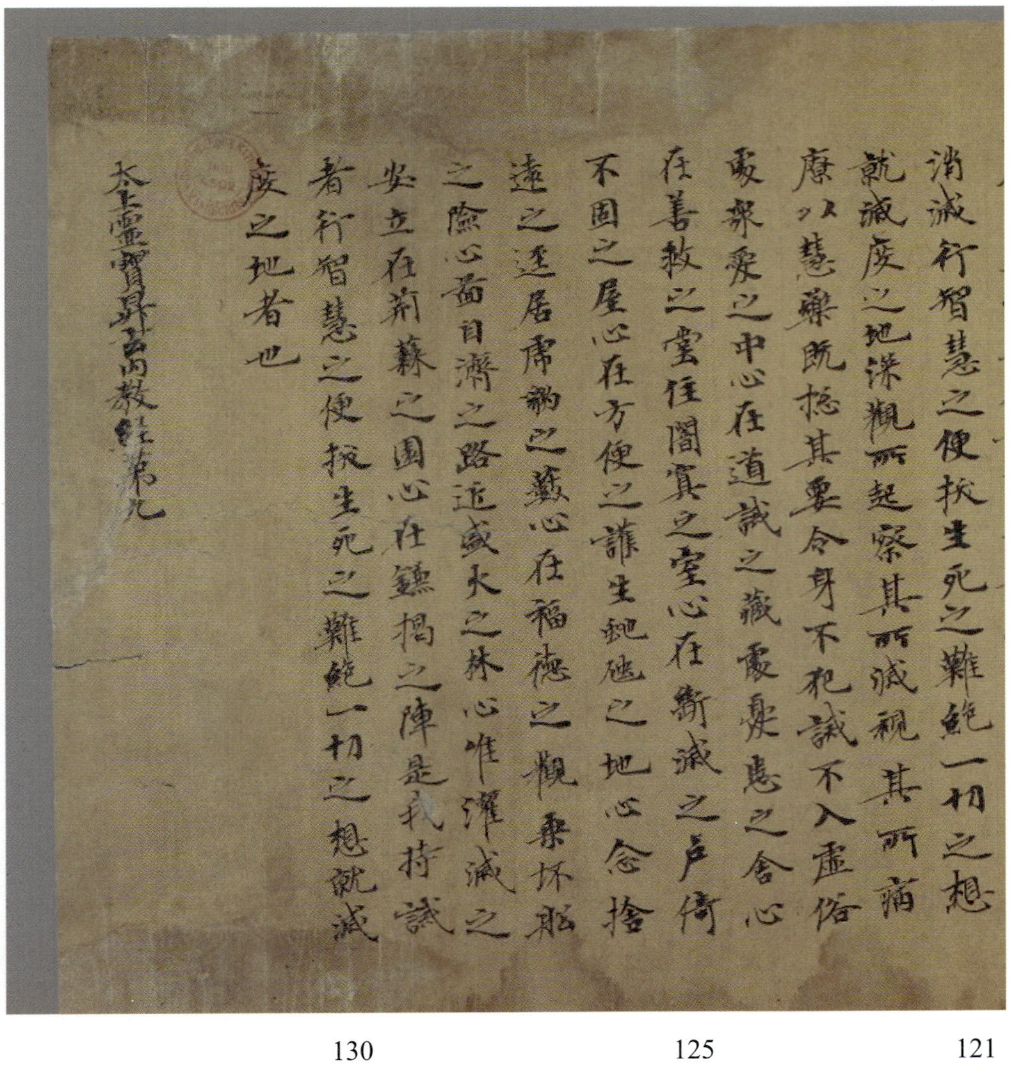

消滅行智慧之使拔生死之難絶一切之想
就滅度之地深觀所起察其所滅視其所滴
應以慧藥既捻其要令身不犯識不入虚俗
處衆愛之中心在道識之藏處衆患之舍心
在善救之堂住闇冥之室心在斷滅之户倚
不固之屋心在方便之誰生[illegible]之地心念捨
違之逐居[illegible]之藪心在福德之觀乘坏船
之險心啚自濟之路近感火之林心唯[illegible]滅之
安立在荊棘之園心在鋒[illegible]之陣是我持識
者行智慧之使拔生死之難絶一切之想就滅
度之地者也

太上靈寶昇玄内教經第九

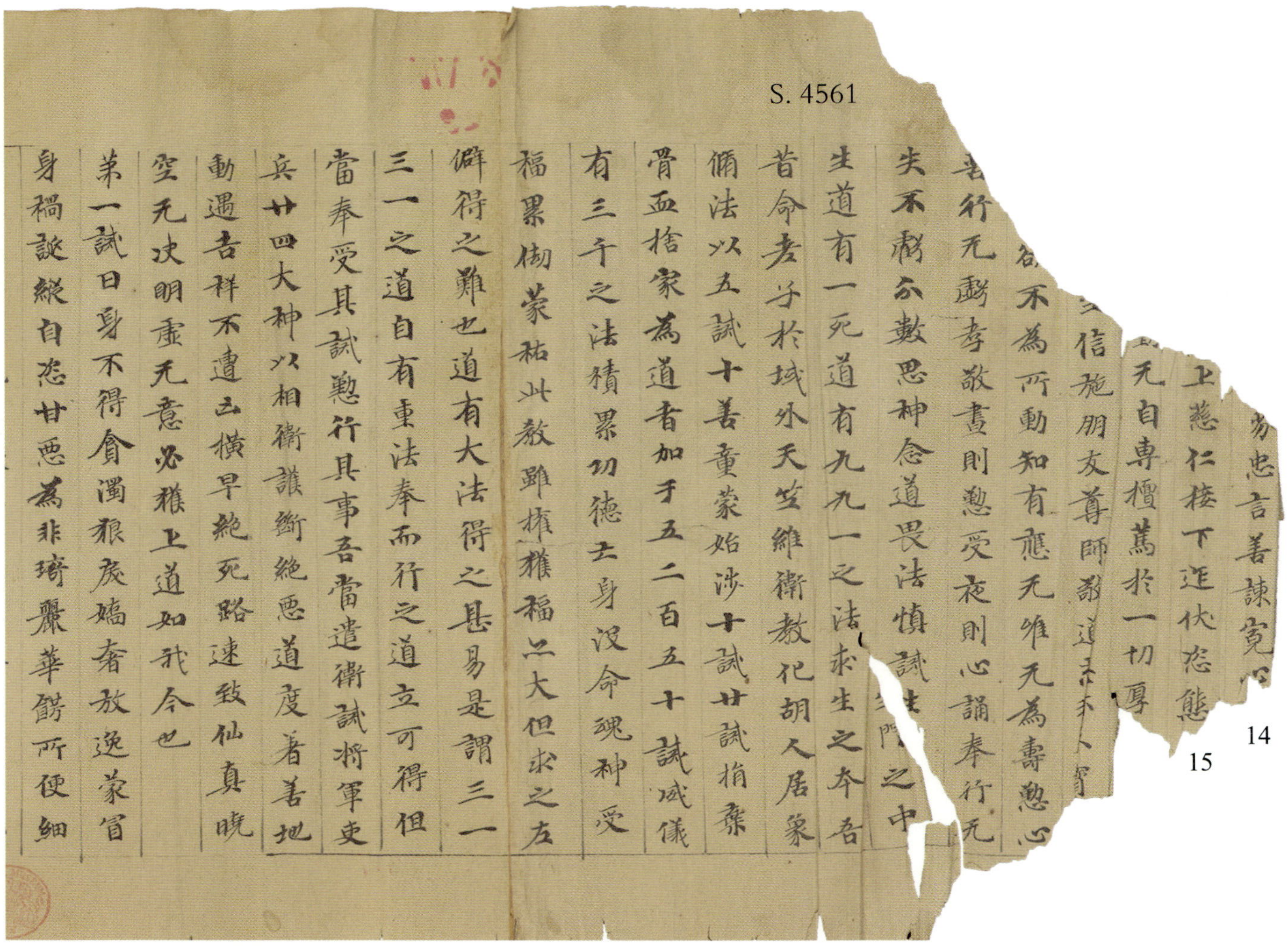
S. 4561

劣忠言善諫寬
上慈仁接下迮伏慈態
无自專擅萬於一切厚
信施朋友尊師敬道
欲不為所動知有應无唯无為壽聰心
善行无懃孝敬晝則懇受夜則心誦奉行无
失不敢分數思神念道畏法慎誠生門之中
生道有一死道有九九一之法求生之本吾
昔命老子於域外天竺維衛教化胡人居象
備法以五誡十善童蒙始涉十誡廿誡捐棄
骨血捨家為道者加于五二百五十誡威儀
有三千之法積累功德去身沒命魂神受
福果御蒙祐此教雖權稚福亦大但求之左
僻得之難也道有大法得之甚易是謂三一
三一之道自有重法奉而行之道立可得但
當奉受其試懃行其事吾當遣衛試將軍吏
兵廿四大神以相衛護斷絕惡道度著善地
動遇吉祥不遭凶橫早絕死路速致仙真曉
空无欲明虛无意必稚上道如我今也
第一試曰身不得貪濁狼戾嬌奢放逸蒙冒
身禍誕縱自恣甘惡為非琦靡華飾所使細

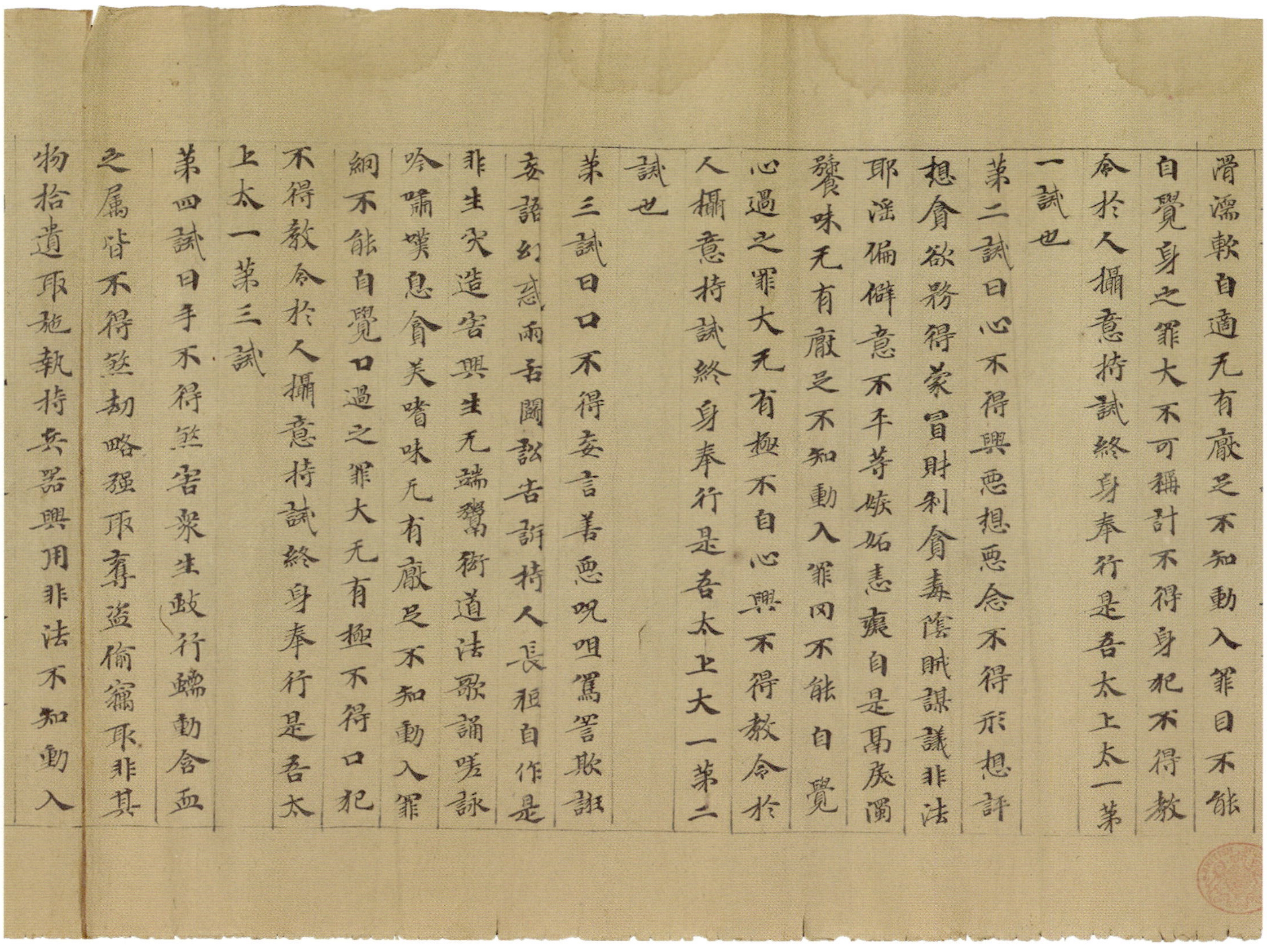
滑濡軟自適无有厭足不知動入罪目不能
自覺身之罪大不可稱計不得身犯不得教
令於人攝意持試終身奉行是吾太上太一第
一試也
第二試曰心不得興惡想惡念不得邪想詐
想貪欲務得蒙冒財利貪毒陰賊謀議非法
耶淫偏僻意不平等嫉妬恚癡自是髙戾濁
饕味无有厭足不知動入罪冈不能自覺
心過之罪大无有極不自心興不得教令於
人攝意持試終身奉行是吾太上大一第二
試也
第三試曰口不得妄言善惡呪咀罵詈欺誑
妄語幻惑兩舌鬬訟告訐持人長短自作是
非生穴造害興生无端矯衔道法歌誦嗟詠
吟嘯嘆息貪美嗜味无有厭足不知動入罪
網不能自覺口過之罪大无有極不得口犯
不得教令於人攝意持試終身奉行是吾太
上太一第三試
第四試曰手不得煞害眾生鼓行蟜動含血
之屬皆不得煞劫略强取奪盜偷竊取非其
物拾遺取施執持兵器興用非法不知動入

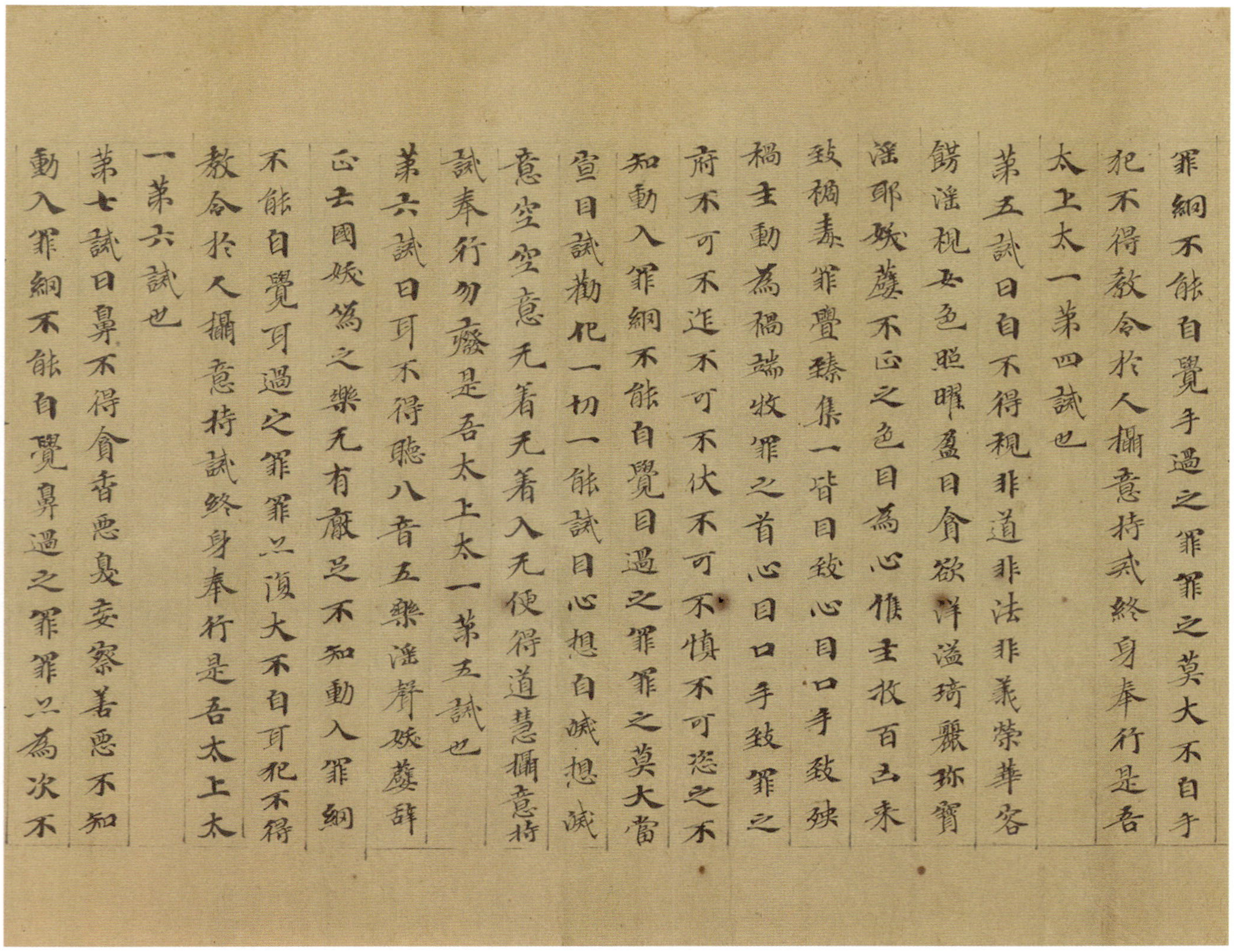
罪網不能自覺手過之罪罪之莫大不自手
犯不得教令於人攝意持試終身奉行是吾
太上太上太一第四試也
第五試曰目不得視非道非法非義榮華容
錺淫視女色睒睸盈目貪欲泮溢琦飄琢寶
淫耶妖蘗不正之色目爲心惟主攸百五來
致禍慕罪疊臻集一皆目致心目口手致殃
禍主動爲禍端牧罪之首心目口手致罪之
府不可不近不可不伏不可不慎不可恣之不
知動入罪網不能自覺目過之罪罪之莫大當
宣目試勸化一切一能試目心想自滅想滅
意空空意无着无着入无便得道慧攝意持
試奉行勿廢是吾太上太一第五試也
第六試曰耳不得聽八音五樂淫聲妖蘗辞
正士國妖篇之樂无有厭足不知動入罪網
不能自覺耳過之罪罪只復大不自耳犯不得
教令於人攝意持試終身奉行是吾太上太
一第六試也
第七試曰鼻不得貪香惡臭妄察善惡不知
動入罪網不能自覺鼻過之罪罪只爲次不

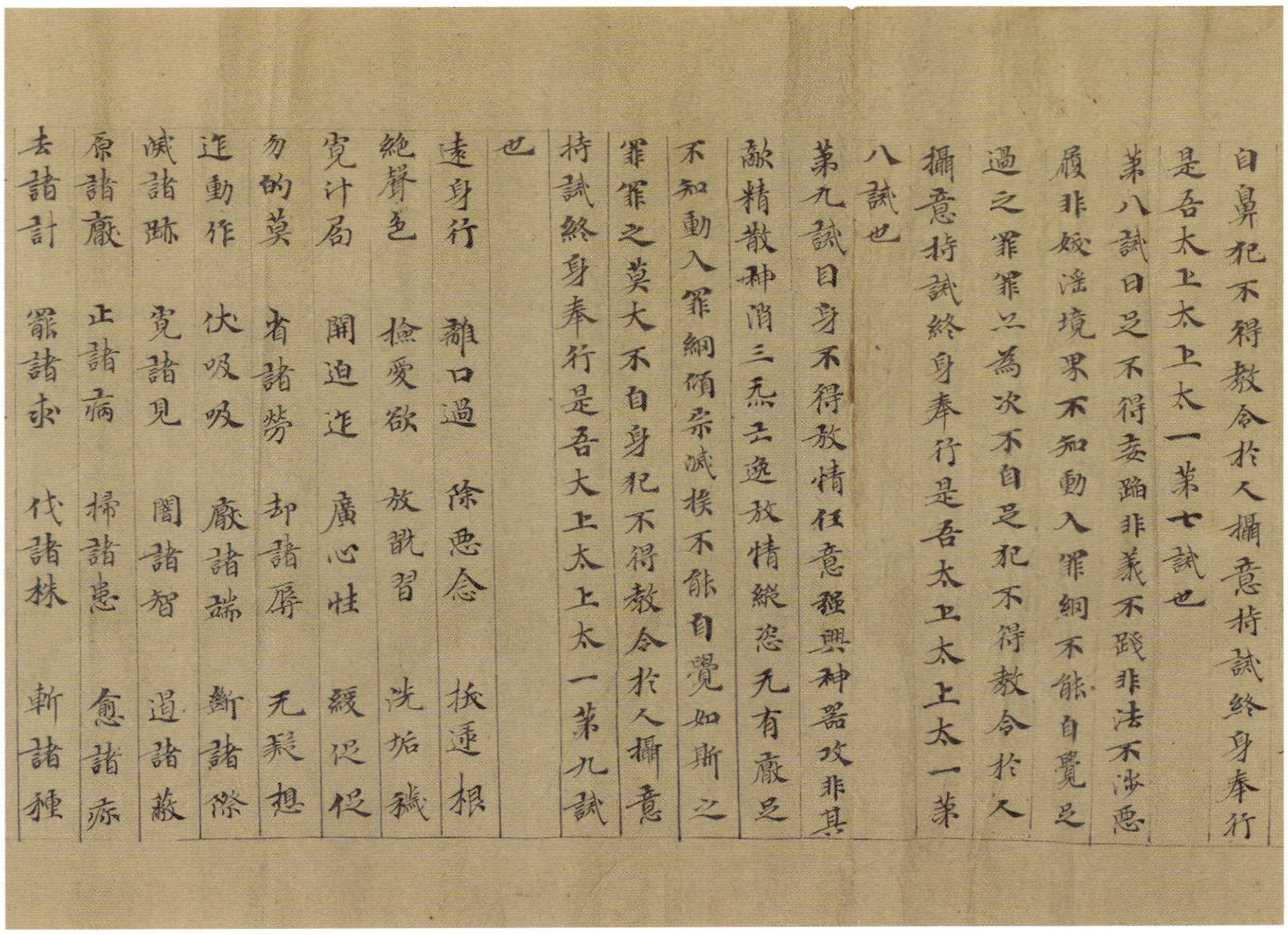
自鼻犯不得教令於人攝意持試終身奉行
是吾太上太上太一第七試也
第八試曰足不得妄蹈非義不踐非法不涉惡
履非婬淫境界不知動入罪網不能自覺足
過之罪罪只爲次不自足犯不得教令於人
攝意持試終身奉行是吾太上太上太一第
八試也
第九試曰身不得放情任意强興神器攻非其
敵精散神消三元五逸放情縱恣无有厭足
不知動入罪網傾宗滅族不能自覺如斯之
罪罪之莫大不自身犯不得教令於人攝意
持試終身奉行是吾大上太上太一第九試
也
遠身行　離口過　除惡念　拔逆根
絶聲色　撿愛欲　放翫習　洗垢穢
究汁局　開迫近　廣心性　緩促促
勿的莫　省諸勞　却諸辱　无疑想
近動作　伏吸吸　厭諸端　斷諸際
滅諸跡　究諸見　闇諸智　遏諸蔽
原諸厭　止諸病　掃諸患　愈諸疢
去諸計　罷諸求　代諸株　斬諸種

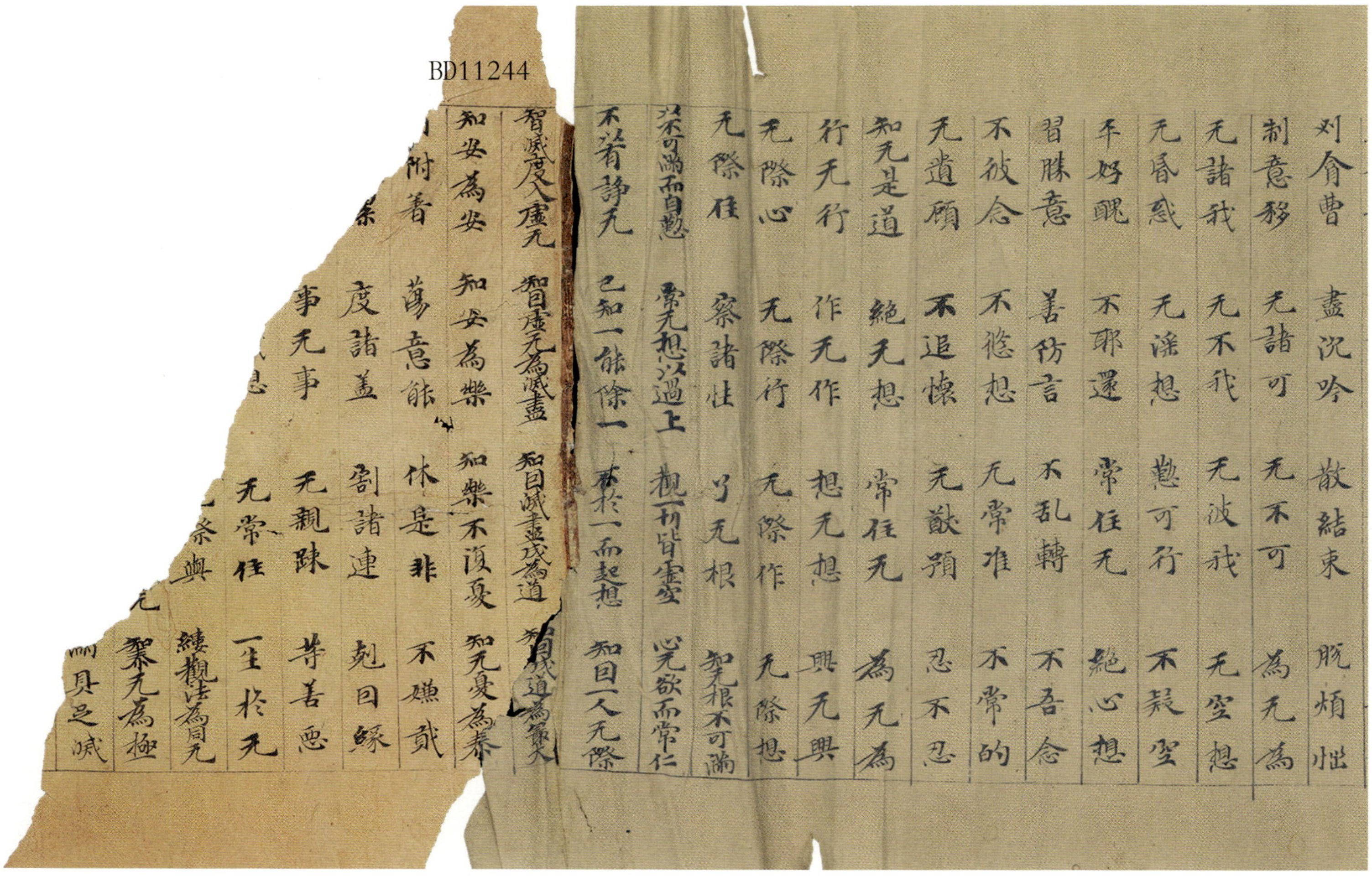

BD11244

釋文

（P.2750+2430 抄本）〔一〕

太上靈寶昇玄內教無極九誡妙經第九

道言：泰清道本無量法門真一五炁太一九／誡〔二〕，成具滿足滅度大誡也／。〔三〕

太上於是崐崘治中，進登天首大治七寶道／德觀上，召〔四〕陵而告之曰：吾道出於無先，太初／之前，無所從生，靡所不生，靡所不成。吾昔於／此觀上啓受妙法，吾以聰〔五〕明智慧攝意奉行／，既能潔身為道，便得微妙玄通。求道上仙，致／有逐迹之名，當於仙求神，於神求道，於道求／滅度，便得虛無之要，空無寂靜，為道宗也。夫／欲慕道，求脩大乘之法，當解空無要要〔六〕，脩行慎／誡，臨於大度。當常戰戰，如履氷劍、把火毒也／，恒懼害身。謙謙曲躬，卑亂下物，謹勑熡軟／，調和心性，理護羸劣〔七〕，忠言善諫，寬心大意，苞／容不肖，忠孝奉上，慈仁接下，延伏姿態，堅自／諫，非道不動，無自專擅，篤於一切，厚施四海／，愛惠衆生，信施朋友，尊師敬道，忘珎未寶，棄／財遺欲，不為所動，知有應無，唯無為壽，懃心苦／行，無虧孝敬，晝則懃受，夜則心誦，奉行無／失，不虧分數，思神念道，畏法慎誡。生門之中／，生道有一，死道有九，九一之法，求生之本。吾昔／命老子於域外天竺維衛，教化胡人居象脩法／，以五誡十善，童蒙始涉，十誡廿誡，捐棄骨／血，捨家為道者，加于五二百五十誡，威儀有／三千之法。積累功德，亡身没命，魂神受福／，累徹蒙祐。此教雖權，獲福亦大，但求之左僻／，得之難也。道有大法，得之甚易，是謂三一，三一之道，自有重法，奉而行之，道立可得。但／當奉受其誡，懃行其事，吾當遣衛誡將軍／吏兵、廿四大神，以相衛護，斷絕惡道，度著善／地，動遇吉祥，不遭凶横，早絕死路，速致仙真／。曉空無決，明虛無意，必獲上道，如我今也／。

第一誡曰：身不得貪濁狼戾，嬌奢放逸，蒙冒／身禍，誕縱自恣，廿惡為非，琦麗華饒，所便細／滑，濡軟自適，無有厭足。不知動入罪目，不能／自覺身之罪大，不可稱計。不得身犯，不得教／令於人。攝意持誡，終身奉行。是吾太上太一第一誡也／。

第二誡曰：心不得興惡想惡念，不得形想評／想，貪欲務得，蒙冒財利，貪毒陰賊，〔謀〕〔八〕議非法／，耶淫偏僻，意不平等，嫉妬恚癡，自是鬲戾，濁／欲饕味，無有厭足。不知動入罪網，不能自覺／心過之罪，大無有極。不自心興，不得教令於／人，攝意持誡，終身奉行。是吾太上太一第二誡也／。

第三誡曰：口不得妄言善惡，呪咀罵詈，欺誑／妄語，幻惑兩舌，鬪訟告訴，持人長短，自作是／非，生灾造害，興生無端。鬻衒道法，歌誦嗟詠，吟／嘯嘆息，貪美嗜味，無有厭足。不知動入罪／網，不能自覺口過之罪，大無有極。不得口犯，不／得教令於人，攝意持誡，終身奉行。是吾太／上太一第三誡／。

第四誡曰：手不得煞害衆生，蚑行蠕動、含血／之屬，皆不得煞。劫略强取，奪盗偷竊，取非其／物，拾遺取施，執持兵器，興用非法。不知動入／〔九〕罪網，不能自覺手過之罪，罪之莫大。不自手／犯，不得教令於人，攝意持戒，終身奉行。是吾／太上太一第四誡也／。〔一〇〕

第五誡曰：目不得視非道、非法非義、榮華容／餝，淫視女色，照曜盈目，貪欲洋溢，琦麗珎賓／，淫邪妖孽、不正之色。目為心候，主收百凶，来致／禍毒，罪疊臻集，一皆目致。心目口手，致殃禍／主，動為禍端，收罪之首。心目口手，致罪之府／，不可不迮，不可不伏，不可不慎，不可恣之。不／知動入罪網，不能自覺目過之罪，罪之莫大。當／宣目誡，勸化一切，一能誡目，心想自滅。想滅意／空，空意无著，无著入无，便得道慧。攝意持／誡，奉行勿廢。是吾太上〔太〕〔一一〕一第五誡也／。

第六誡曰：耳不得聽八音五樂、淫聲妖蘖，辭／正亡國，妖偽之樂，无有厭足。不知動入罪網，不／能自覺耳過之罪，罪亦復大。不自耳犯，不得／教令於人，攝意持誡，終身奉行。是吾太上太／一第六誡也／。

第七誡曰：鼻不得貪香惡臭，妄察善惡。不知／動入罪網，不能自覺鼻過之罪，罪亦為次。不／自鼻犯，不得教令於人，攝意持誡，終身奉行／。是吾太上太上太一第七誡也／。

第八誡曰：足不得妄蹈非義，不踐非法，不涉惡／履非、妖淫境界。不知動入罪網，不能自覺足／過之罪，罪亦為次。不自足犯，不得教令於人／，攝意持誡，終身奉行。是吾太上太上太一第八／誡也／。

第九誡曰：身不得放情任意，强興神器，功非其／敵，精散神消，三炁亡逸。放情縱恣，无有厭足／，不知動入罪網，傾宗滅族。不能自覺，如斯之罪／，罪之莫大。不自身犯，不得教令於人，攝意／持誡，終身奉行。是吾太上太上太一第九誡也／。

遠身行，離口過，除惡念，拔逮根／。絶聲色，檢愛欲，放玩習，洗垢穢／。寬斗局，開迫迮，廣心性，緩促促／。勿的莫，省諸勞，却諸辱，无疑想／。迮動作，伏吸吸，厭諸端，斷諸際／。滅諸跡，寬諸見，闇諸智，遏諸蔽／。原諸厭，止諸病，掃諸患，愈諸疹／，去諸計，罷諸求，伐〔一二〕諸株，斬諸種／。刈貪曹〔一三〕，盡沉吟，散結束，脱煩惱／。制意移，无諸可，無不可，為無為。无諸我，無不我，無彼我，無空想／，无昏惑，无淫想。懃可行，不疑空／，平好醜，不耶還。常住无，絶心想／，習勝意，善防言。不亂轉，不吾念／，不彼念，不悠想。无常准，不常的／，无遺顧，不追懷。无猷（猶）預，忍不可忍／。知无是道，絶无想。常住无，為无為／，行无行，作无作，想无想，興无興／。无際心，无際行，无際作，无際想／，无際住。察諸性，了无根，知无根不可滿／，以不可滿而自懃，常无想以過上。觀一切皆虚空，心无欲而常仁／。不以有静无，已知一能際一，不於一而起想，知因一入〔一四〕无際／。知因滅度入虚无〔一五〕，知因虚无為滅盡，知因滅盡成為道，知因成道為最大〔一六〕。知安為安，知安為樂，知樂不復憂，知无憂為泰／。捐附著，蕩意態，休是非，不嫌貳／。棄衆累，度諸善〔一七〕，割諸連，剋因緣／。慎心轉，事无事。无親踈，等善惡／。寂无想，不我想。无常住，一生於无／。上无上，住无住。无際與，縷觀法為同无／。知有清净本无，知因无際入滅度，知因最大為了无，知泰无為極／。

泰清道本无量法門太一九誡、成滿具足滅〔一八〕／度一百廿九大誡，諸為道者當奉持此誡，廣／度无極。法禁微妙，檢攝意態，伏心就净，殃垢／消滅。行智慧之便，拔生死之難，絶一切之想／，就滅度之地。深觀所起，察其所滅，視其所病／，療以慧藥，既捴其要，令身不犯誡，不入虚俗／。處衆愛之中，心在道誡之藏；處憂患之舍，心／在善救之堂；住闇冥之室，心在斷滅之户；倚／不固之屋，心在方便之護；生虵虺之地，心念捨／遠之徑；居虎豹之藪，心在福德之觀；乗壞船／之險，心啚自濟之路；近盛火之林，心唯灌滅之／安；立在荊棘之園，心在鐮揭之陣。是我持誡／者，行智慧之便，拔生死之難，絶一切之想，就滅／度之地者也。

太上靈寶昇玄內教經第九

校記

（一）P. 2750+2430兩件首尾連接，綴合後可得全卷，今用作底本。另以S. 4561、BD11244號殘抄本用作參校本。

（二）太一九誡：原作「太一九官」，據後文改。

（三）按此句後疑有漏抄文字。

（四）召：原作「口」，據P. 3652失題道經抄本引文改。

（五）聽：原作「聽」，據文義改。

（六）要要：疑當作「要訣」，或作「之要」。

（七）S. 4561起於此處。

（八）「謀」字原缺，據S. 4561補。

（九）以上據P. 2750抄本，以下接P. 2430 抄本。

（一〇）此處有一雜寫「聞」字。

（一一）「太」字原缺，據S. 4561補。

（一二）「伐」字原作「代」，據S. 4561改。

（一三）曹：原作「遭」，據S. 4561改。

（一四）入：原作「人」，據文義改。

（一五）BD11244起於此句。

（一六）S. 4561止於此句。

（一七）善：原作「盖」，據文義改。

（一八）BD11244止於此句。

殘片圖版釋錄

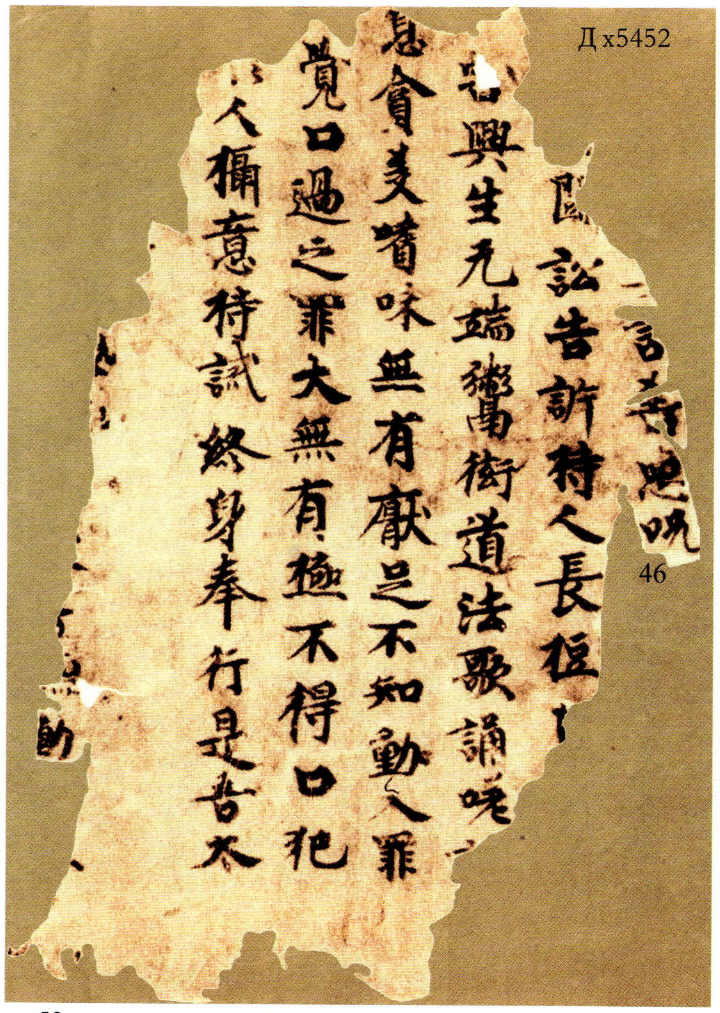

46 50 53

（Дx5452，前缺）

第三誡曰：口不得妄言善惡，呪咀罵詈，欺誑／妄語，幻惑兩舌，鬪訟告訴，持人長短，自作是非／，生灾造害，興生无端。鬻衒道法，歌誦嗟詠／，吟嘯嘆息，貪美嗜味，無有厭足。不知動入罪／網，不能自覺口過之罪，大無有極。不得口犯／，不得教令於人，攝意持誡，終身奉行。是吾太／上太一第三誡／。

第四誡曰：手不得煞害衆生，蚑行蠕動（下缺）

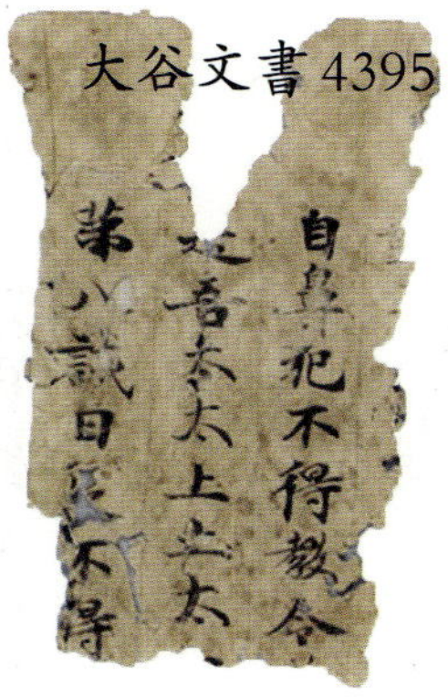

76 78

（大谷文書 4395，前缺）

自鼻犯，不得教令於人，攝意持誡，終身奉行／。是吾太上太上太一第七誡也／。

第八誡曰：足不得（下缺）

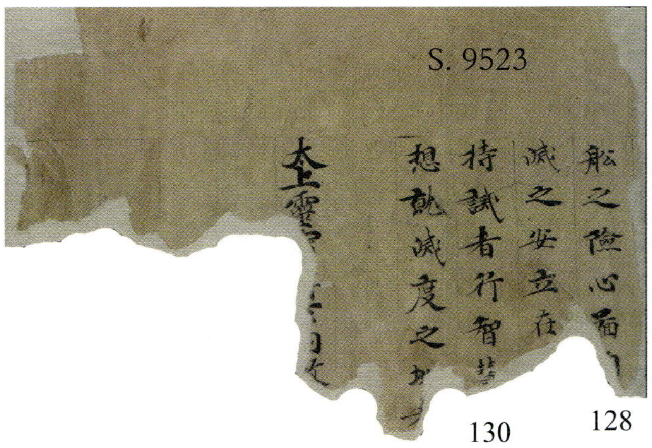
S. 9523
舩之險心啚
滅之安立在
持誡者行智慧
想就滅度之地
太上靈
128
130

（S. 9523，前缺）

乘壞／舩之險，心啚自濟之路；近盛火之林，心唯灌／滅之安；立在荊棘之園，心在鐮揭之陣。是我／持誡者，行智慧之便，拔生死之難，絶一切之／想，就滅度之地者也／。

太上靈寶昇玄内教經第九

太上洞玄靈寶昇玄内教經卷第十

圖版

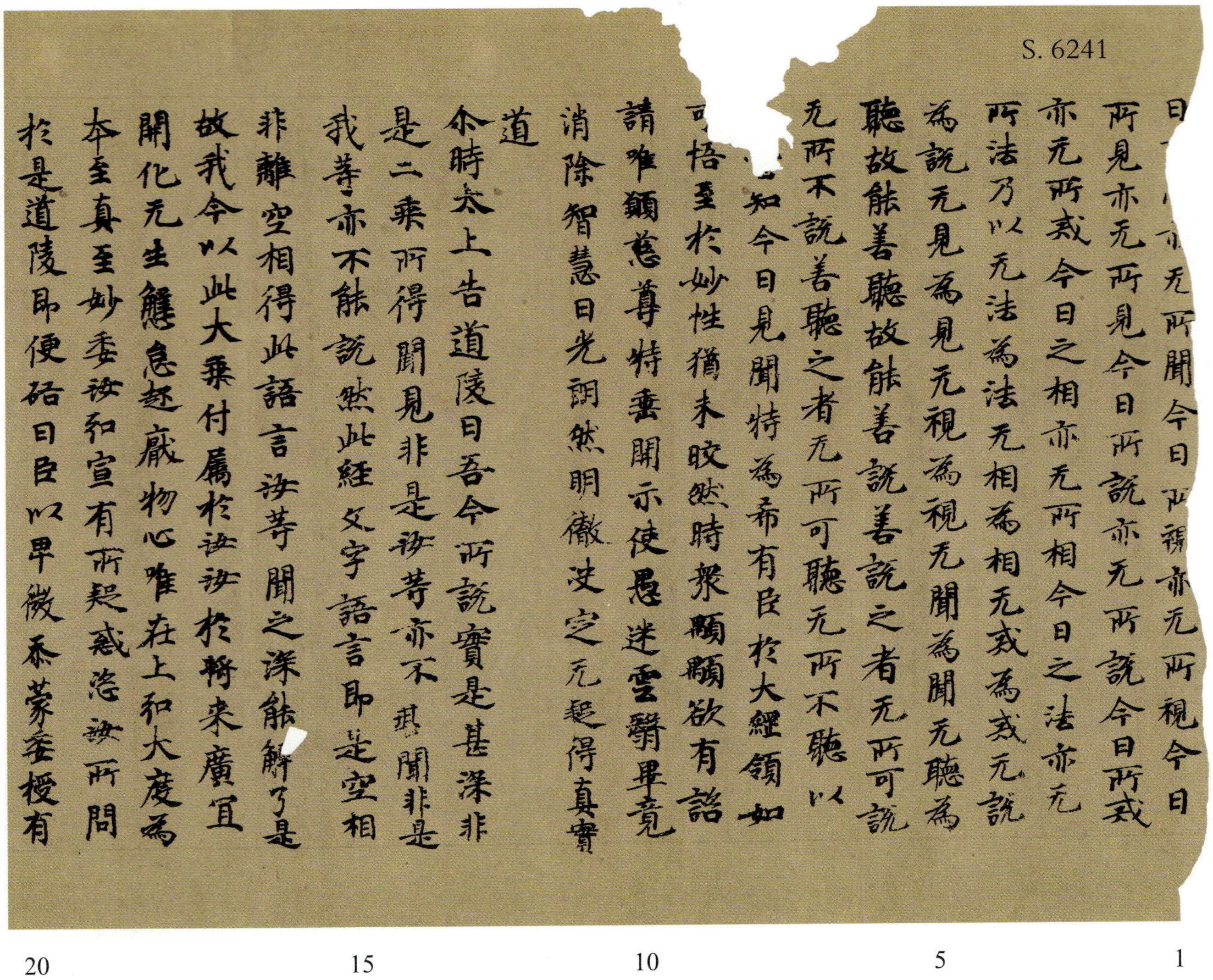
S. 6241
日…亦无所聞今日所稱亦无所視今日
所見亦无所見今日所說亦无所說今日所戒
亦无所戒今日之相亦无所相今日之法亦无
所法乃以无法為法无相為相无戒為戒无說
為說无見為見无視為視无聞為聞无聽為
聽故能善聽故能善說善說之者无所可說
无所不說善聽之者无所可聽无所不聽以
…知今日見聞特為希有臣於大經領如
可悟至於妙性猶未皎然時衆顒顒欲有諮
請唯願慈尊特垂開示使愚迷雲翳畢竟
消除智慧日光朗然明徹決定无疑得真實
道
尒時太上告道陵曰吾今所說實是甚深非
是二乘所得聞見非是汝等亦不堪聞非是
我等亦不能說然此經文字語言即是空相
非離空相得此語言汝等聞之深能解了是
故我今以此大乘付屬於汝汝於將來廣宜
開化无生饑息赴厭物心唯在上和大度為
本至真至妙委汝和宣有所疑惑恣汝所問
於是道陵即便啓曰臣以早微叅蒙委授有

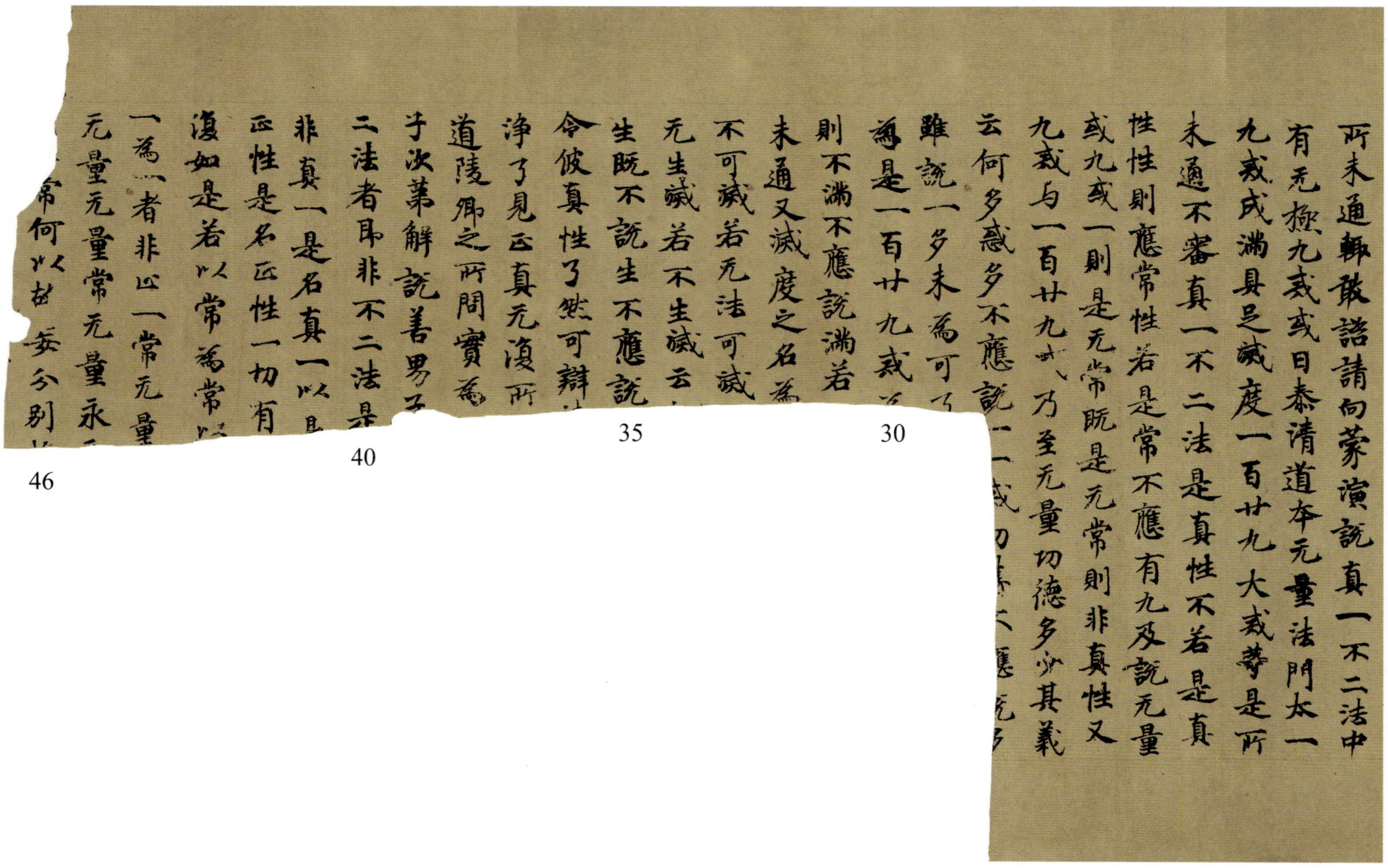

釋文

（S.6241 抄本，前缺）[一]

日所聞，亦无所聞；今日所視，亦无所視；今日／所見，亦无所見；今日所説，亦无所説；今日所戒／，亦无所戒；今日之相，亦无所相；今日之法，亦无／所法。乃以无法為法，无相為相，无戒為戒，无説／為説，无見為見，无視為視，无聞為聞，无聽為／聽，故能善聽，故能善説。善説之者，无所可説／，无所不説。善聽之者，无所可聽，无所不聽。以／是當知，今日見聞，特為希有。臣於大經，領如／可悟，至於妙性，猶未皎然。時衆顒顒，欲有諮／請，唯願慈尊，特垂開示，使愚迷雲翳畢竟／消除，智慧日光朗然明徹，決定无疑，得真實／道／。

尒時太上告道陵曰：吾今所説，實是甚深，非／是二乘所得聞見，非是汝等亦不堪聞，非是／我等亦不能説。然此經文字語言，即是空相／，非離空相，得此語言，汝等聞之，深能解了。是／故我今以此大乘付屬（囑）於汝，汝於將来廣宣／開化，无生懈怠，起厭物心，唯在上弘，大度為／本。至真至妙，委汝弘宣，有所疑惑，恣汝所問／。

於是道陵即便啓曰：臣以卑微，忝蒙委授，有／所未通，輒敢諮請。向蒙演説真一不二法中／，有无極九戒，或曰泰清道本无量法門太一／九戒，成滿具足滅度一百廿九大戒等，是所／未通。不審真一不二法是真性不？若是真／性，性則應常，性若是常，不應有九，及説无量／。或九或一，則是无常，既是无常，則非真性。又／九戒与一百廿九戒，乃至无量，功德多少，其義／云何？多惑（功）多，不應説一；一或功勝，不應説多／。

雖説一多未為可了□□□□□□□□□／
為是一百廿九戒為□□□□□□□□□／
則不滿不應説滿若□□□□□□□□□／
未通又滅度之名為□□□□□□□□□／
不可滅若无法可滅□□□□□□□□□／
无生滅若不生滅云□□□□□□□□□／
生既不説生不應説□□□□□□□□□／

令彼真性了然可辯□□□□□□□□□□／
淨了見正真无復所□□□□□□□□□□／
道陵卿之所問實為□□□□□□□□□□／
子次第解說善男子□□□□□□□□□□／
二法者即非不二法是□□□□□□□□□／
非真一是名真一以是□□□□□□□□□／
正性是名正性一切有□□□□□□□□□／
復如是若以常為常以□□□□□□□□□／
一為一者非止一常无量□□□□□□□□／
无量无量常无量永□□□□□□□□□□／
□□常何以故妄分別故□□□□□□□□／（下缺）

校記

（一）此抄本首尾殘損，原无卷題。大淵忍爾《敦煌道經目録編》據抄本内容，擬定爲《昇玄經》卷十殘抄本，姑從之。

太上洞玄靈寶昇玄内教經（卷次未詳）

圖版

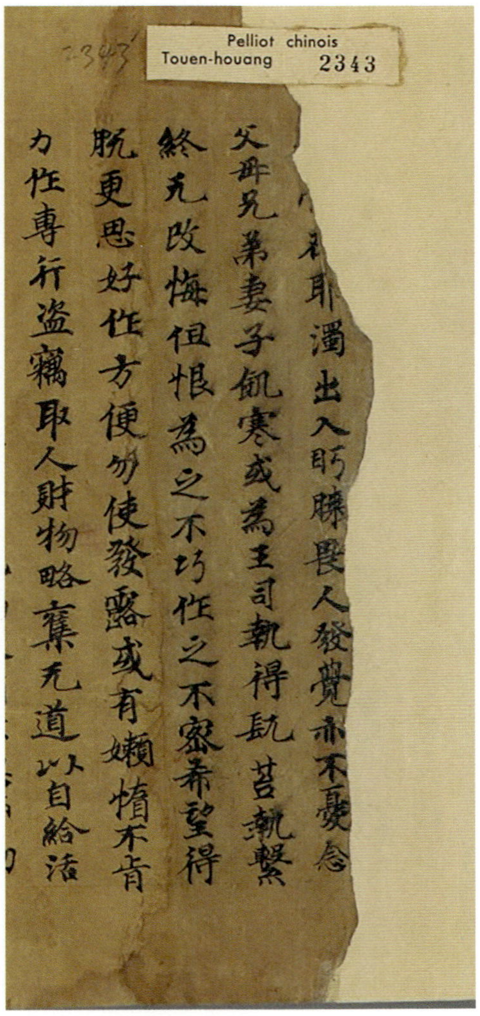

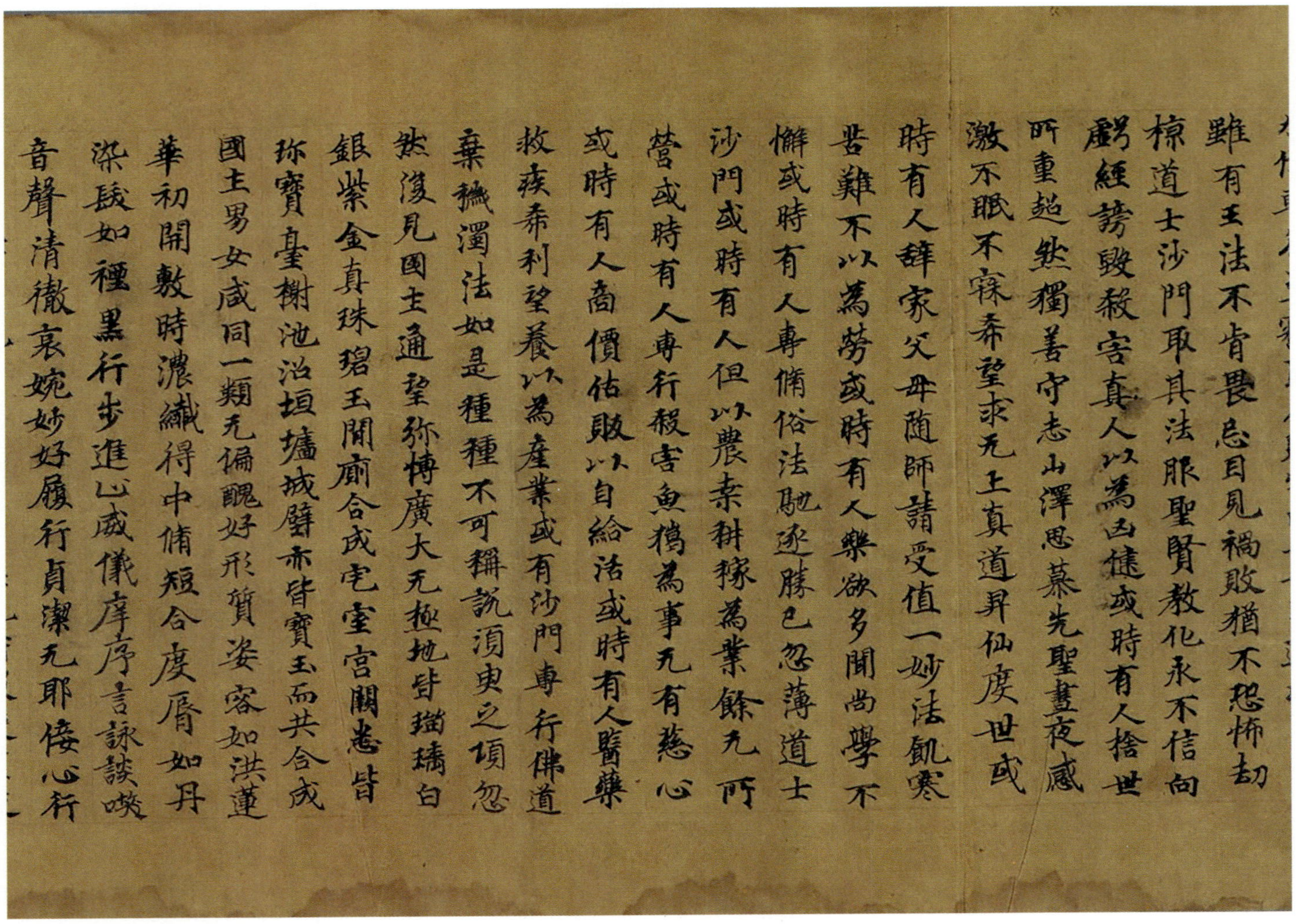

則能飛變化自在衣食自然无所役使晝夜所習常在道味又无疾病便利之患又云長壽无鞅數劫陰陽不交接初不親形目視之聞已有感降其階庭道路池沼之傍皆有寶樹行列其側亦有衆妙妓樂晝夜常作道陵見此惠悅无量亦見其身與彼无異須臾之間復見彼國土廣博清淨踰於向者國土人民悉皆男子无有女人恩愛已斷无復情慾皆為化生不由胞胎神通變見皆參道之感皆諷詠昇玄内教悉以黃金為素白銀為字恬書昇玄内教日日三時朝礼供養散華然燈香幡幢蓋妓樂歌歎日日不懈中有誦詠者中有執讀者中有書治者中有諮請者中有教授者中有講說者中有朝礼者中有受持經以供養者中有依經脩行如法者中有供養師者中有報師恩者中有師徒弟子牙相傳度者中有師徒兩相師者中有行道者中有受道者中有得道者中有守靜嘿念者中有形脩者中有心脩者中有樂作功德者中有樂守行无為者

此下有六十行許破壞不可復識先本不寫

是時天尊彈指聲欬國土還復如初問道陵曰卿見吾土威儀法式得无疑乎道陵曰臣託威神得見此土種種變異功德无量心懷喜踊无以自喻亦已自知蒙法利益得入真要但未都了願更誨示不審臣向所見國土不同為悉真實為化跡乎天尊荅曰真之與化等无差別何以故道无形故道陵曰道何无形天尊荅曰非有法故道陵曰非有法何所法天尊荅曰非有法无所法道陵曰无所法何所脩天尊荅曰離所脩道陵曰何所離天尊荅曰離所習道陵曰習是有耶是无耶天尊荅曰是有是无何以故偽性假合名之為有體无實故名之為无道陵曰有性常假无性常无雖有二名求之則一是則一體而有二名而天尊云離有之无是為二名移實留有何差別天尊荅曰有无二名生于偽物形見曰有形亡曰无相因而然並非真實真性常一未始暫有未始暫无无形而可求无聲而可聞是故智者知之而必求之聖人體之而必知之求之者以損有為益知之者以

體无為大是故損有者必先之於无體无者
以无无為大道陵當知十方天尊如我等比
欲以真道誨悟一切隨方化度見形无常說
法制律亦无有定唯令一切咸得歸真是吾本
意十方天尊盡意亦然卿宜諦思吾語吾
令所說皆是无始天尊秘密寶藏億千万劫
時一說耳卿於今去當珎惜寶護念令流通
可傳必傳不可必止勿妄漏泄傳非其人何
以故此經尊妙履行供養當得尊位見世獲
祐所向隆利誹謗之者衆罪歸身苦痛皆
經見世軨轗身得惡疾人所棄薄是故慇懃
重囑累汝宜加用心切報无極漏慢懈怠考
及汝身於是道陵更從坐起正巾綬褐跪而
稽首臣重自慶幸不期之遇得見天尊深（甚）教
化誠自喜踊无以為喻重被誠勅當竭身命
奉行供養宣傳善人必在末世令得流行顛
以道力隨見守護將來惡世多有姻妬憍慢
疑阻誹謗惡魔所壞破亂正法自非威神所
及莫能堅持學業天尊告道陵曰受持此
經者十方天尊與諸賢聖善人仙童玉女常

隨護助除其禳患衆魔鬼賊无能侵害唯除
宿世逆惡重罪必應受者然受之必輕无有
惚害此經尊重受者亦尊一切天人咸皆敬護
卿於來世但懃行之吾當與卿无上呪符若
行道齋直勅而安之當依次第方面安之行
道訖即還攝符安置淨處道陵曰安此符者
當復并安洞玄五篇符不天尊曰安此昇玄
符者不須復安五符篇也何以故此經大業
兼攝衆經一切官屬悉從其教是故持此經
者循此道者悉羅置諸餘法術唯洞玄五千
文是其枝條諸餘經教皆小乘法宜諦思之
燒香呪曰　叩齒隨方數　子明傳思遠同
某帝直符吏二人出令日直事某甲從官若
干人六龍各各嚴莊冠帶執持捧案上詣帝
庭關啓臣等所奏焚符啓事從令以去至行
道畢悉令條達无使遺脫訖便隨事行道 李月
常命 皇帝 闕月 令五 帝也
又勅符呪曰　隨方叩齒　子明傳　思遠同　法蘭與
玄帝高真无始五老制符垂教使我行道
令日是符傳真授道召魂東靈夾嫉蕩穢

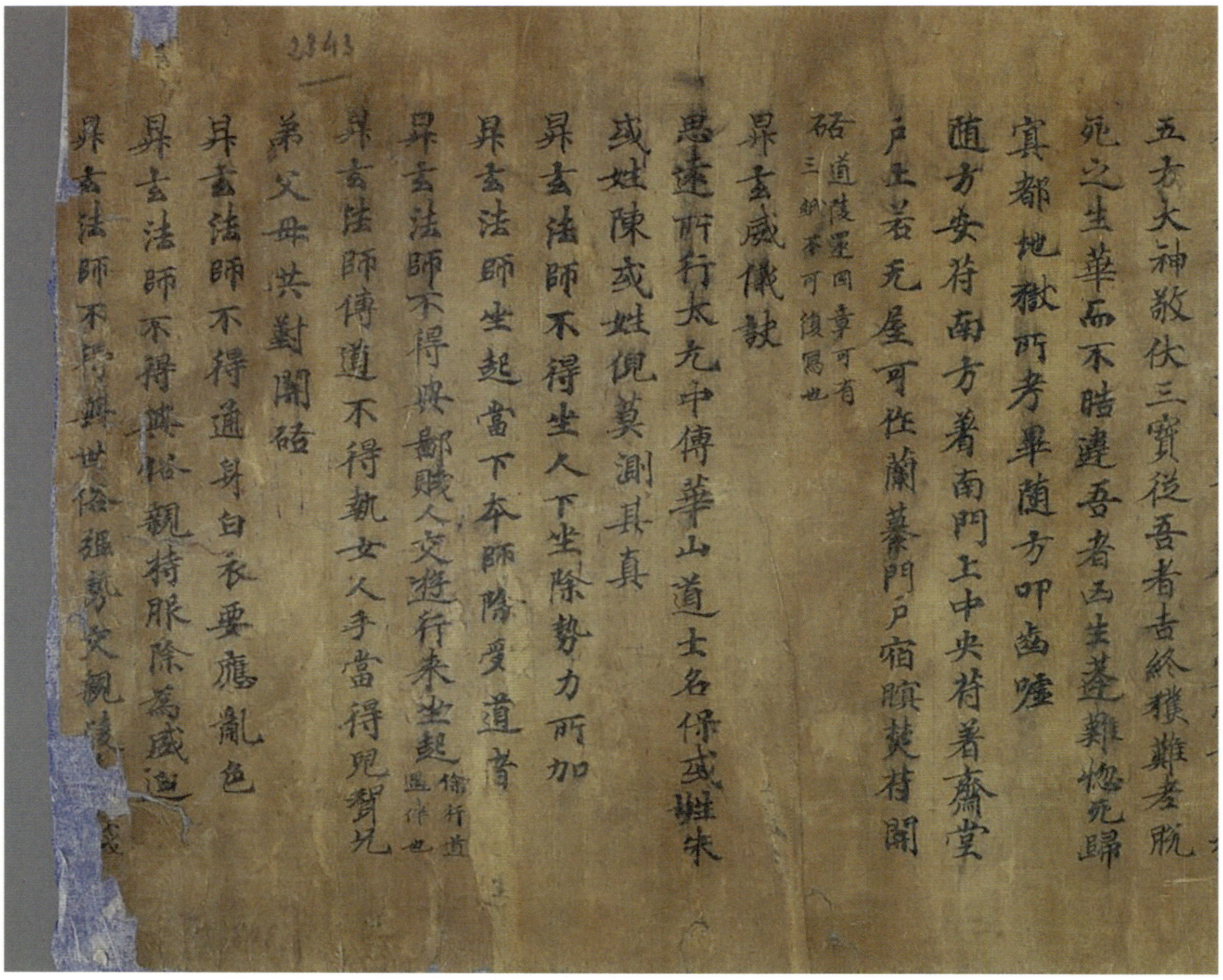

釋文

(P.2343 抄本，前缺)〔一〕

□□□耶濁，出入盼睞，畏人發覺，亦不憂念／父母兄弟、妻子飢寒。或為王司執得，髡笞執繫／，終无改悔，但恨為之不巧，作之不密，希望得／脱，更思好作方便，勿使發露。或有嬾惰，不肯／力作，專行盜竊，取人財物，略奪无道，以自給活／。雖有王法，不肯畏忌，目見禍敗，猶不恐怖。劫／掠道士沙門，取其法服。聖賢教化，永不信向／，虧經謗毀，殺害真人，以為凶健。或時有人，捨世／所重，超然獨善，守志山澤，思慕先聖，晝夜感／激，不眠不寐，希望求无上真道，昇仙度世。或／時有人，辞家父母，随師請受，值一妙法，飢寒／苦難，不以為勞。或時有人，樂欲多聞，尚學不／懈。或時有人，專脩俗法，馳逐勝己，忽薄道士／沙門。或時有人，但以農桑耕稼為業，餘无所／營。或時有人，專行殺害，魚獵為事，无有慈心／。或時有人，商賈估販，以自給活。或時有人，醫藥／救疾，希利望養，以為産業。或有沙門，專行佛道／，棄穢濁法。如是種種，不可稱説。須臾之頃，忽／然復見國土，通望弥慱，廣大无極，地皆瑠璃、白／銀、紫金、真珠、碧玉，間廁合成。宅室宮闕，悉皆／珎寶，臺榭池沼、垣墻城壁，亦皆寶玉而共合成／。國土男女，咸同一類，无偏醜好，形質姿容，如洪蓮／華初開敷時，濃纖得中，脩短合度，脣如丹／染，髮如裡黑，行步進止，威儀庠序，言詠談咲／，音聲清徹（澈），哀婉妙好，履行貞潔，无耶佞心，行／則能飛，變化自在，衣食自然，无所役使，晝夜／所習，常在道味，又无疾病便利之患。又云／長壽无鞅數劫，陰陽不交接，初不親形，目視之／間已有感降。其階庭道路池沼之傍，皆有寶／樹行列其側，亦有衆妙妓樂，晝夜常作。道陵見／此，喜悦无量。亦見其身，與彼无異。須臾之間／，復見彼國土廣慱清浄，踰於向者。國土人民悉／皆男子，无有女人，恩愛已断，无復情慾，皆／為化生，不由胞胎。神通變見，皆参道炁，咸／皆諷詠昇玄内教，悉以黄金為素，白銀為字／，恬書昇玄内教，日日三時朝礼供養，散華燃／燈，香幡幢盖，妓樂歌歎，日日不懈。中有誦詠／者，中有執讀者，中有書治者，中有諮請者／，中有教授者，中有講説者，中有朝礼者，中有／受持經弓供養者，中有依經脩行如法者，中有／供養師者，中有報師恩者，中有師徒弟子互／相傳度者，中有師徒兩相師者，中有行道者／，中有受道者，中有得道者，中有守靜嘿念者／，中有形脩者，中有心脩者，中有樂作功德者／，中有樂守行无為者。此下有六十行許，破壞不可復識，先本不寫／。

是時天尊彈指謦咳，國土還復如初。問道陵／曰：卿見吾土威儀法式，得无疑乎？道陵曰：因／託威神，得見此土種種變異，功德无量，心懷／喜踊，无以自喻。亦已自知蒙法利益，得入真／要，但未都了，願更誨示。不審臣向所見國土／不同，為悉真實，為化跡乎？天尊答曰：真之與／化，等无差別。何以故？道无形故。道陵曰：道何／无形？天尊答曰：非有法故。道陵曰：非有法，何／所法？天尊答曰：非有法，无所法。道陵曰：无所／法，何所脩？天尊答曰：離所脩。道陵曰：何所離／？天尊答曰：離所習。道陵曰：習是有耶，是无耶／？天尊答曰：是有是无。何以故？偽性假合，名之／為有；體无實故，名之為无。道陵曰：有性常假／，无性常无，雖有二名，求之則一，是則一體而／有二名。而天尊云雜有之无是為二，名移實／留，有何差別？天尊答曰：有无二名，生于偽物／。形見曰有，形亡曰无，相因而然，並非真實。真性／常一，未始暫有，未始暫无。无形而可求，无聲／而可聞。是故智者知之而必求之，聖人體／之而必弘之。求之者以損有為益，弘之者以／體无為大。是故損有者必先之於无，體无者／以无无為大。道陵當知，十方天尊如我等比／，欲以真道誨悟一切，隨方化度，見形无常，說／法制律，亦无有定，唯令一切咸得歸真，是吾本／意，十方天尊建意亦然。卿宜諦思吾語。吾／今所說，皆是元始天尊秘密寶藏，億千万劫／時一說耳。卿於今去，當珍惜寶護，念令流通／，可傳必傳，不可必止。勿妄漏泄，傳非其人。何／以故？此經尊妙，履行供養，當得尊位，見世獲／祐，所向隆利。誹謗之者，衆罪歸身，苦痛皆／經，見世軫軻，身得惡疾，人所棄薄。是故慇懃／重囑累汝，宜加用心，功報无極，漏慢懈怠，考／及汝身。

於是道陵更從坐起，正巾斂褐，跪而／啓曰：臣重自慶幸，不期之遇，得見天尊甚深教／化，誠自喜踊，无以為喻。重被誡勑，當竭身命／奉行供養，宣傳善人，必在末世令得流行，願／以道力隨見守護。將来惡世，多有姤嫉憍慢／，疑岨誹謗，惡魔所壞，破亂正法，自非威神所／及，莫能堅持學業。

天尊答道陵曰：受持此／經者，十方天尊與諸賢聖善人、仙童玉女，常／隨護助，除其衰患，衆魔鬼賊无能侵害。唯除／宿世逆惡重罪必應受者，然受之必輕，无有／惱害。此經尊重，受者亦尊，一切天人咸皆敬護／，卿於来世但懃行之。吾當與卿无上呪符，若／行道齋直，勑而安之。當依次第方面安之，行／道訖，即還攝符，安置淨處。

道陵曰：安此符者／，當復并安洞玄五篇符不？天尊曰：安此昇玄／符者，不須復安五篇符〔二〕也。何以故？此經大業／，兼攝衆經，一切官屬悉從其教。是故持此經／者、脩此道者，悉罷置諸餘法術。唯洞玄五千／文是其枝條，諸餘經教皆是小乘法。宜諦思之／。

燒符呪曰：叩齒隨方數。子明傳，思遠同／。

ㄙ帝直符吏二人出，今日直事ㄙ甲，從官若／干人，六龍各各嚴庄冠帶，執玉檢案，上詣帝／庭關啓：臣等所奏焚符啓事，從今以去，至行／道畢，悉令條達，无使遺脫。訖，便隨事行道。季月／常命皇帝，閏月命五帝也／。

又勑符呪曰：隨方叩齒。子明傳，思遠同，法蘭異／。

玄帝高真，元始五老。制符垂教，使我行道／。今日是時，傳真授道。召魄束靈，灾妖蕩掃／。五方大神，敬伏三寶。從吾者吉，終獲難老。脫／死之生，華而不皓。違吾者凶，生蓬（逢）難惱。死歸／冥都，地獄所考。畢，隨方叩齒，嘘／。

隨方安符，南方著南門上，中央符著齋堂／户上。若无屋，可作蘭纂門户。宿暝焚符關／啓。道陵還國章可有三紙，不可復寫也／。

昇玄威儀訣／

思遠所行，太元中傳華山道士名保，或姓朱／，或姓陳，或姓倪，莫測其真／。

昇玄法師不得坐人下坐，除勢力所加／。

昇玄法師坐起當下本師，除受道者／。

昇玄法師不得與鄙賤人交遊，行来坐起，除行道遇伴也／。

昇玄法師傳道，不得執女人手，當得兒婿、兄／弟、父母共對關啓／。

昇玄法師不得通身白衣，要應亂色／。

昇玄法師不得與俗親持服，除為威迫／。

昇玄法師不得與世俗强勢交親，陵囗踐／（下缺）

校記

（一）此抄本首尾殘缺，原無卷題。大淵忍爾《敦煌道經目録編》擬定爲《昇玄經》卷一〇《道陵還國章》，證據不足。今按，此抄本中部分文字見於《道教義樞》、《雲笈七籤》卷九五所引《昇玄經》，疑係卷二或卷三殘抄本。姑置於此。

（二）五篇符：原作「五符篇」，據文義改。

附補材料

又曰：有性常假，無性常無，雖有二名，求之則一，是則一體而有二名。又曰：有無二名，生於僞物，形見曰有，亡形曰無，相因而然，並非真實。（《雲笈七籤》卷九五（此條見P.2343）

《昇玄經》太上告道陵云：汝昔所行，名爲真一道者，是則陰陽之妙道，服御之至術耳，非吾所問真一。此昔教也。下文云：汝以堪受吾至真平等要設無上妙經，乃至第四辯不一之一，此之教也。……故《昇玄經》云：是爲究竟。究竟者，功業成，罪行畢，則常一也。（《雲笈七籤》卷四九）

《昇玄經》云：夫唯賢者，與彼俗人事事有反。目不多瞻，見好不驚；耳不聽讒，不聽亂聲；鼻不受香芬芳之腥；口不嘗甘，茹犯衆生；心不想慾財色華榮，手不姦用，足不惡行。此是道士之行者也。（《道典論》卷二）

《昇玄經》云：仙公又向太極真人長跪言：歸誠先生，願降法澤滋潤枯槁，使將來道士得修至真，棄邪法術。（《道典論》卷二）

《昇玄經》云：道陵偈頌曰：不念作慈心，遊獵殺衆生。罪竟受對報，炎火燒其形。（《道典論》卷三）

《昇玄經》云「言説即非真」。（BD4687）

《昇玄經》云：有浮雲觀，天尊遊行之所也。（《上清道類事相》卷一）

《昇玄經》云：太上於崑崙治中，進登天首大治七寶道德觀上，以告張天師云：吾道出於無先太初之前。又云：身居虎豹之藪，心在福德之觀。（《上清道類事相》卷一。部分見敦煌本卷九）

《昇玄經》云：三天五帝皆帶大玉之珮。（《修真十書·黄庭内景玉經注》梁丘子注）

《昇玄經》云：爲无爲，念不念，動不動。此三者真僞相參，使曲直相教，以名有犯罰也。（《太上老君元道真經注解》）

（王卡整理）

太上洞玄靈寶業報因緣經

解題

簡稱《業報因緣經》。撰人不詳，約出於南北朝末或隋唐之際。晚於《昇玄經》，早於《三洞奉道科誡經》。內容係太上道君爲普濟真人講述業報因緣等道教義理。全書共十卷二十七品。收入《正統道藏》洞玄部本文類。（《中華道藏》第五册\013號）

臺北 4721（散 0064）：首全尾缺。首題：太上業報因緣經卷第一。次行題：開緣品一。存經文八十八行，見於道藏本卷一第 1a1—5b1 行。背面寫佛名經。（大淵目八五頁）

S. 4963：首尾斷缺，無卷題。與臺北 4721 原係同一抄本，首尾連續，可直接綴合。存經文五十六行，見於道藏本卷一第 5b1—8a7 行。背面寫佛名經。（大淵目八六頁）

S. 3008：首缺尾全，尾題截去。與臺北 4721+S. 4963 原係同一抄本，但不直接連續。存經文五十六行，見於道藏本卷一第 11a4 行至卷末。背面寫佛名經。（大淵目八六頁）

BD5767（奈 67\北 8448）：首尾殘缺，無卷題。筆跡近似 P. 2551 等抄本。殘存經文七十行，見於道藏本卷二惡報品第三，第 9b3 行「矯詐中來」，至第 13a2 行「陰謀毒惡得此報」。（大淵目缺漏）

P. 2551：首殘尾缺，前十九行上半部斷損，無卷題。殘存經文七十五行，見於道藏本卷三懺悔品第五，第 2b10—6b4 行。背面寫佛龕銘文。（大淵目八八頁）

S. 5732：殘片。首尾殘損，無卷題。筆跡近似 P. 2551 等抄本。殘存經文十三行，見於道藏本卷四奉戒品第六，第 3a9—4a2 行。（大淵目八八頁）

P. 3353：首尾殘缺，中間有十餘行下半部破損。無卷題。筆跡近似 P. 2551 等抄本。殘存經文八十行，見於道藏本卷四持齋品第七，第 6b8—10b10 行。背面寫佛教戒律疏釋。（大淵目八八頁）

P. 3775：首尾殘缺，無卷題。筆跡近似臺北 4721 等抄本。殘存經文二十二行，見於道藏本卷五誦念品第八，第 1a6—2a9 行。（大淵目八九頁）

BD14841H：首尾截斷，首行字缺半邊。無卷題。楷書精美。存經文三十三行，見於道藏本卷五行道品第九，第 3b5 行「滅罪除灾」，至第 5a8 行「巨億万許一百日」止。（大淵未見）

BD5995（重 95\北 8453）：首尾殘缺，末行題：弘誓品第十。筆跡近似 P. 2551 等抄本。殘存經文三十五行，見於道藏本卷五第 3b9—5b4 行。（大淵目八九頁）

S. 10479+BD14841D：兩殘片裂縫殘字吻合，原屬同抄本。黄麻紙，楷書精美，筆跡近似 BD14841H。綴合後首殘尾缺，無卷題。合計存經文一紙二十八行。第 10 行品題：讚歎品十二。存文見於道藏本卷五第 9b3—10a2 行。其後粘接 BD14841D. 2《本際經》卷二殘抄本。（大淵未見）

（按，S.10479 是僅存三個半行的小碎片，榮目已著録。《英藏敦煌文獻》影版，S.10477 即 S.10479 爲業報因緣經，誤題作「殘文」，S.10477 佛經殘片五行，誤題作「太上業報因緣經」。不查原典，因誤而誤。IDP 圖版爲 S.10479。）

P. 2387：首殘尾全，卷首題缺。首行題：慈濟品十四。第 45 行題：救護品十五。尾題：太上業報因緣經卷第六。存經文二百二十四行，大致與道藏本卷六首尾相當。（大淵目九〇頁）

附 LM20-1467-20-03：旅順博物館藏品。殘片。末行題：太上業報因緣經救護品第十五。存經文七行，見於 P. 2387 抄本，第 39 行「夜勤修七百年中」，至第 45 行末。（大淵目九九頁，原作龍谷大學藏大谷文書，據《西域考古圖譜》下佛典四八影版比定。）

P. 2460：首尾殘缺，卷末文字模糊，無卷題。筆跡近似臺北 4721 等抄本。存經文一百一十三行，見於 P. 2387 抄本第 103—219 行。背面寫《觀心論》。（大淵目九四頁）

P. 2757：首尾殘缺，無卷題。存經文七十四行，見於道藏本卷七功德品十六，第 3b8—7b5 行。背面寫齋戒文。（大淵目九四頁）

S. 6326：首尾殘缺，無卷題。筆跡近似 P. 2551 等抄本。殘存經文二十五行，見於 P. 2757 抄本第 26 行「普慈真人登下方法座」，至第 50 行，下有「賢者各持香油」等殘字。（大淵目九五頁）

P. 3050：首尾殘缺，無卷題。第 11 行品題：福報品十八。筆跡近似臺北

4721等抄本。殘存經文十八行，見於道藏本卷七第11a10—12a9行。背面畫菩薩像。（大淵目九五頁）

京都252（散1059）：原是山本悌二郎藏本，後歸日本京都博物館。首尾完具。首題：太上業報因緣經卷第八。次行題：生神品十九。尾題：太上業報因緣經卷第八。卷末注記：「天寶十二載六月　日白鶴觀為皇帝敬寫。」筆跡近似P. 2551等抄本。存經文一百八十三行，大致與道藏本首尾相當。（大淵目九六頁）

S. 10918：殘紙半頁，前空白，末行題：太上業報因緣經卷八。下端寫「真」字。應是原卷包首。（榮目著録）

P. 2362：首全尾殘。首題：太上業報因緣經卷第八。次行題：生神品十九。存經文七十八行，見於京都252抄本第1—79行。背面寫佛經。（大淵目九八頁）

附　四天王寺藏本B13：原爲出口常順藏品。首尾殘缺，無卷題。殘存經文九行，見於京都252抄本第95—103行。（大淵目九九頁比定此件。影版見藤枝晃編《高昌殘影》圖版二三六。）

S. 6065：殘片。首尾殘損，無卷題。筆跡近似P. 2362。殘存經文十四行，見於京都252抄本第167—180行。（大淵目九九頁著録此件，編號誤作S. 6056）

S. 9764v+1645：兩件殘片綴合。無卷題。筆跡近似臺北4721等抄本。S. 1645前六行下半部缺損，S. 9764v殘片恰可補其缺，但仍有少許文字碎損。合計存經文一紙二十八行，見於道藏本卷九弘救品二十，第3b10—5a8行。背面寫佛經。（大淵目九九頁著録後件，未見前件殘片，榮目亦未著録。《英藏敦煌文獻》影版，題作「失名道經」。）

S. 0861：殘片。首尾缺損，無卷題。與S. 9764v+1645原係同一抄本，但不直接連續。存經文十四行，見於道藏本卷九證實品廿一，第11b4—12a8行。背書佛經。（大淵目九九頁）

P. 3026：首缺尾全。尾題：太上業報因緣經卷第九。筆跡近似P. 2551等抄本。存經文十八行，見於道藏本卷九生化品廿三，第18a1行至卷末。背面寫《大般涅槃經》。（大淵目九九頁）

Дx7243：小碎片，楷書。殘存二行，係太上業報因緣經卷第九生化品廿三。（影版見《俄藏敦煌文獻》）

BD16051A：殘片。約存十七字，另有殘字若干。

太上洞玄靈寶業報因緣經卷第一

圖版

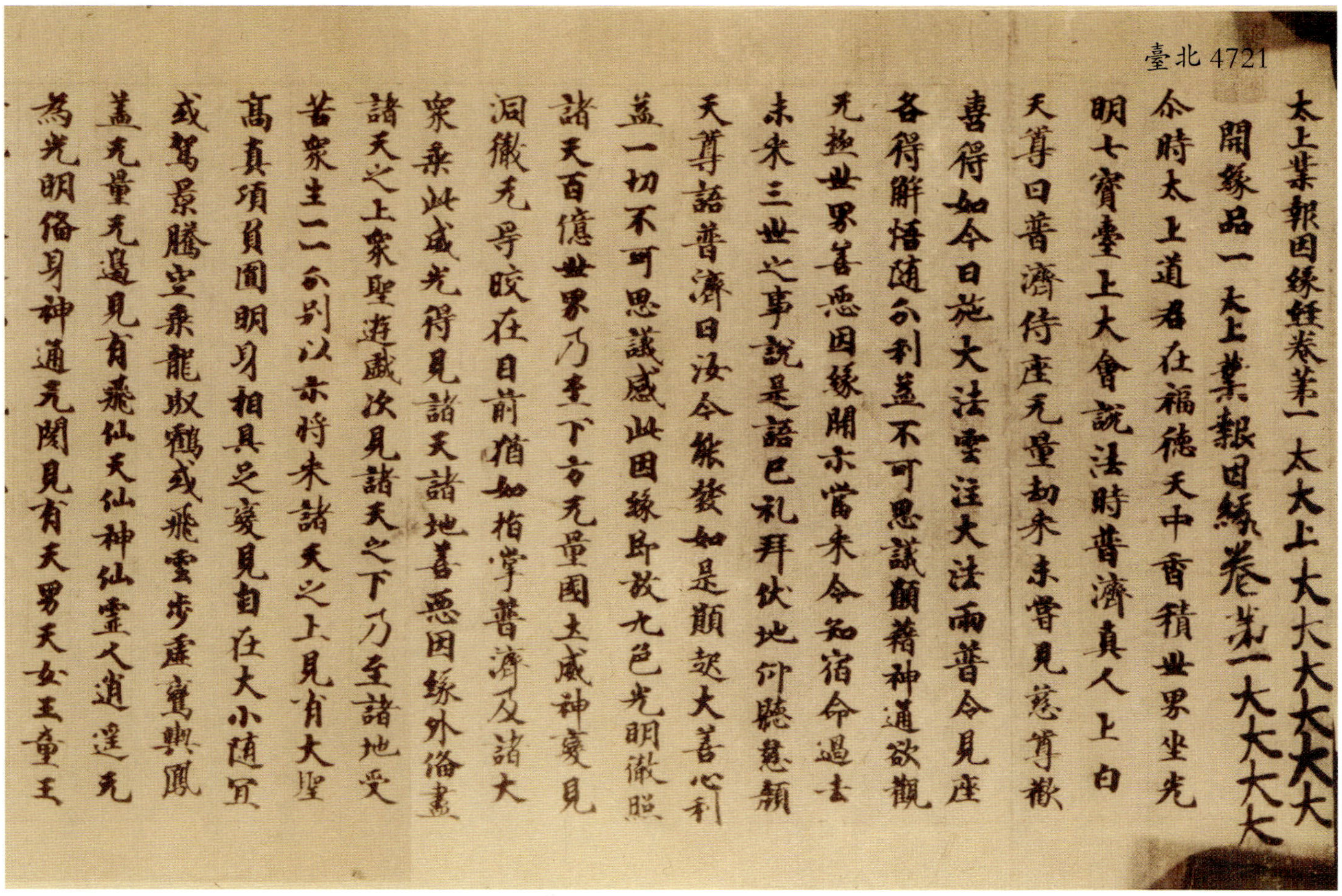

女无央數衆見有鳳皇孔雀師子辟邪侍衛左右見有金堂玉殿寶臺珠闕見有天樂天花天果天樹萬種雜類不可得名見有毒龍猛獸迊遶城闕見有寶池金碗仙人遊戲見有天廚天供百味羅列見有諸仙諮問法相見有衆聖廣說一乘見有天王以聞凶吉見有百座千座乃至萬億寶座講說大乘見有飛仙神仙天仙諸始學真問法論難見有旛花幢蓋百寶莊嚴見有土地皆是七寶金銀珠玉見有園苑竹林果木鳥獸水池皆悉自然見有宮殿音聲衣服茵席褥並非人造見有諸仙行道念誦礼拜讚唱晝夜不絕見有飛臺行館空裏轉移見有天衣雲蓋虛內相迎見有殿堂樓閣忽然化出見有飲食滋味芬芳流溢諸天之上見有如此福德快樂自在之處復見有如此殿堂花果種種供養不可名目諸天之下復見有諸天大聖乘雲駕虛持旛建節案行衆生罪福簿錄見有諸天仙聖分身變化或貴或賤或貧或富或病或壯或男或女或老或少或大或小

或長或短種種託形下在人間教化一切見有諸天仙人靈人及諸飛天神王善惡童子日日遊行人間條錄善惡以奏諸天見有雲宮星府日月宮殿山川岳瀆靈官考校人民善惡功過見有國王捨身布施以求真道見有國王卑身下物供養三寶見有國王脩齋行道誦經礼懺以度己身見有國王正殿燒香請大法師布施持誡見有國王列百寶座講說大乘晝夜不絕敷揚秘藏見有國王親率大臣來就觀中捨施金銀珠玉錦綵綾羅車馬寶飾園池果林衣服器物種種供養以建福田見有國王廣度男女以令出家見有國王大度國人紹隆正法見有國王大立觀宇種種莊嚴見有國王廣造法身不惜財寶見有國王抄寫諸經轉讀供養見有國王旛花幢蓋香油上服持用布施出家法身見有國王終日講說讚揚玄化見有國王奉持大誡永无有犯見有國王奉受三洞寶經以佩於身見有國王常發善心專誠於道見有國王捨位大臣自身出家見有國王放諸宮女

普令入道見有國王散諸財寶以興國中貧窮老病見有國王謙卑下下不損於物見有國王形容端雅智惠明遠見有國王年命長遠見有國王以道化人人民歡樂見有國王常行清淨不色不欲見有國王常行慈悲不煞不害見有國王常行施捨不悋不惜見有國王常行歡喜不嗔不怒見有國王常行儉約不奢不泰見有國王常行大慈怜愍衆生見有國王常行精進不退不轉見有國王常行清潔不飲食酒宍葷辛非法之食見有國王手恒抄經廣布一切見有國王大散財物布施法身見有國王與諸道士日日講論諮問妙旨見有國王日日齋會供養道士見有國王專心於道求觧脫法見有國王至誠奉誡求出世法見有國王種種功德以求神仙見有國王放生赦死然燈燒香廣濟一切見有國王捨諸宮殿置造靈觀見見國王詣諸名山諮求上道見有國王請諸大德尊者懺悔受誡以滅宿愆見有皇后獨處深宮專心於道見有皇后捨弃六宮歸身入道見有

S. 4963

皇后捨身衣服卧具玩弄以用布施見有皇后勸請國王度人知法見有皇后諮請國王請諸大德講經論義見有皇后大造經像以度衆生見有皇后多送香花就觀供養見有皇后持百寶物以施出家法身見有皇后奉持經誡曾无虧犯見有皇后不染六塵身心清淨供養三寶見有皇后勸請國王令男女出家見有皇后常發道心廣建功德見有皇后常行布施不惜身命見有皇后常立百座以講大乘見有皇后常以一心遍備諸善見有皇后弃捨王宮入山學道見有皇后請諸大德受誡懺悔見有皇后一心注念佩奉寶經見有皇后手營百味供養三寶見有皇后精進經像燒香礼誦見有皇后隨其國王生无量心見有王子隨其國王一一發心見有王子身願出家見有王子不用榮華布衣持法見有王子專心於道曾不懈怠見有王子常誦真經見有王子廣建福田為未來業見有王子淨持三業身常清淨見有王子恒与道士講論妙義見有王子詣諸道士諮問經

法見有王子常於靈觀礼拜燒香布施懺悔
見有大臣隨王發心廣建功德見有大臣布施
衣物及以田宅奴婢牛馬車乘卧具種種以
入出家法身見有大臣捨其居宅建立靈觀
見有大臣廣造經像以為福田見有大臣忠
正智惠助道興化見有大臣常生歡喜樂聞
經法見有大臣志願出家紹隆大法見有大
臣身相齋整果報具足見有大臣立百寶座
屈請大德講説三洞大乘為國主人民開發
善道有百官生无量心隨國國王種種功
德見有百官常運一心為大法利見有道士
常以經誡勸説國王見有道士常造經像願
國安寧見有道士教化人間修營靈觀堂殿
樓閣任力所堪作當來衆生歸依窟宅見有
道士常行慈悲願度一切見有道士常敷百
座講説大乘利人益國見有道士精心於道
誦經持誡晝夜不絶見有道士廣建福田作
諸橋梁見有道士勤心於物常説妙法以導
愚迷見有道士常為衆生懺悔受誡普使歸
依見有道士鳴鍾打磬六時不捨見有道士

獨坐空山吸景飡松見有道士廣行乞取以
散貧窮六疾見有道士符禁湯藥救療衆生
一切病苦見有道士堂堂无匹作天人師見
有道士恒在道場抄經寫像見有道士獨守
空房誦詠寶經日不暫捨見有道士智惠方
便自在无閡見有道士歡喜一心紹隆大法
見有道士每發慈心開度一切見有道士放
贖生命救濟飢寒布散衣食大設悲田見有
道士道邊立井起屋造堂建諸橋梁竹林花
菓撫其勞苦見有女官端坐幽房專心念道
見有女官燒香誦經晝夜不怠見有女官懺
悔礼拜以求昇仙見有女官精進不倦願得
轉身見有女官發大善心開度一切見有
女官大造經像教化有緣見有女官建立殿
堂臺閣樓栩帳座旛幢供養天尊見有女官
修造玄壇堂殿廊宇周貟具足勸化當來見
有女官布施財物無所恡惜見有女官心无
健羨絶於人我見有女官供事明師曾不退
隨見有女官誦習經典講説大乘見有女官
斷穀休粮清淨身心見有女官長齋奉誡歸

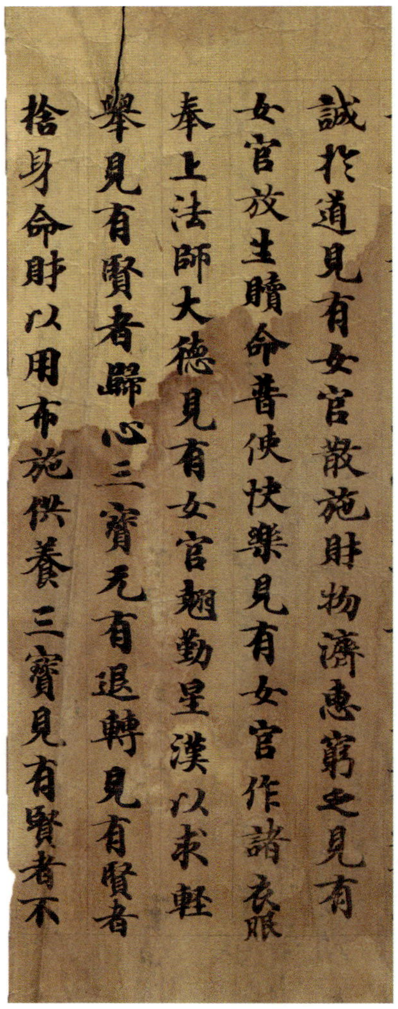
誠於道見有女官散施財物濟惠窮乏見有女官放生贖命普使快樂見有女官作諸衣服奉上法師大德見有女官翹勤星漢以求輕舉見有賢者歸心三寶无有退轉見有賢者捨身命財以用布施供養三寶見有賢者不

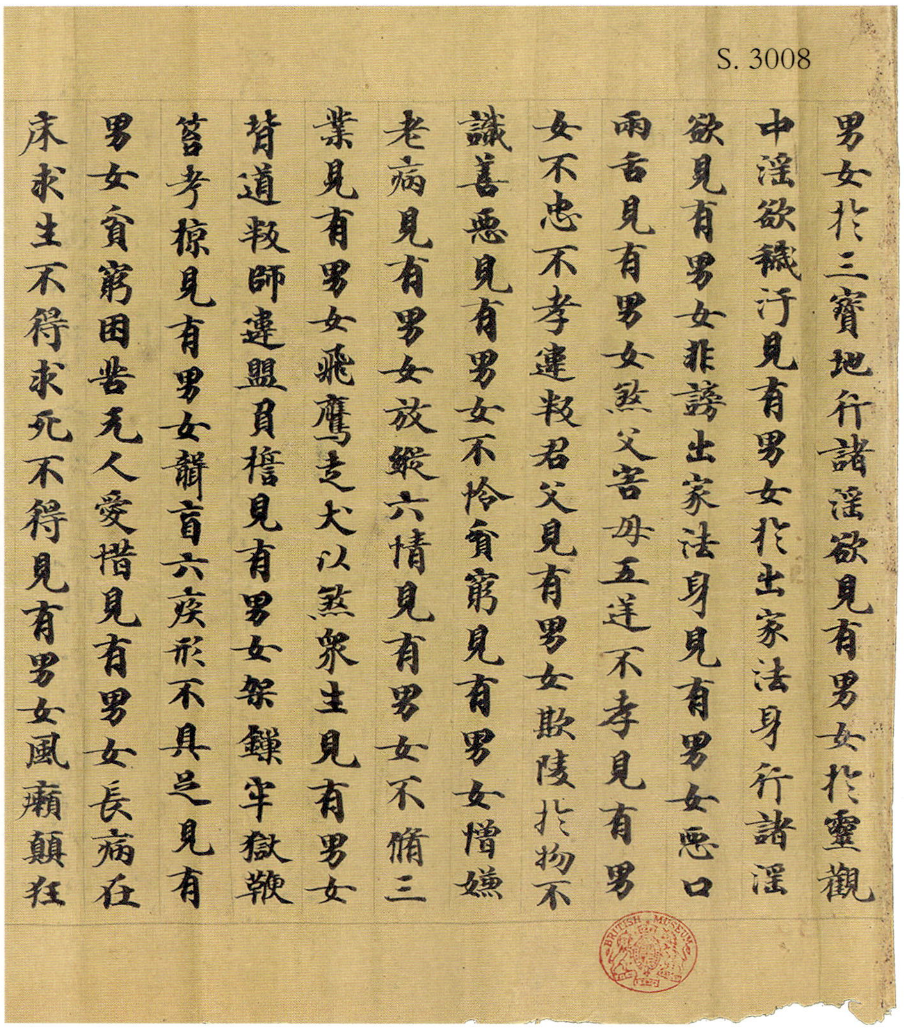
S. 3008

男女於三寶地行諸淫欲見有男女於靈觀中淫欲穢汙見有男女於出家法身行諸淫欲見有男女非謗出家法身見有男女惡口兩舌見有男女煞父害母五逆不孝見有男女不忠不孝違叛君父見有男女欺陵於物不識善惡見有男女不恤貧窮見有男女憎嫉老病見有男女放縱六情見有男女不脩三業見有男女飛鷹走犬以煞衆生見有男女背道叛師違盟負誓見有男女架鎖牢獄鞭笞考掠見有男女聾盲六疾形不具足見有男女貧窮困苦无人愛惜見有男女長病在床求生不得求死不得見有男女風癩顛狂

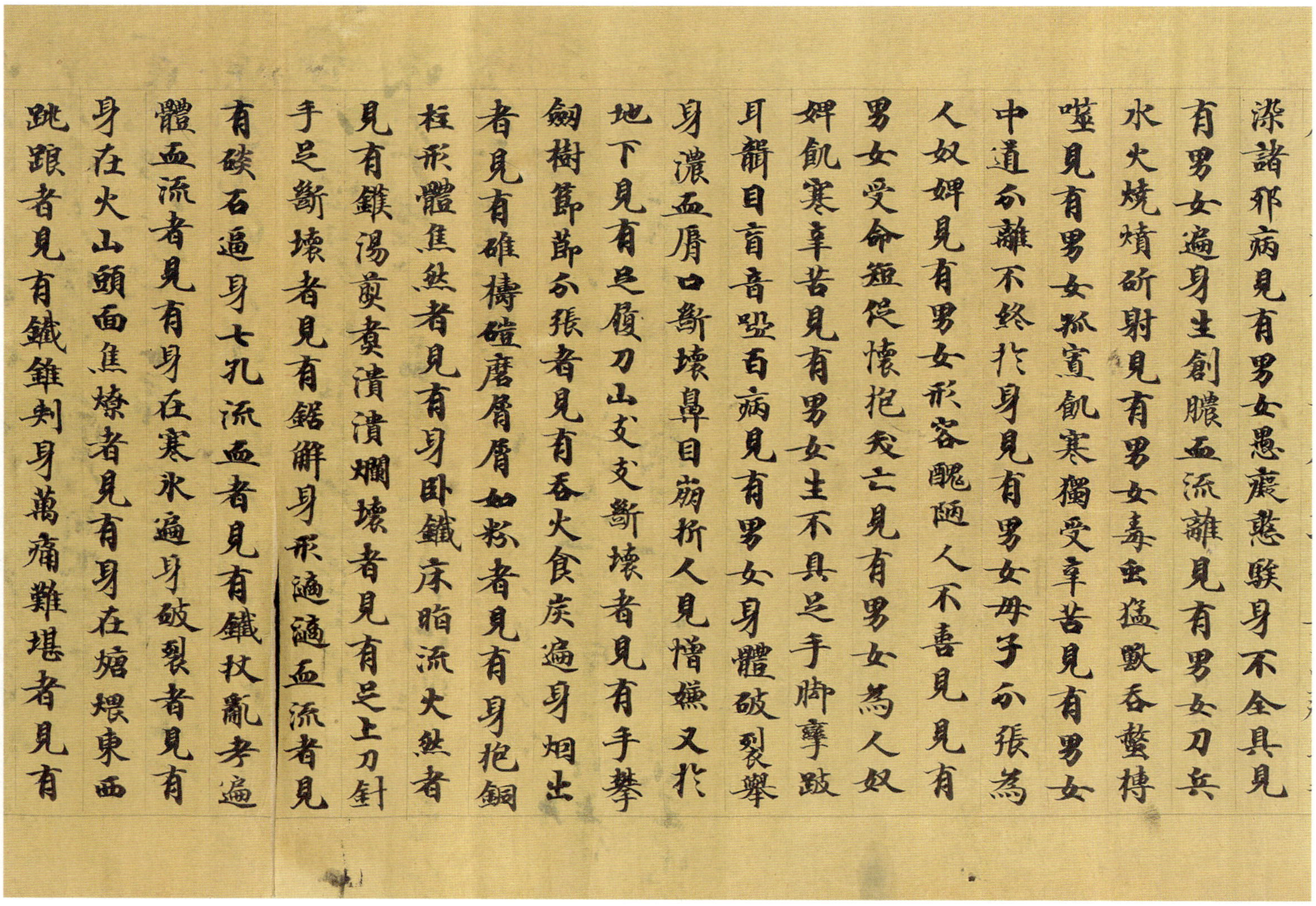
淶諸邪病見有男女愚癡悲騃身不全具見有男女遍身生創膿血流離見有男女刀兵水火燒煑斫射見有男女毒虫猛獸吞螫持嗤見有男女孤寡飢寒獨受辛苦見有男女中道分離不終於身見有男女母子分張為人奴婢見有男女形容醜陋人不喜見見有男女受命短促懷抱夭亡見有男女為人奴婢飢寒辛苦見有男女生不具足手脚攣跛耳聾目盲音瘂百病見有男女身體破裂舉身膿血脣口斷壞鼻目崩折人見憎嫌又於地下見有足履刀山支支斷壞者見有手攀劍樹節節分張者見有吞火食炭遍身烟出者見有碓擣磑磨骨肉如粉者見有身抱銅柱形體焦然者見有身臥鐵床脂流火然者見有鑊湯煮煑潰潰爛壞者見有足上刀針手足斷壞者見有鋸解身形遍遍血流者見有礠石遍身七孔流血者見有鐵杖亂考遍體血流者見有身在寒氷遍身破裂者見有身在火山頭面焦燎者見有身在爐壖東西跳踉者見有鐵錐刺身萬痛難堪者見有

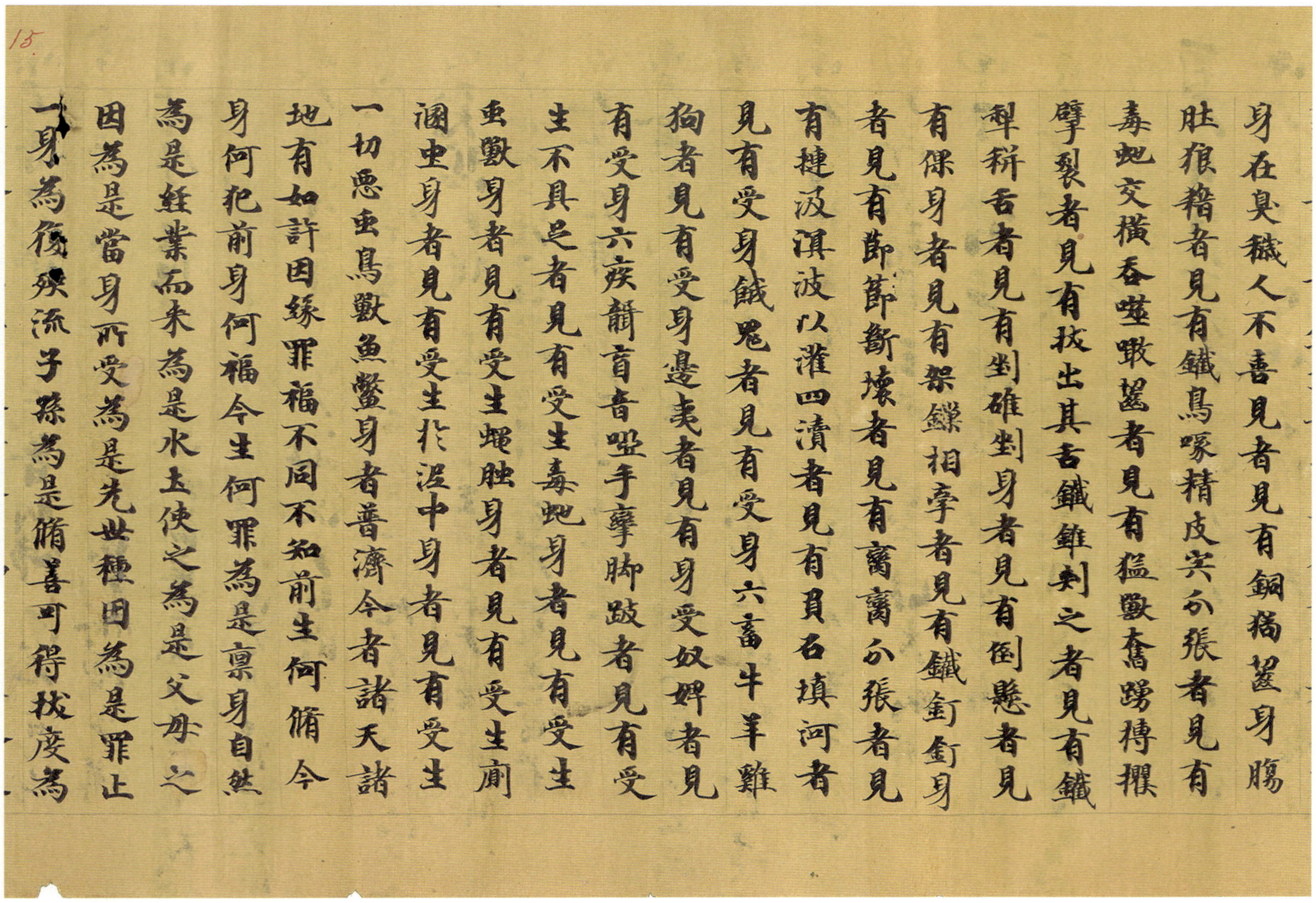
身在臭穢人不喜見者見有銅狗嚙身腸
肚狼籍者見有鐵鳥啄精皮宍分張者見有
毒蛇交橫吞噬𠻳齧者見有猛獸奮踴摶攫
擘裂者見有拔出其舌鐵犂耕之者見有鐵
犁耕舌者見有剉碓剉身者見有倒懸者見
有倮身者見有桎鏁相牽者見有鐵釘釘身
者見有節節斷壞者見有𦠆𦠆分張者見
有捷汲溟波以灌四瀆者見有負石填河者
見有受身餓鬼者見有受身六畜牛羊雞
狗者見有受身邊夷者見有身受奴婢者見
有受身六疾聾盲瘖瘂手攣腳跛者見有受
生不具足者見有受生毒蛇身者見有受生
虫獸身者見有受生蜎蚑身者見有受生圊
溷虫身者見有受生於泥中身者見有受生
一切惡虫鳥獸魚鱉身者普濟今者諸天諸
地有如許因緣罪福不同不知前生何脩今
身何犯前身何福今生何罪為是稟身自然
為是經業而來為是水土使之為是父母之
因為是當身所受為是先世種因為是罪上
一身為復殃流子孫為是脩善可得拔度為

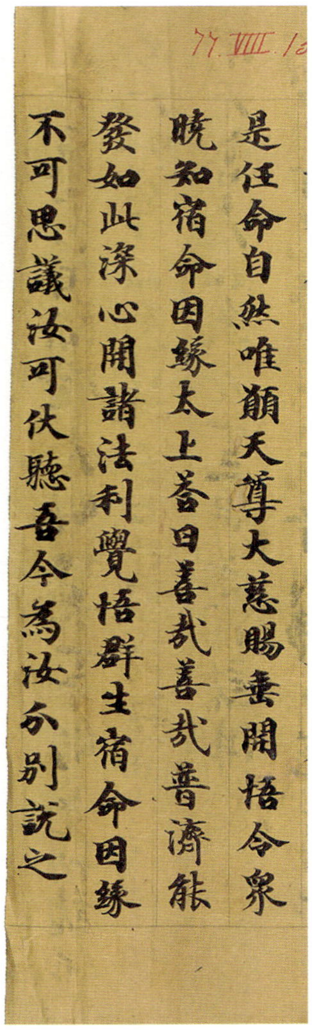
是任命自然唯願天尊大慈賜垂開悟令衆
曉知宿命因緣太上答曰善哉善哉普濟能
發如此深心開諸法利覺悟群生宿命因緣
不可思議汝可伏聽吾今為汝分別說之

釋文

（臺北 4721+S.4963→S.3008）

太上業報因緣經卷第一〔一〕

開緣品一

尒時〔二〕太上道君在福德天中香積世界，坐光／明七寶臺上，大會說法。

時普濟真人上白／天尊曰：普濟侍坐无量劫來，未嘗見慈尊歡／喜得如今日，施大法雲，注大法雨，普令見座／各得解悟，随分利益，不可思議。願藉神通，欲觀／无極世界善悪因緣，開示當来，令知宿命、過去／、未来三世之事。說是語已，礼拜伏地，仰聽慈顏／。

天尊語普濟曰：汝今能發如是願，起大善心，利／益一切，不可思議。感此因緣，即放九色光明，徹照諸天百億世界，乃至下方无量國土，威神變見／，洞徹无㝵，皎在目前，猶如指掌。

普濟及諸大／衆乘此威光，得見諸天諸地善悪因緣，（内）〔三〕外俻盡／，諸天之上，衆聖遊戲。次見諸天之下，乃至諸地受／苦衆生，一一分别以示将来。

諸天之上，見有大聖／高真，頂負圓明，身相具足，變見自在，大小随宜／：或駕景騰空，乘龍馭鶴；或飛雲步虛，鸞輿鳳／蓋，无量无邊。見有飛仙天仙、神仙霊人，逍遥无／為，光明俻身，神通无閡。見有天男天女、玉童玉／女，无鞅數衆。見有鳳皇孔雀、師子辟邪，侍衛／左右。見有金堂玉殿，寶臺珠闕。見有天樂天／花、天果天樹，萬種雜類，不可得名。見有毒龍／猛獸，迊繞城闕。

見有寶池金畹，仙人遊戲。見／有天厨天供，百味羅列。見有諸仙，諮問法相／。見有衆聖，廣説一乘。見有天王，以問凶吉。見／有百座千座，乃至萬億寶座，講説大乘。見有／飛仙神仙天仙，諸始學真，問法論難。見有旛／花幢蓋，百寶庄嚴。見有土地，皆是七寶金銀／珠玉。見有園苑、竹林、果木、鳥獸、水池，皆悉自／然。見有宫殿、音聲、衣服、茵席、旃褥，並非人造／。見有諸仙，行道念誦，礼拜讃唱，晝夜不絶／。見有飛臺行舘，空裏轉移。見有天衣雲蓋，虚／内相迎。見有殿堂樓閣，忽然化出。見有飲食／滋味，芬芳流溢。諸天之上，見有如此福德，快／樂自在之處。復見有如此殿堂、花果，種種供／養不可名目。

諸天之下，復見有諸天大聖乘／雲駕虚，持旛建節，案行衆生罪福藉録。見／有諸天仙聖分身變化，或貴或賤，或貧或／富，或病或壯，或男或女，或老或少，或大或小／，或長或短，種種託形，下在人間，教化一切。見／有諸天仙人靈人，及諸飛天神王、善悪童子，日／日遊行人間，條録善悪以奏諸天。見有雲宫／星府、日月宫殿、山川岳瀆霊官，考校人民善／悪功過。

見有國王捨身布施，以求真道。見有／國王卑身下物，供養三寶。見有國王脩齋行／道、誦經礼懺，以度己身。見有國王正殿燒香／，請大法師，布施持誡。見有國王列百寶座，講／説大乘，晝夜不絶，敷揚妙義。見有國王親率／大臣来就觀中，捨施金銀珠玉、錦綵綾縠、車／馬寶飾、園池果林、衣服器物，種種供養以建／福田。見有國王廣度男女，以令出家。見有國／王大度國人，紹隆正法。見有國王大立觀宇／，種種庄嚴。見有國王廣造法身，不惜財寶。見／有國王抄寫諸經，轉讀供養。見有國王旛花／幢蓋、香油上服，持用布施出家法身。見有國／王終日講説，讃揚玄化。見有國王奉持大誡／，永无有犯。見有國王奉受三洞寶經，以佩於／身。見有國王常發善心，專誠於道。見有國／王捨位大臣，自身出家。見有國王放諸宫女／，普令入道。見有國王散諸財寶，以與國中貧／窮老病。見有國王謙卑下下，不損於物。見有／國王形容端雅，智惠明遠。見有國王年命長／遠。見有國王以道化人，人民歡樂。見有國王／常行清浄，不色不欲。見有國王常行慈悲，不／煞不害。見有國王常行施捨，不恡不惜。見有／國王常行歡喜，不嗔不怒。見有國王常行儉／約，不奢不泰。見有國王常行大慈，怜愍衆生／。見有國王常行精進，不退不轉。見有國王常／行清潔，不飲食酒宍、葷辛（四）非法之食。見有國／王手恒抄經，廣布一切。見有國王大散財物／，布施法身。見有國王與諸道士日日講論，諮／問妙旨。見有國王日日齋會，供養道士。見有／國王專心於道，求解脱法。見有國王至誠奉／誡，求出世法。見有國王種種功德，以求神仙／。見有國王放生救死，然燈燒香，廣濟一切。見／有國王捨諸宫殿，置造霊觀。見有（五）國王詣諸／名山，諮求上道。見有國王請諸大德尊者，懺／悔受誡，以滅宿愆。

見有皇后獨處深宫，專心／於道。見有皇后捨弃六宫，歸身入道。見有／皇后捨身衣服、卧具、玩物（六），以用布施。見有皇／后勸請國王，度人弘法。見有皇后諮請國王／，請諸大德講經論義。見有皇后大造經像，以／度衆生。見有皇后多送香花，就觀供養。見有／皇后持百寶物，以施出家法身。見有皇后奉／持經誡，曾无虧犯。見有皇后不染六塵，身心／清浄，供養三寶。見有皇后勸請國王，令男女／出家。見有皇后常發道心，廣建功德。見有皇／后常行布施，不惜身命。見有皇后常立百座（七）／，以講大乘。見有皇后常以一心，遍脩諸善。見／有皇后弃捨王宫，入山學道。見有皇后請諸／大德，受誡懺悔。見有皇后一心注念，佩奉寶／經。見有皇后手營百味，供養三寶。見有皇后／精進經像，燒香礼誦。見有皇后随其國王，生／无量心。

見有王子随其國王，一一發心。見有／王子身願出家。見有王子不用榮華，布衣持／法。見有王子專心於道，曾不懈怠。見有王子／常誦真經。見有王子廣建福田，為未來業（緣）（八）。見／有王子浄持三業，身常清浄。見有王子恒与／道士講論妙義。見有王子詣諸道士，諮問經／法。見有王子常於霊觀，礼拜燒香，布施懺悔／。

見有大臣随王發心，廣建功德。見有大臣布施／衣物，及以田宅、奴婢、牛馬、車乘、卧具種種，以／入出家法身。見有大臣捨其居宅，建立霊觀／。見有大臣廣造經像，以為福田。見有大臣忠／正智惠，助道興化。見有大臣常生歡喜，樂聞／經法。見有大臣志願出家，紹隆大法。見有大／臣身相齋整（九），果報具足。見有大臣立百寶座／，屈請大德講説三洞大乘，為國土人民開發／善道。

（見）（一〇）有百官生无量心，随順（一一）國王種種功／德。見有百官常運一心，為大法利。

見有道士／常以經誡，勸說國王。見有道士常造經像，願／國安寧。見有道士教化人間，修營霊觀、堂殿／、樓閣，任力所堪，作當来衆生歸依窟宅。見有／道士常行慈悲，願度一切。見有道士常敷百／座，講說大乘，利人益國。見有道士精心於道／，誦經持誡，晝夜不絶。見有道士廣建福田，作／諸橋梁。見有道士勤心於物，常說妙法，以導／愚迷。見有道士常為衆生懺悔受誡，普使歸／依。見有道士鳴鍾打磬，六時不捨。見有道士／獨坐空山，吸景飡松。見有道士廣行乞取，以／散貧窮六疾。見有道士符禁湯藥，救療衆生／、一切病苦。見有道士堂堂无匹，作天人師。見／有道士恒在道場，抄經寫像。見有道士獨守／空房，誦詠寶經，日不蹔捨。見有道士智惠方／便，自在无閡。見有道士歡喜一心，紹隆大法／。見有道士每發慈心，開度一切。見有道士放／贖生命，救濟飢寒，布散衣食，大設悲田。見有／道士道邊立井，起屋造堂，建諸橋梁，竹林花／菓，撫其勞苦。

見有女官端坐幽房，專心念道／。見有女官燒香誦經，晝夜不怠。見有女官懺／悔礼拜，以求昇仙。見有女官精進不倦，願得／轉身。見有女官發大善心，開度一切。見有／女官大造經像，教化有緣。見有女官建立殿／堂、臺閣、樓榭、帳座、旛幢，供養天尊。見有女官／修造玄壇、堂殿、廊宇，周負具足，勸化當来。見／有女官布施財物，無所悋惜。見有女官心无／健羨，絶於人我。見有女官供事明師，曾不退／墮。見有女官誦習經典，講說大乘。見有女官／斷槃休粮，清浄身心。見有女官長齋奉誡，歸／誠於道。見有女官散施財物，濟惠窮乏。見有／女官放生贖命，普使快樂。見有女官作諸衣服／，奉上法師大德。見有女官翹勤星漢，以求輕／舉。

見有賢者歸心三寶，无有退轉。見有賢者／捨身命財，以用布施，供養三寶。見有賢者不／（一二）惜妻子，供給出家法身。

（中缺）

見有男女，誹謗經教、大道法身。見有男女，強生去就，說真說僞。見有男女，妄生憎愛，見彼見此。見有男女，破齋破戒。見有男女，竊盜經書。見有男女，於清浄地飲酒食肉。見有（一三）男女，於三寶地行諸淫欲。見有男女，於霊觀／中淫欲穢汙。見有男女，於出家法身行諸淫／欲。見有男女，非謗出家法身。見有男女，惡口／兩舌。見有男女，煞父害母，五逆不孝，違叛君父。見有男女，欺陵於物，不／識善惡。見有男女，不恡貧窮。見有男女，憎嫌／老病。見有男女，放縱六情。見有男女，不脩三／業。見有男女，飛鷹走犬，以煞衆生。見有男女／，背道叛師，違盟負誓。見有男女，架鏁（一四）牢獄，鞭／笞考掠。見有男女，聾盲六疾，形不具足。見有／男女，貧窮困苦，无人愛惜。見有男女，長病在／床，求生不得，求死不得。見有男女，風癩顛狂／，染諸邪病。見有男女，愚癡憨騃，身不全具。見／有男女，遍身生瘡（一五），膿血流離。見有男女，刀兵／水火，燒熕斫射。見有男女，毒虫猛獸，吞螫搏／噬。見有男女，孤寡飢寒，獨受辛苦。見有男女／，中道分離，不終於身。見有男女，母子分張，為／人奴婢。見有男女，形容醜陋，人不喜見。見有／男女，受命短促，懷抱夭亡。見有男女，為人奴／婢，飢寒辛苦。見有男女，生不具足，手脚攣跛／，耳聾目盲，音啞（一六）百病。見有男女，身體破裂，舉／身濃血，脣口斷壞，鼻目崩折，人所憎嫌。

又於／地下，見有足履刀山，支支斷壞者。見有手攀／劔樹，節節分張者。見有吞火食炭，遍身炮出／者。見有碓擣磑磨，屑屑如粉者。見有身抱銅／柱，形體焦然者。見有身卧鐵床，脂流火然者／。見有鑊湯煎煮，潰潰爛壞者。見有足上刀針／，手足斷壞者。見有鋸解身形，滴滴血流者。見／有硤石逼身，七孔流血者。見有鐵杖亂考，遍／體血流者。見有身在寒氷，遍身破裂者。見有／身在火山，頭面焦燎者。見有身在煻煨，東西／跳踉者。見有鐵錐刺身，萬痛難堪者。見有／身在臭穢，人不喜見者。見有銅狗齧身，腸／肚狼藉者。見有鐵烏啄睛（一七），皮宍分張者。見有／毒虵交横，吞噬噉齧者。見有猛獸奮踴，搏攫／擘裂者。見有拔出其舌，鐵錐剌之者。見有鐵／犂耕舌者。見有剉碓剉身者。見有倒懸者。見／有倮身者。見有架鏁相牽者。見有鐵釘釘身／者。見有節節斷壞者。見有臠臠分張者。見／有擲汲溟波，以灌四瀆者。見有負石填河者／。見有受身餓鬼者。見有受身六畜，牛羊雞／狗者。見有受身邊夷者。見有受身奴婢者。見／有受身六疾，聾、盲、音、啞（一八）、手攣、脚跛者。見有受／生不具足者。見有受生毒虵身者。見有受生／虫獸身者。見有受生蠅蚰身者。見有受生厠／溷虫身者。見有受生淤泥中身者。見有受生／一切惡虫、鳥獸、魚鱉身者。

普濟：今者諸天諸／地有如許因緣，罪福不同。不知前生何脩，今／身何犯，前身何福，今生何罪？為是稟身自然／，為是經業而来，為是水土使之，為是父母之／因？為是當身所受，為是先世種因，為是罪止／一身，為復殃流子孫？為是脩善可得拔度，為／是任命自然？唯願天尊大慈，賜垂開悟，令衆／曉知宿命因緣。

太上荅曰：善哉，善哉。普濟能／發如此深心，開諸法利，覺悟群生宿命因緣／，不可思議。汝可伏聽，吾今為汝分別説之／。〔一九〕

校記

〔一〕臺北 4721 起於此卷題。

〔二〕道藏本此句之前有「大慈大悲普濟真人，以業報因緣諸問太上」一句。後面敦煌本卷首完整的幾卷與道藏本相比均無此句。

〔三〕「内」字敦煌本原缺，據道藏本補。

〔四〕葷辛：原作「葷辛」，係假借，據道藏本改。

〔五〕見有：原作「見見」，據道藏本改。

〔六〕玩物：原作「玩弄」，據道藏本改。

〔七〕臺北 4721 止於此處，以下接 S. 4963。

〔八〕「緣」字原無，據道藏本補。

〔九〕齋整：道藏本作「齊整」。

〔一〇〕「見」字原缺，據道藏本補。

〔一一〕「順」字原作「國」，據道藏本改。

〔一二〕S. 4963 止於此處，以下陰影文字均據道藏本擬補。

〔一三〕以下接 S. 3008。

〔一四〕架鏁：道藏本作「枷鎖」。

〔一五〕「瘡」字原作「創」，據道藏本改。

〔一六〕音啞：道藏本作「瘖瘂」。

〔一七〕「睛」字原作「精」，據道藏本改。

〔一八〕音啞：道藏本作「瘖瘂」。

〔一九〕S. 3008 止於此處。

太上洞玄靈寶業報因緣經卷第二

圖版

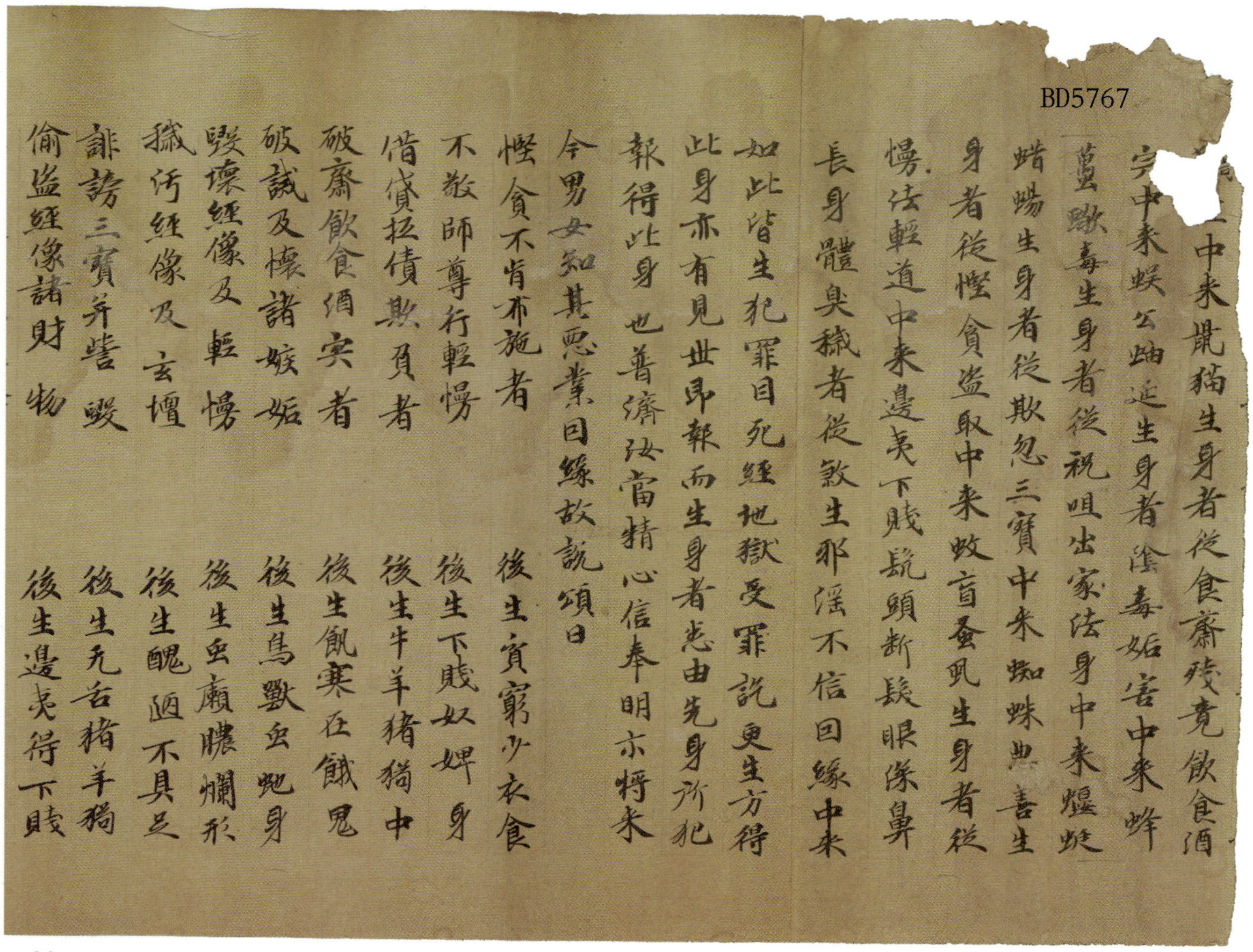

煞害衆生无慈念　後生魚鱉与六畜
嫉妬勝己煞賢良　後生悪獸毒虵身
悪口祝詛无期度　後生猛虎風狂病
貌淫愛色道骨肉　後生獼猴癲𤸎中
飲食酒宍及五辛　後生臭腥狂邪病
毀破天尊諸形像　死入九幽生病癩
呰毀三洞大經法　死入地獄生野獸
訕謗出家法身者　見世病癩生六畜
破壞靈觀玄壇者　眉毛墮落身爛壞
不敬三寶真聖身　見世愚癡作畜生
不信經法与宿命　見世盲聾生鳥獸
不信罪福因緣者　見世奴婢六畜
不信出家生輕忽　見世跛躃為猪狗
穢汚三寶清淨地　見世臭腥生糞土
淫犯出家清淨身　見世孤寡生癲𤸎
邪淫好色无親疎　見世風邪生獼猪
劫奪三寶諸財物　見世貧窮作奴婢
偷盜常住及假損　見世風病作牛羊
貴用偷盜信施物　見世顛狂為愚癡
喫食三寶菓菜等　見世消渴得瘦病

偷盜齋食清淨供　見世礔礰生餓鬼
偷取齋物將凡用　見世飢寒不得食
陵忽罵詈出家人　見世風閑遭牢獄
破齋違誡犯禁忌　見世咽病生餓虎
損害生命无畏懼　見世尅命架鏁厄
食宍臭腥常血穢　見世百病不離身
嗜酒昌狂无尊卑　見世猛火悪鬼欺
好喫五辛及臭物　見世臭腥生糞穢
綺語戲弄出家人　見世猨猴生鳥獸
手足攣縮不申展　不敬三寶得此報
手足斷壞无文第　不敬師尊得此報
兩目俱盲无所見　不信經法得此報
舌根爛壞及音啞　毀呰大乘得此報
言詞謇吃不能語　道說出家得此報
鼻塞不聞香与臭　好食五辛得此報
身體爛壞膿血流　毀謗三寶得此報
脣騫齒露鼻梁倒　破壞道場得此報
舉身虫出宍臭爛　笑弄三寶得此報
膂脊曲跌背脚折　欺忽三寶得此報
顛狂風邪迷惑病　不信因緣得此報

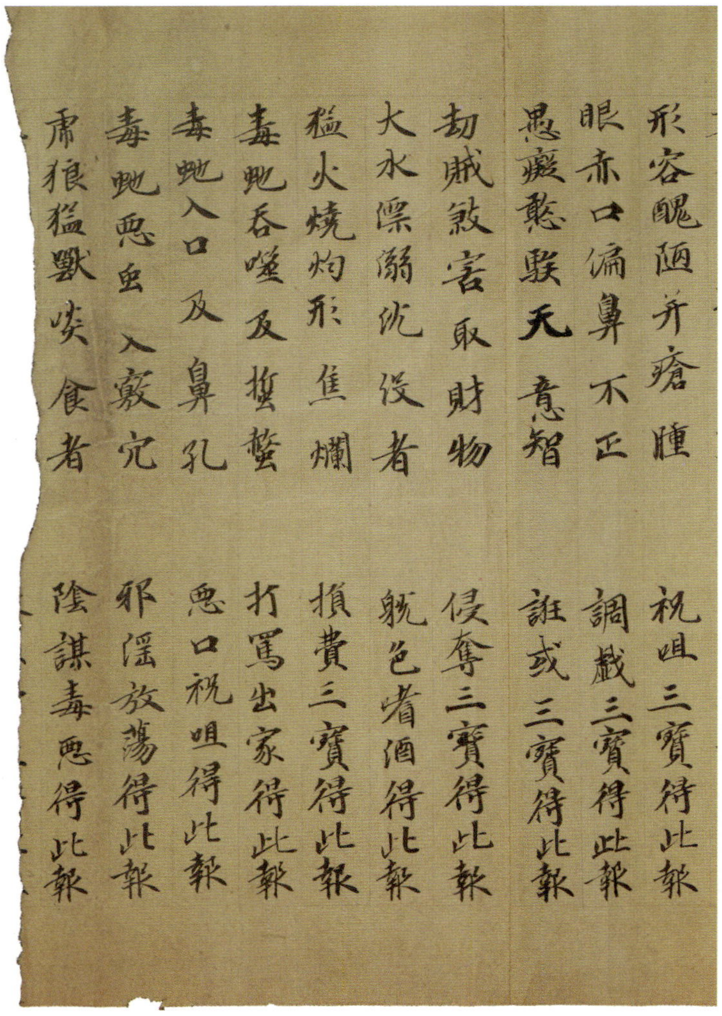

釋文

（BD5767，前缺）

猫兒、水獺、臊猫等類生身者，從食宍入靈觀玄壇中来。蝮蝂生身者，從食五種葷辛、侵近三寶中来。豺狼生身者，從貪悋不布施中来。狐狢生身者，從虛誑／矯詐（一）中来。鼠猫生身者，從食齋殘竟、飲食酒／宍中来。蜈公、蚰延生身者，（從）（二）陰毒妒害中来。蜂／蠆蠍毒生身者，從祝咀出家法身中来。蝘蜓／、蜡蜴生身者，從欺忽三寶中来。蜘蛛、曲善（三）生／身者，從慳貪盜取中来。蚊盲、蚤虱生身者，從／慢法輕道中来。邊夷下賤、髡頭斷髮、眼深鼻／長、身體臭穢者，從煞生邪淫、不信因緣中来／。如此皆生犯罪目，死經地獄受罪訖，更生方得／此身。亦有見世即報而生身者，悉由先身所犯報得此身也。普濟，汝當精心信奉，明示將来／，令男女知其悪業因緣。故說頌曰／：

慳貪不肯布施者，後生貧窮少衣食／。
不敬師尊行輕慢，後生下賤奴婢身／。
借貸扸債欺負者，後生牛羊猪狗中／。
破齋飲食酒宍者，後生飢寒在餓鬼／。
破誡及懷諸嫉妒，後生鳥獸虫虵身／。
毀壞經像及輕慢，後生虫癩膿爛形／。
穢污經像及玄壇，後生醜陋不具足／。
誹謗三寶并呰毀，後生无舌猪羊狗／。
偷盜經像諸財物，後生邊夷得下賤／。
煞害衆生无慈念，後生魚鱉与六畜／。
嫉妬勝己煞賢良，後生悪獸毒虵身／。
悪口祝且（詛）无期度，後生猛虎風狂病／。
躭淫愛色通骨肉，後生猳猪厠溷中／。
飲酒食宍及五辛，後生臭腥狂邪病／。
毀破天尊諸形像，死入九幽生病癩／。
呰毀三洞大經法，死入地獄生野獸／。
訕誹出家法身者，見世病癩生六畜／。
破壞靈觀玄壇（四）者，眉毛墮落身爛壞／。
不敬三寶真聖身，見世愚癡作畜生／。
不信經法与宿命，見世盲聾生鳥獸／。
不信罪福因緣者，見世奴婢（生）（五）六夷／。
不信出家生輕忽，見世跛躃為猪狗／。
穢污三寶清淨地，見世臭腥生糞土（六）／。
淫犯出家清淨身（七），見世孤寡生厠溷／。
邪淫好色无親疎，見世風邪生猳猪／。
劫奪三寶諸財物，見世貧窮作奴婢／。
偷盜常住及侵損，見世風病作牛羊／。
費用偷盜信施物，見世顛狂為愚癡／。
噉食三寶菓菜等，見世消渴（八）得瘦病／。
偷盜齋食清淨供，見世躃躄生餓鬼／。

偷取齋物將凡（九）用，見世飢寒不得食／。
陵忽罵詈出家人，見世風閑（一〇）遭牢獄／。
破齋違誡犯禁忌，見世咽病生餓虎（一一）／。
損害生命无畏懼，見世短命架鑠厄／。
食宍臭腥常血穢，見世百病不離身／。
嗜酒昌狂（一二）无尊卑，見世猛火悪鬼煞／。
好啖五辛及臭物，見世臭腥生糞穢／。
綺語戲弄出家人，見世猨猴生鳥獸／。
手足攣縮不申展，不敬三寶得此報／。
手足断壞无支節，不敬師尊得此報／。
兩目俱盲无所見，不信經法得此報／。
舌根爛壞及音啞，毀呰大乘得此報／。
言詞謇吃不能語，道説出家得此報／。
鼻塞不聞香与臭，好食五辛得此報／。
身體爛壞膿血流，毀謗三寶得此報／。
脣（一三）騫齒露鼻梁倒，破壞道場得此報／。
舉身虫出宍臭爛，算弄三寶得此報／。
胷脊曲趺背脚折，欺忽三寶得此報／。
顛狂風邪迷或（惑）病，不信曰緣得此報／。
形容醜陋并瘡腫，祝咀三寶得此報／。
眼赤口偏鼻不正，調戲三寶得此報／。
愚癡憨騃无意智，誑或（惑）三寶得此報／。
劫賊煞害取財物，侵奪三寶得此報／。
大水漂溺沈没者，躭色嗜酒得此報／。
猛火燒灼形焦爛，損費三寶得此報／。
毒虵吞噬及蜇螫，打罵出家得此報／。
毒虵入口及鼻孔，悪口祝咀得此報／。
毒虵悪虫入竅穴，邪淫放蕩得此報／。
虎狼猛獸啖食者，陰謀毒悪得此報／。

（下缺數紙）

校記

（一）以上陰影中文字據道藏本補。
（二）「從」字原缺，據道藏本補。
（三）「曲」字下似有「心」字，作「悪」形。曲善即「蛐蟮」，道藏本作「蚯蚓」。
（四）玄壇：道藏本作「玄像」。
（五）「生」字原缺，據道藏本補。
（六）糞土：道藏本作「糞土」，爲俗體字關係。
（七）清浄身：道藏本作「清浄地」。
（八）消渴：原作「清渴」，據道藏本改。
（九）「凡」字道藏本作「已」。
（一〇）風閑：道藏本作「風癇」。
（一一）道藏本此句作「破齋犯戒違禁忌，見世噎病生餓鬼」。
（一二）昌狂：道藏本作「猖狂」。
（一三）「脣」字原作「辱」，據道藏本改。

太上洞玄寶靈業報因緣經卷第三

圖版

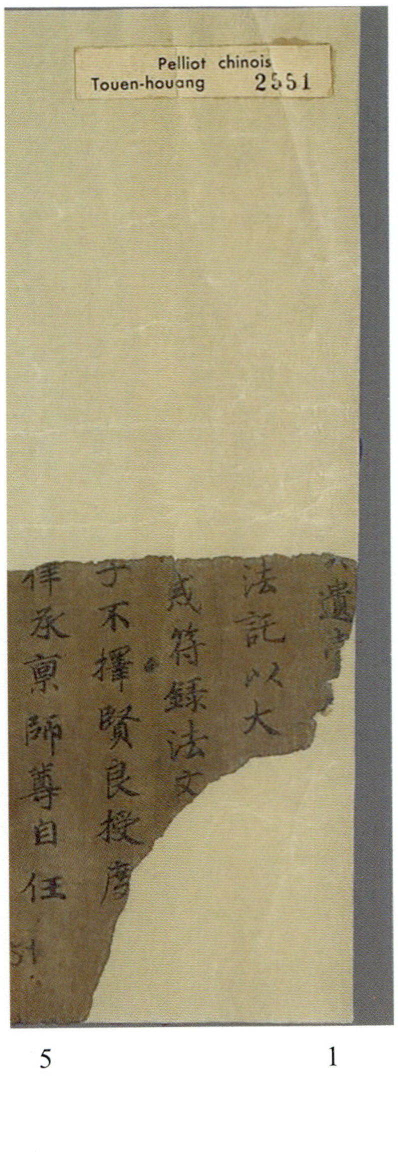

5　　1

露埃塵損壞或屋
聖容泄露經典或
將抄寫不肯護持
安床上枕席之間
同室內臭穢狼藉或
欲之間言論三寶
毀道背師自違盟
或責重財妄傳愚
犯明科違其戒律
今身未曾發露旻
母妻兒因緣眷屬
滅除內外清淨
无量劫來至于今
去見存三業六根
犯諸罪目或行苦酷不念慈悲煞害衆生噉
食骨宍或為父母及己身兄弟妻兒延諸
親族聚集鄉閭傷割衆生無无頭數或煞牛
羊驢馬猪狗雞犬依人養狎畜豢之屬或
煞獐鹿狐兔虎豹豺狼薄山林野獸之屬或
煞鵝鴨烏鵲鳩鴿鷄鷲梟鶩鴻鵠飛禽之屬

或煞虫虵虺蠍蜂蠆蚰蜒蜈公蚣蜎螻蟻之屬
或煞黿鼉魚鼈螺蚌蝦蟆鼇蟹螃蜞水虫之
屬或或煞蟯蜋蟣蟓蝢蟠蝢蛉蝎蠋蚯蚓小虫
之屬或煞蚊蜡蚤蝨蜉蝣蟬蟓蝙蝠肖翹化
生之屬或飛鷹走狗煞害衆生或張羅布網
煞害衆生或放火燒山煞害衆生或窮林端
澤煞害衆生或持弓矢煞害衆生或持刀杖
煞害衆生或手杀足踏煞害衆生或坐枝卧
捺煞害衆生或耕田種作煞害衆生或打墻
立壁煞害衆生或竪屋造舍煞害衆生或穿
坑出土煞害衆生或築擁作障煞害衆生或
薙草平地煞害衆生或取樵伐木煞害衆
生或摘花挽菓煞害衆生或養蠶暴繭煞害
衆生或燃燈舉燭煞害衆生或引水入穴煞害
衆生或熱湯潑地煞害衆生或沐蘇浴身煞
害衆生或飲水食飯煞害衆生或治打米
麥煞害衆生或剖胎破卵煞害衆生或捉
蠅拂蚤煞害衆生或開口閉目煞害衆生或舉
手頓足煞害衆生或對天尊煞害衆生或對
經法煞害衆生或對法師煞害衆生或在觀

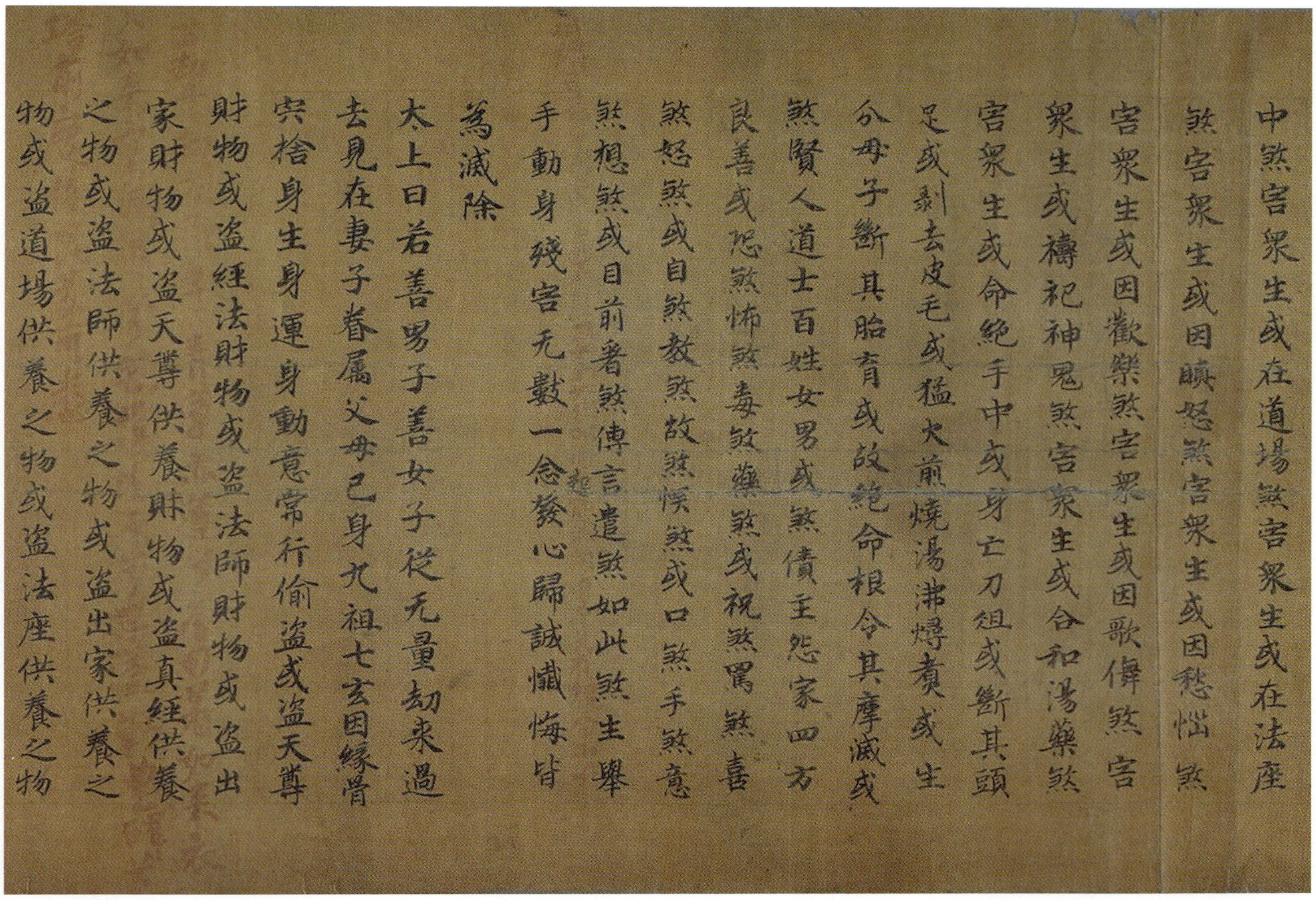

中煞害衆生或在道場煞害衆生或在法座
煞害衆生或因瞋怒煞害衆生或因愁惱煞
害衆生或因歡樂煞害衆生或因歌儛煞害
衆生或禱祀神鬼煞害衆生或合和湯藥煞
害衆生或命絶手中或身亡刀俎或斷其頭
足或剥去皮毛或猛火煎燒湯沸燖煮或生
分母子斷其胎育或故絶命根令其摩滅或
煞賢人道士百姓女男或煞債主怨家四方
良善或恐煞怖煞毒煞藥煞或祝煞罵煞喜
煞怒煞或自煞教煞故煞悞煞或口煞手煞意
煞想煞或目前者煞傳言遣煞如此煞生舉
手動身殘害无數一念發心歸誠懺悔皆
為滅除
太上曰若善男子善女子從无量劫來過
去見在妻子眷屬父母己身九祖七玄因緣胥
宍捨身生身運身動意常行偷盜或盜天尊
財物或盜經法財物或盜法師財物或盜出
家財物或盜天尊供養財物或盜真經供養
之物或盜法師供養之物或盜出家供養之
物或盜道場供養之物或盜法座供養之物

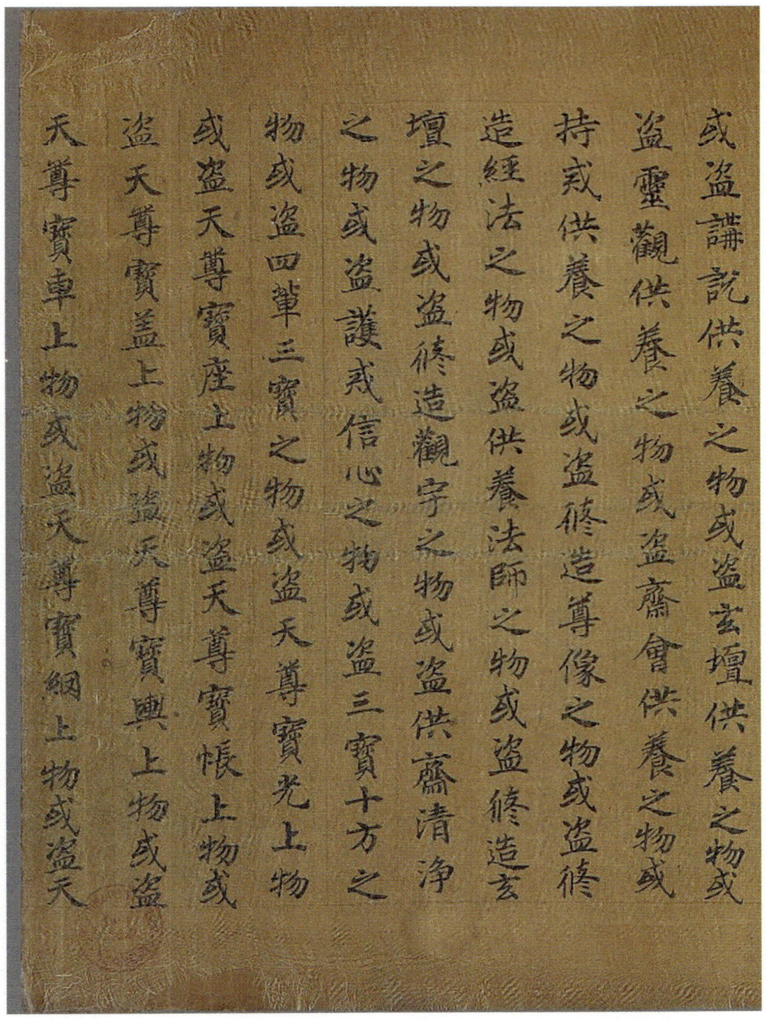

或盜講說供養之物或盜玄壇供養之物或
盜靈觀供養之物或盜齋會供養之物或
持戒供養之物或盜脩造尊像之物或盜脩
造經法之物或盜供養法師之物或盜脩造玄
壇之物或盜脩造觀宇之物或盜供齋清淨
之物或盜護戒信心之物或盜三寶十方之
物或盜四輩三寶之物或盜天尊寶光上物
或盜天尊寶座上物或盜天尊寶帳上物或
盜天尊寶蓋上物或盜天尊寶輿上物或盜
天尊寶車上物或盜天尊寶網上物或盜天

釋文

(P.2551，前缺)

太上〔一〕語普濟曰：若有善男子善女人能發自然善意，來向我前禮拜燒香，投誠懺悔己身所犯一切惡業，及過往亡人億曾萬祖，見前父母、妻子、眷屬，無量劫來捨身、受身、所在託生至於今生轉無量身，所有罪咎，發心懺悔，即得滅除，身心清浄，滅罪無量。若當來衆生及見在男女，無量劫來舉心、運心，生不信敬，誹謗三寶，毁壞三寶，輕慢三寶，穢污三寶，戲弄三寶，駡詈三寶，呪詛三寶，欺惑三寶，傲誕三寶，嗔嗃三寶；或訾毁經文，評論真僞，妄言得失，强辯是非，分别深淺，議其長短；形容不浄，衣服不浄，手脚不浄，屨履不浄，口氣不浄；飲酒食宍，噉嚼葷辛，口出穢言，心不恭敬，或不洗手，或不燒香，或不漱口，或不沐浴，即入玄壇靈觀，便臨法座，或詣道場聽法聞經，觸犯尊像，穢辱真聖、神仙靈人、玉女玉童、香官使者、金剛神王、天丁力士、護法威神；或對天尊、大道、經法、出家法身、大德真人前不生恭敬，形容傲誕，不肯禮拜、稽首歸誠；或臥聽法師、大德真人講説三洞大乘經典；或酒宍葷穢，乘其車馬直入道場，逼近天尊，看讀經典；或見持齋受戒，永不信從，稱為虚矯；或見講説教化大衆，便即破亂，謂為妖妄；或攪亂百姓，或入道場高聲大語，惱觸法徒；或發言舉意，先論三寶，道説是非，較量真偽；或依倚三寶，方便求財；或假法教，誑惑百姓；或費用三寶財物，自養己身；或恐挾出家人，求其長短，以取財物養育妻兒；或擎經像市中教化，或於行路聚集之間，假言功德，專將入己；或將經像假賃貨賣，取財惟用供身養活妻子；或得酒宍，償遺賣像，貨賃賣經／，依傍三寶求其利潤；或高座説法，託以大乘，所得／資財，惟供己用；或不參經戒符録法文，便作／人師，納其財施；或廣引弟子，不擇賢良，授度／經符，泄其真祕；或不按科律承禀師尊，自任／己心，增減經戒；或尊容暴露，埃塵損壞；或屋／宇傾頹，經法穢污；或不敬聖容，泄露經典；或／盜竊寶經，同諸俗教；或私將抄寫，不肯護持／；或混雜凡書，曾不恭敬；或安床上枕席之間／，或著屋中，一處眠寢；或同室內，臭穢狼藉，或／手捉酒肉語及真經；或淫欲之間，言論三寶／；或含葷穢，看讀仙經；或叛道背師，自違盟／誓；或轉傳真祕，泄漏聖文；或貴重財物[二]，妄傳愚／俗：凡諸舉意一切運心，皆犯明科，違其戒律／。此之罪目，無量無邊。前身、今身未曾發露，爰／及九玄、七祖，過去見存父母、妻兒、因緣眷屬／，能起一念向我首陳，皆得滅除，內外清淨／。

太上曰：若有善男子、善女人，從无量劫来至于今／日，捨身受身、父母妻子，過去見存三業六根／犯諸罪目，或行苦酷，不念慈悲，煞害衆生，啖／食骨宍；或為父母，及己己身、兄弟、妻兒，延諸／親族，聚集鄉閭，傷割衆生，亦无頭數；或煞牛／羊、驢馬、猪狗、雞犬依人養牧芻豢之屬，或／煞麞鹿、狐兔、虎豹、豺狼薄山林野獸之屬，或／煞鵝鴨、烏鵲、鳩鴿、鵶鷲、梟鵟、鴳鶉飛禽之屬／，或煞虫虵、虺蠍、蜂蠆、蚰蜒、蜈公、蜙蝑、螻蟻之屬／，或煞黿鼉、魚鼈、螺蚌、蝦蟆、鰲蟹、螃蜞水虫之／屬，或[三]煞蜣蜋、蟻蠓、蝖蟠、螟蛉、蝎蠋、蚯蚓小虫／之屬，或煞蚊蝖、蚤蝨、蜉蝣、蝍蟟、蝙蝠、肖翹[四]化／生之屬，或飛鷹走狗，煞害衆生；或張羅布網／，煞害衆生；或放火燒山，煞害衆生；或窮林竭[五]／澤，煞害衆生；或持弓矢，煞害衆生；或持刀杖／，煞害衆生；或手揉[六]足踏，煞害衆生；或坐按臥／捺[七]，煞害衆生；或耕田種作，煞害衆生；或打墻／立壁，煞害衆生；或豎屋造舍，煞害衆生；或穿坑／出土，煞害衆生；或築欐作障，煞害衆生；或／薙草平地，煞害衆／生；或取樵伐木，煞害衆生；或摘花挽菓，煞害衆生；或養蠶暴蠒，煞害／衆生；或燃燈舉燭，煞害衆生；或引水入穴，煞害／衆生；或熱湯潑[八]地，煞害衆生；或沐髮浴身，煞／害衆生；或飲水食飯，煞害衆生；或治打米／麥，煞害衆生；或剖胎破卵，煞害衆生；或搥／蠅拂虻，煞害衆生；或開口閉目，煞害衆生；或舉／手頓足，煞害衆生；或對天尊，煞害衆生；或對／經法，煞害衆生；或對法師，煞害衆生；或在觀／中，煞害衆生；或在道場，煞害衆生；或在法座／，煞害衆生；或因瞋怒，煞害衆生；或因愁惱，煞／害衆生；或因歡樂，煞害衆生；或因歌儛，煞害／衆生；或禱祀神鬼，煞害衆生；或合和湯藥，煞／害衆生；或命絶手中，或身亡刀俎；或斷其頭／足，或剥去皮毛，或猛火煎燒，湯沸煏煑[九]；或生／分子母，斷其胎育；或故絶命根，令其摩（磨）滅；或／煞賢人道士，百姓女男；或煞債主怨家[一〇]，四方／良善；或恐煞、怖煞、毒煞[一一]、藥煞；或祝煞、罵煞、喜／煞、怒煞；或自煞、教煞、故煞、悮煞；或口煞、手煞、意／煞、想煞；或目前看煞，傳言遣煞：如此煞生，舉[一二]／手動身，殘害无數，一念發心，歸誠懺悔，皆／為滅除／。

太上曰：若善男子、善女子從无量劫来過／去見在妻子、眷屬、父母、己身九祖七玄、因緣骨／宍，捨身、生身、運身，動意常行偷盜，或盜天尊／財物[一三]，或盜經法財物，或盜法師財物，或盜出／家財物；或盜天尊供養財物[一四]，或盜真經供養／之物，或盜法師供養之物，或盜出家供養之／物，或盜道場供養之物，或盜法座供養之物[一五]／，或盜講説供養之物，或盜玄壇供養之物，或／盜靈觀供養之物，或盜齋會供養之物，或／（盜）[一六]持戒供養之物；或盜修造尊像之物，或盜修／造經法之物，或盜供養法師之物，或盜修造玄／壇之物，或盜修造觀宇之物，或盜供齋清淨／之物，或盜護戒信心之物；或盜三寶十方之／物，或盜四輩三寶之物；或盜天尊寶光上物／，或盜天尊寶座上物，或盜天尊寶帳上物，或／盜天尊寶蓋上物，或盜天尊寶輿上物，或盜／天尊寶車上物[一七]，或盜天尊寶綱上物，或盜天〔一八〕尊寶旛上物，或盜天尊寶幢上物，或盜天尊寶冠上物，或盜天尊寶鏡上物，或盜天尊寶樹上物，或盜天尊寶華上物，或盜天尊寶殿上物，或盜天尊寶馬上物，或盜天尊法帔上物，或盜天尊法衣上物，或盜真經寶座上物，或盜真經寶藏上物，或盜真經寶函上物，或盜真經寶藴上物，或盜上座高尊等物，或盜妙行真人等物，或盜神仙靈人等物，或盜仙童玉女等物，或盜金剛神王等物，或盜師子辟邪等物，或盜燃燈油火等物，或盜燒香清浄等物，或盜常住大衆等物，或盜國家倉庫等物，或盜百姓他人等物，或盜神廟鬼神等物；或於天尊前行盜，或於經法前行盜，或於靈觀中行盜；或避父母行盜，或避男女行盜，或避國王行盜；或以方便取，或以迫挾取，或以勢力取，或以官事取，或以欺忽取，或以誑謼取，或以非義取，或以强抑取，或以下脱取，或以矯妄取，或以戲弄取，或以貪愛取，或以借貸取，或以换易取，或以借貸不還取；或抵拒不償，或罔冒欺負，或黠黯淩惑：凡非己物，絲毫毛髮，華果、草木、菜葉等，起一念心，皆為偷盜。乃至路上拾得，野閒逢遇，風吹鳥銜，鬼送神與；衣服卧具、器玩車馬、布帛米麥，微塵分縷，不論多少，無量劫来隱藏在身，未曾發露。今能發出一切罪業，向我御前，對十方諸天尊前，哀愍攝受今日在會大衆，并懺悔：弟子某家九祖以来所作衆罪，未曾發露，今日今時對三寶前發心懺悔，皆得除滅。

（下缺數紙）

校記

〔一〕本段陰影文字仍據道藏本擬補。太上道君，道藏本敬省爲「道君」，録文中依據敦煌本用語改作「太上」，此經書全同。

〔二〕貴重財物：原作「責重財」，難以理解，據道藏本改。

〔三〕「或」字之上衍一「或」字，據文義删去。

〔四〕肖翹：道藏本作「蛸蟯」。

〔五〕「竭」字原作「端」，據道藏本改。

〔六〕「揉」字原作「柔」，據道藏本改。

〔七〕「捺」字原作「㮈」。《漢語大字典》：「㮈，同榇。」榇，同柰。柰，木名，又指茉莉花。於義不通，據道藏本改。

〔八〕「潑」字原作「撥」，據道藏本改。

〔九〕湯沸熸煑：道藏本作「或沸湯熸煑」。

〔一〇〕怨家：道藏本作「冤家」。

〔一一〕毒煞：道藏本作「劫奪殺」。

〔一二〕此行與下行之間以朱筆寫有《大周□□□□□校尉上柱國李君莫高窟佛龕碑（並序）》碑文：「相謂曰：是身無常，生死不息，既如幻如化，亦隨起隨滅。前尊考先有規，今小子」。

〔一三〕以下三行行間寫有《李君莫高窟佛龕碑（並序）》碑文：「百劫千劫兮作年，青蓮赤蓮兮為日。著如來之衣，入如來之室。佛道兮曠蕩，法源兮迤溢。勒豐碑兮塔前，庶後昆兮可悉。」

〔一四〕天尊供養財物：道藏本作「天尊供養之物」。

〔一五〕道藏本無此句。

〔一六〕「盜」字原缺，據上下文句式及道藏本補。

〔一七〕道藏本無此句。

〔一八〕P. 2551 止於此處，以下陰影中文字據道藏本擬補。

太上洞玄靈寶業報因緣經卷第四

圖版

S. 5732

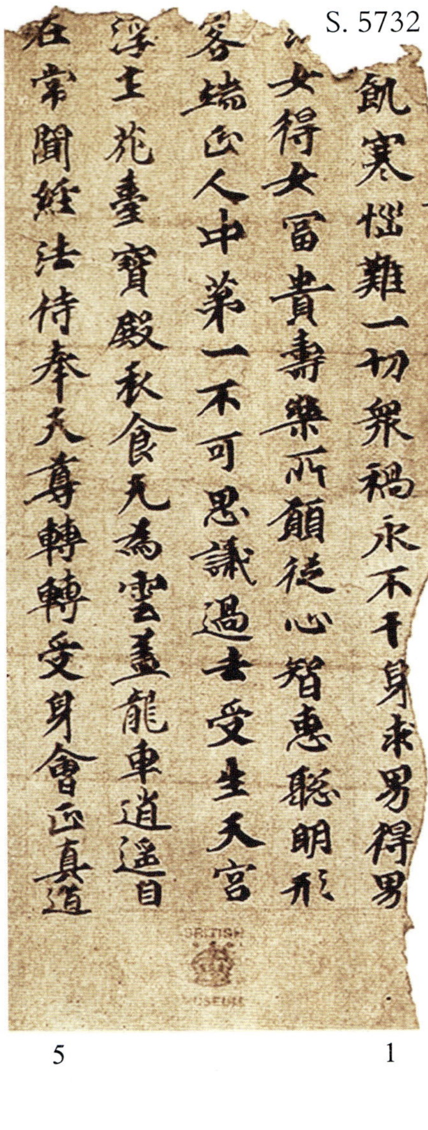

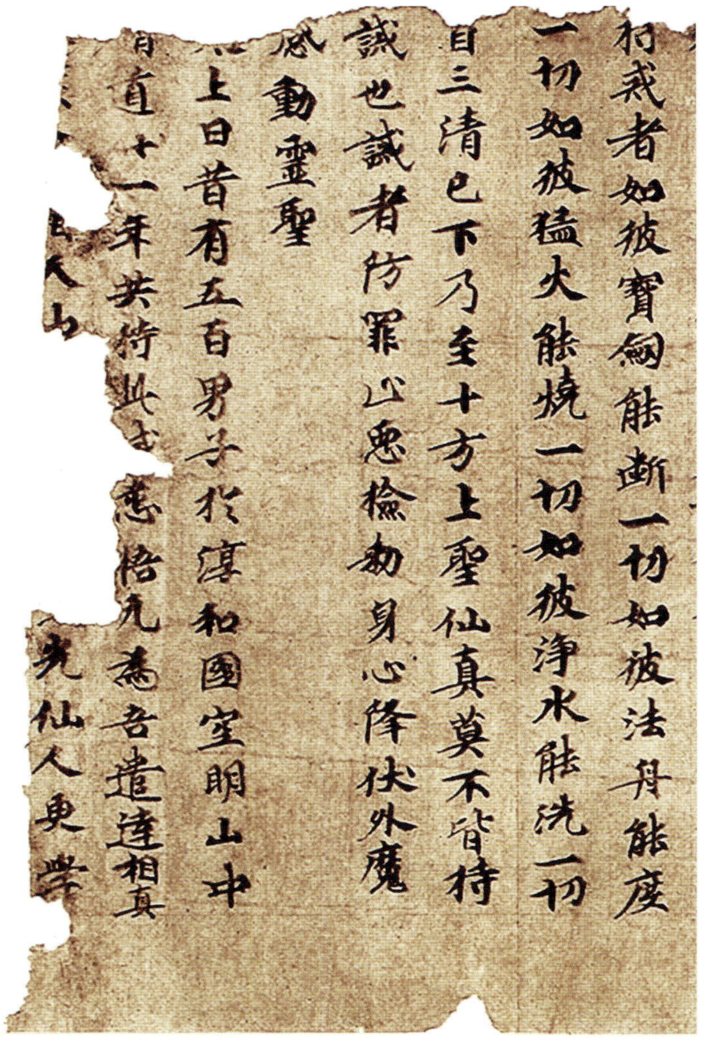

持戒者如彼寶劍能斷一切如彼法舟能度
一切如彼猛火能燒一切如彼淨水能洗一切
自三清已下乃至十方上聖仙真莫不皆持
誡也誡者防罪止惡檢勑身心降伏外魔
感動靈聖
[illegible]上曰昔有五百男子於[illegible]和國寶明山中
[illegible]直十一年共持此[illegible]悉捨凡為各遣[illegible]相真
[illegible]仙人更學

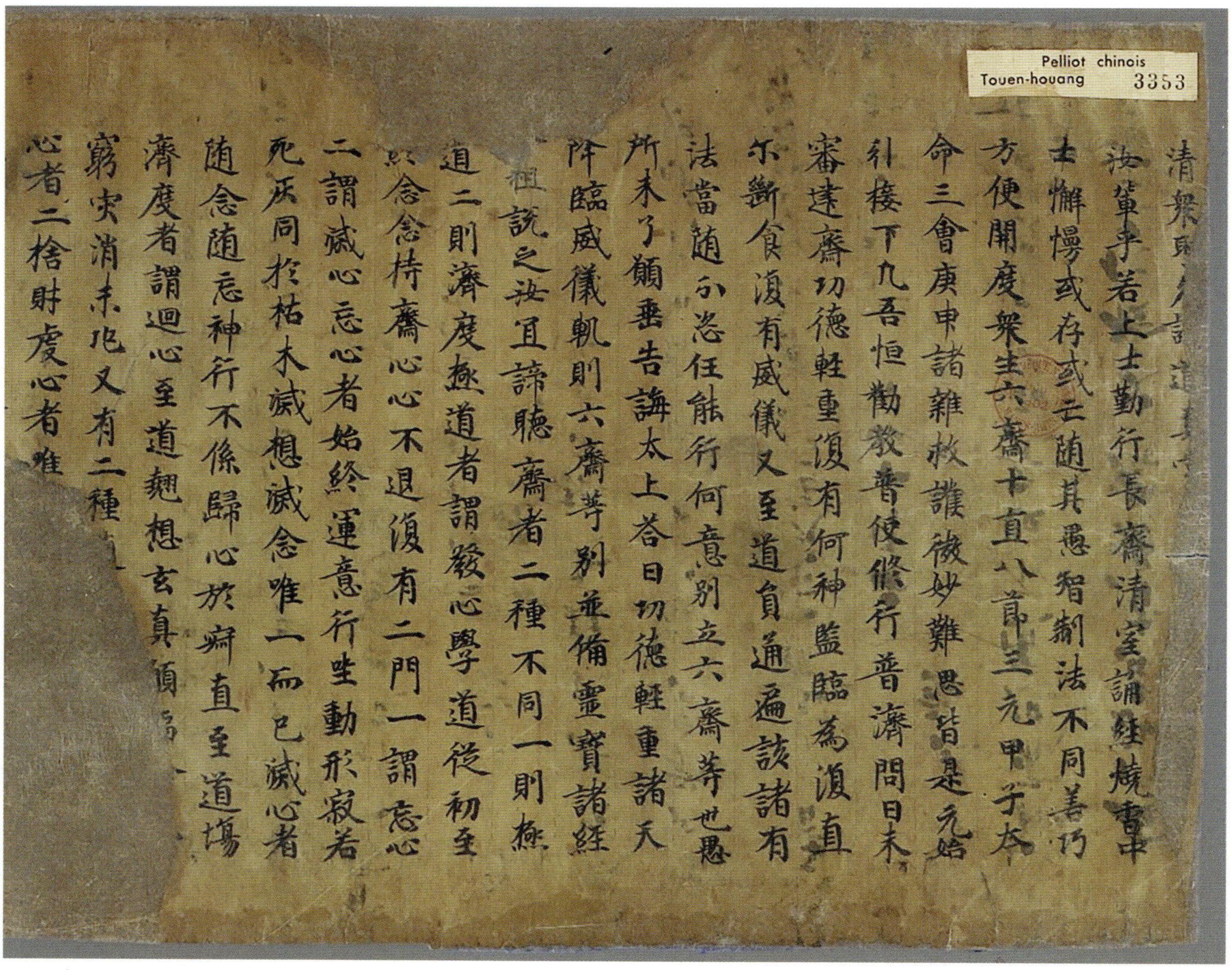

Pelliot chinois
Touen-houang 3353

清衆[illegible]誦道[illegible]
汝輩乎若上士勤行長齋清室誦經燒香中
士懈慢或存或亡隨其愚智制法不同善巧
方便開度衆生六齋十直八節三元甲子本
命三會庚申諸雜救護微妙難思皆是元始
升接下凡吾恒勸教普使修行普濟問曰未
審建齋功德輕重須有何神監臨為復直
爾斷食復有威儀又至道負通遍該諸有
法當隨所為任能行何意別立六齋等世愚
所未了願垂告誨太上答曰功德輕重諸天
降臨威儀軌則六齋等別並備靈寶諸經
但說之汝宜諦聽齋者二種不同一則極
道二則濟度極道者謂發心學道從初至
終念念持齋心心不退復有二門一謂忘心
二謂滅心忘心者始終運意行坐動形寂若
死灰同於枯木滅想滅念唯一而已滅心者
隨念隨忘神行不係歸心於寂直至道場
濟度者謂迴心至道翹想玄真願[illegible]
窮未消未兆又有二種[illegible]
心者二捨財度心者唯

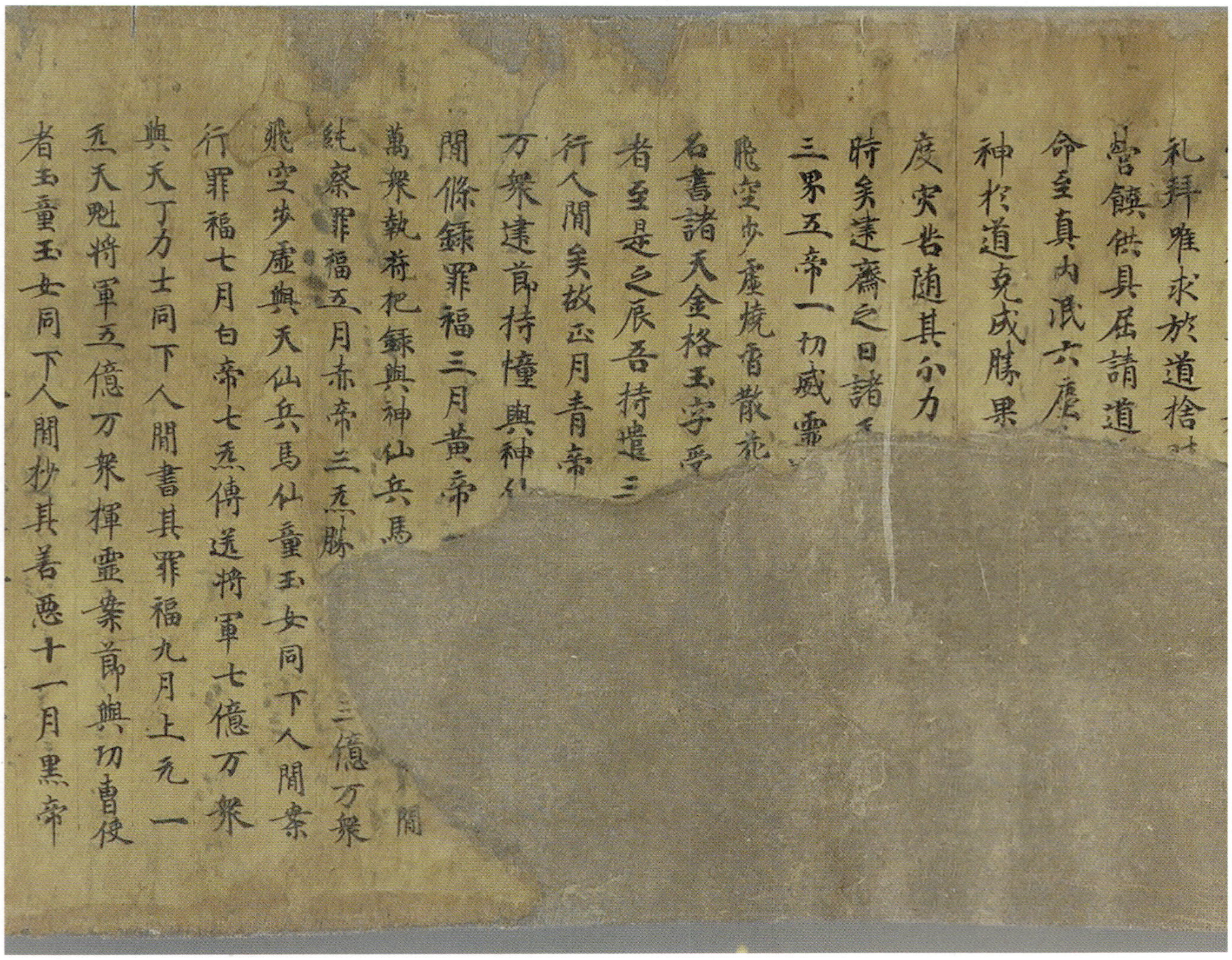

礼拜唯求於道捨
營饌供具屈請道
命至真内觀六塵
神於道克成勝果
度灾皆随其分力
時矣逮齋之日諸
三界五帝一切威靈
飛空步虛燒香散花
名書諸天金格玉字受
者至是之辰吾持遣三
行人間矣故正月青帝
万衆逮節持幢與神仙
開條録罪福三月黄帝
萬衆執符把録與神仙兵馬　閒
純察罪福五月赤帝三炁勝　三億万衆
飛空步虛與天仙兵馬仙童玉女同下人間案
行罪福七月白帝七炁傳送將軍七億万衆
與天丁力士同下人間書其罪福九月上元一
炁天魁將軍五億万衆揮靈案節與切曹使
者玉童玉女同下人間抄其善惡十一月黑帝

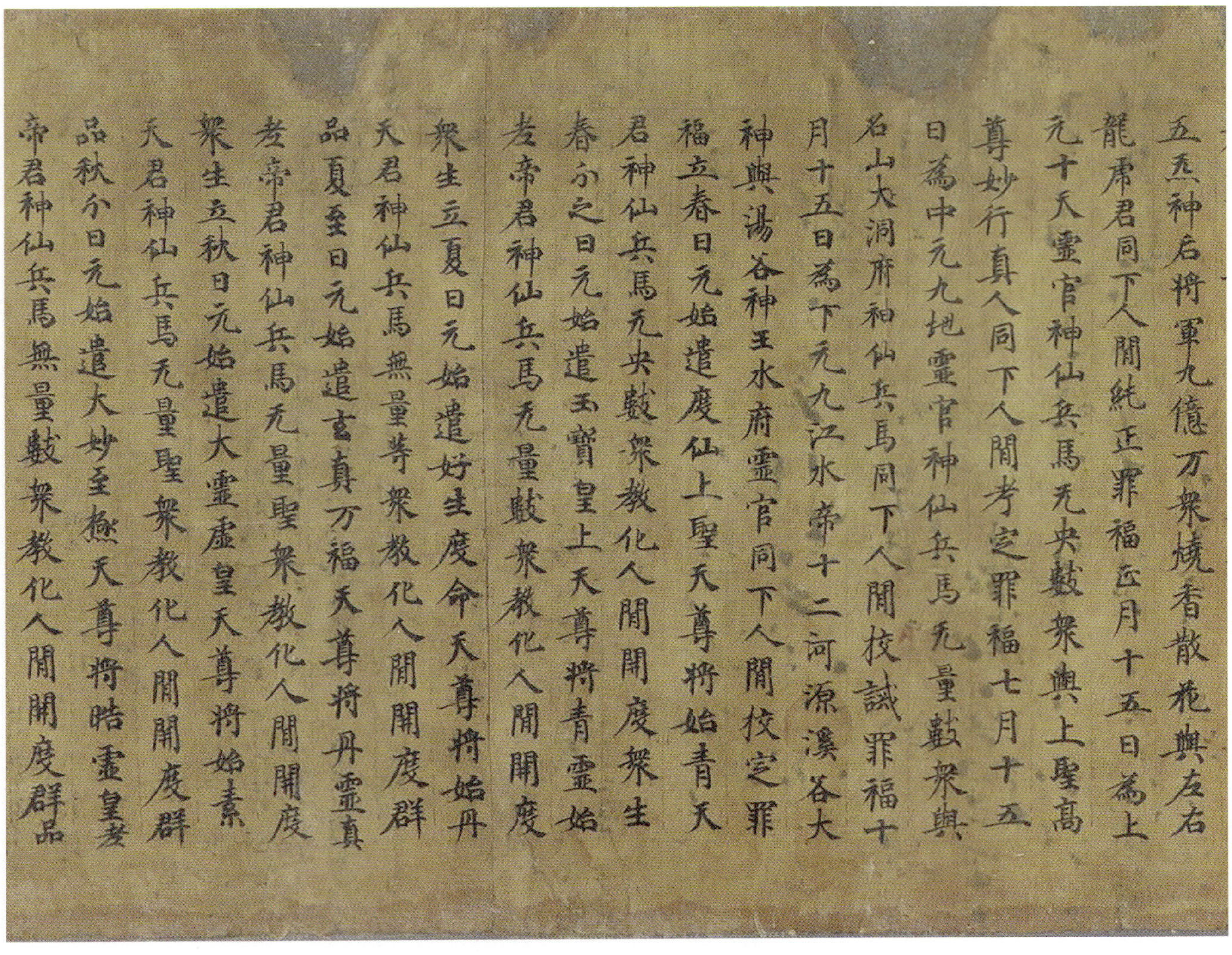

五炁神后將軍九億万衆燒香散花與左右
龍虎君同下人間糺正罪福正月十五日爲上
元十天靈官神仙兵馬无央數衆與上聖高
尊妙行真人同下人間考定罪福七月十五
日爲中元九地靈官神仙兵馬无量數衆與
名山大洞府神仙兵馬同下人間校誡罪福十
月十五日爲下元九江水帝十二河源溪谷大
神與湯谷神王水府靈官同下人間校定罪
福立春日元始遣度仙上聖天尊將始青天
君神仙兵馬无央數衆教化人間開度衆生
春分之日元始遣玉寶皇上天尊將青靈始
老帝君神仙兵馬无量數衆教化人間開度
衆生立夏日元始遣好生度命天尊將始丹
天君神仙兵馬無量等衆教化人間開度群
品夏至日元始遣玄真万福天尊將丹靈真
老帝君神仙兵馬无量聖衆教化人間開度
衆生立秋日元始遣大靈虛皇天尊將始素
天君神仙兵馬无量聖衆教化人間開度群
品秋分日元始遣太妙至極天尊將皓靈皇老
帝君神仙兵馬無量數衆教化人間開度群品

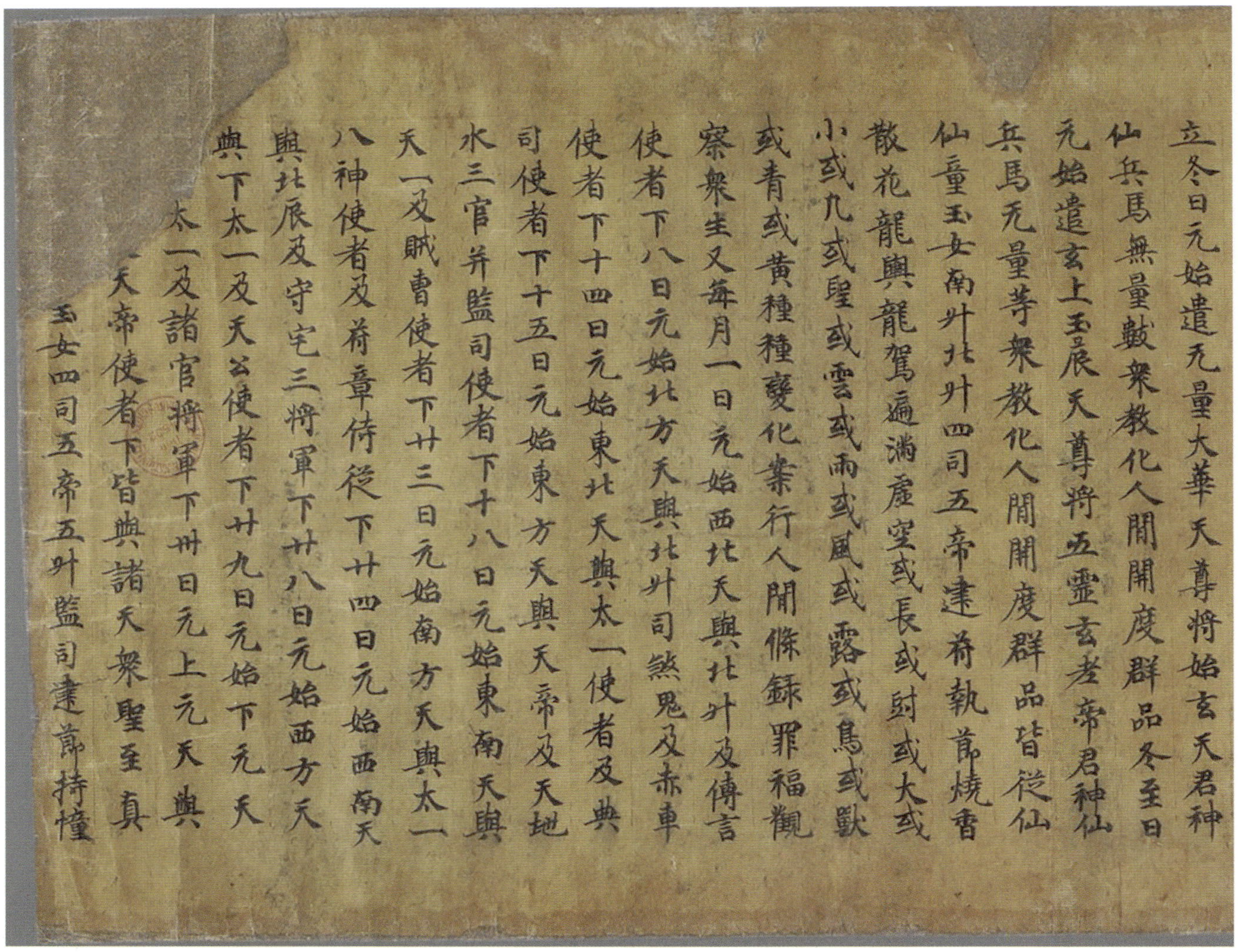

釋文

（S.5732→P.3353，前缺）

太上曰：此十戒者，是衆生城郭，依棲屋宅。能守持者，有玉童玉女、金剛神王、將軍力士各二十四人，侍衛左右，消災度厄，保命延年。真聖敬仰，諸天歡悦。刀兵水火、虎狼蟲蛇、疾病牢獄、鬼賊邪精、飢寒惱難（一）一切衆禍，永不干身。求男得男／，求女得女，富貴壽樂，所願從心。智惠聰明，形／容端正，人中第一，不可思議。過去受生天宮／淨土（二），花臺寶殿，衣食无為，雲盖龍車，逍遥自／在。常聞經法，侍奉天尊，轉轉受身，會正真道／。持戒者，如彼寶劍能斷一切，如彼法舟能度／一切，如彼猛火能燒一切，如彼淨水能洗一切／，自三清已下乃至十方上聖仙真，莫不皆持／誡也。誡者，防罪止惡，檢束（三）身心，降伏外魔／，感動靈聖／。

太上曰：昔有五百男子，於淳和國空明山中／，脩道廿一年，共持此誡，悉悟无為。吾遣達相真／人度入无相天中，今並得為金光仙人，更學／（四）大乘，漸階真位。（下缺）

持齋品第七

太上曰：衆生無始受身以來，慳貪嗜欲，飲食酒肉，啖嚼無厭，長此肌膚，養其膿血，致生病惱，彌益罪根。生老病死，暑濕風寒，痛痒酸疼，惡風毒氣，入身染體，百病來侵，念念無常，晝夜不住。受生稟識，各各不同，日夜循環，萬萬生死：或處胞胎，茹成膿血，隨即化消；或居母腹，不得出生，便復破壞；雖作分解，母子暫殊，即便死亡，不可稱計；或一歲兩歲乃至百歲，念念解張，衰耗豈住，頭痛壯熱，萬惱相侵，一生之中无少安樂者。良由廣食穢濁，積滿身中，酒肉膻肌，蒸然臟腑，惡風毒氣，吹扇形骸，金玉化消，身形詎久。吾不飲不食，抱道自然，變化無方，長生不死。常説經教，開度衆生。凡夫愚迷，不能信用，我常憂念，愍痛在兹，故設齋法，令滅病苦。吾昔就元始御前，受三十六部經文，齋法精微，濟度群品，行之人間，具有成法。凡夫無知，謂為虚誕。如三清衆（五）聖，久證道真，常悉奉齋，勤行不怠／。况汝輩乎。若上士勤行，長齋清室，誦經燒香。中／士懈惕（六），或存或亡，隨其愚智，制法不同，善巧／方便，開度衆生。六齋十直，八莭三元，甲子本/命，三會庚申，諸雜救護，微妙難思，皆是元始/引接下凡。吾恒勸教，普使修行。

普濟問曰：未/審建齋功德輕重，復有何神監臨；為復直/尔斷食，復有威儀；又至道貟通，遍該諸有/法，當隨分恣任能行，何意別立六齋等（七）也？愚/所未了，願垂告誨。

太上荅曰：功德輕重，諸天/降臨；威儀軌則，六齋等別。並備霊寶諸經/，今粗說之，汝宜諦聽。齋者二種不同，一則極/道，二則濟度。極道者，為發心學道，從初至/終，念念持齋，心心不退。復有二門，一謂忘心/，二謂滅心。忘心者，始終運意，行坐動形（八），寂若/死灰，同於枯木，滅想滅念，唯一而已。滅心者/，隨念隨忘，神行不係，歸心於寐，直至道場/。濟度者，謂迴心至道，翹想玄真，願福降臨无/窮，灾消未兆。又有二種，隨力修行，一者虔/心，二者（九）捨財。虔心者，唯罄一心，丹誠十極，燒香/礼拜，唯求於道。捨財者，市諸香油，八珍百味/，營饌供具，屈請道士，及以凡品，歸心啟告；委/命至真，内泯六塵，外齊萬景，冥心静慮，歸/神於道，克成勝果，永契無為。救濟存亡，拔/度灾苦，随其分力，福降不差，功德重輕，各在/時矣。建齋之日，諸天上聖、真仙霊人、玉童玉女/、三界五帝、一切威霊，建節持幢，執符把籍/，飛空步虛，燒香散花，觀聽法音，條録罪福/，名書諸天，金格玉字，受福无窮。所以別立月日/者，至是之辰，吾持（一〇）遣三界十方善惡神霊，案/行人間矣。故正月，青帝九炁功曹將軍九億/万衆，建節持幢，與神仙兵馬、玉童玉女同下人/間，條録罪福。三月，黄帝一炁天罡將軍五億/萬衆，執苻把録，與神仙兵馬、玉童玉女同下人間/，糾察罪福。五月，赤帝三炁勝光將軍三億万衆/，飛空步虛，與天仙兵馬、仙童玉女同下人間，案/行罪福。七月，白帝七炁傳送將軍七億万衆（一一）/，與天丁力士同下人間，書其罪福。九月，上元一/炁天魁將軍五億万衆，揮霊案莭，與功曹使/者、玉童玉女同下人間，抄其善惡。十一月，黑帝/五炁神后將軍九億万衆，燒香散花，與左右/龍虎君同下人間，糾正罪福。正月十五日為上/元，十天霊官、神仙兵馬、无央數衆，與上聖高/尊、妙行真人，同下人間，孝之罪福。七月十五/日為中元，九地霊官、神仙兵馬、无量數衆，與/名山洞府、神仙兵馬同下人間，校誡罪福。十/月十五日為下元，九江水帝、十二河源、溪谷大/神，與湯谷神王、水府霊官同下人間，校定罪/福。立春日，元始遣度仙上聖天尊，將始青天/君神仙兵馬无央數衆，教化人間，開度衆生/。春分之日，元始遣玉寶皇上天尊，將青霊始/老帝君、神仙兵馬无量數衆，教化人間，開度/衆生。立夏日，元始遣好生度命天尊，將始丹天君、神仙兵馬無量等衆，教化人間，開度群/品。夏至日，元始遣玄真万福天尊，將丹霊真/老帝君、神仙兵馬无量聖衆，教化人間，開度/衆生。立秋日，元始遣大霊虛皇天尊，將始素/天君、神仙兵馬无量聖衆，教化人間，開度群/品。秋分日，元始遣大妙至極天尊，將皓霊皇老/帝君、神仙兵馬無量數衆，教化人間，開度群品/。立冬日，元始遣无量大華天尊，將始玄天君、神/仙兵馬無量數衆，教化人間，開度群品。冬至日/，元始遣玄上玉晨天尊，將五霊玄老帝君、神仙/兵馬无量等衆，教化人間，開度群品。皆從仙/童（一二）玉女、南斗北斗、四司五帝，建苻執莭，燒香/散花，龍輿龍駕（一三），遍滿虛空；或長或短，或大或/小，或凡或聖，或雲或雨，或風或露，或鳥或獸/，或青或黄，種種變化，案行人間，條録罪福，觀/察衆生。又每月一日，元始西北天與北斗及傳言/使者下。八日，元始北方天與北斗司煞鬼及赤車/使者下。十四日，元始東北天與太一使者及典/司使者下。十五日，元始東方天與天帝及天地/水三官，并監司使者下。十八日，元始東南天與/天一及賊曹使者下。廿三日，元始南方天與太一/八神使者及苻章侍從下。廿四日，元始西南天/與北辰及守宅三將軍下。廿八日，元始西方天/與下太一及天公使者下。廿九日，元始下元天/與中太一及諸官將軍下。卅日，元（始）（一四）上元天與/上太一及天帝使者下。皆與諸天衆聖、至真/尊神、仙童玉女、四司五帝、五斗監司，建莭持幢/（一五），步虛誦經，檢行男女所積善惡罪福因緣。又甲子日，太一中臺大使下。庚申日，太玄上宫制民三尸下。又正月一日，獻壽。七日迎祥。二月八日，芳春。三月三日，蕩邪。四月八日，啟夏。五月五日，續命。六月六日，清暑。七月七日，迎秋。八月一日，逐邪。九月九日，延筭。十月一日，成福。十一日十五日，啟福。十二月初五日，百福。本命日，祈年。三會日，建功。凡此諸齋日，若帝王國主，妃后大臣、公侯宰輔、道士女官、人民兆庶，或自為人燒香行道，誦經禮謝，講說此經，奏名白簡，投告山川、五嶽四瀆、山洞霊司，吾常遣諸真人、神仙玉女、侍巾玉童、香官使者檢録名字，著神仙玉曆長生簿中，令厄難消除，衆苦清浄，永享无窮。一日持齋，滅身中五十種罪，得五日餘糧。二日，滅身中一百種罪，得十日餘糧。三日，滅身中一百五十種罪，得一十五日餘糧。五日已上，滅身中五百種罪，得千日餘糧。百日，身中萬罪皆滅，行厨來至，玉女扶迎，衣食自然。千日，三界侍衛，五帝扶持，門户昌熾，子孫興隆；天人來格，吉慶日臻，過去得生天王之門，或聰明智慧，相好端嚴，年命長遠，歡樂自然。

（下缺）

校記

（一）S. 5732 起於「飢寒惱難」。本卷陰影中文字均據道藏本擬補。
（二）淨土：原作「浮土」，據道藏本改。
（三）「束」字原作「勑」，據道藏本改。
（四）S. 5732 止於此處。
（五）P. 3353 起於「清衆」。
（六）中士懈慢：道藏本作「中不懈怠」。
（七）道藏本下有「法」字。
（八）動形：道藏本作「忘形」。
（九）二者：原作「者二」，據道藏本倒乙。
（一〇）道藏本無「持」字，此處疑爲衍文。
（一一）本句與前後文句相比缺少文字，道藏本其下有「瓊輪羽蓋」四字。。
（一二）仙童：原作「仙仙童」，衍文。
（一三）龍輿龍駕：道藏本作「龍輿鳳駕」。
（一四）「始」字原缺，據道藏本補。
（一五）P. 3353 止於此處。

太上洞玄靈寶業報因緣經卷第五

圖版

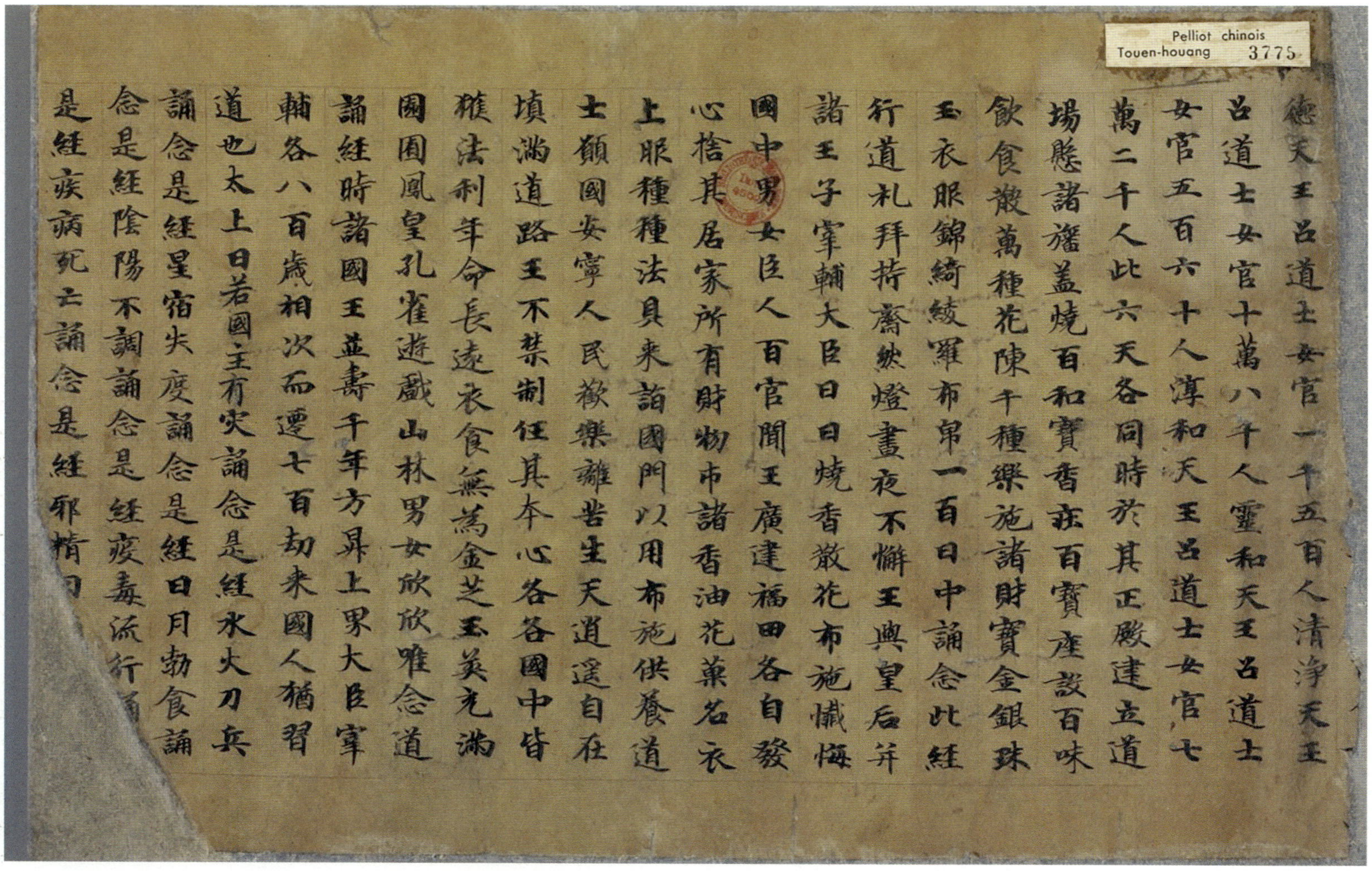
德天王呂道士女官一千五百人清淨天王
呂道士女官十萬八千人靈和天王呂道士
女官五百六十人淳和天王呂道士女官七
萬二千人此六天各同時於其正殿建立道
場懸諸旛蓋燒百和寶香莊百寶座設百味
飲食散萬種花陳千種樂施諸財寶金銀珠
玉衣服錦綺綾羅布帛一百日中誦念此經
行道礼拜持齋然燈晝夜不懈王與皇后并
諸王子宰輔大臣日日燒香散花布施懺悔
國中男女臣人百官聞王廣建福田各自發
心捨其居家所有財物市諸香油花菓名衣
上服種種法具來詣國門以用布施供養道
士願國安寧人民歡樂離苦生天道逕自在
墳淌道路王不禁制任其本心各各國中皆
稚法利年命長遠衣食無為金芝玉英充滿
國國鳳皇孔雀遊戲山林男女欣欣唯念道
誦經時諸國王並壽千年方昇上界大臣宰
輔各八百歲相次而遷七百劫來國人楢習
道也太上曰若國主有灾誦念是經水火刀兵
誦念是經星宿失度誦念是經日月勃食誦
念是經陰陽不調誦念是經疫毒流行誦
是經疾病死亡誦念是經邪精

BD14841H

[illegible]誦利和忌延年延壽雲飛羽化法妙功深永出死生最為第一金籙者天地破壞日月虧盈七耀差移五星失度刀兵水火國主災危疫毒流行陰陽失序安國寧人最為第一黃籙者開度億万曾祖先後亡人處在三塗沉淪万劫超陵地獄離苦生天救拔幽魂最為第一明真者正天分度調理陰陽辟斥凶灾開度飛爽人天獲度生死承恩應感諸天最為第一自然者解免愆過致福延齡朝奏諸天傳度經法普為男女一切衆生无量因緣最為第一三元者學士脩身祈年羽化開度七祖首罪三官削死上生延期保命為人及己最為第一塗炭者牢獄疾病考責幽魂苦痛難堪万救无效投告首寫生死愆尤解其急厄最為第一洞神者命召天地役御神靈轉死成生迴凶即吉真靈潛應玄道感通度脫衆生最為第一神祝者驅除疫癘掃蕩妖精翦却氣邪最為第一所以分為九者隨順衆生立其品次勑勸神仙合知禁忌遍為人天功德等也或三日七日百日竟歲燒香

散花礼誦讚歎明燈照夜洞徹諸天供養布施開度天人功德巍巍最為无量

太上曰昔真定國王南和國王无量國王安樂國王逍遥國王自在國王平等國王清正國王真勝國王同日各於正殿建一種行道廣召道士各千二百人建節持幢序雅步散花燒香晝夜六時行道礼懺 與皇后及諸王子[illegible]宰輔親自供養[illegible]飲食嬪千合靈香散万種寶花吹九鳳之簫鼓五合之琴嘯神州之笙陳天鈞之樂傾其府庫金銀珠玉衣服器具布施供養度國中男女端正第一相好分明聰明智惠及其王子公侯宰輔豪貴大臣咸使出家臣億万計一百日

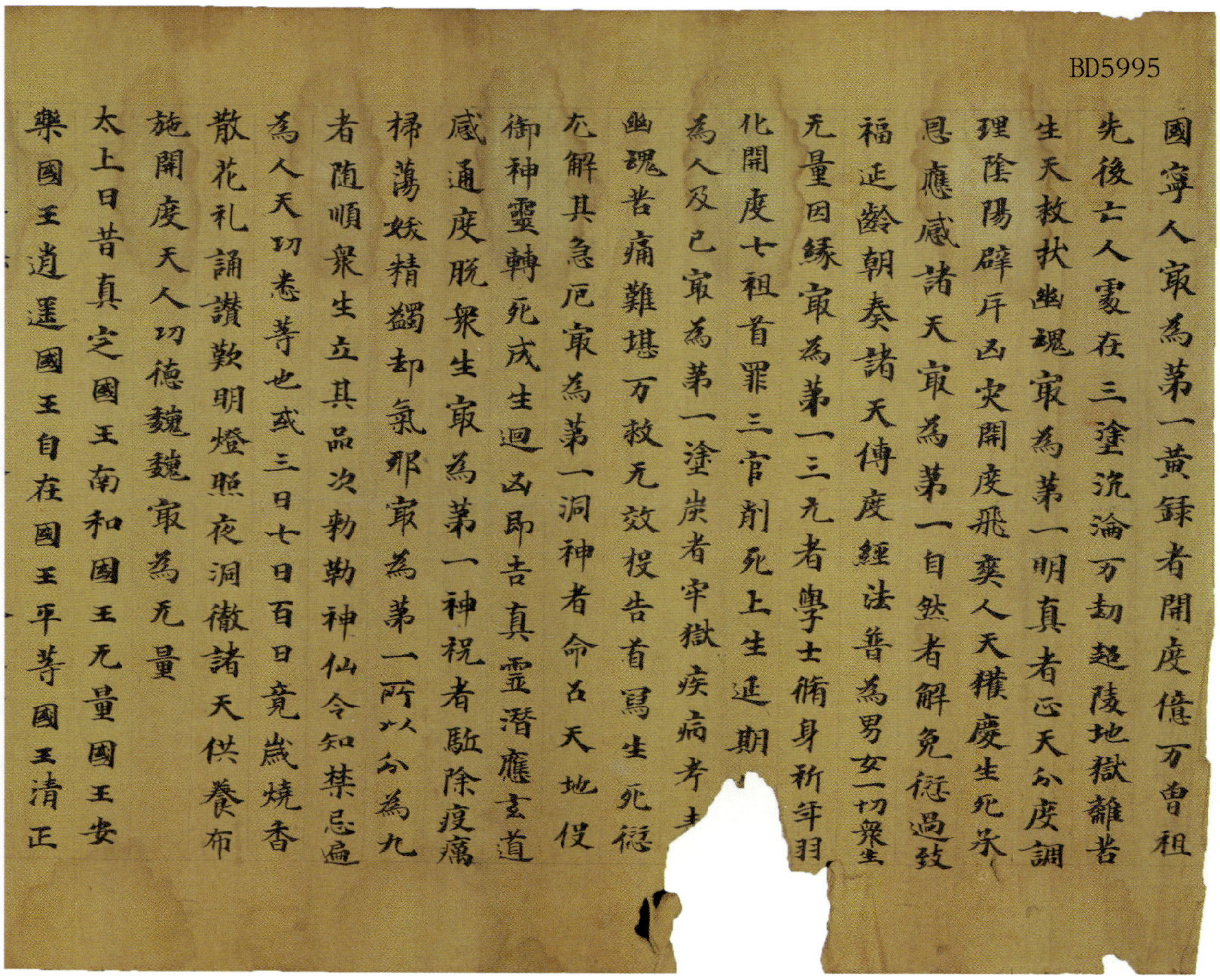

BD5995

國寧人家為第一黃籙者開度億万曾祖先後亡人處在三塗沉淪万劫超陵地獄離苦生天救拔幽魂家為第一明真者正天分度調理陰陽辟斥凶災開度飛爽人天權慶生死承恩應感諸天家為第一自然者解免愆過致福延齡朝奏諸天傳度經法普為男女一切衆生无量因緣家為第一三元者學士脩身祈年羽化開度七祖首罪三官削死上生延期為人及己家為第一塗炭者牢獄疾病考幽魂苦痛難堪万救无效投告首謝生死愆尤解其急厄家為第一洞神者命召天地役御神靈轉死成生迴凶即吉真靈潛應玄道感通度脫衆生家為第一神祝者驅除疫癘掃蕩妖精斷却氣邪家為第一所以分為九者隨順衆生立其品次勅勒神仙令知禁忌區為人天功慈等也或三日七日百日竟歲燒香散花礼誦讚歎明燈照夜洞徹諸天供養布施開度天人功德巍巍家為无量

太上曰昔真定國王南和國王无量國王安樂國王逍遥國王自在國王平等國王清正

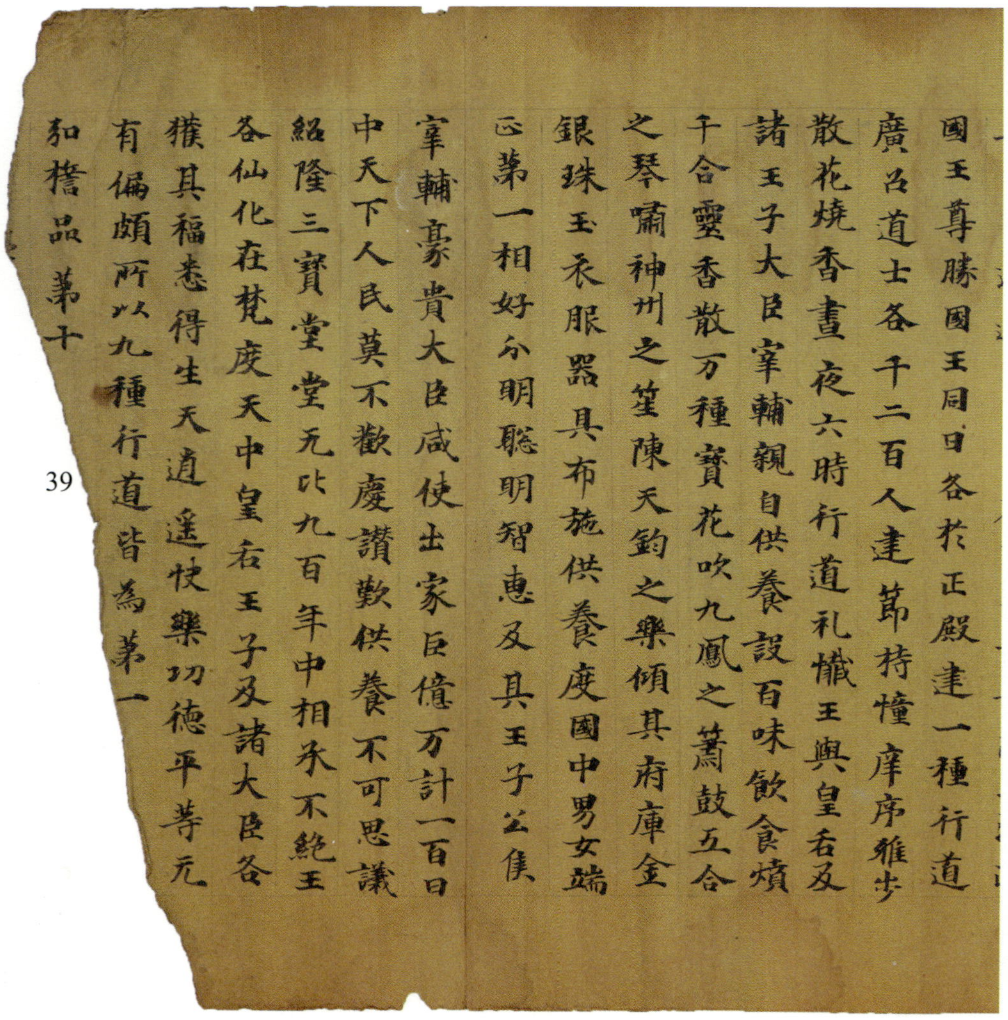

國王尊勝國王同日各於正殿建一種行道廣召道士各千二百人建節持幢庠序雅步散花燒香晝夜六時行道礼懺王與皇后及諸王子大臣宰輔親自供養設百味飲食燒千合靈香散万種寶花吹九鳳之簫鼓五合之琴嘯神州之笙陳天鈞之樂傾其府庫金銀珠玉衣服器具布施供養度國中男女端正第一相好分明聰明智惠及其王子公侯宰輔豪貴大臣咸使出家臣億万計一百日中天下人民莫不歡慶讚歎供養不可思議紹隆三寶堂堂无比九百年中相承不絕王各仙化在梵度天中皇后王子及諸大臣各獲其福慈得生天逍遥快樂功德平等无有偏頗所以九種行道皆為第一

知懺品第十

❶ 此處所標行數係與BD14841H的對照行。

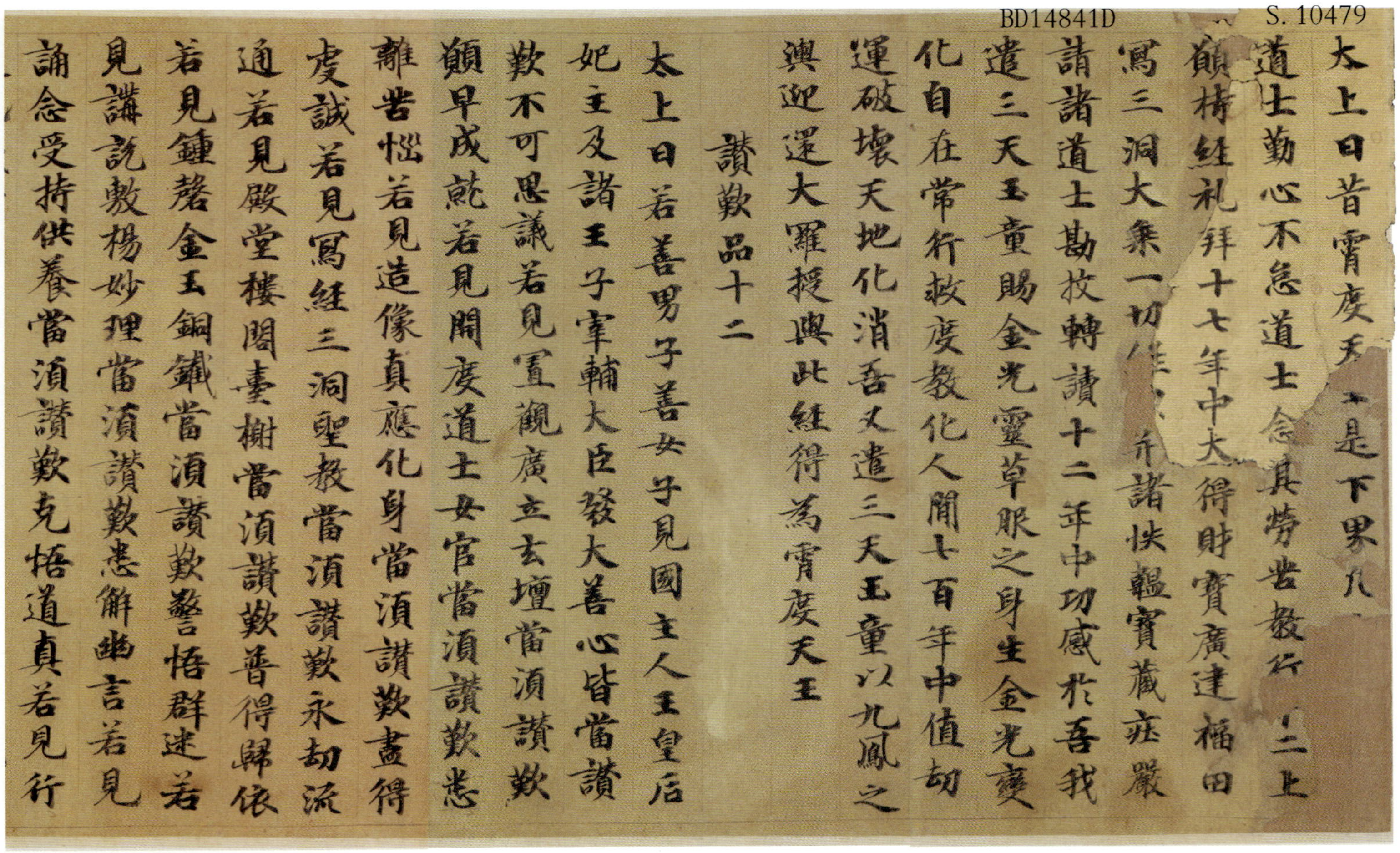
S. 10479
BD14841D
太上曰昔霄度天王是下果凡
道士勤心不怠道士念其勞苦教行二上
顔持經礼拜十七年中大得財寶廣建福田
寫三洞大集一切[illegible]并諸[illegible]韞寶藏莊嚴
請諸道士勘校轉讀十二年中功感於吾我
遣三天玉童賜金光靈草服之身生金光變
化自在常行救度教化人間七百年中值劫
運破壞天地化消吾又遣三天玉童以九鳳之
輿迎還大羅授與此經得爲霄度天王
讃歎品十二
太上曰若善男子善女子見國主人王皇后
妃主及諸王子宰輔大臣發大善心皆當讃
歎不可思議若見置觀廣立玄壇當須讃歎
願早成就若見開度道士女官當須讃歎悲
離苦惱若見造像真應化身當須讃歎盡得
度誠若見寫經三洞聖教當須讃歎永劫流
通若見殿堂樓閣臺榭當須讃歎普得歸依
若見鍾磬金玉銅鐵當須讃歎警悟群迷若
見講說敷揚妙理當須讃歎悉解幽言若見
誦念受持供養當須讃歎克悟道真若見行

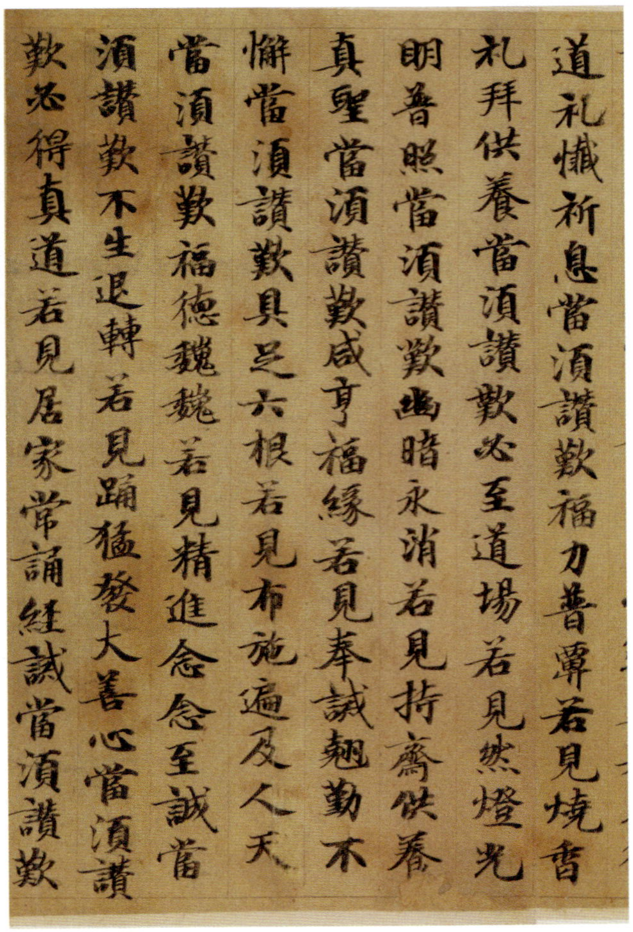
道礼懺祈恩當須讃歎福力普覃若見燒香
礼拜供養當須讃歎必至道場若見然燈光
明普照當須讃歎幽暗永消若見持齋供養
真聖當須讃歎咸亨福緣若見奉誠翹勤不
懈當須讃歎具足六根若見布施遍及人天
當須讃歎福德巍巍若見精進念念至誠當
須讃歎不生退轉若見踊猛發大善心當須讃
歎必得真道若見居家常誦經誠當須讃歎

釋文

(P.3775→BD14841H\BD5995→S.10479+BD14841D)

誦念品第八

太上曰〔一〕：昔勝喜天王召道士女官三萬六千人，妙化天王召道士女官三千二百人，妙德天王召道士女官〔二〕一千五百人，清淨天王/召道士女官十萬八千人，靈和天王召道士/女官五百六十人，淳和天王召道士女官七/萬二千人。此六天各同時於其正殿，建立道/場，懸諸寶蓋，燒百和寶香，莊百寶座，設百味/飲食，散萬種名花，陳千種樂，施諸財寶金銀珠/玉、衣服錦綺綾羅布帛；一百日中誦念此經/，行道礼拜，持齋然燈，晝夜不懈。王與皇后/并諸王子、宰輔大臣，日日燒香散花，布施懺悔/。國中男女臣人百官，聞王廣建福田，各自發/心，捨其居家所有財物，市諸香油、花菓、名衣/上服、種種法具，來詣國門，以用布施，供養道/士；願國安寧，人民歡樂，離苦生天〔三〕，逍遥自在/。填滿道路，王不禁制，任其本心。各各國中皆/獲法利，年命長遠，衣食無為，金芝、玉英充滿/園囿，鳳皇、孔雀遊戲山林，男女欣欣，唯念道/誦經。時諸國王並壽千年，方昇上界；大臣宰／輔各八百歲，相次而遷。七百劫来，國人猶習／道也。

太上曰：若國主有灾，誦念是經；水火刀兵／，誦念是經；星宿失度，誦念是經；日月勃食（四），誦／念是經；陰陽不調，誦念是經；疫毒流行，誦念／是經；疾病死亡，誦念是經。邪精（五）魍魎，魅惚人民，誦念是經；毒螫猛獸，傷害兆民，誦念是經。或在牢獄之中，誦念是經；或得扭械枷鎖，誦念是經。一切厄難，誦念是經。若人命過，誦念是經，開度亡人，上生華胥。常誦是經，九祖超昇。凡誦是經，功德無量，各隨其力，罪業消除，生死蒙恩，兆民歡喜，天下太平。

（下缺）

行道品第九

太上曰：若帝主國王、人民土地、一切衆生有諸灾厄，應當消却，召請道士及以女官，或千或萬，隨其多少，廣建寶壇，懸諸旛蓋，散花燒香，燃燈照耀，行道礼懺，晝夜六時精勤不怠，克得靈應，福德普臻。

太上曰：三洞布化，遍滿人間，行道建齋，因儀立法，人閒天上，久已流行。今重説之，略示旨要。一者太真，二者金録，三者黄録，四者明真，五者自然，六者三元，七者塗炭，八者洞神，九者神祝，皆有所主，隨事施行。太真者，普為人天濟生度死，滅罪除灾（六），請福祈恩，延生注壽，雲飛／羽化，法妙功深；永出死生，寂為第一。金録者／，天地破壞，日月虧盈，七耀差移，五星失度，刀／兵水火，國主灾危，疫毒流行，陰陽失序：安國／寧人（七），寂為第一。黄録者，開度億万曾祖，先後／亡人，處在三塗，沉淪万劫，超陵地獄，離苦生／天：救拔幽魂，寂為第一。明真者，正天分度，調理（八）／陰陽，辟斥凶灾，開度飛爽，人天獲慶，生死承恩／：感應諸天，寂為第一。自然者，解免愆過，致福／延齡，朝奏諸天，傳度經法，普為男女，一切衆生：无／量因緣，寂為第一。三元者，學士脩身，祈年羽／化，開度七祖，首罪三官，削死上生，延期保命／：為人及己，寂為第一。塗炭者，牢獄疾病，孝責／幽魂，苦痛難堪，万救无效，投告首謝（九），生死愆／尤：解其急厄，寂為第一。洞神者，命召天地，役／御神靈，轉死成生，迴凶即吉，真靈潛應，玄道／感通：度脱衆生，寂為第一。神祝者，駈除疫癘／，掃蕩妖精：蠲却氣邪，寂為第一。所以分為九者／，隨順衆生，立其品次，勑勸神仙，令知禁忌。遍為／人天，功悉等也。或三日、七日、百日（一〇），竟歲燒香／散花，礼誦讚歎，明燈照夜，洞徹諸天，供養布／施（一一），開度天人，功德巍巍，寂為无量／。

太上曰：昔真定國王、南和國王、无量國王、安／樂國王、逍遥國王、自在國王、平等國王、清正／國王、尊勝國王，同日各於正殿建一種行道／，廣召道士各千二百人（一二），建節持幢，庠（一三）序雅步／，散花燒香（一四），晝夜六時，行道礼懺。王（一五）與皇后及／諸王子、大臣宰輔，親自供養，設百味飲食，熕／千合霊香，散万種寶花，吹九鳳之簫，鼓五合／之琴，嘯神州之笙，陳鈞天之樂；傾其府庫金／銀珠玉、衣服器具，布施供養，度國中男女，端／正第一，相好分明，聰明智惠。及其王子公侯／、宰輔豪貴、大臣，咸使出家，巨億万計。一百日／（一六）中，天下人民莫不歡慶，讚歎供養，不可思議／；紹隆三寶，堂堂无比。九百年中，相承不絶。王各／仙化，在梵度天中；皇后、太子及諸大臣，各／獲其福，悉得生天，逍遥快樂，功德平等，无／有偏頗。所以九種行道，皆為第一／。

弘誓品第十（一七）

（下缺）

發願品十一

（前缺）

太上（一八）曰：昔霄度天王是下界凡人，常供養／道士；勤心不怠。道士念其勞苦，教行十二上／願，持經礼拜。十七年中，大得財寶，廣建福田／，寫三洞大乘一切經典，并諸帙韞，寶藏莊嚴／，請諸道士勘校轉讀。十二年中，功感於吾，我／遣三天玉童賜金光靈草。服之，身生金光，變／化自在，常行救度，教化人間。七百年中，值劫／運破壞，天地化消，吾又遣三天玉童以九鳳之／輿迎還大羅，授與此經，得為霄度天王／。

讚歎品十二

太上曰：若善男子、善女子，見國主人王、皇后／妃主及諸王子、宰輔大臣發大善心，皆當讚／歎，不可思議。若見置觀，廣立玄壇，當須讚歎／，願早成就。若見開度道士女官，當須讚歎，悉／離苦惱。若見造像真應化身，當須讚歎，盡得／虔誠。若見寫經三洞聖教，當須讚歎，永劫流／通。若見殿堂、樓閣、臺榭，當須讚歎，普得歸依／。若見鍾磬、金玉、銅鐵，當須讚歎，警悟群迷。若／見講説敷揚妙理，當須讚歎，悉解幽言。若見／誦念受持供養，當須讚歎，克悟道真。

若見行/道礼懺祈恩（一九），當須讚歎，福力普覃。若見燒香/礼拜供養，當須讚歎，必至道場。若見然燈光/明普照，當須讚歎，幽暗永消。若見持齊供養/真聖，當須讚歎，咸亨福緣。若見奉誠翹勤不/懈，當須讚歎，具足六根。若見布施遍及人天/，當須讚歎，福德巍巍。若見精進，念念至誠，當須讚歎/，不生退轉。若見踊猛發大善心，當須讚/歎，必得真道。若見居家常誦經誡，當須讚歎/（二〇），雲駕来臨。（下缺）

校記

（一）道藏本原文爲「大慈大悲普濟真人，以業報因緣請問太上道君。爾時，太上道君告普濟曰」，據敦煌本中首尾完整的寫卷均作「太上曰」三字，加以調整。後文同。

（二）P. 3775起於「德天王召道士女官」，以上陰影中文字據道藏本擬補。

（三）道藏本其上有「先亡者」三字。本品，道藏本與敦煌本異文較多。

（四）勃食：道藏本作「薄蝕」。

（五）P. 3775止於此處，以下陰影中文字仍據道藏本擬補。

（六）BD14841H起於此句。

（七）BD5995起於「國寧人」。

（八）「理」字道藏本作「治」，敦煌本係避諱字。

（九）首謝：BD14841H、BD5995均作「首寫」，據道藏本改。

（一〇）百日：道藏本作「八日」。

（一一）「燒香」至「布施」，BD5995文句相同，道藏本作「燒香，散華行道，禮誦此經，吟詠讚歎；明燈照耀，洞徹諸天，供養三寶，尊重布施」。

（一二）各千二百人：道藏本作「三千二百人」。

（一三）庠：BD14841H殘缺，據BD5995及道藏本補。

（一四）香：BD14841H殘缺，據BD5995及道藏本補。

（一五）王：BD14841H殘缺，據BD5995及道藏本補。

（一六）BD14841H止於「一百日」。以下以BD5995録文。

（一七）BD5995止於此題。

（一八）S. 10477+BD14841D起於此，S. 10477係右上角一小殘片，内容係標緑文字。

（一九）祈恩：原作「祈息」，據道藏本改。

（二〇）BD14841D止於此處。

太上洞玄靈寶業報因緣經卷第六

圖版

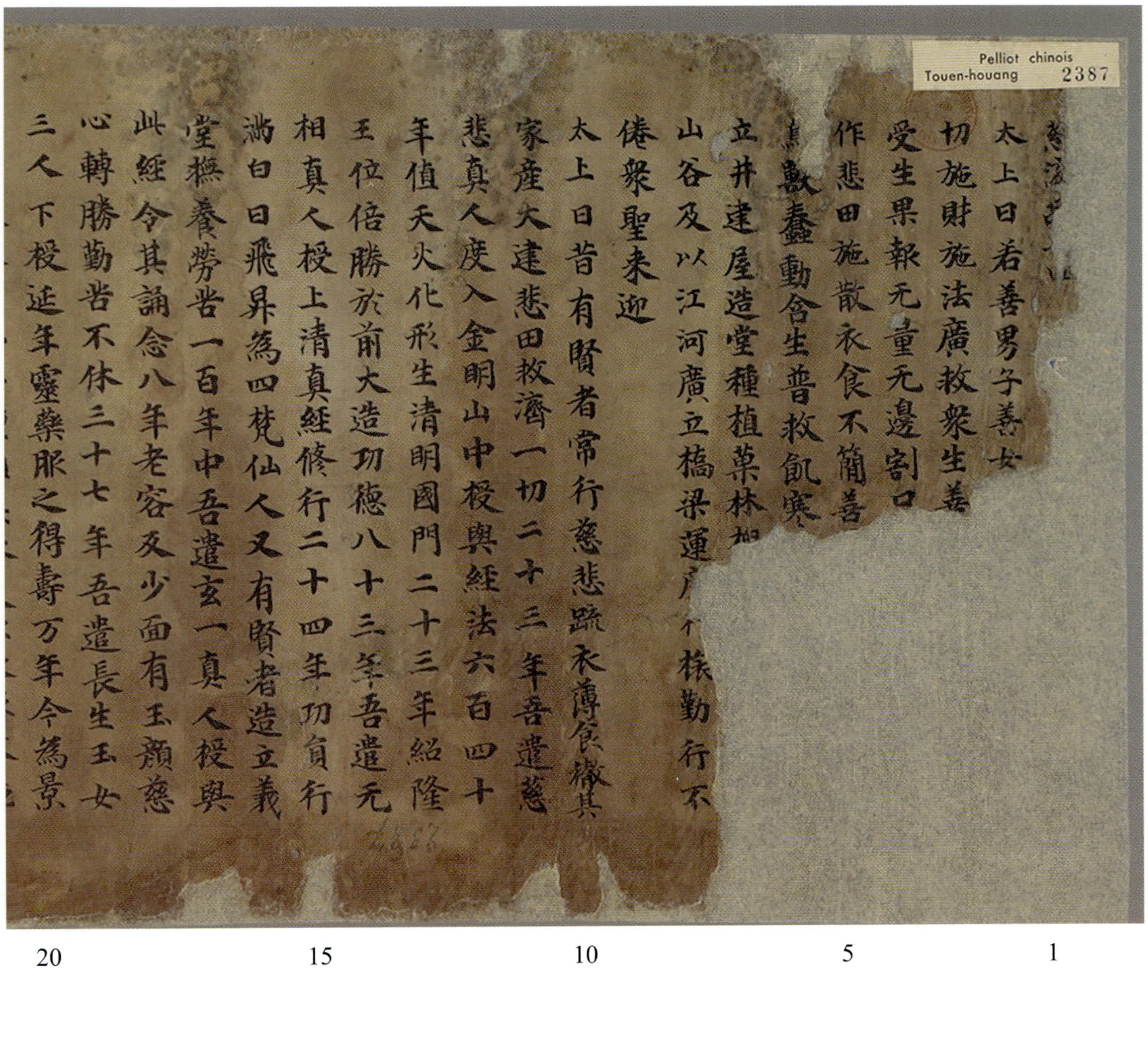
Pelliot chinois
Touen-houang 2387
太上曰若善男子善女
切施財施法廣救衆生善
受生果報无量无邊割口
作悲田施散衣食不簡善
蠢動含生普救飢寒
立井建屋造堂種植菓林
山谷及以江河廣立橋梁
倦衆聖来迎
太上曰昔有賢者常行慈悲踈衣薄食
家産大建悲田救濟一切二十三年吾遣慈
悲真人度入金明山中授與經法六百四十
年值天火化形生清明國門二十三年紹隆
王位倍勝於前大造功德八十三年吾遣元
相真人授上清真經修行二十四年功負行
滿白日飛昇為四梵仙人又有賢者造立義
堂撫養勞苦一百年中吾遣玄一真人授與
此經令其誦念八年老容反少面有玉顔慈
心轉勝勤苦不休三十七年吾遣長生玉女
三人下授延年靈藥服之得壽万年令為景

霄真人又有女子種植藥林及以衣服散施行人平等不二五十年中吾遣風雷使者轉形為男還行昔業一百年中吾遣九龍玉女授與此經脩行十三年金芝生庭鳳皇下侍天衣自來又六十七年吾遣太玄童子乘一輪之車下迎昇于皇笳天中為主圖先生又清淨國王夫人常行布施慈濟衆生一百年中吾遣上元玉女授洞神真經度為女官得二十六年吾遣變化童子吐火練形及其童顏復二十年吾遣景上真人授洞玄寶經脩行六百年吾遣上元真人乘八鸞雲輿來迎令為上元玉女又清妙國王子常行慈悲手治橋梁濟人勞苦十五年中吾遣救苦真人授與此經奉行七年勤苦轉加十七年中地生蓮花一莖千葉葉廣一丈一一葉間皆有經文及寶函寶韞名香仙藥玉童玉女捧接飛行遍滿左右奇妙難思王子精誠心轉堅固四十年吾遣九光童子度為道士授與昇玄妙經晝夜勤修七百年中吾遣九天使者以八鳳之輿下迎為九天仙人如斯等輩塵沙之數不可得言汝等男女但能廣行慈濟念度衆生无大无小我悉知之汝輩男女但有始无終或不能勤苦暫時還退切行未徹子宜勤之子宜勤之

救護品十五

太上告普濟曰吾恒念衆生在三毒十惡之中為諸罔兩精媚惡鬼耶神毒虫猛獸刀兵水火杻械牢獄疾病苦痛之所經繞不能自安吾故出三洞經誡齋救等法以救護之又出符圖七千章神祝四千首付諸真人及諸天帝救苦真人三天大魔王五天魔王分布世間救護一切令得安寧然衆生愚癡不識罪福放縱六情煞生偷盜耶淫放蕩慳貪瞋怒愚癡顛倒綺言妄語惡口兩舌啖食衆生破齋破誡違天犯地背正向耶禱祠神鬼衆罪縱横而无片善致毒風惡氣六天魔鬼遍滿天間流行煞伐中害死傷日夜万計不可稱量吾故常遣諸天帝主十極神仙三界四司人間案行救度衆生遍滿天地人豈知之令指告汝救護之法汝宜行之常以月一日

十五日月盡日教諸男女到此日中不食酒
肉制止六情清淨燒香於其家中及至玄壇
靈觀持齋受誡誦念是經六時至心敬礼東
方慈悲救苦天尊南方好生救苦天尊西方
平等救苦天尊北方大慈救苦天尊東北普
濟救苦天尊東南无量救苦天尊西南普觀
救苦天尊西北恵化救苦天尊上方遍慈救
苦天尊下方廣濟救苦天尊礼拜已各合掌
叩頭長跪伏地三言十方救苦无上大慈天
尊甲等今日並是凡夫无量劫来沉淪罪苦
造諸悪業煞生偷盜耶淫放蕩慳貪瞋怒愚
癡顛倒悪口兩舌綺言妄語噉食衆生破齋
破誡違天逆地罪根无數不可計量伏願中
方救苦无上大慈天尊赦其愚癡乞得清淨
乃至九諸戹難一切苦痛於其家中或靈觀
玄壇能自發露首謝已身吾遣諸天案行靈
司即為削除罪考免其苦戹若身不得自行
當請道士女官精心懇到礼拜供養来詣家
中或詣居處捨身衣服玩弄卧具花菓飲食
香油器物車牛驢馬隨其所有以表丹心善

神立降即免苦灾若能家中屈請道士女官
隨力多少或詣靈觀玄壇轉讀此經及以抄
寫百遍千遍乃至巨億盡其力分捨施資財
建齋受誡懺悔礼拜燒香然燈晝夜不倦吾
即遣四天帝王度其戹難出離苦惱之中救
護之法最為第一若帝主國王大臣宰輔諸
王妃后及帝子天孫或父母已身妻兒眷屬
見在終亡為其救拔廣召道士不限少多於
其正殿宮掖城郭宅舍及靈觀玄壇之中轉
讀此經持齋受誡礼拜懺悔行道念誦燒香
明燈散施財寶衣服卧具金銀珠玉綾羅錦
綺童僕車馬旛蓋帳座放生贖命廣建福田
七日七夜乃至百日竟月終年不限時節勤
心不退吾遣十天真人四司五帝即下纔行
案察功過使病者得差死者得活戹者得度
禁者得脫行者得還仕者得昇水火刀兵虎
狼毒獸耶精魍魎一切戹難永不干身年命
長遠各得安寧若亡者即得出離九幽刀山
劍樹濩湯考掠痛楚之中上生天堂逍遥无
為若居家清吉能預脩功徳最是不可思議

若道士女官及諸男女有善心者能為帝主國王人民土地一切衆生轉讀此經救護群品見世安樂過去生天若兵戈四起侵害兆民轉讀此經即得退散无所損傷若疫毒時行疾病民人轉讀此經即得除愈兆庶安寧若水旱不調五穀妨害轉讀此經即得和適百草滋榮若惡風毒氣飄灼人民及以草木轉讀此經即得滅除若惡虫猛獸中害於人轉讀此經悉皆併退若婦人懷任臨產不分轉讀此經即得平安若宮殿宅舍精邪鬼恠故氣不安轉讀此經即得安寧夫轉經功德不可思議保國寧人和天安地救護群品无量福田

太上曰昔靈和國王身抱疾病一百日中命垂將死太子皇后及諸大臣妃主晝夜相守不知何計有道士常慈悲說此經威力能濟王命即召道士及諸女官七千餘人於王殿前轉讀此經及行道礼懺受誡持齋燒香散花啓告發願放贖生命布施救貧造經寫像置觀度人七日之中功德无量吾遣度厄真人乘三素之雲從諸童子下為開度免其厄苦應時平復王與皇后太子及諸大臣共相議曰今日之福可不大道真經力乎乃廣召道士女官盡其國內二万餘人大建道場立百高座講說大乘散花燒香燃燈照耀布散珎寶大度國人男女及以王子大臣相好端正有道心者皆使出家一百日中晝夜不倦功德感天吾遣十華真人同時降下齋到道場燒香散花觀聽法音為其開度書名玉曆長生薄中王於是大發道心廣置諸觀開度國人造无量天尊寫无量經法作无量法具制无量幡花出无量法服供養布施大建福田七十年中吾遣十天真人同時來下各乘九鳳之輿從諸玉女建節持幢度入蓬萊山中令脩上道今為太極真公又香積國被賊圍遶六十日中人民困之不知所計有一大臣諮說此經有大威力不可思議王即召道士令轉此經三日之中精誠感徹吾遣五天將軍各領神兵万億同下救護賊即迸散无有損傷王於是大建功德置觀度人以善道

恩勤行經誡三百年中吾遣察命真人乘六龍之輿庚入金明山中授與此經五百年中得為東岳仙人昔有賢者入海採藥忽遇惡風波浪振動不能自安誦念此經吾遣濟其真人將九海龍王八風使者攝制風水達其彼岸悉得平安復有女子臨産不分命垂旦夕誦念此經吾遣救其真人乘八輪雲輿為其開庚即得平安吾常遣真人无量數衆或為道士或作凡人持經奉誡符禁湯藥遍作人間救護一切汝等男女不能分別但有善人用吾經教符祝一言一句利益衆生者我悉衛護使有威力汝等男女宜各信之

太上曰昔有女子居近大山為鬼精所媚二十年中有道士為禁祝書符誦經受誡女子先産四子各化鬼身一時消化其病差愈女子便就道士受持經誡今在金華山中已八千歲又有女子居大水上為蛟精所媚三十五年有道士為誦祝書符精復本身化為流血女子還復如故又有女子住大澤旁常與四女子端正華好遨遊同處或入水中或飛木上或大或小乍食乍不變化自由人謂之聖或謂神仙十三年中人莫能測有道士忽来觀察知非正真即為誦經受誡祝禁書符女子悉化成五色大虵道士各以一符投之皆化為大鐵變灰塵又有人家常至夜中音樂歌唱聞於空中須臾之頃或龍或鳳或男或女飛翔遨戲依栖林木種種自由三年之中人莫能識道士為誦經行道祝禁書符郡精俱下一時頓地化作狐狸伏道士前道士以水噀之皆成草木少時萎爛又有男子腹大如鼓日食水三石七年羸不能救道士書符誦經為懺悔受誡便吐出百餘小魚平復如本又有男子唯喫臭穢日五六升二十三年人不喜見道士謂曰汝先身於玄壇中溺欲及大小便曲不淨臭穢今得此報急宜懺悔受誡是男子即詣道士至心悔謝受誡持齋道士以符投水男子服之便吐蜣蜋一千餘枚平復如故又有女子日食惡草一石已来腹中恒痛八年之中道士謂曰汝前生喫食衆生今得此報但自首悔女子即便首過

捨身為僕賤供養道士不辝辛苦道士便為誦經受識七日夜中符水祝呪便化成牛一百日中令知宿命道士以練形神符火中化之反其舊形從此授與此經令終身奉行如此之比訛不可計吾以道氣散化无方遍及五億諸天无極世界分靈布化置立職司主領男女生死籍善惡分明諸天之中各有天帝四極天師十華真人察命童子善惡主司記録罪福微細悉知猶如國王統攝天下人民男女山川草木莫不照知我亦如是普濟

問曰天尊向説若國主有災兵革四興星宿失度風雨不調百穀不成兆人疾疫國土不安造立宫殿誕育子孫興師動衆有所施為種種災厄一切不祥皆當告我造大功德抄經寫像置觀度人珎寶玩弄綵女資貝金銀珠玉田園屋宅宫殿花園以用布施入三寶福田度脱衆生救扶危苦赦放囚徒建諸齋議敷百高座演諸大乘甚深妙義勸誘國人皆令聽法布施懺悔救護功德不可思議然衆生劣弱氣力不同惣使脩行必不能辯唯

行一事復慮災厄不消進退疑惑莫能明了未審救護功德有等差不

太上荅曰救護解厄本在至誠布施捨財質其心款既衆生見有深淺亦福力致有重輕令粗言之九有五種第一者造我形像真應化身福流歷劫勝報无窮何以故衆生忘想心不可係覩我真容便生念想想念既生真靈降接專誠住仰克果无為救護之中故稱第一第二者抄寫經教三洞大乘福流永劫功德无邊何以故經者是吾遺教導引愚迷能發衆生无量道意從迷起悟因悟成真衆聖脩行皆登道果救護之中故為第二第三者置觀度人立堂造殿福流歷劫不可思議何以故度一人出家住持經像教化衆生令發道性一以悟万輪轉因緣助國化人知道明法利益最多救護之中故為第三第四者脩齋行道礼懺誦經讚歎燒香福田无量何以故齋以洗心道能通閡行之謝罪契以祈恩功感諸天消災降福生死受賴齋誠為先救護之中故為第四第五者布施一切无量

LM20_1467_20_03

[illegible]夜勤修七百年中吾遣六[illegible]
輿下迎爲九天仙人如斯等[illegible]
可[illegible]言汝等[illegible]何能廣行齋[illegible]
念度衆生无大无小我告知之汝輩男女但
有始无終或不能勤苦整時遲退功行未徹
子宜勤之子宜勤之
太上業報因緣經[illegible]

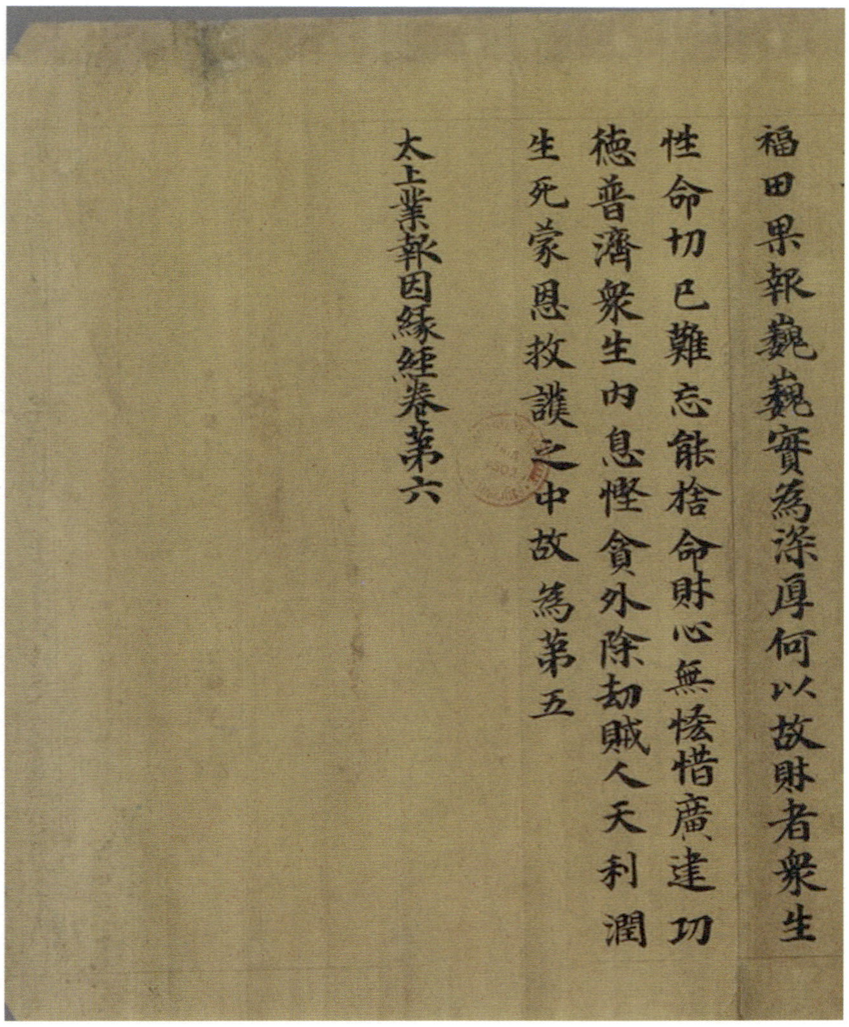
福田果報巍巍寶爲深厚何以故財者衆生
性命切已難忘能捨命財心無悋惜廣建功
德普濟衆生内息慳貪外除劫賊人天利潤
生死蒙恩救護之中故爲第五
太上業報因緣經卷第六

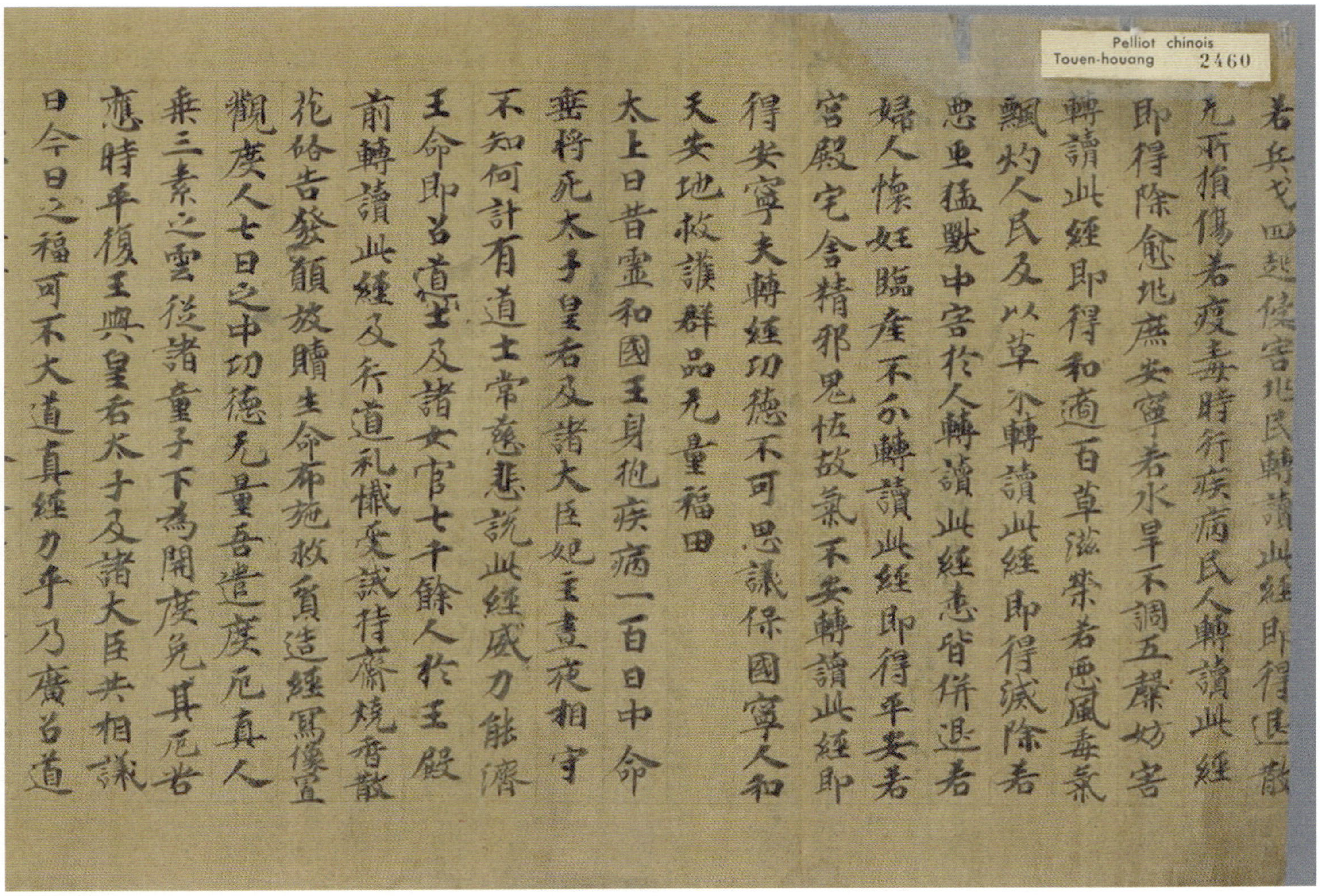

若兵戈四起侵害地民轉讀此經即得退散
无所損傷若疫毒時行疾病民人轉讀此經
即得除愈地厤安寧若水旱不調五穀妨害
轉讀此經即得和適百草滋榮若惡風毒氣
飄灼人民及以草木轉讀此經即得滅除若
惡虫猛獸中害於人轉讀此經悉皆併退若
婦人懷妊臨產不分轉讀此經即得平安若
宮殿宅舍精邪鬼恠故氣不安轉讀此經即
得安寧夫轉經功德不可思議保國寧人和
天安地救護群品无量福田
太上曰昔靈和國王身抱疾病一百日中命
垂將死太子皇后及諸大臣妃主晝夜相守
不知何計有道士常慈悲說此經威力能濟
王命即召道士及諸女官七十餘人於王殿
前轉讀此經及行道礼懺受誡持齋燒香散
花啓告發願放贖生命布施救貧造經寫像宣
觀度人七日之中功德无量吾遣度厄真人
乘三素之雲從諸童子下爲開度免其厄苦
應時平復王與皇后太子及諸大臣共相議
日今日之福可不大道真經力乎乃廣召道

士女官盡其國內二万餘人大建道場立百
高座講說大乘散花燒香然燈曜布散珍寶
大度國人男女及以王子大臣相好端正有
道心者皆使出家一百日中晝夜不倦功德感
天吾遣十華真人同時降下齊到道場燒香散
花觀聽法音為其開度書名玉曆長生籍中
王於是大發道心廣冝諸觀開度國人造无
量天尊寫无量經法作无量法具制无量幡
花出无量法服供養布施大建福田七十年中
吾遣十天真人同時乘下各乘九鳳之輿從
諸玉女建節持幢度人蓬萊山中令脩上道
今為太極真公又香積國被賊圍遶六十日中
人民困乏不知所計有一大臣諮說此經有大
威力不可思議王即召道士令轉此經三日之
中精誠感徹吾遣五天將軍各領神兵万億同
下救護賊即逆散无有損傷王於是大建功
德冝觀度人以吾道恩助行經誡三百年中吾
遣察命真人乘六龍之輿度入金明山中授與
此經五百年中得為東岳仙人昔有賢者入
海採藥忽遇惡風波浪振動不能自安誦念此

經吾遣濟苦真人將九海龍王八風使者攝
制風水達其彼岸悉得平安復有女子臨産
不分命垂旦夕誦念此經吾遣救苦人乘八
輪雲輿為其開度即得平安吾常遣真人无
量數衆或為道士或作凡人持經奉誡存禁
湯藥遍在人間救護一切汝等男女不能分別
但有善人用吾經教者祝一言一句利益衆生
者我悉衛護使有威力汝等男女冝各信之
太上曰昔有女子居近大山為鬼精所媚二十
年中有道士為禁祝書符誦經受誡女子先
産四子各化虎身一時消化其病差愈女子便
就道士受持經誡今在金華山中已八千歲又
有女子居大水上為蛟精所媚三十五年有道
士為誦祝書符精復本身化為流血女子還
正華好遨遊同處或入水中或飛木上或大
或小乍食乍不變化自由人謂之聖或謂神
仙十三年中人莫能測有道士忽來觀察知
非正真即為誦經受誡祝禁書符女子悉化
成五色大虵道士各以一符投之皆化為火
俄變為灰塵又有人家常聞夜中音樂歌唱一

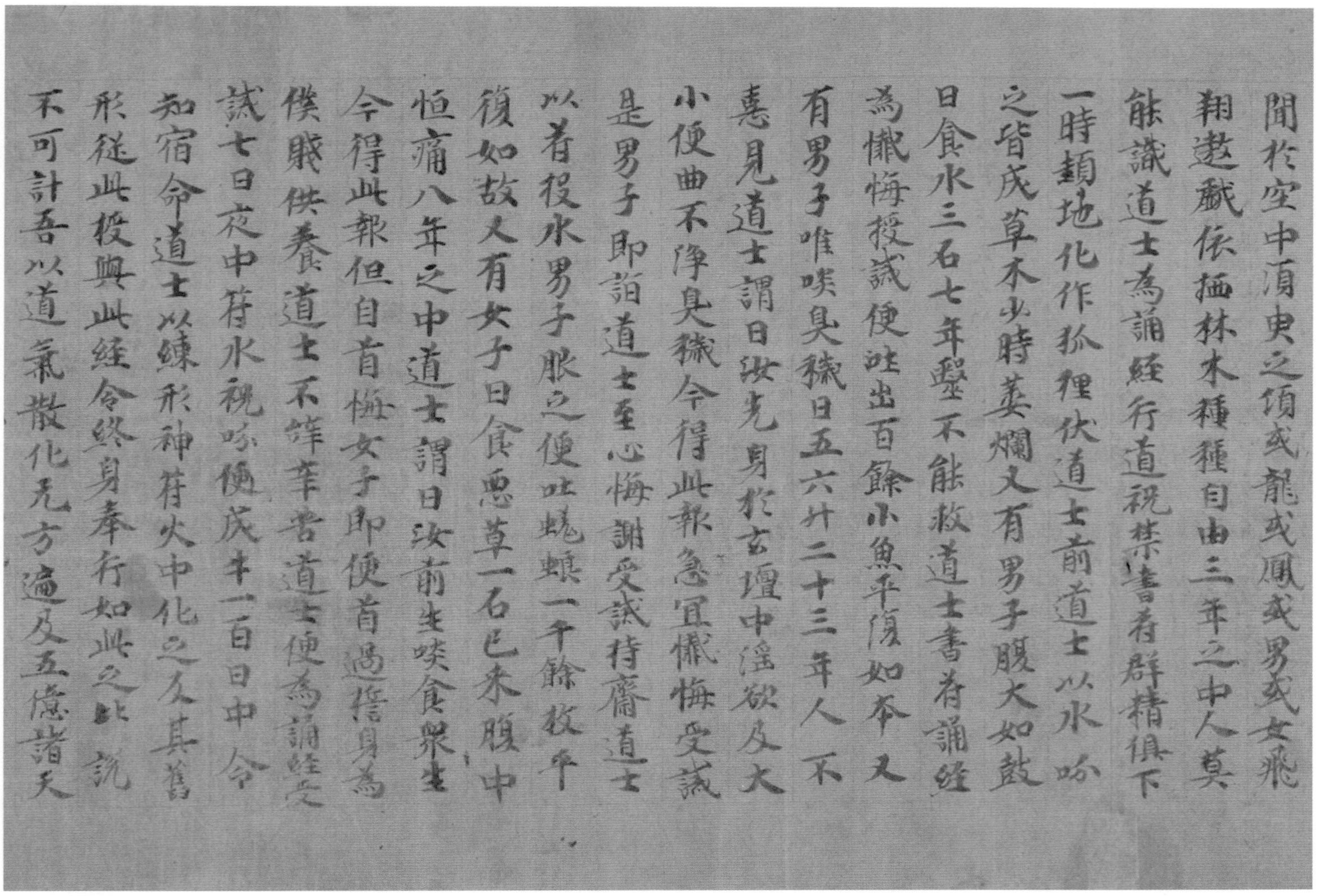

聞於空中須臾之頃或龍或鳳或男或女飛
翔遨戲依插林木種種自由三年之中人莫
能識道士為誦經行道禳禁書符群精伏下
一時頓地化作狐狸伏道士前道士以水吩
之皆成草木少時萎爛又有男子腹大如鼓
日食水三石七年壂不能救道士書符誦經
為懺悔授誡便吐出百餘小魚平復如本又
有男子唯喫臭穢日五六升二十三年人不
惠見道士謂曰汝先身於玄壇中淫欲及大
小便曲不淨臭穢今得此報急宜懺悔受誡
是男子即詣道士至心悔謝受誡持齋道士
以着投水男子服之便吐蜣蜋一千餘枚平
復如故又有女子日食惡草一石已來腹中
恒痛八年之中道士謂曰汝前生喫食衆生
今得此報但自首悔女子即便首過捨身為
僕賤供養道士不辭辛苦道士便為誦經受
誡七日夜中符水祝吩便成生一百日中令
知宿命道士以鍊形神符火中化之反其舊
形從此投興此經令終身奉行如此之比說
不可計吾以道氣散化无方遍及五億諸天

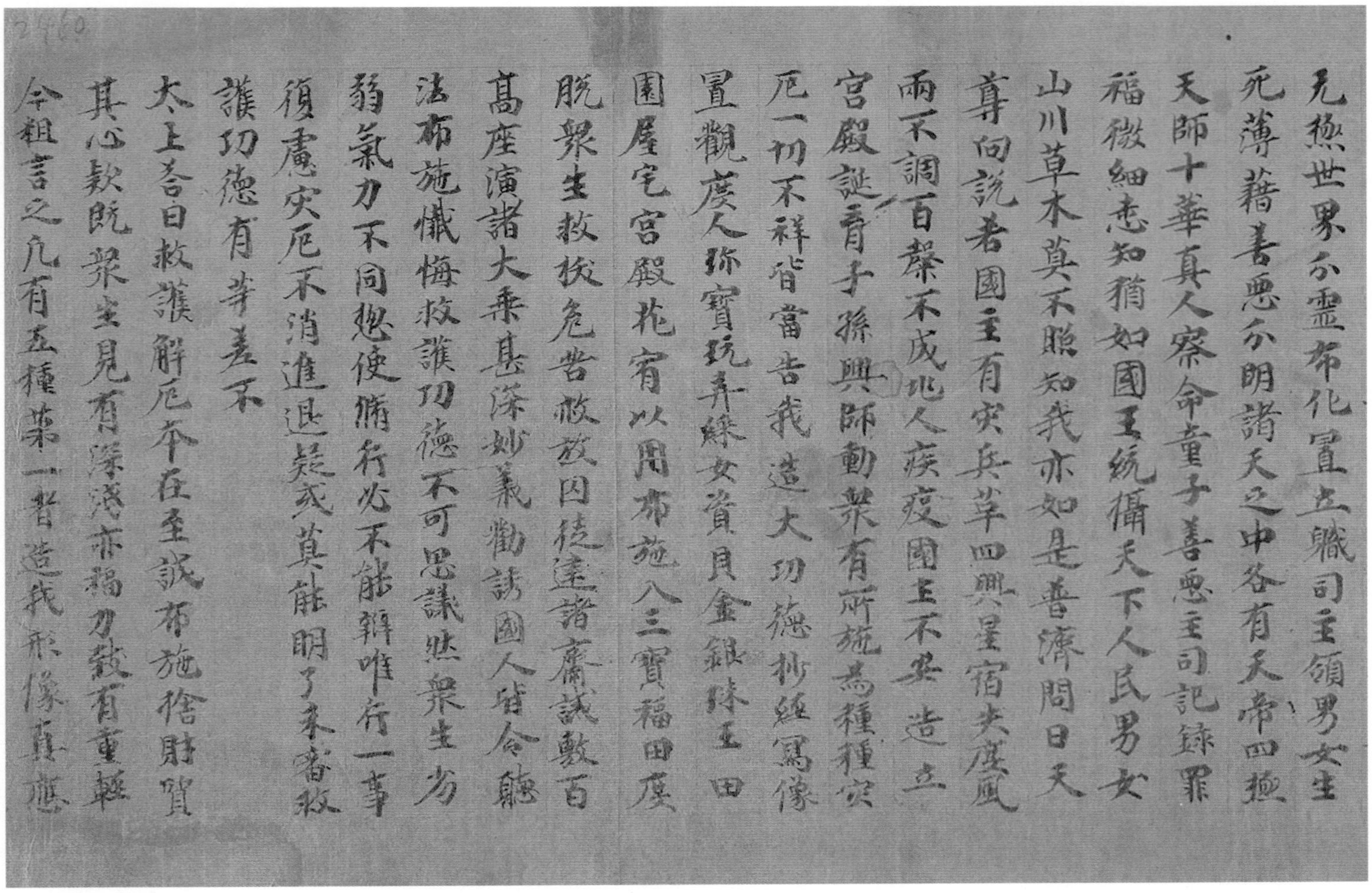

无極世界分靈布化置立職司主領男女生
死薄籍善惡分明諸天之中各有天帝四極
天師十華真人察命童子善惡主司記錄罪
福微細悉知猶如國王統攝天下人民男女
山川草木莫不照知我亦如是普濟閻日天
尊向說者國主有災兵革四興星宿失度風
雨不調百穀不成地人疾疫國主不安造立
宮殿誕育子孫興師動衆有所施為種種災
厄一切不祥皆當告我造大功德抄經寫像
置觀度人弥寶玩弄綵女資貝金銀珠玉田
園屋宅宮殿花宥以用布施入三寶福田度
脫衆生救拔危苦赦放囚徒建諸齋誡數百
高座演諸大乘甚深妙義勸誘國人皆令聽
法布施懺悔救護功德不可思議然衆生劣
弱氣力不同怨使脩行必不能辦唯行一事
復慮災厄不消進退疑惑莫能明了來審救
護功德有等差不
太上答曰救護解厄本在至誠布施捨財寶
其心歎既衆生見有深淺亦福力較有重輕
今粗言之凡有五種第一者造我形像真應

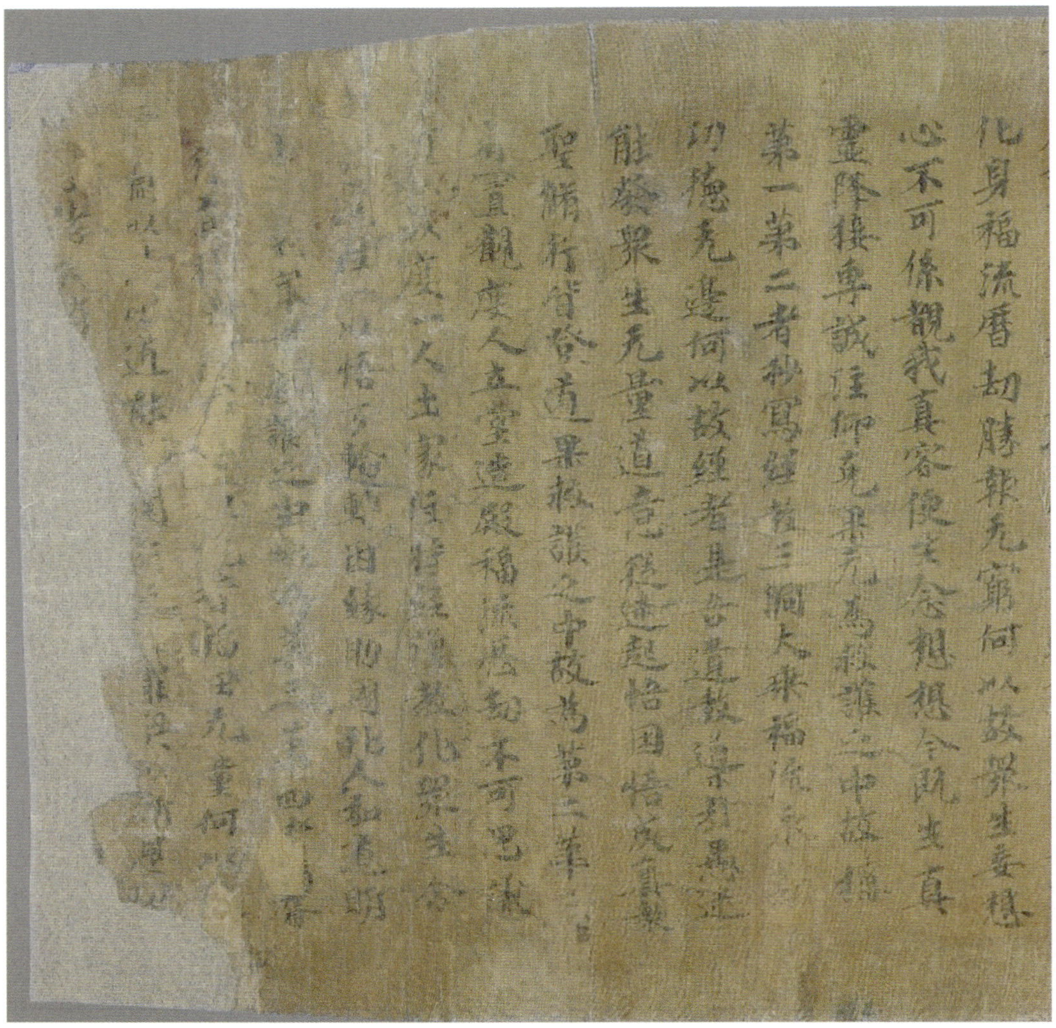

(219) (215) (210) (206)

釋文

(P.2387)[一]

慈濟品十四[二]

太上曰：若善男子、善女子，常行慈悲，念度一/切，施財施法，廣救衆生，善巧發心，皆悉利益/，受生果報，无量无邊。割宍損身，聚斂財寶，常/作悲田[三]，施散衣食，不揀[四]善惡，平等與之，爰及/鳥獸，蠢動含生，普救飢寒，最為第一。又道邊/立井，建屋造堂，種植菓林，□□□□[五]；復於諸/山谷及以江河，廣立橋梁，運度行旅，勤行不/倦，衆聖来迎。

太上曰：昔有賢者常行慈悲，跣衣薄食[六]，撤其/家産[七]，大建悲田，救濟一切。二十三年，吾遣慈/悲真人度入金明山中，授與經法。六百四十/年，值天火化形，生清明國門。二十三年，紹隆/王位，倍勝於前，大造功德。八十三年，吾遣无相/真人授上清真經。修行二十四年，功負行/滿，白日飛昇，為四梵仙人。又有賢者造立義/堂，撫養勞苦。一百年中，吾遣玄一真人授與/此經，令其誦念。八年，老容反少，面有玉顏，慈/心轉勝，勤苦不休。三十七年，吾遣長生玉女/三人，下授延年靈藥。服之，得壽万年，今為景/霄真人。又有女子種植菓林，及以衣服散施/行人，平等不二。五十年中，吾遣風雷使者，轉/形為男，還行昔業。一百年中，吾遣九龍玉女/授與真經。脩行十三年，金芝生庭，鳳皇下侍/，天衣自来。又六十七年，吾遣太玄童子乘一/輪之車下迎，昇于皇笳天中，為主圖先生。又/清浄國王夫人常行布施，慈濟衆生。一百年/中，吾遣上元玉女授洞神真經，度為女官。得/二十六年，吾遣變化童子吐火練[八]形，反其童/顏。復二十年，吾遣景上真人授洞玄寶經。脩/行六百年，吾遣上元真人乘八鸞雲輿来迎/，今為上元玉女。又清妙國王子常行慈悲，手/治橋梁，濟人勞苦。十五年中，吾遣救苦真人/授與此經。奉行七年，勤苦轉加。十七年中，地/生蓮花，一莖千葉，葉廣于丈；一一葉閒皆有/經文，及寶函寶韞，名香仙藥；玉童玉女，捧接/飛行，遍滿左右，竒妙難思。王子精誠，心轉堅/固。四十年，吾遣九光童子度為道士，授與昇/玄妙經，晝[九]夜勤修。七百年中，吾遣九天使者/以八鳳之輿下迎，為九天仙人。如斯等輩，塵/沙之數，不可得言。汝等男女，但能廣行慈濟/，念度衆生，无大无小，我悉知之。汝輩男女，但/有始无終，或不能勤苦，蹔時還退，功行未徹/。子宜勤之，子宜勤之/。[一〇]

救護品十五

太上告普濟曰：吾恒念衆生在三毒十悪之/中，為諸冈兩精媚[一一]、悪鬼耶(邪)神、毒虫猛獸、刀兵/水火、枷械牢獄、疾病苦痛之所經繞，不能自/安。吾故出三洞經誡齋救等法，以救護之。又/出符圖七千章，神祝四千首，付諸真人及諸/天帝、救苦真人、三天大魔王、五天魔王[一二]，分布/世閒，救護一切，令得安寧。

然衆生愚癡，不識／罪福，放縱六情，煞生偷盜，耶（邪）滛放蕩，慳貪瞋／怒，愚癡顛到，綺言妄語，悪口兩舌，啖食衆生／，破齋破誡，違天犯地，背正向耶（邪），禱祠神鬼，衆／罪縱横，而无片善；致毒風悪氣、六天魔鬼（一三）遍／滿天間，流行煞伐，中宫死傷，日夜万計，不可／稱量。吾故常遣諸天帝主、十極神仙，三界四／司人間案行，救度衆生，遍滿天地，人豈知之／。今指告汝救護之法，汝宜行之。常以月一日／、十五日、月盡日，教諸男女到此日中不食酒／肉，制止六情，清浄燒香，於其家中及至玄壇／靈觀，持齋受誡，誦念是經，六時（行道）（一四）至心敬礼：東／方慈悲救苦天尊、南方好生救苦天尊、西方／平等救苦天尊、北方大慈救苦天尊、東北普／濟救苦天尊、東南无量救苦天尊、西南等觀／救苦天尊、西北惠化救苦天尊、上方遍慈救／苦天尊、下方廣濟救苦天尊。礼拜已，各合掌／，叩頭長跪，伏地三言：十方救苦无上大慈天／尊，甲等今日並是凡夫，无量劫来沉淪罪苦／，造諸悪業，煞生偷盜，耶（邪）滛放蕩，慳貪瞋怒，愚／癡顛倒，悪口兩舌，綺言妄語，啖食衆生，破齋／破誡，違天逆地，罪根无數，不可計量。伏願十／方（一五）救苦无上大慈天尊赦其愚癡，乞得清浄／，乃至凡諸厄難一切苦痛。於其家中或靈觀／玄壇，能自發露首謝己身，吾遣諸天案行靈／司，即為削除罪孝，免其苦厄。若身不得自行／，當請道士、女官精心懇禱（一六），礼拜供養，来詣家／中或詣居處，捨身衣服、玩弄卧具、花菓飲食／、香油器物、車牛驢馬，随其所有以表丹心，善／神立降，即免苦灾。若能家中屈請道士、女官／，随力多少，或詣靈觀玄壇轉讀此經，及以抄／寫百遍、千遍乃至巨億，盡其力分，捨施資財／，建齋受誡，懺悔礼拜，燒香然燈，晝夜不倦（一七），吾／即遣四天帝王度其厄難，出離苦惱之中。救／護之法，最為第一。若帝主國王、大臣宰輔，諸／王妃后及帝子天孫，或父母己身、妻兒眷屬／見在終亡，為其救拔，廣召道士不限少多，於／其正殿宫掖、城郭宅舍及靈觀玄壇之中，轉／誦此經，持齋受誡，礼拜懺悔，行道念誦，燒香／明燈，散施財寶、衣服卧具、金銀珠玉、綾羅錦／綺、童僕車馬、播蓋帳座，放生贖命（一八），廣建福田／，七日七夜乃至百日、竟月、終年，不限時節，勤／心不退，吾遣十天真人、四司五帝，即下履行／，案察功過，使病者得差，死者得活，厄者得度／，禁者得脱，行者得還，仕者得昇，水火刀兵、虎／狼毒獸、耶（邪）精魍魎一切厄難，永不干身，年命／長遠，各得安寧。若亡者，即得出離九幽刀山／劍樹、濩湯孝揵（一九）痛楚之中，上生天堂，逍遥无／為。若居家清吉，能預脩功德，最是不可思議／；若道士、女官及諸男女有善心者，能為帝主／國王、人民土地，一切衆生轉讀此經，救護群／品，見世安樂，過去生天。若兵戈四起，（二〇）侵害地／民，轉讀此經，即得退散，无所損傷。若疫毒時／行，疾病民人，轉讀此經，即得除愈，地庶安寧／。若水旱不調，五穀妨害，轉讀此經，即得和適／，百草滋榮。若悪風毒氣飄灼人民，及以草木／，轉讀此經，即得滅除。若悪虫猛獸中宫於人／，轉讀此經，悉皆併退。若婦人懷妊（二一），臨産不分／，轉讀此經，即得平安。若宫殿宅舍精邪鬼恠／故氣不安，轉讀此經，即得安寧。夫轉經功德／不可思議，保國寧人，和天安地，救護群品，无／量福田／。

太上曰：昔靈和國王身抱疾病，一百日中，命／垂將死。太子、皇后及諸大臣、妃主，晝夜相守／，不知何計。有道士常慈悲，説此經威力，能濟／王命。即召道士及諸女官七千餘人，於王殿前／轉讀此經，及行道礼懺，受誡持齋，燒香散／花，啓告發願，放贖生命，布施救貧；造經寫像（二二）／，置觀度人。七日之中，功德无量。吾遣度厄真／人乘三素之雲，從諸童子，下為開度，免其厄／苦，應時平復。王與皇后、太子及諸大臣，共相／議曰：今日之福，可不大道、真經力乎。乃廣召／道士、女官，盡其國内二万（二三）餘人，大建道場，立／百高座，講説大乘，散花燒香，燃燈照耀，布散／珎寶；大度國人男女，及以王子、大臣相好端／正有道心者，皆使出家。一百日中，晝夜不倦／，功德感天。吾遣十華真人同時降下，齊到道／場，燒香散花，觀聽法音，為其開度，書名玉曆／長生薄中。王於是大發道心，廣置諸觀，開度／國人，造无量天尊，寫无量經法，作无量法具／，制无量幡花，出无量法服，供養布施，大建福／田。七十年中，吾遣十天真人同時来下，各乘／九鳳之輿，從諸玉女，建節持幢，度入蓬萊山／中，令脩上道。今為太極真公。又香積國被賊／圍遶，六十日中，人民困乏，不知所計。有一大／臣諮説此經有大威力，不可思議。王即召道／士，令轉此經；三日之中，精苦感徹。吾遣五天／將軍各領神兵万億，同下救護。賊即迸散，无／有損傷。王於是大建功德，置觀度人，以荅道／恩，勤行經誡。三百年中，吾遣察命真人乘六／龍之輿，度入金明山中，授與此經。五百年中／，得為東岳仙人。昔有賢者，入海採藥，忽遇悪／風，波浪振動，不能自安。誦念此經，吾遣濟苦／真人將九海龍王、八風使者攝制風水，達其／彼岸，悉得平安。復有女子臨産不分，命垂旦／夕。誦念此經，吾遣救苦真人乘八輪雲輿，為／其開度，即得平安。吾常遣真人无量數衆，或／為道士，或作凡人，持經奉誡，符禁湯藥，遍在（二四）／人閒，救護一切。汝等男女不能分別。但有善／人用吾經教、符祝一言一句利益衆生者，我／悉衛護，使有威力。汝等男女，宜各信之／。

太上曰：昔有女子居近大山，為虎精所媚。二／十年中，有道士為禁祝書符，誦經受誡。女子／先産四子，各化虎身，一時消化，其病差愈。女／子便就道士受持經誡，今在金華山中，已八／千歲。又有女子居大水上，為蛟精所媚。三十／五年，有道士為誦祝書符，精復卒身，化為流／血，女子還（二五）復如故。又有女子住大澤旁，常與／四女子端正華好，遨遊同處，或入水中，或飛／木上，或大或小，乍食乍不，變化自由，人謂之／聖，或謂神仙。十三年中，人莫能測。有道士忽／來觀察，知非正真，即為誦經受誡，祝禁書符／，女子悉化成五色大虵。道士各以一符投之／，皆化為火，俄變（二六）灰塵。又有人家，常至夜中音／樂歌唱，聞於空中；須臾之頃，或龍或鳳，或男／或女，飛翔遨戲，依栖林木，種種自由。三年之／中，人莫能識。道士為誦經行道，祝禁書符，群／（二七）精俱下，一時頓地，化作狐狸，伏道士前。道士／以水吩之，皆成草木，少時萎爛。又有男子腹／大如鼓，日食水三石，七年，醫不能救。道士書／符誦經，為懺悔受誡，便吐出百餘小魚，平復／如卒。又有男子唯啖臭穢，日五六斗，二十三／年，人不喜見。道士謂曰：汝先身於玄壇中溺／欲及大小便，曲（二八）不浄臭穢，今得此報。急宜懺／悔受誡。是男子即詣道士，至心悔謝，受誡持／齋。道士以符投水，男子服之，便吐蜣蜋一千／餘枚，平復如故。又有女子日食惡草一石，已／來腹中恒痛。八年之中，道士謂曰：汝前生啖／食衆生，今得此報。但自首悔。女子即便首過／，誓身為僕賤，供養道士，不辞辛苦。道士便為／誦經受誡，七日夜中，符水祝吩，便化成牛。一／百日中，令知宿命，道士以練形神符火中化／之，反其舊形。從此授與此經，令終身奉行。如／此之比，説不可計。吾以道氣散化无方，遍及／五億諸天无極世界，分靈布化，置立職司，主／領男女生死（薄）（二九）藉，善悪分明。諸天之中，各有天／帝、四極天師、十華真人、察命童子、善悪主司／、記録罪福，微細悉知。猶如國王統攝天下，人／民男女、山川草木，莫不照知，我亦如是。

普濟問／曰：天尊向説，若國主有灾，兵革四興，星宿／失度，風雨不調，百榖不成，坒人疾疫，國土不／安，造立宮殿，誕育子孫，興師動衆，有所施為／，種種灾厄，一切不祥，皆當告我，造大功德。抄／經寫像，置觀度人，珎寶玩弄、綵女貲貝、金銀／珠玉、田園屋宅、宮殿花囿（三〇）以用布施，入三寶／福田。度脱衆生，救拔危苦，赦放囚徒，建諸齋／誡，敷百高座，演諸大乘甚深妙義，勸誘國人／，皆令聽法，布施懺悔，救護功德不可思議。然／衆生劣弱，氣力不同，總使（三一）脩行，必不能辯；唯／行一事，復慮灾厄不消，進退疑或（惑），莫能明了／。未審救護功德，有等差不／？

太上荅曰：救護解厄，卒在至誠；布施捨財，質／其心款（三二）。既衆生見有深淺，亦福力致有重輕／。今粗言之，凡有五種。第一者，造我形像真／應化身，福流歷劫，勝報无窮。何以故？衆生妄想（三三）／，心不可係，覩我真容，便生念想；想念既生，真／靈降接，專誠注仰（三四），克果无為。救護之中，故稱／第一。第二者，抄寫經教、三洞大乘，福流永劫／，功德无邊。何以故？經者，是吾遺教，導引愚迷／，能發衆生无量道意；從迷起悟，因悟成真，衆／聖脩行，皆登道果。救護之中，故為弟二。第三／者，置觀度人，立堂造殿，福流歷劫，不可思議／。何以故？度一人出家，住持經像，教化衆生，令／發道性；一以悟万，輪轉因緣，助國化人，弘道／明法，利益最多。救護之中，故為弟三。第四者／，脩齋行道，礼懺誦經，讃歎燒香，福田无量。何／以故？齋以洗心，道能通閡，行之謝罪，契以祈／恩，功感諸天，消（三五）灾降福，生死受頼，齋誡為先／。救護之中，故為弟四。第五者，布施一切，无量／福田，果報巍巍，實為深厚。何以故？財者，衆生／性命，切已難忘。能捨命財，心無悋惜，廣建功／德，普濟衆生，内息慳貪，外除劫賊，人天利潤／，生死蒙恩。救護之中，故為弟五／。

大上業報因緣經卷弟六（三六）

校記

（一）卷六以P. 2387為底本，以LM-20-1467-20-03、P. 2460為校本。

（二）P. 2387起於此題，卷首下部稍殘，據道藏本擬補。

（三）悲田：道藏本作「福田」，下同。

（四）「揀」字原作「簡」，據道藏本改。

〔五〕道藏本作「撫養勞苦」。

〔六〕疏衣薄食：道藏本作「蔬食薄衣」。

〔七〕撤其家產：道藏本作「徹其家產」。

〔八〕「綀」字道藏本作「錬」。

〔九〕以下又見於LM_20_1467_20_03。

〔一〇〕LM_20_1467_20_03經文止於此，以下有品題「太上業報因緣經救護品第十五」。

〔一一〕冈兩精媚：道藏本作「魍魎精魅」。

〔一二〕五天魔王：原作「五天摩王」，據文義改。

〔一三〕魔鬼：原作「摩鬼」，據文義改。

〔一四〕行道：二字原缺，據道藏本補。

〔一五〕十方：原作「中方」，據道藏本改。

〔一六〕懇禱：原作「懇到」，據道藏本改。

〔一七〕「建齋受誡，懺悔礼拜，燒香然燈，晝夜不倦」，道藏本作「建齋受戒，仰對高真，禮拜懺悔，燃燈燒香，晝夜不捨」。

〔一八〕贖命：道藏本作「續命」

〔一九〕濩湯考撻：道藏本作「鑊湯拷撻」。

〔二〇〕P.2460起於「若兵戈四起」。

〔二一〕「妊」字原作「任」，據P.2460、道藏本改。

〔二二〕造經寫像：道藏本作「寫經造像」。

〔二三〕二万：道藏本作「百萬」。

〔二四〕遍在：原作「遍作」，據P.2460改。

〔二五〕P.2460此處被粘去一行字。

〔二六〕P.2460「變」字下有「為」字。

〔二七〕「群」字原作「郡」，據P.2460、道藏本改。

〔二八〕「曲」字難解，道藏本作「厠溷」。

〔二九〕「薄」字原缺，據P.2460、道藏本補。

〔三〇〕花囿：P.2460作「花宥」，道藏本作「苑囿」。

〔三一〕總使：道藏本作「縱使」。

〔三二〕心欵：道藏本作「心疑」。

〔三三〕妄想：原作「忘想」，據P.2460、道藏本改。

〔三四〕注仰：原作「住仰」，據P.2460、道藏本改。

〔三五〕P.2460止於此處。

〔三六〕P.2387止於此尾題。

太上洞玄靈寶業報因緣經卷第七

圖版

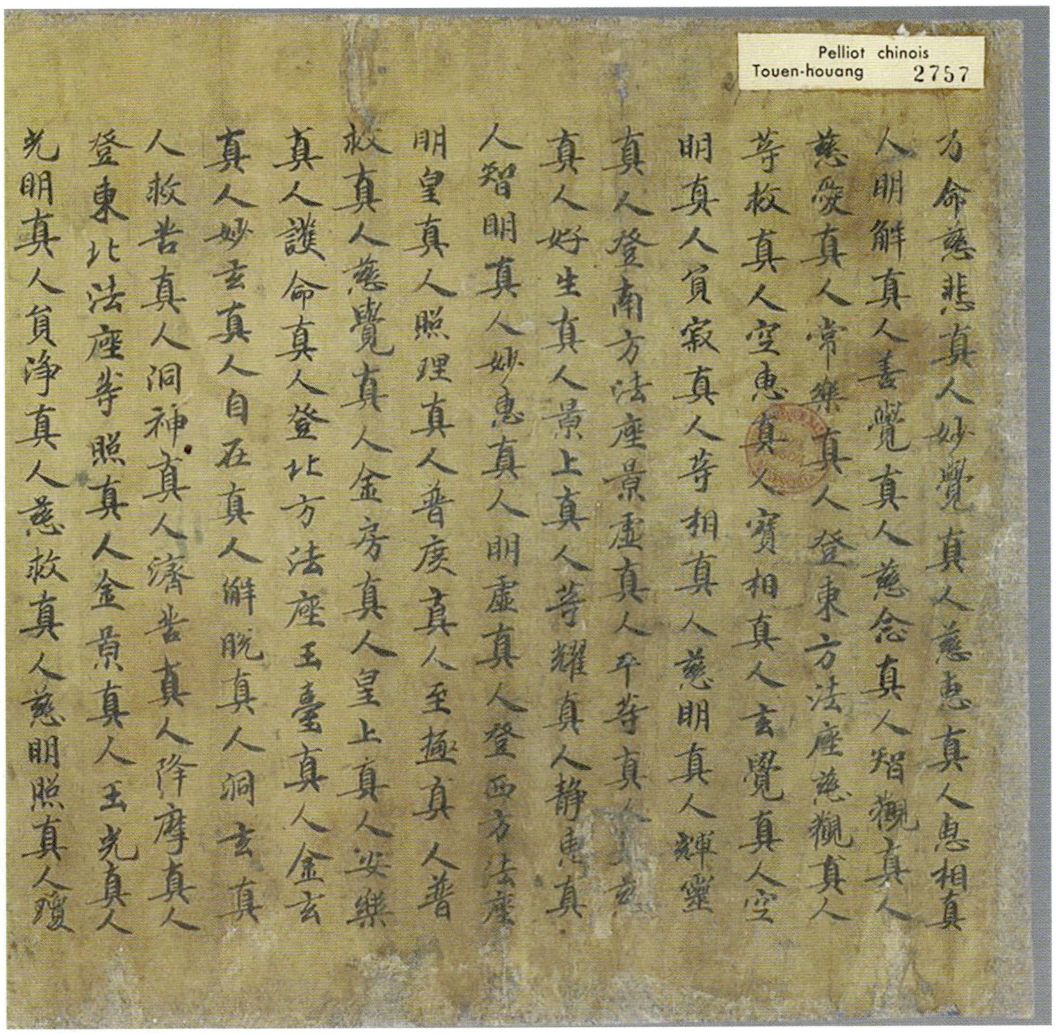

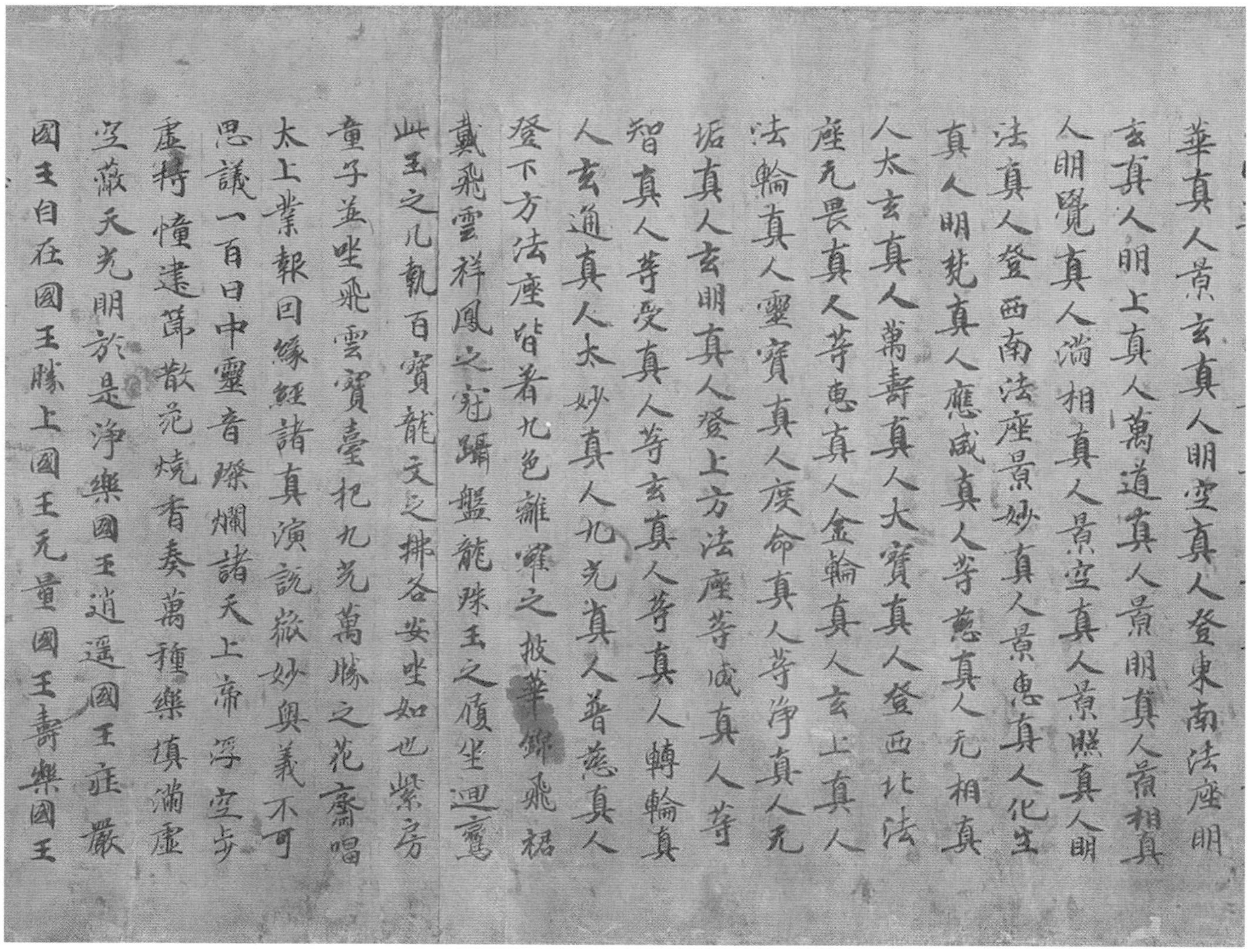

華真人景玄真人明空真人登東南法座明玄真人明上真人萬道真人景明真人景相真人明覺真人滿相真人景空真人景照真人明法真人登西南法座景妙真人景惠真人化生真人明梵真人應感真人等慈真人无相真人太玄真人萬壽真人大寶真人登西北法座无畏真人等惠真人金輪真人玄上真人法輪真人靈寶真人度命真人等淨真人无垢真人玄明真人登上方法座等感真人等智真人等受真人等玄真人等真人轉輪真人玄通真人太妙真人九光真人普慈真人登下方法座皆着九色離羅之披華錦飛裙戴飛雲祥鳳之冠躡盤龍珠玉之履坐迴鸞丹玉之几執百寶龍文之拂各安坐如也紫房童子並坐飛雲寶臺把九光萬勝之花齋唱太上業報因緣經諸真演說微妙奥義不可思議一百日中靈音璨爛諸天上帝浮空步虛持幢建節散花燒香奏萬種樂塡滿虛空蔽天光明於是淨樂國王逍遥國王莊嚴國王自在國王勝上國王无量國王壽樂國王

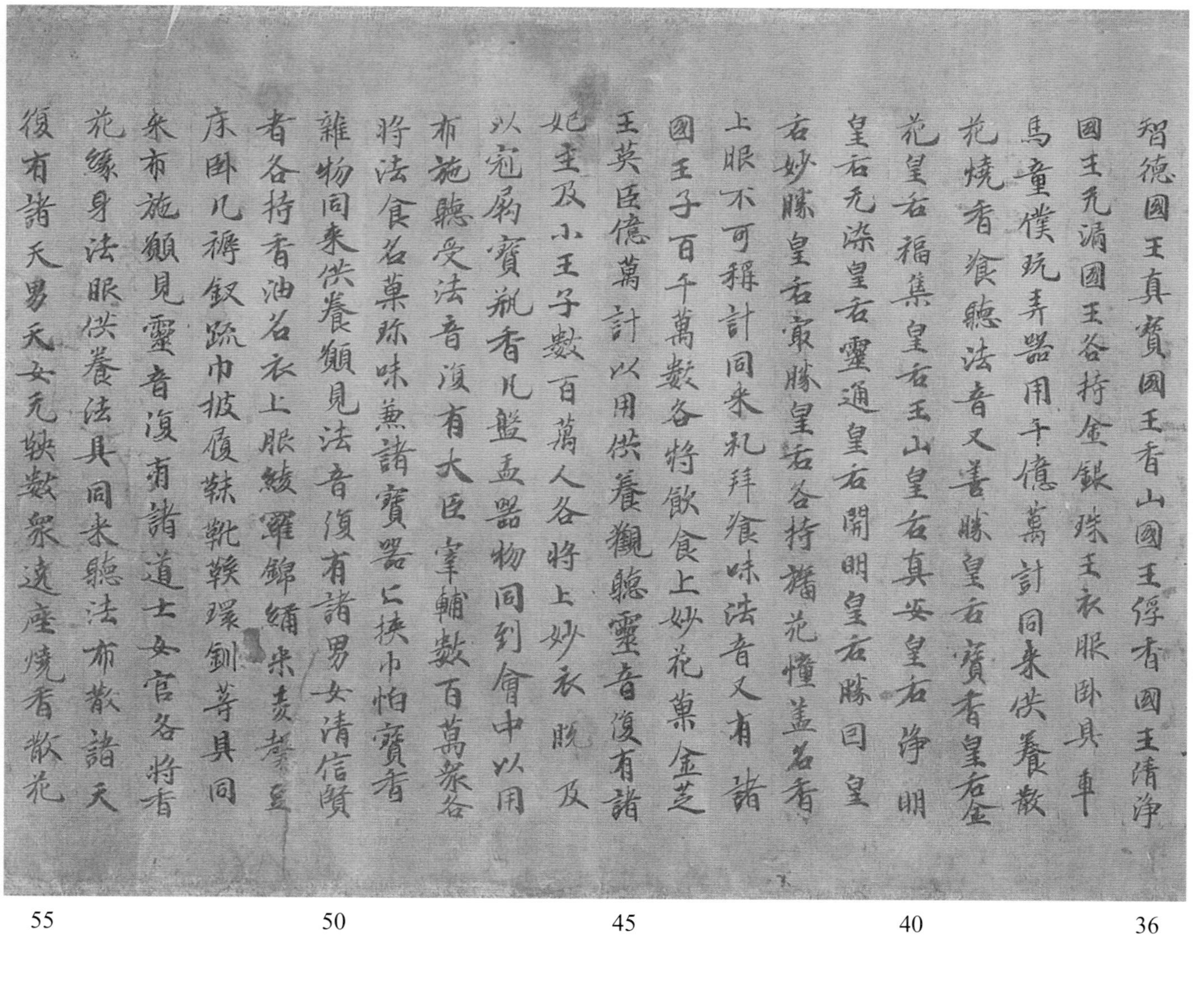

智德國王真寶國王香山國王傳香國王清淨國王无漏國王各持金銀珠玉衣服臥具車馬童僕玩弄器用千億萬計同來供養散花燒香飡聽法音又善勝皇后寶香皇后金花皇后福集皇后玉山皇后真安皇后淨明皇后无染皇后靈通皇后開明皇后勝因皇后妙勝皇后嚴勝皇后各持幡花幢蓋名香上服不可稱計同來礼拜飡味法音又有諸國王子百千萬數各將飲食上妙花菓金芝王英臣億萬計以用供養觀聽靈音復有諸妃主及小王子數百萬人各將上妙衣服及以冠扇寶瓶香几盤盂器物同到會中以用布施聽受法音復有大臣宰輔數百萬衆各將法食名菓珎味兼諸寶器匚挾巾帕寶香雜物同來供養願見法音復有諸男女清信賢者各持香油名衣上服綾羅錦繡米麦麩豆床臥几褥釵𨂜巾披履韈靴鞍環釧等具同來布施願見靈音復有諸道士女官各將香花緣身法服供養法具同來聽法布散諸天復有諸天男天女无鞅數衆遶座燒香散花

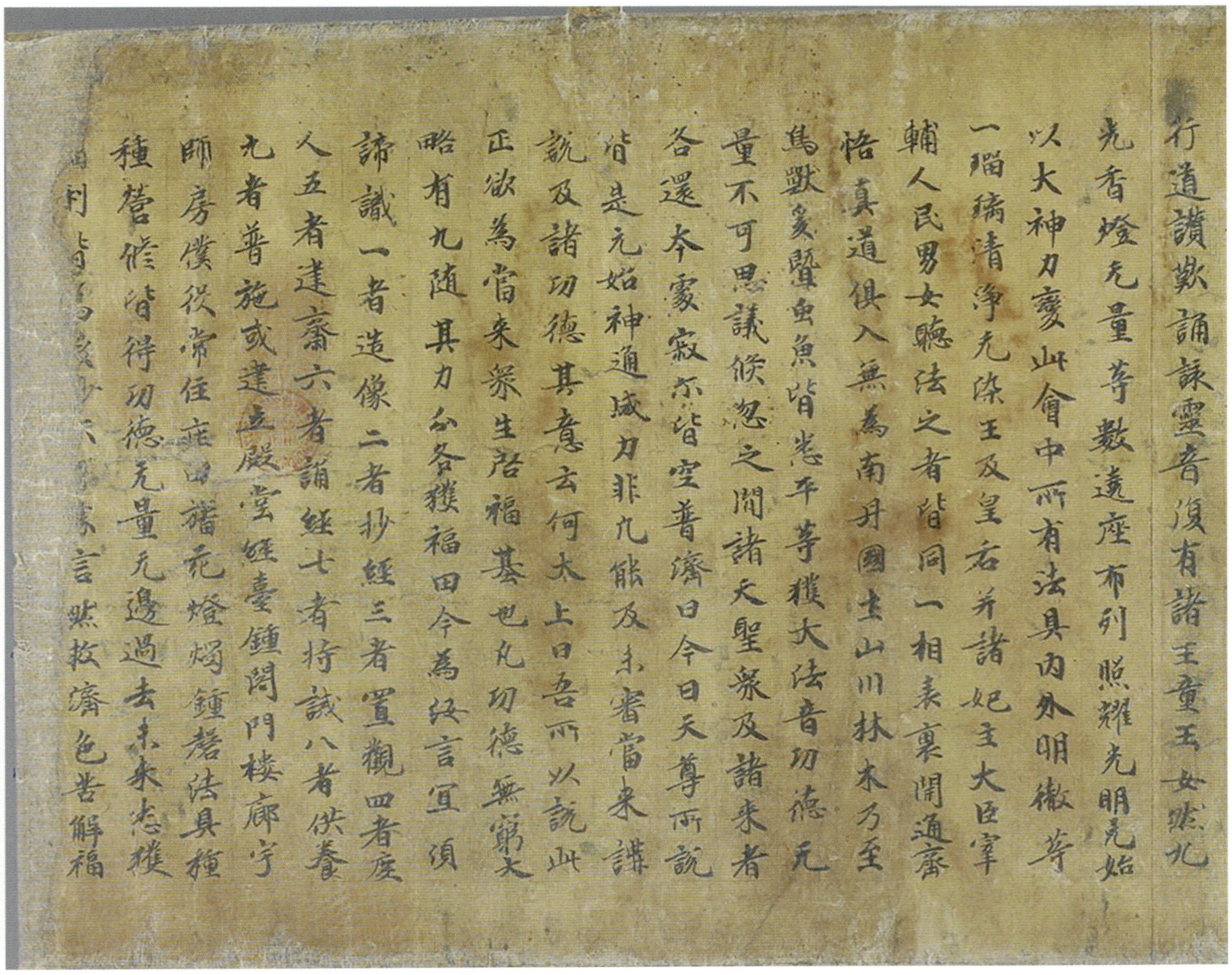
行道讚歎誦詠靈音復有諸王童玉女眾九
光香燈无量等數遶座布列照耀光明光始
以大神力變此會中所有法具内外明徹等
一瑠璃清淨无染王及皇后并諸妃主大臣宰
輔人民男女聽法之者皆同一相表裏開通齊
悟真道俱入無為南丹國土山川林木乃至
鳥獸豸蟻虫魚皆悉平等獲大法音功德无
量不可思議倏忽之間諸天聖眾及諸來者
各還本處寂尒皆空普濟曰今日天尊所說
皆是元始神通威力非凡能及未審當來講
說及諸功德其意云何太上曰吾所以說此
正欲為當來衆生啓福基也凡功德無窮大
略有九隨其力分各獲福田今為汝言宜須
諦識一者造像二者抄經三者置觀四者度
人五者建齋六者誦經七者持誡八者供養
九者普施或建立殿堂經臺鍾閣門樓廊宇
師房僕從常住莊田幡花燈燭鍾磬法具種
種營修皆得功德无量无邊過去未來悉獲
[illegible]刊皆[illegible]歿少六[illegible]言然救濟色皆解福

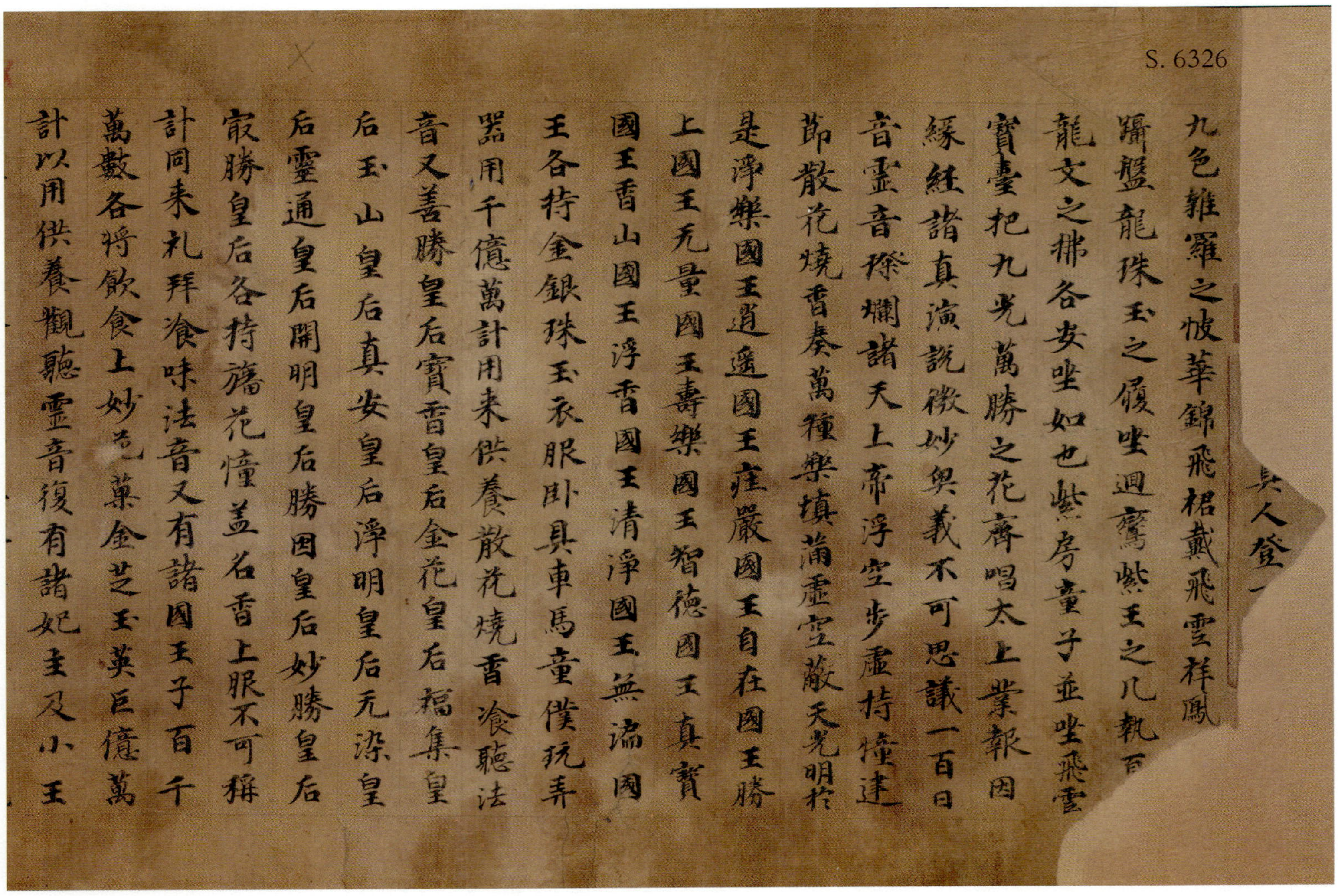
S. 6326
真人登一
九色雜羅之帔華錦飛裙戴飛雲祥鳳
躡盤龍珠玉之履坐迴鸞鸞王之几執百
龍文之拂各安坐如也然彥童子並坐飛雲
寶臺把九光萬勝之花齊唱太上業報因
緣經諸真演說微妙奧義不可思議一百日
音靈音燦爛諸天上帝浮空步虛持幢建
節散花燒香奏萬種樂塡滿虛空蔽天光明於
是淨樂國王逍遙國王莊嚴國王自在國王勝
上國王无量國王壽樂國王智德國王真寶
國王香山國王浮香國王清淨國王無端國
王各持金銀珠玉衣服卧具車馬童僕玩弄
器用千億萬計用來供養散花燒香飡聽法
音又善勝皇后寶香皇后金花皇后福集皇
后玉山皇后真安皇后淨明皇后无染皇
后靈通皇后開明皇后勝因皇后妙勝皇后
寂勝皇后各持幡花幢蓋名香上服不可稱
計同來礼拜飡味法音又有諸國王子百千
萬數各將飲食上妙芝藥金芝玉英巨億萬
計以用供養觀聽靈音復有諸妃主及小王

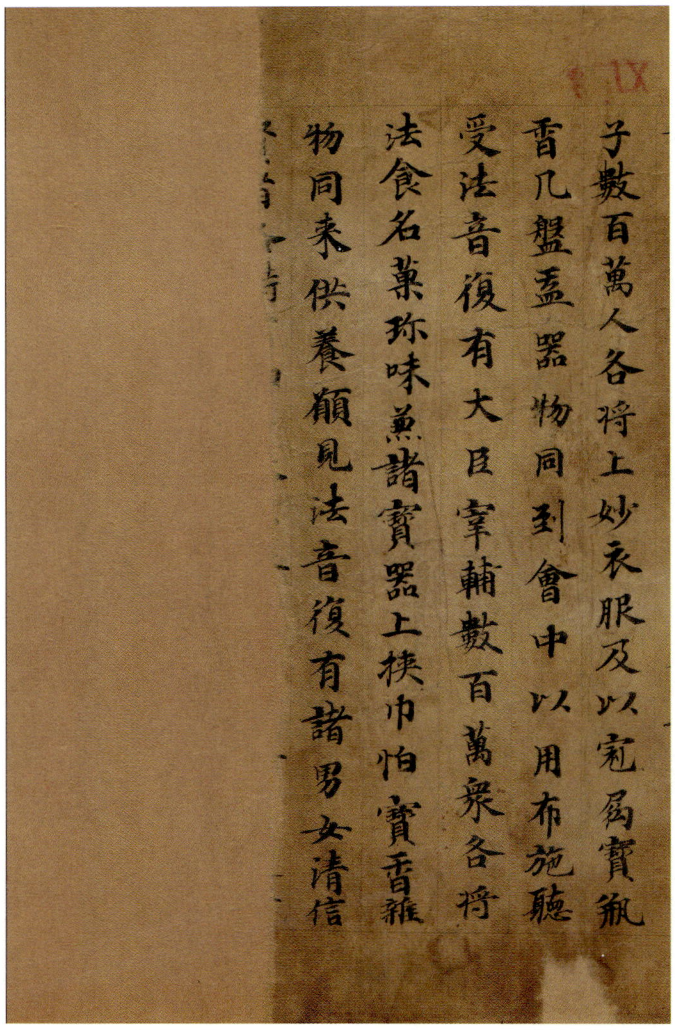

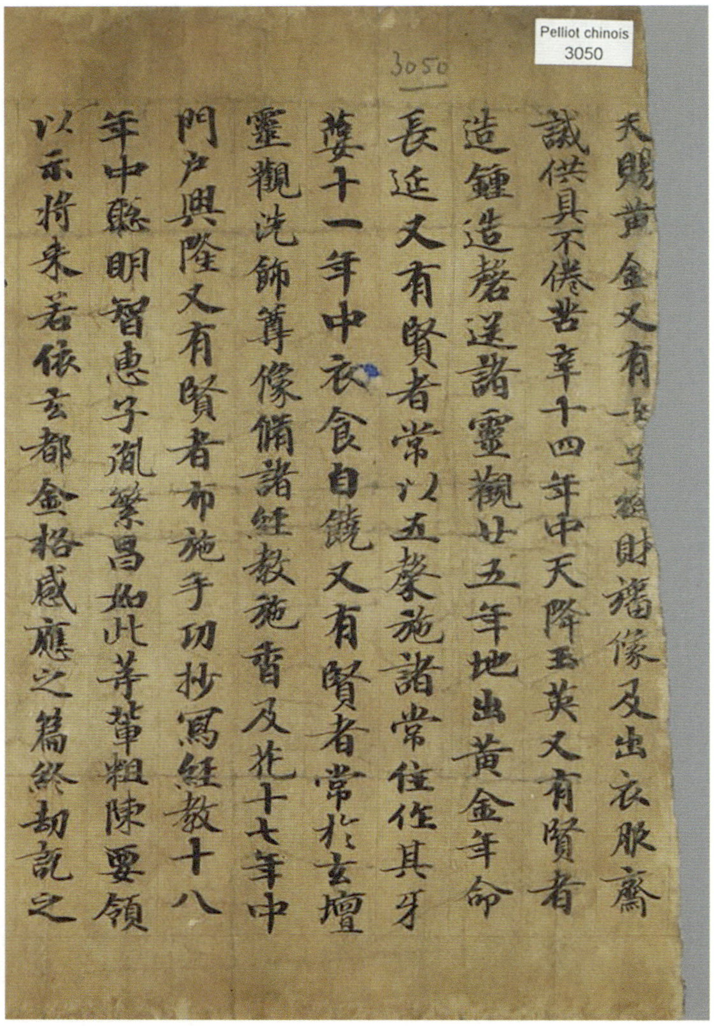

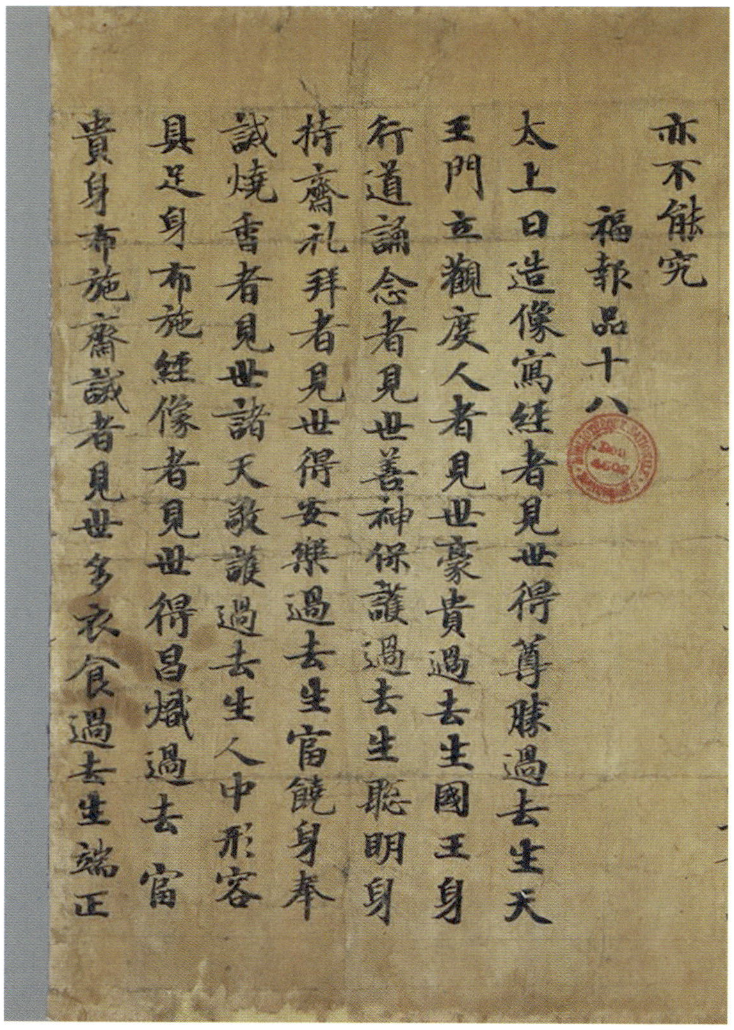

釋文

（P.2757→P.3050，前缺）

功德品十六

太上曰：吾昔於赤明劫初，在南丹洞浮開陽上觀火鍊池邊，與元始天尊大會説法，廣度諸天。時四梵天王將諸眷屬、無量國人，嚴持香華，供養三寶。元始上師并聽法諸聖，各住一面。元始以此因緣，即放眉間千種光明，徹照十方無量國土，普使聞知，同來就會，廣闡靈音，遍以功德利益衆生。（中略）於是，元始乃命慈悲真人（一）、妙覺真人、慈惠真人、惠相真／人、明解真人、善覺真人、慈念真人、智觀真人／、慈愛真人、常樂真人，登東方法座。慈觀真人／、等救真人、空惠真人、寶相真人、玄覺真人、空／明真人、負寂真人、等相真人、慈明真人、輝靈（二）／真人，登南方法座。景虚真人、平等真人、大慈／真人、好生真人、景上真人、等耀真人、静惠真／人、智明真人、妙惠真人、明虚真人，登西方法座／。

明皇真人、照理真人、普度真人、至極真人、普/救真人、慈覺真人、金房真人、皇上真人、安樂/真人、護命真人，登北方法座。玉臺真人、金玄/真人、妙玄真人、自在真人、解脱真人、洞玄真/人、救苦真人（三）、洞神真人、濟苦真人、降摩（魔）真人/，登東北法座。等照真人、金景真人、玉光真人/、光明真人、貞浄真人、慈救真人、慈明照真人（四）、瓊/華真人、景玄真人、明空真人，登東南法座。明/玄真人、明上真人、萬道真人、景明真人、景相真/人、明覺真人、滿相真人、景空真人、景照真人、明/法真人，登西南法座。景妙真人、景惠真人、化生/真人、明梵真人、應咸（感）真人、等慈真人、无相真/人、太玄真人、萬壽真人、大寶真人（五），登西北法/座。无畏真人、等惠真人、金輪真人、玄上真人/、法輪真人、靈寶真人、度命真人、等浄真人、无/垢真人、玄明真人，登上方法座。等成真人、等/智真人、等受真人（六）、等玄真人、（无）（七）等真人、轉輪真/人、玄通真人、太妙真人、九光真人、普慈真人/，登（八）下方法座。皆著九色離羅（九）之帔，華錦飛裙/，戴飛雲祥鳳之冠，躡盤龍珠玉之履，坐（一〇）迴鸞/紫玉（一一）之几，執百寶龍文之拂，各安坐如也。紫房/童子並坐飛雲寶臺，把九光萬勝（一二）之花，齊唱/《太上業報因緣經》：諸真演説微妙奥義，不可/思議（一三）。一百日中，靈音燦爛，諸天上帝，浮空步/虚，持幢建節，散花燒香，奏萬種樂，填滿（一四）虚/空，蔽天光明。

於是浄樂國王、逍遥國王、荘嚴/國王、自在國王、勝上國王、无量國王、壽樂國王/、智德國王、真寶國王、香山國王、浮香國王（一五）、清浄/國王、无漏國王，各持金銀珠玉（一六）、衣服卧具、車/馬童僕、玩弄器用千億萬計，同来（一七）供養。散/花燒香，飡聽法音。又善勝皇后、寶香皇后、金/花皇后、福集皇后、玉山皇后、真安皇后、浄明/皇后、无染皇后、靈通皇后、開明皇后、勝曰皇/后、妙勝皇后（一八）、寂勝皇后，各持播花幢盖、名香（一九）/上服不可稱計，同来礼拜，飡味法音。又有諸/國王子百千萬數，各將飲食、上妙花菓、金芝/玉英巨億（二〇）萬計，以用供養，觀聽靈音。復有諸/妃主及小王子數百萬人，各將上妙衣服（二一）及/以冠履寶瓶、香几盤盂器物，同到會中，以用/布施，聽受法音。復有大臣宰輔數百萬衆，各/將法食名菓珎味兼諸寶、器匕，挾巾帕寶香/雜物，同来供養，願見法音。復有諸男女清信賢/者，各持（二二）香油、名衣上服、綾羅錦繡、米麥槃豆/、床卧几褥、釵疏（梳）巾披（帔）、履靺靴韈、環（鐶）釧等具，同/来布施，願見靈音。復有諸道士女官，各將香/花、緣身法服、供養法具，同来聽法，布散諸天/。復有諸天男天女无鞅數衆遶座，燒香散花/，行道讃歎，誦詠靈音。復有諸玉童玉女，然九/光香燈无量等數，遶座布列，照耀光明。

元始/以大神力變此會中，所有法具内外明徹，等/一瑠璃，清浄无染。王及皇后并諸妃主、大臣宰/輔、人民男女聽法之者，皆同一相，表裏開通，齊/悟真道，俱入無為。南丹國土、山川林木，乃至/鳥獸，爰暨虫魚，皆悉平等，獲大法音，功德无/量，不可思議。倏忽之間，諸天聖衆及諸来者/，各還本處，寂尔皆空。

普濟曰：今日天尊所説/，皆是元始神通威力，非凡能及。未審當来講/説及諸功德，其意云何？

太上曰：吾所以説此/，正欲為當来衆生啓福基也。凡功德無窮，大/略有九，随其力分（二三），各獲福田。今為汝言，宜須/諦識。一者造像，二者抄經，三者置觀，四者度/人，五者建齋，六者誦經，七者持誡，八者供養/，九者普施（二四）。或建立殿堂經臺、鍾閣門樓、廊宇/師房、僕役常住、荘田旛花、燈燭鍾磬，法具種/種營修，皆得功德，无量无邊，過去、未来，悉獲/福利，皆為微妙不可勝言。然救濟危苦（二五），解禍（二六）/消災，講經功德最為第一。（下缺）

應感品十七

太上曰：（中略）又有女子救濟貧乏，放贖生命，大行慈悲，二十七年，玉女迎將入於雲中。又有女子供養出家法衣法食，三十九年，天賜黄金。（二七）又有女子縫裁（二八）旛像，及出（家）衣服（二九），齋/誡供具，不倦苦辛，十四年中，天降玉英。又有賢者/造鍾造磬，送諸靈觀；廿五年，地出黄金，年命/長延。又有賢者，常以五槃施諸常住，乍其牙/（芽）蘖，十一年中，衣食自饒。又有賢者常於玄壇/靈觀洗飾尊像，脩諸經教，施香及花；十七年中/，門户興隆。又有賢者布施手功（三〇），抄寫經教，十八/年中，聰明智惠，子胤繁昌。如此等輩，粗陳要領/，以示將来，若依玄都金格感應之篇，終劫説之/，亦不能究/。

福報品十八

太上曰：造像寫經者，見世得尊勝，過去生天/王門。立觀度人者，見世豪貴，過去生國王身／。行道誦念者，見世善神保護，過去生聰明身／。持齋礼拜者，見世得安樂，過去生富饒身。奉／誠燒香者，見世諸天敬護，過去生人中形容／具足身。布施經像者，見世得昌熾，過去〔生〕[31]富／貴身。布施齋誠[32]者，見世多衣食，過去生端正[33]／身。布施貧窮者，見世无災厄，過去生豪勝身。不啖食衆生者，見世無病苦，過去生長命身。不飲酒猖狂者，見世神明保佑，過去生忠貞身。不食葷辛者，見世得芳香，過去生清浄身。放贖生命者，見世無枉横，過去生恭敬身。供養出家者，見世人敬仰，過去生貴重身。説法教化者，見世人禮敬，過去生出家身。夫功德報應，如響之應聲，形之對影，大小清濁，終不差也。凡夫愚迷，不識因緣宿命，不信罪福吉凶，不知此身從先身種福田中來，不知此身暫生即滅，不知此身總是浮假，不知此身念念無常；秖恣慳貪，殺生偷盗，邪淫放蕩，啖食衆生，綺言妄語，誹毀經教，多聚資財；常謂此生千年不死。開眼作造罪業無數，閉眼則入地獄輪迴。終日造罪，未曾懺悔，不能發一念善心，作過去、見在、未来受生之福。自度己身種其芽孽，惟念子孫，愁其不活也。且世人生炁溘斷，哭泣少時，便自憂子孫男女，詎憶父母養育之恩。無始以來，遞相倣習，更無一悟，幾許愚癡。吾念汝輩愚愚相習，永不自覺，故示罪福宿命因緣，令出離苦惱愛欲河中。而衆生流浪，沉淪苦海。此世界者名曰棄賢宛離天境，亦曰雜報世界，染欲愛天。生墮其中，暫生即滅，暫聚即散，如彼電光，須臾頃耳；不浄臭穢，生老病死，痛痒疼酸，飢寒暑濕，水火刀兵，魔精鬼賊，毒風惡注，交相中害，念念死亡，曾不暫住，苦惱幾何。目前見事，身自纏繞，尚不覺知，豈肯信有諸天道境，福地神仙，長生不死，自在無為。我觀世之受生，促於蜉蝣；世之安居，迫於毫毛；世之臭處，甚於厠穢；世之快樂，何異糞蟲，猶自不知，常為惡業，豈不苦哉。

校記

〔一〕P. 2757起於「乃命慈悲真人」，以S. 6326爲校本。

〔二〕輝靈：道藏本作「耀靈」。

〔三〕救苦真人：道藏本作「救度真人」。

〔四〕慈明照真人：道藏本作「慈照真人」。

〔五〕大寶真人：道藏本作「太保真人」。

〔六〕等受真人：道藏本作「等愛真人」。

〔七〕「无」字原缺，據道藏本補。

〔八〕S. 6326起於「真人登」。

〔九〕離羅：S. 6326作「雜羅」。

〔一〇〕「坐」字道藏本作「凭」。

〔一一〕紫玉：原作「此玉」，據S. 6326改。

〔一二〕萬勝：道藏本作「萬膳」。

〔一三〕不可思議：道藏本作「大不可思議功德」。

〔一四〕填滿：S. 6326同，道藏本作「遍滿」。

〔一五〕浮香國王：原作「俘香國王」，據S. 6326、道藏本改。

〔一六〕珠玉：原作「珠王」，據S. 6326、道藏本改。

〔一七〕同來：S. 6326作「用來」，或係誤字。

〔一八〕妙勝皇后：S. 6326同，道藏本作「妙香皇后」。

〔一九〕名香：S. 6326同，道藏本作「名衣」。

〔二〇〕玉英巨億：原作「王英臣億」，據S. 6326、道藏本改。

〔二一〕衣服：原作「衣脱」，據道藏本改。

〔二二〕S. 6326止於「賢者各持」殘字。

〔二三〕力分：道藏本作「分力」。

〔二四〕普施：道藏本作「布施」。

〔二五〕危苦：原作「色苦」，據道藏本改。

〔二六〕「禍」字原作「福」，據道藏本改。P. 2757止於「解福」。

〔二七〕P. 3050起於「天賜黄金」。

〔二八〕縫裁：原作「縫財」，據道藏本改。

〔二九〕「家」字原缺，據文義參考道藏本補。衣服：道藏本作「法服」。

〔三〇〕手功：道藏本作「手工」。

〔三一〕「生」字原缺，據道藏本補。

〔三二〕齋誠：道藏本作「齋供」。

〔三三〕P. 3050止於「端正」二字，以下據道藏本擬補。

太上洞玄靈寶業報因緣經卷第八

京都252

太上業報因緣經卷第八
生神品十九
太上曰吾以道炁開張天地剖判陰陽運化因
緣生成万物分神布炁養育人民從始至終
經營生化念念不停食以元和汝等凡夫誰
能識之吾今為汝剖析因緣欲使當來悟其
元炁人始受身皆從虛无自然中來迴黄轉
白攝氣凝精而无父生神玄母成形承天順
地合化陰陽兩半因緣稟其骨肉莫不資其
昔業會遇今緣取象乾坤含懐日月陰陽變
化神識往來万化之中人最為貴故始入胎
中三氣潛凝九天真運一月為胞髒單无量
天氣下洪身中二月為胎上上禅善无量壽
天氣下洪身中三月魂具梵監須延天氣下
洪身中四月魄成波羅尼蜜不驕樂天氣下
洪身中五月生藏寂然兜術天氣下洪身中
六月化府靈變梵寶天氣下洪身中七月明
竅化應聲天氣下洪身中八月景附高虛清
明天氣下洪身中九月神降无想无結无愛
天氣下洪身中天神一萬八千身神一万八

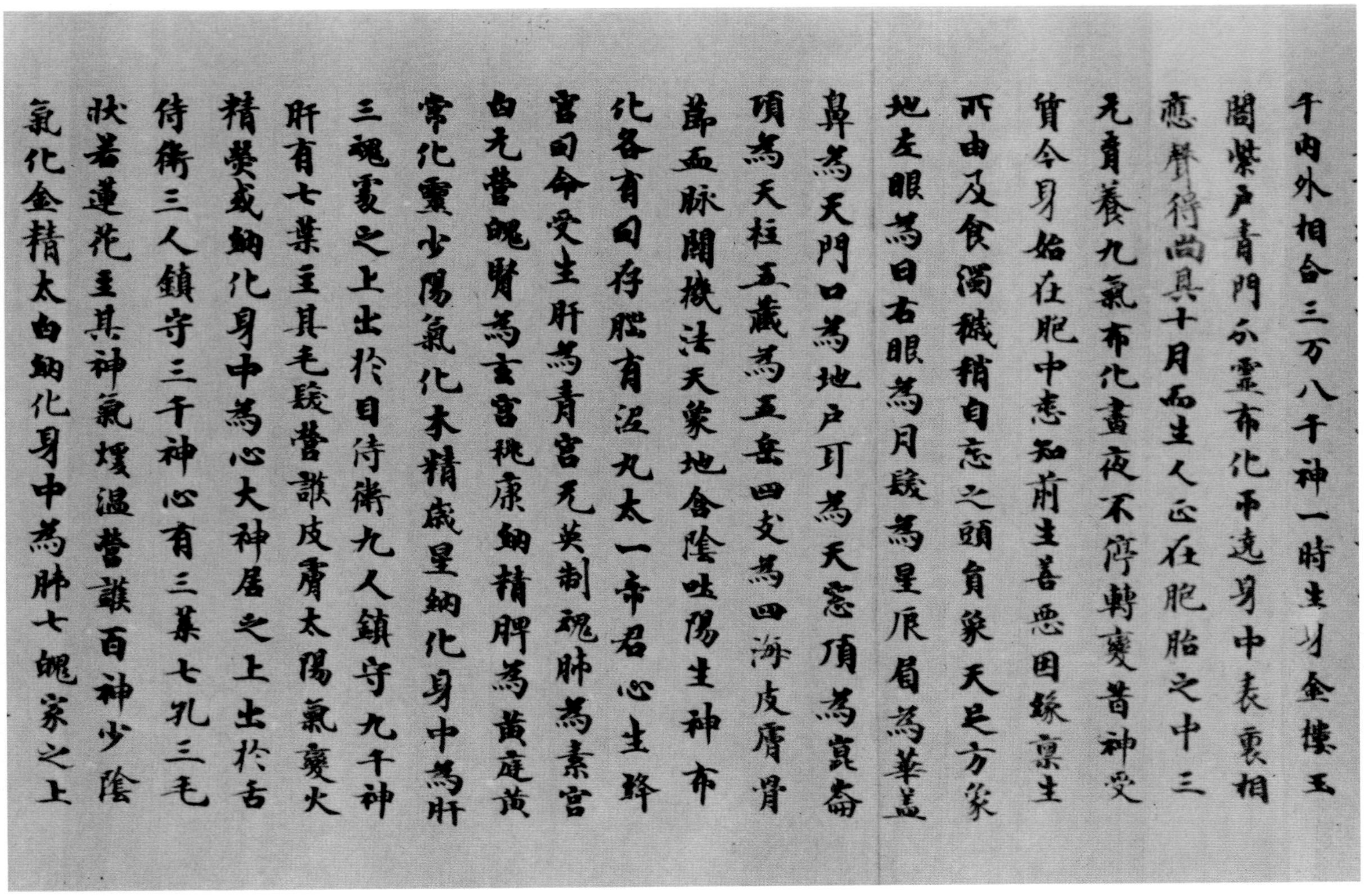
千内外相合三万八千神一時生身金樓玉
閣紫户青門分靈布化而遶身中表裏相
應聲待尚具十月而生人正在胞胎之中三
元育養九氣布化晝夜不停轉變昔神受
質今身始在胞中悉知前生善惡因緣稟生
所由及食濁穢稍自忘之頭負象天足方象
地左眼為日右眼為月鬓為星辰眉為華蓋
鼻為天門口為地户耳為天窓頂為崑崙
項為天柱五藏為五岳四支為四海皮膚骨
節血脉關機法天象地含陰吐陽生神布
化各有司存腦有泥丸太一帝君心主降
宮司命受生肝為青宮无英制魂肺為素宮
白元營魄腎為玄宮桃康細精脾為黄庭黄
常化靈少陽氣化木精歲星納化身中為肝
三魂處之上出於目侍衛九人鎮守九千神
肝有七葉主其毛髮營護皮膚太陽氣變火
精熒惑納化身中為心大神居之上出於舌
侍衛三人鎮守三千神心有三葉七孔三毛
狀若蓮花主其神氣煖溫營護百神少陰
氣化金精太白納化身中為肺七魄處之上

出於鼻侍衛七人鎮守七千神肺有八葉主
其齒牙營護筋骨太陰氣化水精辰星納
化身中為腎左有玉童右有玉女精化之庭
上出於耳侍衛五人鎮守五千神腎其右二
如半月狀主其津液營護血髓元黃氣化土
精鎮星納化身中為脾意志所出上出於口
侍衛十二人鎮守万二千神脾長五寸主其
肌肉營護四支昭流百體而生百神各有名
字出入諸天變化不測往反靡停人能知之
即得長生行坐誦憶營護身形消除万禍制
伏百精疑神玄光項神通天頂後神玄冥頂
前神朱陽項左神青光項右神白童額神天
庭左眉神翠童右眉神羽童左目神日光右
目神月光左推神玉闕右推神玉梁左鼻神
通陽右鼻神通陰口左神命童口右神天粮
齒神玉闕左牙神天鍾右牙神天磬舌神赤
童上唇神停蓋下唇神靜興左頤神黃父右
頤神黃母項左神天通項右神昇平左肩神
遠山右肩神遠安左肘神飛龍右肘神伏虎
左手神天丁右手神天鄧左指神甲卒右指

神崇光左掖神伏千右腕神伏刀左助神衛
邊右助神防非要左神動開要右神搖亭左
股神玄岳右股神玄山左脉神轉生右脉神
曲亭左脛神天柱右脛神天關左脚神輪空
右脚神運靈左踝神幽孤右踝神伏狼骨神
天田腹神包靈陰神幽關尻神幽闕背神紫
房脊神通陽齊神中平皮神包羅宍神衛非
骨神丙丁各長七寸如赤子狀在人之中結
氣成神榮衛流通運化自然與天地合出入
人身奏善毀惡日夜不停夫人不生則已生
則備天地之象含陰吐陽聽命由天天與其
筭四万三千二百凡一百二十年筭主一日
記在諸天吾常勅諸天帝命召五帝三界四
司南斗北斗十天將軍九土使者七神童子
八部天神一切神靈遊行人間檢校罪福男
女吉凶又遣上聖高尊妙行真人天仙飛仙
地仙五岳四瀆日月星辰三官九府二万四千
靈司建節持幢飛空步虛執符把錄校勘
巡行三日一言七日一奏百日一結不暫須臾
善惰善並功諸天童子司命司錄即為延年

消災散禍，衣食豐盈。若造罪積惡者，則諸天
帝王使六天魔王從下收其魂魄，上詣三官。
若不滿筭紀者，皆是造罪所致，終其筭紀者
積善所臻也。故人欲終亡之時，皆地司關奏
諸天，諸天案察，依其薄籍，定其死名，勑下
三界官屬、四司五帝，收其魂魄，絶其生氣。矣
凡人有疾病，禍厄凶禍，官家牢獄，水火刀兵，
種種苦惱，皆是宜司孝野當此之時，能廣建
福田，脩齋持試，誦經行道，燒香散花，講說礼
懺，布施，發心救贖生命，救濟貧窮，拔度厄急，
造像寫經，受試懺悔，礼謝十方，先造救苦天
尊及度厄靈旛、保命靈旛、延筭靈旛、續命
靈旛、禳災靈旛，抄寫此經，晝夜念誦，首謝諸
天。三日七日，乃至百日，捨其家資寶貨、田宅、童
僕、錢眔、錦綺、車馬、珎寶、名衣、上服、器具、幃帳，
種種布施，說對諸天，首寫所犯，三官即救其
魂魄，延年益筭，使得更生，善大命將終，天筭
應盡，不可救拔，捨身太陰。臨終之時，為其發
願懺悔，捨施衣服、卧具、所有資財，受試懺悔，
眔得功德，不可思議。即從初亡至七日已來，
造經造像，設齋行道，礼誦悔過，燒香然燈，拔
贖生命，濟度貧窮，晝夜相續，開度亡人，克得
生天。所以者何？夫人欲亡，乃至七日已來，諸天
童子、四司五帝、三界官屬，齊來監臨，檢案罪
福，列奏天宮。香遣七神童子，復來檢行，定其
善惡，配著生門。善即生天，福流子孫，使見世
安樂，无怖无畏，家宅清寧。所為皆吉，惡即受
罪，殃注生人，死亡疾病，災厄鍼訶，官家口舌，
種種恐怖，惑亂生人，凡所施為，皆悉不利。是
故七日之内，開度最急。過是之後，每至七日，
是其童子領録亡人魂魄，來到家中，案行
罪福。七七之後，五天將軍下攝其魂，九土使
者來收其魂，將軍欲其生天，使者欲其入地。
五日一下，校量罪福。福多者則生天堂，罪多
者則入地獄。凡善惡兩神，十下考校，定其罪
福。是故亡人從初亡一七、二七乃至七七、百
日，家人當須開度，令生善處，得見世安樂，寂
為第一。即初亡一日，造救苦天尊一區，寫此
經一部，造靈旛一口，然燈七尺；至二日，造天
尊二區，寫經二部，造旛二口，然燈二七尺；計

七日則造像七軀寫經七部造旙七口然燈
四十九尺計日加之至百日造像百軀造經
百部及轉經百遍造旙百口然燈七百尺也
雖則百千万億經像旙燈要以七數之若貧
窮之人隨其分力皆訖七七百日也
太上曰七神童子者天中北斗之精也人始在
胎七月之時下人身中開明七竅記名斗中
一曰天蓬二曰天内三曰天衝四曰天輔五
曰天禽六曰天心七曰天柱各乘飛雲七明
之車五銖之衣從十方童子神仙兵馬各七
億万衆常在人間分身散形或長或短或
男或女執符把籙按定罪福善惡因緣豪分
不差人能知之不死長生矣
太上曰復有八神童子一者金華童子神名
天光主天子儲君妃后宗廟卒啟改新立君
易主獻可替否貢賦征税資財珎寶車馬
服飾宮殿园池臺樓關爵禄命出入行
來二者黄靈童子神名天安主宅舍墳墓六
畜稼穡倉庫男女壽夭疾病建立土功山川
谿谷三者青靈童子神名天威主車船道路

林木花葉雷震風雨四者明靈童子神名天主
主井竈門戶溝渠廁溷不淨淫穢綺妄不實
五者丹靈童子神名天光主牢獄繫閉文書
產乳血光火灾六者玄靈童子神名天通主
筭命延促妖精魍魎祝咀祠祀一切鬼神七
者紫靈童子神名天成主亟魂飛爽遊尸客
死地獄沈淪八者素靈童子神名天昌主父
母男女夫妻生育是八童子或依風雷雲雨
乘龍駕虎出入人間伺其善惡若善則應吉
惡則應凶隨其分業終不差忒汝等男女但
當讀誦此經是八童子即來擁護降福消灾
滅除罪咎不可思議
太上曰人之受生未有不從先業來者故稟
神挺質各有因緣罪福吉凶悉從其業所以
壽夭貴賤窮通好醜貧富愚智等不同乃至
鳥獸蟲魚雖支草木亦復然也汝等男女宜
各思之
太上曰人生受身甚難逢遇一朝敗壞萬劫
何期吾故殷勤誡勸汝等勤脩齋誡行道誦
經礼拜燒香然燈布施懺悔營煩濟死度生

造像寫經度人立觀種種方便者祇爲汝衆
生作當來業故吾重有所求乎
太上曰昔妙範國王死請道士尊德三百六
十人來到宮中懺悔受試捨其衣服玩弄卧
具幃帳金銀車馬綾羅錦綺器具僮僕總入
靈觀玄壇女官道士至誠感徹吾遣好生真
人乘三輪鳳車仙童玉女迎入火鍊池中鍊
其身形三年之中更生王宮一十四年還紹隆
王位大發道心廣建功德壽七百年吾遣玄通
真人雲蓮花飛雲之輿迎入方諸宮中令學
經法得八千歲令爲青華侍童同和國王身
死請道士四百六十人轉經行道造像寫經
度人立觀燒香散花并作生神五鍊一百日中
吾遣化命真人與八使者雷電將軍夜中來
迎登九龍之輿度入南昌宮中更消經法一
万年中得爲大光真人主此火池昔有賢者
命終之後家人請道士女官懺悔受試不經
地獄即得受生賢善之門又有女子身亡造
像造橋然燈轉經建齋行道布施放生救貧
度厄散花燒香一百年中吾遣司命反其魂

神復還家中大建功德洪養三寶諮求道士
請受真經壽三百年吾遣化命真人下度鳳
大鍊形▢▢爲男身入金㙜山中服御仙丹七
万餘年今得昇入西靈宮中爲无上法師矣
太上業
太上業報因緣經卷第八　太上業報因緣經卷第八
天寶十二載六月　日白鶴觀爲　皇帝敬寫

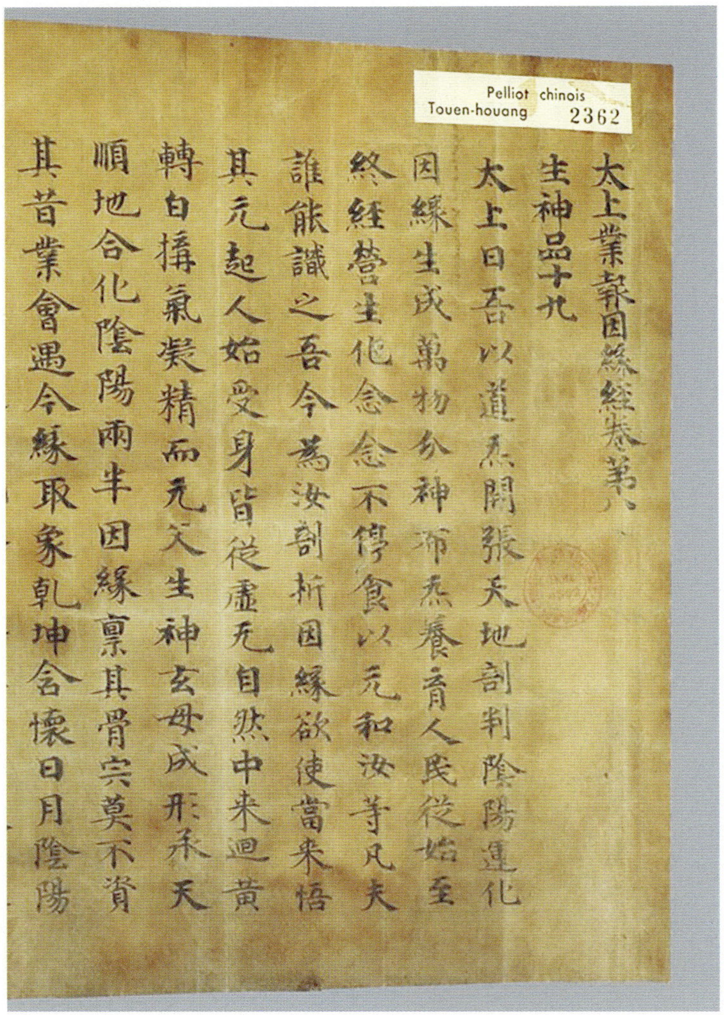
太上業報因緣經卷第八
生神品十九
太上曰吾以道炁開張天地剖判陰陽運化
因緣生成萬物分神布炁養育人民從始至
終經營生化念念不停食以元和汝等凡夫
誰能識之吾今為汝剖析因緣欲使當来悟
其元起人始受身皆從虚无自然中来迴黄
轉白搏氣凝精而元父生神玄母成形禀天
順地合化陰陽兩半因緣禀其骨宍莫不資
其昔業會遇今緣取象乾坤含懷日月陰陽

S. 10918
太上業報因緣經卷第八
真

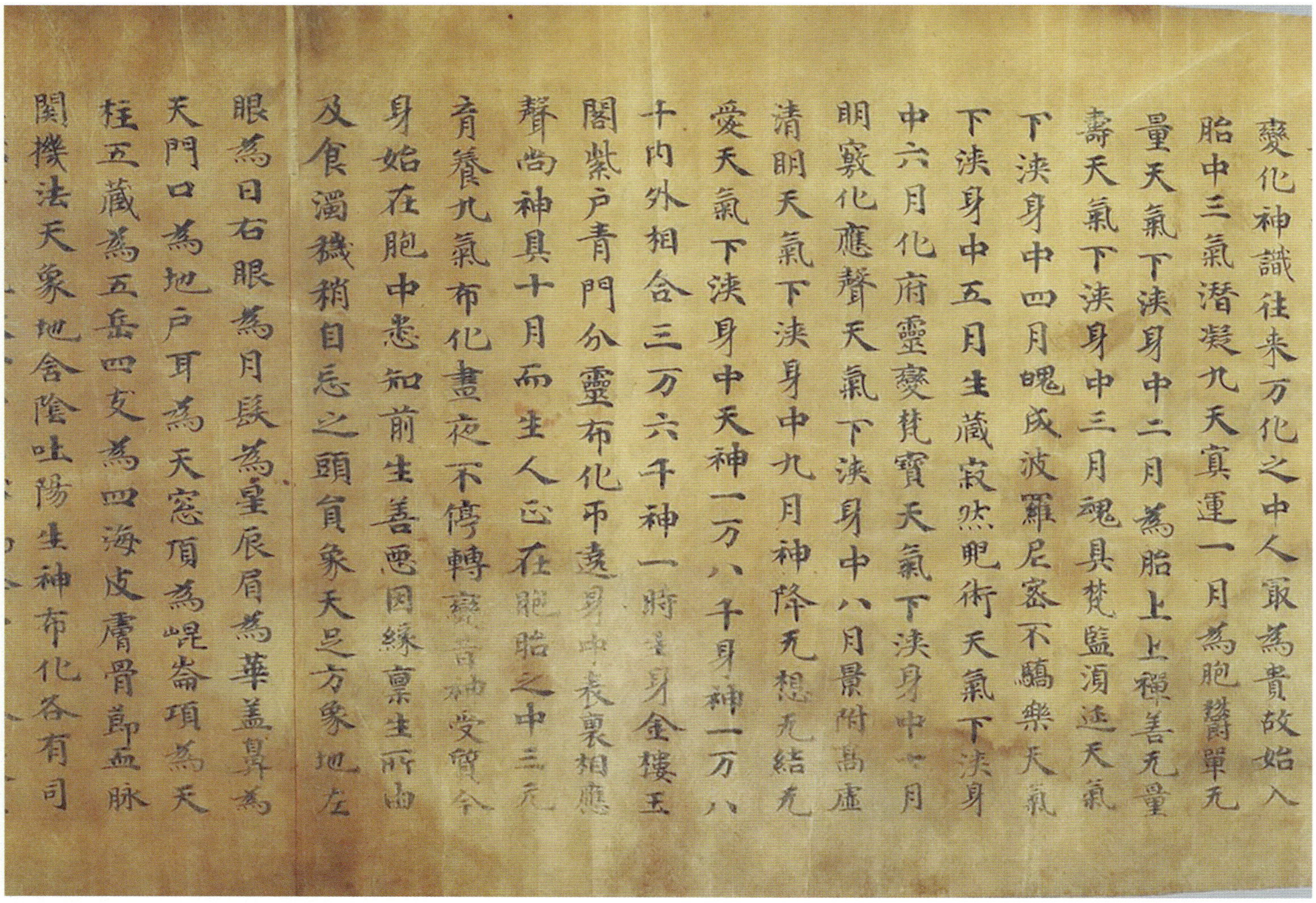
變化神識往来万化之中人最為貴故始入
胎中三氣潜凝九天真運一月為胞欝單无
量天氣下洪身中二月為胎上上禪善无量
壽天氣下洪身中三月魂具梵監須延天氣
下洪身中四月魄成波羅尼密不驕樂天氣
下洪身中五月生藏寂然兜術天氣下洪身
中六月化府靈變梵寶天氣下洪身中七月
明竅化應聲天氣下洪身中八月景附高虚
清明天氣下洪身中九月神降无想无結无
愛天氣下洪身中天神一万八千身神一万八
千内外相合三万六千神一時在身金樓玉
閣紫户青門分靈布化币遶身中表裏相應
聲尚神具十月而生人正在胞胎之中三元
育養九氣布化晝夜不停轉輪神受質今
身始在胞中悉知前生善悪因緣禀生所由
及食濁穢稍自忘之頭員象天足方象地左
眼為日右眼為月髮為星辰眉為華蓋鼻為
天門口為地户耳為天窓項為崐崙項為天
柱五藏為五岳四支為四海皮膚骨節血脉
關機法天象地含陰吐陽生神布化各有司

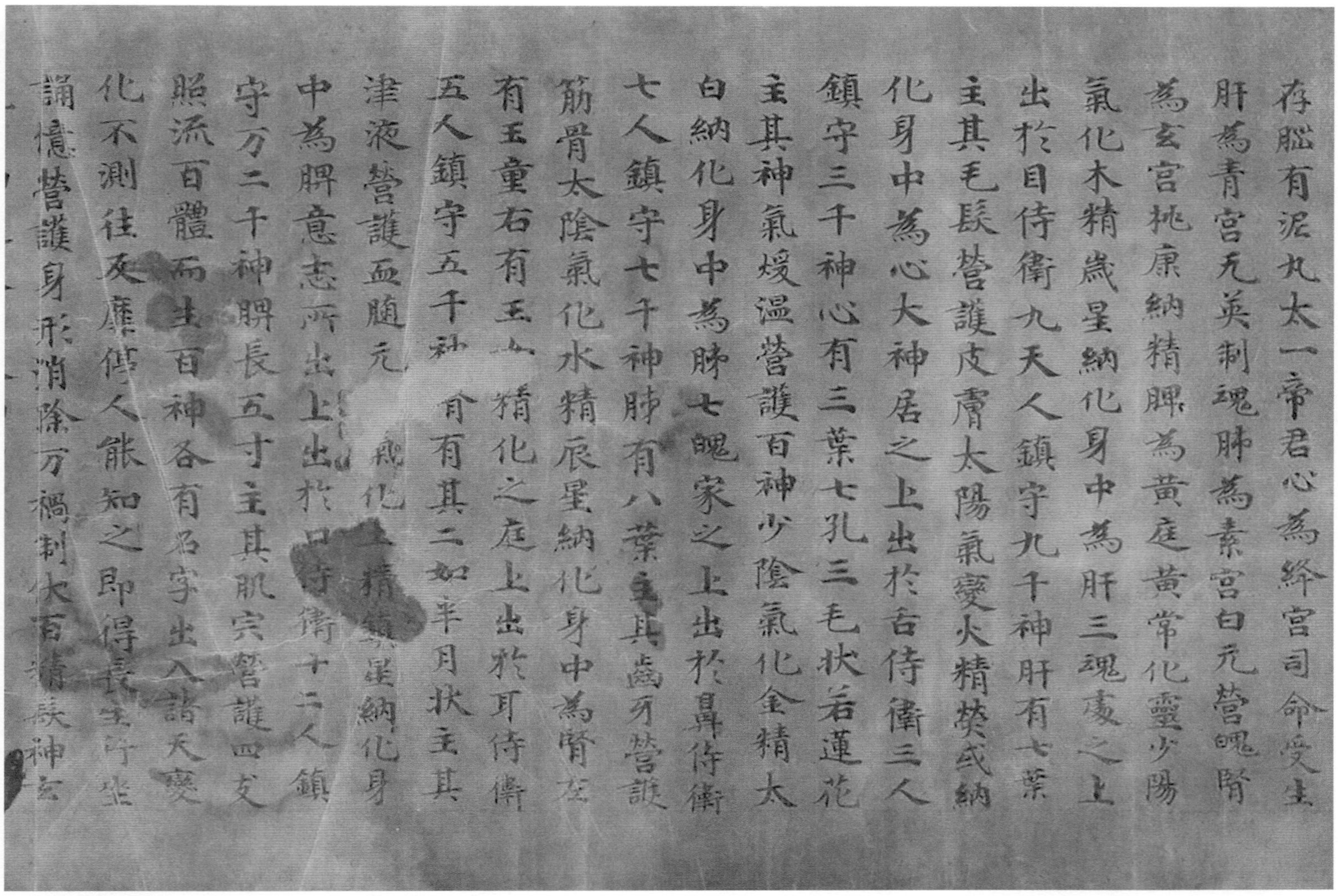
存腦有泥丸太一帝君心爲絳宮司命受生
肝爲青宮元英制魂肺爲素宮白元營魄腎
爲玄宮桃康納精脾爲黃庭黃常化靈少陽
氣化木精歲星納化身中爲肝三魂處之上
出於目侍衛九天人鎮守九千神肝有七葉
主其毛髮營護皮膚太陽氣變火精熒惑納
化身中爲心大神居之上出於舌侍衛三人
鎮守三千神心有三葉七孔三毛狀若蓮花
主其神氣煖溫營護百神少陰氣化金精太
白納化身中爲肺七魄家之上出於鼻侍衛
七人鎮守七千神肺有八葉主其齒牙營護
筋骨太陰氣化水精辰星納化身中爲腎左
有玉童右有玉女精化之庭上出於耳侍衛
五人鎮守五千神腎有其二如半月狀主其
津液營護血髓元氣化土精鎮星納化身
中爲脾意志所出上出於口侍衛十二人鎮
守万二千神脾長五寸主其肌宍營護四支
照流百體而生百神各有名字出入諸天變
化不測往反塵俗人能知之即得長生所坐
誦憶營護身形消除万禍制伏百精妖神玄

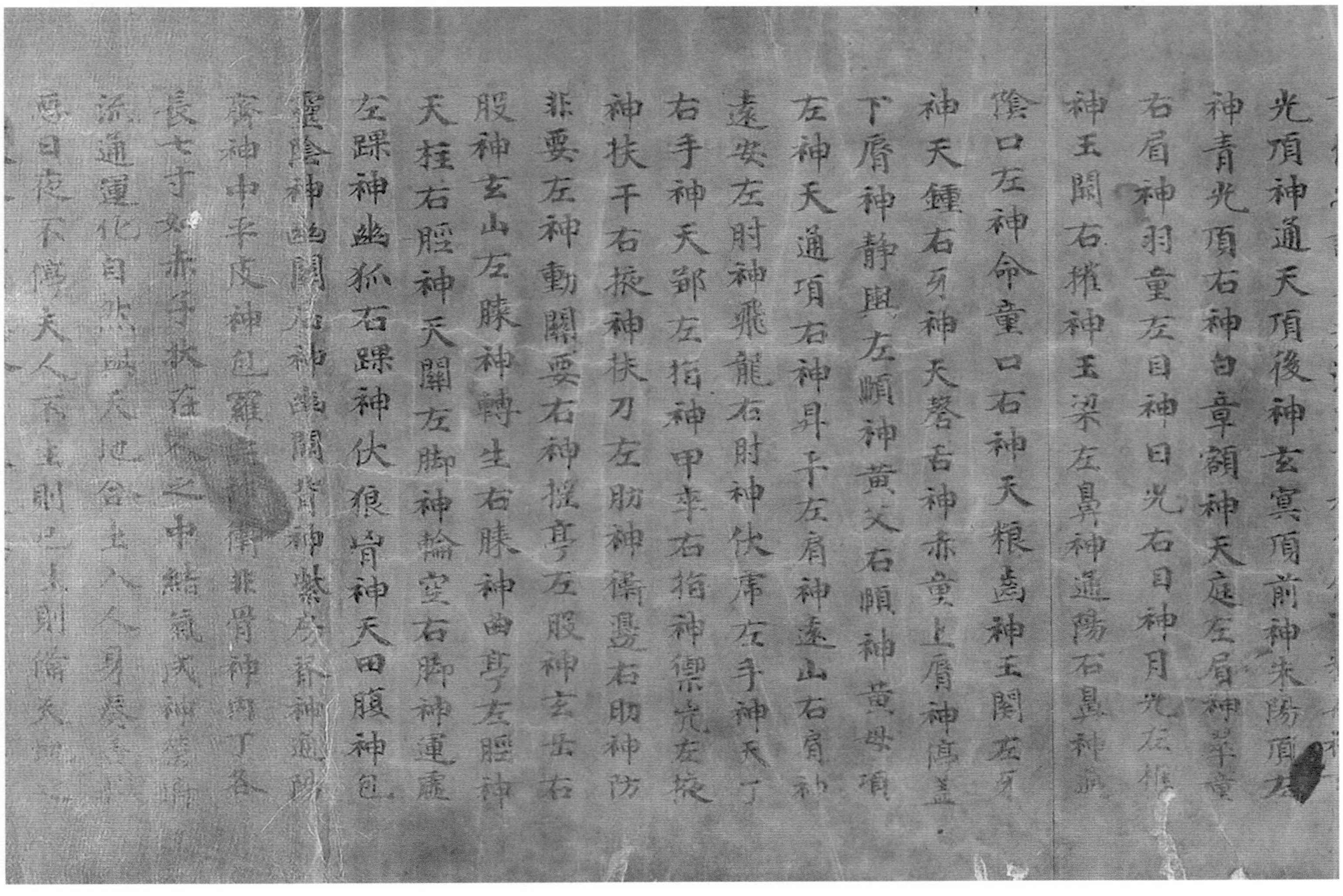
光頂神通天頂後神玄冥頂前神朱陽頂左
神青光頂右神白章額神天庭左眉神華童
右眉神羽童左目神日光右目神月光左椎
神玉閣右椎神玉梁左鼻神通陽右鼻神流
陰口左神命童口右神天粮齒神玉闕左牙
神天鍾右牙神天磬舌神赤童上脣神高盖
下脣神靜興左頤神黃文右頤神黃母項
左神天通項右神昇千左肩神遠山右肩神
遠安左肘神飛龍右肘神伏虎左手神天丁
右手神天鄧左指神甲卒右指神傑光左掖
神扶千右掖神扶刀左肋神衛愚右肋神防
非要左神動關要右神捏亭左股神玄忠右
股神玄山左膝神轉生右膝神曲亭左脛神
天柱右脛神天闌左脚神輪空右脚神運處
左踝神幽狐右踝神伏狼肖神天田腹神包
蠻陰神幽闕右神幽關背神紫威[illegible]神通陽
齊神中平皮神包羅[illegible]衛非骨神肉丁各
長七寸如赤子狀在[illegible]之中結氣成神營衛
流通運化自然與天地合生八人身爲[illegible]
恩日夜不憚天人有生則[illegible]則備天地[illegible]

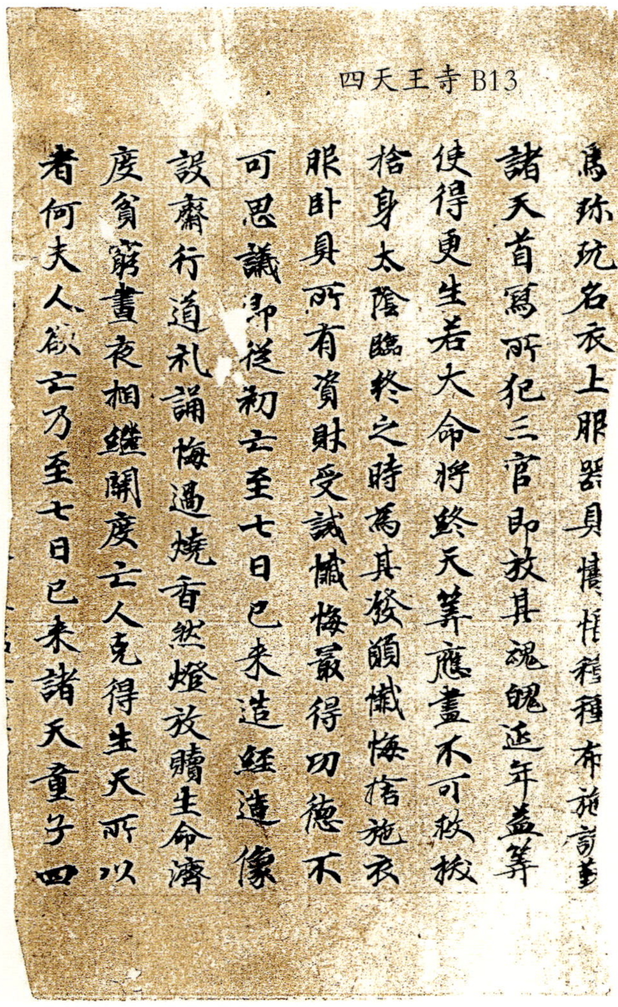

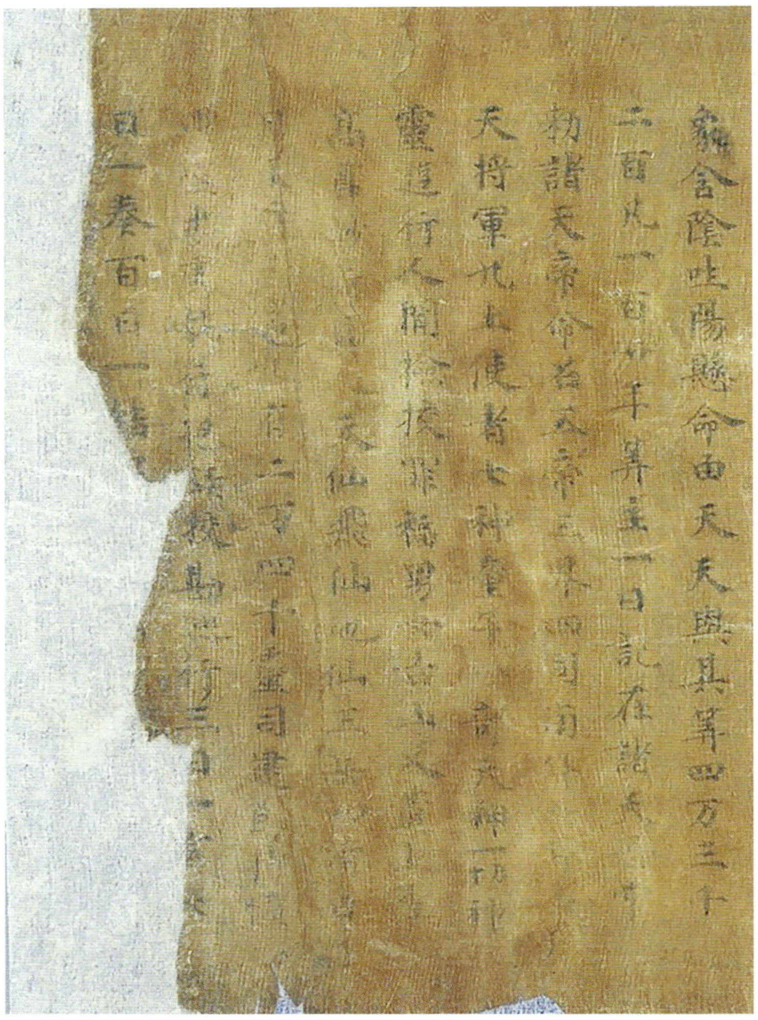

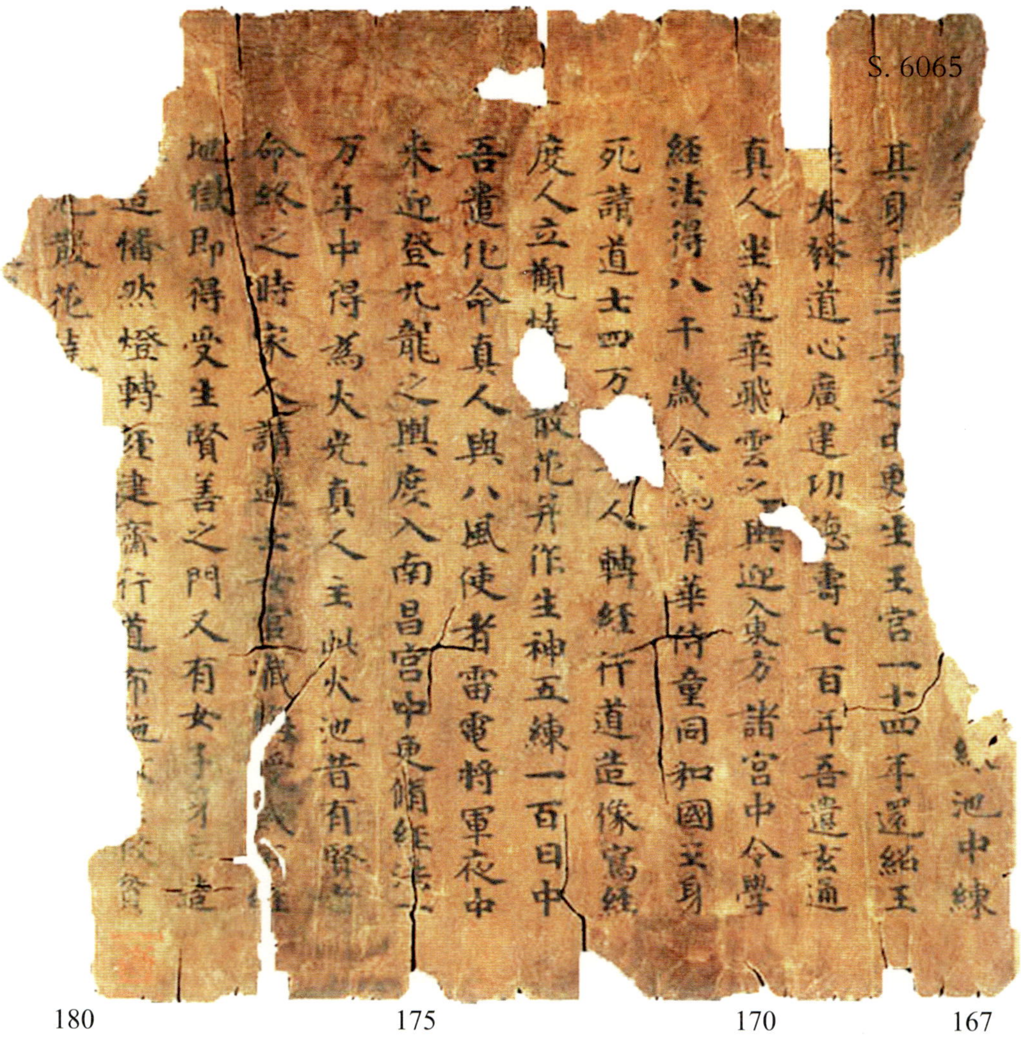

釋文

（京都 252）[一]

太上業報因緣經卷第八[二]

生神品十九

太上曰：吾以道炁開張天地，剖判陰陽，運化因／緣，生成万物，分神布炁，養育人民。從始至終／，經營生化[三]，念念不停，食以元和。汝等凡夫，誰／能識之。吾今為汝剖析[四]因緣，欲使當来悟其／元起[五]。人始受身，皆從虛无自然中来，迴黄轉／白，構氣凝精，而元父生神，玄母成形，承天順／地，合化陰陽。兩半因緣，禀其骨肉，莫不資其／昔業，會遇今緣，取象乹坤，含懷日月，陰陽變／化，神識往来。万化之中，人最為貴，故始入胎／中，三氣潛凝，九天寘運：一月為胞，欝單无量／天氣下浹身中；二月為胎，上上禪善无量壽／天氣下浹身中；三月魂具，梵監須延天氣下／浹身中；四月魄成，波羅尼密不驕樂天氣下／浹身中；五月生藏，寂然兜術天氣下浹身中／（六）；六月化府，霊變梵寶天氣下浹身中；七月明／竅，化應聲天氣下浹身中（七）；八月景附，高虚清／明天氣下浹身中；九月神降，无想无結无愛／天氣下浹身中。天神一萬八千，身神一万八／千，内外相合，三万六千（八）神。一時生身（九），金樓玉／閣，紫户青門，分霊布化，帀繞身中，表裏相／應。聲尚神具（一〇），十月而生。人正在胞胎之中，三／元育養，九氣布化，晝夜不停，轉變昔神，受／質今身。始在胞中，悉知前生善悪因緣，禀生／所由；及食濁穢，稍自忘之。頭員象天，足方象／地，左眼為日，右眼為月，髮為星辰，眉為華盖／，鼻為天門，口為地户，耳為天窓，頂為崑崙／，項為天柱，五藏為五岳，四支為四海，皮膚骨／節、血脉關機，法天象地，含陰吐陽。生神布／化，各有司存：腦有泥丸，太一帝君；心生絳／宮，司命受生；肝為青宮，无英制魂；肺為素宮／，白元營魄；腎為玄宮，桃康納精；脾為黄庭，黄／常（一一）化霊。少陽氣化，木精歳星，納化身中為肝／，三魂處之；上出於目，侍衛九人（一二），鎮守九千神／。肝有七葉，主其毛髮，營護（一三）皮膚。太陽氣變，火／精熒或（惑），納化身中為心，大神居之；上出於舌／，侍衛三人，鎮守三千神。心有三葉，七孔三毛／，狀若蓮花，主其神氣煖温，營護百神。少陰／氣化，金精太白，納化身中為肺，七魄家之（一四）；上／出於鼻，侍衛七人，鎮守七千神。肺有八葉，主／其齒牙，營護筋骨。太陰氣化，水精辰星，納／化身中為腎，左有玉童，右有玉女；精化之庭／，上出於耳，侍衛五人，鎮守五千神。腎有其二（一五）／，如半月狀，主其津液，營護血髓。元黄氣化，土／精鎮星，納化身中為脾，意志所出；上出於口／，侍衛十二人，鎮守万二千神。脾長五寸，主其／肌肉，營護四支。昭流（一六）百體而生百神，各有名／字，出入諸天，變化不測，往反靡停。人能知之／，即得長生；行坐誦憶，營護身形，消除万禍，制／伏百精。髮神玄光，頂神（一七）通天，頂後神玄冥，頂／前神朱陽，頂左神青光，頂右神白章，額神天／庭，左眉神翠童，右眉神羽童，左目神日光，右／目神月光，左椎神（一八）玉闕，右椎神玉梁，左鼻神／通陽，右鼻神通陰，口左神命童，口右神天粮／，齒神玉關，左牙神天鍾，右牙神天磬，舌神赤／童，上唇神停盖，下唇神静興，左頤神黄父，右／頤神黄母，項左神天通，項右神昇平，左肩神／遠山，右肩神遠安，左肘神飛龍，右肘神伏虎／，左手神天丁，右手神天鄒（一九），左指神甲卒，右指／神禦兇，左掖（腋）神扶干，右腋神扶刀，左肋神衛／邊，右肋神防非，要（腰）左神洞開，要（腰）右神摇亭，左／股神玄岳，右股神玄山，左膝神轉生，右膝神／曲亭，左脛神天柱，右脛神天関，左脚神輪空／，右脚神運霊（二〇），左踝神幽狐，右踝神伏狼，胷神／天田，腹神包霊，陰神幽関，尻神幽闕，背神紫／房，脊神通陽（二一），齊（臍）神中平，皮神包羅，宍神衛非／，骨神内丁；各長七寸，如赤子狀，在人之中結／氣成神，榮衛流通，運化自然，與天地合（二二），出入／人身，奏善輟悪，日夜不停。

夫人不生則已，生／則偹天地之象，含陰吐陽，懸命由天；天與其／筭四万三千二百（日）（二三），凡一百二十年，筭主一日／，記在諸天。吾常勑諸天帝，命召五帝、三界、四／司、南斗北斗、十天將軍、九土使者、七神童子／、八部天神一切神霊，遊行人間，檢較罪福，男／女吉凶。又遣上聖高尊、妙行真人、天仙飛仙／地仙、五岳四瀆、日月星辰、三官九府二万四千／霊司，建節持幢，飛空步虚，執符把録，校勘／巡行；三日一言，七日一奏，百日一結（二四），不輟須臾／。若脩善立功，諸天童子、司命司録，即為延年／，消灾散禍，衣食豊盈。若造罪積悪者，則諸天／帝王使六天摩（魔）王促下，收其魂魄，上詣三官／。若不滿筭紀者，皆是造罪所致。終其筭紀者／，積善所臻也。故人欲終亡之時，皆地司関奏／諸天，諸天案察，依其薄籍，定其死名，勑下／三界官屬、四司五帝，收其魂魄，絶其生氣矣／。凡人有疾病、形（刑）厄凶禍、官家（二五）牢獄、水火刀兵／種種苦惱，皆是寘司孝罰。當此之時，能廣建／福田，脩齊（二六）持誡，誦經行道，燒香散花，講説礼／懺，布施發心，放贖生命，救濟貧窮，拔度厄急／，造像寫經，受誡懺悔，礼謝十方。先造救苦天／尊及度厄霊旛、保命霊旛、延筭霊旛、續命／霊旛、攘（禳）灾霊旛；抄寫此經，晝夜念誦，首謝諸／天，三日、七日乃至百日；捨其家資寳貨、田宅童／僕、綾羅錦綺、車馬珎寳（二七）、名衣上服、器具幬帳／，種種布施，跪（二八）對諸天，首謝（二九）所犯。三官即放其／魂魄，延年益筭，使得更生。若大命將終，天筭／應盡，不可救拔，捨身太陰，臨終之時，為其發／願懺悔，捨施衣服、卧具所有資財，受誡懺悔／，最得功德，不可思議。即從初亡至七日已来／，造經造像，設齋行道，礼誦悔過，燒香然燈，放／贖生命，濟度貧窮，晝夜相繼，開度亡人，克得／生天。所以者何？夫人欲亡，乃至七日已来，諸天／童子、四[三〇]司五帝、三界官屬齊来監臨，檢案罪／福，列奏天宮。吾遣七神童子復来檢行，定其／善惡，配著生門。善即生天，福流子孫，使見世／安樂，无悕[三一]无畏，家宅清寧，所為皆吉。惡即受／罪，殃注生人，死亡疾病，灾厄輱訶[三二]，官家口舌／，種種恐怖，或（惑）亂生人，凡所施為皆悉不利。是／故七日之內，開度宜急。過是之後，每至七日／，是其童子領録亡人魂魄来到家中，案行／罪福。七七之後，五天將軍下攝其魂，九土使／者来取其魄[三三]，將軍欲其生天，使者欲其入地／；五日一下，校量罪福，福多者則生天堂，罪多／者則入地獄。凡善惡兩神，十下考校[三四]，定其罪／福。是故亡人從初亡、一七、二七乃至七七、百／日，家人當須開度，令生善處，得見世安樂。（作此功德）[三五]，宜／為第一。即初亡一日，造救苦天尊一區（軀），寫此／經一部，造靈旛一口，然燈七厄。至二日，造天／尊二區，寫經二部，造旛二口，然燈二七厄。計／七日，則造像七區，寫經七部，造旛七口，然燈／四十九厄。計日加之，至百日，造像百區，造經／百部，及轉經百遍，造旛百口，然燈七百厄也／。雖則百千万億經像、旛燈，要以七數之。若貧／窮之人，隨其分力，皆就七七百日也／。

太上曰：七神童子者，天中北斗之精也。人始在／胎，七月之時，下人身中，開明七竅，記名斗中／：一曰天蓬[三六]，二曰天內，三曰天衝[三七]，四曰天輔，五／曰天禽，六曰天心，七曰天柱。各乘飛雲七明／之車，五綵之衣，從十方童子、神仙兵馬各七／億万衆，常在人間，分身散花[三八]；或長或短，或／男或女，執符把録，校之罪福、善惡因緣，毫分[三九]／不差。人能知之，不死長生矣／。

太上曰：復有八神童子。一者金華童子，神名／天元，主天子、儲君、妃后、宗廟，革故改新，立君／易主，獻可替否，貢賦征税，資財珎寶，車馬／服飾，宮殿畹囿，池臺樓閣，爵禄命召，出入行／来。二者黄靈童子，神名天安，主宅舍墳墓，六／畜稼穡，倉庫男女，壽夭疾病，建立土功，山川／谿谷。三者清靈童子，神名天威，主車船道路／，林木花菓，雷震風雨。四者明靈童子，神名天生／，主井竈門户，溝渠厠溷，不浄淫穢，綺妄不實／。五者丹靈童子，神名天光，主牢獄繫閉，文書／産乳，血光火灾。六者玄靈童子，神名天通，主[四〇]／筭命延促，妖精魍魎，祝咀禱祀，一切鬼神。七／者紫靈童子，神名天成，主幽魂飛爽，遊尸客／死，地獄沈淪。八者素靈童子，神名天昌，主父／母男女，夫妻生育。是八童子，或依風雷雲雨／，乘龍駕虎，出入人間，伺其善惡；若善則應吉／，惡則應凶，隨其分業，終不差忒。汝等男女，但／當讀誦此經，是八童子即来擁護，降福消灾／，滅除罪咎，不可思議／。

太上曰：人之受生，未有不從先業来者。故禀／神挺質，各有因緣；罪福吉凶，悉從其業。所以／壽夭貴賤，窮通好醜，貧富愚智，等（各）[四一]不同，乃至／鳥獸虫魚、雞犬草木，亦復然也。汝等男女，宜／各思之／。

太上曰：人生受身，甚難逢遇，一朝敗壞，萬劫／何期。吾故殷勤誡勸，汝等勤脩齋誡、行道誦／經、礼拜燒香、然燈布施、懺悔啓願、濟死度生／、造像寫經、度人立觀種種方便者，祇為汝衆／生作當来業故。吾豈有所求乎／？

太上曰：昔妙範國王死，請道士尊德三百六／十人来到宮中，懺悔受誡，捨其衣服玩弄、卧／具幬帳、金銀車馬、綾羅錦綺、器具僮僕，總入／靈觀玄壇女官道士，至誠感徹。吾遣好生真／人乘三輪鳳車，仙童玉女迎入火練池中[四二]，練／其身形。三年之中，更生王宮。一十四年，還紹隆[四三]／王位，大發道心，廣建功德，壽七百年。吾遣玄通／真人坐蓮花飛雲之輿[四四]，迎入方諸宮[四五]中，令學／經法，得八千歲，今為青華侍童。同和國王身／死，請道士四万六千人，轉經行道，造像寫經／，度人立觀，燒香散花，并作生神五練。一百日中／，吾遣化命真人與八（風）[四六]使者、雷電將軍，夜中来／迎，登九龍之輿，度入南昌宮中，更脩經法。一／万年中，得為火光真人，主此火池。昔有賢者／，命終之後[四七]，家人請道士女官懺悔受誡，不經／地獄，即得受生賢善之門。又有女子身亡，造／像[四八]造旛，然燈轉經，建齋行道，布施放生，救貧／度厄，散花燒香。[四九]一百年中，吾遣司命反（返）其魂／神。復還家中，大建功德，供養三寶，諮求道士／，請受真經，壽三百年。吾遣化命真人下度，風／火練形，反為男身。入金接山中，服御仙丹，七／万餘年，今得昇入西靈宮中，為无上法師矣／。

太上業報因緣經卷第八[五〇]

校記

〔一〕卷八以京都252爲底本，以P. 2362、四天王寺B13和S. 6065爲校本。

〔二〕京都252、P. 2362起於此卷題。

〔三〕生化：道藏本作「生死」。

〔四〕「析」字原作「折」「形」，P. 2362作「析」。

〔五〕元起：原作「元栾」，據P. 2362、道藏本改。

〔六〕道藏本「寂然兜術天氣」在四月，「波羅尼密不驕樂天氣」在五月。其他道經中，「波羅尼密不驕樂天」亦爲第五天。

〔七〕道藏本，六月是「洞玄化應聲天氣」，七月是「靈化梵輔天氣」，同於其他道經。

〔八〕三万六千：原作「三万八千」，誤，據P. 2362、道藏本改。

〔九〕生身：道藏本作「生神」。

〔一〇〕聲尚神具：原作「聲得尚具」，據P. 2362、道藏本改。參見《九天生神章經》。

〔一一〕黄常：道藏本作「黄帝」。

〔一二〕九人：P. 2362作「九天人」，或衍「天」字。

〔一三〕營護：道藏本作「衆衛」。

〔一四〕家之：道藏本作「主之」。

〔一五〕腎有其二：原作「腎其右二」，據P. 2362、道藏本改。

〔一六〕昭流：P. 2362作「照流」，道藏本作「周流」。

〔一七〕項神：原作「頊神」，從行文順序來看當有誤，據P. 2362、道藏本改。

〔一八〕椎神：道藏本作「顱神」，此神名在其他道經中難以檢尋。

〔一九〕天鄒：道藏本作「天騶」。

〔二〇〕運靈：P. 2362、道藏本作「運虚」。

〔二一〕脊神通陽：與左鼻神重名，道藏本作「通平」。

〔二二〕道藏本其下有「德」字。

〔二三〕「日」字原缺，據道藏本補。

〔二四〕P. 2362止於此處。

〔二五〕官家：道藏本作「官灾」。

〔二六〕「齊」字道藏本作「齋」。

〔二七〕瓌寶：四天王寺B13作「瓌玩」。四天王寺B13起於「馬瓌玩」。

〔二八〕「跪」字原作「詭」，據道藏本改。

〔二九〕首謝：原作「首寫」，據道藏本改。

〔三〇〕四天王寺B13止於此。

〔三一〕无悕：道藏本作「无怖」。

〔三二〕轗軻：通「轗軻」，坎坷。

〔三三〕「魄」字原作「魂」，據道藏本改。

〔三四〕「十下孝校」，道藏本作「十日一下，考較善惡」。

〔三五〕「作此功德」四字原無，據道藏本補。

〔三六〕天蓬：原作「天逢」，據道藏本改，

〔三七〕天衝：原作「天衛」，據道藏本改。

〔三八〕散花：道藏本作「教化」。

〔三九〕毫分：原作「豪分」，據道藏本改。

〔四〇〕「主」字原作「生」，據道藏本改。

〔四一〕「各」字原缺，據道藏本補。

〔四二〕S. 6065起於「練池中」。

〔四三〕S. 6065、道藏本無「隆」字。

〔四四〕「輿」字原作「與」，據S. 6065、道藏本改。後文「九龍之輿」同。

〔四五〕方諸宫：S. 6065作「東方諸宫」，或衍「東」字。

〔四六〕「風」字原無，據S. 6065、道藏本補。

〔四七〕「後」字S. 6065、道藏本作「時」。

〔四八〕道藏本「造像」上有「家中父母眷屬」六字。

〔四九〕S. 6065止於此處。

〔五〇〕京都252止於此尾題。

太上洞玄靈寶業報因緣經卷第九

圖版

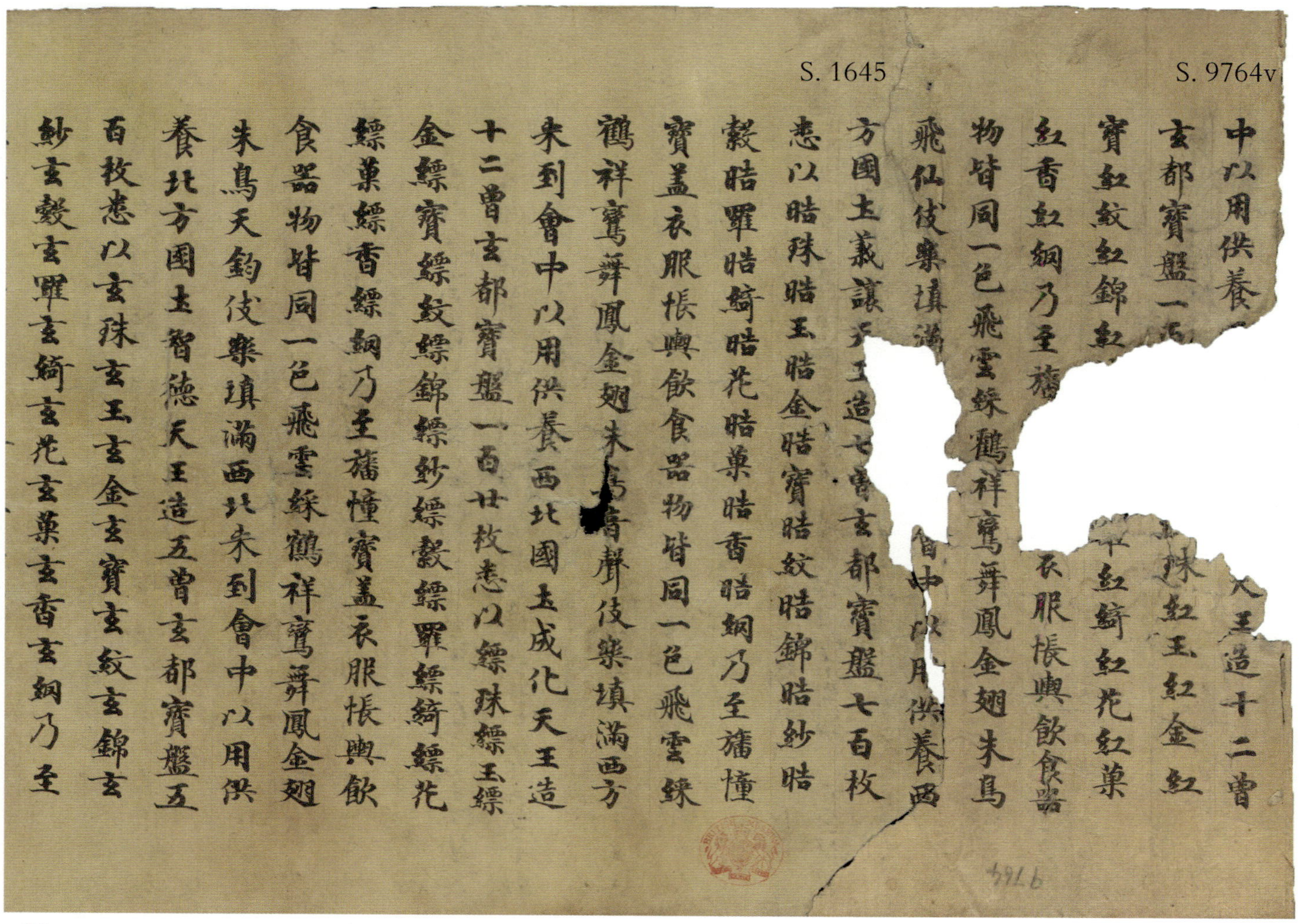
S. 9764v
S. 1645

中以用供養[illegible]大王造十二曽
玄都寶盤一百[illegible]珠紅玉紅金紅
寶紅紋紅錦紅[illegible]紅綺紅花紅菓
紅香紅綱乃至旛[illegible]衣服帳輿飲食器
物皆同一色飛雲鍒鶴祥鸞舞鳳金翅朱鳥
飛仙伎樂填滿[illegible]會中以用供養西
方國土義讓天王造七曽玄都寶盤七百枚
悉以皓珠皓玉皓金皓寶皓紋皓錦皓紗皓
縠皓羅皓綺皓花皓菓皓香皓綱乃至旛幢
寶蓋衣服帳輿飲食器物皆同一色飛雲鍒
鶴祥鸞舞鳳金翅朱鳥[illegible]伎樂填滿西方
來到會中以用供養西北國土成化天王造
十二曽玄都寶盤一百廿枚悉以鏢珠鏢玉鏢
金鏢寶鏢紋鏢錦鏢紗鏢縠鏢羅鏢綺鏢花
鏢菓鏢香鏢綱乃至旛幢寶蓋衣服帳輿飲
食器物皆同一色飛雲鍒鶴祥鸞舞鳳金翅
朱鳥天鈞伎樂填滿西北來到會中以用供
養北方國土智德天王造五曽玄都寶盤五
百枚悉以玄珠玄玉玄金玄寶玄紋玄錦玄
紗玄縠玄羅玄綺玄花玄菓玄香玄綱乃至

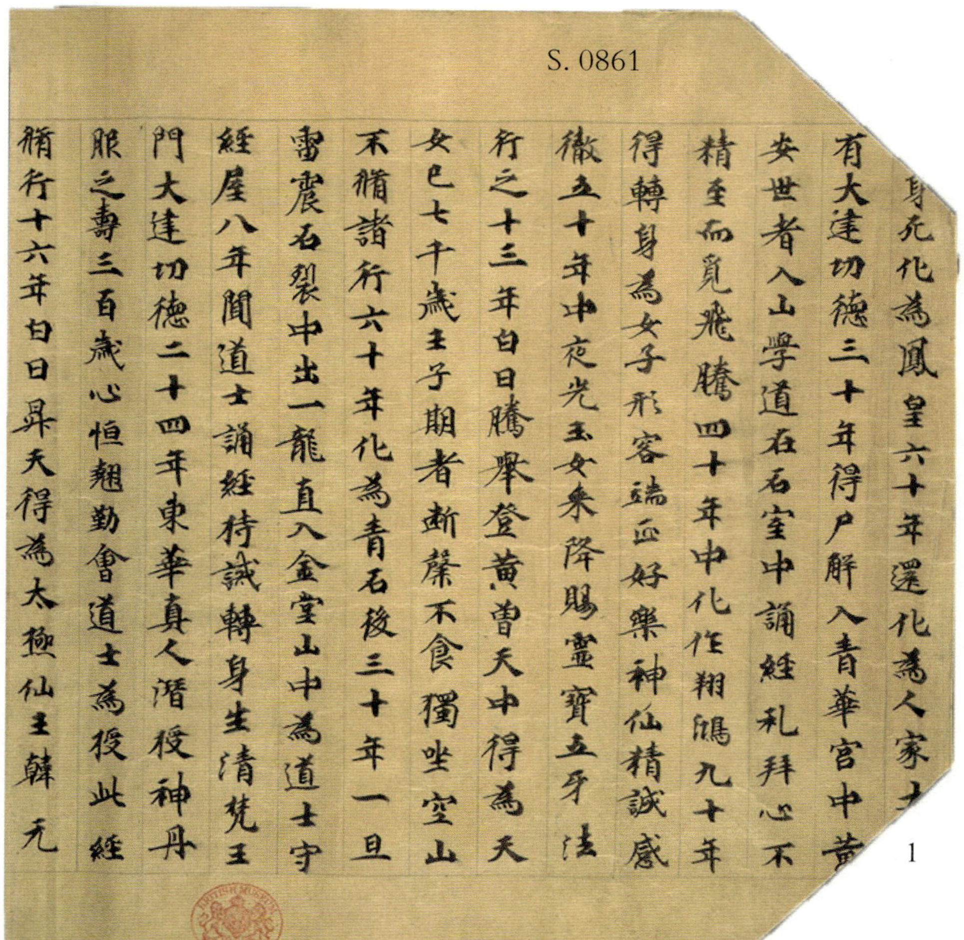
S. 0861

身死化為鳳皇六十年還化為人家
有大建功德三十年得尸解入青華宮中黄
安世者入山學道石室中誦經礼拜心不
精至而見飛騰四十年中化作翔鵠九十年
得轉身為女子形容端正好樂神仙精誠感
徹五十年中夜光玉女來降賜靈寶五牙法
行之十三年白日騰舉登黄曽天中得為天
女巳七千歲王子朗者斷穀不食獨坐空山
不循諸行六十年化為青石後三十年一旦
雷震石裂中出一龍直入金室山中為道士守
經屋八年聞道士誦經持誠轉身生清梵王
門大建功德二十四年東華真人潛役神丹
服之壽三百歲心恒翹勤會道士為役此經
循行十六年白日昇天得為太極仙王韓元

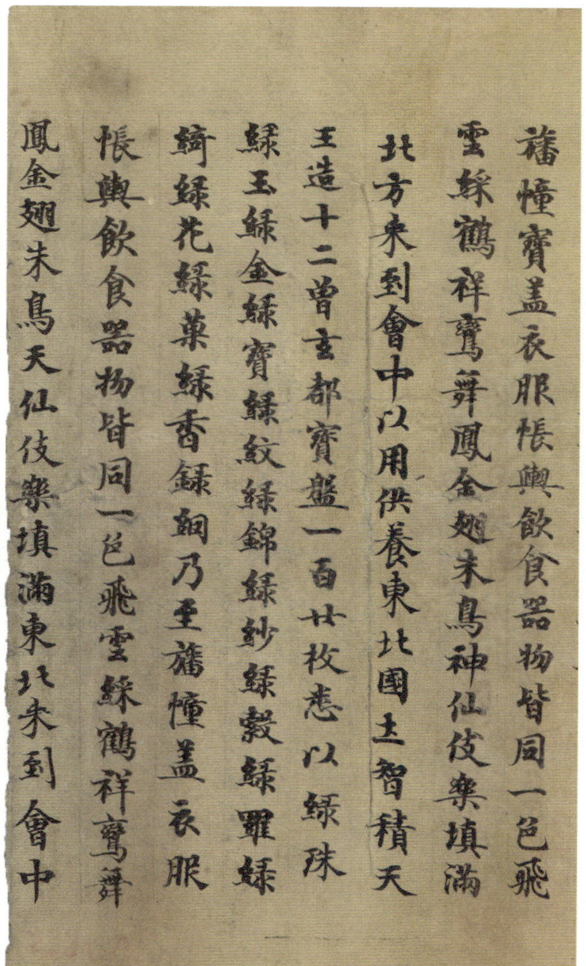

旛幢寶蓋衣服帳輿飲食器物皆同一色飛
雲鍒鶴祥鸞舞鳳金翅朱鳥神仙伎樂填滿
北方來到會中以用供養東北國土智積天
王造十二曽玄都寶盤一百廿枚悉以緑珠
緑玉緑金緑寶緑紋緑錦緑紗緑縠緑羅緑
綺緑花緑菓緑香緑綱乃至旛幢蓋衣服
帳輿飲食器物皆同一色飛雲鍒鶴祥鸞舞
鳳金翅朱鳥天仙伎樂填滿東北來到會中

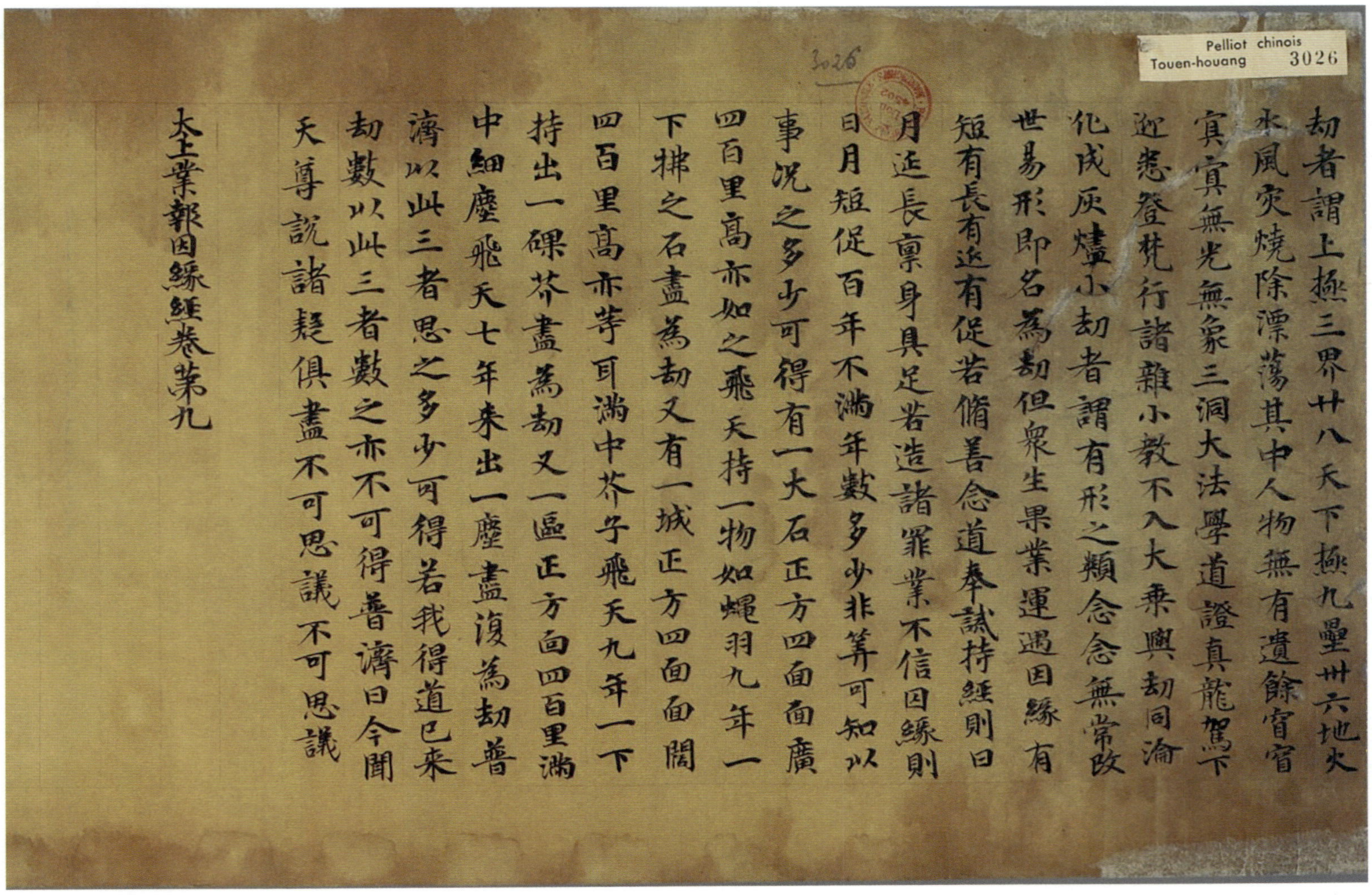
Pelliot chinois
Touen-houang 3026
劫者謂上極三界卅八天下極九壘卅六地火
水風灾燒除漂蕩其中人物無有遺餘窅窅
冥冥無光無象三洞大法學道證真龍駕下
迎悉登梵行諸雜小教不入大乘興劫同淪
化成灰燼小劫者謂有形之類念念無常改
世易形即名為劫但衆生果業運遇因緣有
短有長有延有促若脩善念道奉誡持經則日
月延長稟身具足若造諸罪業不信因緣則
日月短促百年不滿年數多少非筭可知以
事況之多少可得有一大石正方四面面廣
四百里高亦如之飛天持一物如蠅羽九年一
下拂之石盡為劫又有一城正方四面面闊
四百里高亦等司滿中芥子飛天九年一下
持出一粿芥盡為劫又一區正方面四百里滿
中細塵飛天七年來出一塵盡復為劫普
濟以此三者思之多少可得若我得道已來
劫數以此三者數之亦不可得普濟曰今聞
天尊說諸疑俱盡不可思議不可思議
太上業報因緣經卷第九

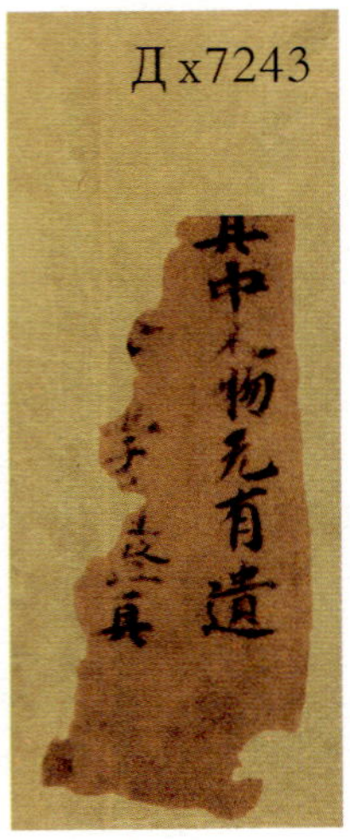
Дx7243

釋文

弘救品二十

(S.9764v+1645→S.0861→P.3026)〔一〕

（中略）

太上曰：吾昔從元始天尊，赤明元年七月十五日，於福集世界信行國土元壽觀中，大會説法，十方天帝、神仙、真聖无鞅數衆，及諸龍鬼一時來會，聽無妙相義。時東方國土仁愛天王造九層玄都寶盤九百枚，悉以青珠青玉、青金青寶、青紋青錦、青紗青縠、青羅青綺、青花青菓、青香青綱，乃至旛幢寶蓋、衣服帳輿、飲食器物，皆同一色，飛雲綵鶴、祥鸞綺鳳、金翅朱鳥、天仙伎樂填滿東方，來到會中，以用供養。東南國土慈和天王造十二層玄都寶盤一百廿枚，悉以紺珠紺玉、紺金紺寶、紺紋紺錦、紺紗紺縠、紺羅紺綺、紺花紺菓、紺香紺綱，乃至旛幢寶蓋、衣服帳輿、飲食器物，皆同一色，飛雲綵鶴、祥鸞舞鳳、金翅朱鳥、神龍伎樂，填滿東南，來到會中，以用供養。南方國土礼教天王造三層玄都寶盤三百枚，悉以丹珠丹玉、丹金丹寶、丹紋丹錦、丹紗丹縠、丹羅丹綺、丹花丹菓、丹香丹綱，乃至旛幢寶蓋、衣服帳輿、飲食器物，皆同一色，飛雲綵鶴、祥鸞舞鳳、金翅朱鳥、神仙伎樂，填滿南方，來到會中，以用供養〔二〕。西南國土威範天王造十二層〔三〕（層）/玄都寶盤一百二十枚，悉以紅珠紅玉、紅金紅/寶、紅紋紅錦、紅紗紅縠、紅羅紅綺、紅花紅菓/、紅香紅綱，乃至旛幢寶蓋、衣服帳輿、飲食器/物，皆同一色，飛雲綵鶴、祥鸞舞鳳、金翅朱鳥/、飛仙伎樂，填滿西南，來到會中，以用供養。西/方國土義議天王造七曾玄都寶盤七百枚/，悉以皓珠皓玉、皓金皓寶、皓紋皓錦、皓紗皓/縠、皓羅皓綺、皓花皓菓、皓香皓綱，乃至旛幢/寶盖、衣服帳輿、飲食器物，皆同一色，飛雲綵/鶴、祥鸞舞鳳、金翅朱鳥、音聲伎樂，填滿西方／，來到會中，以用供養。西北國土成化天王造／十二曾玄都寶盤一百廿枚，悉以縹珠縹玉、縹／金縹寶、縹紋縹錦、縹紗縹縠、縹羅縹綺、縹花／縹菓、縹香縹綱，乃至旛幢寶盖、衣服帳輿、飲／食器物，皆同一色，飛雲綵鶴，祥鸞舞鳳、金翅／朱鳥、天鈞伎樂，填滿西北，來到會中，以用供／養。北方國土智德天王造五曾玄都寶盤五／百枚，悉以玄珠玄玉、玄金玄寶、玄紋玄錦、玄／紗玄縠、玄羅玄綺、玄花玄菓、玄香玄綱，乃至／旛幢寶盖、衣服帳輿、飲食器物，皆同一色，飛／雲綵鶴、祥鸞舞鳳、金翅朱鳥、神仙伎樂，填滿／北方，來到會中，以用供養。東北國土智積天／王造十二曾玄都寶盤一百廿枚，悉以緑珠／緑玉、緑金緑寶、緑紋緑錦、緑紗緑縠、緑羅緑／綺、緑花緑菓、緑香緑綱(四)，乃至旛幢(寶)(五)盖、衣服／帳輿、飲食器物，皆同一色，飛雲綵鶴、祥鸞舞／鳳、金翅朱鳥、天仙伎樂，填滿東北，來到會中／，(六)以用供養。上方諸國無量天王各造三十六層玄都寶盤三十六萬枚，悉以紫珠紫玉、紫金紫寶、紫紋紫錦、紫紗紫縠、紫羅紫綺、紫花紫菓、紫香紫綱，乃至旛幢寶蓋、衣服帳輿、飲食器物，皆同一色，飛雲綵鶴、祥鸞舞鳳、金翅朱鳥、神龍伎樂，遍滿虛空，來到會中，以用供養。下方國土載德天王造二十四層玄都寶盤二十四萬枚，悉以黄珠黄玉、黄金黄寶、黄紋黄錦、黄紗黄縠、黄羅黄綺、黄花黄菓、黄香黄綱，乃至旛幢寶蓋、衣服帳輿、飲食器物，皆同一色，飛雲綵鶴、祥鸞舞鳳、金翅朱鳥、神仙伎樂，遍滿八方，來到會中，以用供養。是時，十方玄都寶盤或作玄都玉京、五嶽山像，或飛雲樓閣，或交龍舞鳳，或寶臺花樹，或蓮花芝英，雕鏤綺錯，連珠貫玉，悉是自然，四邊圍繞。復以當方珍玩服飾、綾羅錦綺、名香上藥、器具玩弄、花菓米麥、車輿象馬、卧具田宅、宮池苑囿種種裝嚴，侍從左右。王及皇后并諸大臣妃主、國中男女無鞅數衆，各持香花幢蓋，同來供養。五日五夜，光明煥赫，照曜諸天，得未曾有不可思議。爾時，天尊以神通力，變此會中及諸國土悉如瑠璃，洞徹內外，皆同一色；國人男女，皆同一貌；洞見遠近，平等不殊；三界十方同霑福慶，喜樂難言，九幽罷對，五苦停酸，國土安寧，人民快樂。

（下缺）

證實品二十一

太上告普濟曰：若有善男子、善女子，能發一心念，造經鑄像，立觀度人，布施持齋奉誡，精進勇猛，忍辱清静，若大若小，若權若實，或深或淺，或始或終，皆當有實，令衆證明。不得外假聲舉，內無實相。苟求虛稱而不丹誠，乃至行道誦經、燒香禮拜、居山入室、斷穀休糧、度厄濟貧、修真學道，少不誠至，即不感通。昔劉黄民者，家大富有，嘗作經像，禮拜燒香，屈請道士持齋念誦；而心不盡，唯覓名聞。一百年中，身死(七)化為鳳皇。六十年，還化為人，家大富／有，大建功德。三十年，得尸解，入青華宮中。黄／安世者，入山學道，在石室中誦經礼拜，心不／精至，而覓飛騰。四十年中，化作翔鴻。九十年／，得轉身為女子，形容端正，好樂神仙，精誠感／徹。五十年中，夜光玉女來降，賜霊寶五牙法／。行之十三年，白日騰舉，登黄曾天中，得為天／女，已七千歲。王子期者，斷槃不食，獨坐空山／，不脩諸行。六十年化為青石。後三十年，一旦／雷震石裂，中出一龍，直入金堂山中，為道士守／經屋。八年，聞道士誦經持誡，轉身生清梵王／門，大建功德。二十四年，東華真人潛授神丹／，服之，壽三百歲。心恒翹勤，會道士為授此經／，脩行十六年，白日昇天，得為太極仙王。韓元／(八)壽者，精思入室，誦經不專。一旦天火燒屋，經飛上天。九十年中，元壽化為木精。（下缺）

生化品二十三

（前缺）

太上曰：劫者，天地改變之名。凡有二種。一者大劫，二者小劫。大劫者，(九)謂上極三界廿八天，下極九壘卅六地，火／水風灾，燒除漂蕩，其中人物，無有遺(一〇)餘，窅窅／冥冥，無光無象。三洞大法，學道證真，龍駕下／迎，悉登梵行。諸雜小教，不入大乘，與劫同淪／，化成灰燼。小劫者，謂有形之類，念念無常，改／世易形，即名為劫。但衆生果業，運遇因緣，有／短有長，有延有促。若脩善念道，奉誡持經，則日／月延長，稟身具足。若造諸罪業，不信因緣，則／日月短促，百年不滿。年數多少，非筭可知，以／事況之，多少可得。有一大石，正方四面，面廣／四百里，高亦如之。飛天持一物，如蠅羽，九年一／下，拂之石盡，為劫。又有一城，正方四面，面闊／四百里，高亦等耳。滿中芥子。飛天九年一下／，持出一碟，芥盡，為劫。又一區正方，面四百里，滿／中細塵。飛天人七年來出一塵，盡，復為劫。普／濟，以此三者思之，多少可得。若我得道已來／劫數，以此三者數之，亦不可得。普濟曰：今聞／天尊說(一一)，諸疑俱盡，不可思議，不可思議／。

太上曰：吾自造化天地，至于上皇，經无數劫，不可稱量。世出教法，應化立身，亦復無數。天上天下，無極無窮，輪轉變形，随緣開度：或号/元始，或号虛皇，或号太上天尊，或号无/極，或号自然，或号无為，或号大道/（一），或号无形，或號无名（下缺）

校記

〔一〕陰影中文字據道藏本卷十「流通品第二十七」擬補。本品是道藏本最末一品。

（胡百濤録文整理，參考《中華道藏》本標點）

太上業報因緣經卷第九（一二）

校記

〔一〕本卷録文均據道藏本擬補其缺，但是用字與敦煌本保持一致。如「綺」「花」「祥鸞」「廿」「菓」，道藏本分別作「綺」「華」「翔鸞」「二十」「果」，擬補時使用敦煌本用字。

〔二〕S. 9764v+1645起於「中以用供養」。

〔三〕本段中緑色標示文字爲S. 9764v文字。

〔四〕緑綢：原作「録綢」，據道藏本改。

〔五〕「寶」字原缺，據道藏本補。

〔六〕S. 1645止於此處。

〔七〕S. 0861起於「身死」。

〔八〕S. 0861止於此處。

〔九〕P. 3026起於「劫者」。

〔一〇〕本段中緑色標示文字又見Дx7243。

〔一一〕天尊説：道藏本作「天尊妙説」。

〔一二〕P. 3026止於此尾題。

太上洞玄靈寶業報因緣經卷第十

圖版

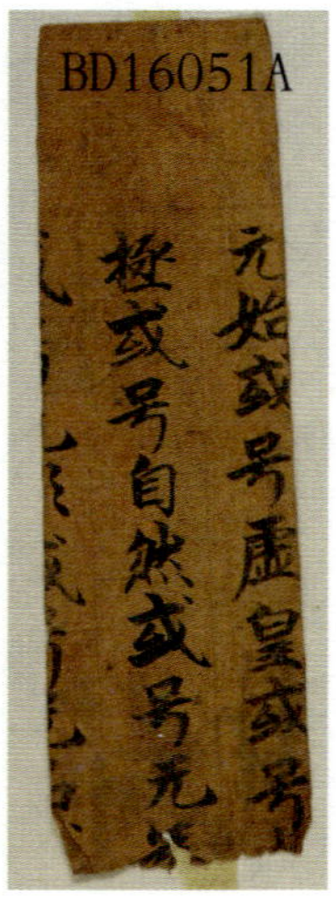

3　　1

釋文

（BD16051A，前缺）

洞玄靈寶元始應變歷化經

解題

撰人不詳，約出於南北朝或隋唐之際。一卷。《正統道藏》未收。《道藏闕經目録》著録《洞玄靈寶元始應變歷化經》，當即此書。（《中華道藏》第四册 \097 號）

P. 2449：首殘尾全，尾題：元始應變歷化經一卷。存經文一百四十五行，内容爲天尊與高上老子講述元始道氣應變歷化，及修心行善等事。背面寫佛教文書。（大淵目一一二頁。按，此抄本前有缺文，可據 P. 2467《諸經要略妙義》抄本校補。）

圖版

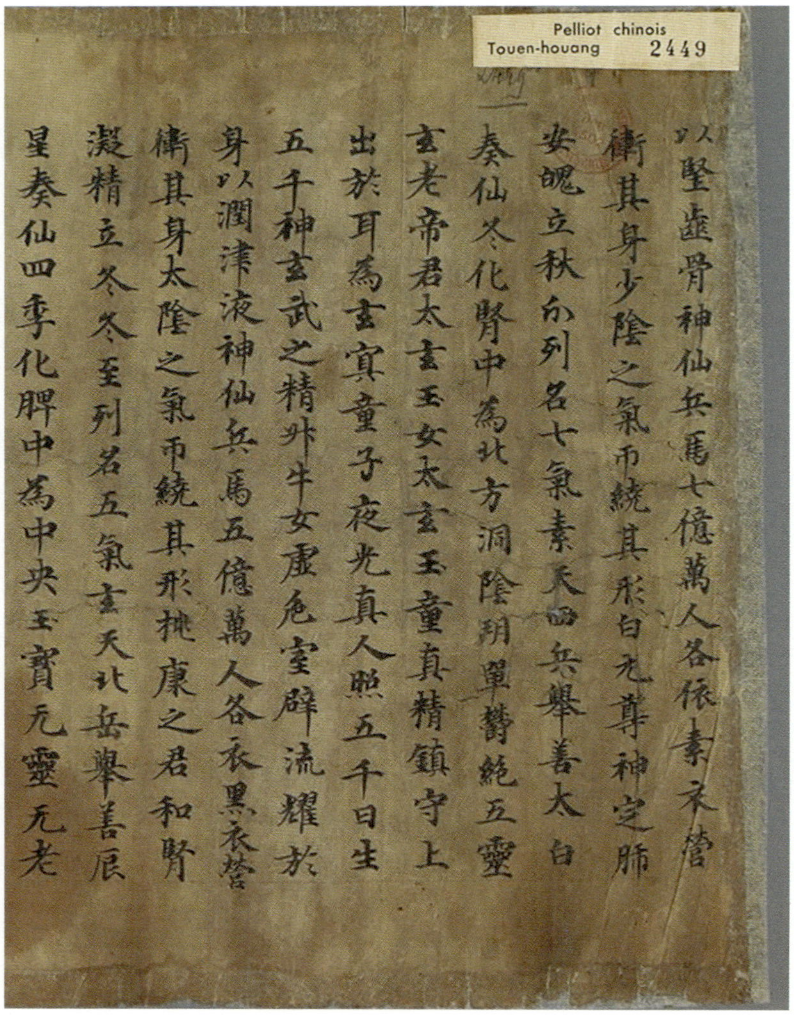

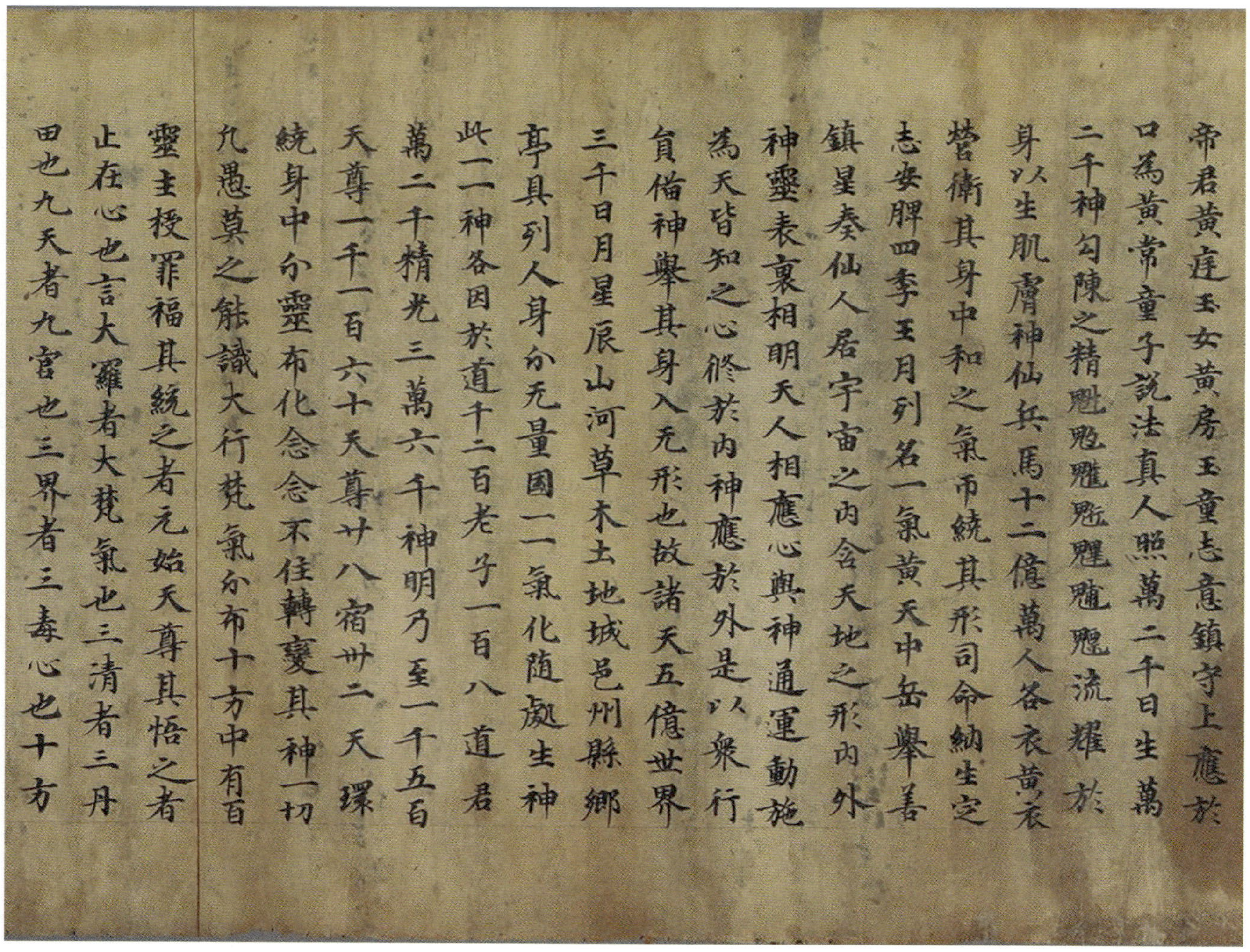

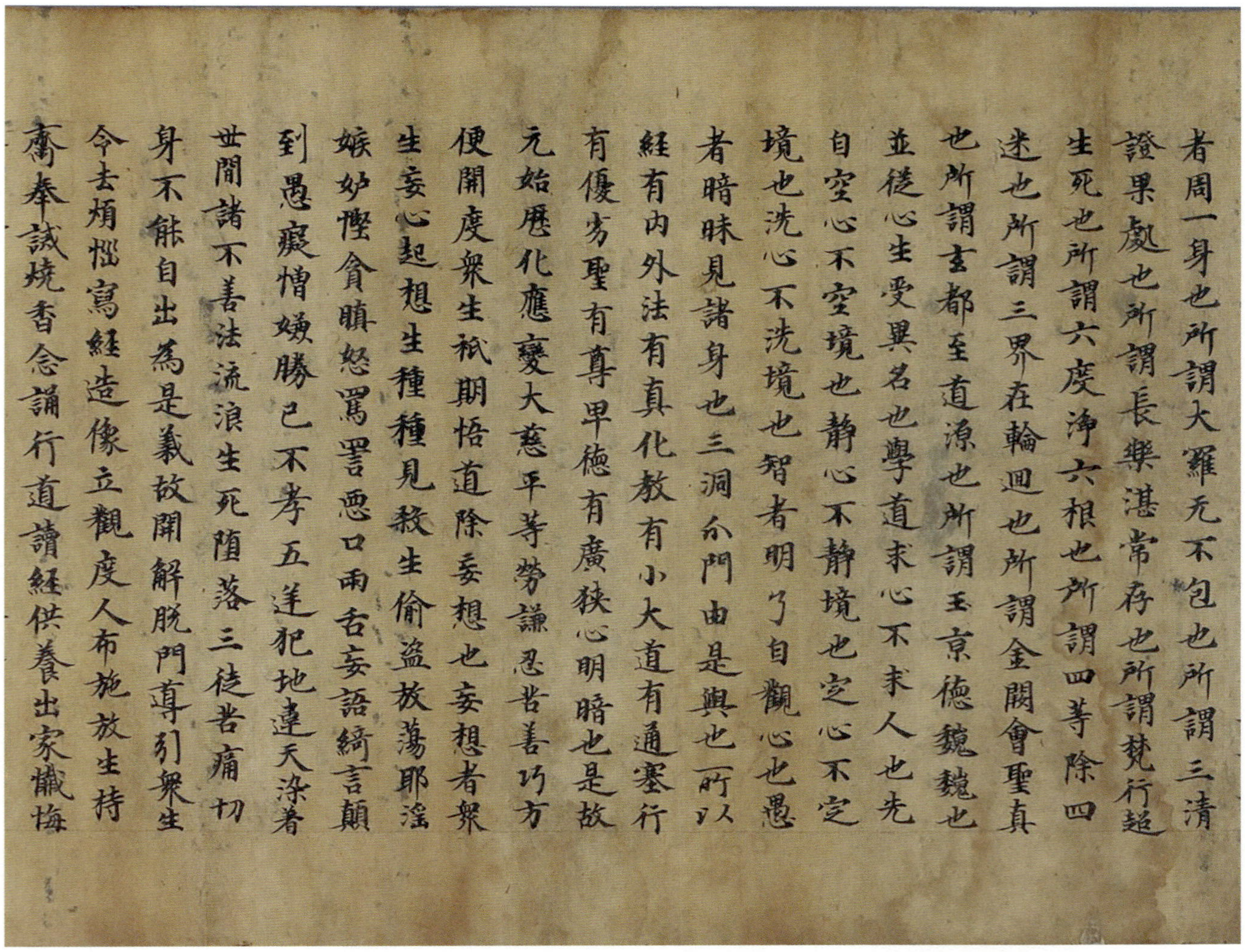
者周一身也所謂大羅无不包也所謂三清
證果處也所謂長樂湛常存也所謂梵行超
生死也所謂六度淨六根也所謂四等除四
迷也所謂三界在輪迴也所謂金闕會聖真
也所謂玄都至道源也所謂玉京德巍巍也
並從心生受異名也學道未心不未人也先
自空心不空境也静心不静境也定心不定
境也洗心不洗境也智者明了自觀心也愚
者暗昧見諸身也三洞分門由是興也所以
經有内外法有真化教有小大道有通塞行
有優劣聖有尊卑德有廣狭心明暗也是故
无始歷化應變大慈平等勞謙忍苦善巧方
便開度衆生祇期悟道除妄想也妄想者衆
生妄心起想生種種見殺生偷盗放蕩耶淫
嫉妒慳貪瞋怒罵詈惡口兩舌妄語綺言顛
到愚癡憎嫉勝己不孝五逆犯地違天染著
世間諸不善法流浪生死堕落三徒苦痛切
身不能自出為是義故開解脱門尊引衆生
令去煩惱寫經造像立觀度人布施放生持
齋奉誡燒香念誦行道讀經供養出家懺悔

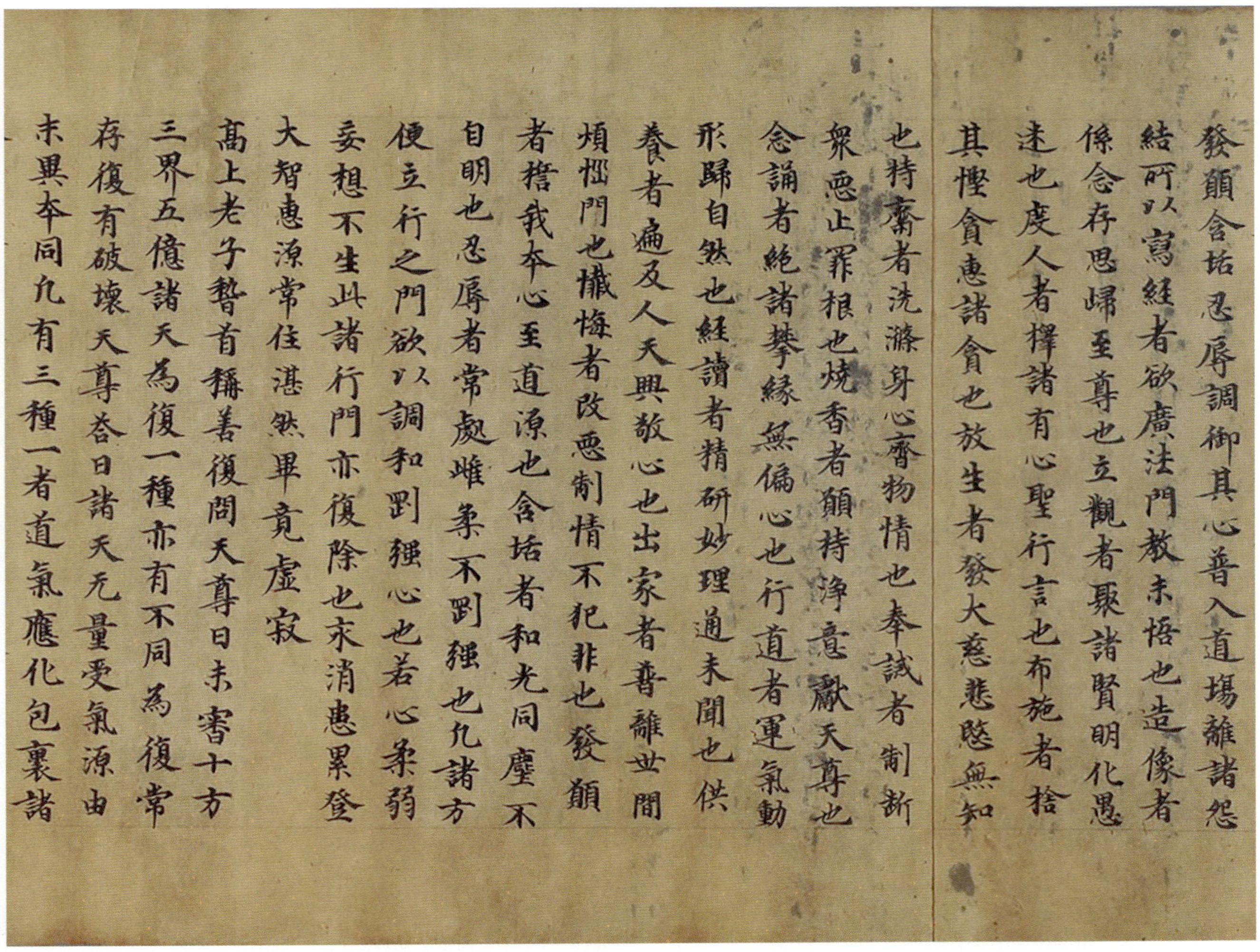
發願含垢忍辱調御其心普入道場離諸怨
結所以寫經者欲廣法門教未悟也造像者
係念存思歸至尊也立觀者聚諸賢明化愚
迷也度人者擇諸有心聖行言也布施者捨
其慳貪恵諸貪也放生者發大慈悲愍無知
也持齋者洗滌身心齊物情也奉誡者制断
衆悪止罪根也燒香者願持淨意獻天尊也
念誦者絶諸攀緣無偏心也行道者運氣動
形歸自然也經讀者精研妙理通未聞也供
養者遍及人天興敬心也出家者普離世間
煩惱門也懺悔者改悪制情不犯非也發願
者稽我本心至道源也含垢者和光同塵不
自明也忍辱者常處雌柔不剛强也凡諸方
便立行之門欲以調和剛强心也若心柔弱
妄想不生此諸行門亦復除也永消患累登
大智恵源常住湛然畢竟虚寂
高上老子稽首稱善復問天尊曰未審十方
三界五億諸天為復一種亦有不同為復常
存復有破壞天尊荅日諸天无量受氣源由
未異本同凡有三種一者道氣應化包裹諸

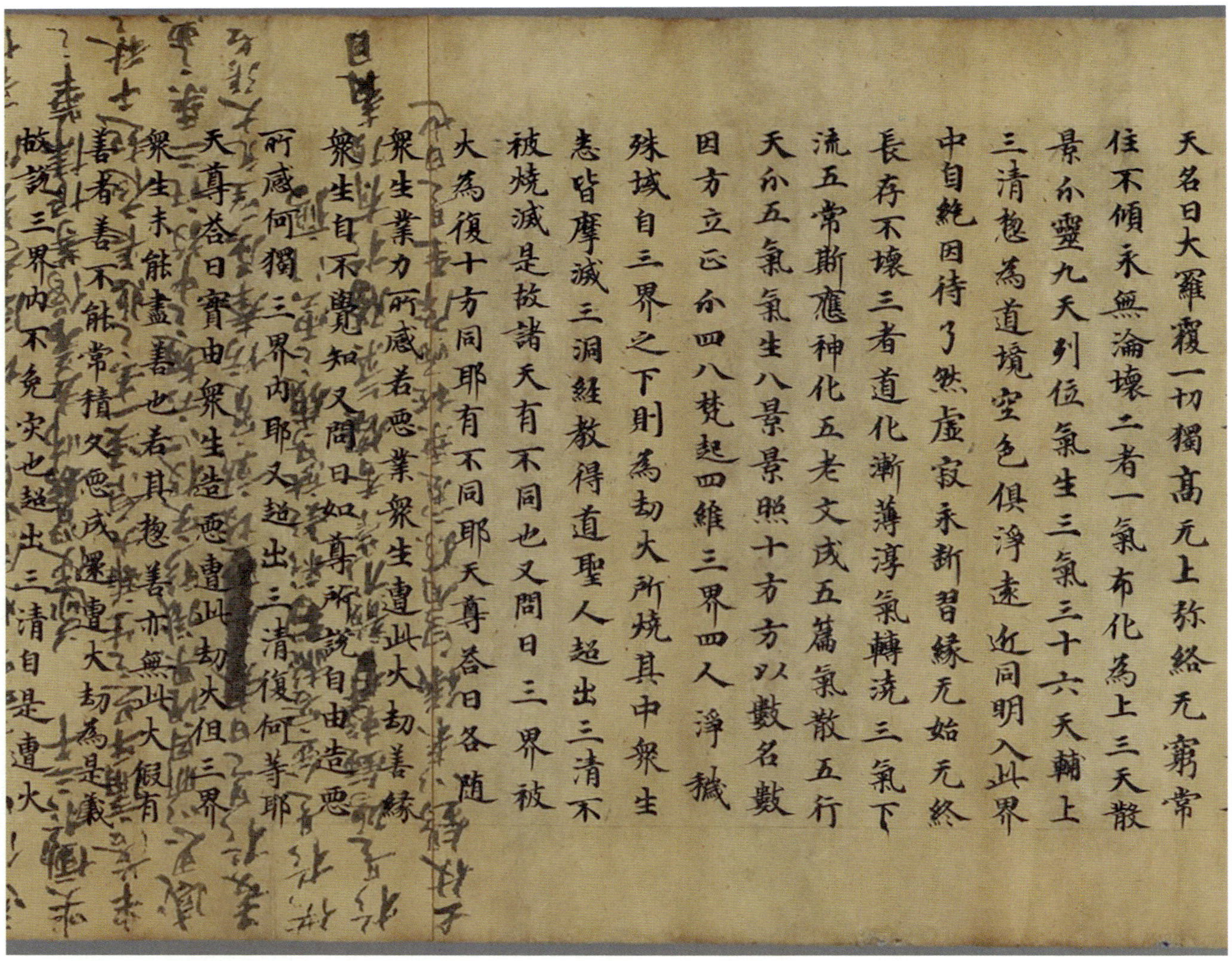

天名曰大羅覆一切獨高无上弥絡无窮常
住不傾永無淪壞二者一氣布化為上三天散
景亦靈九天列位氣生三氣三十六天輔上
三清摠為道境空色俱淨遠近同明入此界
中自然因待了然虛寂永斷習緣无始无終
長存不壞三者道化漸薄淳氣轉澆三氣下
流五常斯應神化五老文成五篇氣散五行
天分五氣氣生八景景照十方方以數名數
因方立正分四八梵起四維三界四人淨穢
殊域自三界之下則為劫火所燒其中衆生
悉皆摩滅三洞經教得道聖人超出三清不
被燒滅是故諸天有不同也又問曰三界被
火為復十方同耶有不同耶天尊荅曰各隨
衆生業力所感若惡業衆生遭此大劫善緣
衆生自不覺知又問曰如尊所說自由造惡
所感何獨三界内耶又超出三清復何等耶
天尊荅曰實由衆生造惡遭此劫火但三界
衆生未能盡善也若其摠善亦無此大劫有
善者善不能常積又惡成滲遭大劫為是義
故說三界内不免災也超出三清自是遭火

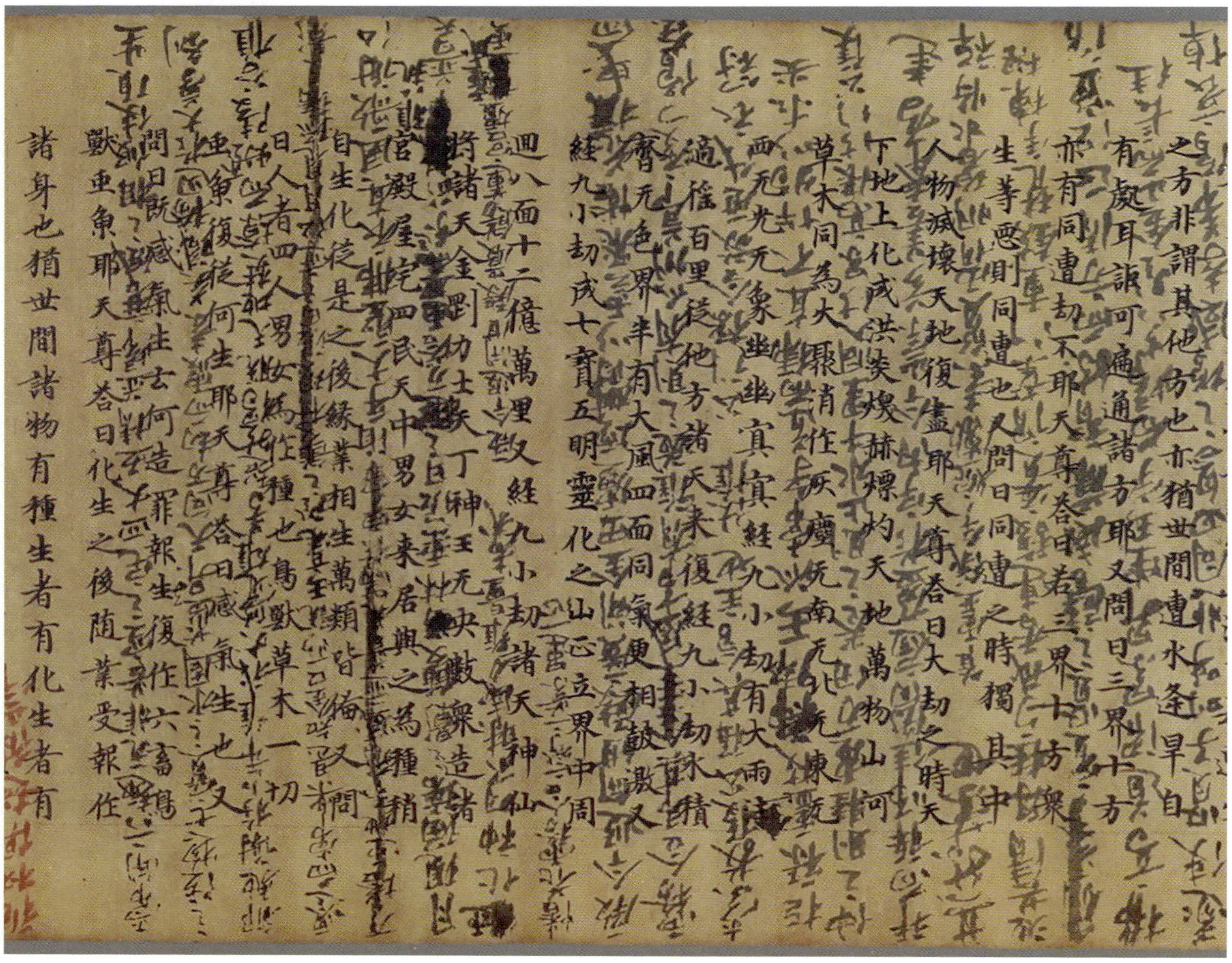

之方非謂其他方也亦猶世間遭水遂旱自
有災耳誰可遍通諸方耶又問曰三界十方
亦有同遭劫不耶天尊荅曰若三界十方衆
生等惡則同遭也又問曰同遭之時獨其中
人物滅壞天地復盡耶天尊荅曰大劫之時天
下地上化成洪災爆赫熛灼天地萬物山河
草木同為大[illegible]
西元无元象幽幽冥冥經九小劫有大雨[illegible]
過佳百里後他方諸天來復經九小劫[illegible]
齊元色界年有大風四面同氣更相鼓激入
經九小劫成七寶五明靈化之山正立界中周
迴八面十二億萬里又經九小劫諸天神仙
將諸天金剛力士丁神玉元[illegible]
宮殿屋宅四民天中男女來居與之為種[illegible]
自生化從是之後緣業相生萬類皆倫[illegible]
日人者四人男女為種也鳥獸草木一切
[illegible]
問曰既感氣生去何造罪報生復作六畜
獸蟲魚耶天尊荅曰化生之後隨業受報住
諸身也猶世間諸物有種生者有化生者有

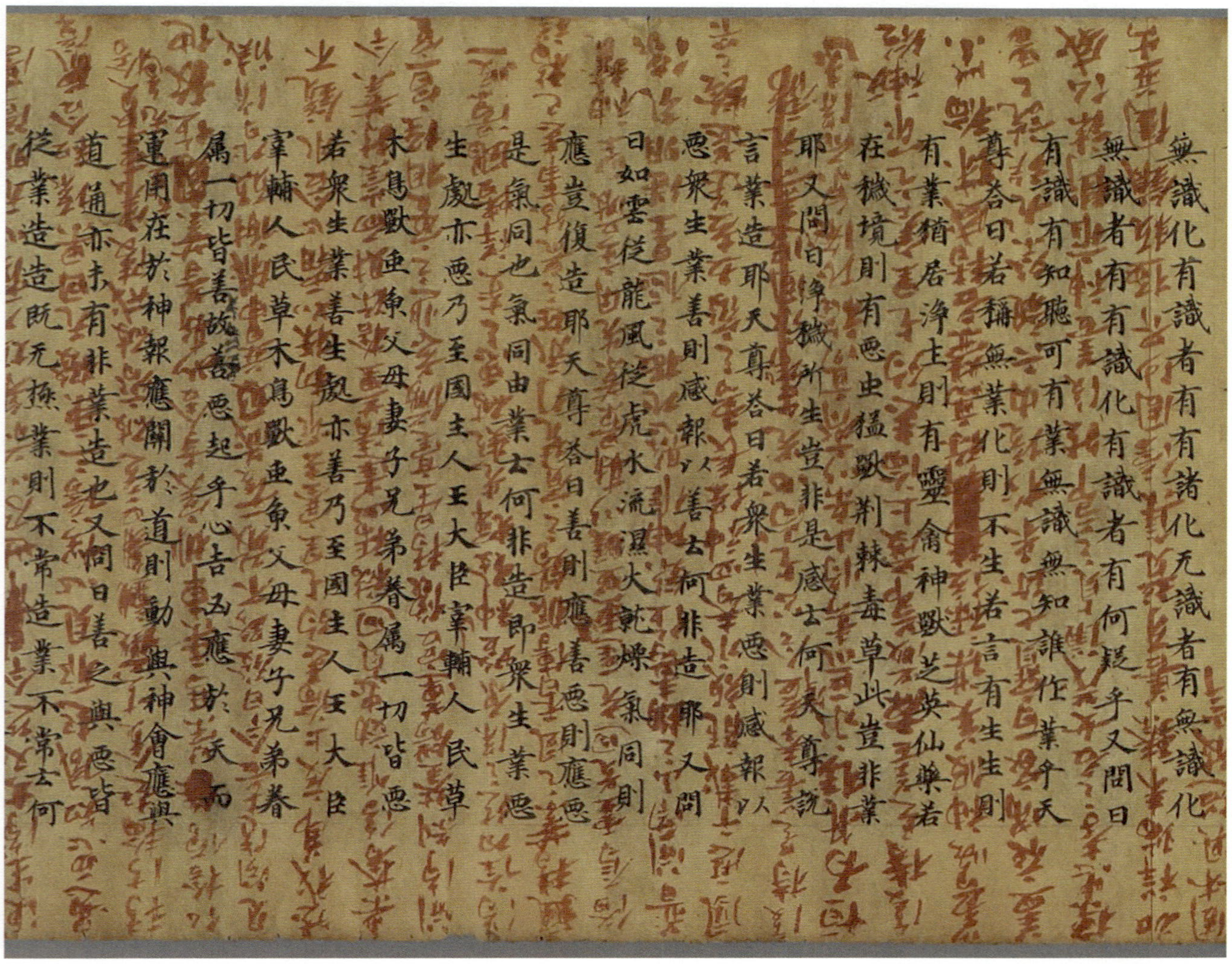
無識化有識者有有諸化无識者有無識化
無識者有有識化有識者有何疑乎又問曰
有識有知聽可有業無識無知誰作業乎天
尊荅曰若稱無業化則不生若言有生生則
有業猶居淨土則有靈禽神獸芝英仙藥若
在穢境則有惡虫猛獸荊棘毒草此豈非業
耶又問曰淨穢所生豈非是感云何天尊說
言業造耶天尊荅曰若衆生業惡則感穢以
惡衆生業善則感淨以善云何非造耶又問
曰如雲從龍風從虎水流濕火就燥氣同則
應豈復造耶天尊荅曰善則應善惡則應惡
是氣同也氣同由業云何非造即衆生業惡
生處亦惡乃至國主人王大臣宰輔人民草
木鳥獸虫魚父母妻子兄弟眷屬一切皆惡
若衆生業善生處亦善乃至國主人王大臣
宰輔人民草木鳥獸虫魚父母妻子兄弟眷
屬一切皆善故善惡起乎心吉凶應於天而
運用在於神報應關於道則動與神會應與
道通亦未有非業造也又問曰善之與惡皆
從業造既无摠業則不常造業不常云何

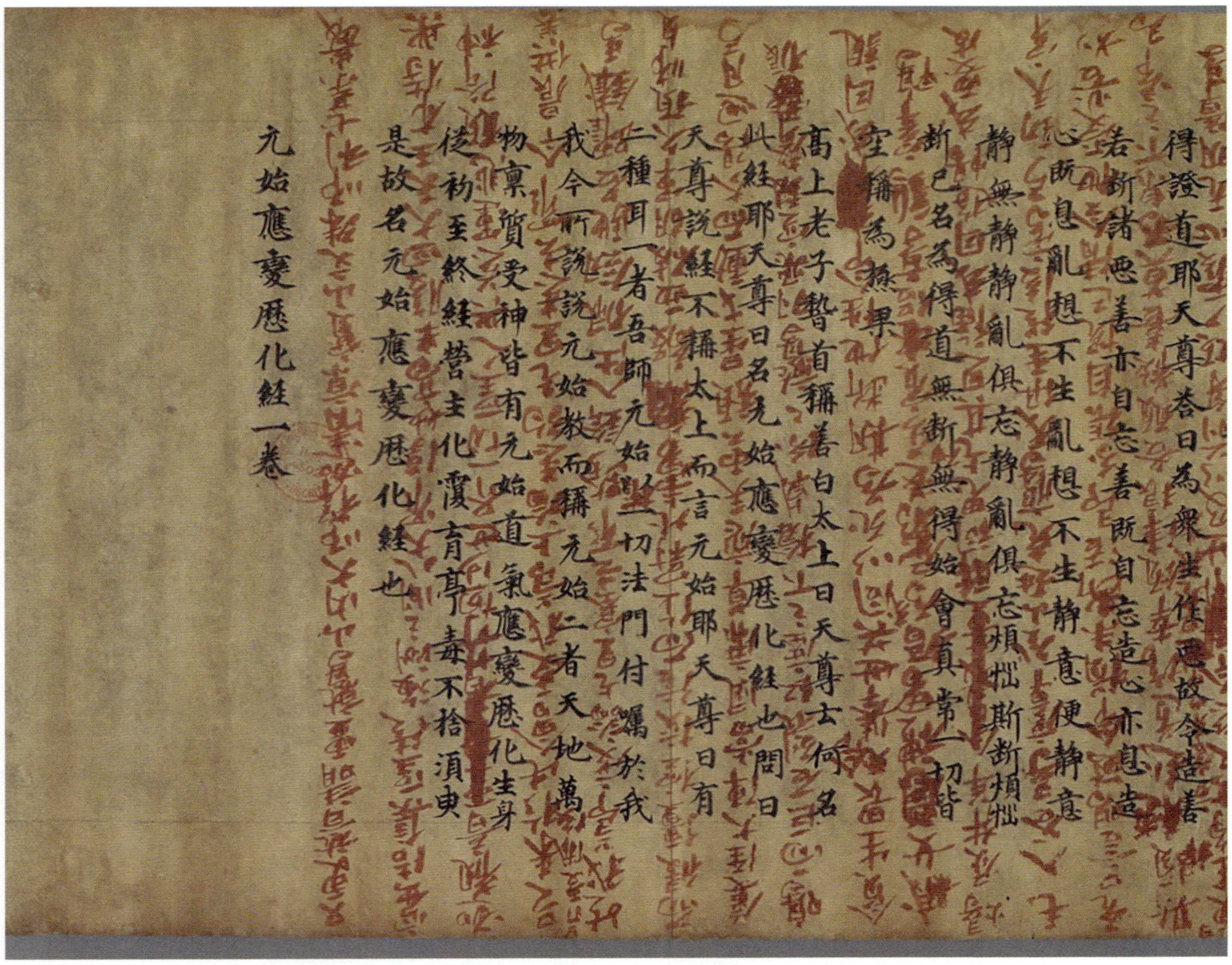
得證道耶天尊荅曰為衆生作惡故令造善
若斷諸惡善亦自忘善既自忘造心亦息造
心既息亂想不生亂想不生靜意便靜意
靜無靜靜亂俱忘靜亂俱忘煩惱斯斷煩惱
斷已名為得道無斷無得始會真常一切皆
空稱為極果
高上老子稽首稱善白太上曰天尊云何名
此經耶天尊曰名元始應變歷化經也問曰
天尊說經不稱太上而言元始耶天尊曰有
二種耳一者吾師元始以一切法門付囑於我
我今所說說元始教而稱元始二者天地萬
物稟質受神皆有元始道氣應變歷化生身
從初至終經營生化覆育亭毒不捨須臾
是故名元始應變歷化經也
元始應變歷化經一卷

釋文

(P.2449 抄本，前缺)

秋化肺中，為西方七寶金門皓靈皇老帝君。太白玉女、太白玉童魄靈鎮守，上出於舌，為白元童子金光真人，照七千日，生/七千神，白虎之精奎婁胃昴畢觜参，流耀於身/(一)，以堅齒骨，神仙兵馬七億萬人，各衣(二)素衣，營/衛其身，少陰之氣帀繞其形，白元尊神定肺/安魄。立秋(秋)(三)分，列名七氣素天，西岳(四)舉善，太白/奏仙。冬化腎中，為北方洞陰朔單鬱絶五靈/玄老帝君。太玄玉女、太玄玉童真精鎮守，上/出於耳，為玄冥童子夜光真人，照五千日，生/五千神，玄武之精斗牛女虚危室壁(五)，流耀於/身，以潤津液，神仙兵馬五億萬人，各衣黑衣，營/衛其身，太陰之氣帀繞其形，桃康之君和腎/凝精。立冬冬至，列名五氣玄天，北岳舉善，辰/星奏仙。四季化脾中，為中央玉寶元靈元老/帝君。黄庭玉女、黄房玉童志意鎮守，上應於/口，為黄常童子説法真人，照萬二千日，生萬/二千神，勾陳之精魁魡魋魑魒魒，流耀於/身，以生肌膚，神仙兵馬十二億萬人，各衣黄衣/，營衛其身，中和之氣帀繞其形，司命納生，定/志安脾。四季王月，列名一氣黄天，中岳舉善/，鎮星奏仙。

人居宇宙之内，含天地之形，内外/神靈，表裏相明，天人相應，心與神通，運動施/為，天皆知之，心修於内，神應於外，是以衆行/員備，神舉其身入无形也。故諸天五億、世界/三千、日月星辰、山河草木、土地城邑、州縣鄉/亭，具列人身，分无量國，一一氣化，隨處生神/。此一一神各因於道，千二百老子、一百八道君/、萬二千精光、三萬六千神明，乃至一千五百/天尊、一千一百六十天尊、廿八宿、卅二天，環/繞身中，分靈布化，念念不住，轉變其神。一切/凡愚，莫之能識。大行梵氣，分布十方，中有百/靈，主授罪福。其統之者元始天尊，其悟之者/止在心也。言大羅者，大梵氣也；三清者，三/丹田也；九天者，九宮也；三界者，三毒心也；十方/者，周一身也。所謂大羅，无不包也；所謂三清/，證果處也；所謂長樂，湛常存也；所謂梵行，超/生死也；所謂六度，浄六根也；所謂四等，除四/迷也；所謂三界，在輪迴也；所謂金闕，會聖真/也；所謂玄都，至道源也；所謂玉京，德巍巍也/。並從心生，受異名也。學道求心，不求人也。先/自空心，不空境也。静心不静境也，定心不定/境也，洗心不洗境也。智者明了，自觀心也。愚/者暗昧，見諸身也。三洞分門，由是興也。所以/經有内外，法有真僞(六)，教有大小，道有通塞，行/有優劣，聖有尊卑，德有廣狭，心明暗也。是故/元始歷化應變，大慈平等，勞謙忍苦，善巧方/便，開度衆生，祇期悟道，除妄想也。妄想者，衆/生妄心起想，生種種見，殺生偷盗，放蕩耶淫/，嫉妒慳貪，瞋怒罵詈，惡口兩舌，妄語綺言，顛/到愚癡，憎嫌勝己，不孝五逆，犯地違天。染著/世間諸不善法，流浪生死，堕落三徒，苦痛切/身，不能自出。為是義故，開解脱門，導引衆生/，令去煩惱。寫經造像，立觀度人，布施放生，持/齋奉誡，燒香念誦，行道讀經，供養出家，懺悔/發願，含垢忍辱，調御其心，普入道場，離諸怨/結。所以寫經者，欲廣法門，教未悟也。造像者/，係念存思，歸至尊也。立觀者，聚諸賢明，化愚/迷也。度人者，擇諸有心，聖行言也。布施者，捨/其慳貪，惠諸貧(七)也。放生者，發大慈悲，愍無知/也。持齋者，洗滌身心，齊物情也。奉誡者，制断/衆惡，止罪根也。燒香者，願持浄意，獻天尊也/。念誦者，絶諸攀緣，無偏心也。行道者，運氣動/形，歸自然也。讀經(八)者，精研妙理，通未聞也。供/養者，遍及人天，興敬心也。出家者，普離世間/煩惱門也。懺悔者，改惡制情，不犯非也。發願/者，誓我本心，至道源也。含垢者，和光同塵，不/自明也。忍辱者，常處雌柔，不剄强也。凡諸方/便立行之門，欲以調和剄强心也。若心柔弱/，妄想不生，此諸行門，亦復除也。永消患累，登/大智惠源，常住湛然，畢竟虚寂/。

高上老子稽首稱善，復問天尊曰：未審十方/三界，五億諸天，為復一種，亦有不同？為復常/存，復有破壞？天尊答曰：諸天无量，受氣源由/，末異本同，凡有三種。一者，道氣應化，包裹諸/天，名曰大羅，覆（蓋）(九)一切，獨高无上，弥絡无窮，常/住不傾，永無淪壞。二者，一氣布化，為上三天，散/景分靈，九天列位，氣生三氣，三十六天，輔上/三清，惣為道境，空色俱浄，遠近同明。入此界/中，自絶因待，了然虚寂，永断習緣，无始无終/，長存不壞。三者，道化漸薄，淳氣轉澆，三氣下/流，五常斯應，神化五老，文成五篇，氣散五行/，天分五氣，氣生八景，景照十方。方以數名，數/因方立，正分四八，梵起四維，三界四人，浄穢/殊域。自三界之下，則為劫火所燒，其中衆生/，悉皆摩滅。三洞經教，得道聖人，超出三清，不／被燒滅。是故諸天有不同也。

又問曰：三界被／火，為復十方同耶，有不同耶？天尊答曰：各隨／〔一〇〕衆生業力所感。若惡業衆生，遭此火劫，善緣／衆生，自不覺知。又問曰：如〔天〕〔一一〕尊所説，自由造惡／所感，何獨三界內耶？又超出三清，復何等耶／？天尊答曰：實由衆生造惡，遭此劫火，但三界／衆生，未能盡善也。若其惣善，亦無此火；假有／善者，善不能常，積久惡成，還遭火劫。為是義／故，説三界內不免灾也。超出三清，自是遭火／之方，非謂其他方也。亦猶世間遭水逢旱，自／有處耳，詎可遍通諸方耶？又問曰：三界十方／，亦有同遭劫不耶？天尊答曰：若三界十方衆／生等惡，則同遭也。又問曰：同遭之時，獨其中／人物滅壞，天地復盡耶？天尊答曰：大劫之時，天／下地上，化成洪炎，焕赫熛灼，天地萬物，山河／草木，同為火聚，消作灰塵。无南无北，无東无／西，无光无象，幽幽冥冥，經九小劫，有大雨注／，滴淫百里，從他方諸天來。復經九小劫，水積／齊无色界，半有大風，四面同氣，更相鼓激。又／經九小劫，成七寶五明靈化之山，正立界中，周／迴八面十二億萬里。又經九小劫，諸天神仙／，將諸天金剛力士、天丁神王，无央數衆，造諸／宮殿，屋宅四民，天中男女来居，與之為種，稍／自生化。從是之後，緣業相生，萬類皆備。

又問／曰：人者四人〔一二〕，男女為作種也。鳥獸草木，一切／虫魚，復從何生耶？天尊答曰：感氣生也。又／問曰：既感氣生，云何造罪〔受〕〔一三〕報，生復作六畜，鳥／獸虫魚耶？天尊答曰：化生之後，随業受報，作／諸身也。猶世間諸物，有種生者，有化生者，有／無識〔一四〕化有識者，有有識〔一五〕化无識者，有無識化／無識者，有有識化有識者，有何疑乎？又問曰／：有識有知，聽可有業，無識無知，誰作業乎？天／尊答曰：若稱無業，化則不生，若言有生，生則／有業。猶居淨土則有靈禽神獸、芝英仙藥，若／在穢境則有惡虫猛獸、荊棘毒草，此豈非業／耶？又問曰：浄穢所生，豈非是感，云何天尊説／言業造耶？天尊答曰：若衆生業惡，則感報以／惡，衆生業善，則感報以善，云何非造耶？又問／曰：如雲從龍，風從虎，水流濕，火就燥，氣同則／應，豈復造耶？天尊答曰：善則應善，惡則應惡／，是氣同也。氣同由業，云何非造。即衆生業惡／，生處亦惡，乃至國主人王，大臣宰輔，人民草／木，鳥獸虫魚，父母妻子，兄弟眷屬，一切皆惡／。若衆生業善，生處亦善，乃至國主人王，大臣／宰輔，人民草木，鳥獸虫魚，父母妻子，兄弟眷／屬，一切皆善。故善惡起乎心，吉凶應於天，而／運用在於神，報應關於道，則動與神會，應與／道通，亦未有非業造也。又問曰：善之與惡，皆／從業造，造既无極，業則不常，造業不常，云何／得證道耶？天尊答曰：為衆生作惡，故令造善／；若斷諸惡，善亦自忘；善既自忘，造心亦息；造／心既息，亂想不生；亂想不生，靜意便靜；意／靜無靜，靜亂俱忘；靜亂俱忘，煩惱斯斷；煩惱／斷已，名為得道；無斷無得，始會真常，一切皆／空，稱為極果。

高上老子稽首稱善，白太上曰：天尊云何名／此經耶？天尊曰：名《元始應變歷化經》也。問曰／：天尊説經，不稱太上，而言元始耶？天尊曰：有／二種耳。一者，吾師元始，以一切法門付囑於我／，我今所説，説元始教，而稱元始。二者，天地萬／物稟質受神，皆有元始道氣，應變歷化生身／，從初至終，經營生化〔一六〕，覆育亭毒，不捨須臾／，是故名《元始應變歷化經》也／。

元始應變歷化經一卷

校記

〔一〕以上文字據下文例擬補。
〔二〕「衣」字原誤作「依」，據文義改。
〔三〕原脱「秋」字，據文義補。
〔四〕「岳」字原誤作「兵」，據文義改。
〔五〕斗牛女虚危室壁：原誤作「升牛女虚危室辟」，據文義改。
〔六〕真僞：原誤作「真化」，據文義改。
〔七〕「貧」字原誤作「貪」，據文義改。
〔八〕讀經：原倒作「經讀」，據文義改。
〔九〕原脱「蓋」字，據文義補。
〔一〇〕此行以下行間有墨書佛教文書，記瓜州僧人主持修建佛寺功德。
〔一一〕原脱「天」字，據文義補。
〔一二〕四人：當作「四民」，因避諱而誤。
〔一三〕原脱「受」字，據文義補。

〔一四〕以下行間有朱書吐蕃瓜州節度使佛事發願文。

〔一五〕有有識：原誤作「有有諸」，據文義改。

〔一六〕生化：原作「生主」，據文義改。

（王卡點校）

太上洞玄靈寶天尊名

解題

撰人不詳，約出於南北朝末或隋唐之際。係模仿《佛名經》等佛教經懺之作。原書卷數不詳。《正統道藏》未收。（《中華道藏》第四册 \034 號）

BD1218（列 18\ 北 8447）：首全尾缺。首行題：太上洞玄靈寶天尊名卷上。次行副標題：元始天尊千五百名号及諸懺悔文。以下存經文二紙五十四行，内容爲原經序文。（大淵目七九頁著録此件。大淵圖録影印《沙州諸子》排印本。）

P. 3755：首尾殘缺，無卷題。存經文四紙一百一十二行。前四十行内容爲讃頌十方天尊及發願文。第 41 行以下爲禮念十方天尊名號及懺悔文。背書佛經《大乘四法經疏釋》。（大淵目七九頁）

BD4047（麗 47\ 北 8468）：首尾殘缺，無卷題。存經文三紙八十四行，内容爲禮念十方天尊名號及懺悔文。（大淵目七九頁。《劫餘録》題作「道懺」。）

BD3818（金 18\ 北 7244）：首尾殘缺，無卷題。存經文一百零六行，内容爲禮念十方天尊名號及懺悔文。（大淵目七九頁。《劫餘録》題作《百法明門論疏》，似指其背面佛經疏釋。）

（按，以上四件筆跡酷似，原爲同一抄本，但文字不能直接連續。大淵目推測此經是道藏所收《太上靈寶應號天尊懺》之缺卷。不確。《正統道藏》洞真部本文類收入唐代道書《太上洞真賢門經》一卷。該經講述元始天尊説十方天尊名號，内容與此敦煌抄本有關。參見王惠民《太上洞玄靈寶天尊名初探》，載《道家文化研究》第十三輯。）

BD11751：碎片。首尾及下半均殘損，無卷題。黄紙，楷書字佳。殘存經文七行，内容爲禮念「西北方无量大華天尊」等名號。疑與前列四件原係同經抄本。（大淵未見此件。據館藏原件著録。）

BD16098：兩枚殘片。黄紙，楷書。殘損嚴重，僅存每行末一二字。

圖版

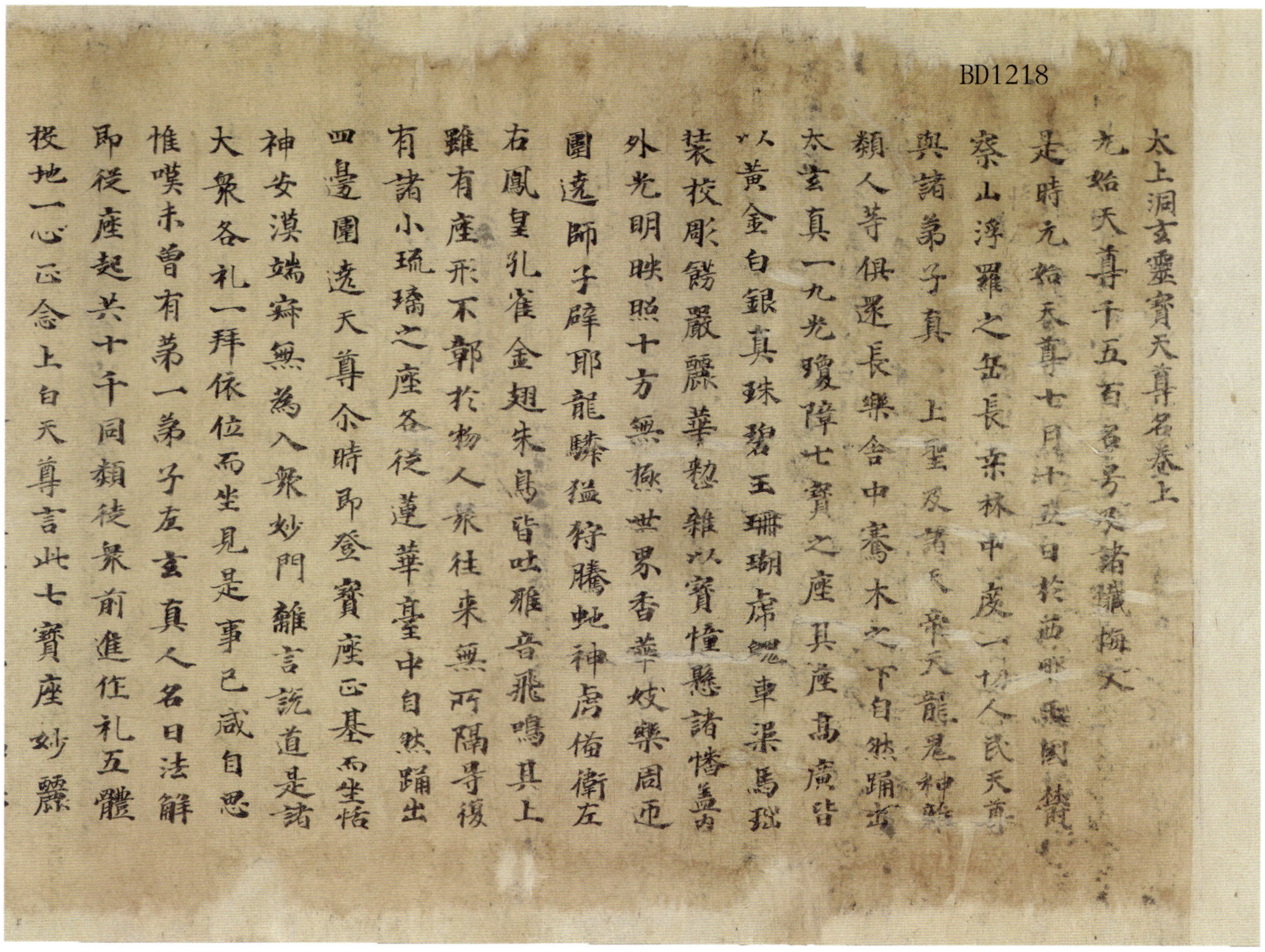

太上洞玄靈寶天尊名卷上
元始天尊千五百名号及諸懺悔文
是時元始天尊七月十五日於西那玉國鬱
察山浮羅之岳長桑林中慶一切人民天尊
與諸弟子真　上聖及諸天帝天龍鬼神眷
類人等俱遊長樂舍中騫木之下自然踊出
太玄真一九光瓊障七寶之座其座高廣皆
以黃金白銀真珠碧玉珊瑚虎魄車渠馬瑙
裝校彫餝嚴麗華整雜以寶幢懸諸幡蓋
外光明映照十方無極世界香華妓樂周匝
圍遶師子辟邪龍麟猛狩騰蛇神虎侍衛左
右鳳皇孔雀金翅朱鳥皆吐雅音飛鳴其上
雖有座形不鄣於物人旅往來無所隔导復
有諸小琉璃之座各從蓮華臺中自然踊出
四邊圍遶天尊尒時即登寶座正基而坐恬
神安漠端寂無為入衆妙門離言説道是諸
大衆各礼一拜依位而坐見是事已咸自思
惟嘆未曾有第一弟子左玄真人名曰法解
即從座起共十千同類徒衆前進作礼五體
投地一心正念上白天尊言此七寶座妙靡

布有形相究然不礙於物天尊座上即知法
解來問義趣從其面門即放五色光明遍照
十方无極國土種種異類世界天堂地獄悉
於中見復有十方天尊諸大仙人悉於中見
生死苦樂福報多少悉於中見脩道階梯亦
於中見淨穢國土亦於中見十方來衆猶如
微塵不可稱數悉見天堂極樂地獄酸切極
苦無邊復見大福堂國長樂之舍極樂無比
勝於南宮法解真人太極真人大慧真人救
脫真人四大真人前白天尊今於光中見種種
國土苦樂不同天堂地獄受報差別唯願天
尊大慈哀愍救護衆生為作利益令得解脫
永離憂悲速生淨土天尊告救脫真人善哉
善哉汝等諦聽我今為汝分別解說十方諸
天尊名字至心礼拜懺悔滅无量罪生无量福
即得往生諸天極樂世界必須作无量功德
施散貧之觀行成就專心無二永斷愛染即
得出離无量煩惱救脫真人言此究利天臺
賢世界雜惡之處地獄餓鬼畜生盈滿多不
善聚願我未來不聞惡聲不見惡人觀此之

言此處實尒國土不淨人无樂事如此世界
中有四時八節刻食人命春秋冬夏風雨寒
熱晝明夜闇日月相催土地砂礫高下傾危
山河嶮阻草木　刾無一可樂所受人身生
老病死不淨假合危難停其報身體須衣須
食難可充足飢渴常生復王法驅馳无由自
在假令聚集唯有童蒙无識共為伴侶正用
牛馬猪羊雜類畜生衆怨事物以為果報眼
見惡色耳聞惡聲鼻嗅惡香舌嘗惡味身受
惡觸意緣惡法如此之事何由可樂方復年
命无常持甚可畏出息入息念謝往假令百
年計其日數適得三万六千日活況復命有
多少短促死事何疑既不免死事須求生安
樂世界欲得往生長樂淨土但生彼快樂无
極衣以天繒食則行廚無有四時寒暑日夜
明闇亦無生老病死三塗八難痛苦之名地

願共諸衆生　往生稽首國　見十方天尊　常願盡供養
救脫真人白无始　稽首湟中真法王　衆生心中无價寶
常被六賊來劫剝　瞋恚嫉妬亂射心　无明愛鏁閉蓋纏
人我緾相防禁身　六親眷屬共相煎　五濁穢土何時出
无明大水无方渡　救脫大慈仁天尊　唯願慈悲多方便
爲諸衆生作當來　无價法船普濟度　運載衆生到彼岸
不食酒宍及薰辛　清淨齋[illegible]以一房　四面置像及幢節
嚴持香華及幡蓋　念道[illegible]七日七夜夢[illegible]見
即有真人來教授　天尊現形作種種　名同天尊十方億
化度衆生不可量　唯願天尊時爲說　我等頂礼永不退
時有左玄真人及救脫真人稽首讚揚西那
玉國真淨天尊國土事相顯共法界衆生同
往彼淨土西那玉國
願見光明寶林有七寶道場樹上高四百万
里其本周圖五千四万[illegible]枝葉四布廿万里
見此樹者罪障雲除　[illegible]生法上品往生西
那玉國　願見長樂[illegible]真淨天尊威德
巍巍出過一切諸世界上光明照相好庄嚴
願見長樂國土七寶浴池上善之水湛然盈
滿底有寶沙岸有香樹若入寶池開神悅躰
蕩除心垢得成正道　願見長樂玉國真淨天
尊身衣七寶明珠褐披九光寶雲帔坐千
葉蓮華寶臺金床有師子九色鮫龍仙童
玉女奉香散花　願見長樂玉國日蓋大慈真
人具卅二相八十一好身[illegible]金色頂有寶冠項
有圓光瓔珞光明處處盡下[illegible]化真人[illegible]
庄嚴善能隨順接引衆生淨除業障
願見長樂國土月淨大悲真人舉身光明照
十方作紫金有緣衆生皆悉得見願蒙威力
除生死罪得蒙開悟迴向正道
願見彼土真人大衆智慧光明神通洞達虛
無之身無燃之躰　願[illegible]親覲脩諸功德上
品往生長樂國土　若有人念誦日夜礼
拜此長樂國土真淨天[illegible]洗除衆生无量罪
垢不可思議　是時元始天尊即說十方天
尊名字一百八道君千二百老子若廣說天
尊名字如微塵數窮劫說之亦不可盡同名
天尊亦不可盡略說十方一千五百天尊名
字礼拜讚誦功德難勝如是作礼　具礼五十後者二大真人稱礼
不可思議　答三稱

Pelliot chinois Touen-houang 3755

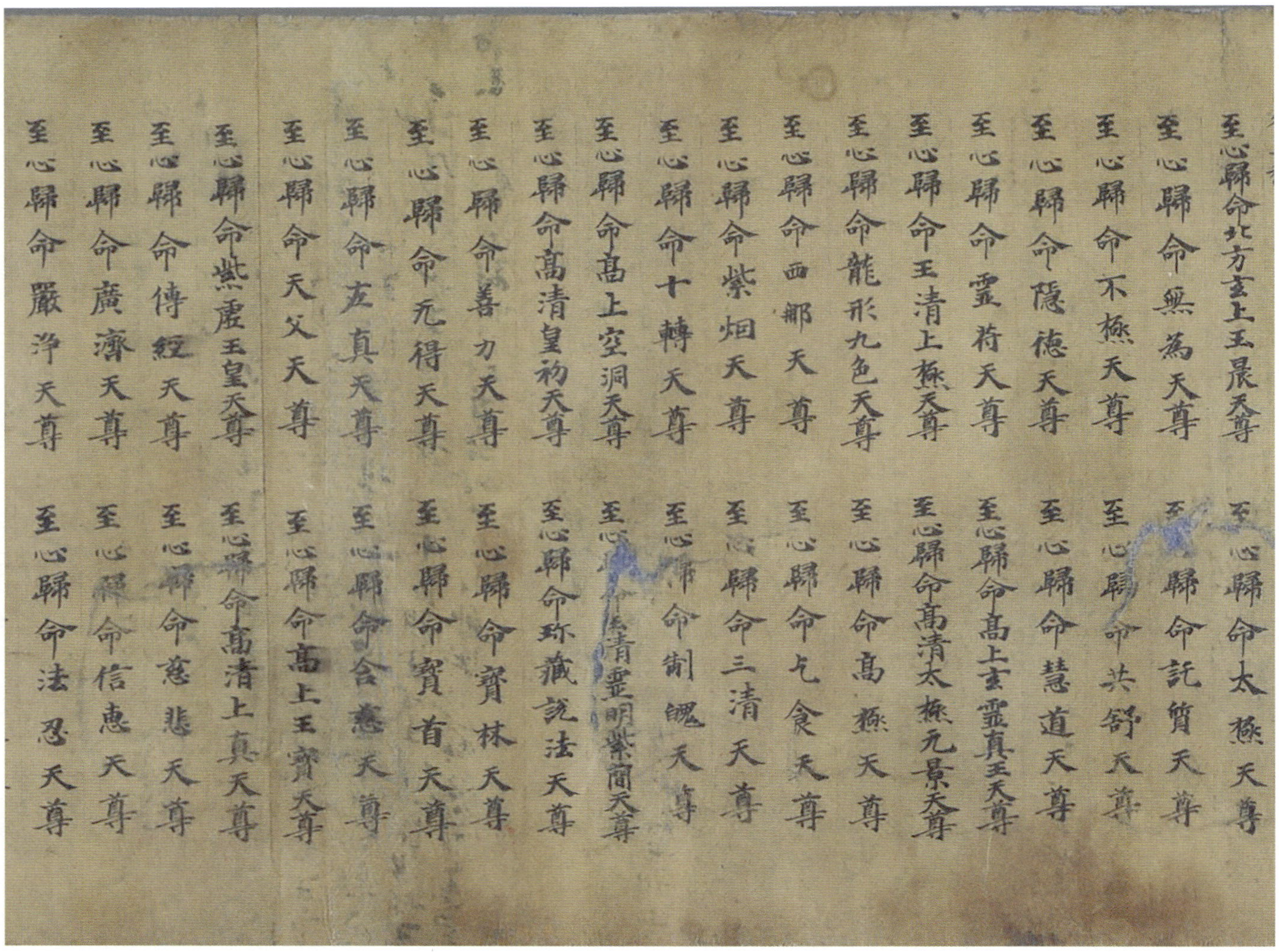

至心歸命北方玄上玉晨天尊　至心歸命太極天尊
至心歸命無為天尊　至心歸命託質天尊
至心歸命不極天尊　至心歸命共舒天尊
至心歸命隱德天尊　至心歸命慧道天尊
至心歸命靈符天尊　至心歸命高上玄靈真王天尊
至心歸命玉清上極天尊　至心歸命高清太極无景天尊
至心歸命龍形九色天尊　至心歸命高極天尊
至心歸命西鄉天尊　至心歸命乞食天尊
至心歸命紫烟天尊　至心歸命三清天尊
至心歸命十轉天尊　至心歸命制魍天尊
至心歸命高上空洞天尊　至心歸命上清靈明紫蘭天尊
至心歸命高清皇初天尊　至心歸命珎藏說法天尊
至心歸命善力天尊　至心歸命寶林天尊
至心歸命无得天尊　至心歸命寶首天尊
至心歸命左真天尊　至心歸命含慈天尊
至心歸命天父天尊　至心歸命高上玉寶天尊
至心歸命紫虛玉皇天尊　至心歸命高清上真天尊
至心歸命傳經天尊　至心歸命慈悲天尊
至心歸命廣濟天尊　至心歸命信惠天尊
至心歸命嚴淨天尊　至心歸命法忍天尊

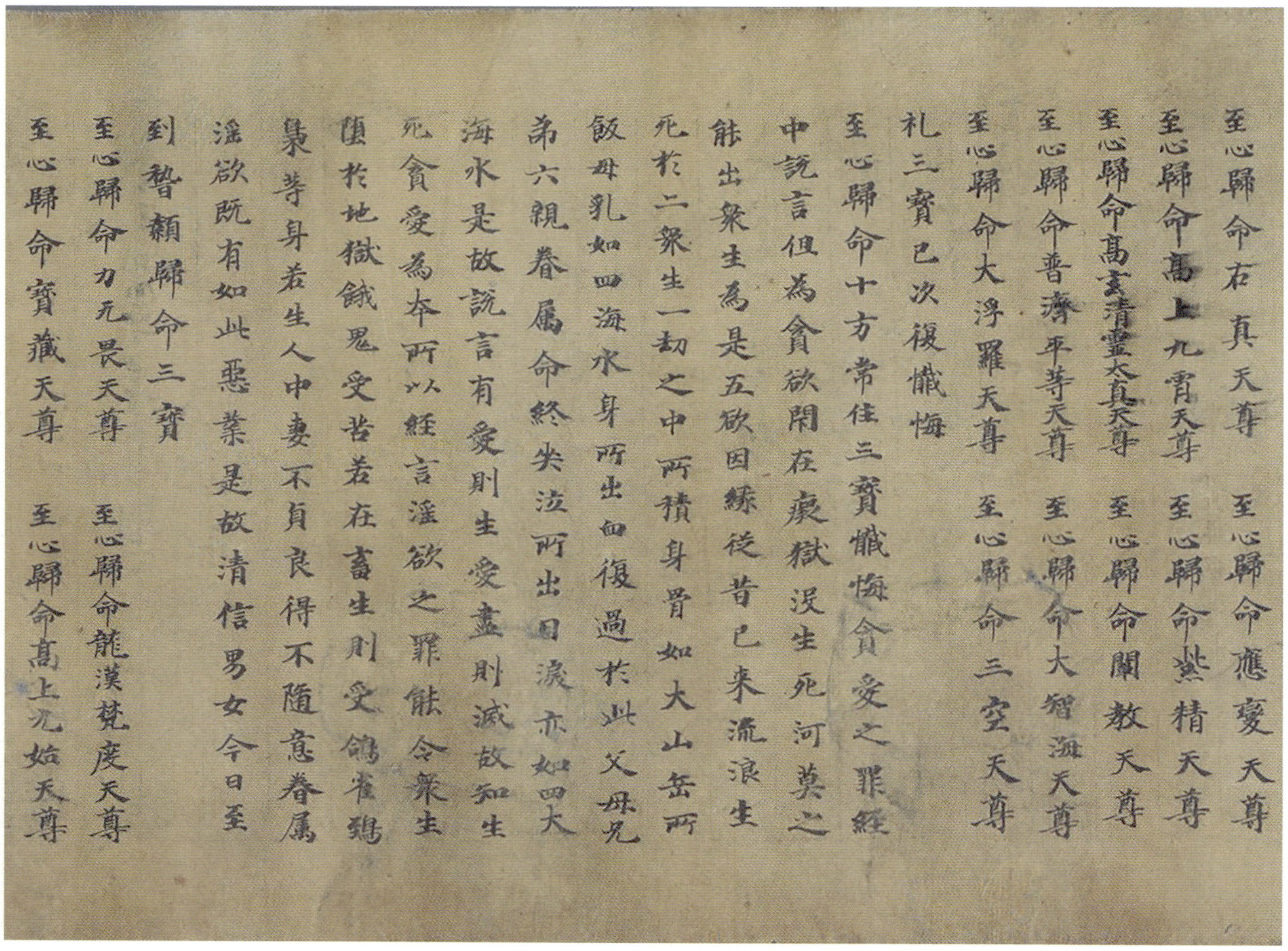

至心歸命右真天尊　至心歸命應變天尊
至心歸命高上九霄天尊　至心歸命紫精天尊
至心歸命高玄青靈太真天尊　至心歸命闡教天尊
至心歸命普濟平等天尊　至心歸命大智海天尊
至心歸命大淨羅天尊　至心歸命三空天尊
礼三寶已次復懺悔
至心歸命十方常住三寶懺悔貪愛之罪經中說言但為貪欲閉在痕獄沒生死河莫之能出衆生為是五欲因緣從昔已來流浪生死於二衆生一劫之中所積身骨如大山岳所飲母乳如四海水身所出血復過於此父母兄弟六親眷屬命終哭泣所出目淚亦如四大海水是故說言有愛則生愛盡則滅故知生死貪愛為本所以經言淫欲之罪能令衆生墮於地獄餓鬼受苦若在畜生則受鴿雀鷄梟等身若生人中妻不貞良得不隨意眷屬淫欲既有如此惡業是故清信男女今日至到誓顙歸命三寶
至心歸命力无畏天尊　至心歸命龍漢梵度天尊
至心歸命寶藏天尊　至心歸命高上元始天尊

至心歸命无上紫虛天尊　至心歸命玉虛玄驂天尊
至心歸命朱勒天尊　至心歸命大昌惠海天尊
至心歸命仙真上聖天尊　至心歸命碧落浮黎天尊
至心歸命惠覺天尊　至心歸命法海天尊
至心歸命九鳳天尊　至心歸命玄中天尊
至心歸命鬱丹无量天尊　至心歸命紫晨天尊
至心歸命玉虛九素金華天尊　至心歸命十城天尊
至心歸命大慧眼天尊　至心歸命[illegible]天尊
至心歸命轉法輪天尊　至心歸命玉虛无上天尊
至心歸命三素飛雲天尊　至心歸命无壽天尊
至心歸命紫虛太帝天尊　至心歸命八方天尊
至心歸命道力天尊　至心歸命玉虛九皇天尊
至心歸命御龍天尊　至心歸命万道天尊
至心歸命十種天尊　至心歸命迴峯天尊
至心歸命　書天尊　至心歸命五色流霞天尊
至心歸命上藍天王天尊　至心歸命紫虛[illegible]天尊
至心歸命玉虛天皇天尊　至心歸命太妙天尊
至心歸命自然天尊　至心歸命法无畏天尊
至心歸命惠命天尊　至心歸命負象天尊
至心歸命玄无天尊　至心歸命撫玄妙天尊

至心歸命清帝飛輪天尊　至心歸命不驕樂天尊
至心歸命紫虛清淨天尊　至心歸命玉虛太一天尊
礼三寶已次復懺悔
至心歸命十方常住三寶臣等自從无始已來
至于今日或通人妻妾棄他婦女很戾[illegible]鬪
汙淨行男女破他精慁逼迫无道濁心耶計
語嘲調或復恥他門户汙賢善名或於男女
起不淨行如是等罪今皆懺悔
至心歸命十方常住三寶臣等无始已來或
墮胎落子毒藥蠱道傷殺衆生墾土掘地養
蠶煑繭傷殺滋甚或打撲蚊蚋咋[illegible]
燒𤋮掃開決滿渠枉害一切或嗽[illegible]

至心歸命華生德天尊　至心歸命於衆堅固
至心歸命智明天尊　至心歸命智衆天尊
至心歸命離胎天尊　至心歸命大醫天尊
至心歸命壞諸煩惱天尊　至心歸命无量智讃天尊
至心歸命華生天尊　至心歸命轉諸難天尊
至心歸命施名聞天尊　至心歸命名親天尊
至心歸命名堅固天尊　礼三寶已次復懺悔
至心歸命十方常住三寶臣等懺悔无始劫
來至于今日或於道法之間一切諸部經中
所說人身難得道尊難聞衆師難值信心難生
六根難具善友難逢而今相與宿殖善根
得此人身六根完具又值善友得聞大道正
法於其中間復各不能盡心精懃苦行恐於
未來長溺万苦无有出期是故今日應須至
心慚愧稽首歸依今皆懺悔
至心歸命十方常住三寶衆等自從无始已
來至于今日常以无明覆心煩惱鄣弊見尊
形像不能盡心恭敬輕慢衆師殘害善友破
壞致觀焚燒形像或自處華堂安置尊像
卑猥之處使令煙薰日暴風吹雨霑塵土汙
黗雀鼠殘毀共同住宿曾无礼敬或裸露像
身初不嚴飾或遮掩燈燭開閉殿堂鄣像
光明如是等罪今日至誠悉皆懺悔
至心歸命北方度仙上聖天尊　至心歸命真想天尊
至心歸命當度衆生天尊　至心歸命得道天尊
至心歸命保命天尊　至心歸命歸金寶天尊
至心歸命宣遵天尊　至心歸命誠有天尊
至心歸命无号天尊　至心歸命大法施天尊
至心歸命上清天尊　至心歸命靈陰天尊
至心歸命信天尊　至心歸命嚴懃天尊
至心歸命太華天尊　至心歸命玄都天尊
至心歸命入妙門天尊　至心歸命若洼海天尊
至心歸命八真天尊　至心歸命普度天尊
至心歸命除愛獄天尊　至心歸命知正道天尊
至心歸命細微天尊　至心歸命感應天尊
至心歸命制命門天尊　至心歸命斷口業天尊
至心歸命泥丸天尊　至心歸命變化天尊
至心歸命遊玄天尊　至心歸命度仙天尊
至心歸命達靈天尊　至心歸命受号无為天尊
至心歸命宿世因緣天尊　至心歸命高上慈救天尊

至心歸命真身天尊　至心歸命忍垢天尊
至心歸命存濟天尊　至心歸命貴生天尊
至心歸命應感天尊　至心歸命逺遊天尊
至心歸命九閡天尊　至心歸命流光天尊
至心歸命法喜天尊　至心歸命太上高玄天尊
至心歸命玉簡天尊　至心歸命威聖天尊
至心歸命棄耶天尊　至心歸命入无為天尊
至心歸命鎮生天尊　至心歸命寶藏天尊
至心歸命華都天尊　礼三寶已次復懺悔

至心歸命十方常住三寶等衆自從无始已來至于今日或於道法之間以不淨手把捉經卷或臨經書非法俗語或安置床頭坐起不敬或開閉箱篋函㪷朽爛或褾袖脫落部袠失次或遺脫漏誤紙墨破列自不脩理或自道恭敬去他輕賤不肯流轉如是等罪今皆懺悔

至心歸命十方常住三寶衆等自從无始已來或卧地聽經仰眠讀誦高聲語咲亂他聽法或耶解尊語僻說聖意非法說法法說非法非犯說犯犯說非犯輕罪說重重罪說輕或杪前著後杪後著前前後著中中著前後倚飾文辭安置不典或為利養名與為人說法无道德心求法師過而為論義非理辯說不為長解求出世法或輕慢尊言違重耶教毀呰大乘讚譽小道如是等罪今日至誠皆悉懺悔

至心歸命華英天尊　至心歸命玉真天尊
至心歸命寶林天尊　至心歸命玉寶天尊
至心歸命弘智天尊　至心歸命保賢天尊
至心歸命翘心天尊　至心歸命化夷狄天尊
至心歸命威神天尊　至心歸命化生天尊
至心歸命盟魔天尊　至心歸命栢空天尊
至心歸命梵形天尊　至心歸命即生人中天尊
至心歸命步虛天尊　至心歸命大度天尊
至心歸命預善天尊　至心歸命持禁戒天尊
至心歸命无畏老天尊　至心歸命迴靈天尊
至心歸命南陵天尊　至心歸命四象天尊
至心歸命自育天尊　至心歸命香林天尊
至心歸命徐來天尊　至心歸命容與天尊
至心歸命教化万物天尊　至心歸命定念天尊

至心歸命常樂道天尊　至心歸命三光天尊
至心歸命更生天尊　至心歸命受功天尊
至心歸命玉都天尊　至心歸命道乾天尊
至心歸命威光天尊　至心歸命弥綸天尊

至心歸命金頽天尊　至心歸命宗匠天尊
至心歸命識宿命天尊　至心歸命入法門天尊
至心歸命散流德天尊　至心歸命生門天尊
至心歸命靜氣天尊　至心歸命九虛天尊
至心歸命妙炁天尊　至心歸命明徹天尊
至心歸命洞觀天尊　至心歸命含咲天尊
至心歸命授經蘊天尊　至心歸命有道天尊
至心歸命十方常住三寶衆等又從无始已來至于今日或於師間有鄙殺害尊人破和合衆不發无上正真之心有人斷滅法教使聖道不行或罷脫人道輕考善士楚撻駈役呰言加謗或破戒行虧於威儀或勸他人棄弃正道受行耶法或假託形儀闚竊賊盜如是等罪今皆懺悔
至心歸命十方常住三寶衆等從无始已來

或裸形單衣在經像前不淨脚履昇上壇靜或著麻屐入於觀舍經室溺唾堂房汙三寶地乘車策馬排突觀舍今如是等於三寶閒所起罪業无量无邊今日至心於十方天尊聖衆前皆悉懺悔
至心歸命懐道天尊　至心歸命駕龍天尊
至心歸命六洞天尊　至心歸命寶明天尊
至心歸命靈元天尊　至心歸命大千天尊
至心歸命長樂身天尊　至心歸命道原天尊
至心歸命太極玉名天尊　至心歸命衆妙之元天尊
至心歸命大信惠天尊　至心歸命出世天尊
至心歸命玄虛天尊　至心歸命得自在天尊
至心歸命日樂天尊　至心歸命善日天尊
至心歸命稱增益天尊　至心歸命端嚴天尊
至心歸命善香天尊　至心歸命眼勝天尊
至心歸命善觀天尊　至心歸命攝聚義天尊
至心歸命善意願天尊　至心歸命勝慧天尊
至心歸命金幢天尊　至心歸命天明天尊
至心歸命功德淨天尊　至心歸命寶光明天尊
至心歸命師子稱天尊　至心歸命善見天尊

至心歸命功德王天尊　至心歸命雨法華天尊
至心歸命造光明天尊　至心歸命增益山王天尊
至心歸命普明觀天尊　至心歸命愛淨天尊
至心歸命日月光天尊　至心歸命普光自在王天尊
至心歸命純寶藏天尊　至心歸命栴檀德王天尊
至心歸命日月燈明天尊　至心歸命名聞光天尊
至心歸命虛空住天尊　至心歸命常寂滅天尊
至心歸命寶辯天尊　至心歸命破煩惱光明天尊
至心歸命无憂德天尊　至心歸命无憂天尊
至心歸命无退轉天尊　至心歸命无相嚴天尊
至心歸命大慈大悲救脫真人　至心歸命大慈大悲大慧真人
二真人各三稱　礼三寶已次復懺悔
夫論懺悔者本是改往脩來滅惡興善人生
居世誰能无過學人失念尚起煩惱仙人　結
習動有口業豈况凡夫而當无過但智者先
學便能改悔者覆藏遂使滋湯所以積習長
夜晚悟无期若能慚愧發露懺悔者豈唯
正是滅罪而已亦復增長无量功德樹立天
尊勝上妙果若欲行此法者先當外宿肅形儀
瞻奉尊象內起敬意緣於相法憮功至到生

二種心何等為二一者自念我此形命難可
常保一朝散壞不知此身何時可復若不值遇
天尊賢聖忽遭逢惡友造衆罪業復應墮
落三塗惡趣二者自念我此生中雖得值遇
天尊正法得解正法者紹繼聖種淨身口意
善法自居而今我等公自作惡而復覆藏言
他不知謂彼不見隱匿在心慠然无愧此實
天下愚惑之甚即今現有十方天尊諸大真
人諸天神仙何曾不以清淨大眼觀於我等
所作諸罪惡業又復幽顯靈祇注記罪福纖
豪无差然作罪之人命終之後牛頭獄卒錄
其精神在羅酆宮北帝之所辯覈是非考論
愆過當尒之時一切惡對皆來證據各云汝先
屠戮我身炮煑蒸炙或言汝先剥奪於我
一切財寶離我眷屬我於今者始得汝便于
時現前證據何得敢諱唯應甘心分受宿殃
如經所明地獄之中不枉治人若在生平素所
作罪心自妄失者是
至心歸命不思議天尊　至心歸命妙樂天尊
至心歸命金讚律天尊　至心歸命普通天尊

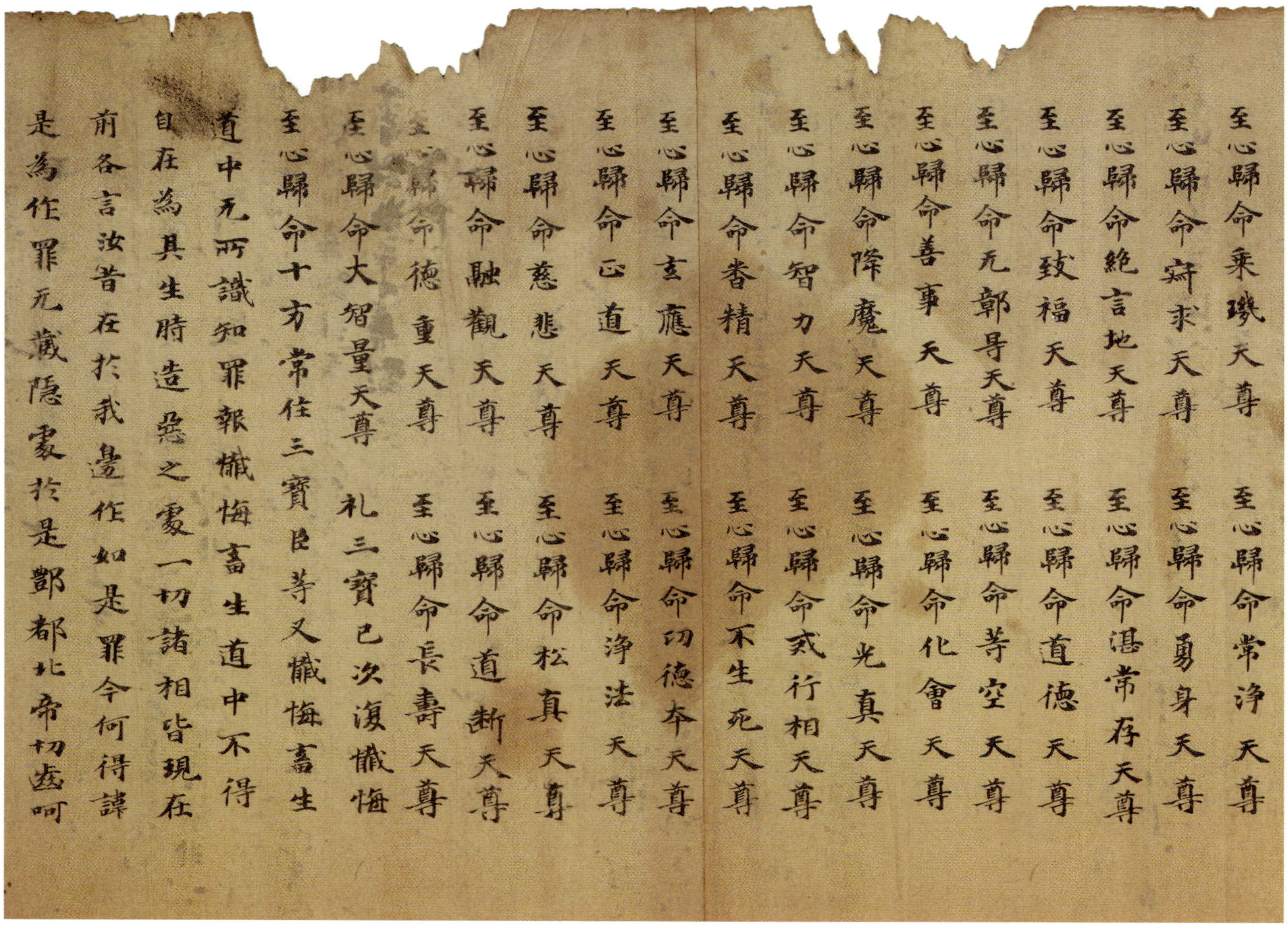

至心歸命乘璣天尊　至心歸命常淨天尊
至心歸命尋求天尊　至心歸命勇身天尊
至心歸命絕言地天尊　至心歸命湛常存天尊
至心歸命致福天尊　至心歸命道德天尊
至心歸命无郭昇天尊　至心歸命等空天尊
至心歸命善事天尊　至心歸命化會天尊
至心歸命降魔天尊　至心歸命光真天尊
至心歸命智力天尊　至心歸命戒行相天尊
至心歸命香精天尊　至心歸命不生死天尊
至心歸命玄應天尊　至心歸命功德本天尊
至心歸命正道天尊　至心歸命淨法天尊
至心歸命慈悲天尊　至心歸命松真天尊
至心歸命融觀天尊　至心歸命道斷天尊
至心歸命德重天尊　至心歸命長壽天尊
至心歸命大智量天尊　礼三寶已次復懺悔
至心歸命十方常住三寶臣等又懺悔畜生
道中无所識知罪報懺悔畜生道中不得
自在為其生時造惡之處一切諸相皆現在
前各言汝昔在於我邊作如是罪今何得諱
是為作罪无藏隱處於是酆都北帝切齒呵

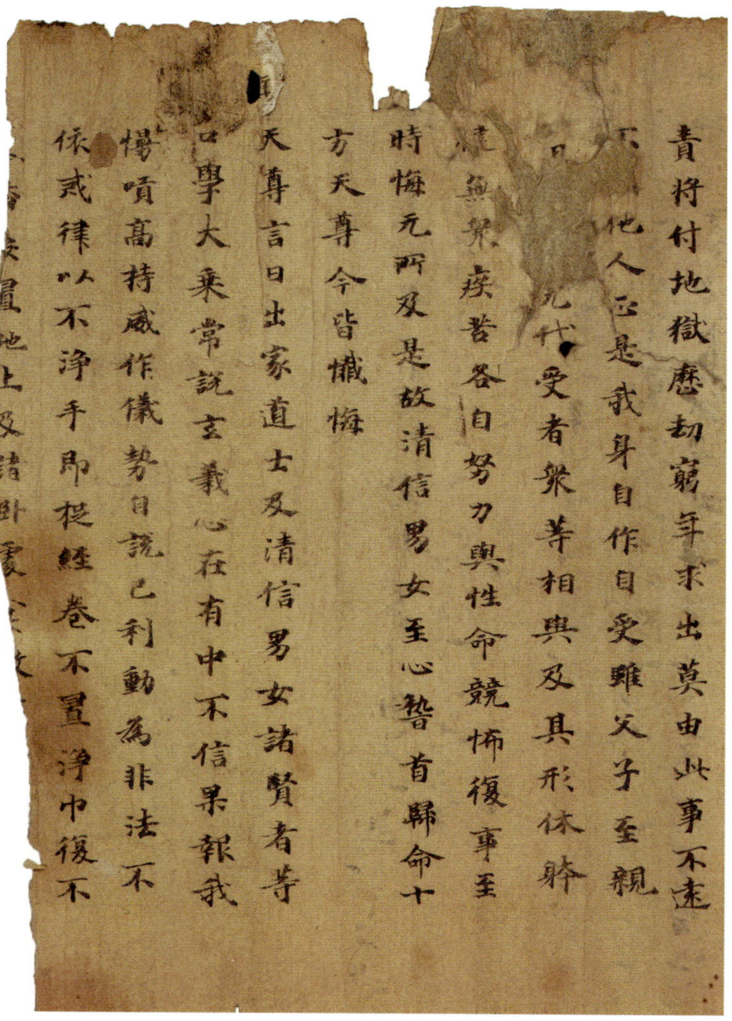

責將付地獄歷劫窮年求出莫由此事不遠
他人正是我身自作自受雖父子至親
无代受者衆等相與及其形休幹
健無病皆各自努力與性命競怖復事至
時悔无所及是故清信男女至心稽首歸命十
方天尊今皆懺悔
天尊言曰出家道士及清信男女諸賢者等
學大乘常說玄義心在有中不信果報我
慢嗔高持戒作儀努自說己利動為非法不
依戒律以不淨手取持經卷不置淨中復不
置地上及諸卧處

釋文

(BD1218)〔一〕

太上洞玄靈寶天尊名卷上

元始天尊千五百名號及諸懺悔文

是時元始天尊，七月十五日於西那玉國鬱/察山浮羅之岳長桒林中，度一切人民。天尊/與諸弟子真（君）〔二〕上聖，及諸天帝，天龍鬼神，雜/類人等，俱還長樂舍中。騫木之下，自然踊出/太玄真一九光瓊障七寶之座。其座高廣，皆/以黄金、白銀、真珠、碧玉、珊瑚、虎魄、車渠、馬瑙/裝校，彫鎸嚴麗華整，雜以寶幢，懸諸幡蓋，内/外光明，映照十方無極世界，香華妓樂，周匝/圍遶，師子辟耶，龍驎猛狩，騰虵神虎，俻衛左/右，鳳皇孔雀，金翅朱鳥，皆吐雅音，飛鳴其上/。雖有座形，不鄣於物，人衆往来，無所隔导。復/有諸小琉璃之座，各從蓮華臺中自然踊出/，四邊圍遶。天尊尔時即登寶座，正基而坐，恬/神安漠，

端寂無為，入衆妙門，離言説道。是諸／大衆，各礼一拜，依位而坐，見是事已，咸自思／惟，嘆未曾有。第一弟子左玄真人，名曰法解／，即從座起，共十方(三)同類徒衆，前進作礼，五體／投地，一心正念，上白天尊言：此七寶座，妙麗／希有，形相宛然，不礙於物。天尊座上，即知法／(四)解來問義趣，從其面門，即放五色光明，遍照／十方无極國土，種種異類世界，天堂地獄，悉／於中見；復有十方天尊，諸大仙人，悉於中見／；生死苦樂，福報多少，悉於中見；脩道階梯，亦／於中見；浄穢國土，亦於中見。十方來衆，猶如／微塵，不可稱數，悉見天堂極樂，地獄酸切，極／苦無邊。復見大福堂國長樂之舍，極樂無比／，勝於南宮。法解真人、太極真人、大慧真人、救／脱真人，四大真人前白天尊：今於光中，見種種／國土，苦樂不同，天堂地獄，受報差別。唯願天／尊大慈哀愍，救護衆生，為作利益，令得解脱／，永離憂悲，速生浄土。

天尊告救脱真人：善哉／善哉，汝等諦聽，我今為汝分別解説十方諸／天尊名字，至心礼拜懺悔，滅无量罪，生无量福／，即得往生諸天極樂世界。必須作无量功德／，施散貧乏，觀行成就，夷心無二，永斷愛染，即／得出離无量煩惱。救脱真人言：此宛利天棄／賢世界，雜惡之處，地獄餓鬼畜生盈滿，多不／善聚。願我未來，不聞惡聲，不見惡人。觀此之／言，此處實尔國土不浄，人无樂事。如此世界／中，有四時八節，剋食人命，春秋冬夏，風雨寒／熱，晝明夜闇，日月相催，土地砂礫，高下傾危／，山河嶮阻，草木(棘)剌，無一可樂。所受人身，生／老病死，不浄假合，危難停其報，身體須衣須／食，難可充足，飢渴常生，復王法駈馳，无由自／在。假令聚集，唯有童蒙无識，共為伴侶，正用／牛馬猪羊，雜類畜生，衆怨事物，以為果報。眼／見惡色，耳聞惡聲，鼻嗅惡香，舌嘗惡味，身受／惡觸，意縁惡法，如此之事，何由可樂。方復年／命无常，特甚可畏，出息入息，念謝往(死)。假令百／年，計其日數，適得三万六千日活，况復命有／多少短促，死事何疑。既不勉死事，須求生安／樂世界，欲得往生長樂浄土，但生彼快樂无／極，衣以天繒，食則行厨，無有四時寒暑，日夜／明闇，亦無生老病死，三塗八難痛苦之名，地／(下缺)

(P.3755，前缺)

願共諸衆生，往生福堂國。見十方天尊，常願盡供養／。
救脱真人白元始，稽首聖中真法王。衆生心中无價寶／，
常被六賊來劫剥。瞋恚怒箭竄射心，无明愛鏁關籥强／。
人我枷杻防禁身，六親眷屬共相夷。五濁穢土何時出／，
无明大水无方渡。救脱大慈白天尊，唯願慈悲多方便／。
為諸衆生作當來，无價法船善濟度，運載衆生到彼岸／，
不食酒宍及薰辛，清浄灑掃□一房，四面置像及幢節／，
嚴持香華及幡蓋，念道礼拜□□□，七日七夜夢相見／，
即有真人來教授，天尊現形作種種，名同天尊十方億／，
化度衆生不可量。唯願天尊時為説，我等頂礼永不退／。

時有左玄真人及救脱真人，稽首讚揚西那／玉國真浄天尊國土事相，願共法界衆生，同／往彼浄土西那玉國／。願見光明寶林，有七寶道塲，樹上高四百万／里，其本周圍(五)五千四万里，枝葉四布廿万里／。見此樹者，罪障雲除，□□生法上品，往生西／那玉國。願見長樂國土真浄天尊，威德／魏魏，出遇(六)一切諸世界，上光明照，相好荘嚴／。願見長樂國土七寶浴池，上善之水，湛然盈／滿，底有寶沙，岸有香樹，若入寶池，開神悦躰／，蕩除心垢，得成正道。願見長樂玉國真浄天／尊，身衣七寶明珠褐，披九光寶雲帔，坐千／葉蓮華寶臺，金底有師子、九色鮫龍，仙童／玉女，奉香散花。願見長樂玉國日蓋大慈真／人，具卅二相，八十一好，身見金色，頂有寶冠，項／有圓光，瓔珞光明，處處垂下。順化真人，相好／荘嚴，善能隨順接引衆生，浄除業障／。願見長樂國土月浄大悲真人，舉身光明，照／十方作紫金，有縁衆生，皆悉得見。願蒙威力／，除生死罪，得蒙開悟，迴向正道／。願見彼土真人大衆，智慧光明，神通洞達，虚／無之身，無極之躰。願皆親覲，脩諸功德上／品，往生長樂國土。若有人念誦，日夜礼／拜此長樂國土真浄天尊，洗除衆生无量罪／垢，不可思議。

是時元始天尊即説十方天／尊名字，一百八(七)道君、千二百老子。若廣説天／尊名字，如微塵數，窮劫説之，亦不可盡。同名／天尊，亦不可盡。略説十方一千五百天尊名／字，礼拜讚誦，功德難勝。如是作礼。其礼五十後，着二大真人

稱礼／，不可思議。各三稱／。

至心歸命北方玄上玉晨天尊（八），至心歸命太極天尊／，至心歸命無為天尊，至心歸命託質天尊／，至心歸命不極天尊，至心歸命共舒天尊／，至心歸命隱德天尊，至心歸命慧道天尊／，至心歸命靈符天尊，至心歸命高上玄靈真王天尊／，至心歸命玉清上極天尊，至心歸命高清太極元景天尊／，至心歸命龍形九色天尊，至心歸命高極天尊／，至心歸命西那天尊，至心歸命乞食天尊／，至心歸命紫烟天尊，至心歸命三清天尊／，至心歸命十轉天尊，至心歸命制魄天尊／，至心歸命高上空洞天尊，至心歸命玉清靈明紫簡天尊／，至心歸命高清皇初天尊，至心歸命珎藏說法天尊／，至心歸命善力天尊，至心歸命寶林天尊／，至心歸命无得天尊，至心歸命寶首天尊／，至心歸命左真天尊，至心歸命含慈天尊／，至心歸命天父天尊，至心歸命高上玉寶天尊／，至心歸命紫虛玉皇天尊，至心歸命高清上真天尊／，至心歸命傳經天尊，至心歸命慈悲天尊／，至心歸命廣濟天尊，至心歸命信惠天尊／，至心歸命嚴浄天尊，至心歸命法忍天尊／，至心歸命右真天尊，至心歸命應變天尊／，至心歸命高上九霄天尊，至心歸命紫精天尊／，至心歸命高玄清靈太真天尊，至心歸命闡教天尊／，至心歸命普濟平等天尊，至心歸命大智海天尊／，至心歸命大浮羅天尊，至心歸命三空天尊／。

礼三寶已，次復懺悔／。

至心歸命十方常住三寶，懺悔貪愛之罪。經／中說言，但為貪欲，閇在癡獄，沒生死河，莫之／能出。衆生為是五欲因緣，從昔已来，流浪生／死。於一一（九）衆生，一劫之中所積身骨，如大山岳，所／飯母乳，如四海水，身所出血，復過於此。父母兄／弟，六親眷屬，命終哭泣，所出目淚，亦如四大／海水。是故說言：有愛則生，愛盡則滅。故知生／死貪愛為本。所以經言：淫欲之罪，能令衆生／墮於地獄，餓鬼受苦。若在畜生，則受鴿雀鵄／梟等身。若生人中，妻不貞良，得不隨意眷屬／。淫欲既有如此惡業，是故清信男女，今日至／到稽顙，歸命三寶／。

至心歸命力无畏天尊，至心歸命龍漢梵度天尊／，至心歸命寶藏天尊，至心歸命高上无始天尊／，至心歸命无上紫虛天尊，至心歸命玉虛玄覽天尊／，至心歸命来勒天尊，至心歸命大昌惠海天尊／，至心歸命仙真上聖天尊，至心歸命碧落浮黎天尊／，至心歸命惠覺天尊，至心歸命法海天尊／，至心歸命九鳳天尊，至心歸命玄中天尊／，至心歸命欝丹无量天尊，至心歸命紫晨天尊／，至心歸命玉虛九索金華天尊，至心歸命十城天尊／，至心歸命大慧眼天尊，至心歸命弘至教天尊／，至心歸命轉法輪天尊，至心歸命玉虛无上天尊／，至心歸命三素飛雲天尊，至心歸命无壽天尊／，至心歸命紫虛太帝天尊，至心歸命八方天尊／，至心歸命道力天尊，至心歸命玉虛九皇天尊／，至心歸命御龍天尊，至心歸命万道天尊／，至心歸命十種天尊，至心歸命迴峰天尊／，至心歸命（傳）書天尊，至心歸命五色流霞天尊／，至心歸命上監天王天尊，至心歸命紫虛陽天尊／，至心歸命玉虛天皇天尊，至心歸命太妙天尊／，至心歸命自然天尊，至心歸命法无畏天尊／，至心歸命惠命天尊，至心歸命員象（一〇）天尊／，至心歸命玄元天尊，至心歸命極玄妙天尊／，至心歸命清帝飛輪天尊，至心歸命不驕樂天尊／，至心歸命紫虛清浄天尊，至心歸命玉虛太一天尊／。

礼三寶已，次復懺悔／。

至心歸命十方常住三寶，臣等自從无始已来／，至于今日，或通人妻妾，奪他婦女，侵陵貞潔／，汙浄行男女，破他精思，逼迫无道，濁心耶視，言／語嘲調，或復耻他門户，汙賢善名，或於男女／起不浄行。如是等罪，今皆懺悔／。

至心歸命十方常住三寶，臣等无始已来，或／墮胎落子，毒藥蠱道，傷殺衆生，墾土掘地，養／蠶煑繭，傷殺滋甚，或打撲蚊蚋，咋齒蜂蠆，焚／燒糞掃，開決溝渠，枉害一切，或瞰草（下缺）

（BD4047→BD3818，前缺）

至心歸命華生德天尊，至心歸命於衆堅固天尊／，至心歸命智明天尊，至心歸命智衆天尊／，至心歸命離胎天尊，至心歸命大醫天尊／，至心歸命壞諸煩惱天尊，至心歸命无量智讚天尊／，至心歸命華生天尊，至心歸命轉諸難天尊／，至心歸命施名聞天尊，至心歸命名親天尊／，至心歸命名堅固天尊。

礼三寶已，次復懺悔／。

至心歸命十方常住三寶，臣等懺悔无量劫／来，至于今日，或於道法之間，一切諸部，經中／所說，人身難得，道尊難聞，衆師難值，信心難生／，六根難具，善友難逢。而今相與，宿殖善根／，得此人身，六根完具。又值善友，得聞大道正／法，於其中間，復各不能盡心，精懃苦行，恐於／未來長溺万苦，无有出期。是故今日應須至／心慚愧，稽首歸依，今皆懺悔／。

至心歸命十方常住三寶，衆等自從无始已／來，至于今日，常以无明覆心，煩惱鄣弊，見尊／形像，不能盡心恭敬，輕慢衆師，殘害善友，破／壇毁觀，焚燒形像，或自處華堂，安置尊像，卑猥之處，使令煙薰日暴，風吹雨霑，塵土汙／點，雀鼠殘毁，共同住宿，曾无禮敬，或裸露像／身，初不嚴飾，或遮掩燈燭，關閇殿堂，鄣像／光明。如是等罪，今日至誠，悉皆懺悔／。

至心歸命北方度仙上聖天尊，至心歸命冥想天尊／，至心歸命當度衆生天尊，至心歸命得道天尊／，至心歸命保命天尊，至心歸命金寶天尊／，至心歸命宣遵天尊，至心歸命誠有天尊／，至心歸命无㝵天尊，至心歸命大法施天尊／，至心歸命上清天尊，至心歸命靈陰天尊／，至心歸命信天尊，至心歸命嚴整天尊／，至心歸命太華天尊，至心歸命玄都天尊／，至心歸命入妙門天尊，至心歸命若注海天尊／，至心歸命八冥天尊，至心歸命普度天尊／，至心歸命除愛獄天尊，至心歸命弘正道天尊／，至心歸命細微天尊，至心歸命感應天尊／，至心歸命制命門天尊，至心歸命断口業天尊／，至心歸命泥丸天尊，至心歸命變化天尊／，至心歸命遊玄天尊，至心歸命度仙天尊／，至心歸命達靈天尊，至心歸命受號无為天尊／，至心歸命宿世因緣天尊，至心歸命高上慈救天尊／，至心歸命真身天尊，至心歸命忍垢天尊／，至心歸命存濟天尊，至心歸命貴生天尊／，至心歸命應感天尊，至心歸命遠遊天尊／，至心歸命九關天尊，至心歸命流光天尊／，至心歸命法喜天尊，至心歸命太上高玄天尊／，至心歸命玉簡天尊，至心歸命威聖天尊／，至心歸命棄耶天尊，至心歸命入无為天尊／，至心歸命鎮生天尊，至心歸命寶藏天尊／，至心歸命華都天尊／。

礼三寶已，次復懺悔／。

至心歸命十方常住三寶，衆等自從无始已／来，至于今日，或於道法之間，以不浄手把捉／經卷，或臨經書，非法俗話，或安置床頭，坐起／不敬，或開閇箱篋，虫噉朽爛，或褾袖脱落，部／黨失次，或遺脱漏誤，紙墨破列，自不脩理，或／自道恭敬，云他輕賤，不肯流轉。如是等罪，今／皆懺悔／。

至心歸命十方常住三寶，衆等自從无始已／来，或卧地聽經，仰眠讀誦，高聲語咲，亂他聽／法，或耶解尊語，僻說聖意，非法說法，法說非／法，非犯說犯，犯說非犯，輕罪說重，重罪說輕／，或抄前著後，抄後著前，前後著中，中著前後／，倚飾文辭，安置不典，或為利養，名與為人說／法，无道德心，求法師過，而為論義（議），非理彈說／，不為長解。求出世法，或輕慢尊言，遵重耶教／，毁呰大乘，讚譽小道。如是等罪，今日至誠，皆／悉懺悔／。

至心歸命華英天尊，至心歸命玉真天尊／，至心歸命寶林天尊，至心歸命玉寶天尊／，至心歸命弘智天尊，至心歸命保賢天尊／，至心歸命翹心天尊，至心歸命化夷狄天尊／，至心歸命威神天尊，至心歸命化生天尊／，至心歸命盟魔天尊，至心歸命栢空天尊／，至心歸命梵形天尊，至心歸命即生人中天尊／，至心歸命步虚天尊，至心歸命大度天尊／，至心歸命預善天尊，至心歸命持禁戒天尊／，至心歸命无畏老天尊，至心歸命迴靈天尊／，至心歸命南陵天尊，至心歸命四象天尊／，至心歸命自育天尊，至心歸命香林天尊／，至心歸命徐来天尊，至心歸命容與天尊／，至心歸命教化万物天尊，至心歸命定念天尊／，至心歸命常樂道天尊，至心歸命三光天尊／，至心歸命更生天尊，至心歸命受功天尊／，至心歸命玉都天尊，至心歸命道乹天尊／，至心歸命威光天尊，至心歸命弥綸天尊／（一一）至心歸命退轉天尊，至心歸命端嚴天尊／（一二）至心歸命金顔天尊，至心歸命宗匠天尊／，至心歸命識宿命天尊，至心歸命入法門天尊／，至心歸命散流德天尊，至心歸命生門天尊／，至心歸命静氣天尊，至心歸命九虚天尊／，至心歸命妙炁天尊，至心歸命明徹天尊／，至心歸命洞觀天尊，至心歸命含咲天尊／，至心歸命授經蕴天尊，至心歸命有道天尊／。

至心歸命十方常住三寶，衆等又從无始已／来，至于今日，或於師問有鄣，殺害尊人，破和／合衆，不發无上正真之心，有人断滅法教，使／聖道不行。或罷脱人道，鞭考善士，楚韃駈役／，苦言加謗。或破戒行，虧於威儀，或勸他人捨／棄正道，受行耶法。或假託形儀，闚竊賊盜。如／是等罪，今皆懺悔／。

至心歸命十方常住三寶，衆等從无始已来／，或裸形單衣，在經像前，不浄脚履，昇上壇静／，或著屧屐，入於觀舍經室，涕唾堂房，汙三寶／地，乘車策馬，排突觀舍。今如是等於三寳間／所起罪業，无量无邊。今日至心於十方天尊聖／衆前，皆悉懺悔／。

至心歸命懷道天尊，至心歸命駕龍天尊／，至心歸命六洞天尊，至心歸命寶明天尊／，至心歸命靈元天尊，至心歸命大千天尊／，至心歸命長樂身天尊，至心歸命道原天尊／，至心歸命太極玉名天尊，至心歸命衆妙之元天尊／，至心歸命大信惠天尊，至心歸命出世天尊／，至心歸命玄虛天尊，至心歸命得自在天尊／，至心歸命日樂天尊，至心歸命善自天尊／，至心歸命稱增益天尊，至心歸命端嚴天尊／，至心歸命善香天尊，至心歸命眼勝天尊／，至心歸命善觀天尊，至心歸命攝聚義天尊／，至心歸命善意願天尊，至心歸命勝慧天尊／，至心歸命金幢天尊，至心歸命天明天尊／，至心歸命功德浄天尊，至心歸命寶光明天尊／，至心歸命師子稱天尊，至心歸命善見天尊／，至心歸命功德王天尊，至心歸命雨法華天尊／，至心歸命造光明天尊，至心歸命增益山王天尊／，至心歸命普明觀天尊，至心歸命愛浄天尊／，至心歸命日月光天尊，至心歸命普光自在王天尊／，至心歸命純寶藏天尊，至心歸命栴檀德王天尊／，至心歸命日月燈明天尊，至心歸命名聞光天尊／，至心歸命虛空住天尊，至心歸命常寂滅天尊／，至心歸命寶辯天尊，至心歸命破煩惱光明天尊／，至心歸命无憂德天尊，至心歸命无憂天尊／，至心歸命无退轉天尊，至心歸命无相嚴天尊／，至心歸命大慈大悲救脱真人，至心歸命大慈大悲大慧真人／。

二真人各三稱。

礼三寶已，次復懺悔／。

夫論懺悔者，本是改往脩来，滅惡興善。人生／居世，誰能无過，學人失念，尚起煩惱，仙人結／習，動有口業。豈况凡夫，而當无過？但智者先／學，便能改悔者，覆藏遂使滋湯，所以積習長／夜，曉悟无期。若能慚愧，髮露懺悔者，豈唯／正是滅罪而已，亦復增長无量功德，樹立天／尊勝上妙果。若欲行此法者，先當外宿肅形儀／，瞻奉尊象，内起敬意，緣於相法，慊功至到，生／二種心。何等為二？一者，自念我此形命難可／常保，一朝散壞，不知此身何時可復，若不值遇〔一三〕／天尊賢聖，忽遭逢惡友，造衆罪業，復應堕／落三塗惡趣。二者，自念我此生中雖得值遇／天尊正法，得解正法者，紹継聖種，浄身口意／，善法自居。而今我等公自作惡，而復覆藏，言／他不知，謂彼不見，隱匿在心，慠然无愧，此實／天下遇或之甚。即今現有十方天尊，諸大真／人，諸天神仙，何曾不以清浄大眼，觀於我等／所作諸罪惡業。又復幽顯靈祇，注記罪福，纖／豪无差。然作罪之人，命終之後，牛頭獄卒録／其精神，在羅酆宫北帝之所，辯覈是非，考論／愆過。當尒之時，一切惡對皆来證據，各云汝先／屠戮我身，炮煑蒸炙，或言汝先剥奪於我／一切財寶，離我眷屬，我於今者始得汝，便于／時現前證據，何得敢諱？唯應甘心分受宿殃／。如經所明，地獄之中，不枉治人。若在生平素所／作罪，心自妄失者是／。

至心歸命不思議天尊，至心歸命妙樂天尊／，至心歸命金爵律天尊，至心歸命普通天尊／，至心歸命乗璣天尊，至心歸命常浄天尊／，至心歸命寂求天尊，至心歸命勇身天尊／，至心歸命絶言地天尊，至心歸命湛常存天尊／，至心歸命致福天尊，至心歸命道德天尊／，至心歸命無鄣㝵天尊，至心歸命等空天尊／，至心歸命善事天尊，至心歸命化會天尊／，至心歸命降魔天尊，至心歸命光真天尊／，至心歸命智力天尊，至心歸命戒行相天尊／，至心歸命香精天尊，至心歸命不生死天尊／，至心歸命玄應天尊，至心歸命功德本天尊／，至心歸命正道天尊，至心歸命浄法天尊／，至心歸命慈悲天尊，至心歸命松真天尊／，至心歸命融觀天尊，至心歸命道断天尊／，至心歸命德重天尊，至心歸命長壽天尊／，至心歸命大智量天尊。

礼三寶已，次復懺悔／。

至心歸命十方常住三寶，臣等又懺悔畜生／道中无所識知罪報，懺悔畜生道中不得／自在，為其生時造惡之處，一切諸相，皆現在／前，各言汝昔在於我邊，作如是罪，今何得諱／，是為作罪，无藏隱處。於是酆都北帝切齒呵／責，將付地獄，歷劫窮年，求出莫由。此事不遠／，不□他人，正是我身自作自受，雖父子至親／□□□□□代受者，衆等相與，及其形休躰／健無衆疾苦，各自努力，與性命競怖，復事至／時，悔无所及。是故清信男女，至心稽首歸命十／方天尊，今皆懺悔／。

天尊言曰：出家道士及清信男女、諸賢者等／，□學大乘，常説玄義，心在有中，不信果報，我／慢嗔高，持威作儀勢，自説己利，動為非法，不／依戒律，以不浄手，即捉經卷，不置浄巾，復不／□□安置，地上及諸卧處□□□（下缺）

校記

〔一〕敦煌本BD1218號，卷首完好，題「太上洞玄靈寶天尊名卷上」。尾部殘缺。P. 3755、BD4047、BD3818號抄本均首尾殘缺，無標題。從内容及字跡判斷，四件抄本原當屬同一寫卷，但文字不直接連續。以《太上洞真賢門經》爲參校本。

〔二〕「君」字原空缺，據文義補。以下補字不復詳注。

〔三〕十方：原作「十千」，據文義改。

〔四〕行左有雜寫文字：「何法所依處，所依何事，且説看下文便顯。」

〔五〕周圍：原作「周圖」，據文義改。

〔六〕出遇：原作「出過」，據文義改。

〔七〕一百八：當作「三百八十」。參見《太上洞真賢門經》。

〔八〕「北方玄上玉晨天尊」疑當作「東方玉寶皇上天尊」。參見《太上洞真賢門經》。

〔九〕一一：原作「二」，據文義改。

〔一〇〕員象：原作「負象」，據文義改。

〔一一〕BD4047 止於此行。

〔一二〕下接BD3818。按，BD3818號抄本原與BD4047爲同一抄本，二者之間僅缺損一行，參見《太上洞真賢門經》。

〔一三〕值遇：原作「值過」，據文義改。

殘片

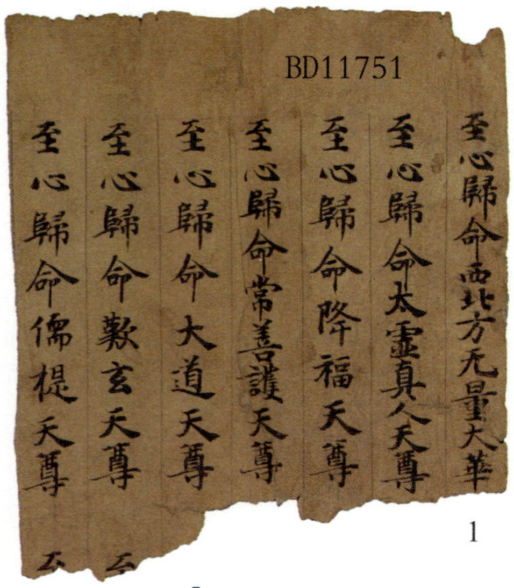

（BD11751）

至心歸命西北方无量大華天尊（缺文）

至心歸命太靈真人天尊（缺文）

至心歸命降福天尊（缺文）

至心歸命常善護天尊（缺文）

至心歸命大道天尊（缺文）

至心歸命歎玄天尊，至（缺文）

至心歸命儒提天尊，至（下缺）

（王卡點校）

太上洞玄靈寶三十二天天尊應號經（擬）

解題

撰人不詳，約出於南北朝或隋唐之際。原本二十六卷，現殘存第十二卷及第二十二卷。收入《正統道藏》太平部。（《中華道藏》第四册\032號）

此經書是洞玄靈寶部經懺。謂三界三十二天各有二百位天尊名號，世間男女若燒香燃燈，至心歸命天尊，誦詠名號，可乞求天官除前世今生所犯罪過，解脱三塗五苦，使形魂安寧，衣食自然，否則將入地獄受拷。道藏本存清明何童天（第三天）、無思江由天（第二十二天）兩部經文及天尊名。

附 Ch. 2401\T II T2070：德國柏林國家圖書館藏本，殘片。首尾缺損，下半部斷裂。無卷題。楷書精美，「世」字缺筆避諱，應爲唐代官修道經抄本。殘存經文十行。内容爲「顯定極風天」（第十九天）的經文，與上述道藏本經文的文句體例近似，但天尊名已缺佚。此殘片可補道藏本之缺，並證明《天尊應號經》最晚在唐代已問世，頗爲珍貴。

（按，此件編號不詳，係劉屹告知，大淵目三五九頁著録，題作「ル・コック將來本」，即勒柯克所獲文書。大淵圖録影版，定作「失題道經」。）

圖版

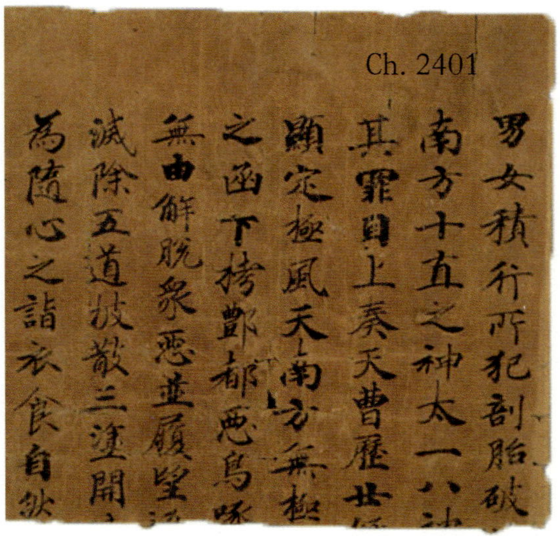

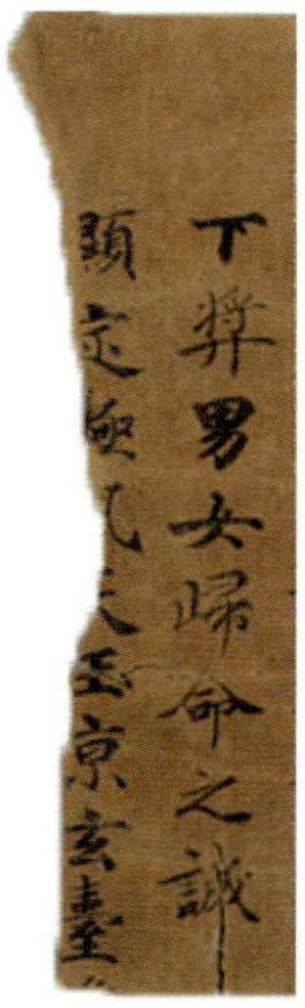

釋文

（Ch.2401，前缺）

男女積行所犯剖胎破卵□□□□之罪，為/南方十直之神、太一八神使者、司命司録定/其罪目，上奏天曹，歷世纏結，不能解脱。罪孽/顯定極風天南方無極世界靈官之府，玉匱/之函，下拷酆都，惡鳥啄眼目地獄，歷劫辛苦，/無由解脱。衆惡並履，望返何期。如此之罪，咸乞/滅除，五道披散，三塗開解，五苦長消。若有所/為，隨心之詣，衣食自然。上賴天尊大慈之恵〔一〕/，下獎男女歸命之誠/。

顯定極風天玉京玄臺（下缺）

校記

〔一〕陰影中文字據道藏本擬補。

（王卡録文）

洞玄靈寶天尊説濟苦經

解題

簡稱《濟苦經》。撰人不詳，約出於南北朝。北周釋甄鸞《笑道論》已引述此經。內言誦經念咒，請天尊驅邪救苦之法。一卷。收入《正統道藏》洞玄部本文類。（《中華道藏》第四册\048 號）

P. 5029A+5030B：兩殘片筆跡近似，原屬同抄本。綴合後首尾上下均有殘損。首題：天尊説濟苦經一卷。楷書字佳。殘存經文合計十四行，內容大致與道藏本首頁第 1—11 行相當，但文字頗有不同。（大淵目未著録）

（按，P.5029、P.5030 兩編號，原件均有數十枚小殘片。其中 P.5029 第一枚、P.5030 最後一枚殘片是《濟苦經》，其餘小碎片均爲佛經。應重新整理編號。）

S. 0793：首殘尾全，尾題：天尊説濟苦經一卷。存經文四十七行，見於道藏本第 1a9 行「誦此七道名字」，至卷末止。文字大致相同，但抄本第 24—29 行天尊説化胡經文，道藏本全部删除。（大淵目一一三頁）

（以上三件合計存經文五十八行，首尾基本完整。）

北大 D117：首殘尾全。楷書精美。尾題：天尊説濟苦經一卷。卷末注記：「文明元年三月，弟子胡寬為亡考敬寫天尊説濟苦經一卷，願亡者得入昇仙，同登大道。」尾鈐「德化李氏凡將閣珍藏」印，原是李木齋藏本。存經文三十一行，見於 S. 0793 抄本第 17 行「授法轉讀經文」，至卷末止。（此件影版見《北京大學藏敦煌文獻》

圖版

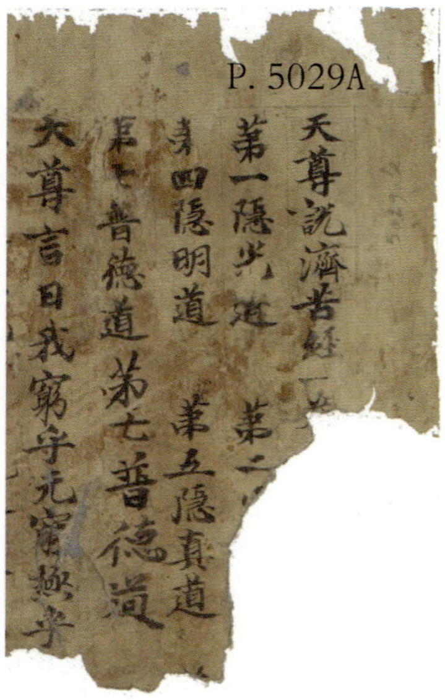
P. 5029A

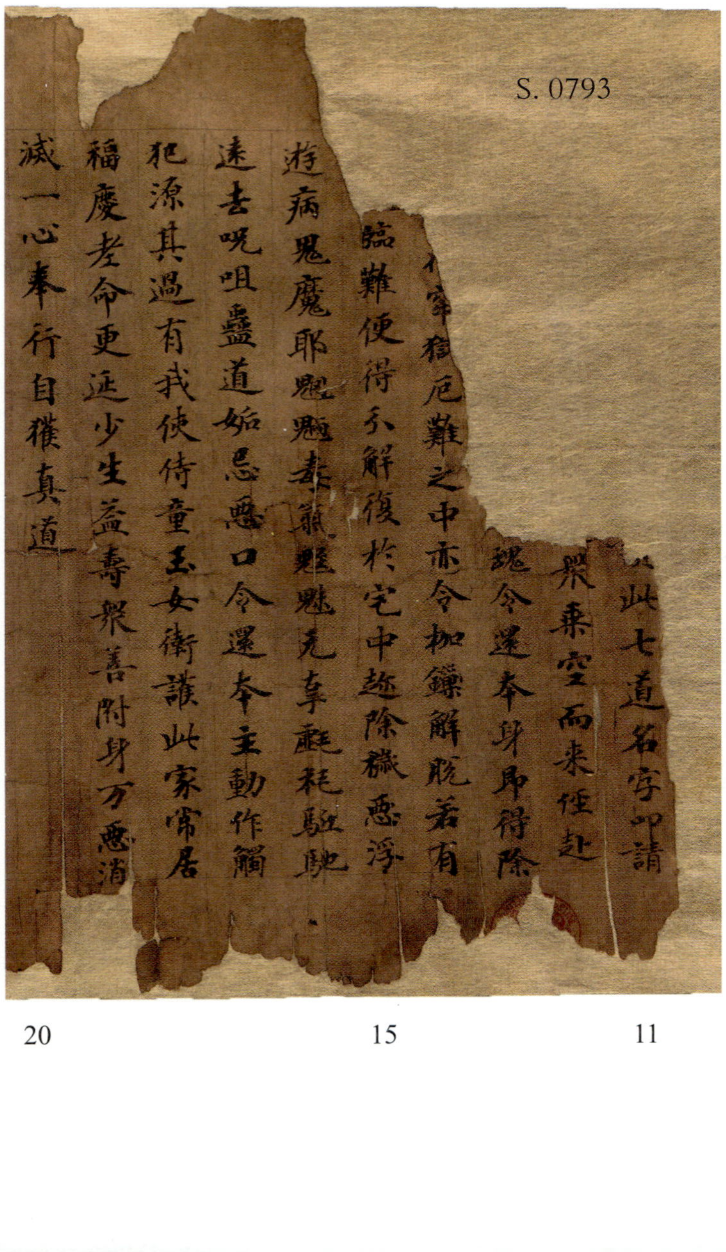
S. 0793

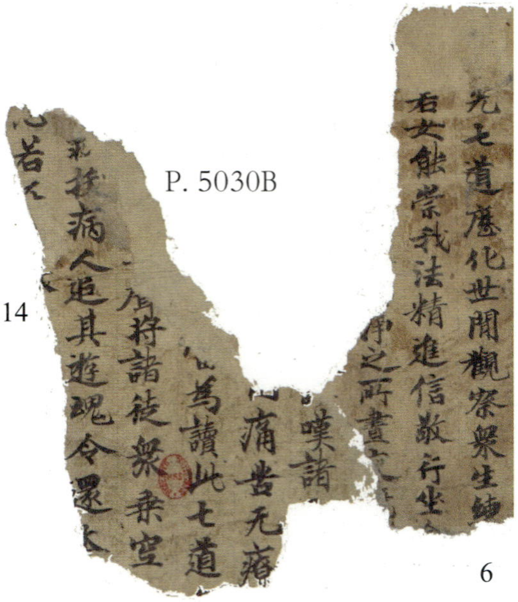
P. 5030B

天尊言曰我法行化以為信者懃身受持
讀誦抄寫如是弟子恒圍衛我愍其練行能
敬道法為除煩惱終无枉横生无憂苦死无
殃流去處无為常樂善緣福報自然超越昇
仙
天尊言曰我臣道士是汝門師受汝供養為汝
校法轉讀經文過濟度哉道傳我前啓請精
誠我自知之若不依法我亦知之汝等道民好心
供養勿有悔慱謗生口業生施有悔死必无功
我當觀察罪无兩主直心取念多施多得少施
少得造經造像亦復如是及能安立觀廟塑我
形像幡華圍繞燃燈續明施力成就其功巍巍
計不可量時登善福得入昇仙
天尊言曰我道寬廓无法不經无物不度若
在胡國稱之恒河沙諸佛若在漢地名曰太
上老君在胡在漢心轉我身阿難者尹喜先
生身是維摩詰者无極先生身是舍利弗者
鬼谷先生身是文殊師利者郭子先生身是
此等先生隨我形變名位二象恒從侍我歷
化還宮得道合真

天尊言曰惟我先天地前我獨有之无生无滅
變易自然有天有地始有君民我出經教歷
帝為師復為天真大神府樓蓉生東化碧落
南化炎明西化大堂北化欝單化緣既遍遷
還常境濟度十方皆来奉道未觀佛因至心
樂法得入昇仙
一者无極大道　二者无上正真之道
三者太平无為清約之道
天尊言曰此經一卷日誦三遍稱我三寶郭衛
是人令无怖畏若有罪犯亦復除滅汝等敬信
讀此經口氣不淨手捉穢惡故汙不慎未来
漆罪穢濁之中若欲讀誦必當漱口潔淨持心
正念求男得男求女得女求長命得長命居
家安樂衣食豐足是經大有神德濟度生死
若男若女抄寫受持清淨安置即令宅舍安
隱男女昌熾衆聖助衛富樂无為福力之故
善行增廣七世生天法界有形俱時斯福

天尊説濟苦經一卷

北大D117

梭法轉讀經文過存……
我自知之若不作法我……之汝等道民好心供
養勿有悔慢謗生口業生施有悔死必无功我
當觀察罪无兩重直心取念多施多得少施少得
造經造像亦復如之及能安立觀廟坐我形像
幡華圍繞然燈續明施力成就其功巍巍計不
可勝特登福……壽更昇仙
天尊言曰我道寬廓无法不經无法不度若
在胡國稱之恒河沙諸佛若在漢名曰太上
老君在胡在漢以東我身阿難者尹憙先生
身是維摩詰者无極先生身是舍利弗者鬼
谷先生身是……者郭子先生身是此
等先生隨我形變名位二處恒侍從我歷化還
宮得道合真
天尊言曰惟我天先地前我獨有之无生无滅
變易自然有天有地始有君民我出經教歷
帝為師復為天真大神衛梭蒼生東化碧落
南化炎明西化大堂北化鬱單化緣既遍還還
常境濟度十方皆來奉道未覩佛因至心樂
法得入昇仙

一者无極大道　二者无上正真之道　三者太上无為清約之道
天尊言曰此經一卷日誦三遍稱我三寶部衛
是人令无怖畏若有罪犯亦須除滅汝等敬
信若讀此經口氣不淨手捉穢惡故汙不慎
未來滌罪穢濁之中若欲讀誦必當嗽口潔
淨持心正念求男得男求女得女求長命得長
命居家安樂衣飯豐足此經大有神德濟度
生死若男若女抄寫受持清淨安置即令宅
舍安隱男女昌熾衆聖助衛留樂无為福力
之故善行增廣七世生天法界有形俱時斯
福

天尊說濟苦經一卷

文明元年三月弟子胡究為亡考敬
寫天尊說濟苦經一卷願亡者得入昇
仙同登大道

釋文

（P. 5029A+5030B）

天尊説濟苦經一卷

第一隱光道第二處光道第三隱相道／（P. 5029A）

第四隱明道第五隱真道第六隱變道／

第七普德道／

天尊言曰我窮乎無窮極乎無極我令此隱／

光七道歷化世間觀察衆生練其善惡若男／

若女能崇我法精進信敬行坐念道恒持齋／

戒著浄衣服清浄之所晝夜燒香依時禮拜／

供養十方行道吟詠讚嘆諸聖月直長齋日／（P. 5030B）

日不闕是人若遭病困痛苦无療及在西繫閉／

並諸婦人臨難不分當為誦此七道名字叩／

請於我我即尋聲將諸徒衆乘空而來徑赴／

是家救拔病人追其遊魂令還本身即得除／

愈若在牢獄厄難之中亦令枷鏁解脱若有／（下缺）

（此經完整録文見《靈真戒拔除生死濟苦經》。）

靈真戒拔除生死濟苦經

解題

又名《天尊説濟苦經》。敦煌抄本有兩種題名，但經文全同。（《中華道藏》第四册 \049 號）

P. 4559：首殘尾缺。首題：[靈]真戒拔除生死濟苦經。存經文二十二行，見於道藏本卷首，至第 1b7 行「附體萬惡」句。開端文字頗有不同。（大淵目一一三頁）

P. 2385. 1：首殘尾全。尾題：靈真戒拔除生死濟苦經。存經文三十七行，見於道藏本第 1b8 行「自獲道真」，至卷末止。卷後粘接《太上大道玉清經》卷十。背面寫佛教文書。（大淵目一一四頁）

S. 5921：殘片，首尾及下半均缺損。存經文二十二行，見於 S. 0793 抄本第 28 行「身是文殊師利者」，至第 46 行「福利之故」止。（大淵目一一四頁）

（以上三件約存經文六十行。大致與道藏本首尾相當。但文字頗有出入。抄本中一段天尊化胡經文，道藏本删除。）

圖版

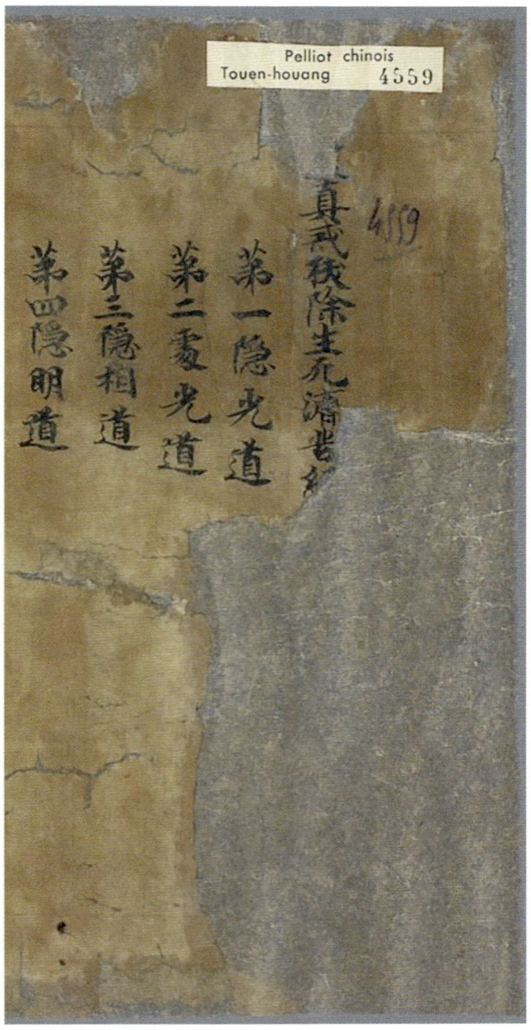

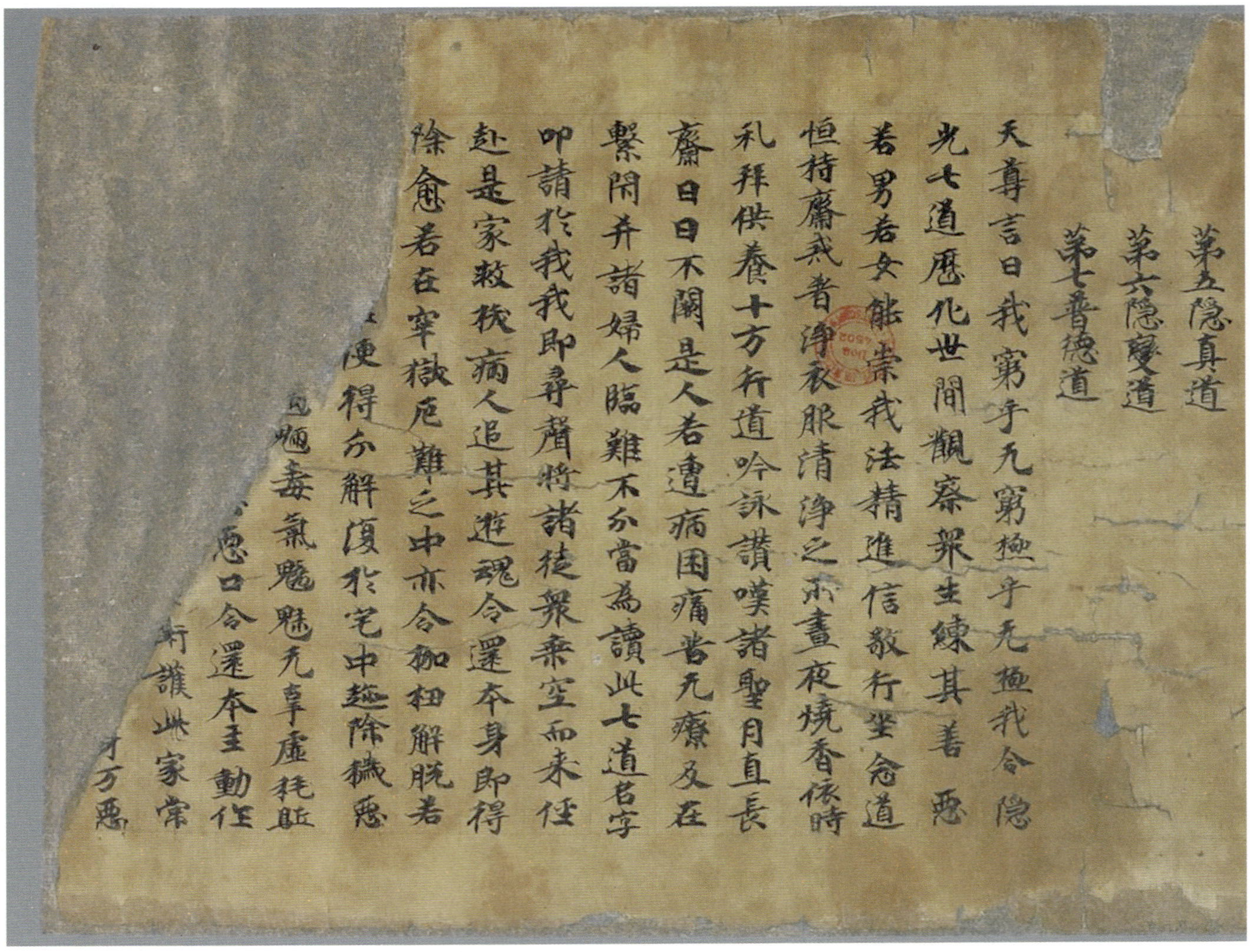

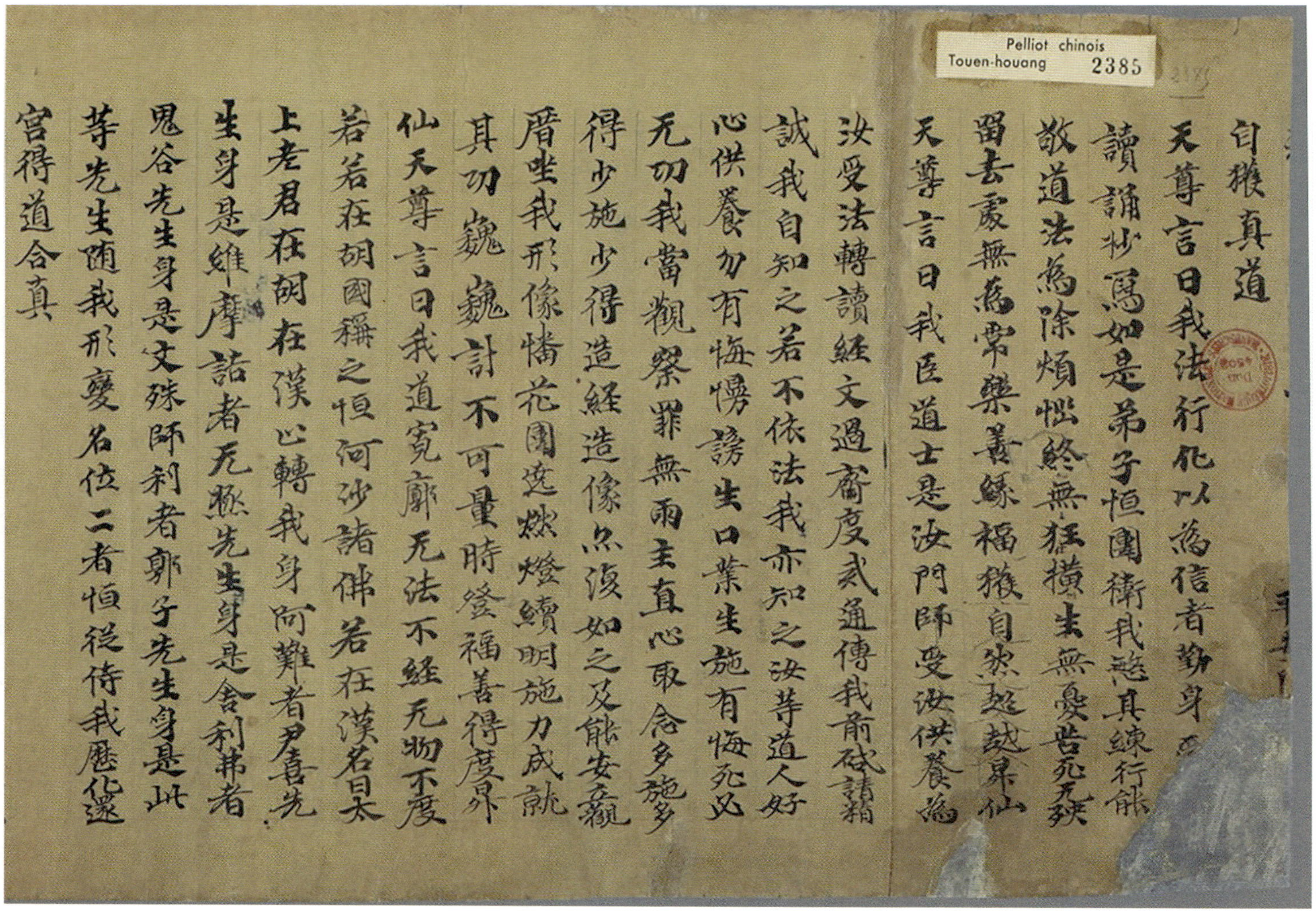

自獲真道
天尊言曰我法行化以為信者勤身至
讀誦抄寫如是弟子恒團衛我趣真練行能
敬道法為除煩惱終無狂橫生無憂苦死无殃
留去處無為常樂善緣福獲自然超越昇仙
天尊言曰我臣道士是汝門師受汝供養為
汝受法轉讀經文過齋度戒通傳我前礎藉
誠我自知之若不依法我亦知之汝等道人好
心供養功有悔懺謗生口業生施有悔死必
无功我當觀察罪無兩主直心取念多施多
得少施少得造經造像亦復如之又能安竈
層坐我形像幡花園遶然燈續明施力成就
其功巍巍計不可量時登福善得度界
仙天尊言曰我道寬廓无法不經无物不度
若若在胡國稱之恒河沙諸佛若在漢若曰太
上老君在胡在漢以轉我身向難者尹喜先
生身是維摩詰者无極先生身是舍利弗者
鬼谷先生身是文殊師利者郭子先生身是此
等先生隨我形變名位二者恒從侍我歷化還
宮得道合真

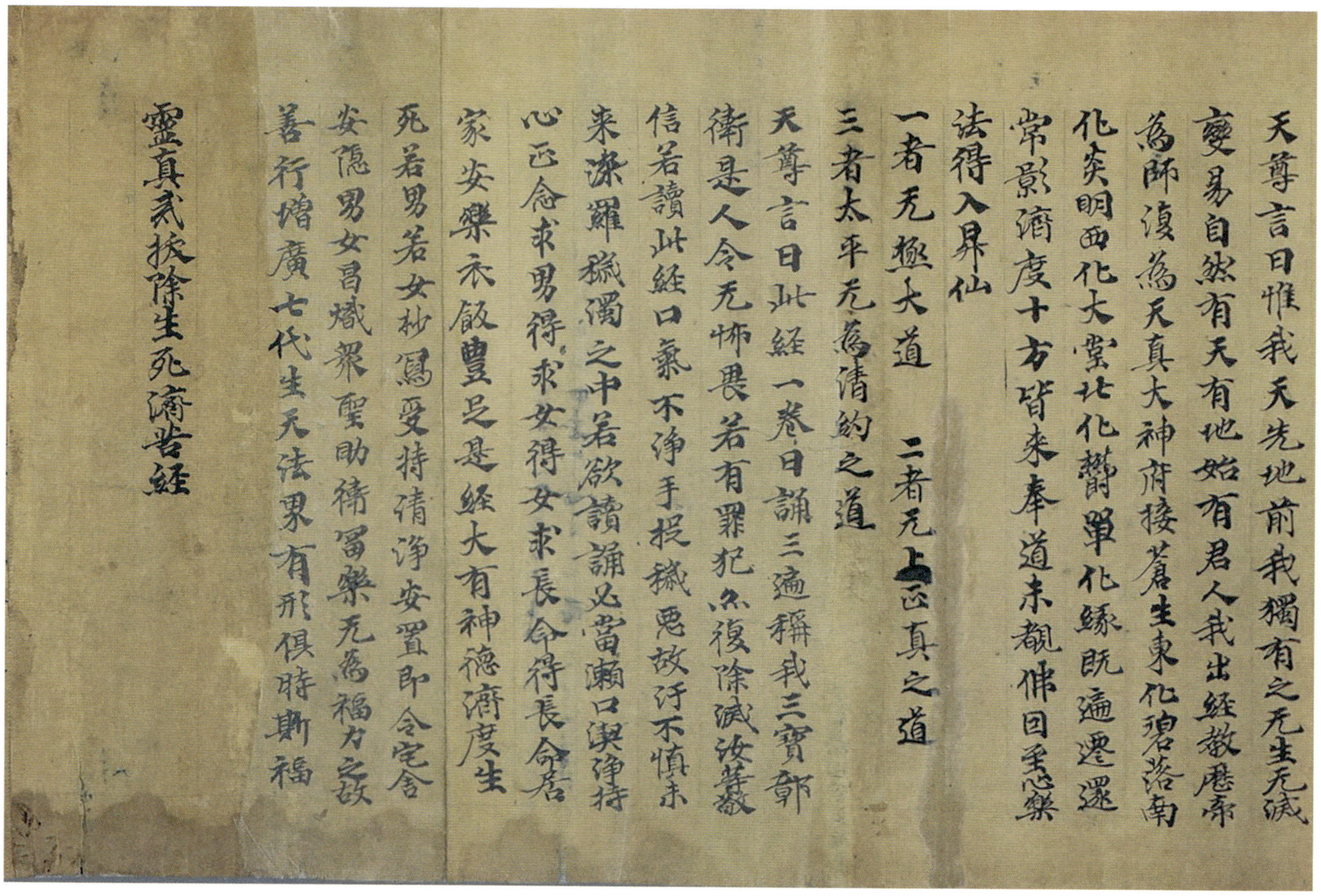

天尊言曰惟我天先地前我獨有之无生无滅
變易自然有天有地始有君人我出經教歷劫
為師復為天真大神府接蒼生東化碧落南
化炎明西化大堂北化鬱單化緣既遍還還
常影濟度十方皆來奉道未覩佛因悉樂
法得入昇仙
一者无極大道　二者无上正真之道
三者太平无為清約之道
天尊言曰此經一卷日誦三遍稱我三寶郭
衛是人令无怖畏若有罪犯亦復除滅汝募
信若讀此經口氣不淨手捉穢惡故汙不慎未
來滐羅獄獨之中若欲讀誦必當漱口澡淨持
心正念求男得男求女得女求長命得長命居
家安樂衣飯豐足是經大有神德濟度生
死若男若女抄寫受持清淨安置即令宅舍
安隱男女昌熾衆聖助衛留樂无為福力之設
善行增廣七代生天法界有形俱時斯福
靈真戒拔除生死濟苦經

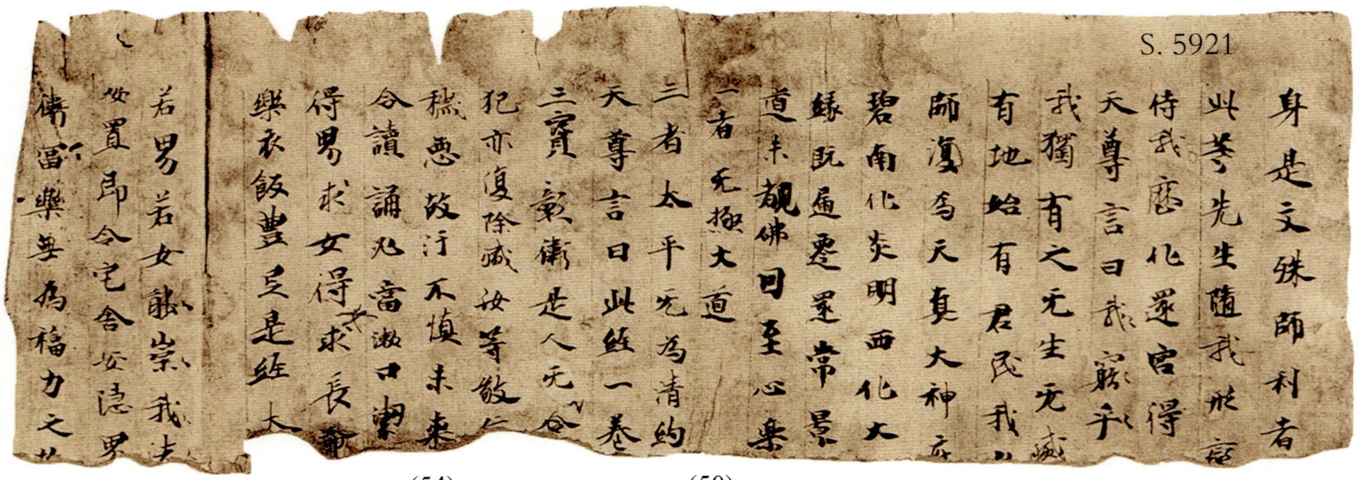

S. 5921

(41)　(44)　(50)　(54)　(58)

釋文

靈真戒拔除生死濟苦經

（P. 4559 拼合 S. 0793）[一]

第一隱光道／

第二處光道／

第三隱相道／

第四隱明道／

第五隱真道／

第六隱變道／

第七普德道／

天尊言曰：我窮乎无窮，極乎无極。我令隱／光七道歷化世間，觀察衆生，練其善惡／。若男若女，能崇我法，精進信敬，行坐念道／，恒持齋戒，著净衣服，清净之所晝夜燒香，依時／礼拜，供養十方，行道吟詠，讃嘆諸聖，月直長／齋，日日不闕。是人若遭病困，痛苦无瘵，及在／繫閉，并諸婦人臨難不分，當為讀此七道名字／，叩請於我，我即尋聲將諸徒衆，乘空而来，徑／赴是家，救拔病人，追其遊魂，令還本身，即得／除愈。若在牢獄厄難之中，亦令枷杻[二]解脱，若／有婦人臨難[三]，便得分解。復於宅中趁除[四]穢惡，浮／遊病鬼，魔耶魍魎，毒氣魑魅，无辜虛耗，駈馳／遠去。咒咀蠱道，妬忌惡口，令還本主，動作觸／犯，源其過有。我使侍童玉女，衛護此家，常居／福慶，考命更延，少生益壽，衆善附身，万惡[五]消／滅。一心奉行，自獲真道／[六]。

天尊言曰：我法行化，以為信者，懃身受持／，讀誦抄寫，如是弟子，恒圍衛我，愍其練行，能／敬道法，為除煩惱，終无枉横，生无憂苦，死无／殃流[七]，去處无為，常樂善緣，福獲自然，超越昇／仙／。

天尊言曰：我臣道士，是汝門師，受汝供養，為汝／授法[八]，轉讀經文，過齋度戒，通傳我前，啓請精／誠，我自知之，若不依法，我亦知之。汝等道民，好心／供養，勿有侮慢，謗生口業，生施有悔，死必无功／，我當觀察，罪无兩主。直心取念，多施多得，少施／少得，造經造像，亦復如是。及能安立觀廟[九]，坐我／形像，幡華圍繞，燃燈續明，施力成就，其功巍巍／，計不可量，時登善福，得入昇仙／。

天尊言曰：我道寬廓，无法不經，无物不度。若／在胡國，稱之恒河沙諸佛；若在漢地，名曰太／上老君。在胡在漢，止轉我身。阿難者，尹喜先／生身是；維摩詰者，无極先生身是；舍利弗者／，鬼谷先生身是；文殊師利者〔一〇〕，郭子先生身是／。此等先生，随我形變名位二處〔一一〕，恒從侍我，歷／化還宫，得道合真／。

天尊言曰：惟我先天地前，我獨有之，无生无滅／，變易自然。有天有地，始有君民，我出經教，歷／帝為師，復為天真大神，府接〔一二〕蒼生。東化碧落／，南化炎明，西化大堂，北化郁單。化緣既遍，遷／還常境〔一三〕，濟度十方，皆来奉道。未覩佛因，至心／樂法，得入昇仙／。

一者无極大道，二者无上正真之道／，三者太平无為清約之道／。

天尊言曰：此經一卷，日誦三遍，稱我三寶部衛／，是人令无怖畏，若有罪犯，亦復除滅。汝等敬信／，（若）讀此經〔一四〕，口氣不浄，手捉穢惡，故汙不慎，未来／染罪穢濁之中。若欲讀誦，必當漱口潔浄，持心／正念，求男得男，求女得女，求長命得長命，居／家安樂，衣食〔一五〕豐足。是經大有神德，濟度生死／，若男若女，抄寫受持，清浄安置，即令宅舍安／隱，男女昌熾，衆聖助衛，富樂无為，福力之故／〔一六〕。善行增廣，七世生天，法界有形，俱時〔一七〕斯福／。

天尊説濟苦經一卷

校記

〔一〕按，本篇有敦煌抄本七件，均殘損。經文與《正統道藏》所收《太上洞玄靈寶天尊説濟苦經》大致相同。本篇録文，已將敦煌本部分異體俗字改作規範繁體字。（此録文係編纂《中華道藏》所用，收入本合集時僅更正部分疏漏，標明各寫本起止處。此處所言敦煌抄本七件，係指題名《洞玄靈寶天尊説濟苦經》抄本四件、題名《靈真戒除生死濟苦經》抄本三件。因内容全同，故王卡先生合併録文。——胡百濤整理）

〔二〕以上文字以P. 4559爲底本，以下用S. 0793爲底本。又「杻」字，S. 0793作「鏁」。

〔三〕陰影中文字在P. 4559、S. 0793中均殘缺，據道藏本補。又，「臨難」，道藏本作「臨産」。

〔四〕「趁除」，當作「驅除」。

〔五〕P. 4559止於此處，從此前溯五行均殘。

〔六〕P. 2385起於「自獲真道」，前有數殘字，尾全。

〔七〕「殃流」，P. 2385作「殃留」，道藏本作「殃咎」。

〔八〕北大D117起於「授法」，尾全。

〔九〕「觀廟」，P. 2385作「觀厝」。

〔一〇〕S. 5921起於「身是文殊師利者」，下半每行缺六七字。

〔一一〕「二處」，P. 2385作「二者」。

〔一二〕「府接」當作「俯接」，道藏本作「撫接」。

〔一三〕「境」字，S. 5921作「景」。

〔一四〕「若」字據P. 2385補。道藏本此句作「汝等道民若讀此經」。

〔一五〕「食」字，S. 5921作「飯」。

〔一六〕S. 5921止於此。

〔一七〕「時」字，當從道藏本作「持」。

（王卡點校）

天尊説三途五苦存亡往生救苦拔出地獄妙經

解題

簡稱《往生救苦經》。撰人不詳，約出於南北朝末或隋唐之際。講述天尊爲左玄真人法解等演説生死因緣，罪福報應，及修道積功，拔出衆生地獄苦對之法。原經一卷。收入《正統道藏》洞玄部本文類，題作《太上洞玄靈寶往生救苦妙經》。（《中華道藏》第四册 \046 號）

P. 2348：首殘尾全。尾題：天尊為一切衆生説三塗五苦存亡往生救苦拔出地獄妙經。存經文二百一十五行，大致與道藏本第 1b7—13b1 行相當。但道藏本卷尾較敦煌本多出八十句頌詩，兩本文字亦頗有出入。（大淵目一〇五頁）

（按，《正統道藏》洞玄部本文類另有《太上洞玄靈寶三塗五苦拔度生死妙經》一卷。講述元始天尊爲法解真人演説罪福報應，解脱衆生地獄苦對之法。内容文字與敦煌本大同小異。）

圖版

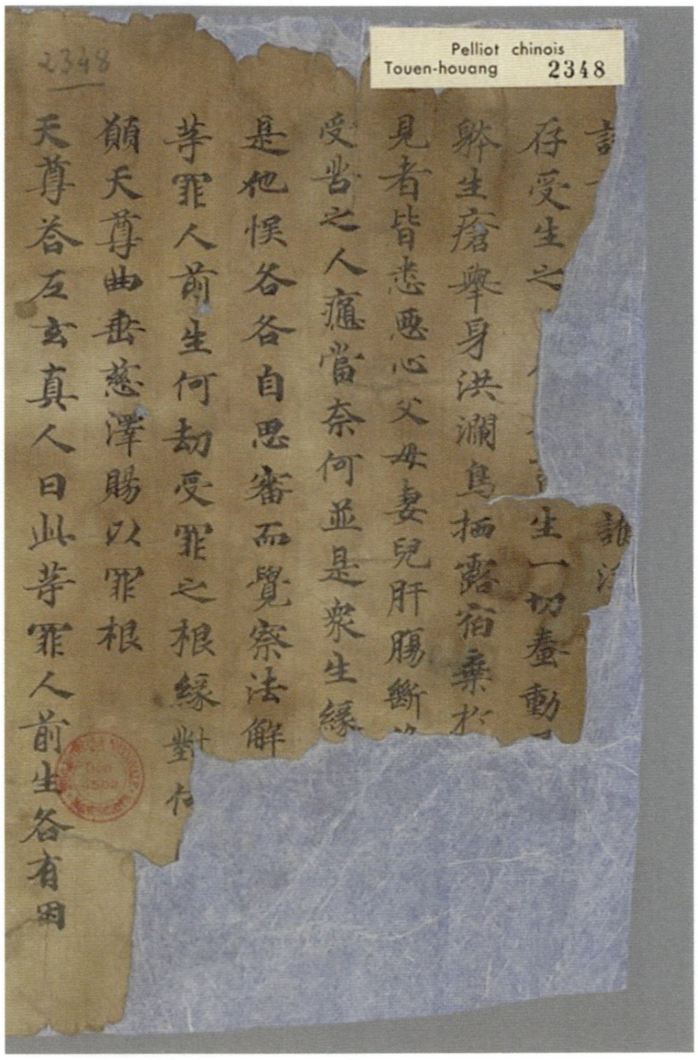
存受生之……生一切蠢動
骸生瘡舉身洪瀾烏栖露宿棄於
見者皆悲愍心父母妻兒肝腸斷絕
受苦之人應當奈何並是衆生緣
是他悞各各自思審而覺察法解
等罪人前生何劫受罪之根緣對在
願天尊曲垂慈澤賜以罪根
天尊荅左玄真人曰此等罪人前生各有因

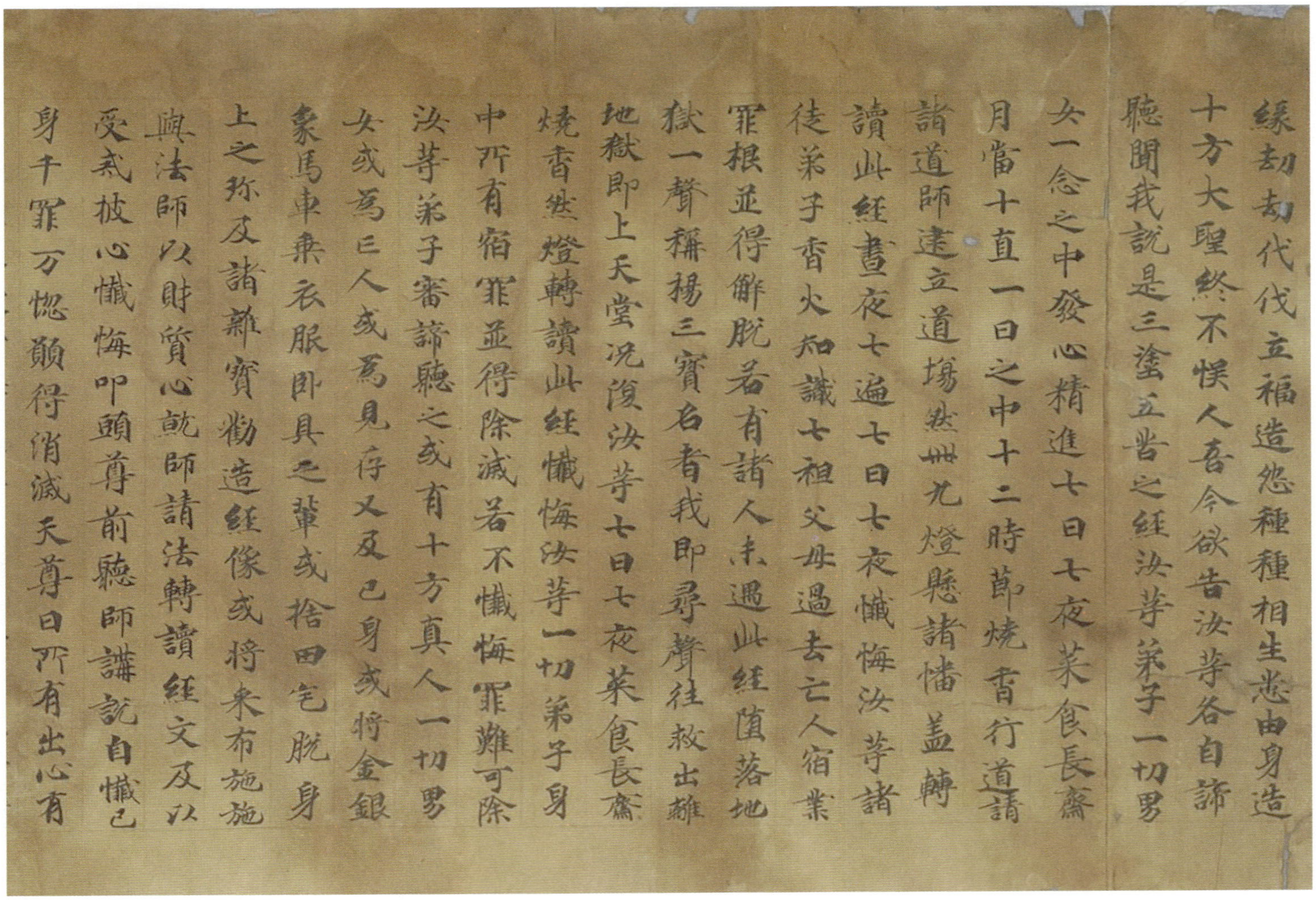
緣劫劫代代立福造愆種種相生悉由身造
十方大聖終不悞人吾今欲告汝等各自諦
聽聞我説是三塗五苦之經汝等弟子一切男
女一念之中發心精進七日七夜菜食長齋
月當十直一日之中十二時節燒香行道請
諸道師建立道場然卌九燈懸諸旛蓋轉
讀此經晝夜七遍七日七夜懺悔汝等諸
徒弟子香火知識七祖父母過去亡人宿業
罪根並得解脱若有諸人未遇此經墮落地
獄一聲稱揚三寶名者我即尋聲往救出離
地獄即上天堂況復汝等七日七夜菜食長齋
燒香然燈轉讀此經懺悔汝等一切弟子身
中所有宿罪並得除滅若不懺悔罪難可除
汝等弟子審諦聽之或有十方真人一切男
女或爲巨人或爲見存又及己身或將金銀
象馬車乘衣服卧具之華或捨田宅脱身
上之珎及諸珎寶勸造經像或將來布施施
與法師以財貨心就師請法轉讀經文及以
受戒披心懺悔叩頭尊前聽師講説自懺己
身千罪万愆願得消滅天尊曰所有出心有

意欲造經像當時隨其多少分數即以具斟勿留在後恐失前願与身為怨万劫口過若有施物施與齋食及與法師布施之物當即分付物留在後万一東西与人作業若當過去必入地獄受諸苦惱身為餓鬼或作畜生從得人身聾盲六疾貧窮下賤或作孤兒寄他養育飢寒困苦无人愛憐半夜三更思發歸共愁惱在心未嘗有忘或作猶豬牛羊雜獸恒被生煞已報前愆衆劫說之亦難可盡吾今告汝諸徒弟子審帝脩身右玄真人又手作礼上白天尊言願為一切衆等罪根衆生說此三塗五苦八難之經盲聾衆生齋心仰聽聞經之者普受快樂皆悉惟憶稽首願聞天尊告一切衆生曰善男子善女子等我當歷觀諸天及遊地獄之中見有受罪衆生咽著大枷髀桎霞杻脚著大械身負鐵鏈口中銜火刀針刺背劍樹穿心惡鳥啄睛鐵犁耕舌融銅灌口百節火然以鐵為丸入喉喉爛鑊湯煎煮銅柱逼身或上刀山骨石糜碎或入爐炭脂灼火然轉入寒氷傷心切骨鐵床遣卧宍爛床間變作鬼身毀形難見或在雪田之內分百心腸剉對斬身細將入碓血宍分別碓作微塵飃骨聚斂還成餓鬼牛頭舉棒獄師拏叉驅促罪人未嘗有歇輪迴億劫何日得還汝等衆生努力減己削身懃脩功德汝等弟子及諸衆等各厲本心當得解脫言語未訖右玄真人從衆中出稽首作礼五體投地上白天尊言未審此等衆生前生前業作何罪豐行何楚毒卑何戒律衆等愚癡不自曉了惟願天尊哀愍衆等受罪之人亦以勿犯當使慎之物得更造不知脩建何功德拔此罪根時諸衆等各發道心稽首天尊願聞顯說

天尊告右玄真人卿等衆生心欲樂聞說此三塗五苦八難之經汝等弟子諦聽在心此經微妙不可思議衆經之中最為第一上品之中最為第一懺悔拔出過去亡人救難之中最為第一此經尊貴衆經中王向言三塗者地獄道一畜生道二餓鬼道三是名三塗五苦者抱銅柱一履刀山二循劍樹三入鑊

湯四呑火食炭五是名五苦八難者夫人生
得免三惡道一既得爲人去女爲男二即得
身六情四體皃具三六情具足得生中国四
得生中國便值有道君父母五值有道之
君一生學道慈仁善心六善心既發信道長
生七既信道德不生逢太平帝主万劫與三
寶相遇八故曰八難三灾者征行大兵爲一
灾終年長病爲二灾行往逢大水是名三灾
五毒者一水漂溺之苦二火燒然之苦三賊傷
煞之苦四鬼魅著人之苦五一切毒螫犨嚙
痛深之苦是名五毒五濁者一見濁耶見二
劫濁日月短促三衆生濁精神不明四煩惱
濁嗔恚鬭諍五命濁中夭少亡婦兒毒子中
道離別有孤男女癰苦傷心是名五濁八行
者一能身受非事不自申訴二能讓德與人
三能不欲人之所欲四能容无事不申理五能
遠離无道之人藏身在靜處六能一心奉國
心念三寶日日燒香長齋不絶供養出家
人不遠仁信七能不負經戒一生在俗恒不
破齋慙能灑掃靜堂備燈注火救拔一切貧

窮下賤產婦老病孤弱不具足衆生所見之
者皆發慈心八能一生念道不謗毀出家人是
非口恒念誦見一切蠢動皆發慈念之心一切
平等无有彼我善惡好醜與我身无異是名
八行四等者一者惟慈二者惟愛三者惟善
四者惟忍是名四等六塵者一耳聽宮商二眼
見青黃白黑赤三鼻知香臰四身知剛柔滑
濕五舌知辛酸鹹苦甘六心知善惡喜怒哀
樂外來曰塵內動曰情是名六情塵六通者
耳眼鼻身舌心是名六通并六根共同三毒
者貪婬一嗔恚二愚癡三是名三毒天尊重
告左玄真人曰向爲一切衆生說此三塗五
苦經者一切遠近皆蒙慧解並入法門左玄
真人曰法解稽首作礼上白天尊曰一切
罪根衆生今蒙天尊說罪福報對向於座下
及諸弟子飢寒之劣餓鬼畜生聞說此經皆
悉曉然各自動脩不敢更造爲過去亡者若
在地獄之中受三塗五苦八難之儓欲救亡
人其法若箇最得爲先濟亡人之苦天尊
告真人曰汝等欲救過去亡人當欲捨壽之時

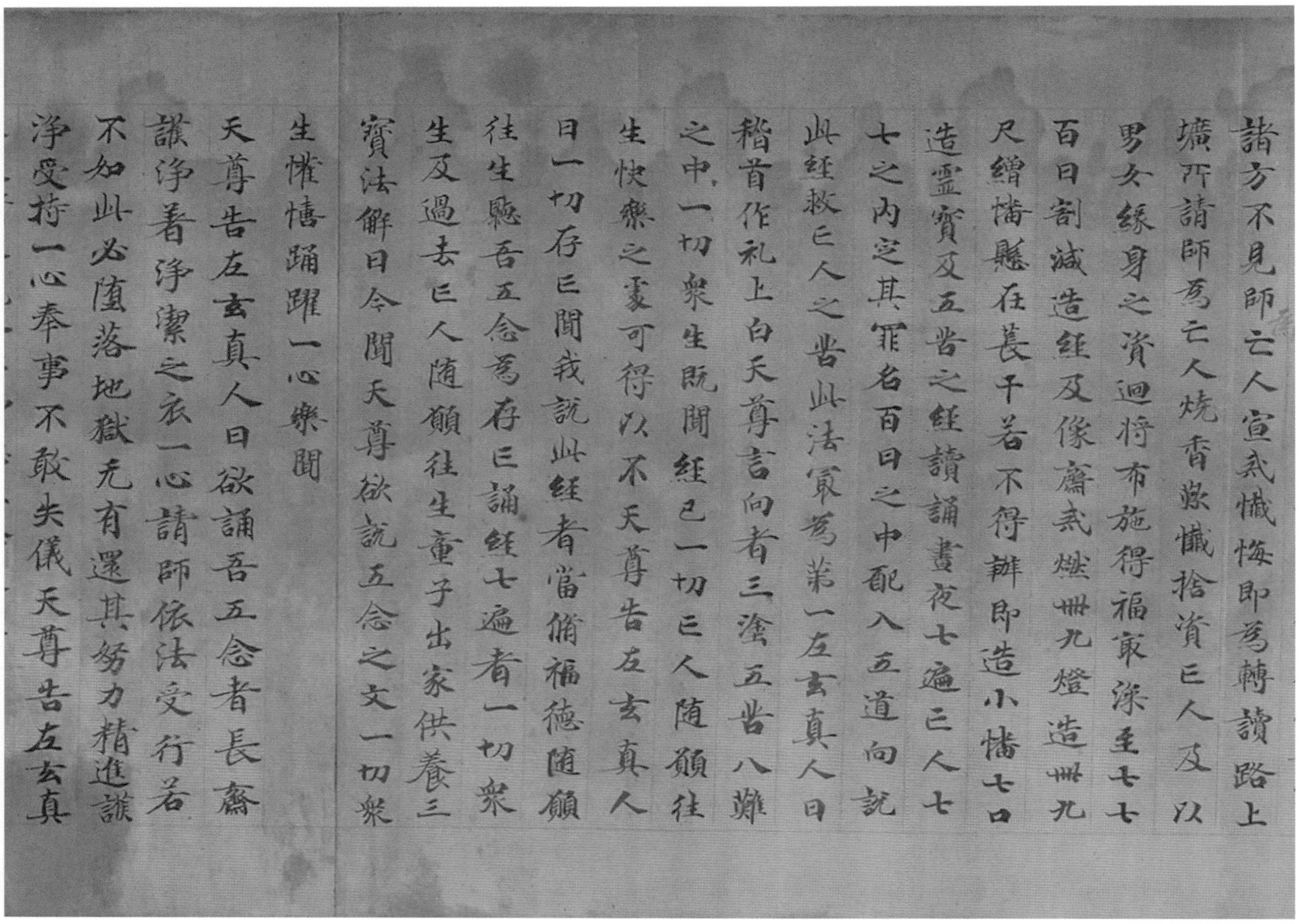

諸方不見師亡人宣承懺悔即爲轉讀路上
壙所請師爲亡人燒香歎懺捨資亡人及以
男女緣身之資迴將布施得福最深垂七七
百日割減造經及像齋戒燃卌九燈造卌九
尺繒幡懸在長竿若不得辦即造小幡七口
造靈寶及五苦之經讀誦晝夜七遍亡人七
七之內定其罪名百日之中配入五道向說
此經救亡人之苦此法最爲第一左玄真人曰
稽首作礼上白天尊言向者三塗五苦八難
之中一切衆生既聞經已一切亡人隨願往
生快樂之處可得以不天尊告左玄真人
曰一切存亡聞我說此經者當脩福德隨願
往生聽吾五念爲存亡誦經七遍者一切衆
生及過去亡人隨願往生童子出家供養三
寶法解日今聞天尊欲說五念之文一切衆
生懽憘踊躍一心樂聞
天尊告左玄真人曰欲誦吾五念者長齋
護淨著淨潔之衣一心請師依法受行若
不如此必墮落地獄无有還其努力精進護
淨受持一心奉事不敢失儀天尊告左玄真

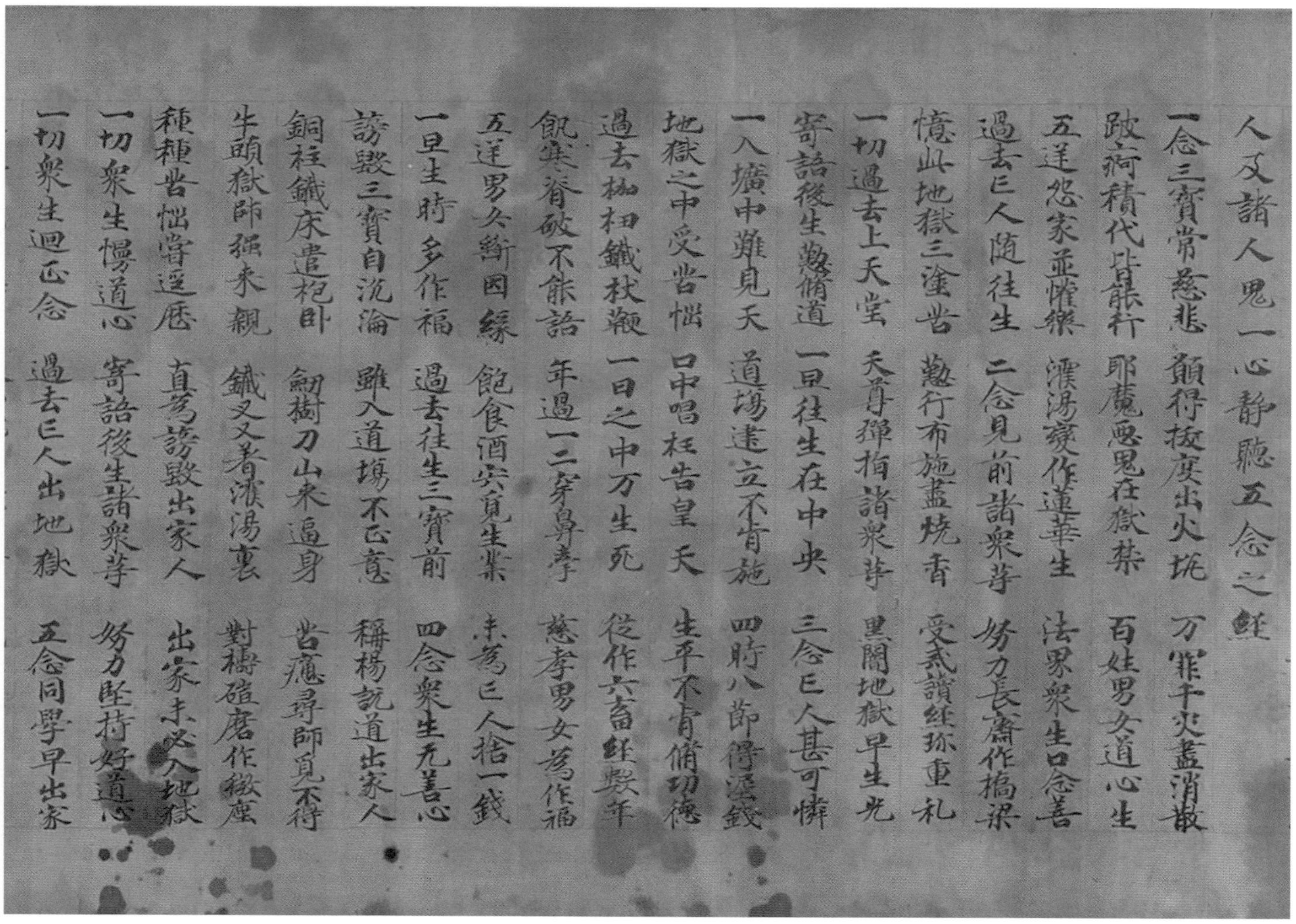

人及諸人鬼一心靜聽五念之經
一念三寶常慈悲 願得拔度出火坑 万罪千災盡消散
蹤祠積代非餘行 耶魔惡鬼在獄禁 百姓男女道心生
五逆怨家並懽樂 濩湯變作蓮華生 法界衆生口念善
過去亡人隨往生 二念見前諸衆等 努力長齋作橋梁
憶此地獄三塗苦 勸行布施盡燒香 受戒讀經殊重礼
一切過去上天堂 天尊獨指諸衆等 黑闇地獄早生光
寄語後生勤脩道 一旦往生在中央 三念亡人甚可憐
一入壙中難見天 道場建立不肯施 四時八節得還錢
地獄之中受苦惱 口中唱枉告皇天 生平不肯脩功德
過去枷杻鐵杖鞭 一日之中万生死 從作六畜經數年
飢寒瘠破不能語 年過一二穿鼻孝 慈孝男女爲作福
五逆男女斷因緣 飽食酒肉覓生業 未爲亡人捨一錢
一旦生時多作福 過去往生三寶前 四念衆生无善心
謗毀三寶自沈淪 雖入道場不正意 稱揚說道出家人
銅柱鐵床遣抱卧 劒樹刀山來逼身 苦痛尋師覓不得
牛頭獄師猛來覩 鐵叉又著濩湯裏 對擣碓磨作微塵
種種苦惱皆逕歷 直爲謗毀出家人 出家未必入地獄
一切衆生慢道心 寄語後生諸衆等 努力堅持好道心
一切衆生迴正念 過去亡人出地獄 五念同學早出家

愚癡重鄣生慧才　獄地變作天堂樂　鑊床銅柱出蓮華
一切衆生受快樂　三五相伴礼三寶　六時恒聞鍾磬響
惟願子孫常出家　自披法服化諸衆　日誦靈寶斷魔耶
七祖父母天堂上　過去往生侍香華
天尊告左玄真人曰向者說此五念爲諸衆
生顯說此經由恐未解卿等十方諸真人等
方便重說殊重慇懃若有衆生心中悟解一
心正念護淨受持善行讀誦此經者支爲存亡
遠行疾病一切舉心迴向彼此滅罪万劫夢
想之中常見三寶逢善知識在處受生恒值
快樂若能長齋受戒晝夜六時燒香礼拜心无
暫忘在生過去身懷經戒童子出家供養三
寶若能建立靜堂抄寫書持裝潢縚軸宣布
未聞皆令聞見如此福德最爲无量左玄真
人稽首作礼上白天尊曰一切衆生癡盲耽
慾貪慾嗔懷心未迴向或心迴向將駿馬百疋
寶車千乘及諸卧具而將布施心乃厭跌豪
意不審得福如何天尊慈悲重爲說之時諸衆
等叩頭正念一心奉行
天尊告左玄真人曰一切衆生心中不信不
貴三寶經像齋戒但着在俗中生即有貧
窮下賤聾盲六疾於想好不及人次若有衆
生身欲布施心中不生信敬不貴三寶如此等
輩必獲此報譬如鏡中照人青白隨其本身
更无雜見黑即見黑白即見白隨其本根罪
亦如是汝若不信有地獄見在地獄在人身
中无勞遠覓十方諸衆稽首作礼一心歸向
願得見聞天尊告諸衆等我過去後若有
一切衆生得吾此經受行讀誦堅持護淨及
爲諸人方便顯說若有衆生心中不信故汗
不淨當來受罪還爲六畜若有衆生能捨資
財及諸寶物卧具之輩以將布施來入經像
及以齋食贖生當來獲福定得生天恒居貴
門劫劫代代與善因緣滅罪万劫拔度昇仙天
尊告諸衆等諦聽說此五種捨施之功念念
之中不離其心
第一者若有衆生能自發心捨施勸助諸人
施與法師營造經像一錢以上皆與卅万倍
報一万以上報不可勝万劫之中常見快樂
教化一切恒爲人師

第二者若有一衆生布施勸助壽持經書及幡
堂幡華燈燭一錢以上皆与卌万倍報一万
以上報不可量過去生中聰明智慧清淨具
足常見三寶永无煩惱快樂无爲
第三者若有衆生忽發慈悲之心助一切布
施貧窮下賤孤弱老病饑荀産婦飢寒遠行
寄客衆生等一錢以上皆廿万倍報一万以
上報不可量願在處隨生恒得富貴衣食
自然
第四者若有衆生爲過去及見存父母忽發
洪願勸助一切衆生布施法師山中師童弟子
清信男女人等一錢以上皆廿万倍報一万以
上報不可量方便勸助令得迴心一生受報
願得出家久視長生恒演經教勸生善心
第五者若有一切衆生善心悕念一切勸助
布施教化屠兒休煞迴心贖生恒念道奉戒
而行及獄囚産荀飢寒一切蚕動五逆不孝
及生慈心傳口合舌迴稱三寶永斷酒宍悕
念辭旨百姓男女皆以我生布施一錢以上
一十八万倍報一万以上報不可量過去受

生恒在三寶座前天尊重告諸弟子等我説
勸助布施其中有人施一之功見万之報布施
雖多將罪對福福乃有餘然可報之万倍其
福雖多布罪不足福无一片計功布過罪福
始知告諸男女勿更造罪福及甚爲以此因
緣名爲万倍一切衆等慎之慎之時諸衆等稱善
稽首各礼天尊弥重而退

天尊爲一切衆生説三塗五苦存亡往生救苦拔出地獄妙經

釋文

（P. 2348，前缺）〔一〕

天尊昔游香林園中，為一切衆生宣説妙法，開闡妙門。爾時即有五色微妙光明，從口中出，其光徧照十方無極世界，及無極九幽地獄之中。天上地下，無不光照。衆中有一真人，名曰法解，從座而起，嚴整衣冠，稽首長跪，上白天尊言：合座諸衆，前生前業，積福累功，萬劫一會，得遇天尊，宣説妙法。諸徒弟子，稽首叩頭，五體投地，殷勤請法，血流滿地。

於是天尊施大慈悲，舉手彈指，念諸弟子：善哉善哉，可念衆生，殷勤弥重。此法實深，非是真人，不能啓請。吾今所以為汝等故，説此因緣，諦聽諦聽，護净遵奉，弥重受持，晝夜恭敬，勿使失儀。若有衆生，高心不信，輕慢受持，心生誹謗，不生信敬，心不護净□□□□□□／存受生之□□□畜生，一切蠢動，眉鬚墮落，徧／躰生瘡〔二〕，舉身洪瀾〔三〕，烏栖露宿，棄於人間。百姓／見者，皆悉惡心，父母妻兒，肝腸斷絶。如此之輩／，受苦之人，癒當奈何。並是衆生，緣身自造，非／是他悞，各各自思，審而覺察〔四〕。

法解曰：不審此／等罪人，前生何劫，受罪之根，緣對何因。惟／願天尊曲垂慈澤，賜〔五〕以罪根／。

天尊答左玄真人曰：此等罪人，前生各有因／緣。劫劫代代〔六〕，立福造怨，種種相生，悉由身造／。十方大聖，終不悞人。吾今欲告汝等，各自諦／聽，聞我説是三塗五苦之經。汝等弟子，一切男／女，一念之中，發心精進，七日七夜，菜食長齋／。月當十直，一日之中，十二時節，燒香行道，請／諸道師，建立道場。然卌九燈，懸諸幡盖，轉／讀此經，晝夜七遍，七日七夜懺悔，汝等諸／徒弟子，香火知識，七祖父母，過去亡人，宿業／罪根，並得解脱。若有諸人，未遇此經，墮落地／獄，一聲稱揚三寳名者，我即尋聲往救，出離／地獄，即上天堂。況復汝等七日七夜，菜食長齋／，燒香然燈，轉讀此經懺悔，汝等一切弟子，身／中所有宿罪，並得除滅。若不懺悔，罪難可除／。汝等弟子，審諦聽之。或有十方真人，一切男／女，或為亡人，或為見存，又及己身，或將金銀／、象馬車乘、衣服卧具之輩，或捨田宅，脱身／上之珎〔奇〕〔七〕及諸雜寳，勸造經像，或將来布施／與法師，以財質心，就師請法，轉讀經文，及以／受戒，披心懺悔，叩頭尊前，聽師講説，自懺己／身千罪万愆，願得消滅。

天尊曰：所有出心有／意〔八〕，欲造經像，當時随其多少分數，即以具辦〔九〕／。勿留在後，恐失前願。与身為怨，万劫口過，若有／施物，施與齋食，及與法師布施之物，當即／分付，勿〔一〇〕留在後。万一〔一一〕東西，与人作業，若當過去／，必入地獄，受諸苦惱，身為餓鬼。或作畜生，縱〔一二〕／得人身，聾盲六疾，貧窮下賤。或作孤兒，寄他養／育，飢寒困苦，无人愛憐。半夜三更，思發〔一三〕號哭／，愁惚在心，未嘗有忘〔一四〕。或作猗猪，牛羊雜獸／，恒被生煞，以〔一五〕報前愆，衆劫説之，亦難可盡。吾／今告汝諸徒弟子，審帝（諦）脩身。

右玄真人〔一六〕叉手／作礼，上白天尊言：願為一切衆等罪根衆生／，説此三塗五苦八難之經。盲聾衆生，齋心仰聽／，聞經之者，普受快樂，皆悉懽憘，稽首願聞。

天／尊告一切衆生曰：善男子，善女人等，我嘗〔一七〕歷／觀諸天，及遊地獄之中，見有受罪衆生，咽着〔一八〕／大枷，臂挂霎杻，脚着大械，身負鐵錐，口中／銜火，刀針刺背，劍樹撞心，惡烏啄睛，鐵犁／耕舌，融銅灌口，百節火然，以鐵為丸〔一九〕，入喉喉／爛，濩湯煎煑，銅柱逼身。或上刀山，骨宍麋碎〔二〇〕。或入爐炭，脂滴〔二一〕火然，轉入寒氷，傷心切骨，鐵床／遺卧，宍爛床間，變作鬼身，毁形難見。或在雪／田之内，分百〔二二〕心腸，剉對斬身，细將入磑，血宍分／别，〔二三〕磑作微塵，颺骨聚筋，還成餓鬼，牛頭舉棒／，獄師擎叉，駈役罪人，未嘗有歇，輪迴億劫，何／日得還。汝等衆生，努力減己〔二四〕削身，懃脩功／德。汝等弟子，及諸衆等，各厲（勵）本心，當得解／脱。

言語未訖，右玄真人從衆中出，稽首作礼／，五體投地，上白天尊言：未審此等衆生，前生前／業，作何罪釁，行何楚毒，犨何戒律。衆等愚癡／，不自曉了，唯願天尊，哀愍衆等受罪之人，示／以勿犯〔二五〕，當使慎之，勿〔二六〕得更造。不知脩建行何功德／，拔此罪根。時諸衆等，各發道心，稽首天尊，願聞顯説／。

天尊告右玄真人：卿等衆生，心欲樂聞，説此／三塗五苦八難之經，汝等弟子諦聽在心。此／經微妙，不可思議。衆經之中，最為第一。上品／之中，最為第一。懺悔拔出過去亡人，救難／之中，最為第一。此經尊貴，衆經中王。向言三塗／者，地獄道一，畜生道二，餓鬼道三。是名三塗／。五苦者，抱銅柱一，履刀山二，循(二七)劍樹三，入濩／湯四，吞火食炭五，是名五苦。八難者，夫人生／得勉（免）三悪道一；既得為人，去女為男二；即得／身(二八)，六情四體皃具三；六情具足，得生中国四／；得生中國，便值(二九)有道國君父母五；值有道之／君，一生學道(三〇)，慈仁善心六；善心既發，信道長／生七；既信道德，不生逢太平帝主，万劫與三／寶相遇八。故曰八難。三灾者，征行大兵，為一／灾；終年長病，為二灾；行住逢大水，(為三灾)(三一)。是名三灾／。五毒(三二)者，一水漂溺之苦，二火熿燃(三三)之苦，三賊傷煞(三四)／之苦，四鬼魅着人之苦，五一切毒螫牟囓／痛深之苦。是名五毒。五濁者，一見濁，耶見(三五)；二／劫濁，日月短促；三衆生濁，精神不明；四煩惱／濁，嗔恚鬪諍；五命濁(三六)，中夭少亡，婦兒妻子(三七)，中／道離別，有孤男女，癧苦傷心。是名五濁。八行／者，一能身受非事，不自申訴；二能讓德与人／；三能不欲人之所欲；四能容物事(三八)不申理；五能／遠離无道之人，蔵身在靜處；六能一心奉國／，心念三寶，日日燒香，長齋不絶，供養出家／人，不違仁信；七能不負經戒，一生在俗，恒不／破齋，懃能灑掃静堂，脩燈炷火(三九)，救拔一切貧／窮，下賤産婦，老病孤弱，不具足衆生，所見之／者，皆發慈心；八能一生念道，不謗毀出家人，(心無)(四〇)是／非，口恒念誦，見一切蠢動，皆發慈念之心，一切／平等，无有彼我，善悪好醜，与我身无異。是名／八行。四等者，一者惟慈，二者惟愛，三者惟善／，四者惟忍。是名四等。六塵者，一耳聽宮商，二眼／見青黄白黒赤，三鼻知香臰，四身知澀柔燥／濕(四一)，五舌知辛酸鹹苦甘，六心知善悪喜怒哀／樂，外來曰塵，内動曰情。是名六情塵。六通者／，耳眼鼻身舌心，是名六通，并六根共同。三毒／者，貪婬一，嗔恚二，愚癡三。是名三毒。

天尊重／告左玄真人曰：向為一切衆生説此三塗五／苦經者，一切遠近，皆蒙慧解，並入法門。

左玄／真人曰法解稽首作礼，上白天尊曰：一切／罪根衆生，今蒙天尊説罪福報對，向於座下／及諸弟子，飢寒乏劣餓鬼畜生，聞説此經，皆／悉曉然。各自勳脩，不敢更造。為過去亡者，若／在地獄之中，受三塗五苦八難之愆，欲救亡／人，其法若箇最得為先，濟亡人之苦。

天尊／告真人曰：汝等欲救過去亡人，當欲捨壽之時／，諸方覔(四二)師，為亡人宣戒懺悔，即為轉讀路上／壙所，請師為亡人燒香歎懺(四三)，捨資亡人，及以／男女緣身之資，迴將布施，得福寂深。至七七／、百日割減，造經及像，齋戒燃卌九燈，造卌九／尺繒幡，懸在長竿(四四)。若不得辨，即造小幡七尺(四五)／，造霊寶及五苦之經，讀誦晝夜七遍。亡人七／七之内，定其罪名。百日之中，配入五道。向説／此經，救亡人之苦，此法最為第一。

左玄真人曰／(法解)(四六)稽首作礼，上白天尊言：向者三塗五苦八難／之中，一切衆生既聞經已，一切亡人随願往／生快樂之處，可得以／不(四七)？

天尊告左玄真人／曰：一切存亡，聞我説此經者，當脩福德，随願／往生，聽吾五念，為存亡誦經七遍者，一切衆／生及過去亡人，随願往生，童子出家，供養三／寶。

法解曰：今聞天尊欲説五念之文，一切衆／生懽憘踊躍，一心樂聞／。

天尊告左玄真人曰：欲誦吾五念者，長齋／護浄，着浄潔之衣，一心請師，依法受行。若／不如此，必堕落地獄，无有還其（期）。努力精進，護／浄受持，一心奉事，不敢失儀。

天尊告左玄真／人及諸人鬼，一心静聽五念之經／：

一念三寶常慈悲，願得拔度出火坑。万罪千灾盡消散／，跛痾積逮(四八)皆能行。
耶（邪）魔悪鬼在獄禁，百姓男女道心生／。五逆怨家並懽樂，濩湯變作蓮華生。
法界衆生口念善／，過去亡人随往生。
二念見前諸衆等，努力長齋作橋梁／。憶此地獄三塗苦，懃行布施盡燒香。
受戒讀經弥重礼／，一切過去上天堂。天尊彈指諸衆等(四九)，黒闇地獄早生光／。
寄語後生(五〇)懃脩道，一旦往生在中央。
三念亡人甚可憐／，一入壙中難見天。道塲建立不肯施，四時八節得泥錢／。
地獄之中受苦惱，口中唱枉告皇天。生平不肯脩功德／，過去枷杻鐵杖鞭。
一日之中万生死，從(五一)作六畜經數年／。飢寒脊破不能語，年過一一穿鼻牽。
慈孝男女為作福／，五逆男女斷因緣。飽食酒宍覔生業，未為亡人捨一錢／。
一旦生時多作福，過去往生三寶前。
四念衆生无善心／，謗毀三寶自沉淪。雖入道塲不正意，稱揚説道出家人／。
銅柱鐵床遣抱卧，劍樹刀山來逼身。苦癧尋師覔不得／，牛頭獄師强來親。

鐵叉叉着濩湯裏，對[五二]擣磑磨作微塵／。種種苦惱常[五三]經歷，直為謗毀出家人。

出家未必入地獄／，一切衆生懮道心。寄語後生[五四]諸衆等，努力堅持好道心／。

一切衆生迴正念，過去亡人出地獄[五五]。

五念同學早出家／，愚癡重鄗生慧牙(芽)。地獄飜作天堂樂，鐵床銅柱出蓮華／。

一切衆生受快樂，三五相伴礼三寶[五六]。六時恒聞鍾磬響／，唯願子孫常出家。

自披法服化諸衆，口誦霊寳斷魔耶(邪)／。七祖[五七]父母天堂上，過去往生侍香華／。

天尊告左玄真人曰：向者說此五念，為諸衆／生顯說此經，猶[五八]恐未解。卿等十方諸真人等／，方便重說，跡重慇懃。若有衆生，心中悟解，一／心正念，護净受持，善行讀誦此經者，及為存亡／遠行，疾病一切，舉心迴向，彼此滅罪万劫。夢／想之中，常見三寶，逢善知識，在䖏受生，恒值／快樂。若能長齋受戒，晝夜六時燒香礼拜，心无／暫忘。在生過去，身懷經戒，童子出家，供養三／寶。若能建立静堂，抄寫書持[五九]，裝潢緇軸，宣布／未聞，皆令聞見。如此福德，最為无量。

左玄真／人稽首作礼，上白天尊曰：一切衆生，癡盲躭／慾，貪怒嗔憘[六〇]，心未迴向。或心迴向，將駿馬百疋／，寳車千乘，及諸卧具，而將布施，心乃麤踈豪／意，不審得福如何。天尊慈悲，重為說之。時諸衆／等，叩頭正念，一心奉行／。

天尊告左玄真人曰：一切衆生，心中不信不／貴三寳經像齋戒，但看在俗中[六一]生，即有貧／窮下賤，聾盲六疾(失)於相好[六二]，不及人次。若有衆／生，身欲布施，心中不生信敬，不貴三寳，如此等／輩，必獲此報。譬如鏡中照人，清白随其夲身／，更无雜見，黑即見黑，白即見白，随其夲根。罪／亦如是。汝若不信，有地獄見在。地獄在人身／中，无勞遠覔。十方諸衆，稽首作礼，一心歸向／，願得見聞。

天尊告諸衆等：我過去後，若有／一切衆生，得吾此經，受行讀誦，堅持護净，及／為諸人方便顯說。若有衆生，心中不信，故汙[六三]／不净，當来受罪，還為六畜。若有衆生，能捨資／財，及諸寳物卧具之輩，以將布施，来入經像／，及以齋食贖生，當来獲福，定得生天，恒居貴／門，劫劫代代，与善因緣，滅罪万劫，拔度昇仙。

天／尊告諸衆等諦聽，說此五種捨施之功，念念／之中，不離其心／。

第一者，若有衆生，能自發心捨施勸助諸人／，施与法師，營造經像。一錢以上，皆与卅万倍／報。一万以上，報不可勝。万劫之中，常見快樂／。教化一切，恒為人師／。

第二者，若有一衆生，布施勸助持寫[六四]經書，及静／堂幡華燈燭，一錢以上，皆与卅万倍報。一万／以上，報不可勝。過去生中(國)[六五]，聰明智慧，清净具／足，常見三寶，永无煩惱，快樂无為／。

第三者，若有衆生，忽發慈悲之心，(勸)[六六]助一切，布／施貧窮下賤，孤弱老病，餓苟産婦[六七]，飢寒遠行／，寄客衆生等。一錢以上，皆(与)[六八]廿万倍報。一万以／上，報不可勝。願在䖏堕生[六九]，恒得富貴，衣食／自然／。

第四者，若有衆生，為過去及見存父母，忽發／洪願，勸助一切衆生，布施法師、山中師童弟子／、清信男女人等[七〇]。一錢以上，皆廿万倍報。一万以／上，報不可勝。方便勸助，令得迴心。一生受報／，願得出家，久視長生，恒演經教，勸生善心／。

第五者，若有一切衆生，善心憐念一切，勸助／布施，教化屠兒休煞，迴心贖生，恒念道奉戒／而行。及獄囚産苟[七一]飢寒，一切蠢動，五逆不孝／，反[七二]生慈心，傳口合舌，迴稱三寶，永斷酒宍，憐／念聾盲，百姓男女，皆以[七三]我生。布施一錢以上／，一十八万倍報。一万以上，報不可勝。過去受／生，恒在三寶座前。

天尊重告諸弟子等：我說／勸助布施，其中有人，施一之功，覔万之報。布施／雖多，將罪對福，福乃有餘，然可報之万倍。其／福雖多，補[七四]罪不足，福无一片，計功補[七五]過，罪福／始知。告諸男女，勿更造罪，福乃萇(長)為，以此因／緣，名為万倍。一切衆等，慎之慎之。

時諸衆等，稱善／稽首，各礼天尊，跡重而退／。

天尊為一切衆生說三塗五苦存亡往生救苦拔出地獄妙經

校記

〔一〕P. 2348抄本卷首殘缺，卷尾完好。尾題「天尊為一切衆生說三塗五苦存亡往生救苦拔出地獄妙經」，與道藏本標題頗爲不同。陰影中文字均據道藏本擬補。

〔二〕「心不護净」至「偏躰生瘡」，道藏本作「心不護净。若當來世作畜生，一切蠢動，又及見存受生之日，眉鬚墮落，徧體生瘡」。

〔三〕洪瀾：道藏本作「爛壞」。

〔四〕覺察：道藏本作「奉行」。

〔五〕「賜」字道藏本作「喻」。

〔六〕代代：原作「代伐」，據道藏本改。

〔七〕「奇」字原缺，據道藏本補。

〔八〕所有出心有意：道藏本作「若有真心，能發善意」。

〔九〕「辨」字原作「辯」，據道藏本改。

〔一〇〕「勿」字原作「物」，據道藏本改。

〔一一〕万一：道藏本作「心不」。

〔一二〕「縱」字原作「從」，據道藏本改。

〔一三〕思發：道藏本作「思憶」。

〔一四〕有忘：道藏本作「有樂」。

〔一五〕「以」字原作「已」，據道藏本改。

〔一六〕右玄真人：道藏本作「左玄真人」。

〔一七〕「嘗」字原作「當」，據道藏本改。

〔一八〕咽着：道藏本作「項負」。

〔一九〕以鐵為丸：道藏本作「燒鐵為丸」。

〔二〇〕骨宍糜碎：原作「骨石糜碎」，據道藏本改。

〔二一〕「滴」字原作「的」，據道藏本改。

〔二二〕分百：道藏本作「分擘」。

〔二三〕剉對斬身，细將入磑，血宍分别：道藏本作「锋刃剉身，血肉如泥」。

〔二四〕滅己：道藏本作「剋己」。

〔二五〕勿犯：道藏本作「所犯」。

〔二六〕「勿」字原作「物」，據道藏本改。

〔二七〕「循」字原作「脩」，據道藏本改。

〔二八〕即得身：道藏本作「即得男身」。

〔二九〕便值：道藏本作「更值」。

〔三〇〕學道：道藏本作「樂道」。

〔三一〕「為三灾」原缺，據道藏本補。

〔三二〕五毒：道藏本作「五苦」。

〔三三〕熿燃：道藏本作「燔灼」。

〔三四〕賊傷煞：道藏本作「盗賊殺傷」。

〔三五〕耶見：道藏本作「邪物」。

〔三六〕命濁：道藏本作「命限濁」。

〔三七〕妻子：原作「毒子」，據道藏本改。

〔三八〕物事：原作「无事」，據道藏本改。

〔三九〕炷火：原作「注火」，據道藏本改。

〔四〇〕「心無」原缺，據道藏本補。

〔四一〕燥濕：原作「澡濕」，據道藏本改。

〔四二〕「覔」字原訛作「不見」，據道藏本改。

〔四三〕歎懺：道藏本作「讚嘆懺悔」。

〔四四〕長竿：原作「萇干」，據道藏本改。

〔四五〕「尺」字原作「口」，據道藏本改。

〔四六〕「法解」二字原缺，據前文文例參考《中華道藏》補。道藏本無。

〔四七〕可得以不：道藏本作「可得聞否」。

〔四八〕「逮」字原作「代」，據道藏本改。

〔四九〕天尊彈指諸衆等：道藏本作「天尊彈指告諸衆」。

〔五〇〕寄語後生：道藏本作「法界衆生」。

〔五一〕「從」字道藏本作「縱」。

〔五二〕「對」字道藏本作「碓」。

〔五三〕「常」字原作「甞」，據道藏本改。

〔五四〕寄語後生：道藏本作「告語蒼生」。

〔五五〕道藏本此句作：隨願往生在香林。與本段押韻。

〔五六〕礼三寶：道藏本作「升雲霞」，與本段押韻。

〔五七〕七祖：原訛作「七祖」，據道藏本改。

〔五八〕「猶」字原作「由」，據道藏本改。
〔五九〕書持：道藏本作「手持」。
〔六〇〕嗔憘：道藏本作「嗔恚」。
〔六一〕「中」字道藏本作「衆」。
〔六二〕「失」字原缺，據道藏本補。「相」字原作「想」，據道藏本改。
〔六三〕「汙」字原作「汗」，據道藏本改。
〔六四〕持寫：原作「壽持」，據道藏本改。
〔六五〕「國」字原缺，據道藏本補。
〔六六〕「勸」字原缺，據道藏本補。
〔六七〕餓苟産婦：道藏本作「餓嫗嫠婦」。苟通姁。
〔六八〕「与」字原缺，據前後文例補，道藏本作「與」。
〔六九〕墮生：道藏本作「托生」。
〔七〇〕布施法師、山中師童弟子、清信男女人等：道藏本作「布施衆中法師童子、清信男子女人」。
〔七一〕産苟：道藏本作「産難」。苟通姁。
〔七二〕「反」字原作「及」，據道藏本改。
〔七三〕「以」字道藏本作「似」。
〔七四〕「補」字原作「布」，據道藏本改。
〔七五〕「補」字原作「布」，據道藏本改。

（胡百濤點校）

天尊説隨願往生罪福報對次説預修科文妙經

解題

撰人不詳，似出於南北朝末或隋唐之際。講述天尊在大福唐國爲虚皇道君、普救真人等演説罪福報應，及衆生亡故後，於七七、百日内修造功德，祈福解罪之法。原經一卷。《正統道藏》未收。《道藏闕經目録》著録《洞玄靈寶天尊説隨願往生罪福報對次説預修科文妙經》，當即此經。（《中華道藏》第四册 \047 號）

P. 2868：首全尾殘。首題：天尊説隨願往生罪福報對次説預脩科文妙經一卷。存經文二十八行。（大淵目一一〇頁）

MS00539：大谷探險隊所獲敦煌寫本。龍谷大學藏，首尾殘缺，無卷題。筆跡紙質近似 P. 2433。存經文一百一十七行。經文中有小標題：次説衆生用三寶常住等物報對品。❶（大淵目一一一頁）

P. 2433：首缺尾殘，無卷題。存經文一百零九行。首行品題：次説罪福報對品；第 31 行品題：次説見存預脩科文品下。（大淵目一一〇頁）

BD13208E：卷前粘接兩件西域文書。首缺尾殘，無卷題。明黄紙，烏絲欄，楷書精美，筆跡近似 P. 2868，但文字不連續。存經文一紙二十七行，見於 P. 2433 抄本第 54—82 行。起於「尒時道君上白天尊」，止於「見存過去所生之」。（大淵未見此件，據館藏原件著録。）

❶《敦煌道教文獻研究》旁批曰：「旅順品。」

圖版

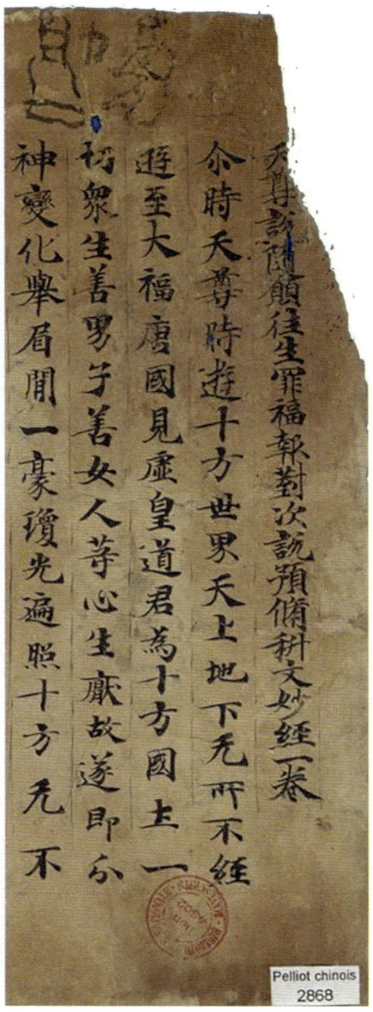
天尊説隨願往生罪福報對次説預脩科文妙經一卷
尒時天尊時遊十方世界天上地下无所不經
歷至大福唐國見虛皇道君為十方國土一
切衆生善男子善女人等心生厭故遂即分
神變化舉眉間一毫瓊光遍照十方无不

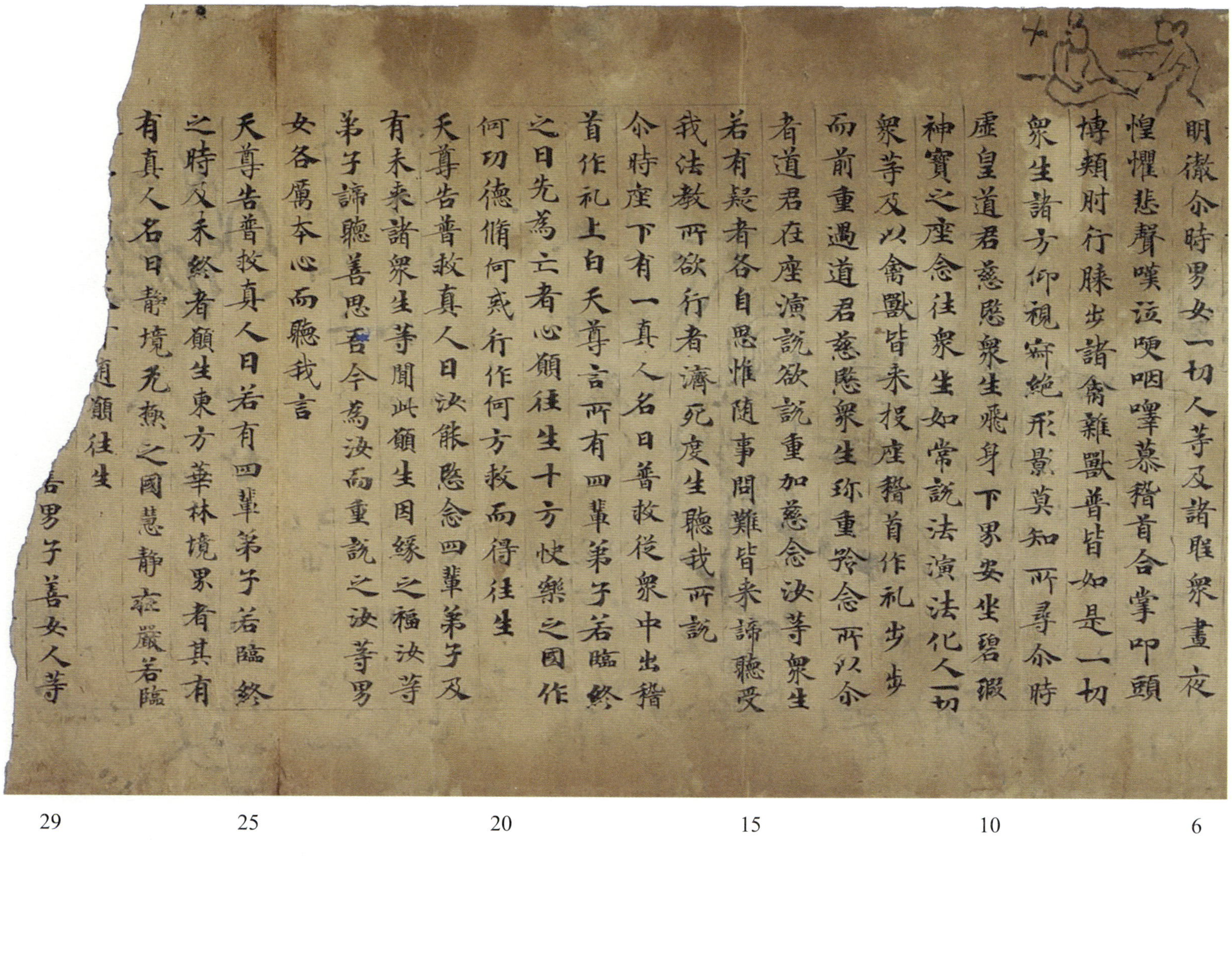
明徹尒時男女一切人等及諸聖衆晝夜
惶懼悲聲嘆泣哽咽嚊慕稽首合掌叩頭
博頰肘行膝步諸禽雜獸普皆如是一切
衆生諸方仰視寂絕形影莫知所尋尒時
虛皇道君慈愍衆生飛身下界安坐碧瑕
神寶之座念往衆生如常說法演法化人一切
衆等及以禽獸皆來投座稽首作礼步步
而前重遇道君慈愍衆生弥重矜念所以尒
者道君在座演說欲說重加慈念汝等衆生
若有疑者各自思惟隨事問難皆來諦聽受
我法教所欲行者濟死度生聽我所說
尒時座下有一真人名曰普救從衆中出稽
首作礼上白天尊言所有四輩弟子若臨終
之日先為亡者心願往生十方快樂之國作
何功德脩何戒行作何方救而得往生
天尊告普救真人曰汝能慈念四輩弟子及
有未來諸衆生等聞此願生因緣之福汝等
弟子諦聽善思吾今為汝而重說之汝等男
女各屬本心而聽我言
天尊告普救真人曰若有四輩弟子若臨終
之時及未終者願生東方華林境界者其有
有真人名曰靜境光頳之國慧靜莊嚴若臨
道願往生
善男子善女人等

MS00539

天尊重告太上道君曰若有善男子善女人
等終亡之人在生之時多有過患及有債負
并諸怨結恚恨煩惌用三寶財物或為男
女又為鄉閭或為用父母為己身冒枉重造
不生畏懼諸如等罪難可陳說汝等過去亡
者男女及以見存因緣眷屬為其亡人臨終之
後一七二七三七乃至七七日內即造繒幡
卅一口青黃絳綠各長七尺於家宅中建立
道場請諸尊象并諸幡蓋及以法師見在
男女香火知識齊同勸助為此亡人多少任
力重造經象及以布施出家法身三日三夜
或七日七夜轉經行道遠近親屬率厲相就
同至道場各屬本心為其亡者皆乞懺悔一
切男女內外親情傍及徒衆為其亡者救
拔苦厄各發慈心重乞懺悔莫生計念當為
亡人雖造片福計罪補過得減少多遠近內
外諸善知識若有一人生此計念從為亡者
抄經寫象救拔終不免難生人怨恨亡者重
入地獄受諸苦惱无有出期見存男女各各
減己布施為此過往亡人重請法師當道場
內各自稱名踴躍精進並乞懺悔若不重恨

為其亡人造諸功德供辦香油然燈續明轉
經行道亡者即得捨離地獄而上天堂諸是
男女臨終之後七七之內宍其罪名百日之中
配入五道所欲造諸功德者尒時普救真人
不曉次苐重白天尊願為說之見在衆生
稽首奉行
尒時天尊告普救真人曰汝等諦聽一切衆
生從初終之後一七二七三七之內造諸諸功
德者冣為上法七七日內造諸功德者此為
次法百日之內造諸功德者此名為下法七
七百日造諸功德次苐法者汝等諦聽
苐一造象苐二造經苐三造齋或苐四造幡
華苐五造然燈苐六脩道場苐七贖生命苐
八持布施苐九廣救濟苐十持捶心苐十一
慈悲捨苐十二平等心
尒時天尊重告道君普救真人曰為過去亡
者能行此十二脩福及諸功德者名曰具足
脩福亦名曰慈孝之輩所有男女脩脩前福
具足者一切亡人宍獲快樂若不如此臨終
之人必當墮落三塗地獄若未終之者身抱

諸患痾疾難除能脩此者滅罪万劫福德具
足行此十二脩福而上天堂計功捕過豪尒
不失所以尒者昔有俗人將一米投厨乃得
无殃報童子獻土變成珠沙罪福之華藏
顯然難辟如淨鏡照人形面青白隨身更无異
見汝等弟子及諸男女若有衆生聽吾此法
懃心聽受慈悲柔弱恒如持戒勿作高心父
母之恩昊天罔極各自養子始察己身若未養
子如似醉人惛惛度日其罪更深存亡俱損
地獄之各難可出頭汝等男女各慎己身受
罪之時走避无處身在地獄苦痛自當善惡
業別无人浪受今告汝等各自慎之
尒時天尊告道君曰一切衆生在生之時爲
終亡之人七七百日乃至長年造諸經象并
貨諸物施來入齋造供擬多或功微少或有
殘供浪費諸食薫辛酒宍通同共食不生畏
懼三分支一或造經象然復如是名聲雖有
計福全无一施一惜或休或住以是義故右曰
名聲功德世辟如女人裁諸衣服裁截雖了
竟久不縫必欲人着在身從何慣帶辟造經
象以衣相喻若造經象齋食施与法師等物
一分失洛隱沒差殊其福不成何勞須造徒
費尒功財貨浪費存亡罪重轉更加深終无
所益如此衆等作何方計而得利益亡人脩
何功德而得拔脫亡者滅罪除愆尒時道君
曰衆等愚癡不自曉了惟願天尊重爲說
之一切衆等叩頭作礼稽首奉行
尒時天尊告太上道君曰善哉善哉如卿所
言護持世戒能爲衆生方便問難諮請諸疑
隨意科敷一一具問實所希有我今重嘆不
可思議告諸衆生諦聽之
次說衆生用三寶常住等物報對品
天尊曰一切衆生減削造經及象并齋食施
物等私將入己用者若是象物直一錢以上
十年十倍又復不還者身當重病失於相好
鳥栖露宿棄於人間永无出期從得人身聾
盲六疾恒不具足若用經幡物者七年七倍
又不還者身當囚徒在於囹圄身着枷鏁從
得人身失於相好不及人次欲出无緣終身破
壞若用齋食物者六年六倍又復不還者身

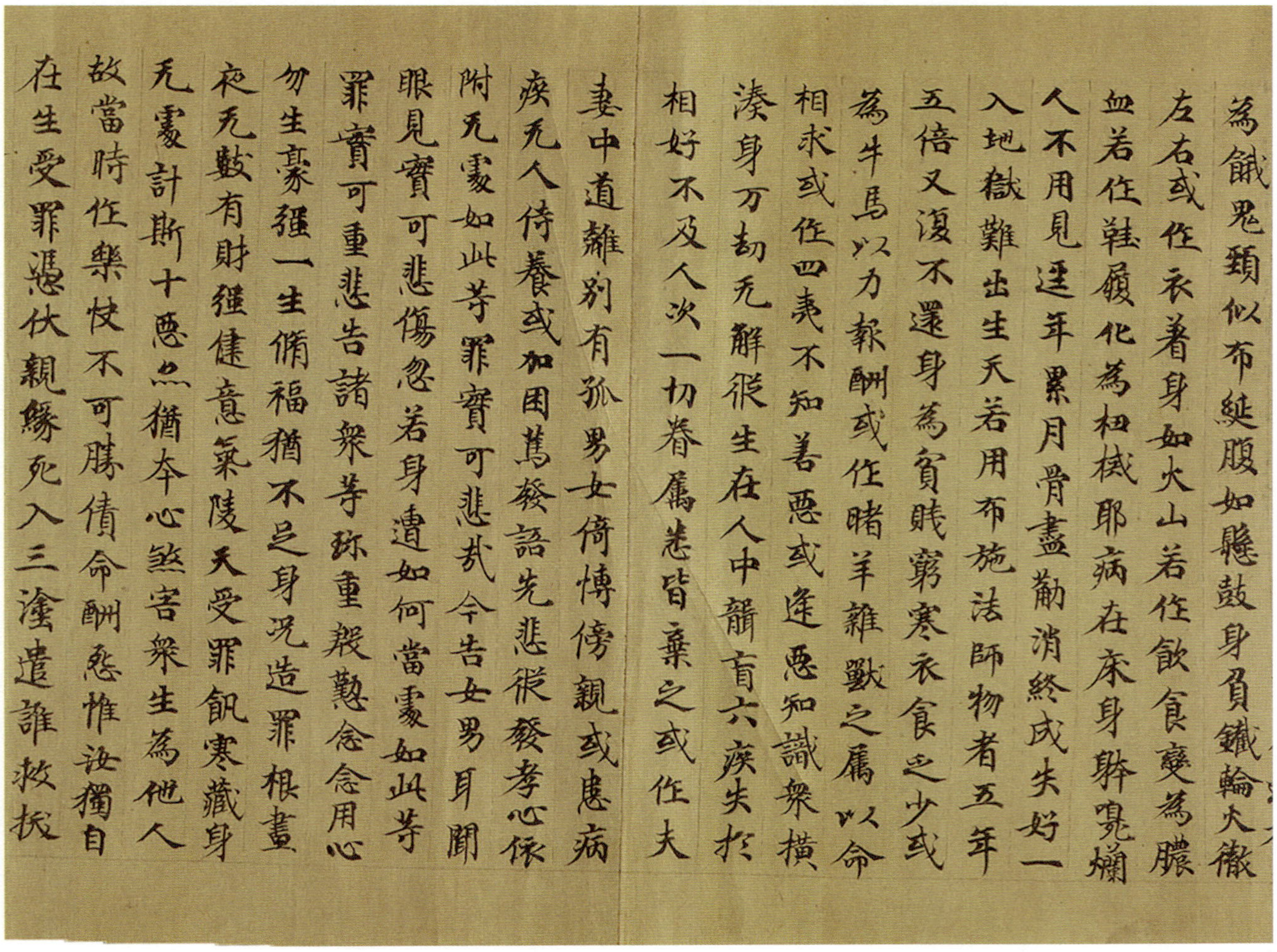

為餓鬼頸似布綖腹如懸鼓身負鐵輪火徹
左右或作衣着身如火山若作飲食變為膿
血若作鞋履化為杻械耶病在床身骻臭爛
人不用見逕年累月骨盡觔消終成失好一
入地獄難出生天若用布施法師物者五年
五倍又復不還身為貧賤窮寒衣食乏少或
為牛馬以力報酬或作睹羊雜獸之屬以命
相求或作四夷不知善惡或逢惡知識衆横
湊身万劫无解從生在人中聾盲六疾失於
相好不及人次一切眷屬悉皆棄之或作夫
妻中道離别有孤男女倚博傍親或患病
疾无人侍養或加困篤發語先悲從發孝心依
附无處如此等罪實可悲哉今告女男耳聞
眼見實可悲傷忽若身遭如何當處如此等
罪實可重悲告諸衆等殊重殷懃念念用心
勿生豪强一生脩福猶不足身況造罪根盡
夜无數有財强健意氣陵天受罪飢寒藏身
无處計斯十惡亦猶本心然害衆生為他人
故當時作樂快不可勝債命酬悉惟汝獨自
在生受罪憑伏親緣死入三塗遣誰救拔

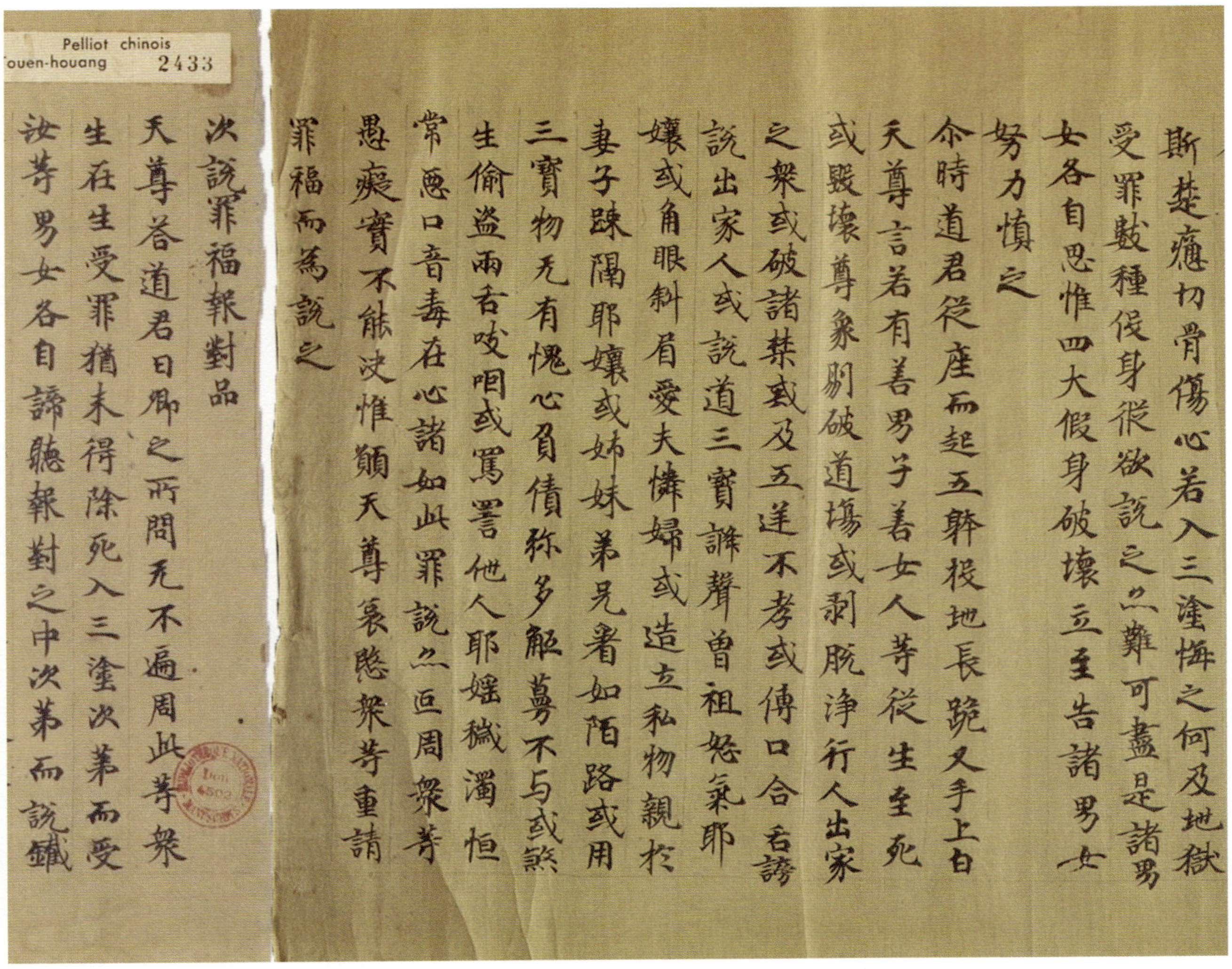

斯楚痛切骨傷心若入三塗悔之何及地獄
受罪數種促身從欲説之亦難可盡是諸男
女各自思惟四大假身破壞立至告諸男女
努力慎之
尒時道君從座而起五體投地長跪叉手上白
天尊言若有善男子善女人等從生至死
或毀壞尊象剔破道場或剥脱淨行人出家
之衆或破諸禁戒及五逆不孝或傳口合舌謗
説出家人或説道三寶誹聲曾祖怒氣耶
孃或角眼斜看愛夫憐婦或造立私物親於
妻子疎隔耶孃或姊妹弟兄看如陌路或用
三寶物无有愧心負債殊多躯募不与或欺
生偷盗兩舌咬咀或罵詈他人耶婬穢濁恒
常惡口音毒在心諸如此罪説亦叵周衆等
愚癡實不能決惟願天尊哀愍衆等重請
罪福而為説之
次説罪福報對品
天尊荅道君曰卿之所問无不遍周此等衆
生在生受罪猶未得除死入三塗次第而受
汝等男女各自諦聽報對之中次第而説鐵

床銅柱熢勸碎骨以報耶婬之罪寒氷雪山
分剉形體以報劫盜之愆呑火抉舌融銅灌
口以報舌端之咎煻燥埋體熆火燒身劍樹
橦心以報煞生食宍飲酒之罪鐵犁耕背惡
鳥啄睛碓擣磑磨以報斜眉角眼之罪身為
餓鬼備歷濩湯燒鐵為丸充飢當食以報破
齋遠戒之罪眉鬚墮落遍體生瘡舉身洪爛
以報破壞經象道場之罪口中出火眼裏生瘡
遍體膿流藏身无地以報剥脱出家人之罪舌
不得語永瘂喉中盲目亡精口唇横烈以報
說道出家人父母之罪癡聾少短生死不分
或作夫妻中道離別以報䟽隔耶孃諍聲之
罪或為牛馬或作豬羊鳥獸犬鷹以報觝
債之罪或為人僕使後母前翁或作孤兒婦
人難產或貧窮飢餓長病在床以報五逆賤
薄兄弟姊妹之罪諸餘等罪皆在人身不及
遠親任茲近視汝等男女善自思惟報對逼
身實難忍受告諸男女修福立功預造善緣
當得解脱
尒時太上道君從座而起稽首作礼上白天

尊曰一切衆生在生之時堅貪㥦惜積聚財
錢覓作有為不能割捨迷時引日造罪稱輪
凡俗愚癡惛惛度日心恒惡想不解預修從
作善因失於次第
天尊慈愍重示男女預修之因尒時男女叩
頭稽首依法奉行
次說見存預修科文品下
天尊告太上道君曰若有善男子善女人等
一為天地二為帝王三為父母四為衆生五為
血屬六為己身諸是男女初出父母胞胎以後
至一歲一十廿卅五十乃至百歲百廿歲必欲
欲預修還從一七二七三七乃至五七七七百
日周而復始乃至永年所造功德還依次第
而作第一造象第二造經次即造卅九尺長
幡設卅九人齋食安置道場請諸尊象并
及法師香火知識然燈卅九支任力更多燈
如車輪三日三夜或七日七夜披心懺悔盡心
布施稱揚三寶各自首罪不得藏隱一懺
已後改往修來精進齋戒迴心贖生卅九命
或百或千任力更多施及悲田貧窮下賤不

具足衆生產婦餓莩病人孤老囚徒餓鬼
救死度生不仁之者勸成善回他方遠客有
急投人而爲開度濟其厄難施及衣食悉令
具足重更發心慈孝父母當爲寫象抄靈寶
經救拔三塗五苦出家功德父母報恩隨願
往生卅六部經內任力寫之如此人等各寫
一通十通百通千億万通无極數通及諸幡
象齋戒然復如是若然十燈百燈千燈万燈
无極數燈然復如是
尒時道君上白天尊曰今見細細微塵无億
之數寧爲多不天尊曰甚多甚多道君曰今
將此經象幡燈贖生散施功德等寧爲多不
天尊曰甚多甚多道君曰今將細塵劫數辟
於此經象幡燈等功德〻如塵沙數之不得
甚多甚多不可稱量如此功德最爲第一其
經象幡等造訖遠立道場七日七夜吟咏讀
嘆誦經解結令一切怨讎悉皆解脫及以眷
屬遠近皆來同至道場同乞懺悔勿生計
念布施懺悔罪可除滅七祖父母出離地獄
而上天堂告汝男女脩齋礼拜受戒持心忍

辱柔弱供養三寶及出家人斷諸酒宍燒
香燈燭贖生救拔一切等命皆辭我身更
无別異汝之男女依法脩行
天尊言曰我過去後當爲一切存亡衆生遺
諸經戒種種功德皆有次第若有衆生得吾
此經者香湯灑地及身沐浴著鮮潔淨衣燒
香燈燭幡華寶蓋周匝圍遶礼拜供養惟
憘踊躍長跪叉手讃淨精進受行讀誦堅
持遵奉爲諸人等未聞之者皆悉遣聞
天尊言曰汝等善男子善女人若將黃金
如崑崙山大遍滿天地而將布施其功雖大
猶復不如方便教人一句一偈經言永爲身
寶黃金雖貴不寶我身此經雖微生死回
果汝等男女勿生癡故核此黃金竟久[illegible]
不貲脩功与身爲患必无利益即是煩惱枷
鏁不出火坑天尊曰若能周匝任此功德者見
世過去一切宿罪悉皆除滅見存過去所在
之處逍遙快樂上界生長童子出家供[illegible]三
寶如斯功德不可思議時諸衆等既聞經已
稽首作礼稱善奉行

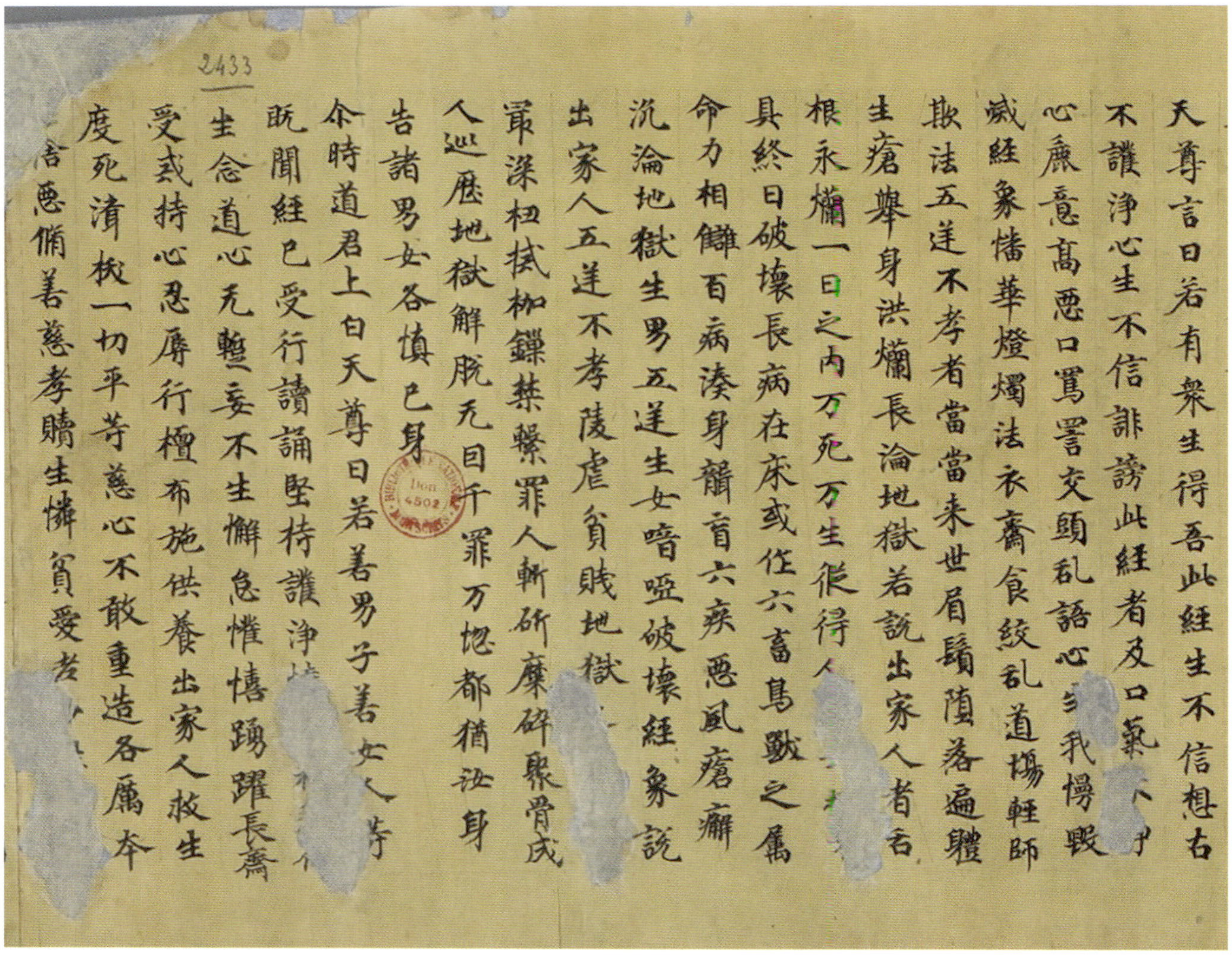
天尊言曰若有衆生得吾此經生不信想右
不讓淨心生不信誹謗此經者及口業不……
心廉意高惡口罵詈交頭乱語心……我慢戲
咸經象幡華燈燭法衣齋食絞乱道場輕師
欺法五逆不孝者當當來世眉鬚墮落遍體
生瘡舉身洪爛長淪地獄若說出家人者舌
根永爛一日之內万死万生從得人……
具終日破壞長病在床或作六畜鳥獸之屬
命力相餓百病湊身聾盲六疾惡風瘡癩
沉淪地獄生男五逆生女瘖瘂破壞經象說
出家人五逆不孝陵虐貧賤地獄……
罪深杻械枷鎖禁繫罪人斬斫糜碎聚骨成
人巡歷地獄解脫无曰千罪万惱都猶汝身
告諸男女各慎己身
尒時道君上白天尊曰若善男子善女人等
既聞經已受行讀誦堅持讓淨……
生念道心无輕妄不生懈怠懽憘踴躍長齋
受戒持心忍辱行檀布施供養出家人救生
度死濟拔一切平等慈心不敢重造各厲本
捨惡脩善慈孝贍生憐貧愛老……

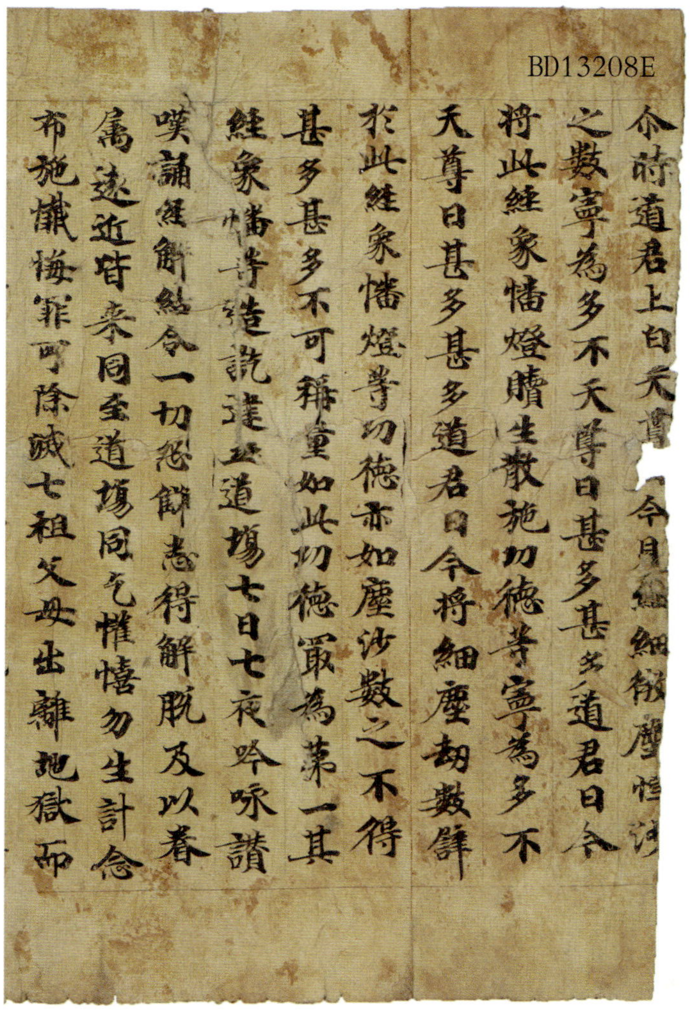
BD13208E
尒時道君上白天尊……今月……細微塵恒沙
之數寧為多不天尊曰甚多甚多道君曰今
將此經象幡燈贖生散施功德等寧為多不
天尊曰甚多甚多道君曰今將細塵劫數辟
於此經象幡燈等功德亦如塵沙數之不得
甚多甚多不可稱量如此功德最為第一其
經象幡等造說達立道場七日七夜吟詠讃
嘆誦經齋絲令一切怨魂悉得解脫及以眷
屬遠近皆來同至道場同乞懽憘勿生計念
布施懺悔罪可除滅七祖父母出離地獄而

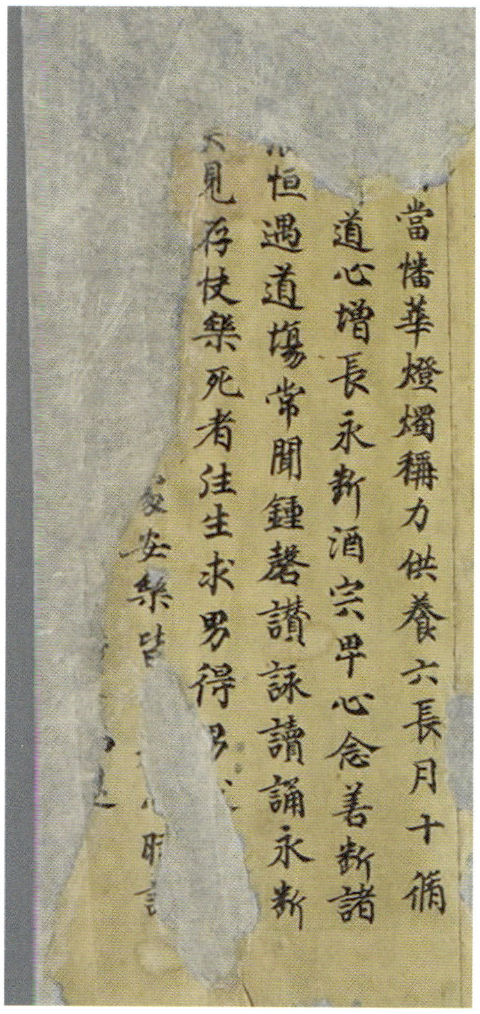
……當幡華燈燭稱力供養六長月十脩
道心增長永斷酒宍早心念善斷諸
……恒遇道場常聞鍾磬讃詠讀誦永斷
……見存快樂死者往生求男得男……
……家安樂皆……
……服言

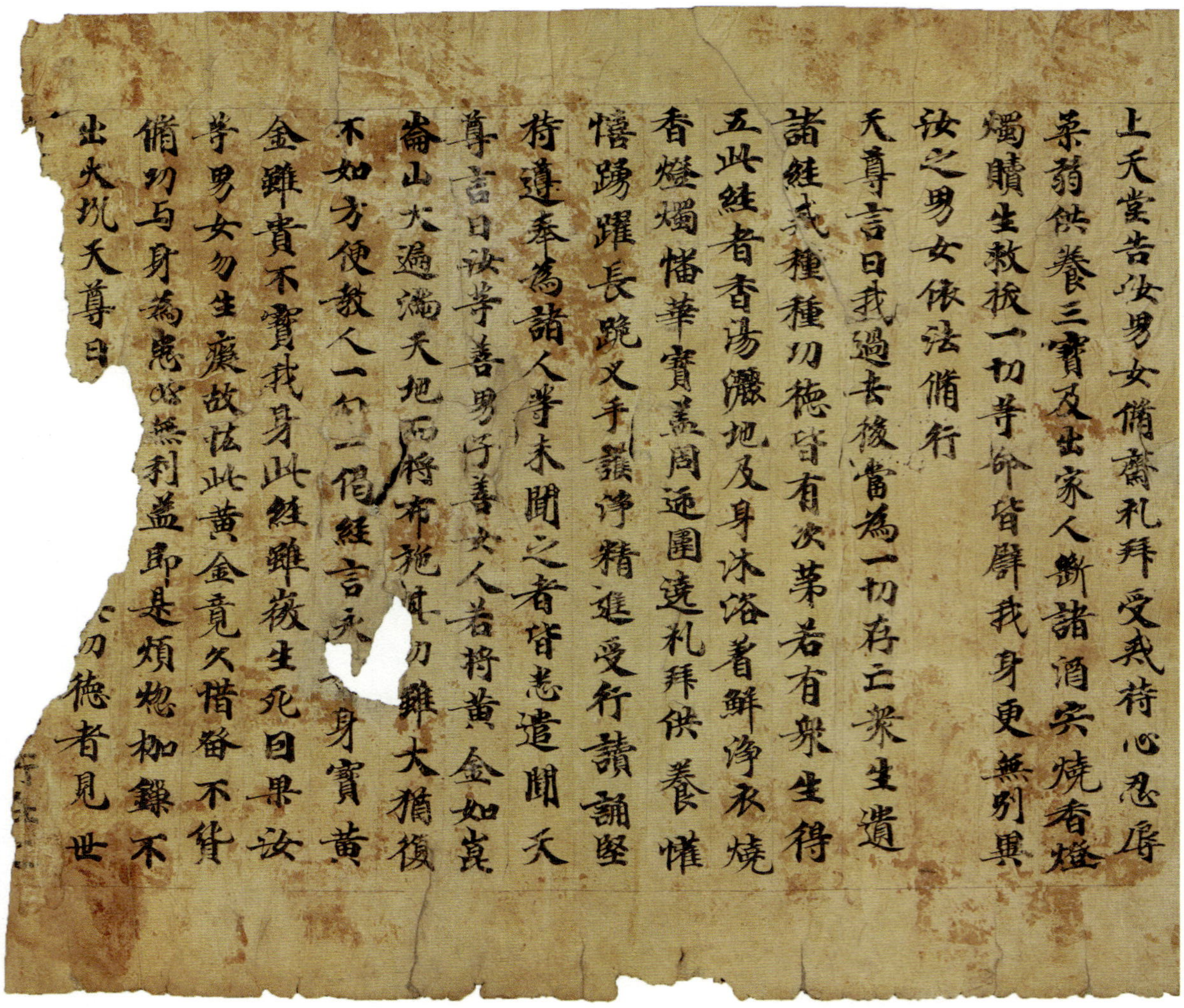
上天尊告汝男女脩齋礼拜受戒持心忍辱
衆翁供養三寶及出家人斷諸酒宍燒香燃
燭贖生救拔一切眾命皆歸我身更無別異
汝之男女依法脩行
天尊言曰我過去後當為一切存亡衆生遺
諸經戒種種功德皆有次第若有衆生得
五此經者香湯灑地及身沐浴著鮮淨衣燒
香燃燭幡華寶蓋周迊圍遶礼拜供養惟
懷踊躍長跪叉手誦讀精進受行讀誦堅
持遵奉為諸人等未聞之者皆悉遣聞天
尊言曰汝等善男子善女人若將黄金如崑
崙山大過滿天地而將布施其功雖大猶復
不如方便救人一切□偈經言永□身實黄
金雖貴不實我身此經雖救生死日果汝
等男女勿生癡故法此黄金竟久皆爲不貨
脩功与身爲鬼□無利益即是煩惱枷鎖不
出大坑天尊曰　□功德者見世

釋文

天尊説隨願往生罪福報對次説預脩科文妙經一卷

（P.2868 拼合 MS00539+P.2433 抄本）〔一〕

尒時天尊時遊十方世界，天上地下无所不經／。遊至大福唐国，見虚皇道君為十方國土一／切衆生、善男子善女人等，心生厭故，遂即分／神變化，舉眉間一豪瓊光，遍照十方，无不／明徹。尒時男女一切人等，及諸聖衆，晝夜／惶懼，悲聲嘆泣，哽咽嗥慕，稽首合掌，叩頭／博頰，肘行膝步。諸禽雜獸，普皆如是。一切／衆生，諸方仰視，寂絶形影，莫知所尋。尒時／虚皇道君慈愍衆生，飛身下界，安坐碧瑕（霞）／神寶之座，念往衆生，如常説法，演法化人。一切／衆等及以禽獸，皆来投座，稽首作礼，步步／而前，重過道君。（道君）慈愍衆生，弥重矜念。所以尒／者，道君在座演説欲説，重加慈念。汝等衆生／若有疑者，各自思惟，随事問難，皆来諦聽，受／我法教。所欲行者，濟死度生，聽我所説／。

尒時座下有一真人，名曰普救，從衆中出，稽／首作礼，上白天尊言：所有四輩弟子，若臨終／之日，先為亡者心願往生十方快樂之國，作／何功德，脩何戒行，作何方救而得往生／？

天尊告普救真人曰：汝能愍念四輩弟子，及／有未来諸衆生等，聞此願生因緣之福。汝等／弟子諦聽善思，吾今為汝而重説之。汝等男／女各属本心，而聽我言／。

天尊告普救真人曰：若有四輩弟子，若臨終／之時及未終者，願生東方華林境界者，其有／〔二〕真人，名曰静境无極之國，慧静庄嚴。若臨／終之人願往者，可随願往生／〔三〕。

天尊重告太上道君曰：若有善男子善女人／等終亡之人，在生之時多有過患，及有債負／，并諸怨結，恚恨煩怨，用三寶財物，或為男／女又為鄉閭，或為朋友亦為己身，昌（猖）狂重造／，不生畏懼。諸如等罪，難可陳説。汝等過去亡／者男女，及以見存曰緣眷屬，為其亡人臨終之／後，一七、二七、三七，乃至七七日内，即造繒幡／廿一口，青黄碧緑各長七尺；於家宅中建立／道場，請諸尊象，并諸幡蓋，及以法師。見在／男女香火知識，齊同勸助，為此亡人多少任／力，重造經象，及以布施出家法身：三日三夜／，或七日七夜轉經行道。遠近親屬率厲相就／，同至道場，各厲本心，為其亡者皆乞歡憘。一／切男女，内外親情，傍及徒衆，為其亡者救／拔苦厄，各發慈心重乞歡憘，莫生計念。當為／亡人雖造片福，計罪捕（補）過，得滅少多。遠近内／外諸善知識，若有一人生此計念，從（縱）為亡者／抄經寫象救拔，終不免難，生人怨恨，亡者重／入地獄，受諸苦惱，无有出期。見存男女各各／減己布施，為此過往亡人重請法師，當道場／内各自稱名，踴猛精進，並乞歡憘。若不重恨/，為其亡人造諸功德，供辦香油，然燈續（續）明，轉/經行道，亡者即得捨離地獄，而上天堂。諸是/男女臨終之後，七七之内定其罪名，百日之中/配入五道，所欲造諸功德者。尒時普救真人/不曉次第，重白天尊，願為説之，見在衆生/稽首奉行/。

尒時天尊告普救真人曰：汝等諦聽，一切衆/生從初終之後，一七、二七、三七之内造諸（四）功/德者，最為上法。七七日内造諸功德者，此為/次法。百日之内造諸功德者，此名為下法。七/七、百日造諸功德次第法者，汝等諦聽/：第一造象，第二造經，第三造齋戒，第四造幡/華，第五造然燈，第六脩道場，第七贖生命，第/八持布施，第九廣救濟，第十持堅心，第/十一慈悲捨，第十二平等心/。

尒時天尊重告道君：普救真人日為過去亡/者，能行此十二脩福及諸功德者，名曰具足/脩福，亦名曰慈孝之輩。所有男女備脩前福/具足者，一切亡人定獲快樂。若不如此，臨終/之人必當墮落三塗地獄。若未終之者，身抱/諸患，痾疾難除。能脩此者，滅罪万劫，福德具/足。行此十二脩福而上天堂，計功捕（補）過，豪（毫）分/不失。所以尒者，昔有俗人將一米投厨，乃得/无鞅數報，童子獻土變成珠沙。罪福之輩，藏/顯亦難。譬如净鏡照人形面，青白随身，更无異/見。汝等弟子及諸男女，若有衆生聽吾此法/，懃心聽受，慈悲柔弱，恒如持戒，勿作高心。父/母之恩，昊天罔極，各自養子，始察己身。若未養/子，如似醉人，惽惽度日，其罪更深，存亡俱損/，地獄之咎，難可出頭。汝等男女，各慎己身，受/罪之時，走避无處，身在地獄，苦癀自當。善惡/業別，无人浪受，今告汝等，各自慎之/。

尒時天尊告道君曰：一切衆生在生之時，為/終亡之人七七、百日，乃至長年造諸經象，并/貨諸物，施来入齋，造供極多，成功微少。或有/殘供，浪費諸食，薰辛酒宍，通同共食，不生畏/懼，三分支一。或造經象，亦復如是，名聲雖有/，計福全无。一施一惜，或休或作，以是義故，右日/（五）名聲功德也。譬如女人裁諸衣服，裁截雖了/，竟久不縫，必欲人著在身，從何慣（冠）帶？譬造經/象，以衣相喻。若造經象、齋食，施与法師等物/，一分失洛（落），隱没差殊，其福不成，何勞須造，徒/費尒功。財貨浪費，存亡罪重，轉更加深，終无/片益。如此衆等作何方計，而得利益亡人？脩/何功德而得拔脱亡者，滅罪除愆？尒時道君/曰：衆等愚癡，不自曉了，惟願天尊重為説/之，一切衆等叩頭作礼，稽首奉行/。

尒時天尊告太上道君曰：善哉善哉。如卿所/言，護持世戒，能為衆生方便問難，諮請諸疑/，随意科數，一一具問，實所希有。我今重嘆不/可思議，告諸衆生諦聽之/。

次説衆生用三寶常住等物報對品

天尊曰：一切衆生減削造經及象，并齋食施/物等，私將入己用者。若是象物直一錢以上/，十年十倍又復不還者，身當重病，失於相好/，鳥栖露宿，棄於人間永无出期；從（縱）得人身，聾/盲六疾，恒不具足。若用經幡物者，七年七倍/又（復）不還者，身當囚徒，在於囹圄，身著枷鏁；從（縱）/得人身，失於相好，不及人次，欲出无緣，終身破/壞。若用齋食物者，六年六倍又復不還者，身/為餓鬼，頸似布綖，腹如懸鼓，身負鐵輪，火徹/左右，或作衣著，身如火山；若作飲食，變為膿/血，若作鞋履，化為杻械；耶（邪）病在床，身躰晃爛/，人不用見，逕年累月，骨盡觔消，終成失好，一/入地獄，難出生天。若用布施法師物者，五年/五倍又復不還（者），身為貧賤窮寒，衣食乏少；或/為牛馬以力報酬，或作睹（豬）羊雜獸之屬，以命/相求；或作四夷不知善惡，或逢惡知識，衆横/湊身，万劫无解；從（縱）生在人中，聾盲六疾，失於/相好，不及人次；一切眷屬悉皆棄之，或作夫/妻中道離別，有孤男女，倚博（依附）傍親；或患病/疾无人侍養，或加困篤發語先悲，從（縱）發孝心，依/附无處。如此等罪，實可悲哉！今告女男，耳聞/眼見，實可悲傷，忽若身遭，如何當處。如此等/罪，實可重悲。告諸衆等，弥重殷懃，念念用心/，勿生豪强。一生脩福，猶不足身，況造罪根，晝/夜无數。有財强健，意氣陵天，受罪飢寒，藏身/无處。計斯十惡，亦猶本心，煞害衆生，為他人/故。當時作樂，快不可勝，債命酬怨，惟汝獨自/。在生受罪，憑伏（依）親緣，死入三塗，遣誰救拔/。斯楚癀切，（刺）骨傷心，若入三塗，悔之何及。地獄/受罪，數種役身，從（縱）欲説之，亦難可盡。是諸男/女，各自思惟，四大假身，破壞立至。告諸男女/，努力慎之/。

尒時道君從座而起，五躰投地，長跪叉手，上白/天尊言：若有善男子善女人等，從生至死/，或毁壞尊象，剔破道場，或剥脱浄行人出家/之衆，或破諸禁戒及五逆不孝，或傳口合舌謗/説出家人，或説道三寶，誕聲曾祖，怒氣耶/孃（爺娘）；或角眼斜眉，愛夫憐婦；或造立私物，親於/妻子，踈於耶孃（爺娘）；

或姊妹弟兄，看如陌路；或用／三寶物，无有愧心，負債弥多，觝蔓不与；或煞／生偷盜，兩舌吱咽；或罵詈他人，耶（邪）婬穢濁，恒／常惡口，音毒在心。諸如此罪，説亦叵周，衆等／愚癡，實不能决。惟願天尊哀愍衆等，重請／罪福而為説之／（六）。

次説罪福報對品

天尊答道君曰：卿之所問，无不遍周，此等衆／生在生受罪，猶未得除，死入三塗，次第而受／。汝等男女各自諦聽，報對之中，次第而説。鐵／床銅柱，燋筋碎骨，以報耶（邪）婬之罪。寒氷雪山／，分烈（裂）形體，以報劫盜之愆。吞火拔舌，融銅灌／口，以報舌端之咎。煻煨埋體，猛火燒身，劍樹／撞心，以報煞生食宍飲酒之罪。鐵犁耕背，惡鳥啄睛，碓擣磑磨，以報斜眉角眼之罪。身為／餓鬼，脩歷濩湯，燒鐵為丸，充飢當食，以報破／齋違戒之罪。眉鬚墮落，遍體生瘡，舉身洪爛／，以報破壞經象道場之罪。口中出火，眼裏生瘡／，遍體膿流，藏身无地，以報剥脱出家人之罪。舌／不得語，永啞喉中，盲目亡精，口脣横烈（裂），以報／説道出家人父母之罪。癡聾少短，生死不分／，或作夫妻中道離別，以報踈隔耶孃（爺娘），誕聲（曾祖）之／罪。或為牛馬，或作睹（豬）羊鳥獸犬鷹，以報觝／債之罪。或為人仆使，後母前翁，或作孤兒，婦／人難産，或貧窮飢餓，長病在床，以報五逆賤／薄兄弟姊妹之罪。諸餘等罪，皆在人身，不及／遠親，任玆近視。汝等男女，善自思惟，報對逼身，實難忍受。告諸男女，脩福立功，預造善緣／，當得解脱／。

尒時太上道君從座而起，稽首作礼，上白天／尊曰：一切衆生在生之時，堅（慳）貪悋惜，積聚財／錢，競作有為，不能割捨，延時引日，造罪弥輪（倫）／。凡俗愚癡，惛惛度日，心恒惡想，不解預脩，從（縱）／作善因，失於次第／。

天尊慈愍，重示男女預脩之因。尒時男女叩／頭稽首，依法而行／。

次説見存預脩科文品下

天尊告太上道君曰：若有善男子善女人等／，一為天地，二為帝王，三為父母，四為衆生，五為／血屬，六為己身，諸是男女，初出父母胞胎以後／，至一歲、一十、廿、卅、五十，乃至百歲、百廿歲，必欲／（七）預脩。還從一七、二七、三七，乃至五七、七七、百／日，周而復始，乃至永年。所造功德，還依次第／而作。第一造象，第二造經，次即造卌九尺長／幡，設卌九人齋食。安置道場，請諸尊象，并／及法師，香火知識。然燈卌九支，任力更多，燈／如車輪。三日三夜，或七日七夜，披心懺悔，盡心／布施，稱揚三寶，各自首罪，不得藏隱。一懺／已後，改往脩來，精進齋戒，迴心贖生卌九命／，或百或千，任力更多。施及悲田貧窮下賤，不／具足衆生，産婦餓茍（狗），病人孤老，囚徒餓鬼／。救死度生，不仁之者，勸成善曰。他方遠客，有／急投人，而為開度，濟其厄難，施及衣食，悉令／具足。重更發心，慈孝父母，當為寫象，抄《靈寶／經》，救拔三塗五苦，出家功德，父母報恩，随願／往生。卅六部經内，任力寫之。如此人等，各寫／一通、十通、百通，千億万通，无極數通。及諸幡／象、齋戒，亦復如是。若然十燈百燈、千燈万燈／，无極數燈，亦復如是／（八）。

尒時道君上白天尊曰：今見細細微塵，无億（九）／之數，寧為多不？天尊曰：甚多甚多。道君曰：今／將此經象幡燈，贖生散施功德等，寧為多不／？天尊曰：甚多甚多。道君曰：今將細塵劫數，譬／於此經象幡燈等功德，亦如塵沙數之不得／，甚多甚多，不可稱量。如此功德，最為第一。其／經像幡（燈）等造訖，建立道場，七日七夜吟詠讚／嘆，誦經解結，令一切怨讎悉皆解脱。及以眷／屬遠近皆来，同至道場，同乞懽憘，勿生計／念。布施懺悔，罪可除滅，七祖父母出離地獄／，而上天堂。告汝男女，脩齋礼拜，受戒持心，忍／辱柔弱，供養三寶及出家人，斷諸酒宍，燒／香燈燭，贖生救拔一切等命，皆譬我身，更／无別異。汝之男女，依法脩行／。

天尊言曰：我過去後，當為一切存亡衆生遺／諸經戒，種種功德皆有次第。若有衆生得吾／此經者，香湯灑地，及身沐浴，著鮮潔浄衣，燒／香燈燭，幡華寶盖，周匝圍繞，礼拜供養，懽／憘踴躍，長跪叉手，護浄精進，受行讀誦，堅／持遵奉，為諸人等未聞之者，皆悉遺聞／。

天尊言曰：汝等善男子善女人，若將黄金／如崑崙山大，遍滿天地，而將布施，其功雖大／，猶復不如方便教人一句一偈。經言永為身／寶，黄金雖貴，不寶我身；此經雖微，生死叵／果。汝等男女勿生癡故，悋此黄金，竟久惜留／，不貨脩功，与身為患，必无利益，即是煩惱枷／鏁，不出火坑。天尊曰：若能周匝作此功德者，見／世過去一切宿罪，悉皆除滅；見存過去所在／之（一〇）處，逍遥快樂，上界生長，童子出家，供養三／寶。如斯功德，不可思議。時諸衆等既聞經已／，稽首作礼，稱善奉行／。

天尊言曰：若有衆生得吾此經，生不信想，舌／不護浄，心生不信，誹謗此經者；及口氣不浄／，心麁意高，惡口罵詈，交頭乱語，心生我慢，毁／滅經象、幡華燈燭、法衣齋食，絞（攪）乱道場，輕師／欺法，五逆不孝者。當當（於）来世眉鬚堕落，遍體／生瘡，舉身洪爛，長淪地獄。若説出家人者，舌／根永爛，一日之内万死万生。從（縱）得人身，六根不／具，終日破壞，長病在床。或作六畜鳥獸之屬／，命力相餬，百病湊身，聾盲六疾，惡風瘡癬／，沉淪地獄。生男五逆，生女喑啞。破壞經象，説／出家人，五逆不孝，陵虐貧賤，地獄之中沉淪／最深，杻械枷鏁，禁繫罪人，斬斫糜碎，聚骨成／人，巡歷地獄，解脱无曰。千罪万惱，都猶汝身／。告諸男女，各慎己身／。

尒時道君上白天尊曰：若善男子善女人等／，既聞經已，受行讀誦，堅持護浄，燒香礼拜，但／坐念道，心无躉妄，不生懈怠，懽憘踴躍，長齋／受戒，持心忍辱，行檀布施，供養出家人，救生／度死，濟拔一切，平等慈心，不敢重造，各厲本／心，捨惡脩善，慈孝贖生，憐貧愛老，□□□□／，□□□當幡華燈燭，稱力供養。六長月十脩／□□□道心增長，永断酒宍，卑心念善，断諸／□□□，恒遇道場，常聞鍾磬，讃詠讀誦，永断／□□，見存快樂，死者往生，求男得男，求女得／女，□□□□□□□處安樂，皆□□□時諸／□□□□□□□□□□作礼而退／〔一一〕。

校記

〔一〕法藏P. 2868抄本首全尾殘，殘存經文一紙二十八行。MS00539抄本首尾缺，存經文五紙一百一十七行。又P. 2433抄本首缺尾殘，存經文五紙一百零九行(其首行文字綴接前龍谷抄本)。以上三件殘片合併後，大致可復原該經全部内容。

〔二〕此處衍一「有」字。

〔三〕以上録文用P. 2868爲底本，以下改换MS00539殘片爲底本。P. 2868於此行後尚存半行殘字，與龍谷大學本首行文字重複，不録。缺文均據文義補。

〔四〕敦煌本此處衍一「諸」字。

〔五〕右曰：疑當作「舌曰」。此句謂人無真心而謊稱作功德，以求名聲也。

〔六〕MS00539抄本止於此處，以下綴接P. 2433抄本。

〔七〕此處衍一「欲」字。

〔八〕按，國圖藏BD13208E殘抄本，起於下段「尒時道君」云云。該抄本殘存經文一紙二十八行，文字與P. 2433抄本幾乎全同。

〔九〕无億：BD13208E作「恒沙」。

〔一〇〕國圖藏BD13208E殘抄本止於此處。

〔一一〕法藏P. 2433抄本止於此處，全篇經文亦當至此終結。

（王卡點校）

太上靈寶洗浴身心經

解題

簡稱《洗浴經》。原不題撰人。唐釋玄嶷《甄正論》稱：道士李榮造《洗浴經》，以對《温室經》。李榮是唐高宗時道士。一卷。《正統道藏》未收。（《中華道藏》第六册\013號）

S. 3380：首尾完具。首題：太上靈寶洗浴身心經一卷。尾題同。存經文六十四行。（大淵目八二頁）

P. 2402：卷首六行下半斷缺，卷尾完具。首題：太上靈寶洗浴身心經。尾題同。存經文六十二行，與S. 3380大致首尾相當。（大淵目八二頁）

BD14523. 2（散0690\北新0723）：羅振玉貞松堂舊藏本，現藏中國國家圖書館。首殘尾全。尾題：太上靈寶洗浴身心經一卷。存經文六十四行，大致與S. 3380首尾相當。（大淵目八二頁）

（按，《正統道藏》洞真部本文類收入《太上玄都妙本清淨身心經》一卷。時代早於敦煌本《洗浴經》，文字亦較繁富。敦煌本是否爲李榮所造，尚待研究。）

圖版

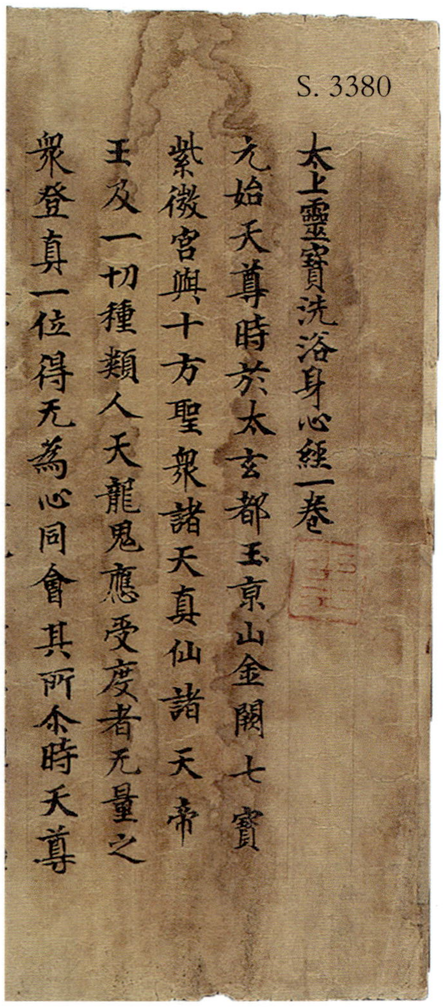
S. 3380
太上靈寶洗浴身心經一卷
无始天尊時於太玄都玉京山金闕七寶
紫微宮與十方聖衆諸天真仙諸天帝
王及一切種類人天龍鬼應受度者无量之
衆登真一位得无爲心同會其所尒時天尊

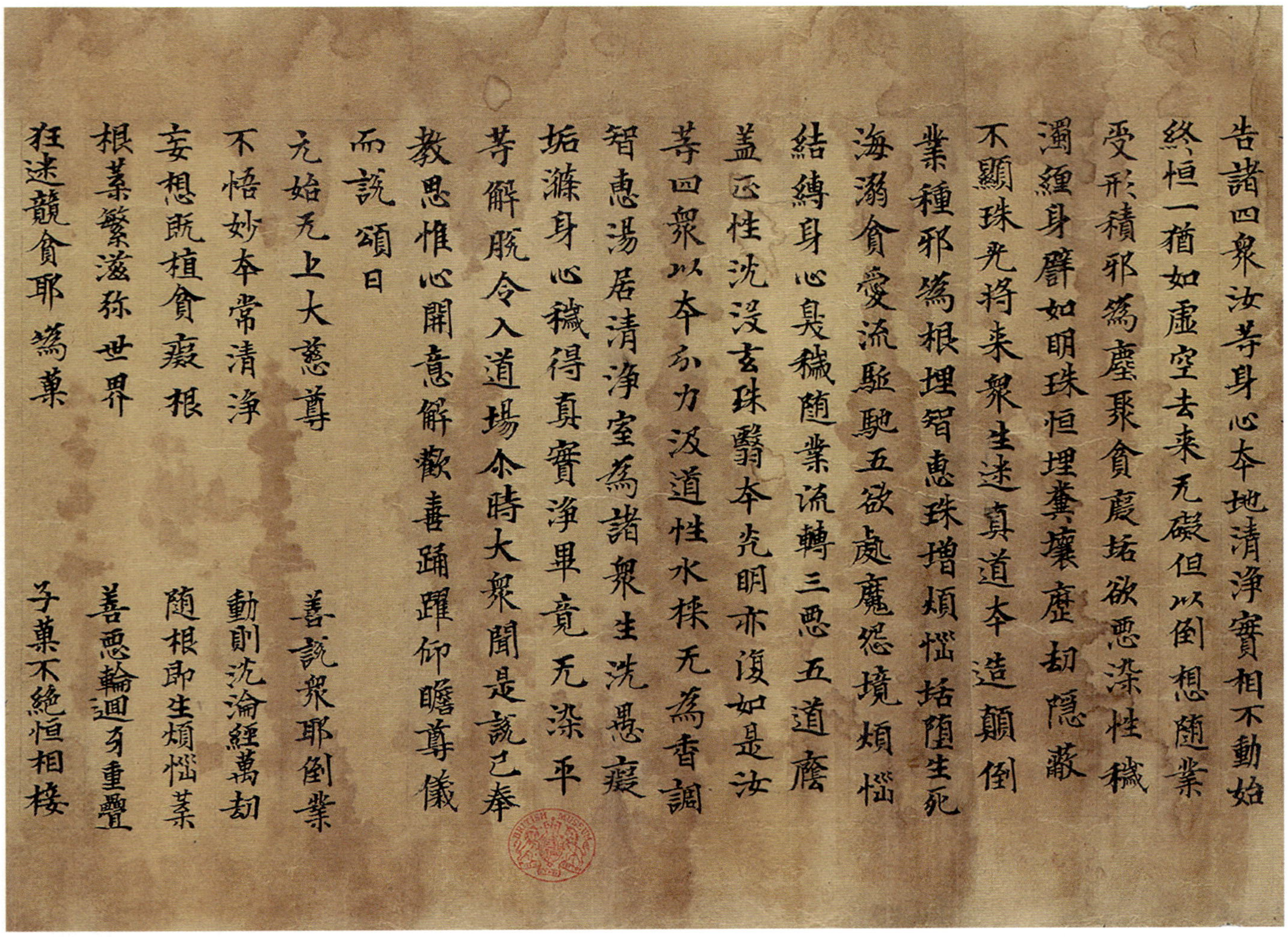
告諸四衆汝等身心本地清淨實相不動始
終恒一猶如虚空去来无礙但以倒想隨業
受形積邪爲塵聚貪癡垢欲惡染性穢
濁纏身譬如明珠恒埋糞壤塵劫隱蔽
不顯珠光將来衆生迷真道本造顛倒
業種邪爲根埋智恵珠增煩惱垢墮生死
海溺貪愛流駈馳五欲處魔怨境煩惱
結縛身心臭穢隨業流轉三惡五道磨
蓋正性沉没玄珠翳本光明亦復如是汝
等四衆以本尒力汲道性水株无爲香調
智恵湯居清淨室爲諸衆生洗愚癡
垢滌身心穢得真實淨畢竟无染平
等解脱令入道場尒時大衆聞是說已奉
教思惟心開意解歡喜踊躍仰瞻尊儀
而說頌曰
无始无上大慈尊　善說衆耶倒業
不悟妙本常清淨　動則沉淪經萬劫
妄想既植貪癡根　隨根即生煩惱葉
根葉繁滋弥世界　善惡輪迴身重疊
狂迷競貪耶爲菓　子菓不絶恒相接

煩惱垢重覆明珠　身心臭穢非清淨
亦我没引道性水　洗滌千耶歸一正
平等清淨智惠湯　蕩除癡垢開真性
有緣速入正觀空　无為香水澄如鏡
能照去來耶倒業　洗滌貪瞋歸試定
心垢惱病蓉以除　千復真根增惠命
慈尊所說頗思議　我故稽首咸恭敬
時此會中天真皇人從座而起上白天尊
唯願慈雲廣覆无外上妙法雨遍灑人
天衆生愚癡隨業生滅垢穢深重耶或
纏身令調法湯建清淨室洗滌罪垢消
除耶穢未審儀軌其事云何天尊曰凡
諸行道入靜燒香為己及人請謝罪福皆
當沐浴蕩滌身心過此每月一浴是其常
法然諸天帝王勅其男女依法清靜作五
種香水廣開淨室散花燒香行道礼拜
持齋奉誠講說經文每至年終上八集仙
真聖天中男女洗濯身形將勸衆生迴向正
道出生死煩勞汝等宜依此法至是八日勸
諸男女及以國王大臣宰輔天下人民作法
香水懸諸旛蓋建齋行道懺悔礼拜誦
誦此經入清淨室正念安坐先觀身心垢穢
聚積无量耶或不淨塵勞共成我身内外貪
癡麁細不淨生老无常衆苦結縛三業鄣
道六塵覆心猶天雲翳日月光作是觀已了
了分明以法香水先從首面皮膚四支五體
六根九竅次第灌洗悉令清淨外清淨已
復以淨觀重修内心耶或煩惱妄想執計
貪瞋癡垢普令清淨内外既淨住法身心
常居道場斷耶僞垢是名法水洗浴身
心若有善男子善女人能為國主人王九玄
七祖所生父母己身男女天下人民三徒五苦
一切衆生施法香水出家法服俗衣香藥沐
浴之具修齋行道散花燒香礼拜念誦聽
講經教受誠發願供養十方諸天上聖妙行
真人神仙王女及出家法身所得功德冣為
无量不可思議所以者何是人能為一切行
人洗塵垢故塵垢既除得見真道是故得福
冣為无量作是說已諸仙歡喜各隨儀軌
依法奉行礼拜天尊一時而退

太上靈寶洗浴身心經一卷

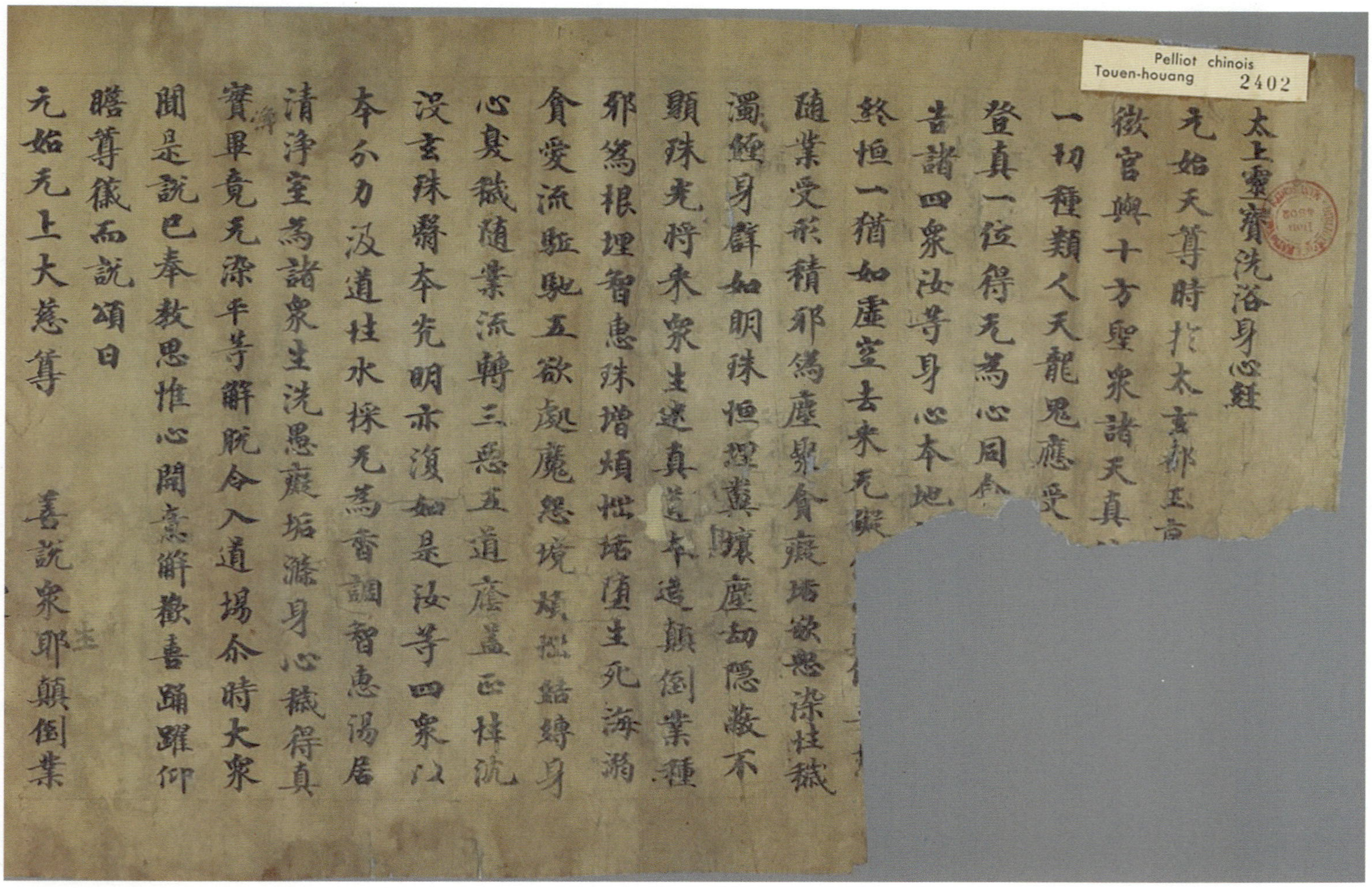
太上靈寶洗浴身心經
无始天尊時於太玄都玉京
徵宮與十方聖衆諸天真
一切種類人天龍鬼應受
登真一位得无爲心同於
告諸四衆汝等身心本地
終恒一猶如虚空去來无礙
隨業受形積邪偽塵聚貪癡垢欲恩染住識
濁纏身譬如明珠恒埋糞壤塵劫隱蔽不
顯珠光将來衆生迷真造本違顛倒業種
邪爲根埋智惠珠增煩惱垢墮生死海溺
貪愛流駈馳五欲颷魔怨境煩惱結縛身
心臭識隨業流轉三惡五道蔭蓋正性流
没玄珠翳本光明亦復如是汝等四衆以
本分力汲道性水採无爲香調智惠湯居
清淨室爲諸衆生洗愚癡垢滌身心識得真
實畢竟无染平等解脱令入道場尒時大衆
聞是説已奉教思惟心開意解歡喜踊躍仰
瞻尊儀而説頌曰
无始无上大慈尊　善説衆耶顛倒業

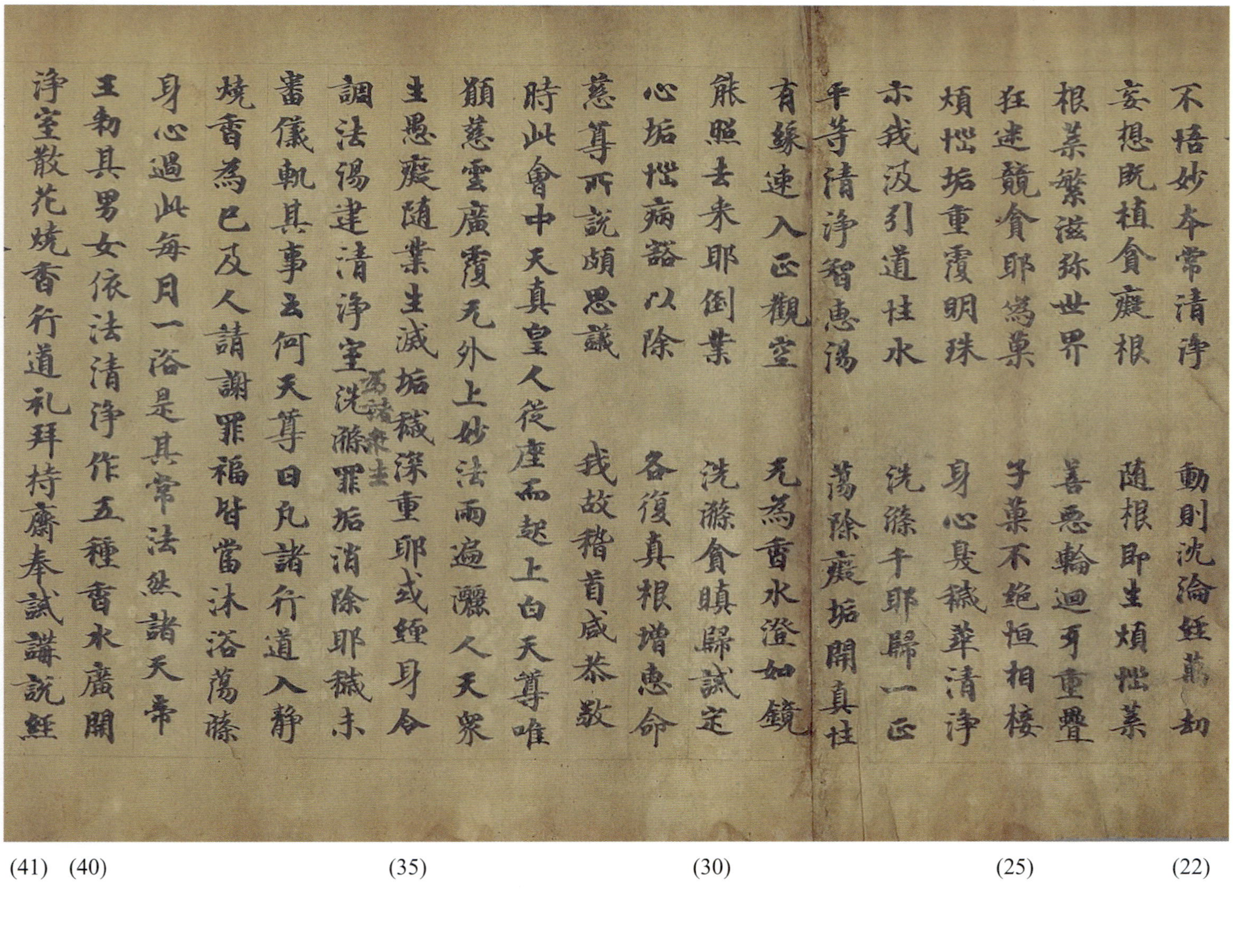
不悟妙本常清淨　動則沈淪經萬劫
妄想既植貪癡根　隨根即生煩惱葉
根葉繁滋弥世界　善惡輪迴再重疊
狂迷競貪耶爲巢　子葉不絶恒相接
煩惱垢重覆明珠　身心臭穢莫清淨
亦我汲引道性水　洗滌千耶歸一正
平等清淨智惠湯　蕩除癡垢開真性
有緣速入正觀堂　无爲香水澄如鏡
能照去來耶倒業　洗滌貪瞋歸誡定
心垢惱病豁以除　各復真根增惠命
慈尊所説頗思議　我故稽首咸恭敬
時此會中天真皇人從座而起上白天尊唯
願慈雲廣覆无外上妙法雨遍灑人天衆
生愚癡隨業生滅垢穢深重耶或纏身令
調法湯建清淨室爲諸衆生洗滌罪垢消除耶穢未
審儀軌其事云何天尊曰凡諸行道入靜
燒香爲己及人請謝罪福皆當沐浴蕩滌
身心過此每月一浴是其常法然諸天帝
王勑其男女依法清淨作五種香水廣開
淨室散花燒香行道礼拜持齋奉誡講説經

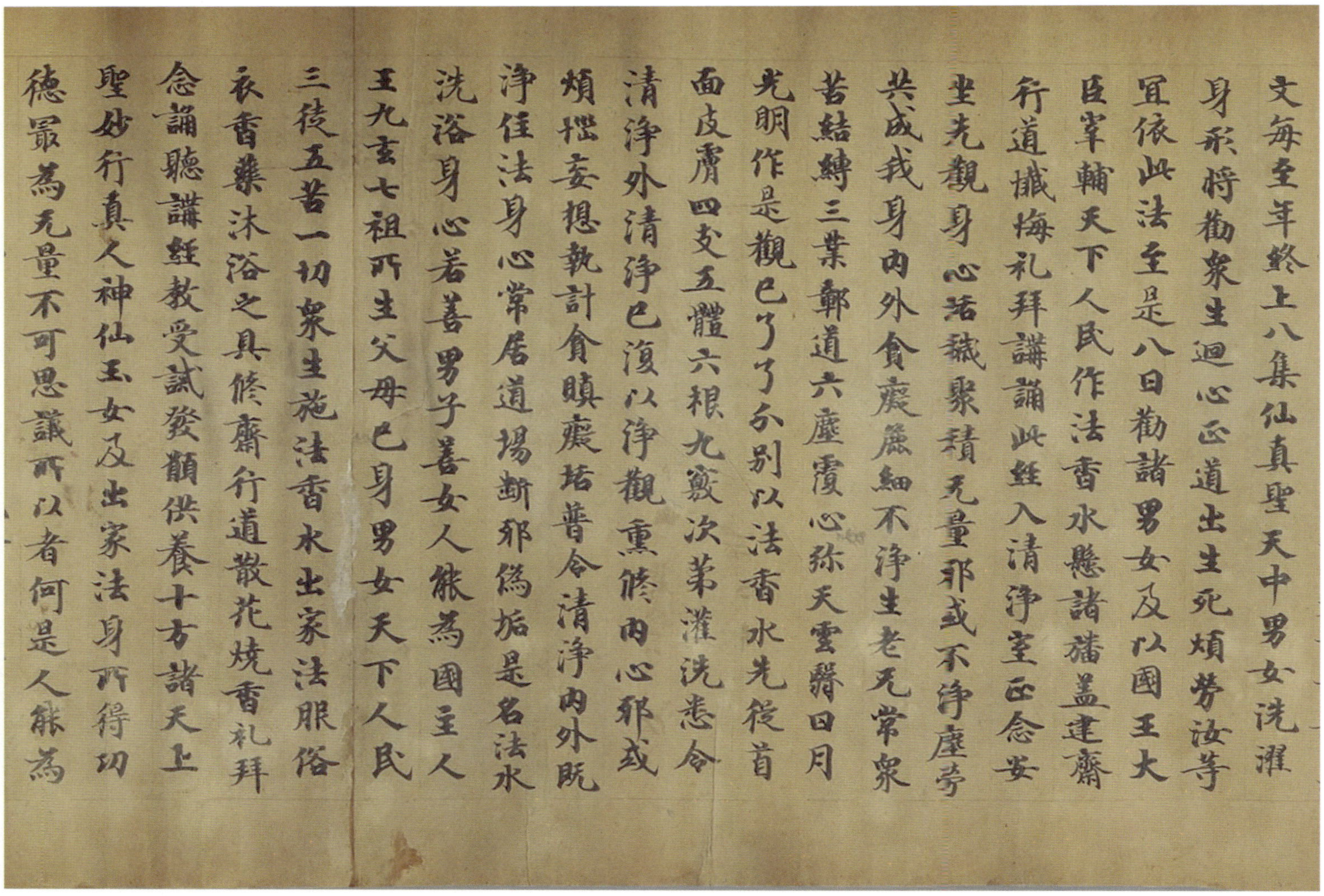

文每至年終上八集仙真聖天中男女洗濯
身形將勸衆生迴心正道出生死煩勞汝等
冝依此法至是八日勸諸男女及以國王大
臣宰輔天下人民作法香水懸諸旛蓋建齋
行道懺悔礼拜講誦此經入清淨室正念安
坐先觀身心垢穢衆積无量邪惑不淨塵勞
共成我身内外貪癡麁細不淨生老无常衆
苦結縛三業觸道六塵覆心猶天雲掩日月
光明作是觀已了了分别以法香水先從首
面皮膚四支五體六根九竅次第灌洗悉令
清淨外清淨已復以淨觀熏脩内心邪惑
煩惱妄想執計貪瞋癡垢普令清淨内外既
淨住法身心常居道場斷邪僞垢是名法水
洗浴身心若善男子善女人能爲國主人
王九玄七祖所生父母已身男女天下人民
三徒五苦一切衆生施法香水出家法服俗
衣香藥沐浴之具脩齋行道散花燒香礼拜
念誦聽講經教受誡發願供養十方諸天上
聖妙行真人神仙玉女及出家法身所得功
德冣爲无量不可思議所以者何是人能爲

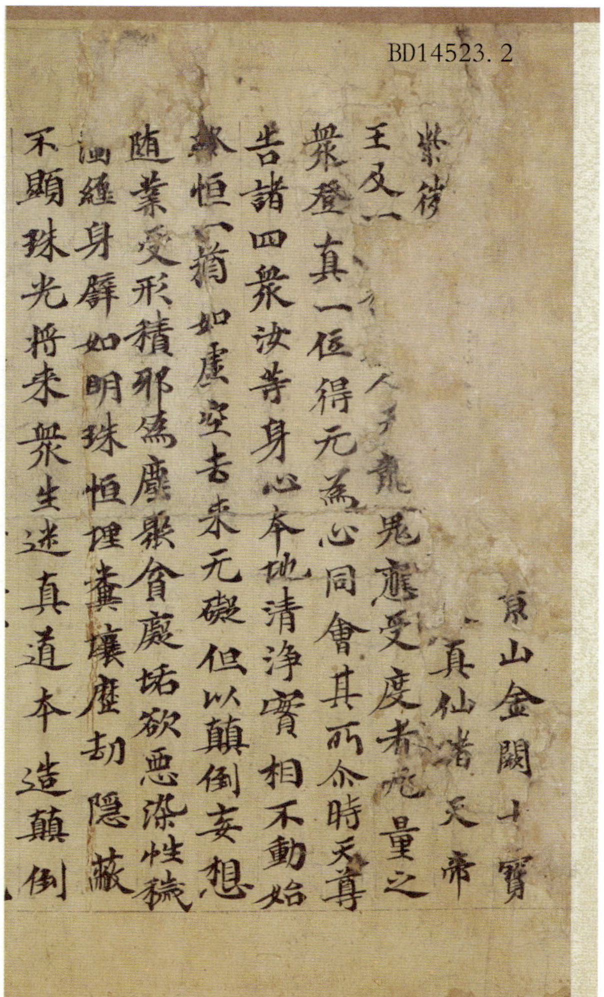

BD14523.2

京山金闕七寶
紫微……真仙諸天帝
王及一……人天龍鬼神受度者无量之
衆登真一位得无爲心同會其所尒時天尊
告諸四衆汝等身心本地清淨實相不動始
終恒一猶如虚空去來无礙但以顛倒妄想
隨業受形積邪爲塵聚貪癡垢欲惡染性穢
𣸪纏身譬如明珠恒埋糞壤塵劫隱蔽
不顯珠光將來衆生迷真道本造顛倒

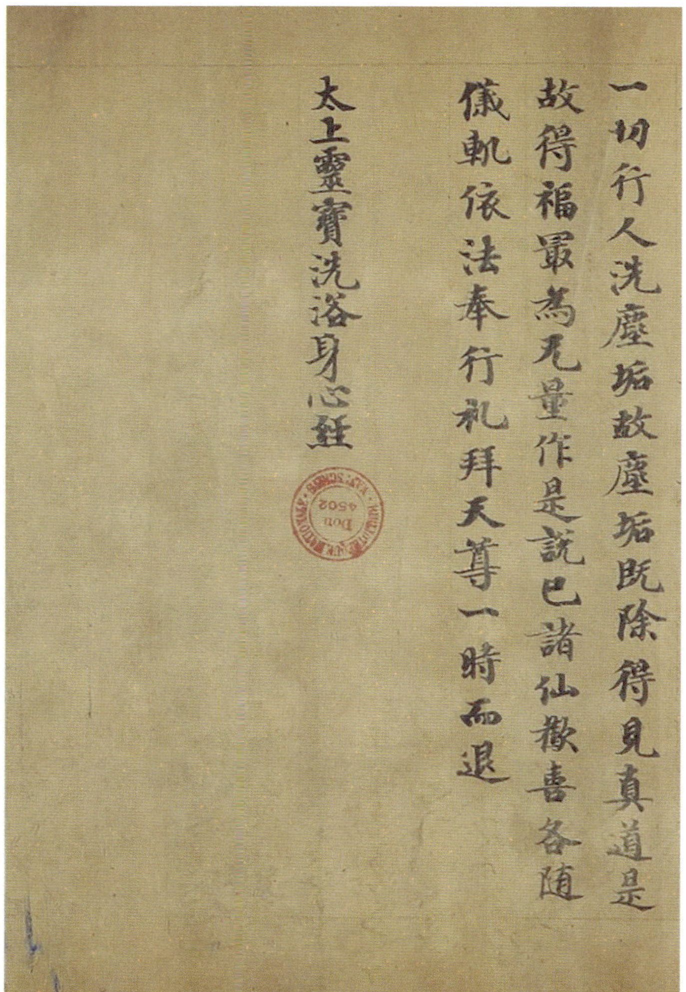

一切行人洗塵垢故塵垢既除得見真道是
故得福冣爲无量作是説已諸仙歡喜各隨
儀軌依法奉行礼拜天尊一時而退
太上靈寶洗浴身心經

業種耶為根埋智惠珠增煩惱垢隨生死
海溺貪愛流駈馳五欲處魔怨境煩惱
結縛身心臭穢隨業流轉三惡五道靡
蓋正性沈没玄珠翳本光明亦須如是汝
等四衆以本分力汲道性水採无為香調
智惠湯居清淨室為諸衆生洗愚癡
垢滌身心穢得真實淨畢竟无染平
等解脫令入道場尒時大衆聞是説已奉
教思惟心開意解歡喜踊躍仰瞻尊儀
而説頌曰
元始无上大慈尊　善説衆耶倒業
不悟妙本常清淨　動則沈淪經萬劫
妄想既植貪癡根　隨根即生煩惱業
根業繁滋弥世界　善惡輪迴牙重疊
狂迷競貪耶為巢　子巢不絶恒相接
煩惱垢重覆明珠　身心臭穢茲清淨
亦我汲引道性水　洗滌千耶歸一正
平等清淨智惠湯　蕩除癡垢開真性
有緣速入正觀空　无為香水澄如鏡
能照去来耶倒業　洗滌貪瞋歸識定

心垢惱病豁以除　各復真根增惠命
慈尊所説頗思議　我故稽首咸恭敬
時此會中天真皇人從座而起上白天尊
唯願慈雲廣覆无外上妙法雨遍灑人
天衆生愚癡隨業生滅垢穢深重耶或
纏身令調法湯速清淨室洗滌罪垢消
除耶穢未審儀軌其事云何天尊曰凡
諸行道入静燒香為己及人請謝罪福皆
當沐浴蕩滌身心過此每月一浴是其常
法然諸天帝王勅其男女依法清静住五
種香水廣開淨室散花燒香行道礼拜
持齋奉誡講説經文每至年終上八集仙
真聖天中男女洗濯身形將勸衆生迴向正
道出生死煩勞汝等宜依此法至是八日勸
諸男女及以國王大臣宰輔天下人民作法
香水懸諸旛蓋建齋行道懺悔礼拜講
誦此經入清淨室正念安坐先觀身心垢穢聚
積无量耶或不淨塵勞共成我身内外貪癡
麤細不淨生老无常衆苦結縛三業鄣
道六塵覆心猶天雲翳日月光住是觀已了

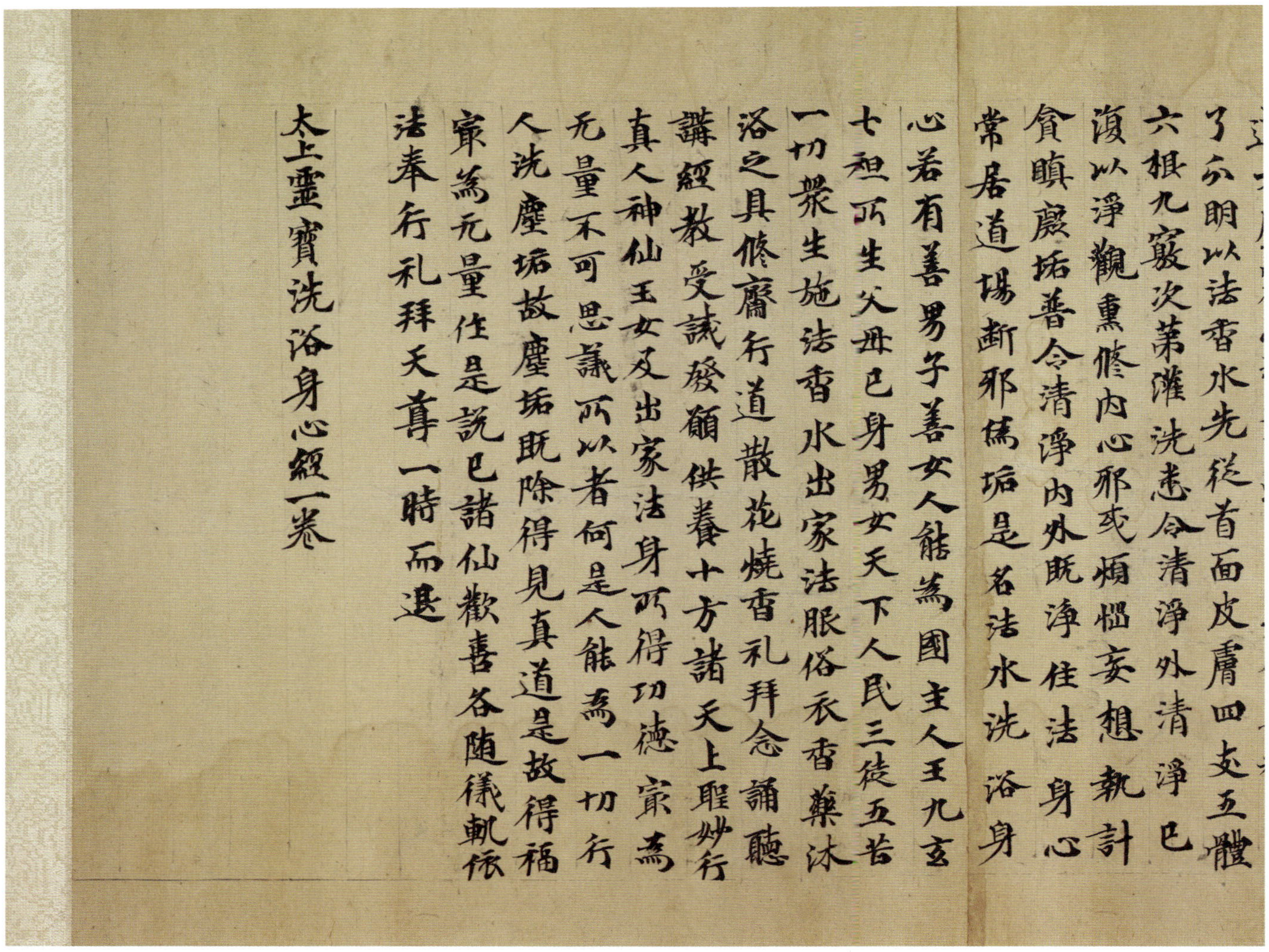

釋文

（S.3380 抄本）

太上靈寳洗浴身心經一卷

元始天尊時於太玄都玉京山金闕七寶/紫微宮，與十方聖衆、諸天帝/王，及一切種類人天龍鬼，應受度者无量之/衆，登真一位，得无為心，同會其所。尒時天尊/告諸四衆：汝等身心本地清淨，實相不動，始/終恒一，猶如虛空，去來无礙。但以倒想〔一〕隨業/受形，積邪偽塵，聚貪癡垢，欲惡染性，穢/濁纒身。譬如明珠恒埋糞壤，歷劫隱蔽/，不顯珠光。將來衆生，迷真道本，造顛倒/業，種邪偽根，埋智惠珠，增煩惱垢，墮生死/海，溺貪愛流，駈馳五欲，處魔怨境，煩惱/結縛，身心臭穢，随業流轉三惡五道，廕/盖正性，沈没玄珠，翳本光明，亦復如是。汝/等四衆，以本分力，汲道性水，採无為香，調/智惠湯，居清淨室，為諸衆生洗愚癡/垢，滌身心穢，得真實淨，畢竟无染，平/等解脫，令入道場。尒時大衆聞是說已，奉/教思惟，心開意解，歡喜踊躍，仰瞻尊儀/。而說頌曰：

元始无上大慈尊，善說衆耶（顛）〔二〕倒業/。
不悟妙本常清淨，動則沈淪經萬劫/。
妄想既植貪癡根，随根即生煩惱葉/。
根葉繁滋弥世界，善惡輪回互重疊/。
狂迷競貪耶偽菓，子菓不絶恒相接/。
煩惱垢重覆明珠，身心臭穢乖清淨/。
示我汲引道性水，洗滌千耶歸一正/。
平等清淨智惠湯，蕩除癡垢開真性/。
有緣速入正觀空，无為香水澄如鏡/。
能照去来耶倒業，洗滌貪瞋歸誡定/。
心垢惱病豁以除，各復真根增惠命/。
慈尊所説頗思議，我故稽首咸恭敬/。

時此會中天真皇人從座而起，上白天尊/：唯願慈雲廣覆无外，上妙法雨遍灑人/天。衆生愚癡，随業生滅，垢穢深重，耶或/纒身。令調法湯，建清淨室，（為諸衆生）〔三〕洗滌罪垢，消/除耶穢，未審儀軌，其事云何？天尊曰：凡/諸行道，入静燒香，為己及人請謝罪福，皆/當沐浴，蕩滌身心；過此每月一浴，是其常/法。然諸天帝王，勑其男女依法清静，作五/種香水，廣開淨室，散花燒香，行道礼拜/，持齋奉誡，講說經文。每至年終上八，集仙/真聖，天中男女洗濯身形，將勸衆生迴向正/道，出生死煩勞。汝等宜依此法，至是八日，勸/諸男女及以國王、大臣宰輔、天下人民，作法/香水，懸諸旛盖，建齋行道，懺悔礼拜，講/誦此經。

入清净室，正念安坐，先觀身心，垢穢／聚積，无量邪或，不净塵勞，共成我身，内外貪／癡，麄細不净，生老无常，衆苦結縛，三業鄣／道，六塵覆心，弥天雲弥日月光〔明〕〔四〕。作是觀已，了／了分明〔五〕。以法香水，先從首面皮膚、四支五體／、六根九竅，次第灌洗，悉令清净。外清净已／，復以净觀，重修〔六〕内心邪或煩惱，妄想執計／，貪瞋癡垢，普令清净。内外既净，住法身心／，常居道場，断邪偽垢，是名法水洗浴身／〔七〕心。若有善男子善女人，能為國主人王、九玄／七祖、所生父母、己身男女、天下人民，三徒五苦／一切衆生，施法香水、出家法服、俗衣香藥、沐／浴之具，修齋行道，散花燒香，礼拜念誦，聽／講經教，受誡發願，供養十方諸天上聖、妙行／真人、神仙玉女及出家法身，所得功德，最為／无量，不可思議。所以者何？是人能為一切行／人洗塵垢故。塵垢既除，得見真道，是故得福／最為无量。作是説已，諸仙歡喜，各随儀軌／，依法奉行，礼拜天尊，一時而退／。

太上靈寶洗浴身心經一卷

校記

〔一〕倒想：BD14523.2作「顛倒妄想」。

〔二〕「顛」字原缺，據P.2402補。

〔三〕為諸衆生：原缺，據P.2402補。

〔四〕「明」字據P.2402補。

〔五〕分明：P.2402作「分別」。

〔六〕重修：BD14523.2作「熏修」。

〔七〕欄外有一朱筆「校」字。

（王卡點校）

慈善孝子報恩成道經

解題

撰人不詳，約出於南北朝末至隋唐之際。是早期天師道派經書。原經書至少應有四卷四品。現存三卷：其一，敦煌本《慈善孝子報恩成道經序品》（《正統道藏》未收）；其二，《正統道藏》洞真部本文類收入《元始洞真慈善孝子報恩成道經》（又太平部所收同一經書，題作《洞玄靈寶八仙王教誡經》）；其三，敦煌本《慈善孝子報恩成道經道要品》（又《正統道藏》洞玄部本文類所收同經，題作《洞玄靈寶道要經》）。（《中華道藏》第三十一册 1023 號）

北京故宫博物院藏本：首尾完具。黄紙，卷軸裝。首題：慈善孝子報恩成道經序品第一。尾題：報恩成道經卷第一。末行注記：「天寶十二載六月　日白鶴觀為皇帝敬寫。」楷書工整。存經文二百四十六行。

（此件大淵未見。影版見《故宫博物院文物珍藏品全集》第十八册《晉唐五代書法》第二十五號圖版。又參見鄭阿財《敦煌本慈善孝子報恩成道經考論》，載二〇〇三年《紀念王重民誕辰一百周年國際研討會論文集》，收入《敦煌學》第二十五輯。）

P. 2582：首尾完具。首題：慈善孝子報恩成道經道要品第四。尾題：報恩成道經卷第四。紙質筆跡及行款均同故宫藏卷，應是同人書寫。存經文一百四十四行。文字與《正統道藏》洞玄部所收《洞玄靈寶道要經》幾乎全同。（大淵目一八五頁）

（按，大淵目以此卷與道藏所收《元始洞真慈善孝子報恩成道經》對比，斷定此卷「道藏未收」。失考。參見筆者論文《隋唐孝道派源流》，載《道家文化研究》一九九六年第九輯。）

圖版

慈善孝子報恩成道經卷一

故宫本

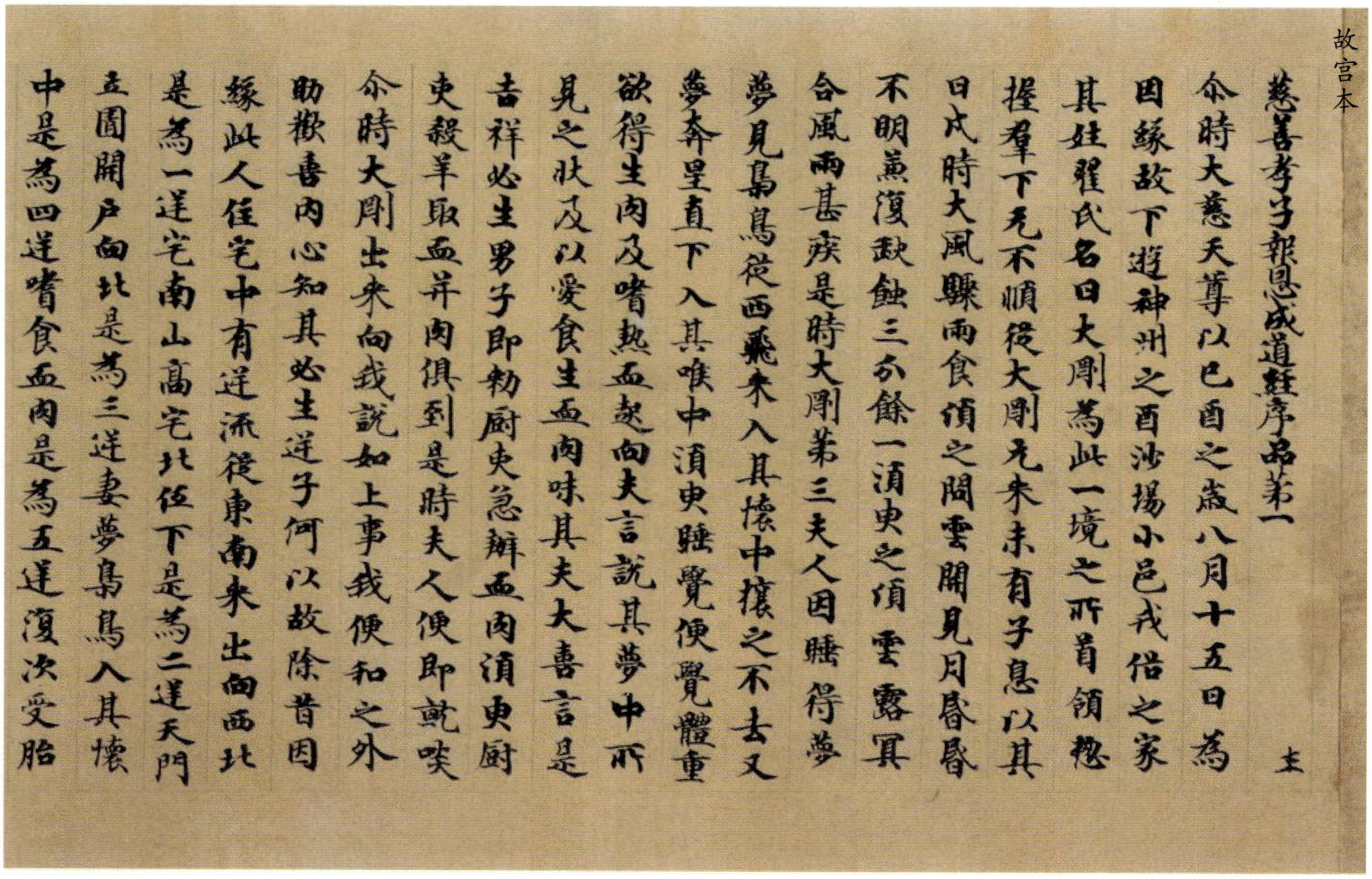
慈善孝子報恩成道經序品第一
尒時大慈天尊以巳酉之歲八月十五日為
因緣故下遊神州之西沙場小邑戎俗之家
其姓翟氏名曰大剛為此一境之所首領惣
握羣下无不順從大剛无來未有子息以其
日戌時大風驟雨食頃之間雲開見月昏昏
不明蕭復蝕三分餘一須臾之頃雲露冥
合風雨甚疾是時大剛弟三夫人因睡得夢
夢見梟鳥從西飛來入其懷中懷之不去又
夢奔星直下入其喉中須臾睡覺便覺體重
欲得生肉及嗜熱血起向夫言說其夢中所
見之狀及以愛食生血肉味其夫大喜言是
吉祥必生男子即勑廚吏急辦血肉須臾廚
吏殺羊取血并肉俱到是時夫人便即就喫
尒時大剛出來向我說如上事我便和之外
助撒善内心知其必生逆子何以故除昔因
緣此人住宅中有逆流從東南來出向西北
是為一逆宅南山高宅北低下是為二逆天門
立圓開戶向北是為三逆妻夢梟鳥入其懷
中是為四逆嗜食血肉是為五逆復次受胎

之年又是金年受胎之月又是金月受胎之時又是黃昏猛風驟雨雲霧月蝕此時有娠兒主悪逆爲臣不忠爲子不孝我去已後未年五月十五日黃昏之時苐三夫人果生男子字曰阿善性急聲雄其啼如吼及至三歲齧斷母乳母因致死兒年七歲伺其父睡手執利刀刾其父眼左右見此怨兒長大害及他人因尒逃遁家資日減生道漸窮兒年十八形皃奇異殊於衆人脊背二處皆生逆毛其色紅赤齊長八寸犲聲狼顧虎踞鵄視目圓珠出張露四白口齒尖利哆脣褰鼻形像斆皃及年二十氣力壯盛常執兵仗斷路殺人鳩集悪黨六千餘衆謀爲天下破掠衆生殺戮无數猶有老父其年八十无人供養飢寒困苦託附鄰里朝夕續命父聞其子反逆狼狽寄言訶罵其子大怒還殺其父利刀支觧五裂其體鄉人聞之驚走入草无敢當者尒時大慈天尊託作隱士寒棲山林時出人間以是因緣鄉邑長老尒時人者來白我言怨畏在賊來見侵逼合境恐怖身心不寧我即荅言長者无慮此名逆賊殺害君父其年三歲齧斷母乳母因致死殺父害母逆不過此時諸長老從我乞計我即許之而告之言我有弟子姓姬氏名曰順義爲人慈善立性恭儉其能和大必定善將先是中州慈善孝子十七得舉位至郡君孝心彌固車載父母往彼赴任官未二年百姓豐樂順義性儉不浪官祿心自念言吾爲人子豈假横利供養二親令我父母衣食不義非人子也於是退官還家勤苦躬耕供養父母天地愍其慈善所種穀稼悉收百倍一年躬耕十載豊足父母歡樂皆得壽老年過百歲天子聞之親帛賜賚鄉人稱歎號曰慈善孝子二親卒後三年伏塚棄離妻子搘顏入山修无上道以其慈善性與道合故我爲其一時師資昔未已得六十三年衣服破壞熏閑香燈時出行无人不識之待我還山爲汝等故因緣之事告語順義天尊尒時登即還山而語順義而作是言西戎逆賊其姓瞿氏名曰阿善徒衆六千殘害衆生中州人村老少恐怖恐此賊來侵其境

内汝當爲其行大慈力以攘却之此諸長老
是汝施主常行布施供給汝身衣食香燈及
諸法具是大因緣功德不少應須行慈而報
人恩願其存亡皆受福慶尒時順義年已過
百氣力不衰再拜受命辭别天尊出見長老
長老見之歡喜无量而向順義説賊因緣順
義荅言我在山中聞我天師具説上事勑語
我訖故我速出與汝相見汝欲攘彼逆賊當
選國内孝順之士并性慈善度量和大隨得
少多何故選覓孝順之子彼賊逆故殺害君
父天必咎之是故我等當用孝順大慈之士
擊其反逆天必助我不煩多人兼離之衆是
諸長老騁報國王王聞大喜而作是言此人
何在我欲見之中有大臣而荅王言无上大
士慈善孝順道德高妙不可呂來輕失珎敬
王爲大事欲見賢者車駕詣之是時大王從
臣忠言便即動駕躬到山門尒時順義茅
冠草褐扙藜而來以謁天子而作是言老
臣不忠无德匡政枉勞車駕臨降山門寒
林變春慈光曲照尒時大王拱手斂足而
荅順言寡人无道濫當高位視聽蹤失仁
德不備遂與賢者君臣道乖今得相見宜
人之年世即爲邊戎擾動地廣无寧敢從大
賢乞以良計是時順義而荅王言戎狄无知
體多野性度其心力計亦无能伏願大王勿
以爲慮還國安坐王當給臣慈兵駿馬器仗
衣粮成辦即行更无疑惑王大歡喜左右卿
士咸稱万歲即拜順義以爲慈勇安國大將
軍封邑三万賜金六車請順西行泯彼亞逆
王與順義同車還國勑下天下選覓孝子唯
得一千三百六十八人是時順義上白大王而
作是言以順擊逆如石下山人衆已足王當給
臣上精寶馬金光寶鎧百鍊鉤鑲五鍾車絃
金剛寶箭紫柘鳴弧昆吾寶劒四丈霜戈龍
鬲大旌金韓寶角衣粮支料必使盈餘尒時
大王即備前件所須之物皆是上精第一國
寶龍馬兵器以給大將尒時大將受命執斧
以十月辛酉之日時加於申抱王而出王及
卿士百里相送鳴鼓秉節昇駕西征是時天
氣中和清飈秋旗紫雲陰從龍氣從遊暈

闢右門雲張左陣神䟦東抱日蝕西缺所以之
霚地涌石城以周大將三日三夜行至沙戎
結幕施威震鐸張旗雷火前榆天鳴後雷
龍馬騰跳嘶吼喧喧後晨清旦士馬食竟束帶
嚴仗引隊張儀下覦地勢則天鋪陣三鼓既
竟通信尅期時加巳中兩敵相望閒去一里
賊不敢進是時安國大將以慈力故上得冥
助天地感動神靈符會三刑噴吹塵蒙賊眼
奔星墜石陷賊之營是時大將震威雷駭躍
武追電一攬四夫空中勇捉是時群逆覩此
奇異不敢當敵恐懼戰慄驚怛沸亂自省嬰
咎思退不暇飲丹舉白赤身束仗銜鬚屈伏
心膳塗地身无生氣猶如死魅尒時大將善
明玄微知賊无能高聲命賊急令前進是諸
逆賊匍匐肘行流汗負水頓顙叩搏面目青
腫尒時大將抗聲勃色誡語數罪而作是言
天生於人居物之首落思所由忠孝君父教
親弑主河名臣子罪當極法必爲天咎河有
茲顔食穀飲水汝諸逆賊急當自死高聲唱
之一時俱靡氣絶良久又更少蘇遍體失色
血壅脉滯尒時大將雖執利器而不用之以
其慈力不戰而勝是時沙戎聞賊歸首遠近
俱萃齎持牢醴大會軍士老少拜謝喜得再
覩君流念以暢愚懷言畢再拜歡喜儛蹈是
時順義而語之言我奉君命行真行篤而來
至此故我終身持不殺誡身口未曾釁諸血
肉常用慈悲玄天善神助我滅逆我當潔淨
以報冥恩賊且殄滅子當自慶醼竟勿停各
復生業是時諸人歡喜受命飽醉而去尒時
大將経停三日驗賊而歸國王聞之車駕百
里大設音樂盡備威儀合國父老俱來慶賀
還國之後大殺天下遠近歡樂无復憂患謳
歌太平頌聲滿路是時天子大出珎奇以賜
軍士醼會言笑視將如子尒時順義不受君
賜而作是言臣雖盡忠竇无功効承君之威
用君之德聞罪不戰西戎自來以是義故臣
實无勲不合加賞大王答言卿德義清高上
合玄天忠孝慈仁淳善厚地家國安寧卿之
德也寘人无道不合天心敢欲思退卿爲知

之順義荅言臣自天豐早喪二親捨顏出家以酬父母因撫之恩首末山居六十餘載在國之南脩心學道歲月經久闕少衣粮法具香燈每聽行乞奉師教勅令建徵功酬報施主驗役既畢請放還山於是大王不違其意王勅大臣出庫穀帛以為順義酬報施主并度國內男女六千五觀供養以報道恩又度清才俊士孝義之人一百五十侍從順義又度內史六十人供給薪水又度孝子六十人以為內外通事出入山門還往家國使不斷絕因果之路是時國王大備車駕盛設威儀燒香薰天撞鍾擊磬前後皆奏天鈞大樂金貨王餌以禮順義送到山門王與順義執手躊躇良久辭別王作是言唯願大德存念寡人朝礼之次餘香見及因緣既重願不相忘言畢灑淚迴駕而歸尒時順義與諸侍從捨王賜衣草服而去老少觀者感恋悲啼還山礼師起居行道

尒時天尊語諸道士而作是言人恩弥重信施難銷若聖若凡无不報德汝當自念因父母生飲食覆護身得長成又得王度以為道士今當孝順慈悲行道以報君父无極之恩普願十方世界一切衆生人及非人同登道果學道之士常當願念行道報恩莫造衆惡欺遠非法流通此經開悟道俗何名行道以報施主若諸道士得他信施應為施行功德之用燒香礼念齋潔蔬素恒願君王父母施主生死開度同入无為成无上道若諸道士或為因緣功德之事出遊人間道場俗舍得他供養應生慚愧燒香洗漱懺念彈指行大慈悲正坐調聲緩唱是經令諸道俗心生慈悲歡喜恭敬如見天尊存亡獲福以此功德奉報施主一時供養福德无量不可思議若有道俗男女聞見是經則為見道聞法若復有人聞見是經心念書寫受持讀誦為他人說開悟其心令其捨惡行慈悲道此人七祖父母在八難者應時觧脫生天受樂若復有人書寫是經百卷千卷流通供養使不斷絕此人現世得大果報所生男女聡明端正万願成就一切善神空中影衛必无横災亂得

无吉若復有人聞見是經以此名義教未聞
者令其信受慈悲孝順報父母恩行无上道
此人現身已入道位諸天記名上聖稱歎神
明守門不遭凶攝九玄七祖因其善功悉皆
解脫若復有人聞見是經不生恭敬存亡二
世失大果報得耿𢥞罪若復有人受持是經
行慈悲道人神見之如見天尊礼拜供養生
大弥重施其所須令无闕少得修大道同入
无為若復有人聞見是經不起恭敬不樂修
行慈悲之道不樂孝順供養父母不樂懷道
酬報人恩是其罪深心不歸道永无信根初
雖安隱後必无終定為惡鬼恒伺其便漸向
凶衰必不无吉如此惡人猶如草木其根浮
淺微風拔之傾倒摧折无道之人亦復如是
微細禍害便能殺之大善之人信力堅固雖
逢大害身命不残猶如松栢其根牢雖被
霜雪轉加蔚茂大慈之士亦復如是心力知
大万福冥扶雖處惡世其身光顯為物依止
善男子當知慈悲孝順不可思議以是義故
慈善道士孝養二親天感其德一種百倍十

載豊足父母卒後入山修道晨夕勤苦燒香
礼念飢寒切己不暇飽煖身臨成道猶建大
功為一天下銷滅凶惡以報君父施主之恩
以其慈力自天助之寘能伐衆惡馘首伏不
勞兵刃豈非神力而能如此向使順義不
孝父母不行大道心无慈悲志求名利将此
寘衆深入賊境必定碎身於凶逆之手善男
子善女人若有衆生貪利忘義害必及之忘
利存道天必生之建功於國道來助之立德
於家天神祐之建心普善万物慶之建德報
道得道之心建道報德得人之心聖凡讃念
誰能害之如此之人不求无吉无吉自來不
求生道生道自全不求得道身自成真不求
福利福利自至不擁禍害禍害自吉順義立
身具德如此以是義故不戰而勝彼此不失全
生之道若有衆生戰得勝者損益不均是清
高慈悲之士非是无上大道之士名為片人片
德片功片善非是全仁全德全功全善道德
不備智慧不具是名為片不名為具如此之人
或吉或凶或進或退不能堂堂得至无為无

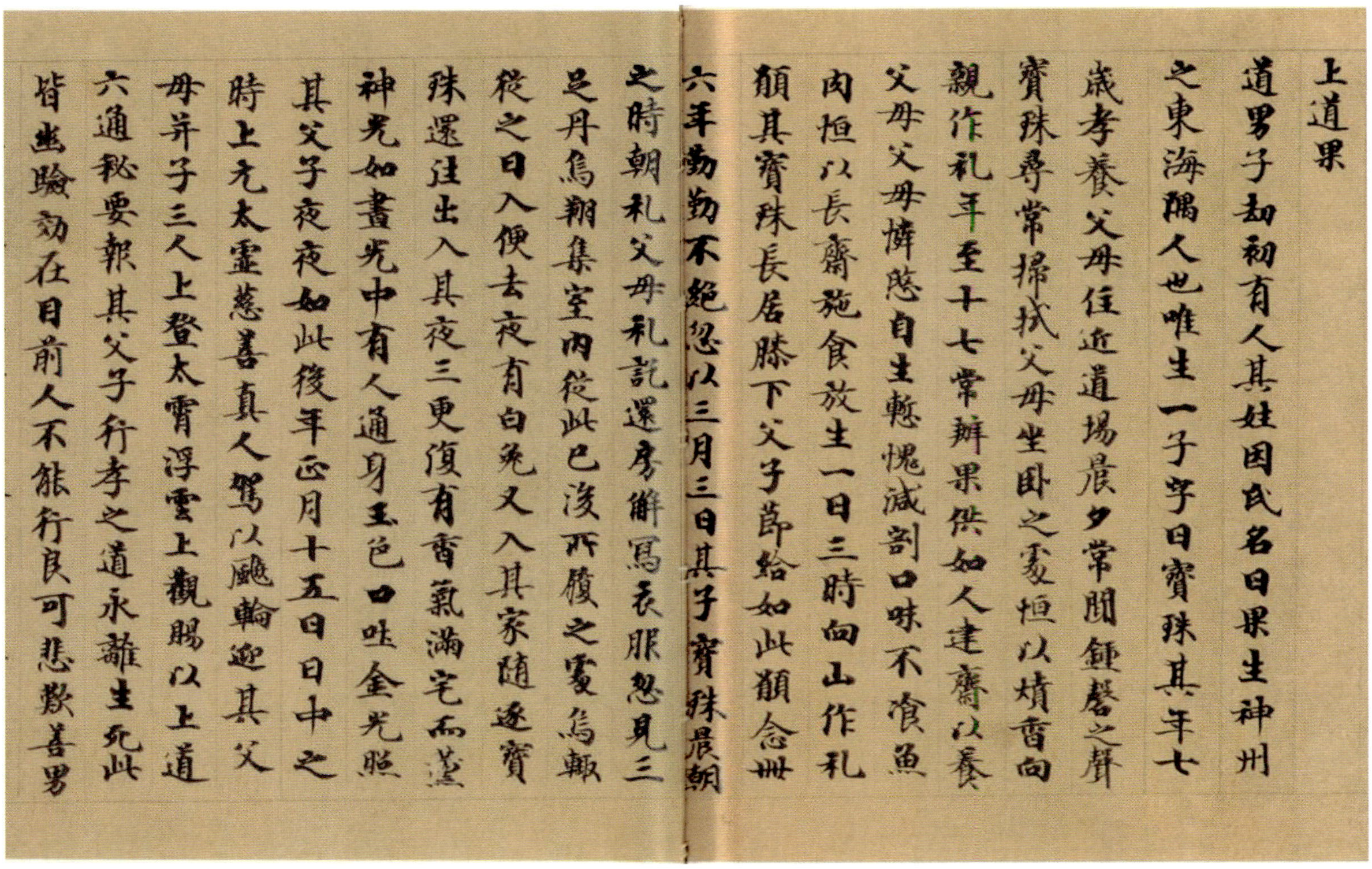
上道果
道男子劫初有人其姓因氏名曰果生神州
之東海隅人也唯生一子字曰寶珠其年七
歲孝養父母任近道場晨夕常聞鍾磬之聲
寶珠尋常掃拭父母坐卧之處恒以燒香向
親作礼年至十七常辦果供如人建齋以養
父母父母憐慈自生慚愧減割口味不食魚
肉恒以長齋施食放生一日三時向山作礼
頂其寶珠長居膝下父子節給如此頂念卌
六年勤勤不絶忽以三月三日其子寶珠晨朝
之時朝礼父母礼訖還房衛寫衣服忽見三
足丹烏翔集室内從此已後所履之處烏輒
從之日入便去夜有白兔又入其家隨逐寶
珠還往出入其夜三更復有香氣滿宅而藍
神光如晝光中有人通身玉色口吐金光照
其父子夜夜如此後年正月十五日日中之
時上元太靈慈善真人駕以飈輪迎其父
母并子三人上登太霄浮雲上觀賜以上道
六通秘要報其父子行孝之道永離生死此
皆幽驗効在目前人不能行良可悲歎善男

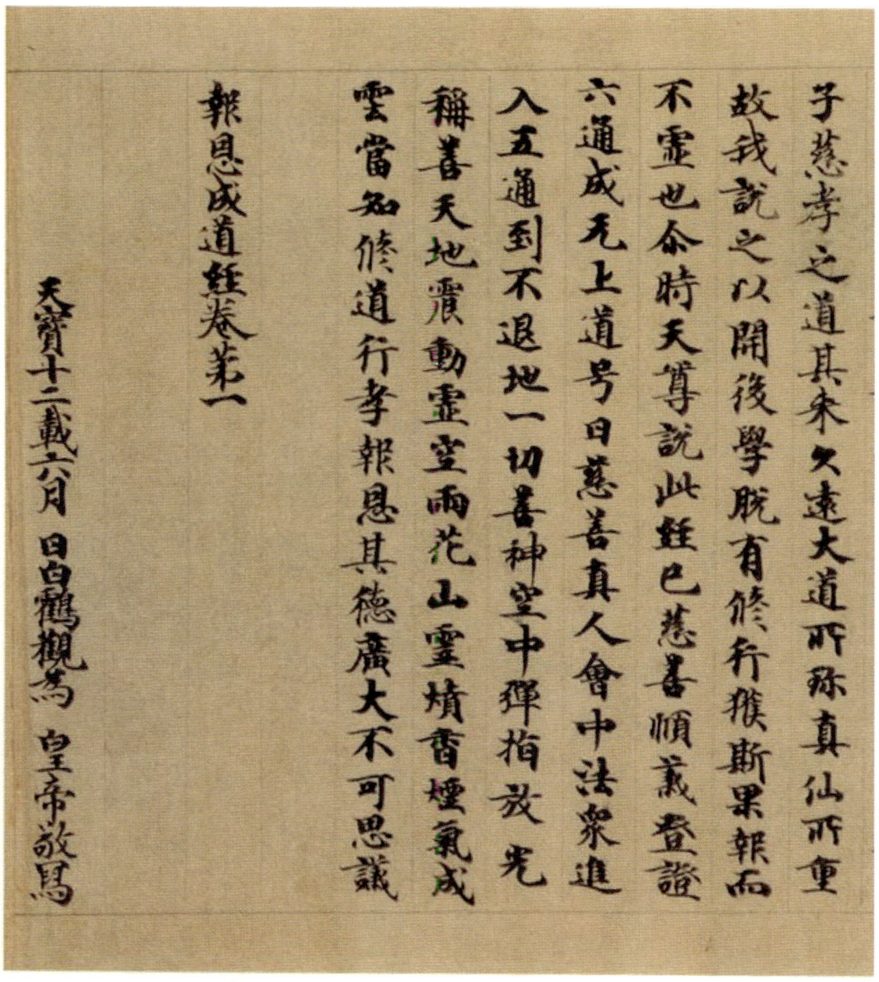
子慈孝之道其來久遠大道所称真仙所重
故我説之以開後學脱有能行獲斯果報而
不靈也尒時天尊説此經已慈善順義登證
六通成无上道号曰慈善真人會中法衆進
入五通到不退地一切善神空中彈指放光
稱善天地震動靈空雨花山靈燒香煙氣成
雲當知修道行孝報恩其德廣大不可思議
報恩成道經卷第一
天寶十二載六月　日白鶴觀為　皇帝敬寫

釋文

（故宫博物院藏敦煌唐抄本）

慈善孝子報恩成道經序品第一[十]

尒時，大慈天尊以己酉之歲八月十五日，為／因緣故，下遊神州之西沙場小邑戎俗之家／。其姓翟氏，名曰大剛，為此一境之所首領，惣／握羣下，无不順從。大剛元来未有子息。以其／日戌時，大風驟雨，食頃之間，雲開見月，昏昏／不明，兼復缺蝕，三分餘一，須臾之頃，雲露冥／合，風雨甚疾。是時大剛第三夫人，因睡得夢／，夢見梟鳥從西飛来，入其懷中，攘之不去。又／夢奔星直下，入其喉中。須臾睡覺，便覺體重／，欲得生肉，及嗜熱血。起向夫言説其夢中所／見之狀，及以愛食生血肉味。其夫大喜，言是／吉祥，必生男子。即勑厨吏急辦血肉。須臾，厨／吏殺羊取血，並肉俱到。是時夫人便即就啖／。尒時，大剛出来，向我說如上事。我便知之，外／助歡喜，内心知其必生逆子。何以故？除昔因／緣，此人住宅中有逆流，從東南来，出向西北／，是為一逆；宅南山高，宅北伍下，是為二逆；天門／立圃，開户向北，是為三逆。妻夢梟鳥入其懷／中，是為四逆；嗜食血肉，是為五逆。復次，受胎／之年又是金年，受胎之月又是金月，受胎之／時又是黄昏，猛風驟雨，雲霧月蝕，此時有娠／，兒主悪逆，為臣不忠，為子不孝。我去已後，来／年五月十五日黄昏之時，第三夫人果生男／子，字曰阿善，性急聲燋，其啼如叫。及至三歲／，齧断母乳，母因致死。兒年七歲，伺其父睡，手／執利刀刺其父眼。左右見此，恐兒長大害及／他人，因尒逃遁。家資日減，生道漸窮。兒年十／八，形皃奇異，殊於衆人。胷背二處皆生逆毛／，其色紅赤，齊長八寸。豺聲狼顧，虎踞鵄視，目／圓珠亞，張露四白，口齒尖利，哆唇褰鼻，形像／獸兒。及年二十，氣力壮盛，常執兵仗断路殺／人，鳩集悪黨六千餘衆，謀偽天下，破掠衆生／，殺戮无數。猶有老父，其年八十，无人供養，飢／寒困苦，託附鄰里，朝夕継命。父聞其子反逆／狼狽，寄言訶罵。其子大怒，還殺其父，利刃支／解，五裂其體。鄉人聞之，驚走入草，无敢當者／。

尒時，大慈天尊託作隱士，寒棲山林，時出人／間，以是因緣，鄰近長老。尒時人者来白我言／：恐畏狂賊来見侵逼，合境恐怖，身心不寧。我／即荅言：長者无慮。此名逆賊，殺害君父，其年／三歲(二)，齧断母乳，母因致死，殺父害母，逆不過／此。時諸長老從我乞計，我即許之，而告之言／：

我有弟子某，姓姖氏，名曰順義，為人慈善，立／性恭儉，其能弘大，必定善將。先是，中州慈善／孝子十七得舉，位至邦君。孝心弥固，車載父／母往彼赴任。官未二年，百姓豐樂。順義性儉／，不浪官禄，心自念言：忝為人子，豈假横利供／養二親，令我父母衣食不義，非人子也。於是／，退官還家，勤苦躬耕，供養父母。天地愍其慈／善，所衆穀稼，悉收百倍。一年躬耕，十載豊足／。父母歡樂，皆得壽老，年過百歲。天子聞之，穀帛賜賚。鄉人稱歎，號曰慈善孝子。二親卆／後，三年伏塚，棄離妻子，誓願入山，修无上道。以／其慈善，性與道和合，故我為其一時師資。首末／已得六十三年，衣服破壞，兼闕香燈，時出行乞，人不識之。待我還山，為汝等故因緣之事／告語順義。天尊尒時登即還山，而語順義，而作／是言：西戎逆賊，其姓翟氏，名曰阿善。從徒六千，殘／害衆生。中州人村，老少恐怖，恐此賊来侵其境／内。汝當為其行大慈力，以攘却之。此諸長老／是汝施主，常行布施，供給汝身衣食、香燈及／諸法具，是大因緣，功德不少。應須行慈而報／人恩，願其存亡皆受福慶。尒時，順義年已過／百，氣力不衰，再拜受命，辞别天尊，出見長老／。長老見之，歡喜无量，而向順義説賊因緣。順／義荅言：我在山中聞我師具説上事，勑語／我訖，故我蘇出，與汝相見。汝欲攘彼逆賊，當／選國内孝順之士，立性慈善，度量弘大，随得／少多。何故選覓孝順之子？彼賊逆故，殺害君／父，天必咎之。是故，我等當用孝順大慈之士／擊其反逆，天必助我，不煩多人，叢雜之衆。是／諸長老騁報國王。王聞大喜，而作是言：此人／何在，我欲見之。中有大臣而荅王言：无上大／士，慈善孝順，道德高妙，不可召来，輕失珎敬。王為大事，欲見賢者，車馬詣之。是時，大王從／言，便即動駕，躬到山門。尒時，順義笄／冠草褐，杖策而来，以謁天子，而作是言：老／臣不忠，无德匡政，枉勞車駕，臨幸山門，寒／林變春，慈光曲照。尒時，大王拱手斂足，而荅順言：寡人无道，濫當高位，視聽疎失，仁／德不備，遂與賢者君臣道乖。今得相見，寡／人之年也。即為邊戎擾動，地庶无寧，敢從大／賢，乞以良計。是時，順義而荅王言：戎狄无知／，體多野性。度其心力，計亦无能。伏願大王勿／以為慮，還國安坐，當給臣慈兵駿馬、器仗／衣粮，成辦即行，更无疑惑。王大歡喜，左右卿／士咸稱万歲。即拜順義以為慈勇安國大將／軍，封邑三万，賜金六車，請順西行，泯彼凶逆／。王與順義同車還國，勑下天下，選覓孝子，唯／得一千三百六十八人。是時，順義上白大王而／作是言：以順擊逆，如石下山，人衆已足。王當給／臣上精寶馬，金光寶鎧，百練鉤鑲，五纒車紱／，金剛寶箭，紫拓鳴弧，昆吾寶劍，四丈霜戈，龍／虎大旌，金鼙寶角，衣粮支料，必使盈餘。尒時／，大王即備前件所須之物，皆是上精第一國／寶，龍馬兵器，以給大將。尒時，大將受命執斧／，以十月辛酉之日，時加於申，挹王而出。王及／卿士百里相送，鳴鼓秉節，昇駕西征。

是時，天／氣中和，清飈分旗，紫雲陰從，龍氣從遊，暈／闢右門，雲張左陣，神玦東抱，日蝕西缺。所止之／處，地涌石城，以周大將。三日三夜，行至沙戎／。結幕施威，震鐸張旗，電火前爚，天鳴後雷／，龍馬騰跳，嘶吼喧喧。後晨清旦，士馬食竟，束帶／嚴仗，引隊張儀，下範地勢，則天鋪陣。三鼓既／竟，通信剋期。時加正中，兩敵相望，間去一里／，賊不敢進。是時，安國大將（軍）[三]以慈力故，上得冥／助，天地感動，神靈苻會，三刑噴吹，塵蒙賊眼／，奔星墜石，陷賊之營。是時，大將震威雷駭，躍／武追電，一攬四夫，空中勇旋。是時，羣逆覩此／奇異，不敢當敵，恐懼戰慓（慄），驚怛沸乱，自省釁咎／，思還不暇（暇），飲丹舉白，赤身束仗，銜髮屈伏／，心膽塗地，身无生氣，猶如死虵。尒時，大將善／明玄候，知賊无能，高聲命賊，急令前進。是諸／逆賊匍匐肘行，流汗負水，頓顙叩搏，面目青／腫。尒時，大將抗聲勃色，誡語數罪，而作是言／：天生於人，居物之首。深思所由，忠孝君父。教(殺)／親弒主，何名臣子。罪當極法，必為天咎。何有／玆顏，食穀飲水。汝諸逆賊，急當自死。高聲喝／之，一時俱靡，氣絶。良久，又更少蘇，喜得再／生。上勞君父，光臨隅藪，冒罪伏死，輒薦丹誠／，願君流念，以暢愚懷。

是時，沙戎聞賊歸首，遠近／俱萃（平），齎持牢醴，大會軍士，老少拜謝，遍體失色／，血壅脉滯。尒時，大將雖執利器而不用之，以／其慈力，不戰而勝。言畢再拜，歡喜儛蹈。是／時，順義而語之言：我奉君命行真行偽，而来／至此，故我終身持不殺誡，身口未曾響諸血／肉，常用慈悲。玄天善神，助我滅逆。我當潔浄／，以報冥恩。賊且弥滅，子當自慶。醼竟勿停，各／復生業。是時，諸人歡喜受命，飽罪而去。尒時／，大將經停三日，駈賊而歸。

國王聞之，車駕百／里，大設音樂，盡備威儀。合國父老俱来慶賀／。還國之後，大殺（赦）天下，遠近歡樂，无復憂患。謡歌太平，頌聲滿路。是時，天子大出珎奇，以賜／軍士，醼會言笑，視將如子。尒時，順義不受君／賜，而作是言：臣雖盡忠，實无功效。承君之威／，用君之德，問罪不戰，西戎自束。以是義故，臣／實无勳，不合加賞。大王荅言：卿德義清高，上／合玄天，忠孝慈仁，淳善厚地。家國安寧，卿之／德也。寡人无道，不合天心，敢欲思退，卿為知之。順義荅言：臣負天釁，早喪二親，誓願出家／，以酬父母罔極之恩。首末山居六十餘載，在／國之南，修心學道，歲月經久，闕少衣粮、法具／、香燈，每聽行乞。奉師教勑，令建微功，酬報施／主。駈役既畢，請放還山。於是，大王不違其意／。王勑大臣，出庫穀帛，以為順義酬報施主。并度國內男女六千，立觀供養，以報道恩。又度／清才俊士孝義之人一百五十，侍從順義。又／度內吏六十人，供給薪水。又度孝子六十人／，以為內外通事，出入山門，往還家國，使不斷絶因果之路。是時，國王大備車馬，盛設威儀／，熿香薰天，撞鐘擊磬，前後皆奏天鈞大樂／，金漿玉餌，以禮順義，送到山門。王與順義執／手躊躇，良久辤別。王作是言：唯願大德存念／寡人，朝禮之次，餘香見及，因緣既重，願不相／忘。言畢，灑淚迴駕而歸。尒時，順義與諸侍從／捨王賜衣，草服而去。老少觀者，感悉悲啼。還／山礼師，起居行道／。

尒時，天尊語諸道士而作是言：人恩珎重，信／施難銷。若聖若凡，无不報德。汝當自念，因父／母生，飲食覆護，身得長久。又得王度，以為道／士。今當孝順，慈悲行道，以報君父无極之恩／。普願十方世界一切衆生，人及非人，同登道／果。學道之士常當願念，行道報恩，莫造衆悪／，敬遠非法，流通此經，開悟道俗。何名行道，以／報施主？若諸道士得他信施，應為施行功德／之用，熿香礼念，齋潔蔬素，恒願君王父母施／主生死開度，同入无為，成无上道。若諸道士／或為因緣功德之事，出遊人間道場俗舍，得／他供養，應生慚愧，熿香洗漱，斂念彈指，行大／慈悲，正坐調聲，緩唱是經。令道俗心生慈／悲，歡喜恭敬，如見天尊，存亡獲福。以此功德／奉報施主。一時供養，福德无量，不可思議。若／有道俗男女聞見是經，則為見道聞法。若復／有人聞見經，心念書寫，受持誦讀，為他人／說，開悟其心，令其捨悪，行慈悲道，此人七祖／父母在八難者，應時解脫，生天受樂。若復有／人書寫是經百卷千卷，流通供養，使不斷絶／，此人現世得大果報，所生男女聰明端正，万／願成就，一切善神空中影衛，必无橫夭，剋得／元吉。若復有人聞見是經，以此名義教未聞／者，令其信受，慈悲孝順，報父母恩，行无上道／，此人現身已入道位，諸天記名，上聖稱歎，神明守門，不遭凶橫，七玄九祖因其善功悉皆／解脫。若復有人聞見是經，不生恭敬，存亡二／世失大果報，得欺慢罪。若復有人受持是經／，行慈悲道，人神見之，如見天尊，礼拜供養，生／大珎重，施其所須，令无闕少，得修大道，同入／无為。若復有人聞見是經，不起恭敬，不樂修／行慈悲之道，不樂孝順供養父母，不樂懷道／酬報人恩，是其罪深，心不歸道，永无信根。初雖安隱，後必无終，定為悪鬼恒伺其便，漸向／凶衰，必不元吉。如此悪人猶如草木，其根浮／淺，微風拔之，傾倒摧折。无道之人亦復如是／，微細禍害便能殺之。大善之人信力堅固，雖／逢大害，身命不殘。猶如松柏，其根牢，雖被／霜雪，轉加蔚茂。大慈之士亦復如是，心力弘／大，万福冥扶，雖處悪世，其身光顯，為物依止／。善男子，當知慈悲孝順不可思議。以是義故／，慈善道士孝養二親，天感其德，一種百倍，十／載豊足。父母卒後，入山修道，晨夕勤苦，燒香／礼念，飢寒切己，不暇（暇）飽煖。身臨成道，猶建大／功，為一天下，銷滅凶悪，以報君父施主之恩／。以其慈力，自天助之，寡能伐衆，悪敵自伏，不／勞兵刃，豈非神力而能如此。向使順義不／孝父母，不行大道，心无慈悲，志求名利，將此／寡衆深入賊境，必定碎身於凶逆之手。善男／子，善女人，若有衆生貪利忘義，害必及之；忘／利存道，天必生之；建功於國，道来助之；立德／於家，天神祐之；建心普善，万物慶之。建德報／道，得道之心。建道報德，得人之心。聖凡護念／，誰能害之。如此之人，不求元吉，元吉自来；不／求生道，生道自全；不求得道，身自成真；不求／福利，福利自至；不擁禍害，禍害自吉。順義立／身，其德如此。以是義故，不戰而勝，彼此不失全／生之道。若有衆生，戰得勝者，損益不均，是清／高慈悲之士，非是无上大道之士。名為片人片／德，片功片善，非是全仁全德，全功全善。道德／不備，智慧不具，是名為片，不名為具。如此之人／，或吉或凶，或進或退，不能堂堂得至无為无／上道果／。

道男子，劫初有人，其姓因氏，名曰果生，神州／之東海隅人也。唯生一子，字曰寶珠。其年七／歲，孝養父母，住近道場，晨夕常聞鍾磬之聲／。寶珠尋常掃拭父母坐卧之處，恒以燒香，向／親作礼。年至十七，常辦果供，如人建齋，以養／父母。父母憐愍，自生慙愧，減割口味，不飡魚／肉，恒以長齋，施食放生，一日三時向山作礼／，願其寶珠長居膝下。父子茚給，如此願念，卌／六年，勤勤不絶。忽以三月三日，其子寶珠，晨朝／之時，朝礼父母，礼訖還房，解寫衣服，忽見三／足丹烏翔集室内。從此已後，所履之處，烏輒／從之，日入便去。夜有白兔，又入其家，随逐寶／珠，還往出入。其夜三更，復有香氣滿宅而薰／，神光如晝，光中有人，通身玉色，口吐金光，照／其父子，夜夜如此。後年正月十五日，日中之／時，上元太霊慈善真人駕以飈輪，迎其父／母，并子三人，上登太霄，浮雲上觀。賜以上道／六通秘要，報其父子行孝之道，永離生死。此／皆幽驗，效在目前。人不能行，良可悲歎。善男／子，慈孝之道，其来久遠，大道所珎，真仙所重／，故我説之，以開後學。脱有修行獲斯果報而／不霊也。

尒時，天尊説此經已，慈善順義登證／六通，成无上道，号曰慈善真人。會中法衆進／入五通，到不退地。一切善神空中彈指，放光／稱善，天地震動，霊空雨花，山霊燒香，煙氣成／雲。當知修道行孝報恩，其德廣大，不可思議／。

報恩成道經卷第一

天寶十二載六月　日白鶴觀為皇帝敬寫／。

校記

（一）「歲」字原作「蔵」，據上文改。

（二）「軍」字原缺，據上文補。

慈善孝子報恩成道經卷四

（胡百濤據王卡先生録文增補點校）

圖版

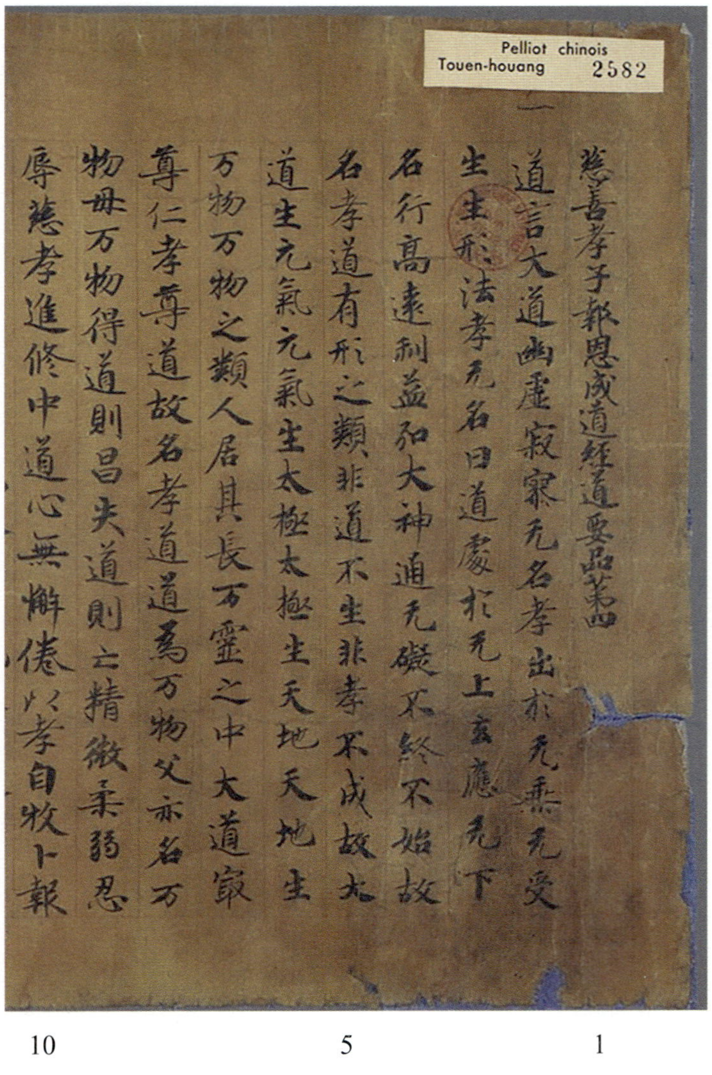

无恩无父无母二親大恩二親大恩故名行孝
行孝道也心出於虛道入於无虛无相感不
動而應應則道成成孝道也故虛心以待物
物亦虛心以待之彼此相待然後神交光通
其神後通其身身神俱通則孝道成矣出
有入无分形百億无所不宅在天為天靈在
地為地祇天靈地祇二景之根精也晨夕輪
照養育含生在東主九夷在南主八蠻在西
主六戎在北主五狄在中主三秦雖邊邦雜
類之種水陸行藏之族悉皆賴道而得受生
毋以慈養子以孝生生成之日定有反哺蟲
鳥之心猶知報恩五逆之人不如禽獸不行
孝道背叛元恩是名凶人非君子也不名道
士是真罪鬼凡百人倫不行孝道見善不從
聞道不信道猶慈恩元元不捨方便示現種
種神變與其幽驗不能用之是名靈屍蠱敗
之屍亦有妒魅守屍之精住其身中尒時
高明真王而作頌曰
勿言孝不真　勿言道不神　行孝光天下
明燈照尒心　心迷暗不悟　躊躇失生路

吉會孝勳名　無切終不度　天堂竒不歡
地獄多號呼　語汝善男子　勤建仙真步
莫學蠱屍羣　厭身螻蟻聚　一墮浮游鬼
萬劫忘生路　湯炭罪未窮　茫茫守丘墓
尒時真王作此頌已俛而彈指聲聞十八湯
炭地獄六宮罪門又作苦頌曰
天堂永不閑　地獄未曾開　受苦无休息
罪鬼合群来　渴則飲鑊湯　飢則食熱灰
由何失孝道　財色受殃媒　强壯不行道
臨終始欲迴　聞孝翻誹笑　湯火長悲哀
是時六門作此頌已於是真王放心孝光洞
朗天下光變成燈照曜十八大地積夜之獄
真王慈氣化成仙雲七色五色遍覆十方无
極世界是諸罪鬼一時放赦洗沐玄津昇於
鳳階礼悔首過歡喜慶泰而作歌曰
六宮除罪日　九幽無對魂　天燈朗暗識
稽首礼玄門　三官不受事　長歸帝一尊
尒時罪鬼作此歌已未得受生復歸丘墓夕
夕通夢語其子孫曰欲得存亡如願急傳九
幽神香建立精舍盛施林座精心行道慈救

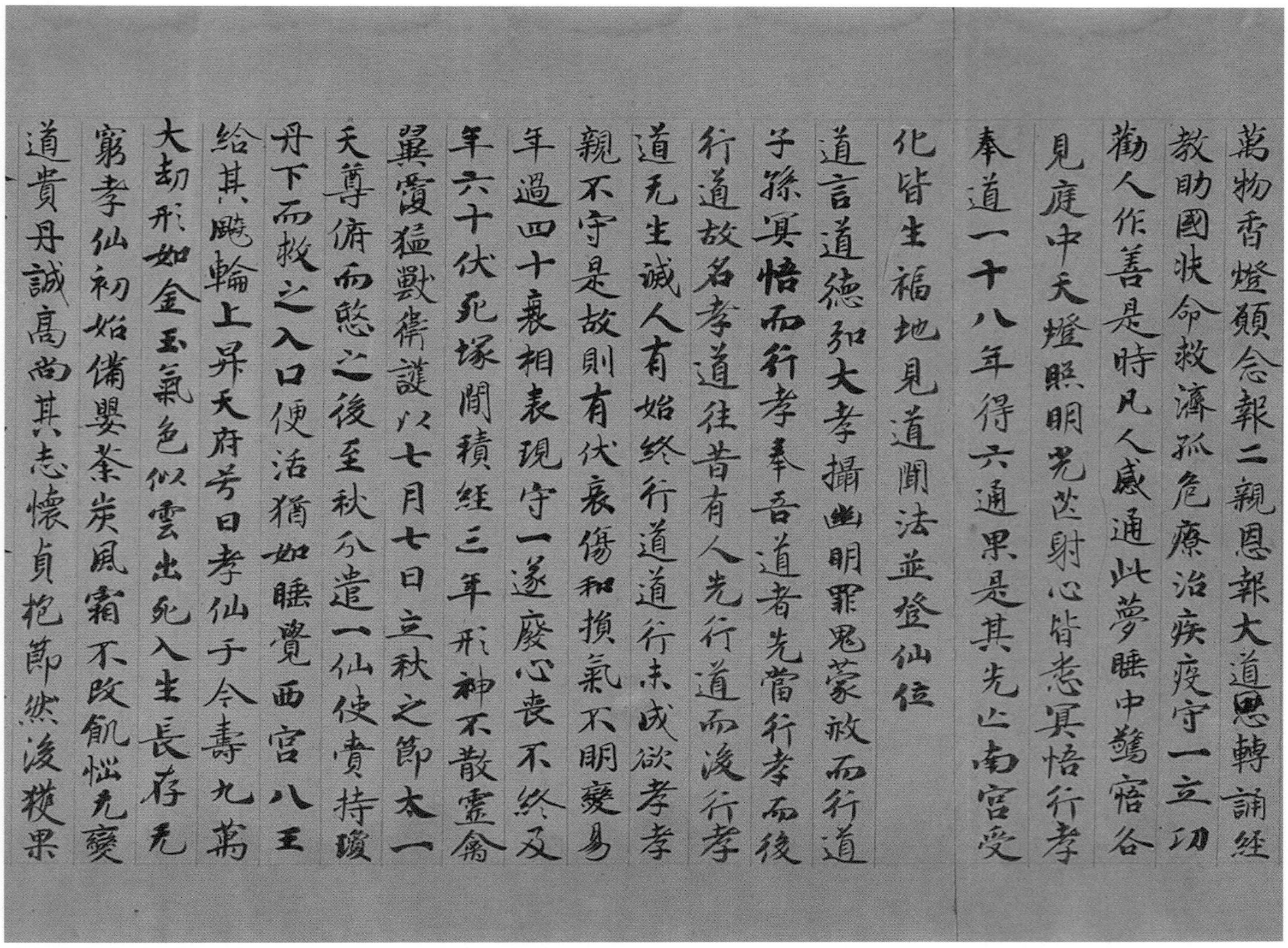

萬物香燈願念報二親恩報大道恩轉誦经教助國狀命救濟孤危療治疾疫守一立功勸人作善是時凡人感通此夢睡中驚寤各見庭中天燈照明光芒射心皆悉冥悟行孝奉道一十八年得六通果是其先亡南宫受化皆生福地見道聞法並登仙位

道言道德弘大孝攝幽明罪鬼蒙赦而行道子孫冥悟而行孝奉吾道者先當行孝而後行道故名孝道往昔有人先行道而後行孝道无生識人有始終行道道行未成欲孝孝親不守是故則有伏衰傷和損氣不明變易年過四十衰相表現守一遂廢心喪不終及年六十伏死塚間積经三年形神不散靈禽異獸猛獸備護以七月七日立秋之節太一天尊俯而愍之後至秋分遣一仙使賫持瓊丹下而救之入口便活猶如睡覺西宫八王給其飈輪上昇天府号曰孝仙子令壽九萬大劫形如金玉氣色似雲出死入生長存无窮孝仙初始備嬰荼炭風霜不改飢惱无變道貴丹誠高尚其志懷貞抱節然後獲果

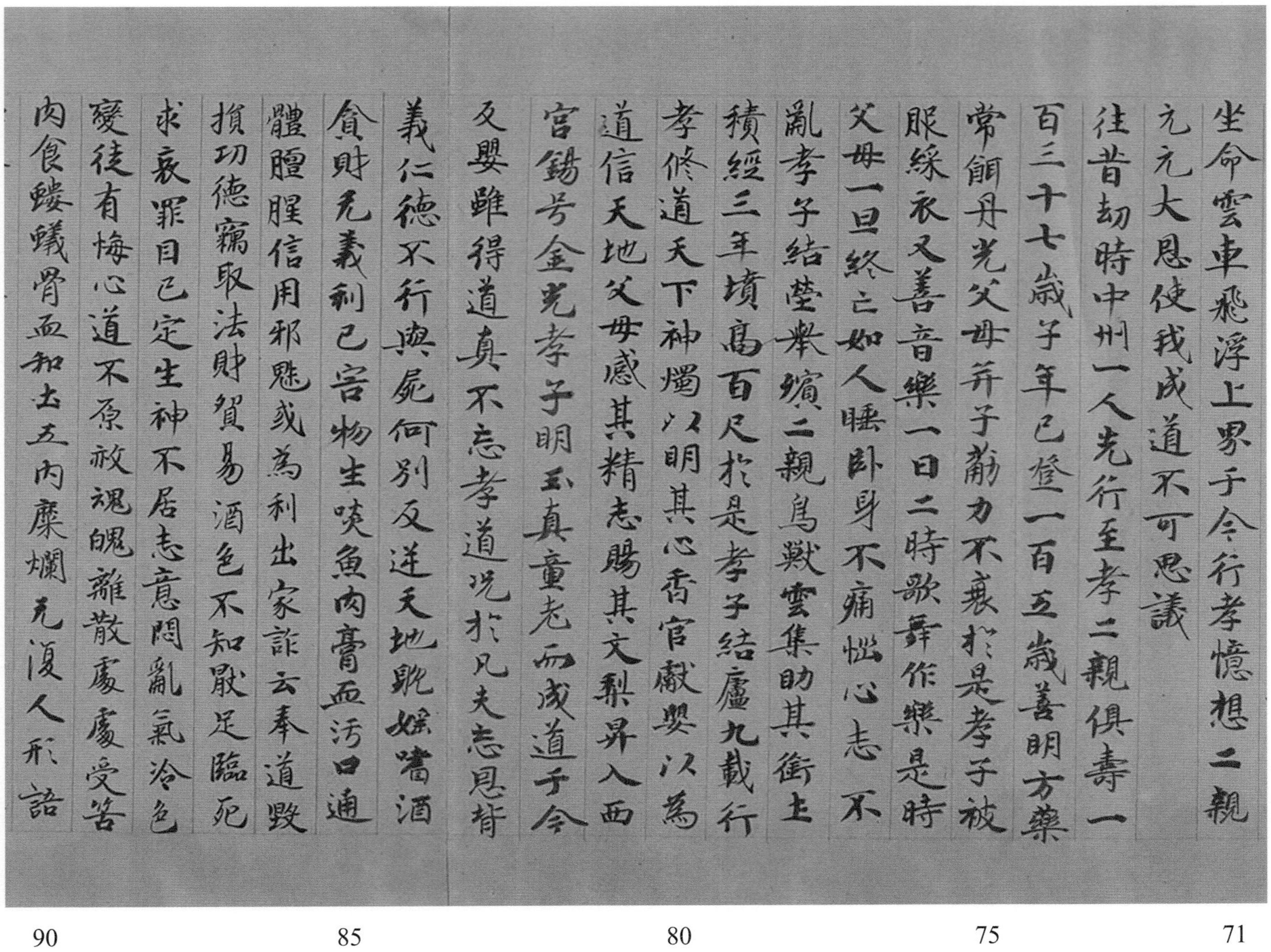

坐命雲車飛浮上界于令行孝憶想二親无无大恩使我成道不可思議

往昔劫時中州一人先行至孝二親俱壽一百三十七歲子年已登一百五歲善明方藥常餌丹光父母并子觔力不衰於是孝子被服綵衣又善音樂一日二時歌舞作樂是時父母一旦終亡如人睡卧身不痛惱心志不亂孝子結塋舉殯二親鳥獸雲集助其銜土積经三年墳高百尺於是孝子結廬九載行孝脩道天下神燭以明其心香官獻嬰以為道信天地父母感其精志賜其文梨昇入西宫錫号金光孝子明玉真童老而成道于令叉嬰雖得道真不忘孝道况於凡夫忘恩背義仁德不行與屍何別反逆天地耽婬嗜酒貪財无義利己害物生噉魚肉膏血汚口通體腥信用邪魅或為利出家詐云奉道毀損功德竊取法財貿易酒色不知厭足臨死求哀罪目已定生神不居志意悶亂氣冷色變徒有悔心道不原赦魂魄離散處處受苦肉食螻蟻骨血和土五内糜爛无復人形詣

汝未生欲奉孝道勤誦經戒誦觀身心斷諸貪著既斷貪著即无煩惱煩惱因緣因貪欲生若斷貪欲生死攀緣永絕无餘身心快樂道心弘廣七祖承福何但一身而成道耶孝道神力辟如天地天地所生无種不育唯有二親不可假作應當行孝以報大恩應當修道齋戒拔度燒香然燈以濟苦厄七祖在難希望子姪請道神力冀得解脫如人囚禁枷鏁繫縛望逢恩赦蕩除罪咎快樂自在心无憂慮冥陽罪目大同小異有罪逢赦不如无罪有罪雖免其目猶在既失一行終身无信故生不可失道不可忘忘道失生是名罪鬼不名人也忘道失生隨境而舍展轉无窮如沉大海不識邊際思歸舊島風浪所漂永失來路失生道者亦復如是及其强健難事已辯何不行孝修无上道永斷生死煩惱因緣

道言聞吾道者爲賢人行吾道者爲真人爾時仙王而作頌曰

欲知孝道隆　滿堂皆玉童　窈窕西宮室
承運補仙公　此時吾道行　天燈處處明
神香迴朗識　山野慶雲生　獻國罷鬭戰
四海不交兵　能修孝道戒　斯須見泰平

道言道不修人人須修道道本自然故不修人人非自然故應精進修自然道三万六千道要要以孝道爲宗未有不慈不孝及逆父母教害君主而得成道不忠不孝名十惡人生犯王法死入地獄生死受孝无有出期得餓鬼道

道言至孝修道修孝道也道在至孝不孝非道也何以故孝能慈悲孝能忍辱孝能精進孝能勤苦孝能堅正孝能降伏一切魔事財色酒肉名聞榮位傾奪諍競交兵教害至孝之士泯然无心守一不動一切魔事自然消伏孝堅金關閉捷死道是諸魔狝津梁斷絕內外寂靜專行孝道內无交兵外无伏賊孝道无形不可取相孝道弘大不可捨相取捨无相真應動用如无盡藏无盡藏故无取无捨有取有捨則有窮有怠窮則非道怠則非孝不窮不怠是名孝道孝如噓吸氣不可停停氣則死滅停孝則道敗喘息繼念行住憶

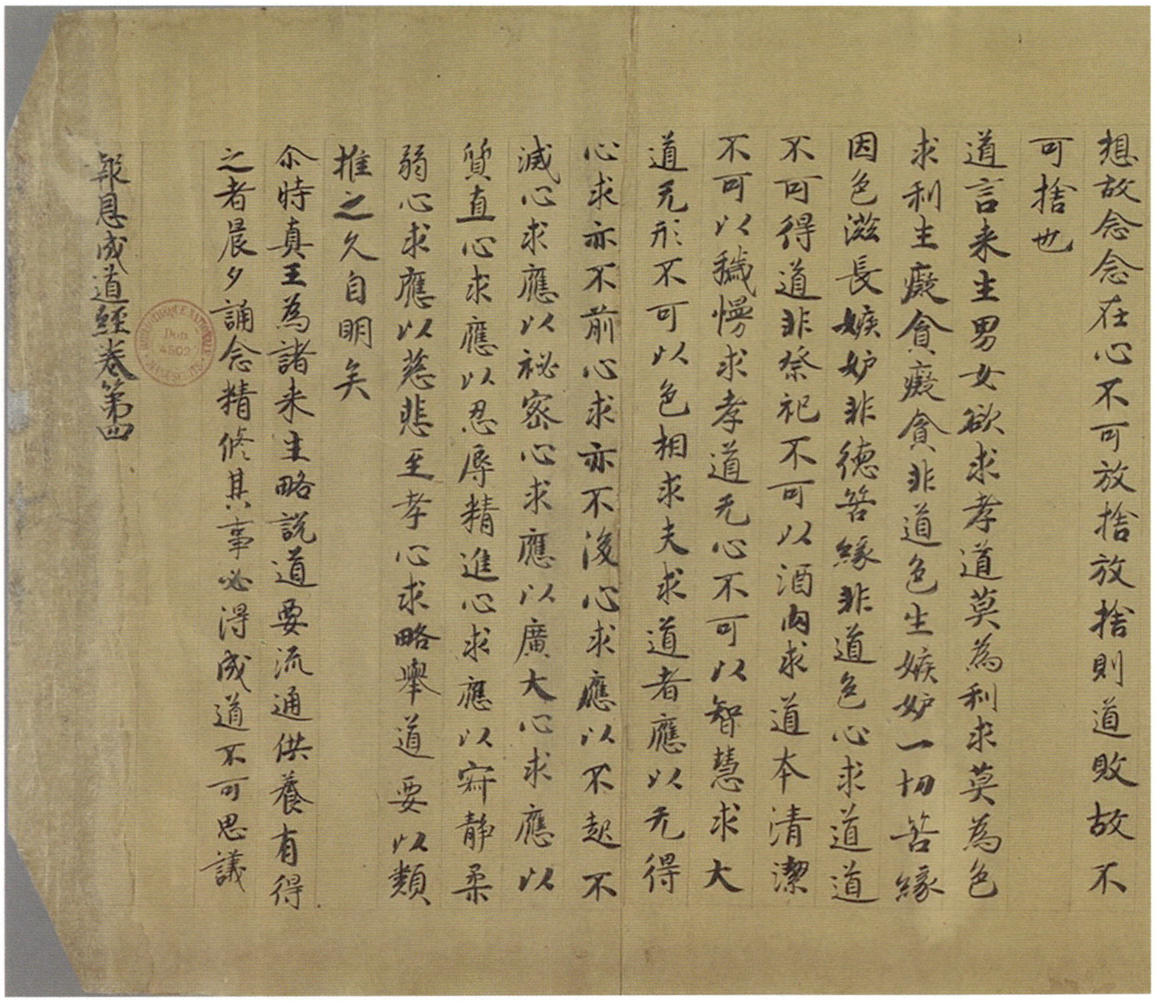

釋文

(P.2582)〔一〕

慈善孝子報恩成道經道要品第四

道言：大道幽虚，寂寥无名，孝出於无，乘无受/生，生形法孝，无名曰道。處於无上，玄應无下/，名行高遠，利益弘大，神通无礙，不終不始，故/名孝道。有形之類，非道不生，非孝不成。故大/道生元氣，元氣生太極，太極生天地，天地生/万物。万物之類，人居其長，万靈之中，大道寂/尊，仁孝尊道，故名孝道。道為万物父，亦名万/物母。万物得道則昌，失道則亡。精微柔弱，忍/辱慈孝。進修中道，心無懈惓，以孝自牧，上〔二〕報/元恩。元父元母，二親大恩。二親大恩，故名行孝/，行孝道也。心出於虚，道入於无，虚无相感，不/動而應，應則道成，成孝道也。故虚心以待物/，物亦虚心以待之，彼此相待，然後神交。先通/其神，後通其身，身神俱通，則孝道成矣。出/有入无，分形百億，无所不宅，在天為天靈，在/地為地祇。天靈地祇，二景之根精也，晨夕輪/照，養育含生，在東主九夷，在南主八蠻，在西/主六戎，在北主五狄，在中主三秦。雖邊邦雜/類之種，水陸行藏之族，悉皆賴道而得受生/。母以慈養，子以孝生，生成之日，定有反哺。蟲/鳥之心猶知報恩，五逆之人不如禽獸。不行/孝道，背叛元恩，是名凶人，非君子也。不名道/士，是真罪鬼，凡百人倫，不行孝道，見善不從/，聞道不信。道猶慈恩，元元不捨，方便示現，種/種神變。與其幽驗，不能用之，是名靈屍〔三〕。蠹敗/之屍，亦有妒魅，守屍之精，住其身中。尒時/，高明真王而作頌曰/：

勿言孝不真，勿言道不神。行孝光天下/，明燈〔四〕照尒心。
心迷暗不悟，躊躇失生路/。吉會考勳名，無功終不度。
天堂寂不歡/，地獄多號呼〔五〕。語汝善男子，勤建仙真步/。
莫學蠢屍羣，灰身螻蟻聚，一堕浮游鬼/，萬劫忘生路，
湯炭罪未窮，茫茫守丘墓/。

尒時，真王作此頌已，俛而彈指，聲聞十八湯/炭地獄、六宫罪門。又作苦

頌曰/：

天堂永不閉，地獄未曾開。受苦无休息/，罪鬼合群來。
渴則飲鑊湯，飢則食熱灰/。由何失孝道，財色受殃媒。
强壯不行道/，臨終始欲迴。聞孝翻誹笑，湯火長悲哀/。

是時，六門作此頌已，於是真王放心孝光〔六〕，洞/朗天下，光變成燈，照耀十八大地積夜之獄/。真王慈氣，化成仙雲七色五色，遍覆十方无/極世界。是諸罪鬼，一時放赦，洗沐玄津，昇於/鳳階，礼悔首過，歡喜慶泰，而作歌曰/：

六宮除罪目，九幽無對魂。天燈朗暗識〔七〕/，稽首礼玄門。
三官不受事，長歸帝一尊/。

尒時，罪鬼作此歌已，未得受生，復歸丘墓。夕/夕通夢，語其子孫曰：欲得存亡如願，急傳〔八〕九/幽神香，建立精舍，盛施牀座，精心行道，慈救萬物；香燈願念，報二親恩，報大道恩，轉誦經/教，助國扶命，救濟孤危，療治疾疫；守一立功/，勸人作善。是時，凡人感通此夢，睡中驚寤。各/見庭中，天燈照明，光芒射心，皆悉冥悟。行孝/奉道一十八年，得六通果。是其先亡，南宮受/化，皆生福地，見道聞法，並登仙位/。

道言：道德弘大，孝攝幽明，罪鬼蒙赦而行道/，子孫冥悟而行孝。奉吾道者，先當行孝，而後/行道，故名孝道。往昔，有人先行道而後行孝/。道无生滅，人有始終，行道道行未成，欲孝孝/親不守。是故，則有伏哀，傷和損氣，不明變易/。年過四十，衰相表現，守一遂廢，心喪不終。及/年六十，伏死〔九〕塚間。積經三年，形神不散，靈禽/翼覆，猛獸衛護。以七月七日立秋之節，太一/天尊，俯而愍之。後至秋分，遣一仙使，賫持瓊/丹，下而救之。入口便活，猶如睡覺。西宮八王/給其飈輪，上昇天府，号曰孝仙。于今壽九萬/大劫，形如金玉，氣色似雲，出死入生，長存无/窮。孝仙初始，備嬰荼〔一〇〕炭，風霜不改，飢惱无變/。道貴丹誠，高尚其志，懷貞抱節，然後獲果/，坐命雲車，飛浮上界。于今行孝，憶想二親/，元元大恩，使我成道，不可思議/。

往昔劫時，中州一人〔一一〕先行至孝。二親俱壽一/百三十七歲，子年已登一百五歲，善明方藥/，常餌丹光，父母并子，筋力不衰。於是，孝子被/服綵衣，又善音樂，一日二時歌舞作樂。是時/，父母一旦終亡，如人睡卧，身不痛惱，心志不/亂。孝子結塋，舉殯二親，鳥獸雲集，助其銜土/。積經三年，墳高百尺。於是，孝子結廬九載，行/孝修道。天下神燭，以明其心；香官獻嬰，以為/道信。天地父母，感其精志，賜其交梨〔一二〕，昇入西/宮，錫號金光孝子明玉真童。老而成道，于今/反嬰，雖得道真，不忘孝道。況於凡夫，忘恩背/義，仁德不行，與屍何別？反逆天地，躭婬嗜酒/，貪財无義，利己害物。生啖魚肉，膏血污口，通/體膻腥，信用邪魅。或為利出家，詐云奉道，毀/損功德，竊取法財。貿易酒色，不知厭足。臨死/求哀，罪目已定。生神不居，志意悶亂，氣冷色/變，徒有悔心，道不原赦。魂魄離散，處處受苦/，肉食蝮蟻，骨血〔一三〕和土，五内糜爛，无復人形。語/汝來生，欲奉孝道，勤誦經戒，諦觀身心，斷諸/貪著。既斷貪著，即无煩惱。煩惱因緣，因貪欲/生。若斷貪慾，生死攀緣永絶无餘，身心快樂/。道心弘廣，七祖介福，何但一身而成道邪（耶）？孝/道神力，譬如天地。天地所生，无種不有，唯有/二親，不可假作。應當行孝，以報大恩。應當修/道，齋戒拔度，燒香然燈，以濟苦戹。七祖在難/，希望子姪請道神力，冀得解脫。如人囚禁，枷/鏁繫縛，望逢恩赦，蕩除罪咎，快樂自在，心无/憂慮。冥陽罪目，大同小異。有罪逢赦，不如无/罪。有罪雖免，其目猶在。既失一行，終身无信/。故生不可失，道不可忘。忘道失生，是名罪鬼/，不名人也。忘道失生，隨境而舍，展轉无窮。如/汎大海，不識邊際，思歸舊島，風浪所漂，永失/来路。失生道者亦復如是。及其强健，難事已/辦，何不行孝，修无上道，永斷生死煩惱因緣/。

道言：聞吾道者為賢人，行吾道者為真人。尒/時，仙王而作頌曰/：

欲知孝道隆，滿堂皆玉童〔一四〕。窈窕西宮室/，承運補仙〔一五〕公。
此時吾道行，天燈處處明/。神香迴朗識，山野慶雲生。
敵國罷鬪戰/，四海不交兵。能修孝道戒，斯須見泰平/。

道言：道不修人，人須修道。道夲自然，故不/修人。人非自然，故應精進，修自然道。三万六千/道要，要以孝道為宗。未有不慈不孝，反逆父/母，殺害君主，而得成道。不忠不孝，名十惡人/。生犯王法，死入地獄，生死受考，无有出期，得/餓鬼道/。

道言：至孝修道，修孝道也。道在至孝，不孝非/道也。何以故？孝能慈悲，孝能忍辱，孝能精進/，孝能勤苦，孝能堅正，孝能降伏一切魔事。財/色酒肉，名聞榮位，傾奪諍〔一六〕競，交兵殺害，至孝／之士，泯然无心。守一不動，一切魔事自然消伏／。孝堅金關，閈揵死道，是諸魔奸津梁断絶／。内外寂静，專行孝道，内无交兵，外无伏賊。孝／道无形，不可取相。孝道弘大，不可捨相。取捨／无相，真應動用，如无盡藏。无盡藏故无取无／捨，有取有捨則有窮有怠。窮則非道，怠則非／孝。不窮不怠，是名孝道。孝如嘘吸，氣不可停／。停氣則死滅，停孝則道敗。喘息继念，行住憶／想，故念念在心，不可放捨。放捨則道敗，故不／可捨也／。

道言：来生男女，欲求孝道，莫為利求，莫為色／求。利生癡貪，癡貪非道。色生嫉妒，一切苦緣／因色滋長。嫉妒非德，苦緣非道。色心求道，道／不可得。道非祭祀，不可以酒肉求。道夲清潔／，不可以穢慢求。孝道无心，不可以智慧求。大／道无形，不可以色相求。夫求道者，應以无得／心求，亦不前心求，亦不後心求，應以不起不／滅心求，應以祕密心求，應以廣大心求，應以／質直心求，應以忍辱精進心求，應以寂静柔／弱心求，應以慈悲至孝心求。略舉道要，以類／推之，久自明矣／。

尒時，真王為諸来生略説道要，流通供養。有得／之者，晨夕誦念，精修其事，必得成道，不可思議／。

報恩成道經卷第四

校記

〔一〕以P. 2582爲底本，以道藏本《洞玄靈寶道要經》爲參校本。
〔二〕「上」字原作「卜」，據道藏本改。
〔三〕靈屍：道藏本作「蠹尸」，當即下文頌云「蠢屍羣」。
〔四〕明燈：道藏本作「明然」。
〔五〕號呼：道藏本作「寒沍」。
〔六〕此句，道藏本作「於是真王作此頌已，放心孝光」，近是。
〔七〕「識」字道藏本作「室」。
〔八〕「傳」字道藏本作「然」。
〔九〕「死」字道藏本作「尸」。
〔一〇〕「荼」字道藏本作「塗」。
〔一一〕往昔劫時中州一人：道藏本作「往昔劫中有一人」。
〔一二〕交梨：原作「文梨」，據道藏本改。
〔一三〕「血」字道藏本作「肉」。
〔一四〕玉童：道藏本作「女僮」。
〔一五〕「仙」字道藏本作「王」。
〔一六〕「諍」字道藏本作「争」。

（胡百濤點校）

洞玄靈寶天尊說十戒經

解題

簡稱《十戒經》。撰人不詳，約出於南北朝末。係節録古靈寶經中「十戒十四持身品」改編而成。一卷。收入《正統道藏》洞玄部戒律類。隋唐時道教弟子初入道門，皆須詣師盟受《老子五千文》及《十戒經》。故敦煌抄本中，此經多粘接在《五千文》之後，並附録受戒盟誓文。（《中華道藏》第四十二册 \029 號）

P. 2347. 2：首行前粘接《五千文》抄本。本件首尾完全。首行題：十戒經。尾題同。存經文三十五行，大致與道藏本首尾相當，但缺道藏本卷末四句偈頌。尾題後附録弟子唐真戒盟誓詞。（大淵目一〇九頁）

S. 6454：首尾完全。首題：十戒經。尾題同。存經文三十五行，文字同 P. 2347。按，此件紙質筆跡同 S. 6453《五千文》抄本，原當係同卷而被截斷。尾題後附録弟子張玄督受戒盟誓詞八行。題記末又有五言詩一首。（大淵目一〇八頁）

P. 3770：卷首截斷，卷尾完全。首題：十戒經。尾題同。存經文三十五行，文字同 P. 2347。尾題後附録弟子王玉真受戒盟誓詞十行。背面寫佛教文書。（大淵目一一〇頁）

羽 003R：首尾完全。題十戒經。至德二載（七五七年）抄本。附録弟子吴紫陽盟誓詞。

（按，此件原爲李木齋藏品，《李氏鑒藏敦煌寫本目録》著録。據羽田亨《秘笈目録》，原卷今歸日本某氏收藏。）

P. 2350v. 2：首尾完全。首行前粘接《五千文》抄本。首題：十戒經。尾題同。存經文三十五行，文字同 P. 2347。尾題之後附録弟子李无上盟誓詞。背面寫佛經《大乘四法經》。（大淵目一〇九頁）

BD14523. 3(散 0691\北新 0723)：原羅振玉貞松堂藏本，現藏中國國家圖書館。首殘尾全，首行前粘接《太上靈寶洗浴身心經》。卷首題缺。尾題：十戒經。存經文三十五行，文字同 P. 2347。尾題之後附録弟子陰志清盟誓詞。（大淵目一一〇頁）

（按，以上兩件抄寫日期地點完全相同。大淵目據盟文中「太歲甲寅」推測爲開元二年（七一四年）抄本。）

S. 0794：首殘尾全。尾題：十戒經。存經文三十一行，見於 P. 2347 抄本第 5 行至卷末。此件尾題後空白，無盟誓詞，不同於其他抄本。（大淵目一一〇頁）

S. 6097：首尾及下半邊均殘損，無卷題。殘存經文十八行，見於 P. 2347 抄本第 9—26 行。無盟誓詞。（大淵目一一〇頁）

甘博 017：殘片。卷題及經文全缺，僅存弟子索澄空受戒盟誓詞八行。殘頁後粘裱民國三年「關中筱山氏」題跋。此人即張元濤，清光緒二十三年（一八九七年）任敦煌知縣，自稱於藏經洞故紙堆中搜得此殘頁。

（按，此件影版見《甘肅藏敦煌文獻》。參考楊富學、李永平《甘肅博物館藏道教十戒經傳授盟文》，載四川大學《宗教學研究》二〇〇一年第一期。）

P. 3417：殘片。卷題及經文全缺，僅殘存弟子周景仙受戒盟誓詞十行。據稱其受戒處在雍州東明觀，生於景雲二年，受戒時二十七歲。可知此件寫於開元二十五年（七三七年）三月，是從關中傳入敦煌的抄本。（大淵目一一〇頁）

附 大谷文書 4399：小碎片。首尾下殘損。楷書精美。殘存四行。見於 S. 6454 抄本第 21—24 行。（大淵目脱漏。小田義久《大谷文書集成》卷貳圖版八一，未定名。）

圖版

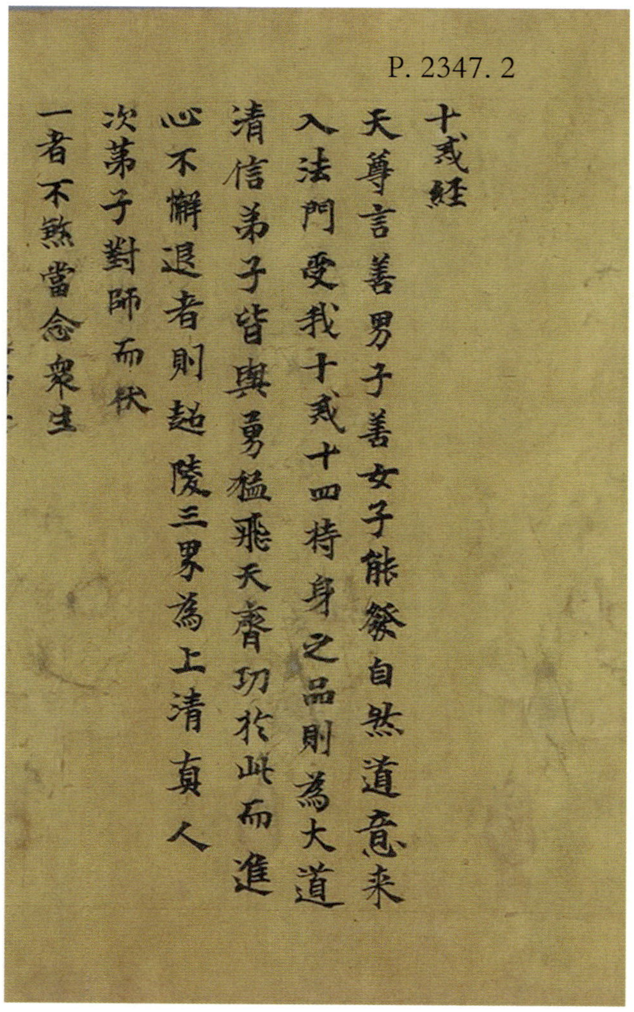

P. 2347. 2

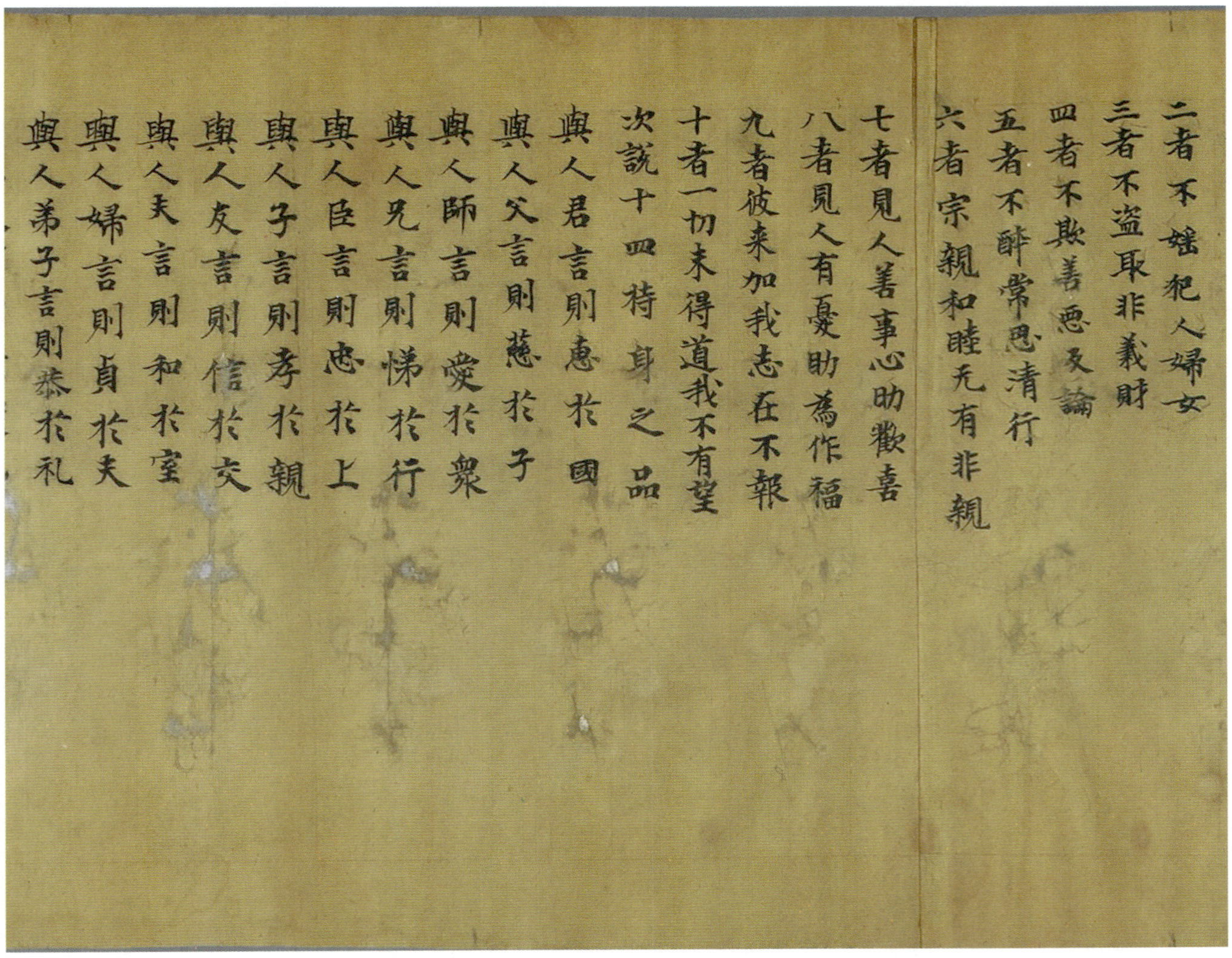
二者不婬犯人婦女
三者不盜取非義財
四者不欺善惡反論
五者不醉常思清行
六者宗親和睦无有非親
七者見人善事心助歡喜
八者見人有憂助為作福
九者彼來加我志在不報
十者一切未得道我不有望
次說十四持身之品
與人君言則惠於國
與人父言則慈於子
與人師言則愛於衆
與人兄言則悌於行
與人臣言則忠於上
與人子言則孝於親
與人友言則信於交
與人夫言則和於室
與人婦言則貞於夫
與人弟子言則恭於礼

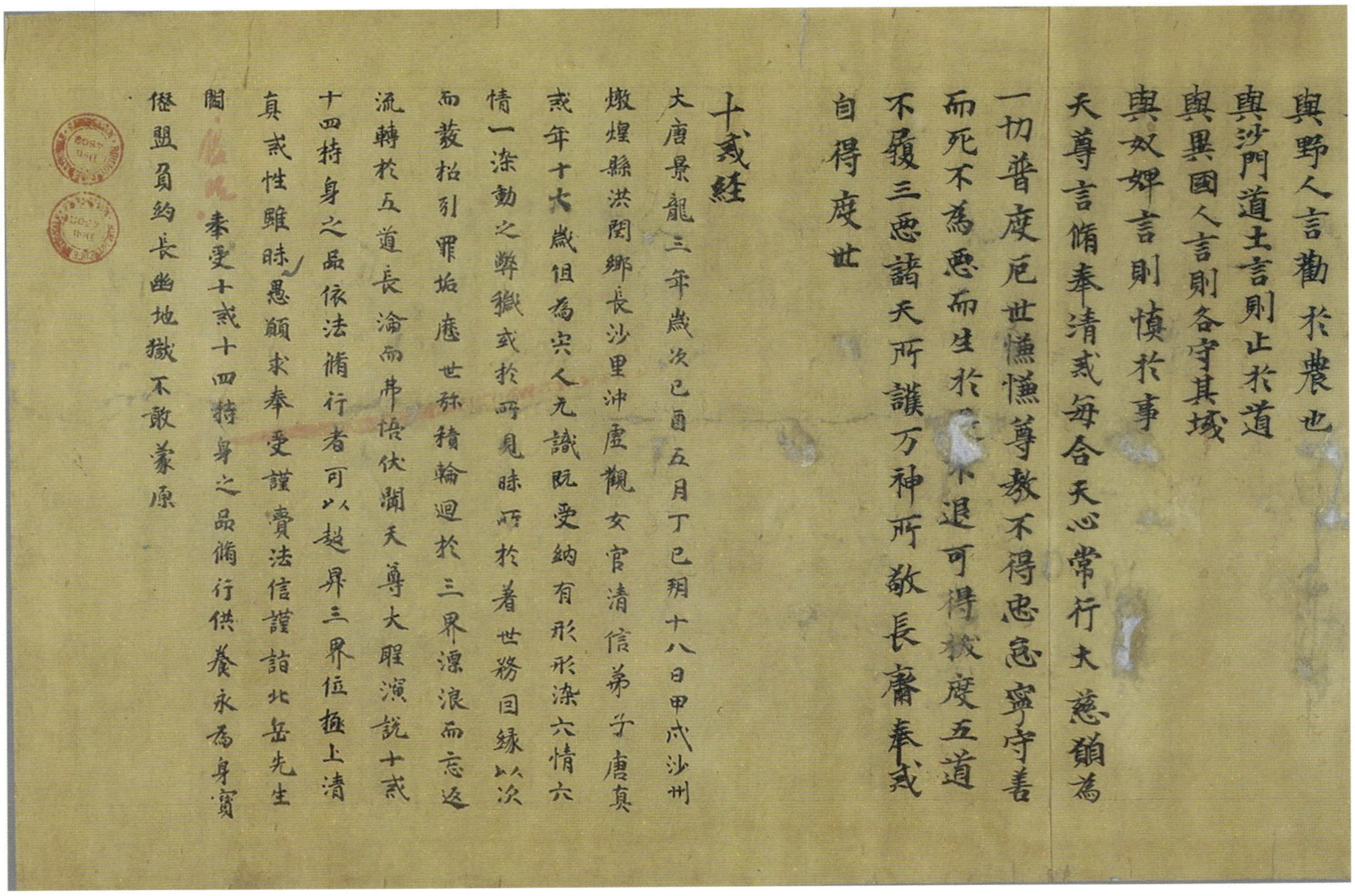
與野人言勸於農也
與沙門道士言則止於道
與異國人言則各守其域
與奴婢言則慎於事
天尊言脩奉清戒每合天心常行大慈願為
一切普度厄世慊慊尊教不得忘怠寧守善
而死不為惡而生於[illegible]不退可得拔度五道
不履三惡諸天所護万神所敬長齋奉戒
自得度世
十戒經
大唐景龍三年歲次己酉五月丁巳朔十八日甲戌沙州
燉煌縣洪閏鄉長沙里沖虛觀女官清信弟子唐真
戒年十七歲但為宍人无識既受納有形形染六情六
情一染動之弊穢或於所見眛所於着世務因緣以次
而發招引罪始應世殊種輪迴於三界漂浪而忘返
流轉於五道長淪而弗悟伏聞天尊大聖演說十戒
十四持身之品依法脩行者可以超昇三界位極上清
真戒性雖眛愚願求奉受謹賚法信謁詣北岳先生
閫　奉受十戒十四持身之品脩行供養永為身寶
僭盟負約長幽地獄不敢蒙原

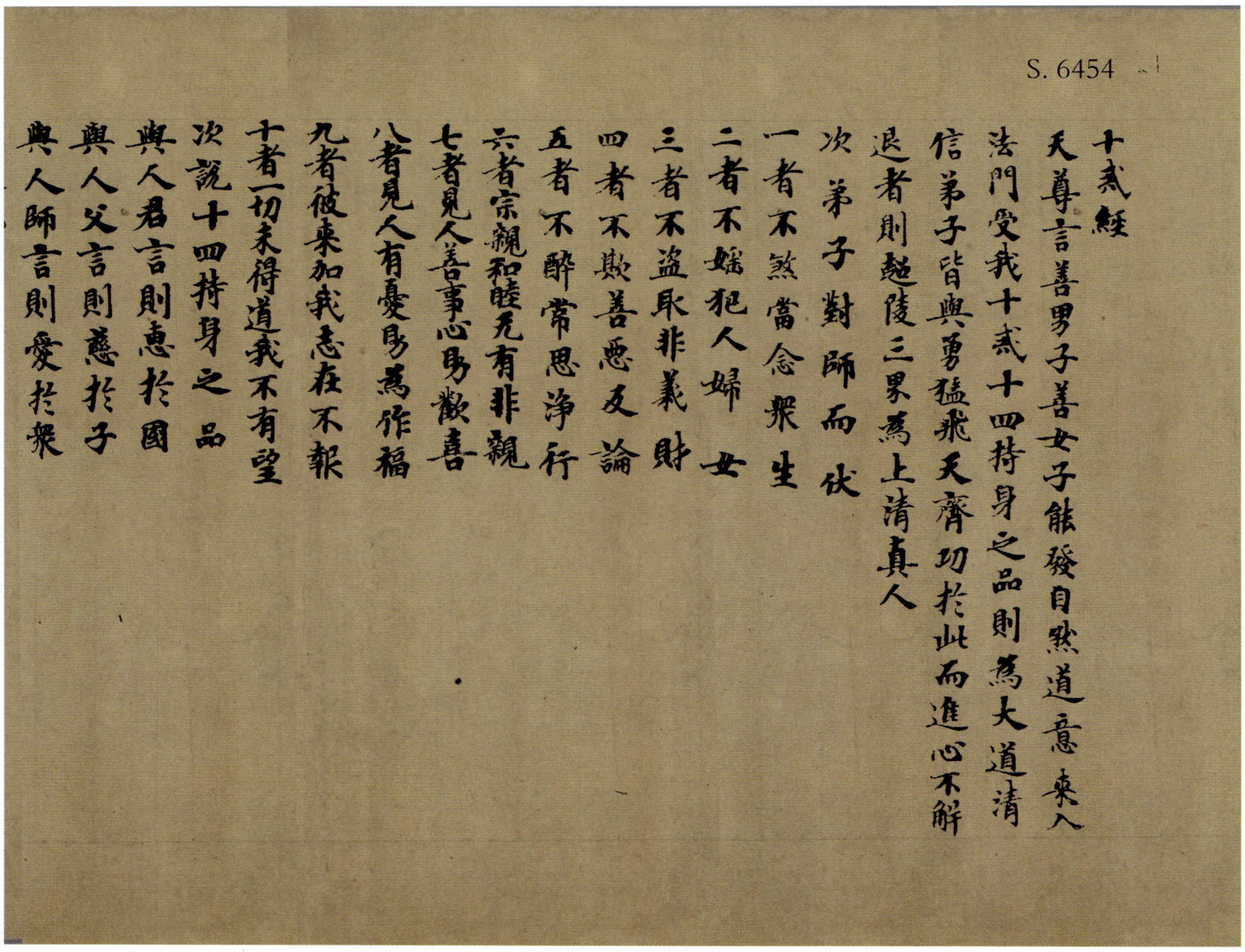
S. 6454

十戒經
天尊言善男子善女子能發自然道意來入
法門受我十戒十四持身之品則爲大道清
信弟子皆與勇猛飛天齊功於此而進心不解
退者則超陵三界爲上清真人
次弟子對師而伏
一者不煞當念衆生
二者不婬犯人婦女
三者不盜取非義財
四者不欺善惡反論
五者不醉常思淨行
六者宗親和睦無有非親
七者見人善事心助歡喜
八者見人有憂助爲作福
九者彼來加我志在不報
十者一切未得道我不有望
次說十四持身之品
與人君言則惠於國
與人父言則慈於子
與人師言則愛於衆

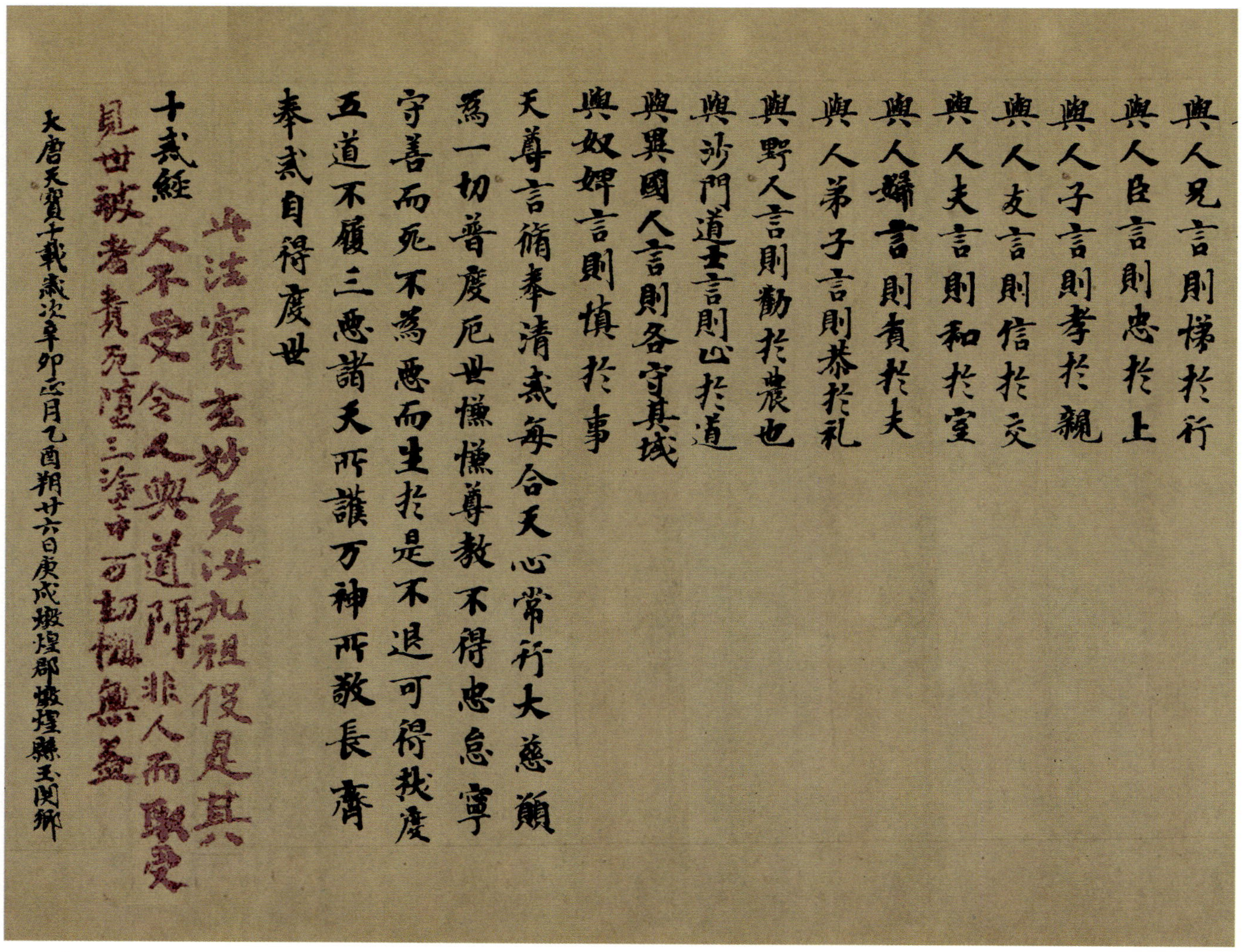
與人兄言則悌於行
與人臣言則忠於上
與人子言則孝於親
與人友言則信於交
與人夫言則和於室
與人婦言則貞於夫
與人弟子言則恭於礼
與野人言則勸於農也
與沙門道士言則正於道
與異國人言則各守其域
與奴婢言則慎於事
天尊言脩奉清戒每合天心常行大慈願
爲一切普度厄世慊慊尊教不得忠怠寧
守善而死不爲惡而生於是不退可得我度
五道不履三惡諸天所護万神所敬長齋
奉戒自得度世
十戒經
此法寶玄妙負汝九祖役是其
人不受令人與道隔非人而驟受
見世被考責死墮三塗中可切無益
大唐天寶十載歲次辛卯正月乙酉朔廿六日庚戌燉煌郡燉煌縣玉關鄉[1]

❶ 以下盟誓詞各有差異，僅延續《十戒經》順序標行，不與標準件對照。

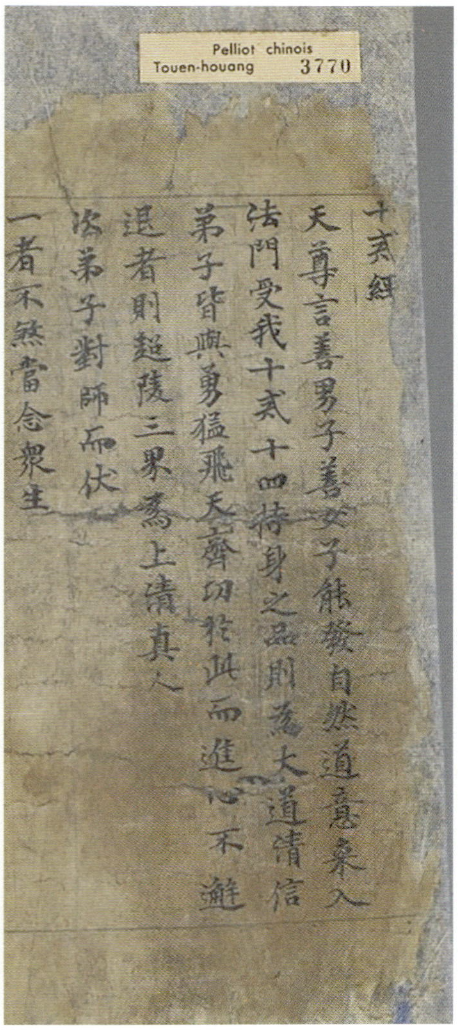
十戒經
天尊言善男子善女子能發自然道意來入
法門受我十戒十四持身之品則為大道清信
弟子皆與勇猛飛天齊功於此而進心不避
退者則超陵三界為上清真人
次弟子對師而伏
一者不煞當念衆生

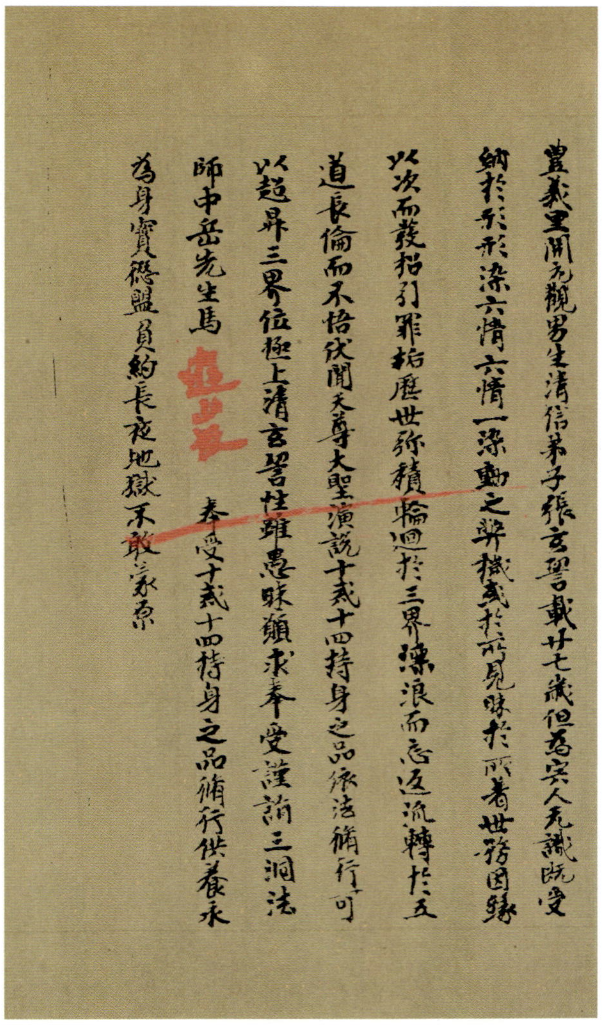
豊義里開元觀男生清信弟子張玄㬙載廿七歲但為宍人无識既受
納於形染六情六情一染動之弊穢惑於所見昧於所著世務因緣
以次而發招引罪垢歷世彌積輪迴於三界漂浪而忘返流轉於五
道長淪而不悟伏聞天尊大聖演說十戒十四持身之品依法脩行可
以超昇三界位極上清玄㬙性雖愚昧願求奉受謹詣三洞法
師中岳先生馬　奉受十戒十四持身之品脩行供養永
為身寶從盟負約長夜地獄不敢蒙原

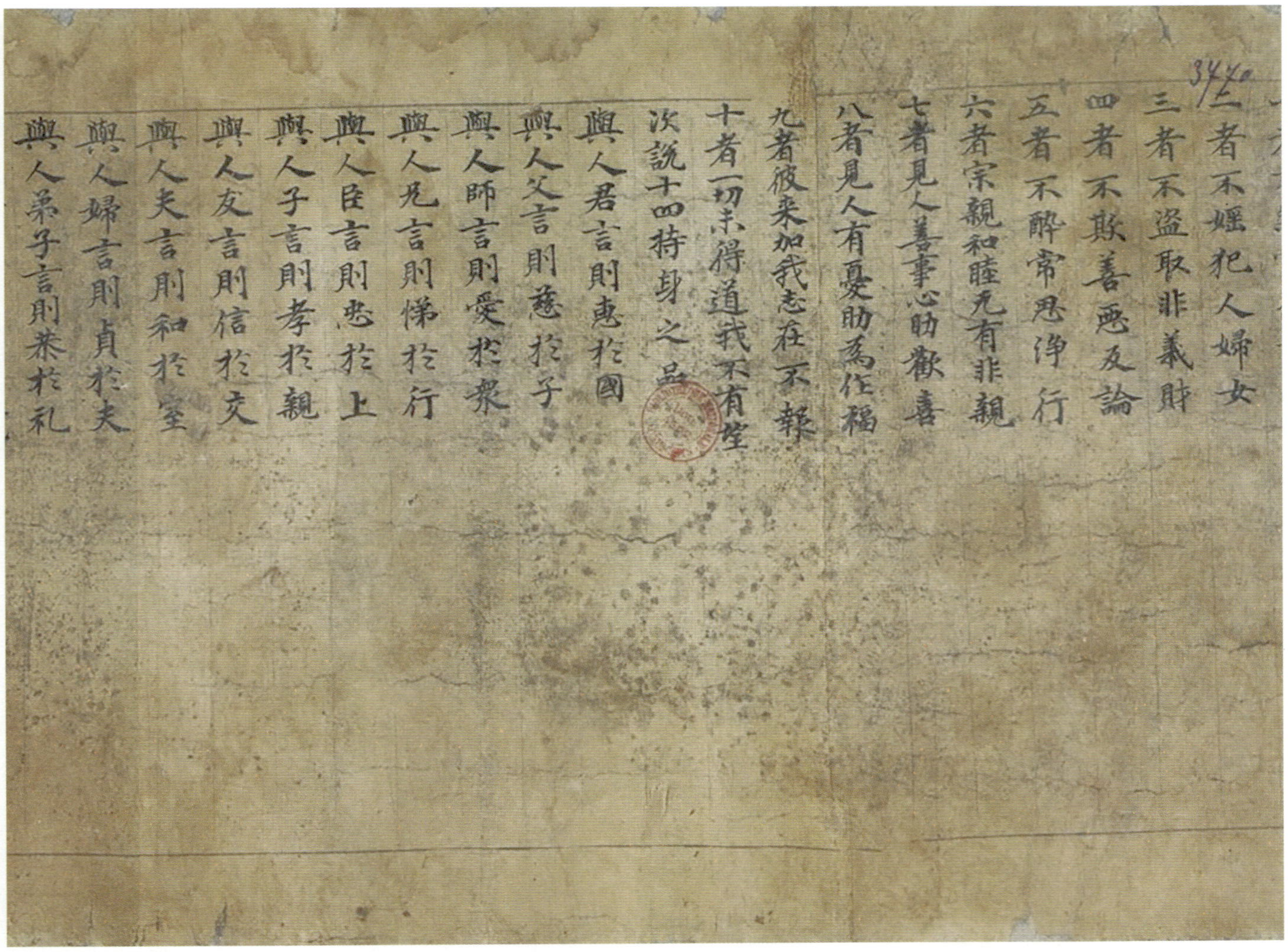
二者不婬犯人婦女
三者不盜取非義財
四者不欺善惡反論
五者不醉常思淨行
六者宗親和睦无有非親
七者見人善事心助歡喜
八者見人有憂助為作福
九者彼來加我志在不報
十者一切未得道我不有望
次說十四持身之品
與人君言則惠於國
與人父言則慈於子
與人師言則愛於衆
與人兄言則悌於行
與人臣言則忠於上
與人子言則孝於親
與人友言則信於交
與人夫言則和於室
與人婦言則貞於夫
與人弟子言則恭於礼

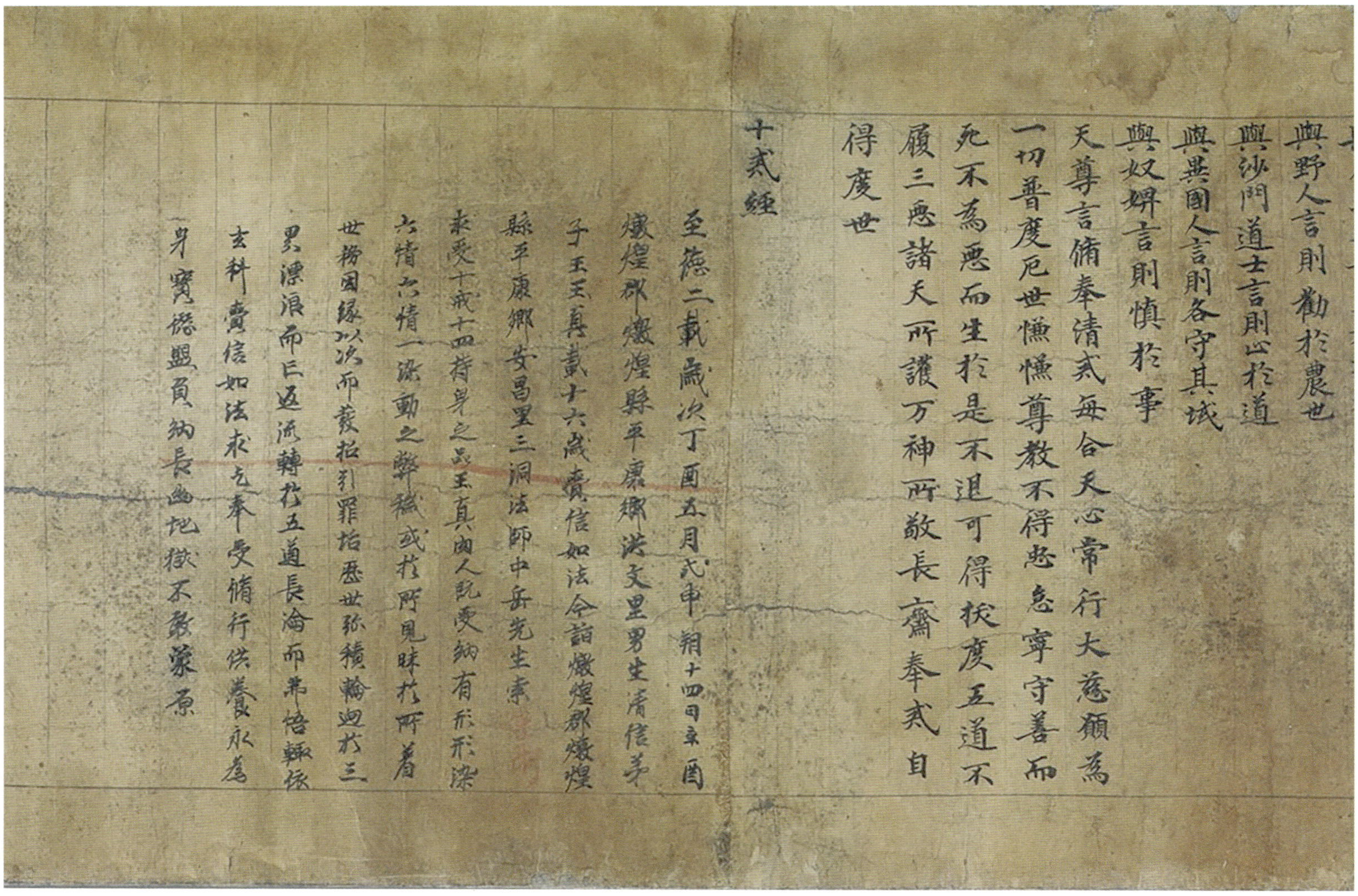

與野人言則勸於農世
與沙門道士言則止於道
與異國人言則各守其域
與奴婢言則慎於事
天尊言脩奉清戒每合天心常行大慈願為
一切普度厄世慊慊尊教不得忽怠寧守善而
死不為惡而生於是不退可得拔度五道不
履三惡諸天所護万神所敬長齋奉戒自
得度世
十戒經
至德二載歲次丁酉五月戊申朔十四日辛酉
燉煌郡燉煌縣平康鄉洪文里男生清信弟
子王玉真載十六歲賷信如法今詣燉煌郡燉煌
縣平康鄉安昌里三洞法師中岳先生索
求受十戒十四持身之品玉真肉人既受納有形形染
六情六情一染動之弊穢或於所見昧於所著
世務因緣以次而發招引罪垢歷世弥積輪迴於三
界漂浪而忘返流轉於五道長淪而弗悟輒依
玄科賷信如法求乞奉受脩行供養永為
一身寶經盟負納長幽地獄不敢蒙原

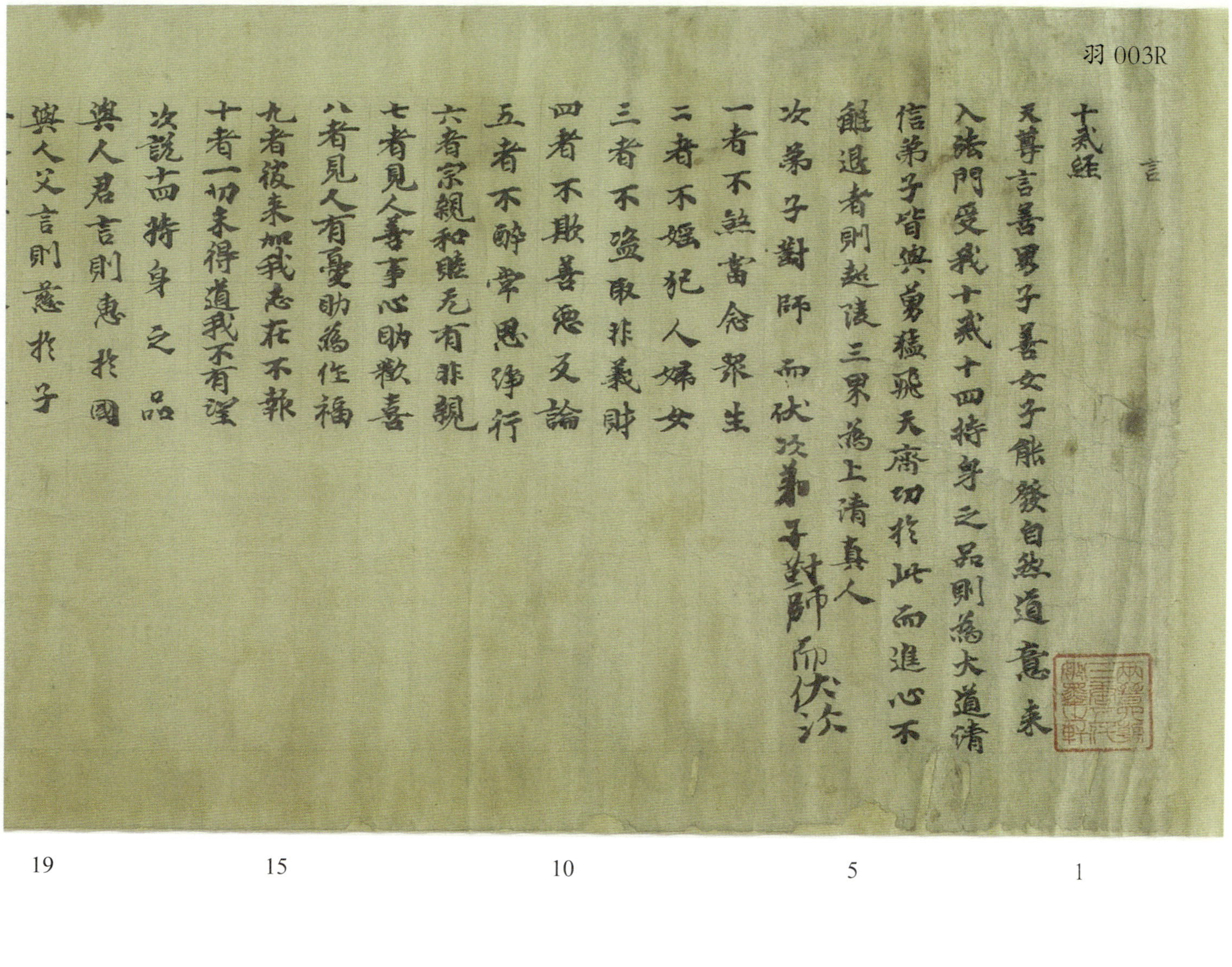

羽003R

言
十戒經
天尊言善男子善女子能發自然道意來
入法門受我十戒十四持身之品則為大道清
信弟子皆與勇猛飛天齊功於此而進心不
解退者則超淩三界為上清真人
次弟子對師而伏次弟子對師而伏次
一者不殺當念衆生
二者不婬犯人婦女
三者不盜取非義財
四者不欺善惡反論
五者不醉常思淨行
六者宗親和睦无有非親
七者見人善事心助歡喜
八者見人有憂助為作福
九者彼來加我志在不報
十者一切未得道我不有望
次說十四持身之品
與人君言則惠於國
與人父言則慈於子

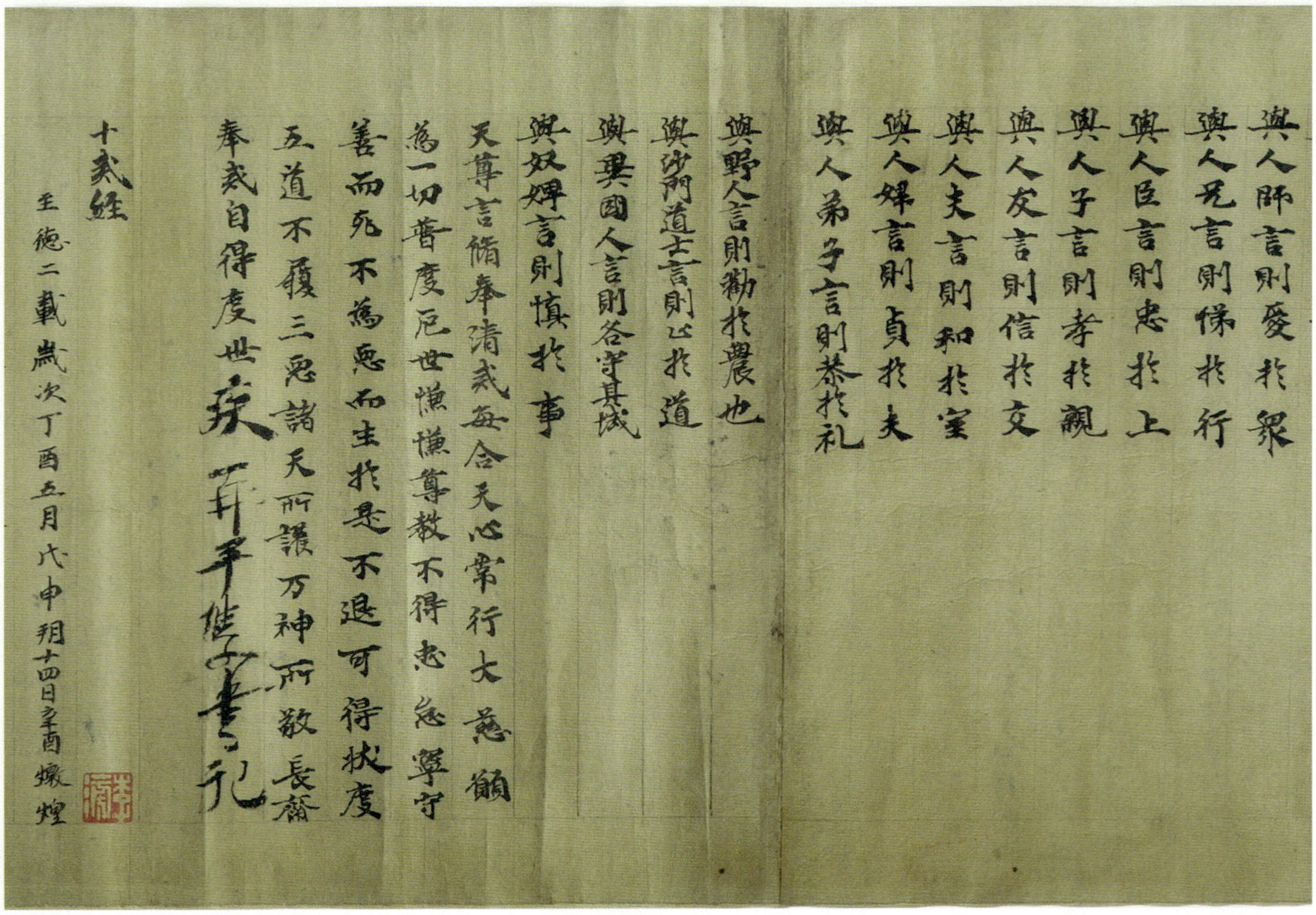
與人師言則愛於衆
與人兄言則悌於行
與人臣言則忠於上
與人子言則孝於親
與人友言則信於交
與人夫言則和於室
與人婦言則貞於夫
與人弟子言則恭於礼
與野人言則勸於農也
與沙門道士言則正於道
與異國人言則各守其域
與奴婢言則慎於事
天尊言脩奉清戒每合天心常行大慈願
為一切普度厄世慊慊尊教不得忠怠學守
善而死不為惡而生於是不退可得狀度
五道不履三惡諸天所護万神所敬長齋
奉戒自得度世
十戒經
至德二載歲次丁酉五月戊申朔十四日辛酉敦煌

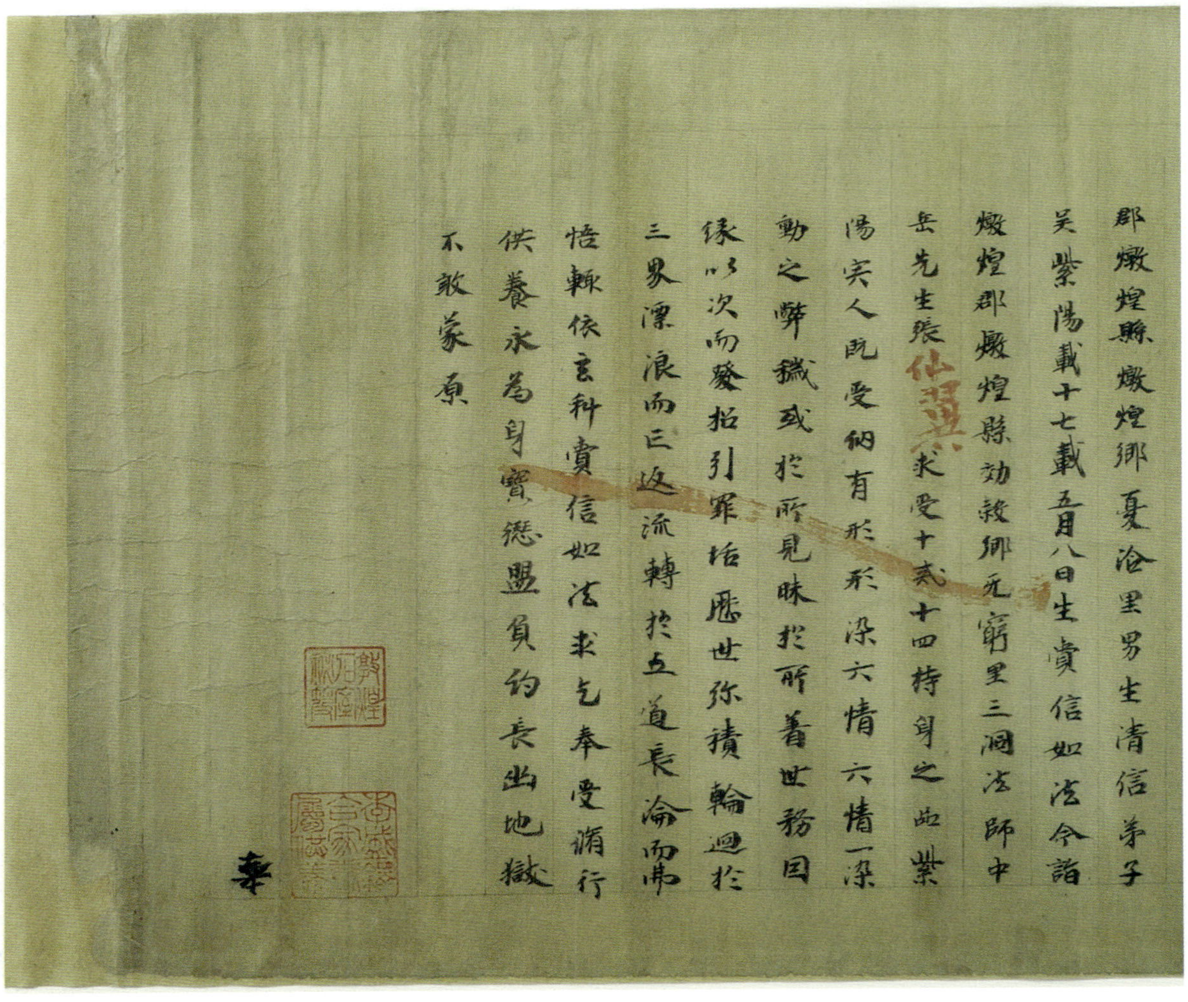
郡敦煌縣敦煌鄉憂洽里男生清信弟子
吴紫陽載十七載五月八日生賫信如法合詣
敦煌郡敦煌縣効穀鄉无窮里三洞法師中
岳先生張仙翼求受十戒十四持身之品紫
陽宍人既受納有形形染六情六情一染
動之弊識或於所見昧於所著世務因
缘以次而發招引罪垢歷世彌積輪迴於
三界漂浪而忘返流轉於五道長淪而弗
悟輙依玄科賫信如法求乞奉受脩行
供養永為身寶悠盟負約長幽地獄
不敢蒙原

P. 2350v. 2

十戒經
天尊言善男子善女子能發自然道意来
入法門受我十戒十四持身之品則為大道
清信弟子皆與勇猛飛天齊功於此而進心
不懈退者則超陵三界為上清真人
次弟子對師而伏
一者不煞當念衆生
二者不婬犯人婦女
三者不盜取非義財
四者不欺善惡反論
五者不醉常思淨行
六者宗親和睦无有非親
七者見人善事心助歡喜
八者見人有憂助為作福
九者彼来加我志在不報
十者一切未得道我不有望
次說十四持身之品
與人君言則惠於國
與人父言則慈於子
與人師言則愛於衆
與人師言則悌於行
與人臣言則忠於上
與人子言則孝於親
與人友言則信於交
與人夫言則和於室
與人婦言則貞於夫
與人弟子言則恭於礼
與野人言則勸於農也
與沙門道士言則正於道
與異國人言則各守其域
與奴婢言則慎於事
天尊言脩奉清戒每合天心常行大慈願
為一切普度厄世慊慊尊教不得懈怠寧
守善而死不為惡而生於是不退可得拔
度五道不履三惡諸天所護
万神所敬長齋奉戒自得度世
十戒經
太歲甲寅正月庚申朔廿二日辛巳沙州燉
煌縣龍勒鄉常安里男官清信弟子李无上

年廿七歲賫信如法今詣沙州燉煌縣効穀
鄉無窮里三洞法師中岳先生張　求受
十戒十四持身之品無上内人既受納有形
形染六情一染動之弊識成於所見味於所
著世務因緣以次而發招引罪垢應此彌積
輪迴於三界漂浪而逐流轉於五道長淪
而弗悟輒依科賫信如法求乞奉受脩
行供養永為身寶衛違負約長幽地獄
不敢蒙原

BD14523.3

一言善男子善女子能發
法門受我十戒十四持身之
信弟子皆與勇猛飛天齊功
懸退者超陵三界為上清真
、弟子對師而伏
右不煞當念衆生
二者不婬犯人婦女
三者不盜取非義財
四者不欺善惡反論
五者不醉常思淨行
六者宗親和睦無有非親
七者見人善事心助歡喜
八者見人有憂助為作福
九者彼來加我志在不報
十者一切未得道我不有望
次說十四持身之品
與人君言則惠於國
與人父言則慈於子
與人師言則愛於衆
與人兄言則悌於行

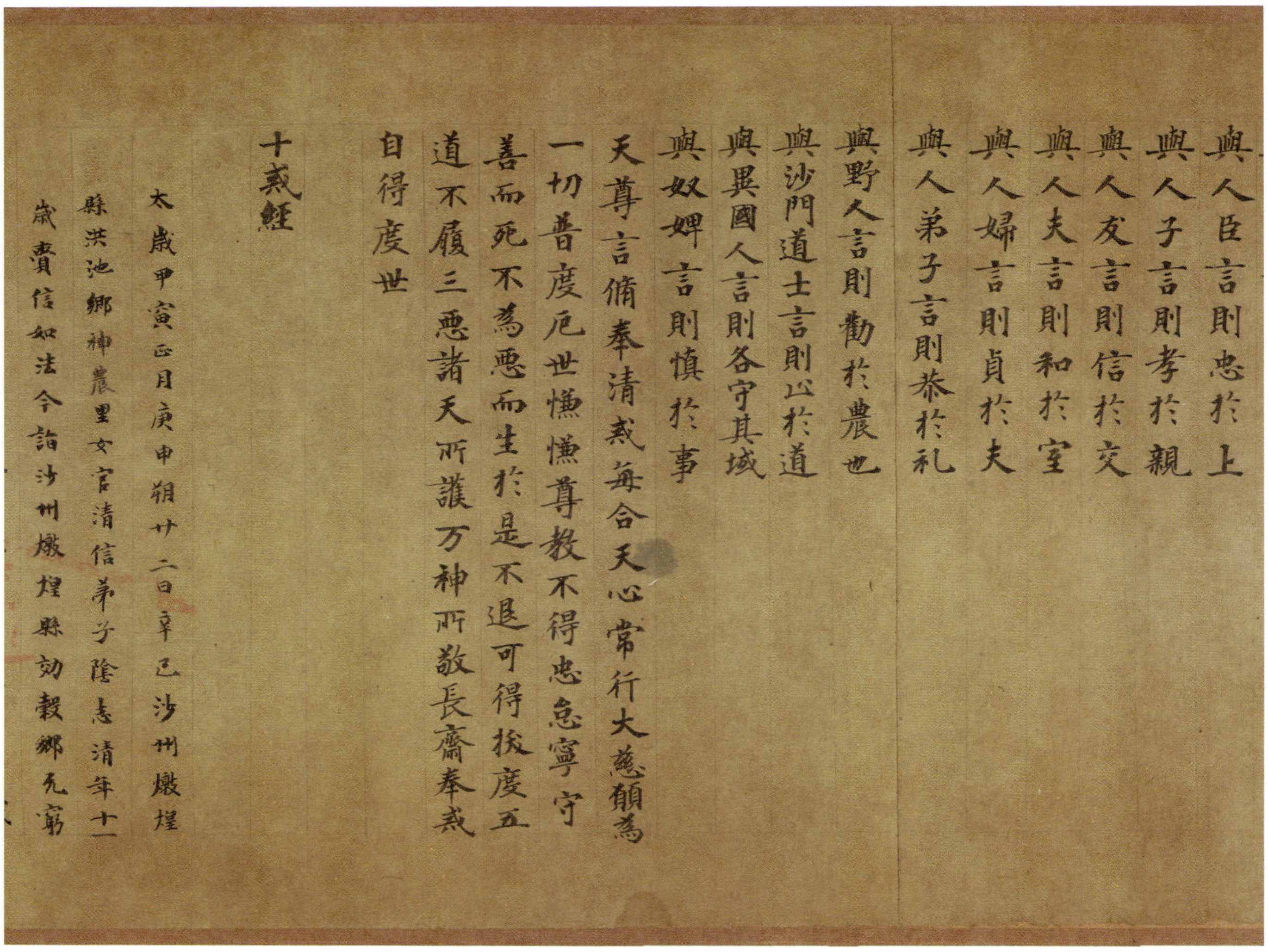

與人臣言則忠於上
與人子言則孝於親
與人友言則信於交
與人夫言則和於室
與人婦言則貞於夫
與人弟子言則恭於礼
與野人言則勸於農也
與沙門道士言則正於道
與異國人言則各守其域
與奴婢言則慎於事
天尊言脩奉清戒每合天心常行大慈願為
一切普度厄世慊慊尊教不得忽怠寧守
善而死不為惡而生於是不退可得拔度五
道不履三惡諸天所護万神所敬長齋奉戒
自得度世
十戒經
太歲甲寅正月庚申朔廿二日辛巳沙州燉煌
縣洪池鄉神農里女官清信弟子陰志清年十一
歲賫信如法今詣沙州燉煌縣効穀鄉无窮

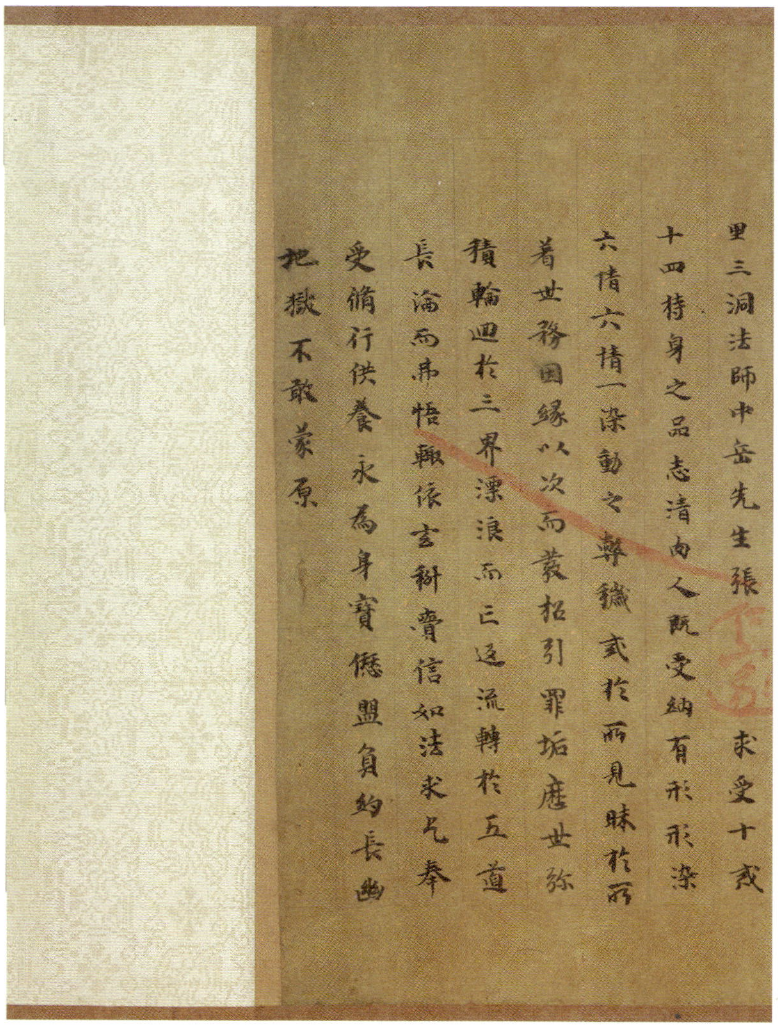

里三洞法師中岳先生張　求受十戒
十四持身之品志清肉人既受納有形形染
六情六情一染動之弊穢或於所見昧於所
著世務因緣以次而發招引罪垢歷世弥
積輪迴於三界漂浪而忘返流轉於五道
長淪而弗悟輒依玄科賫信如法求乞奉
受脩行供養永為身寶僁盟負約長幽
地獄不敢蒙原

S. 0794

次弟[illegible]
一者不煞當念[illegible]
二者不婬犯人婦女
三者不盜取非義財
四者不欺善惡反論
五者不醉常思净行
六者宗親和睦无有非親
七者見人善事心助歡喜
八者見人有憂助為作福
九者彼來加我志在不報
十者一切未得道我不有望
次說十四持身之品
與人君言則惠於國
與人父言則慈於子
與人師言則愛於衆
與人兄言則悌於行
與人臣言則忠於上
與人子言則孝於親
與人友言則信於交
與人夫言則和於室
與人婦言則貞於夫
與人弟子言則恭於礼
與野人言則勸於農也
與沙門道士言則正於道
與異國人言則各守其域
與奴婢言則慎於事
天尊言脩奉清戒每合天心常行大慈願
為一切普度厄世𢤱𢤱尊教不得忠怠寧
守善而死不為惡而生於是不退可得拔度
五道不履三惡諸天所護万神所敬長齋奉
戒自得度世

十戒經

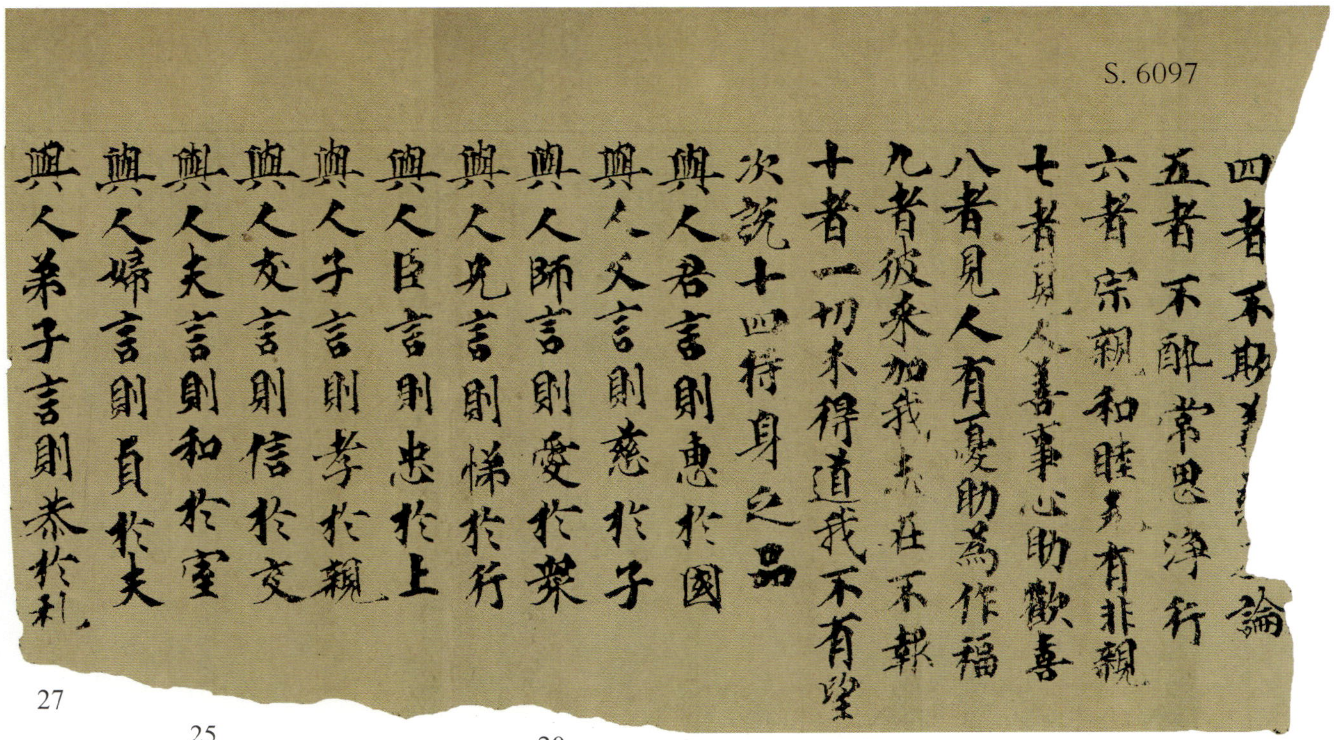

S. 6097

四者不取[illegible]…論
五者不醉常思淨行
六者宗親和睦无有非親
七者見人善事心助歡喜
八者見人有憂助為作福
九者彼來加我志在不報
十者一切未得道我不有望
次說十四持身之品
與人君言則惠於國
與人父言則慈於子
與人師言則愛於衆
與人兄言則悌於行
與人臣言則忠於上
與人子言則孝於親
與人友言則信於交
與人夫言則和於室
與人婦言則貞於夫
與人弟子言則恭於礼

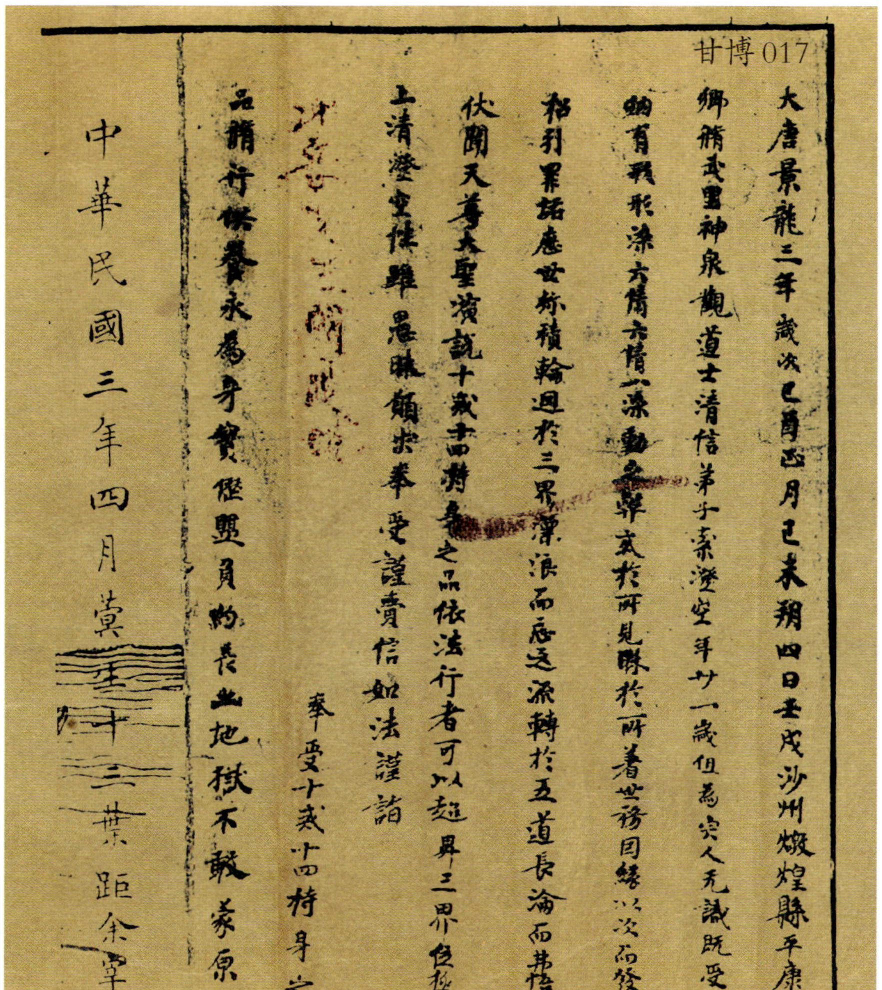

甘博017

大唐景龍三年歲次己酉五月己未朔四日壬戌沙州燉煌縣平康
鄉脩武里神泉觀道士清信弟子索澄空年廿一歲但為宍人无識既受
納有載形染六情六情一染動之弊或於所見昧於所着世務因緣以次而發
於目罪結應世所積輪迴於三界漂浪而忘返流轉於五道長淪而弗悟
伏聞天尊大聖演說十戒十四持身之品依法行者可以超昇三界位極
上清澄空[illegible]雖愚昧願求奉受謹賫信如法謹詣
奉受十戒十四持身之
品脩行供養永為身寶從盟負約長幽地獄不敢蒙原
中華民國三年四月冀[illegible]十三葉距余[illegible]

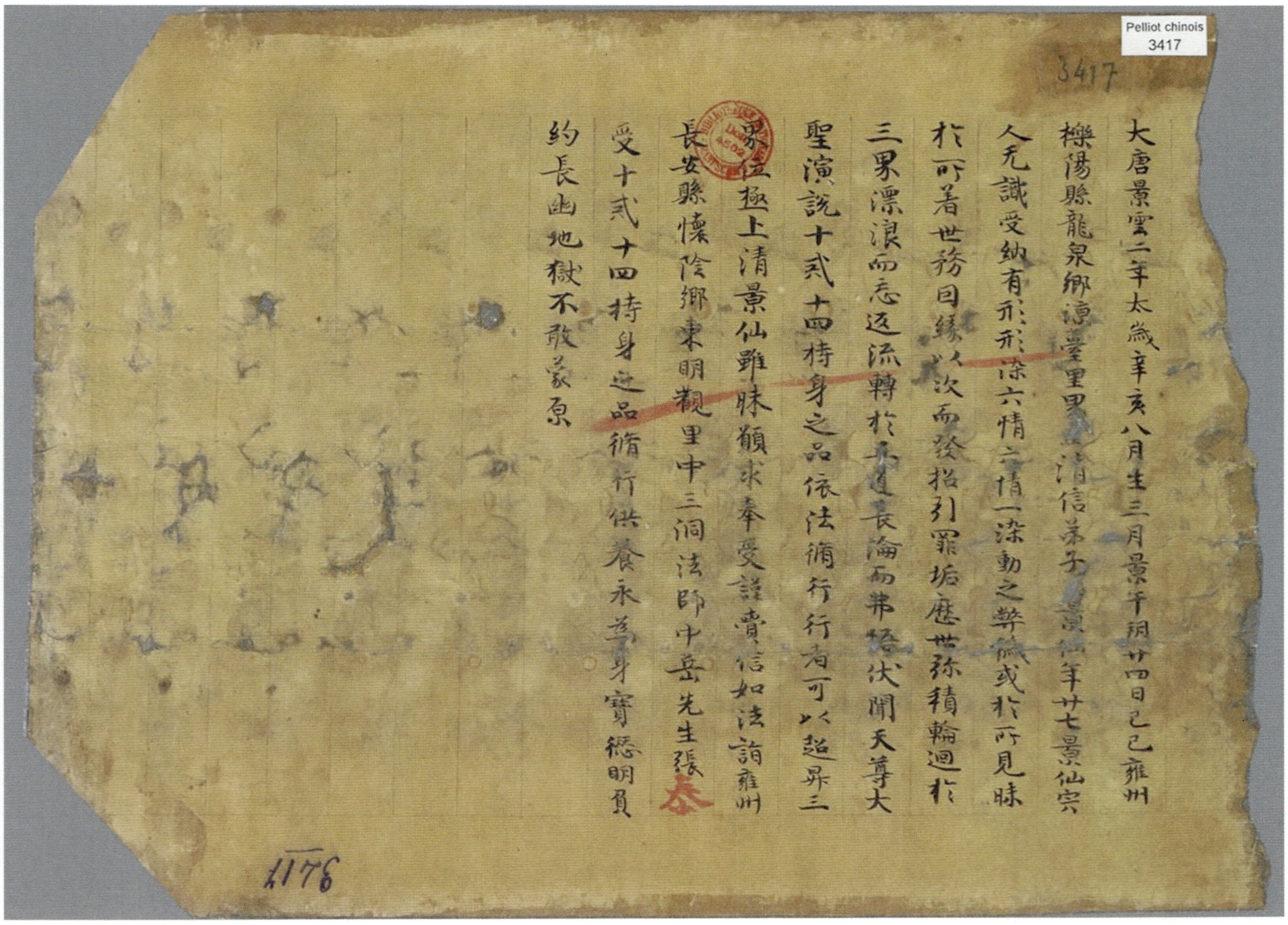
大唐景雲二年太歲辛亥八月生三月景午朔廿四日己巳雍州
櫟陽縣龍泉鄉凉臺里男官清信弟子景仙年廿七景仙宍
人无識受納有形形染六情六情一染動之弊或於所見昧
於所着世務因緣以次而發招引罪垢歷世彌積輪迴於
三界漂浪而忘返流轉於五道長淪而弗悟伏聞天尊大
聖演說十戒十四持身之品依法脩行行者可以超昇三
界位極上清景仙雖昧願求奉受謹賫信如法詣雍州
長安縣懷陰鄉東明觀里中三洞法師中岳先生張
受十戒十四持身之品脩行供養永為身寶謹明負
約長幽地獄不敢蒙原

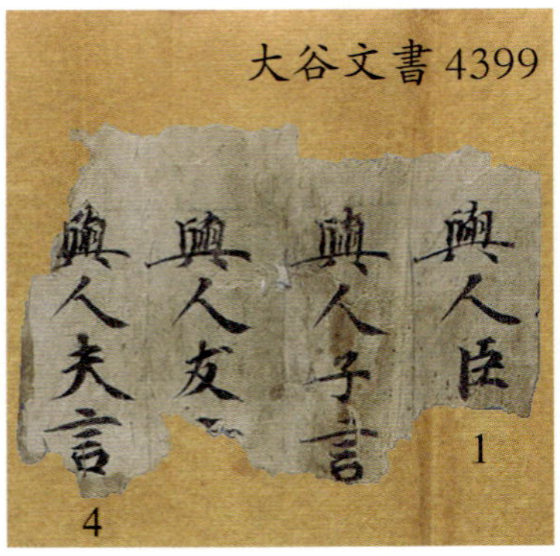
大谷文書4399

釋文

(P.2350v.2)〔一〕

十戒經

天尊言：善男子、善女子，能發自然道意，来／入法門，受我十戒十四持身之品，則為大道／清信弟子，皆與勇猛飛天齊功，於此而〔二〕進心／不懈退者，即超陵三界，為上清真人／。

次弟子對師而伏／。〔三〕

一者不煞，當念衆生／。

二者不婬犯人婦女／。

三者不盗取非義財／。

四者不欺，善惡反論／。〔四〕

五者不醉，常思浄〔五〕行／。

六者宗親和睦，无有非親／。

七者見人善事，心助歡喜／。

八者見人有憂，助為作福／。

九者彼来加我，志在不報／。

十者一切未得道，我不有望／。

次說十四持身之品／：

與人君言則惠於國／。

與人父言則慈於子╱。
與人師言則愛於衆╱。
與人兄言則悌於行╱。
與人臣言則忠於上╱。
與人子言則孝於親╱。
與人友言則信於交╱。
與人夫言則和於室╱。
與人婦言則貞於夫╱。
與人弟子言則恭於礼╱。（六）
與野人言則勤於農也╱。
與沙門道士言則止於道╱。
與異國人言則各守其域╱。
與奴婢言則慎於事╱。

天尊言：脩奉清戒，每合天心，常行大慈，願╱為一切，普度厄世，慊慊尊教，不得忠怠，寧╱守善而死，不為惡而生，於是不退，可得拔╱度五道，不履三惡，諸天所護╱，万神所敬，長齊奉戒，自得度世╱。

十戒經

太歲甲寅正月庚申朔廿二日辛巳，沙州燉╱煌縣龍勒鄉常安里男官清信弟子李无上╱，年廿七歲。齋信如法，今詣沙州燉煌縣効穀╱鄉无窮里三洞法師中岳先生張仁邃，求受╱十戒十四持身之品。无上肉人，既受納有形╱，形染六情，六情一染，動之弊穢，或（惑）於所見，昧於所╱著世務，因緣以次而發，招引罪姤（垢），歷世彌積╱，輪迴於三界，漂浪而（忘）返，流轉於五道，長淪╱而弗悟。輒依（玄）科齋信如法，求乞奉受，脩╱行供養，永為身寶，愆盟負約，長幽地獄╱，不敢蒙原╱。

其他抄本之盟誓詞

（P.2347.2）

大唐景龍三年歲次己酉五月丁巳朔十八日甲戌，沙州╱燉煌縣洪閏鄉長沙里沖虛觀女官清信弟子唐真╱戒，年十七歲。但為宍人无識，既受納有形，形染六情，六╱情一染，動之弊穢，或（惑）於所見，昧於所著（七）世務，因緣以次╱而發，招引罪垢，歷世彌積，輪迴於三界，漂浪而忘返╱，流轉於五道，長淪而弗悟。伏聞天尊大聖演説十戒╱十四持身之品，依法脩行者，可以超昇三界，位極上清╱。真戒性雖愚昧，願求奉受。謹齋法信，謹詣北岳先生╱閻履明，奉受十戒十四持身之品，脩行供養，永為身寶╱，愆盟負約，長幽地獄，不敢蒙原╱。

（S.6454）

此法實玄妙，免汝九祖役。是其╱人不受，令人與道隔。非人而取受╱，見世被考責。死墮三塗中，万劫悔無益╱。（八）

大唐天寶十載歲次辛卯正月乙酉朔廿六日庚戌，燉煌郡燉煌縣玉関鄉╱豐義里開元觀男生清信弟子張玄晉，載廿七歲。但為宍人无識，既受╱納於形，形染六情，六情一染，動之弊穢，或（惑）於所見，昧於所著世務，因緣╱以次而發，招引罪垢，歷世彌積，輪迴於三界，漂浪而忘返，流轉於五╱道，長倫（淪）而不悟。伏聞天尊大聖演説十戒十四持身之品，依法脩行，可╱以超昇三界，位極上清。玄晉性雖愚昧，願求奉受。謹詣三洞法╱師中嶽先生馬遊嶽，奉受十戒十四持身之品，脩行供養，永╱為身寶，愆盟負約，長夜地獄，不敢蒙原╱。

（P.3770）

至德二載歲次丁酉五月戊申朔十四日辛酉╱，燉煌郡燉煌縣平康鄉洪文里男生清信弟╱子王玉真，載十六歲。齋信如法，今詣燉煌郡燉煌╱縣平康鄉安昌里三洞法師中岳先生索崇術╱，求受十戒十四持身之品。玉真肉人，既受納有形，形染╱六情，六情一染，動之弊穢，或（惑）於所見，昧於所著╱世務，因緣以次而發，招引罪垢，歷世彌積，輪迴於三╱界，漂浪而亡（忘）返，流轉於五道，長淪而弗悟。輒依╱玄科齋信如法，求乞奉受，脩行供養，永為╱身寶，愆盟負約（九），長幽地獄，不敢蒙原╱。

（羽 003R）

至德二載歲次丁酉五月戊申朔十四日辛酉燉煌╱郡燉煌縣燉煌鄉夏洽里男生

清信弟子／吳紫陽，載十七載，五月八日生。齋信如法，今詣／燉煌郡燉煌縣効穀鄉无窮里三洞法師中／岳先生張仙翼，求受十戒十四持身之品。紫／陽宍人，既受納有形，形染六情，六情一染／，動之弊穢，或（惑）於所見，味於所著世務，因／緣以次而發，招引罪垢，歷世弥積，輪迴於／三界，漂浪而亡（忘）返，流轉於五道，長淪而弗／悟。輒依玄科齋信如法，求乞奉受，脩行／供養，永為身寶，愆盟負約，長幽地獄／，不敢蒙原／。

(BD14523.3)

太歲甲寅正月庚申朔廿二日辛巳，沙州燉煌／縣洪池鄉神農里女官清信弟子陰志清，年十一／歲。齋信如法，今詣沙州燉煌縣効穀鄉无窮／里三洞法師中岳先生張仁邃，求受十戒／十四持身之品。志清肉人，既受納有形，形染／六情，六情一染，動之弊穢，或（惑）於所見，昧於所／著世務，因緣以次而發，招引罪垢，歷世弥／積，輪迴於三界，漂浪而亡（忘）返，流轉於五道／，長淪而弗悟。輒依玄科齋信如法，求乞奉／受，脩行供養，永為身寶，愆盟負約，長幽／地獄，不敢蒙原／。

（甘博 017）

大唐景龍三年歲次己酉正月己未朔四日壬戌，沙州燉煌縣平康／鄉脩武里神泉觀道士清信弟子索澄空，年廿一歲。但為宍人无識，既受／納有形，形染六情，六情一染，動之弊（穢），或（惑）於所見，昧於所著世務，因緣以次而發／，招引罪垢，歷世彌積，輪迴於三界，漂浪而忘返，流轉於五道，長淪而弗悟／。伏聞天尊大聖演說十戒十四持身之品，依法行者，可以超昇三界，位極／上清。澄空性雖愚昧，願求奉受。謹齋信如法，謹詣／北岳先生閻履明，奉受十戒十四持身之／品，脩行供養，永為身寶，愆盟負約，長幽地獄，不敢蒙原／。

(P.3417)

大唐景雲二年太歲辛亥八月生，三月景午朔廿四日己巳，雍州／櫟陽縣龍泉鄉涼臺里男生清信弟子周景仙，年廿七（歲）。景仙宍／人无識，受納有形，形染六情，六情一染，動之弊穢，或（惑）於所見，昧／於所著世務，因緣以次而發，招引罪垢，歷世彌積，輪迴於／三界，漂浪而忘返，流轉於五道，長淪而弗悟。伏聞天尊大／聖演說十戒十四持身之品，依法脩行〔一〇〕者，可以超昇三／界，位極上清。景仙雖昧，願求奉受。謹齋信如法，詣雍州／長安縣懷陰鄉東明觀里中三洞法師中岳先生張泰／，受十戒十四持身之品，脩行供養，永為身寶，愆明（盟）負／約，長幽地獄，不敢蒙原／。

（大谷文書 4399）

與人臣言則忠於上／。
與人子言則孝於亲／。
與人友言則信於交／。
與人夫言則和於室／。（下缺）

校記

〔一〕王卡先生以P. 2347. 2爲標準件。P. 2347. 2書法甚佳，内容上與敦煌本其他抄本基本相同，但有兩字與他本不同，故選用品相相對較佳的P. 2350v. 2爲底本，釋録《十戒經》經文。以各抄本互校。

〔二〕「而」字，P. 2347. 2作「時」。

〔三〕S. 0974起於此行，尾全。

〔四〕S. 6097起於此行。

〔五〕「浄」字，P. 2347. 2作「清」。

〔六〕S. 6097止於此行。

〔七〕「味於所著」原倒作「味所於著」。

〔八〕此係尾題處後人雜寫。《敦煌道教文獻研究》旁批曰：「此出《定志通微經》。」按，《太上洞玄靈寶智慧定志通微經》亦講述十戒。

〔九〕「負約」原誤作「負納」。

〔一〇〕「脩行」下原衍一「行」字。

（胡百濤據王卡先生録文增補整理）

洞玄靈寶天尊説禁誡經

解題

簡稱《禁誡經》。撰人不詳，約出於南北朝末或隋唐之際。講述元始天尊説道教戒律。《正統道藏》未收。《道藏闕經目録》著録《洞玄靈寶天尊説禁誡經》，即此書。（《中華道藏》第四十二册/030號）

S. 0784：卷首碎損，卷尾完具。尾題：天尊説禁誡經。木筆書寫，字品不佳。存經文一百一十六行。從内容看，應爲靈寶類經書。（大淵目一一二頁）

圖版

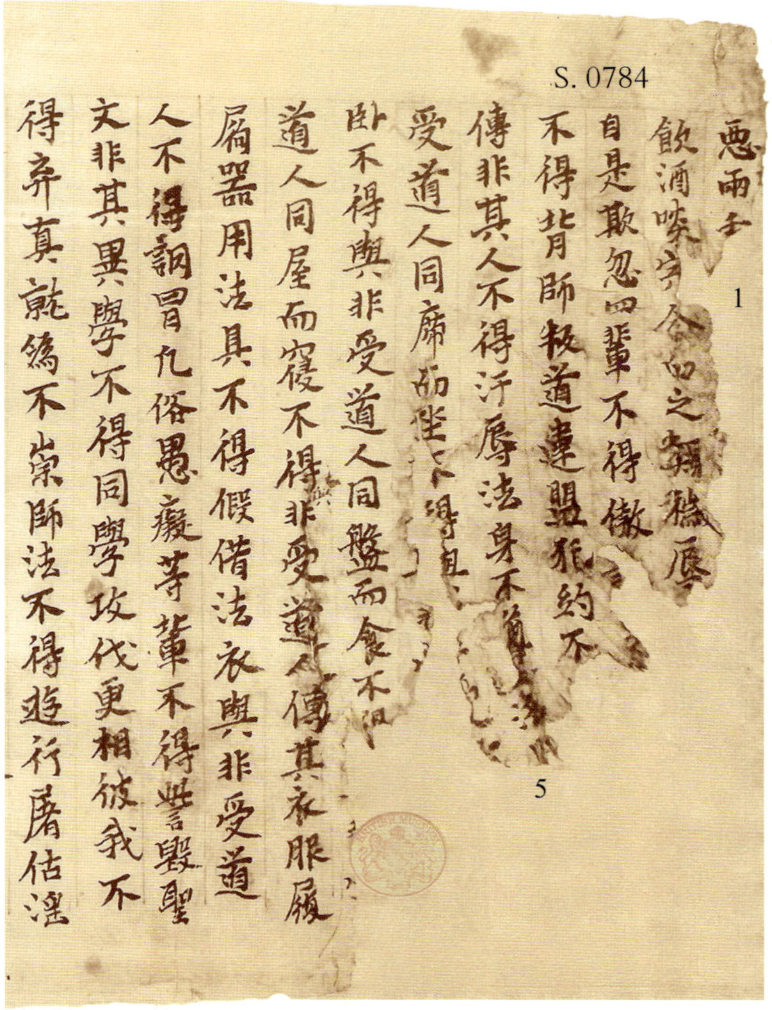

S. 0784

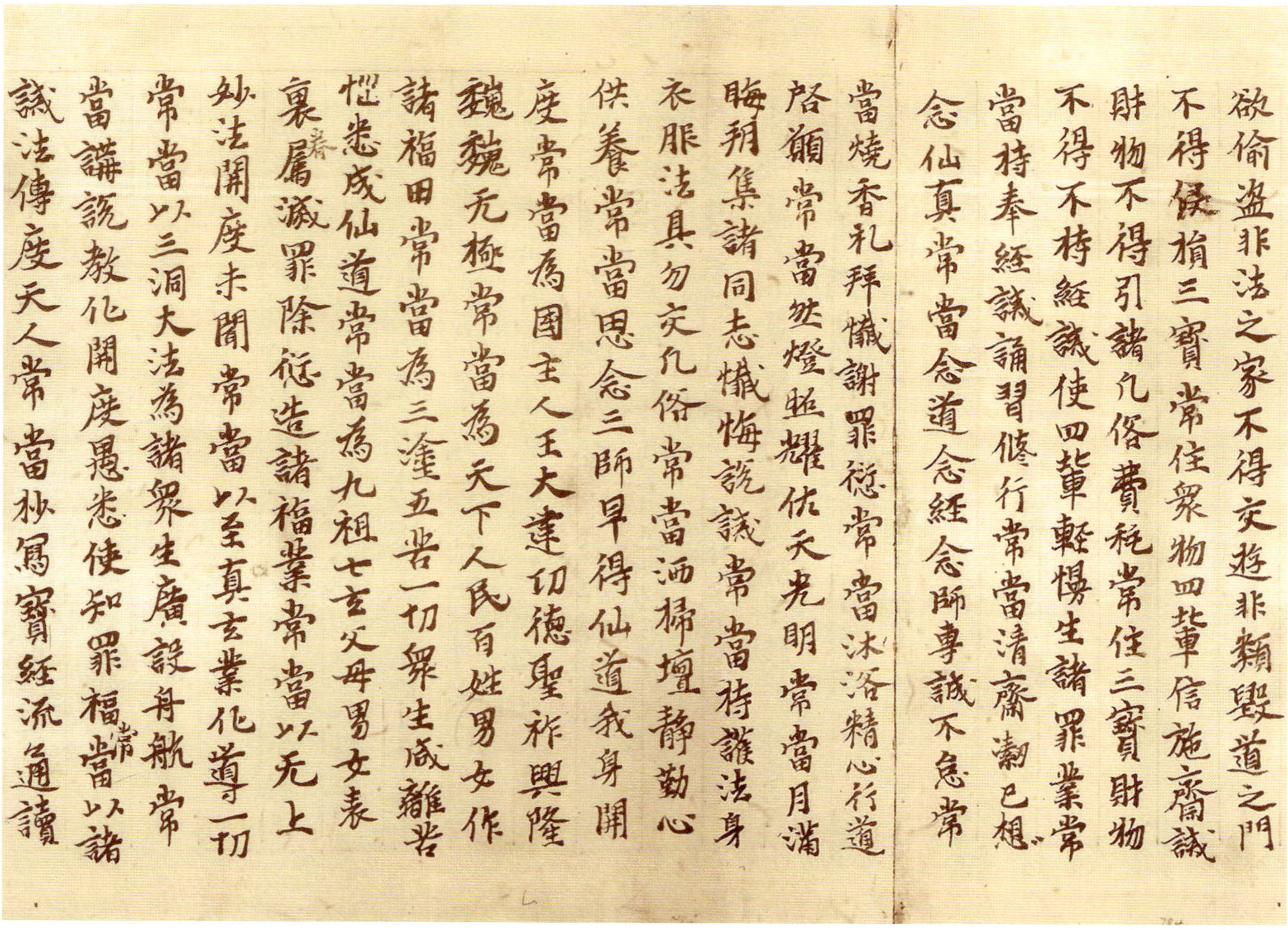

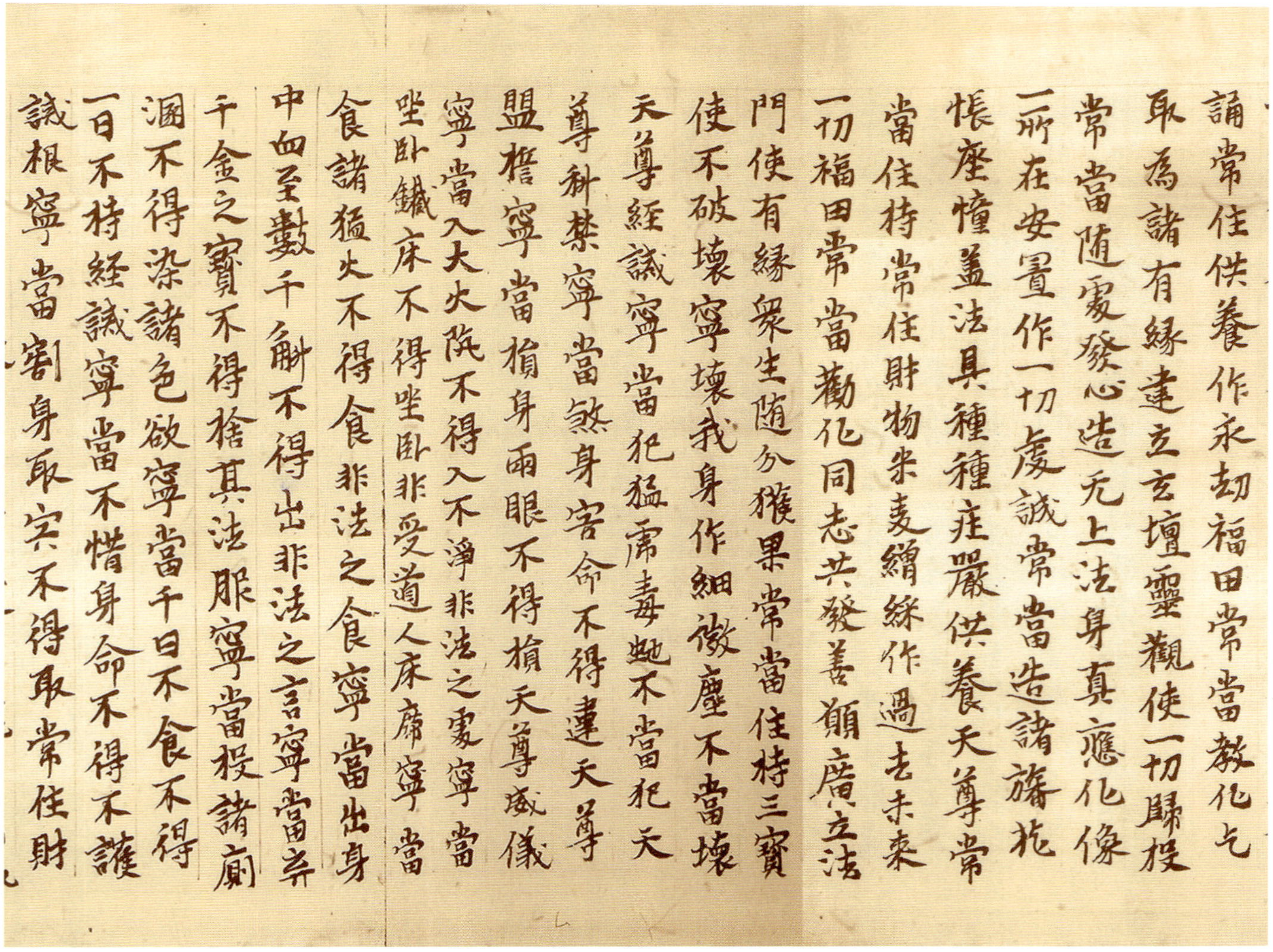

誦常住供養作永劫福田常當教化乞
取為諸有緣建立玄壇靈觀使一切歸投
常當隨處發心造无上法身真應化像
一所在安置作一切處誠常當造諸旛花
帳座幢蓋法具種種莊嚴供養天尊常
當住持常住財物米麦繒綵作過去未來
一切福田常當勸化同志共發善願廣立法
門使有緣衆生隨分獲果常當住持三寶
使不破壞寧壞我身作細微塵不當壞
天尊經誡寧當死猛虎毒虵不當死天
尊科禁寧當煞身害命不得違天尊
盟誓寧當損身兩眼不得損天尊威儀
寧當入大火阬不得入不淨非法之處寧當
坐臥鐵床不得坐臥非受道人床席寧當
食諸猛火不得食非法之食寧當出身
中血至數千斛不得出非法之言寧當弃
千金之寶不得捨其法服寧當授諸廁
溷不得染諸色欲寧當千日不食不得
一日不持經誡寧當不惜身命不得不護
誡根寧當割身取宍不得取常住財

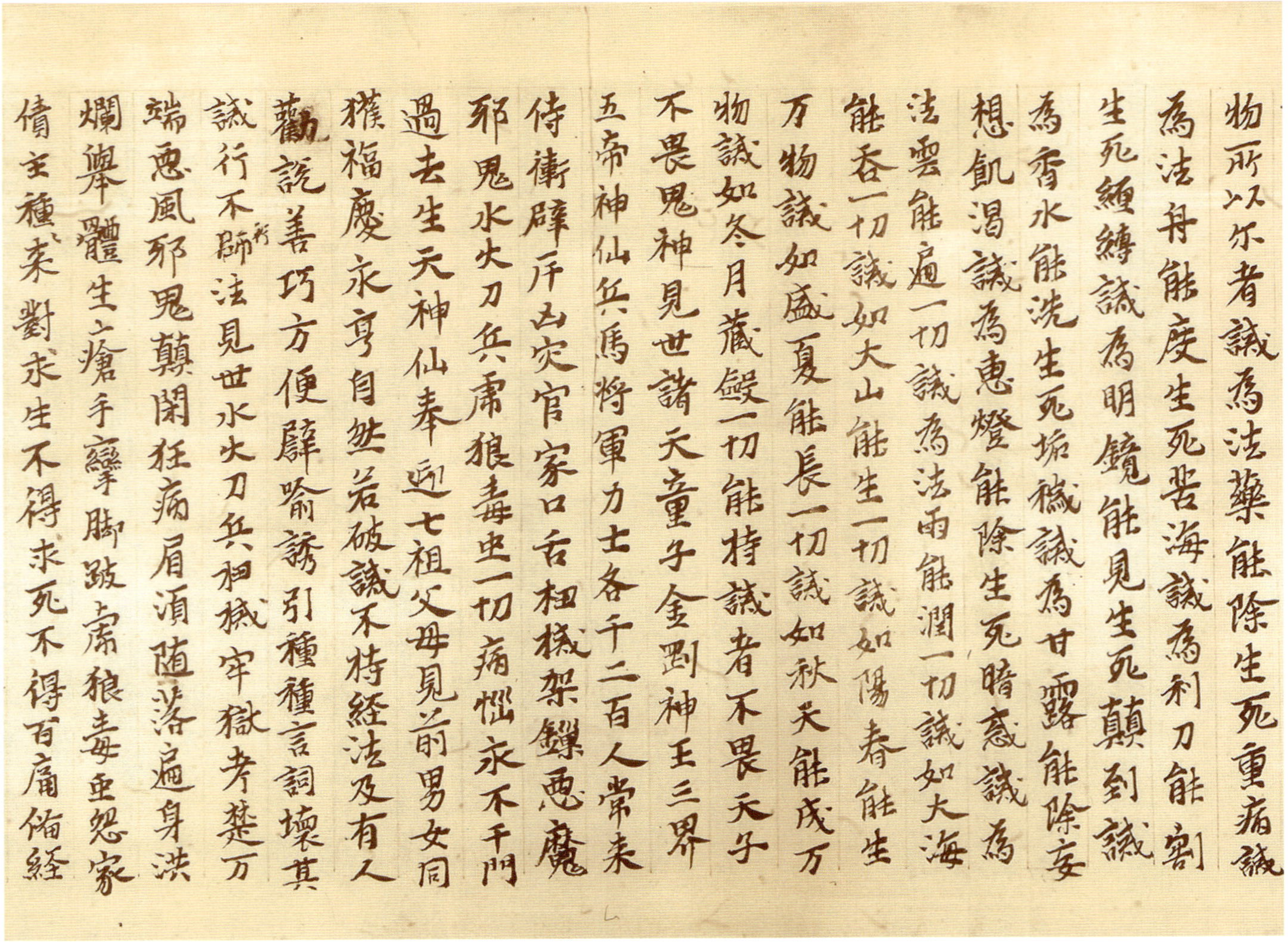

物所以尔者誡為法藥能除生死重病誡
為法舟能度生死苦海誡為利刀能割
生死纏縛誡為明鏡能見生死顛倒誡
為香水能洗生死垢穢誡為甘露能除妄
想飢渴誡為惠燈能除生死暗惑誡為
法雲能遍一切誡為法雨能潤一切誡如大海
能吞一切誡如大山能生一切誡如陽春能生
万物誡如盛夏能長一切誡如秋天能成万
物誡如冬月藏斂一切能持誡者不畏天子
不畏鬼神見世諸天童子金剛神王三界
五帝神仙兵馬將軍力士各千二百人常來
侍衛辟斥凶灾官家口舌枷械架鏁惡魔
邪鬼水火刀兵虎狼毒虫一切痛惱永不干門
過去生天神仙奉迎七祖父母見前男女同
獲福慶永享自然若破誡不持經法及有人
勸說善巧方便辟喻誘引種種言詞壞其
誡行不歸有法見世水火刀兵枷械牢獄考楚万
端惡風邪鬼顛閑狂病眉須墮落遍身洪
爛舉體生瘡手攣腳跛虎狼毒虫怨家
債主種種來對求生不得求死不得百痛備經

一旦身死便入九幽十八地獄吞火食炭碓擣磑磨灌湯煎煑鑊犁耕舌足履刀山手攀劒樹動經萬劫縱得受生還為六畜貧窮下賤盲聾瘖瘂手足攣躃形容醜陋飢寒長病萬痛切身或為虫魚螻蟻諸雜形骸各隨分受永劫輪迴與道无緣汝等男女宜諦思焉天尊曰昔有道士二萬六千人持奉経誡專心不退依法脩行十二年中地司保舉諸天奏名一百年中白日昇天今在梵度天中列為真人更進上法轉入至真漸超梵三清門練神入妙變化自然永斷生死湛寂无為常樂我淨與道同源又有七萬二千女子違師背道詭偽弃真不奉経誡破壞誡根及行誹毀落在邪門見世受業種種備經死入地獄辛苦難言今在九幽尚未得原吾故告汝宜慎焉

天尊曰夫人生身皆是前身種善持奉經誡得生人中而能於此身行諸觀想體解真道知身无常不淨臭穢四大五物皮膚骨肉髓相依據和合少時業盡即散還歸灰塵隨業受報生死輪迴展轉變化往反无停識身浮假聚散須臾當除衆惡斷諸苦根反視内聽清淨身心長齋奉誡誦詠靈文朝夕願念廣建福田晝夜不懈内想思真勤行至道守一存三練神化景反本還源形神同飛逍遥上清永脫生死長樂自然若不能於此身發生智慧作愚癡想煞生偷盜邪淫顛到慳貪瞋怒綺妄无實惡口兩舌祝咀罵詈放縱六根十惡三業廣造惡緣不信宿命罪福因緣任運生死皆言自然執計有身放蕩聲色流浪世間隨境是非輪迴欲不尊經誡背道疑真莫脩過去當來善業一朝命盡形化灰塵神逝魂沉受苦九幽萬劫得生非人形隨業緣對痛惱備經始懷怨訴悲響振驚吾雖大慈无奈之何甘雨不能榮枯木慈父不能喻癡子苦哉汝等男女既得受生貴為人身當自脩行持齋奉誡礼拜燒香行道誦念布施發願造像寫經求師問道建立玄壇先人後己救度貧窮放生贖命懺悔祈恩忍辱精進勇猛容非

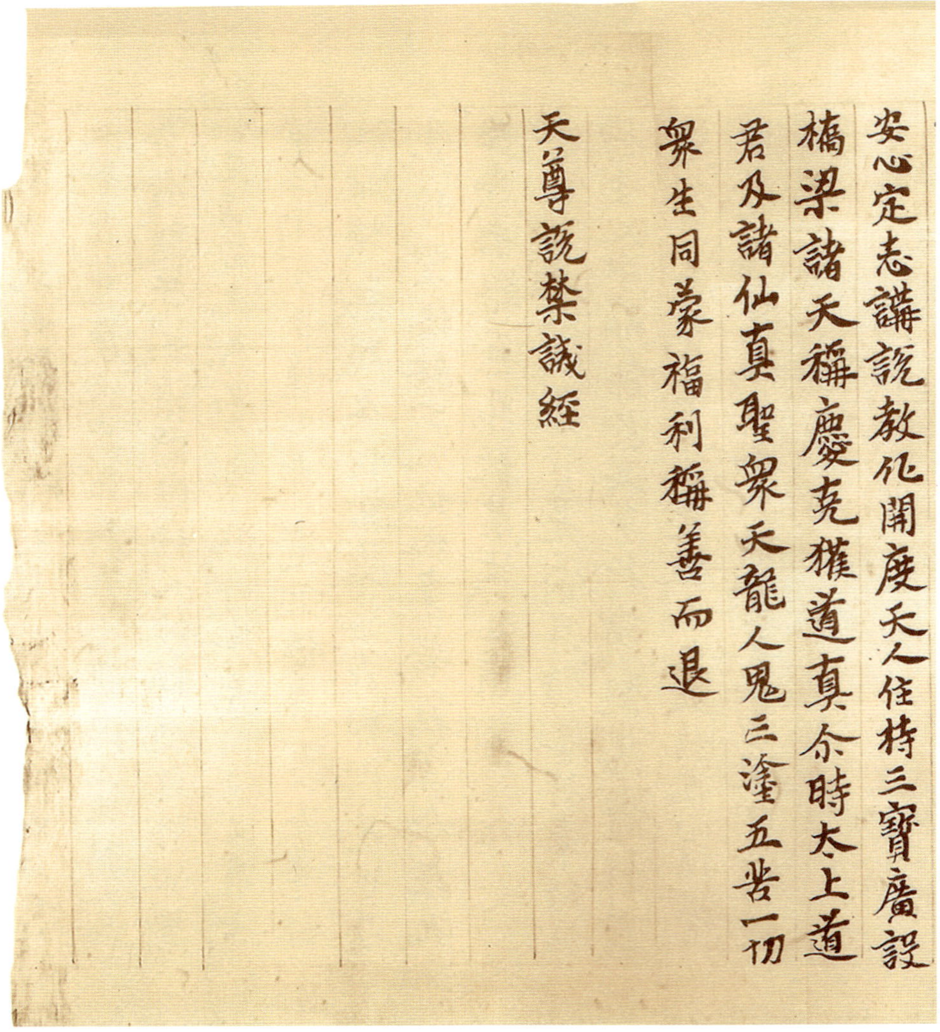
安心定志講說教化開度天人住持三寶廣設
橋梁諸天稱慶克獲道真尒時太上道
君及諸仙真聖衆天龍人鬼三塗五苦一切
衆生同蒙福利稱善而退
天尊說禁誡經

釋文

（S.0784 抄本，前缺）[一]

悪兩舌□□□□□□□□□□□□□/飲酒啖宍含血之類，穢辱□□□□□□□/自是欺忽四輩；不得傲□□□□□□□/；不得背師叛道，違盟犯約；不得□□□□□/傳非其人；不得汙辱法身，不尊□法；不得與非受/道人同席而坐；不得與非受道人同床而/卧；不得與非受道人同盤而食；不得與非受/道人同屋而寢；不得與非受道人傳其衣服履/屩器用法具；不得假借法衣與非受道/人；不得調冒凡俗、愚癡等輩；不得訾毀聖/文，非其異學；不得同學攻伐，更相彼我；不/得弃真就偽，不崇師法；不得遊行、屠估、淫/欲、偷盜非法之家；不得交遊非類毀道之門/；不得侵損三寶、常住衆物、四輩信施、齋誡/財物；不得引諸凡俗，費耗常住三寶財物/；不得不持經誡，使四輩輕慢，生諸罪業。常/當持奉經誡，誦習修行；常當清齋潔己，想/念仙真；常當念道、念經、念師，專誡不怠；常/當燒香礼拜，懺謝罪愆；常當沐浴精心，行道/啓願；常當然燈照耀，佐天光明；常當月滿/晦朔集諸同志，懺悔説誡；常當持護法身/、衣服法具，勿交凡俗；常當洒掃壇静，勤心/供養；常當思念三師，早得仙道，我身開/度；常當為國主人王，大建功德，聖祚興隆/，巍巍无極；常當為天下人民、百姓男女，作/諸福田；常當為三塗五苦、一切衆生，咸離苦/惱，悉成仙道；常當為九祖七玄、父母男女、表/裏眷屬，滅罪除愆，造諸福業；常當以无上/妙法，開度未聞；常當以至真玄業，化導一切/；常當以三洞大法，為諸衆生，廣設舟航；常/當講説教化，開度愚癡，悉使知罪福；常當以諸/誡法，傳度天人；常當抄寫寶經，流通讀/誦，常住供養，作永劫福田；常當教化乞/取，為諸有緣，建立玄壇靈觀，使一切歸投/；常當隨處發心，造无上法身真應化像/，一所在安置，作一切虔誡；常當造諸旛花/帳座、幢盖法具，種種莊嚴，供養天尊；常/當住持常住財物、米麦繒綵，作過去未来/一切福田；常當勸化同志，共發善願，廣立法/門，使有緣衆生，隨分獲果；常當住持三寶/，使不破壞；寧壞我身，作細微塵，不當壞/天尊經誡；寧當犯猛虎毒虵，不當犯天/尊科禁；寧當煞身害命，不得違天尊/盟誓；寧當損身兩眼，不得損天尊威儀/；寧當入大火阬，不得入不浄非法之處；寧當/坐卧鐵床，不得坐卧非受道人床席；寧當/食諸猛火，不得食非法之食；寧當出身/中血至數千斛，不得出非法之言；寧當弃/千金之寶，不得捨其法服；寧當投諸厠/溷，不得染諸色欲；寧當千日不食，不得/一日不持經誡；寧當不惜身命，不得不護/誡根；寧當割身取宍，不得取常住財/物。所以尔者，誡為法藥，能除生死重病；誡/為法舟，能度生死苦海；誡為利刀，能割/生死纏縛；誡為明鏡，能見生死顛到；誡/為香水，能洗生死垢穢；誡為甘露，能除妄/想飢渴；誡為惠燈，能除生死暗惑；誡為/法雲，能遍一切；誡為法雨，能潤一切；誡如大海/，能吞一切；誡如大山，能生一切；誡如陽春，能生/万物；誡如盛夏，能長一切；誡如秋天，能成万/物；

誡如冬月，藏斂一切。能持誡者，不畏天子／，不畏鬼神，見世諸天童子、金剛神王、三界／五帝、神仙兵馬、將軍力士，各千二百人，常来／侍衛，辟斥凶災。官家口舌、杻械架鏁、恶魔／邪鬼、水火刀兵、虎狼毒虫、一切病惱，永不干門／，過去生天，神仙奉迎。七祖父母、見前男女，同／獲福慶，永亨自然。若破誡不持經法，及有人／勸説，善巧方便，譬喻誘引，種種言詞，壞其／誡行，不行師法，見世水火刀兵，杻械牢獄，考楚万／端，恶風邪鬼，顛閑狂病，眉須随（墮）落，遍身洪／爛，舉體生瘡，手攣脚跛，虎狼毒虫，怨家／債主，種種来對。求生不得，求死不得，百痛俻經／，一旦身死，便入九幽十八地獄，吞火食炭，碓檮／磑磨，濩湯煎煑，鐵犁耕舌，足履刀山，手／攀劍樹，動經萬劫。縱得受生，還為六畜／，貧窮下賤，盲聾瘖啞，手足攣跛，形容醜陋，飢寒長病，萬痛切身；或為虫魚螻／蟻，諸雜形骸，各随分受，永劫輪廻，與道无／緣。汝等男女，宜諦思焉。天尊曰：昔有道士／二萬六千人，持奉經誡，專心不退，依法脩行，十／二年中，地司保舉，諸天奏名；一百年中，白日昇／天。今在梵度天中，列為真人，更進上法，轉入至／真，漸超梵行，遊三清門，練神入妙，變化自然，永斷／生死，湛寂无為，常樂我淨，與道同源。又有七／萬二千女子，違師背道，就偽弃真，不奉經／誡，破壞誡根，反行誹毀，落在邪門，見世受／業，種種俻經，死入地獄，辛苦難言，今在九／幽，尚未得原。吾故告汝，各宜慎焉。

天尊曰：夫人生身，皆是前身種善，持奉經誡／，得生人中。而能於此身，行諸觀想，體解真／道，知身无常，不净臭穢，四大五物，皮膚骨／肉，蹔相依據，和合少時，業盡即散，還歸灰／塵，随業受報，生死輪廻，展轉變化，往反无／停，識身浮假，聚散須臾。當除衆恶，斷諸苦／根，反視内聽，清净身心，長齋奉誡，誦詠靈文／，朝夕願念，廣建福田，晝夜不懈，内想思真，勤／行至道，守一存三，練神化景，反本還源，形神同／飛，逍遥上清，永脱生死，長樂自然。若不能於／此身發生智惠，作愚癡想，煞生偷盗，邪淫顛到／，慳貪瞋怒，綺妄无實，恶口兩舌，祝咀罵詈／，放縱六根，十恶三業，廣造恶緣，不信宿命、罪／福因緣，任運生死，皆言自然，執計有身，放蕩／聲色，流浪世間，随境是非，輪迴愛欲，不遵經／誡，背道疑真，莫修過去、當来善業，一朝／命盡，形化灰塵，神逝魂沈，受苦九幽，萬劫得／生，非人之形，随業緣對，痛惱俻經，始懷怨訴，悲／響振驚。吾雖大慈，无奈之何，甘雨不能榮／枯木，慈父不能喻癡子。苦哉痛哉，汝等男女，既得／受生，貴為人身，當自脩行，持齋奉誡，礼／拜燒香，行道誦念，布施發願，造像寫經／，求師問道，建立玄壇，先人後己，救度貧窮／，放生贖命，懺悔祈恩，忍辱精進，勇猛容非／，安心定志，講説教化，開度天人，住持三寶，廣設／橋梁，諸天稱慶，克獲道真。尒時，太上道／君，及諸仙真聖衆，天龍人鬼，三塗五苦，一切／衆生，同蒙福利，稱善而退／。

天尊説禁誡經

校記

（一）按，此件殘片嚴重殘損，且多處脱字（或疑似），以下録文中陰影文字，皆係據文義擬補，不煩詳注。

（易宏點校）

三洞奉道科誡經

解題

原題金明七真撰，約出於隋唐之際，最遲應在唐玄宗之前問世。原本三卷，《宋史·藝文志》有著録。《正統道藏》太平部收入六卷本，題作《洞玄靈寶三洞奉道科戒營始》。此書是輯録早期道教科儀的重要文獻。據序文稱，全書有科誡五百十二條，儀範八章。道藏本尚缺科誡二百多條，敦煌本可略補其缺。❶（《中華道藏》第四十二册 \002 號）

Дx11606：殘片，首尾下半均殘損，無卷題。殘存經文十三行，内容爲道士修煉明鏡之法。文字見於《正統道藏》正一部所收《上清明鑑要經》第 2b5—3b10 行；又見於《洞玄靈寶道士明鏡法》第 3a10—3b10 行；又見於太平部所收《洞玄靈寶道學科儀》卷下明鏡要經品第 9a5—9b4 行；又見於《雲笈七籤》卷四八所收老君明照法、摩照法。（大淵未見。《俄藏敦煌文獻》影版，未定名）

（按，此殘片末行有小標題「起靖館官堂第十一」。考唐道士王懸河編《三洞珠囊》卷六、《上清道類事相》卷一，均引述「三洞科起靖館官堂品第十一」佚文。據此推測，此殘片前十二行經文當即《三洞奉道科誡經》第十明鏡要經品，與 S. 3863 原屬同卷並在其前。）❷

S. 3863：首尾脱落，無卷題。殘存經文一紙二十八行，見於道藏本卷一《置觀品第四》第 16b8 行「理須退絶」，至第 18a6 行「使四面周匝」止。殘存科誡九條，言建造宫觀道院殿堂樓閣之法，應爲原經卷一殘片。（大淵目一一二頁）

P. 5589（9）+S. 0809：兩件殘片綴合。首尾殘缺，無卷題品名。筆跡紙質同 P. 3682，可擬定爲同經抄本。殘存經文合計三十七行，不見於道藏本。内容爲道士授經科誡（殘存五條），近似黄籙簡文靈仙品前節。［大淵目一一六頁著録 S.0809。按，P.5589（9）小碎片僅存二十字，《敦煌寶藏》影版，擬名「太上洞玄靈寶九幽玉匱明真科」。並無根據。］

書道博物館 030：首尾殘。存經文一百四十九行。第 124 行品題：道科誡章醮品第廿。書道博物館本是蘇子培舊藏。

P. 3682：首缺尾全。尾題：三洞奉道科誡經卷第三。存經文八十二行，内容不見於道藏本。前二十五行爲道科誡出家品第廿三（品名原缺），列舉道士女官出家受道科誡（殘存七條）。第 26 行品題：道科誡慈濟品第廿四。據此可知此經第三卷至少應有二十四品，今道藏本殘缺甚多。（大淵目一一五頁）

［按，P. 5589（9）+S. 0809、書道博物館 030、P. 3682 三件均爲原經卷三殘卷，是同一抄本，但不連續。］❸

P. 2337：首尾完全，第一紙字跡模糊。紙質筆跡同 P. 3682 等抄本。首題：三洞奉道科誡儀範卷第五，金明七真撰。尾題：三洞奉道科誡經卷第五。存經文六百四十二行，大致與道藏本第四、五、六卷首尾相當。但文字頗有出入，並且符圖均空缺。（大淵目一一六頁）

此卷内容分八品：道科誡誦經儀品第一、道科誡講經儀品第二、法次儀品第三、法服圖儀品第四、常朝儀品第五、午齋儀品第六、中會儀品第七、度人儀品第八。其中法次儀品列舉唐代道士傳授三洞經書目録，對考察早期道教經書出世年代及分類體例，頗有參考價值。大淵目附録有據此卷編制的上清、靈寶經目。（參見吉岡義豐《道教經典史論》有關研究及録文校釋。）

圖版一

三洞奉道科誡經卷第一

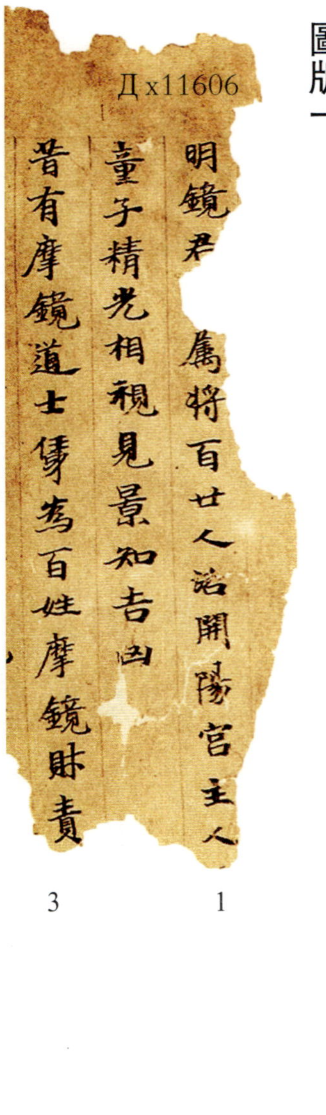

1　3

❶《敦煌道教文獻研究》旁批曰：「科戒（誡）蓋三卷二十四品，合五百一十二條，平均每卷八品，每品二十一又三分之一條。稱作『營始』。第五卷爲『科戒（誡）』。」

❷《敦煌道教文獻研究》旁批曰：「是否三洞科，尚待確證。此條也可能是玄都律。」

❸ 以上三條及按語，據《敦煌道教文獻研究》中旁批修訂。——胡百濤整理

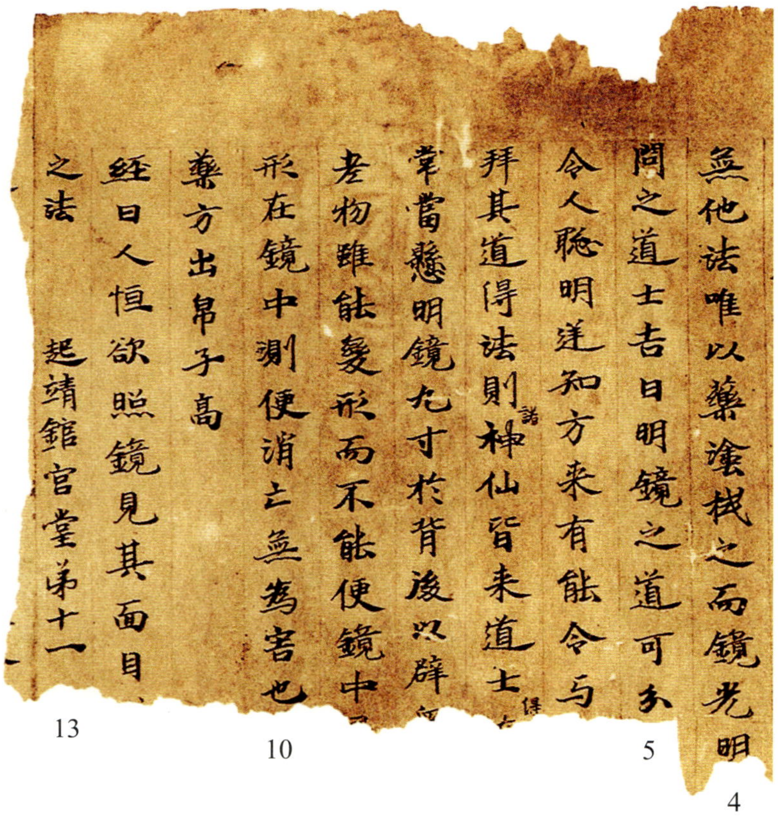
无他法唯以藥塗拭之而鏡光明
問之道士吉曰明鏡之道可分
令人聰明逆知方来有能令与
拜其道得法則神仙皆来道士
常當懸明鏡九寸於背後以辟
老物雖能變形而不能使鏡中
形在鏡中測便消亡無為害也
藥方出帛子高
經曰人恒欲照鏡見其面目
之法
起靖館宫堂第十一

釋文

（Дx11606，前缺）

明鏡君官[一]屬將百廿人，治開陽宮，主人兩目／童子，精光相視見景，知吉凶／。昔有摩鏡道士，賃為百姓摩鏡，財責六七錢[二]。／无他法，唯以藥塗拭之，而鏡光明□□□□／問之[三]／，道士告曰：明鏡之道，可分形變化／，能令人聰明，逆知方來，有（又）能令与諸天神相見／，拜[四]其道得法，則諸神仙皆來。道士得在石室之中／，常當懸明鏡九寸於背後，以辟衆惡，又百鬼／老物雖能變形，而不能使[六]鏡中影變也，見其／形在鏡中，則[五]便消亡，无為害也。（下殘）[七]／

藥方出帛子高／。

經曰：人恒欲照鏡，見其面目□□□□□□／之法。

起靖館宮堂第十一

（下缺）

校記

（一）本條陰影中文字據《上清明鑑要經》補。
（二）本條陰影中文字據《洞玄靈寶道學科儀》補。
（三）「光明□□□□問之」，依據《上清明鑑要經》疑作「光明如常，仲陽問之」。
（四）「拜」字《洞玄靈寶道學科儀》作「行」。
（五）「則」原作「測」，據《上清明鑑要經》改。
（六）「使」原作「便」，據《上清明鑑要經》改。
（七）《洞玄靈寶道學科儀》此處完結，無下文。《上清明鑑要經》有「是以道士有摩鏡之藥」一句。按，Дx11606此處僅有四字空，應該已完結。

（胡百濤點校）

圖版二

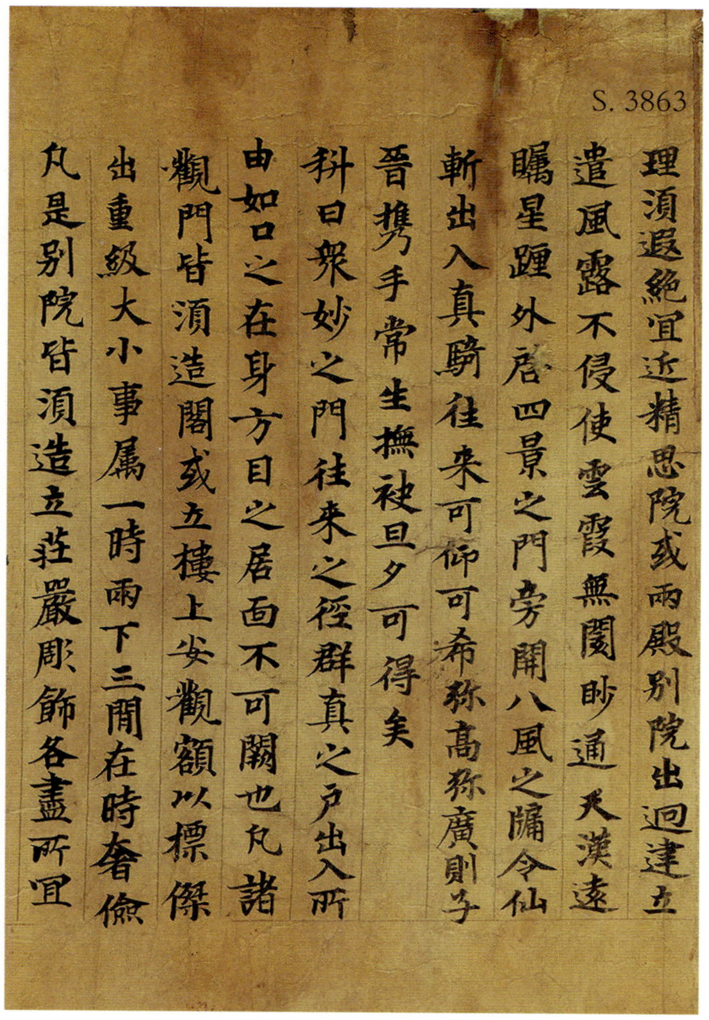
S. 3863
理須遐絶宜近精思院或兩殿別院出迴建立
遺風露不侵使雲霞無閡眇通天漢遠
矚星躔外启四景之門旁開八風之牖令仙
斬出入真騎往来可仰可希弥高弥廣則子
晉携手常生撫袂旦夕可得矣
升日衆妙之門往来之徑群真之戶出入所
由如口之在身方目之居面不可闕也凡諸
觀門皆須造閣或立樓上安觀額以標傑
出重級大小事属一時兩下三間在時奢儉
凡是別院皆須造立莊嚴彫飾各盡所宜

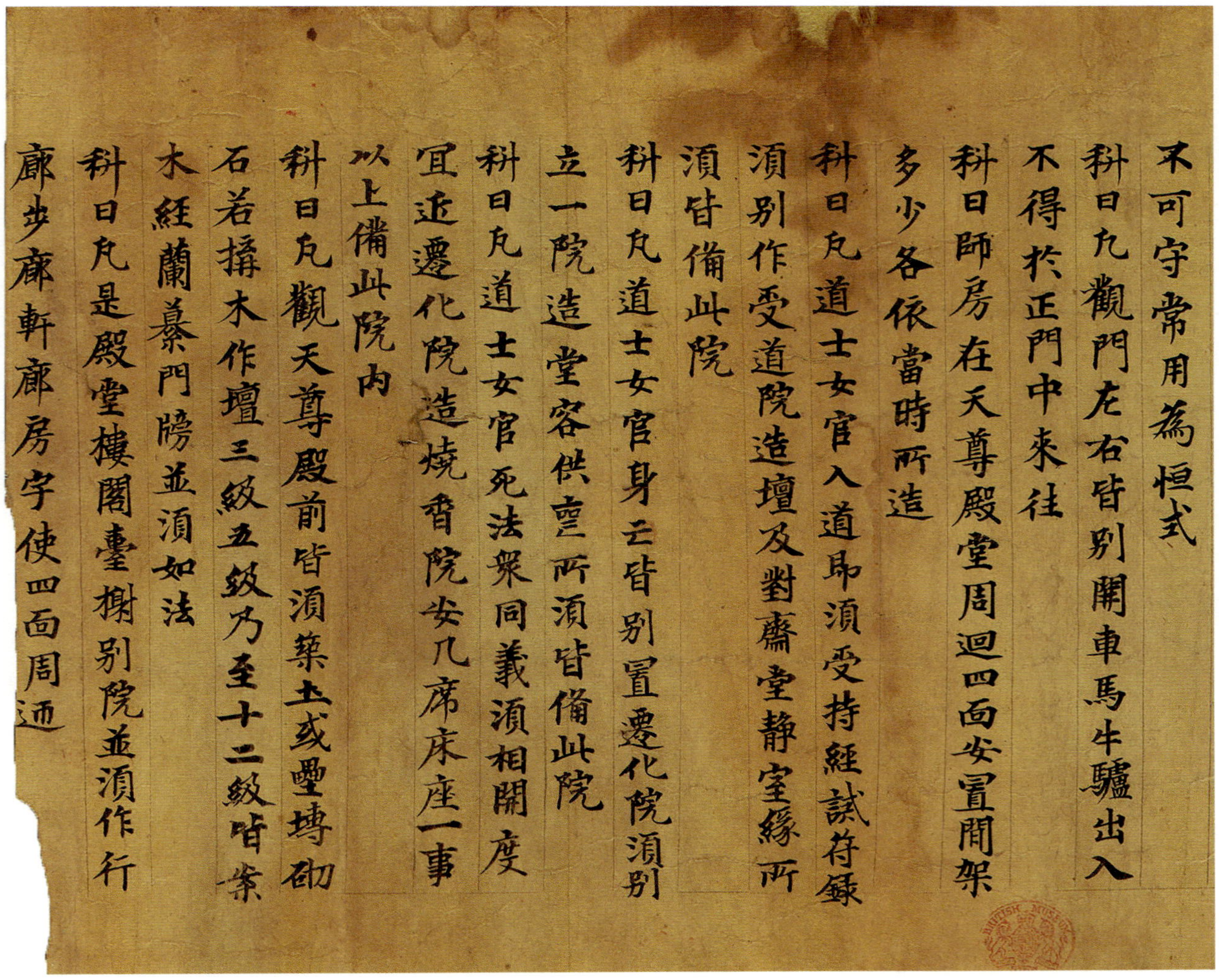

釋文

(S.3863 抄本，前缺)〔一〕

科曰：凡尋真錬氣，祈真吸景，散華望仙，承露九清，遊仙凝靈，乘雲飛鸞，延靈迎風，九仙延真，舞鳳逍遥，九真焚香，静念臺閣樓等，並是道士女官，翹想雲衢，騰誠星路，遊心方外，送目寰中，冀八景俯臨，十仙遥集。既非常事/〔二〕，理須遐絶。宜近精思院，或兩殿別院，出迴建立/。遣風露不侵，使雲霞無閡，眇通天漢，遠/矚星躔，外啓四景之門，旁開八風之牖。令仙/軿〔三〕出入，真騎往来，可仰可希，弥高弥廣，則子/晉携手，常生撫袂，旦夕可得矣/。

科曰：衆妙之門，往來之徑，群真之户，出入所/由，如口之在身，方目之居面，不可闕也。凡諸/觀門，皆須造閣或立樓，上安觀額，以標傑/出。重級大小，事屬一時，兩下三間，在時奢儉/。凡是別院，皆須造立，莊嚴彫飾，各盡所宜/，不可守常，用為恒式/。

科曰：凡觀門左右，皆別開車馬牛驢出入/，不得於正門中來往/。

科曰：師房在天尊殿堂周迴，四面安置，間架/多少，各依當時所造/。

科曰：凡道士女官入道，即須受持經誡符録/，須別作受道院，造壇及對齋堂、静室，緣所/須皆備此院/。

科曰：凡道士女官身亡，皆別置遷化院。須別/立一院，造堂室〔四〕，供喪所須，皆備此院/。

科曰：凡道士女官死，法衆同義須相開度/，宜近遷化院造燒香院，安几席床座，一事/以上，備此院内/。

科曰：凡觀天尊殿前，皆須築土，或壘塼砌/石，若搆木作壇三級、五級，乃至十二級。皆案/木經蘭纂門牓，並須如法/。

科曰：凡是殿堂樓閣、臺榭別院，並須作行/廊、步廊、軒廊房宇，使四面周匝/。

(下缺)

校記

〔一〕此抄本首尾殘缺，無卷題品題。殘存經文一紙二十八行，見於道藏本卷一《置觀品第四》。又此件筆跡與P. 5589（9）+S. 0809等殘本相同，原當係同卷或同人抄寫。

〔二〕以上陰影中文字，係據道藏本擬補。

〔三〕仙軿：敦煌本誤作「仙斬」，據道藏本改。

〔四〕堂室：原作「堂容」，據道藏本改。

（王卡點校）

三洞奉道科誡經卷第三

圖版

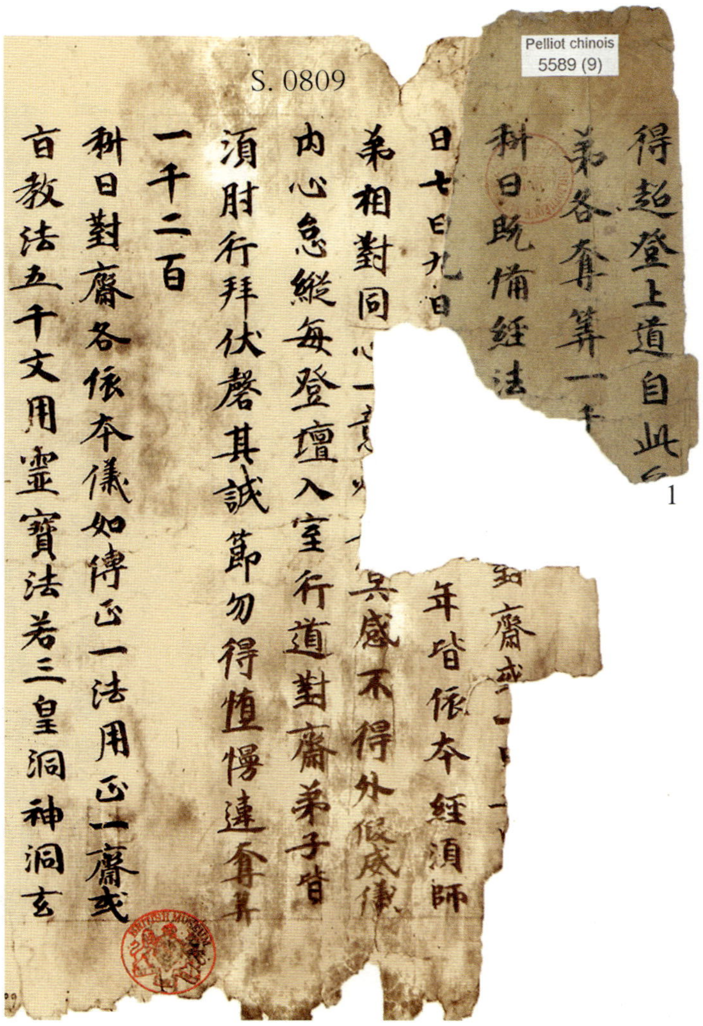

得超登上道自此……
弟各奪筭一……
科日既脩經法……
日七日九日……年皆依本經須師
弟相對同心一……其感不得外假威儀
內心急縱每登壇入室行道對齋弟子皆
須肘行拜伏罄其誠節勿得愼慢違奪筭
一千二百
科日對齋各依本儀如傳正一法用正一齋或
百教法五千文用靈寶法若三皇洞神洞玄

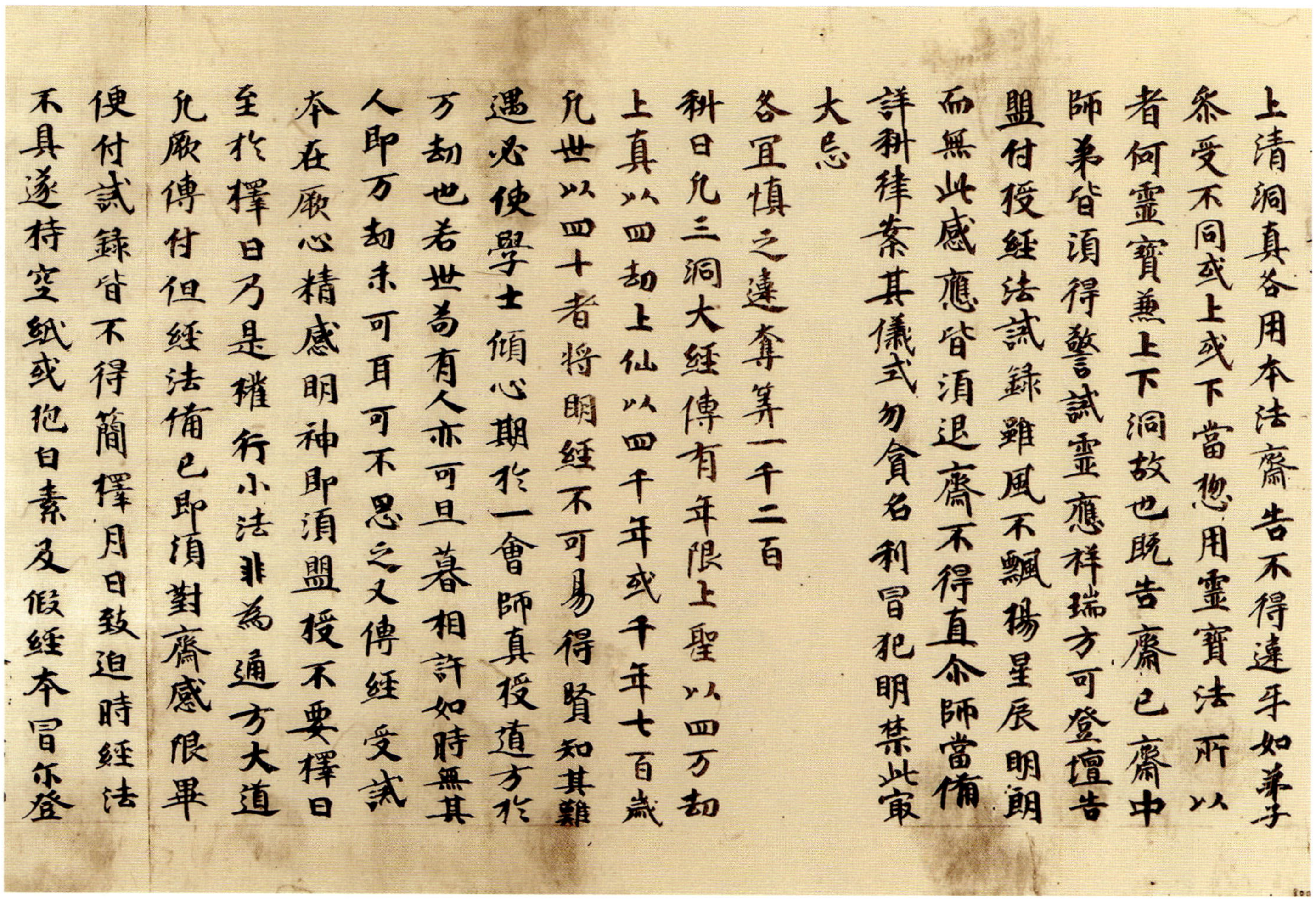
上清洞真各用本法齋告不得違平如弟子
參受不同或上或下當惣用靈寶法所以
者何靈寶兼上下洞故也既告齋已齋中
師弟皆須得警試靈應祥瑞方可登壇告
盟付授經法試錄雖風不飄揚星辰明朗
而無此感應皆須退齋不得直尒師當備
詳科律案其儀式勿貪名利冒犯明禁此宜
大忌
各宜慎之違奪筭一千二百
科曰凡三洞大經傳有年限上聖以四万劫
上真以四劫上仙以四千年或千年七百歲
凡世以四十者將明經不可易得賢知其難
遇必使學士傾心期於一會師真授道方於
万劫也若世為有人亦可旦暮相許如時無其
人即万劫未可再可不思之文傳經受試
本在厥心精感明神即須盟授不要擇日
至於擇日乃是權行小法非為通方大道
凡厥傳付但經法俻已即須對齋感限畢
便付試錄皆不得簡擇月日致迫時經法
不具遂持空紙或抱白素及假經本冒尒登

書道博物館030

之寶若露持斷犀之劔如此畏敬得福无
量
科日凡持挈經法皆當心橫律在前達
奪筭三百廿
科日凡受經有二種一者受持讀誦二者
受持供養讀誦者當須識其文字句役誦
習精熟諷觀主理供養者專心奉行依經礼
拜如飢得食如寒得衣如貧得寶如賤得
貴常恐失墜心懷欣悅又如人得罪恒畏

9　　　5　　　1

壇深達聖旨豈唯弟子目前叨謬實亦師
主寔中考習達奪筭二十四百
科日受法後三日弟子皆洎相率隨時設
一供齋以賀諸天大聖師尊厚恩不得止
令達奪筭二千八百
科日師付經試將訖示明示弟子科試及
法徑循行次弟達奪筭一千二百

37　　　35　　　31

每犯如此住持心心不退得福无量
科日凡傳經有二種一者傳與他人二者付
本流通傳與他人者彼人勤求不得輒鈔付
本流通者恐聖文廢絕事須鈔寫或受
持供養皆得福无量
科日凡受經有二種一者授其人文字二者
授其人法教文字者人就受讀洎以文字
音教之法教者弟子受行終身佩奉當依
本經科儀不得輒達奪筭八百廿
科日凡念經皆運心歷觀經句文字前心後
心相続不絕是名念經之相達奪筭五百
六十
科日凡聽經或聽講皆當一心絕其外想念
念相続心持心受堅固不退不得運心外
想文頤言謙郎視顧屬達奪筭卅
科日凡聞誦經讀經或說經講經皆洎一心
顔得受持一句一偈滅除身中无量宿根
罪惱得福无量
科日凡見經或聞經皆當運心正念合掌
五體投地礼拜顏侍經仙官滅罪无量得福

29　　　25　　　20　　　15　　　10

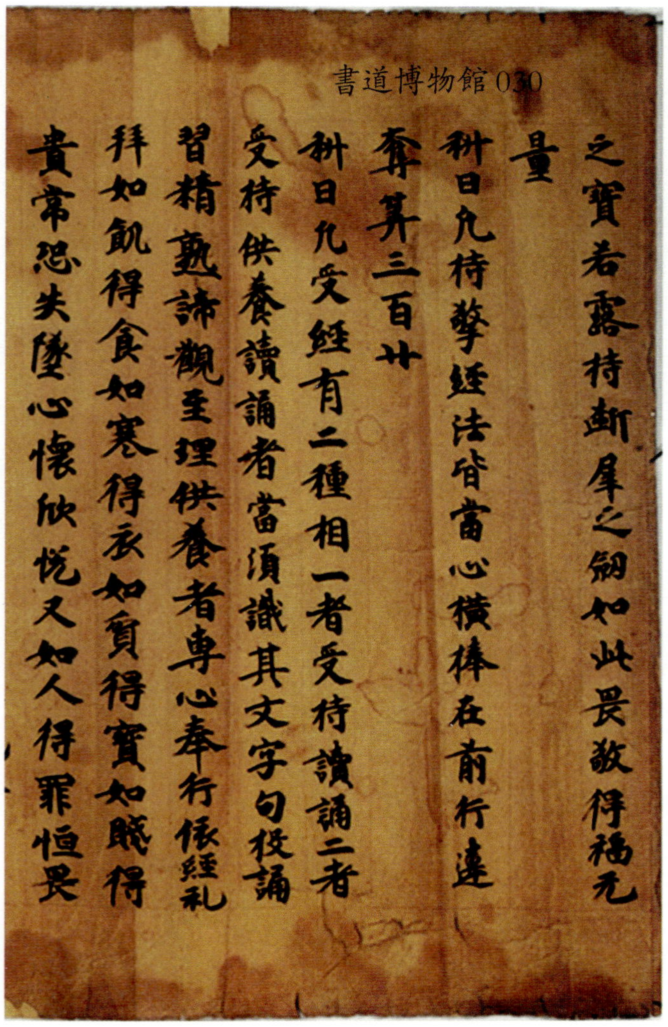

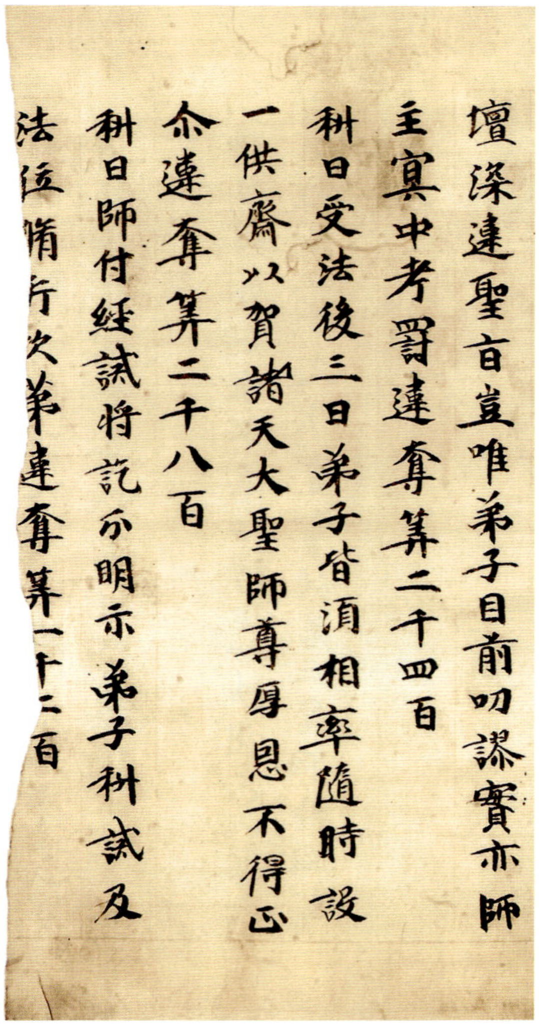

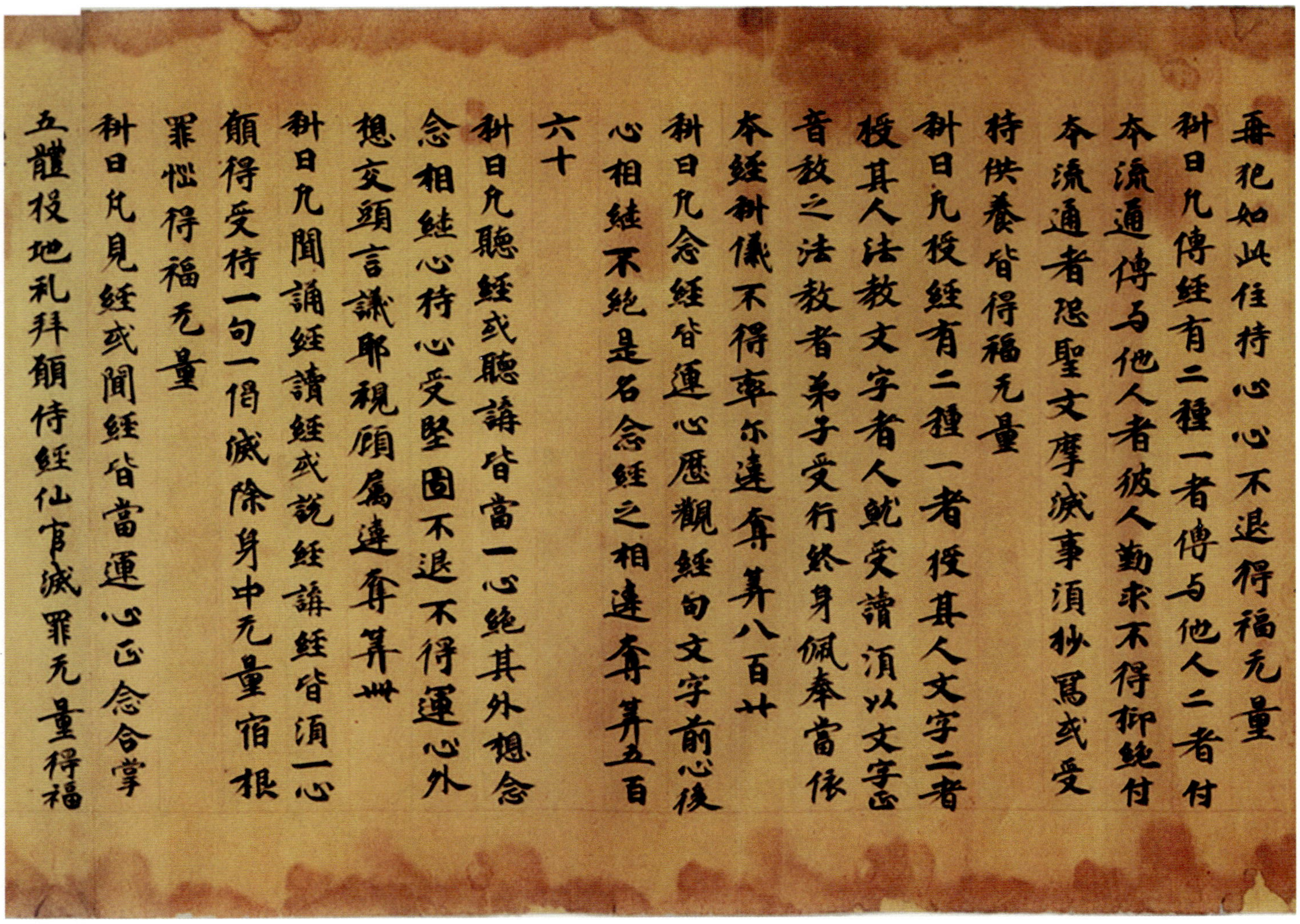

无量
科曰凡說經舉證皆當為道人有心者須
稱揚贊美歎其功德使前人歸信不得戲
弄聖言妄生是非論其長短議其得失
違得風癩病其罪至重奪筭三千四百
科曰凡飲酒食肉及五辛或非所皆不得
口及經誡違奪筭一千二百
科曰凡經法須有條録言句或孔目名部皆
當護淨不用即燒之勿隨宜弃擲違奪
筭三百廿
科曰凡天尊大道或聖人真人仙人或經
名一句一偈在紙皆當護淨若不用則燒藏
却不得泄穢違奪筭五百六十
科曰路拾得經法皆當訪主還之既得之
後復須丁寧誡勅前人稱得輕慢經法不
檢慎罪者訪不得及未得皆如法供養者隱
不言同盜經罪奪筭八百六十
科曰凡失經法當賠贖燒香悔過若遭水
大刀兵亦當如之依科輸責方更備經法信
義就師更受不得正尔不言誣罔於師同

盜道罪違奪筭一千二百
科曰凡上清大洞及所受持經非同志同道
不得輙借看讀違奪筭五百
科曰凡講大乘經典威儀法相不可廢闕法
師冠帶執香鑪住當處居床端坐弟子及聽
衆將香花音樂讚唱導引至法師所皆禮拜
法師三拜法師便起立復三拜法師前行
三步復三拜如此九禮名曰請法師既訖
導引如法至講堂中若音樂即止住門
外或階下法師當天尊正立次讚唱復傳
吏唱人各恭敬即唱三禮每禮法師須兩手
持香鑪當心庠庠屈膝隨聲五體投地安
徐上下每須端正方始更唱不得急緩不均
如此三禮法師登閣道上唱平坐如法然始
就座端坐左右整理法服法師執鑪捻香如
法三度座下唱静念供養讚詠請演一切誦座
上座下皆齊念无上尊七遍便打磬都講師
序經聲訖令内外齊稱善訖法師乃放鑪
大坐拂拭几案凴几良久便唱經久每初
唱經法師皆動座下礼經一拜然後次第解

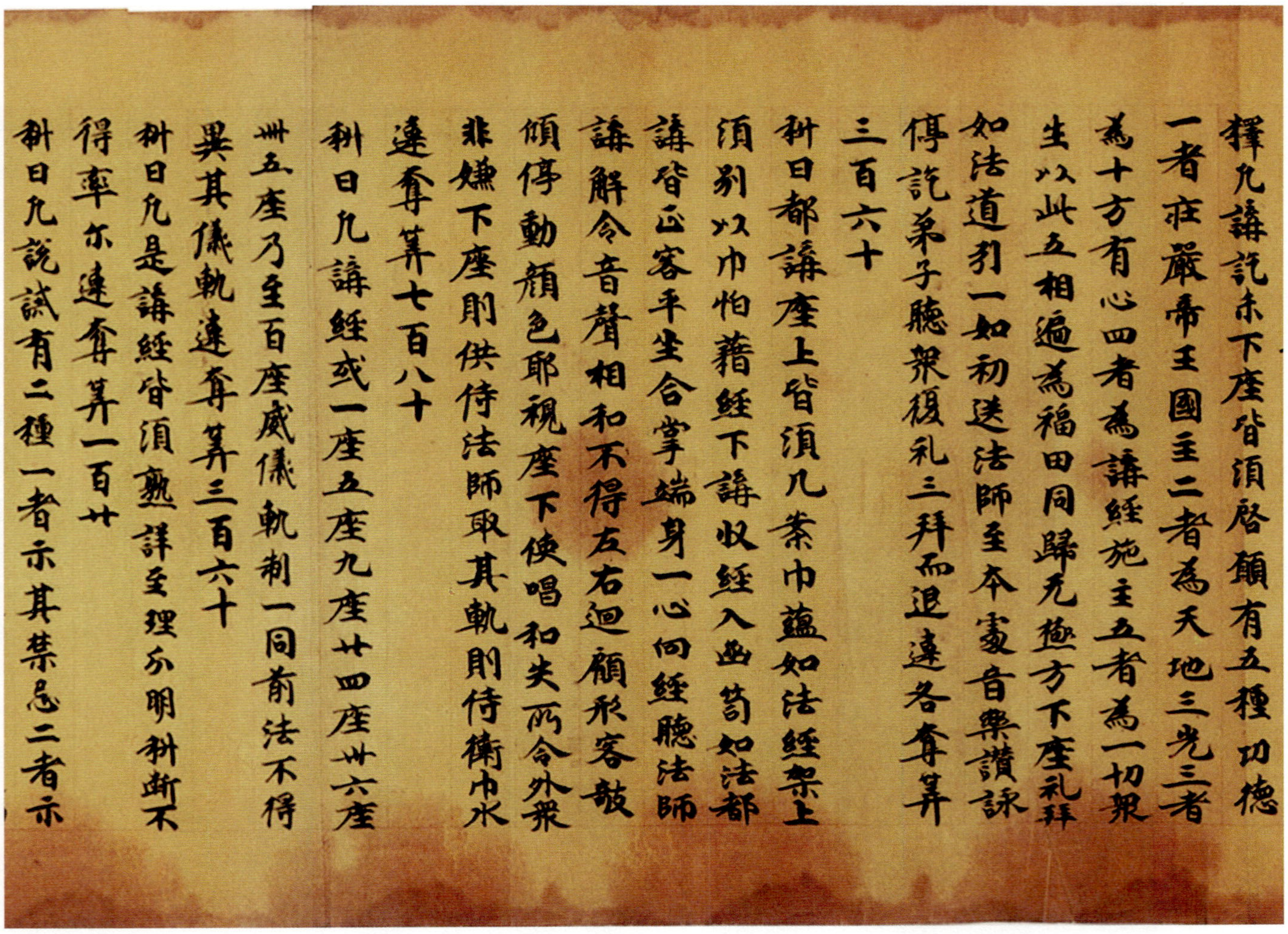

釋凡講訖未下座皆須啓願有五種功德一者莊嚴帝王國主二者為天地三光三者為十方有心四者為講經施主五者為一切衆生以此五相遍為福田同歸无極方下座礼拜如法道引一如初送法師至本處音樂讚詠傳訖弟子聽衆復礼三拜而退違各奪筭三百六十

科曰都講座上皆須几案巾蘊如法經架上須別以巾帊藉經下講收經入函皆如法都講皆正容平坐合掌端身一心向經聽法師講解令音聲相和不得左右迴顧形容欹傾停動顏色耶視座下使唱和失所令外衆非嫌下座則供侍法師取其軌則侍衛巾水違奪筭七百八十

科曰凡講經或一座五座九座廿四座卅六座卅五座乃至百座威儀軌制一同前法不得異其儀軌違奪筭三百六十

科曰凡是講經皆須熟詳至理分明科斷不得率尔違奪筭一百廿

科曰凡說誡有二種一者示其禁忌二者示

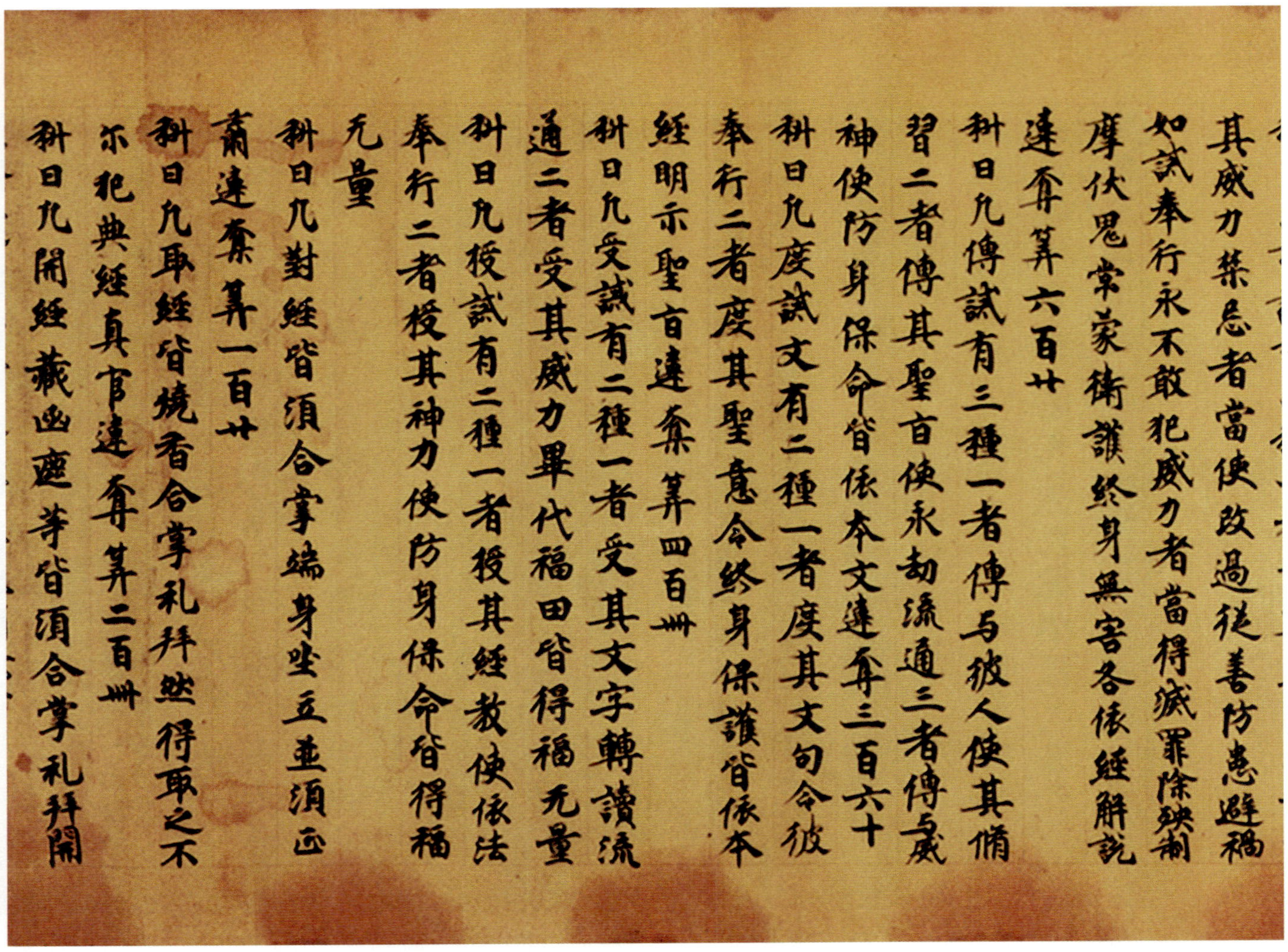

其威力禁忌者當使改過從善防患避禍如誡奉行永不敢犯威力者當得滅罪除殃制摩伏鬼棠家衛護終身無害各依經解說違奪筭六百廿

科曰凡傳誡有三種一者傳与彼人使其脩習二者傳其聖旨使永劫流通三者傳与威神使防身保命皆依本文違奪三百六十

科曰凡度誡文有二種一者度其文句令彼奉行二者度其聖意令終身保護皆依本經明示聖旨違棄筭四百卅

科曰凡受誡有二種一者受其文字轉讀流通二者受其威力畢代福田皆得福无量

科曰凡授誡有二種一者授其經教使依法奉行二者授其神力使防身保命皆得福无量

科曰凡對經皆須合掌端身坐立並須正肅違奪筭一百廿

科曰凡取經皆燒香合掌礼拜然得取之不尔犯典經真官違奪筭二百卅

科曰凡開經藏函匣等皆須合掌礼拜開

之餘緘閉如法違奪筭三百六十
科曰凡讀經竟皆須如法依次安置不得率
尒顛到及不還經違戒筭一百廿
科曰凡帶經像皆令緊實齊整使開展易
得勿使結固開解不得違戒筭九十
科曰凡帙經皆使齊整白紙封裹兩頭及
帙表違戒筭一百廿
科曰凡題經有二種一者內題二者外題內
者當具其品目卷數外者但題都名卷盜
已每卷以厚白紙裹紙上題言某經第若
千卷違奪筭三百廿
科曰凡久故經法爛壞不中脩補者皆燒香
啓陳於清淨處燒埋其灰或投水中違奪
筭一百廿
道科誡章醮品第廿十條
科曰章者所以發身上及宿先罪咎表謝
天地拔贖魂神祈恩請福之奏也紙墨書寫
言詞情狀並須清淨真正丹情烟款始可聞
達不得率尒違四司考魂戒筭一千二百
科曰書寫章表皆須白紙沐浴入室燒香真

正不得行草乙注紙墨穢破皆有仙官典
章吏兵監侍違奪筭
科曰凡入靜祈恩拜奏皆當沐浴改易衣
冠無左右反顧須一心至誠若對天王違奪
筭二百卌
科曰凡奏章自有本儀須心心相續注念
至真不得動懷他想如是始得福違魂考
三官凡啓奏皆然違戒筭二千四百
科曰凡啓奏執儀皆當小俯身曲躬兩手執
讀須言氣調暢輕重得所不得正尒散案上
復音聲麁細形容據誕違戒筭三百六十
科曰凡厭啓奏皆不得使香烟斷絕動時
休替違戒筭一百廿
科曰凡設醮爲天地內外明靈致福之方也
凡有十二種一三皇二五岳三五帝四七星
五河圖六神祝七三一八三五九六甲十宮
宅十一罪天十二祈謝所須飲食餅菓一如
齋法若須市買皆不得爭論高下及尸産
穢盜非義之物其器物鋪席並須清淨勿使
酒肉葷辛非法之屬違戒筭三百廿

已至於宰輔大臣公侯牧伯皆須敬挹勿得
妄趣勢利違減筭三百六十
科曰凡道士女官見世人皆當合掌正容隨
宜接引令歸正道勿生嗔怒違減筭一百廿
科曰凡道士女官有世人致敬礼拜皆當合
掌稱礼敬三寶滅无量罪得无量福不得
傲誕違減筭一百廿
科曰凡在路同法相逢於尊者下路挹礼同
輩但挹而已若女官見道士不問老少但下
路過不須致礼皆不得率尓直過違奪
筭一百廿
科曰凡道士女官受施皆合掌祝曰願施主
當當來生獲福无量違減筭一百卌
科曰凡同時出家未受經誡計年爲長若
受經誡計法尊卑爲長凡有七種第一大
洞第二洞真第三洞玄第四洞神第五高
玄第六録生第七清信即清信不得与録生
同座録生不得与高玄同座以此例之洞玄不得
与洞真同座若出家在先受經法居後或年
雖長而法位卑皆在下坐具依下科中違三

官考魂減筭一千六百
科曰凡道士女官經法具身或未具法但天
尊法服在身雖父母帝王之親嚴皆當別
位別席不得与同座及居出家人上倚立違
五帝代魂減筭一千二百
道科誡慈濟品第廿四 十九條
科曰凡出家之後常以慈爲先每事舉心皆
生愛念行坐卧息恒思濟度万行之中此
㝡爲急若違此行道不可得違減筭一千六百
科曰凡道士女官於空山迴路常念發心建
立義堂使過去未來風寒暑濕泥雨勞苦之
得居蔭庇永免飄露得福无量增筭三百六十
科曰凡道士女官常念發心於諸津濟道
路阻絶營脩橋梁令過去未來見在一切衆
生无諸鄣閡得福无量增筭四百廿
科曰凡道士女官於窮山遠路常念發心恒
立義井使過去未來見在一切衆生皆得解
其焦渴潤益无閡得福无量增筭三百六十
科曰凡道士女官所在之處常念發心廣植
菓林令過去未來見在一切衆生皆得同甘

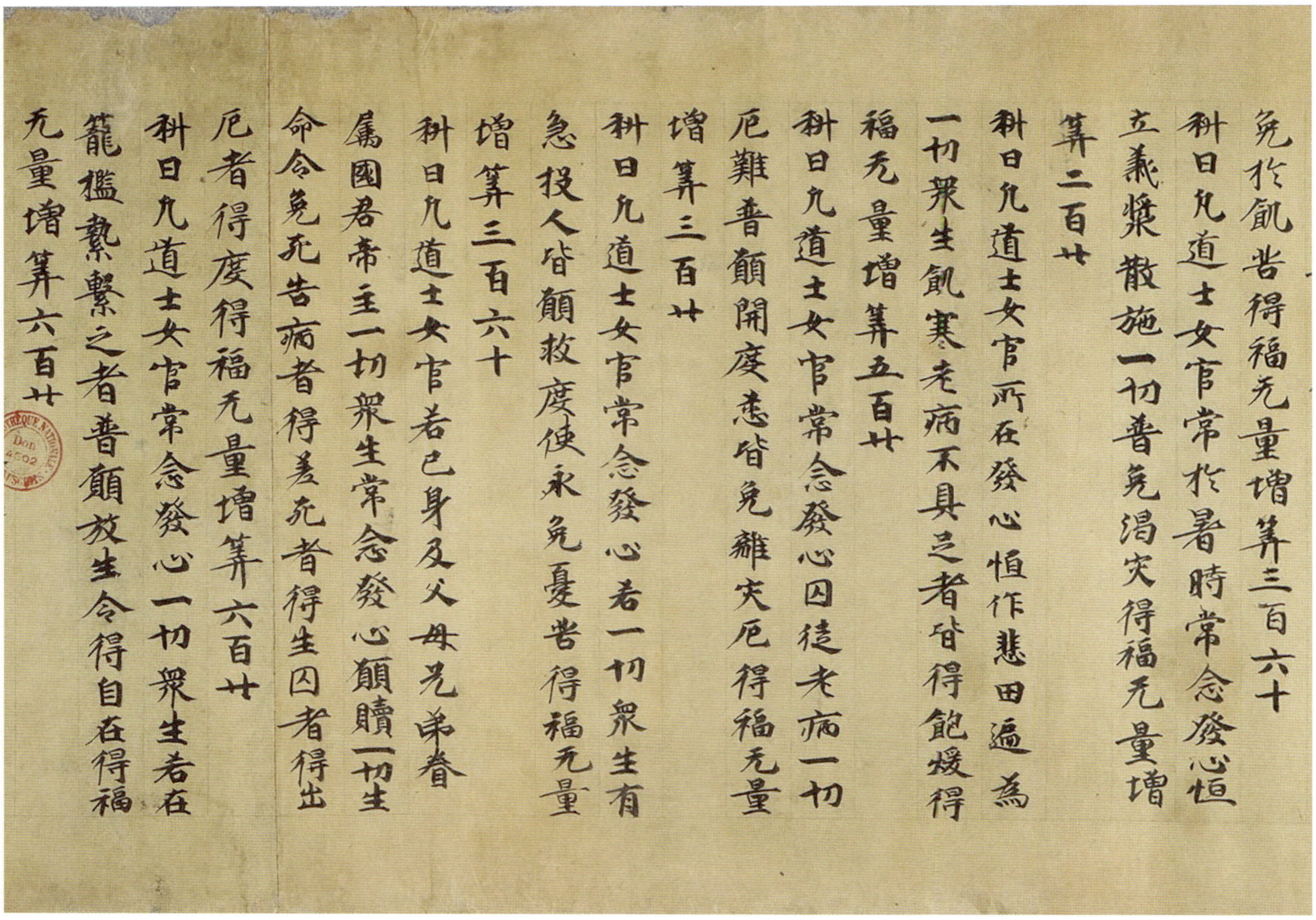

免於飢苦得福无量增筭三百六十

科曰凡道士女官常於暑時常念發心恒立義漿散施一切普免渴灾得福无量增筭二百卄

科曰凡道士女官所在發心恒作悲田遍爲一切衆生飢寒老病不具足者皆得飽煖得福无量增筭五百卄

科曰凡道士女官常念發心囚徒老病一切厄難普願開度悉皆免離灾厄得福无量增筭三百卄

科曰凡道士女官常念發心若一切衆生有急投人皆願救度使永免憂苦得福无量增筭三百六十

科曰凡道士女官若己身及父母兄弟眷屬國君帝主一切衆生常念發心願贖一切生命令免死苦病者得差死者得生囚者得出厄者得度得福无量增筭六百卄

科曰凡道士女官常念發心一切衆生若在籠檻縶繫之者普願放生令得自在得福无量增筭六百卄

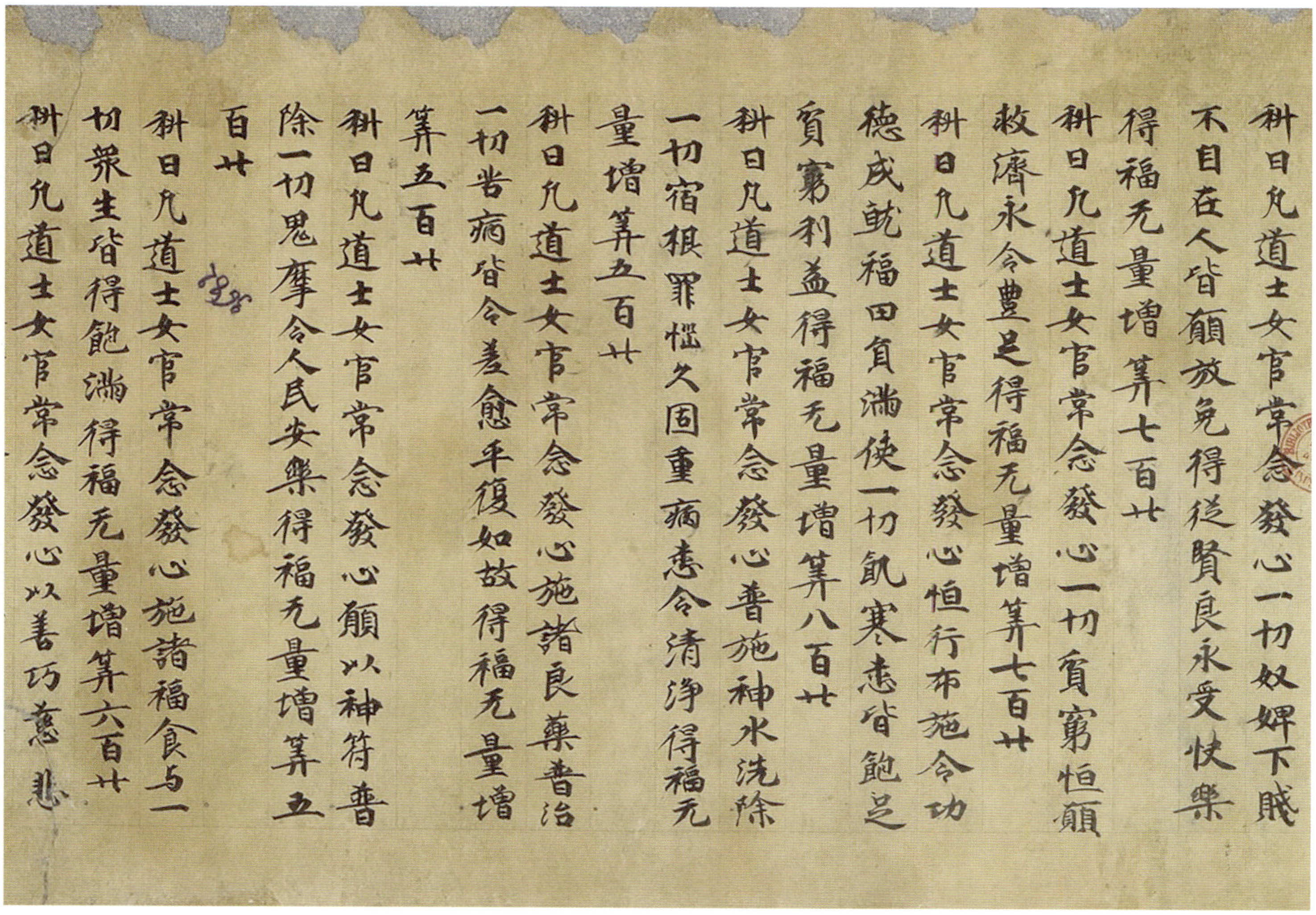

科曰凡道士女官常念發心一切奴婢下賤不自在人皆願放免得從賢良永受快樂得福无量增筭七百卄

科曰凡道士女官常念發心一切貧窮恒願救濟永令豊足得福无量增筭七百卄

科曰凡道士女官常念發心恒行布施令功德成就福田具滿使一切飢寒悉皆飽足貧窮利益得福无量增筭八百卄

科曰凡道士女官常念發心普施神水洗除一切宿根罪惱久固重痾悉令清淨得福无量增筭五百卄

科曰凡道士女官常念發心施諸良藥普治一切苦痛皆令差愈平復如故得福无量增筭五百卄

科曰凡道士女官常念發心願以神符普除一切鬼摩令人民安樂得福无量增筭五百卄

科曰凡道士女官常念發心施諸福食与一切衆生皆得飽滿得福无量增筭六百卄

科曰凡道士女官常念發心以善巧慈悲

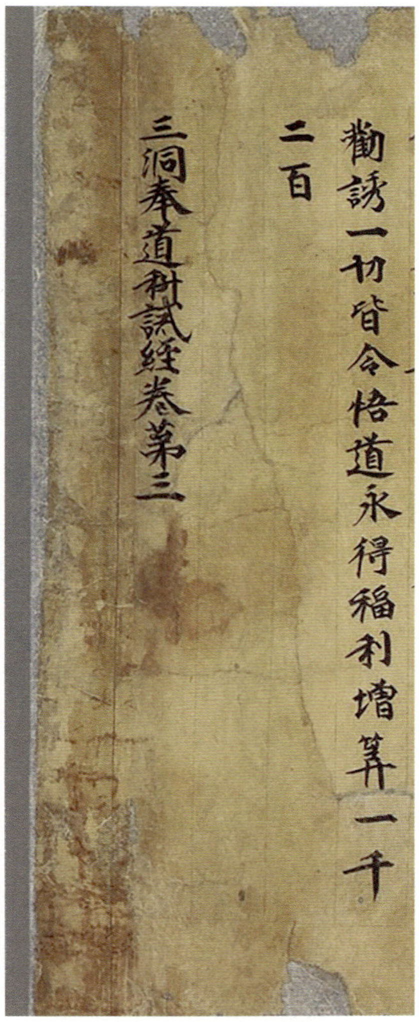
勸誘一切皆令悟道永得福利增筭一千
二百
三洞奉道科誡經卷第三

81

釋文

[P.5589（9）+S.0809 殘片，前缺]〔一〕

得超登上道，自此□□□□□□□。違，師／、弟各奪筭一千二百／。

科曰：既備經法，師、弟對齋，或一日、三日、五／日、七日、九日□□□年，皆依本經。須師／、弟相對，同心一意，□□冥感，不得外假威儀／，內心怠縱。每登壇入室行道對齋，弟子皆／須肘行拜伏，磬（罄）其誠節，勿得墮慢。違，奪筭／一千二百／。

科曰：對齋各依本儀。如傳正一法，用正一齋或／旨教法。五千文用靈寶法。若三皇洞神、（靈寶）洞玄／、上清洞真，各用本法齋告，不得違互。如弟子／條受不同，或上或下，當惣用靈寶法。所以／者何？靈寶兼上下洞故也。既告齋已，齋中／師、弟皆須得警誡，靈應祥瑞，方可登壇告／盟，付授經法誡録。雖風不飄揚，星辰明朗／，而無此感應，皆須退齋，不得直尒。師當備／詳科律，案其儀式，勿貪名利，冒犯明禁。此最／大忌／，各宜慎之。違，奪筭一千二百／。

科曰：凡三洞大經，傳有年限。上聖以四万劫／，上真以四劫，上仙以四千年，或千年、七百歲／。凡世以四十者，將明經不可易得，賢知其難／遇，必使學士傾心期於一會，師真授道方於／万劫也。若世苟有人，亦可旦暮相許。如時無其／人，即万劫未可耳，可不思之。又傳經受誡／，本在厥心，精感明神，即須盟授，不要擇日／。至於擇日，乃是權行小法，非為通方大道／。凡厥傳付，但經法備已，即須對齋，感限畢／便付誡録。皆不得簡擇月日，致迫時經法／不具，遂持空紙，或抱白素及假經本，冒尒登／壇，深違聖旨。豈唯弟子目前叨謬，實亦師／主冥中考罰。違，奪筭二千四百／。

科曰：受法後三日，弟子皆須相率隨時設／一供齋，以賀諸天大聖、師尊厚恩，不得正／尒。違，奪筭二千八百／。

科曰：師付經誡將迄，分明示弟子科誡及／法位、脩行次第。違，奪筭一千二百／。（下缺）

（書道博物館 030 抄本，前缺）〔二〕

之寶，若露持断犀之劍。如此畏敬，得福无／量／。

科曰：凡持擎經法，皆當心横捧在前行。違／，奪筭三百廿／。

科曰：凡受經有二種相。一者受持讀誦，二者／受持供養。讀誦者，當須識其文字句段，誦／習精熟，諦觀至理。供養者，專心奉行，依經礼／拜，如飢得食，如寒得衣，如貧得寶，如賤得／貴，常恐失墜，心懷欣悦。又如人得罪，恒畏／再犯。如此住持，心心不退，得福无量／。

科曰：凡傳經有二種，一者傳与他人，二者付／本流通。傳与他人者，彼人勤求，不得抑絶。付／本流通者，恐聖文摩滅，事須抄寫，或受／持供養，皆得福无量／。

科曰：凡授經有二種，一者授其人文字，二者／授其人法教。文字者，人就受讀，須以文字正／音教之。法教者，弟子受行，終身佩奉，當依／本經科儀，不得率尒。違，奪筭八百廿／。

科曰：凡念經，皆（當）運心歷觀經句文字，前心後／心，相繼不絶，是名念經之相。違，奪筭五百／六十／。

科曰：凡聽經或聽講，皆當一心絶其外想，念／念相繼，心持心受，堅固不退。不得運心外／想，交頭言議，耶視顧屬。違，奪筭卌／。

科曰：凡聞誦經讀經，或説經講經，皆須一心／，願得受持一句一偈，滅除身中无量宿根／罪惱，得福无量／。

科曰：凡見經或聞經，皆當運心正念合掌／，五體投地礼拜，願侍經仙官滅罪无量，得福／无量／。

科曰：凡説經舉證，皆當為道人有心者，須／稱揚贊美，歎其功德，使前人歸信。不得戲／弄聖旨，妄生是非，論其長短，議其得失／。違，得風癩病，其罪至重，奪筭三千四百／。

科曰：凡飲酒食肉及五辛，或（身在）非所，皆不得／口及經誡。違，奪筭一千二百／。

科曰：凡經法須有條録言句，或孔目名部，皆／當護浄，不用即燒之，勿隨宜弃擲。違，奪筭三百廿／。

科曰：凡天尊大道，或聖人真人仙人，或經／名一句一偈在紙，皆當護浄，若不用則燒滅／却，不得泄穢。違，奪筭五百六十／。

科曰：（凡道）路拾得經法，皆當訪主還之。既得之／後，復須丁嚀誡勑前人，稱（不）得輕慢經法不／檢慎罪。若訪不得及未得，皆如法供養。若隱／不言，同盜經罪，奪筭八百六十／。

科曰：凡失經法，當購贖燒香悔過。若遭水／火刀兵，亦當如之。依科輸責，方更備經法信／義（儀），就師更受。不得正尒不言，誣罔於師，同／盜道罪。違，奪筭一千二百／。

科曰：凡上清大洞，及所受持經，非同志同道／，不得輒借看讀。違，奪筭五百／。

科曰：凡講大乘經典，威儀法相不可廢闕。法／師冠帶，執香鑪，住當處居床端坐。弟子及聽／衆將香花音樂，讚唱導引，至法師所，皆礼拜／法師三拜；法師便起立，復三拜；法師前行／三步，復三拜。如此九礼，名曰請法師。既訖／導引如法，至講堂中。若音樂，即止住門／外或階下。法師當天尊正立，次讚唱，復停，／更唱人各恭敬，即唱三礼。每礼，法師須兩手／持香鑪當心，靡靡屈膝，隨聲五體投地，安／徐上下。每須端立，方始更唱，不得急緩不均／。如此三礼，法師登閣道上，唱平坐如法，然始／就座端坐，左右整理法服。法師執鑪，捻香如／法，三度座下，唱静念供養讚詠，請演一切誦。座／上座下，皆齊念无上尊七遍，便打磬，都講即／序經。聲訖，令内外齊稱善。訖，法師乃放鑪／大坐，拂拭几案。憑几良久，便唱經久。每初／唱經，法師皆勑座下礼經一拜，然後次第解／釋。凡講訖，未下座，皆須啓願，有五種功德／。一者庄嚴帝王國主，二者為天地三光，三者／為十方有心，四者為講經施主，五者為一切衆／生。以此五相，遍為福田，同歸无極。方下座，礼拜／如法，導引一如初，送法師至本處，音樂讚詠／停訖，弟子聽衆復礼三拜而退。違，各奪筭／三百六十／。

科曰：都講座上皆須几案、巾蘊如法，經架上／須别以巾帕藉經。下講收經，入函笥如法。都／講皆正容平坐，合掌端身，一心向經，聽法師／講解。令音聲相和，不得左右迴顧，形容攲／傾，停動顔色，耶視座下，使唱和失所，令外衆／非嫌。下座則供侍法師，取其軌則，侍衛巾水／。違，奪筭七百八十／。

科曰：凡講經，或一座、五座、九座、廿四座、卅六座／、卌五座，乃至百座。威儀軌制，一同前法，不得／異其儀軌。違，奪筭三百六十／。

科曰：凡是講經，皆須熟詳至理，分明科斷，不／得率尒。違，奪筭一百廿／。

科曰：凡説誡有二種，一者示其禁忌，二者示／其威力。禁忌者，當使改過從善，防患避禍／，如誡奉行，永不敢犯。威力者，當得滅罪除殃，制／摩（魔）伏鬼，常蒙衛護，終身無害。各依經解説／。違，奪筭六百廿／。

科曰：凡傳誡有三種，一者傳与彼人，使其脩／習；二者傳其聖旨，使永劫流通；三者傳与威／神，使防身保命。皆依本文。違，奪筭三百六十／。

科曰：凡度誡文有二種，一者度其文句，令彼／奉行；二者度其聖意，令終身保護／。皆依本／經，明其聖旨。違，奪筭四百卌／。

科曰：凡受誡有二種，一者受其文字，轉讀流／通；二者受其威力，畢（俾）代福田，皆得福无量／。

科曰：凡授誡有二種，一者授其經教，使依法／奉行；二者授其神力，使防身保命，皆得福／无量／。

科曰：凡對經，皆須合掌端身，坐立並須正／肅。違，奪算一百廿／。

科曰：凡取經，皆燒香合掌礼拜，然得取之。不／尒，犯典經真官。違，奪筭二百卌／。

科曰：凡開經藏函遮等，皆須合掌礼拜開／之，餘（者）緘閉〔三〕。如法。違，奪筭三百六十／。

科曰：凡讀經竟，皆須如法依次安置，不得率／尒顛到，及不還經。違，減筭一百廿／。

科曰：凡帶經像，皆令緊實齊整，使開展易／得，勿使結固開解不得。違，減筭九十／。

科曰：凡帙經，皆使齊整白紙，封裹兩頭及／帙表。違，減筭一百廿／。

科曰：凡題經有二種，一者内題，二者外題。内／者，當具其品目卷數；外者，但題都名卷次而／已。每卷以厚白紙裹，紙上題言：某經第若／干卷。違，奪筭三百廿／。

科曰：凡久故經法爛壞，不中脩補者，皆燒香／啓陳，於清浄處燒埋其灰，或投水中。違，奪／筭一百廿／。

道科誡章醮品第廿　十條／

科曰：章者，所以發身上及宿先罪咎，表謝／天地，拔贖魂神，祈恩請福之奏也。紙墨書寫／言詞情狀，並須清浄真正，丹情悃〔四〕款，始可聞／達，不得率尔。違，四司考魂，減筭一千二百／。

科曰：書寫章表，皆須白紙，沐浴入室，燒香真／正。不得行草乙注，紙墨穢破，皆有仙官典／章吏兵監侍。違，奪筭／〔五〕。

科曰：凡入静祈恩拜奏，皆當沐浴，改易衣／冠，無左右反顧。須一心至誠，若對天王。違，奪／筭二百卌／。

科曰：凡奏章自有本儀，須心心相継，注念／至真，不得蹔懷他想。如是始得福。違，魂考／三官，凡啓奏皆然。違，減筭二千四百／。

科曰：凡啓奏執儀，皆當小低身，曲躬，兩手執／讀。須言氣調暢，輕重得所，不得正尒敷案上／，復音聲麁細，形容據誕。違，減筭三百六十／。

科曰：凡厥啓奏，皆不得使香烟断絶，蹔時／休替。違，減筭一百廿／。

科曰：凡設醮，薦天地内外明靈，致福之亭也／。凡有十二種，一三皇、二五岳、三五帝、四七星／、五河啚、六神祝、七三一、八三五、九六甲、十宮／宅、十一羅天、十二祈謝。所須飲食餅菓，一如／齋法。若須市買，皆不得争論高下，及戸産／竊盜非義之物。其器物鋪席並須清浄，勿使／酒肉薰辛非法之屬。違，減筭三百廿／。

(下缺)

(P.3682抄本，前缺)〔六〕

已至於宰輔大臣、公侯牧伯，皆須敬挹，勿得／妄趣勢利。違，減筭三百六十／。

科曰：凡道士女官見世人，皆當合掌正容，隨／宜接引，令歸正道，勿生嗔怒。違，減筭一百廿／。

科曰：凡道士女官，有世人致敬礼拜，皆當合／掌稱：礼敬三寶，滅无量罪，得无量福。不得／傲誕。違，減筭一百廿／。

科曰：凡在路同法相逢，於尊者下路挹礼，同／輩但挹而已。若女官見道士，不問老少，但下／路過，不須致礼，皆不得率尔直過。違，奪／筭一百廿／。

科曰：凡道士女官受施，皆合掌祝曰：願施主／當〔七〕（於）來生獲福无量。違，減筭一百卌／。

科曰：凡同時出家，未受經誡，計年為長。若／受經誡，計法尊卑為長。凡有七種，第一大／洞、第二洞真、第三洞玄、第四洞神、第五高／玄、第六録生、第七清信。即清信不得与録生／同座，録生不得与高玄同座。以此例之，洞玄不得／与洞真同座。若出家在先，受經法居後，或年／雖長而法位卑，皆在下坐，具依下科中。違，三／官考魂，減筭一千六百／。

科曰：凡道士女官經法具身，或未具法但天／尊法服在身，雖父母帝王之親嚴，皆當別／位別席，不得与同座，及居出家人上倚立。違／，五帝伐魂，減筭一千二百／。

道科誡慈濟品第廿四　十九條／

科曰：凡出家之後，常以慈為先，每事舉心，皆／生愛念，行坐卧息，恒思濟度。万行之中，此／最為急，若違此行，道不可得。違，減筭一千六百／。

科曰：凡道士女官，於空山迴路常念發心，建／立義堂，使過去未來風寒暑濕泥雨勞苦之人／，得居癊庇，永免飄露。得福无量，增筭三百六十／。

科曰：凡道士女官，常念發心，於諸津濟道／路阻絶，營脩橋梁，令過去未來見在一切衆／生，无諸鄣閡。得福无量，增筭四百廿／。

科曰：凡道士女官，於窮山遠路常念發心，恒／立義井，使過去未來見在一切衆生，皆得解／其焦渴，潤益无閡。得福无量，增筭三百六十／。

科曰：凡道士女官，所在之處常念發心，廣植／菓林，令過去未来見在一切衆生，皆得同廿／，免於飢苦。得福无量，增筭三百六十／。

科曰：凡道士女官，常於暑時常念發心，恒／立義漿，散施一切，普免渴灾。得福无量，增／筭二百廿／。

科曰：凡道士女官，所在發心，恒作悲田，遍為／一切衆生、飢寒老病不具足者，皆得飽煖。得／福无量，增筭五百廿／。

科曰：凡道士女官，常念發心，囚徒老病一切／厄難，普願開度，悉皆免離灾厄。得福无量／，增筭三百廿／。

科曰：凡道士女官，常念發心，若一切衆生有／急投人，皆願救度，使永免憂苦。得福无量／，增筭三百六十／。

科曰：凡道士女官，若己身及父母、兄弟眷／屬、國君帝主、一切衆生，常念發心，願贖一切生／命，令免死苦，告病者得差，死者得生，囚者得出／，厄者得度。得福无量，增筭六百廿／。

科曰：凡道士女官，常念發心，一切衆生，若在／籠檻縶繫之者，普願放生，令得自在。得福／无量，增筭七百廿／。

科曰：凡道士女官，常念發心，一切奴婢下賤／，不自在人，皆願放免，得從賢良，永受快樂／。得福无量，增筭七百廿／。

科曰：凡道士女官，常念發心，一切貧窮，恒願／救濟，永令豐足。得福无量，增筭七百廿／。

科曰：凡道士女官，常念發心，恒行布施，令功／德成就，福田員滿，使一切飢寒，悉皆飽足／，貧窮利益。得福无量，增筭八百廿／。

科曰：凡道士女官，常念發心，普施神水，洗除／一切宿根罪惱，久固重病，悉令清淨。得福无／量，增筭五百廿／。

科曰：凡道士女官，常念發心，施諸良藥，普治／一切苦病，皆令差愈，平復如故。得福无量，增／筭五百廿／。

科曰：凡道士女官，常念發心，願以神符普／除一切鬼摩（魔），令人民安樂。得福无量，增筭五／百廿／。

科曰：凡道士女官，常念發心，施諸福食与一／切衆生，皆得飽滿。得福无量，增筭六百廿／。

科曰：凡道士女官，常念發心，以善巧慈悲／，勸誘一切，皆令悟道，永得福利。增筭一千／二百／。

三洞奉道科誡經卷第三

校記

（一）此抄本首尾殘缺，無卷品題。據殘存經文內容看，品題應爲《道科誡奉經品第十九》。缺文據文義補。

（二）此抄本與上件 P.5589（9）+S.0809 殘片，原當係同卷，但兩件之間有缺損。本件前半部分經文，仍屬《道科誡奉經品第十九》。

（三）閇：原作「閑」，據文義改。

（四）悃：原作「烟」，據文義改。

（五）此處有脱漏文字。

（六）此抄本與前兩件筆跡相同。本件前半部分經文，應屬《道科誡出家品第廿三》。

（七）此處原衍一「當」字。

（王卡點校）

三洞奉道科誡經卷第五

圖版

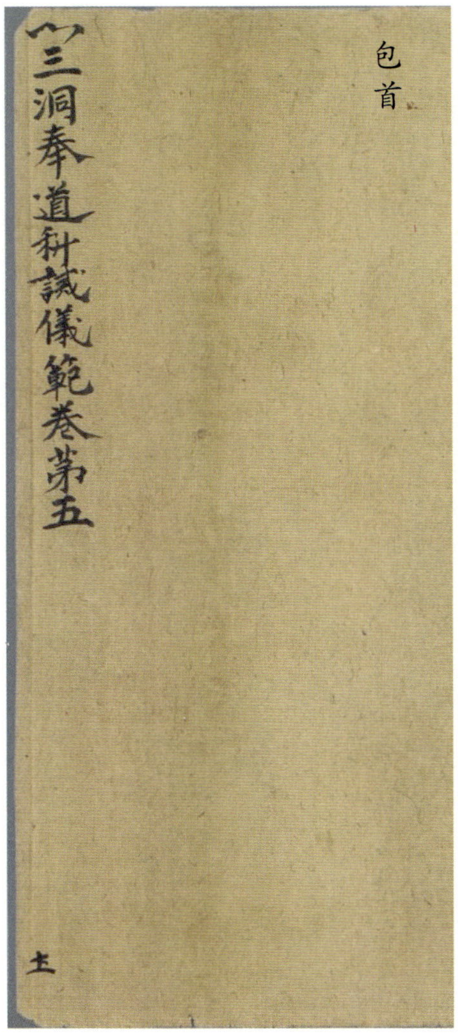

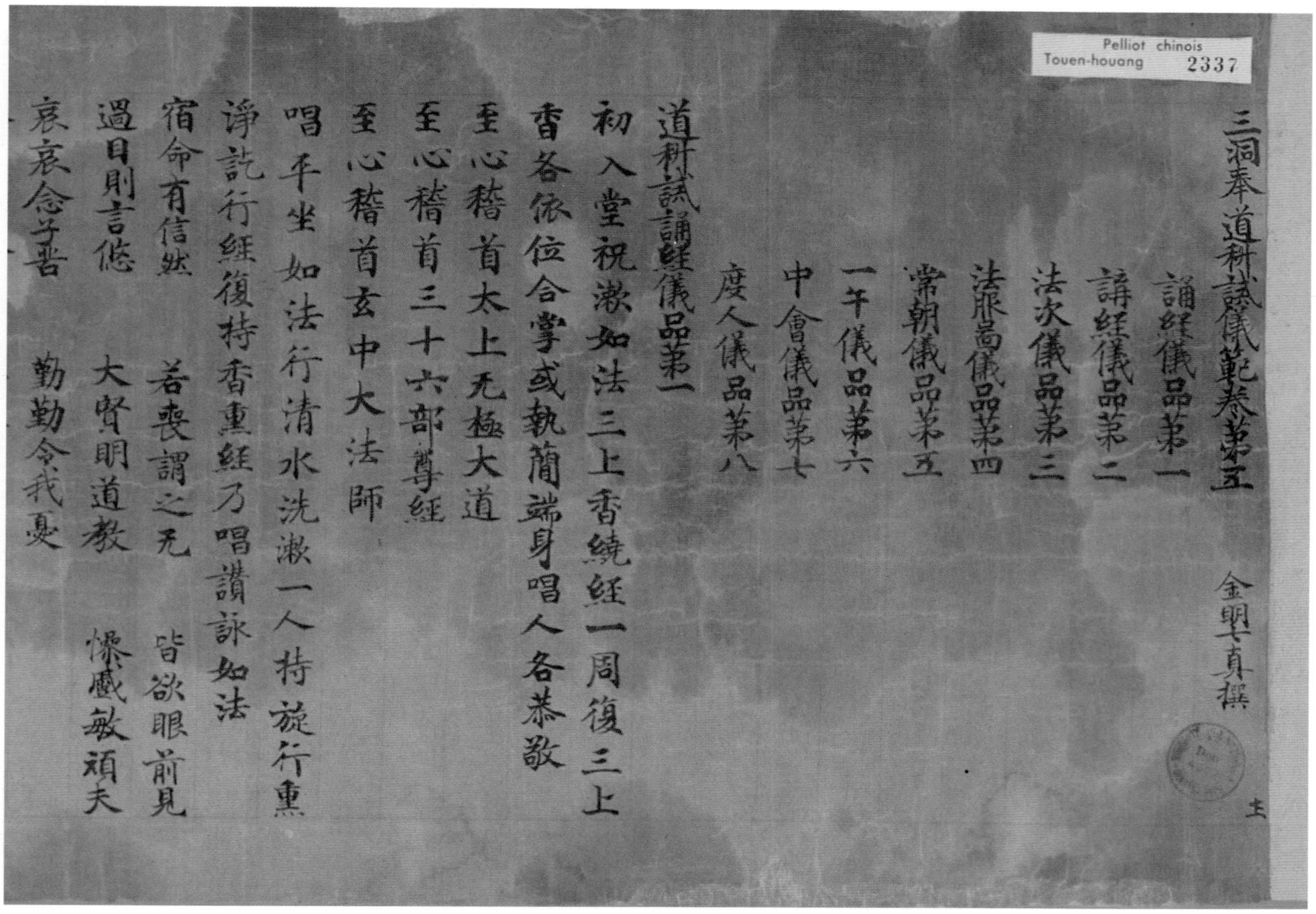

三洞奉道科誡儀範卷第五　金明七真撰
誦經儀品第一
講經儀品第二
法次儀品第三
法服圖儀品第四
常朝儀品第五
一年儀品第六
中會儀品第七
度人儀品第八
道科誡誦經儀品第一
初入堂祝漱如法三上香繞經一周復三上香各依位合掌或執簡端身唱人各恭敬
至心稽首太上无極大道
至心稽首三十六部尊經
至心稽首玄中大法師
唱平坐如法行清水洗漱一人持旋行熏淨訖行經復持香熏經乃唱讚詠如法
宿命有信然　若喪謂之无　皆欲眼前見
過目則言悠　大賢明道教　懔慼敏頑夫
哀哀念子書　勤勤令我憂

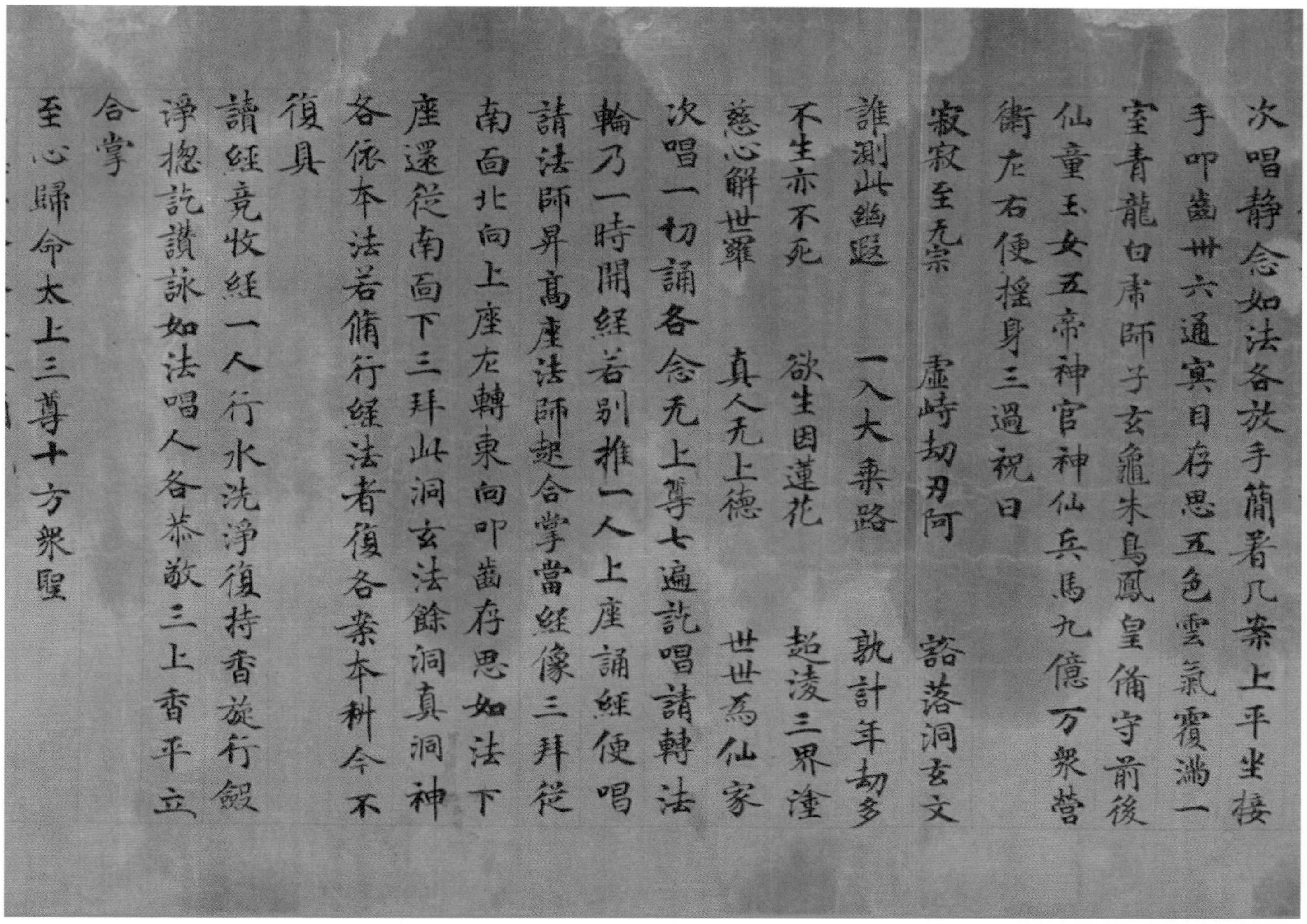
次唱靜念如法各放手簡著几案上平坐接手叩齒卅六通冥目存思五色雲氣霞滿一室青龍白虎師子玄龜朱鳥鳳皇備守前後仙童玉女五帝神官神仙兵馬九億万衆營衛左右便搖身三過祝曰
寂寂至无宗　虛峙劫刃阿　豁落洞玄文
誰測此幽遐　一入大乘路　孰計年劫多
不生亦不死　欲生因蓮花　超淩三界塗
慈心解世羅　真人无上德　世世為仙家
次唱一切誦各念无上尊七遍訖唱請轉法輪乃一時開經若別推一人上座誦經便唱請法師昇高座法師起合掌當經像三拜從南面北向上座左轉東向叩齒存思如法下座還從南面下三拜此洞玄法餘洞真洞神各依本法若脩行經法者復各案本科今不復具
請經竟收經一人行水洗淨復持香旋行斂淨摠訖讚詠如法唱人各恭敬三上香平立合掌
至心歸命太上三尊十方衆聖

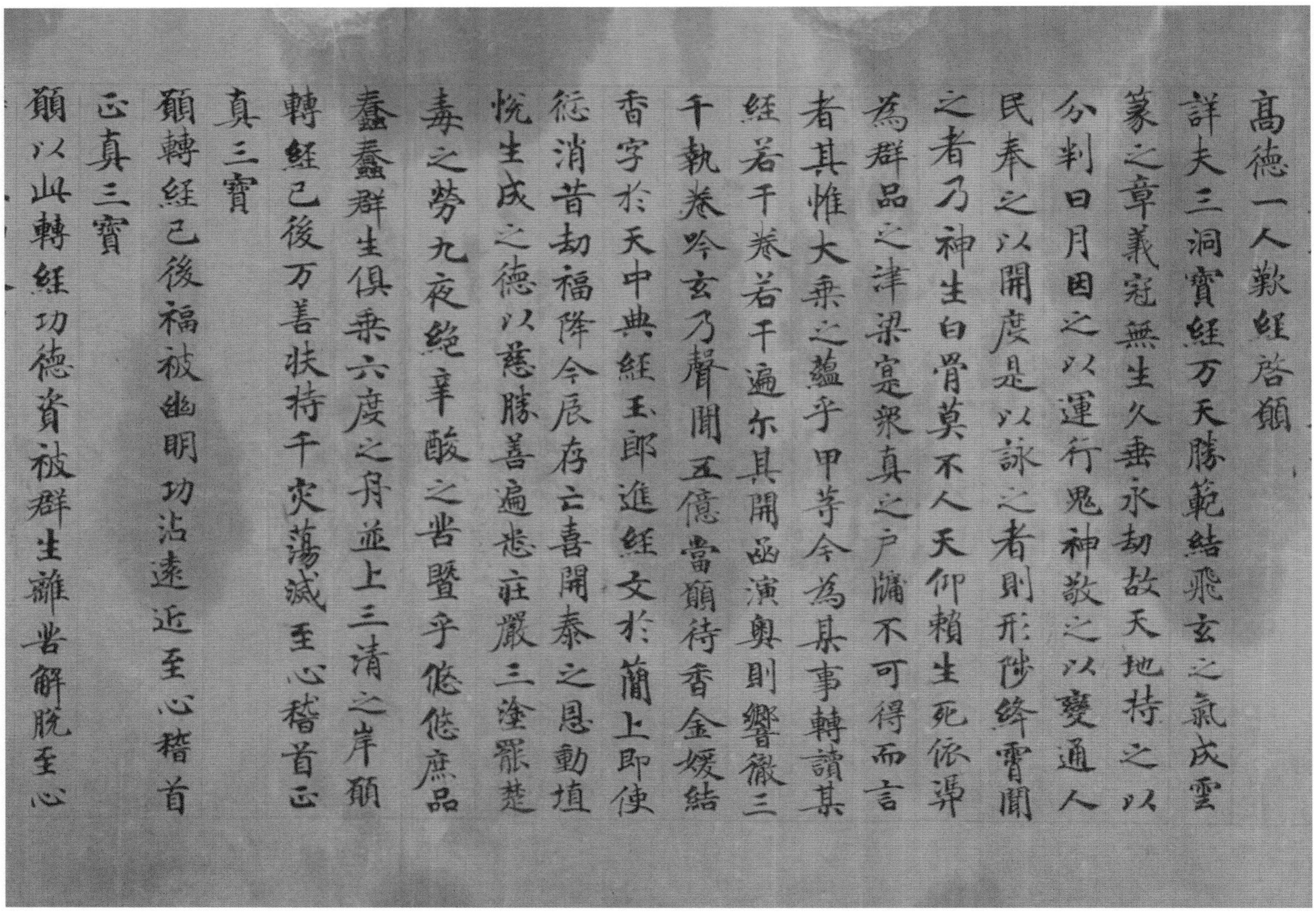
高德一人歎經啓願
詳夫三洞寶經万天勝範結飛玄之氣成雲
篆之章義冠無生久垂永劫故天地持之以
分判日月因之以運行鬼神敬之以變通人
民奉之以開度是以詠之者則形陟絳霄聞
之者乃神生白骨莫不人天仰賴生死依憑
爲群品之津梁寔衆真之户牖不可得而言
者其惟大乘之藴乎甲等今爲某事轉讀某
經若干卷若干遍尒其開函演奥則響徹三
千執卷吟玄乃聲聞五億當願待香金媛結
香字於天中典經玉郎進經文於蘭上即使
愆消昔劫福降今辰存亡喜開泰之恩動植
悦生成之德以慈勝善遍悲莊嚴三塗罷楚
毒之勞九夜絶辛酸之苦暨乎悠悠庶品
蠢蠢群生俱乘六度之舟並上三清之岸願
轉經已後万善扶持千災蕩滅至心稽首正
真三寶
願轉經已後福被幽明功沾遠近至心稽首
正真三寶
願以此轉經功德資被群生離苦解脱至心

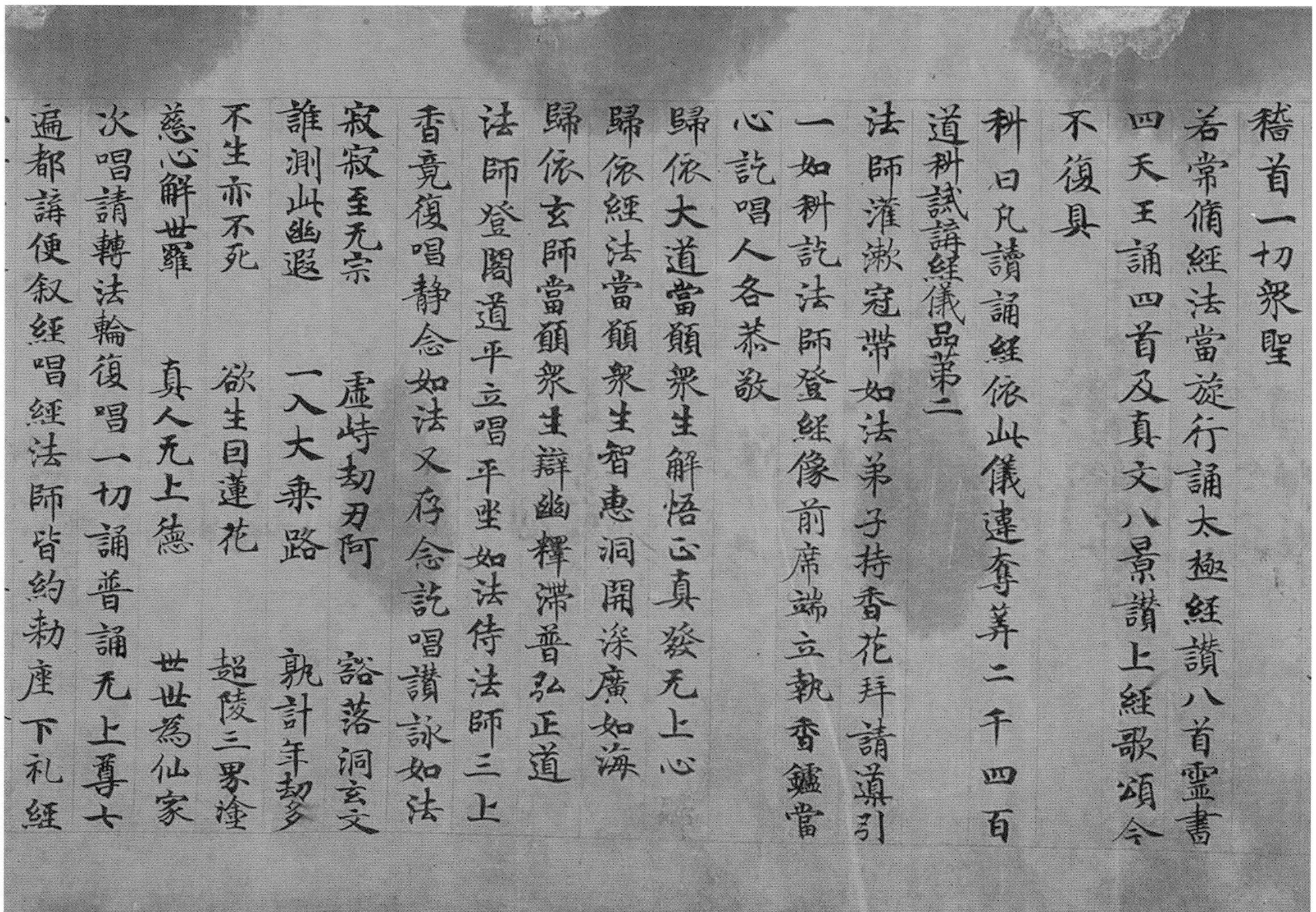
稽首一切衆聖
若常脩經法當旋行誦太極經讃八首靈書
四天王誦四首及真文八景讃上經歌頌今
不復具
科曰凡讀誦經依此儀違奪筭二千四百
道科誡誦經儀品第二
法師灌漱冠帶如法弟子持香花拜請導引
一如科訖法師登經像前席端立執香鑪當
心説唱人各恭敬
歸依大道當願衆生解悟正真發无上心
歸依經法當願衆生智恵洞開深廣如海
歸依玄師當願衆生辯幽釋滯普弘正道
法師登閣道平立唱平坐如法侍法師三上
香竟復唱静念如法又存念訖唱讃詠如法
寂寂至无宗　虚峙劫刃阿　豁落洞玄文
誰測此幽遐　一入大乘路　孰計年劫多
不生亦不死　欲生因蓮花　超陵三界塗
慈心解世羅　真人无上德　世世爲仙家
次唱請轉法輪復唱一切誦普誦无上尊七
遍都講便叙經唱經法師皆約勑座下礼經

一拜棄文解釋羅誦住安和樂未央聲每誦
羅法師執香鑪捻香願曰
以此誦經功德莊嚴皇帝太子諸王公侯牧
伯州縣令長天下人民誦經施主見在法徒
一切衆生三塗苦輩藉此善根悉得體解大
乘歸心正道咸出愛河俱游法海
便唱人各恭敬
至心歸命太上三尊十方衆聖
願皇帝百福莊嚴万善雲集至心稽首正真
三寶以此誦經功德資被群生離苦解脫至
心稽首礼得道衆聖
依法弟子香花送法師至本處礼拜如法
科曰凡誦經皆依此法違奪筭一千二百
法次儀三
科曰道士女官法位次第稱號各有階級須
知尊卑上下不得叨濫令具之于下宜熟詳
之違各奪筭一千二百
科曰道民賢者施主善男子善女子行者皆
是道士女官美前人之稱非是詞狀控告之
限即法師大德尊師上人是外屬男女美出

家之稱亦非啓奏表請之宜又如貧道是出
家之謙詞弟子是在俗之卑稱復非三寶前
所用此又異三洞弟子法師之稱宜熟詳之
令備具之
男人　　女人
　右即常人未參經誡之稱也
戶主
　右輸誠於道係名戶藉者也
大道弟子　　天尊弟子　　三寶弟子
　右歸心大道勤誠經教者得加此號也
清信弟子
　右受天尊十誡十四持身或十二可從
　六情等誡得加此号
男生　　女生
　右七歲八歲受更令一將軍籙得加此号
籙生
　右十歲已上受三將軍十將軍籙
　三歸五誡得加此号
科曰凡十号男女詞告啓奏得稱此号於天
尊大道前皆下言王甲不得直尔違奪筭三

百六十
正一法位
更令録　童子一将軍録　三将軍録
十将軍録　録生三誡文　正一五誡文
右七歳八歳或十歳已上受稱正一録生
弟子
七十五将軍録　百五十将軍録　正一真券
二十四治　正一朝儀　正一八誡文
右受稱某治炁男官女官
黄赤券契　黄書契令　五色契令
八生九宮契令　真天六甲券令　真天三契令
五道八券
右受稱黄赤弟子赤陽真人
九天破滈　九宮扞厄　都章畢印
四部禁炁　六害神符　九天都統
斬邪大符　九州社令　天靈赤官
三五契　三元将軍録
右受稱某治炁正一明威弟子
陽平治　都功版　九天真符
九天兵符　上靈召　仙靈召

七星録　廿八宿録　元命録
右受稱陽平治太上中炁領廿四生炁行
正一明威弟子元命真人
逐天地鬼神録　紫臺秘録　金剛八滌仙録
飛步天罡録　統天録　万丈鬼録
青甲赤甲録　赤丙録　太一无終録
天地録　三元宅録　六壬式録
式真神録　太玄禁炁　千二百大章
三百六十章　正一經廿一卷　老君一百八十誡
正一齋儀　老子三部神符
右受稱太玄都正一平炁係天師陽平治
太上中炁領廿四生炁督察廿四治三五大
都功行正一明威元命真人
洞淵神祝經十卷　神祝券　神祝録
思神圖　神仙禁祝經二卷　横行玉女祝印法
黄神赤章
右受稱洞淵神祝大宗三昧法師小兆真人
老子金紐青系　十誡十四持身
右受稱老子青系金紐弟子
老子道德經二卷　河上真人注上下二卷

老子道德經二卷　河上真人注上下二卷
想尒注二卷　五千文朝儀一卷
雜説一卷　關令内傳一卷　誡文一卷
右受稱高玄弟子
老子妙真經二卷　西昇經一卷　玉歷經二卷
歷藏經一卷　老子中經一卷　老子内解二卷
老子節解二卷　高上老子内傳一卷　皇人三一表
右兼前稱太上高玄法師
太一八牒遁甲仙録　紫宫移度大録　老君六甲秘符
黄神越章
右受稱太上弟子
金剛童子録　竹使符　普下版
三皇内精符　三皇内真諱　九天發兵符
天水飛騰符　八帝靈書内文　黄帝丹書内文
八威五勝十三符　八史録　東西二禁
三皇三誡五誡八誡文
右受稱洞神弟子
天皇内學文　地皇内記書文　人皇内文
三皇天文大字　黄女神符　三將軍圖
九皇圖　昇天券　三皇傳版
三皇真形内諱版　三皇三一真形内諱版

三皇表　鞶帶　洞神經十四卷
右受稱无上洞神法師
太上洞玄靈寶昇玄内教經一部十卷
昇玄七十二字大券
右受稱昇玄法師
元始洞玄靈寶赤書真文録
太上洞玄靈寶廿四生圖三部八景自然至真玉録
太上洞玄靈寶諸天内音録　靈寶自然經券
元始靈策
右受稱太上靈寶洞玄弟子
靈寶中盟經目
太上洞玄靈寶五篇真文赤書上下二卷
太上洞玄靈寶玉訣上下二卷
太上洞玄靈寶空洞靈章一卷
太上昇玄步虚章一卷
太上靈寶洞玄九天生神章經一卷
太上靈寶自然五勝文一卷
太上洞玄靈寶諸天内音玉字上下二卷
太上洞玄靈寶智惠上品大誡經一卷
太上洞玄靈寶上品大誡罪根經一卷

太上洞玄靈寶長夜府九幽玉匱明真科經一卷
太上洞玄靈寶智恵定志通微妙經一卷
太上靈寶本業上品一卷
太上洞玄靈寶太上玄一三真勸誡罪福法輪妙經一卷
太上洞玄靈寶无量度人上品妙經一卷
太上洞玄靈寶諸天靈書度命妙經一卷
太上洞玄靈寶滅度五錬生尸妙經一卷
太上靈寶三元品誡經一卷
太上洞玄靈寶廿四生圖三部八景自然至真上經一卷
太上洞玄靈寶五符序經一卷
太上洞玄靈寶真文要解經上一卷
太上洞玄靈寶自然經上一卷
太上靈寶敷齋威儀經一卷
太上洞玄靈寶安志本願大誡上品消摩經一卷
仙公請問上下二卷
衆聖難經一卷
太極隠決一卷
靈寶上元金録簡文一卷
靈寶下元黄録簡文一卷
靈寶朝儀一卷

步虚注一卷
靈寶脩身齋儀一卷
靈寶百姓齋儀一卷
靈寶明真齋儀一卷
靈寶金録齋儀一卷
靈寶黄録齋儀一卷
靈寶度自然券儀一卷
靈寶登壇告盟儀一卷
太上智恵上品誡文一卷
靈寶衆簡文一卷
衆經序一卷
右受稱无上洞玄法師
五岳真形圖　五岳供養圖
五岳真形圖序　靈寶五符
五符序　五符傳版
上清北帝神祝文　太玄河圖九皇寶録
洞真八威召龍録　洞真飛行三界録
上清大洞衆經券　上清大洞真經券
上清八素真經券　上清步五星券
上清步剛券　上清四規明鏡券

上清飛行羽章券　　上清金馬契
上清玉馬契　　上清木馬契
上清涏契
上清太上玉京九天金霄威神王祝太上神虎玉録
上清太上太微天帝君金虎玉精真符録
上清太上玉京九天金霄威神王祝太上經太上大神虎符録
上清太微黄書九天八録真文一名玄都交帶録
上清太上上皇廿四高真玉録
上清高上太上道君洞真金玄八景玉録
上清太上三天正法除六天文録
上清太極左真人曲素訣詞一名九天鳳氣玄丘太真
書録
上清太微帝君鉛落七元上符録
上清太上石精金光藏景録形攝山精法録
上清太上元始變化寶真上經九靈太妙龜山元録
上清太上上元檢天大録
上清太上中元檢仙真録
上清太上下元檢地玉録
上清玉檢人仙録
上清太上素奏丹符録

上清太上瓊宫靈飛六甲録
上清高上元始玉皇九天譜録
上清中央黄老君太丹隱書流金火鈴録
上清傳版
　　右受洞真法師
上清大洞真經目
上清太洞真經卅九章一卷
上清太上隱書金真玉光一卷
上清八素真經服日月皇華一卷
上清飛步天罡躡行七元一卷
上清九真中經黄老秘言一卷
上清太清上經變化七十四方一卷
上清除六天文三天正法一卷
上清黄氣陽精三道順行一卷
上清外國放品青童内文二卷
上清金闕上記靈書紫文一卷
上清紫度炎光神玄變經一卷
上清青要紫書金根上經一卷
上清玉精真訣三九素語一卷
上清三元玉檢三元布經一卷

上清石精金光藏景録形一卷
上清丹景道精隱地術上下二卷
上清神州七轉七變舞天一卷
上清大有八帝太丹隱書一卷
上清天關三啚七星移度一卷
上清九丹上化胎精中記一卷
上清太上六甲九赤班符一卷
上清神虎上符消摩智慧一卷
上清曲素訣詞五行秘符一卷
上清白羽黑翮飛行羽經一卷
上清素奏丹符靈飛六甲一卷
上清玉珮金璫太極金書一卷
上清九靈太妙龜山元録三卷
上清七聖玄紀徊天九霄一卷
上清太上黃素卌四方一卷
上清大霄明書瓊文帝章一卷
右卌七卷玉清紫清大清大洞經限是王君授南真
上清高上滅摩洞景金玄玉清隱書四卷
上清太微天帝君金虎真符一卷
上清太微天帝君神虎玉經真符一卷

上清太上黃庭内景玉經太帝内書一卷
右卌四卷紫虛元君南岳上真魏夫人在世
受經限
上清三元齋儀三卷
上清傳授儀一卷
上清告盟儀一卷
上清朝儀一卷
上清投簡文一卷
登真隱訣廿六卷
真誥十卷
八真七傳七卷
洞真觀身三百大試文一卷
右受稱无上洞真法師
上清經總一百五十卷
上清太素交帶
上清玄都交帶
上清白紋結帶
上清紫紋交帶一日迴車交帶亦謂畢道券
又名元始大券
右受稱上清玄都大洞三景弟子无上三洞法師

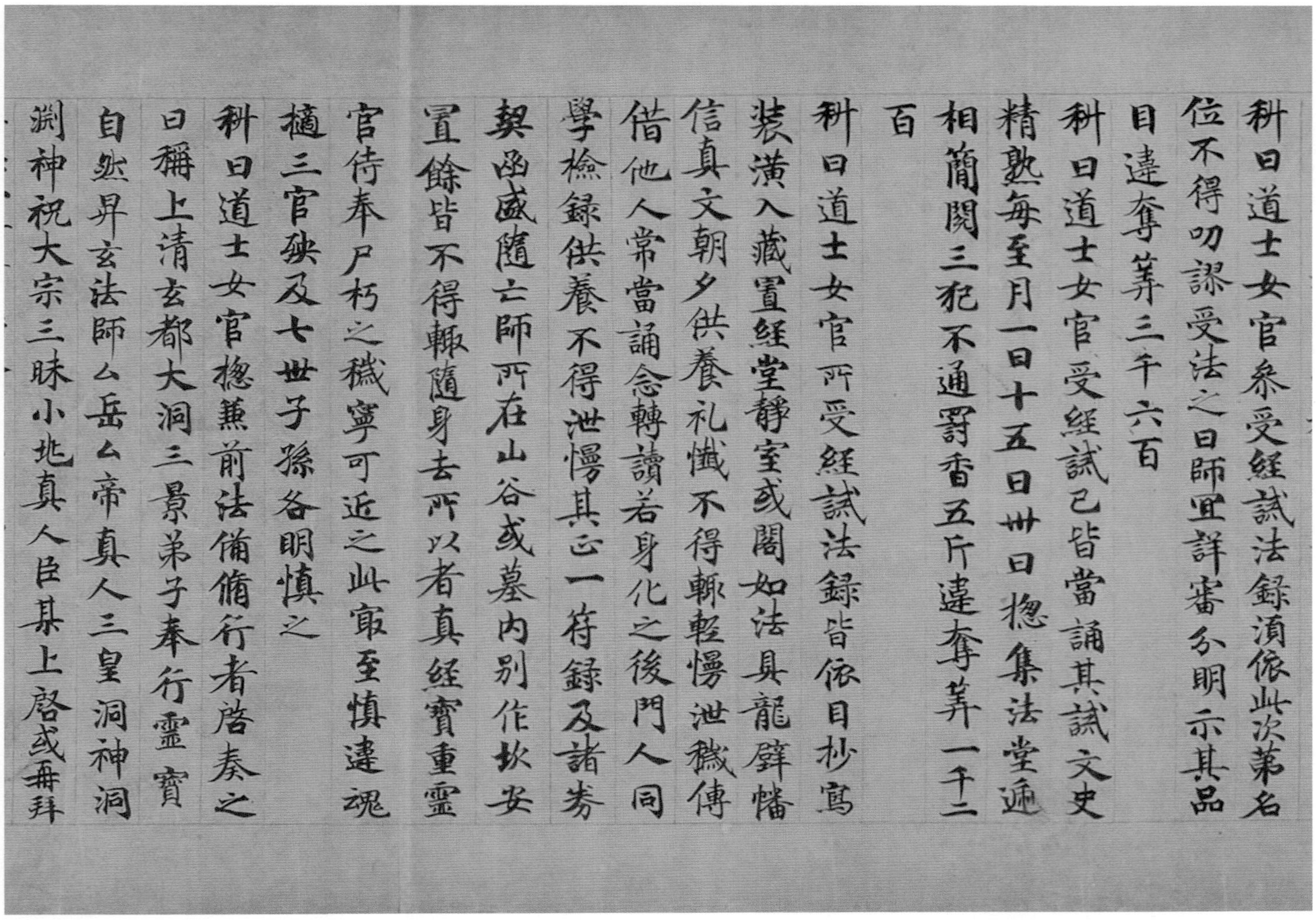

科曰道士女官糸受經誡法録須依此次第名
位不得叨謬受法之日師冝詳審分明示其品
目違奪筭三千六百
科曰道士女官受經誡已皆當誦其誡文吏
精熟每至月一日十五日卅日惣集法堂通
相簡閲三犯不通罰香五斤違奪筭一千二
百
科曰道士女官所受經誡法録皆依目抄寫
裝潢入藏置經堂静室或閣如法具龍辟幡
信真文朝夕供養礼懺不得輙輕慢泄黷傳
借他人常當誦念轉讀若身化之後門人同
學檢録供養不得泄慢其正一符録及諸券
契函威隨亡師所在山谷或墓内別作坎安
置餘皆不得輙隨身去所以者真經寶重靈
官侍奉尸朽之穢寧可近之此事至慎違魂
適三官殃及七世子孫各明慎之
科曰道士女官惣兼前法備脩行者啓奏之
曰稱上清玄都大洞三景弟子奉行靈寶
自然昇玄法師厶岳厶帝真人三皇洞神洞
淵神祝大宗三昧小兆真人臣某上啓或再拜

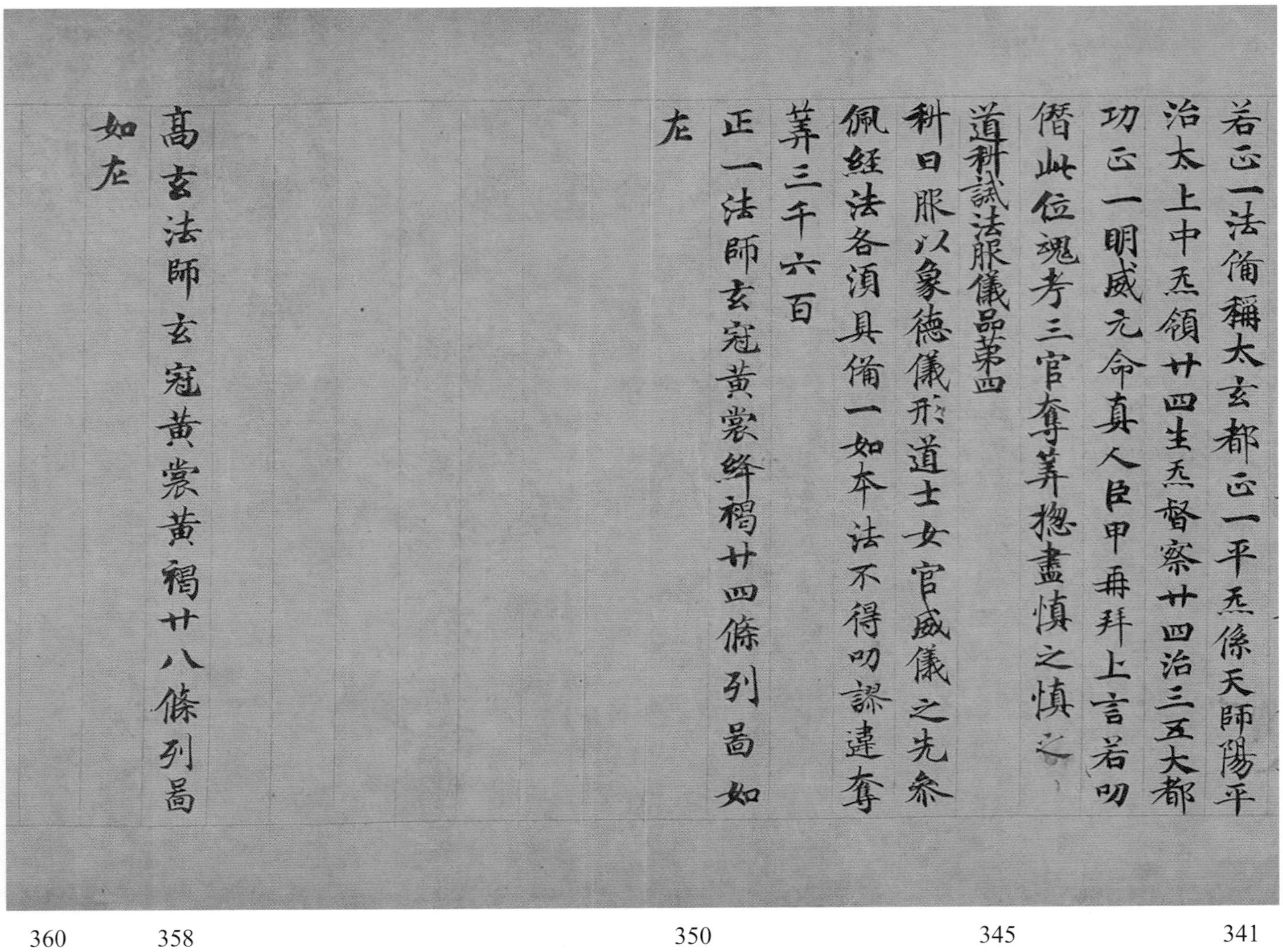

若正一法脩稱太玄都正一平炁係天師陽平
治太上中炁領廿四生炁督察廿四治三五大都
功正一明威元命真人臣甲再拜上言若叨
僭此位魂考三官奪筭惣盡慎之慎之
道科誡法服儀品第四
科曰服以象德儀形道士女官威儀之先糸
佩經法各須具備一如本法不得叨謬違奪
筭三千六百
正一法師玄冠黄裳絳褐廿四條列昌 如
左
高玄法師玄冠黄裳黄褐廿八條列昌
如左

洞神法師玄冠黃裳青褐卌二條列啚
如左

洞玄法師芙蓉冠黃裳黃褐卌二條列啚
如左

361　367　376　380

洞真法師元始冠青裙紫褐青裹表廿四
條裹十五條列啚如左

太洞法師元始冠黃裙紫褐如上清法五
色雲霞帔列啚如左

381　385　395　400

三洞講法師元始冠黃褐九色雲霞帔
列畐如左
科曰道士女官若不備此法衣皆不得輒動
寶経具其法服皆有神童侍衛正一法衣將
軍五人力士八人侍衛高玄法服神童神女
各二人侍衛洞玄法衣玉童玉女各八人侍衛
洞真大洞三洞法衣玉童玉女各十二人侍衛
摠謂之法服違侍童遠身四司考魂減筭二
千四百
科曰凡道士女官欲条経法皆須備法衣既
告齋傳法位訖即須冠帶法服執簡稱名

位拜其本師朝謁太上違靈官不附身魂
考五帝奪筭一千二百
科曰女官法服衣褐並同道士唯冠異制法
用玄紗前後左右皆三葉不安遠遊若上
清大洞女官冠飛雲鳳氣之冠今列畐如
左
山居法師法服二儀冠上下黃裙帔卅六條
列畐如左

凡常道士法服平冠上下黃裙帔廿四條列
圖如左

凡常女官法服玄冠上下黃帔十八條列圖如左

科曰凡道士女官履屩或用草或以木或絁

漆布帛絁綃𣸣飾衣持皆二儀或山像内外
朴素不得綵飾華綺違奪筭一千四百
科曰凡履下皆有龍虎神伏夜安板箐床
几上不得正尔頓地及履廁溷違奪筭八
百廿
科曰簪用牙角竹玉任依時制皆不得彫鏤
為異形像違奪筭八百廿
科曰道士女官法衣皆不得冒犯穢惡假借
他人須箱函藏舉冠履亦然違奪筭一千
二百

常朝儀五（四衆三洞可旦夕常行所以謂之常朝若别入室朝真自依五等朝法也）

洗漱如法
初入堂上香旋行誦曰
學仙行為急奉誡制情心虛夷正氣居　仙
聖自相尋若不信法言胡為栖山林（長作聲誦一周衆官）
（誦經）三上香各依位端身合掌礼十方從東始
至心歸命東方玉寶皇上天尊
至心歸命南方玄真万福天尊
至心歸命西方大妙至極天尊
至心歸命北方玄上玉晨天尊

至心歸命東北度仙上聖 天尊
至心歸命東南好生度命天尊
至心歸命西南大靈虛皇天尊
至心歸命西北无量大慈 天尊
至心歸命上方玉虛明皇天尊
至心歸命下方真皇洞淵天尊
各長跪合掌當心懺悔曰
衆等至心歸身无極大道天尊懺悔皇家
及臣衆等一切衆生前代今身或身形所犯
四支舉措動違誡律不依經典身業大罪无
量无邊因今礼懺並乞蕩除皆願衆等身入
至仙會道合真稽首十方正真三寶衆
等至心歸神无極大道天尊懺悔皇家及
臣衆等一切衆生前代今身或神識所犯
志念不真情浮意動馳騁不息心業大罪
无量无邊因今礼懺並乞蕩除皆願衆等
神合真寂洞入自然稽首十方 正真 三
寶
衆等至心歸命无極大道天尊懺悔皇家及
臣衆等一切衆生或口業所犯善惡反論綺
言飾非華詞或衆口業大罪无量 无邊
因今礼懺並乞蕩除皆願衆等性命合道
玄會无為稽首十方正真三寶
人各恭敬
至心歸命太上三尊十方衆聖
北向平立誦礼經祝曰
樂法以為妻 愛經如珠玉 持誡制六情
念道遣所欲 淡怕正氣停 蕭然神靜默
天摩並敬護 世世受大福
欝欝家國盛 濟濟經道興 天人同其願
飄眇入大乘 因心立福田 靡靡法輪昇
七祖生天堂 我身白日騰
大道洞玄虛 有念無不啓 練質入仙真
遂成金剛體 超度三界難 地獄五苦解
志歸太上經 靜念稽首礼
至心稽首太上无極大道
至心稽首三十六部尊經
至心稽首玄中大法師
願二儀長久覆載无窮至心稽首正真
三寶

願日月運行光明普照至心稽首正真三寶
願皇家宗廟先靈神昇九天至心稽首正真三寶
願皇帝聖化无窮德合二儀至心稽首正真三寶
願皇儲仁孝貞明紹隆聖緒至心稽首正真三寶
願諸王兄弟文武職僚奉上盡誠安人用道至心稽首正真三寶
願天下太平兵戈止息至心稽首正真三寶
願師尊父母亡者生天見存安樂至心稽首正真三寶
願衆等惠業日新智燈无盡至心稽首正真三寶
願十方施主凡厥有緣俱捨苦因咸登道岸至心稽首正真三寶
願法界威靈金剛力士用道神通捨邪歸正至心稽首正真三寶
願三塗五苦法界衆生並出欲纏同昇福岸至心稽首一切衆聖

立誦曰

學仙行為急奉誡制情心虚夷正氣居仙聖自相尋若不信法言胡為栖山林（促作讚誦）

科曰凡朝依此儀違奪筭一千二百

午齋儀六

時至澡漱供養悉如法唱人各恭敬

至心稽首太上无極大道
至心稽首三十六部尊經
至心稽首玄中大法師

行道行香一切誦衆官誦无上尊行香誦曰

道以齋為先　勤行登金闕　故設大法橋
普度諸人物　宿世恩德報　道心超然發
身飛昇玄都　七祖咸解脫

至心稽首太上三尊十方衆聖

齋主長跪歎道功德

原夫無色之色亦妙色於人間無身之身見真身於象外故能形分百万變化無窮

景散億千隨迎莫測由是慈周法界則劫
劫度人得被塵沙乃方方教化或遊行八十
一國伏彼西戎或在世九百餘年導茲東夏
普使人天悟道長登解脫之門生死歸真並
出輪迴之浪然後神凝金闕爲万聖之宗體
妙瓊都高步九清之上是知天上天下三界十
方巍巍寂尊惟吾大道今日齋主王甲爲某
事脩營妙供以薦微誠歸命十方虔心三寶
當願神通自在俯和衆生妙應無邊仰垂
慈澤即使飛天下降示福罪之科妙行齋
臨業因緣之格塵沙咎累並乞消除浩劫愆
尤皆蒙蕩滌見在善根增長共騫樹以同年
過去悪業消亡等香林之受樂憑茲勝福普
暨无窮九幽絕悲痛之魂六趣罷輪迴之識
逮乎九諸品彙蛙是合靈俱超愛欲之河
並陟逍遙之岸
願齋主七世父母神生淨土勝報无窮至心
稽首正真三寶
願齋主宅舍安寧合門和穆至心稽首正
真三寶

願齋主子孫昌熾世出賢明至心稽首正真
三寶
願齋主罪累蕩除福惠員滿至心稽首正
真三寶
願天下太平万姓安樂至心稽首正真三
寶
願一切衆生免離諸苦同入正真至心稽首
得道衆聖
平坐　如法
施食祝願曰（此受食祝）
一切福田中　施食寂爲先　見世受快樂
過去得生天　當来居淨土　衣食常自然
是故今供養　普獻於諸天
食遍齋合掌祝曰
香厨妙供　上獻天尊　中獻真聖　下及衆生
普同飽滿　福流齋主　如水歸海
食訖乞食懺食曰上啓十方天尊敬白見
前大衆弟子今日所營齋供或恐手捉不淨
衣服不淨器物不淨米麦不淨事事種種
多不如法願三寶弘慈布施歡喜殘有供具

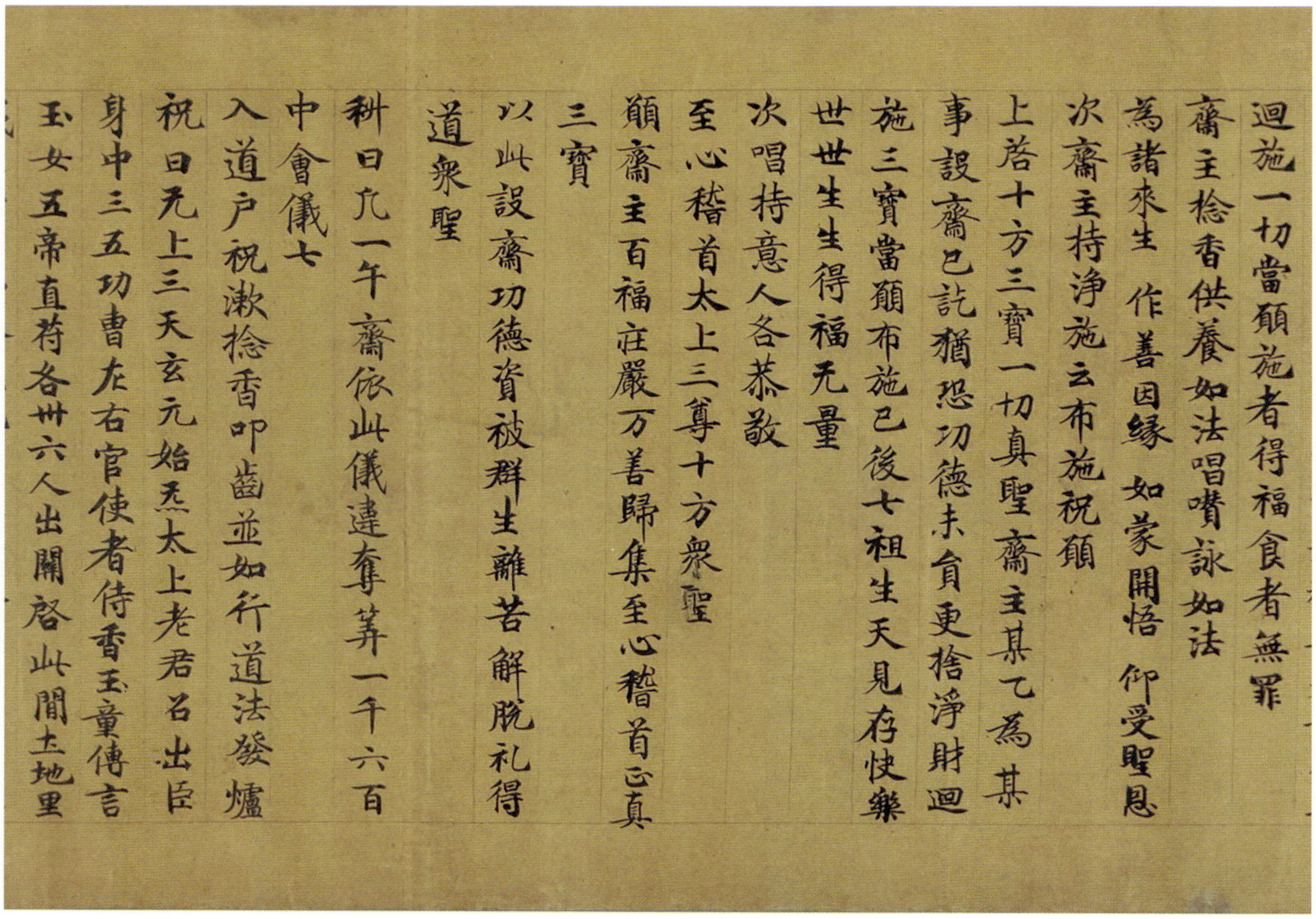

迴施一切當願施者得福食者無罪
齋主捻香供養如法唱讚詠如法
爲諸來生 作善因緣 如蒙開悟 仰受聖恩
次齋主持淨施云布施祝願
上啓十方三寶一切真聖齋主某乙爲某
事設齋已訖猶恐功德未貪更捨淨財迴
施三寶當願布施已後七祖生天見存快樂
世世生生得福无量
次唱持意人各恭敬
至心稽首太上三尊十方衆聖
願齋主百福莊嚴万善歸集至心稽首正真
三寶
以此設齋功德資被群生離苦解脫礼得
道衆聖
科曰凡一年齋依此儀違奪筭一千六百
中會儀七
入道户祝漱捻香叩齒並如行道法發爐
祝曰无上三天玄元始炁太上老君名出臣
身中三五功曹左右官使者侍香玉童傳言
玉女五帝直苻各卅六人出關啓此間土地里

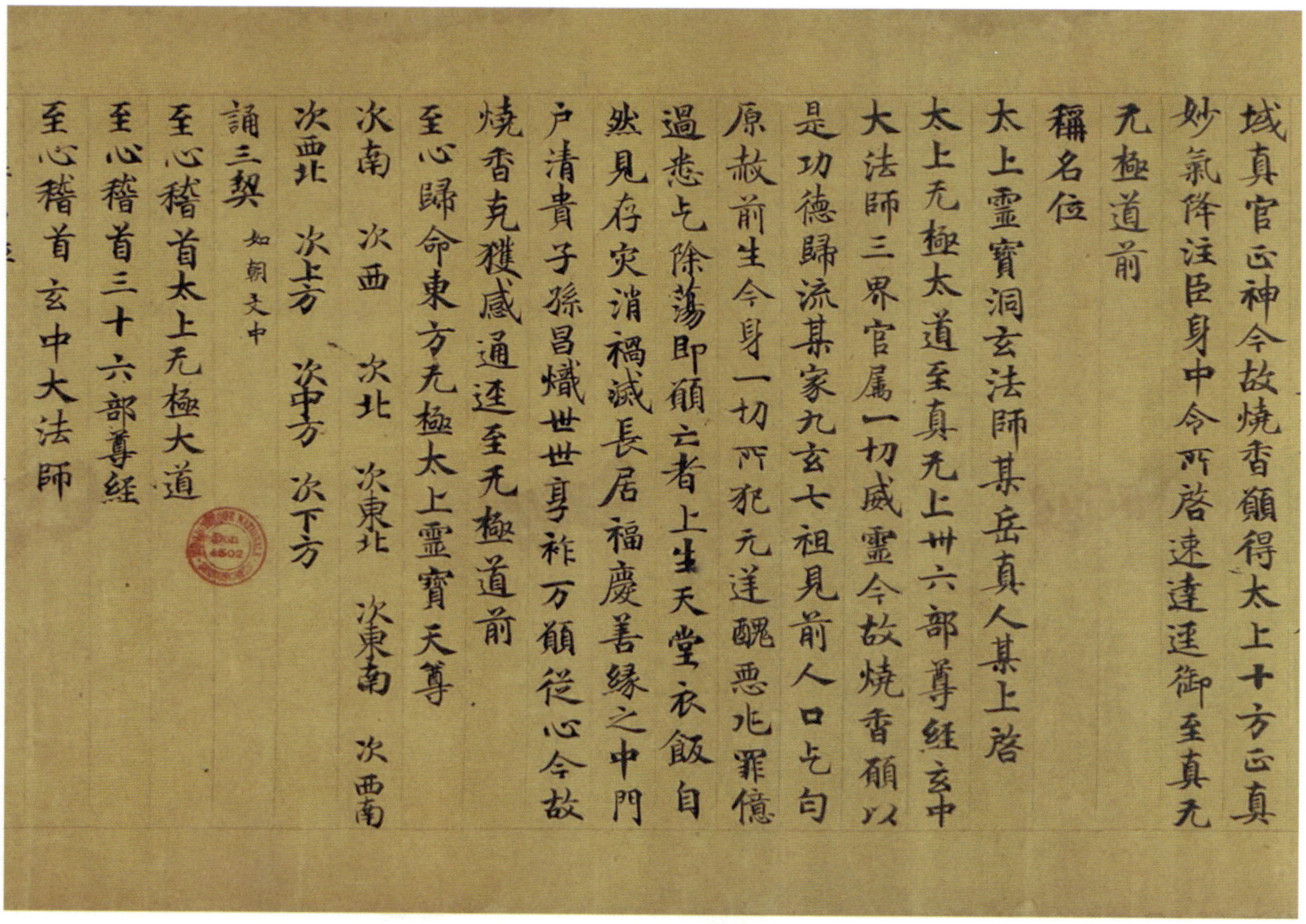

域真官正神令故燒香願得太上十方正真
妙氣降注臣身中令所啓速達逕御至真无
无極道前
稱名位
太上靈寶洞玄法師某岳真人某上啓
太上无極大道至真无上卅六部尊經玄中
大法師三界官屬一切威靈今故燒香願以
是功德歸流某家九玄七祖見前人口乞匄
原赦前生今身一切所犯无道醜惡兆罪億
過悉乞除蕩即願亡者上生天堂衣飯自
然見存灾消禍滅長居福慶善緣之中門
户清貴子孫昌熾世世享祚万願從心今故
燒香克獲感通逕至无極道前
至心歸命東方无極太上靈寶天尊
次南 次西 次北 次東北 次東南 次西南
次西北 次上方 次中方 次下方
誦三契 如朝文中
至心稽首太上无極大道
至心稽首三十六部尊經
至心稽首 玄中大法師

重稱名位
太上靈寳洞玄法師某岳真人某上啓
太上无極大道卅六部尊経玄中大法師上
相上宰四司五帝三界官屬一切神靈某等
今故捻香頓爲某懺謝无量劫来至于今日
生死宿罪重過或違天犯地輕慢三寳煞害
衆生罵詈祝咀嫉妬慳貪邪淫放蕩愚癡竊
盜口是心非三業六根罪愆无量因今首謝
並乞消除即願亡者生天見存安樂子孫昌
熾福慶自然豎乎天下地上五苦三塗咸出
幽牢俱蒙恵潤凡諸有識並入道場謹啓三
上香復鑪祝曰
香官使者左右龍虎君侍香諸靈官當令此
間朝會之所自然生金液丹碧芝英百靈衆
聚具文會集在香火案前十方仙童玉女侍
衛香烟傳奏臣向來言啓逕至无道極前旋
行誦出
道以齋爲先　勤行登金闕　故設大法橋
普度諸人物　宿世恩德報　道心超然發
身飛昇玄都　七祖咸解脫

科日九中會依此儀違奪筭一千六百
度人儀八
齋時未至應度人列階下西面辤父母謝九
玄合十二拜次北面拜天子四拜所以者冠
帶天尊法服更不復拜父母國君故也於
此人道之際須辤謝訖合掌端身北向
三歸三寳三礼
至心歸身太上无極大道
至心歸神三十六部尊経
至心歸命玄中大法師
迴面向西礼監度三師各三拜訖便長跪從
下師爲着法裙次師爲着法衫次師爲着法
帔監度長官爲加法冠畢退礼三師三拜北面
合掌端立師面東平立誦智恵三首其詞曰
智恵起本无　朗朗超十方　結空峙玄霄
自然把流芳　其妙難思議　虚感真實通
有有竟不有　无无无不容
智恵恒觀身　學道之所先　眇眇任玄肆
自然録我神　天尊常擁護　魔王爲保言
晃晃金剛軀　超超太上仙

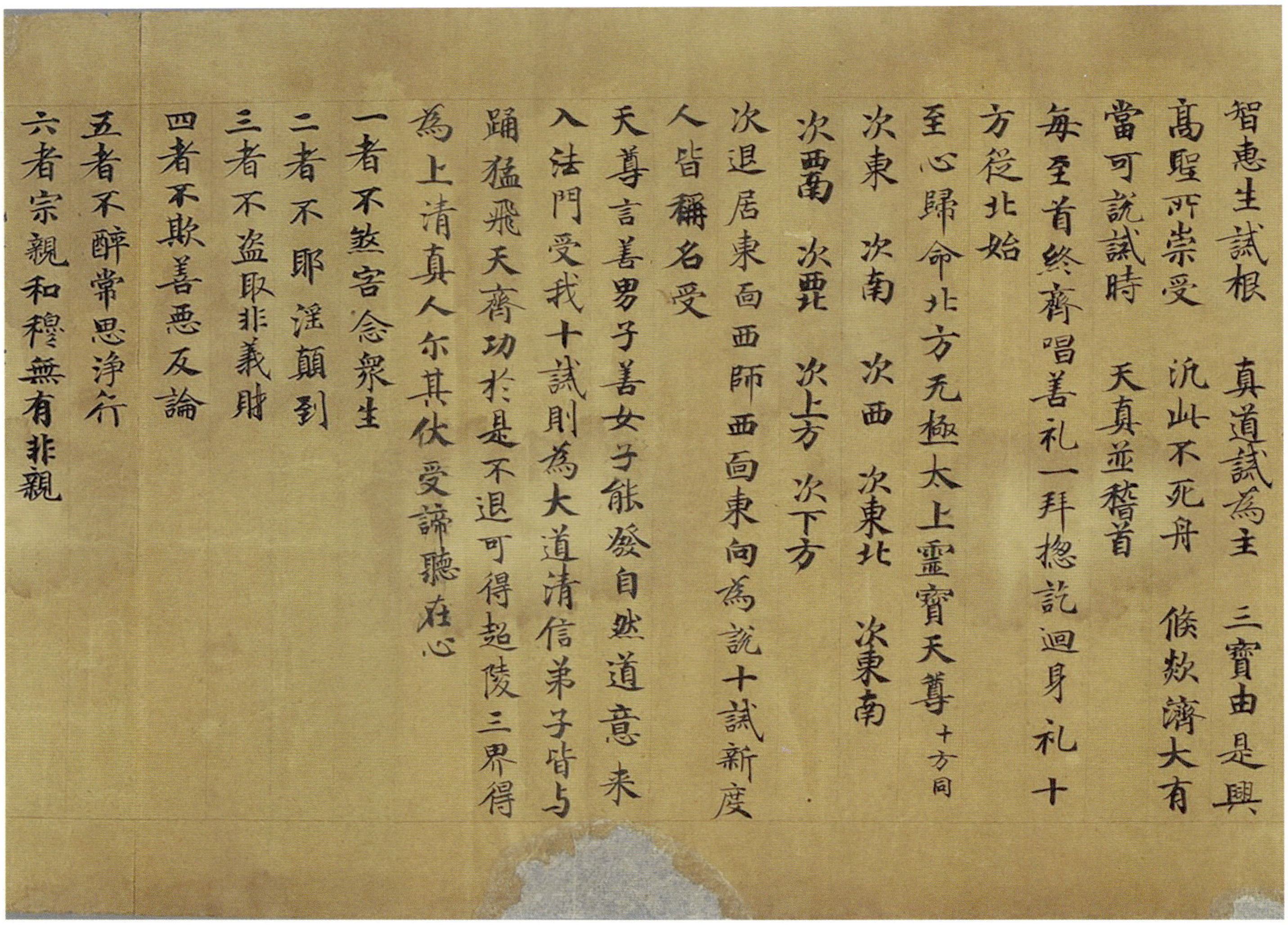

智惠生誡根　真道誡為主　三寶由是興
高聖所崇受　泏此不死舟　倏欻濟大有
當可說誡時　天真並稽首
每至首終齋唱善礼一拜捴說迴身礼十
方從北始
至心歸命北方无極太上靈寶天尊 十方同
次東　次南　次西　次東北　次東南
次西南　次西北　次上方　次下方
次退居東面西師西面東向為說十誡新度
人皆稱名受
天尊言善男子善女子能發自然道意来
入法門受我十誡則為大道清信弟子皆与
踊猛飛天齋功於是不退可得超陵三界得
為上清真人尔其伏受諦聽在心
一者不煞害念衆生
二者不耶淫顛倒
三者不盗取非義財
四者不欺善悪反論
五者不醉常思淨行
六者宗親和穆無有非親

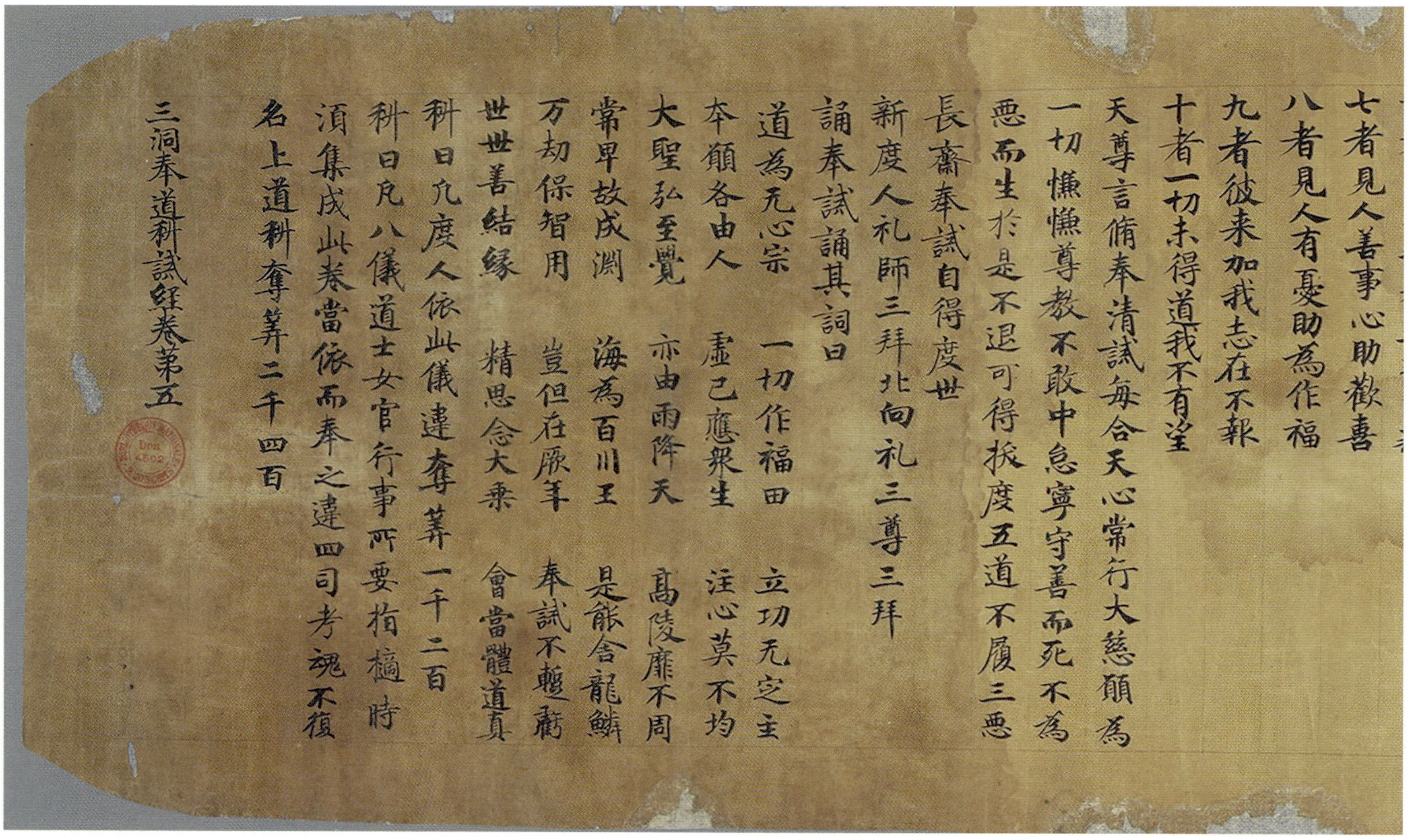

七者見人善事心助歡喜
八者見人有憂助為作福
九者彼来加我志在不報
十者一切未得道我不有望
天尊言脩奉清誡每合天心常行大慈願為
一切憔憔尊教不敢中怠寧守善而死不為
悪而生於是不退可得拔度五道不履三悪
長齋奉誡自得度世
新度人礼師三拜北向礼三尊三拜
誦奉誡誦其詞曰
道為无心宗　一切作福田　立功无定主
本願各由人　盡己應衆生　注心莫不均
大聖弘至覺　亦由雨降天　高陵靡不周
常早故成淵　海為百川王　是能含龍鱗
万劫保智用　豈但在厥年　奉誡不暫虧
世世善結緣　精思念大乘　會當體道真
科曰凡度人依此儀違奪筭一千二百
科曰凡八儀道士女官行事所要指樀時
須集成此卷當依而奉之違四司考魂不復
名上道科奪筭二千四百
三洞奉道科誡經卷第五

釋文

(P.2337)〔一〕

三洞奉道科誡儀範卷第五

金明七真撰　土

誦經儀品第一／
講經儀品第二／
法次儀品第三／
法服啚儀品第四／
常朝儀品第五／
一午儀品第六／
中會儀品第七／
度人儀品第八／

道科誡誦經儀品第一

初入堂，祝漱如法。三上香，繞經一周。復三上／香，各依位合掌，或執簡端身。

唱：人各恭敬／。

至心稽首太上无極大道／。

至心稽首三十六部尊經／。

至心稽首玄中大法師／。

唱：平坐如法。行清水洗漱，一人持旋行熏／浄。訖，行經。復持香熏經，乃唱讚詠如法／：

宿命有信然，若喪謂之无。皆欲眼前見／，過目則言悠。
大賢明道教，慘蹙敏頑夫／。哀哀念子苦，勤勤令我憂／。

次唱：静念如法。各放手簡，著几案上，平坐接／手，叩齒卅六通，冥目存思五色雲氣覆滿一／室，青龍白虎，師子玄龜，朱鳥鳳皇，備守前後／。仙童玉女，五帝神官，神仙兵馬，九億万衆，營／衛左右。便摇身三過，祝曰／：

寂寂至无宗，虚峙劫刃阿。豁落洞玄文／，誰測此幽遐。
一入大乘路，孰計年劫多／。不生亦不死，欲生因蓮花。
超淩三界塗／，慈心解世羅。真人无上德，世世為仙家／。

次唱一切誦，各念无上尊七遍。訖，唱：請轉法／輪。乃一時開經。若別推一人上座誦經，便唱／：請法師昇高座。法師起，合掌當經像三拜，從／南面北向上座，左轉東向，叩齒存思如法。下／座，還從南面下，三拜。此洞玄法，餘洞真、洞神／各依本法。若脩行經法者，復各案本科，今不／復具／。

讀經竟（竟），收經，一人行水洗浄，復持香旋行歛／浄。揔訖，讚詠如法。唱：人各恭敬。三上香，平立／合掌。

至心歸命太上三尊十方衆聖／。

高德一人歎經啓願／：

詳夫三洞寶經，万天勝範，結飛玄之氣，成雲／篆之章，義冠無生，久垂永劫。故天地持之以／分判，日月因之以運行，鬼神敬之以變通，人／民奉之以開度。是以詠之者則形陟絳霄，聞／之者乃神生白骨，莫不人天仰賴，生死依憑／，為群品之津梁，寔衆真之户牖。不可得而言／者，其惟大乘之蘊乎？甲等今為某事，轉讀某／經若干卷若干遍尔，其開函演奥則響徹三／千，執卷吟玄乃聲聞五億。當願侍香金媛結／香字於天中，典經玉郎進經文於簡上，即使／愆消昔劫，福降今辰，存亡喜開泰之恩，動埴／悦生成之德，以兹〔二〕勝善，遍悉莊嚴，三塗罷楚／毒之勞，九夜絶辛酸之苦。暨乎悠悠庶品／，蠢蠢群生，俱乘六度之舟，並上三清之岸。願／轉經已後，万善扶持，千災蕩滅。至心稽首正／真三寶／。願轉經已後，福被幽明，功沾遠近。至心稽首／正真三寶／。願以此轉經功德，資被群生，離苦解脱。至心／稽首一切衆聖／。

若常脩經法，當旋行誦太極經讚八首、靈書／四天王誦四首，及真文八景讚上經歌頌，今／不復具／。

科曰：凡讀誦經，依此儀。違，奪筭二千四百／。

道科誡講經儀品第二

法師灌漱〔三〕，冠帶如法。弟子持香花，拜請導引／，一如科。訖，法師登經像前席，端立執香鑪當／心。訖，唱：人各恭敬／。

歸依大道，當願衆生解悟正真，發无上心／。

歸依經法，當願衆生智惠洞開，深廣如海／。

歸依玄師，當願衆生辯幽[四]釋滯，普弘正道╱。

法師登閣道平立。唱：平坐如法。待[五]法師三上╱香竟，復唱：静念如法。又存念。訖，唱讚詠如法╱：

寂寂至无宗，虚峙劫刃阿。豁落洞玄文╱，誰測此幽遐。

一入大乘路，孰計年劫多╱。不生亦不死，欲生因蓮花。

超陵[六]三界塗╱，慈心解世羅。真人无上德，世世為仙家╱。

次唱：請轉法輪。復唱一切誦，普誦无上尊七╱遍，都講便叙經。唱經法師皆約勑座下，礼經╱一拜，案文解釋。罷講，作安和樂末央聲。每講╱罷，法師執香鑪捻香，願曰╱：

以此[七]講經功德，疰嚴皇帝太子，諸王公侯牧╱伯，州縣令長，天下人民，講經施主，見在法徒╱，一切衆生，三塗苦輩，藉此善根，悉得體解大╱乘，歸心正道，咸出愛河，俱游[八]法海╱。

便唱：人各恭敬╱。

至心歸命太上三尊十方衆聖╱。

願皇帝百福疰嚴，万善雲集。至心稽首正真╱三寶。以此講經功德，資被群生，離苦解脱。至╱心稽首，礼得道衆聖╱。

依法，弟子香花送法師至夲處，礼拜如法╱。

科曰：凡講經，皆依此法。違，奪筭一千二百╱。

法次儀三

科曰：道士女官，法位、次苐、稱號，各有階級，須╱知尊卑上下，不得叨濫。今具之于下，宜熟詳╱之。違，各奪筭一千二百╱。

科曰：道民、賢者、施主、善男子、善女子、行者，皆╱是道士、女官美前人之稱，非是詞狀控告之╱限。即法師、大德、尊師、上人，是外屬男女美出╱家之稱，亦非啓奏表請之宜。又如貧道，是出╱家之謙詞；弟子，是在俗之卑稱，復非三寶前╱所用。此又異三洞弟子、法師之稱，宜熟詳之╱，今備具之╱。

男人、女人╱

右即常人未条經誡之稱也╱。

户主王甲╱

右輸誡於道，係名户藉者也╱。

大道弟子、天尊弟子、三寶弟子╱

右歸心大道、勤誡經教者，得加此号也╱。

清信弟子╱

右受天尊十誡、十四持身或十二可從╱、六情等誡，得加此号╱。

男生、女生╱

右七歲、八歲，受更令一將軍録，得加此号╱。

録生

右十歲已上，受三將軍、十將軍符録╱，三歸、五誡，得加此号╱。

科曰：凡十号，男女詞告啓奏得稱此号。於天╱尊大道前，皆下言王甲，不得直尔。違，奪筭三╱百六十╱。

正一法位╱

更令録、童子一將軍録、三將軍録╱、十將軍録、録生三誡文、正一五誡文╱

右七歲、八歲或十歲已上受，稱正一録生╱弟子╱。

七十五將軍録、百五十將軍録、正一真券╱、二十四治、正一朝儀、正一八誡文╱

右受，稱某治炁男官、女官╱。

黄赤券契、黄書契令、五色契令╱、八生九宫契令、真天六甲券令、真天三契令╱、五道八券╱

右受，稱黄赤弟子、赤陽真人╱。

九天破殗[九]、九宫扞厄、都章畢印╱、四部禁炁、六宫[一〇]神符、九天都統╱、斬邪大符、九州社令、天霊赤官╱、三五契、三元將軍録╱

右受，稱某治炁正一明威弟子╱。

陽平治、都功版、九天真苻╱、九天兵苻、上霊召、仙霊召╱、七星録、廿八宿録、元命録╱

右受，稱陽平治太上中炁，領廿四生炁，行╱正一明威弟子，元命真人╱。

逐天地鬼神録、紫臺秘録、金剄八牒仙録╱、飛步天剄録、統天録、万丈鬼録╱、青甲赤甲録、赤丙録、太一无終録╱、天地録、三元宅録、六壬式録╱、式真神録、太玄禁炁、千二百大章╱、三百六十章、《正一經》廿一弓、老君一百八十誡╱、

正一齋儀、老子三部神苻/

右受，稱太玄都正一平炁，係天師陽平治/太上中炁，領廿四生炁，督察廿四治三五大/都功，行正一明威元命真人/。

《洞淵神祝經》十弓、神祝劵、神祝録/、思神啚、《神仙禁祝經》二弓、横行玉女祝印法/、黄神赤章/

右受，稱洞淵神祝大宗三昧法師小兆真人/。

老子金劍青系〔一一〕、十誡十四持身（誡）〔一二〕/

右受，稱老子青系金劍弟子/。

《老子道德經》二弓、《河上真人注》上下二弓/、《想尔注》二弓、《五千文朝儀》一弓/、《雜説》一弓、《關令内傳》一弓、《誡文》一弓/。

右受，稱高玄弟子/。

《老子妙真經》二弓、《西昇經》一弓、《玉歷經》二弓/、《歷藏經》一弓、《老子中經》一弓、《老子内解》二弓/、《老子節解》二弓、《高上老子内傳》一弓、皇人三一表/

右兼前，稱太上高玄法師/。

太一八牒遁甲仙録、紫宫移度大録、老君六甲秘苻/、黄神越章/

右受，稱太上弟子/。

金剄童子録、竹使符、普下版/、三皇内精符、三皇内真諱、九天發兵符/、天水飛騰苻、八帝霊書内文、黄帝丹書内文/、八威五勝十三符、八史録、東西二禁/、三皇三誡五誡八誡文/

右受，稱洞神弟子/。

天皇内學文、地皇内記書文、人皇内文/、三皇天文大字、黄女神符、三將軍啚/、九皇啚、昇天劵、三皇傳版/、三皇真形内諱版、三皇三一真形内諱版〔一三〕/、三皇表、鞶帶、《洞神經》十四弓/

右受，稱无上洞神法師/。

《太上洞玄霊寶昇玄内教經》一部十弓/、昇玄七十二字大劵/

右受，稱昇玄法師。

元始洞玄霊寶赤書真文録/、太上洞玄霊實廿四生啚三部八景自然至真玉録/、太上洞玄靈寶諸天内音録、霊寶自然經劵/、元始霊策/

右受，稱太上靈寶洞玄弟子/。

霊寶中盟經目

《太上洞玄霊寶五篇真文赤書》上下二弓/

《太上洞玄霊寶玉決》上下二弓/

《太上洞玄霊寶空洞霊章》一卷/

《太上昇玄步虚章》一卷/

《太上霊寶洞玄九天生神章經》一卷/

《太上霊寶自然五勝文》一卷/

《太上洞玄霊寶諸天内音玉字》上下二卷/

《太上洞玄霊寶智惠上品大誡經》一卷/

《太上洞玄霊寶上品大誡罪根經》一卷/

《太上洞玄霊寶長夜府九幽玉匱明真科經》一卷/

《太上洞玄霊寶智惠定志通微妙經》一卷/

《太上霊寶夲業上品》一卷/

《太上洞玄霊寶太上玄一三真勸誡罪福法輪妙經》一卷/

《太上洞玄霊寶无量度人上品妙經》一卷/

《太上洞玄霊寶諸天霊書度命妙經》一卷/

《太上洞玄霊寶滅度五練生尸妙經》一卷/

《太上霊寶三元品誡經》一卷/

《太上洞玄霊寶廿四生啚三部八景自然至真上經》一卷/

《太上洞玄霊寶五符序經》一卷/

《太上洞玄霊寶真文要解經》上一卷/

《太上洞玄霊寶自然經》上一卷/

《太上霊寶敷齋威儀經》一卷/

《太上洞玄霊寶安志夲願大誡上品消摩經》一卷/

《仙公請問》上下二卷/

《衆聖難經》一卷/

《太極隱決》一卷／
《霊寳上元金録簡文》一卷／
《霊寳下元黄録簡文》一卷／
《霊寳朝儀》一卷／
《步虚注》一卷／
《霊寳脩身齋儀》二卷／
《霊寳百姓齋儀》一卷／
《霊寳明真齋儀》一卷／
《霊寳金録齋儀》一卷／
《霊寳黄録齋儀》一卷／
《霊寳度自然券儀》一卷／
《霊寳登壇告盟儀》一卷／
《太上智惠上品誡文》一卷／
《霊寳衆簡文》一卷／
《衆經序》一卷／
右受，稱无上洞玄法師／。
五岳真形啚、五岳供養啚／
五岳真形啚序、霊寳五符／
五符序、五符傳版／
上清北帝神祝文、太玄河啚九皇寳録／
洞真八威召龍録、洞真飛行三界録／
上清大洞衆經券、上清大洞真經券／
上清八素真經券、上清步五星券／
上清步剽券、上清四規明鏡券／
上清飛行羽章券、上清金馬契／
上清玉馬契、上清木馬契、上清庭契／
上清太上玉京九天金霄威神王祝太上神虎玉録／
上清太上太微天帝君金虎玉精真符録／
上清太上玉京九天金霄威神王祝太上經太上大神虎符録／
太清太微黄書九天八録真文一名玄都交帶録／
上清太上上皇廿四高真玉録／
上清高上太上道君洞真金玄八景玉録／
上清太上三天正法除六天文録／
上清太極左真人曲素決詞一名九天鳳氣玄丘太真／書録／
上清太微帝君豁落七元上符録／
上清太上石精金光藏景録形攝山精法録／
上清太上元始變化寳真上經九霊太妙龜山元録／
上清太上上元檢天大録／
上清太上中元檢仙真録／
上清太上下元檢地玉録／
上清玉檢人仙録／
上清太上素奏丹符録／
上清太上瓊宮霊飛六甲録／
上清高上元始玉皇九天譜録／
上清中央黄老君太丹隱書流金火鈴録／
上清傳版／
右受，〔稱〕[一四]洞真法師／。

上清大洞真經目

《上清大[一五]洞真經卅九章》一卷／
《上清太上隱書金真玉光》一卷／
《上清八素真經服日月皇華》一卷／
《上清飛步天剽躡行七元》一卷／
《上清九真中經黄老秘言》一卷／
《上清太清上經變化七十四方》一卷／
《上清除六天文三天正法》一卷／
《上清黄氣陽精三道順行》一卷／

《上清外國放品青童內文》二卷／
《上清金闕上記霊書紫文》一卷／
《上清紫度炎光神玄變經》一卷／
《上清青要紫書金根上經》一卷／
《上清玉精真決三九素語》一卷／
《上清三元玉檢三元布經》一卷／
《上清石精金光藏景録形》一卷
《上清丹景道精隱地八術》上下二卷／
《上清神州七轉七變舞天（二六）》一卷／
《上清大有八帝太丹隱書》一卷／
《上清天關三啚七星移度》一卷／
《上清九丹上化胎精中記》一卷／
《上清太上六甲九赤斑符》一卷／
《上清神虎上符消摩（二七）智惠》一卷／
《上清曲素決詞五行秘符》一卷／
《上清白羽黑翮飛行羽經》一卷／
《上清素奏丹符霊飛六甲》一卷／
《上清玉佩金瑫太極金書》一卷／
《上清九霊太妙龜山元録》三卷／
《上清七聖玄紀徊天九霄》一卷／
《上清太上黄素卌四方》一卷／
《上清太（二八）霄朗書瓊文帝章》一卷／
右卅七卷玉清紫清太（一九）清大洞經限，是王君授南真／。
《上清高上滅魔（二〇）洞景金玄玉清隱書》四卷／
《上清太微天帝君金虎真符》一卷／
《上清太微天帝君神虎玉經真符》一卷／
《上清太上黄庭内景玉經太帝内書》一卷／
右七（二一）卷紫虛元君南岳上真巍夫人在世／受經限／。

《上清三元齋儀》三卷／
《上清傳授儀》一卷／
《上清告盟儀》一卷／
《上清朝儀》一卷／
《上清投簡文》一卷／
《登真隱決》卄六卷／
《真誥》十卷／
《八真七傳》七卷／
《洞真觀身三百大誡文》一卷／
右受，稱无上洞真法師／。《上清經》揔一百五十卷／。
上清太素交帶／、上清玄都交帶／、上清白紋結帶／、上清紫紋交帶一曰迴車交帶，亦謂畢道券，又名元始大券／。
右受，稱上清玄都大洞三景弟子无上三洞法師／。

科曰：道士、女官条受經誡法録，須依此次苐名／位，不得叨謬。受法之日，師宜詳審分明，示其品／目。違，奪筭三千六百／。

科曰：道士、女官受經誡已，皆當誦其誡文，（使）（二二）／精熟。每至月一日、十五日、卅日，揔集法堂，遞／相簡閲。三犯不通，罰香五斤。違，奪筭一千二／百／。

科曰：道士、女官所受經誡法録，皆依目抄寫／，裝潢入藏，置經堂、静室或閣，如法具龍壁幡／信真文，朝夕供養礼懺。不得輒輕慢泄穢，傳／借（二三）他人，常當誦念轉讀。若身化之後，門人同／學檢録供養，不得泄慢。其正一符録，及諸券／契、函盛，隨亡師所在山谷，或墓內，別作坎安／置，餘皆不得輒隨身去。所以者，真經寶重，霊／官侍奉，尸朽之穢，寧可近之？此寂至慎。違，魂／擿三官，殃及七世子孫。各明慎之／。

科曰：道士、女官，揔兼前法備脩行者，啓奏之／日，稱：上清玄都大洞三景弟子，奉行霊寶／自然昇玄法師，厶岳厶帝真人，三皇洞神洞／淵神祝大宗三昧小丗真人臣某上啓，或再拜／。若正一法備，稱：太玄都正一平炁，係天師陽平／治太上中炁，領廿四生炁，督察廿四治三五大都／功，正一明威元命真人（二四）臣甲再拜上言。若叨／僣此位，魂考三官，奪筭揔盡。慎之慎之／。

道科誡法服儀品第四

科曰：服以象德儀形。道士、女官，威儀之先，条／佩經法，各須具備，一如夲法，不得叨謬。違，奪／筭三千六百／。

正一法師：玄冠，黄裳，絳褐，廿四條，列啚如／左／。（二五）

高玄法師：玄冠，黄裳，黄褐，廿八條，列啚／如左／。

洞神法師：玄冠，黄裳，青褐，卅二條，列啚／如左／。

洞玄法師：芙蓉冠，黄裳，黄褐，卅二條，列啚／如左／。

洞真法師：元始冠，青裙，紫褐青裏，表廿四／條，裏十五條，列啚如左／。

大洞法師：元始冠，黄裙，紫褐，如上清法，五／色雲霞帔，列啚如左／。

三洞講法師：元始冠，黄褐，九色雲霞帔／，列啚如左／。

科曰：道士、女官，若不備此法衣，皆不得輒動／寶經。具其法服，皆有神童侍衛。正一法衣，將／軍五人、力士八人侍衛。高玄法服，神童、神女／各三人侍衛。洞玄法衣，玉童、玉女各八人侍衛／。洞真、大洞、三洞法衣，玉童、玉女各十二人侍衛／。揔謂之法服。違，侍童遠身，四司考魂，減筭二／千四百／。

科曰：凡道士、女官，欲条經法，皆須備法衣。既／告齋傳法位訖，即須冠帶法服，執簡稱名／位，拜其夲師，朝謁太上。違，霊官不附身，魂／考五帝，奪筭一千二百／。

科曰：女官法服，衣褐並同道士，唯冠異制。法／用玄紗，前後左右皆三葉，不安遠遊。若上／清大洞女官，冠飛雲鳳氣之冠，今列啚如左／。

山居法師法服：二儀冠，上下黄裙帔，卅六條／，列啚如左／。

凡常道士法服：平冠，上下黄裙帔，廿四條，列／啚如左／。

凡常女官法服：玄冠，上下黄（裙）（二六）帔，十八條，列啚如左／。

科曰：凡道士、女官履屨（二七），或用革（二八），或以木，或純／漆。布帛絁絹，澋飾衣帔（二九），皆二儀，或山像，内外／朴素，不得綵飾華綺。違，奪筭一千四百／。

科曰：凡履，下皆有龍虎神伏，夜安板簀床／几上，不得正尔頓地，及履厠溷。違，奪筭八／百廿／。

科曰：簪用牙、角、竹、玉，任依時制，皆不得彫鏤／為異形像。違，奪筭八百廿／。

科曰：道士、女官法衣，皆不得冒犯穢悪，假借／他人，須箱匳藏舉，冠履亦然。違，奪筭一千／二百／。

常朝儀五

四衆三洞，可旦夕常行，所以謂之常朝。若別入室朝真，自依五等朝法也／。

洗漱如法／。

初入堂，上香旋行，誦曰／：

學仙行為急，奉誡制情心。虚夷正氣居，仙／聖自相尋。

若不信法言，胡為栖山林。長作聲誦一周，衆官／誦經。

三上香，各依位，端身合掌，礼十方，從東始／。

至心歸命東方玉寶皇上天尊／。

至心歸命南方玄真万福天尊／。

至心歸命西方大妙至極天尊／。

至心歸命北方玄上玉晨天尊／。

至心歸命東北度仙上聖天尊／。

至心歸命東南好生度命天尊／。

至心歸命西南大霊虚皇天尊／。

至心歸命西北无量大慈天尊／。

至心歸命上方玉虚明皇天尊／。

至心歸命下方真皇洞淵天尊／。

各長跪，合掌當心，懺悔曰／：

衆等至心歸身无極大道天尊，懺悔皇家／及臣衆等一切衆生，前代今身，或身形所犯／，四支舉措，動違誡律，不依經典。身業大罪，无／量无邊，因今礼懺，並乞蕩除。皆願衆等身入／至仙，會道合真。稽首十方正真三寶。

衆／等至心歸神无極大道天尊，懺悔皇家及／臣衆等一切衆生，前代今身，或神識所犯／，志念不真，情浮意動，馳騁不息。心業大罪／，无量无邊，因今礼懺，並乞蕩除。皆願衆等／，神合真寂，洞入自然。稽首十方正真三／寶／。

衆等至心歸命无極大道天尊，懺悔皇家及／臣衆等一切衆生，或口業所犯，善悪反論，綺／言飾非，華詞或（惑）衆。口業大罪，无量无邊／，因今礼懺，並乞蕩除。皆願衆等，性命合道／，玄會无為。稽首十方正真三寶／。

人各恭敬／。

至心歸命太上三尊十方衆聖／。

北向平立，誦礼經祝曰／：

樂法以為妻，愛經如珠玉。持誡制六情／，念道遣所欲。
淡泊正氣停，蕭然神静默／。天摩（魔）並敬護，世世受大福／。

欝欝家國盛，濟濟經道興。天人同其願／，飄眇入大乘。
因心立福田，靡靡法輪昇／。七祖生天堂，我身白日騰／。
大道洞玄虚，有念無不啓。練質入仙真／，遂成金剛體。
超度三界難，地獄五苦解／。悉歸太上經，静念稽首礼／。

至心稽首太上无極大道／。
至心稽首三十六部尊經／。
至心稽首玄中大法師／。
願二儀長久，覆載无窮。至心稽首正真／三寶／。
願日月運行，光明普照。至心稽首正真三／寶／。
願皇家宗廟先霊神昇九天。至心稽首正／真三寶／。
願皇帝聖化无窮，德合二儀。至心稽首／正真三寶／。
願皇儲仁孝貞明，紹隆聖緒。至心稽首正真／三寶／。
願諸王兄弟、文武職僚，奉上盡誠，安人用／道。至心稽首正真三寶／。
願天下太平，兵戈止息。至心稽首正真三／寶／。
願師尊父母，亡者生天，見存安樂。至心稽首／正真三寶／。
願衆等惠業日新，智燈无盡。至心稽首正真／三寶／。
願十方施主，凡厥有緣，俱捨苦因，咸登道／岸。至心稽首正真三寶／。
願法界威霊、金剛力士，用道神通，捨邪／歸正。至心稽首正真三寶／。
願三塗五苦、法界衆生，並出欲纏，同昇福岸。／至心稽首一切衆聖／。

立誦曰／：

學仙行為急，奉誡制情心。虚夷正氣居，仙聖／自相尋。
若不信法言，胡為栖山林。促作聲誦／。

科曰：凡朝，依此儀。違，奪筭一千二百／。

午齋儀六

時至，澡漱供養悉如法。唱：人各恭敬／。

至心稽首太上无極大道／。
至心稽首三十六部尊經／。
至心稽首玄中大法師／。

行道，行香，一切誦，衆官誦无上尊。行香誦／曰／：

道以齋為先，勤行登金闕。故設大法橋／，普度諸人物。宿世恩德報，道心超然發／。身飛昇玄都，七祖咸解脱／。

至心稽首太上三尊十方衆聖／。

齋主長跪，歎道功德／：

原夫無色之色，亦妙色於人間；無身之身／，見真身於象外。故能形分百万，變化無窮／，景散億千，隨迎莫測。由是慈周法界，則劫／劫度人；得（三〇）被塵沙，乃方方教化。或遊行八十／一國，伏彼西戎；或在世九百餘年，導茲東夏／。普使人天悟道，長登解脱之門；生死歸真，並／出輪迴之浪。然後神凝金闕，（獨）（三一）為万聖之宗；體／妙瓊都，高步九清之上。是知天上天下，三界十／方，巍巍宸尊，惟吾大道。今日齋主王甲為某／事，修營妙供，以薦微誠，歸命十方，虔心三寶／。當願神通自在，俯和（三二）衆生，妙應無邊，仰垂／慈澤，即使飛天下降，示福罪之科；妙行齊（三三）／臨，案因緣之格。塵沙咎累，並乞消除；浩劫愆／尤，皆蒙蕩滌。見在善根增長，共騫樹以同年／；過去悪業消亡，等香林之受樂。憑茲勝福，普／曁无窮，九幽絶悲痛之魂，六趣罷輪迴之識，逮乎凡諸品彙，絓是含霊，俱超愛欲之河／，並陟逍遥之岸／。

願齋主七世父母，神生浄土，勝報无窮。至心／稽首正真三寶／。
願齋主宅舍安寧，合門和穆。至心稽首正／真三寶／。
願齋主子孫昌熾，世出賢明。至心稽首正真／三寶／。

願齋主罪累蕩除，福惠員滿。至心稽首正／真三寶／。

願天下太平，万姓安樂。至心稽首正真三／寶／。

願一切衆生，免離諸苦，同入正真。至心稽首／得道衆聖／。

平坐如法／。

施食祝願曰：此受食祝／。

一切福田中，施食寂為先。見世受快樂／，過去得生天。

當来居淨土，衣食常自然／。是故今供養，普獻於諸天／。

食遍，齊合掌祝曰／：

香厨妙供，上獻天尊，中獻真聖，下及衆生／，普同飽滿。福流齋主，如水歸海／。

食訖，乞食(三四)懺食曰：上啓十方天尊，敬白／見前大衆，弟子今日所營齋供，或恐手捉不浄／，衣服不浄，器物不浄，米麦不浄，事事種種／，多不如法。願三寶弘慈，布施歡喜，殘有供具／，迴施一切。當願施者得福，食者無罪／。

齋主捻香，供養如法，唱讃詠如法／：

為諸來生，作善因緣。如蒙開悟，仰受聖恩／。

次齋主持浄施，云布施祝願／：

上啓十方三寶，一切真聖，齋主某乙為某／事，設齋已訖，猶恐功德未員，更捨浄財，迴／施三寶。當願布施已後，七祖生天，見存快樂／，世世生生，得福无量／。

次唱持意(三五)：人各恭敬／。

至心稽首太上三尊十方衆聖／。

願齋主百福莊嚴，万善歸集。至心稽首正真／三寶／。

以此設齋功德，資被群生，離苦解脱。（至心稽首）(三六)礼得／道衆聖／。

科曰：凡一午齋，依此儀。違，奪筭一千六百／。

中會儀七

入道户，祝漱、捻香、叩齒，並如行道法。發爐／祝曰：无上三天玄元始炁，太上老君，召出臣／身中三五功曹、左右官使者、侍香玉童、傳言／玉女、五帝直苻各卅六人出，關啓此間土地里／域真官正神，今故燒香，願得太上十方正真／妙氣，降注臣身中，令所啓速達逕御至真无極(三七)道前／。

稱名位／：

太上靈寶洞玄法師某岳真人某，上啓／太上无極大道、至真无上卅六部尊經、玄中／大法師、三界官屬、一切威靈。今故燒香，願以／是功德，歸流某家九玄七祖，見前人口，乞丐／原赦前生今身一切所犯，元逹醜悪，兆罪億／過，悉乞除蕩。即願亡者上生天堂，衣飯自／然，見存灾消禍滅，長居福慶善緣之中，門／户清貴，子孫昌熾，世世亨祚，万願從心。今故／燒香，克獲感通，逕至无極道前／。

至心歸命東方无極太上靈寶天尊／。

次南，次西，次北，次東北，次東南，次西南／，次西北，次上方，次中方，次下方／。

誦三契。如朝文中／。

至心稽首太上无極大道／。

至心稽首三十六部尊經／。

至心稽首玄中大法師／。

重稱名位／：

太上靈寶洞玄法師某岳真人某上啓／太上无極大(三八)道、卅六部尊經、玄中大法師、上／相上宰、四司五帝、三界官屬、一切神霊。某等／今故捻香，願為某懺謝无量劫来，至于今日／，生死宿罪重過，或違天犯地，輕慢三寶，煞害／衆生，罵詈祝咀，嫉妬慳貪，邪淫放蕩，愚癡竊／盗，口是心非。三業六根，罪愆无量，因今首謝／，並乞消除。即願亡者生天，見存安樂，子孫昌／熾，福慶自然。暨乎天下地上，五苦三塗，咸出／幽牢，俱蒙恵潤，凡諸有識，並入道場。謹啓。

三／上香，復鑪祝曰／：

香官使者、左右龍虎君、侍香諸霊官，當令此／間朝會之所，自然生金液丹碧芝英，百霊衆／真(三九)交會，集在香火案前。十方仙童玉女侍／衛香烟，傳奏臣向來言啓逕至无極道前(四〇)。

旋／行誦出：

道以齋為先，勤行登金闕。故設大法橋／，普度諸人物。

宿世恩德報，道心超然發／。身飛昇玄都，七祖咸解脱／。

科曰：凡中會，依此儀。違，奪筭一千六百／。

度人儀八

齋時未至，應度人列階下，西面辞父母，謝九／玄，合十二拜。次北面拜天子，四拜。所以者，冠／帶天尊法服，更不復拜父母、國君故也，於／此入〔四一〕道之際，須辞謝耳。既訖，合掌端身，北向／三歸三寶三礼／。

至心歸身太上无極大道／。

至心歸神三十六部尊經／。

至心歸命玄中大法師／。

迴面向西，礼監度三師，各三拜。訖，便長跪從／。下師為著法裙，次師為著法衫，次師為著法／帔，監度長官為加法冠〔四二〕。畢，退礼三師，三拜，北面／合掌端立。師面東平立，誦智惠三首。其詞曰／：

智惠起夲无，朗朗超十方。結空峙玄霄／，自然挹〔四三〕流芳。
其妙難思議，虚感真實通／。有有竟不有，无无无不容／。

智惠恒觀身，學道之所先。眇眇任玄肆／，自然録我神。

天尊常擁護，摩（魔）王為保言／。晃晃金剽軀，超超太上仙／。

智惠生誡根，真道誡為主。三寶由是興／，高聖所崇受。

汎此不死舟，倏欻濟大有／。當可説誡時，天真並稽首／。

每至首終，齊唱善，礼一拜。揔訖，迴身礼十／方，從北始／。

至心歸命北方无極太上靈寶天尊。十方同／。

次東，次南，次西，次東北，次東南／，次西南，次西北，次上方，次下方／。

次退居東面西，師西面東向，為説十誡，新度／人皆稱名受／。

天尊言：善男子、善女子，能發自然道意，来／入法門，受我十誡，則為大道清信弟子，皆与／踊猛飛天齊功，於是不退，可得超陵三界，得／為上清真人。尔其伏受，諦聽在心／。

一者不煞害，念衆生〔四四〕／。

二者不耶（邪）淫顛到〔四五〕／。

三者不盗取非義財／。

四者不欺，善悪反論／。

五者不醉，常思浄行／。

六者宗親和穆，無有非親／。

七者見人善事，心助歡喜／。

八者見人有憂，助為作福／。

九者彼来加我，志在不報／。

十者一切未得道，我不有望／。

天尊言：脩奉清誡，每合天心，常行大慈，願為／一切，慊慊尊教，不敢中怠，寧守善而死，不為／悪而生，於是不退，可得拔度五道，不履三悪／，長齋奉誡，自得度世／。

新度人礼師三拜，北向礼三尊三拜／。

誦奉誡誦。其詞曰／：

道為无心宗，一切作福田。立功无定主／，夲願各由人。
虚己應衆生，注心莫不均／。大聖弘至覺，亦由雨降天。
高陵靡不周／，常卑故成淵。海為百川王，是能舍龍鱗／。
万劫保智用，豈但在厥年。奉誡不蹔虧／，世世善結縁。
精思念大乘，會當體道真／。

科曰：凡度人，依此儀。違，奪筭一千二百／。

科曰：凡八儀，道士、女官，行事所要，指擿時／須，集成此卷，當依而奉之。違，四司考魂，不復／名上道科，奪筭二千四百／。

三洞奉道科誡經卷第五

校記

〔一〕以P.2337爲底本，以道藏本《洞玄靈寶三洞奉道科戒營始》卷四、五、六爲參校本。

〔二〕「兹」字原作「慈」，據道藏本改。

〔三〕灌漱：道藏本作「盥漱」。

〔四〕辯幽：道藏本作「辨幽」。

〔五〕「待」字原作「侍」，據道藏本改。

〔六〕超陵：前文作「超淩」。淩，通陵。

〔七〕願曰以此：道藏本作「曰願以此」。
〔八〕「游」字原作「淤」，據道藏本改。
〔九〕「殗」字原作「淹」，據道藏本改。
〔一〇〕六宫：原作「六害」，據道藏本改。
〔一一〕金劍青系：道藏本作「金鈕青絲」。後文同。
〔一二〕「誡」字原缺，參考道藏本補。
〔一三〕道藏本其下有「三皇九天真符契令、三皇印、三皇玉券」。
〔一四〕「稱」字原缺，據上下文文例補。
〔一五〕「大」字原作「太」，據道藏本改。
〔一六〕道藏本下有「經」字。
〔一七〕消摩：道藏本作「消魔」。
〔一八〕「太」字原作「大」，據道藏本改。
〔一九〕「太」字原作「大」，據道藏本改。
〔二〇〕滅魔：原作「減摩」，據道藏本改。
〔二一〕「七」字原作「卅四」，據道藏本改。
〔二二〕「使」字原作「史」，據道藏本改。
〔二三〕傳借：道藏本作「傳付」。
〔二四〕「正一明威元命真人」，前文稱「行正一明威元命真人」。道藏本兩處亦如此。
〔二五〕以下諸條均缺圖，可據道藏本補。
〔二六〕「裙」字原缺，據道藏本補。
〔二七〕履屨：原作「履履」，據道藏本改。
〔二八〕「革」字道藏本作「草」。
〔二九〕「帔」字原作「持」，據道藏本改。
〔三〇〕「得」字道藏本作「德」。
〔三一〕「獨」字原缺，據道藏本補。
〔三二〕俯和：道藏本作「俯念」。
〔三三〕「齊」字原作「齋」，據道藏本改。
〔三四〕乞食：道藏本作「施食」。
〔三五〕持意：道藏本作「持念」。
〔三六〕「至心稽首」原缺，據上下文及道藏本補。
〔三七〕无極：原作「无无極」，據道藏本删一字。
〔三八〕「大」字原作「太」，據道藏本改。
〔三九〕衆真：原作「衆衆具」，據道藏本改。
〔四〇〕无極道前：原倒作「无道極前」，據道藏本改。
〔四一〕「入」字原作「人」，據道藏本改。
〔四二〕「從下師」至「法冠」：道藏本作「先保舉師爲著法裙，次監度師爲著雲袖，次度師爲著法帔，然後便爲戴法冠」。
〔四三〕「挹」字原作「把」，據道藏本改。自然：道藏本作「諸天」。
〔四四〕道藏本此句作「一者不煞，當念衆生」。
〔四五〕道藏本此句作「二者不婬妄行邪念」。

（胡百濤點校）

神人所説三元威儀觀行經

解題

撰人不詳，似出於南北朝。模仿佛經《大比丘三千威儀》。列舉道士奉師修道及日常起居禮儀規範。《正統道藏》未收。《道藏闕經目録》著録《洞玄靈寶三元威儀境行經》四卷，疑即此經。敦煌抄本殘存此經前二卷。（《中華道藏》第四十二册\009號）

S. 3140：首缺尾殘，無卷題。殘存經文二十二行，紙張筆跡酷似 P. 2410，經文體例亦相似。其中列舉道士威儀科條，多見於《大比丘三千威儀》。疑係《三元威儀觀行經》卷一殘抄本。（大淵目一二一頁）

P. 2410：首尾完全。首題：神人所説三元威儀觀行經卷第二。尾題同。楷書字佳。經文三百六十九行。内載道士威儀數百條，大致與《大比丘三千威儀》上卷後半相當。（大淵目一二一頁）

S. 1267：首尾殘缺，無卷題。筆跡酷似 P. 2410，殘存經文十六行，見於 P. 2410 抄本第 12—27 行。背面寫《僧團法事應納諸色斛斗數及職事目歷》。（大淵目脱漏）

S. 5308：首殘尾全，卷中有破洞。尾題：神人所説三元威儀觀行經卷第二。筆跡酷似 P. 2410。存經文一百六十八行，見於 P. 2410 抄本第 203 行至卷末。（大淵目一二一頁）

P. 2828：首尾殘缺，無卷題。筆跡酷似 P. 2410。殘存經文四十一行，見於 P. 2410 抄本第 308—348 行。背面寫佛教文書。（大淵目一二一頁）

神人所説三元威儀觀行經卷第一

圖版

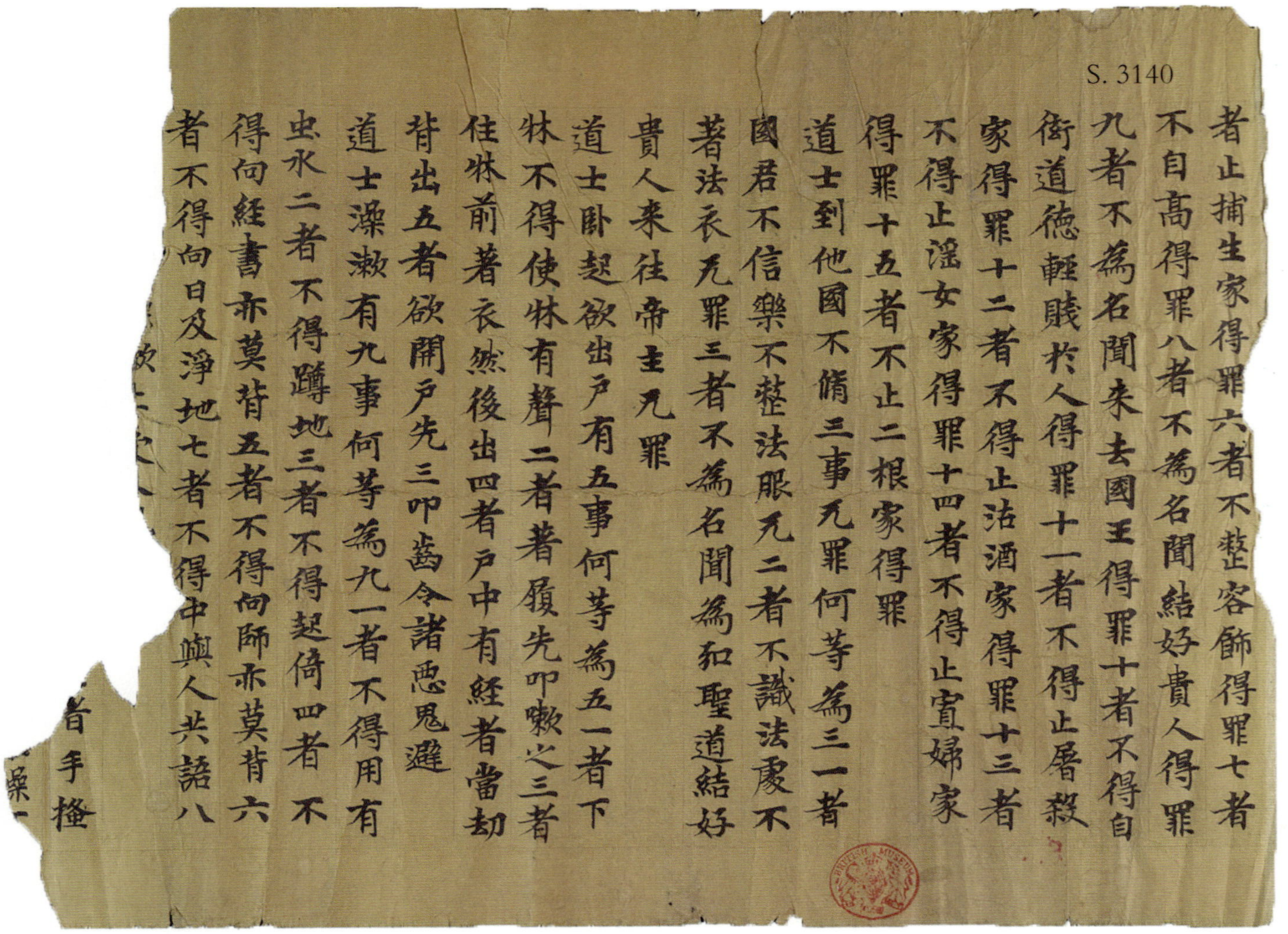

釋文

（S. 3140，前缺）〔一〕

五者，止捕生家，得罪；六者，不整容飾，得罪／；七者，不自高，得罪；八者，不為名聞，結好貴人，得罪／；九者，不為名聞，來去國王，得罪；十者，不得自／衒道德，輕賤於人，得罪；十一者，不得止屠殺／家，得罪；十二者，不得止沽酒家，得罪；十三者／，不得止淫女家，得罪；十四者，不得止寡婦家／，得罪；十五者，不止二根家，得罪／。

道士到他國不脩三事，无罪，何等為三？一者／，國君不信樂，不整法服，无〔罪〕〔二〕；二者，不識法䖏不／著法衣，无罪；三者，不為名聞，為弘聖道，結好／貴人，來往帝主，无罪／。

道士卧起欲出户，有五事，何等為五？一者，下／牀不得使牀有聲；二者，著履先叩嗽之；三者／，住牀前著衣，然後出；四者，户中有經者，當劫／背出；五者，欲開户，先三叩齒，令諸悪鬼避／。

道士澡漱有九事，何等為九？一者，不得用有／虫水；二者，不得蹲地；三者，不得起倚；四者，不／得向經書，亦莫背；五者，不得向師，亦莫背；六／者，不得向日及浄地；七者，不得中與人共語；八／者（中缺）／。

□□□□□□□□□□□□□□□□□一者，手搔／□□□□□□□□□□□□□□□□□□□□□□□澡不〔三〕（下缺）

校記

〔一〕王卡先生定此件爲卷一。按，《神人所說三元威儀觀行經》與佛教《大比丘三千威儀》極相類，參考相關文字在《大比丘三千威儀》中的位置，應爲卷一。

〔二〕「罪」字原缺，據上下文補。

〔三〕當改編自《大比丘三千威儀》卷上「取袈裟着時有五事」，可參閱。

神人所說三元威儀觀行經卷第二

圖版

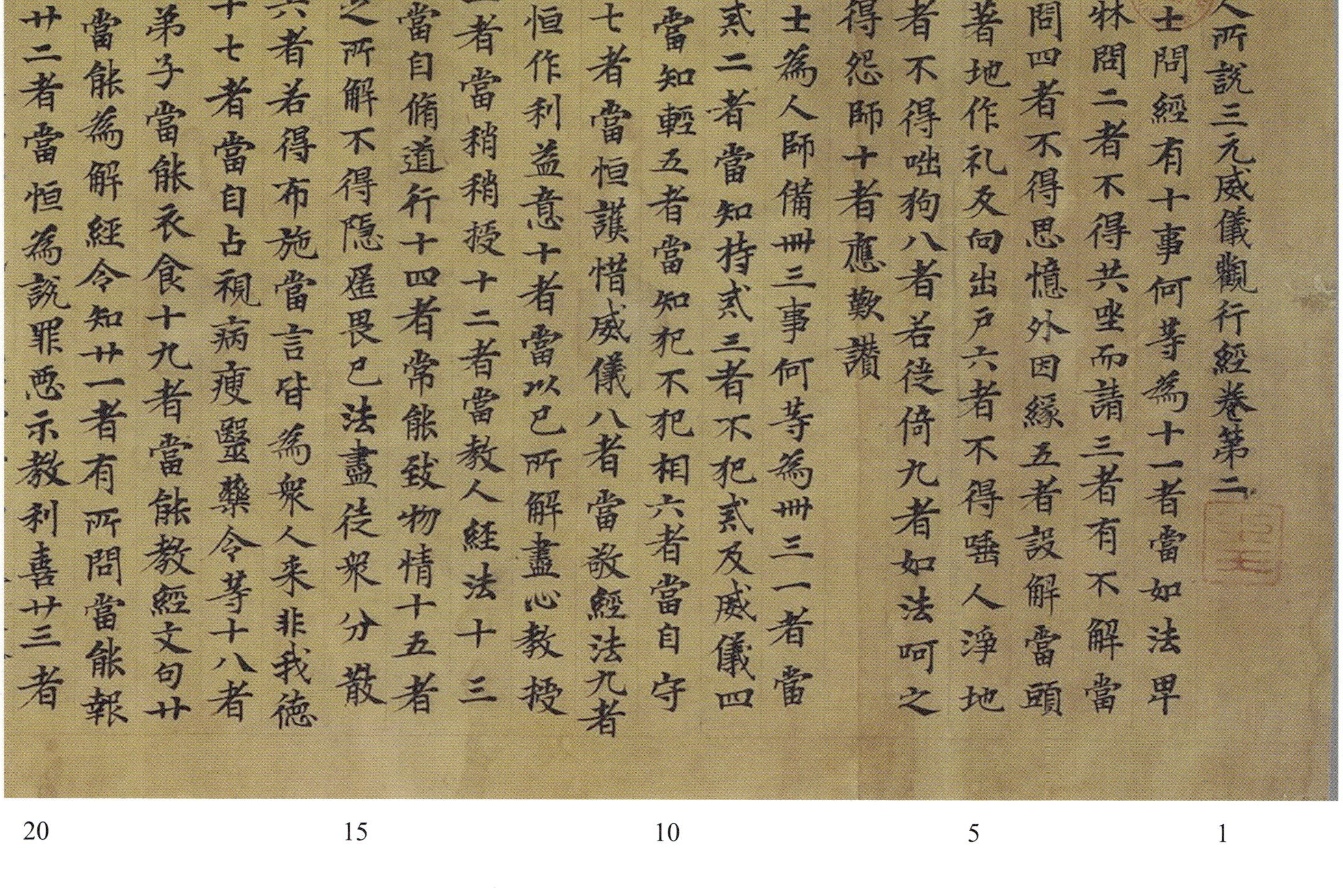

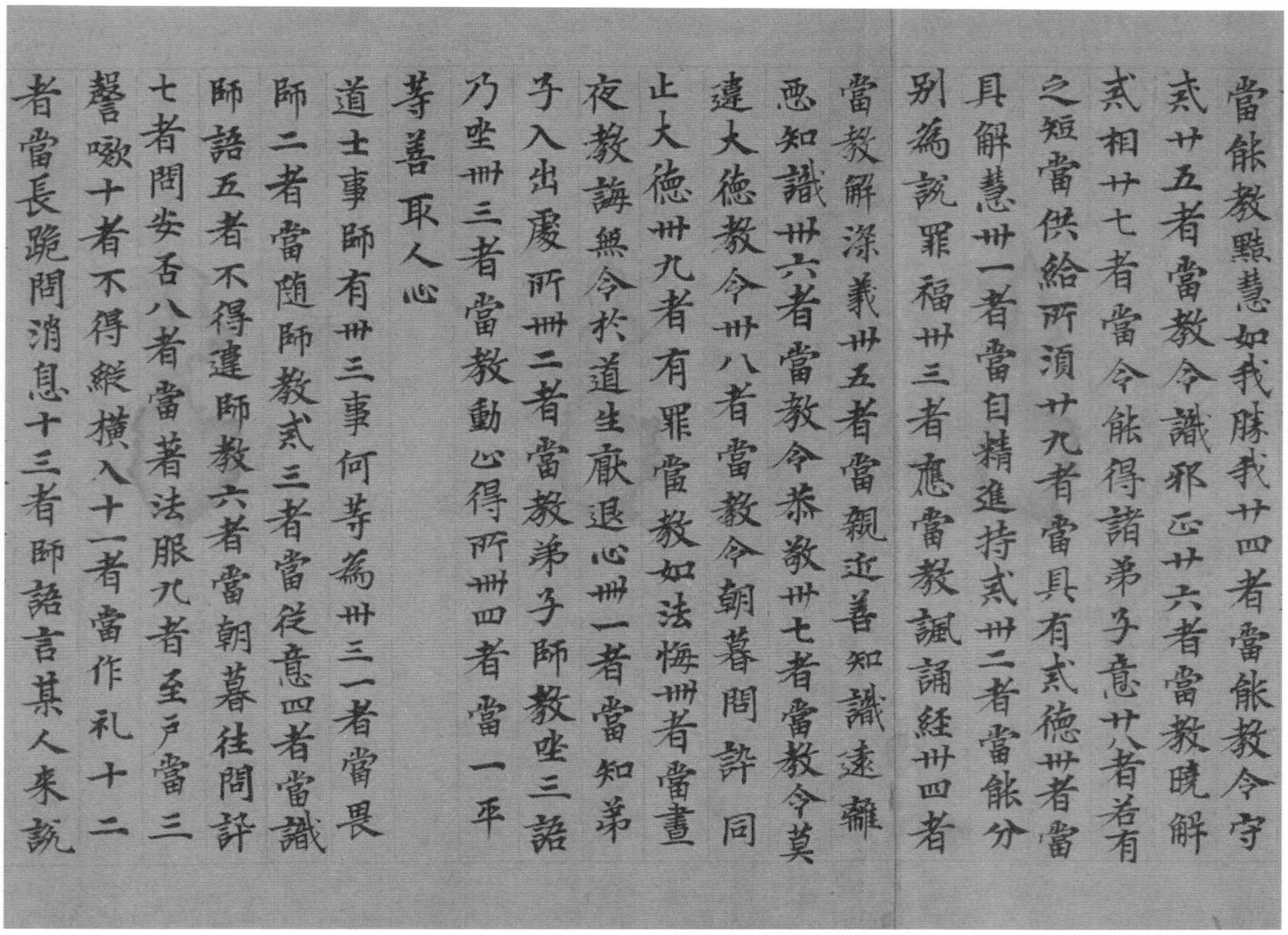

當能教黠慧如我勝我廿四者當能教令守戒廿五者當教令識邪正廿六者當教曉解戒相廿七者當令能得諸弟子意廿八者若有之短當供給所須廿九者當具有戒德卅者當具解慧卅一者當自精進持戒卅二者當能分別爲說罪福卅三者應當教諷誦經卅四者當教解深義卅五者當親近善知識遠離惡知識卅六者當教令恭敬卅七者當教令莫違大德教令卅八者當教令朝暮問訊同止大德卅九者有罪當教如法悔卌者當晝夜教誨無令於道生厭退心卌一者當知弟子入出處所卌二者當教弟子師教坐三語乃坐卌三者當教動心得所卌四者當一平等善取人心

道士事師有卅三事何等爲卅三一者當畏師二者當隨師教戒三者當從意四者當識師語五者不得違師教六者當朝暮往問訊七者問安否八者當著法服九者至户當三謦欬十者不得縱横入十一者當作礼十二者當長跪問消息十三者師語言某人來說

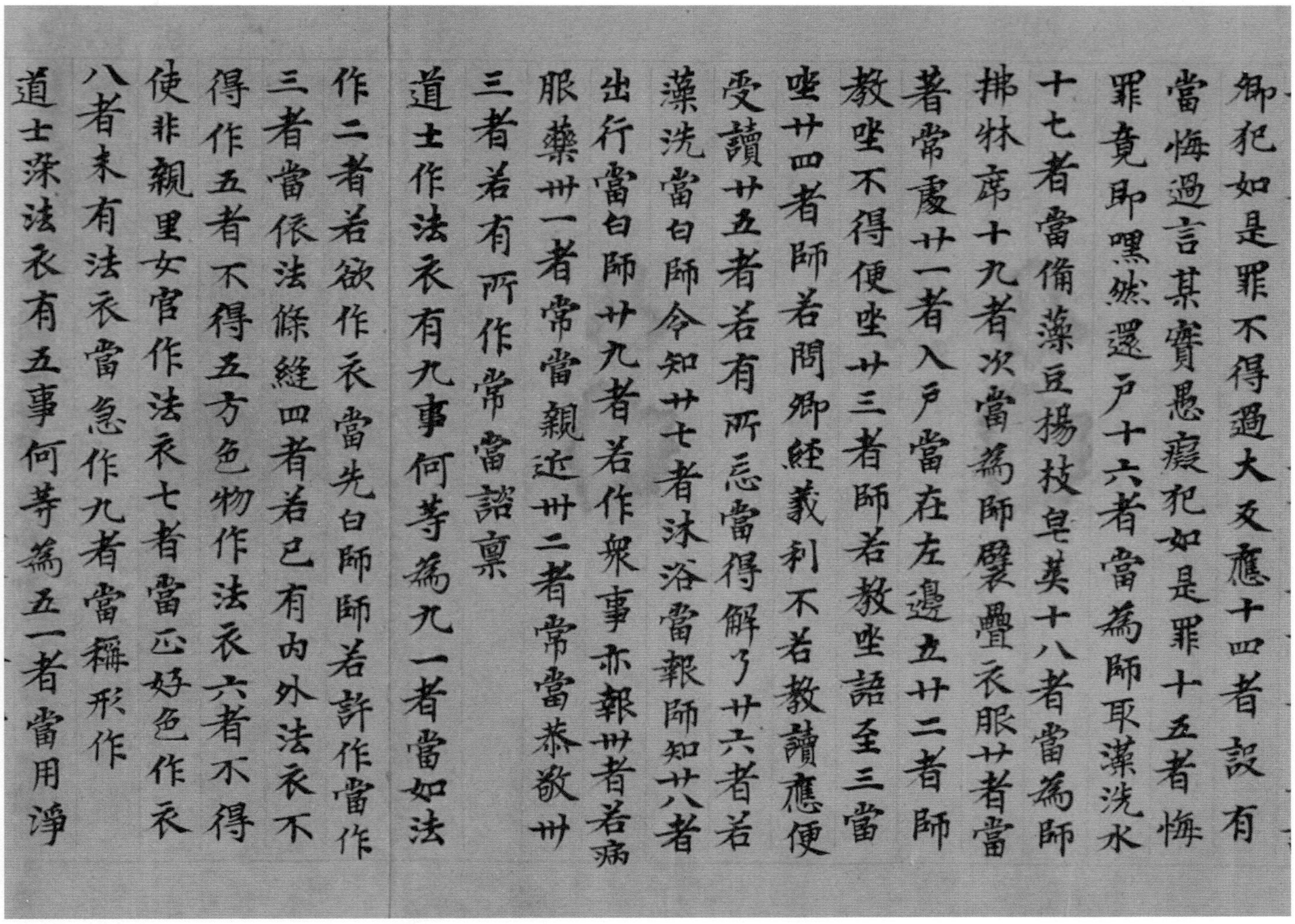

卿犯如是罪不得過大叉應十四者設有當悔過言某實愚癡犯如是罪十五者悔罪竟即嘿然還戸十六者當爲師取澡洗水十七者當備澡豆揚枝皂莢十八者當爲師拂牀席十九者次當爲師襞疊衣服廿者當著常處廿一者入户當在左邊立廿二者師教坐不得便坐廿三者師若教坐語至三當坐廿四者師若問卿經義利不若教讀應便受讀廿五者若有所忘當得解了廿六者若澡洗當白師令知廿七者沐浴當報師知廿八者出行當白師廿九者若作衆事亦報卅者若病服藥卅一者常當親近卅二者常當恭敬卅三者若有所作常當諮稟

道士作法衣有九事何等爲九一者當如法作二者若欲作衣當先白師師若許作當作三者當依法條縫四者若已有内外法衣不得作五者不得五方色物作法衣六者不得使非親里女官作法衣七者當正好色作衣八者未有法衣當急作九者當稱形作

道士深法衣有五事何等爲五一者當用淨

器二者當作屏處三者灑之當令乾淨而既
四者當數看視五者燥即攝取
道士著法衣有七事何等爲七一者不得懷
肘入他舍二者不得不周正法衣入人門三者
不得左右顧衣以爲好入人門四者不得露
內衣襠法衣入人門五者當正持威儀無令
如王大臣廣步掉臂行六者法衣不得拯長
短七者泥中當手舉衣
道士不應著法衣有十六事何等爲十六一者
作館舍事二者作餘穢事三者補未竟四
者浣未燥五者大風六者雨墮七者大水八
者大火九者盜賊十者与雜人事十一者泥
濕十二者霧露十三者不淨十四者天陰十
五者入山十六者遠行
道士暴法衣有五事何等爲五一者風起不
得暴二者六日一暴三者不得當人逕四者
不得大久五者不得即襞且當熱歇
道士浣衣有十三事何等爲十三一者不得
持足踐二者不得兩手皆挼三者不得持衣
被戲人四者不得非其人浣濯五者不得襞

著席下六者著淨處七者持人當著常處
八者不得襞法衣服卧上九者不得無法衣
入衆坐會十者衣法不具不得入觀宇十一
者至舍後未澡手不得著十二者至舍後未
用水不得上觀堂十三者至舍後當脫法服
道士欲出行有四事何等爲四一者當頭面
著地作礼二者當正作如事訖三者已可當
作礼四者若師呵止不得違
道士入浴室有廿事何等爲廿一者當低頭
入不得上向二者當隨次路勿當目前三者
不得水相澆四者不得持水澆人五者不得
呵人多少六者不得多用人水七者不得於
中浣手巾衣八者浴已即出去九者師在中
不得入十者師浴當入揩之十一者師浴當
持衣往外待十二者已出易衣當取浴布
浣之十三者欲自入浴當報十四者當用土
十五者當用藻豆十六者當用灰十七者當
用湯已乃用水十八者當以水洗浴處十九
者不得住上坐前廿者不得當風住廿一者
當急入室

道士入温室有廿一事何等為廿一一者當隨次坐二者各自讀經三者當思惟念道四者不得妄起至上坐前五者不得与下坐共說世事六者聞磬聲當先礼七者當礼上坐八者不得至上坐處坐九者不得左右顧語十者不得唾汙淨地十一者不得呵叱下坐十二者不得呵人火十三者不得數起出入十四者行不得使足有聲十五者出當反牽戶閉之十六者不得大排戶使有聲十七者自讀經不得中語十八者讀經時不得妄語十九者讀經未竟不得數起廿者不得亂人意思廿一者讀經未竟不得便卧去

道士入涼室有九事何等為九一者當礼坐二者當如法坐三者不解法衣著坐上四者不得聚言笑五者上坐說經當至心聽六者人說經者是非不得中斷人說七者已竟徐起問疑八者不得諍經以惡意相向九者不得瞋恚卧人牀上

道士問經有三事何等為三一者人身安隱應問二者人歡喜時應問三者人自說經隨時因緣應問

道士為女人說經有三事何等為三一者女人不得孤來問經不得持婬意向二者女人聽經不得隱於帷幄中三者不得獨居靜處与女人言

道士新至有十三德何等為十三一者作礼已當却問觀主姓字二者上坐當礼下坐問消息三者不得問止處四者人与牀席卧具不得呵好醜五者當易供養六者不得諍經七者不得自在出入八者欲去有卧具付主人九者當憂衆十者不得妄用觀中淨水十一者不得妄至人戶十二者不得迸行十三者不得踰越觀中牀上

舊住道士當以十一事待新至道士一者當避路與戶二者當與所須三者朝暮往問訊慰勞四者當語以國土習俗五者當教避諱六者當語求索處所七者語某可食八者當語縣官禁忌九者當語盜賊其處有无十者當語朝夕恭勤无有懈怠十一者當語專心請勿生退轉

道士為人師當以十五事教弟子一者諸道士會時當令如法視上下二者衆有制令當語令莫犯三者當教隨衆四者當教行恭敬五者當語國土方俗忌諱所可食物應介不介六者當語求索處所七者若有盜賊處應亦八者病疾當占視九者衣被破壞當給与十者若有去心不得留難十一者當相視今十二者當隨方便所往十三者來有所問當荅讓十四者欲澆灑地常當謙卑十五者有過不得言我不復與卿語是為依師法

道士為人弟子事師有十事何等為十一者當數往二者往至當三磬欬三者當政面礼四者當長跪問消息五者去當還向出戶六者旦夕往問訊七者師呼即著法衣應往八者當掃地具澡水拂牀九者若自有所作若出入行必當報十者往受經問解義不得不應有恨意

道士欲畜弟子有十事何等為十一者當知諸經律二者當知戒三者當知經四者當有慧五者當有德六者當持戒七者當不犯戒八者當能解經九者當忍辱十者當自守

道士有弟子當教五事一者弟子作衆事未竟不得呼使二者不得令弟子求賢者長短三者不得信弟子語四者不得於衆中大聲罵弟子五者不得獨使當令給衆法事

道士有三事不應弟子共居一者愛端政二者見之欲瞋三者疾病

道士有三事應逐弟子一者言犯戒無罪二者言無聖道三者向人說師善惡

道士欲遠行持弟子寄人有五事何等為五一者先問弟子可汝意不二者汝事主能可人意不三者呵罵不得言非我師罵我四者承事主如視我五者如法教汝不得捨去

道士將弟子至主許寄時有五事一者當教頭面礼二者教自歸三者當言卿視我弟子當如卿弟子四者我行來還自當歸我五者我无常長屬卿

道士受人寄弟子有五事何等為五一者當教讀經二者教莫犯戒三者當教隨衆上下四者教行步法則五者教恭敬衆人

道士飯時有五事何等爲五一者上坐未坐
不得先坐二者上坐未受案不得先受三者
上坐未飯不得先飯四者上坐飯未已不得
先止五者上坐未起不得先起
道士受食案有十四事何等爲十四一者當
持手巾并受二者當開閤中尺六寸三者不
得左右顧視四者左右手不得有所携持
五者不得大呼有所求索六者人未授物不
得身手求七者不得食上唾上坐前八者不
得以手摩面目九者不得不淨手政法衣十
者若人來有所益當以指隨之十一者不見
來時不應食十二者若意欲唾可反履唾之
十三者以澡漱不得復持履十四者已持履
自知手汙不取拭者不得以持衣
道士飯竟澡漱有十二事何等爲十二一者
不得指挑橑口中二者不得涕鼻大嗽唾
地中三者漱口不得令中有飯四者不得
大奮手汙左右人五者持手巾不得教
濕當先孰摩手六者不得奮濕取燥七
者不得以拭面目鼻口八者不言我自有

不取持去九者常當如法用之十者已拭
手燥即當藏去十一者下坐澡未竟不得呵
令使來十二者上坐爲人說法當正坐聽
道士爲衆持澡罌盤有廿二事何等爲廿
二一者手不淨不得捉二者手不淨不得
捉上蓋三者手不淨不得前捉口四者手不
淨不得使蓋水五者手不淨不得捉持頸
六者當從下捧腹七者水少且當洗使
淨八者當出蓋水九者欲蓋水先澡外三洗
令淨十者欲著水當三例易水滿持入十
一者欲持入不得當道住十二者安著屏
處十三者常當使有揚技十四者安之當正
上蓋十五者宿戒水令滿十六者持澡罌不
得使相著有聲十七者不得使上邊汙十
八者不得使中有飯十九者弃不淨水廿者
弃水不得速手徐寫之廿一者澡罌當先
澡內外使淨廿二者持澡罌手不淨不得
中心持漱口
道士常用手巾有五事何等爲五一者當
拭上下頭二者當用一面拭手以一頭拭面

目三者不得拭鼻四者以用拭贓汙當即
浣五者不得以拭身體若沐浴各當自有
異巾
道士為衆知事人有十二事何等為十二一
者用法教二者惜衆物三者當知衆事四
者不得以法物迴衆用五者欲有所作當白
報衆六者不得割截衆物獨遥自入七者不
得持衆人物私意餽益親厚知識不得斷取
衆物以遥施用作名字勝上當數斷理衆
家卧具八者若有病瘦當占視隨所思得与
之老者常恭敬瞻視衆亦當監令作食每
使潔淨九者當營隨衆所樂食十者不得
坐自瞋噫十一者欲行清淨不得露身十
二者日暮常當自起案行門戶
道士飯於堂中行十三事何等為十三一
者有所分布皆當白衣二者有所布皆當
始學三者平等行之四者分羹先三迴汁乃
斟令汁滓調五者有所分不得於上語笑
六者不得遥大呼言取某來七者衆中不
食美者為取所便與之八者若衆中不相便

可者不得即於坐中呵之九者急當念養病
十者飯時人持物來當即分布盡之不得
言當遺後日十一者急先益羹十二者急當
益中飯盡者不十三者當視所不具
道士於竈下有十九事何等為十九一者盡
力忍辱二者若人從有所索有即當与不得
逆言无有三者常當早起視具不四者一切
使人行若有所買不得迮走五者若欲呼
使人行若有所買不得迮走六者若欲呼
使人不得遥大作聲呼七者一切有所作不得
使物器有聲八者一切當可衆人意不得自在
九者汲水不得大投瓶井中令水濁十者不
得自擇米十一者藻釜三易水令淨十二者
勿持釜中熱湯澆漬中十三者不得自炊十四
者不得自掃生草斷去根十五者不得以生
菜根弃著火中十六者不得持飯瀉漬中十
七者一切食具皆覆上不得使受塵十八者
不得持衆物倚身以作恩惠十九者不得分
令日食遺旦日
道士有七事待新至道士何等為七一者來

至郢當問消息二者當為次坐上下三者當給
与房室四者當給与卧具被枕五者當給与
燈火六者當語道士教令七者當語國土習
俗
道士使人市買有九事何等為九一者當教
買淨者二者莫使侵人三者不得忘走捉人
四者當獲人意五者口不二價六者不得侯
情貴賤七者不得因市别處遊行八者不得
以所買物置不淨處九者當念与人作市无
殆慢心
道士教人汲水有五事何等為五一者當使
先淨澡罌二者當使著屏處三者當覆上令
淨四者不得持臟滓五者若人以滓不得復
用
道士教人破薪有五事何等為五一者莫當
道二者先視斧柄令堅三者不得破有青
草薪四者不得妄破衆家材梓五者積著
燥處
道士教人擇米有五事何等為五一者當自
量視多少二者不得有草三者擇鼠屎四
者不得令有穢五者向淨地
道士教人洗米有五事何等為五一者當用
堅器二者用淨水三者五易水令淨四者内
著屏處五者覆上令密
道士教澡釜有五事何等為五一者不得持
水大撞釜底二者當使盈器受滓水出弃之
三者當滿水四者淨澡木蓋覆上五者暮覆
之當令堅
道士教人莊米有五事何等為五一者當教
待氣出所莊二者當隨氣上米稍稍炊之
三者安甑不得令氣泄四者著米甑中當
隨覆上五者已熟下之亦當覆上莫使
露
道士使人擇菜有五事何等為五一者當去
根二者當令等三者不得令青黄合四者當
使澡淨五者皆當著淨處
道士教人作羹有五事何等為五一者當教
如次内物二者令熟三者令味調四者當自
觀令淨潔五者已熟當去下火覆之
道士掃觀中有七一者當先灑地二者當使

調三者當待燥四者不得迮掃五者不得迮
風掃六者當以手拈中草去七者當取中土
轉著下處
諸道士應聚會有五事何等為五一者當早
起行視門戶開未二者當撿空燈內之三者當
拭案撿四者當燒香五者當作大燈火著法
堂中
道士灑地有五事何等為五一者當却行二
者當輕手三者當令遍四者當待燥五者
不得涛人衣
道士掃地有五事何等為五一者不得背經
二者不得大掉手涛人足三者不得掃去土
四者當自手徐出弃之五者不得當人道亦
莫水弃清中
道士曠然燈有五事何等為五一者當持淨
布掃中外令淨二者當作淨炷三者當自作
麻油四者著油不得令滿亦不得少五者當
譏令堅莫懸妨人道涛人
道士為眾知一年任事有九事何等為九一
者為三寶盡力二者若有道士從方來當迎
安隱三者當給與牀席若燈火三日至七日
四者設戶皆滿常自避持處与之五者當數
往問訊占視六者當為說國土習俗七者當
憂所不具足者八者若中有共爭者不得有
所助常當和解令安隱九者若宿与不相便
安不得於眾中訶罵
道士為小知事有廿事何等為廿一者欲鳴
磬當先視早晚二者常當報上坐日三者常
當須待主人視食具未四者當令眾人意五
者當次諸道士坐處不得數起六者不得正
對眾坐七者先自彈罰八者語且須人意九
者白事不得增減人語十者若有所分皆當
調等十一者若眾中有不如法者不應便自
於眾中呵罵十二者不得違眾正令十三
者不得數出行動十四者事畢當從眾誨若
語言不可分布不等乞餘罪十五者白恢已
不得先出去十六者朝暮當行覲病瘦十七
者當日行問訊上坐諸大人十八者當時往
至篤信主人家勞問十九者若有遠行諸
道士來當安隱之廿者若同學中有命盡者

當占視遠送之

道士踞坐有五事何等爲五一者不得交足二者不得雙前兩足三者不得却隱四者不得丈柱一足五者不得上下足

道士淨住有十四事何等爲十四一者不得袒軀入衆二者不得著履入衆三者不得當講堂戶中住觀諸士四者不得踞戶外聽諸道士語五者不得住戶中大呼坐上人六者設講當戶已閉不得排開急入七者當低頭從上至下坐八者不得排奪人處九者勿道說外因緣十者已安坐不得語諸道士今日會何大太早十一者衆議事不得亂語十二者不得妄嚅前地十三者不得持手捧膝十四者不得張口

道士至舍後有廿五事何等爲廿五一者欲大小便當行二者行時不得道爲某事亦勿爲上坐作礼亦勿受人礼三者往時當直低頭視地四者往當三謦欬五者上已有人欬不得迫六者已上正謦欬乃踞七者正踞中八者不得一足前一足後九者不得令身倚

十者斂衣不得使垂圊中十一者不得大咽使面赤十二者當直視前不得顧聽十三者不得涕地十四者不得低頭視圊中十五者不得視陰十六者不得以手持陰十七者不得畫地作字十八者不得以草畫壁作字十九者用水不得大費廿者用水不得汙濺廿一者用水不得使前手著後手廿二者用土當三過廿三者當用澡豆廿四者三過水廿五者設見水草土盡當語直日主者若自手取爲善

神人所說三元威儀觀行經卷第二

S. 1267

當恒作利益意十者當以己所解盡心教授
十一者當稍稍授十二者當教人經法十三
者當自脩道行十四者常能致物情十五者
己之所解不得隱匿畏己法盡徒衆分散
十六者若得布施當言皆為衆人來非我德
招十七者當自占視病瘦毉藥令等十八者
有弟子當能衣食十九者當能教經文句廿
者當能為解經令知廿一者有所問當能報
語廿二者當恒為說罪惡示教利喜廿三者
當能教黠慧如我勝我廿四者當能教令守
戒廿五者當教令識邪正廿六者當教曉解
戒相廿七者當令能得諸弟子意廿八者若有
之短當供給所須廿九者當具有戒德卅者當
具解慧卅一者當自精進持戒卅二者當能分
別為說罪福卅三者應當教諷誦經卅四者
當教解深義卅五者當親近善知識遠離
離 離

S. 5308

道士為衆持澡盥盆有廿二事何等為廿
二一者手不淨不得捉二者手不淨不得
捉上蓋三者手不淨不得前捉口四者手不
淨不得使蓋水五者手不淨不得捉持頭
六者當[illegible]且當洗使
淨八者當出蓋水九者欲蓋水先澡外三洗
令淨十者欲著水當三側易水滿持入十
一者欲持入不得當道住十二者安著屏
處十三者常當使有揚枝十四者安之當正
上蓋[illegible]十六者持澡槃不
得使相著有聲十七者不得使上邊汙十
八者不得使中有飯十九者弃不淨水廿者
弃水不得速手徐寫之廿一者澡槃當先
澡內外使淨[illegible]手不淨不得
中正持漱口
道士常用手巾有五事何等為五一者當
拭上下頭二者當用一面拭手以一頭拭面
目三者不得拭鼻四者以用拭膩汙當即
浣五者不得以拭身體若沐浴各當自有

巽巾
道士爲衆知事人有十二事何等爲十二一
者用法教二者措衆[…]三者當知衆事四
者不得以法物迴[…]用五者欲有所作當自
報衆六者不得割截衆物獨匿自入七者不
得持衆人物私意饒益親厚知識不得斷取
衆物以匿施用作名字牓上當數料理衆
家臥具[…]視隨所思得与
之老者常恭敬瞻視衆亦當監令作食無
使潔淨九者當營隨衆所樂食十者不得
坐自瞋喜十一者欲行清淨不得露身十
二者日暮常當自[…]行門戶
道士飯於堂中行十三事何等爲十三一
者有所分布皆當白衆二者有所布皆當
始學三者平等行之四者分羹先三迴汁乃
斟令汁滓調五者有所分不得於上語笑
六者不得遥大呼言取[…]来七者衆中不
食美者爲取所便與之八者若衆中不相便
可者不得即於坐中呵之九者急當念養病
十者飯時人持物来當即分布盡之不得

言當遺[…]盃羹十二者急當
盖中飯盡者不十三者當視所不具
道士於竈下有十九事何等爲十九一者盡
力忍辱二者若人從有所索有即當与不得
逆言无有三者常[…]見具不四者一切
使人行若有所買不得追走五者若欲呼
使人行若有所買不得追走六者若欲呼
使人不得遥大作聲呼七者一切有所作不得
使物器有[…]衆人意不得自在
九者汲水不得大捉瓶井中令水濁十者不
得自擇米十一者藻釜三易水令淨十二者
勿持釜中熱湯澆瀆中十三者不得自炊十四
者不得自[…]十五者不得以生
菜根弃著火中十六者不得持飲瀉瀆中十
七者一切食具皆覆上不得使受塵十八者
不得持衆物倚身以作恩惠十九者不得分
今日食遺[…]
道士有七事待新至道士何等爲七一者来
至即當問消息二者當爲次坐上下三者當給
与房室四者當給与臥具被枕五者當給与

燈火六者當[illegible]語[illegible]七者當語國主習
俗
道士使人市買有九事何等為九一者當教
買淨者二者莫使侵人三者不得忘[illegible]捉人
四者當獲人意[illegible]二價六者不得侠
情貴賤七者不得因市別處遊行八者不得
以所買物置不淨處九者當念与人作市无
殆慢心
道士教人汲水有[illegible]何等為五一者當使
先淨澡器二者當使著屏處三者當覆上令
淨四者不得持臓涔五者若人以涔不得復
用
道士教人破薪有[illegible]何等為五一者莫當
道二者先視斧柄令堅三者不得破有青
草薪四者不得妄破衆家村柱五者積著燥
處
道士教人擇米有五事何等為五一者當自
量視多少二者不得有草三者擇鼠屎四
者不得令有穬五者向淨地
道士教人洗米有[illegible]何等為五一者當用
堅器二者用淨水三者五易水令淨四者內
著屏處五者覆上令密
道士教澡釜有五事何等為五一者不得持
水大撞釜底二者當[illegible]盈器受涔水出弃之
三者當滿水四者淨澡木蓋覆上五者暮覆之
當令堅
道士教人莊米有五事何等為五一者當教
待氣出所莊二者當隨氣上米稍稍炊之
三者安正甑不得令氣泄四者著米甑中當
隨覆上五者已熟下之亦當覆上莫使
露
道士使人擇菜有五事何等為五一者當去
根二者當令等三者不得令青黃合四者當
使澡淨五者皆當著淨處
道士教人作羹有五事何等為五一者當教
如次內物二者令熟三者令味調四者當自
觀令淨潔五者已熟當去下火覆之
道士掃觀中有七一者當先灑地二者當使
調三者當待燥四者不得逆掃五者不得逆
風掃六者當以手拈中草去七者當取中土

轉著下處
諸道士應聚會有五事何等爲五一者當早
起行視門戶開未二者當撿室燈內之三者當
拭案撿四者當燒香五者當住大燈火著法
堂中
道士灑地有五事何等爲五一者當却行二
者當輕手三者當令遍四者當待燥五者不
得洿人衣
道士掃地有五事何等爲五一者不得背經
二者不得大棹手洿人足三者不得掃去土
四者當自手除出弃之五者不得當人道亦
莫水弃清中
道士暝然燈有五事何等爲五一者當持淨
布掃中外令淨二者當住淨炷三者當自住
麻油四者著油不得令滿亦不得少五者當
護令堅莫懸妨人道洿人
道士爲衆知一年任事有九事何等爲九一
者爲三寶盡力二者若有道士從方來當迎
安隱三者當給與牀席若燈火三日至七日
四者設戶皆滿常自避持處与之五者當數
往問訊占視六者當爲說國土習俗七者當
憂所不具足者八者若中有共爭者不得有
所助常當和解令安隱九者若宿与不相便
安不得於衆中訶罵
道士爲小知事有廿事何等爲廿一者欲鳴
磬當先視早晚二者常當報上坐日三者常
當須待主人視食具未四者當令衆人意五
者當次諸道士坐處不得數起六者不得正
對衆坐七者先自彈罸八者語且須人意九
者白事不得增減人語十者若有所分皆當
調等十一者若衆中有不如法者不應便自
於衆中呵罵十二者不得遠衆正令十三
者不得數出行動十四者事畢當從衆誨若
語言不可分布不等乞餘罪十五者白收已
不得先出去十六者朝暮當行觀病瘦十七
者當日行問訊上坐諸大人十八者當時往
至萬信主人家勞問十九者若有遠行諸
道士來當安隱之廿者若同學中有命盡者
當占視遠送之
道士踞坐有五事何等爲五一者不得交足

二者不得雙前兩足三者不得却隱四者不
得丈柱一足五者不得上下足
道士淨住有十四事何等為十四一者不得
祖軀入衆二者不得著屐入衆三者不得當
講堂戶中住觀諸士四者不得踞戶外聽諸
道士語五者不得住戶中大呼坐上人六者
設講堂戶已閉不得排開急入七者當低頭
從上至下坐八者不得排奪人處九者勿道
說外因緣十者已安坐不得語諸道士令日
會何大太早十一者衆議事不得亂語十二
者不得妄唾前地十三者不得持手捧膝十
四者不得張口
道士至舍後有廿五事何等為廿五一者欲
大小便當行二者行時不得道為其事亦勿
為上坐作礼亦勿受人礼三者往時當直低
頭視地四者往當三謦欬五者上已有人欬
不得迫六者已上正謦欬乃踞七者正踞中
八者不得一足前一足後九者不得令身倚
十者斂衣不得使垂圊中十一者不得大咽
使面赤十二者當直視前不得顧聽十三

者不得涕地十四者不得低頭視圊中十五
者不得視陰十六者不得以手持陰十七者
不得畫地作字十八者不得以草畫壁作字
十九者用水不得大費廿者用水不得汙滿
廿一者用水不得使前手著後手廿二者用
土當三過廿三者當用澡豆廿四者三過水
廿五者設見水草土盡當語直日主者若
自手取為善

神人所說三元威儀觀行經卷第二

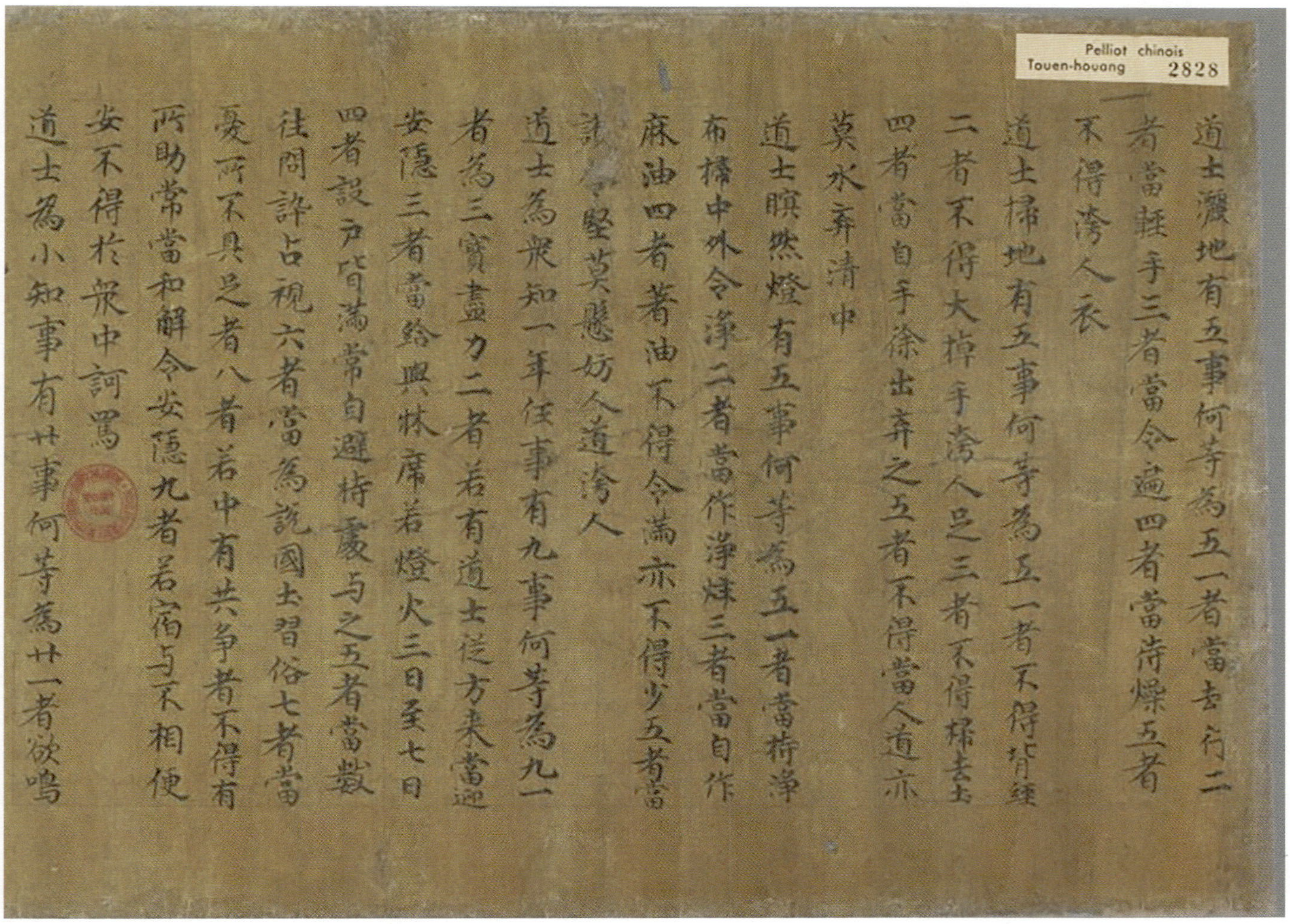
道士灑地有五事何等爲五一者當𨚫行二
者當輕手三者當令遍四者當徛燥五者
不得濺人衣
道士掃地有五事何等爲五一者不得背經
二者不得大掉手濺人足三者不得掃去土
四者當自手除出弃之五者不得當人道亦
莫水弃清中
道士瞑然燈有五事何等爲五一者當椅淨
布播中外令淨二者當作淨炷三者當自作
麻油四者著油不得令滿亦不得少五者當
誡堅莫懸妨人道濺人
道士爲衆知一年任事有九事何等爲九一
者爲三寶盡力二者若有道士從方來當迎
安隱三者當給與牀席若燈火三日至七日
四者設戶皆滿常自避持處与之五者當數
往問訊占視六者當爲說國土習俗七者當
憂所不具足者八者若中有共爭者不得有
所助常當和解令安隱九者若宿与不相便
安不得於衆中訶罵
道士爲小知事有廿事何等爲廿一者欲鳴

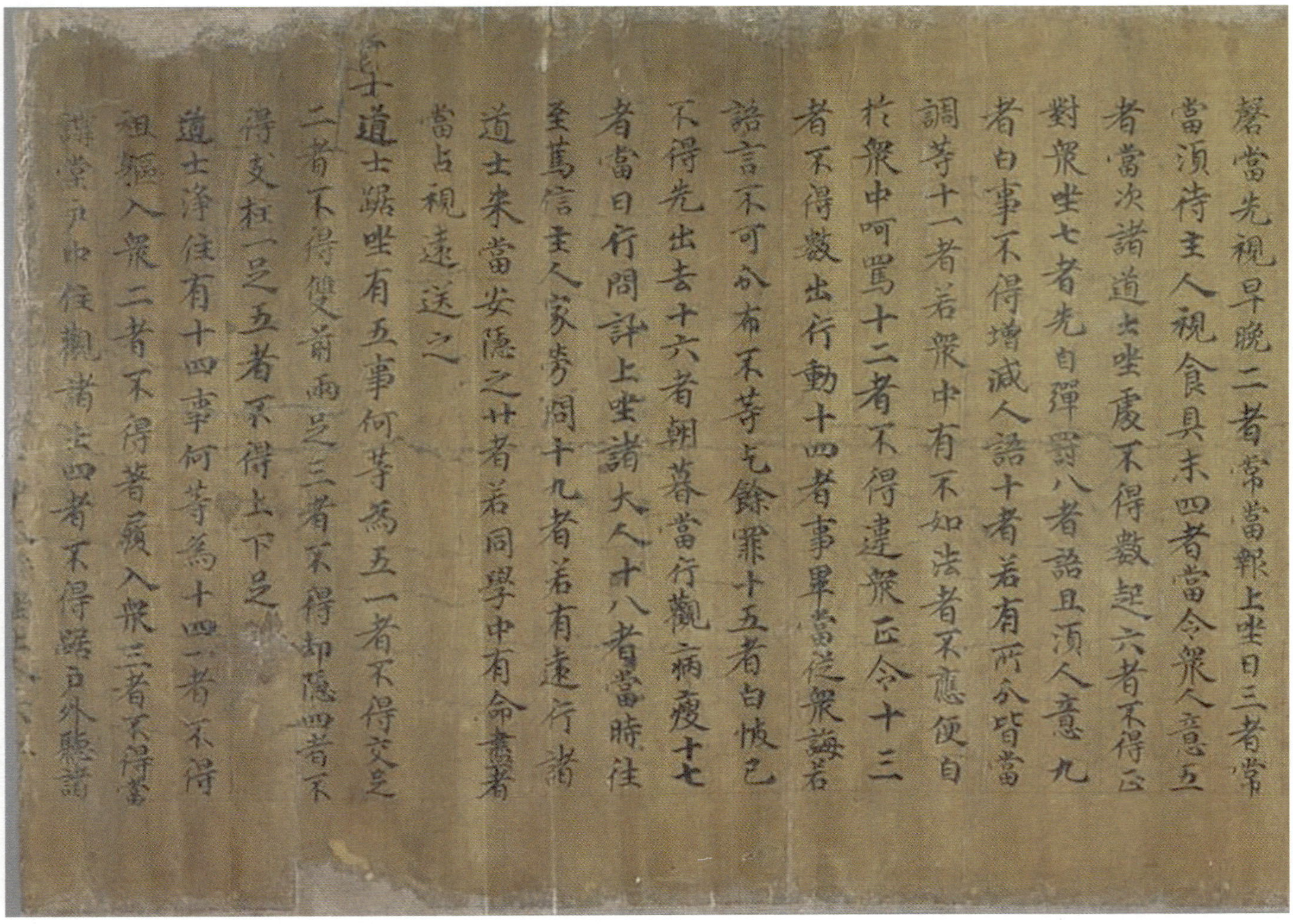
磬當先視早晚二者常當報上坐日三者常
當須待主人視食具未四者當令衆人意五
者當次諸道士坐處不得數起六者不得正
對衆坐七者先自彈罰八者語且須人意九
者白事不得增減人語十者若有所分皆當
調等十一者若衆中有不如法者不應便自
於衆中呵罵十二者不得違衆正令十三
者不得數出行動十四者事畢當從衆悔若
語言不可分布不等乞餘罪十五者白悵已
不得先出去十六者朝暮當行覲病瘦十七
者當日行問訊上坐諸大人十八者當時往
至篤信主人家旁閭十九者若有遠行諸
道士來當安隱之廿者若同學中有命盡者
當占視遠送之
道士踞坐有五事何等爲五一者不得交足
二者不得雙前兩足三者不得却隱四者不
得支柱一足五者不得上下足
道士淨住有十四事何等爲十四一者不得
袒軀入衆二者不得著履入衆三者不得當
講堂戶中住觀諸法四者不得踞戶外聽講

釋文

(P.2410)

神人所說三元威儀觀行經卷第二

道士問經有十事，何等為十？一者，當如法卑/下牀問；二者，不得共坐而請；三者，有不解/當直問；四者，不得思憶外因緣；五者，設解當頭/面著地，作礼反向出户；六者，不得唾人浄地/；七者，不得咄狗；八者，若徒倚；九者，如法呵之/，不得怨師；十者，應歎讚/。

道士為人師，備卌三事，何等為卌三？一者，當/知戒；二者，當知持戒；三者，不犯戒及威儀；四者，當知輕(一)；五者，當知犯不犯相；六者，當自守/持；七者，當恒護惜威儀；八者，當敬經法；九者/，當恒作利益意(二)；十者，當以己所解，盡心教授/；十一者，當稍稍授；十二者，當教人經法；十三/者，當自脩道行；十四者，常能致物情；十五者/，己之所解，不得隱匿，畏己法盡，徒衆分散/；十六者，若得布施，當言皆為衆人来，非我德/招；十七者，當自占視病瘦，毉藥令等；十八者/，有弟子，當能衣食；十九者，當能教經文句；廿/者，當能為解經令知；廿一者，有所問，當能報/語；廿二者，當恒為説罪悪，示教利喜；廿三者/，當能教黠慧，如我勝我；廿四者，當能教令守/戒；廿五者，當教令識邪正；廿六者，當教曉解/戒相；廿七者，當令能得諸弟子意；廿八者，若有/之短，當供給所須；廿九者，當具有戒德；卅者，當/具解慧；卅一者，當自精進持戒；卅二者，當能分/別為説罪福；卅三者，應當教諷誦經；卅四者/，當教解深義；卅五者，當親近善知識，遠離(三)/悪知識；卅六者，當教令恭敬；卅七者，當教令莫/違大德教令；卅八者，當教令朝暮問訊同/止大德；卅九者，有罪當教如法悔；卌者，當晝/夜教誨，無令於道生厭退心；卌一者，當知弟/子入出處所；卌二者，當教弟子，師教坐，三語/乃坐；卌三者，當教動止得所；卌四者，當一/平等，善取人心/。

道士事師有卅三事，何等為卅三？一者，當畏/師；二者，當隨師教戒；三者，當從意；四者，當識/師語；五者，不得違師教；六者，當朝暮往問訊/；七者，問安否；八者，當著法服；九者，至户當三/謦欬；十者，不得縱横入；十一者，當作礼；十二/者，當長跪問消息；十三者，師語言某人来説卿/犯如是罪，不得過大反應；十四者，設有/當悔過，言某實愚癡，犯如是罪；十五者，悔/罪竟，即嘿然還户；十六者，當為師取藻洗水/；十七者，當備藻豆，楊枝，皂莢；十八者，當為師/拂牀席；十九者，次當為師襞疊衣服；廿者，當/著常處；廿一者，入户，當在左邊立；廿二者，師/教坐，不得便坐；廿三者，師若教坐，語至三當/坐；廿四者，師若問卿經義利不，若教讀，應便/受讀；廿五者，若有所忘，當得解了；廿六者，若/藻洗，當白師令知；廿七者/，沐浴當報師知；廿八者，出行當白師；廿九者，若作衆事亦報；卅者，若病/，服藥；卅一者，常當親近；卅二者，常當恭敬；卅/三者，若有所作，常當諮稟/。

道士作法衣有九事，何等為九？一者，當如法/作；二者，若欲作衣，當先白師，師若許作當作/；三者，當依法條縫；四者，若已有内外法衣，不/得作；五者，不得五方色物作法衣；六者，不得/使非親里女官作法衣；七者，當正好色作衣/；八者，未有法衣，當急作；九者，當稱形作/。

道士染法衣有五事，何等為五？一者，當用浄/器；二者，當作屏處；三者，灑之，當令乾浄而堅/；四者，當數看視，五者，燥即攝取/。

道士著法衣有七事，何等為七？一者，不得攘/肘入他舍；二者，不得不周正法衣入人門；三者/，不得左右顧衣以為好入人門；四者，不得露/内衣襜法衣入入門；五者，當正持威儀，無令/如王大臣，廣步掉臂行；六者，法衣不得極長/短；七者，泥中當手舉衣/。

道士不應著法衣有十六事，何等為十六？一者/，作館舍事；二者，作餘穢事；三者，補未竟；四/者，浣未燥；五者，大風；六者，雨墮；七者，大水；八/者，大火；九者，盜賊；十者，与雜人事；十一者，泥/濕；十二者，霧露；十三者，不浄；十四者，天陰；十/五者，入山；十六者，遠行/。

道士暴法衣有五事，何等為五？一者，風起不/得暴；二者，六日一暴；三者，不得當人逕；四者，不/得大久；五者，不得即襞，且當熱歇/。

道士浣衣有十三事，何等為十三？一者，不得/持足踐；二者，不得兩手苦挼；三者，不得持衣/被戲人；四者，不得非其人浣濯；五者，不得襞/著席下；六者，著浄處；七者，持人當著常處/；八者，不得襞法衣服卧上；九者，不得無法衣/入衆坐會；十者，衣法不具，不得入觀宇；十一／者，至舍後，未澡手不得著；十二者，至舍後，未／用水不得上觀堂；十三者，至舍後，當脱法服／。

道士欲出行有四事，何等為四？一者，當頭面／著地作礼；二者，當正作如事説；三者，已可，當／作礼；四者，若師呵，心不得違／。

道士入浴室有廿事，何等為廿？一者，當伍頭／入，不得上向；二者，當隨次路，勿當目前；三者／，不得水相澆；四者，不得持水澆火；五者，不得／呵火多少；六者，不得多用人水；七者，不得於／中浣手巾衣；八者，浴已即出去；九者，師在中／，不得入；十者，師浴，當入揩之；十一者，師浴，當／持衣往外待；十二者，已出易衣，當取浴布／浣之；十三者，欲自入浴當報；十四者，當用土／；十五者，當用藻豆；十六者，當用灰；十七者，當／用湯，已，乃用水；十八者，當以水洗浴處；十九／者，不得往上坐前；廿者，不得當風住；廿一者／，當急入室／。

道士入溫室有廿一事，何等為廿一？一者，當隨／次坐；二者，各自讀經；三者，當思惟念道；四者／，不得妄起，至上坐前；五者，不得与下坐共説／世事；六者，聞磬聲，當先礼；七者，當礼上坐；八／者，不得至上坐處坐；九者，不得左右顧語；十／者，不得唾汙浄地；十一者，不得呵叱下坐；十／二者，不得呵人火；十三者，不得數起出入；十／四者，行不得使足有聲；十五者，出當反牽／户閇之；十六者，不得大排户使有聲；十七者，自／讀經，不得中語；十八者，讀經時，不得妄語；十／九者，讀經未竟，不得數起；廿者，不得亂人／意思；廿一者，讀經未竟，不得便卧去／。

道士入凉室有九事，何等為九？一者，當礼坐／；二者，當如法坐；三者，不解法衣著坐上；四者／，不得聚言笑；五者，上坐説經，當至心聽；六者／，人説經者，是非不得中斷人説；七者，已竟，徐／起問疑；八者，不得諍經，以悪意相向；九者／，不得瞋恚卧人牀上／。

道士問經有三事，何等為三？一者，人身安隱／，應問；二者，人歡喜時，應問；三者，人自説經，隨／時因緣，應問／。

道士為女人説經有三事，何等為三？一者，女／人不得孤来問經，不得持婬意向；二者，女人／聽經，不得隱於帷幄中；三者，不得獨居静處／与女人言／。

道士新至，有十三德，何等為十三？一者，作礼／已，當却問觀主姓字；二者，上坐，當礼下坐，問／消息；三者，不得問止處；四者，人与牀席卧具／，不得呵好醜；五者，當易供養；六者，不得諍經／；七者，不得自在出入；八者，欲去，有卧具付主／人；九者，當憂衆；十者不得妄用觀中浄水；十／一者，不得妄至人户；十二者，不得逆行；十三／者，不得踰越觀中牀上／。

舊住道士當以十一事待新至道士。一者，當／避路與户；二者，當與所須；三者，朝暮往問訊／慰勞；四者，當語以國土習俗；五者，當教避諱；六／者，當語求索處所；七者，語某可食；八者，當語／縣官禁忌；九者，當語盜賊其處有无；十者／，當語朝夕恭勤，无有懈怠；十一者，當語專心／，請勿生退轉／。

道士為人師，當以十五事教弟子。一者，諸道／士會時，當令如法視上下；二者，衆有制令，當／語令莫犯；三者，當教隨衆；四者，當教行恭敬／；五者，當語國土方俗忌諱，所可食物，應尔不／尔；六者，當語求索處所；七者，若有盜賊處，應／示；八者，病疾，當占視；九者，衣被破壞，當給与／；十者，若有去心，不得留難；十一者，當相視人；十／二者，當随方便所往；十三者，来有所問，當荅／讓；十四者，欲澆灑地，常當謙卑；十五者，有過／，不得言我不復與卿語。是為依師法／。

道士為人弟子，事師有十事，何等為十？一者／，當數往；二者，往至，當三聲欬；三者，當政面礼／；四者，當長跪問消息；五者，去當還向出户；六／者，旦夕往問訊；七者，師呼即著法衣應往；八／者，當掃地，具澡水，拂牀；九者，若自有所作，若／出入，行止當報；十者，往受經問解，義不得，不／應有怨意／。

道士欲畜弟子有十事，何等為十？一者當知／諸經律；二者當知戒；三者當知經；四者當有／慧；五者當有德；六者當持戒；七者當不犯戒／；八者當能解經；九者當忍辱；十者當自守／。

道士有弟子，當教五事。一者，弟子作衆事未／竟，不得呼使；二者，不得令弟子求賢者長短／；三者，不得信弟子語；四者，不得於衆中大聲／罵弟子；五者，不得獨使，當令給衆法事／。

道士有三事不應弟子共居。一者，愛端政；二／者，見之欲瞋；三者，疾病／。

道士有三事應逐弟子。一者，言犯戒無罪；二／者，言無聖道；三者，向人説師善悪／。

道士欲遠行，持弟子寄人，有五事，何等為五／？一者，先問弟子，可汝意不；二者，汝事主，能可／人意不；三者，呵罵，不得言非我師罵我；四者／，承事主，如視我；五者，如法教汝，不得捨去／。

道士將弟子至，主許寄時，有五事。一者，當教／頭面礼；二者，教自歸；三者，當言，卿視我弟子／當如卿弟子；四者，我行来還，自當歸我；五／者，我无常，長屬卿／。

道士受人寄弟子，有五事，何等為五？一者，當／教讀經；二者，教莫犯戒；三者，當教隨衆上下／；四者，教行步法則；五者，教恭敬衆人／。

道士飯時有五事，何等為五？一者，上坐未坐／，不得先坐；二者，上坐未受案，不得先受；三者／，上坐未飯，不得先飯；四者，上坐飯未已，不得／先止；五者，上坐未起，不得先起／。

道士受食案有十四事，何等為十四？一者，當／持手巾并受；二者，當開開中尺六寸；三者，不／得左右顧視；四者，左右手不得有所携持／；五者，不得大呼，有所求索；六者，人未授物，不／得身（伸）手求；七者，不得食上唾上坐前；八者，不／得以手摩面目；九者，不得不浄手政法衣；十／者，若人来有所益，常以指隨之；十一者，不見／来時，不應食；十二者，若急欲唾，可反履唾之／；十三者，以藻漱，不得復持履；十四者，已持履／，自知手汙，不取拭者，不得以持衣／。

道士飯竟藻漱有十二事，何等為十二？一者／，不得指挑撩口中；二者，不得涕鼻，大嗽，唾／地中；三者，漱口不得令中有飯；四者，不得／大奮手，汙左右人；五者，持手巾，不得教／濕，當先孰摩手；六者，不得奮濕取燥；七／者，不得以拭面目鼻口；八者，不言「我自有，不取，持去」；九者，常當如法用之；十者，已拭／手燥，即當藏去；十一者，下坐藻未竟，不得呵／令使来；十二者，上坐為人説法，當正坐聽(四)／。

道士為衆持藻甖盤有廿二事，何等為廿／二？一者，手不浄不得捉；二者，手不浄不得／捉上盖；三者，手不浄不得前捉口；四者，手不／浄不得便益水；五者，手不浄不得捉持頸／；六者，當從下捧腹；七者，水少且當洗使／浄；八者，當出益水；九者，欲益水，先澡外，三洗／令浄；十者，欲著水，當三例易水，滿持入；十／一者，欲持入，不得當道住；十二者，安著屏／處；十三者，常當使有楊枝；十四者，安之，當正／上盖；十五者，宿成水令滿；十六者，持澡(五)槃，不／得使相著有聲；十七者，不得使上邊汙；十／八者，不得使中有飯；十九者，弃不浄水；廿／者，弃水不得速，手徐寫（瀉）之；廿一者，藻盤當先／藻，內外使浄；廿二者，持藻槃，手不浄不得／中止持漱口／。

道士常用手巾有五事，何等為五？一者，當／拭上下頭；二者，當用一面拭手，以一頭拭面／目；三者，不得拭鼻；四者，以用拭膩汗，當即／浣；五者，不得以拭身體，若沐浴，各當自有／異巾／。

道士為衆知事人，有十二事，何等為十二？一／者，用法教。二者，惜衆物。三者，當知衆事。四／者，不得以法物迴衆用。五者，欲有所作，當自／報衆。六者，不得割截衆物，獨匿自入。七者，不／得持衆人物，私意饒益親厚知識；不得断取／衆物以匿施用，作名字勝上，當數断理衆／家卧具。八者，若有病瘦，當占視，隨所思，得与／之；老者，常恭敬瞻視，衆亦當監令作食，每／使潔浄。九者，當營隨衆所樂食。十者，不得／坐自瞋喜。十一者，欲行清浄，不得露身。十／二者，日暮，常當自起案行門户。

道士飯於堂中行十三事，何等為十三？一／者，有所分布，皆當白衣；二者，有所布，皆當／始學；三者，平等行之；四者，分羮，先三迴汁乃／斟，令汁滓調；五者，有所分，不得於上語笑／；六者，不得遥大呼，言取某来；七者，衆中不／食美(六)者，為取所便與之；八者，若衆中不相便／可者，不得即於坐中呵之；九者，急當念養病／；十者，飯時人持物来，當即分布盡之，不得／言當遺後日；十一者，急先益羮；十二者，急當／益中飯盡者不(七)；十三者，當視所不具／。

道士於竈下有十九事，何等為十九？一者，盡／力忍辱；二者，若人從有所索，有即當与，不得／逆言无有；三者，常當早起視具不；四者，一切／使人行，若有所買，不得追走；五者，若欲呼／使人行，若有所買，不得追走；六者，若欲呼／使人，不得遥大作聲呼；七者，一切有所作，不得／使物器有聲；八者，一切當可衆人意，不得自在／；九者，汲水，不得大投瓶井中，令水濁；十者，不／得自擇米；十一者，藻釜，三易水，令浄；十二者／，勿持釜中熱湯澆濆中；十三者，不得自炊；十四／者，不得自掃生草断去根；十五者，不得以生／菜根弃著火中；

十六者，不得持飯瀉瀆中；十/七者，一切食具皆覆上，不得使受塵；十八者/，不得持衆物倚身，以作恩惠；十九者，不得分/今日食遺旦日/。

道士有七事待新至道士，何等為七？一者，来/至即當問消息；二者，當為次坐上下；三者，當給/与房室；四者，當給与卧具被枕；五者，當給与/燈火；六者，當語道士教令；七者，當語國土習/俗/。

道士使人市買有九事，何等為九？一者，當教/買浄者；二者，莫使侵人；三者，不得忘走捉人（八）/；四者，當獲人意；五者，口不二價；六者，不得使/情貴賤；七者，不得因市别處遊行；八者，不得/以所買物置不浄處；九者，當念与人作市，无/殆慢心/。

道士教人汲水有五事，何等為五？一者，當使/先浄澡器；二者，當使着屏處；三者，當覆上令/浄；四者，不得持膩汚；五者，若人以汚，不得復/用/。

道士教人破薪有五事，何等為五？一者，莫當/道；二者，先視斧柄，令堅；三者，不得破有青/草薪；四者，不得妄破衆家材柱；五者，積著/燥處/。

道士教人擇米有五事，何等為五？一者，當自/量視多少；二者，不得有草；三者，擇鼠屎；四/者，不得令有穢；五者，向浄地/。

道士教人洗米有五事，何等為五？一者，當用/堅器；二者，用浄水；三者，五易水，令浄；四者，内/著屏處；五者，覆上令密/。

道士教澡釜有五事，何等為五？一者，不得持/水大撞釜底；二者，當便盈器受汚水，出弃之/；三者，當滿水；四者，浄澡木盖覆上；五者，暮覆/之，當令堅/。

道士教人莊米有五事，何等為五？一者，當教/待氣出所莊；二者，當随氣上米，稍稍炊之/；三者，安正甑，不得令氣洩；四者，着米甑中，當/随覆上；五者，已熟下之，亦當覆上，莫使/露/。

道士使人擇菜有五事，何等為五？一者，當去/根；二者，當令等；三者，不得令青黄合；四者，當/使澡浄；五者，皆當著浄處/。

道士教人作羹有五事，何等為五？一者，當教/如次内物；二者，令孰；三者，令味調；四者，當自/觀，令浄潔；五者，已熟，當去下火，覆之/。

道士掃觀中，有七。一者，當先灑地；二者，當使/調；三者，當待燥；四者，不得逆掃；五者，不得逆/風掃；六者，當以手拈中草去；七者，當取中土/，轉著下處/。

諸道士應聚會有五事，何等為五？一者，當早/起，行視門户開未；二者，當撿空燈内之；三者，當/拭案撿；四者，當燒香；五者，當作大燈火，著法/堂中/。

道士灑地有五事（九），何等為五？一者當却行；二/者當輕手；三者當令遍；四者當待燥；五者/不得汚人衣/。

道士掃地有五事，何等為五？一者，不得背經/；二者，不得大掉手，汚人足；三者，不得掃去土/；四者，當自手徐出弃之；五者，不得當人道，亦/莫水弃清中（一〇）/。

道士暝然燈有五事，何等為五？一者，當持浄/布掃中外，令浄；二者，當作浄炷；三者，當自作/麻油；四者，著油不得令滿，亦不得少；五者，當/護令堅，莫懸妨人道，汚人/。

道士為衆知一年任事，有九事，何等為九？一/者，為三寶盡力；二者，若有道士從方来，當迎/安隱；三者，當給與牀席，若燈火三日至七日/；四者，設户皆滿，常自避，持處与之；五者，當數/往問訊占視；六者，當為説國土習俗；七者，當/憂所不具足者；八者，若中有共争者，不得有/所助，常當和解，令安隱；九者，若宿与不相便/安，不得於衆中訶罵/。

道士為小知事有廿事，何等為廿？一者，欲鳴/磬，當先視早晚；二者，常當報上坐日；三者，常/當須待主人視食具未；四者，當令衆人意；五/者，當次諸道士坐處，不得數起；六者，不得正/對衆坐；七者，先自彈罰；八者，語且須人意；（一一）九/者，白事不得增減人語；十者，若有所分，皆當/調等；十一者，若衆中有不如法者，不應便自/於衆中呵罵；十二者，不得違衆正令；十三/者，不得數出行動；十四者，事畢，當從衆誨，若/語言不可、分布不等，乞餘（一二）罪；十五者，白帔（一三）已/，不得先出去；十六者，朝暮，當行觀病瘦；十七/者，當日行問訊上坐諸大人；十八者，當時往/至篤信主人家勞問；十九者，若有遠行諸/道士來，當安隱之；廿者，若同學中有命盡者/，當占視遠送之/。

道士踞坐有五事，何等為五？一者，不得交足/；二者，不得雙前兩足；三者，不得却隱；四者，不/得支柱一足；五者，不得上下足/。

道上浄住有十四事，何等為十四？一者，不得／祖軀入衆；二者，不得著履入衆；〔一四〕三者，不得當／講堂户中住觀諸士；四者，不得踞户外聽諸／道士語；五者，不得住户中大呼坐上人；六者〔一五〕／，設講當户已問，不得排開急入；七者，當伍頭／從上至下坐；八者，不得排奪人處；九者，勿道／説外因緣；十者，已安坐，不得語諸道士今日／會何大太早；十一者，衆議事，不得亂語；十二／者，不得妄唾前地；十三者，不得持手捧膝；十／四者，不得張口／。

道士至舍後有廿五事，何等為廿五？一者，欲／大小便，當行；二者，行時，不得道為某事，亦勿／為上坐作礼，亦勿受人礼；三者，往時，當直伍／頭視地；四者，往，當三謦咳；五者，上已有人嗽／，不得迫；六得，已上，正謦咳乃踞；七者，正踞中／；八者，不得一足前，一足後；九者，不得令身倚／；十者，歛衣，不得使垂圊中；十一者，不得大咽／，使面赤；十二者，當直視前，不得顧聽；十三／者，不得洿地；十四者，不得伍頭視圊中；十五／者，不得視陰；十六者，不得以手持陰；十七者／，不得畫〔一六〕地作字；十八者，不得以草畫壁作字／；十九者，用水不得大費；廿者，用水不得汙滿／；廿一者，用水不得使前手著後手；廿二者，用／土當三過；廿三者，當用澡豆；廿四者，三過水／；廿五者，設見水草土盡，當語直日主者，若／自手取為善／。

神人所説三元威儀觀行經卷第二〔一七〕

校記

〔一〕「輕」字當作「經」。下文「道士欲畜弟子有十事」第三爲「當知經」。可參閲《大比丘三千威儀》卷上「和上當有十五德」。

〔二〕S. 1267 起於此句。

〔三〕S. 1267 止於此處。

〔四〕S. 5308 起於「當正坐聽」，以下多有殘損。

〔五〕「澡」字 S. 5308 作「藻」。

〔六〕「美」字當作「羹」。《大比丘三千威儀》卷下「營事維那，飯時於堂中當行二十五德」云：「十三者，衆中有不食羹者，爲取所便與之。」

〔七〕此句難解，當係節減《大比丘三千威儀》卷下所致。《大比丘三千威儀》卷下又云：「十八者，急當益中飯盡。十九者，不得中止踞視僧。」

〔八〕《大比丘三千威儀》卷下：「不得走促人。」

〔九〕P. 2828 起於此句。

〔一〇〕《大比丘三千威儀》卷下：「五者，不得當人道，亦莫棄水中及圊中。」

〔一一〕《大比丘三千威儀》卷下：「二者，不得先自檀罰人；三者，語但順人意。」

〔一二〕「餘」字當作「除」。《大比丘三千威儀》卷下：「若語言不可，分布不等，乞除罪。」

〔一三〕「帔」字當作「彼」。《大比丘三千威儀》卷下：「五者，白彼已，不得先出去。」

〔一四〕前二事難以理解，可參看《大比丘三千威儀》卷下「布薩時入衆有五事」。

〔一五〕P. 2828 止於此處，末行殘。

〔一六〕畫：原作「晝」，據文義改。

〔一七〕S. 5308 止於此處。

（胡百濤點校）

太上昇玄消災護命妙經

解題

簡稱《昇玄護命經》。撰人不詳，約出於南北朝末或隋唐之際。講述天尊演説色空義理。一卷。收入《正統道藏》洞真部本文類。（《中華道藏》第六册 \019 號）

P. 2471：首全尾殘。首題：太上昇玄護命經一卷。存經文十七行，見於道藏本經文第 1a1—2a4 行。背面寫佛經目録。（大淵目三一五頁）

S. 3747：首殘尾全。尾題：太上昇玄護命經一卷。存經文二十行。前三行略有殘損。大致與道藏本首尾相當。（大淵目三一五頁）

圖版

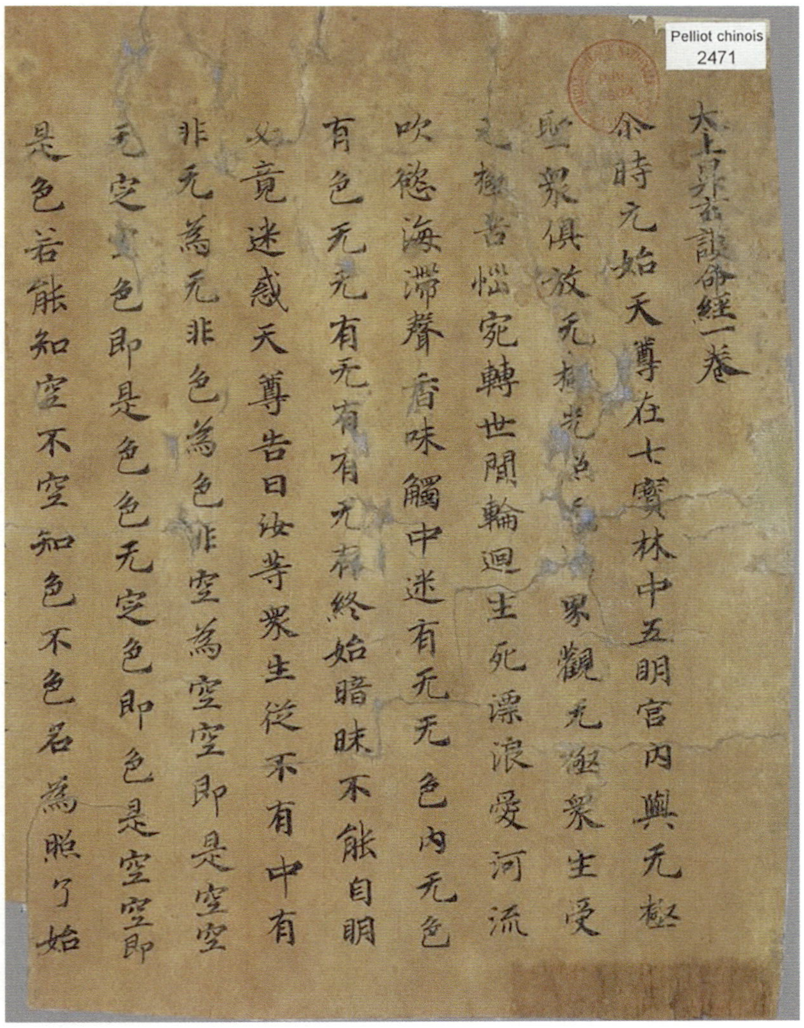

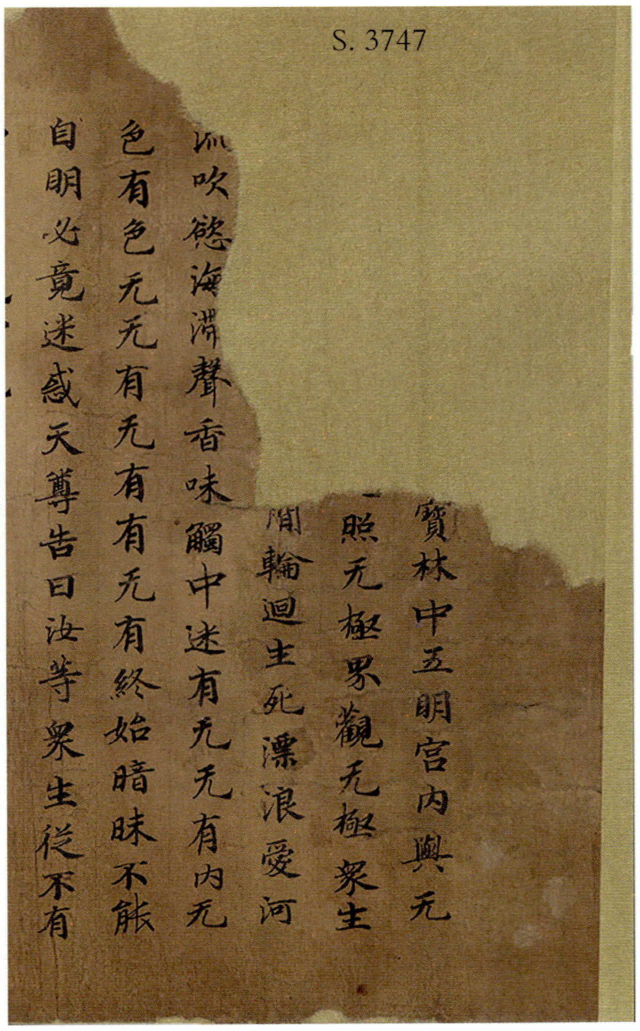

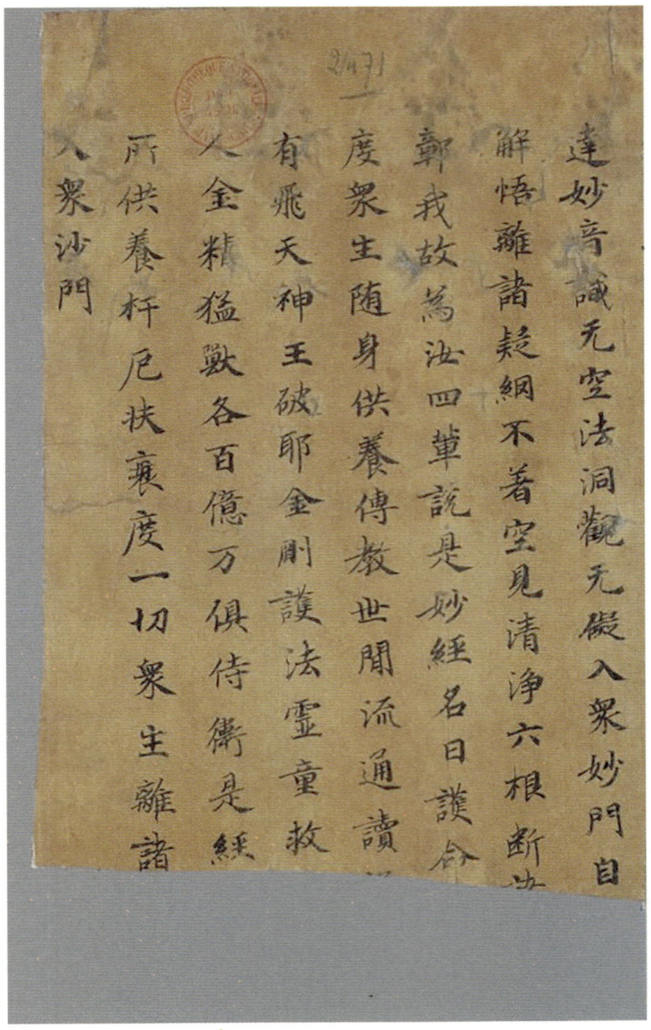

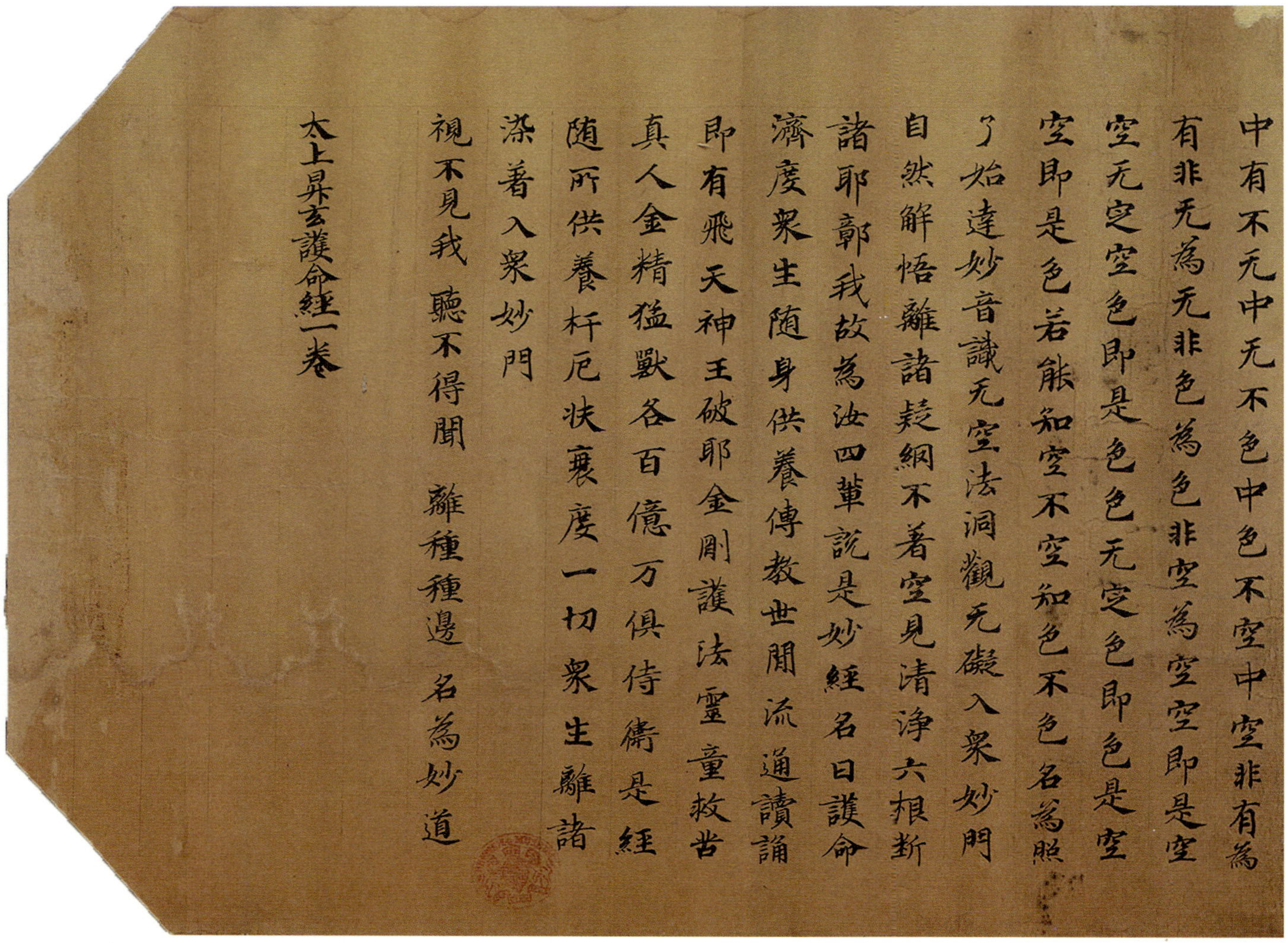

釋文

（P.2471 合併 S.3747）

太上昇玄護命經一卷[一]

尒時元始天尊在七寶林中，五明宮内，與无極／聖衆俱。放无極光，照无極界[二]，觀无極衆生受／无極苦惱；宛轉世間，輪迴生死，漂浪愛河，流／吹慾海，滯聲香味觸中[三]，迷有无无色内[四]；（无空有空）[五]，无色／有色，无无有无，有有无有，終始暗昧，不能自明／，必竟迷惑[六]。

天尊告曰：汝等衆生，從不有／中有，不无中无，不色中色，不空中空；非有為／有[七]，非无為无，非色為色，非空為空。空即是空／，空无定空；色即是色，色无定色；即色是空／，空即是色[八]。若能知空不空，知色不色，名為照／了，始達妙音。識无空法，洞觀无礙，入衆妙門／，自然解悟，離諸疑網，不著空見，清淨[九]六根，断／諸耶鄣[一〇]。我故為汝四輩[一一]説是妙經，名曰護命／，濟度衆生，隨身供養[一二]，傳教世間，流通讀誦／。即有飛天神王、破耶金剛、護法靈童、救苦／真人、金精猛獸，各百億万[一三]，俱（來）[一四]侍衛是經／，隨所供養，扞厄[一五]扶衰，度一切衆生，離諸／染著，入衆妙門[一六]／。

（尒時天尊即説偈曰）[一七]：視不見我，聽不得聞。離種種邊，名為妙道／。

太上昇玄護命經一卷

校記

〔一〕按，《正統道藏》洞真部本文類所收經名，作「太上昇玄消災護命妙經」。敦煌P. 2471卷首題「太上昇玄護命經一卷」，卷尾殘。S. 3747卷首殘，卷尾完好，題「太上昇玄護命經一卷」。兩本除重複，存經文十九行。

〔二〕放无極光，照无極界：道藏本作「放无極光明，照无極世界」。

〔三〕滯聲香味觸中：道藏本作「沈滯聲色」。

〔四〕迷有无无色内：S. 3747作「迷有无无有内」，道藏本作「迷惑有无」。

〔五〕无空有空：四字敦煌本原無，據道藏本補。

〔六〕必竟：道藏本作「畢竟」。以上底本據P. 2471。下文底本據S. 3747。

〔七〕不无中无，不色中色，不空中空，非有為有：此數句P. 2471缺漏。
〔八〕空即是色：道藏本作「即空是色」。
〔九〕清净：道藏本作「清静」。
〔一〇〕斷諸耶鄣：道藏本作「斷除邪障」。下文「破耶」，道藏本作「破邪」。
〔一一〕我故為汝四輩：道藏本作「我即為汝」。
〔一二〕随身供養：四字道藏本缺。
〔一三〕百億万：道藏本作「百億萬衆」。
〔一四〕「來」字據道藏本補。
〔一五〕扞厄：道藏本作「捍戹」。
〔一六〕入衆妙門：道藏本無此四字。P. 2471止於此處。
〔一七〕尒時元始天尊即説偈曰：敦煌本原無此句，據道藏本補。

（王卡點校）

太上九真妙戒金籙度命拔罪妙經

解題

簡稱《金籙度命九幽拔罪妙經》。撰人不詳，約出於南北朝末或隋唐之際。講述元始天尊爲酆都北帝及諸仙真説九真妙戒金籙寶符，拔度衆生罪魂出離地獄。一卷。收入《正統道藏》洞真部戒律類。（《中華道藏》第六册 \050 號）

S. 0957：首全尾缺。首題：太上九真妙戒金籙度命九幽拔罪妙經。存經文八十二行，見於道藏本卷第 1a1—4b9。文字有脱漏。（大淵目三三六頁）

圖版

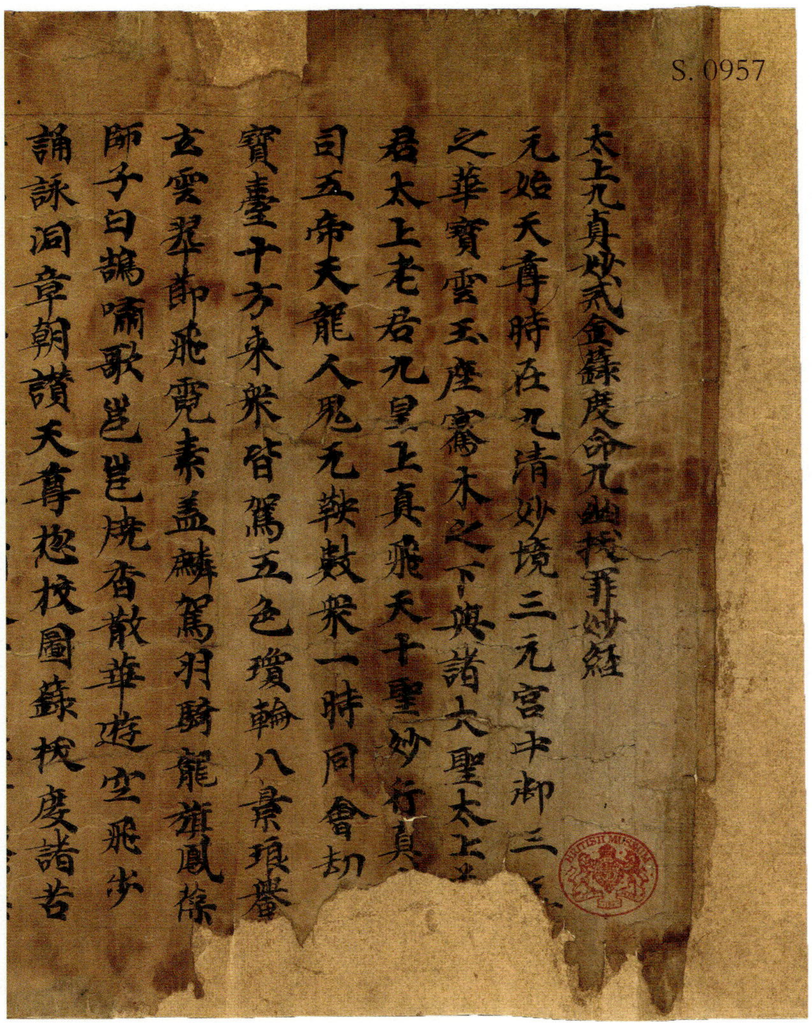

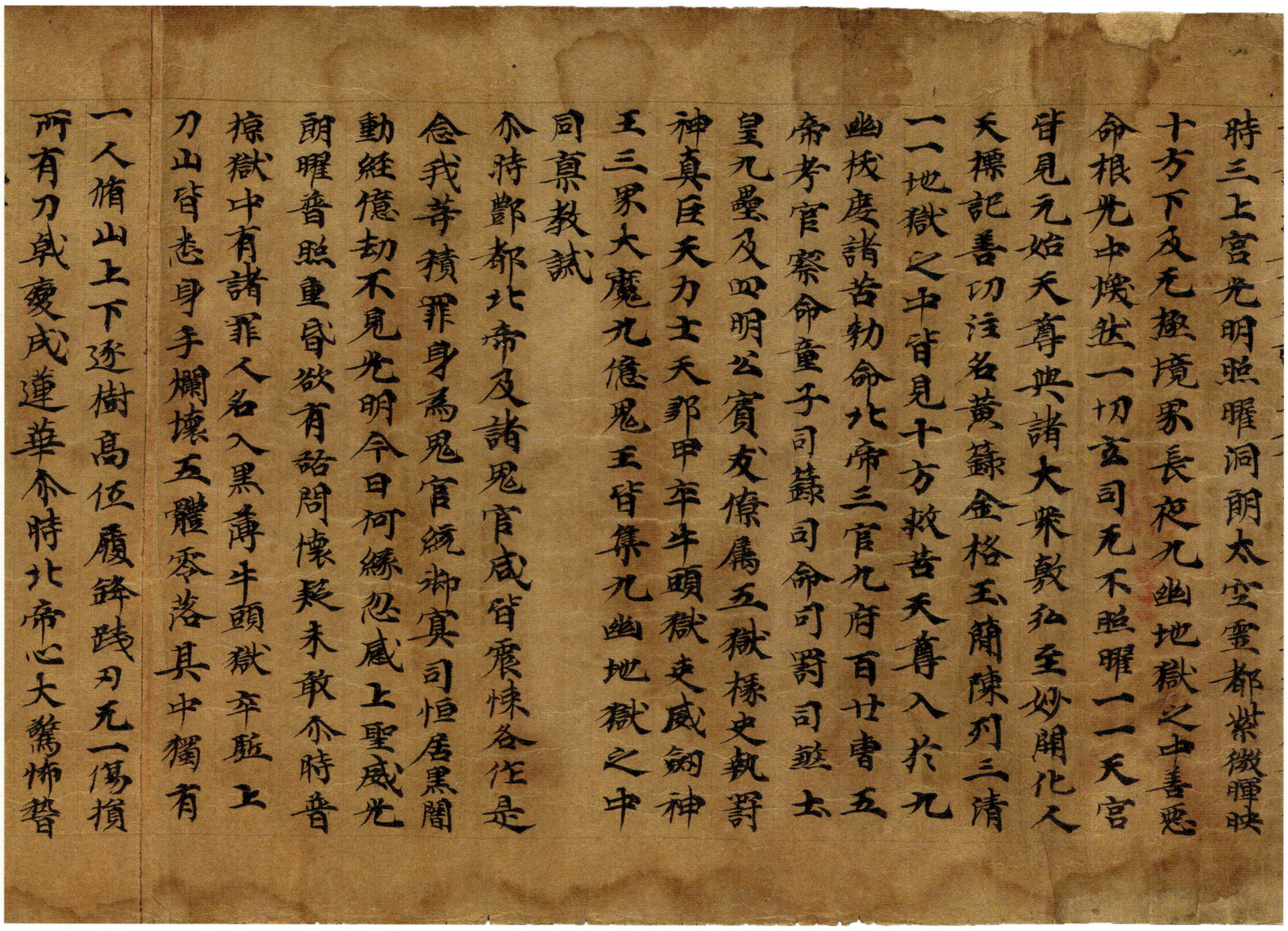

首礼謝上白
天尊弟子先緣不幸身任冥司自爰鄷都
已経億載屢見罪人受諸苦惱
亦見東方風雷之獄常有黑風震雷霹靂
飛戈飄戟衝突罪人分解支體穿穴五藏万
劫受苦不捨晝夜
又見南方火翳之獄有諸罪人吞火食炭焉
火所燒頭面燋爛頭戴大山皮膚骨肉節節
生火万劫受苦不捨晝夜
又見西方金剛之獄有諸罪人金鉅鐵杖乱
拷无數支體爛壞筋骨零落鐵杖穿腹金
鉅塞心万劫受苦不捨晝夜
又見北方溟蛮之獄有諸罪人沉沒至寒之
池氷氣霜刃衝断筋骨百毒之汁以灌其上
五體零落心腹破壞万劫受苦不捨晝夜
又見中央普掠之獄有諸罪人身被拷掠痛
毒難忍断筋流血悶絶擲地於是獄卒方以鐵
又又刺令諸罪人各各巡上刀山劍樹八達交
風吹樹伍昂足落刀山掛身劍鍔万劫受苦
不捨晝夜

又見東南方銅柱之獄有諸銅柱大火猛焰
令諸罪人手抱足蹬表裏燋爛腹背膿潰万
劫受苦不捨晝夜
又見西南方屠割之獄有諸罪人身被刲懸
刀劍割體四支筋脉皮膚五藏皆有刀刃割
切其中血流满地非可堪忍万劫受苦不捨晝
夜
又見西北方大車之獄有諸罪人五車裂體
四支分散或身爰大車隨車東西一一車輪
皆有兵刃隨輪運轉割切罪人加諸猛火燒
炙燋爛万劫受苦不捨晝夜
又見東北方鑊湯之獄有諸罪人身被鐵叉
叉入鑊湯五體煮潰四支爛潰膿血晃織不可
堪忍万劫受苦不捨晝夜
未審今此罪人以何因緣備上刀山劍樹了
无傷損刀戟鋒刃變成蓮華相好端嚴獨步
无畏衆苦所加莫能害者忽感上聖迴駕天
真降集一切震懼莫知所以唯願天尊大慈
大悲普濟普度令諸九幽受苦衆生拔除衆
罪自識宿命捨惡從善得出九幽身爰光明

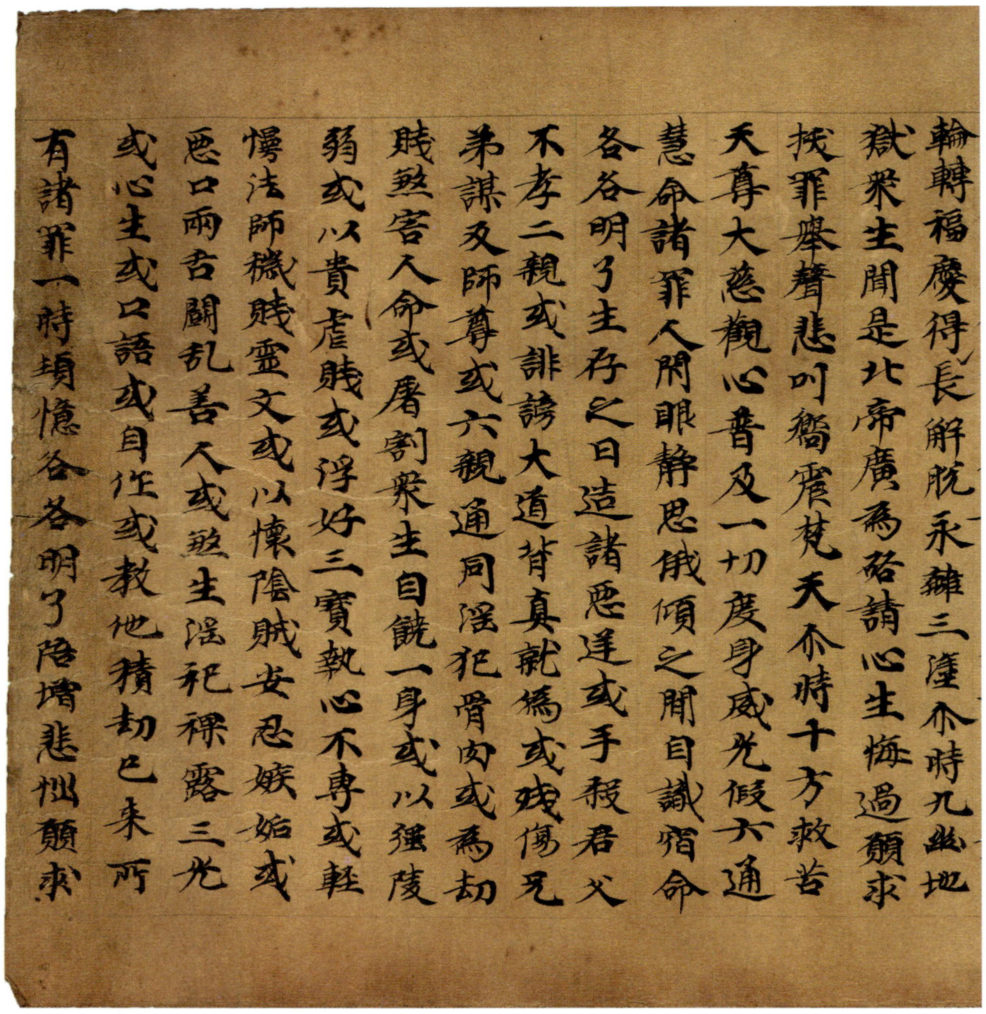

釋文

（S.0957 抄本）[一]

太上九真妙戒金籙度命九幽拔罪妙經

元始天尊時在九清妙境三元宮中，御三炁/之華寶雲玉座，騫木之下，與諸大聖、太上道/君、太上老君、九皇上真、飛天大聖[二]、妙行真人/、四司五帝、天龍人鬼无鞅數衆，一時同會劫仞/寶臺。十方来衆，皆駕五色瓊輪，八景琅轝/，玄雲翠節，飛霓素蓋，麟駕羽騎，龍旗鳳葆/，師子白鵠，嘯歌邕邕，燒香散華，遊空飛步/，誦詠洞章，朝讚天尊，惣校圖籙，拔度諸苦/。時三（元）上宮，光明照曜，洞朗太空，靈都紫微，暉映/十方。下及无極境界，長夜九幽地獄之中，善惡/命根，光中煥然，一切玄司无不照曜，一一天宮/皆見。元始天尊與諸大衆敷弘至妙，開化人/天，標記善功，注名黄籙，金格玉簡，陳列三清/。一一地獄之中，皆見十方救苦天尊，入於九/幽，拔度諸苦。勑命北帝三官九府，百廿曹、五/帝考官、察命童子、司籙司命、司罰司煞、土/皇九壘，及四明公賔友僚屬、五嶽掾吏[三]、執罰/神真、巨天力士、天騶[四]甲卒、牛頭獄吏、威劍神/王、三界大魔、九億鬼王，皆集九幽地獄之中/，同稟教誡/。

尒時酆都北帝及諸鬼官，咸皆震悚，各作是/念：我等積罪，身為鬼官，統御冥司，恒居黑闇/，動經億劫，不見光明。今日何緣，忽感上聖威光/朗曜，普照重昏，欲有啓問，懷疑未敢。尒時普/掠獄中，有諸罪人，名入黑簿，牛頭獄卒駈上/刀山，皆悉身手爛壞，五體零落。其中獨有/一人，循山上下，逐樹高低，履鋒踐刃，无一傷損/，所有刀戟，變成蓮華。尒時北帝心大驚怖，稽/首礼謝，上白/天尊：弟子先緣不幸，身任冥司，自處酆都/，已經億載，屢見罪人受諸苦惱/。亦見東方風雷之獄，常有黑風，震雷霹靂/，飛戈飄戟，衝突罪人，分解支體，穿穴五藏，万/劫受苦，不捨晝夜/。又見南方火翳之獄，有諸罪人，吞火食炭，為/火所燒，頭面焦燎，頭戴[五]火山，皮膚骨肉，節節/生火，万劫受苦，不捨晝夜/。又見西方金剛之獄，有諸罪人，金鎚鐵杖，乱拷/无數，支體爛壞，筋骨零落，鐵杖穿腹，金/鎚塞心，万劫受苦，不捨晝夜/。又見北方溟靈[六]之獄，有諸罪人，沉没丘寒之/池，氷戟霜刃，衝断筋骨，百毒之汁，以灌其上/，五體零落，心腹破壞，万劫受苦，不捨晝夜/。又見中央普掠之獄，有諸罪人，身被拷掠，痛/毒難忍，断筋流血，悶絶擲地。於是獄卒方以鐵/叉叉刺，令諸罪人各各巡上刀山劍樹。八達交/風，吹樹低昂，足落刀山，掛身劍鍔，万劫受苦/，不捨晝夜/。又見東南方銅柱之獄，有諸銅柱[七]，大火猛焰/，令諸罪人手抱足蹬，表裏焦爛，腹背膿潰，万/劫受苦，不捨晝夜/。又見西南方屠割之獄，有諸罪人，身被到懸/，刀劍割體，四支筋脉，皮膚五藏，皆有刀刃割/切其中，（罪人）血流滿地，非可堪忍，万劫受苦，不捨晝/夜/。又見西北方火車之獄，有諸罪人，五車裂體/，四支分散；或身處火車，随車東西，一一車輪/，皆有兵刃，随輪運轉，割切罪人，加諸猛火，燒/炙燋爛，万劫受苦，不捨晝夜/。又見東北方鑊湯之獄，有諸罪人，身被鐵叉/叉入鑊湯，五體煑潰，四支爛潰，膿血臭穢，不可/堪忍，万劫受苦，不捨晝夜/。未審今此罪人，以何因緣，循上刀山劍樹，了/无傷損，刀戟鋒刃，變成蓮華，相好端嚴，獨步/无畏，衆苦所加，莫能害者？忽感上聖迴駕，天/真降集，一切震懼，莫知所以。唯願天尊大慈/大悲，普濟普度，令諸九幽受苦衆生，拔除衆/罪，自識宿命，捨惡從善，得出九幽，身處光明/，輪轉福慶，長得解脱，永離三塗。

尒時九幽地/獄衆生，聞是北帝廣為啓請，心生悔過，願求/拔罪，舉聲悲叫，嚮（響）振梵天。尒時十方救苦/天尊，大慈觀心，普及一切，度身威光，假六通/慧，命諸罪人閇眼静思。俄頃之間，自識宿命/，各各明了。生存之日，造諸惡逆，或手殺君父/，不孝二親；或誹謗大道，背真就偽；或殘傷兄/弟，謀反師尊；或六親通同，淫犯骨肉；或為劫/賊(八)，煞害人命；或屠割衆生，自饒一身；或以强陵/弱，或以貴虐賤；或浮好三寶，執心不專；或輕/慢法師，穢賤靈文；或心懷(九)陰賊，安忍嫉妬；或/惡口兩舌，鬬乱善人；或煞生淫祀，裸露三光/。或心生，或口語，或自作，或教他，積劫已来所/有諸罪，一時頓憶，各各明了，倍增悲惱，願求/(一〇)解脱。（下缺）

校記

（一）此抄本首全尾缺，殘存經文八十二行。以下録文以敦煌本爲底本，並據道藏本略作校補。

（二）大聖：敦煌本訛作「十聖」，據道藏本改。

（三）五嶽掾吏：敦煌本作「五嶽椽史」，據道藏本改。

（四）天騶：原作「天鄒」，據道藏本改。

（五）頭戴：原作「頭載」，據道藏本改。

（六）溟靈：道藏本作「溟泠」，近是。

（七）道藏本此句作「有諸罪人身上銅柱」，近是。

（八）劫賊：原作「劫賤」，據道藏本改。

（九）心懷：原作「以懷」，據道藏本改。

（一〇）敦煌本止於此處，此後較道藏本缺文尚多。

（王卡整理録文）

整理後記

恩師王卡先生的遺著《敦煌道教文獻合集》第一、二册馬上就要付梓了，我們的心情是複雜而激動的。既爲先生數十年的心血終於結出了碩果而高興，也爲先生不能親見而憾嘆。不過，我們又爲初步實現了先生的遺願而鬆了口氣，同時也爲道教文獻研究領域增添了一部巨著而欣喜。

二〇一七年七月在西藏送別王卡先生的場景，依然歷歷在目，當時我們痛苦萬分，下定決心一定要繼承先生的遺志，完成先生未竟的事業，以告慰先生的在天之靈。如今倏忽已三年，我們時刻不忘先生的教誨，也在陸續完成先生未竟的事業。一是完成了《中國本土宗教研究》第一輯（二〇一八年）、第二輯（二〇一九年）、第三輯（二〇二〇年）以及《王卡紀念文集》的出版；二是完成了先生的遺著《道家與道教思想簡史》的出版，該書入選中國社會科學院創新工程二〇一九年度優秀成果；第三個重要的工作就是大部頭《敦煌道教文獻合集》的整理了，這項工作自二〇一七年底開始啓動，歷時三年，現在完成的階段性成果就是第一、二册（全書預計共六册）。在此，我僅將整理工作的過程做簡要介紹。

二〇一七年十月，道教與民間宗教研究室成立了整理工作小組，開始整理王卡先生的遺稿。整理小組成員以道教室在職人員爲骨幹，所内有關學者、在站博士後一同參加，並吸收了幾位所外學者，他們是曾經參與過該項目但已經畢業的王卡生前所帶的博士。整理小組成員共十位：汪桂平、李志鴻、劉志、林巧薇、李貴海、王皓月、易宏、張鵬、胡百濤、趙敏。

二〇一七年十二月，我們已經整理出一份初步的目録，清理出了已有的成果和尚待完成的條目，開始申請中國社會科學院創新工程出版資助。在申請過程中，得到了所領導和有關人員的大力支持。如時任所長、學部委員卓新平研究員提供了中肯的建議，並進行了大力推薦，道教室老主任、榮譽學部委員馬西沙先生也高度贊同並寫了推薦信，科研處長蘇冠安爲申報事項提供幫助，不遺餘力。該項目於二〇一八年三月獲批了出版資助。同時，社會科學文獻出版社也獲得了國家古籍整理出版資助項目的批覆。此外，道教室主任汪桂平在二〇一七年十二月十二日應西安聞道學社的邀請，在西安舉行的一場學術講座上重點介紹了《敦煌道教文獻合集》的價值和處境。會後，咸陽中五臺道觀住持賀信萍道長表示大力支持，並資助了首筆啓動經費。在此，謹對各位領導、出版社和賀道長的義舉表示衷心的感謝！

二〇一八年二月以來，全面展開有關整理與研究工作。主要是分配專人對每件文書進行整理，包括圖片和釋文，然後每周召開一次討論會，由整理小組進行充分討論後定稿。這項工作一直持續到八月，後來因爲調整了整理方案而暫停。

二〇一八年五月，整理小組全體成員兩次登門拜訪著名敦煌文獻專家方廣錩先生，向方先生諮詢了本項目的編纂體例、圖版採集、版權獲取等相關問題，方先生在當時和此後多次爲我們提供最大力度的支持和幫助。

二〇一八年七月十六日至十八日，在中國社會科學院世界宗教研究所舉辦了「敦煌道教文獻研討會」，邀請了宗教學和敦煌學研究領域的衆多專家出席，如馬西沙研究員、卓新平研究員、魏道儒研究員、郝春文教授、王宜峨研究員、張澤洪教授、張廣保教授、何建明教授、楊立志教授、郭武教授、劉固盛教授、趙衛東教授、强昱教授、章偉文教授等四十餘位專家學者莅臨會場。與會專家充分肯定了《敦煌道教文獻合集》整理工作的傳世價值和世界意義，同時也指出了工作的重點和難點問題，並提出了許多寶貴的建議。

二〇一八年九月九日，整理小組成員看望師母，經與師母商議，重新調整了工作方案，即優先整理出版王卡先生已經完成的部分，包括圖版、編目、解題、録文等，整理小組做好原稿的整理工作，即分類、排序、少量的補充等，儘量保持原文原貌。這樣的調整，主要是爲了充分尊重王卡先生既有的研究成果，並符合遺作整理的規範。

二〇一八年底，整理稿提交出版社。之後出版社進行排版、校對、圖片處理等工作，其間整理小組又承擔了出版社的外校工作。

二〇一八年—二〇二〇年，整理小組與師母、出版社等多方協同努力，基本解決了收藏圖片量較大的國内外圖書館等機構的圖版授權問題。出版社先後得到了法國國家圖書館、中國國家圖書館的照片授權，也與英國國家圖書館建立了聯繫，但日本的各個收藏機構却無法聯絡。爲此，二〇一九年十一月，道教室成員汪桂平、譚德貴、林巧薇、李貴海四人專程赴日本調研敦煌道教文獻，先後走訪了杏雨書屋、京都博物館、龍谷大學圖書館、書道博物館、日本國立國會圖書館等收藏敦煌文獻的機構，在日本學者大形徹、池內早紀子、小石佳子等人的幫助下，我們幸運而順利地獲得了需要的照片和授權。需要説明的是，儘管我們積極與各大藏書機構聯絡以解決版權問題，但還是有一些圖書館、博物館和私人藏書機構無法聯繫上，如果本書涉及相關的版權問題，請與我們聯繫。

三年來，我們經歷了不少曲折和困難，但得到更多的是衆多朋友的關心支持和無私幫助，在此謹向所有提供幫助的師友一併致以崇高的敬意和真誠的感謝！

感謝參加本書整理工作的諸位同仁！整理《敦煌道教文獻合集》的工作，作爲道教室創新工程項目的一部分，從一開始就得到了全體成員的一致支持和積極響應，無論是整理校對文本，還是舉辦學術研討會、出差調研搜集資料，大家都是全程支持，毫無怨言，令人感動。還要感謝已畢業的博士易宏、胡百濤等人，他們雖然已經畢業，但積極參與整理，每次召開討論會，從不缺席，如易宏家住房山，單程需要近三個小時，但從來都無怨無悔，胡百濤出於責任編輯的身份還承擔了書稿的統稿工作，補寫部分校記，撰寫了整理按語等。爲了完成王卡先生的遺願，爲了中國學術的責任擔當，所有團隊成員均不計名利、無私奉獻、團結協作、持續努力，整理工作也因此獲得了有序推進，進展順利。

《敦煌道教文獻合集》共收録敦煌道教文獻八百餘件，經拼接整理、擬定經名的道經一百七十餘種。全部成果預計分六册出版，八開彩印，每册包括圖版和釋録。圖録刊布所有已知敦煌道教文獻寫卷照片，儘量使用分辨率較高的彩色圖片，圖版經過剪裁、綴合和標行，保守估計也有四五千幅；釋録包括解題、釋文、點校、編目等，文字量也有一兩百萬。這是一個巨大的工程，而且將從世界各地收集到的專題敦煌文獻全部進行彩版印刷，目前海内外學術界尚未有先例，故很多工作都是開創性的，無疑增加了工作難度和預估的工作量，但也突顯了成果的文獻價值、版本價值和收藏價值。

本次出版的第一册、第二册，只是全部工程（預估六册）的一部分，後續的工作量更加龐大，工作難度也將更爲艱巨，但我們已經邁出了第一步，已經積累了一定的經驗，我們會不畏艱難，繼續努力。相信有中國社會科學院創新工程的支持，有世界宗教研究所領導和同仁的支持，有衆多海内外朋友的關心幫助，我們有決心、有信心繼承王卡先生的遺志，繼續第三册到第六册的整理補遺，以最終完成這項嘉惠學林的學術巨著！

記得王卡先生生前非常重視這個項目，因爲它代表先生三十多年研究敦煌道教文獻的學術結晶。我們曾經不止一次聽王老師説，他這輩子最終能長傳於世的東西可能只有兩項：一項是《老子道德經河上公章句》，另一項就是敦煌道教文獻的整理。甚至還説什麽時候把《敦煌道教文獻合集》出版了，他死也瞑目了。然而，合集尚未完成，先生却已長逝，令人唏嘘長嘆！現在《合集》終於出版，希望能够實現先生的遺願，合格地完成這項學術研究工作。

汪桂平

圖書在版編目（CIP）數據

敦煌道教文獻合集. 第二册 / 王卡主編. --北京：
社會科學文獻出版社，2020.12
ISBN 978-7-5201-5960-9

Ⅰ.①敦… Ⅱ.①王… Ⅲ.①敦煌學-道藏-彙編
Ⅳ.①B951

中國版本圖書館 CIP 數據核字（2020）第 012082 號

敦煌道教文獻合集（第二册）

主　　編 / 王　卡
題　　籤 / 尹嵐寧
整　　理 / 汪桂平　李志鴻　劉　志　林巧薇　李貴海　王皓月　易　宏　張　鵬　胡百濤　趙　敏

出 版 人 / 王利民
組稿編輯 / 宋月華
責任編輯 / 胡百濤

出　　版 / 社會科學文獻出版社 · 人文分社（010）59367215
地址：北京市北三環中路甲 29 號院華龍大厦　郵編：100029
網址：www.ssap.com.cn
發　　行 / 市場營銷中心（010）59367081　59367083
印　　裝 / 北京盛通印刷股份有限公司

規　　格 / 開　本：787mm×1092mm　1/8
印　張：58.5　字　數：461 千字　幅　數：634 幅
版　　次 / 2020 年 12 月第 1 版　2020 年 12 月第 1 次印刷
書　　號 / ISBN 978-7-5201-5960-9
定　　價 / 1268.00 圓